복 있는 사람

오직 여호와의 율법을 즐거워하여 그 율법을 주야로 묵상하는 자로다.
저는 시냇가에 심은 나무가 시절을 좇아 과실을 맺으며 그 잎사귀가 마르지 아니함 같으니
그 행사가 다 형통하리로다.(시편 1:2-3)

사도행전 해설 지도

1. 사도들의 초기 활동 지역 •행 1–8장

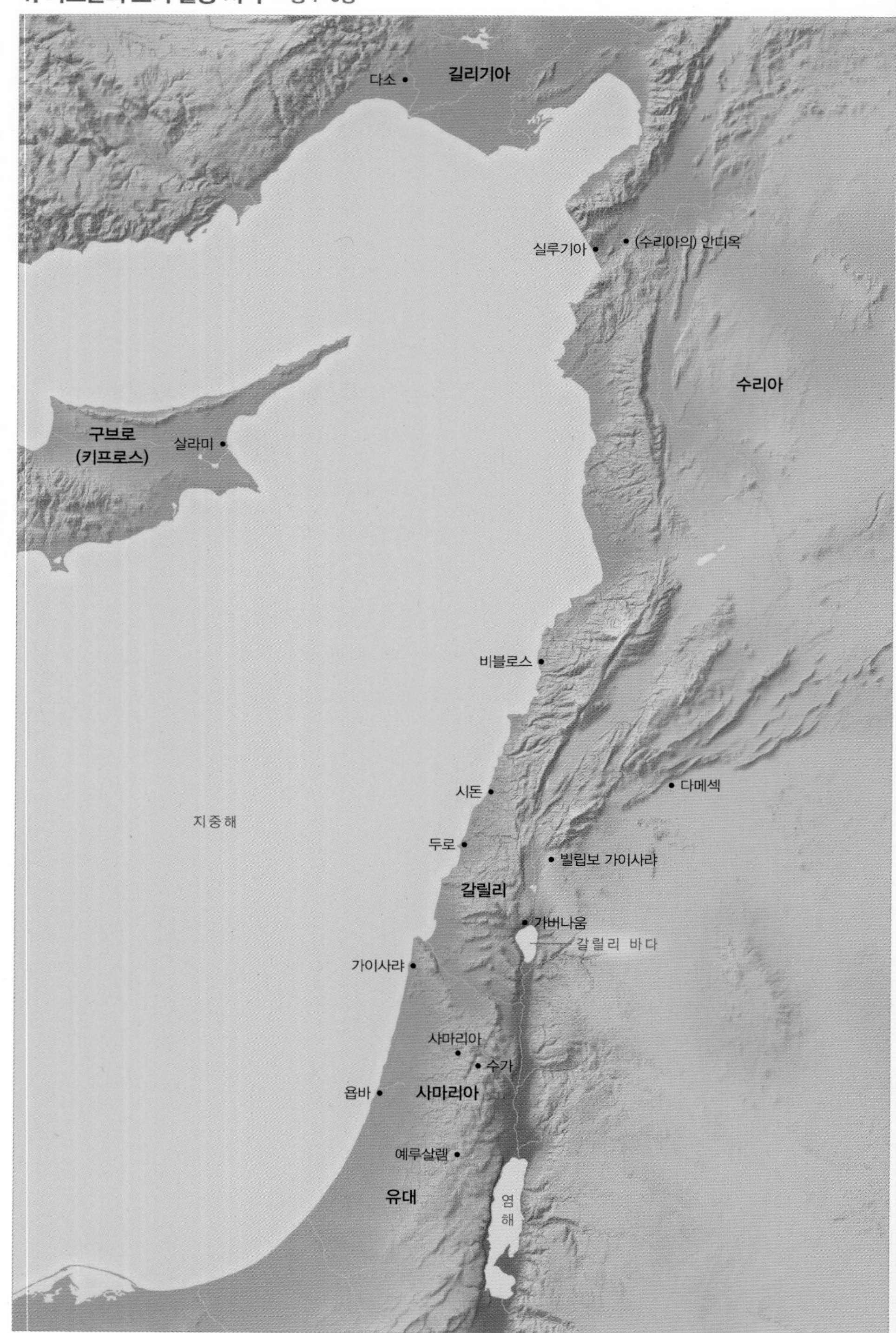

| 주요 도시 해설

✣ 예루살렘

예루살렘은 누가복음–사도행전에서 두 가지 영적 의미를 지닌다. 첫째, 하나님 나라의 도래를 준비하라는 요구에도 불구하고 회개하지 않고 저항한 반역의 요새로서의 예루살렘이다. 둘째, 예수 그리스도의 십자가 처형, 부활, 승천이 이루어진 도시이자, 오순절 성령 강림으로 예수의 만민 통치가 시작된 곳이다. 예루살렘은 하나님 나라의 복음이 온 세계로 퍼져나가는 출발점이자, 개종한 이방인들이 순례하는 영적 수도가 된다. 특히, 예수 그리스도의 죽음과 부활, 승천을 목격한 이 도시는 오순절 성령 강림 사건을 통해 새로운 영적 회복을 맞이한다.

✣ 유대

바벨론 포로 귀환자들이 정착한 지역으로 예루살렘의 종교 권력을 뒷받침하는 수도권 지역이다. 갈릴리나 유대 농경지를 소유한 지주들의 본거지이기도 하며, 예루살렘의 제사장들과 더불어 유대인 자치기구인 산헤드린을 구성하는 장로들의 영지이다.

✣ 사마리아

사마리아는 주전 5세기 중반 에스라–느헤미야 시대부터 예루살렘–유다와 갈릴리 거주민들로부터 고립되고 소외된 북이스라엘 10지파의 중심지이다. 사마리아인들은 주전 128년에 유다 예루살렘에 들어선 하스모니안 왕조의 요한 히르카누스 1세에게 예루살렘 성전 제의에 참여하라는 명령에 불복종하여 침략당하기도 했다. 바울 당시 사마리아는 예루살렘의 유대교와 다른 야훼 종교, 즉 모세오경과 세겜의 열두 지파 전승만을 존숭해 온 도시이다. 사도행전은 사마리아와 유대의 500년 묵은 갈등이 예수 그리스도와 그의 사도들에 의해 해소되고 드디어 열두 지파 공동체가 복구되는 모습을 조명한다(행 1:8; 9:31).

✣ 갈릴리

사도행전 시대의 갈릴리는 로마제국의 지배 아래 억압받던 이스라엘 농민들의 주요 거주지로, 항상 반체제 정서가 강하게 드러나는 지역이었다. 예수의 초기 12제자도 모두 갈릴리 출신으로, 예수의 승천 때 천사들에게 "갈릴리 사람들"이라고 불렸다. 갈릴리는 이스르엘 평원을 배경으로 한 농업 생산 기지였으며, 로마제국의 후원을 받는 헤롯 분봉왕의 지배를 받았다. 갈릴리는 주전 63년에 로마가 정복한 수리아의 일부로 편입되었다.

✣ 욥바

가이사랴 총독 관저 도시에서 가까운 욥바는 주전 8세기 선지자 요나의 이방 선교 배척이 일어난 곳이었지만, 베드로와 로마 백부장 고넬료 사건으로 욥바는 이방 선교의 선봉으로 거듭난다.

✣ 두로와 시돈

지중해 해변 도시 가이사랴를 기준으로 북쪽에 위치한 두로와 시돈은 이스라엘 왕국 시대에 부와 번영을 자랑하다가 이스라엘 예언자들에 의해 파멸을 예언받았던 해상 왕국 도시국가의 수도들이었다(겔 28장). 두로와 시돈은 그리스 사람들만큼이나 해운에 능했으며, 아프리카 일대에 식민도시 카르타고를 건설할 만큼 강력했다. 주전 63년부터 로마제국의 지배 아래 들어간 이후, 두로와 시돈은 로마 관할 아래 활기찬 상업 해상 도시로 기능했다. 시돈은 다메섹과 거의 같은 위도에, 두로는 갈릴리와 같은 위도에 위치했다. 두로와 시돈은 헤롯 아그립바 2세에게 양식을 사 먹었기 때문에 그에게 충성했다.

✣ 가이사랴 빌립보

단 지파에 속했던 도시로, 헤르몬 산에서 내려오는 물이 갈릴리 호수와 요단강으로 흘러가는 수원지가 있는 곳이다. 이 도시는 지중해변의 항구도시 가이사랴와는 달리 내륙에 위치하며, 두로와 시돈에서 온 사람들이 많이 거주했던 헬레니즘화된 도시였다. 이곳에는 그리스의 판(Pan) 신전이 있었고, 지금도 그리스–로마 신들을 모셨던 흔적이 남아 있다. 예수님 당시, 가이사랴 빌립보는 로마 황제를 칭송하는 친로마 성향의 이스라엘 사람들이 살던 도시였다. 바로 이곳에서 예수님은 "너희는 나를 누구라고 생각하느냐?"라고 물으시며 베드로의 신앙고백을 이끌어내셨다(마 16:13–16).

✣ 다메섹

바리새인이었던 바울이 이방인의 사도로 부름받은 곳이자, 그의 영적 멘토 아나니아와 신실한 제자들이 사는 도시이다. 메소포타미아 지역과 아라비아 사막–이집트로 가는 대상들의 교통 요지로서, 전란 때 북이스라엘 지파들이 대규모로 피신해 이스라엘 집단촌을 이룬 도시이다.

✣ 가이사랴

유대에 파견된 로마 총독 관저가 있는 지중해 중심 해변 도시로서, 바울이 유대 총독들(벨릭스, 베스도)에게 재판을 받느라 2년간 억류된 곳이다. 친로마 유대인 귀족들이 휴가를 즐기던 위락 도시이기도 한 가이사랴에는 현재도 전차 경주장과 야외 극장 유적지가 남아 있다. 일곱 집사 중 빌립의 집이 있던 곳으로, 그의 딸 넷 모두 예언자였다. 빌립의 네 딸과 예루살렘에서 내려온 선지자 아가보가 바울의 띠로 체포, 구금되는 상황을 실연하기까지 하면서 예루살렘 입성 즉시 바울에게 "이 띠의 임자가 예루살렘에서 이방인의 손에 넘겨져 결박당할 것"이라고 경고하며 바울의 예루살렘행을 만류했다.

✣ 수리아

수리아는 주전 63년에 로마의 1차 삼두정치의 한 축이었던 폼페이에게 정복된 후 로마의 속주가 되었다. 로마에게 복속되기 전에는 마케도니아 제국의 정복 군주 알렉산더 대왕의 부하 장군 셀류쿠스가 수리아 일대를 할당받아 셀류키드 왕조를 세웠다. 그 후손인 안티오쿠스 3세는 주전 197년–142년에 유대 지역을 정복했으며, 그의 아들 안티오쿠스 에피파네스 4세는 이스라엘 전역을 헬레니즘 문화로 바꾸려 했으나 마카베오 항쟁군들의 저항을 받았다(주전 169–166년). 셀류키드 왕조의 왕들이 그리스 이름을 사용한 것은 이곳이 이스라엘에 대한 문화 침략의 발원지였음을 보여준다. 로마제국은 수리아를 중동 통치의 핵심 요충지로 삼았으며, 유대 지역에 파견된 총독보다 한 급 위의 총독을 수리아 총독으로 파견했다. 로마제국의 명령에 따라 수리아 총독 구레뇨가 전 세계 인구 조사 명령을 내렸으며(눅 2:1–2), 이는 로마제국의 통치 아래 수리아 지역의 중요성을 나타낸다.

✣ 길리기아 다소

바울의 고향은 튀르키예 반도의 남쪽 해변 지역에 위치한 길리기아이며, 그 중심 도시는 바울의 출생지인 다소이다. 길리기아는 튀르키예의 북단 비두니아와 본도와 정반대로 남단 해변 지역에 위치하며, 시리아와 인접해 있다. 이 지역은 고대부터 그리스 사람들이 집단적으로 거주한 학문, 정치, 상업, 군사의 요충지로 알려져 있었다. 바울은 자신이 길리기아 다소 출신 유대인임을 자랑스럽게 여겼다.

2. 바울의 1차 선교 여행 47–48년경 • 행 12:25–14:28

| 주요 도시 해설

⁜ 로마 시대의 튀르키예 반도의 속주령들

오늘날 튀르키예 반도, 고대에는 아나톨리아로 알려진 이 지역은 주전 1세기부터 로마제국의 영토로 서서히 편입되기 시작했으며, 시간이 지나면서 튀르키예 반도 전역이 로마제국의 속주로 통합되었다. 이러한 역사적 배경을 이해하는 것은 사도행전을 비롯한 신약성경의 내용을 파악하는 데 매우 중요하다. 특별히 사도행전에는 다양한 속주들의 이름이 자주 등장하며, 이들 속주의 위치를 정확히 이해하는 것이 필요하다. 튀르키예 반도의 북쪽, 흑해 연안에는 비두니아와 본도가 자리 잡고 있다. 그 남쪽에는 무시아가 위치해 있으며, 무시아의 동쪽으로는 갈라디아가 자리하고 있는데, 이곳은 주로 켈트족의 후손들이 거주하던 지역으로, 독특한 문화와 전통을 유지했다. 갈라디아의 동쪽으로는 갑바도기아가 자리하고 있으며, 이 지역은 험준한 지형으로 유명하다. 무시아 남쪽에는 아시아가 위치한다. 아시아는 로마제국 내에서 경제적으로 매우 중요한 지역이었으며, 이곳에는 여러 상업 도시들이 발달해 있었다. 특히 아시아 속주의 주도인 에베소는 로마제국 시기에 중요한 종교적, 상업적 중심지였다. 아시아의 남쪽으로는 루가오니아 지방이 있으며, 이곳에는 이고니온, 루스드라, 더베와 같은 도시들이 속해 있다. 튀르키예 반도의 남쪽 해안으로 내려가면 수리아와 접한 길리기아 지역이 있다. 이 지역은 지중해와 인접해 있어, 해양 무역과 군사적 전략지로서 매우 중요한 역할을 했다. 길리기아의 서쪽으로는 밤빌리아 지방이 있으며, 이곳에는 버가와 같은 도시가 속해 있다. 베드로전서 1:1에서는 유대인 디아스포라들이 많이 거주하던 지역으로 본도, 갈라디아, 갑바도기아, 아시아, 비두니아가 언급된다. 사도행전 2:9에서는 오순절에 참여한 유대인 디아스포라들의 거주지로서 갑바도기아, 본도, 아시아, 브루기아, 밤빌리아가 구체적으로 언급된다.

⁜ 구브로의 살라미와 바보

구브로의 북단 도시 살라미는 바나바의 고향으로 추측된다. 이곳에서 바나바는 마가

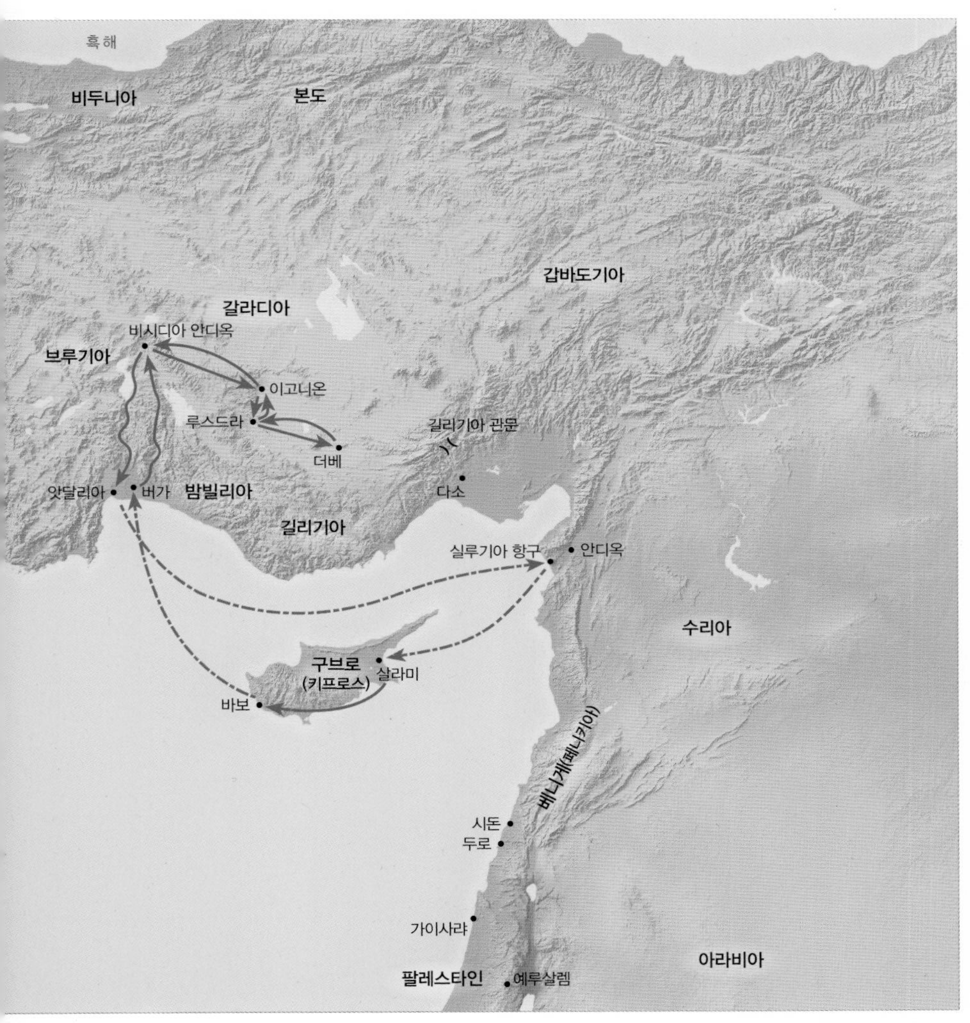

요한을 수행원으로 삼아 함께 사역을 시작했다(행 13:5). 구브로의 최남단 도시 바보는 로마의 속주 구브로의 주도였으며, 바울은 이곳에서 박수 엘루마와 영적 대결을 벌였다. 바울은 엘루마의 마술과 영적 권능에 맞서 그를 무장해제시키고, 그 사건으로 인해 엘루마의 영적 권능에 지배당하던 총독 서기오가 개종하여 동역자가 된다. 이 사건은 바울의 사역에 중요한 전환점을 의미하며, 그의 권위와 하나님의 능력을 나타내는 중요한 사례 중 하나이다.

✣ 비시디아 안디옥

1차 선교 여행 중 바울이 방문한 도시 중 최초의 내륙 도시로서, 갈라디아 지방의 중심 도시가 바로 이곳이다. 바울은 이 도시에서 3주 동안 안식일마다 회당에서 설교하며 복음을 전파했다. 그의 설교는 많은 사람들을 개종시키는 동시에, 적대자들도 동시에 맞닥뜨리게 했다. 이곳에서 바울은 장엄한 구속사를 바탕으로 '믿음으로 의롭다 여김을 받는다'라는 이신칭의 신학을 발전시켰다. 바울은 이 도시에서 처음으로 동족 유대인보다 이방인 선교에 더 집중하기 시작했으며, 이 경험은 바울의 선교 전략과 신학적 이해에 큰 영향을 미쳤고, 그의 이방인 선교 사역의 초석이 되었다.

✣ 이고니온과 루스드라 및 더베

비시디아 안디옥보다 위도가 약간 낮은 내륙 도시들로는 이고니온, 루스드라, 더베가 있다. 바울은 이고니온에서 말씀을 전해 큰 영향을 미쳤으나, 다른 신을 전한다고 생각한 유대인들은 그를 돌로 쳐죽이려고 했다. 루스드라로 피신해 사역하던 바울과 바나바는 큰 권능을 받아 앉은뱅이를 일으켰고, 이 표적을 보고 토착인들이 제우스와 헤르메스 신들의 현현으로 경배하는 해프닝이 일어났다. 루스드라까지 쫓아온 유대인들에게 돌에 맞아 사경을 헤매던 바울은 하나님의 은혜로 살아나 인근 도시 더베로 가서 많은 제자를 얻었다. 이후 바울과 바나바는 구브로를 제외하고 오던 길을 역행하여(비시디아 안디옥–밤빌리아 버가–앗달리아) 수리아 안디옥으로 회귀한다.

3. 바울의 2차 선교 여행 48–52년경 •행 15:36–18:22

| 주요 도시 해설

✣ 드로아

바울은 1차 선교 여행을 마치고 2차 선교를 계획할 때 새로운 곳이 아니라 1차 선교 여행지(소아시아, 갈라디아, 길리기아 등)에서 거둔 열매를 확증하려는 여정을 기획했고, 이에 따라 2차 선교 여행은 튀르키예 반도의 더 깊은 북동쪽 내륙인 비두니아로 북상할 계획이었다. 그러나 드로아에서 밤에 잠을 자던 중, 꿈에서 마게도냐 사람이 도움을 요청하는 환상을 본 바울은 곧바로 유럽으로 건너간다. 드로아의 밤은 예기치 않은 사명의 행로가 열리는 시간이었다.

✣ 빌립보

로마 황제의 직할 식민지이자 마게도냐 지역의 첫 도시이다. 여기서 바울은 두아디라 자주 상인 루디아와 빌립보 감옥 간수를 개종시킨다. 이 도시는 유대인 회당이 없어서, 바울은 강가에 모인 여자들에게 복음을 전했고 많은 개종자를 얻었다. 그는 로마 황제 신격화를 통한 제국의 통치 이데올로기를 반박하며, 로마 시민권을 자랑하는 빌립보 교인들에게 천국 시민권을 자랑하라고 강조했다.

✣ 데살로니가

알렉산더의 후계자 카산데르의 아내 데살로니키를 기리기 위해 주전 4세기에 세워진 도시이다. 이곳에서 바울은 3주 동안 유대인 회당에서 성경을 강론하며 예수 그리스도의 십자가 죽음과 부활이 구약 성경의 예언을 성취한 것임을 강조한다. 그는 예수가 그리스도이자 주님임을 선포하며, 종말의 시간에 그리스도의 나라가 로마제국을 초월할 것이라고 예고한다. 이로 인해 바울과 그의 일행은 '천하를 어지럽히고 다른 임금인 예수를 전하는 자들'이라는 비난을 받는다.

✣ 베뢰아

데살로니가에서 일어난 유대인 난동을 피해 바울 일행이 급히 피신해 간 도시로서 차분하고 진지한 회중들(유대인)을 만나 성경을 가르친 곳이다. 베뢰아 청중은 행동하기 전에 성경에 무엇이라고 적혀 있는지를 상고하는 진지한 사람들이었다.

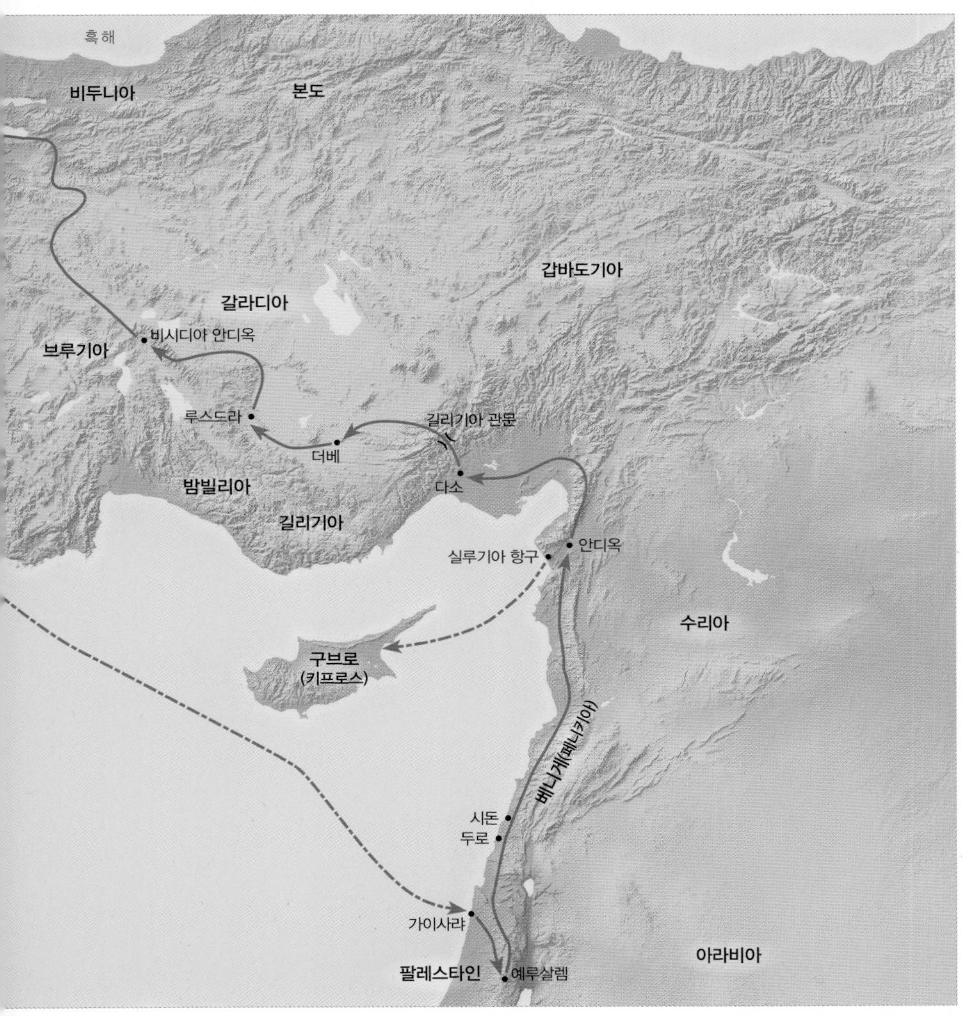

✣ 아덴(아테네)

아덴은 유물론적 행복론을 설파하는 에피쿠로스 학파, 범신론적 철학을 추구하는 스토아 학파가 꽃피운 철학의 중심 도시이다. 이곳에서 두 학파의 철학자들과 논쟁하던 바울은 몸의 부활을 강조했다는 이유로 조롱을 받는다. 바울은 회당에서 유대인 및 경건한 이방인들은 물론, 아고라(시민들이 모여 교류하던 삶의 중심지)에서 매일 만나는 사람들과 변론을 이어갔다. 특히 그는 아레오바고(전쟁의 신 아레스의 언덕)에서 복음을 전하며, 다신교 우상숭배를 강하게 비판했다. 아크로폴리스에서 아덴을 내려다보며 "종교성이 많다"고 일갈한 바울은, 아덴 사람들에게 우상숭배를 버리고 살아 있는 유일신 하나님께로 돌아올 것을 촉구한다. 그러나 아덴 사람들은 죽은 자의 부활 사상에 경악했고, 바울은 소수의 개종자(아레오바고 관원 디오누시오와 여성 다마리)만 얻은 채 아덴을 떠났다.

✣ 고린도

음란과 향락의 도시로서, 건축 예술 등이 발달했다. 미의 여신에게 봉헌하는 종교 축제와 함께 격년제로 시행하는 체육 축제가 열렸다. 바울은 고린도에 1년 6개월 동안 머물면서 안식일마다 유대인 회당에서 구약성경을 강론하여 유대인뿐만 아니라 이방인 유력자들도 개종시키는 데 성공했다(재무장관 에라스도와 형제 구아도). 유대인들의 고소로 바울은 아가야 총독 갈리오에게 기소되었지만 이내 풀려난다.

✣ 겐그레아

2차 선교 여행이 끝나고 바울은 겐그레아에서 나실인 서원 기간이 끝나 머리를 깎고, 에베소에 잠깐 머무른 후 가이사랴를 거쳐 수리아 안디옥으로 돌아가 2차 선교 여행의 성과를 보고한다. 이후 3차 선교 여행의 핵심 도시인 에베소로 향한다(행 18:19). 일부 학자들은 겐그레아의 여성 지도자 뵈뵈가 바울의 로마서를 가지고 로마로 갔다고 추정하기도 한다(롬 16:1–2).

4. 바울의 3차 선교 여행 52–56년경 •행 18:23–21:16

| 주요 도시 해설

✣3차 선교 여행의 실제적 시발점 겐그리아
바울의 3차 선교 여행은 바울이 고린도 선교사역을 마친 후 어느 정도 시간이 지나서 시작된다. 3차 선교 여행은 사도행전 18:18부터 시작된다고 볼 수 있는데, 바울은 겐그레아에서 머리를 깎고 에베소에 잠깐 들러 체류한다. 이후 사도행전 18:23은 바울의 3차 선교 여행의 본격적 착수를 언급한다. "얼마 있다가 떠나 갈라디아와 브루기아 땅을 차례로 다니며 모든 제자들을 굳건히 하니라." 바울의 3차 선교 여행의 에베소 선교는 아볼로가 떠난 리더십 공백 상태에서 전개되었다(행18:24–28; 19:1). 사도행전 19:2–20이 3차 선교 여행의 압축 보고서이다. 3차 선교 여행은 1차 선교 여행지(브루기아, 갈라디아, 루가오니아 등)에서 얻은 제자들을 굳건하게 하는 사역과 에베소 사역, 그리고 아가야, 헬라, 아시아 지역 드로아 교회 방문과 제자 격려 사역으로 나눠진다.

✣ 에베소
에베소는 로마제국 소아시아의 수도로, 풍요와 금융업의 중심지이자 아데미 여신 숭배의 본거지였다. 바울은 이곳에 3년간 머물며 선교 활동을 펼쳤고, 많은 열매와 함께 많은 대적자들도 얻었다. 그는 두란노 서원을 임대해 2년 동안 매일 성경을 강의했는데, 하나님의 말씀과 함께 바울의 앞치마와 손수건을 통한 신적 치유 등의 표적과 권능이 나타나 하나님 나라의 실체가 드러나기도 한 곳이다. 유대인들의 시기와 박해에도 불구하고 바울은 하나님 나라를 강론하며 선교를 지속했고, 마술에 빠져 있던 많은 에베소 사람들이 회개하고 하나님께로 돌아섰다. 아데미 여신 숭배가 줄어들자, 이에 불만을 품은 은장색 데메드리오가 반기독교 폭동을 일으켰다. 바울은 에베소에서 성령의 권능과 말씀의 위력이 문화 변혁을 일으키는 것을 경험한 후, 로마로 가서 복음을 전할 결심을 굳혔다.

✣3차 선교 여행 중 방문한 마게도냐, 헬라 지역
에베소에서 직면한 엄혹한 박해를 피해 바

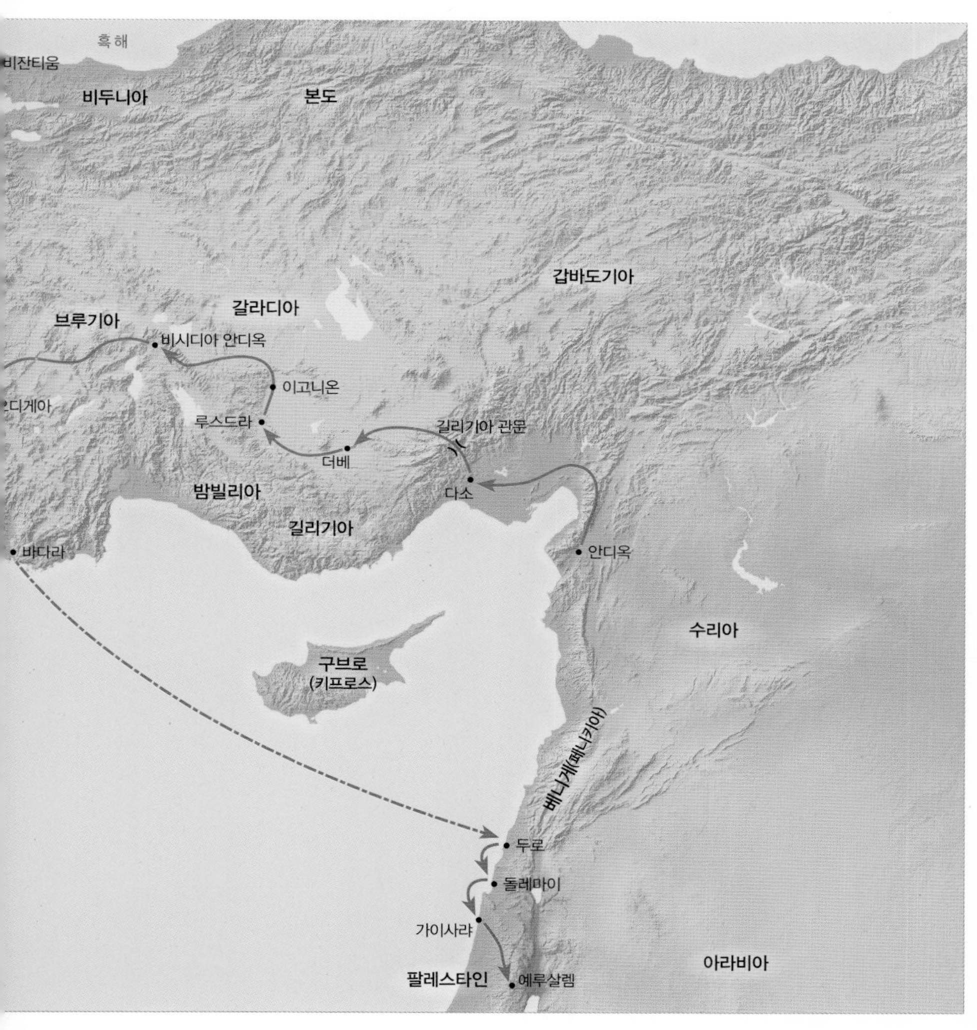

울은 배를 타고 마게도냐 지방으로 가서 2차 선교 여행에서 얻은 제자들을 더욱 굳건히 한다. 헬라 지역에 체류하던 바울을 해하려는 유대인들의 음모 때문에 바울은 다시 그리스 반도 북단 마게도냐를 통해 아시아로 가고자 한다.

✣3차 선교 여행 중 방문한 드로아

바울과 그의 일행은 헬라 지역에서 유대인들의 박해와 추적을 피하기 위해 급히 무시아 지역의 항구 도시 드로아로 피신하게 된다. 이 과정에서 바울은 이방인 개종자들을 먼저 드로아로 보낸 뒤, 자신은 소수의 동역자들과 함께 마게도냐의 빌립보에서 배를 타고 드로아에서 이들과 합류하고자 한다. 무교절을 빌립보에서 지킨 바울과 그의 일행은 드로아로 향하게 된다(행 20:6). 드로아에 도착한 바울 일행은 주일예배를 드리고 성만찬을 갖는다.(행 20:7). 이들이 드로아의 다락방에서 늦은 시간까지 성경을 강론하던 중, 청년 유두고가 창가에서 졸다가 떨어져 죽는 사건이 발생한다. 바울은 그를 살려내어, 다시금 그곳의 신자들에게 큰 감동을 주었다. 이 일화는 바울의 3차 선교 여행 중에서도 대표적인 사건이다. 이후 바울은 옥중에서 자신의 동역자에게 편지를 보내 드로아에 남겨둔 겉옷과 가죽 두루마리를 가져와 달라고 요청하기도 했다(딤후 4:13).

✣밀레도

오순절에 예루살렘에 도착하기 위해 바울은 에베소를 경유하지 않고 바로 수리아 안디옥으로 향하는 대신, 에베소 장로들을 밀레도에 불러 눈물의 고별사를 전한다. 이 자리에서 그는 교회의 본질, 목양자의 참된 자세, 앞으로 일어날 이단 세력에 대한 대비와 경계 지침 등을 가르치며 장로들과 이별한다. 이때 바울은 예루살렘을 거쳐 로마까지 가려는 대장정을 마음속으로 계획한다.

5. 로마로 가는 여정 •행 27:1–28:31

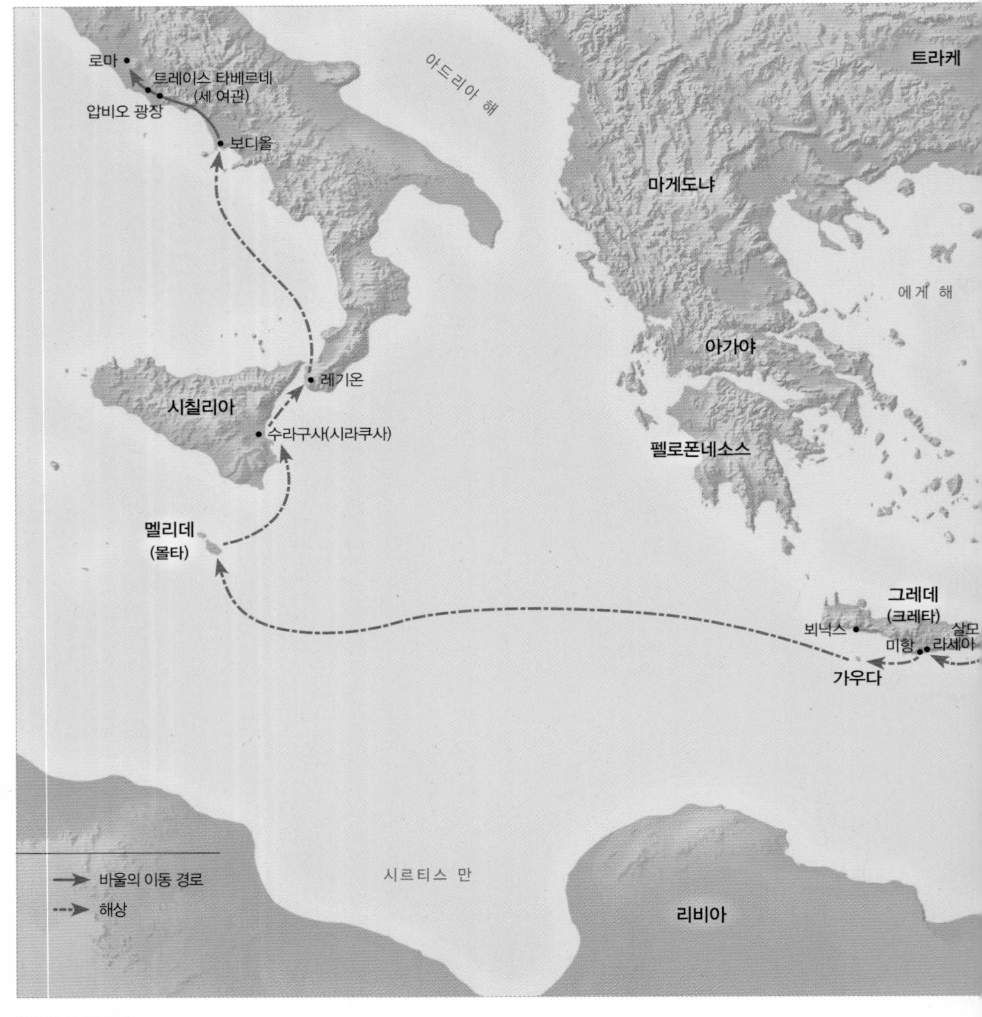

| 주요 도시 해설

⁜ 로마 여정의 기착지들

바울의 로마 여정은 유대 총독의 관저가 있던 가이사랴에서 시작된다. 에베소에서의 사역 성과를 바탕으로 바울은 로마로 가야겠다고 결심했는데, 이는 제국의 중심에서 복음을 전파하려는 의도에서 비롯된 것이다. 로마제국은 스토아 철학의 사해동포주의(세계시민주의, Cosmopolitanism)의 영향을 받아, 로마를 중심으로 전 세계를 통합하려 했으며, 피정복민들에게 로마 시민이 될 기회를 제공하고 법치주의로 다스렸다. 로마 시민권자에게는 황제에게 직접 재판받을 기회가 주어졌고, 바울은 로마 시민권자로서 가이사 앞에서 재판을 받으려 했다. 바울과 그의 일행이 가이사랴에서 출발하여 로마로 향하는 여정 동안 머문 기착지들은 이러한 배경에서 살펴보아야 한다.

⁜ 시돈

바울은 로마 백부장 율리오에게 인계되어 로마로 가기 위해 아시아로 가는 배에 오른다. 율리오의 친절로 바울은 시돈에 기항했을 때 비교적 자유롭게 제자들을 만날 수 있었다.

⁜ 루기아의 무라

바울이 탄 배는 시돈을 출발하여 구브로와 길리기아, 그리고 밤빌리아 사이의 해안을 따라 항해한 후, 루기아의 무라에 도착한다. 루기아는 밤빌리아 속주에 속한 작은 행정 도시로, 무라는 그 지역의 주요 항구 중 하나이다. 이곳에서 바울은 로마로 향하는 알렉산드리아 배에 승선하게 된다.

⁜ 그레데(크레타)

그레데 섬은 그리스 문명, 특히 에게해 문명의 발상지로 알려져 있다. 이곳은 고대 그리스의 중요한 문화적 중심지 중 하나였다.

⁜ 뵈닉스와 미항

바울을 태운 배는 무라에서 출발해 그레데 섬의 살모네를 지나 해안을 따라 항해하다가 미항에 도착했다. 당시 금식 절기 직후인 9–10월의 바다는 항해하기 위험

한 시기였다. 바울은 뵈닉스에서 겨울을 보내자고 제안했으나, 백부장과 선장은 그의 의견을 무시하고 미항까지 항해하기로 결정했다.

✣ 멜리데

로마로 향하던 276명의 죄수를 태운 호송선은 14일 동안 지중해를 표류한 후 난파되었고, 승선자들은 멜리데(몰타) 섬에 상륙했다. 이는 유라굴로 광풍이 매우 강력했음을 보여준다(행 27:27). 그곳에서 바울은 독사에 물리고도 죽지 않는 신적 능력을 보이며 추앙받았고, 멜리데 섬에서 추장으로부터 극진한 환대를 받으며 겨울 석 달을 보냈다.

✣ 로마

로마는 로마제국의 수도이자 세계 통치의 중심지로, 군사력과 법치주의로 만민을 정복하고 통제하는 권력의 정점을 이루고 있었다. 바울은 로마 총독들의 불의한 재판을 거부하고 "내가 가이사께 상소하노라"라고 선언하며 황제 앞에서 재판받기를 요청했다. "네가 로마에서도 증언하여야 하리라"는 하나님의 말씀을 믿고 로마에 입성했지만, 그는 황제 앞에서 재판받지 못한 채 미결수로 지냈다. 그럼에도 바울은 셋방을 얻어 2년 동안 하나님 나라와 예수 그리스도의 죽음과 부활을 담대히 가르쳤다.

✣ 시칠리아의 수라구사

시칠리아의 수라구사는 그리스 사람들이 세운 대표적인 식민지 항구로서, 바울 당시에도 번성한 도시였다. 바울 일행은 석 달 동안 멜리데에서 머문 후, 디오스구로라는 고급 장식으로 치장된 알렉산드리아 선적의 배를 타고 수라구사로 향한다.

✣ 압비오 광장과 트레이스 타베르네

바울 일행은 보디올에서 출발해 로마의 압비오 광장에 도착했으며, 그곳에서 로마에 거주하는 형제들의 환영을 받았다. 바울은 압비오 광장에서 잠시 머문 후, '세 여관'이라는 뜻의 트레이스 타베르네 숙박촌에서 잠시 머물렀다가 로마 중심부로 향했다.

6. 바울의 전체 선교 여행 지도

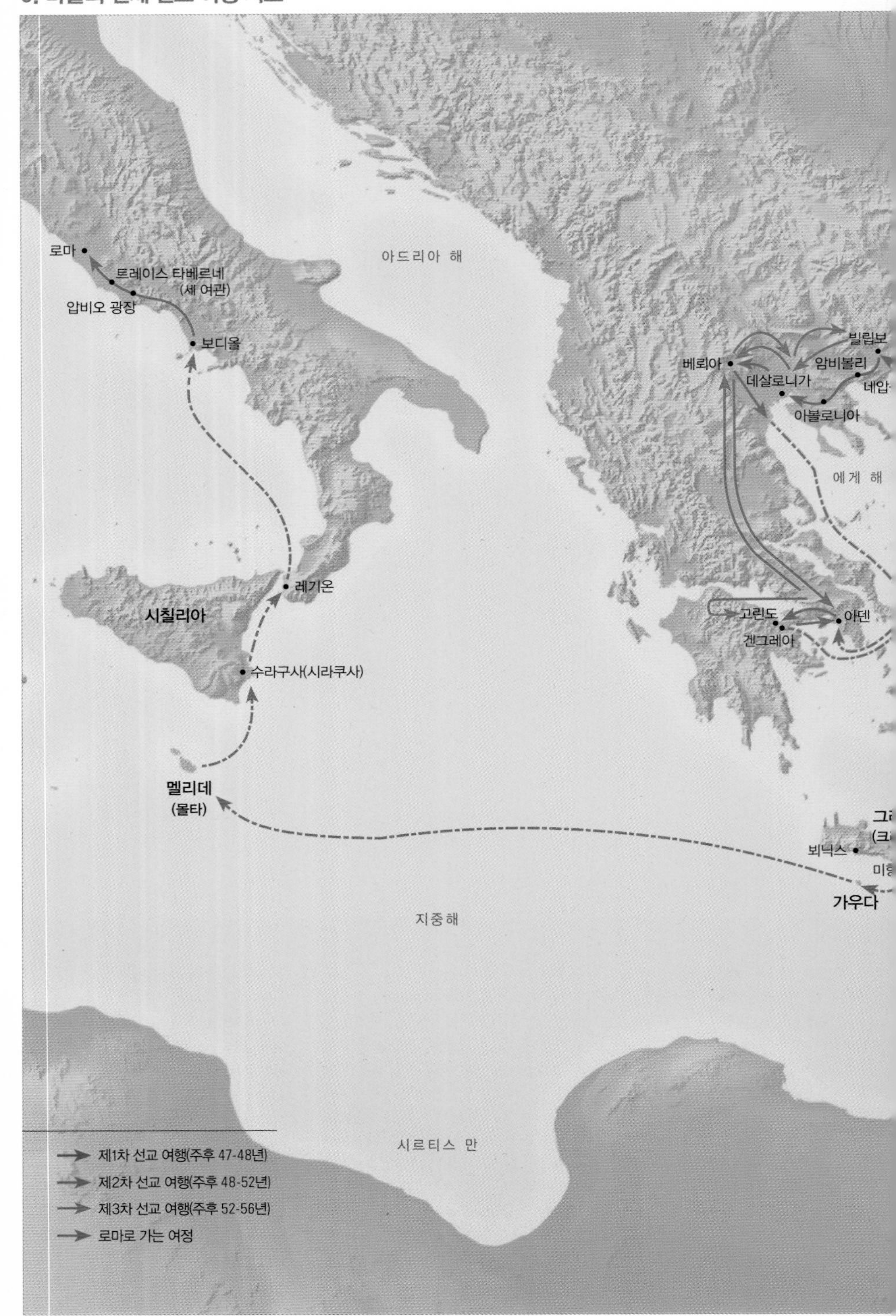

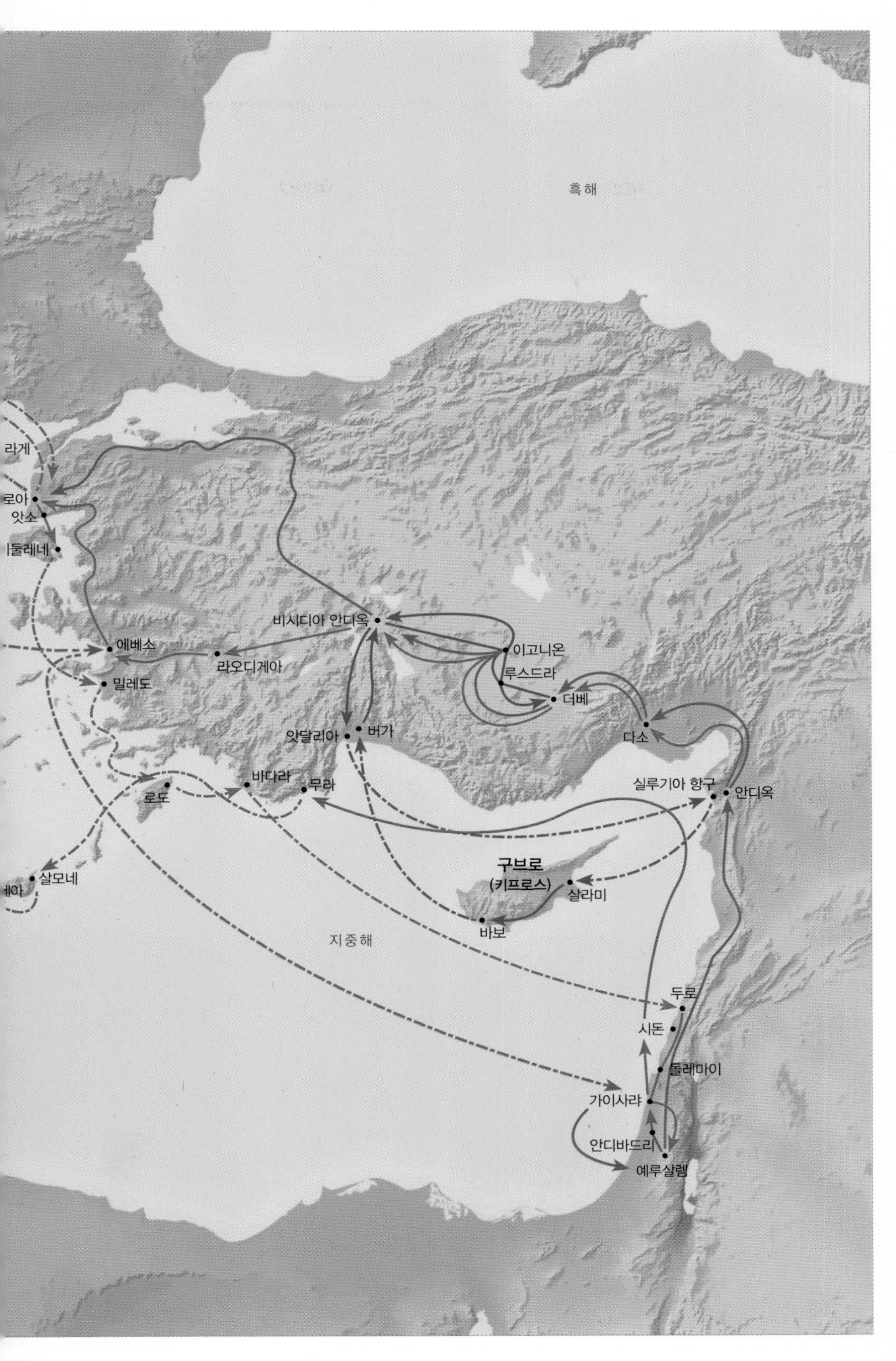

흑해
라게
로아
앗소
미둘레네
비시디아 안디옥
에베소
이고니온
라오디게아
루스드라
밀레도
더베
앗달리아
버가
다소
로도
바다라
무라
실루기아 항구
안디옥
살모네
구브로
(키프로스)
살라미
바보
지중해
두로
시돈
돌레마이
가이사랴
안디바드리
예루살렘

김회권 교수의 글은 성서를 통해 역사를 보게 하고 역사를 통해 성서를 읽게 하는 독특한 힘을 가지고 있다. 성서의 세계 안에서 펼쳐지는 하나님의 구원 이야기를, 오늘 우리의 역사를 바로 보게 하고 바로 살게 하는 메타 내러티브로 제시한다. 그렇기 때문에 그는 성서의 어느 책을 다루든 '하나님 나라의 신학'이라는 거시적 초점에 맞춘다. 저자는 구약학자로서 오래전부터 사도행전에 천착해 왔다. 사도행전에 그려진 초대 교회의 역사가 구약성서에 담겨 있는 이스라엘 역사의 완성이라는 믿음 때문이다. 사도행전은 선민을 통해 만민이 복을 누리리라는 예언과 축복(창 12:1-3)이 이루어지는 이야기이므로 구약학자로서 관심을 가지는 것은 당연하다. 장차 도래할 영원한 하나님 나라가 성령 강림의 사건 이후로 어떻게 이 땅에 이루어졌는지, 그 성취는 믿는 사람들의 삶에 어떤 변화를 만들어 냈는지 그리고 그 변화는 세상을 어떻게 변화시켜 왔는지를 정밀하게 추적한다. 그의 주석을 읽는 중에 과거의 하나님 나라의 사건은 지금 우리의 사건으로 다가온다. 웅변 같은 그의 글을 읽는 동안 가슴이 웅장해지는 경험을 한다.

김영봉 와싱톤사귐의교회 담임목사

한국교회는 오랫동안 사도행전 2장에 나오는 초대교회의 모습을 이상적으로 여겨 왔다. 김회권 교수는 이 책『하나님 나라 신학으로 읽는 사도행전』에서 사도행전적 교회의 본질을 하나님 나라 신학과 연결지어 깊이 탐구하며, 하나님께서 아브라함과 맺으신 '땅의 모든 족속이 너로 말미암아 복을 얻을 것이라'는 언약이 실현된 모습으로서의 교회를 생생하게 그려낸다. 이 책을 통해 독자들은 성경적 교회의 진정한 의미와 사명을 다시금 깨닫고, 오늘날 우리 교회가 지향해야 할 바를 깊이 숙고할 기회를 얻게 될 것이다. 이 책이 한국교회에 새로운 활력을 불어넣고, 그리스도의 몸된 교회가 세상 속에서 복음의 빛을 더욱 밝히는 데 큰 도움이 되리라 확신한다.

이찬수 분당우리교회 담임목사

만연한 악과 고난, 혼돈과 무질서의 시대 속에서 교회 역시 마냥 낙관적인 미래를 그릴 수 없다. 그러나 희망은 사라지지 않는다. 김회권 교수는 우리가 교회 성장학, 전도학, 선교학 등 주로 실천신학적 관점으로 해석했던 사도행전을 하나님 나라 신학의 관점으로 소개한다. 하나님께서 아브라함에게 주신 약속을 시작으로 구약과 신약을 망라하여 우리가 돌아가야 할 샘의 근원인 사도행전을 주석하는 저자의 시선은 깊은 깨달음은 물론 하나님 나라를 향한 열정을 샘솟게 한다. 이 책은 성령의 주도하심에 우리 스스로를 의탁하고 위해 '찢기는 빵과 부어지는 포도주'가 될 때 보이는 '하나님 나라'를 향한 여정으로 우리를 초대한다.

김병삼 만나교회 담임목사

사도행전은 성경 전체에서 가장 역동적이고 소망이 가득한 책이다. 구약 전체에서 예고되었고 예수께서 시작하신 하나님 나라가 어떻게 실제 역사 속에 전개되었는지를 증언하고 있기 때문이다. 이 소중한 책을 하나님 나라 운동의 동지인 김회권 교수가 한 권의 소중한 주석으로 펴냈다. 구약학자가 아브라함으로부터 시작된, 깨어진 세상을 향하신 하나님의 회복 계획이 신약에서 어떻게 실현되어가고 있는지를, 원어를 기초로 한 성경 연구, 주요 연구서들에 대한 리서치, 개인의 묵상, 그리고 무엇보다 수십 차례의 설교를 종합하여 세월로 버무려 우려내었다. 하나님 나라 신학과 실제가 실종되어가고 있는 현실 속에서, 하나님 나라 이야기를 이렇게 세밀히 들을 수 있는 것은 크나큰 기쁨이고 격려이다. 이 주석과 함께 사도행전을 묵상하며 읽어 나가라. 그러면, 끝나지 않은 것 같이 끝나는 사도행전의 결말이 여전히 이어져 전개되고 있는 하나님 나라 운동에 당신의 몫이 있음을 깨닫게 하고, 믿음으로 동참할 것을 요청할 것이다.

김형국 하나복DNA네트워크 대표

복음서가 예수의 지상 사역을 소개한다면, 사도행전은 성령을 통한 예수의 천상 사역을 전개한다. 사도행전은 부활하신 예수께서 승천하시기 전까지, 제자들에게 남기셨던 '하나님 나라'의 일로 시작한다. 김회권 교수의 사도행전 주석은 '하나님 나라'를 주제로 사도행전을 꿰뚫고, 독자들을 예수의 천상 사역으로 초대한다. 독자들은 이 책을 통해 구약에서부터 약속된 '하나님 나라'의 비전이 눈앞에 현시되는 기쁨을 누리게 될 것이다.

김태섭 장로회신학대학교 신약학 교수

하나님 나라 신학으로 읽는 사도행전

하나님 나라 신학으로 읽는 사도행전

복있는 사람

하나님 나라 신학으로 읽는 사도행전

2007년 6월 1일 사도행전 1 초판 1쇄 발행
2007년 11월 23일 사도행전 2 초판 1쇄 발행

2024년 8월 23일 개정증보판 초판 1쇄 인쇄
2024년 8월 30일 개정증보판 초판 1쇄 발행

지은이 김회권
펴낸이 박종현

(주) 복 있는 사람
주소 서울특별시 마포구 연남동 246-21(성미산로23길 26-6)
전화 02-723-7183, 7734(영업·마케팅)
팩스 02-723-7184
이메일 hismessage@naver.com
등록 1998년 1월 19일 제1-2280호

ISBN 978-89-7083-170-9 03230

일러두기

자주 사용하는 헬라어 음역과 의미

인칭대명사: 헬라어에서는 인칭대명사 없이 동사의 격어미로 시제와 인칭과 단·복수를 표시할 수 있다. 그런데 인칭대명사를 독립적으로 사용하는 경우는 인칭대명사가 표시하는 '주어'를 다른 잠재적 주어와 강조적으로 구별하려고 하는 경우이거나 주어의 동작이나 행동을 특별히 강조할 경우다.

에고(ἐγώ): 1인칭 단수 대명사
헤메이스(ἡμεῖς): 1인칭 복수 대명사
쒸(σύ): 2인칭 단수 대명사
휘메이스(ὑμεῖς): 2인칭 복수 대명사
아우토스(αὐτός): 3인칭 단수 대명사
아우토이(αὐτοὶ): 3인칭 복수 대명사

부정과거(aorist): 과거에 단 한 번 일어난 사건을 묘사할 때 쓰는 시제다.
미완료(imperfect): 반복되고 지속적 행동을 묘사하는 시제(시상)다.

히나(ἵνα)목적절: '무엇 무엇을 할 수 있도록(in order that ~ may)'을 의미하는 목적절(final clause)이다.
호티(ὅτι)절: 목적절을 이끄는 절(영어의 that 접속사)이거나 이유를 제시하는 이유절(causal clause)이다.

70인역(The Septuagint, LXX): 이집트의 프톨레미 왕조의 왕 필라델포스의 요청에 따라 72명의 학자들 이 72일 동안 모세오경을 헬라어로 번역한 일이 70인역의 유래에 대한 유대교의 공식적인 설명이다 [위경 「아리스테아스의 편지」, 요세푸스, 『유대 고대사』 12장, 6-7절(65-78)]. 구약성경 전체의 헬라어 번역은 주전 3세기부터 주전 1세기에 걸쳐 긴 시간 동안에 이뤄졌을 것으로 추정된다. 신약성경 저자들이 참조한 헬라어 구약성경이다. 현존하는 70인역은 3세기의 희랍교부 오리겐이 편집한 판본이다.

두 권으로 나누어 출간되었던 『사도행전』 초판이 출간된 지 벌써 17년이 지났다. 초판이 나왔던 2007년은 한국의 복음주의 교회들이 1907년 평양 대부흥 운동의 재현을 기대하며 'Again 1907'이라는 기치를 내걸고 영적 갱신과 교회 부흥, 그리고 교회의 성장과 영광의 회복을 위해 간절히 부르짖던 때였다. 하지만 평양 대부흥을 방불케 하는 어떤 영적 갱신이나 부흥도 일어나지 않았다. 오히려 지난 십수 년 동안 한국교회는 여러 영역에서 쇠락하는 추세를 보였다. 특히 2020년부터 약 3년간 지속된 코로나19로 대면 예배와 교회 활동 위축으로 한국교회의 쇠퇴는 돌이킬 수 없는 흐름인 것처럼 보인다. 안타깝게도 지난 2020년부터 2022년까지 지속된 코로나19 상황에서 한국교회는 사회를 위한 어떤 의미 깊은 선교적 아웃리치outreach를 시도한 적이 없었다. 대부분의 교회와 그리스도인들은 방역 당국의 코로나19 확산 저지 대책에 협조적이었으나 일부 교회에서는 순교적인 각오로 대면 예배를 고집하다가 코로나 확산의 원천으로 몰려 여론의 질타를 받기도 했다. 물론 이런 여론의 질타를 무색하게 할 정도의 미담과 사회 봉사가 전혀 없었던 것은 아니다. 수제 마스크를 만들어 나누거나 방역 당국이 놀랄 정도로 자체 방역을 잘 실천해 마스크를 쓴 채 드렸던 대면 예배에서는 코로나 확산이 전혀 발생하지 않았던 모범적 방역 실천 사례도 없지 않았다. 두려움과 생존 위기에 내몰린 이웃들을 위한 사랑을 실천한 그리스도인들과 지역교회들의 알려지지 않은 사랑 실천 또한 적지 않았을 것이다. 하지만 코로나19 감염병 창궐의 시기에 한국교회는 유의미한 사회봉사나 의료봉사를 펼침으로써 공공선을 주창하는 하나님의 공교회다운 모습을 충분히 드러내지 못했다. 그 결과 코로나19 사태는 사회에 대한 교회의 영향력을 더욱 쇠락시키는 계기가 되어 버렸다.

하지만 점점 뚜렷하게 드러나는 한국교회의 사회적 위상 약화를 코로나19 탓으로만 돌리기에는 한국교회 안에는 근본적이고 구조적인 병폐가 내재되어 있다. 바로 성령의 역사가 현저하게 희소해지고 있다는 것이다. 지난 16년 동안 거룩하신 하나님 현존에 대한 교회와 그리스도인들의 영적 감수성과 민감도가 크게 낮아지고 있는 추세는 부인하기 힘들다. 이것은 몇몇 신자들의 비관적인 평가가 아니다. 기독교 윤리 실천 운동, 기독교 사회연구소의 연례 리포트뿐 아니라, 여러 교회들의 내부 조사나 교회 밖 공신력 있는 기관들의 여론 조사와 연구들 모두에서 한국교회와 목회자 신인도가 10퍼센트 전후인 최악의 지표를 기록했다. 이런 상황에서 깨어 있는 하나님의 자녀들에게는 한국교회가 사도행전의 성령이 주도하시는 교회로부터 수만 광년 떨어져 있다는 두려움이 몰려든다.

유하 시인의『바람 부는 날에는 압구정동에 가야 한다』[1]의 첫 시「오징어」[2]는 "빛을 표방하는 공동체인 교회가 영혼을 사냥하고 포획하는 어둠의 세력"임을 개탄한다. 오징어 배는 오징어를 잡기 위해 밝은 빛을 켜놓고, 그 빛을 보고 몰려드는 오징어 떼를 사정없이 포획한다. 문학 특유의 과장과 풍자가 깃든 시이긴 하지만, 이 시는 기독교 신앙을 통조림 퍼마시듯이 대량 소비하는 일부 대형교회들의 대중문화가 된 기독교를 은근히 야유한다. 시인이 보기에 교회는 '내세 영생 보증'을 팔아, 영생을 갈망하는 사람들을 모아 포획한다. 빛을 환하게 켜놓고 중산층 종교 소비자들의 영혼을 압구정동의 대중적 욕망 충족 문화에 순치시키는 것처럼 보인다. 물론 유하의 시가 야유하는 것보다 훨씬 더 좋은 교회들도 있다. 기형도 시인의 1989년 시집 『입 속의 검은 잎』에 실린 「우리 동네 목사님」이 묘사하는 자애로운 목사님들도 많고 언론과 풍자 시인들의 시선이 닿지 않는 곳에서 사랑과 정의를 실천하는 좋은 교회들도 존재한다. 다만 안타까운 것은 "큰소리로 기도하거나 손뼉을 치며 찬송하는 것만이 전부가 아니다" "성경이 아니라 생활에 밑줄을 치라"고 설교하는 목회자와 교회들이 한국교회를 대표하지 못한 채 은닉되거나 주변화되어 있다는 사실이다.

이런 이유로 최근 10여 년 동안 세계적으로 흥행한 '한류' 영화나 드라마들은 한국교회의 치부와 타락상을 여러 모양으로 예시하고 있는 것처럼 보인다. 최근 국내 영화나 드라마 등 다양한 매체에서 '교회 다니는 사람'은 악역이거나 불의에 가담한 인물들로 나오는 것을 심심찮게 볼 수 있다. '교회'와 '그리스도인'에 대한 외부의 시선이 지극히 냉랭하고 부정적인 바로 이런 상황에서 『사도행전』 개정증보판을 상재上梓하게 되었다.

이 개정증보판은 초판에 비하여 아브라함에게 주신 선민 이스라엘의 사명이 어떻게 어떻게 성취되는지를 훨씬 세밀하게 기술하고 있다. 사도들이 천하 만민에게 가서 외친 복음은 아브라함의 후손으로 말미암아 천하 만민이 하나님의 영생식탁으로 초청받을 것이라는 복음이었다.갈 3:8-28 예수 그리스도의 하나님 나라는 아브라함에게 약속하신 "큰 민족", "강대한 나라" 그리고 "공의롭고 큰 나라"의 완성체였으며, 예수 그리스도의 보혈로 사신 바 된 교회는 이 아브라함을 통해 약속되고 그의 후손 예수 그리스도를 통해 완성된 나라의 전위이다. 아브라함이 받은 큰 민족, 강대한 나라의 비전은 모세에게 와서 거룩한 백성이며 하나님과 천하 만민을 중개할 제사장들의 왕국 비전으로 발전되었다. 나사렛 예수는 아브라함의 '고이 가돌'(큰 민족)의 비전과 모세의 거룩한 백성과 제사장들의 왕국 비전을 집약해서 '하나님 나라' 비전으로 완성시켰다. 열두 사도와 사도 바울은 이 하나님 나라가 종말의 완성시점까지는 주 예수 그리스도가 대리 통치하는 "주 예수의 나라"로 존재한다는 것을 강조하기 위해 주 예수 그리스도의 복음을 증거했다. 사도들은 아브라함, 모세와 예언자들, 그리고 그리스도를 통해 이 땅에 들어선 하나님 나라에 천하 만민을 초청하러 다닌 그리스도의 증인들이자 사신使臣이었다. 이런 중심주제를 부각시키는 개정증보판 단권 사도행전 주석서는 구체적으로 네 가지 특장特長을 갖고 있다.

첫째, 본서는 '최초의 교회들의 영광, 사회적 위상, 그리고 하나님 나라의 전위대 사명'을 집중적으로 부각시킨다. 16년 전 한국교회가 그토록 열망했던 영적 갱신과 부흥, 그리고 한국교회 영광의 회복을 염원하는 독자들의 마음에 위로와 소망이 되기를 기대하면서 본서를 출간한다. 본서는 시종일관 교회의 본질은 성령에 사로잡힌 채 성령의 인도를 받으며 하나님을 향해 높아진 거짓되지만 견고해 보이는 모든 진지들을 돌파하며, 마침내 가이사의 궁궐까지 거룩하게 진격하는 데 있다는 것을 밝힌다. 특히 13장부터 19장까지 바울 사도의 이방교회 개척사역을 당시 헬라화된 도시가 받았을 법한 충격의 빛 아래서 해석하고 있다. 바울의 이방 선교 사역의 본질이 이방인의 우상숭배를 혁파하고 살아가신 아버지 하나님께로 돌이키게 하는 사역임을 부각시킨다.

둘째, 본서는 1권1-8장과 2권9-28장으로 나눴던 초판을 대폭 수정하고, 더 깊은 해석을 담은 사도행전 주석서이다. 사도행전 본문을 균등하게 다루지 못했던 초판과는 달리, 본서는 사도행전 헬라어 원문을 바탕으로 모든 장, 모든 단락을 균등하게 해석하고 해설하고 있다. 매 장, 절마다 헬라어 원문을 충실히 읽고 개역개정과 비교하여 자세하게 주석함으로써, 훨씬 상세하고 정확한 해석을 제공한다. 아울러 지도를 통해 사도들의 선교 여행 경로를 선명하게 표시하고 주요 선교 거점 도시들에 대한 해설을 제공했고, 책의 결론부에서는 사도들이 로마제국 속주령 도시들에서 증거한 케뤼그마의 핵심을 도표로 일목요연하게 정리했다.

셋째, 필자는 사도행전 본문을 읽으면서 설교자나 성경 교사, 혹은 사도행전 애독 교우들이 제기하는 질문들에 응답하는 마음으로, 난해하거나 애매모호한 구절들에 대해서도 진지한 해석을 제공하려고 애썼다. 특히 본문 '주석' 뒤에는 각 장의 주석을 요약하는 '메시지'를 추가하여 특정 주제 혹은 구절에 대한 목회적, 신학적 성찰을 덧붙였다. '메시지'는 독자들의 매일 묵상이나, 설교자들의 설교 주제 선택에 도움이 되기를 기대한다.

넷째, 초판이 나온 이후에 출간된 사도행전 주석서, 단행본, 논문 등의 성과를 반영하고 있다. 본서를 집필하면서 참고했던 최신 사도행전 연구 자료 및 서지 정보 등을 참고문헌이나 각주에 붙여 두었다. 하지만 제일 중요한 사실은 본서의 주석적 깨달음과 메시지는 2차 자료들에서 편취한 것이 아니라, 대부분은 헬라어 원문 번역과 주석을 통해 얻어진 것들이라는 것이다. 원문 번역과 주석에 치중하느라고 최신판 사도행전 연구서나 주석서들을 원하는 만큼 널리 참조하지는 못했다.

2007년 초판 강해서에서도 느꼈지만, 이번 개정증보판도 여전히 불완전하게나마 출간한다는 안타까움을 느끼며 『사도행전』 개정증보판을 출간하게 되었다. 이 안타까움은 세 가지 이유에서 연유한다.

첫째, 하나님의 영감받은 말씀인 성경 자체의 깊이 때문에 인간 저자는 하나님 말씀을 재생하는 데 역부족을 느낀다. 아무리 최선을 다했다고 해도 늘 부족함을 가진 채 출판할 수밖에 없다. 성경 본문을 어느 각도에서 만나고 읽느냐가 중요한데 어떤 성경 해석자도 모든 각도를 다 반영하지 못한다는 한계를 절감하면서 본서를 상재한다는 것이다. 해석자의 하나님 인식과 경험은 단편적이고 부분적이다. 전체이신 하나님을 계시하는 성경 본문은 이렇게 파편적이고 제한적인 주석자들에게 거대한 신비이다.

둘째, 하나님을 아는 지식과 충성심이 많이 부족한 저자 자신의 역량 부족에서 오는 아쉬움이다. 헬라어 원문 지식은 교부들이나 16세기 종교개혁자들에 비하여 모자라지 않지만 하나님에 대한 충성심과 사랑이 부족하기에 저자는 원하는 만큼 사도행전 본문에서 하나님의 마음을 다 포착해내지 못했다.

셋째, 사도행전에 관한 많은 선배와 동료 학자들의 연구들과 통찰들을 본 주석서 안에 다 담지 못했기 때문이다. 고전적인 사도행전 주석서들과 연구서들은 물론, 최신 연구들까지 다 망라해 주석서를 썼더라면 지금보다 더 충실한 주석서를 출간할 수 있었을 것이다. 책의 일관성과 독창성을 살리려고 하다가 혹은 시간이 여의치 못해 2차 자료들을 다 참조하지 못한 것은 아쉬움으로 남는다. 그럼에도 불구하고 올해 9월에 송도 4차 국제로잔대회를 준비하는 박영호 목사가 쓴 『사도행전 선교적 읽기』는 참조할 만하다. 이 책은 본서와 크리스토퍼 라이트의 『하나님의 선교』와 거의 같은 관점으로 사도행전의 핵심 메시지를 잘 부각시킨다. 비록 전통 주석서는 아니며 간결한 성경공부 안내서로 쓰여졌으나 이 책은 하나님의 통전적 선교의 관점에서 사도행전의 결정적 장면들을 잘 해석하고 있다. 이런 좋은 책들을 두루 섭렵하여 본 주석서에 반영했더라면 하는 아쉬움을 느낀다. 장차 올 후세대 학자들이 이런 한계를 극복하여 더 좋은 사도행전 주석서를 출간할 수 있으리라는 기대감으로 불완전하지만 본서를 상재한다.

한국교회와 그리스도인들이 사도행전을 깊이 공부하고 연구함으로써 얻을 수 있는 가장 큰 유익은 교회의 본질을 회복하고 세상을 향한 복음의 증인으로 갱신될 수 있다는 믿음이다. 교회는 십자가에 달려 죽으시고 부활하여 하나님 우편 보좌에 앉아 지금 세상과 교회를 다스리시는 주 예수 그리스도를 믿는 신앙공동체이면서도 성령의 권능을 받아 복음을 듣지 못한 모든 땅끝 사람들에게 달려가는 사랑 실천 공동체이다. 정통 기독교회는 말로 복음을 선포하며 삶과 사역으로 그 복음을 증명하는 증인들의 공동체이다. 본 사도행전 주석서가 이렇게 멋진 교회의 본질을 회복하는 데 기여하기를 고대한다.

복 있는 사람 박종현 대표와 본서의 처음부터 끝까지 헬라어 원문 대조는 물론 가독성을 개선하기 위해 많은 유익한 제안들을 해준 김윤정 박사에게 감사드린다. 복 있는 사람의 본서 편집자로서 마지막까지 최선을 다해 헌신한 김하종 편집자에게도 깊은 감사를 드린다. 마지막으로 최종 원고의 시종을 꼼꼼하게 검토했을 뿐만 아니라, 주석의 논리적 정합성과 신학적 타당성 등에 대해 건설적 제안을 아끼지 않았던 아내 정선희에게 감사를 드린다.

2024년 8월 우면산 아래에서

김회권

초판 서문

사도행전은 하나님 앞에서 역동적인 삶을 살 수 있도록 끊임없이 격려할 뿐 아니라, 역사 속 교회의 사역에 대한 확고부동한 믿음을 심어 주는 책이기 때문이다. 사도행전은 현실 교회의 영적 퇴락과 파행을 보고 절망할 때 우리가 '되돌아가야 할 샘의 근원'ad fontes을 많이 담고 있다. 사도행전은 지상의 교회를 이상화하지 않으며, 교회의 주主와 머리首 되시는 예수 그리스도의 왕권과 성령의 부단한 사역에 초점을 맞춘다. 또한 교회의 미래와 인간 역사의 종국이 어떻게 될 것인지에 대한 조망도 제시한다.

사도행전은 구약 1,500년 동안 선민選民 이스라엘을 중심으로 진행되는 듯 보였던 하나님 나라 운동이 궁극적으로 만민萬民의 구속을 위한 선민의 역사였음을 결정적으로 보여준다.[1] 그 옛날 이사야 선지자가 예고한 것처럼, 열국을 위해 시온산에서 대향연을 베푸실 것이라는 하나님의 약속이 성취되는 상황을 생생하게 보여준다. 사 25:6 사도행전은 이사야가 예언한 열방 구원 계획의 궤적을 추적해 가면서, 지중해 일대의 열방 족속창 10-11장이 어떻게 만민을 위해 1,500년에 걸쳐 숙성되고 발효된 극상품 포도주, 곧 구원의 새 포도주에 취해 가는지를 보여준다. 사도행전의 관점에서 보면, 1,500년간 선민 이스라엘 속에 구현된 하나님의 구원사를 추적한 구약성경은 열방의 구원을 위해 포도주를 빚고 발효시키는 준비 과정이었다.사 5:1-7; 사 25:6-8; 요 2:1-11 따라서 예수께서 갈릴리 가나에서 공생애 첫 표적으로 포도주를 만드신 사건은 결코 우연이 아니었다. 그것은 예수께서 십자가에 못 박혀 돌아가실 때 그 옆구리에서 물과 피를 쏟으실요 19:34; 요일 5:6-8; 비교. 요 6:53-56 사건의 전주곡이었던 것이다. 사도 요한은 바로 그 물과 피가 구원의 새 포도주를 상징한다고 해석했으며, 다른 복음서 기자들도 예수께서 흘린 그 피가 새 포도주임을 확증한다.마 26:27-28; 막 14:24; 눅 22:20

교회는 이 세상을 위해 희생의 피를 흘리도록 재배되고 있는 포도원이다.요 15:1-16 이런 점에서 교회는 그리스도의 몸이다. 뻥 뚫린 옆구리에서 물과 피를 쏟으신 예수처럼, 교회는 이 세상을 향해 물과 피를 쏟는 거룩한 상처를 안고 있어야 한다. 이것이 바로 교회를 통해서 계속되는 하나님 나라 운동이다. 그리스도의 몸인 교회의 옆구리에서 부단히 쏟아지는 물과 피는 복음이요 성령이다. 성령 충만한 그리스도인의 선포와 삶을 통해 하나님을 대항하여 반역 중인 이 세상 한복판에 하나님의 다스림이 확산되고 침투된다. 그로 인해 이 세상 나라와 집단과 개인들은 예수 그리스도의 통치 아래 복속될 것이며, 창조적인 해체를 경험하게 될 것이다. 이처럼 사도행전은 하나님 나라의 완성이라는 시좌視座에서 세계 역사를 조망하며, 그 안에서 활동하는 개인들의 사명에 주목한다.

본서는 이 같은 '하나님 나라 신학'의 관점으로 사도행전 1-28장을 전체를 해석한 주석서이다.[2] 하나님 나라는 "하나님의 말씀이 흥왕하여 세력을 얻는" 공동체이다.행 19:20 하나님 나라는 하나님의 말씀이 순종되고, 복종되어 "현실"이 되는 세계다.시 103:19-22 하나님 나라는 개인의 마음부터 다스리기 시작하여 세상 모든 영역을 다스린다. 시장, 일터, 감옥, 그리고 세상 군왕들의 궁궐과 이방신들의 신전까지 다 거룩하게 정복하여 통치한다. 하나님 나라는 성령과 성령의 감화 감동을 받은 사도들이 선포하는 복음에 의해 개인, 도시, 나라, 제국, 그리고 온 천하에 통치권을 확산한다. '하나님 나라 신학'으로 성경을 읽는다는 것은 하나님의 말씀이 이처럼 인간과 인간의 역사를 복속시켜 가는 과정을 부각시키는 성경 읽기다. 그것은 곧 공평과 정의를 인간 역사 속에 실현하시려는 하나님의 목적과 의도창 18:19; 삼하 8:15의 빛 아래서 성경을 읽는 것을 의미한다. 이것은 성경과 기독교 복음이 단지 교회와 그리스도인들만을 위한 선물이 아니라, 온 누리의 만민을 위한 선물임을 강조하는 성경 읽기이다. 기독교 신앙의 공공성과 역사성을 부각시키고자 하는 성경 읽기이다. 성경에서 영혼 구원의 원리만을 찾는 것이 아니라, 이 땅에서 벌어지는 정치·경제·국제관계 등의 공적 영역 속에 성경적 원리와 가치를 뿌리내리게 하고 실현시키려는 성경 읽기다.[3] 이러한 하나님 나라 중심의 성경 읽기를 시범으로 보여주신 분이 예수 그리스도이시다.

나사렛 예수는 하나님 나라를 이 땅과 우주 안에 세우시려는 하나님 아버지의 뜻에 순종하시기 위해 이 땅에 오신 하나님의 독생자이시다. 하나님 사랑과 이웃 사랑을 위한 부단한 자기부인을 통해 자신의 인격과 삶 속에서 하나님 나라와 하나님의 통치를 온전히 경험하고 구현하신 분이다. 좀 더 구체적으로 말해서, 하나님 나라 신학의 관점으로 성경을 읽는다는 것은 예수 그리스도의 자기 희생적 죽음과 순종을 통해 하나님의 통치권이 구현되는 원리에 입각해서 성경을 읽는 것이다. 하나님 나라 신학으로 성경을 읽는다는 좁은 의미의 구속사적救贖史 성경 읽기를 극복하려는 시도이다. 좁은 의미의 구속사적 신구약 성경 읽기는 하나님 나라의 차안적이며 현실적 함의를 간과한 채, 세상 탈주적인 영혼 구원, 개인 구원 관점에서 성경을 읽으려는 시도를 극복하는 성경 읽기이다. 사도행전은 이러한 '하나님 나라 신학'을 총천연색으로 다채롭게 보여준다.

사도행전에서 '하나님 나라'는 자기를 비워 십자가에서 죽기까지 순종하고 부활하고 승천하신 예수 그리스도의 순종을 통해 매개되고 구현된다. 주와 그리스도로서 하나님 우편 보좌에 앉아 세상과 교회를 통치하시는 예수 그리스도는, 성령을 보내시고 제자들을 사도적 증인으로 무장시키셔서 세계로 파송하신다. 성령 충만한 제자들을 통해 예수 그리스도의 공생애 사역은 전 세계로 확장된다. 제자들의 순도 높은 자기희생적인 순종이 증가할수록, 하나님 나라의 통치권(영토)은 그 질과 양에 있어 모두 확장되고, 이 세상을 지배하는 것처럼 보이는 사탄의 권세는 축소되고 약화된다.

본서는 하나님 나라에 대한 열망을 품은 필자의 영적靈的 전기傳記와 맞물려 비교적 오랫동안 준비되고 선포된 설교들로부터 시작되었다. 1979년 10월경에 예수 그리스도의 복음을 듣고 하나님께 돌아온 이래로, 사도행전은 내게 끊임없는 영감과 활력의 원천이 되어주었다. 그동안 '하나님 나라 신학'의 관점에서 사도행전을 읽도록 영감을 주는 책들은 나의 사도행전 읽기에 박차를 가해 주었다. 신앙생활 초기에 읽었던 마이클 그린Michael Green의 『초대교회의 전도』*Evangelism: Now and Then*라는 책은 사도행전에 나타난 "하나님 나라"의 역사 창조력과 문화 변혁력을 인상적으로 가르쳐 주었다.[4] 그 후로 프레데릭 브루스F. F. Bruce의 『초대교회 역사』*The Spreading Flame*[5], 존 스토트John R. W. Stott의 『사도행전 강해』*The Message of Acts: To the Ends of the Earth*[6], 스티븐 니일Stephen Neill의 『기독교 선교사』*A History of Christian Missions*[7], 알리스터 맥그라스Alister McGrath의 『기독교, 그 위험한 사상의 역사』*Christianity's Dangerous Idea*[8] 등을 읽으면서 사도행전에 대한 이해를 깊게 할 수 있었다. 마지막으로, 폴 스티븐스R. Paul Stevens와 마이클 그린이 공저한 『그분의 말씀 우리의 삶이 되어』*Living the Story*도 사도행전에서 펼쳐지는 하나님 나라의 역동적인 모습을 잘 포착하고 있다.[9] 이런 책들은 사도행전이야말로 구약 1,500년 역사의 완성이라는 깨달음을 심화시켜 주었고, 나의 사도행전 이해를 한층 풍요롭게 해주었다.

하나님 나라 선교의 관점에서 사도행전을 이해하는 데 가장 유익한 책으로는 크리스토퍼 라이트Christopher Wright의 『하나님의 선교』*Mission of God* 『하나님 백성의 선교』*The Mission of God's People*라는 두 책이 있다. 이 두 책은 기독교 선교의 두 축인 개인 복음 전도와 사회 정의를 동시에 추구하려고 천명했던 세계복음주의자들의 1974년 로잔언약 5항을 해설하는 책이라고 볼 수 있다. 라이트의 이 두 책은 창세기부터 요한계시록까지 성경의 중심 서사敍事를 천하 만민을 하나님의 복으로 초청하는 아브라함의 언약 성취자인 예수 그리스도와, 주 예수 그리스도의 복음을 지중해 일대의 열방들에게 증거한 바울의 선교활동을 이어받는 하나님 백성의 분투를 자세히 증언하고 있다. 비록 사도행전 주석서는 아니지만, 이 두 책이야말로 사도행전 이해에 가장 유익한 책이다.

필자의 대부분의 책처럼 본 주석서도 오랫동안 구두선포되었던 메시지를 중심으로 착상되고 기획되었다. 2001년에 김진홍 목사가 시무하던 구리두레교회에 부목사로 부임하자마자, 사도행전 말씀으로 새벽기도회를 인도했다. 같은 해 겨울 영락교회 대학부 수련회(이재환, 이호 목사 담당)에서 말씀을 전하면서부터 본격적으로 사도행전을 강해하기 시작했다. 2004년 가을 대구 삼덕교회(김태범 목사) 청년부(황예레미야 목사) 사경회 때도 사도행전의 '하나님 나라 운동'에 대해 강의했다. 이 두 교회 청년들에게 선포한 사도행전 메시지의 알짬이 본서의 사도행전 1-3장 강해에 잘 정리되어 있다.

본서에 담긴 길고 자세한 사도행전 강해는 대부분 2005년에 이루어졌다. 2005년 8월에 열린 "성경한국 대회"에서 사도행전1-5장, 19장을 강해했고, 그해 여름에 미국 샌디에이고 연합교회(강용훈 목사)에서도 사도행전을 강해했다. 2006년 8월에는 워싱턴 한인교회(김영봉 목사)에서 사도행전을 본문으로 부흥사경회를 인도했고, 같은 해 여름 플로리다 게인스빌 한인침례교회(손희영 목사) 여름 수양회에서도 사도행전을 강의했다. 그리고 마지막으로 지난 4년간2002-2006년 섬겼던 일산두레교회 교우들은 나의 사도행전 연구 도상에서 만난 동역자였으며, 나의 하나님 나라 신학에 입각한 성경 강해에 소중한 격려와 지지를 보여주었다. 이처럼 사도행전은 언제 어디서 읽고 강해해도 항상 새로운 울림과 감동으로 나의 마음을 사로잡았다. 지난 수년 동안 사도행전에 몰두하고 강해하면서 도취와 희열 속에서 하나님의 말씀을 대언할 수 있었고 여전히 계속되는 사도행전의 역사에 붙잡힌 자의 보람과 고투를 동시에 맛보았다.

본서가 나오기까지 도와주신 여러분들에게 감사드린다. 집중된 시간을 확보하지 못해 늦어지는 원고를 기다리며 격려와 후원을 아끼지 않은 복 있는 사람의 박종현 대표, 편집을 책임진 박명준 형제님, 그리고 모든 실무진에게 감사를 드린다. 최종 교정본을 꼼꼼하게 읽어 줌으로써 훨씬 더 신뢰할 만한 책이 되도록 도와준 양진일 목사님에게도 감사드린다. 원고의 초안부터 성경 구절까지 세세히 찾아가며 교정을 도와준 이범진 형제, 박정현 자매, 안은애 자매, 김윤경 자매, 이밀알 자매, 한민아 자매에게 감사를 드린다. 마지막으로 내 모든 원고의 검열관이며 사랑하는 친구이자 아내인 정선희 자매에게 감사드린다. 벌써 한 품에 안을 수 없을 만큼 자라서 대학생이 된 사랑하는 딸 하은이와 어느덧 청년으로 자라나 아빠의 친구가 되어 버린 아들 소은의 사랑과 지지에도 고마움을 전하고 싶다.

2007년 11월

김회권

들어가며 1

: 하나님 나라 신학으로 읽는 사도행전

1. 로마 지성 사회에 던져진 충격적인 반反영웅전, 누가복음-사도행전

사도행전은 누가복음의 속편續篇으로서, 두 책 모두 데오빌로Theophilus [1]에게 보내는 기독교 신앙 기원 해설 문서이다. 누가복음은 로마제국의 속주 시리아의 일부인 유대 지방에서 일어난 한 십자가 처형 사건이 어떻게 강력한 구원의 복음으로 확장되었는지를 연대기적으로 해설하며, 유대교의 한 분파처럼 보였던 기독교가 어떻게 로마제국의 심장부까지 진출하게 되었는지를 드라마틱하게 보여준다. 당시 로마 지성인들이 주로 읽었던 책은 그레코-로만의 문학, 철학, 종교 서적들이었을 것이다. 대표적인 작품으로는 주전 8세기 그리스 시인 호메로스Homeros가 남긴 『일리아드』, 『오딧세이』, 헤시오도스Hesiodos의 『신통기』, 플라톤Plato의 『국가』, 『티마이오스』, 스토아Stoa 학파의 저서들, 투키디데스Thucydides와 헤로도토스Herodotos의 『역사』, 로마 건국을 기록한 티투스 리비우스Titus Livius의 『로마사』, 아리스토텔레스Aristotle의 『니코마코스 윤리학』, 그리스 역사가인 플루타르코스Plutarch가 쓴 『그리스-로마 영웅전』, 로마제국의 기원을 주전 12세기 트로이 전쟁으로부터 발원한 것으로 보는 로마 건국 대서사시인 베르길리우스Publius Vergilius Maro, 주전 70년-주후 19년의 『아이네이스』 등이 있다.[2]

이 작품들은 한결같이 남성적 근력이 최고로 발달하고, 권력 의지가 충천하여 한 나라를 세우거나 융성케 한 황제나 장군을 주인공으로 내세운다. 이런 강한 권력 의지와 능력으로 가득 찬 영웅들이 지배하던 로마 사회의 독서계에 누가복음과 사도행전은 너무나 낯선 모습의 주인공을 내세운다. 하나님의 대리자 그리스도라 불리는 나사렛 예수는 자발적인 무능력과 겸손으로 무장한 반反영웅적 인물이었다. 그는 어떠한 제왕적 권력 없이 사랑과 온유, 용서와 겸손으로 모든 사람을 하나님께 인도하며, 그들의 마음을 감미롭게, 그리고 영원히 통치하는 왕이었다. 로마제국의 영웅주의 문학에 친숙한 로마 지성인 '데오빌로'가 비록 가상의 독자라고 할지라도, 그는 충격과 당혹 속에서 누가복음과 사도행전을 읽었을 것이다.

2. 사도행전의 메시지와 구조

신약성경의 가장 초기 문서인 바울의 초기 서신들(데살로니가전후서)의 중심 주제는 임박한 재림신앙이다. 그러나 베드로후서 3:4-9이 보여주듯이 재림신앙은 예수의 지연되는 재림 때문에 초기 기독교 공동체에서 퇴출당할 처지에 놓였다. 그때 재림신앙을 회복시키면서 재림을 준비하기 위한 교회의 사명을 각성시키는 신학이 출현했는데, 그것이 바로 누가복음-사도행전이 담고 있는 '세계 선교 신학'이다. 누가복음-사도행전에 따르면 예수가 교회를 세운 시점은 엄밀히 말하면 종말의 때가 아니라, 종말을 예고하는 시점에 일어난 사건이다. 또한 그리스도 예수의 십자가 죽음과 부활 사건은 나머지 역사적 사건들에 의미를 부여하고 모든 개별 사건들을 하나님 나라의 완성점으로 귀결시킨다는 점에서 그리스도는 시간의 중핵中核인 것이다.[3] 시간과 역사의 중심이 된 예수 그리스도의 복음은 세계만방으로 퍼져나가 그리스도의 하나님 우편 보좌 등극을 알린다. 사도행전 2:22-34은 이 진리를 기승전결 구조로 정리한다. 사도행전은 로마제국 총독 빌라도에게 처형당한 나사렛 예수가 주와 그리스도가 되어 이 세계를 통치한다는 복음을 전파한다. 그리스도의 통치 범위는 온 천하 만민이기 때문에 그의 복음은 로마제국을 거쳐 땅끝까지 전파되어야 함을 역설한다. 그런데 기독교의 초기40-70년에는 예수 그리스도의 재림을 통한 천지개벽적인 새 세계 창조에 대한 열망이 기독교인들을 사로잡았다. 그러나 로마제국의 침략으로 인해 이스라엘 민족이 거의 전멸하고 예루살렘 성전이 파괴되는 대파국적 환난이 닥칠 때까지도마 24장; 막 13장, 66-70년 그리스도의 재림은 일어나지 않았다. 그때 비로소 초기 예루살렘 교회와 바울 교회 공동체는 예수께서 승천하실 때, 재림과 함께 "천하 만민에게 가서 복음을 전하며 제자 삼으라"는 지상 명령the great commission, 행 1:8; 마 28:18-20을 강조하셨음을 상기하며, 천하 만민을 주 예수 그리스도의 나라에 초청하여 복속시키는 세계 선교에 온 열정을 쏟기 시작했다.

결국 이 세계 선교 신학은 임박한 재림신앙의 퇴조기에 초기 기독교 공동체를 역동적으로 변모시킨 중요한 신학이었다. 이런 점에서 누가복음-사도행전의 세계 선교 신학은 예수처럼 자기 십자가를 지고 따르는 제자도를 강조하는 복음 신학과, 주 예수의 복음을 믿고 구원받는 것을 강조하는 바울 신학의 간격을 좁히는 데 큰 역할을 했다. 앞서 언급했듯이, 복음서가 신약성경의 맨 앞에 위치하지만 가장 먼저 저작되어 회람된 것은 바울 서신들이다.50년대 바울 서신은 복음서가 집필되던 시기보다 약 20-30여 년 전 교회의 상황을 반영한다. 주로 이방인 중심의 교회에서 회람된 바울 신학은 믿음으로 말미암아 의롭게 되는 이신칭의以信稱義를 강조하는 신학으로서, 불신자들을 기독교에 입문시키기 위한 기초 신학이었다. 그러다 보니 바울 신학은 바울 자신도 시인하듯이, 유대인 사도들이나 신자들의 관점에서는 율법 준수에 대한 강조가 약하다는 비판을 촉발시켰다.롬 3:1-8

바울 서신보다 약 20여 년 이상 늦게 저작된 복음서들은 바울 신학이 초래할 수도 있는 부정적 여파를 차단함과 동시에 바울의 선포를 보완하기 위한 복음서 신학, 곧 '예수 모방 신학'을 제시한다. 즉 복음서는 개인 구원보다는 하나님(메시아) 나라에 초점을 맞추며, 그분의 통치를 두드러지게 강조한다. 그와 달리 바울 신학은 임박한 재림신앙, 곧 십자가와 부활에 참여함으로써 맛보는 자아갱신과 성화聖化에 초점을 둔다. 즉 바울 서신은 개인적, 실존적 의미의 구원에 집중한다. 우리는 '하나님 나라'(하나님 통치)에 참여하기 위해 혈과 육을 십자가에 못 박고 거듭 태어나야 하며, 그것은 그리스도 예수의 십자가와 부활을 믿고 세례를 받음으로써 가능하다. 바울 신학의 테제는 이러한 구원론이 온누리에 퍼질 만한 가치가 있다는 것이다. 사도행전 또한 누가복음의 속편으로서 온 세계에 전파될 만한 가치가 있는 복음, 곧 온 인류를 위한 예수의 복음을 제시한다. 바로 이 지점에서 누가복음-사도행전 신학은 복음서 신학과 바울 신학을 연결하는 중요한 고리가 된다. 이 두 책에서 공관복음서가 강조하는 '하나님 나라 신학'은 "회개와 죄사함의 복음이 천하만민에게 전파되어야 한다"는 것을 강조하는 바울 신학과 일치되기 때문이다.[눅 24:47; 행 1:8]

3. 사도행전 신학의 메시지

사도행전은 기독교 복음의 세계적 확장의 근거와 목적을 천명하는 대헌장이다. 특히 사도행전 1:1-8[눅 24:24-49]은 2,000년 기독교 역사를 추동시킨 견인차 역할을 했다. 이 구절에 근거하여 기독교회는 자신의 경계를 넘어 미지의 세계를 향한 모험적인 진출을 감행해 왔다. 그러나 때때로 그것은 타 문명을 정복하고 개명開明시킨다는 제국주의 이데올로기와 제휴하기도 하고, 때로는 복음을 위해 자신의 목숨을 순교의 제단에 바친 이름 없는 순교자의 등불이 되기도 했다. 이처럼 기독교회는 사도행전 1:8과 마태복음 28:18-20에 근거하여 전 세계를 향하여 끝없는 원심遠心운동을 해 왔다. 성경적 의미의 선교는 나(자아) 중심성에서 타인의 유익과 필요로 우리의 관심이 옮겨 가는 여정이다. 하나님의 구원을 필요로 하는 타 민족에게 예수의 부활을 증거하고 부활의 가치를 체현하는 삶이 선교인 것이다. 그러나 지난 2,000년 교회사에서 수행된 선교 운동이 이 정통적인 사도행전의 선교에 어느 정도 충실했는지 자문했을 때, 자신있게 "그렇다"고 대답하기는 어렵다.

사정이 이러함에도 안타까운 사실은 오늘날 많은 기독교인은 복음의 진리성에 대한 내적 확신을 잃어가고 있다는 점이다. 이는 우리가 사는 세계에도 악영향을 미칠 것이다. 왜냐하면 기독교는 썩어져 없어질 혈과 육의 가치의 죽음을 선언하고, 예수를 따르는 선한 삶의 가치를 증거하는 운동이기 때문이다. '예수 믿는' 행위는 예수의 죽음과 부활에 참여함을 의미한다.[롬 6:3-5; 갈 2:20] 우리가 성령의 권능에 사로잡히면, 예수 그리스도가 우리 안에서 무한대로 커지고, 우리는 옛 자아(이기심, 탐욕, 지배욕, 독점욕, 허무주의)의 죽음을 경험한다. 이처럼 하나님께서 부활의 진리를 직접 경험하여 확신을 가진 증인들을 파송하여 이 땅에 하나님 나라를 이루어 가심이 바로 사도행전이 보여주는 정통 선교의 모습이다.

피상적으로 보면 예수의 세계 선교 명령[마 28:18-20; 행 1:8; 눅 24:47-48]은 제국주의적 정복을 정당화하거나 장려하는 것처럼 보인다. 하지만 그 명령은 천하 만민의 유익을 위해 선교에 투신된 사람들을 피선교지 사람들을 위한 사랑의 노예로 만든다.[막 10:41-45; 갈 5:13] 세계 선교는 성령의 권능을 받은 사람들의 운동이기 때문이다. 따라서 성령의 권능으로 자기 욕망의 축소와 부정을 맛본 사람만이 다른 사람의 필요를 위해 자신을 부인하는 선교에 참여할 수 있다. 우리는 앞으로 온 세계 만민을 위한 하나님의 위대한 선교 여정을 보여줌과 동시에, 우리를 그 선교에 초대하는 책, 사도행전을 살펴볼 것이다. 먼저 그 구조는 다음과 같다.

사도행전의 구조

I. 세계 선교 신학의 대헌장1:1-8

II. '하나님 나라' 실현의 대리자인 오순절 성령 강림: 예루살렘과 유대 선교2-6장

III. 박해받는 예루살렘 교회: 사마리아 선교7-8장

IV. 세계 선교를 위한 하나님의 예열9-12장

1) 복음의 변속기어인 바울9장

2) 협량한 유대주의적 세계관의 붕괴를 맛보는 베드로10장

3) 박해받는 예루살렘 사도 공동체11-12장

V. 세계로 뻗어가는 복음 운동13-28장

1) 수리아 안디옥 교회의 탄생13장

2) 사도 바울과 바나바의 제1차 선교 여행13-14장

3) 제1차 사도 공의회15장

4) 사도 바울의 제2차 선교 여행16-18장

5) 사도 바울의 제3차 선교 여행19-20장

6) 사도 바울의 예루살렘 복귀와 체포, 억류, 재판, 로마 황제 직소 재판 신청21-28장

I. 세계 선교 신학의 대헌장[4] •1:1-8

이 단락은 누가복음-사도행전의 저자가 수신인 데오빌로에게 누

가복음-사도행전 저작의 이유를 설명한다.[눅 1:1-3; 행 1:1-3] 3절은 예수의 공생애 사역의 알파와 오메가가 '하나님 나라'였음을 다시 한 번 상기시킨다. 4-5절은 성령 강림에 대한 예수의 약속을 들려주는데, 예수께서는 제자들이 하나님께서 약속하신 성령을 받기 위해서는 예루살렘을 떠나지 말고 기다릴 것을 분부하신다.[눅 24:49] 6-8절은 제자들의 사명 선언문으로서, 그들이 이스라엘의 정치적 회복만을 열망하기보다는 하나님 나라의 세계적 확산에 투신하라고 말한다. "오직 성령이 너희에게 임하시면", 곧 하나님의 역동적 다스리심이 시작되면 제자들은 정치적 구심求心 운동이 아닌, 영적인 원심遠心 운동에 참여하게 되리라는 말씀이다.

이 단락과 관련이 있는 누가복음 24:47은 하나님 나라(통치)의 세계적 확산이 '죄 사함을 얻게 하는 회개 운동'임을 증거한다. 성령의 권능이 임하면 오히려 이스라엘의 정치적 독립이 아니라, 온 이스라엘의 영적인 자기 해체를 통해 그들이 천하 만민을 위한 복음 선교사로서의 파송이 일어난다는 것이다. 이처럼 성령은 모든 종류의 문화적, 인종적, 지리적 장벽을 넘어 전 세계로 파동치는 하나님의 생생한 사랑을 역사적 사건으로 만든다.

II. '하나님 나라' 실현의 대리자인 오순절 성령 강림: 예루살렘과 유대 선교

● 2-6장

이 단락은 열두 제자와 예수의 동생들과 모친, 그리고 다른 제자 공동체가 오순절에 모여 기도하다가 약속된 성령을 받는 사건부터 시작한다. 이후 성령 충만한 사도 공동체가 예루살렘 권력 당국자들과 충돌하고 그들을 서서히 압도하는 과정을 보여준다. 사랑과 희생으로 가득 찬 예루살렘 공동체는 모든 소유를 팔아 가난한 자들을 돌보는 실천을 통해 이웃 유대인들에게 큰 칭찬을 받게 된다. 제자들은 예루살렘과 온 유대에서 부활의 증인으로 맹활약한다. 6장에서는 양적으로 커진 예루살렘 공동체를 효과적으로 치리治理하기 위해 예루살렘 교회가 헬라파 집사 일곱을 세운다.

III. 박해받는 예루살렘 교회: 사마리아 선교 ●7-8장

7-8장은 일곱 집사의 사역과 그 결과를 증언한다. 예루살렘 사도 공동체에 밀어닥친 유대 당국의 박해로 사도들을 제외한 모든 집사와 성도들은 흩어지게 된다. 일곱 집사는 흩어진 성도의 대표자들로서 예루살렘과 유대 경계 밖으로 복음의 열기를 확산한다. 7장은 스데반 집사의 반反성전적 구속사 설교와 그가 성전 훼방죄로 정죄되어 순교하는 사건을 보도한다. 한편 8장에서 빌립 집사는 에티오피아의 내시에게 복음을 전파하고, 사마리아까지 선교의 지경을 넓힌다.

IV. 세계 선교를 위한 하나님의 예열: 사도들의 영적 각성과 시련, 그리고 사울의 회심 ●9-12장

이 단락은 사울의 다메섹 도상에서의 소명 경험을 보도하고, 전 세계로 퍼져 가는 복음의 역동적 생명력을 예시한다. 9장은 사울의 회심과 세계 선교의 시작을 다루고, 10장은 베드로가 욥바에서 고넬료 가정을 위해 기도하다가 그의 협량한 유대주의적 세계관의 붕괴를 맛보는 사건을 보도한다. 11-12장은 사도 야고보의 순교를 포함하여 박해받은 예루살렘 사도 공동체와 그에 대한 대처 상황을 보도한다.

V. 세계로 뻗어가는 복음 운동 ●13-28장

이 단락은 로마제국까지 진출하는 사도 바울의 선교 여행을 중심으로, 이방 세계를 종횡무진하는 복음의 생명력을 추적한다. 13장은 세계 선교의 모항이자 전진기지가 될 수리아 안디옥 교회의 역동적 성장과 사역을 보여준다. 13-14장은 바나바와 바울의 1차 선교 여행을 보도하고, 15장은 1차 사도 공의회의 쟁점과 회의 진행 상황을 보도한다. 16-18장은 사도 바울의 2차 선교 여행을, 19-20장은 사도 바울의 3차 선교 여행을 보도한다. 21-28장은 바울의 예루살렘 복귀와 체포, 억류, 재판, 로마 황제 직소 재판 신청 과정과 바울의 로마 입성을 다룬다.

4. 사도행전 이해를 위한 이스라엘 구원사 개관과 성경 개관

성경 66권은 역사 속에서 다양한 저자들에 의해, 한정된 독자들을 위해 쓰여 개별적으로 읽히다가, 점점 독자층을 넓혀 왔다. 때로는 한 덩어리의 집성물(모세오경 등)로, 때로는 낱권의 책으로 읽혔다. 이렇게 여러 지역에서 널리 읽히던 책들을 후대 학자들이 '보편적으로 규범적 권위를 갖는 책들'이라는 의미의 '정경'들로 엮어 다음 세대에게 전승했다. 즉 현재 한 권으로 편집된 성경은 본래 한 권이 아니라, 종교적 문헌 선집anthology이었다.

히브리어와 아람어로 쓰인 구약성경은 하나님의 인류 구원의 계획, 목적, 그리고 여정을 계시하는 하나님의 숨결이 고취된 말씀이다. 따라서 구약성경은 하나님의 자기 계시가 드러난 하나님의 책인 동시에 이스라엘 민족이 자기 존재를 해명하고, 자신들에게 맡겨진 하나님의 선민 사명을 옹호하기 위해 만든 책이다. 구체적인 내용은 천지창조부터 이스라엘의 형성과 번영, 몰락, 그리고 회복 이야기를 다룬다. 구약성경은 원시 태초 역사,창 1-11장 이스라엘 조상들의 하나님 동행기,창 12-50장 야곱 후손들의 이집트 이주와 출애굽,출애굽기 출애굽한 이스라엘의 광야 방황과 하나님과의 언약 체결,레위기, 민수기, 신명기 가나안 땅에 들어가 부족 연맹체로 존재하던 이스라엘,여호수아, 사사기 국가를 세워 번성하다가 앗수르와 바벨론에게 몰락해 유배당하는 이스라엘,사무엘 상하, 열왕기 상하 70년간의 바벨론 포로 생활 후 귀환해 이스라엘의 구원사를 재건하는 귀환 포로들의 이야기,에스라-느헤미야 다윗 왕가의 복원과 메시아理想王를 통한 하나님의 신원伸冤을 열망하는 시기,예언서, 시편, 욥기 등 그리고 주전 2세기 중반의 그리스 셀류키드Seleucid 왕조와 전쟁을 벌인 민족주의적 경건파들이 '군사적 제왕'형 메시아 대망을 주도하는 시기다니엘, 스가랴 9:13, 에스겔 38-39장, 마카베오 상하, 솔로몬의 시편 등 외경 및 위경로 구성된다. 이처럼 구약성경 1,500년 역사의 마지막 400년은 국가와 영토 없이 아시아와 아프리카, 유럽과 중근동에 흩어져 있던 이스라엘 민족이 그들을 신원해 줄 '강력한 영웅형 메시아'를 기다리던 시기였다.[5] 하지만 역설적으로 이 시기는 이스라엘이 가장 무기력하고 미약한 때였다. 전 세계로 흩어진 그들은 '메시아 대망'이라는 신앙의 영토 안에서 결속된 비가시적 공동체였다. 이러한 이산민離散民 이스라엘의 지리적 분포는 사도행전 2장에서 잘 드러난다.

> 그때에 경건한 유대인들이 천하 각국으로부터 와서 예루살렘에 머물러 있더니 이 소리가 나매 큰 무리가 모여 각각 자기의 방언으로 제자들이 말하는 것을 듣고 소동하여 다 놀라 신기하게 여겨 이르되 바대인과 메대인과 엘람인과 또 메소보다미아, 유대와 갑바도기아, 본도와 아시아, 브루기아와 밤빌리아, 애굽과 및 구레네에 가까운 리비야 여러 지방에 사는 사람들과 로마로부터 온 나그네 곧 유대인과 유대교에 들어온 사람들과 그레데인과 아라비아인들이라 우리가 다 우리의 각 언어로 하나님의 큰일을 말함을 듣는도다 하고.행 2:5-11

지리적으로 흩어져 있던 이스라엘을 신앙의 영토에서 하나로 묶어 주던 언약이자 장차 올 나라의 헌법적 대요강大要綱은 바로 구약성경이었다.[6] 따라서 구약성경은 아브라함, 이삭, 야곱 이래 이스라엘 민족에게 부여된 천부불가양天賦不可讓한 사명, "천하 만민에게 복이 되라"창 12:1-3; 18:18-19; 22:17-18는 사명을 성취할 아브라함의 후손, 곧 메시아를 기다리는 신앙의 흐름을 가진다. 구약 시대 마지막 400년 동안 세습 왕조, 상비군과 관료 체제 등을 갖춘 '국가'로서의 이스라엘[7]은 존재한 적은 없었으나, 이스라엘 민족은 자신들의 고난 역사를 신원해 주고, 천하 만민 앞에서 자신들을 "하나님의 택한 민족"이요 율법(토라)에 입각해 세계 만민을 다스릴 "제사장 나라"로 우뚝 세워줄 메시아에 대한 신앙으로 하나됨을 유지했다. 그리고 나사렛 예수야말로 이스라엘이 학수고대하던 아브라함의 후손, 곧 메시아라고 믿고 영접한 이스라엘 사람들이 남긴 문서가 바로 신약성경이다.

신약성경은 예수 그리스도의 '하나님 나라 복음'으로 시작된다. 고대 근동에서는 왕이 즉위할 때, 선정善政 계획을 알려 민심을 모으기 위한 '정의 집행 칙령'(mesharum, 메샤룸; 수메르어로 nig-si-sa)이라는 복음을 선포했다.사 52:7 이처럼 복음을 선포하면서 등극하는 새 왕은 세금을 내지 못한 장기 채무자의 빚을 탕감하거나 수형자들에게 사면과 석방의 은전을 베풀었으며, 빈민들에게 양식을 공급했다.[8] 그 칙령은 백성들에게 새로운 왕이 공평과 정의의 시대를 열 것이라는 기대감을 고조시키는 복음이었다. 나사렛 예수는 고대 근동의 제왕 취임 기념 복음 선포를 상기시키듯이, 나사렛 회당의 메시아 취임 설교에서 복음을 선포한다. "주의 성령이 내게 임하셨으니 이는 가난한 자에게 복음을 전하게 하시려고 내게 기름을 부으시고[9] 나를 보내사 포로 된 자에게 자유를, 눈먼 자에게 다시 보게

함을 전파하며, 눌린 자를 자유롭게 하고, 주의 은혜의 해를 전파하게 하려 하심이라."눅 4:18-19

나사렛 예수의 하나님 나라 복음 선포는 목숨을 담보한 자기희생적 복음 선포였으며, 인류를 죄와 죽음의 지배에서 해방시킨 복음 선포였다. 하나님 나라는 구약에서 약속되었고, 신약에서 예수 그리스도로 성육신했다. 신약성경의 구성은 나사렛 예수의 탄생, 공생애, 십자가 죽음과 부활, 그리고 그 속에 담긴 하나님의 구원 능력이 기승전결의 구조로 되어 있다. 사도행전은 이스라엘에 국한된 예수의 언동, 가르침, 그리고 죽음의 의미를 세계 만민의 보편적인 구원 사건으로 해석한다. 사도 바울의 친서親書들(데살로니가전후서, 갈라디아서, 로마서, 고린도전후서, 빌립보서, 빌레몬서 등)은 나사렛 예수의 십자가 죽음과 부활의 의미를 구약성경의 제사 신학과 속죄 신학의 정치精緻한 논리로 해석한다. 로마제국 시대 팔레스타인 지역에서 일어난 특정 사건에 불과한 나사렛 예수의 십자가 죽음을 온 세계 만민을 위한 구원 사건이라고 해석하는 바울 서신들[10]과 사도행전은 처음에는 거의 주목받지 못했으나, 세계 역사의 물줄기를 바꾼 역사적 문서가 되었다.

사도행전의 핵심 메시지는 "하나님이 로마제국의 총독에 의해 처형된 이스라엘의 메시아, 곧 나사렛 예수를 주와 그리스도[11]로 승귀昇貴시켜 보좌 우편에 앉혀 세상을 대리 통치하게 하셨다"는 주장이다. 이 메시지는 로마제국의 국가 숭배 신학, 혹은 '도성 신학'civil theology[12]에 정면으로 도전한다. 로마제국의 도성 신학은 로마제국이 섬기는 주신,主神 곧 주피터(제우스) 유노(헤라), 야누스, 마르스(아레스), 사투르누스(크로노스), 불카누스(헤파이스토스), 메르쿠리우스(헤르메스), 다이아나(아르테미스), 비너스(아프로디테), 미네르바(아테나) 등이 일치가결一致可決하여 세계 패권자로서 로마제국의 통치를 영속시킬 것이라고 믿는 신학이다. 하지만 로마의 신들은 적어도 자기 관할管轄 영역에서는 특별한 권능을 발휘한다고 주장하지만, 로마제국 시민들에게 어떤 정치적 미덕과 윤리적 의무를 요구하지 않는다. 이런 이유로 로마제국은 로마의 주신主神들을 섬기고 경배하는 데는 엄청난 정력을 쏟은 경건한 국가였지만, 도덕적으로는 타락하여 자기 파괴적 해체의 길로 일주逸走할 수밖에 없었다. 로마는 국가 종교를 담당하는 장관직을 두어 '신들에 대한 경건'을 유지하려고 했다. 국가 종교의 예배 담당 장관은 '폰티펙스 막시무스'Pontifex Maximus, 대제사장라고 불렸으며, 정치적 위상은 로마의 집정관에 맞먹는 고위직이었다. 율리우스 카이사르Gaius Julius Caesar가 바로 폰티펙스 막시무스주전 63년 출신이었다.[13] 이 호칭은 제국이 된 로마에서 황제(후대에는 교황을 지칭)의 공식 명칭이 되었다. 이처럼 로마제국은 신들의 옹위와 후견 아래, 신들을 섬기는 대제사장이 황제를 겸하는 정교일치政敎一致 국가였다.

사도행전은 이런 로마제국에 맞서 하나님 우편 보좌에 앉아 세계를 다스리시는 주 예수 그리스도를 내세운다. 사도행전은 이제 막 세계 지배를 위한 안정적 기틀을 마련한 로마제국의 변두리에서부터 심장부로 돌진해, 로마의 국가 종교가 모시는 신들을 돌파하는 복음의 진격을 보여준다. 바울은 로마제국의 여러 도시들을 종횡무진하며 로마제국의 주신들을 경배함으로 구원받는다고 여기는 사람들에게 로마제국이 내세우는 신들에 대한 우상숭배를 버리고, 유일한 이스라엘의 하나님께 돌이키라고 촉구한다. 사도행전은 시종일관 로마 총독에게 십자가 처형을 당한 유대인의 메시아 예수가 개인의 내면으로부터 전 세계까지 다스리는 왕임을 선포한다. 사도행전에 따르면 주 예수 그리스도의 하나님 우편 보좌 착석과 성령의 강습强襲을 통해 구약의 특수한 민족 구원사가 보편적인 세계 만민 구원사로 승화된다.

5. 결론: 오늘날에도 하나님 우편 보좌에서 세계와 교회를 다스리시는 예수 그리스도

기독교는 가장 고결한 미덕, 곧 하나님 사랑과 이웃 사랑을 위해 자신의 재산, 재능, 심지어 목숨까지 나누는 삶을 진리라고 가르친다. 기독교는 이런 삶을 가능케 하는 원동력을 주 예수 그리스도가 보내신 성령의 감화 감동 통치라고 증언한다. 그런데 현실의 기독교는 마치 화성에까지 땅을 사두려는 천국 투기꾼 같은 사람들과 그들의 사적 구원 욕망을 부추겨 종교 권력을 장악한 불한당에 의해 좌우될 때가 많았다. 대표적으로 14-16세기 르네상스와 종교 개혁 시대의 교황들은 한결같이 도덕적, 영적으로 타락한 인물들이었다. 한국 현대사에서도 중요한 순간마다 제도권 종교 권력을 쥔 이들이 자행한 악행과 횡포가 있었다. 이처럼 2,000년 교회사는 나사렛 예수의 영으로 가득 찬 의인보다는 사악한 정치, 경제 권력자들과 그들의 욕망을 후원하는 종교 권력자들의 역사라고 부를 수 있을 만큼 어두운 면도 보여준다. 그러나 기독교는 본래 부활하신 주님을 목격하고 듣고, 하나님 우편 보좌에 앉으신 그리스도가 보내신 성령을 받고, "십자가에 달린 나사렛 예수가 주와 그리스도가 되어 이 세상을 통치하시니,[행 2:22-38; 빌 2:6-11] 주 예수를 믿고 그의 주권적 통치에 순복하라"고 외친 사도들로부터 시작했다. 사도들은 추상적인 도덕이나 원리가 아닌, 나사렛 예수의 생생한 죽음과 부활 사건을 증언하는 이들이었다. 기독교는 역사 속에 일어난 예수 사건에 대한 증인 종교이며, 그 사건의 역사적 사실성과 진실성에 모든 것을 건 종교다. 죽음을 두려워하지 않고, 나사렛 예수가 하나님 우편 보좌에 앉으신 주와 그리스도가 되었음을 선포하는 사도들의 헌신으로 기독교는 온 천하에 퍼졌다.

오늘날 기독교가 침체된 이유는, 사도들이 증언한 하나님 우편 보좌에 앉으신 나사렛 예수가 보내신 보혜사 성령을 받아 온 세상에 다니며 죄 사함과 회개의 복음을 전파할 증인이 부재하기 때문이다. 신실한 증인의 부재는 곧 성령의 역사의 부재이다. 이러한 상황에서도 나사렛 예수는 주와 그리스도가 되어 교회와 온 세상 역사를 명시적 또는 암시적으로, 무엇보다 인격적으로 주재하신다. 사도행전 2:22-36특히 29-36절은 어떻게 나사렛 예수의 십자가 죽음이 인류 구원의 사건이 되는지를 밝힌다. 하나님의 아들 예수는 유대인들의 시기와 질투, 하나님에 대한 무지와 불순종, 탐욕과 완악함 때문에 십자가에 달려 죽었다. 그러나 예수는 이스라엘을 영적, 정치적으로 갱신시켜 열방의 빛으로 삼으시려는 하나님의 계획 속에 그분의 압도적인 사랑과 임재, 그리고 통치를 이스라엘 앞에 드러냈다. 귀신은 추방당했고, 모든 병은 치유되었으며, 문둥병자는 정결케 되었고, 앉은뱅이는 일어나 뛰었으며, 눈먼 자는 다시 보게 되었고, 갇힌 자는 자유의 몸이 되었다. 적대심과 분열로 갈등하던 이스라엘 민족이 성령의 강림을 맛본 후에 하나님의 강력한 자비를 중심으로 재주형再鑄型되고, 열방을 향해 "우리는 하나님의 택한 백성"이라고 소리치게 되었다. 헬라인들이 예수 이름을 찾고, 로마의 백부장마저 예수를 하나님의 아들이자 주로 고백했다. 로마 착취 체제의 말단 집행자들인 세리들과 군병들이 동요하면서 로마의 억압과 수탈 체제가 흔들리기 시작했고, 로마제국은 가이사에게 세금을 바치지 말라고 선동하는 이스라엘의 메시아 출현에 초긴장을 하게 되었다. 하나님의 사죄 은총을 선포하거나 그분의 구원 선물을 나눠줄 수도 없는 예루살렘 성전과 회당 체제는 나사렛 예수의 입체적인 '하나님 나라 복음'에 붕괴되기 시작했다. 헤롯 왕실이 유대 종교 지배층의 환심을 사기 위해 지은 예루살렘 성전은 강도들의 소굴이 되고 장사치들의 본거지로 전락했다. 안식일 율법, 정결 예법, 할례법, 십일조 법을 강조하면서 유대인의 선민의식을 고취시키던 주류 종교인들은 나사렛 예수를 통해 분출되는 하나님의 무한한 자비와 은총을 감당하지 못했다. 믿는 데 돈을 요구하는 희생 제물과 봉헌 중심의 유대인들의 종교는 비틀거리기 시작했다. 나사렛 예수가 선포하는 하나님의 절대 은총과 죄 사함의 복음은 기존의 바리새적 억압 종교, 대제사장들의 동물 희생 종교, 서기관들의 문자주의적 율법 성취 종교를 무력화시켰기 때문이다. 그 결과 종교, 정치 권력자들은 담합하여 예수를 로마제국 항쟁 선동자, 유대인의 왕이라는 이름으로 고소했고, 로마제국은 나사렛 예수의 무죄를 알면서도 그를 십자가에 못 박았다. 세계를 지배하는 주류 종교, 정치, 경제 권력과 나사렛 예수의 하나님 나라 운동은 충돌했고, 나사렛 예수의 죽음으로 로마제국과 예루살렘 성전 체제가 승리하여 '하나님 나라 운동'은 끝난 듯했다.

죽음이 두려워 스승의 "비아 돌로로사"via dolorosa, 슬픔의 길를 한 발자국도 따라가지 못했던 제자들은 무거운 죄책감을 안고 흩어졌다. 예수의 갈릴리발發 하나님 나라 운동도 잦아들었다. 예루살렘은 갈릴리 이단 나사렛 예수파 색출에 광분했고, 제자들은 마가의 다락방에 모여 문을 걸어 잠근 채 은신해 있었다. 인자人子가 영광 중에 임하고, 열두 제자가 인자 옆에 놓인 열두 보좌에 앉아 이스라엘을 심판할 그런 '하나님 나라'마 19:28는 끝내 도래하지 않았다. 로마제국으로부터의 정치적 해방도 일어나지 않았다. 출애굽기 7-12장에 나오는 열 재앙 같은 신적 징벌도 로마제국에 쏟아지지 않고, 예루살렘과 갈릴리 일대에 주둔한 로마군을 몰아낼 어떤 군사적 힘도 없었다. 예수는 어린 양처럼 순하게 끌려가 불의한 재판을 받고 무기력하게 죽임을 당했다. 예수의 사자獅子같이 용맹한 기세와 천둥 같은 하나님 나라 도래 선포에 반해, 그분의 죽음은 악惡에게 승리를 안겨 준 반反절정anti-climactic의 죽음처럼 보였다. 신명기 21:23이 말하듯이, 바리새인의 의도대로 유대인들(예루살렘 사람들)은 예수가 하나님의 거룩함을 참칭僭稱하다가 저주를 받아 나무에 달린 것처럼 보였다. 청년 바리새인 사울을 포함한 유대 주류 종교인들은 나사렛 예수가 하나님의 저주를 받아 나무에 달려 죽었다고 생각했다.

그러나 나사렛 예수는 약속대로 사흘 만에 죽은 자 가운데서 부활해,마 12:40 일곱 차례 이상 제자들에게 나타났다. 그분은 죽은 자의 땅 스올에 내려가 썩어진 것이 아니라, 빈 무덤과 수의壽衣를 그대로 두고 부활해, 제자들에게 나타나 그들과 음식을 먹는 등 일상생활을 하셨다. 또한 '하나님 나라'에 대해 40일간이나 강론하며 이스라엘 민족 중심의 왕국 회복과 하나님 나라의 완성의 차이를 가르치신 후 하늘로 올라가셨다. 물론 부활하신 예수는 제자들에게만 나타났기 때문에, 그의 부활은 역사 실증주의 관점에서 보면 충분한 의미의 역사적 사건은 아니다. 모든 중립적 관찰자들에게도 관찰되는 일식日蝕이나 유성우流星雨같은 현상이 아니기 때문이다. 그것은 제자들만 겪은 특수한 역사적 사건이고, 믿는 자만이 인지하고, 감촉하고 경험하는 색다른 의미의 '역사적' 사건이다. 예수의 승천 또한 그와 같다. 예수는 빌라도나 안나스, 가야바가 보는 데서가 아니라, 제자들만이 보는 데서 승천하셨기 때문이다. 승천 후 예수는 어디로 가셨는가? 이 질문에 대한 답은 앞으로 다룰 오순절 성령 강림에 있다.

사도 베드로는 오순절 성령 강림을 통해 승천하신 나사렛 예수가 하나님 우편 보좌에 앉으신 주와 그리스도가 되셨음을 확신한다. 그는 시편 16편으로 나사렛 예수의 부활을 설명하고, 시편 110편으로 예수의 하나님 우편 보좌 앉으심(승천)을 설명한다. 나사렛 예수는 자신이 아버지 하나님께로 되돌아가면 하나님의 우편 보좌에 앉아 성령을 보내주실 것임을 여러 차례 약속하셨다.요 14:26; 15:26; 16:7 즉 "성령이 오셨다"는 말은 '예수가 하나님 우편 보좌에 앉아 주와 그리스도의 역할을 시작하셨다'는 뜻이다.

'주'主는 하나님 아버지의 사죄謝罪대권을 포함한 인간의 생사화복, 나라와 민족의 흥망성쇠를 주관하는 세계 통치권을 나눠 갖는 하나님의 아들이라는 뜻이며, 전 우주의 최고 통치권자를 가리킨다. '그리스도'는 나사렛 예수가 하나님의 성령의 "기름부음을 받은 자"王로서, 아버지 하나님 뜻을 완벽하게 실현하는 버금왕副王이라는 뜻이다. 나사렛 예수의 공생애는 하나님 아버지의 뜻을 온전히 대리하고 실현하는 버금왕 사역이었고, 예수의 치유와 기적, 축사, 죄사함의 사역은 주(최고 대권자)의 사역이었다. 오순절에 임한 성령의 감화 감동으로 베드로는 예수의 성육신, 공생애, 십자가 죽음이 아버지 하나님 뜻에 따르는 순종의 발자취였고, 그것은 이스라엘뿐 아니라, 온 인류의 죄를 대신하여 형벌을 받음이었음을 깨달았다. 힘없이 죽임당한 사건처럼 보이는 나사렛 예수의 십자가 죽음이 실상 아버지 하나님의 뜻을 이루기 위한 독생자의 순종임을, 인류의 죄짐을 대신 짊어지심사 53:4-7; 고후 5:21; 벧전 2:22-24임을 알게 된 것이다. 사도행전 2장의 120 문도들은 오순절 성령 강림으로 자신의 죄가 정결케 됨을 깨달았고, 자신이 그리스도의 죽음과 부활을 선포할 때마다 듣는 이의 양심이 찔림을 받아 회개가 일어나는 것을 경험했다. 주 예수 이름의 권세는 양심 회복, 회개, 죄 사함과 정결을 창조하는 권세였고, 하나님 아버지께 순복하게 하는 권세였다. 그리하여 주 예수의 이름 선포로 3천 명이 회개하여 주께 돌이키는 역사가 일어났다. 주 예수의 이름의 권세는 앉은뱅이를 일으켰고, 감옥 문을 열어젖혔다. 나사렛 예수를 죽음에 넘겨준 사형 판결은 무효가 되었고, 베드로를 가둔 감옥 문은 무너져 내렸다. 로마제국과 예루살렘 성전 권력보다 더 강력한 하나님 나라가 작동하기 시작하자, 예루살렘의 종교 권력 체제는 물론이요 로마제국의 사법권까지 흔들리기 시작했다.

그러나 오늘날 우리 한국교회는 이 사도행전의 역동적인 하나님 나라로부터 너무나 멀리 온 것만 같다. 하나님과 마음을 합해 진실하게 주 예수의 이름 권세를 고백하는 그리스도인과 교회가 소멸 직전에 왔다. 개교회에 흩어져 있는 거룩한 남은 자들은 한국교회를 대표하기에는 존재감이 없고, 너무나 미약하다. 그러나 그들은 한국교회의 본령으로부터 유배당한 듯 지내면서도 성령의 쇄신케 하는 역사를 앙망하고 있다. 이 상황에서 한국교회 안에서 거룩한 주 예수 이름은 홀대받고, 성령은 멸시당하고 질식당하며 심히 근심하고 있다. 교만한 종교 권력자들과 태만한 세속주의적 신자들 중심으로 구축된 세속화된 기독교회의 권력 체제에 의해 주 예수의 이름은 외면당하고, 배척당하며, 경시되고 있다. 주 예수를 온 마음으로 사랑하고 사모하는 정결한 그리스도인들이 극히 희소해지고있다. 우리 주 예수께서는 한국교회와 그리스도인들의 거짓과 허풍, 교만과 과장, 위선과 완악, 독선과 무지에 상처받고 계시다.

하지만 우리는 주 예수 그리스도가 여전히 하나님 우편 보좌에 앉아 주와 그리스도의 사역을 계속 수행하고 계심을 믿는다. 그 증거는 네 가지이다. 첫째, 개인 구원과 그 개인을 둘러싼 환경(집, 마을, 공동체)에 구원의 역사가 여전히 일어나는 한, 주 예수의 통치를 믿을 수 있다. 회개시키는 복음이 온 세계만방을 향해 달려가는 현상, 이것은 주와 그리스도의 사역이다. 삭개오 같은 개인의 구원은 그 집과 주변을 변혁하며, 주 예수가 지금도 통치하는 증거이다. 둘째, 성령 충만한 공동체의 활발한 구령 사역과 사회 선교 사역, 세계 선교 사역은 아직도 진행 중이다. 이 다양한 층위의 복음 전파 사역들은 예수의 왕적 사역의 현저한 면모가 아닐 수 없다. 성령 충만한 개인이나 그런 공동체에 속한 사람들은 그리스도의 하나님 우편 보좌 등극과 통치를 확신한다. 셋째, 하나님 나라 복음의 근본적인 내용과 방향을 따르는 역사 변혁과 문명사적 발전이 그리스도의 세계통치를 증거한다. 자유, 평등, 박애, 빈부격차를 해소하며 모두가 더불어 사는 세상을 위한 민주주의의 성숙, 동물의 생명권을 존중하는 생태계 보전 의식, 지구의 종말론적 소진과 기후 재난 등에 대한 인류의 각성과 대처 등은 이 세계의 역사가 무질서가 아니라, 매우 인격적인 분의 통치 아래 있음을 믿게 한다. 마지막으로, 세계가 마을 수준으로 촘촘해지고 다인종, 다언어, 다문화 공존 시대로 돌입하는 21세기 인류세人類世 문명 노선은 인류의 공존과 공영 시대의 도래를 예고한다. 이것은 요한계시록 7:7-9의 전조가 될 수 있다. 인종 및 종교 간의 장벽을 뛰어넘는 사랑과 우정, 연대의 가치에 눈뜨는 시대가 오고 있다. 사랑이 최고의 가치이자 궁극적 가치임을 믿는 한 인류는 존속할 수 있다. 인류 문명을 멸절시킬 수 있는 악을 막기 위한 의인들의 노력이 감축될 정도로 하나님 나라가 이루어졌음을 느낄 수는 없다. 그러나 이 악과 고난, 혼돈과 무질서의 인류 문명 너머로부터 하나님 나라가 동터 오고 있음을 믿는다. 우리가 지금 이곳에서부터 시작되는 하나님의 구원을 누리는 유일한 길은 하나님 우편 보좌에 앉으신 주, 곧 그리스도가 보내주신 성령의 감화 감동으로 죄를 이겨 나가는 경험을 축적하는 것이며, 하나님 나라가 이루어질 것이라는 확신을 주는 아름답고 신령한 성령이 주도하는 공동체에 속해 있는 것이다.

물론 이런 확신이 무색할 만큼 비관적인 현실의 혼돈과 재난은 쉴 새 없이 터져나온다. 전쟁, 기근, 천재지변, 환경 파괴로 인한 기후 재난, 감염병 창궐 등은 지구와 인류에 대한 하나님의 구원 드라마를 좌초시킬 듯한 무신론적 기세를 과시한다. 그럼에도 불구하고 교회와 신자의 마음 속에 내주하는 성령의 위로와 견인 사역을 통해 우리는 인류와 피조물, 지구, 그리고 우주의 미래가 우리 주 예수 그리스도의 손안에 있음을 믿을 수 있다.

들어가며 2
: 인류와 세계의 희망, 하나님 나라

한국 복음주의 교회 안에 부흥에 대한 관심이 드높아지고 있다. '부흥'이란 어떤 한 시점에 일어난 원형原型적인 '하나님 나라 운동'의 폭발적이고 전면적인 분출breakthrough을 재현하고, 재생하는 것을 말한다. 부흥은 개인의 심령과 도덕과 윤리를 갱신시키고, 많은 이들을 구원으로 초대하고, 개개인을 속박하는 사회적인 억압과 속박 체제를 혁신하고 전복하는 사회 변혁력을 발산한다.[1] 한국교회는 1903년의 원산 선교사들의 예비적 부흥에서부터 1907년 평양의 평안도 남자 사경회 집회, 그리고 그해 1월 2-21일, 특히 14-21일에 일어난 평양 대부흥과 이후 6개월간 이어진 전국적 확산을 부흥의 원형으로 생각한다. 결국 한국교회가 꿈꾸는 부흥은 평양 대부흥의 창조적 재현이다.[2] 하지만 평양 대부흥 100주년을 강조하며 부흥을 갈망하는 한국교회가 돌아가야 할 더 시원적始原 원천은 구약 1,500년 역사를 만민을 위한 구원 잔치로 승화시킨 사도행전의 대부흥이다.

사도행전에서 부흥breakthrough은 하나님의 다스림이 개개인의 심령을 쇄신하고 사회 구조 및 체제 전반을 거룩하게 변화시키는 활동으로서 개인 구원과 사회 구원, 복음 전도와 사회정의가 통전적으로 제휴하고 있다. 즉 사도행전이 말하는 성령 충만은 심령주의적 침잠spiritualistic retreat into the private realm이 아니라, 인격 갱신과 사회 구조의 정의로운 주형을 동시에 겨냥하는 갱신 에너지의 공공연한 발현인 것이다. 따라서 부흥을 기대하는 모든 그리스도인은 사도행전의 표준적canonical 구원 경험과 하나님 나라의 실체를 자세히 살피고 연구해야 한다. 이것이 선행된 다음에, 각 지역에서 일어난 부흥을 연구하되 그것들을 사도행전적인 하나님 나라의 발현과 비교해 볼 필요가 있다. 평양 대부흥은 분명히 사도행전적 부흥의 면모를 일부 지니고 있다. 하지만 그 강도와 심도에 있어서 사도행전의 파죽지세와 같은 거룩한 공세성과 체제 전복성을 충분히 드러내지는 못했다.[3]

교회사 속 부흥 직전 시기에는 항상 하나님 백성들의 자발적인 기도와 지속적인 회개 운동이 있었다. 하나님께서 공동체를 축복하실 때, 먼저 그 공동체 가운데에 회개와 기도 운동이 먼저 일어나게 하셨다. 성령의 역사役事는 하나님의 말씀에 대한 순종을 통해 육화肉化되며, 기도하는 성도들을 통해 교회와 세상 전체를 향한 파죽지세의 기운으로 확산된다. 이런 부흥의 시기에 하나님께서는 왕왕 '젊은' 그리스도인들과 깨어 있는 성도들의 가슴속에 말씀과 기도에 대한 진정한 기갈을 먼저 촉발시키신 후, 부흥에 대한 열망을 강하게 점화시키셨다. 여기서 '젊은' 그리스도인이란 단지 생물학적으로 젊은 사람을 의미하지는 않는다. 살아 있고 운동력 있는 하나님의 말씀히 4:12을 경험하고, 흉악한 마귀에 맞서 싸울 수 있는 영적 기백과 투지를 갖춘 신령한 그리스도인요일 2:14이 바로 젊은 그리스도인이다. 그들은 하나님께 자기 몸을 살아 있는 번제로 드리려는 열망을 가진 그리스도인들이다. 그들은 위로부터 임하는 성령의 능력을 덧입을 때까지 합심하여 전심으로 기도에 진력한다. 그들은 예루살렘 마가의 다락방에 모여 합심으로 기도한 120 문도처럼, 갈멜산의 제단에서 활활 타오른 장작더미처럼 하나님 나라 복음의 불길을 실어 나르는 신령한 잉걸불이다. 하나님은 젊은 그리스도인들의 영적 갈증과 사모함이 중첩되어 있는 제단에 성령의 불을 보내주심으로써 부흥의 역사를 친히 창조해 가고 계신다. 한국 사회는 절망적일 정도로 부패하고 타락했음에도 불구하고, 이 땅의 젊은 그리스도인들은 하나님의 말씀 속에서 미래를 바라보고 있다. 그들은 성령의 권능에 사로잡힐 때까지 한 마음으로 성령의 능동적인 추동推動을 열망한다. 오로지 위로부터 임하는 성령에 붙잡힌 사람만이 땅끝까지 복음을 전파하기 위해 쉬지 않는 하나님의 열심에 동참할 수 있다고 확신하기 때문이다.

따라서 사도행전적 구원과 부흥을 체험하려면, 한데 모여 하나의 목표를 가지고 일심으로 기도하되, 하나님이 친히 약속하신 성령의 권능으로 덧입혀질 때까지 간구해야 한다. 성령 충만한 그리스도인들은 '땅끝에 사는 사람들'을 향한 구령 열정을 불태우며 자기중심적인 삶의 궤도에서 탈출하여 타자 지향적인 삶을 살아 낸다. 성령의 내모심으로 광야로 들어가셨다가 권능을 받아 다시 갈릴리로 돌아오신 나사렛 예수처럼,막 1:12-15 성령의 강력한 내모심을 경험한 그리스도인들은 예루살렘과 온 유대와 사마리아와 땅끝까지 달려갈 수 있다. 그들을 통해 하나님 나라가 죽음의 그늘 아래 사는 사람들에게까지 확산된다.

본서는 이런 나선형적 원심확장력을 가진 하나님 나라 운동의 관점에서 사도행전을 강해하고 있다. 그동안 한국교회는 교회 성장학적, 혹은 전도학이나 선교학적 관점에서 사도행전을 해석하는 경향이 있었다. 그 해석들은 나름대로 정당성이 있지만, 축소주의적 읽기로 흘러 하나님 나라 복음을 외면한 채, 교회 성장을 위한 전략이나 원칙을 뽑아내거나 개인을 전도하는 전도의 열정을 부각시키는 데 치중할 위험이 있다. 축소주의적 읽기는 나사렛 예수 그리스도와 성령, 그리고 성자와 성령을 파송하신 성부 하나님 아버지의 핵심 메시지인 하나님 나라를 충분히 주목하지 않았다. 왜냐하면 "이 땅에 하나님 나라가 가까이 왔으니 회개하고 복음을 믿으라"는 하나님 나라 복음을 제쳐둔 채 사도행전을 해석하기 때문이다. 이런 읽기들은 시종일관 하나님 나라 복음을 들고 예루살렘과 온 유대와 사마리아와 땅끝까지 달려가는 사도들의 활동을 부각시키는 저자의 관점과도 일치하지 않는다. 사도행전의 주 예수 그리스도의 복음은 그분의 왕적 통치 복음이다. 사도행전이 꿈꾸는 주 예수의 나라는 구약과 공관복음서가 말하는 하나님 나라와 일치한다. 하나님 아버지께서는 원수인 사망을 멸하실 때까지 독생자 예수 그리스도를 당신의 우편 보좌에 앉혀 주와 그리스도가 되어 온 세계와 교회를 다스리게 하셨기 때문이다.행 2:32-34; 고전 15:24-26; 빌 2:10-11

사도 바울이 우상숭배에 빠진 그레코-로만 도시들을 찾아 다니며 우상숭배에 빠진 도시들의 기존 질서를 거룩한 질서로 전복시키려고 했던 것처럼, 본 주석서도 각종 우상숭배에 빠진 세속사회를 거룩하고 창조적으로 해체하고 종말에 완성될 하나님 나라에 근사치적으로 접근하는 사회를 창조하시려는 하나님에 초점을 맞추어 사도행전을 해석하려고 한다. 본 주석서는 사도행전 시대 세계의 지배 이념이자 가치 체계였던 그레코-로만 문명과 하나님 나라가 어떻게 조우하며, 복음이 어떻게 제국의 도성을 거룩하게 변혁해 가는지를 추적할 것이다. 본서는 시종일관 사도행전의 하나님 나라는 신자들을 피안의 천국으로 이주시키는 세상 탈주 프로젝트가 아니라, 죄와 죽음으로 낡아진 인간과 세계를 거룩하게 재창조하는 운동임을 한층 더 강조한다.

앞서 언급했듯이, 한국교회에서 사도행전 읽기는 그리스도인 개인의 경건 생활과 신앙 성장, 전도와 교회 생활에 관한 지침을 주려고 했다. 기독교 신앙의 공공성과 역사 창조력을 충분히 부각하는 방향으로 사도행전을 해석한 책이 많지 않았다는 뜻이다. 여러 학자가 지적한 것처럼, 현대 자본주의 체제 아래서 기독교회는 교회 성장이라는 실용적인 목적에 집착한 나머지, '하나님 나라'라는 광대하고 웅혼雄渾한 신학적 기상과 전망을 충분히 부각시키지 못했다. 그 결과 하나님에 대해서는 목이 마르지만, 기존 교회나 교회 경영에 몰두하는 목회자들의 설교에서 '하나님 나라'의 현존을 느끼지 못하는 탈脫교회 그리스도인들이 급증하고 있다.

2020년부터 약 3년간 지속된 코로나19 감염병 탓도 있겠지만, 탈교회형 신자, 온라인 광야에서 방황하는 신자들이 웬만한 중견 교단 교인 숫자보다 더 많아졌다는 소식이 들린다. 탈교회의 이유는 다양하겠지만, 한 가지는 확실하다. 교회 밖 사람들은 교회나 목사가 공공연히 전파하는 메시지가 정확하게 무엇인지 모른다는 것이다. 그들은 교회와 그리스도인들이 이 세상 사람들에게 제시하는 대안적인 이상 사회 청사진이 무엇인지 모른다. 설교는 목사의 학식과 언변의 개인 기예로 전락했고, 교회는 신앙을 소비할 소비자들의 기호에 맞게 좋은 시설, 좋은 주일학교, 다양한 프로그램을 가진 백화점식의 다중 욕구 충족용 종교 기관으로 변질되고 있다. 그리하여 교회가 강조하는 믿음은 지상에서도 형통하고 복된 삶을 가능케 하고 죽어서는 천국으로 인도하는 비표秘標나 암호인 양 여겨지기도 한다. 교회 다니는 신자들은 다른 사람들에게는 없는 믿음을 주신 하나님께 감사하는, 자칭 선택받은 성민의 자부심과 행복감을 누린다. 이런 신자들에게 '객관적으로 임하는 하나님 나라'는 개인의 영혼에만 임하는 주관적이고 심리적인 나라로 축소되는 경향을 보인다. 이런 신자들이 주인 노릇 하는 교회들은 나사렛 예수와 바울이 증거한 하나님 나라를 외치지 않고, 기독교인들의 세력이 확장되고 사제들이 왕노릇하는 교회팽창의 이데올로기를 더욱 앞세운다. 한국교회는 하나님 나라를 잊어버리고 있었다. 이제는 전문적인 학자들뿐만 아니라, 깨어 있는 그리스도인들 사이에서는 하나님 나라 메시지가 설교 강단에서 실종되었다는 진단이 공유되고 있다.

한국교회뿐만 아니라 전 세계 교회 차원에서도 하나님 나라 복음이 실종되었다는 진단은 한 세기 전부터 있었다. 달라스 윌라드Dallas Willard가 『하나님의 모략』*The Divine Conspiracy*에서 인용하듯이, 마이클 그린, 하워드 마샬Howard Marshall, 피터 와그너Peter Wagner 등 교회 밀착적 신학자들은 이구동성으로 오늘날 하나님 나라에 관한 진지한 설교나 연구가 이뤄지지 않는다는 점을 지적하고 있다.[4] 스코틀랜드의 신약학자 하워드 마샬은 이 문제에 대해 다소 충격적인 논평을 덧붙인다.

> 나는 지난 16년 동안 구체적으로 '하나님 나라'를 주제로 한 설교를 들어 본 기억이 두 번밖에 없다.……예수의 가르침의 핵심 주제가 '하나님 나라'였다고 신약학자들이 너나없이 동의하기 때문에 이런 침묵은 다소 충격적이다.[5]

교회 성장학의 기초를 놓았다는 평가를 듣고 있는 피터 와그너마저도, 하나님 나라가 예수의 메시지였다는 현대 학자들의 일치가 무색할 정도로 하나님 나라라는 주제는 설교 강단에서 실종되었음을 지적한다.

> 그리스도인이 된 지 30년인데 '하나님 나라'에 대한 설교를 왜 그렇게 듣지 못했는지 정말 이상한 일이 아닐 수 없다.……그러나 이제껏 내가 거친 목사들 가운데 실제로 '하나님 나라'를 설교한 사람이 있었는지 솔직히 기억나지 않는다. 나 자신의 설교 노트를 들춰 보니 나 역시 거기에 대해 설교한 적이 한 번도 없다. '하나님 나라'는 도대체 어디로 갔단 말인가?[6]

왜 이렇게 되었을까? 신학자나 설교자 그리고 교회 회중들이 스스로 하나님 나라를 경험해 보지 못했기 때문일 것이다. 하나님 나라 경험은 '하나님을 소유하는' 경험이 아니라 '하나님께 소유되는' 경험이며, 존재의 변혁을 동반하는 고도로 실존적인 경험이다. "하나님 나라"라는 말은 단순히 명사名詞가 아니라 동사動詞다. 왜냐하면 그 단어를 입으로 발설하는 사람 자체가 하나님의 다스림 아래 붙들려 움직이는 하나님의 동사가 되기 때문이다.

'하나님 나라' 경험은 성령 충만을 통한 자기비움의 경험이다. 성령의 구원 능력을 위로부터 덧입으면 자기비움과 자기부인이 가능해진다. 불건전한 부흥사들은 무대에 사람들을 세워 놓고 마치 영권靈權으로 쓰러뜨리는 흉내를 내면서, 자신들이 성령의 권능을 받은 양 과시하려고 한다. 그러나 그런 것은 성령의 권능이 아니라 혹세무민하는 종교 사기극이다. 자신의 자아가 십자가에 못 박혀 욕심과 계급, 계층, 지역적 이익과 기득권을 포기할 수 있을 만큼 하나님의 다스림을 경험하는 상태가 성령 충만이다. 속을 완전히 비운 에밀레종(성덕대왕신종)이 크고 길고 장엄한 울림을 만들어 내듯, 자아가 부인된 사람은 성령의 감동에 크고, 길고, 장엄하게 공명할 수 있다. 위로부터 임하는 성령을 받을 때 우리는 이 땅과 관련된 기득권과 이기심의 해체를 경험하게 되고, 하나님 사랑과 이웃 사랑을 가로막는 욕망과 거짓의 점진적 약화를 경험하게 된다. 그 때 우리는 자신이 속한 지역적 기반을 벗어나 세계 만민의 영적 필요에 응답하는 세계인으로 성장해 갈 수 있다.

본서는 모든 인종, 문화, 사회, 정치적 장벽을 넘어서는 역동적인 복음의 권능, 곧 성령의 파동에 실려 선포되는 복음의 권능을 부각시킨다. 본서는 낡은 자아와 낡은 세계를 창조적으로 해체하고, 거룩하게 전복하는 하나님의 강권적인 역사[7]에 초점을 맞추어 온 인류와 세계의 희망인 '하나님 나라', 변화와 희망의 하나님 나라를 선포한다. 이 주석서는 해외 선교 혹은 교회 성장의 관점에서만 사도행전을 해석하고 읽어 온 기존의 방향을 비판적으로 수용하되, 기독교 신앙의 공공성과 역사 변혁력을 강조한다. "주의 말씀이 흥왕하여 세력을 얻으니라"행 19:20는 열쇠 구절을 요절로 삼아, 낡은 자아와 낡은 문명을 거룩하게 해체하고 전복하는 성령의 파죽지세를 세밀하게 추적한다. 본서를 읽어가다 보면, 우리가 왜 '이 땅에 임하는 하나님 나라 운동'에 더욱 진지하게 주목하고 투신해야 하는지를 분명하게 알게 될 것이다.

사도行傳

1장.

부활의 증인들을 통해 확산되는 하나님 나라

1장은 누가복음 24장 마지막 단락특히 27절의 주제를 이어받아 하나님 아버지가 약속하신 성령을 기다리는 제자 공동체1-11절의 모습과 가룟 유다 대신 맛디아가 사도로 보선補選되는 과정을 보여주며, 앞으로 기술할 사건들이 성령에 감화 감동된 사도들의 활동임을 강조한다. 이스라엘 민족이라는 인종적 정체성을 가진 동시에 로마제국의 변방인 갈릴리 사람들에게 임하는 성령의 강습强襲은 천하 만민을 향해 하나님이 예정하고 약속하신 "아브라함의 복"福을 온 누리에 확산하는 기폭제가 된다.

1. 아버지가 약속하신 성령 세례를 대망하며 기도에 전심하는 제자들

● 1–11절

1 1데오빌로여, 내가 먼저 쓴 글에는 무릇 예수께서 행하시며 가르치시기
를 시작하심부터 2그가 택하신 사도들에게 성령으로 명하시고 승천하신
날까지의 일을 기록하였노라. 3그가 고난받으신 후에 또한 그들에게 확실한 많은 증
거로 친히 살아 계심을 나타내사 사십 일 동안 그들에게 보이시며 하나님 나라의 일
을 말씀하시니라. 4사도와 함께 모이사 그들에게 분부하여 이르시되 예루살렘을 떠
나지 말고 내게서 들은 바 아버지께서 약속하신 것을 기다리라. 5요한은 물로 세례를
베풀었으나 너희는 몇 날이 못되어 성령으로 세례를 받으리라 하셨느니라 6그들이
모였을 때에 예수께 여쭈어 이르되 주께서 이스라엘 나라를 회복하심이 이때니이까
하니 7이르시되 때와 시기는 아버지께서 자기의 권한에 두셨으니 너희가 알 바 아니

요 8오직 성령이 너희에게 임하시면 너희가 권능을 받고 예루살렘과 온 유대와 사마
리아와 땅끝까지 이르러 내 증인이 되리라 하시니라. 9이 말씀을 마치시고 그들이 보
는데 올려져 가시니 구름이 그를 가리어 보이지 않게 하더라 10올라가실 때에 제자들
이 자세히 하늘을 쳐다보고 있는데 흰옷 입은 두 사람이 그들 곁에 서서 11이르되 갈
릴리 사람들아, 어찌하여 서서 하늘을 쳐다보느냐. 너희 가운데서 하늘로 올려지신
이 예수는 하늘로 가심을 본 그대로 오시리라 하였느니라.

주석

1절 첫머리는 사도행전의 수신인을 "데오빌로"라고 밝힌다. 누가복음과 사도행전 주석가 중 더러는 누가복음 1:3의 "데오빌로 각하"(κράτιστε Θεόφιλε)라는 표현 때문에, 데오빌로가 개종한 지 얼마 안 된 로마의 고급 관리,[B. H. Streeter] 혹은 누가복음 저작 당시의 예루살렘 성전 대제사장(요한)일 것으로 추측한다. 그러나 대부분의 주석가는 '데오빌로'theo-philos의 뜻이 '하나님을 사랑하는자'God-lover이기 때문에, 로마제국 내에서 갓 초신자가 된 이방인 출신 신자를 총칭하는 이름이라고 본다.[F. F. Bruce]

데오빌로를 실존 인물, 혹은 허구적 인물로 보든 둘 다 가능한 해석이지만, 필자는 두 가지 이유로 후자가 좀 더 개연성이 큰 가설이라고 본다. 첫째, 초대 로마 교회 연구에 따르면, 귀족이나 고급 관리 출신 기독교 신자는 90년경 이후에야 언급된다. 따라서 70년 전후에 쓰였을 법한 사도행전의 수신인이 로마 귀족이나 고관일 가능성은 적어 보인다.[1] 사도행전이 신약성경과 같이 라틴어가 아니라, 로마제국 권역의 민중들의 언어인 헬라어로 쓰인 것도 이를 뒷받침한다. 둘째, 누가복음과 사도행전에서 순수한 로마 출신 그리스도인들(교회)이 베드로나 바울의 사역 대상이 되었다는 기록은 전혀 나오지 않는다. 로마 사람들이 베드로와 바울의 설교를 최초로 들었

행

다고 추정할 수 있는 가장 이른 시점은 60년대 초 어느 시점이었을 것이다. 따라서 사도행전은 예루살렘 성전이 건재하던 시기이면서, 바울이 로마에 도착한 60년 초에 저작되었을 가능성이 크다. 그렇게 이른 시기에 사도행전의 저자가 로마의 지체 높은 귀족을 알고 책을 헌정할 정도까지 가까워졌을 가능성은 매우 희박해 보인다.

저자는 1절에서 데오빌로를 호격(ὦ Θεόφιλε)으로 부른다. "데오빌로여!"(오! 데오필로여) 그가 데오빌로에게 상기시키고 있는 "내가 먼저 쓴 글," 곧 데오빌로가 이미 알고 있다고 전제한 그 글은 누가복음을 가리킨다. 누가복음은 "무릇 예수가 행하시며 가르치시기를 시작하심부터 그가 택하신 사도들에게 성령으로 명하시고 승천하신 날까지의 일을 기록"한 책이다.1-2절 누가복음과 사도행전은 문필文筆의 힘을 지닌 지식인 그리스도인의 노작勞作이다.[2] 저자는 이방인 개종자를 위해 누가복음과 사도행전을 썼다. 구두 선포나 설교도 큰 영향력이 있지만, 문서로 기록된 신앙 간증은 훨씬 더 지속적인 영향력이 있다. 따라서 누가복음과 사도행전은 한 사람의 이방인 개종자를 기독교의 기본 진리 위에 세우기 위한 초대교회의 열정의 산물인 것이다.

이제 우리는 저자가 데오빌로에게 보낸 "먼저 쓴 글"의 범위가 어디까지인지 주목해 볼 필요가 있다. 누가복음은 예수께서 행하시며 가르치시기를 시작하심부터 그의 사도들에게 성령받을 것을 명命하시고 승천하심까지의 일을 보도한다.[3] 사도행전 첫머리에서는 예수께서 행하신 일에 대한 우선적 강조가 주목을 끈다. 먼저 쓴 글인 누가복음 24:50-53은 예수께서 승천하시는 장면을 보여준다. 예수께서는 승천하시는 순간까지도 율법을 지키던 제자들을 배려하여 안식일에 허용된 거리약 1.1킬로미터인 베다니까지만 가셔서 승천하셨다.눅 24:50 사도행전은 다시 한번 이 점을 강조한다. "제자들이 감람원이라 하는 산으로부터 예루살렘에 돌아오니 이 산은 예루살렘에서 가까워 안식일에 가기 알맞은 길이라."[행 1:12] 유대인 장로들의 안식일 준수 시행 세칙에 따르면, 안식일에 이 경계를 넘어갈 정도로 걸으면 안식일 계명을 어기는 것으로 간주했기 때문에, 예수께서 베다니를 승천하실 장소로 정하신 것이다. 이처럼 우리 주 예수 그리스도는 인간적으로도 사랑이 풍성한 분이다. 단순히 우리의 구원을 위해 십자가에서 돌아가신 분이 아니라, 모든 면에서 우리가 배워야 할 스승이자 랍비이시다. 혈과 육과 감정을 가진 우리의 마음을 세심하게 배려하는 스승이신 예수께서는 억압적인 율법 아래 불안을 안고 살아갈 제자들을 배려하신 것이다.

3절은 예수께서 고난과 죽임을 당한 후, 부활하신 모습을 친히 제자들에게 보이셨음을 강조한다. 복음서에 따르면,[특히 요 20-21장] 부활하신 예수께서는 적어도 일곱 차례 이상 제자들에게 나타나셨다. 바울은 일시에 5백 명의 제자에게도 나타나셨다고 증언한다.[고전 15:6] 예수께서는 부활 후 승천까지 40일 동안 제자들과 함께 교제하며 그들을 가르치셨다. 3절에 따르면, 예수께서는 40일 동안 부활하신 모습을 보여주며 "하나님 나라의 일들"(τὰ περὶ τῆς βασιλείας τοῦ Θεοῦ)을 말씀하셨다. 오순절에 강림하실 성령을 받기에 앞서 제자들에게 장차 임할 하나님 나라에 대해 집중적인 성경 공부를 시키신 것이다. 그 공부는 성령 강림에 대한 갈망을 고조시키는 데 결정적인 도움이 됐을 것이다. 이처럼 예수의 공생애 사역의 알파[막 1:14-15]와 오메가[행 1:3]는 '하나님 나라'였다. 예수께서는 하나님 나라의 도래를 중심 메시지로 선포함으로써 공생애를 시작하셨고,[마 4:17, 막 1:14-15, 눅 4:18-19] 부활하신 직후부터 승천하시기까지 40일 동안 하나님 나라에 대해 집중적으로 가르치신 것이다.

여기서 '하나님 나라'란 영토, 백성, 상비군, 관료 조직을 갖춘 지도상의 나라가 아니라, 하나님의 통치를 가리키는 말이다.행 19:20 40일간의 하나님 나라 강의는 예수께서 3년간의 공생애를 통해 가르치신 하나님 나라가 이제 그의 부활과 승천 이후에 역사 속에서 어떻게 구현될지에 관한 것이었다. 이제 하나님 나라가 제자들의 사역을 통해 가시적으로 드러날 것을 가르치신 것이다. 하나님 나라는 예수의 공생애 동안 그분의 순종과 사역을 통해 인간 경험의 가촉권可觸圈 안에 나타났다. 그분의 말씀과 행동 하나하나가 하나님의 통치를 구현했다. 그것은 죽음과 죄악의 권세 아래 사는 자들에 대한 해방과 자유 선포의 사역이었고, 더러운 귀신 들린 자들과 악마적 위계로 인간을 억압하는 불의한 지배 체제의 무력화와 거룩한 해체였다. 그렇다면 예수의 승천 후에는 누가 하나님의 다스리심을 이 지상의 경험 세계에 매개할 것인가? 바로 성령이시다. 요한복음과 누가복음은 성령이 나사렛 예수의 하나님 나라 선포 사역을 계승할 것임을 명확하게 말한다.요 14:26; 15:26; 16:7; 참조. 눅 24:40-49; 행 1:8 이 두 복음서는 권능을 받은 제자들이 예수 그리스도의 하나님 나라 선포 사역을 계승하고 확산할 것임을 말한다.

4절은 승천하시기 전에 제자들에게 말씀하신 예수의 분부를 기록하고 있다. "예루살렘을 떠나지 말고 내게서 들은 바 아버지께서 약속하신 것을 기다리라."눅 24:49 예수는 보혜사 성령이 제자들을 통해 하나님의 다스리심을 세상에 체현하고 육화시킬 것임을 약속하신 것이다.

그러나 대부분 갈릴리 출신이었던 제자들은 이 명령에 순종하기 어려웠을 것이다. 그들에게 예루살렘은 유쾌한 추억이 깃든 곳이 아니었기 때문이다. 예루살렘은 비겁하고 무기력한 자신들의 인간성이 적나라하게 드러난 곳이 아닌가? 그들은 아마 엠마오 도상의 두 제자처럼 낙향落鄕의 길로 도망치고 싶었을 것이다. 예수와 보냈던 시간들이 무無로 끝난 지금 본래의 생업인 어부의 삶으로 돌아가려고 생각했을지도 모른다.요 21:3 엠마오는 주전 167년에 일어난 마카베오 항쟁 때 유다 마카베오의 항쟁군이 셀류키드 왕국의 안티오커스 4세Antiochos Ⅳ Epiphanes 의 침략군을 격파한 전적지벧호론, 엠마오, 벧추르 중 하나로서, 예루살렘으로 올라가 공격하려던 마카베오 민병대들이 결집하던 곳이었다.마카베오상 3-8장 누가복음 저자는 엠마오를 특별히 언급함으로써 이 두 제자는 예수께서 유대 마카베오 항쟁처럼 이스라엘 민족을 해방시켜 줄 것이라고 기대했음을 암시하는 것처럼 보인다. 엠마오로 내려가는 두 제자는 나사렛 예수를 민족 해방자라고 믿고 따른 제자들이었기 때문이다.눅 24:21 그런 관점에서 보면 예루살렘은 자신들의 민족 해방 열망이 좌초된 곳이며, 두 제자는 패배의 장소에 머물고 싶지 않았을 것이다. 따라서 예수께서 사도들에게 "예루살렘을 떠나지 말라"고 분부하신 것은 우리의 패배와 절망, 상처와 한恨의 자리를 떠나지 말라는 말씀으로 들린다. 닭 울기 전에 예수를 세 번씩이나 모른다고 부인했던 그 모습과 그 자리에서 떠나지 말고, 의로우신 예수께서 무력하게 죽어가는 그 처참한 패배의 기억을 떨쳐내지 말고 그대로 간직한 채, 예루살렘에 남아 있으라는 것이다.

스승 예수의 참혹한 죽음과 이별이 주는 슬픔과 절망에 빠진 제자들이 예루살렘을 떠나면 안 되는 이유는 바로 인간의 기대와 희망이 무너진 그 자리가 성령의 역사가 시작되는 자리이기 때문이다. 이와 마찬가지로 교회가 무너진 그 자리에서 교회사의 부끄러운 역사를 켜켜이 가슴에 간직해야만 부흥에 대한 기대가 일어나고, 하나님 나라의 도래를 향한 절절한 기도가 시작되는 법이다. 교회사에서 발견되는 불순종의 기억을 가슴에 안고 애태우며 하나님의 이름이 능멸당하는 것을 보면서 애통하는 이들로부터 성령 충만과 부흥을 간구하는 기도가 시작된다. 한국교회사에 쌓여 있는 불순종과 패배, 낙심과 수치의 역사를 향해 비판적 성찰을 던지고, 그 모든 불순종의 역사를 짊어지는 기도를 드리는 사람에게 한국교회를 소생시킬 희망의 말씀이 임하는 법이다. 오늘날 돈과 권력에 도취된 채 예수의 이름을 은 30냥에 팔아버린 가룟 유다와 같은 이들이 제도권 교회의 결정들을 좌우하는 사태를 보고, 참된 하나님의 자녀들은 탄식하고 있다. 예루살렘을 떠나 어딘가로 낙향하고 싶은 마음이 들 수도 있다. 하나님 아버지께서 약속하신 성령을 기다리기보다는 교회에서 탈출하는 길을 택하는 사람들도 있다. 그러나 타락하고 오염된 교회에게 사자使者를 보내 교회의 허물들을 책망하시거나, 거룩하고 정결한 그리스도의 신부로 살아가기 위해 온갖 수고와 헌신을 마다하지 않은 교회를 칭찬하고 격려하시는 성령의 역사 또한 결코 멈추지 않는다[계 1:11; 2:7-11, 17, 29; 3:6-13]는 것을 기억해야 한다. 거룩하신 하나님은 당신의 이름과 독생자의 보혈로 사신 교회[행 20:28]가 멸망의 가증한 우상들에 의해 점령당하는 것을 무한히 참고 계시지 않는다.

따라서 "예루살렘을 떠나지 말고 내게서 들은 바 아버지의 약속하신 것을 기다리라"는 명령은 풀어쓰면 다음과 같다. "여러분이 실패한 그 자리, 여러분의 인간성이 적나라하게 노출된 그 자리에서 한 발짝도 물러서지 말고, 부릅뜬 눈으로 여러분의 바닥난 인간성을 응시해야 합니다. 실패한 예루살렘에서 아버지가 약속하신 성령을 받아야 합니다. 나의 원통하고 억울한 죽음 때문에 혼란에 빠진 그 자리에서 진리의 영인 성령을 받아야 합니다. 성령이 여러분들을 의, 심판, 죄에 대해서 자세하게 가르쳐 줄 것이기 때문입니다. 성령을 받아야만 내 억울하고 원통한 죽음의 진실을 깨우칠 것입니다."

그런데 예수의 죽음이 원통하고 억울한 죽음이 아니라, 단지 하나님의 뜻(인류의 죄를 위한 대속 제물로서의 죽음)을 이루기 위한 필연적인 죽음이었다고만 생각하는 사람들은 아버지께서 보내신 성령의 의미를 제대로 파악하지 못한 것이다. 예수께서 우리를 구원하기 위해 단지 십자가에 못 박혀 죽으러 오신 메시아로만 생각하면, 왜 예수께서 부활하고 승천하신 후에 성령이 오셔야 했는지 그 이유를 잘 이해하지 못한다. 성령이 오셔야 하는 이유 중 하나는 그리스도의 죽음의 참된 의미를 해명하기 위함이었다. 이것이 바로 성령이 진리의 영으로 불리는 이유이기도 하다. 예수의 십자가 죽음을 인간 구원을 위한 수단으로 축소하여 이해하는 그리스도인들은 삼위일체 하나님의 구원 경륜, 곧 '성부 하나님의 성자 파송 → 성부와 성자의 성령 파송 → 성령의 성자 예수 증언 → 성자 예수의 하나님 아버지 증언'을 이해할 수 없다.

예수의 십자가 죽음의 구원 효력을 강조하는 로마서와 갈라디아서의 예수 이해는, 성령의 인도로 아버지 하나님께 복종하는 성자 그리스도의 순종 과정을 강조하는 복음서들의 예수 이해를 통해 온전케 된다. 그리스도의 십자가 죽음과 부활 드라마가 바울을 뜨겁게 한 이유는, 빌립보서 2:6-11에 잘 드러난다. 하나님의 아들 예수가 아버지 하나님과 동등됨을 유지하기보다는 자기를 비워 종의 형체를 취하고 죽기까지 아버지 하나님께 순종했기 때문에 하나님 아버지는 그를 주와 그리스도로 승귀昇貴시키셨다. 이처럼 바울은 복음서들이 증언하는 예수의 신실한 순종의 드라마를 정확하게 알고 있었다. 복음서들은 이 땅에 하나님 나라를 세우고 확장하기 위해 분투하시는 예수를 보여준다. 복음서들은 하나님의 뜻에 순종하기 위해 피땀 어린 결단으로 한 걸음 한 걸음 십자가를 향해 걸어가시는 예수의 순종을 부각시킨다. 복음서들에는 예수께서 십자가 죽음에 이르는 과정이 자세히 그려져 있다. 따라서 예수께서 지신 십자가 죽음을 이해하고 공감하는 대신 그것을 구원의 수단으로 축소시켜 버리는 구원실용주의자들의 예수의 십자가 이해는 정통 기독교 구원론에서 벗어난 것이다. 바울이 마치 십자가에 달린 예수만 아는 사람으로 오해하는 사람들은 예수께서 십자가에 처형되기까지 걸어온 발걸음을 주목하지 않는다. 이는 "예수 그리스도와 그가 십자가에 못 박힌 것 외에는 아무것도 알지 아니하기로 작정하였음이라"는 고린도전서 2:2의 바울의 주장을 극단적으로 적용한 것으로, 예수를 단지 십자가에서 죽기 위해 오셨다는 전제하에 예수께서 자기 죽음을 완성하기까지 수없이 치렀던 장렬하고 순종 어린 결단의 궤적들을 충분히 주목하지 않는 입장이다.

바울의 십자가 강조는 너무나 당연하게도 그가 공관복음서의 수난사화受難史話, 곧 예수의 하나님 나라 선포 사역과 그 결과 빌라도의 십자가 처형 판결을 받는 과정에 대한 선先이해를 전제하고 있기 때문이다. 바울은 고린도전서 11:23-26에서 예수의 성만찬 전승을 명확하게 언급하고 인용한다. 바울은 예수께서 종의 형체를 취하시고, 많은 사람을 섬기신 다윗의 후손임을 알았다.빌 2:5-9; 롬 1:3 따라서 바울이 예수께서 부활하여 승천하신 후, 하나님 영광의 보좌에 앉아 있는 승귀昇貴된 주主와 그리스도가 되심만 강조했다고 주장하는 일부의 오해가 있는데, 이것은 사실이 아니다. 물론 공관복음서에 비해 바울 서신이 예수의 공생애에 드러난 그 아름답고 감동적인 순간들을 충분히 기록하지 않은 것은 사실이다. 하지만 구원에 이르기까지 예수께서 치른 고통 어린 결단과 감미로운 순종의 과정을 무시하고, 예수가 십자가에 못 박혀 죽음으로 주신 열매만 먹으려는 입장은 바울의 참된 입장이 아닐 뿐만 아니라, 신학적으로도 건전하지 못한 견해다. 이 입장은 예수를 우리가 모방해야 할 주와 스승으로 보지 못하게 한다. 예수께서 우리를 위해 죽으러 오신 구세주일 뿐이라는 사실을 지나치게 강조하다가, 그분이 우리에게 순종을 명령하는 왕이요 주라는 사실은 놓치고 마는 것이다. 신약성경에서 예수를 가리키는 칭호로서 "구세주"[쏘테르(σωτήρ)]라는 말은 몇 차례만 사용되는 데 비해, 바울이 예수를 지칭할 때 가장 빈번하게 사용한 용어인 "주"[퀴리오스(Κύριος)][Lord]는 수백 번 나온다. '주 예수'는 바울 신학의 핵심 용어다. 바울이 이방 선교에서 반복적으로 선포한 케뤼그마는 나사렛 예수가 하나님 아버지의 대리자와 부왕[副王, 그리스도]이 됨으로써 모든 피조물을 통치하는 전권 위임 통치자가 되셨다는 것이다.[빌 2:10-11] 주 되신 예수는 모든 원수 대적과 사망까지 정복한 후에 하나님 나라를 아버지 하나님께 바치실 것이다.[고전 15:24-25] 이 순간이 올 때까지 예수는 하나님 우편 보좌에 앉아 주와 그리스도가 되신다. 따라서 바울 서신의 독자들은 "주 예수"라는 말을 듣는 순간부터 '예수에 대한 순종'을 떠올릴 뿐만 아니라, 궁극적으로 '아버지 하나님을 향한 순종'을 떠올려야 한다. 바울이 "주 예수를 믿으라"고 할 때는 주 예수와 동시에 그분에게 전권 통치권을 위임하신 아버지 하나님께 순종하라는 것이다. 바울은 이런 맥락에서 '구세주 예수'를 믿는 데서 한 걸음 더 나아가, "주 예수를 믿으라"고 외쳤다. '구세주'라는 말은 순종의 부담을 주지 않는 다소 보편적인 종교 용어다. 심지어 남묘호랑개교나 천리교 같은 종교에서도 구원을 주는 신적 존재를 "구세주"라고 부르기도 한다. 어느 종교에나 구세주와 같은 존재는 있게 마련이다. 그러나 어떤 종교도 지극히 인격적 순종을 명령하는 "주"에 대한 부단한 고백을 요구하지는 않는다. 예수 그리스도와 그를 보내신 성경의 하나님은 맹목적인 순종이 아니라, 납득, 이해, 공감을 바탕으로 하나님을 사랑하고 경외하고 신뢰하도록 호소하신다. 하나님은 당신의 자녀들이 하나님의 말씀을 듣고 이해하고 납득하고 공감한 후에 자발적으로 순종해 주기를 기대하신다. 그래서 납득되지 않는 사태에 직면한 구약성경의 신앙 열조들은 하나님과 논쟁하고 토론하기도 했다. 창 18장의 아브라함, 출 32장의 모세, 삿 6장 기드온

요약하면, 예수께서 사도들에게 예루살렘을 떠나지 말라고 했던 이유는, 하나님의 반전反轉 드라마가 남아 있기 때문이었다. 예수의 십자가 처형 이후의 예루살렘은 사도들이 실족한 장소이다. 그곳은 그들의 민낯을 여과 없이 폭로한 수치의 자리였다. 그들이 예수의 십자가 죽음 현장을 버리고 도망침과 동시에, 예수와 죽는 순간까지 함께 하겠다는 그들의 결심도 무너졌다. 하나님의 약속에 대한 견실한 신뢰가 회복되지 않으면, 받아들이기 어려운 현실이 도사리는 곳이 예루살렘이었다. 그럼에도 그 패배와 몰락의 자리를 떠나서는 안 되었다. 오히려 그것을 극복케 하는 성령의 강림을 맛본 후에야 예루살렘을 떠날 수 있기 때문이다. 누가복음 24:47-49은 제자들이 예루살렘에 머물러야 하는 이유를 "위로부터 오는 하늘의 능력"을 덧입기 위함이라고 말한다. 이 세 절을 풀어쓰면 이렇다. "너희가 위로부터 오는 하늘의 능력을 입을 때까지, 너희가 죄 사함의 권세를 덧입을 때까지, 너희가 완전히 새로운 사람이 될 때까지 이 성에 머물라."

그리스도인은 아무리 위급해도 도道를 터득하지 못한 채 예루살렘을 떠나서는 안 된다. 그리스도의 도는 성령에 공명하고 공감하는 영적 감수성이다. 성령에 응답하고 성령의 인도를 따르는 사람들은 그들의 육의 행실을 십자가에 못 박는다.롬 8:12-13; 갈 5:24; 6:14 예루살렘에서 받게 될 성령은 우리 옛 자아를 십자가에 못 박아 그리스도와 함께 죽게 하신다.롬 6:3-5; 갈 2:20 예루살렘 성에 머물면서 자신의 옛 자아가 그리스도와 함께 십자가에 못 박히는 책형磔刑을 거치지

않고는, 부활하신 예수께서 보내실 성령에 공명할 수 없고, 성령을 받아들일 수도 없고, 그리스도의 영에 이끌림을 받을 수도 없다. 근본적인 개인 구원을 경험하지 않는다면, 이 세상을 하나님을 아는 지식으로 가득 채울 공동체적 하나님 나라 운동에 참여할 수 없다. 따라서 옛 자아의 십자가 책형을 경험하지 않고 예루살렘 성을 떠나는 것은 하나님 나라 운동이 아니다. 그것은 혈과 육을 생각하는 자가 구원책일 뿐이다. 자가 구원을 꿈꾸는 이스라엘 민족주의자들에게는 로마제국과의 무력 항쟁을 통한 민족 해방 노선을 취하는 것 외에 다른 길이 있을 수 없었다. 그래서 사도들은 "예루살렘 성을 떠나지 말라"는 예수의 분부를 가슴속에 새겨야 했다. 아무리 교회 개혁이나 민족 통일, 공평과 정의 실현 과업이 급하다 할지라도, 하나님 나라 운동에 쓰임받기를 작정한 사람은 성령의 권능을 덧입기 전에는 예루살렘 성을 떠날 수 없다. 따라서 오늘날 예수의 제자들이 자신의 전문 분야에서 하나님 나라 운동을 펼치기 위해서는 품성을 단련하는 영적 수련과 인격 단련은 물론, 전공 지식의 습득에도 진력해야 안다. 인격과 품성 단련, 공동체적인 생활 훈련, 그리고 성령의 역사에 민감하게 호응할 수 있는 영성 함양이 우리 시대의 제자들이 각자의 예루살렘 성에 머물면서 감당해야 할 과업들이다.

5절에서 예수께서는 예루살렘을 떠나지 말아야 할 이유, 즉 "내게서 들은 바 아버지께서 약속하신 것을 기다리라"는 말뜻이 무엇인지를 더 구체적으로 말씀하신다. 제자들은 몇 날이 못 되어 성령의 불세례를 받게 될 것이기 때문이다. 예수께서는 세례 요한의 세례 운동과 창조적으로 구별되는 세례 운동이 이제 시작될 것임을 시사하신다.마 3:11; 막 1:8; 눅 3:16; 요 1:26-27 성령의 불세례는 예수의 십자가 피 흘림으로 체결된 새 언약으로 이스라엘 백성을 묶어주는 신적 결속結束사역을 가리킨다. 하나님은 예수를 당신의 아들로 영접하는 자들에게 자녀가 되는 권세를 주신다.[요 1:12] 그분의 자녀가 된 자들은 예수를 주라고 고백함으로 하나님의 영, 성령의 내주內住를 경험한다. 이것이 성령의 불세례이다. 감리교 계통의 주석가들은 성령 세례를 성령을 받고 기독교 신앙을 갖는 최초의 성령 영접 사건과는 다른 이차적 은혜라고 말하나, 대부분의 개혁주의 주석가들은 성령으로 세례받는 것을 성령을 선물로 받는 사건[행 2:38]의 수사적 표현이라고 본다.[4] 여기서 우리는 자세한 논쟁을 벌일 수는 없으나, 개혁주의 입장을 따라 성령 세례는 모든 믿는 자에게 주어지는 선물인 성령 영접을 가리키는 신학적 술어라고 본다. 성령 세례는 일회적 사건이요(마치 출생이 일회적 사건이듯이), 성령 충만은 반복적이고 지속적인 경험이라고 보는 개혁주의자들의 입장은 성경적 지지를 받는 데 무리가 없어 보인다.

하지만 사도행전 8장의 사마리아 성령 강림[8:15-17]과 19장의 에베소 성령 강림[19:1-6]의 예를 들어 완전한 성화를 위한 성령 세례, 곧 이차적인 성령 세례를 경험했다고 주장하는 감리교나 순복음교회 계통의 그리스도인들의 주장이 완전히 틀렸다고 보기는 어렵다. 개혁주의자들이 보기에는 감리교 계통의 학자들이 특정한 시점의 성령 충만 사건을 성령 세례라고 부르는 것이 아닌가 하는 추정도 할 수 있지만, 감리교나 순복음교회 학자들이 그렇게 표현할 수밖에 없는 모종의 영적 경험, 곧 '성령의 2차 강림' 혹은 성령 세례를 증언하고 있다면, 그것을 존중하는 것이 온당한 태도일 것이다. 어떻게 생각하든 성령 세례는 제자들과 신자들을 하나님의 통치 아래 복종시키는 강력한 은총의 경험임에 틀림없다.

더 중요한 것은 성령의 도래와 더불어 강력한 하나님의 통치가 시작될 것이라는 예레미야와 에스겔의 새 언약 시대 예언이다. 예레미야 31:31-34와 에스겔 36:25-28에 약속된 새 언약 시대는 사람들이 마음에 할례를 받아 율법을 능히 준행할 수 있도록 역사하는 하나님 영의 내주가 시작되는 시대이다. 새 언약 시대는 하나님의 영에 사로잡힌 사람들에게 하나님 율법의 요구를 행할 능력을 부여한다.신 30:12-14; 렘 31:33; 겔 36:27; 롬 8:4; 10:8 마음의 할례를 경험한 그들은 옛 자아의 십자가 죽음을 맛본다. 누가복음 24:47에 의하면 하나님의 영이 인간의 마음을 다스리기 시작하면 죄 사함을 얻게 하는 회개가 일어난다. 이 회개는 인간 스스로 주도하는 회개가 아니라, 하나님의 거룩한 영에 추동되어 일어나는 회개이다.

그런데 예수께서 승천하실 때까지 아버지 하나님이 약속하신 불 같은 성령은 아직 오지 않았다.눅 24:49; 요 14:16-19, 26, 15:26, 16:7-14 물세례 대신 성령과 불로 세례를 주실 것으로 예고된마 3:11 성령 세례는 아직 성취되지 않았다. 그래서 예수께서는 제자들에게 성령의 세례를 받기 전에는 예루살렘을 떠나지 말고 기다리라고 분부하신다. 그러나 제자들은 자신들을 죽이려 하는 적대자들의 근거지인 예루살렘에서 도망치고 싶었을 것이다. 엠마오 도상의 두 제자처럼 그들도 예수의 십자가 처형 충격에서 벗어나 낙향하기를 원했을 것이다. 예수께서 그런 제자들에게 예루살렘에 남아 있으라고 명령하신 것은 그들에게 자기 부인과 믿음을 요구하신 것이다. 성령의 세례 없이는 부활의 의미를 깨달을 수 없기에 제자들은 성령의 세례를 받아야 했다. 도마처럼 부활하신 예수를 감각적으로 보고 만진 것만으로는 부활의 증인이 될 수 없었다.요 20:27-29 성령의 세례를 받을 때, 곧 옛사람이 죽고 스스로 부활을 경험할 때 진정으로 예수 부활의 사실성과 진실성을 깊이 이해하게 된다. 이렇듯 신앙은 과학주의를 넘어서는 진리라는 점에서 초超과학적인 진리다. 그러나 그것은 분명 경험이 가능한 진리다.

6절은 제자들을 사로잡은 핵심 문제가 무엇인지를 보여준다. 그들이 함께 모여 있을 때 예수께 던진 질문은, 언제 이스라엘에 "그 왕국"(인자의 나라)을 회복시킬 것인가에 관한 것이다. 6절 하반절을 직역하면, "(과연) 이번에는 당신께서 이스라엘에 그 왕국을 회복하시는 것입니까?"이다. 문맥을 고려하면, 그 왕국은 3절에 나오는 "하나님 나라"이지, '이스라엘 민족이 세운 한 나라'를 가리키는 말이 될 수 없다. "이스라엘 나라"로 번역된 헬라어는 "τὴν βασιλείαν τῷ Ἰσραήλ[텐 바실레이안 토(여격정관사) 이스라엘]"이기 때문이다. 직역하면 "이스라엘 나라"가 아니라, "이스라엘에 그 왕국을"이다. 6절 하반절 개역개정은 여격(τῷ)을 속격(τῆς)으로 오해했다. 예수의 입에서는 "이스라엘 왕국(나라)"는 단 한 번도 언급되지 않았다. 예수께서는 시종일관 "하나님 나라"의 도래를 선포하셨지, 단 한 번도 이스라엘에 인간 왕조가 세워질 것을 말하지 않았다. 그러나 예수께서 가르치신 하나님 나라는 현실 저편 피안의 나라가 아니라, 이 땅에 임할 하나님 나라, 곧 하나님의 뜻이 이뤄지는 "땅에 있는 나라"였다.[마 6:10]

그런데 제자들은 왜 이스라엘에 세워질 나라에 관한 질문을 했을까? 마태복음 19:28과 26:64[막 10:37]에서 예수께서는 "인자가 영광의 보좌에 앉을 때, 세상이 새롭게 될 때"를 말씀하신다. 이 발언 때문에 제자들은 예루살렘에서 예수께서 왕으로 등극하실 시점을 물은 것이다. "…… 내가 진실로 너희에게 이르노니 세상이 새롭게 되어 인자가 자기 영광의 보좌에 앉을 때에 나를 따르는 너희도 열두 보좌에 앉아 이스라엘 열두 지파를 심판하리라."[마 19:28] 제자들은 예수를 왕으로 모시고 자신들은 열두 보좌에 앉아 이스라엘 열두 지파를 통치할 시나리오를 염두했던 것이다. 엠마오 도상으로 내려가는 두 제자가 말한 "이스라엘의 속량"은 이스라엘에 그 왕국이 회복되는 현실을 두고 한 말일 것이다.[눅 24:21] 예수의 공생애 시초부터 마지막까지 선포하신 핵심 복음이 "하나님 나라가 가까이 왔다"라는 하나님 나라 도래 복음이었다는 것을 생각하면, 제자들이 이런 질문을 제기한 것은 지극히 타당했다.

그러나 동시에 6절은 하나님 나라에 대한 제자들의 이해가 얼마나 피상적이었는지를 드러낸다. 제자들은 로마제국으로부터 정치, 문화적으로 해방된 이스라엘 나라를 하나님 나라의 회복[눅 24:21]이라고 보고, 이스라엘에 "그 왕국"이 회복되는 것에 초미의 관심을 보였기 때문이다. 이스라엘에 회복될 그 왕국은 예루살렘의 종교 권력자들, 분봉왕 치하의 지배층이나 부유층의 관심사가 아니었다. 오히려 로마제국과 분봉왕들의 통치, 예루살렘 제사장들의 종교 권력은 결코 하나님 나라를 구현할 수 없음을 알고, 예수께서 선포하신 진정한 그 나라의 도래를 기다리는 사람들의 관심사였다. 예루살렘 유력자들이나 갈릴리의 벳새다, 고라신, 가버나움에 사는 친[親]로마인들은 그 왕국의 회복에 무관심했다. 헤롯 분봉왕 체제에 편승한 기득권 지배층은 현재 상태가 이스라엘에 있는 하나님 왕국의 반영이라고 믿었을 가능성도 있다. 심지어 예수를 믿는 유대인 중 일부는 "우리가 아브라함 자손이라 남의 종이 된 적이 없다"고 주장한다.[요 8:33] 이처럼 이스라엘에 그 왕국이 회복되어야 한다는 생각은 지금 자신들에게 선한 목자, 곧 왕이 없다고 느끼는 사람들의 관심사였다. 예를 들면, 그것은 갈릴리 오병이어 표적 현장에 운집한 갈릴리 농민들의 염원이었다. 그들은 오병이어 표적을 보고 경악해 예수를 억지로 임금 삼으려고 쇄도했다.[요 6:15] 그들은 예수께서 왕이 되어 자신들을 다스려 주는 것이 "이스라엘에 그 왕국이 회복"되는 것으로 생각한 것이다.

7절에서 예수는 이스라엘에 그 왕국이 언제 회복될 것인지에 대한 제자들의 관심을 차단하지 않으시고 오히려 이스라엘에 "그 왕국"마 19:28, 26:64, 이 인자의 왕국의 회복을 확증하신다. 그러나 그 때와 기한은 전적으로 아버지 하나님이 결정하실 사항이라는 점을 분명하게 밝히신다. 제자들이 한데 모여 제기한 질문 자체는 그릇된 질문이 아니라는 것이다. 그럼에도 6-7절은 "이스라엘에 회복될 그 왕국"에 대한 제자들의 생각과 예수의 생각이 얼마나 다른 궤적을 그리는지를 여실히 보여준다. 제자들 마음속에는 민족 국가를 세워 하나님의 구원을 경험하리라는 기대가 있었기 때문이다. 그것은 "우리 민족에게는 우리나라가 있어야 우리가 구원을 받을 것이다"라는 민족 국가 구원론이었다.

우리나라가 1907년 평양 대부흥을 경험하던 시기가 바로 민족 국가로서의 주권을 상실하는 시점이었다. 민족 국가로서의 조선이 쇠퇴하고 몰락할 즈음에 보편 국가인 하나님 나라가 조선 민중에 마음속에 들어섰다.[5] 평양 대부흥이 일어나던 1907년은 민족 국가로서 대한제국이 사실상 죽임을 당한 해이다. 바로 그때 한국 그리스도인들은 하나님 나라의 비전에 눈을 뜨게 되었다. 각 민족이 주권적으로 단일한 영토를 차지하고 국민을 다스리는 민족 국가는 몰락기를 맞든, 번성기를 맞든, 영속적이지 않은 가건물假建物같은 조직이다. 하나님이 잠시 허용한 세계 질서의 일부일 뿐이다창 10:5, 31; 행 17:26 모든 주권 국가는 하나님 나라의 완성 시점까지 존속하다가 민족적, 언어적, 문화적 정체성을 유지한 채 그리스도가 다스리는 하나님 나라의 보편 질서 안으로 편입된다.계 11:15

대한제국의 외교권이 박탈되고 군대가 강제 해산되던 1907년 1월에 하나님께서는 평양 대부흥을 일으키셨다. 하나님의 구속사救贖史가 한 민족의 굴욕적 멸망의 역사와 변증법적으로 조우했다. 이때 우리 겨레는 물리적 땅과 영토는 일제日帝에게 잃어버렸지만, 죽지 않는 존엄한 인간의 혼을 발견했다. 하나님께서 일제의 노예로 살 수 없다고 소리치는 민족의 혼을 주목하셨다. 영하 20도를 오르내리는 1월에 평양 산정현교회에 모여 의분과 통한에 사무쳐 기도하던 조선 민중의 아우성에 하나님은 성령 강습으로 응답하셨다. 손과 발은 일제에 예속되고 포박되었으나, 성령 세례를 받은 조선의 그리스도인들은 조선을 다스리는 하나님 나라를 희미하게나마 경험했다. 군대 해산과 외교권 박탈 순간에 한국교회에게 임한 성령의 강습은 결코 우연의 일치가 아니다. 민족 국가적 자존심이 망가진 순간에 하나님 나라가 우리 겨레의 희망으로 떠오른 것이다. 이처럼 역사 속에서 민족 국가의 위태로운 때가 하나님의 구원이 밀물처럼 몰려오는 구원의 시기로 전환되는 경우가 적지 않다.

그런데 지금 여기서 민족국가로서의 이스라엘 회복에 집착하고 그 때에 관해 묻는 제자들에게 예수는 전혀 예상 밖의 답변을 주신다. 8절이 그 대답이다. "오직 성령이 너희에게 임하시면 너희가 권능을 받고 예루살렘과 온 유대와 사마리아와 땅끝까지 이르러 내 증인이 되리라 하시니라." 개역개정이 "오직"이라고 번역한 헬라어는 "알라"(ἀλλὰ)이다. 이 단어는 '대신' 혹은 '오히려'를 의미하는 대조접속사이다. 지금 예수께서는 이스라엘에 인자의 왕국을 회복하기보다는, 오히려 제자들을 성령의 권능에 위탁해 온 세계로 파송하려고 하신다. '이스라엘에 회복될 인자의 왕국' 시나리오가 아니라, 하나님 우편에 앉은 인자가 되어 온 세계를 다스릴 주 예수 그리스도의 나라 복음을 제자들에게 위탁하신다. 예수님은 온 세계를 상대로 예수 자신의 십자가 죽음과 부활을 증언하는 예수 증언 시대의 시나리오를 제시하신다.

이처럼 8절은 이스라엘 영토에 회복될 그 왕국과 세계 속에 들어서게 될 하나님 나라의 길을 확연히 구분한다. 이때까지만 해도 제자들의 관심은 세계 속으로 파동치며 확산되는 하나님 나라가 아니라, 이스라엘 영토에 회복될 '그 왕국'(예수께서 왕으로 다스리는 왕국)에 맞춰져 있었다. 아마도 그들은 예수께서 왕으로 등극하는 그 왕국이 이스라엘에 회복되는 하나님 나라의 시작이라고 생각했을 것이다. 제자들도 당시의 유대인들이 품고 있던 이스라엘의 영화로운 미래상을 공유했을 것이다. 그들은 시온산이 하나님의 세계 경영과 통치 거점이 될 것이라고 믿었다. 이 신념은 이사야 2:2-4에 기반한다.

> 말일에 여호와의 전의 산이 모든 산꼭대기에 굳게 설 것이요. 모든 작은 산 위에 뛰어나리니 만방이 그리로 모여들 것이라. 많은 백성이 가며 이르기를 오라, 우리가 여호와의 산에 오르며 야곱의 하나님의 전에 이르자. 그가 그의 길을 우리에게 가르치실 것이라. 우리가 그 길로 행하리라 하리니. 이는 율법이 시온에서부터 나올 것이요 여호와의 말씀이 예루살렘에서부터 나올 것임이니라. 그가 열방 사이에 판단하시며 많은 백성을 판결하시리니 무리가 그들의 칼을 쳐서 보습을 만들고 그들의 창을 쳐서 낫을 만들 것이며 이 나라와 저 나라가 다시는 칼을 들고 서로 치지 아니하며 다시는 전쟁을 연습하지 아니하리라.

또한 이사야 60-62장의 여러 구절들도 영화롭게 된 이스라엘의 미래상을 예언하고 있다.

> 네 눈을 들어 사방을 보라. 무리가 다 모여 네게로 오느니라. 네 아들들은 먼 곳에서 오겠고 네 딸은 안기어 올 것이라. …… 바다의 부가 네게로 돌아오며 이방 나라들의 재물이 네게로 옴이라. …… 스바 사람들은 다 금과 유향을 가지고 여호와의 찬송을 전파할 것이며. 사 60:4-6

> 외인은 서서 너희 양떼를 칠 것이요 이방 사람은 너희 농부와 포도원지기가 될 것이나, 너희는[2인칭 복수대명사(אתם)의 돌출 사용] 여호와의 제사장이라 일컬음을 받을 것이라. 사람들이 너희를 우리 하나님의 봉사자라 할 것이며 너희가 이방 나라의 재물을 먹으며 그들의 영광을 얻어 자랑할 것이니.[사 61:5-6; 참조. 출 19:6; 롬 15:16]

> 이방 나라들이 네 공의를, 뭇왕이 다 네 영광을 볼 것이요 …… 너는 여호와의 손의 아름다운 관, 네 하나님 손의 왕관이 될 것이라. …… 사람들이 너를 일컬어 거룩한 백성이라 여호와께서 구속하신 자라 하겠고 너를 일컬어 찾은 바된 자요 버림받지 아니한 성읍이라 하리라.[사 62:2-3, 12; 참조. 출 19:6]

얼핏 보면 이 구절들은 세계 만민이 시온산으로 순례하는 구심 운동이야말로 이스라엘에 들어선 하나님 나라의 영광이라고 생각할 여지를 준다. 이 구절에 의거해 예수 당시의 유대인들도 세계 만민이 시온산으로 몰려드는 미래상을 생각했을 것이다. 그들은 이스라엘 민족이 공중 분해되어 세계 만민 속으로 흩어지는 원심 운동을 할 것이라고는 전혀 생각하지 못했을 것이다. 하지만 예수께서는 민족주의적인 동시대 유대인들과 다른 시각으로 구약성경을 읽으셨다. 그분은 모세와 예언자들이 말한 "하나님 나라"의 관점으로 구약성경을 읽으셨다. 예수에게 구약성경은 천지를 창조하신 하나님이 이 땅에 하나님 나라를 세우려고 기획하고 실연實演하는 드라마였다. 창조주 하나님은 첫 사람 아담과 하와에게 세계 통치의 사명을 부여하시고 땅을 선물로 주셨다.[창 1:26-28] 하지만 그들은 이 사명에 실패했고 자신들의 사명으로부터 이탈했다. 첫 사람 아담과 하와의 타락 이후 하나님은 그들에게 맡겼던 세계 통치의 사명을 아브라함과 그 후손에게 위탁하셨다. 하나님은 아브라함과 그 후손을 "큰 민족", "강대한 나라"로 만들어 이 땅을 회복하고 구속하려고 하셨다. "큰 민족", "강대한 나라"는 둘 다 히브리어 "고이 가돌"(גוי גדול, gôy gādôl)의 번역어이다.[창 12:2; 18:18-19; 신 4:6-8; 10:12-18]

아브라함에게 처음으로 약속된 이 '고이 가돌'의 비전은 모세에게 그리고 예언자들[사 2:2-4; 9:1-6; 11:1-9]에게 계승되고 상속되었다. '고이 가돌'은 천하 만민에게 복을 주시려고 하나님이 세운 제사장 및 왕적인 중보자 나라였다.[출 19:5-6] 즉 '고이 가돌'은 반드시 이웃 나라에게 의와 공도를 행함으로 천하 만민에게 복이 되는 존재이다. 개역개정에서 "공의"로 번역한 "의"[義][체데크(צדק)]는 하나님의 신적 보호와 사랑을 가리킨다. 개역개정이 "정의"로 옮긴 "공도"[公道][미쉬파트(משפט)]는 약하고 가난한 자들을 사법적 보호 대상으로 삼기 위한 법률적 친절과 보호를 의미한다. 그러므로 천하 만민은 의와 공도를 행하는 이 "큰 민족", "강대한 나라" 그리고 "그 규례와 법도가 공의로운 큰 나라" 때문에 결코 위협을 느끼지 않으며, 오히려 하나님의 복을 누리게 된다. 즉 '고이 가돌'인 이스라엘을 통해 만민은 하나님의 복과 구원의 2차적 수혜자가 된다. '고이 가돌'은 나그네와 가난한 자들을 억압하고 유린하여 하늘 보좌에서 탄핵된 소돔과 고모라[겔 16:49]와 정반대로, 나그네를 환대하고 가난한 자들을 인자와 긍휼로 보살피는 정의로운 나라이다. 고아와 과부, 난민[출 22:21-23; 신 10:17-18]과 도망친 노예들[신 23:15]까지도 환대받고 보호받는 나라가 '고이 가돌'의 이상인 것이다.

그래서 아브라함의 후손인 이스라엘 민족은 세계 열방에게 하나님을 아는 지식[호 4:6]을 확산해서[사 11:9-10] 평화로운 세계를 만드는 제사장적 사명을 수행해야 했다. 이 사명은 이방인들을 지배하는 것이 아니라, 그들의 땅에 가서 하나님을 아는 지식을 전파하는 것이었다. 사도 바울은 자신이 땅끝까지 달려가는 복음의 제사장이라고 자임했다.[롬 15:16] 이처럼 예수 그리스도는 아브라함, 모세, 그리고 예언자들을 통해 오랫동안 위탁된 '고이 가돌'이자, 제사장 나라[맘므레케트 코하님(ממלכת כהנים)]의 사명을 염두에 두고, 마가복음 1:15에서 아브라함, 모세, 예언자들을 통해 예언된 그 "하나님 나라가 가까이 왔으니, 회개하고 복음을 믿으라"고 선언하신 것이다. 따라서 개역개정의 이 구절은 다음과 같이 번역하는 것이 더 정확하다. "그 하나님 나라가 가까이 왔다." 아브라함부터 모세와 예언자들이 약속받고, 대망하던 바로 그 나라가 예수께서 말한 하나님 나라였기 때문이다. 예수가 하나님 나라를 선포할 때마다 그는 아브라함과 모세, 그리고 예언자들에게 알려진 그 나라, '고이 가돌'을 염두에 두고 계셨다. 갈라디아서 3:8-28은 '고이 가돌'을 약속한 창세기 12:1-3에 대한 긴 주석이다. 예수께서 선포한 복음은 천하 만민이 아브라함의 복을 누릴 것이라는 '고이 가돌' 복음이었다. 예언자들에게 그 하나님 나라 도래 복음은 가난한 자들에게 전파된 복음이었고, 바울에게는 이방인들에게 전파할 복음이었다. 앞으로 사도행전에서 바울이 전하는 하나님 나라도 이방인, 노예, 난민, 어린아이까지도 다 따뜻하게 영접하고 환대하는 나라이다.

하지만 사도행전이 쓰이던 당시 유대인들에게는 하나님 나라가 아니라, 이스라엘의 국권 회복이 중요했다. 심지어 제자들도 이스라엘에 세워질 그 왕국(군사적 메시아로서의 인자의 왕국)에 집착했다. 그들은 이스라엘 민족이 세계 만민 속으로 흩어지는 미래에 전혀 대비하지 못했다. 그런데 예수께서는 선민 이스라엘을 택하여 번성케 하시고 복되게 하신 목적이, 만민에게 복을 주시려는 하나님의 궁극적인 목적과 계획 때문임을 아셨다. 그래서 당신의 제자들에게 열방을 향해 흩어질 것을 분부하셨다.[8절] 예수께서는 세계 만민에게로 퍼져나가는 하나님 나라를 생각하셨기 때문이다.[6] 8절 "땅끝까지 이르러 내 증인이 되리라"는 말씀은 6절 "주께서 이스라엘 나라를 회복하심이 이때니이까"에 대한 응답인 셈이다. 8절은 실로 이사야 60-62장에 약속된 이스라엘의 종교적 종주국으로서의 위상 회복을 꿈꾸었을 제자들에게는 충격적인 응답이었다. 이사야 60-62장의 비전은 메시아적 통치가 실현된 시온이 세계의 중심으로 부상하는 미래이다. 이방인들이 온갖 금은보화를 싸 들고, 예루살렘 성전에 계신 야웨를 예배하고, 그분의 토라를 배우는 미래이다. 그런데 예수님은 종교적 종주국으로서의 이스라엘 회복이 먼저가 아니라, 이스라엘이 세계 속에 흩어져 하나님 나라를 확산시키는 것이 먼저라고 말씀하신다. 어떤 그리스도인들은 한국교회가 지금보다 더 위풍당당하고 큰 교회가 되어, 세상을 향해 영향력을 확장하는 큰 고체固體로서의 권력 기관이 되어야 하나님 나라가 융성해질 것으로 생각하는 것처럼 보인다. 심지어 어떤 사람들은 우리나라 인구의 65퍼센트가 기독교인이 되어야 기독교가 제구실을 할 수 있다고 말한다.[7] 하지만 특정 장소에 고착된 고체 덩어리로서의 제도권 교회modality가 거룩하게 자기부인하여, 기체와 액체처럼 자기를 비워 세계 만민 속으로 스며드는 교회sodality를 파송하고 운동성을 가진 교회들이 교회와 고도의 일치와 동역을 이룰 때에야 하나님 나라가 더욱 융성해질 것이다. 랄프 윈터Ralph D. Winter가 1973년 서울 범아시아 선교컨퍼런스에서 강의한 것처럼"The Two Structures of God's Redemptive Mission" 이상적인 선교 운동은 진지형 교회와 기동성 있는 선교 운동체들의 연대를 통해 효과적으로 성취된다. 사도행전의 선교는 영적 진지인 시온에서 파송된 성령의 증인들의 기동성 있는 세계적 확산을 통해 성취되었다. 예수의 가르침은 이런 점에서 당대의 선민주의적 유대교와는 판연하게 달랐다.

이스라엘의 미래에 대한 예수의 뜻은 이스라엘의 정치적 독립이 아니라, 이스라엘의 거룩하고 창조적인 자기 해체였다. "이르시되 때와 시기는 아버지께서 자기의 권한에 두셨으니 너희가 알 바 아니요, 오직 성령이 너희에게 임하시면 너희가 권능을 받고 예루살렘과 온 유대와 사마리아와 땅끝까지 이르러 내 증인이 되리라 하시니라"[7-8절] 예수께서 제자들에게 당신의 죽음과 부활을 증언할 지역을 원심확장형으로 특정하신 이유가 있다. 갈릴리 제자들에게 예루살렘, 온 유대, 사마리아는 익숙한 동질 문화권의 우호적인 지역이 아니었다. 이 세 지역은 각각 갈릴리 출신이었던 제자들이 품고 사랑할 수 없으며, 심지어 거부감을 일으키는 지역들이었다. 예루살렘과 온 유대는 갈릴리 농토를 지배하는 부재지주들의 본거지요, 로마제국의 압제와 수탈을 용인하거나, 동조하는 자들의 본거지였다. 사마리아는 과도하게 헬라화된 혼합주의의 거점이었다. 그곳은 갈릴리 사람들에게 이질적인 존재들이었다. 성령의 권능으로 덧입지 않으면 제자들에게는 어울리고 싶지도 않은 지역들이었다. 그러나 그들은 예루살렘, 온 유대, 사마리아에서 예수의 죽음과 부활을 증언한 후에야 비로소 땅끝까지 나갈 수 있다. 여기서 땅끝은 지중해 중심으로 본 땅끝, 곧 대서양 연안국가인 스페인이었다.[롬 15:28] 예수께서는 창조적인 해체를 통해 세계 만민을 하나님께로 이끄는 '제사장 나라'로서의 사명을 다하는 선교적 삶[롬 15:16]이 바로 이스라엘에 "그 왕국", 곧 "하나님 나라"가 회복된 증거라고 보신 것이다.

하지만 세계 만민에게 파동쳐 나가는 이 원심운동적 하나님 나라 사상은 당시 유대교의 구심운동적 하나님 나라 사상과 정면으로 배치되었다. 예수께서는 혈과 육으로서의 이스라엘 민족이 죽고 부활해야만 땅끝까지 이르러 예수 자신의 십자가 죽음과 부활 증인이 될 수 있다고 하신 것이다. 땅끝까지 이르러 예수의 증인(그의 십자가 죽음과 부활)이 될 수 있는 사람은 성령 충만을 통해 혈과 육이 죽고 완전히 새롭게 태어난 사람이다. 성령 충만은 예수 그리스도 영의 충만이다. 하나님을 무한대로 높이고 자신을 무한소로 축소시키는 자기부정의 영이 바로 성령이시다. 예수처럼 완전히 자기를 부인한 사람, 곧 성령 충만한 사람이 예수의 십자가 죽음과 부활의 증인이며, 그런 자만이 땅끝까지 달려갈 수 있다. 혈과 육이 죽고 거듭 태어나지 않은 채 스스로 땅끝까지 달려가려는 사람은 혈과 육의 자아를 확장하는 세력일 뿐이다. 오늘날 기독교회는 자기부정이나 자기 해체보다는 자신의 혈과 육을 강화하여 땅끝까지 달려가려는 자아 확장의 유혹 앞에 노출되어 있다. 그러나 성령 충만은 우리의 혈과 육의 완전한 무력화를 가져온다. 혈과 육이 완전히 무력화된 교회의 증거는 다른 종교인들마저도 사로잡는 하나님의 능력을 드러낼 것이다.

8절은 2,000년 세계 기독교 역사를 추동시킨 견인차와 같은 역할을 하는 말씀이다. 마태복음 28:18-20과 더불어 이 구절은 기독교 복음의 세계적 확장의 근거와 목적을 명료하게 규정하고 있다. 이 말씀 때문에 교회는 자신의 경계를 넘어 항상 미지의 세계를 향하는 모험적인 진출을 감행해 왔다(프레데릭 F. 브루스 『초대교회사』, 스티븐 니일 『기독교 선교사』). 그러나 그것은 미개한 문명을 정복하고 개명시킨다는 제국주의자의 정복 이데올로기와 빈번히 제휴하기도 했고(케네스 라토렛Kenneth Scott Latourette의 『세계 기독 교회사』), 때로는 자기 목숨을 순교의 제단에 바친 이름 없는 순교자들의 등불이 되기도 했다. 이에 대한 책으로는 엘리자베스 엘리엇Elisabeth Eliot의 『전능자의 그늘』, 제프 벤지의 『에이미 카마이클』, 이기반의 『히말라야의 눈꽃 썬다 싱의 생애』, 스탠리 존스Stanly Jones의 『인도의 길을 걷고 있는 예수』를 들 수 있다.

그러나 이 말씀을 단지 해외 선교만을 명령하는 근거 구절로 축소해서 해석해서는 안 된다. 갈릴리 출신인 열두 사도에게 예루살렘, 유대, 사마리아 그리고 땅끝은 단지 해외나 외국을 가리키는 말이 아니었다. 갈릴리 사람들에게 예루살렘과 온 유대와 사마리아와 땅끝까지 가서 예수의 증인이 되라는 명령은 충격적이고 급진적인 요구였다. 그들에게 그곳은 서로 적대와 긴장과 분열과 대결의 장벽으로 갈라진 낯선 세계였기 때문이다. 따라서 이 말씀은 그 장벽을 넘어 예수의 십자가 죽음과 부활의 증인이 되라는 명령이다. 즉 희생을 감수하면서 평화의 관계를 창조하고, 우애와 인류 공영의 세계를 개척하는 자가 되라는 것이다. 해묵은 적대 관계를 뛰어넘어 예수의 십자가 죽음과 부활의 증인이 되라는 것은 평화와 화해를 주도하기 위해 스스로 십자가의 길을 가라는 것이다.

여기서 한국 사회와 한국교회의 지역적 분열의 해결책이 제시된다. 예수 증인들의 주도적인 희생과 자기부인은 지역적 분열, 사회경제적 양극화, 그리고 불필요한 교파 분열을 치유하고 극복할 수 있다. 심지어 남한과 북한의 이념 분열, 정치적 이데올로기의 분열도 치유하고 극복할 수 있다. 따라서 사도행전 1:8은 좁은 의미의 해외 선교가 아니라 총체적인 '하나님 나라 운동'의 근거 구절이 될 수 있다. "오직 성령이 너희에게 임하시면 너희가 권능을 받고 예루살렘과 온 유대와 사마리아와 땅끝까지 이르러 내 증인이 되리라"는 선교 명령은, 먼 해외 미*전도 종족을 향한 선교 명령을 넘어, 사회 내의 적대적 계층과 지역감정을 뛰어넘는 선교, 곧 자기부인의 사랑과 섬김을 베풀라는 선교 명령으로 이해되어야 한다. 이 구절에 따르면 선교는 나(자아) 중심성에서 다른 사람들의 유익과 필요로 이동하는 자기 하강 운동이다. 선교는 자신의 계급적인 기반과 지역적 기득권을 스스로 허무는 운동이다. 예수는 당신의 제자들에게 해외 선교의 이름으로, 문명화의 명분으로 먼 오지奧地나 이역異域에 있는 타他문명의 파괴자가 되라고 명하신 것이 아니라, 예수 자신의 삶을 본대로 증언하고 그의 십자가 죽음과 그 이후에 경험한 부활의 드라마를 재현하는 증인이 되라고 말씀하신다(돈 리처드슨Don Richardson의 『화해의 아이』). 따라서 선교는 하나님을 필요로 하는 다른 민족에게 예수의 십자가 죽음과 부활의 복음을 증거하는 증언 활동이다. 예수의 십자가 죽음과 부활을 목격하고 본 그대로 증언하는 이는 예수를 모방하고 체현하는 증인이다. 예수의 증인은 그분에 관한 사실이나 정보를 전달하는 사람이 아니다. 예수의 굴욕적인 십자가 고난과 그 죽음, 그리고 죽음 이후 사흘 만에 다시 살아나신 부활을 순차적으로 증언하되, 그 내적 원리를 깊이 이해하고 공감한 후에 증언하라는 것이다. 그 원리는 빌립보서 2:6-11에 자세히 기록되어 있다.

> 그는 근본 하나님의 본체시나 하나님과 동등됨을 취할 것으로 여기지 아니하시고 오히려 자기를 비워 종의 형체를 가지사 사람들과 같이 되셨고 사람의 모양으로 나타나사 자기를 낮추시고 죽기까지 복종하셨으니 곧 십자가에 죽으심이라. 이러므로 하나님이 그를 지극히 높여 모든 이름 위에 뛰어난 이름을 주사 하늘에 있는 자들과 땅에 있는 자들과 땅 아래 있는 자들로 모든 무릎을 예수의 이름에 꿇게 하시고 모든 입으로 예수 그리스도를 주라 시인하여 하나님 아버지께 영광을 돌리게 하셨느니라.참조. 행 2:34-36

"증인"(μάρτυς)이라는 헬라어는 "순교자"를 의미하기도 한다. 예수 그리스도의 제자들은 복음을 전달하기 위해 스스로 순교자가 되어 죽고 부활을 체험하는 자로 부름받은 것이다. 성령의 권능은 세계를 구원하기 위해 먼저 한 개인부터 구원한다. 신앙생활은 집단적인 군중 열기에 개인이 주체성을 잃고 함몰되는 경험이 아니라, 개인의 주체성이 갱신되어 공동체에 유기체적으로 접목되는 경험이다. 위로부터 임하는 성령의 권능은 우리의 혈과 육을 십자가에 못 박아 무력하게 할 뿐 아니라, 우리의 모든 죄악된 습관도 혁파할 수 있게 한다. 하나님이 주시는 능력은 결코 미미하거나 사소하지 않다. 위로부터 오는 하나님의 능력은 일상생활을 갱신하고 치유할 수 있다. 8절이 말하는 권능은 "뒤나미스"(δύναμις)이기 때문이다. "다이너마이트"의 뿌리어語根가 되는 "뒤나미스"는 형질이나 성향을 완전히 새롭게 창조하는 권능을 의미한다. 하나님이 우리에게 주시는 능력은 우리의 늦잠 자는 버릇, 회사 업무시간이나 수업에 늦는 버릇, 돈을 펑펑 쓰는 버릇, 인터넷 중독, 성적 탐닉, 알코올 중독 등 어떤 병증病症이나 타락된 성향도 고칠 수 있다. 이 세상의 모든 부정적인 경험의 시궁창에서 허우적대는 사람도 일으켜 세울 수 있는 것이 위로부터 오는 성령의 능력이다.

9-11절은 선교 명령을 내리신 후 승천하시는 예수를 보여준다. 제자들에게 온 세계 속으로 흩어져 당신이 지셨던 십자가와 부활의 증인이 되어 달라는 당부를 마치신 예수는 제자들이 보는 앞에서 승천하신다. 9절 하반절은 구름이 승천하는 예수를 가렸다고 말한다. 곧 승천하는 예수는 하나님의 영광을 둘러싼 외피인 구름 속으로 상승하셨다. 구름은 하나님의 영광이 나타날 때마다 나타나 인간 피조물이 하나님의 영광에 직접 노출되는 것을 막아주는 방호벽이다. 모세는 시내산에 강림하신 영광의 하나님을 구름 속에서 조우했다. "여호와의 영광이 시내 산 위에 머무르고 구름이 엿새 동안 산을 가리더니 일곱째 날에 여호와께서 구름 가운데서 모세를 부르시니라. …… 모세는 구름 속으로 들어가서 산 위에 올랐으며 모세

가 사십 일 사십 야를 산에 있으니라."출 24:16-18; 출16:10; 민 14:10 베드로와 야고보와 요한은 변화산에서 영광스럽게 변하신 예수를 직접 대면하지 못하고, 구름 속에서 간접 목격했다. "마침 구름이 와서 그들을 덮으며 구름 속에서 소리가 나되 이는 내 사랑하는 아들이니 너희는 그의 말을 들으라 하는지라."막 9:7 예수의 재림을 맞이하는 종말의 성도들은 구름 속으로 끌어 올려져 재림하시는 예수를 영접한다.살전 4:17 이처럼 구름은 하나님의 영광을 덮은 외피로서 하나님의 현존을 가리키는 가시적인 물체이다. 예수께서 구름 속으로 사라져 승천하는 상황에서 제자들이 보인 반응은 "자세히 하늘을 쳐다보는 것"이었다. 부활하신 예수를 끌어올리는 구름을 자세히 쳐다본 제자들 옆에는 두 사람(천사)이 서 있었다.10절 아마도 이들은 누가복음에서 부활한 예수가 남겨둔 빈 무덤을 지키던 찬란한 옷을 입고 있었던 바로 그 두 사람이었을 것이다.눅 24:4; 참조. 막 16:5 흰옷 입은 한 청년; 마 28:2 하늘에서 내려온 주의 천사; 요 20:12 흰옷 입은 두 천사 성서에서 천사는 하나님의 특별 메시지를 전달하는 대언자이다. 천사들이 제자들 곁에 서 있었다는 말은 그들이 제자들에게 전할 특별한 메시지가 있다는 것을 의미한다.

이처럼 부활하신 예수는 제자들과 두 천사가 보는 앞에서 주와 그리스도가 되시기 위해 하나님 아버지의 우편 보좌로 올라가셨다. 요 14:12, 28; 16:5, 7, 10, 17 대왕이신 하나님의 우편 보좌는 그분의 아들이자 부왕인 그리스도의 보좌이다.빌 2:10-11; 히 1:1-3 승천하시는 예수를 골똘히 응시하는 제자들에게 천사들이 나타나 예수의 재림을 확증하는 선언을 들려준다.11절 "이 예수는 하늘로 가심을 본 그대로 오시리라." 초대교회의 재림신앙은 그리스도의 부활과 승천을 믿는 신앙고백이었다. 특히 오순절 성령 강습을 맛본 예루살렘 교회는 예수께서 곧 재림하실 것이라고 믿었기 때문에 급진적인 사랑의 실천을 감행할 수 있었다.

그런데 11절에는 우리의 주목을 끄는 또 다른 상황이 나온다. 천사들이 제자들을 향해 "갈릴리 사람들"이라고 부르는 상황이다. "갈릴리 사람들아, 어찌하여 서서 하늘을 쳐다보느냐. 너희 가운데서 하늘로 올려지신 이 예수는 하늘로 가심을 본 그대로 오시리라." 신약성경 어디에도 제자들의 지역적 기반을 이렇게 명시적으로 언급한 곳은 없다.비교. 마 26:71-73; 막 14:69-70; 눅 22:59; 요 18:17 그런데 예수의 제자들이 여기서 "갈릴리 사람들"이라고 불리고 있다.

여기에 무슨 의미가 있을까? 이 호칭은 영예로운 호칭일까? 아니면 비하적 호칭일까? 원래 "갈릴리"는 온 세계 만민을 동포로 대하는 사해동포주의(세계시민주의) 사상cosmopolitanism의 발상지도 아니며, 세계 만민을 구원할 거대한 사명감이 발원할 수 있는 곳도 아니었다. 갈릴리는 농민들의 본거지였다. 지식인이나 제사장 가문을 배출하지 못한 곳, 곧 인재와 명사의 불모지였다. 그래서 유대인들은 예수님이 갈릴리 출신임을 경멸적인 맥락에서 지적했다.

> "…… 당국자들은 이 사람을 참으로 그리스도인줄 알았는가. 그러나 우리는 이 사람이 어디서 왔는지 아노라. 그리스도께서 오실 때에는 어디서 오시는지 아는 자가 없으리라 하는지라."요 7:26-27 "…… 그리스도가 어찌 갈릴리에서 나오겠느냐."요 7:41 "그들이 대답하여 이르되 너니고데모도 갈릴리에서 왔느냐. 찾아보라. 갈릴리에서는 선지자가 나지 못하느니라 하였더라."요 7:52

이들은 나사렛 예수가 갈릴리 출신인 줄 알면서도 모세를 높이고 예수를 폄하하기 위해 예수가 어디서 왔는지 모른다고 잡아뗀다. "하나님이 모세에게는 말씀하신 줄을 우리가 알거니와 이 사람은 어디서 왔는지 알지 못하노라."요 9:28 그들에게 "갈릴리"는 아무 곳도 아닌 그 무엇이었다.

이처럼 복음서 여러 곳에서 갈릴리는 예루살렘과 유대 지방의 지배층 엘리트들에게 무시받던 땅이었다. 그래서 예수는 갈릴리를 공생애 중심 사역지로 삼아 하나님 나라 운동을 일으키셨다. "그 후에 예수께서 갈릴리에서 다니시고 유대에서 다니려 아니 하심은 유대인들이 죽이려 함이러라. …… 나는 명절에 아직 (예루살렘에) 올라가지 아니하노라. 이 말씀을 하시고 갈릴리에 머물러 계시니라." 요 7:1, 8-9 예수는 갈릴리 가버나움에 정착해 공생애를 펼치셨고, 갈릴리 해변에 다니시다가 초기 제자들을 택하셨으며, 온 갈릴리에 두루 다니며 천국 복음을 선포하고 병든 자들을 고치셨다.마 4:13, 18, 23 예수께서 공생애 사역 중심지로 택한 갈릴리는 "이방의 갈릴리"로 불리는 지역이었으며, "흑암에 앉은 백성," "사망의 땅과 그늘에 앉은" 자들이었다.마 4:15-16 이 갈릴리 사람들이 예수의 하나님 복음의 첫 수혜자였으며, 제자들도 갈릴리 사람들로 채워졌다.

그러나 이제 이 "갈릴리 사람들"이 세계의 운명을 좌우할 사도가 되고, 예수의 증인이 된 것이다. 갈릴리는 세계로 확산될 하나님 나라의 발상지가 된다. 그러므로 갈릴리 사람들은 지방민적 시야를 버리고, 하늘 보좌에서 온 세계를 다스리실 주와 그리스도가 되신 예수의 시좌視座에서 자신들을 재주형再鑄型해야 한다는 요구를 받는다. 이제 하늘만 쳐다보지 말고, 온 세계를 향해 눈을 돌리라는 말이다. 성령의 능력에 사로잡히면 지방민적인 소아小我에 얽매일 수 없기 때문이다. 그러나 현실적으로 그들이 지방민적 한계를 뛰어넘는 일은 쉽지 않았을 것이다. 그 이유는 갈릴리와 예루살렘과 온 유대, 사마리아, 땅끝 사이에는 적개심과 편견으로 첩첩이 쌓인 장벽이 있기 때문이다. 그런데 예수께서는 갈릴리 지방민 출신 제자들에게 성령의 권능으로 그 장벽을 돌파하라고 분부하신 것이다. 이처럼 교회도 특정 지역에서 출발하지만, 그 지역만을 위해 섬기는 지역감정의 노예가 되어서는 안 된다.

사도행전 9:2은 예수 그리스도의 최초 제자들을 "그 도道를 따르는 백성"the People of the Way이라고 부른다. 교회는 전 세계로, 땅끝까지 파동치며 전진해 가는 도상途上의 "하나님 나라"의 전위前衛이기 때문이다. 따라서 교회는 특정 지역, 민족, 국가와 독점적으로 결탁한 가치가 아니라, 시공을 초월하여 개인과 집단을 하나님의 다스림 아래 복속시키는 보편적인 하나님 나라 가치를 지향한다. 교회는 지방적인 동시에 세계적이다. 그렇다면 하나님 나라의 가치에 사로잡힌 교회는 어디를 쳐다봐야 하는가? "하늘만 자세히 쳐다봐서"는 안 된다. 교회는 "갈릴리"라는 특정 지역에 발을 딛고 섰을지언정, 그 자신에게 대립의 장벽을 쌓아놓은 곳, 예루살렘과 온 유대와 사마리아의 장벽을 돌파하여 온 세계 만민을 향해 달려가야 한다. 갈릴리 사람들은 예루살렘과 온 유대와 사마리아와 땅끝에 가서 예수의 십자가 죽음과 부활 드라마를 증언해야 한다. 갈릴리와 예루살렘-유대 지방의 갈등은 복음서 곳곳은 물론 요세푸스의 『유대전쟁사』나 『유대 고대사』에서도 언급되고 있다.[8] 성령의 권능에 덧입힌 갈릴리 사람들은 보편적인 하나님 나라의 보편적인 시민빌 3:20이 되어 계층 간 갈등과 지역과 종교, 인종간 갈등을 뛰어넘어야 한다. 그 후에야 갈릴리 사람들은 땅끝까지 가서 예수를 증거할 수 있다.

이처럼 사도행전은 한 지역의 지역민이 세계인으로 확장되고 발전해 가는 과정을 보여준다. 그것은 "성령이 임하면 갈릴리 사람들이 권능을 받고 예루살렘과 온 유대와 사마리아와 땅끝까지 이르러 예수의 증인이 되는" 과정이다. 이것이 기독교의 표준적인 구원 경험이다. 표준적인 구원 경험의 본질은 성령의 권능을 받고 나면, 예수님이 그토록 강조한 제자도의 근본인 자기부인이 가능해진다.막 8:34 자기부인은 나의 옛 자아(혈과 육)를 십자가에 못 박을 뿐만 아니라, 나의 계급, 계층, 지역적 기득권으로 생긴 모든 이득을 하나님과 이웃들을 위한 공공선이 되도록 한다. 예수의 영이 임하면, 갈릴리 사람은 이제 지역감정에 사로잡히지 않는 보편적인 하나님 나라의 사도가 되고, 지역, 인종, 계층적 경계를 넘어 세계 보편 시민의 언어를 구사하는 예수의 증인이 된다. 예수의 증인들은 사랑의 보편 언어를 구사하며, 모든 장벽을 넘고 부숴 버리는 사랑의 전사戰士가 된다. 그들은 모든 경계와 장벽을 뛰어넘음으로써 세계 만민에게 복이 되는 복음의 증인이 된다. 성령의 권능이 임하면 지방민적 관점을 가진 사람도 모든 종류의 차별적 장벽을 돌파하여 사랑의 공동체를 만드는 일에 참여하는 세계시민으로 승화된다.[9] 이 고상한 변화가 바로 기독교의 표준적인 구원 경험이다.

166년에 로마의 감독이었던 소테르Soter는 로마제국 내에 있는 기독교인의 숫자가 너무 빨리 성장하여 당시에 벌써 유대교인의 수를 넘어섰다는 사실을 언급한다.[10] 또한 로마 감독 코르넬리우스Cornelius는 동료인 안디옥의 파비우스Fabius of Antioch에게 로마제국 안에서 활동하는 그리스도인들의 세계시민적 사랑과 도량을 칭찬하는 내용의 편지를 보낸 적이 있다.

> 이 복음의 옹호자(분파주의자 노바티아누스)는 그때 하나의 보편 교회에 하나의 감독만 존재해야 한다는 것을 몰랐다. 그러나 그는 하나의 보편 교회에 46명의 장로와 7명의 집사와 7명의 부副집사와 42명의 대제待祭와 52명의 귀신 쫓는 사람과 낭독자들과 문지기들과 1천 5백 명이 넘는 과부들과 가난한 사람들이 있으며, 그들 모두가 주님의 은혜와 친절로 살아가고 있는 사실도 모르지 않았다. (어떻게 그가 그럴 수 있었겠는가?)[11]

이 편지는 1천 5백 명의 고아와 과부들을 한 식구처럼 여기며 살고 있는 그리스도인들의 형제자매 사랑에 놀라움을 금치 못하면서도, 변변한 교리 서적 하나 없는 그 소수의 무리가 무슨 힘으로 그런 일을 하고 있는지 묻는 것이다. 초대교회 그리스도인들은 교리서도 없고, 예배당도 없고, 큰 권력을 가진 종교 지도자도 없지만, 가장 위대한 사랑과 봉사의 능력을 발휘했다. 하지만 기독교가 국교가 되면서부터 신실한 초대교회의 성도들과 신령한 사도적 지도자들 대신에 잘 먹고, 잘 살기 위해 사제가 된 많은 성직자가 교회를 지배하면서 교회는 망가지고 쇠락하기 시작했다. 콘스탄티누스 황제의 밀라노 칙령313년 이후 대거 유입된 유력 계층 출신의 그리스도인들은, 세계를 위해 존재해야 하는 복음의 역동성을 교회 안에 가두어 버렸다. 그 후로 교회는 교회 안에 머무는 배타적인 구원의 관리자이자 배분자로서 특권적 지위를 주장하는 종교 권력 기관으로 변했다. 그 결과 교회는 성령을 배척하고 부정함으로써 복음의 역동적인 능력은 잃어버렸다. 자크 엘룰Jacques Ellul에 따르면, 기독교의 급진적인 체제와 전복적 힘은 정치, 문화적 주류 세력에 의해 왜곡되었고, 길들여졌다. 오늘날은 조악하고 천박한 자본주의, 상업주의적 시대정신이 복음의 본질을 왜곡하기 위해 세찬 공격을 가하고 있다.[12]

바로 이러한 때에 우리는 사도행전에 나타난 표준적인 구원 경험, 성령 권능 경험, 선교 경험, 그리고 '하나님 나라' 경험이 무엇인지를 확인해야 한다. 한국조폐공사에서 진폐와 위폐를 구분하는 사람들은 위폐를 가려내는 훈련으로 하루에 2억 원 정도의 진짜 돈을 만진다고 한다. 이런 훈련의 결과로 그들은 눈을 감고도 가짜 돈을 식별할 수 있게 된다. 우리가 1년에 한 번만이라도 성경을 제대로 읽는다면, 성경이 증거하는 진정한 기독교가 어떠한 것인지 알 수 있을 것이다. 오늘날 수많은 그리스도인이 성경적인 구원보다 자본주의 문화에 순응하는 조작된 구원에 익숙하다. 그들은 어떤 강사가 와서 아무리 엉망진창의 교리를 설교해도 "나의 구원에 도움이 되고 나에게 이익이 된다면" 아무 생각 없이 "아멘"으로 화답한다. 20여 년 전에 「크리스천니티 투데이」*Christianity Today* 잡지에 흥미로운 통계가 실렸다. 미국 사람들 가운데 83퍼센트가 자신이 죽으면 천국에 간다고 믿으며, 76퍼센트는 자신이 매일 기도 응답을 받는다고 생각했다. 하지만 이들 중 대부분이 정작 성경의 내용은 거의 몰랐다. 그들은 모세, 히스기야, 야고보, 데오빌로를 연대순으로 배열하지 못했다. 그들은 구약시대의 모세의 나이가 많은지, 히스기야의 나이가 많은지, 맞추지 못했다. 그런데도 그중 83퍼센트가 천국을 확신하고, 76퍼센트가 기도 응답을 확신했다. 성경을 읽지 않아도 그토록 강한 확신이 든다는 것은 참으로 연구해 볼 만한 현상이다.

오늘날 한국교회의 사정도 크게 다르지 않다. 한국교회는 하나님 나라 복음에 대해 침묵하고 하나님 나라 복음을 생략한 채 구원론에 집착한다. 예루살렘, 온 유대, 사마리아, 그리고 온 땅끝으로 퍼지는 '하나님 나라'는 해외에 나가 교회를 개척하고, 의료 및 교육 봉사만 가지고는 확산되지 않는다. 죽어서 천국에 들어가는 것을 강조하는 사영리는 사도행전의 하나님 나라 복음을 다 표현하지 못한다.[13] 사도행전의 하나님 나라는 적대와 차별의 장벽을 거룩하게 무너뜨리고, 인류에 평화와 화해를 창조하는 세계 변혁 운동이다. 사도행전이 말하는 예수의 십자가와 부활 드라마의 증인들은 다른 종교에도 화해의 복음을 증거할 수 있다.

『인도의 길을 걷고 있는 예수』*Christ of the Indian Way*라는 책을 쓴 스탠리 존스E. Stanley Jones, 1884-1973는 찰스 앤드루스C. F. Andrews, 1871-1940라는 영국 선

교사와 동시대1920-1930년대에 인도에서 활동했던 미국 감리교 선교사다. 존스는 앤드루스와 함께 「청년 인도」*Young India*라는 잡지를 만들어 인도 브라만 계급 사람들에게 집중적으로 복음을 전했다. 이 두 선교사는 마하트마 간디에게 깊은 영향을 끼쳤는데, 그들은 기독교의 본질이 예수의 사랑, 곧 자기를 내어주는 사랑임을 가르쳤다. 간디는 언젠가 "앤드루스 목사와 스탠리 존스 같은 이가 말하는 기독교가 참 기독교라면 우리 인도인들은 모두 기독교인이 되어야 한다"고 말한 적이 있다. 그는 한번은 힌두교 영성 수련장인 아슈람(आश्रम)에서 열린 선교사 수련회에 강사로 초청되어 다음과 같은 요지의 말을 한 적이 있다. "선교사 여러분, 여러분이 인도에 와서 아무리 힘들지라도 절대로 예수의 길에서 이탈해서는 안 됩니다. 우리나라에는 예수의 산상수훈 종교가 필요합니다. 산상수훈 이하의 종교가 지난 5,000년간 인도를 지배했지만, 인도를 구원하지는 못했습니다. 인도를 구원할 종교는 유일하게 산상수훈에 나타난 예수의 종교입니다. 여러분은 그 종교에서 1센티미터도도 이탈하지 마시고 참 기독교인이 되어주시길 바랍니다."[14]

어떻게 이런 일이 가능할까? 위로부터 능력을 덧입는다면 힌두교인까지 감화시키는 기독교가 이 지상에 출현할 수 있다. 이런 꿈을 현실로 만들기 위해 우리는 표준적인 구원 경험, 표준적인 교회 형성 경험, 표준적인 세계 선교 경험, 표준적인 사회 선교 경험이 어우러져 있는 사도행전을 깊이 연구해야 한다. 그리하여 위로부터 오는 능력을 덧입음으로써 갈릴리의 지역적 한계와 계급적 한계를 동시에 극복하며, 예루살렘과 온 유대와 사마리아와 땅끝의 구원을 위해 달려가는 증인이 되어야 한다. 위로부터 오는 성령의 권능에 사로잡히지 않은 착한 마음씨나 선한 양심을 지닌 자연인은 이 위대한 사명을 감당할 수 없다. 어떻게 자연인이 자기의 계급적인 기득권과 모든 이익을 스스로 거부하면서 다른 사람을 위해 인생을 살 수 있겠는가?

우리는 한국 기독교가 과연 역사상 이 땅에 출현했던 유교나 불교보다 더 우월한 종교인지 진지하고 정직하게 성찰해 보아야 한다. 한국 사람 모두가 기독교를 받아들인다고 하더라도, 과연 현재 수준의 한국교회가 강한 생명력과 역사 창조의 에너지를 방출하여 한국 사회를 공평과 정의, 자비와 평화가 넘치는 공동체로 변화시킬 수 있을까? 예수 그리스도의 십자가 복음을 따른다고 주장하는 교회가 진실로 그리스도인들로 하여금 스스로 계급적인 기득권의 과감한 해체와 부정을 실행할 수 있도록 감화 감동시킬 수 있을까? 자신들의 기득권과 특권을 포기하면서 소외된 지역을 살리는 데 충성하며, 도시의 기독교가 자신의 지역적 한계를 넘어 농촌의 기독교를 살리는 데 투신할 수 있을까? 교회가 프로야구 구단이나 유명 프랜차이즈처럼 독립채산체로 존재하는 것이 아니라, 정말로 "한 몸"을 이룬 형제자매의 공동체로 거듭날 만큼 성령의 능력에 사로잡힐 수 있을까? 이 질문들에 사도행전은 언제나 "예, 가능합니다"라고 대답한다.

성경적이고 표준적인 구원 경험 안에는 반드시 지역적인 한계를 넘고 계급적 한계를 넘는 세계시민적인 지향성이 있다. 이것이 곧 세계시민을 향한 자기부인 운동, 바로 '하나님 나라 운동'이다. 하나님 나라가 이렇게 좋은 나라이기 때문에, 하나님 나라의 도래를 전하는 복음은 전 세계에 민들레 홀씨처럼 퍼뜨려야 할 소식인 것이다.

이처럼 사도행전의 구원은 절대로 '내 안에 머무는 구원'이 아니다. 참된 성경적 구원은 갈릴리 사람들, 고립되고 단자적單子的, monadic인 개인 안에 머무는 구원이 아니다. 나의 구원을 위해서 목매어 경쟁하고 각축하는 구원은 사도행전의 표준적인 구원과는 아무런 관련이 없다. 사도행전의 구원은 땅끝까지 파동치는 성령 운동에 사로잡힌 구원이다. 모든 종교가 처음에는 부족 종교이자 지역 종교로 출발한다. 기독교는 세계 지향적 선교에 투신함으로써 부족 종교로 시작된 유대교를 창조적으로 극복할 수 있었다. 이처럼 갈릴리 한 지역의 종교였던 초기 기독교는 온 누리를 하나님의 다스림 안에 복속시키는 보편적인 복음의 증인 공동체가 될 수 있었다. 성령의 권능에 사로잡힌 갈릴리 사람들의 진리와 순종의 삶을 통해 비로소 기독교는 유대적인 협량狹量을 뛰어넘는 보편적 세계 종교로 승화된 것이다.

2. 가룟 유다 대신에 열두 사도의 일원이 된 맛디아 •12-26절

[12]제자들이 감람원이라 하는 산으로부터 예루살렘에 돌아오니 이 산은 예루살렘에서 가까워 안식일에 가기 알맞은 길이라. [13]들어가 그들이 유하는 다락방으로 올라가니 베드로, 요한, 야고보, 안드레와 빌립, 도마와 바돌로매, 마태와 및 알패오의 아들 야고보, 셀롯인 시몬, 야고보의 아들 유다가 다 거기 있어 [14]여자들과 예수의 어머니 마리아와 예수의 아우들과 더불어 마음을 같이하여 오로지 기도에 힘쓰더라. [15]모인 무리의 수가 약 백이십 명이나 되더라. 그 때에 베드로가 그 형제들 가운데 일어서서 이르되 [16]형제들아, 성령이 다윗의 입을 통하여 예수 잡는 자들의 길잡이가 된 유다를 가리켜 미리 말씀하신 성경이 응하였으니 마땅하도다. [17]이 사람은 본래 우리 수 가운데 참여하여 이 직무의 한 부분을 맡았던 자라. [18](이 사람이 불의의 삯으로 밭을 사고 후에 몸이 곤두박질하여 배가 터져 창자가 다 흘러나온지라. [19]이 일이 예루살렘에 사는 모든 사람에게 알리어져 그들의 말로는 그 밭을 아겔다마라 하니 이는 피밭이라는 뜻이라.) [20]시편에 기록하였으되 그의 거처를 황폐하게 하시며 거기 거하는 자가 없게 하소서 하였고 또 일렀으되 그의 직분을 타인이 취하게 하소서 하였도다. [21]이러하므로 요한의

세례로부터 우리 가운데서 올려져 가신 날까지 주 예수께서 우리 가운데 출입하실 때에 [22]항상 우리와 함께 다니던 사람 중에 하나를 세워 우리와 더불어 예수께서 부활하심을 증언할 사람이 되게 하여야 하리라 하거늘 [23]그들이 두 사람을 내세우니 하나는 바사바라고도 하고 별명은 유스도라고 하는 요셉이요 하나는 맛디아라. [24]그들이 기도하여 이르되 뭇 사람의 마음을 아시는 주여, 이 두 사람 중에 누가 주님께 택하신 바 되어 [25]봉사와 및 사도의 직무를 대신할 자인지를 보이시옵소서. 유다는 이 직무를 버리고 제 곳으로 갔나이다 하고 [26]제비 뽑아 맛디아를 얻으니 그가 열한 사도의 수에 들어가니라.

주석

안식일에 스승이자 주이신 예수 그리스도의 승천을 목격한 제자들은 공동 집회 장소였던 다락방으로 돌아온다.[12-13절] 다락방은 유대인의 가옥 구조상 2층에 해당하는 공간으로, 다소 널따란 방이다. 제자들은 여기서 일정 기간 공동생활을 했던 것으로 보인다. 13절은 그 다락방에 모인 사람들의 면면을 소개한다. 베드로, 요한, 야고보, 안드레와 빌립, 도마와 바돌로매, 마태와 및 알패오의 아들 야고보, 셀롯[zealot]인 시몬, 야고보의 아들 유다가 그곳에 있었다. 14절은 공동생활에 참여하지는 않았지만, 이 제자들과 함께 기도에 동참했던 다른 사람들을 소개한다. 이 구절은 회심한 예수의 동생들도 사도들과 마음을 같이하여 기도에 힘썼던 상황에 주목한다. 여자들, 예수의 모친 마리아, 그리고 예수의 아우들이 제자 공동체에 참여하고 있었다는 것이다. "여자들"은 갈릴리에서부터 십자가 처형 장소까지 따라갔으며, 안식일 첫날 예수의 무덤까지 갔던 그 여자들이다. 막달라 마리아를 중심으로 모인 여제자들로서 그들의 재산을 바쳐 예수와 제자들을 섬겼던 여자들이다.[눅 8:1-3] 예수의 모친 마리아는 예수의 십자가 고통과 죽음의 본질을 누구보다도 정확하게 깨달았던 인물이었다. 누가복음 2:22-52은 마리아가 예수께서 걸어갈 고난의 길을 예수 출생 시점과 소년 시절부터 감지하고 있었음을 보도한다. 그녀는 아들 예수가 "이스라엘 중 많은 사람들을 패하거나 흥하게 하며 비방을 받는 표적이 되기 위해 세움을" 받았으며, 그 결과 "칼"이 자신의 마음을 찌르는 듯한 고통을 겪게 되리라는 것을 예고받았다.[눅 2:34-35] 하지만 복음서 어디에서도 마리아가 아들 예수의 십자가 고통과 죽음에 대해 슬픔이나 분노 등 격렬한 감정을 드러낸 장면이나 순간이 언급되지 않고 있다. 마지막으로 예수의 아우들이 함께했다. 마태복음 12장, 마가복음 3장, 누가복음 8장, 요한복음 6장과 7장 등이 예수의 형제들에 관한 기사를 담고 있다. 마태복음 12장, 마가복음 3장, 누가복음 8장은 예수의 공생애가 진척됨에 따라 당국자들과 주류 종교 정치 세력으로부터 불온시되고 위험인자로 부상하는 사태를 막기 위해 어머니 마리아와 동생들이 예수의 사역을 중단시키려는 듯한 시도가 있었음을 보도한다. 요한복음 6장은 예수가 마리아의 아들로 소개되고, 형제자매들도 있는 갈릴리 사람으로 묘사한다. 요한복음 7장은 예수의 갈릴리 은신을 은근히 비판하며 "큰일을 하려면 예루살렘으로 올라가라"고 권고하는 동생들의 말을 보도한다. 이 본문들을 종합해 보면, 예수의 어머니와 동생들이 처음에는 예수의 하나님 나라 운동에 반대했다가 점차 동조해가는 모습을 추적할 수 있다.

예수가 미쳤다고 생각하여 그를 말리려고 가버나움 가정 사역지로 달려왔던[막 3:21-22, 31; 비교. 막 6:3] 어머니 마리아와 형제들이 예수를 이해하는 데는 시간이 걸렸을 것이다. 공생애 중반기 어느 시점부터 예수께서 표적을 행하여 예루살렘을 근거로 광범위한 제자 네트워크를 형성할 때도 형제들은 여전히 예수의 사명에 대한 몰이해와 불신을 드러내고 있다.[요 7:3-5] 그런데 야고보와 유다로 대표되는 예수의 아우들은 십자가 죽음과 부활을 직접 목격하면서 예수의 정체와 사명에 대한 참된 이해와 사도적 확신에 도달했던 것으로 보인다.[약 1:1; 유 1:1][15] 부활하신 예수를 목격한 사람들의 명단을 언급하는 고린도전서 15:7에서 거명된 야고보는 어느 순간에 초대 예루살렘 교회의 중심 지도자로 부상하게 된다. 사도행전 15장은 야고보가 베드로를 대신하여 사도 공의회의 의장직을 수행하고 있음을 보여주며, 갈라디아서에서 바울은 두 차례 이상 야고보가 베드로와 더불어 예루살렘 교회의 "기둥"이라고 말한다.[갈 1:19, 2:9, 12] 유다 또한 사도적 권위를 가지고 유다서를 쓰면서 자신을 야고보의 형제라고 말한다.[유 1:1] 이처럼 예수의 동생들은 십자가 죽음과 부활과 승천이라는 격랑과 변혁의 순간을 거치면서 사도적 지도자로 발돋움했다. 아마도 이 변화 과정에는 어머니 마리아의 영적 영향력이 적지 않게 작용했을 것이다.

그러나 다락방에 모여든 사람들, 특히 제자들은 마음을 합해 성령을 열망하는 기도에 몰입하는 것이 쉽지 않았을 것이다. 그들은 이미 분열과 상처, 배신을 경험했으며, 서로의 인간성을 바닥까지 다 드러낸 사이였기 때문이다. 예수께서 십자가를 지기 위해 예루살렘에 입성한 시점부터 제자들 사이에서 촉발된 "누가 크냐?"는 논쟁, 스승을 부인하지도 버리지도 않겠다고 떠벌리던 맹세, 그리고 체포된 스승을 버리고 도망쳐 버린 일은 제자들 사이를 의심과 배신감으로 경화硬化시키기에 충분했다. 따라서 그들의 인간적 면모나 과거의 경험으로 보면 제자들이 마음을 같이하기란 무척이나 어려운 일이었다. 아무리 부활하신 예수를 목격하고 어두운 과거로부터 어느 정도 자유롭게 되었다 하더라도, 제자들은 여전히 서로가 불편했을 것이다. 그들은 아직 인격적으로 굳게 결속된 하나의 공동체로 돌아가기 위한 재활 복구 절차를 거치지 않았기 때문이다.

또한 제자들과 예수의 가족 사이에도 긴장감이 감돌았을 것이다. 예수에 대한 가족들의 몰이해와 방해막 3:31-35는 널리 알려진 사실이었다. 따라서 서로에 대해 각각 불신과 배신감, 냉대와 몰이해를 가졌던 사람들이 한데 모여 한마음으로 기도에 힘썼다는 것은, 그 다락방에 모인 사람들이 비상한 일치감과 초점 잡힌 갈망으로 하나가 되었음을 의미한다. 그렇다면 비교적 단시간에 제자들끼리, 혹은 제자들과 예수의 가족들 사이에 있었을 법한 긴장이 어떻게 해소되었을까? 다락방에 모인 사람들은 어떻게 이처럼 비상한 일치에 이를 수 있었을까? 3절에 그 대답이 있는 것처럼 보인다. 예수께서는 부활 후 40일 동안 제자들과 동생들 및 모친 마리아에게 집중적인 재활 치유 회복 사역을 행하셨다는 것이다. 부활한 예수는 첫째, "확실한 많은 증거"로 당신의 부활을 확신시켰다. 둘째, 장차 전개될 "하나님 나라의 일들"을 말씀하시고 제자들에게 준비시켰다. 성령이 강림하시면서 시작될 하나님 나라의 사역들을 가르쳤다는 것이다. 이런 재활 복구 및 회복을 맛본 제자들은 비상한 일치에 이르고 전적으로 합심 기도에 진력할 수 있었다. 그러는 사이 제자들은 열두 사도를 세우신 예수의 뜻을 받들기 위해 가룟 유다의 빈자리를 채우려고 결심했다.

15-26절은 유다가 남기고 간 빈 사도직을 채우는 의식을 자세하게 보도한다. 15절은 120여 명의 회중에게 지도력을 발휘하는 베드로를 보여준다. 모인 사람이 120여 명 정도 된다는 것은 다락방에 모인 회중이 이스라엘 12지파에서 10명씩 뽑아 만든 공동체를 의미하는 듯하다. 이스라엘 전체를 대표하는 회중이 모였다는 의미다. 베드로는 여기서 참 이스라엘을 대표하는 열두 사도 공동체를 완성하기 위해 가룟 유다 대신 사도직을 채울 인물을 보선하자고 제안한다.

16-20절은 스승 예수를 배반한 유다의 배반이 성경의 예언이 성취된 사건이며, 그를 대신하여 다른 사도를 뽑는 것 또한 성경의 약속의 성취임을[시 69:25; 109:8] 강조하는 베드로의 강론을 담고 있다. 베드로는 가히 수首사도답게 구약성경에서 예수와 관련된 말씀을 자유롭게 인용하거나 인증引證함으로써 회중을 이끈다. 그는 유다의 사도직 박탈이 다윗을 통해 쓰인 시편에 예언되어 있음을 확언한다. 유다의 일탈과 배반은 우발적으로 일어난 일이 아니라, 예언이 성취된 것임을 강조한다.[16절] 본래는 열두 사도의 일원으로 참여해 이 직무(재정담당 봉사직)를 맡았으나,[17절] 예수를 대제사장 집단에게 팔아넘긴 대가로 받은 불의의 삯으로 밭을 산 후, 몸이 공중으로 곤두박질쳐 죽었는데 창자가 파열될 정도로 격렬하게 낙상했음도 덧붙인다.[18절] 유다가 스승 예수를 배반한 사건과 그가 받은 불의의 삯으로 밭을 산 일, 그리고 그 밭에서 피를 흘리고 죽은 사건 등은 예루살렘 사람들에게 알려졌다. 예루살렘 사람들은 그가 피를 쏟고 죽은 밭을 "아겔다마"(피밭)라고 불렀다.[19절] 이러한 유다의 비극적인 결말이 하나님의 징벌임을 강조하기 위해 베드로는 시편 69:25 "그의 거처를 황폐하게 하시며 거기 거하는 자가 없게 하소서"와 시편 109:8 "그의 직분을 타인이 취하게 하소서"를 인용한다.[20절]

이 단락에서 우리의 주목을 끄는 것은 17절의 "우리의 수 가운데"라는 어구이다. 그것은 누가복음 6:12-13을 염두에 두고 한 말로 보인다. 예수께서 밤이 맞도록 기도한 후 열두 제자를 사도로 세웠는데, "열둘"이란 숫자는 신학적으로 매우 의미심장한 수이다. 열둘은 열두 지파를 다스릴 열두 보좌에 앉을 "하나님 나라", 곧 인자의 나라의 대표자들의 숫자였다.[마 19:28] 이처럼 베드로는 수首사도답게 시편 69편과 109편을 자유자재로 인용하여 유다의 사도직 박탈과 공석인 사도직을 보선해야 하는 이유를 조리 있게 말한다. 그는 이제 엄벙덤벙 실수하는 어제의 베드로가 아니다. 그는 예수의 승천 후 리더의 부재 상황을 맞닥뜨리자, 비약적으로 성숙한 성경 해석자가 되었다. 2장에서 언급하겠지만, 그는 또한 시편 16편과 110편을 인증하여 예수의 부활과 승천을 해석하고, 구약성경 중 불과 세 장에 불과한 요엘서를 인증하여 오순절 성령 강림을 해석한다. 도대체 베드로에게 도대체 무슨 일이 일어난 것일까?

예수께서는 부활 직후부터 40일 동안 제자들에게 하나님 나라에 대한 말씀을 집중적으로 가르치셨다.[행 1:3; 눅 24:27] 이 기간 말씀 공부에 집중했던 베드로는 예수의 승천 후 약 열흘 동안 말씀의 깊은 바다에 잠영[潛泳]하였다. 그리하여 고도의 영적 집중과 말씀 공부 및 기도 속에서 영적인 눈이 열리는 경험을 한 것이다. 예루살렘을 떠나지 못한 채, 예수 그리스도의 십자가 죽음의 부조리성을 원통하게 생각하며, 예수께서 왜 죽으셔야 했는지 풀리지 않는 의문을 지닌 채, 열흘 동안 하나님 나라를 대망하고 간절히 기도하는 동안 베드로는 사도직 보선을 추진했다.

21-22절은 새로 선출할 사도의 자격에 대해 말한다. "세례 요한의 세례 때부터 사도들과 함께 예수를 따르던 사람 중에서 예수의 부활을 목격하고 증거할" 사람이 사도로 보선될 자격이었고, 두 사람이 후보로 선출되었다. 바사바라고 불리기도 하며 유스도라는 별명을 가진 요셉과 맛디아였다.[23절] 사도행전 저자는 요셉에 대해서는 자세하게 소개하고, 맛디아는 이름만 언급한다. 은근히 요셉이 사도로 뽑힐 것을 기대한 것처럼 보인다. 사도들은 "뭇 사람의 마음을 아시는" 주께 "봉사와 사도의 직무를 대신할" 사도를 보선해 달라고 간구했다.[24-25절] 24절 상반절 기도문에는 2인칭 단수 돌출대명사 "쒸"(σὺ)가 사용되고 있다. "뭇사람의 마음을 아시는 주님 당신이여"라는 의미이다. "마음을 알다"라는 동사는 헬라어 합성어인 "카

르디아 디오그노스타"(καρδιογνῶστα)의 번역이다. 직역하면 "마음들을 꿰뚫어 보는 자"이다. 25절 하반절은 스스로 직무를 버린 유다의 책임을 강조한다. 25절에서 보선될 사도가 해야 할 일로 봉사와 사도의 직무를 제시한 이유는 무엇일까? 유다가 맡은 직무에 복음 전파의 사도직 외에 "봉사"가 포함되어 있었으며, 이 둘은 구별된 사역이기 때문일 것이다. "봉사"[디아코노스(διάκονος)]는 재정을 관리하며 행하는 "가난한 자 구제 활동"을 가리키며,요 12:4-8 "사도의 직무"는 여러 곳에 파송되어 일하는 순회 사역을 의미할 가능성이 있다. 보선될 사도는 여러 곳에 교회를 개척하고 개교회를 감독할 영적 능력과 지도력을 갖춘 인물이어야 한다. 이런 조건을 두고 기도한 후 다락방에 모인 회중이 제비를 뽑아 맛디아를 사도로 보선했다. 이제 이스라엘 열두 지파를 대표하는 열두 사도 공동체가 다시 회복되었다. 그들은 이제 초실절初實節이라고 불리는 오순절에 성령의 처음 익은 열매가 될 것이다.

메시지

예수께서는 부활하신 후 40일 동안 지상에서의 사역을 계속하셨다. 그 기간에 그분이 제자들에게 집중적으로 가르치신 것은 하나님 나라의 일에 관한 것이었다.[3절] 그것은 하나님의 다스리심이 가져올 변화를 가리킨다. 예수께서는 자신의 부활 사건을 하나님의 살아 계심과 친히 다스리심의 첫 증거로 제시하셨다. 예수 자신의 부활이야말로 하나님의 권능이 죄와 죽음에 사로잡힌 이 세상보다 강하시며, 오히려 이 세상을 당신의 주권 아래 장악하고 계심을 증명한 사건이었다. 제자들은 예수의 부활을 객관적으로 경험했고 확증했을 뿐 아니라, 그분과 40일 동안을 같이 지냈다. 그럼에도 예수의 십자가와 부활의 구속사적 의미를 즉각적으로 그리고 충분히 깨닫지 못했다. 그들은 이전의 삶으로 돌아가려고까지 했다.요 21장 예수께서는 이런 제자들에게 하나님 나라의 일들을 가르치고 대비시켰다.

이전까지 그들은 예수의 부활이 가져올 하나님 나라가 이스라엘 영토 안에 보이는 인자의 나라로 실현될 줄 생각했다. 그들은 인자이신 예수가 하나님의 우편 보좌에 앉아 이스라엘 열두 지파를 다스리고, 그것을 바탕으로 온 세계를 다스릴 그 일이 언제 성취될지를 물었다. 물론 그들이 하나님 나라를 이스라엘의 정치적인 독립 혹은 새 왕국의 건설이라는 매우 현실적인 목표와 100퍼센트 동일시하려고 했다6절고 볼 수는 없다. 하지만 그들은 그들이 생각하는 "지금 이때" "하나님 나라"가 이스라엘을 속량해주기를 열망했다. 예수께서는 이런 제자들의 열망을 승화시켜 진정한 이스라엘의 속량은 무엇인지를 가르쳐 주셨다. 사실 혈과 육의 나라가 지도에 하나 더 추가되는 것은 아무 의미가 없다. 혈과 육은 하나님 나라를 상속할 수 없기 때문이다.고전 15:50 성령의 권능을 덧입고 예수의 십자가 죽음과 부활 드라마의 증인이 되어 온 세상으로 흩어지는 일이 이스라엘 속량의 시작이다. 혈과 육의 나라를 이스라엘 영토에 세우려는 그 열망에서 자유롭게 되어 온 세계 열방에 십자가와 부활의 복음을 증거하는 증인이 되는 일이 이스라엘이 해방을 맛보는 첫 첩경인 것이다. 이스라엘이 예수의 십자가 죽음과 부활을 이해하고 증언하는 이 상황이 바로 이스라엘 안에 세워진 하나님 나라의 결정적 증거이기 때문이다. 예수의 십자가 죽음과 부활은 온 세상에 긴급하게 전파되어야 할 복음이다. 그것의 본질은, "내 부풀려진 욕망이 죽어야 이웃 친화적인 복이 된다"는 진리이다. 세계 만민이 듣고 싶은 복음이 바로 예수의 십자가 죽음과 부활 드라마이다.

오늘날 많은 기독교인이 복음의 진리성에 대해 내적 확신을 잃고 있다. 예수 증인의 사역은 안팎의 도전에 직면해 있다. 절대적인 진리를 주창하며 세계 선교를 명령하는 그런 "예수는 없다"라는 식의 교회 안팎의 공격에 노출되어 있다.[16] 더욱 안타까운 것은 복음의 진리성에 대한 그리스도인들 자신의 확신 결여이다. 로마제국의 위협에는 저항했던 기독교가 돈, 쾌락, 권력, 소비 욕망, 과시 욕구 등 각종 유혹에는 넘어지고 있다. 교회가 부유해지면서 복음에 대한 확신에서 멀어지고 있다. 자본주의 소비 체제, 자유주의 욕망의 과잉 충족 시대에 매몰된 교회 스스로 예수의 십자가 죽음과 부활 복음에서 이탈하고 있다. 멀리 볼 때 복음의 진리 됨과 그 권능에 대한 그리스도인들의 확신 결여는 세계 전체에 큰 손실이자 불행이다. 기독교 복음 운동이 쇠락하게 되면 세상은 죽음을 초월하는 고결한 가치를 잃게 되는 셈이다. 기독교는 혈과 육의 가치에 죽음을 선언하고 불멸하는 예수의 가치를 증거하는 운동이기 때문이다. 어떤 의미에서 부활의 교리를 쉽게 믿는 기독교 유신론자보다는 부활의 가치를 믿고 실천하는 사람이 부활의 의미를 더 잘 이해한 사람이다. 부활의 증인은 불멸하는 가치 곧 영원히 존속될 만한 가치가 있는 삶, 예수를 닮는 삶을 체현하면서 세계 만민 속에서 그것을 확산시키는 사람이다. 부활의 증인에게 예수를 믿는다는 말은 예수의 죽음에 참여하고 그의 부활에 참여함을 뜻한다.[롬 6:3-5] 성령의 권능에 사로잡힌 부활의 증인은, 자신의 혈과 육과 옛 자아가 죽고 예수께서 무한대로 커지는 것을 맛본다. 오늘도 하나님은 부활의 진리를 체득하고 체현할 예수의 십자가 죽음과 부활의 증인을 찾으시는 것이다. 참된 기독교는 성령이 임하는 데서 시작된다. 성령이 임한 자들에게 나타나는 하나님의 권능이 죄와 죽음에 빠진 인류를 구원할 수 있다.

2장.

세계 변혁적 사랑 공동체이자 하나님 나라의 진지陣地, 교회

사도행전 2장은 오순절 성령 강림으로 이 땅에 임하는 하나님 나라의 실체를 보여준다. 하나님 나라가 임한 곳에는 사랑, 희락, 일치, 연합, 평화가 창조된다. 사도행전 2장이 증언하는 초대교회 성도들은 전투적이면서도 사랑이 가득하고, 구제와 복지를 말씀 공부와 병행하며, 이사야 61장이 증언하는 사회 정의를 촉진하는 성령의 역사를 펼쳤다. 초대교회 성도들은 자신의 물질을 나눔으로써 오히려 영의 세계를 경험했기 때문에, 철저하고 온전한 물질의 나눔을 통해 교회 역시 사랑이 가득한 공동체가 될 수 있었다. 이런 전투적인 사랑의 공동체를 이룬 그리스도인들이 예루살렘 성전 체제와 로마제국 체제 둘 다를 향하여 복된 공격을 가한 것이다. 지상의 권력자들은 '아가페(ἀγάπη) 공동체'의 파죽지세 같은 영의 시위 앞에 무력해졌다. 하나님 나라 운동은 이런 복된 '아가페'의 실천 현장인 교회라는 진지를 구축해서 지상의 권세자들과 대결을 펼친다. 따라서 사도행전의 성령 운동은 교회 내에 유폐된 운동이 아니라, 교회를 통해 온 세계가 보는 앞에서 전개되는 공개적인 사회, 정치적 운동이다.

이 성령 운동은 거짓된 종교와 정치 체제의 권력을 무력화하기 때문에 정치 운동이 될 수밖에 없다. 그러나 성령의 정치 운동은 현실 정치 권력을 잡기 위한 당파적 정치와는 질적으로 다르다. 이 운동은 악한 정사와 권세들, 보좌와 주관자들의 통치 기반을 무력화하고 상대화함으로써 그 여백에 하나님의 다스림을 침투시키려고 한다는 점에서 정치적이다. 예루살렘과 로마 당국자의 사법권을 무력화하고 무효화시킨 운동이 바로 예수의 부활과 초대교회의 성령 운동이었다. 권력자들이 아무리 사형 선고를 내리고 집행한들 부활하신 예수 앞에 무슨 소용이 있는가? 이처럼 초대교회의 성령 운동은 심령 갱신 운동이자, 교회 공동체라는 진지 구축 운동이었다. 동시에 악한 정치와 종교 권력 체제를 무너뜨리는 정치 운동이었다. 그래서 참 교회가 출현하면 모든 사악한 지상 권력자들은 두려워 떨며 소동한다.비교. 마 2:1-3

성령 운동이 지상의 권력과 충돌하는 것은 과거 예수 시대와 초대교회 시대만의 일이 아니다. 우리나라에서도 일제 치하에 신사참배를 거부하여 순교를 감수했던 주기철 목사를 비롯한 숱한 성도들이 일제의 배후에 있는 거짓 영들과 신들에 대항해 백병전을 감행했다. 독일의 고백교회도 히틀러의 나치Nazi 제국에 감연敢然히 맞서며, 하나님 나라의 궁극적 실재를 증명했다. 이처럼 땅에 임하는 하나님 나라의 백성은 모든 지상의 권력자들과 충돌할 수밖에 없다. 하나님 나라의 전위조직인 교회는 정치, 사회, 문화 등 모든 영역에서 하나님 나라 운동을 전개하도록 부름받기 때문이다. 하나님 나라 운동은 하나님의 공평과 정의의 통치 원리에 대항하는 모든 세상의 가치관과 체제 그리고 구조를 평화롭게 혁파하고, 대안, 대조, 대항 가치관과 체제와 구조를 주창하는 운동이 될 수밖에 없다.[1] "죽어서 가는 천국"만을 강조하는 것이 복음 전도의 본류가 되어서는 안 된다.참조. 「복음과 상황」 2005년 7월호, "바람난 천국"[2]

사도행전 2장은 오순절에 임한 성령1-13절과 베드로와 열한 사도의 오순절 설교,14-21절 주와 그리스도가 되신 예수의 첫 사역인 성령 파송,22-36절 베드로의 구원 설교,37-42절 그리고 예루살렘 초대교회의 탄생43-47절으로 나눠진다.

1. 오순절에 임한 성령 ● 1-13절

2 [1]오순절 날이 이미 이르매 그들이 다 같이 한 곳에 모였더니 [2]홀연히 하늘로부터 급하고 강한 바람 같은 소리가 있어 그들이 앉은 온 집에 가득하며 [3]마치 불의 혀처럼 갈라지는 것들이 그들에게 보여 각 사람 위에 하나씩 임하여 있더니 [4]그들이 다 성령의 충만함을 받고 성령이 말하게 하심을 따라 다른 언어들로 말하기를 시작하니라. [5]그때에 경건한 유대인들이 천하 각국으로부터 와서 예루살렘에 머물러 있더니 [6]이 소리가 나매 큰 무리가 모여 각각 자기의 방언으로 제자들이 말하는 것을 듣고 소동하여 [7]다 놀라 신기하게 여겨 이르되 보라, 이 말하는 사람들이 다 갈릴리 사람이 아니냐. [8]우리가 우리 각 사람이 난 곳 방언으로 듣게 되는 것이 어찌 됨이냐. [9]우리는 바대인과 메대인과 엘람인과 또 메소보다미아, 유대와 갑바도기아, 본도와 아시아, [10]브루기아와 밤빌리아, 애굽과 및 구레네에 가까운 리비야 여러 지방에 사는 사람들과 로마로부터 온 나그네 곧 유대인과 유대교에 들어온 사람들과 [11]그레데인과 아라비아인들이라. 우리가 다 우리의 각 언어로 하나님의 큰일을 말함을 듣는도다 하고 [12]다 놀라며 당황하여 서로 이르되 이 어찌 된 일이냐 하며 [13]또 어떤 이들은 조롱하여 이르되 그들이 새 술에 취하였다 하더라.

주석

1절은 오순절 성령 강림을 대망하는 예루살렘 다락방 공동체의 준비 기도 상황을 보도한다. 오순절五旬節은 출애굽 구원 절기인 유월절逾越節에서 시작하여 50일五旬째 되는 날로서, 초실절初實節 또는 칠칠절七七節이라고도 불린다.레 23:15; 신 16:9 [3] 오순절은 곡식 중 밀의 첫 열매를 추수하여 하나님의 제단에 바치는 절기다. 특히 하나님이 이스라엘의 역사 속에서 일궈 오신 밀 농사의 열매를 수확하는 절기다. 참조 사 5:1-7 예루살렘 다락방에는 성령의 첫 열매가 될 소수의 하나님 백성인 120 문도가 한곳에 모여 마음을 같이 하여 오로지 기도에 힘쓰고 있었다.

그리고 마침내 40일간의 성경 공부와 열흘간의 전심 기도로 예열된 공동체에 성령이 임했다. 9일째까지는 아무 진전이 없는 듯했고, 응답이 나타날 기미조차 보이지 않았다. 그러나 오순절 당일이 되자 급하고 강한 바람 같은 성령, 불같은 성령이 기도 제단에 바쳐진 120 문도를 덮쳤다. 하나님은 질풍 같은 화염으로 제단의 제물들을 사르셨다. 2절은 성령 강림의 현장을 "홀연히 하늘로부터 임하는 급하고 강한 바람" 소리로 묘사하는 반면에, 3절은 성령 강림의 모습을 "불의 혀처럼 갈라지는 것"이 각 사람 위에 임해 있었다고 전한다. "바람"은 하나님의 지상 강림시 동반되는 현상이다.[출 19:18; 24:17; 신 4:11, 15, 24; 9:10] 바람은 하나님이 부리시는 천사들을 가리키는 은유일 수도 있다. 하나님은 바람 날개로 다니시고, 바람을 자기 사자를 삼으시며, 화염으로 자기 사역자로 삼으신다.[시 104:3-4] 이처럼 바람과 불은 하나님 강림의 가시적 표지 중 하나이다. 시내산에 강림하신 하나님은 구름, 흑암, 불, 그리고 폭풍 가운데 임하신 하나님이다.[히 12:18] 사도행전 저자는 오순절에 강림하신 성령이 시내산에 강림하신 바로 그 하나님임을 상기시키려고 한다.

성령은 집 안의 모든 사람에게 각각 동시에 임했다. 기도 참석자들 "다"[all]와 "각각"[every]이 성령 강습을 경험했다는 것이다. "각각"은 개별자를 가리키는 지시어이며, "다"는 집단을 가리키는 지시어이다. 이 관형어들은 우리가 "각각" 개별적으로 성령을 받아야 하며, 모두 "다" 공동체 단위로도 성령을 받아야 한다는 사실을 강조한다.

또한 이 세 구절은 성령 충만의 환경적 조건이 "집안"임을 강조한다. 가족같이 조밀하게 결속된 공동체가 성령 충만을 받는 내적 필요조건이라는 암시인 셈이다. 가족처럼 견결[堅決]한 공동체는 성령 충만의 충분조건은 아니지만, 필요조건인 셈이다. 다락방에 모인

120 문도가 느꼈던 공동체적 친밀감과 결속감이 강력한 합심 기도를 드리기에 적절한 분위기를 조성했고, 이 강력하고 집중된 기도가 위로부터 오는 능력을 덧입게 하는 매개체가 되었다. 성령은 서울역 대합실에 모인 무연결적이고 고립적인 개인들로 구성된 군중에게 임하지 않는다. 그곳의 군중은 요란함은 있지만, 공동체는 결코 아니기 때문이다. 경부선을 탈 사람, 호남선을 탈 사람, 그리고 경의선을 탈 사람은 서로 다른 목적지를 염두에 두고, 서로 다른 기차를 기다리고 있기 때문이다.

물론 가족적인 친밀감 그 자체가 성령 강습을 자동적으로 야기하는 것은 아니다. 마피아 집단이 아무리 가족적인 결속감으로 뭉쳐 있어도 성령이 임하지 않듯이, 가족적인 친밀함이 넘치는 공동체일지라도 성령 강림을 맛보지 못한다면 그 공동체는 폐쇄적이고 자기충족적인 집단의 성격을 띨 수도 있다. 성령은 가족적인 친밀함으로 결속된 공동체가 세계 만민의 보편적 유익을 위해 창조적으로 분화되고 해체되는 공동체로 승화되도록 격려하고 권고하신다. 그래서 성령 충만한 공동체는 가족적이면서도 보편적인 개방성을 지닌다. 과연 성령이 강력한 능력으로 임하자 가장 먼저 120 문도의 입에서 스스로 통제할 수 없을 정도로 강력한 하나님의 역사가 나타났다.[4절] 그들은 디아스포라(διασπορά)들이 거주하던 세계 각 지역으로부터 온 유대인들과 이방인 순례자들을 향해, 그들 각각의 방언(지방민들의 언어, 소수 종족의 언어)들로 말하기 시작했다. 성령의 충만함에 추동되어 성령이 말하게 하심을 따라 서로 다른 언어들로 말하기 시작한 것이다. 이는 앞으로 예수의 십자가 죽음과 부활 사건이 전 세계인의 언어로 증거될 세계 선교 시대를 예고하는 예언적 사건이었다.

5절은 오순절 성령 강림 사건의 목격자들을 소개한다. 유월절로부터 50일째 되는 오순절 절기에는 유대인 교포들(디아스포라)과 그들이 데려온 유대교 개종자 혹은 예비 개종자들이 유월절과 오순절 둘 다를 축성祝聖하기 위해 예루살렘에 와서 두 달 동안 성전 근처에 임시로 머물곤 했다. 천하만국에 사는 유대인들과 그들이 데려온 이방인 예비 개종자들("하나님을 경외하는 자들")은 120 문도에게 임한 오순절 성령 강림의 현장을 목격했다.

6-7절은 성령에 사로잡힌 이들에 대한 목격자들의 세속적 인상비평을 보도한다. "이 소리", 곧 2절의 "급하고 강한 바람 같은 소리"가 나자, "큰 무리"가 모여들었다. 갈릴리 출신 제자들이 자신들의 지방 언어로 말하는 것을 듣고 "소동했다."6절 "큰 무리"는 "갈릴리 사람들"로 불리는 120 문도가 자신들의 고향 방언으로 말하는 사실 앞에 경악한 것이다. 7절의 "놀라"와 "신기하게 여기"는 현상은 지속태를 표현하는 미완료 정동사로 표현되어 있다. 이를 고려하여 해석하면 다음과 같다. "그들은 계속 놀란 상태로 있었으며, 경악을 멈추지 않고 있었다." 7절 하반절은 그들이 경악한 이유를 언급하는데, 직역하면 "그들이 말하기를, '이 모든 사람이 말하는 갈릴리 사람들인 것을 보지 않느냐?'"라는 의미이다. 8절은 1인칭 복수 대명사 "헤메이스"(ἡμεῖς)를 돌출적으로 사용한 강조구문이다. "다른 이가 아니라, 바로 우리 자신이 어떻게 우리 각자가 태어난 곳의 방언을 듣는가?"

9-11절은 구체적으로 자신들의 난 곳 방언으로 하나님의 큰일을 들었던 청중들의 출신 지역을 나열한다. 바대인Parthians과 메대인Medes과 엘람인Elamites과 메소보다미아,Mesopotamia 4 유대, 가바도기아,Cappadocia 본도,Pontus 아시아,9절 브루기아,Phrygia 밤빌리아,Pamphylia 애굽, 구레네에 가까운 리비아,Libya 여러 지방에 사는 사람들과 로마로부터 온 나그네 곧 유대인과 유대교에 들어온 사람들10절과 그레데인Cretans

과 아라비아인들Arabians이 "다", "각각" 자신들의 지방 언어로 하나님의 큰일을 선포하는 120 문도의 말을 들었다.11절 여기서 특별히 주목할 단어는 10절의 끝 단어, "유대교에 들어온 사람들"이라는 단어이다. 이 단어는 "프로셀뤼토스"[(προσήλυτος), προσήλυτοι의 복수]이다. 영어로 개종자를 의미하는 "proselyte"는 사실상 헬라어를 그대로 음역한 단어이다. 로마로부터 온 방문객들은 유대인들과 유대교 개종자들로 구성되어 있다는 것이다. 개종자는 "하나님 경외자들"God-fearers보다 한 단계 더 진전된 유대교 입교자로서[5] 할례까지 받은 사람이다.

갈릴리 사람들이 당시에 유대인들에게 알려진 전 세계, 곧 아시아, 아프리카, 유럽 모두로부터 온 세계인들에게 그들 각각의 방언으로 하나님의 큰일들을 선포한 사건은 세상을 향한 그리스도인의 성육신적 선교를 예고한다. 예수께서 하나님의 아들로서 인간과 소통하기 위해 육신을 입으셨듯이, 제자들은 지방 족속들의 언어를 배워야 한다는 것이다. 이는 제자들이 부활의 증인이 되어 지역, 언어, 문화적 경계를 넘어 선교지의 언어를 구사할 수 있는 능력을 갖춰야 한다는 점을 시사한다. 방언 사건은 단지 언어적 소통 능력이 생겨난 것을 의미하는 것 이상의 의미를 담고 있다. 하나님의 위대한 구원사가 세계 만민의 언어로 통역되었다는 사건의 본질은, 복음 전도자가 복음을 듣는 선교지 사람들의 언어와 관습, 문화 등에 대한 공감적 이해를 가져야 함을 가리킨다. 선교지 사람들의 "언어"를 무시한 선교사의 일방적 복음 선포는 무례한 문화 침략처럼 여겨질 수 있다. 이런 점에서 볼 때 오순절 성령 강림을 허락하신 하나님은 세계를 하나의 제국으로 만들려고 시도하던 강력한 지배자 니므롯창 10:9-10같은 바벨탑 축조자들의 야심을 비판한 것이다. 오순절 세계 지방어 소통 사건은 하나의 세계 언어를 수많은 열방과 족속들의 지방 언어로 분화시키셨던 바벨탑의 저주창 11:1-9에서 인류를 구원하실 하나님의 상서로운 징조이다.

더 나아가서 120 문도의 방언 사건은 우리 각 개인의 구원 사건이 이차적인 의미에서는 다른 사람에게 복음을 전파하라는 선교 사명으로의 초청임을 의미한다. 구원의 사건은 열국列國의 지방 언어로 통역될 사건이라는 것이다. 이런 점에서 모든 개인 구원은 세계적인 차원을 지니고 있다. 그리스도인들은 아브라함 언약을 성취하신 예수 그리스도를 재현하고 체현하는 증인이다. 갈라디아서 3:7-29은 이방 선교가 아브라함의 후손 예수 그리스도가 세계 만민을 아브라함의 영생 식탁마 8:11으로 초청하는 일임을 잘 해설하고 있다.

> 그런즉 믿음으로 말미암은 자들은 아브라함의 자손인 줄 알지어다. 또 하나님이 이방을 믿음으로 말미암아 의로 정하실 것을 성경이 미리 알고 먼저 아브라함에게 복음을 전하되 모든 이방인이 너로 말미암아 복을 받으리라 하였느니라.갈 3:7-8

> 너희는 유대인이나 헬라인이나 종이나 자유인이나 남자나 여자나 다 그리스도 예수 안에서 하나이니라. 너희가 그리스도의 것이면 곧 아브라함의 자손이요 약속대로 유업을 이을 자니라.갈 3:28-29

12-13절은 다양한 지역 출신의 청중들이 엄청난 흥분과 감격 속에서 자신들의 출생지 방언으로 말하는 120 문도를 보고 "새 술에 취했다"라고 논평하는 상황을 보도한다. "다 놀라며 당황하여 서로 이르되 이 어찌 된 일이냐 하며 ……."12절 세계 각 지역에서 온 모든 무리는 아직도 경악과 충격을 멈추지 못한다. 그런데 일부는 갈릴리 사람들의 세계 곳곳의 지방 언어 구사를 보고 조롱하며 논평했

다. "그들이 새 술에 취하였다."13절 그들이 보기에 성령의 강력한 권능에 사로잡혀 방언을 터뜨리는 120 문도는 새로 발효한 술에 취한 사람들처럼 보였다. 성령의 권능이 신자들을 황홀경에 빠진 사람처럼 보이게 한 것이다. 이 논평은 언뜻 보면 틀린 말 같지만 깊이 생각해 보면 정곡을 찌른 말이었다. 과연 120 문도는 구약시대로부터 오랫동안 숙성된 복음의 새 포도주에 취했기 때문이다.

이사야 25:6은 하나님이 시온산에서 오래 저장한 맑은 포도주로 만민을 위한 연회를 준비하실 것이라고 약속한다. 그 포도주는 아브라함부터 예수까지 1,500년간 발효되고 숙성된 포도주다. 아브라함부터 시작된 이스라엘 역사 가운데 하나님이 손수 담그고 발효시키고 숙성시키신[6] 포도주를 마신 갈릴리 사람들은 세계 만민의 언어를 구사했다. 이 포도주는 이 세상의 가치와 질서를 과감하게 상대화하고, 하나님 나라의 실재에 대해 확신을 얻게 하는 성령이라는 포도주이다.고전 10:4; 요일 5:6-8; 참조. 요 6:56 그 포도주는 하나님 아버지께서 예수 그리스도를 주라고 고백하는 그리스도인들에게 하사하신 선물이다.고전 12:3 "우리가 유대인이나 헬라인이나 종이나 자유인이나 다 한 성령으로 세례를 받아 한 몸이 되었고 또 다 한 성령을 마시게 하셨느니라."고전 12:3 이 포도주는 모든 장벽을 허물고 하나님 안에서 모든 인류를 하나 되게 만드는 신비한 포도주, 예수의 보혈이다.눅 22:20; 고전 11:24-26

이 포도주는 이기심과 탐욕, 자기중심적 의지와 교만, 절망과 자포자기의 자기 경멸에 빠진 사람으로 하여금 자신을 잊고 예수를 믿도록 도와주는 선물이다. 성령의 새 포도주를 마시면 제정신을 잃고 예수의 얼로 가득 차게 된다. 그런 점에서 예수를 믿는 사람은 술에 취한 사람이다. 그래서 절대로 우리는 '제정신'으로 돌아가면 안 된다. '제정신'의 본질은 이기심, 탐욕, 교만, 음란, 자기 경멸, 열등감, 과도한 경쟁심이기 때문이다. 그것은 자신은 물론 다른 사람들까지 절망에 빠뜨린다. 만일 우리가 제정신으로 돌아오면 "내가 왜 이렇게 순진하게 교회를 위해 혼신의 봉사를 하지? 내가 왜 이렇게 봉사활동에 많은 시간을 바치지? 내가 왜 이렇게 먼 이역만리까지 와서 고생하고 있지? 왜 내가 이렇게 민주주의를 위해 목숨을 바쳐야 하지?"라고 생각할지 모른다. 하지만 성령에 취하면 하나님 나라의 법에 따라 살기 때문에, 세상 기준으로는 바보처럼 보일 수 있다. 가장 거룩한 성자는 하나님 나라를 위해 어리석은 자가 된 자이며, 자기 손해를 따지지 않고 성령이 이끄는 대로 자기를 내어주는 거룩한 바보인 셈이다. 아침마다 성령의 감화를 받는 신자는 계속 그렇게 거룩한 바보처럼 살아갈 힘을 얻게 된다.

2. 베드로와 열한 사도의 오순절 설교 ● 14-21절

14베드로가 열한 사도와 함께 서서 소리를 높여 이르되 유대인들과 예루살렘에 사는 모든 사람들아, 이 일을 너희로 알게 할 것이니 내 말에 귀를 기울이라. 15때가 제3시니 너희 생각과 같이 이 사람들이 취한 것이 아니라. 16이는 곧 선지자 요엘을 통하여 말씀하신 것이니 일렀으되 17하나님이 말씀하시기를 말세에 내가 내 영을 모든 육체에 부어 주리니 너희의 자녀들은 예언할 것이요 너희의 젊은이들은 환상을 보고 너희의 늙은이들은 꿈을 꾸리라.18그 때에 내가 내 영을 내 남종과 여종들에게 부어 주리니 그들이 예언할 것이요 19또 내가 위로 하늘에서는 기사를 아래로 땅에서는 징조를 베풀리니 곧 피와 불과 연기로다. 20주의 크고 영화로운 날이 이르기 전에 해가 변하여 어두워지고 달이 변하여 피가 되리라. 21누구든지 주의 이름을 부르는 자는 구원을 받으리라 하였느니라.

주석

이 단락은 새 술에 취했다고 주장하는 무리의 의심, 조롱, 경악에 대해 베드로와 열한 사도가 펼친 반박을 담은 설교의 서론이다. 베드로와 사도들은 함께 서서 오순절 성령 강림이 예루살렘과 유대에 사는 유대인 동포들에게 무슨 의미가 있는지를 밝히기 시작한다. 14절 14절은 그들이 베드로와 동시에 말했다는 것이 아니라, 청중이 많았기에 베드로의 1차 발언을 열한 사도가 무리에게 흩어져 베드로의 설교를 반복했다고 보는 것이 합리적이다(에스라와 레위인들의 초막절 성경 강론 유형).느 8:3-7 인상적인 사실은 청중이 다소 바뀌었다는 점이다. 이 단락에 나오는 베드로의 설교 청중은 세계 여러 지역에서 온 오순절 참배객들이 아니라, "유대인들과 예루살렘에 사는 모든 사람"이다. 13절에 나오는 "조롱하는" "어떤 이들" 중에 유대인들과 예루살렘 거주자들이 포함되어 있었음을 암시한다. 여기서부터 천하만국에서 온 무리는 배경으로 밀려나고, 유대인들과 예루살렘 모든 거주자가 주요 청중으로 등장한다. 14절 하반절은 베드로와 열한 사도가 청중들에게 비상한 주의를 요청하는 상황이다. "내 말에 귀를 기울이라." 고대사회는 구두口頭 소통의 문화였기 때문에, 올바르고 정확한 이해를 위해 주의 깊게 듣는 것이 매우 중요했다. 15절은 조롱하는 자들에 대한 베드로의 간단하지만, 정곡을 찌르는 대답이다. 성령이 임한 시점은 3시, 곧 오전 9시이기 때문에 술에 취할 수 없는 시간이라는 것이다. 베드로는 자신들의 공동체가 새 술에 취한 것이 아니라, 성령의 도래를 예언한 요엘 2:28-32의 성취를 맛보는 중이라고 논증한다.16절 16절에서 베드로는 "이는 곧 선지자 요엘을 통하여 말씀하신 것이니 일렀으되"라는 말로 오순절 성령 강림의 성경적 근거를 제시한다. 본래 학문이 없는 베드로, 곧 랍비 교육을 받은 적이 없는행 4:13 베드로가 요엘 2:28-

32을 찾아 성령 강림의 성경적 근거로 인증하고 있는 것이 아닌가? 여기서부터 베드로의 카리스마 넘치는 성경 해석과 설교 권세가 위력을 드러내기 시작한다.17-21절

> 하나님이 말씀하시기를 말세에 내가 내 영을 모든 육체에 부어 주리니 너희의 자녀들은 예언할 것이요 너희의 젊은이들은 환상을 보고 너희의 늙은이들은 꿈을 꾸리라. 그때에 내가 내 영을 내 남종과 여종들에게 부어 주리니 그들이 예언할 것이요 또 내가 위로 하늘에서는 기사를 아래로 땅에서는 징조를 베풀리니 곧 피와 불과 연기로다. 주의 크고 영화로운 날이 이르기 전에 해가 변하여 어두워지고 달이 변하여 피가 되리라. 누구든지 주의 이름을 부르는 자는 구원을 받으리라 하였느니라.욜 2:28-32

이처럼 베드로가 요엘 2:28-32을 꼭 집어 성령 강림 사건을 해석한 데서 우리가 알 수 있는 것은, 베드로에게 예수와 함께 보낸 3년이란 시간이 베드로를 랍비 수준으로 성장시켰다는 사실이다.행 4:13 성령 강림 사건이 일어나자마자 그는 요엘의 예언으로 성령 강림의 성경적 근거를 해설하고 그 의미를 밝혀낸 것이다. 사도행전 2:17-21절에서 베드로가 요엘 말씀으로 밝힌 성령 강림의 의미는 여러 가지다. 첫째, 성령 강림은 "말세" 곧 이스라엘 중심의 구원사의 완성 시점에 일어난 사건이라는 점이다. "말세"는 조직신학의 종말론이 말하는 역사 종결적 종말을 가리키는 말이 아니다. "말세"는 요엘이 예언하는 시점보다 상대적으로 먼 훗날the latter days을 가리킨다. 이스라엘을 연단하고 성숙시킨 어느 시점에 하나님은 당신의 영을 "모든 육체에 부어주셔서 어린 자녀들은 예언하고 청년들은 환상을 보며 늙은이들은 하나님의 계시를 수납하는 꿈을 꾸게 될 것"이

다.[17절=욜 2:28] 하나님은 남녀를 차별하지 않고 당신의 남종과 여종 모두에게 하나님의 영을 부어주어 그들이 예언하도록 할 것이다.[18절=욜 2:29] 이전에는 예언자와 제사장처럼 신정 통치 체제의 지도자들에게 한정적이면서 일시적, 예외적으로 허락된 예언, 환상, 꿈은 남녀노소 모두에게 하나님의 뜻을 계시하는 수단으로 주어질 수 있다. 하나님은 이스라엘 언약 백성 모두에게 직접적으로 영을 부어주심으로 사제의 중재를 불필요하게 만드셨다. 120 문도는 이스라엘 언약 공동체를 대표하여 하나님의 영靈을 받았다. 그런데 19-20절[욜 2:30-31]에서는 이런 크고 두려운 하나님 영의 강습이 있기 전에 하나님이 하늘과 땅에 이적을 베풀 것이며,[19절] 곧 해가 어두워지고 달이 핏빛처럼 변하는 일이 일어날 것이라고 말한다.[20절] 공관복음서 기자들은 예수께서 십자가에 못 박힌 그 시점에 해가 어두워졌다고 증언함으로써 나사렛 예수의 죽음이 성령의 만민 강림 직전에 있게 될 우주적 변고임을 암시한다.[마 27:45; 막 15:33; 눅 23:44] 크고 기이한 어둠이 먼저 있고 난 후에, 하나님의 크고 두려운 날이 임할 것이다. 그 날은 곧 만민에게 하나님의 영이 임하는 날을 가리킨다. 이 우주적 변고와 기적이 무엇을 의미하는지는 분명하지 않으나, 사도행전에서는 인용되지 않는 요엘 2:32의 둘째, 셋째 구절에 비추어 그 의미를 짐작할 수 있다. 문맥상 이 우주적 변고와 기적은 예루살렘 중심의 이스라엘 민족의 멸망을 암시하는 것으로 이해된다. 달과 해가 빛을 잃는 사태는 하나님이 이스라엘의 왕조를 심판하시는 모습을 묘사하는 은유일 때가 있기 때문이다.[사 24:23] 해와 달의 광채 상실은 창조 이전의 혼돈으로 회귀하는 사태이다. 예레미야는 유다 왕국 멸망을 창조 이전의 혼돈회귀로 보았다.

슬프고 아프다. 내 마음속이 아프고 내 마음이 답답하여 잠잠할 수 없으니 이는 나의 심령이 나팔 소리와 전쟁의 경보를 들음이로다. 패망에 패망이 연속하여 온 땅이 탈취를 당하니 나의 장막과 휘장은 갑자기 파멸되도다. …… 보라, 내가 땅을 본즉 혼돈하고 공허하며 하늘에는 빛이 없으며(창 1:2) …… 보라, 내가 본즉 좋은 땅이 황무지가 되었으며 그 모든 성읍이 여호와의 앞 그의 맹렬한 진노 앞에 무너졌으니 …… 이로 말미암아 땅이 슬퍼할 것이며 위의 하늘이 어두울 것이라.[렘 4:19-28]

해와 달의 광채 상실은 민족 공동체의 멸망과 함께 닥칠 대파국적 파괴를 예고하는 변고이다. 이런 대파국적 변고와 재난에도 야웨의 이름을 부르고 그 아래로 피한 자는 구원을 약속받는다. 바벨론 유배와 유다 왕국 멸망, 예루살렘 성전 파괴 같은 대파국적 재난이 지난 후에, 하나님 영의 만민 강림 시대가 온다는 것이다. 이런 점에서 요엘서도 하나님의 영이 주도하는 "새 언약" 시대를 말하는 예레미야 31장과 에스겔 36장과 긴밀하게 연결되어 있다. 세 예언자는 거의 동시대에 예언했던 인물들이기 때문이다. 예레미야 31장과 에스겔 36장 두 본문도 왕, 제사장, 혹은 예언자들에게나 임했던 하나님의 영이 이스라엘 언약 백성 모두에게 임하는 새 언약 시대를 예고한다.

그들이 다시는 각기 이웃과 형제를 가리켜 이르기를 너는 여호와를 알라 하지 아니하리니 이는 작은 자로부터 큰 자까지 다 나를 알기 때문이라. 내가 그들의 악행을 사하고 다시는 그 죄를 기억하지 아니하리라. 여호와의 말씀이니라.[렘 31:34]

또 새 영을 너희 속에 두고 새 마음을 너희에게 주되 너희 육신에서 굳은 마음을 제거하고 부드러운 마음을 줄 것이며 또 내 영을 너희 속에

두어 너희로 내 율례를 행하게 하리니 너희가 내 규례를 지켜 행할지라.겔 36:26-27

오순절 성령 강림의 의의는 무엇인가? 첫째, 이제 이스라엘, 곧 언약 백성이면 누구나 성령을 받아 예언자적 사역을 감당할 수 있도록 하신다. 오순절 성령은 "영靈 민주주의"적, "은사恩賜 민주주의"적 공동체를 탄생시켜 모든 사람이 예언자가 되게 하고, 제사장이 되게 한다는 것이다.[7] 아울러 남녀의 차별 없이, 나이와 성별에 관계없이 하나님의 영을 보편적으로 경험하는 일이 벌어질 것이다.

둘째, 성령의 도래와 더불어 하나님의 구원사는 이제 선민의 경계를 넘어 만민을 상대로 전개된다는 것이다. "모든 육체"라는 말은 모든 계층과 연령을 포괄하는 이스라엘의 모든 사람을 가리킬 뿐만 아니라, 선민 이스라엘 민족을 넘어 이방인까지 포함하는 말이다.

셋째, 오순절 성령 강림은 하늘과 땅에 일어날 천지개벽적 대변환의 시대를 향도한다는 점이다. 19절에 따르면, 성령을 보내시는 것과 같은 사건이 하늘에서는 기사, 땅에서는 징조를 베푸시는 사건이다. 그 징조는 곧 피와 불과 연기인데, 이는 전쟁과 파괴의 상징물이다. 20절은 성령 강림이 "주의 크고 영화로운 날"을 예고하는 사건임을 암시한다. 성령 강림은 엄청난 국가적, 우주적 재난과 천체상의 대변동(왕조 교체, 국가 공동체의 소멸을 암시) 직전에 일어나는 일이다. 해가 변하여 어두워지고 달이 변하여 피가 되는 사건은 창조 질서의 해체를 의미하는데, 이는 일차적으로는 이스라엘 민족 공동체의 멸망을 암시하는 말로 보인다.[8]

마지막으로, 성령은 국가 공동체의 소멸이나 공동체의 멸망기에 급파된 긴급 구조 예인선이다. 누구든지 주主 예수의 이름을 부르는 사람이 구원받는 보편적인 만민 구원 시대, 긴급하고 즉각적인 구원 요청에 구원이 이뤄지는 시대가 성령 강림과 함께 시작된다는 것이다. 여기서 강조되는 것은 주를 부르는 행위가 아니라, 주 예수의 이름이다. 십자가에 달려 죽었으나 하나님 아버지에 의해 죽은 자들로부터 부활하여 아버지 하나님의 우편 보좌에 앉은 그리스도와 주이신 예수를 불러야 구원을 받는다는 말이다. 32절의 일차적 의미는 모세의 율법 광채에 눈이 가려져 예수를 알지 못하고 배척했던 이스라엘 민족이 파멸되지 않고 생존하는 길은 예수의 이름을 부르는 길밖에 없다는 의미이다. 32절의 이차적 의미는 모든 세상 만민이 각자 자신의 민족 종교나 역사에서 모세처럼 숭배되는 구세주 숭배에서 벗어나 주 예수 이름을 불러야 살 수 있다는 말이다.

3. 주와 그리스도가 되신 예수의 첫 사역, 성령 파송 •22–36절

22이스라엘 사람들아, 이 말을 들으라 너희도 아는 바와 같이 하나님께서 나사렛 예
수로 큰 권능과 기사와 표적을 너희 가운데서 베푸사 너희 앞에서 그를 증언하셨느
니라. 23그가 하나님께서 정하신 뜻과 미리 아신 대로 내준 바 되었거늘 너희가 법 없
는 자들의 손을 빌려 못 박아 죽였으나 24하나님께서 그를 사망의 고통에서 풀어 살
리셨으니 이는 그가 사망에 매여 있을 수 없었음이라. 25다윗이 그를 가리켜 이르되
내가 항상 내 앞에 계신 주를 뵈었음이여 나로 요동하지 않게 하기 위하여 그가 내
우편에 계시도다. 26그러므로 내 마음이 기뻐하였고 내 혀도 즐거워하였으며 육체도
희망에 거하리니 27이는 내 영혼을 음부에 버리지 아니하시며 주의 거룩한 자로 썩음
을 당하지 않게 하실 것임이로다. 28주께서 생명의 길을 내게 보이셨으니 주 앞에서
내게 기쁨이 충만하게 하시리로다 하였으므로 29형제들아, 내가 조상 다윗에 대하여
담대히 말할 수 있노니 다윗이 죽어 장사되어 그 묘가 오늘까지 우리 중에 있도다. 30
그는 선지자라 하나님이 이미 맹세하사 그 자손 중에서 한 사람을 그 위에 앉게 하
리라 하심을 알고 31미리 본 고로 그리스도의 부활을 말하되 그가 음부에 버림이 되

지 않고 그의 육신이 썩음을 당하지 아니하시리라 하더니 32이 예수를 하나님이 살리신지라 우리가 다 이 일에 증인이로다. 33하나님이 오른손으로 예수를 높이시매 그가 약속하신 성령을 아버지께 받아서 너희가 보고 듣는 이것을 부어 주셨느니라. 34다윗은 하늘에 올라가지 못하였으나 친히 말하여 이르되 주께서 내 주에게 말씀하시기를 35내가 네 원수로 네 발등상이 되게 하기까지 너는 내 우편에 앉아 있으라 하셨도다 하였으니 36그런즉 이스라엘 온 집은 확실히 알지니 너희가 십자가에 못 박은 이 예수를 하나님이 주와 그리스도가 되게 하셨느니라 하니라.

주석

이 단락은 베드로의 오순절 설교의 2부 격인데 예수의 공생애, 십자가 죽으심, 부활, 승천, 성령 강림이라는 구원사의 각 단계에 대한 논리적이고 체계적인 설명을 제시한다. 오순절 성령 강림은 예수의 십자가와 부활 사건이 인류 역사에 가져온 변화를 압축적으로 대표하는 사건이다. 예수의 부활하심과 승천하심은 예수께서 하나님의 우편 보좌에 착석하셨음을 뜻한다. 하나님의 우편 보좌에 앉은 주 예수 그리스도가 행하신 첫째 사역은 성령을 보내주신 사건이다. 성령 강림은 하나님 아버지의 친정親政 체제를 매개하는 그리스도의 부왕副王 사역이 시작되었음을 의미한다. 이처럼 교회는 오순절에 태어난 성령의 피조물이다. 교회는 하나님의 통치를 표현하는 기관이자 그리스도의 몸의 사역을 계승하는 지체다. 그리고 이 교회를 탄생시킨 성령은 성자 예수의 요청으로 성부 하나님께서 이 세상에 파송하신 하나님이며,요 14:26; 15:26; 16:7 예수의 이름으로 오신 예수의 또 다른 자아the other self다. 그래서 성령의 다른 이름은 예수의 영, 혹은 그리스도의 영이다. 성령은 그리스도인들을 이 세상 사람들과 구별되게 만드는 영이다. 교회는 오순절 성령 사역이 지상 역사에 남겨 놓은 유산이다. 방언과 민족을 경계로 갈라섰던 바벨탑의 저주를 풀어주신 하나님 은총의 생생한 증거가 바로 교회다. 오순절 성령 강림 사건은 말과 언어적 소통이 불가능해진 민족들과 나라들, 계층과 계급, 지역감정과 해묵은 역사적 원한의 경계를 허물고, 하나님의 통치 아래로 분열된 만민들을 평화롭게 복속시키는 하나님의 의지를 대행한다.

앞서 언급했듯이, 성령 강림은 십자가에 달려 비참하게 죽으신 예수께서 음부에 내려가 썩지 않고, 오히려 부활하셔서 하나님 우편 보좌에 앉아 그리스도로 등극하심을 드러낸다. 그래서 성령 강림은 명실공히 주와 그리스도로 존귀케 되신 예수 그리스도의 영적 "재림"再臨이다. 하지만 사도행전 2장의 성령 강림은 믿는 사람들에게만 목격되고 경험되는 예수 그리스도의 영적 도래 사건이다. 역사의 마지막 순간에 예수 그리스도는 온 세상 사람들, 심지어 그를 찌른 사람들의 눈에도 환히 보이는 방식으로 재림하실 것이다. 그 마지막 재림을 예비하는 영적 재림이 바로 예수의 이름으로 온 성령의 강림이다.

기승전결의 짜임새로 구성된 이 단락은 성령 파송이 있기까지의 예수의 사역을 다섯 단계로 논리적이며 일목요연하게 보여준다. 첫 단계는 온 세상 사람들이 다 아는 바, 권능에 찬 공생애 사역이다. 나사렛 예수는 모든 사람이 보는 앞에서 귀신을 내쫓고 온갖 불치병을 고치는 권능과 기적을 과시했다. "너희도 아는 바와 같이 …… 큰 권능과 기사와 표적을 너희 가운데서 베푸사 너희 앞에서 그를 증언하셨느니라."[22절] 당시의 백성들은 예수가 처음부터 말씀하신 "하나님 나라"의 실체를 경험했다. 두 번째 단계는 예루살렘 당국자들과 로마제국의 권력이 예수가 일으키는 하나님 나라의 변혁력을 감당하지 못하고, 그분을 십자가에 못 박아 죽인 사건이다.[23절] 그리고 예수는 죽어 매장되었다. 이 두 가지 사건은 만인이 보고 경험하여 아는 사실이다.

세 번째 단계는 하나님께서 예수를 사망의 고통에서 다시 살리신 부활 사건이다.[24-32절, 다윗의 예언 인증] 그런데 예수의 부활은 제한된 사람들에게만 목격되고 관찰되었다. 하나님은 부활하신 예수를 높이 들어 마침내 당신의 우편 보좌에 왕으로 등극시키셨다.[33-35절] 네 번째 단계인 예수의 승천 장면은 부활을 목격한 제자들에게 신비한 사건이었다. 제자들은 감람산에서 승천하신 예수와 작별하고 돌아왔지만, 예수께 진정 무슨 일이 일어났는지 선뜻 확신하지 못했을 수도 있다. 다만 시편 110편을 통해 예수께서 하나님 우편 보좌에 등극하셨음을 예상할 수 있었을 것이다. 그러나 성령이 오시기까지는 예수의 승천과 하나님 우편 보좌에 앉으심에 대한 담대한 확신에는 이르지 못했을 것이다. 세 번째, 네 번째 사건은 제자들에게만 관찰되고 경험된 특수한 의미의 역사적 사건이었다.

마지막 단계는 성령 강림 사건이다. 이 사건은 어떤 의미에서 다시 공공연히 관찰되고 목격된 사건이었다. 다락방에서 간절히 기도하던 제자들은 오순절 첫날에 요엘 2:28-32[겔 36:25-27; 렘 31:31-34]에 약속된 성령의 불세례(성령 충만)를 받게 된다. 이 성령 세례 사건 이후에야 제자들은 나사렛 예수의 하나님 우편 보좌 등극을 절대적으로 확신할 수 있었다. 베드로와 사도들이 그리스도의 부활과 성령 강림을 약속하는 구약성경[시 16; 110; 욜 2:23-32]의 말씀에 의지하지 않았다면, 예수가 주와 그리스도가 되셨음을 결코 확신할 수 없었을 것이다. 오순절에 터져 나온 신비한 방언 경험, 충만한 기쁨, 예수의 부활을 증거하는 용기, 뿔뿔이 흩어졌던 제자들의 강고한 결속감과 연대감, 그리고 당국자들을 두려워하지 않는 돌파력은 십자가에 달린 나사렛 예수가 하나님의 우편 보좌에 앉은 주와 그리스도가 되셨다는 확신 없이는 도저히 있을 수 없는 일이었다. 시제의 관점에서 보자면 예수의 공생애, 십자가 죽으심, 부활, 승천 등 모든 것이 예수의 과거 사역이 된 것이다.

주와 그리스도가 되신 예수의 현재 사역은, 성령을 보내셔서 흩어진 하나님의 백성을 성령의 새 가죽 부대로 결속시키고 성령 충만한 제자들을 온 세상에 파송하시는 사역이다. 예수가 주와 그리스도로 등극하셨다는 사실은, 성령 세례를 받은 교회 공동체와 성령의 권능으로 자아를 부인하고 자기의 계급, 계층, 인종, 민족, 사회 경제, 문화적 "자기"를 부인한 그리스도인들이 증명해 내야 할 것으로 남게 된다. 예수의 부활을 증거하려는 제자들은 그들 자신이 먼저 성령의 권능으로 부활을 경험해야 한다. 자아를 변혁시키는 성령 충만과 성령 세례를 경험한 신자들만이 나사렛 예수가 주와 그리스도가 되셨음을 확신할 수 있다.

성령 강림을 통해 우리는 우리의 지역, 인종, 계급적 이해관계를 창조적으로 단절하고 세계를 위해 파송되는 예수의 증인이 된다. 그런 증인들로 구축된 성령의 진지, 곧 교회를 통해 우리는 하나님 나라에 대항하는 세상 권력자들과 세속 문화를 돌파할 수 있다. 억울하게 죽은 예수만 알고 슬픈 마음을 안고 산산이 흩어졌던 제자들이 성령 강림을 통해 복음의 새 포도주를 담을 새 가죽 부대로 엮여질 때, 우리는 비로소 세계를 향한 하나님 나라의 원심운동에 우리 자신을 맡겨 드릴 수 있는 것이다.

1) 큰 권능과 기사와 표적으로 가득 찬 예수의 공생애 22절

베드로의 오순절 회개 촉구 설교는 청중들이 모두 인정하는 공공연한 사실에서부터 시작한다. 나사렛 예수가 십자가에 못 박히기 전에 강력한 공생애 사역을 펼친 것은 예수의 적들도 인정했다는 점에 착안한 것이다.[행 10:37-39] "이스라엘 사람들아, …… 너희도 아는 바와 같이"라는 말은 나사렛 예수를 십자가에 못 박아 죽인 예루살렘과 유대 사람들도 그가 사람들을 경악시킬 만한 기적과 이적을 행했다는 사실을 인정했다는 점을 상기시킨다. 만일 예수가 이렇게 대중을 움직일 수 있는 엄청난 카리스마를 발산하지 않았다면, 십자가에 못 박히기까지 파란을 일으키지는 않았을 것이다. 나사렛 예수의 활동이 음유시인처럼 알쏭달쏭한 풍자시를 읊거나, 온건한 시사 정치 평론을 하는 데 그쳤다면, 예수는 십자가에 못 박히지 않았을 것이다. 예수께서 실제로 갈릴리 발發 태풍처럼 사람들을 움직여서 이스라엘의 낡은 종교를 파열시키자, 예루살렘 종교 당국자들이 예수를 죽여 버리겠다고 결심했던 것이다.

2) 십자가에 처형당하신 예수23절

23절은 예루살렘과 유대 사람들을 전격적으로 기소하는 베드로의 강력한 메시지를 담고 있다. 베드로는 하나님께서 나사렛 예수로 큰 권능과 기사와 표적을 그들 가운데서 베푸사 그들 앞에서 그를 증언하셨지만, 유대인들은 "법 없는 자들"(로마 총독 사법당국)의 손을 빌려 예수를 못 박아 죽였다고 고소한다. 이스라엘 사람들은 왜 예수를 돌로 쳐 죽이지 않고, 나무에 달아 죽이려고 했을까? 그 당시 로마 총독부 당국은 유대인들이 종교적인 문제로 그들에게 미움받는 한 개인을 돌로 죽이는 일에 대해서는 제재를 가하지 않았다. 따라서 유대인들은 마음만 먹으면 로마제국의 법적 절차에 따른 재판 없이도 예수를 죽일 수 있었다. 종교 문제에 관한 입법권과 사법권을 가진 유대인 자치기구인 산헤드린(סנהדרין)의 결의로 유대인 공동체가 한두 사람을 돌로 쳐 죽인다 해도 로마 총독부는 전혀 간섭하지 않았다.

신명기 21:22-23은 하나님께 중대한 죄를 범한 죄인을 공동체가 죽여 나무에 매달되 그 시신을 하루 이상 매달아 두지 말라는 계명을 담고 있다. 이 계명은 처형당한 시신을 밤까지 방치하면 그 땅이 더럽혀진다고 본다.[참조. 신 13:1-18; 수 10:26-27] 예루살렘의 종교 당국자들이 예수를 십자가에 못 박아 죽인 이유는, 신명기 21:23에 의거해 군중들에게 나사렛 예수의 죽음이 하나님께 저주받은 자의 죽음임을 입증하기 위함이었다. "…… 나무에 달린 자는 하나님께 저주를 받았음이니라."[신 21:23]

3) 부활하신 예수[24-32절]

베드로는 하나님께서 유대인들이 십자가에 못 박혀 죽게 한 나사렛 예수를 사망의 고통에서 다시 살리셨음을 선언할 뿐만 아니라 부활의 필연성을 강조한다.[24절] 이 과정에서 다윗의 시편 16:8-11을 인용하고, 인증한다.[25-28절] 시편 16편 8절에서 다윗은 자신의 앞에 계신 주 야웨를 뵈었다고 고백하며, 자신이 요동치 않도록 붙들어 주기 위해 자신의 오른편에 항상 계신 주 야웨를 보았다고 고백한다.[25절] 다윗은 자신의 우편에 계신 야웨 때문에 자신의 마음이 기뻐하였고 자신의 혀도 즐거워하였으며 육체도 희망에 거하였다고 노래한다.[26절] 이 시편은 다윗이 이렇게 기뻐하는 이유를 말한다. 극도의 환난에 내동댕이쳐졌던 순간, 곧 사울의 박해, 압살롬의 반란, 블레셋 왕 아기스 휘하에서 받은 곤경에서 구원받았던 다윗은 한 가지 확신에 이르렀다. 다윗은 하나님께서 자신의 영혼을 음부에 버리지 아니하시며, 주의 거룩한 자, 곧 자신이 썩음을 당하도록 내버려 두지 않으실 것이라는 확신이었다.[27절] 여기서 주의 "거룩한 자"는 "내 영혼"과 대구를 이룬다. 28절은 다윗의 확신이 한층 더 견고해진 상황을 말한다. 하나님이 자신에게 보인 길은 죽음의 길이 아닌 생명의 길이었다는 고백이다.

다윗은 여기서 자신의 신앙 간증을 하고 있는데, 베드로는 다윗이 십자가 위에서 예수께서 드린 고백적 기도를 미리 대언한 것이라고 말한다. 다윗은 장차 그의 후손인 주 그리스도의 확신을 미리 대언했다는 것이다.[29-31절] 29-31절의 요지는, 시편 16편이 다윗의 죽음과 부활을 찬양하는 것이 아니라, 궁극적으로 다윗의 위位에 앉을 그의 후손, 곧 그리스도의 죽음과 부활 드라마를 다윗이 미리 내다보고 예언한 찬양이라는 것이다. 베드로 당시의 기준으로 볼 때, 다윗은 이미 오래전에 죽은 인물이며, 그의 무덤도 당시 예루살렘에 있었기 때문이다.[29절] 그렇다면 어떻게 다윗은 그리스도가 죽어도 부패되지 않을 것을 확신할 수 있었을까? 30절은 다윗이 예언자였기 때문에 미리 그리스도의 죽음과 부활을 내다볼 수 있었다고 말한다. 베드로는 죽음과 부패를 극복할 수 있다는 다윗 자신의 확신이 하나님 앞에 그리스도 예수가 가졌던 확신과 그의 부활을 통해 완전히 성취되었다고 말하는 셈이다. 하나님의 마음에 합한 왕이었던 다윗이 하나님 앞에서 죽음을 넘어 부활을 확신했던 것처럼, 예수께서도 죽어서 부패되지 않고 부활할 것을 확신했다는 것이다. 사울의 박해, 밧세바 사건, 압살롬의 반역 등 여러 차례 죽음의 구렁텅이에 던져졌던 다윗이 하나님의 은혜로 무덤 속에서 썩지 않고 그때마다 영적으로 소생하여 새로운 피조물로 갱신되었듯이, 그리스도도 죽어 매장될 수는 있었지만 썩지 않고 부활하실 것을 확신하고, 마침내 부활하셨다는 것이다.[31절] 결국 베드로는 시편 16편의 시나리오대로 그리스도가 십자가에 못 박혀 죽었지만, 다윗에게 행하셨던 것처럼, 하나님은 죽음의 구렁텅이에 빠진 예수를 생명의 길로 인도하셨다고 주장한다. 자신(다윗)의 후손 중에서 "하나님 나라"를 견고히 세울 자가 나올 것이라는 사무엘 하 7:12-16의 약속에 근거해서, 다윗은 음부에 내버려지지 않고 다시 부활

하실 그의 이상적인 후손 그리스도 예수에 대해 미리 말했다는 것이다.[30-31절]

32절에서 베드로는 예수의 부활이 구약의 약속에 따른 신실하신 하나님의 약속 성취 행위임을 선포한다. "이 예수를 하나님이 살리신지라." 그리고 자신을 포함한 제자들이 "다 이 일에 증인"임을 공포한다. 예수의 공생애와 큰 권능을 펼치신 사건은 모든 사람이 목격한 사건이기에 "너희도 아는 바"라고 했지만, 예수의 부활은 제자들만 목격했기 때문에 "우리가 다 이 일에 증인"이라고 말한 것이다.

요약하자면, 예수께서 공생애 기간 중 베푸신 기적과 이적 사건은 예루살렘 모든 사람이 다 목격한 사건이다. 이것은 객관적으로 확인할 수 있는 실선적實線的 사건이다. 그러나 예수의 부활 사건은 예수께서 원하실 때만, 그리고 그분이 선택한 사람들에게만 목격되고 경험된 사건이었다. 비유하자면, 그것은 실선적 사건이 아니라, 점선적點線的 사건이었다. 그래서 부활하신 예수의 모습은 모든 이들에게 객관적으로 확인될 수 없다. 예수께서는 원하실 때 나타났다가, 원하실 때 사라졌기 때문이다. 분명히 예수의 부활은 역사적 사건이지만, 그의 공생애 사건만큼 역사적인 사건은 아니라는 의미이다. 부활 사건은 역사적 사건인 동시에 초역사적 사건이다. 영원의 포물선과 시간의 직선이 만나는 접점에서 일어난 사건인 셈이다. 따라서 이 일을 보고 경험한 증인들은 제한적이다. "우리가 다 이 일에 증인이로다." 예수가 부활하셨다는 사실의 증인은 제자들 공동체 곧 "우리"인 것이다. 32절의 헬라어 원문은 "우리가 다"를 2인칭 복수대명사와 관형사(πάντες ἡμεῖς)를 동시에 배치하여 "우리 모두"를 강조한다.

4) 승천하여 하나님 우편 보좌에 좌정한 후 성령을 파송하신 그리스도33-36절

이 단락에서 베드로는 시편 110편을 인용하여 예수 승천의 구약성경적 근거를 밝힌다. 33절에서 베드로는 예수의 부활을 증거하는 데서 한 걸음 더 나아간다. 그는 예수의 승천과 성령 파송을 하나의 연속적인 사건으로 파악한다. 33절 상반절 "하나님이 오른손으로 예수를 높이시매 ……." 곧 예수의 승천은 하나님이 예수를 당신의 우편 보좌로 올리셔서 주와 그리스도가 되게 하신 사건이며, 성령 파송은 예수께서 주와 그리스도가 되셔서 행하신 첫 번째 사역인 것이다.

성령은 예수의 요청으로 하나님 아버지께서 파송하신 삼위일체 하나님 중 제3위의 하나님이다.[9] 요한복음 14-16장과 사도행전 2장을 종합해 보면, 아버지는 아들의 요청에 따라 성령을 파송하신다. 따라서 아버지와 아들의 연합으로 성령을 파송하신 것이다. 더욱 중요한 것은 성령은 일차적으로는 아들 하나님을 증거하는, 곧 아들 하나님의 사역을 바탕으로 일하시는 하나님이라는 사실이다. 예수 그리스도가 첫 보혜사였다면, 예수 그리스도의 것을 가지고 그의 이름으로 오셔서 그를 증거하실 성령은 두 번째 보혜사인 것이다.

또 다른 보혜사인 성령은 예수께서 아버지 하나님의 사명을 완수하고 보좌 우편으로 되돌아가 주와 그리스도의 사역에 착수하셔야만 제자들에게 오시도록 예정된 분이셨다.요 16:7 따라서 성령이 강림했다는 말은 예수께서 자신의 약속대로 승천하여 하나님의 우편 보좌에 앉아 하나님의 버금 왕(그리스도) 사역을 시작했음을 의미한다. 성령의 강림은 예수가 주와 그리스도가 되셨다는 결정적인 증거인 것이다. 성령의 강림과 더불어 제자들에게 심긴 가장 강력하고 즉각적인 확신은 예수께서 하나님의 우편 보좌에 앉아 주主와

그리스도가 되셨다는 것이었다.마 28:18-20; 행 7:55; 빌 2:10-11

우리 자신은 어떻게 예수가 주와 그리스도이심을 깨닫게 되었는지 되돌아보자. 부활하신 예수를 보고 깨달았는가? 아니면 성령을 받고 나서야 예수께서 주와 그리스도임을 깨달았는가? 또 예수 그리스도가 하나님 보좌 우편에 앉아 세계를 다스리시는 주와 그리스도가 되신 것을 어떻게 알았는가? 그분이 하나님 우편 보좌에 앉은 후 아버지 하나님께 요청해 파송하신 성령을 받았기 때문이다. 요한복음 14:26, 15:26, 16:7은 예수의 부활 승천과 하나님 우편 보좌 착석, 성령 강림의 논리적 인과관계를 분명하게 밝혀준다. 예수께서 제자들에게 자신이 아버지 하나님께 돌아가면 아버지께 요청하여 제자들을 위해 보혜사 성령을 보내주신다고 약속하셨다. 예수의 요청으로 하나님 아버지가 파송하신 성령은 진리의 영으로, 의, 심판, 죄에 대한 모든 것을 자세히 가르쳐주시기로 약속되었다.요 16:7-8 성령은 예수의 십자가 죽음이 예수께서 정죄당한 것이 아니라, 세상 임금이 정죄당했음을 알려주신다. 성령은 예수가 십자가에 죽으시고, 매장되어 부패되지 않고, 부활 승천해 하나님의 우편 보좌에 앉으셨음을 증거하는 영이시다. 그래서 성령을 받으면 예수를 주로 고백하게 된다.고전 12:3 성령이 임하면 예수의 주권에 복종할 수밖에 없다. 예수 그리스도가 하나님 보좌 우편에 앉아 계신 것을 확신하는 것과 성령 충만은 상호적 선순환 관계이다. 성령이 충만하면, 예수께서 하나님 우편에 앉아 계신 것을 확고부동하게 믿는 믿음이 견고해진다.

성령의 으뜸 과제는 예수의 부활과 승천, 예수께서 주와 그리스도가 되심을 제자들에게 확신시키는 보혜사 역할이다. 예수께서는 성령의 감동과 감화 속에서 감미로운 순종 모드로 전환된 제자들을 자유자재로 다스리신다. 성령의 감동으로 달구어진 제자들로 하여금 소유에 대한 집착을 끊게 하시고, 사이가 좋지 않은 관계에 머물던 사람들로 하여금 하나의 가족 같은 친밀한 공동체를 이루도록 추동하신다. 고립된 개인들로 유기적 공동체를 이루게 하시되, 성령의 능력에 추동된 개인들이 모여 그리스도의 몸을 이루게 하신다. 그러나 예수를 십자가에 못 박은 사람들은 성령을 받지도 못하고 알지도 못한다. 33절의 표현처럼, 그들은 성령으로 충만한 사람들과 공동체에게 일어난 사태의 외양과 현상만 "보고 듣는" 자들이었기 때문이다.

예루살렘 사람들도 예수의 위대한 공생애 사역은 실선적 사건으로 목격했지만, 예수의 부활을 보거나 경험하지는 못했다. 그들은 예수가 부활했다는 소문과 주장만 들었다. 이제 그들은 성령을 받았다고 주장하는 사람들의 영적 도취 상태를 경악과 당혹, 의심과 경이 속에서 쳐다보고 있다. 그들은 오순절 다락방의 120 문도가 새 술에 취한 듯 세계만방의 지방 언어로 예수의 부활과 십자가의 죽음을 증거하는 사건을 목격하게 된 것이다. 따라서 예수의 공생애와 십자가 죽음은 실선적 사건이고, 부활과 승천은 점선적 사건, 오순절 성령 강림의 결과 나타난 방언 현상은 다시 실선적 사건인 것이다. 국외자들이 볼 때는 예수의 부활 사건은 아직도 미궁에 쌓여 있다.(『다빈치 코드』의 대담한 주장을 보라)

예수의 부활 사건은 과학적으로는 증명할 수 없는 사건으로 남아 있다. 이것은 무엇을 의미하는가? 예수가 부활하셨다는 것은 다른 방식으로 증명되어야 하며, 또한 증명될 수 있는 진리라는 것이다. 존 스토트John Stott가 『기독교의 기본 진리』*Basic Christianity*에서 제시한 예수의 부활을 증거하는 간접적인 증거들은 그 자체로는 무기력하다. 빈 무덤설을 옹호하고, 시체 도난설, 기절설, 환생설 등을 반박한다고 예수의 부활이 입증되는 것은 아니다. 빈 무덤 가설이나 시체 도난설, 환생설 등은 예수의 부활을 입증하는 데는 물론, 반증하는 데도 무기력하고 불충분할 뿐이다. 사도들은 예수의 부활을 다른 방식으로 증거해야 했다. "다른 방식의 증거" 신빙성 여부는 예수의 부활을 사실이라고 증명하는 증인의 역량에 달려 있다. 증인의 삶과 사역이 부활하신 예수를 만난 사람에게 기대되는 삶과 사역이어야 비로소 예수의 부활을 믿을 수 있는 여지가 생긴다. 예수의 부활을 과학적으로 증명하지는 못하지만, 예수의 죽음과 부활을 삶으로 살아내는 사람은 예수의 부활을 역사적으로 매우 신빙성 있는 사건으로 믿을 수 있게 된다. 결국 부활의 증인은 법정 진술처럼 증거 능력이 있어야 하고, 신빙성 있는 진술과 삶을 보여주어야 한다. 예수의 부활을 사실로 믿는 사람은 예수의 부활이 표방하는 가치를 내면화하고 육화시켜서, 죽음의 권세를 압도하는 삶을 살아야 한다. 그래야 부활하신 예수를 보았다는 제자들의 주장을 개연성이 있다고 인정할 것이다. 예수님이 제자들에게 땅끝까지 가서 "내 증인이 되라"고 하신 것은 바로 이런 방식으로 자신의 부활을 증거하라고 부탁하신 것이다. 토마스 아퀴나스Thomas Aquinas가 논한 여러 방식의 신 존재 증명, 곧 우주론적, 도덕적, 목적론적 증명은 오늘날과 같은 다원주의 시대에는 전혀 통하지 않는다. 사도들은 그런 식으로 하나님을 증명하지 않았다. 바울은 부활의 능력을 덧입어 십자가에 달려 죽으신 예수의 부활을 증거했다. 십자가의 고난을 먼저 겪은 것이 아니라, 부활의 권능을 먼저 맛본 후 십자가를 지고 살았던 것이다.빌 3:10-12

34절에서 베드로는 시편 110편을 인용하여 예수의 승천에 대한 성경적 근거를 제시한다. 예수님이 부활하셔서 하늘에 올려져 하나님의 보좌 우편에 앉은 주와 그리스도가 되셨음을 선포한다. 주와 그리스도는 다른 말이다. 당시에 "주"퀴리오스라는 말은 인간의 생사화복을 주장하는 신적 대권을 가진 왕을 의미했다. "퀴리오스"는 고대 로마제국 안에서는 제우스 신과 아우구스투스 황제에게만 사용된 호칭이었다. 어떤 인간이나 종교의 창시자에게도 "주"라는 말을 쓰지 않았다. 로마 황제의 세상 통치권을 믿는 자들이 많이 살았고, 그리스의 "판"Pan 신을 비롯하여 이방신들이 암각으로 새겨진 만신전이 있던 도시 가이사랴 빌립보에서 예수님은 제자들에게 "사람들이 인자를 누구라 하느냐"라고 물으셨다.마 16:13 제자 중 베드로는 "주는 그리스도시요, 살아 계신 하나님의 아들이시니이다"라고 대답함으로써 예수의 참된 정체성에 대한 이해를 드러냈다. 그러나 이 고백은 베드로의 인생을 고난의 폭풍과 격랑 속으로 던진 고백이었다. 로마 황제나 제우스 같은 거짓된 주들이 기세를 떨치는 세상에서 나사렛 예수를 주라고 고백하는 일은 박해와 따돌림을 초래하는 일이었다. 오늘날 다원주의 사회에서 한분 주 예수께 모든 충성을 바치고, 그분을 주라고 고백하는 것은 대가를 지불하는 행위이자, 고통을 초래하는 행위이다. 예수를 주라고 고백하면, 우리에게 절하라고 위협하는 거짓 주들이 우리의 안전과 생명을 위협할 수 있기 때문이다.

34절의 "그리스도"christus라는 말은 부왕副王, Second King을 일컫는 말로, "기름부음을 받은 자"를 의미하는 히브리어 "마쉬아흐"(משחא)를 번역한 헬라어다. "기름부음을 받은 자"는 하나님의 지혜와 권능으로 하나님의 뜻을 대행하는 신정통치 사회의 인간 지도자를 의미한다. 고대 이스라엘 사회에서는 왕과 제사장, 그리고 예언자가 "기름부음을 받은 자"였다. 후기에 갈수록 "마쉬아흐"(메시아)는 다윗의 왕위에 오를 이상적인 왕을 의미하는 일반명사로 사용되었다. 고대 이스라엘이나 조선에서는 아들 왕이 아버지 왕의 보좌 오른편에 작은 보좌를 두고 거기 앉아 아버지를 도와 나라를 다스렸는데, 그런

왕을 섭정왕이라 불렀다. 그리스도는 아버지 왕을 도와 나라를 다스리는 섭정왕을 의미한다. 주전 8세기의 유다 왕 웃시야가 재위 기간주전 792-740년 중 마지막 10년 동안에는 문둥병에 걸려 별실에 거하면서 나라를 다스릴 때 왕세자였던 아들 요담주전 750-735년이 부왕父王 웃시야 왕을 도와서 섭정을 했다. 신학적인 의미의 '그리스도'는 하나님 아버지를 대신해 이 세상을 다스리는 부왕을 가리킨다. 버금왕은 아버지 왕의 오른편에 앉아 아버지 왕과 함께 공동 통치를 한다. 하나님 아버지께서는 예수를 이런 의미의 부왕으로 삼으셔서 보좌 우편에 앉히신 것이다.

35절에 따르면, 하나님은 예수의 원수를 발등상으로 삼으실 때까지 예수를 하나님의 보좌 우편에 앉히신다. 곧 원수를 완전히 정복할 때까지고전 15:20-25 예수께서는 하나님의 우편 보좌에 앉은 주와 그리스도가 되어 세계와 교회를 다스리신다는 말이다. "원수를 발등상 삼는다"는 표현은 고대 메소포타미아 정복 군주들의 승리 표현이었다. 고대 앗수르의 신상이나 왕들의 정복 전쟁을 기록한 부조물 중에는 원수의 목을 밟고 있는 앗수르 대왕을 묘사한 모습이 많이 발견된다. 예수께서는 원수인 사망을 완전히 정복하여 무력화시킬 때까지 왕 노릇을 하고, 때가 오면 왕권과 나라를 아버지 하나님께 바치실 것이다. "그가 모든 원수를 그 발아래에 둘 때까지 반드시 왕 노릇 하시리니 맨 나중에 멸망 받을 원수는 사망이니라."고전 15:25-26 아버지께 나라를 바치기 전까지는 그리스도가 불가불 왕 노릇을 하는 시대가 있다는 것이다. 그것이 바로 우리가 사도신경을 고백할 때 암송하는 예수 그리스도께서 "하나님 우편에 앉아 계시다"라는 신앙고백의 의미다. 베드로는 "이스라엘 모든 가문", 곧 이스라엘 열두 지파를 향해 오순절 성령 강림의 함의를 선포한다. "너희가 십자가에 못 박은 이 예수를 하나님이 주와 그리스도가 되게"

하셨다. 이제는 주 예수를 믿는 것이 하나님을 믿는 행위와 같다는 것이다. 이제 이스라엘의 온 집은 하나님이 보내신 주 예수를 십자가에 못 박아 죽였다는 그 무거운 죄책을 피할 수 없다. 아브라함을 택하고 모세를 부르시고 이스라엘 열두 지파에게 예언자들을 파송해주셨던 구약성경의 하나님 아버지는 이제 주 예수 그리스도를 통한 이스라엘 통치와 세계 만민 통치 시대를 여셨다. 주 예수에 대한 충성이 바로 하나님 아버지에 대한 충성이 되는 시대가 도래했다.

4. 베드로의 구원설교 ●37-42절

[37]그들이 이 말을 듣고 마음에 찔려 베드로와 다른 사도들에게 물어 이르되 형제들
아, 우리가 어찌할꼬 하거늘 [38]베드로가 이르되 너희가 회개하여 각각 예수 그리스도
의 이름으로 세례를 받고 죄사함을 받으라. 그리하면 성령의 선물을 받으리니 [39]이
약속은 너희와 너희 자녀와 모든 먼 데 사람 곧 주 우리 하나님이 얼마든지 부르시는
자들에게 하신 것이라 하고 [40]또 여러 말로 확증하며 권하여 이르되 너희가 이 패역
한 세대에서 구원을 받으라 하니 [41]그 말을 받은 사람들은 세례를 받으매 이날에 신
도의 수가 삼천이나 더하더라. [42]그들이 사도의 가르침을 받아 서로 교제하고 떡을
떼며 오로지 기도하기를 힘쓰니라.

주석

37-38절은 주와 그리스도가 되신 예수에 대한 소식을 듣고 경악하는 청중들의 적대적 반응을 보여준다. 예루살렘과 유다 청중은 베드로의 논리적이고 설득력 있는 설교를 듣고 양심의 가책을 느꼈다[37절] "형제들아, 우리가 어찌할꼬." 베드로는 그들에게 회개하여 각각 그리스도의 이름으로 세례를 받고 죄사함을 받으라고 요구했다. 세례 요한이 죄사함을 얻게 하는 물세례 운동을 벌이기 전까지 유대

인들은 스스로를 아브라함의 자녀라고 자임하고, 자동적으로 영생을 상속할 것이라고 믿고 있었다.[눅 3:7-14] 원래 세례는 유대교로 개종하는 이방인들에게 요구되는 개종 통과 의례였다. 그런데 베드로로부터 유대인들은 하나님 앞에 이방인으로 간주되어 그리스도의 이름으로 세례를 받으라는 요구를 받기에 이르렀다. 베드로는 예수를 십자가 죽음에 넘겨준 자신들의 죄악을 깨닫고 양심이 찔린 청중들에게 회개를 촉구하고, 예수 그리스도의 이름으로 세례를 받을 것을 요구하는 데서 그치지 않고, 성령의 선물에 대한 기대를 고조시킨다. "너희가 회개하여 각각 예수 그리스도의 이름으로 세례를 받고 죄사함을 받으라. 그리하면 성령의 선물을 받으리라." "회개"하여 그리스도의 이름으로 세례를 받는 것이 성령의 선물을 누리기 위한 선결 조건으로 강조되고 있다. 회개하는 자에게는 성령 기름부음이 선사된다. 앞서 말했던 것처럼 성령의 선물은 에스겔 36장과 요엘 2:28-32에서 약속된 하나님의 성령 부어주심을 가리킨다.

"회개"의 사전적 의미는 '잘못된 길을 돌이키는 의지적인 행동'을 가리킨다. 베드로의 청중에게 "회개"는 무엇을 의미했을까? 그들에게 요구되는 당면한 "회개"는 나사렛 예수의 정체에 대한 오해를 버리고 바른 이해로 돌이키는 것이다. 유대인들은 이제까지 나무에 달려 죽은 나사렛 예수는 하나님께 저주받아 죽었다고 단정했다. 이 단정으로부터 예수의 죽음의 진실을 아는 데로 돌이키는 것이 회개의 첫 단계이다. 예수를 저주받아 죽은 자로 여길 것인가, 아니면 주와 그리스도가 되셨다고 고백할 것인가? 유대인들이 회개한다는 말은 예수를 저주받아 죽은 자가 아니라, 주와 그리스도가 되기 위해 우리 대신 저주를 받아 죽은 자라고 고백하는 것이다.[고전 12:1-3] 예수를 저주받아 죽은 자라고 믿지 않고 "나의 죄로 인해 하나님께 대속적인 죽음을 죽었다"고 믿으며, "나의 옛사람도 이제 예수와 함께 죽었다"고 고백하는 것이 곧 회개하고 예수의 이름으로 세례를 받는 것이다.롬 6:3-5; 고전 15:3; 갈 2:20 이것이 죄사함을 받는 것이다. 죄사함은 죄의 형벌로부터의 자유임과 동시에, 동일한 죄를 반복적으로 저지르게 만드는 죄악의 권세로부터의 해방이다. 성령은 예수의 이름으로 세례받고 죄사함 받은 사람이 예수의 사랑 안에 머물도록 지지하는 또 다른 보혜사이시다. 39절은 성령을 선물로 주시겠다는 하나님의 약속이 이스라엘 사람들뿐 아니라, "먼 데 사람들", 곧 이방인들에게까지 확장된다고 말한다. 아무리 이스라엘의 하나님과 멀리 떨어져 살았던 이방인일지라도 하나님의 부르심을 받은 사람이면 누구에게나 성령이 선물로 주어진다.행 10:44-47, 11:17, 15:8 이는 사도들의 선교를 통해 이방인들에게까지 성령이 주어질 것임을 가리킨다. 베드로는 이방인 고넬료의 집에 가서 복음을 증거하던 중, 성령이 고넬료에 집에 모인 모든 사람(대부분 이방인들)에게 임하는 것을 친히 목격했다. "베드로가 이 말을 할 때에 성령이 말씀을 듣는 모든 사람에게 내려" 오셨다.행 10:44 이 놀라운 이방인 성령 세례를 친히 목격한 베드로는 사도행전 15장 사도 공의회에서 이 진리를 대담하게 증언한다. "…… 하나님이 이방인들로 내 입에서 복음의 말씀을 들어 믿게 하시려고 …… 또 마음을 아시는 하나님이 우리에게와 같이 그들에게도 성령을 주어 증언하게 하시고." 7-8절 사도 바울 또한 갈라디아 사역 시 이방인들에게 성령이 임한 순간들을 십수 년이 지나도 생생히 기억한다. "너희가 성령을 받은 것이 율법의 행위로냐 혹은 듣고 믿음으로냐. …… 너희에게 성령을 주시고 너희 가운데서 능력을 행하시는 이의 일이 율법의 행위에서냐 혹은 듣고 믿음에서냐."갈 3:2-5 이처럼 오순절에 임한 성령은 유대인을 넘어 이방인까지 하나님의 자녀로 포섭하는 보편적인 사랑의 영이시다.

베드로와 열한 사도의 오순절 설교는 다시 한번 예루살렘과 유대 청중들에게 "이 패역한 세대"에서 구원을 받으라고 말함으로써 종료된다.[40절] "패역"은 유대 지배층이나 유력자들이 하나님의 언약과 율법을 공공연히 배척하고 묵살하는 극단적이고 집단적인 악행을 가리킨다.[사 1:2-17] 이사야 당시 지배층의 종교적 표현은 화려했으나 그들은 선행과 정의, 공의와 자비를 배척했다. 예수 당시 종교 권력자들은 로마제국과 헤롯 분봉왕들 밑에서 신음하는 하나님 백성의 고통에 무감각했으나, 하나님에 대한 신앙을 과시하는 종교 행사는 요란했다. 그 행사는 그들이 하나님을 배반하는 패역적 행동을 감추는 데 동원되었다. 이처럼 예루살렘 중심의 유력자들과 종교 권력자들의 사고와 행동 등이 모두 예수를 배척한 패역한 "세대"[게네아(γενεά)]를 구성한다. 공관복음서가 말하듯이 하나님 아버지를 배척한 그 패역의 마음으로 아버지 하나님이 보내신 아들 예수 그리스도를 집단적으로 배척하고 대적했다.[마 21:33-46; 막 12:1-12; 눅 20:9-19]

베드로의 청중인 이 유대인들이 구원을 받는 길은 그들이 속한 집단의 폐쇄적 종교의 틀을 과감히 부수고 거기서부터 뛰쳐나오는 것이다. 그들에게 "회개"는 대제사장과 율법들, 그리고 바리새인들이 가르치는 하나님 이해에서 벗어나 나사렛 예수의 "하나님 나라"로 귀의하는 행동이다. 동시대 사람들의 집단주의적 사고로부터 하나님 앞에 홀로 선 단독자가 되어 하나님께 전향하는 것이다. 이런 회개만이 구원을 가져다준다. 기독교가 말하는 구원은 단지 죽은 후 혼백이 되어 천당에 가는 것을 의미하지 않는다. 그것은 진리의 길을 거절하는 패망의 길에서 돌이켜 살 길을 선택하는 것이다. 예수 당시의 유대인들은 아벨의 피로부터 성전에서 돌에 맞아 죽은 제사장 사가랴, 곧 예후 왕과 함께 바알주의자들을 척결한 제사장 여호야다 아들의 피를 흘린 죄[대하 24:20-22]까지 이스라엘 역사상 범해진 모든 패역의 죄를 감히 스스로 짊어지겠다고 말하며 예수를 대적한 세대였다.마 23:35-36 "백성이 다 대답하여 이르되, '그 피를 우리와 우리 자손에게 돌릴지어다' 하거늘."마 27:25 패역한 유대인들은 하나님의 아들 예수를 십자가에 매달아 이스라엘 역사를 넘어 인류역사 전체세대의 모든 불순종을 총체적으로 드러낸 세대, 모든 패역을 완성한 세대였던 것이다. 당시의 유대인들은 갈릴리 농민들을 대변하며 반로마제국 입장과 친로마제국 입장으로 나눠져 있었다. 전자는 로마제국에 대한 무력 항쟁을 북돋우는 과격한 민족주의의 영향 아래 있었기 때문에, 나라 전체를 로마제국의 공격으로 멸망당할 수 있는 위험에 노출시키고 있었다. 또 다른 예루살렘 중심의 친로마제국 유대인들은 로마제국의 통치와 협조하면서 종교적 지배 체제를 지키는 데 만족하는 세속적인 사람들이었다. 베드로의 청중은 이런 두 흐름에 속한 자들이 섞여 있었을 것이다. 어떤 노선에 속했든지 상관없이, 당시의 유대인들은 스스로 세속화된 삶을 살면서 하나님 언약 백성의 정체성을 상실하여 망하거나, 하나님이 보내신 하나님의 아들을 배척하고 스스로 구원의 길(로마제국에 대한 무력 항쟁)을 강구하려고 로마제국과 전쟁을 하다가 자멸하든지, 어떤 경우든 멸망을 피할 수 없었다. 베드로는 이런 동시대의 사람들에게, 그 패역한 세대의 시대정신으로부터 돌이키라고 권고하는 것이다. 실제로 예수께서 경고한 대로, 한 세대가 못 되어 유대인들은 열심 당원들의 선동과 지도력 아래 66년경 로마제국에 맞서 항쟁을 벌이다 결국 멸망당했다. 전승에 따르면, 그리스도인들은 이 항쟁에 참여하지 않고 갈릴리의 펠라Pella 지역으로 피신하여 영적 지도부를 유지할 수 있었다. 이때 살아남은 유대인 출신 그리스도인들이 세계 열방을 하나님께로 이끄는 제사장 사역을 감당해 이방인 교회 시대를 열었다. 패역한 세대로부터의 구원은 이처럼 단지 영적인 권고가 아니라, 현실적인 의미의 구원을 말하는 것이다.

우리는 죽은 후에 천당가는 구원으로 직행하기보다는 패역한 우상숭배의 세대로부터 구원을 받는 데 우선순위를 두어야 한다. 예수는 죽어서 가는 천당 구원이 아니라 "이 음란하고 죄 많은 세대"로부터 받는 구원을 강조하셨다.[막 8:38] 구약 예언자들의 화법에 따르면 음란과 죄는 우상숭배, 탐욕숭배의 죄를 가리킬 때가 많았다. 예를 들면, 우리는 "음란하고 패역한 세대"의 집단적 컬트[cult]처럼 숭배되는 부동산 투기로 부자가 될 수 있다는 맘몬주의[mammonism]로부터 구원받아야 한다. 경쟁과 탐욕으로 담금질된 세대로부터, 이 시대의 왜곡되고 비인도적인 중심 가치와 지배 가치로부터 해방되어야 한다. "나만 잘 살면 된다"는 극단적 개인주의, 독점주의, 과잉 욕망을 추구하는 쾌락주의가 우리 공동체를 패망으로 몰아가는 패역적 악행이다. 이것으로부터 해방되는 것이 이땅에서 천국을 살아내는 길이다.

베드로의 설교는 청중의 양심을 일깨웠고 풍성한 열매를 맺었다. 예수 안에서 옛사람이 죽고 새사람으로 거듭난 제자의 수가 3천 명이나 되었다.[41절] 예루살렘 교회는 120 문도에서 3천 명 이상의 대형 회중으로 급성장했다. 42절은 이런 급진적이고 역동적인 변화 한가운데 열두 사도의 공동체적 가르침이 있었음을 증거한다. 베드로 혼자만의 지도력이 아니라, 사도들의 공유된 지도력이 예루살렘 교회를 지도했다. 120 문도 모두 성령 충만을 받았다고 해서 사도적 권위를 가진 지도자가 더 이상 필요하지 않았는가? 오순절 성령을 받았다고 서로 가르칠 필요도 없을 만큼 영적인 평준화가 일어났는가?[비교 요일 2:27] 아니면 여전히 건강하게 작동하는 영적 위계 질서가 남아 있는가? 예루살렘 초대교회는 각각의 은사를 통해 공동체를 섬긴다는 점에서 은사 민주주의가 형성되었지만, 그것이 권위의 평등화가 이뤄졌다는 의미는 아니다. 여전히 성령의 감독 아래 작동하는 영적 위계질서는 남아 있었다. 초대교회는 “사도들의 가르침을 받아” 서로 떡을 떼며 기도하는 데 진력盡力한 것이다. 여기서 “서로 교제한다”는 말은 “쒼코이노니아”(σύνκοινωνία)인데, 이것은 물질의 유무상통도 포함하는 전면적이고 책임적인 교제를 말한다.[“성령의 교제”(κοινωνία Πνεύματος)]참조. 빌 1:5; 4:14-15 (참여); 2:1

5. 예루살렘 초대교회의 탄생 ●43-47절

43사람마다 두려워하는데 사도들로 말미암아 기사와 표적이 많이 나타나니 44믿는 사
람이 다 함께 있어 모든 물건을 서로 통용하고 45또 재산과 소유를 팔아 각 사람의
필요를 따라 나눠 주며 46날마다 마음을 같이하여 성전에 모이기를 힘쓰고 집에서 떡
을 떼며 기쁨과 순전한 마음으로 음식을 먹고 47하나님을 찬미하며 또 온 백성에게
칭송을 받으니 주께서 구원받는 사람을 날마다 더하게 하시니라.

주석

이 단락은 오순절 성령 강림의 직접적인 결과를 보도한다. 오순절 성령 강림으로 흩어졌던 제자들이 하나가 되고 120 문도의 제자 공동체는 3천 명의 회중으로 확대되었다. 실로 교회는 성령의 피조물이다. 하나님 우편 보좌에서 주와 그리스도가 되어 교회와 세상을 통치하시는 예수의 직할통치 영지이자, 하나님 나라의 전위부대인 교회가 탄생한 것이다. 오순절 설교를 통해 예루살렘 교회의 산파産婆과정에 쓰임받은 베드로와 열한 사도의 권위는 높아지고 유대인들은 경건한 두려움에 사로잡혔다. 사도들을 통해 일어나는 기사와 표적은 대중들의 마음속에 하나님의 통치를 생동감있게 체험하게 하는 결정적인 계기가 되었다. 그래서 성령을 선물로 받고 예수께서 하나님의 보좌 우편에 앉아 교회와 세상을 다스리고 계심을 확신하는 성도들이 세계 변혁적인 사랑의 진지를 구축하기에 이르렀다.

이 공세적인 사랑의 공동체의 형성 과정을 자세히 살펴보자. 첫째, 믿는 사람들이 다 함께 있었다.[44절] 함께 있음의 위력은 아무리 강조해도 지나치지 않다. 초대교회 성도들은 사도들의 가르침과 영적 지도 아래서 공동체 생활을 시작했다. 가족 같은 공동체가 탄생한 것이다. 둘째, 모든 물건을 서로 통용했다.[44절] 그래서 재산과 소유를 팔아 각 사람의 필요에 따라 나눠 주었다.[45절] 돈과 재물은 더 이상 그들에게 신적 위력을 발휘하지 못했다. 셋째, 그들은 마음을 같이 하여 성전에서 모이기를 힘썼다.[46절] 즉, 예배 공동체를 형성하여 회중적 공예배에 투신한 것이다. 넷째, 그들은 회중적 공예배에만 몰두한 것이 아니라, 가족적인 친밀함이 지배하는 "집"을 중심으로 모여 공동 식사를 했다.[46절] "떡을 떼며"라는 표현은 성만찬을 의미한다. 예수의 죽음의 의미를 기억하며 나누는 성만찬을 한 것이다. 성만찬은 기쁨과 순전한 마음으로 나눠진 공동체적 애찬[愛餐]으로 이어졌다. 그들은 하나님을 찬미하며, 예루살렘 백성의 칭찬까지 받는 공동체가 되었다. 그래서 주께서 구원받는 사람의 숫자를 날마다 더하셨다.[47절] 그들은 각자 그리스도의 몸에 접목되었음을 실감했다.[요 15:1-12] 예수 그리스도라는 줄기에 붙어 있는 포도나무 가지처럼 긴밀하게 결속되었다. 예수 그리스도의 몸에 접목되었을 뿐만 아니라, 서로에게 친밀하게 결속된 가지만이 결실을 맺는다.[10]

그런데 만약 개인적으로 성령의 충만을 경험하다가, 강력한 영의 공동체에 소속되지 않으면 어떻게 될까? 구원받지 않은 자처럼 완악해지고 경화[硬化]될 것이다. 우리가 개인적으로 아무리 강력한 구원을 경험했다고 하더라도, 신앙을 계속 지켜 주고 영적 친밀도와 결속감을 유지해 주는 성령이 충만한 공동체에 소속되지 못한다면, 우리는 이내 구원받지 못한 것처럼 영적 경화와 냉담에 빠지게 된다. 그래서 우리는 위에서 묘사한 그 강력한 성령 충만의 공동체, 즉 물질까지 소통하는 "쒼코이노니아" 공동체에 들어가야 한다. "쒼코이노니아"라는 말은 성도들이 다양한 차원(영적·물질적 차원)을 서로 나누는 사랑과 섬김의 교제를 의미한다. 초대 예루살렘 교회는 물질적 차원에서까지 유무상통하는 공동체였으며, 친밀함과 돌봄과 책임감과 의무로 결속된 공동체였다. 구원받은 신자가 이런 공동체에 소속되지 않으면 성령 충만을 유지하지 못한다.

그런데 이 본문은 어떤 사람들에게는 공산주의와 유사한 사상처럼 들린다는 오해를 받는다. 사유재산권을 신성시하는 사람들에게 이 본문은 외면당하거나 경원시된다. 또 다른 사람들은 초대교회의 이런 환상적인 공동체 생활은 초대교회 한에서만 있었던 초자연적인 일회적 사건이라고 주장한다. 두 견해 다 지나친 억측이자 무리한 오해이다. 이 사건은 성령 충만한 개인들과 공동체 안에서 언제나 실현될 수 있는 삶의 모습이다. 성령이 지배하는 공동체는 물질까지 포함하는 나눔의 공동체이기 때문이다. 초대교회 공동체는 표준적인 성령 경험 안에 어느 시점에서 반드시 실현될 수 있는 공동체의 모습이다. 이 단계를 거쳐야만 우리는 초대교회다운 교회를 세울 수 있다. 초대교회로 돌아가자는 구호는 이런 총체적 유무상통의 공동체를 이루어 이 땅에 예수의 통치권을 확증하자는 것이다. 이러한 성령 충만한 공동체는 엄청난 영적 흡인력을 드러낸다. 하루에 3천 명씩 제자의 수가 증가되기도 한다. 표적과 기사를 일으키는 엄청난 카리스마와 더불어 유무상통의 역동적인 잔치 같은 교제는 주변 세계를 뒤흔들고 전복시키는 변화의 에너지를 발산한다.

이처럼 초대교회에서 일어난 성령의 교제는 말과 혀로만 나누는 사랑이 아니라, 지갑을 열어젖힌 교제였다. 초대교회는 "떡을 떼는" 집(다락방)에서 탄생해 성전을 통해 확장되고 다시 집을 통해 내실內實 있는 성장을 기했다. 오순절 성령은 집에서 기도하던 제자들을 덮쳤다. 가족과 같은 친밀한 공동체가 초대교회의 모태가 되었는데 이제 초대교회 그리스도인들의 활동 무대는 집을 벗어나 성전으로 확장되었다. 성전은 예루살렘 당국자들과 백성들에게 기독교 복음의 본질이 무엇인지를 유감없이 증거하는 공적 무대가 되었다. 46절에 따르면, 그들은 날마다 마음을 같이 하여 성전에 모였다. 그들은 "집에서" 성령 받고 "떡을 떼며" "성전에서" 예배드렸다. 그들은 집에서 떡을 떼는 공동체적인 식사를 통해 가족 공동체적 친밀감을 고양하고, 그것을 바탕으로 바깥 세계를 향한 증언 공동체로서의 담력을 함양해 갔다.

이처럼 45-46절은 초대교회가 어떤 점에서 세계 변혁적이고 공세적인 아가페(αγάπη) 공동체였는지를 잘 보여준다. 초대교회의 그리스도인들은 세상 사람들이 가장 귀하게 여겨 하나님과 동급으로 숭배하는 돈, 재산, 동산, 부동산을 공동체의 필요를 위해 기꺼이 내놓았다. 성령은 자연적 양심의 공감 능력을 훨씬 넘어가는 강도로 다른 사람의 필요를 예민하게 느끼는 마음을 각각의 성도 안에 심어주신다. 성령 충만한 마음은 자신의 지갑을 열어 다른 사람의 필요를 채우는 데 쓸 공동체적 자산을 만들 만큼 자유롭게 된다. 성령 충만은 신성불가침처럼 여겨졌던 사유재산을 하나님께 바쳐 이웃을 사랑할 정도로까지 활짝 열린 마음 씀씀이로 표현된다.[11] 오늘날 돈은 전 세계 사람들뿐만 아니라 기독교인들에게도 신의 자리를 차지하고 있는 듯하다. 누구도 돈의 힘 앞에 초연한 척 할 수 없다. 돈을 경멸하는 사람도 돈의 힘은 인정한다. 그러나 돈을 숭배하는 일을 그치고 하나님 사랑과 이웃 사랑을 위해 돈을 내놓을 줄 알아야 한다. 이는 하나님의 성령에 강력하게 사로잡힐 때에만 가능하다. 그때 돈은 하나님 사랑과 이웃 사랑 앞에 제 본분을 다하는 유순한 종이 될 수 있다.

사유재산 신성불가침 제도를 상대화시킬 만큼 강력한 성령의 감동에 사로잡힌 세계 변혁적이고 공세적인 아가페 공동체는 돈을 신으로 숭배하는마 6:25 집단과 조직을 변화시켜 버림으로써 그것을 구원한다. 그래서 성령 충만한 공동체의 사랑을 세계 변혁적, 공세적 사랑이라고 부른다. 세계 변혁적, 공세적 사랑의 특징은 복음의 공격을 받아 자신의 옛 삶의 토대가 무너져 패배한 사람들까지도 구원하는 사랑이다. 자신들의 부동산을 공동체의 필요를 위해 내놓고 자기 재산을 아무 대가 없이 양도하는 이 엄청난 담대함과 자유는 성령이 창조해 주신 자유이자 사랑의 능력이다. 이 자유케 하는 사랑은 돈을 숭배하는 개인과 집단을 무력화하기 때문에 공세적인 사랑이라고 말할 수밖에 없다. 이것은 성령의 강권적인 설복說服으로 가능한 일이지, 강제적인 법이나 이념으로 가능한 일이 아니다. 사회주의법이나 프롤레타리아proletariat 이념으로는 실현할 수 없는 현실인 것이다. 또한 히피hippy적인 군중심리나 집단정신으로 실현될 수 있는 일도 아니다.

한국교회가 진정한 성령 충만을 경험하면 반드시 이 단계를 거칠 수밖에 없다. 이 단계를 거치지 않는다면 마치 3루를 밟지 않고 홈으로 바로 질주하는 야구선수와 같은 운명을 맞이할 것이다. 천국에 들어가지 못하고 아웃된다. 만일 우리가 돈의 신을 숭배하는데 속박당해 우리 재물을 가지고도 헐벗은 형제자매를 도울 힘이 일어나지 않는다면, 우리가 받은 구원이 진정한 구원인지 의심해 보아야 한다.요일 3:16-18 성령 충만한 사람은 자신의 충만함을 물질적으로 표현하게 마련이기 때문이다. 성령 충만한 상태는 영으로만이 아닌 물질로도 표현된다. 영과 육은 변증법적인 순환 관계를 이루며 서로를 표현한다. 성령 충만할수록 물질에서 자유해진다. 성령 충만할수록 자신이 가진 물질, 계급, 기득권을 기꺼이 부인하고 그것들을 주님께 바칠 수 있는 자유함이 더 커진다. 그리스도인 개개인이 이것을 경험한다면 이 세상은 하나님 나라의 질서에 좀 더 가까워진다. 우리의 개인 전도가 이런 그리스도인들을 배출한다면, 그것은 곧 사회 변혁과 사회적 성화를 위한 가장 근본적인 사역이 될 것이다. 이것은 집단 정신이나 이데올로기의 이름으로 개인의 양심을 강압하거나 위협해서 실현할 수 있는 일이 아니기 때문이다.

메시지

예루살렘의 초대교회는 십자가에서 처형당한 나사렛 예수의 원통한 죽음에서 시작된다. 십자가를 지고 골고다로 홀로 걸어가는 예수를 뒤로한 채 뿔뿔이 도망친 제자들이 다시 돌아와 어떻게 이렇게 용감무쌍한 증인 공동체로 성장할 수 있었을까? 이런 급격한 변화를 합리적으로 설명하려는 시도도 있었다. 지그문트 프로이트Sigmund Freud류의 정신 분석학자들과 행동주의 심리학자들은 제자들의 급격한 변화가 자신들의 죄책감을 보상하기 위한 행동이라고 주장하지만, 이후 제자들의 생애와 기독교 복음의 전파 과정을 보면 그 같은 심리학적 설명은 턱없이 무기력하고 불충분해 보인다. 제자들의 오순절 메시지와 그 후에 일어난 엄청난 사회적 변화를 제자들의 심리적 변화 과정에서 발생한 순전히 인간적인 기획과 능동성으로 설명할 수 있는가? 유일한 설명은 사도행전 자체의 증언이다. 그러므로 우리는 비겁하고 무기력하며 오합지졸 같던 제자들이 부활하신 예수를 만나고 오순절 성령을 받은 후에 용감무쌍하고 세계 변혁적이고 공세적인 사랑의 공동체를 예루살렘 한복판에서 형성할 수 있었다는 사도행전의 주장을 진지하게 경청하지 않을 수 없다.

갈릴리의 첫 제자들은 나사렛 예수를 처음 만나 그의 가르침을 받고서 얼마나 경탄하고 열광했던가? 하나님의 아들이 현신顯身하여 이 땅에 오셨다고 고백하지 않았던가?[마 16:16] 유대인 모두가 아는 것처럼, 나사렛 예수는 얼마나 강력한 이적과 기적의 공생애를 펼치셨던가? 그런 예수가 십자가에서 못 박혀 무기력하게 죽어 버리자 제자들은 얼마나 낙담했던가? 십자가에 끌려가는 예수를 뒤로 한 채 자신들만 살려고 줄행랑치던 그들의 적나라한 모습은 또 어떠했던가? 그런 제자들을 이토록 담대한 증언자들로 세우고 예루살렘 교회를 통해 사회적 변화를 추동케 한 것은, 단 한 가지로만 설명이 가능하다. 십자가에 못 박혀 죽어 장사된 지 사흘 만에 다시 살아난 예수의 부활이다. 그것은 십자가에 달려 죽는 장면보다 더 두려운 사건이었다. 스승 예수의 죽음과 관련해 깊은 죄책감에 찌들어 있던 제자들에게 예수의 부활은 얼마나 두렵고 당혹스러운 일이었을까?

그러나 예수의 부활은 일부 제자들에게만 나타난 특수한 사건으로 남았다. 예수께서 원하시는 사람에게만 나타나셨을 뿐, 모든 사람에게 다 관찰되거나 경험된 사건이 아니기 때문이다. 그래서 당시에 유대인들에게서처럼 오늘날 많은 사람에게도 예수의 부활은 미궁에 빠진 사건이거나 적어도 논란을 불러일으키는 사건으로 남을 수밖에 없다. 더 주목할 만한 사실은, 제자들이 부활하신 예수를 보고도 예수께서 부활하셨다는 깊은 확신에 이르지 못했다는 것이다. 이러한 사실은 부활하신 예수를 한 번 보았다고 해서 부활 신앙이 생기는 것이 아님을 보여준다. 복음서에 의하면 부활하신 예수는 일곱 번 제자들에게 나타나셨다. 일곱 번 나타났다는 것은 나타날 만큼 충분히 나타나셨다는 뜻이다.

그럼에도 예수의 부활이 그들의 인생을 당장 급격하게 변화시키지는 못했다. 요한복음 21장에서 수제자 베드로는 "나는 물고기 잡으러 가노라" 하고 말하며 다시 옛 생업으로 돌아간다. 초기 제자들 모두 베드로를 따라 밤에 고기를 잡으러 함께 갈릴리 바다로 나갔다. 이것은 단지 하룻밤 소일을 위해 물고기를 잡으러 갔다는 말이 아니다. 이 말은 예수와 3년 동안 갈릴리 제자훈련과 학습 경험을 하며 함께 일구었던 꿈이 깨어진 이상, 이제 과감하게 다시 세상으로 되돌아가겠다는 결단을 표명한 것이다. 한때 예수님이 심어주셨던 사람을 낚는 어부로서의 소명마 4:19이 아니라, 생업을 위해 물고기를 잡으러 가겠다는 것이다. 이것은 무엇을 의미하는가? 베드로가 부활하신 예수를 만나고 부활하신 예수와 함께 식사를 하는 것만으로는 부활 신앙이 생겨나지 않았다는 것을 의미한다. 이처럼 부활 신앙은 감각 경험에서 생기는 것이 아니다. 오순절 성령 강림을 경험해야만 진정한 부활 신앙이 생기고, 예수의 부활을 증거하는 능력을 구비하게 된다는 것이다.

예수의 부활을 제대로 증거하는 증인들이 나타나지 않으면 예수의 십자가 죽으심의 비밀은 여전히 미궁 속에 남을 것이다. 그래서 그때나 지금이나 사람들은 시체 도난설과 같은 황당한 이야기에 현혹된다. 유대인들은 지금까지도 시체 도난설을 믿고 있다. 어떤 의미에서는 시체 도난설은 부활 신앙보다 훨씬 더 개연성이 있고 증인의 순교적 전도 없이도 전파될 수 있는 사상이다. 인간의 이성과 상식적 경험의 기준에 따르더라도 시체를 도둑맞았다는 주장이 더 큰 설득력을 가질 것이다.

그런데 놀랍게도 예수의 시체가 도난되었다는 설은 일부 로마 병정들에게만 통했을 뿐 전혀 전파되지 않았고, 250년경에는 예수께서 부활했다는 믿음이 로마제국의 모든 변방에까지 퍼졌다. 무엇이 이런 차이를 만들었을까? 이 두 믿음의 전파 속도와 범위의 차이는 목숨 바치는 증인의 유무에 달려 있었다. 시체 도난설에 목숨을 바치는 증인은 없는데 비해, 예수의 부활을 믿는 신앙을 전파하는 데는 목숨을 바치는 순교적 증인들이 생겨난 것이다. 250년경에는 그리스의 내륙지방을 뺀 로마제국의 통치가 적용되는 모든 곳에, 군인이 있는 곳, 노예가 있는 곳, 여자가 있는 곳, 도보 행상이 있는 모든 곳에 기독교가 전파되었다. 313년경 로마 인구가 5천만 명이었는데 5백만 명이 기독교인이었다는 증언이 있다. 이 시기 로마제국에 급속하게 확산된 기독교 신앙은 고결한 삶을 동반한 성령 충만한 증인들이 대변한 기독교였다. 최초의 위대한 교회 사가史家인 가이사랴의 유세비우스(Ευσέβιος της Καισαρείας)260-340년는 파죽지세로 로마제국 사회로 퍼져가는 기독교의 힘을 사도행전적인 유무상통 코이노니아에서 찾았다.

> (2세기 초엽) 많은 그리스도인은 거룩한 말씀의 감동을 받아 완전에 대한 열렬한 소망으로 충만해 있었다. 주님의 가르침에 순종하기 위하여 취한 첫 번째 행동은 모든 소유를 팔아 가난한 자들에게 나누어 주는 일이었다. 그 다음에 그들은 집을 떠나 전도자의 일을 시작했다. …… 그들은 하나님의 은혜와 도움을 얻어 다른 나라와 민족을 향하여 떠나갔다.[12]

이처럼 성령의 감동 없이는 아무도 예수를 주主라 고백할 수 없으며, 성령의 강습 없이는 로마제국 총독에 의해 십자가에 처형당한 예수가 세계를 통치하는 주라는 확신이 자랄 수 없다. 예수가 주라는 고백이 없으면 전 재산을 하나님과 이웃을 위해 바칠 만큼 자기의 전 존재를 쏟아부을 수 없다. 이런 사랑의 진지가 형성되지 않고는 세상에 대해 공세적인 복음을 외칠 수 없다. 이런 강력한 사랑의 진지가 구축되지 않았다면, 로마제국의 변방과 그늘에 주저앉아 있는 연약한 자들, 노예들, 어린이들, 포로들, 군인들, 여인들의 희망이 되기까지 자기를 내어주는 선교사들이 나올 수 없었을 것이다. 사도행전 2:43-47은 미미한 출발을 보였던 초대교회가 로마제국의 경계를 넘어 세계인의 복음이 될 수 있었던 내적 요인을 조명해 주고 있다. 그것은 세상 변혁적이고 공세적인 사랑 덕분이었다. 이 사랑의 더 궁극적 원천은 전혀 새로운 세계를 창조하실 하나님에 대한 경외심이었다. 예루살렘 교회는 옛 세계가 종말에 도달했고 새로운 세계가 가까이 왔다는 확신으로 자신의 재산을 거룩하게 처분해 가난한 이웃을 섬겼다. 예루살렘 교회 구성원들의 상호부조적 사랑은 자신의 인간성에서 우러나온 것이 아니라, 전혀 새로운 세계 질서를 여는 하나님을 두려워하는 마음에서 우러난 사랑이었다는 것이다. 스토아 철학의 사해동포주의에 의거해 로마 사회를 다시 상호부조가 넘치는 사회로 만들려고 애쓰던 2세기 말 로마 황제 마르쿠스 아우렐리우스Marcus Aurelius Antoninus는 자신의 정치적 비전을 실행하는 사람들은 로마인들에게 미움받고 배척받는 그리스도인들임을 알고 충격을 받았다.

성령의 거룩한 압박과 격동에 노출된 120 문도는 3천 명의 제자 공동체로 성장했다가 종국에는 교회의 거룩성을 유지하기 위해 옛 뱀, 곧 사탄과의 영적 전쟁에 참여하는 14만 4천 명[계 14:1-2]의 순교자적 전사 공동체로 성장해가야 한다. 120 문도는 열두 지파 중에서 각 10명의 대표로 구성된 공동체며, 14만 4천 명은 열두 지파를 대표하는 1만 2천 명이 모여 이룬 확장된 공동체다. 이것은 하나님 백성인 이스라엘 전체를 대표하는 상징적인 숫자이다. 이스라엘은 하나님을 대신하는 12 제자, 120 문도, 3천 신자, 14만 4천 명의 순교적 증인 등 크고 작은 공동체를 통해 온 인류에게 하나님의 아들 예수 그리스도의 복음을 전파하는 거룩한 백성이요 왕 같은 제사장 나라가 된 것이다.출 19:5-6; 롬 15:16 초대 예루살렘 교회는 선민 이스라엘 가운데 결실된 성령의 첫 열매였다. 첫 열매를 수확하는 오순절에 임한 성령이 120 문도의 영적 전사와 3천 명의 회중을 예수의 증인으로 불러 세우신 것은 결코 우연이 아니었다.

교회사 연구가들은 물론이요, 유럽 역사를 연구하는 역사가들은 다음과 같은 질문을 한다. "엉성해 보이는 부활 신앙이 어떻게 그토록 짧은 시간에 그렇게까지 광범위하게 퍼질 수 있었는가?" 4세기의 교부이자 교회사가인 가이사랴의 유세비우스가 쓴 『교회사』는 313년 밀라노 칙령이 발표되기까지 기독교가 받아 온 박해의 역사와 그 와중에서 예수 그리스도의 발자취를 따랐던 그리스도인들과 교회의 분투와 승리를 기록하고 있다. 프레데릭 F. 브루스가 쓴 『초대교회사』도 유사한 관점에서 초대교회 그리스도인들의 비상하고도 헌신적인 삶을 감동적으로 그리고 있다. 또한 영국 성공회 인도 선교사였던 스티븐 니일이 저술한 『기독교 선교사』는 기독교가 어떻게 250년 만에 로마제국을 사로잡는 세계 종교가 될 수 있었는가라는 질문을 붙들고 그 답을 찾고자 한 책이다. 이 책들을 읽어 보면 "기독교가 이렇게 위대했었나? 내가 기독교라는 성령의 물결에 동참한 것이 초자연적인 기적이구나" 하는 느낌을 갖게 된다. 초대교회사를 연구한 위 학자들의 책들은 기독교의 미미하고 보잘것없는 출발과 그 후의 눈부신 확장과 성장을 이해할 수 있는 안목을 제공한다. 그들이 이구동성으로 말하는 기독교의 급속한 확장과 발전의 원동력은 다음과 같다.

첫째, 그리스도인들의 비범한 사랑의 능력이다. 모든 인간적 차별과 인종적 장벽을 뛰어넘는 성령의 강력한 친교권이 로마제국의 변방에 떠도는 사람들을 끌어들였다. 그리스도인들의 사랑은 물질적 유무상통을 내포한 총체적인 사랑이었다.갈 3:28 둘째, 그리스도인들의 강력한 일치감과 사회적 연대감이었다. 그리스도인들은 실로 서로 사랑하는 데 열심이었다.요일 4:7-10 전염병이 창궐한 때에도 그리스도인들의 이웃 사랑은 멈출 줄 몰랐다.[13] 셋째, 그리스도인들의 윤리적 순결함과 고결함이 타락한 로마제국 문화에서 인상적인 매력을 발산했다. 그리스도인들의 지도자들은 어떤 성전도 보유하지 않고도 민중들 한복판에서 놀라운 카리스마와 모범적인 삶을 통한 감화력을 발휘했다.

넷째, 기독교를 이성적으로 설명하는 기독교 지성인들의 출현이었다. 후스토 곤잘레스Justo L. González가 쓴 『기독교 사상사』*The Story of Christianity*는 기독교가 초기에 얼마나 미미하고 보잘 것 없는 기원을 가졌으며, 똑똑한 로마제국의 일류 지식인들에게 얼마나 빈번하게 조롱거리가 되었는지를 잘 보여준다. 그들은 나사렛 예수의 분명치 않은 출생 기원과 제자들의 무식함과 학문적 배경의 빈약함을 의심하며 조롱했다. 초창기 교회에 모여든 사람들의 인적 구성이 로마제국의 지식인들에게 기독교를 저급한 하등 종교로 경멸하도록 부추기는 계기가 되기도 했다. 로마제국의 초창기 선교 상황을 보면 교육을 전혀 받지 못한 노예들, 여성들, 어린아이들, 포로들, 미천하다고 여겨지던 수공업자들이 교회를 가득 채웠음을 알 수 있다. 2세기 알렉산드리아의 반기독교 변증가였던 켈수스Celsus는 로마제국의 유명한 지식인으로 기독교인이 얼마나 무식한지를 경멸적으로 묘사했다. "기독교인들은 점잖은 주인 앞에서 한 마디 못하다가, 노예와 어린아이, 여자가 오면 '쩌부렁쩌부렁'하면서 기독교를 전한다. 이런 수준의 인간들이 예수를 믿는다면 그 종교의 미래는 암담하다." 그러나 켈수스는 100여 년 뒤에 나타난 기독교 변증가들에게 많은 공격을 받았다. 대표적인 책이 교부 오리게네스Origenes of Alexandria가 쓴 『켈수스 논박』*Contra Celsum*이다. 이처럼 기독교는 모든 사람의 예상을 뒤엎고 250년경에 로마제국의 변방과 프랑스 리옹까지 퍼져나갔다. 이처럼 기독교가 로마제국의 속주들까지 확산된 지 100여 년 후부터 걸출한 기독교 변증가들과 교부들이 출현해 기독교의 교리적 토대를 견고하게 세웠다. 2세기의 희랍 교부 리옹의 이레니우스,Irenaeus of Lyons 3세기 희랍 교부들인 알렉산드리아의 클레멘트Clements of Alexandria와 오리겐, 4-5세기 교부이자 북아프리카 히포의 감독이었던 성 아우구스티누스St. Augustinus of Hippo가 바로 그들이다. 기독교가 들어간 지 채 200년이 안 되어 신학적 거장들이 나타나 로마 지성인들을 압도하기 시작했다. 상대적으로 로마제국 내에서는 반기독교적 글을 쓸 수 있는 지성은 공동화空洞化되고, 기독교 진리를 다채롭게 변증하고 옹호하는 글들이 백출百出하기 시작한 것이다. 로마의 세속적 지성인들의 활동이 뜸하던 때에 위대한 변증 교부들이 일어나 기독교를 힘있게 옹호하자 로마의 지성인들도 교회로 몰려들었다.

마지막으로 그리스도인들은 로마제국이 로마 사회의 공동체적인 연대가 붕괴되는 것을 보고도 속수무책일 때, 대안, 대조, 대항 사회 비전을 제시했다. 바울은 일찍부터 교회가 하나님 아들의 나라임을 말했다. "우리로 하여금 빛 가운데서 성도의 기업의 부분을 얻기에 합당하게 하신 아버지께 감사하게 하시기를 원하노라. 그가 우리를 흑암의 권세에서 건져내사 그의 사랑의 아들의 나라로 옮기셨으니 ……."골 1:12-13 이처럼 로마 지성인들을 압도하는 기독교 지성인들은 자신들이 믿고 있는 바를 로마 주류 시민에게까지 해설하고 그 정당성을 옹호할 수 있는 지적 능력을 갖추고 있었다. 그 절정이 426년에 완성된 아우구스티누스의 『하나님의 도성』*The City of God* 이었다. 그래서 교회가 교회 밖 사람들로 하여금 기독교회야말로 로마제국을 대체하는 새로운 나라일 수 있다는 믿음을 주었다. 이처럼 초대교회 교인들이 예수가 선포한 "하나님 나라"라는 사회적 비전을 제시하지 않았다면, 초대 그리스도인들은 그렇게까지 많은 사람을 수용한 대안 사회적 공동체로 발돋움하지 못했을 것이다.

19세기 자유주의 신학자들이나 20세기의 아돌프 폰 하르낙Adolf von Harnack 같은 신학자들은 개인 윤리적 기독교를 강조했다. 그들은 나사렛 예수는 인간이 어떻게 살아야 하는가라는 질문에 최고의 윤리를 모범으로 보여 대답했지, 이 세상의 정치적 이데올로기와 위험한 각축을 할 만한 사회적 프로그램을 제시하지 않았다"라고 말한다. 하지만 복음서들은 한결같이 나사렛 예수가 성령에 감동받은 개개인들이 천국에까지 이월되고 존속할 만한 공동체를 건설하고, 이 세상 맘몬 신과 어둠의 세력들에게 지배받지 않는 세계를 창조하러 왔음을 증언하고 있다. 예수의 열두 제자 공동체를 통하여 이스라엘 열두 지파를 대체할 대안 공동체를 창조했다. 그 공동체는 성령에 감동되어 지갑까지 열어젖히는 유무상통 교제공동체로 거듭났다. 이처럼 고도의 자발성에 추동되어 형성된 우애 사회인 교회는 계급투쟁이나 군사적 정복을 통해서 세워진 나라와 너무 다르다. 마르바 던Marva Dawn의 『세상권세와 하나님의 교회』*Powers, Weakness, and the Tabernacling of God*는 세상 권세에 대해 교회가 가질 불편함, 자유함, 거리감 등을 잘 설명한다. 교회는 이 세상 질서에 속하지 않은 자유를 가진 사람들의 전략적이고 창조적인 고립 공동체였다. 이 세상에 접합하지만 영향받지 않는 공동체, 오히려 거룩한 삼투압 변화를 일으키는 공동체가 바로 교회라는 것이다. 아우렐리우스 황제도 인정했듯이, 전성기 로마가 그토록 갈구하던 공화정의 이상(상호부조적 시민 우애)을 교회가 실현했다. 성만찬을 하면서 빈부 격차 없이 남녀 차별 없이 떡을 떼면서 예수의 몸 안에서 하나가 되었기 때문이었다. 로마제국이 포식자의 나라라면, 주 예수가 다스리는 하나님의 교회는 자신의 살과 피로 이웃을 살리는 나라였다.

3장.

예수 이름의 권세로 성전 체제를 뒤흔드는 하나님 나라

예수께서 승천하신 후 제자들은 10일 동안 다락방에 모여 아버지 하나님께서 약속하신 성령의 강림을 앙망하며 간구했다. 그리고 마침내 성령이 강력하게 제자들에게 임했을 때, 그들은 완전히 새사람이 되었다. 당국자들을 피해 다락방에 숨어 문을 잠갔던 제자들이 이후 당국자들을 전혀 두려워하지 않게 된 것이다. 무엇이 제자들을 그토록 급격하게 변화시킨 것일까? 성령 충만 가운데 맛본 예수 이름의 권세, 바로 그것이 변화의 원천이었다. 3장은 하나님 우편 보좌에 앉아 주와 그리스도가 된 예수 이름 권세를 증명하는 치유사건을 다룬다. 3장에 나오는 앉은뱅이는 40세가 된 걸인이다. 그는 하나님 앞에서 하나님의 토라(תורה)대로 "걸어가지 못하는"[시 1:1-6] 불순종하는 이스라엘 민족의 영적 무능력과 무기력을 대변하는 개인이기도 하다. 3장은 주主 예수 이름 권세로 치유된 앉은뱅이[1-10절]와 예루살렘 사람들에게 예수 이름 권세를 선포하는 베드로의 솔로몬 행각 설교[11-26절]로 나눠진다.

1. 주主 예수 이름 권세로 치유된 앉은뱅이 •1-10절

3 1제 구시 기도 시간에 베드로와 요한이 성전에 올라갈새 2나면서 못 걷게
된 이를 사람들이 메고 오니 이는 성전에 들어가는 사람들에게 구걸하기
위하여 날마다 미문이라는 성전 문에 두는 자라. 3그가 베드로와 요한이 성전에 들어
가려 함을 보고 구걸하거늘 4베드로가 요한과 더불어 주목하여 이르되 우리를 보라

**하니 5그가 그들에게서 무엇을 얻을까 하여 바라보거늘 6베드로가 이르되 은과 금은
내게 없거니와 내게 있는 이것을 네게 주노니 나사렛 예수 그리스도의 이름으로 일
어나 걸으라 하고 7오른손을 잡아 일으키니 발과 발목이 곧 힘을 얻고 8뛰어 서서 걸
으며 그들과 함께 성전으로 들어가면서 걷기도 하고 뛰기도 하며 하나님을 찬송하니
9모든 백성이 그 걷는 것과 하나님을 찬송함을 보고 10그가 본래 성전 미문에 앉아
구걸하던 사람인 줄 알고 그에게 일어난 일로 인하여 심히 놀랍게 여기며 놀라니라.**

주석

본문은 유대인들의 홈그라운드인 성전에서 하나님 나라의 공세적 침투[浸透]사건을 다룬다. 이제 하나님 나라는 주와 그리스도가 되신 예수께 위탁된 통치 체제이다. 예수 이름은 권세이자 권능이다. 베드로의 예수 이름 권세 선포는 예수께서 하나님의 보좌 우편에 앉으신 주와 그리스도가 되셨음을 결정적으로 입증했다. 이제 예수 이름의 권세에 의지하여 예수의 치유와 기적을 재현하기 시작한 제자들이 예수의 대행자가 된 것이다.[행 4:7] 하루에 세 번씩[오전 9시, 오후 3시, 오후 6시; 참조. 단 6:10; 9:21] 성전에서 기도하던 베드로와 요한이 오후 3시 기도 시간에 맞춰 가다가 성전 미문에서 나면서부터 앉은뱅이 된 거지를 만났다.[1절] 미문을 통해 성전을 출입하는 사람들에게 구걸하는 것을 도와주기 위해 사람들이 미문 옆에 둔 사람이었다[2절] 그는 베드로와 요한이 미문을 통해 성전으로 들어가려는 것을 보고 구걸했다.[3절; 행 4:22] 걸인의 절박한 시선은 제자들의 마음에 신적 동정심을 불러일으켰다. 나면서부터 앉은뱅이가 된 그 사내를 세심하게 관찰한 후 두 제자는 말했다.[4절] "우리를 보라." 그러자 앉은뱅이는 무엇인가를 기대하는 눈으로 그들을 뚫어지게 쳐다보았다.[5절] 그러나 베드로의 첫마디 말은 실망스럽게도 "우리에게는 돈이 없다"는 것이었다.[6절 상반절] 이 소절을 직역하면, "나에게는 처분할 은금이 없다"이

행

다. 실망스러운 이 말은 예수 이름의 엄청난 권세를 부각시키기 위한 전주곡이다. 6절 하반절은 역접 접속사 "데"(δὲ)가 들어있는 구문이다. "하지만 내가 가진 것, 이것을 네게 준다. 나사렛 예수 그리스도의 이름으로 (일어나) 걸으라." 이 말을 들은 앉은뱅이는 순간적으로 희비가 엇갈렸을 것이다. "은과 금은 내게 없다"는 말을 들었을 때는 실망했다가, "내게 있는 이것을 네게 준다"라는 말을 들었을 때는 희망이 솟아났을 것이다. 그 기대와 희망의 종점에 저항할 수 없는 명령이 떨어졌다. "내게 있는 이것을 네게 주노니, 나사렛 예수 그리스도의 이름으로 일어나 걸으라!"

그 단호하고 간결한 명령은 앉은뱅이에게는 믿음을 요청하는 명령이었다. 동시에 그 말에는 믿게 만드는 힘이 작용하고 있었다. 앉은뱅이는 한 번도 일어서 본 적이 없었지만 "일어나 걸으라"고 명령하는 사도에게 순종하기 위해 상상력을 발휘하기 시작했다. 그는 일어나 걷는 자신의 모습을 그리기 시작했을 것이다. 의심과 불안을 삼킨 긴 숙고 끝에 마침내 그는 일어나고 싶다는 소원과 일어날 수 있다는 확신이 겹쳐지는 것을 경험했다. 자신이 일어서고 싶다고 열망했을 뿐만 아니라, 일어날 수 있다고 믿은 그 앉은뱅이에게 예수 이름은 권능을 드러냈다. 베드로가 그의 오른손을 잡아 일으키니, 한 번도 걸어보지도 못한 그 남자의 발과 발목에 힘이 솟았다.[7절] 강력한 명령에 전율한 나머지, 저항할 틈도 없이 그는 "일어나 걸으라"는 명령에 자신을 맡겨버린 것이다. 마침내 앉은뱅이는 믿음으로 일어나, 걷기도 하고 뛰기도 하고 드디어 성전으로 들어가 하나님을 찬미했다.[8절] 아무도 눈치채지 못한 사이에 앉은뱅이의 신경세포가 살아나는 새 창조가 일어난 것이다. 한때 걸인이었으나 이제 예수의 이름으로 일어난 그 사람은 출입이 영원히 금지된 구역처럼 보였던 하나님의 성전으로 질주해 갔다. 오래전 예언자 이사야는 메시아가 열어줄 종말에 일어날 일을 이렇게 노래했다. "그 때에 맹인의 눈이 밝을 것이며 못 듣는 사람의 귀가 열릴 것이며 ……."사 35:5 마태복음은 이사야 35장이 그리는 종말의 구원을 예수 그리스도가 제공했다고 증언한다. "맹인이 보며 못 걷는 사람이 걸으며 나병환자가 깨끗함을 받으며 못 듣는 자가 들으며 죽은 자가 살아나며 가난한 자에게 복음이 전파된다 하라."마 11:5

바로 아침까지 앉은뱅이 걸인으로 살던 사람이 걷고 뛰며 성전으로 들어가 하나님을 찬양한 일은 현장에 있던 모든 사람에게 목격된 공공연한 사건이었다.9절 모든 백성은 그가 본래 성전 미문에 앉아 구걸하던 사람인 줄 알고 그에게 일어난 일로 인해 심히 놀랍게 여기고 놀랐다.10절 바로 이 상황에서 베드로의 2차 회중 설교, 곧 솔로몬 행각 설교가 시작되었다. 이제 베드로는 예루살렘 성전 권력자들과 조우하기에 이른다. 오순절 성령 강림 이후 얼마 안 되어 베드로는 권세 있는 말씀의 선포자가 되었을 뿐만 아니라, 예수를 방불케 하는 치유자가 되었다. 베드로는 예수처럼 단호한 명령의 언어로 병자를 고쳤다. 예수 이름의 권세를 친히 경험한 것이다.

어떻게 "일어나 걸으라"라는 한 마디가 40년간 한 번도 걸어보지 못한 앉은뱅이를 일으켜 세울 수 있었는가? 부활하신 예수의 생명 창조 권능에 대한 베드로의 믿음과 40년간 걷지 못했던 그 걸인의 믿음이 서로 상합했기 때문이다. 하나님의 가장 좋은 선물은 이처럼 저항할 수 없고, 토를 달 수 없는 명령의 언어로 포장되어 전달된다. 이같이 강력한 신적 명령에 믿음으로 응답할 때, 하나님의 자녀들은 하나님의 권능을 경험할 수 있다.

성전 미문의 앉은뱅이 구원 사건은 예루살렘의 종교 권력 체제를 무력화한 사건이었다. 성전 앞에 방치된 앉은뱅이에게 성전 종교는 아무 도움을 주지 못했다. 그러나 예수의 이름은 그를 소생시켰다. 예수의 이름이 성전의 역할을 한 것이다. 성령에 사로잡힌 사도들이 예수의 이름을 부르자 하나님의 권능이 나타났기 때문이다. 우리가 성령 충만하면 예수의 이름을 부르면 그 순간 하나님의 구원 능력과 그리스도의 왕적 다스림이 일어난다. 성전이라는 자비의 집 앞에서 구걸하던 앉은뱅이에게 성전을 출입하던 사람들은 한 닢의 자비를 흘리고 갔지만, 어느 누구도 그가 성전까지 뛰어갈 수 있으리라는 종말론적인 기적을 예상해 보지는 못했다. 평생을 구걸하던 앉은뱅이가 일어나 뛰고 달리는 기적은, 소경이 눈을 뜨고 광야와 메마른 땅이 백합화를 피우는 창조 질서 회복의 시대에 일어나도록 예정된 사건이다. 앞서 이사야 35장에서 보았듯이, 앉은뱅이가 일어서고 소경이 눈을 뜨는 것은 하나님이 새 창조를 시작하실 때 일어나는 일이다. 예수의 이름으로 앉은뱅이가 일어났다면, 그것은 예수가 "하나님 나라"를 가져오는 메시아임을 증명하는 셈이다. 예수의 이름 자체가 생사화복을 주장하는 권세를 의미한다는 것이다. 우리가 예수의 이름을 믿으면, 그 권세가 얼마나 위대한지를 증명하게 된다.

오늘날 교회는 예수의 이름을 은과 금보다 더 귀중한 자산으로 여기고 있는가? 은과 금으로는 기독교의 영향력을 확장하고 세력을 과시할 수 있을지 모른다. 그러나 예수 이름의 권세는 은과 금이 없는 사도적 청빈과 제휴하는 신령한 권세다. 성전 미문에 앉은 앉은뱅이는 단지 앉은뱅이가 아니라, 예수 당시의 유대인을 대표하는 인물이기도 하다. 또한 40세 된 앉은뱅이 걸인은 방황과 불순종의 광야 생활 40년으로 대표되는 이스라엘 민족의 자화상이다. 성전 체제는 그에게 아무런 구원도 가져다 주지 못했다. 그런데 사도들은 유대교의 상징물인 성전 미문에서 앉은뱅이를 일으켜 세우는 종말론적인 구원을 선포했다. 그들은 무기력한 예루살렘 성전 체제를 대신하는 대안 공동체를 선포했다. 그것이 바로 교회다. 교회는 예수 이름의 권세 아래 있는 공동체이기 때문이다. 오늘날에도 얼마나 많은 사람이 성전 미문에 앉은 앉은뱅이 신세를 면치 못하고 있는가? 앉은뱅이는 하나님의 법도[法度] 곧 하나님이 제시하신 살길을 걸어가지 못하는 자다.[시 1:1] 하나님과 동행할 수 없는 사람이다. 에녹이 하나님과 동행했다는 말을 문자 그대로 번역하면, 에녹이 하나님과 "이리저리 여러 곳을 함께 걸었다"(התהלך, 히트할레크)는 뜻이다. 하나님이 정한 법도를 따라 사는 것이 히브리어로 "걷다"(הלך, 할라크)이다. 하나님의 법에 굴복하지 않을 뿐 아니라 할 수도 없는 사람이 앉은뱅이다. 이제 성령을 통해 하나님은 예수 이름의 권세로 앉은뱅이에게 하나님과 동행하며 하나님의 법도를 따라 걸어갈 능력을 준다. 구원이란 하나님 율법의 요구를 행할 수 없는 상태에서 행할 수 있는 상태로 변화되는 것이다.[롬 8:4] 성령 충만이란 하나님 율법의 요구에 복종할 수 있는 능력과 의지, 소원과 열망이 가득 찬 상태다. 예수 이름의 권세를 의지하는 사도적인 공동체는 불순종의 삶에 매여 있는 많은 사람을 일으켜 세워 걷고 뛰게 만들 수 있다. 그런데 이런 일은 교회에 은과 금이 없을수록 더욱 가능한 일이다. 은금이 풍부한 부유한 교회는 예수 이름 권세보다는 은금의 힘과 그것이 주는 권세에 의지하기 쉽기 때문이다. 은금이 풍부한 교회일수록 하나님 아버지의 영적 감응과 교감 능력이 현저하게 감퇴하기 마련이다. 이 부유한 교회는 요한계시록의 라오디게아 교회처럼 부요하고 부족한 것이 없어 보이지만, 그리스도의 문 두드리는 소리를 들을 감청력이 없다.

중세의 한 교황이 토마스 아퀴나스와 함께 화려한 금으로 치장된 성 베드로 성당을 둘러보면서 이렇게 말했다. "토마스, 이제 우리는 '은과 금은 내게 없거니와'라는 말은 못하겠군." 이 말을 들은 토마스 아퀴나스는 이렇게 대답했다. "'은과 금은 없다'는 말뿐 아니라, '내게 있는 이것을 네게 주노니 나사렛 예수 그리스도의 이름으로 일어나 걸으라'는 말도 못합니다. 우리 교회에는 예수 이름의 권세가 없습니다." 초기 교회는 가난했다. 영어 숙어에 "교회 쥐처럼 가난한"as poor as church mouse이라는 말이 나온 것은 우연이 아니다. "교회 쥐만큼 가난하다는 것"은 정말로 가난하다는 뜻이었다. 교회가 가난할 때는 세상을 살리는 '영성의 수원지' 역할을 수행할 수 있었다.겔 47장 교회가 예수의 이름을 가질 때에는 세계 만민을 살리지만, 교회가 은과 금으로 가득 찰 때는 영적으로 전혀 무기력한 공동체가 되어 버린다. 사람은 하나님과 재물을 겸하여 섬길 수 없기 때문이다.마 6:24 은금을 축적하는 교회는 돈의 신적 위력을 맛본 교회이며, 하나님보다는 눈에 보이는 은금으로 하나님 나라의 일을 하려고 한다. 세상 재리財利를 탐하고, 부를 가지려는 조바심은 하나님 말씀이 교회에 뿌리내리는 것을 근원적으로 방해한다. "세상의 염려와 재물의 유혹과 기타 욕심"은 하나님 "말씀을 막아" "결실하지 못하게" 만든다.막 4:19 "부하려 하는 자들은 시험과 올무와 여러 가지 어리석고 해로운 욕심에 떨어지나니 곧 사람으로 하여금 파멸과 멸망에 빠지게 하는 것이라."딤전 6:9 이런 점에서 돈을 사랑함이 일만一萬 악의 뿌리가 된다.딤전 6:10 은금 축적에 탐닉한 교회는 하나님의 말씀을 배척하고 거룩한 성령의 개혁과 갱신의 요구를 외면한다. 그 결과 교회는 세상 권세자들이 좌우하는 정치화된 공동체가 되어 버린다. 정치화된 교회는 지배층의 정치, 경제적 이익을 보장해주는 수구적인 집단으로 전락할 위험성에 처한다.

요즘 한국교회가 얼마나 자주 세상 법정에 호소하여 재산분할 청구소송을 걸며, 교회의 주도권을 쟁취하기 위해 수치스러운 분쟁을 일삼는가?참조. 고전 6:1-7 이런 교회들은 이미 하나님의 통치를 벗어나 세속 왕국에 속한 집단이다. 교회를 하나의 회사처럼 간주한 희한한 예가 1920년대에 미국에서 있었다. 미국 텍사스주에 잘 성장하던 어느 교회 앞마당에서 유전이 발견되면서 교회Meriam Baptist Church가 어려움에 빠졌다. 심지어 교회 묘지에 유전이 터졌다. 엄청난 재산 가치가 있는 그 유전을 어떻게 처분할 것인지를 정하고자 교인들의 총회가 열렸다. "유전은 누구의 것인가?" 회의 결과 유전이 발견되기까지 교회에 등록한 교인들의 공동 재산이라는 결정이 내려졌다. 교회는 석유 수입의 배당금을 교우들에게 나눠주었다.[1] 석유 수입으로 재산이 늘어난 그 회중은 영적으로 잘 성장했을까? 그렇지 않았다. 석유 감산이 일어나면서 유전이 발견된 지 10년이 지난 1930년대에는 인근 지역의 인구가 3만 명에서 5분의 1 수준인 6천 명으로 줄었다.[2] 당연히 교회도 영적인 부흥과 질적 성장의 동력을 잃지 않을 수 없었다. 그들의 문제는 예수 이름의 권세를 의지하지 않고 교회 마당에서 터져 나온 대박의 행운에 기대는 물신物神 숭배적인 신앙생활이었다. 그들은 예수 이름의 권세가 억만금보다 더 크고 영원한 자산이요 권세인 줄 몰랐다. 그래서 그들은 우선 손에 잡히는 돈, 맘몬마 6:24; 눅 16:13을 신처럼 섬기다가 신앙공동체의 정체성을 상실해 버렸다. 하나님 나라를 상속할 기회를 스스로 걷어차 버린 것이다.

주전 9세기 북이스라엘의 예언자 엘리야는 풍요의 신으로 숭배되던 바알과 야웨 하나님 사이에 양다리를 걸치고 있던 동시대의 이스라엘 백성들에게 양단간에 결단을 내리라고 촉구했다. "엘리야가 모든 백성에게 가까이 나아가 이르되 너희가 어느 때까지 둘 사이에서 머뭇머뭇 하려느냐 여호와가 만일 하나님이면 그를 따르고 바알이 만일 하나님이면 그를 따를지니라 하니 백성이 말 한마디도 대답하지 아니하는지라."왕상 18:21 돈의 신적 위력에 의지하는 사

행

람은 예수의 이름 권세에 의지할 수 없다. 오늘 우리 한국교회는 엘리야의 도전적인 질문 앞에 소환되어 있다. "바알(물신숭배)을 따를 것인가, 예수를 따를 것인가?" 예수 이름의 권세를 의지하려면 은금이 풍부한 바알 성전의 화려함을 포기해야 한다. 교회가 예수의 이름으로 이 땅의 사람들에게 주어야 하는 선물은 복된 명령이다. "일어나 걸으라"는 명령이다. 저항할 수 없는 복된 명령을 내려 예수가 하나님 우편 보좌에 앉아 계신 주와 그리스도임을 확신하도록 돕는 일이 오늘날 교회의 선교 명령인 것이다.

오늘날의 그리스도인들은 예수의 권세를 믿고 앉은뱅이를 일으킨 이 사건이 비현실적으로 느껴질지도 모른다. 그래서 직장생활에서나 가정생활 등 일상적인 일에서는 예수 이름의 권세가 나타나기를 전혀 기대하지 않는 무력감과 불신앙이 우리에게 있다. 30여 년 전부터 소위 민주화 세력이 정권을 잡는 동안 이 세상의 불의에 맞서 예언자적인 목소리를 내던 그리스도인들은 피상적인 민주화의 성취에 안주하여 파수꾼의 사명을 잊어버렸다.[사 56:10] 다른 한편 보수적 교회의 그리스도인들은 돈과 교세 확장에 눈이 멀어 진정한 의미의 예수 이름 권세에 의지하기보다는 예수 이름 권세를 이용하려고 했다. 은금으로 가득 찬 교회를 유지하기 위해 정신을 팔아 버린 목회자들은 그 거대한 조직을 유지하기 위해 에너지를 쏟다가 말씀 연구와 기도에는 진력하지 못한다. 예수 이름 권세에 순복하는 교회는 하나님의 백성으로 하여금 일어나 하나님과 동행하도록 영적 무능력을 극복하도록 돕는 교회이다. 베드로와 요한처럼 하나님께 전적으로 엎드리는 사도적인 사역자들이 호소하는 예수 이름 권세가 하나님께 순종하는 백성을 창조하고 모은다. 베드로가 성전 미문에 앉아 있던 앉은뱅이를 일으키는 권세 있는 말씀을 선포해 보지 못했다면, 그는 4장에 나오듯이 성전 대제사장들과의 논쟁에서 그렇게 담력 있게 나가지 못했을 것이다. 베드로와 요한이 자기초월을 맛보았던 것처럼, 앉은뱅이도 자기초월을 맛보았다.

이처럼 생명의 권능을 발출하려는 목회자는 무엇보다도 규칙적으로 골방에 틀어박혀 하나님의 말씀에 깊이 잠영해야 한다. 예수 이름의 권세가 얼마나 놀라운 해방과 자유의 힘인지를 경험해야 한다. 우리 그리스도인들이 예수 이름 권세를 경험하고 "하나님 나라"와 그 의를 추구하면 온 세상 사람들은 교회를 향해 쇄도할 것이다.

2. 예루살렘 사람에게 예수 이름 권세를 선포하는 베드로의 솔로몬 행각 설교 ● 11-26절

11나은 사람이 베드로와 요한을 붙잡으니 모든 백성이 크게 놀라며 달려 나아가 솔로
몬의 행각이라 불리우는 행각에 모이거늘 12베드로가 이것을 보고 백성에게 말하되
이스라엘 사람들아, 이 일을 왜 놀랍게 여기느냐. 우리 개인의 권능과 경건으로 이
사람을 걷게 한 것처럼 왜 우리를 주목하느냐. 13아브라함과 이삭과 야곱의 하나님
곧 우리 조상의 하나님이 그의 종 예수를 영화롭게 하셨느니라. 너희가 그를 넘겨주
고 빌라도가 놓아주기로 결의한 것을 너희가 그 앞에서 거부하였으니 14너희가 거룩
하고 의로운 이를 거부하고 도리어 살인한 사람을 놓아주기를 구하여 15생명의 주를
죽였도다. 그러나 하나님이 죽은 자 가운데서 그를 살리셨으니 우리가 이 일에 증인
이라. 16그 이름을 믿으므로 그 이름이 너희가 보고 아는 이 사람을 성하게 하였나니
예수로 말미암아 난 믿음이 너희 모든 사람 앞에서 이같이 완전히 낫게 하였느니라.
17형제들아, 너희가 알지 못하여서 그리하였으며 너희 관리들도 그리한 줄 아노라. 18
그러나 하나님이 모든 선지자의 입을 통하여 자기의 그리스도께서 고난받으실 일을
미리 알게 하신 것을 이와 같이 이루셨느니라. 19그러므로 너희가 회개하고 돌이켜
너희 죄 없이 함을 받으라 이같이 하면 새롭게 되는 날이 주 앞으로부터 이를 것이
요 20또 주께서 너희를 위하여 예정하신 그리스도 곧 예수를 보내시리니 21하나님이

영원 전부터 거룩한 선지자들의 입을 통하여 말씀하신 바 만물을 회복하실 때까지는
하늘이 마땅히 그를 받아 두리라. 22모세가 말하되 주 하나님이 너희를 위하여 너희
형제 가운데서 나 같은 선지자 하나를 세울 것이니 너희가 무엇이든지 그의 모든 말
을 들을 것이라. 23누구든지 그 선지자의 말을 듣지 아니하는 자는 백성 중에서 멸망
받으리라 하였고 24또한 사무엘 때부터 이어 말한 모든 선지자도 이때를 가리켜 말하
였느니라. 25너희는 선지자들의 자손이요 또 하나님이 너희 조상과 더불어 세우신 언
약의 자손이라 아브라함에게 이르시기를 땅 위의 모든 족속이 너의 씨로 말미암아
복을 받으리라 하셨으니 26하나님이 그 종을 세워 복 주시려고 너희에게 먼저 보내사
너희로 하여금 돌이켜 각각 그 악함을 버리게 하셨느니라.

주석

이 단락은 성전 미문에 앉아 있던 앉은뱅이를 일으켜 세운 사도들의 영적 권세가 예루살렘 사람들에게 끼친 영향을 보도한다. 이 단락에는 베드로의 유명한 솔로몬 행각 설교가 담겨 있는데 그 설교의 주제는 오순절 설교와 같은 맥락이다. 나면서부터 앉은뱅이였던 사람이 걷고 뛰며 하나님을 찬미하는 것을 보고 경악에 빠진 사람들은 기이히 여기며 놀라는 데서 그치지 않았다.[10절] 치유받은 그 남자가 베드로와 요한을 "붙잡았기" 때문이다.[11절] 예루살렘 사람들은 이 장면을 보고 또 놀랐다. 치유받은 앉은뱅이를 중심으로 베드로와 요한이 하나의 공동체를 형성하는 것처럼 보였기 때문이다. 순식간에 모든 예루살렘 사람들의 놀람은 예수 이름의 권세에 대한 경배와 굴복으로 귀결되지 않고 의혹과 오해로 흘러갔다. 11절은 일으켜 세움을 입은 사람이 적극적으로 베드로와 요한을 "붙좇는" 상황을 전한다. 11절을 직역하면, "그가 베드로와 요한을 붙잡는(κρατουντος의 단수 남성 능동분사) 상황에서 모든 사람이 솔로몬 행각이라고 불리는 행각에 있는 그들 쪽으로 모여들었다"이다. "행

각"porch은 여러 개의 돌기둥 위에 지붕을 입혀 만든 반半 실내공간이자 반半야외공간이다. 비와 뜨거운 햇빛을 피하는 성전 순례객의 휴식처이며, 랍비들의 토라 강론장으로 자주 사용된 곳이었다. 예수도 겨울철 수전절修殿節, feast of dedication에 예루살렘 성전을 방문해서 솔로몬 행각을 거니시기도 했다.[요 10:22-23] 사도 베드로와 요한도 여기서 사람들을 가르치고 복음을 선포했다. 11절에서 인상적인 사실은, 40년 만에 걷게 된 남자가 사도들을 붙잡았다는 것이다. 여기서 "붙잡는다"(κρατεω)는 표현은 물리적으로 붙잡는 상황이 아니라, '추종하다'는 의미에 가까우며, '섬겨 따르다'는 의미의 "붙좇다"에 가깝다. 이것은 무엇을 의미하는가? 앉은뱅이였던 사람은 단지 신체적인 치료를 경험한 것이 아니라, 예수 이름의 의미를 깨닫고 베드로와 요한의 공동체로 견인되고 있음을 뜻한다. 그 앉은뱅이가 자신이 받은 치료의 원천이 예수 이름의 권세임을 알고는 사도들의 영적 권세 아래서 믿는 자가 되었다는 것을 의미한다. 불과 몇 분 전까지 초점 잃은 시선으로 동전 한 닢을 구걸하던 걸인이었던 그가 이제는 영적으로 굶주린 영혼이 된 것이다. 그는 예수 이름의 권세로 단지 신체적으로 온전해지기만 한 것이 아니라, 사도들을 좇는 제자가 된 것이다. 앉은뱅이의 적극적 변신에 더욱 놀란 예루살렘 사람들이 솔로몬 행각에 있는 베드로와 요한, 그리고 그 치유받은 사람 쪽으로(προς αυτους)모여들었다.[11절] 여기서 베드로의 솔로몬 행각 설교가 시작된다. 베드로는 먼저 예루살렘 사람들의 경악스러운 반응을 보고 "이 일을 왜 놀랍게 여기느냐"며 되묻는다.[12절] 예루살렘 사람들은 표적이나 기적을 예언자들에게 하나님이 주신 신임장으로 믿었기 때문에 베드로가 혹시 예언자가 아닐까 생각하며 놀랐을 수도 있다. 하지만 베드로는 자신과 사도 요한이 개인적 권능과 경건으로 앉은뱅이를 걷게 한 것처럼 자신들을 주목하는 것은 옳지 않다고 선언한다. 그는 예수 이름의 권세가 이 기적의 원천임을 증거했다.

13-15절에서 베드로는 매우 중요한 진실을 선포한다. 그는 예수를 빌라도에게 넘겨준 성전 광장의 군중을 구성했던 이 예루살렘 사람들에게 구약성경의 하나님과 나사렛 예수와의 관계를 정확히 밝힌다. 예수를 신성모독자요 로마제국과 성전 체제에 반역을 부추기는 위험한 정치적 선동가라고 보았던 예루살렘 거주 유대인들의 오류를 지적한다. 베드로는 두 가지 사실을 근거로 들어 그들의 오류를 반박한다. 베드로는 예수께서 구약성경이 말하는 하나님의 종이었다는 사실을 강조한다. 여기서 베드로는 이스라엘 사람들에게 익숙한 하나님 호칭인 "아브라함과 이삭과 야곱의 하나님, 곧 우리 조상의 하나님"마 8:11; 막 12:26을 사용하여 예수는 그 구약의 하나님, 이스라엘 조상의 하나님이 파송한 종이라는 점을 강조한다. 예수는 구약성경의 하나님을 배역하거나 배척한 것이 아니라, 구약성경의 하나님이 명령하시는 사명을 신실하게 수행한 종이었다는 점이다. 예루살렘 사람들은 아브라함과 이삭과 야곱의 하나님의 이름으로 예수를 죽였는데, 실상은 그 예수가 구약성경의 하나님의 종이요 아들이었다는 것이다. 구약의 하나님이 그의 아들 예수를 영화롭게 하신13절; 참조. 요 12:28; 13:31-32; 14:13; 17:1, 4, 22 증거는 두 가지다.

첫째, 공생애 동안에 나타난 엄청난 권능과 생명의 능력이다. 하나님의 생명과 자비를 대표하는 예수의 공생애가 바로 그가 하나님의 종이었음을 증명한다.행 2:22, 10:38 둘째, 예수의 부활이다. 예루살렘 사람들로 대표되는 이스라엘이 십자가 처형에 넘긴 예수를 하나님이 살리셨다. 13절에서 베드로는 이스라엘을 예수의 죽음에 일차적인 책임이 있는 자로 분명하게 단죄하고 있다. 그는 이스라엘 사람들의 행동과 하나님의 행동을 대조하면서, 상황을 반전시키는 하나님의 행동을 부각시킨다.

13절을 직역하면 베드로의 청중인 예루살렘 사람들의 책임이 훨씬 더 선명하게 부각된다. "아브라함과 이삭과 야곱의 하나님 곧 우리 조상의 하나님이 그의 종(Παῖδα αὐτοῦ) 예수를 영화롭게 하셨다. 빌라도가 놓아주기로 재판했음에도 불구하고, 다른 사람이 아닌 '너희'(ὑμεῖς, 휘메이스의 돌출 사용)가 그 앞에서 넘겨주고 배척했던 그의 종 예수를." 14절도 마찬가지로 2인칭 복수 대명사 "휘메이스"로 시작한다. 14절에는 13절 관계대명사절 안에 있는 "멘"(μὲν) 접속사와 호응하는 "데"(δὲ)가 나온다. "멘"(μὲν)과 "데"(δὲ)는 상황의 반전을 기대하게 만드는 다소 약한 역접 전환 구문을 이끄는 접속사들이다. 14절을 직역하면 "다른 사람들이 아니라 너희가(휘메이스) 거룩하고 의로운 사람을 거부하고 도리어 살인한 사람을 너희들에게[휘민(ὑμῖν)] 놓아주기를 요구했다"이다. 여기에서 여격 복수대명사 "휘민"(ὑμῖν)이 중요하다. 그들이 석방 청구한 사람들이 "그들에게 이해당사자"였음을 알 수 있다.

15절도 "데"(δὲ)로 시작한다. 여기서 반전反轉이 일어난다. 마지막 관계대명사절에서는 1인칭 복수대명사 "헤메이스"(ἡμεῖς)가 돌출적으로 사용된다. 15절의 직역은 "하나님이 죽은 자들로부터 살리신-다른 이가 아니라 우리 자신이 이 일의 증인이다-생명의 주를 너희가 죽였다"이다. 베드로와 요한은 자신들도 처음에는 무기력하게 십자가에서 처형된 예수를 보고 실족하여 예수를 저주받아 죽은 자라고 생각했으나, 부활하신 예수를 보고 그가 정녕 하나님의 아들로 선포되었음을 확신했다고 말했다. 사도들에게 예수의 부활은 그가 하나님의 아들임이 공공연히 선포된 사건이었다. "성결의 영으로는 죽은 자들 가운데서 부활하사 능력으로 하나님의 아들로 선포되셨으니 곧 우리 주 예수 그리스도시니라."롬 1:4 예수의 부활이 그

들의 불신앙을 부활 신앙으로 반전시켰다고 고백하는 것이다. "우리가 이 일에 증인이라."15절

16절에서 베드로는 40년 동안 걷지 못했던 사람이 나아서 걷기도 하고 뛰기도 한 것은 예수의 이름을 믿었기 때문임을 확증한다. 16절은 두 소절로 구성되어 있다. 첫째 소절의 주어는 "그의 이름"이다. "너희가 보고(θεωρεῖτε, 현재직설법), 알아 왔던(οἴδατε, 현재완료 직설법) 이 사람을 그 이름에 대한 믿음으로, 그의 이름이 성하게 하였다." 둘째 소절의 주어는 "그 믿음"이다. "그 믿음이 그를 통하여 여러분 모두 보는 데서 그에게 이런 완전한 건강(τὴν ὁλοκληρίαν ταύτην)을 주셨다."[3]

17-18절은 죄책감에 질려 어찌할 바를 모르고 당황해하는 청중들에게 베드로는 약간 부드러운 어조로 말한다. "너희"로 불리는 백성과 그들의 관원들[아르콘테스(ἄρχοντες)]도 무지無知 때문에 예수를 죽였다는 것을 알고 있다고 말한다.17절 예수를 십자가 죽음에 내준 것은 예수의 정체를 제대로 알지 못하여 범한 죄라는 것이다. 18절에서 베드로는 하나님은 예언자들을 통해 당신의 "기름부음 받은 자", 곧 그리스도의 고난받으실 것을 미리 예언했으며, 나사렛 예수의 십자가 죽음은 그 예언의 성취임을 말한다. 여기서 놀라운 사실은 "모든" 선지자들은 하나님이 보내실 그리스도가 박해받으실 것을 미리 알아 예언했다는 사실이다. 예수 당시 이스라엘 사람들의 우발적인 실수와 무지 때문에 메시아이신 예수께서 죽임을 당한 것이 아니라, 이스라엘 모든 세대의 불순종과 불신앙이 누적되어 일어난 일이라는 것이다. 이 누적된 불순종과 불신앙의 결과 예수 당시의 이스라엘 세대는 하나님이 보내신 그리스도를 알아보지 못했던 것이다. 하나님을 배역하고 불순종하는 백성들 가운데 파송되는 하나님의 기름부음을 받은 종들은 늘 박해와 몰이해, 냉대와 죽음

을 경험하게 마련이었다. 하나님께 등을 돌린 세대에 파송된 예언자들의 운명은 찔레와 전갈 가운데 던져진 어린 양과 같았다. 그리스도는 하나님이 보내신 모든 종의 완성점에서 보내진 종이며, 이스라엘 백성들의 모든 불순종과 패역을 온몸으로 경험하며 하나님의 뜻을 이루려고 분투하다가 희생당한 예언자들의 종말론적 적분체이다.[마 21:33-39] 그리스도가 고난을 받는 것은 이스라엘 백성들이 걸어간 불순종과 패역의 길을 돌이키려고 분투하는 과정에서 발생한 필연적인 사건이었다. 예수는 단지 이스라엘 사람의 불순종과 패역의 희생자이기만 한 것이 아니라, 아벨의 피로부터 시작된 온 인류의 범죄와 불순종의 희생자였다.[마 23:35-36] 하나님께 등을 돌린 인류의 불순종과 몰이해 때문에 어느 시대에 오시건 그리스도는 박해와 죽음을 당할 수밖에 없었다.

19-26절은 구약에 약속된 그리스도에 대한 예언들을 총괄적으로 요약한다. 언뜻 보면 19절에서 베드로는 이제 백성의 태도 전환을 요구하는 것처럼 보인다. 하지만 더 자세히 보면 그리스도의 도래에 대한 구약 예언자들의 핵심 메시지를 요약하는 단락을 도입하는 구절로 읽는 것이 더 합리적으로 보인다. 헬라어 성경 본문과 달리 개역개정에서는 둘째 소절이 첨가되어 있다. "이같이 하면 새롭게 되는 날이 주 앞으로부터 이를 것이요." 이 소절은 헬라어 성경에서는 19절이 아니라, 20절의 첫 소절이다. 개역개정을 기준으로 보면, 19절은 현재 청중의 태도 전환을 요구하는 말임을 넘어, 예수 그리스도의 오실 날에 대한 구약의 예언을 압축한 것처럼 보인다. "회개하고 돌이켜 죄사함을 받으면 새날이 이를 것이다."[19절]

개역개정의 20절은 모든 선지자의 메시지를 압축한다. '이스라엘의 전면적이고 최종적인 회개를 촉구하기 위해 하나님이 예정하신 그리스도 곧 예수를 보내실 것이다.'[20절] 그리스도에 대한 이스라엘의 모든 세대의 올바른 태도는 회개하고 죄사함을 받는 것이다. 곧 그리스도를 배척하면, 모든 예언자를 통해 회개를 촉구한 하나님의 최종적인 회개 요구를 배척하는 셈이 된다는 말이다. 이런 엄중한 선택의 기로에서 예수 세대의 이스라엘 민족은 하나님께 최후의 반역을 감행했다. 회개하는 대신 회개를 촉구하는 그리스도를 죽음에 넘겨주었기 때문이다. 그 결과는 나사렛 예수는 십자가에 못 박혀 죽으셨고, 죽은 자 가운데 사흘 만에 부활하셨다. 그리고 지상에서 40일 더 계신 후 승천하셨다. 21절은 그리스도가 승천하여 하나님 우편 보좌에 앉은 사건도 오래전 예언자들의 예언 성취임을 말한다. "만물을 회복하실 때까지는 하늘이 마땅히 그를 받아두리라."[21절; 고전 15:25-28; 히 1:3]

22-23절에서 베드로는 신명기 18:15, 19을 인용하여 나사렛 예수가 바로 오래전 모세를 통해 예언된 "그 예언자"임을 말한다. 모세가 예언한 그 예언자는 이스라엘 백성의 존망지추를 결정하는 "예언자"라는 것이다. 24절에서 베드로는 사무엘부터 이어지는 모든 후세대 예언자들이 이구동성으로 예언한 "때"가 바로 "그 예언자" 나사렛 예수의 때임을 말한다. 25절에서 이제 베드로는 먼저 청중을 향해 그들이 "선지자들의 후손이요 아브라함, 이삭, 그리고 야곱과 세운 언약의 상속자임"을 주지시킨다.[롬 9:4-5] 베드로는 자신의 설교를 듣는 이스라엘 청중이 선지자들의 자손임을 강조함으로써 예수를 배척하고 불순종하는 것은 조상들의 신앙 전승을 배척하는 행위임을 강조한 것이다.

25절 하반절에서 베드로는 한 걸음 더 나아간다. 이스라엘 백성은 하나님과 언약을 맺은 아브라함, 이삭, 야곱의 후손으로서 언약의 자손임을 확증한다. 베드로는 창세기의 여러 구절[창 12:3; 22:18; 26:4; 28:14]을 인용하여 "땅 위의 모든 족속이 너의 씨로 말미암아 복을 받으리라"는 아브라함 언약이 바로 나사렛 예수 안에서 성취되었다는 점을 부각시킨다. 특히 창세기 12:2-3을 인용함으로써 예수 시대가 바로 아브라함의 언약, 곧 아브라함과 그 후손으로 말미암아 천하 만민이 복을 얻는 예언이 성취되는 시기임을 선언한다. 생명과 죽음의 기로에서 이스라엘 민족을 생명으로 이끄는 나사렛 예수로 말미암아 천하 만민이 복받게 될 날이 시작되었다는 것이다.

26절에서 베드로는 천하 만민이 하나님의 복을 누리도록 하기 위해 하나님이 그의 아들[파이디온(παιδίον)]을 먼저 보내주셨다고 선포한다. 그는 아브라함의 후손을 통한 하나님의 복의 우선적 수혜자가 이스라엘 백성임을 인정한다. 하나님이 그 종을 세워 이스라엘에게 먼저 복 주시려고 "너희에게 먼저 보내"셨다는 것이다. 그런데 이스라엘이 불순종과 불신앙으로 하나님의 아들, 아브라함 언약의 성취자인 그 아브라함의 후손을 죽여 버렸다. 그럼에도 하나님의 축복 의지는 꺾이지 않으셨고, 예수를 부활시키심으로써 그를 다시 한번 이스라엘에게 파송하신 것이다. 그것이 바로 오순절 성령 강림이었다. 이것은 아브라함 후손을 보내어 이스라엘을 구원하실 뿐만 아니라, 천하 만민에게 복을 주시려는 하나님의 의지를 과시한 것이다. 24-26절의 요지는 바울의 갈라디아서 3:8-29에서 자세히 해설되고 논증된다. 베드로의 오순절 설교 후반부와 바울의 이방 선교 신학이 놀랍게 상통하고 있다.

메시지

부활하고 승천하셔서 하나님의 보좌 우편에 앉아 계신 예수는 이 세상 안에 하나님의 통치를 확장하고 계신다. 고전 15:24-26; 엡 1:21-23; 6:12-13; 빌 2:10-11; 골 2:15; 벧전 3:22

> 그 후에는 마지막이니 그가 모든 통치와 모든 권세와 능력을 멸하시고 나라를 아버지 하나님께 바칠 때라. 그가 모든 원수를 그 발아래에 둘 때까지 반드시 왕 노릇 하시리니 맨 나중에 멸망 받을 원수는 사망이니라. 고전 15:24-26

> 통치자들과 권세들을 무력화하여 드러내어 구경거리로 삼으시고 십자가로 그들을 이기셨느니라. 골 2:15

> 그는 하늘에 오르사 하나님 우편에 계시니 천사들과 권세들과 능력들이 그에게 복종하시느니라. 벧전 3:22

하나님 우편 보좌로 승천하신 주 예수 그리스도는 이제 하나님께 대항했던 영적 중간 통치 세력들을 제압하고 무장 해제시키신다.

또한 승천하신 주 예수 그리스도는 죄와 죽음이 지배하는 세상에 하나님의 생명을 불어넣으셔서 부활 권세를 과시하신다. 부활은 이 낡은 세계를 새롭게 창조하는 '하나님 나라 운동'의 첫 실현이요 열매이다. 앉은뱅이가 일어나는 것은 사막이 변하여 못이 되는 사건이며, 새 하늘과 새 땅을 창조하시는 천지개벽의 전조로 간주되는 사건이다. 사 35장 소경의 눈을 열고 앉은뱅이를 걷게 하는 능력은 종말에 나타나기로 한 하나님의 은총이다. 마 11:5 날 때부터 앉은뱅이를 다시 걷게 하시는 하나님의 능력은 새 세계가 곧 시작될 것을 예고하는 사건인 것이다. 이처럼 제한된 삶의 자원에 의지하던 인생들에게 봇물처럼 쇄도하는 하나님의 생명력은 종말에 완성될 하나님 나라의 맛보기 경험이다.

초대교회의 강력하고 우애 넘치는 공동체 생활은 앉은뱅이들이 부활하여 이룬 공동체인 것이다. 사랑의 나눔, 예수 이름 권세를 실제로 의지하고 경험하는 것, 그리고 당국자들의 위협과 압력에 대항한 것에서 하나님이 새롭게 창조하신 하나님 나라의 진면목을 엿볼 수 있다. 이와 같은 사도행전적 표준 구원 경험이 사라져 가는 오늘날 한국교회는 물질적 풍요와 많은 교인과 교세 자랑에 함몰되지 않고, 예수 이름의 권세가 풍성한 교회로 거듭나야 한다. 예수 이름을 "부른다"는 것은 부활하신 예수의 권능을 덧입는 것을 의미한다. 예수의 부활 승천의 의미를 깨달은 베드로와 요한이 예수께서 승천하신 감람산 하늘 한 자락을 망연히 쳐다보는 것이 아니라, 곧장 나사렛 예수의 이름을 불러 땅의 권력 체제들을 뒤흔들고 하나님의 주권적 통치를 증명했듯이, 한국교회는 이 땅이 예수의 이름 권세 아래 있음을 증명하는 일에 투신해야 한다. 날 때부터 앉은뱅이가 되어 하나님의 법도를 따라 걸을 수 없는 무능력자들을 부활시켜 사랑의 공동체에 접목시켜야 한다. 그 생명력 넘치는 아가페 공동체는 순종과 믿음, 사랑의 종노릇과 자기 내어줌의 희생을 통해 예수께서 교회의 머리가 되시고 주가 되심을 입증해야 한다. 한국교회는 물질적 풍요의 축복에 겨워 침몰할 것이 아니라, 예수의 이름만 보유한 교회, 영적 권세를 보유한 교회로 거듭나야 한다. 교회가 창에 찔려 물과 피를 쏟아 내신 주님의 옆구리처럼 뻥 뚫려 신성한 아가페 사랑을 흘려보낼 때,[요일 5:6-8] 비로소 이 사회와 세계를 변화시키는 희망의 보루가 될 수 있다.

베드로와 요한은 예루살렘 그 다락방에서 처음으로 예수의 주권을 확신한 후 성전 미문 앞에서 예수의 주권을 경험하고 결정적으로 확신하게 된다. 마침내 그들은 대제사장들과 산헤드린(סנהדרין)의 재판관들 앞에서 예수의 부활과 승천 및 예수께서 주와 그리스도가 되심을 담대히 주장한다. 그 범위와 강도 면에서 예수의 주 되심에 대한 그들의 확신은 점차 강해진다. 우리는 예수의 주 되심과 왕 되심을 가정에서뿐만 아니라, 이 땅의 권력을 장악하고 휘두르는 정사와 권세, 보좌와 주관자들 앞에서도 외쳐야 하며, 그의 왕권과 주권의 실체를 증명해 보여야 한다. 이런 식으로 예수 이름과 주권을 선포해 갈 때, 이 세상이 예수의 이름으로 재창조될 가능성이 열린다. 이것이 참된 의미의 선교다. 우리 개인의 자아갱신을 넘어서, 참된 사랑을 실천하며 성령의 감화 감동으로 가난한 이웃을 부조하고 지탱하는 유무상통의 공동체를 형성할 때, 우리는 성전 체제와 구별되는 대안, 대조, 대항 공동체를 이루는 셈이다. 사도행전에서 일어나는 하나님 나라 운동은 하나님의 법도를 배역하고 어기는 세상을 거룩하게 혁신하여 예수의 사랑과 정의가 지배하는 공동체를 형성하는 운동이다. 동전 한 닢의 자선으로 앉은뱅이의 영적 갈망을 해소시키려는 성전 체제를 넘어, 예수 이름의 권세로 앉은뱅이를 일으켜 세우며 그 앉은뱅이를 예배에까지 참여시키는 사랑의 공동체를 이루는 데까지 나아가야 한다. 예수 이름 권세를 경험하지 못한다면, 그리스도인의 신앙생활은 성전 미문에 앉아 구걸하는 앉은뱅이 처지와 조금도 다를 것이 없다. 예수 이름 권세는 무기력한 종교 생활에 포박당한 채 살아가는 무기력하고 생명력 없는 그리스도인들을 걷기도 하고 뛰기도 하며 성전으로 달려가 하나님을 찬양하게 하는 부활의 권능이다. 그리스도인의 삶은 자연 본성 안에서 도덕성을 짜내어 영위하는 분투라기보다는 예수의 이름 권세의 권능에 붙잡혀 사는 삶이다. 예수 이름 권세를 의지하는 사람과 성전 미문에 앉아 구걸하는 사람의 차이는 천양지차이다.

예수의 이름이 앉은뱅이를 일으켰다면, 그렇지 못하는 성전 체제는 이제 무용지물이요 용도가 폐기된 것이며, 동시에 예수의 이름 권세가 성전이 되었다. "그러나 예수께서는 성전된 자기육체를 가리킴이라." 요 2:21 예수 이름을 대변하는 베드로와 사도들이 그 거룩한 예루살렘 성전을 차지하고, 사실상 성전의 사역을 떠맡기 시작했다.[4] 그래서 돌로 된 낡은 성전은 한 세대가 가기 전에 돌 위에 돌 하나 남지 않고 무너질 것이다.마 24:1-2; 막 13:1-2; 눅 21:5-6 이렇게 위대한 예수 이름의 권세에 의지한 교회는 예루살렘과 온 유대를 거쳐 사마리아와 안디옥에까지 확장되었다. 사마리아 교회, 갈릴리 교회, 안디옥 교회는 초대교회가 예루살렘에서 생명력 넘치는 예수 이름 권세를 경험하지 못했다면 형성되지 못했을 것이다. 이 세 지역에 교회가 든든하게 서게 된 것은, 예루살렘에서 맛보았던 영적 저력과 역동성이 타他지역으로도 전파되었기 때문이었다. 이는 예루살렘의 하나님 나라 운동이 모방 가능한 운동이었음을 증명한다. 이처럼 예수 이름의 권세를 의지하여 생명을 살리고, 낡은 사회를 거룩하게 변화시키는 "하나님 나라 운동"은 예루살렘에서만 가능한 것이 아니라, 세계 어디에서나 재현 가능한 운동이다. 하나님 나라 운동은 지리, 인종, 문화적 경계를 넘어서 확산될 수 있는 운동이다. 예수 이름의 권세는 초지역적으로 전파 가능한 권세이기 때문이다. 이런 점에서 사마리아 교회와 안디옥 교회와 갈릴리 교회는 예루살렘 초대교회의 창조적 계승자이다. 예수가 부활하고 승천하여 하나님의 우편 보좌에 앉아 교회와 세계를 통치하시는 왕이심을 믿을 때, 우리는 앉은뱅이 상태에서 일어나 걷고 뛰는 자기초월을 맛볼 수 있다.

4장.

정사와 권세를 전복시키는 부활 예수의 증인들

성령의 강습으로 산파된 교회는 당대의 지배체제와 원하건 원치 않건 갈등을 초래할 수밖에 없다. 성령 충만한 교회 공동체가 먼저 세상을 향해 복되고 은혜로운 공세를 취했기 때문이다. 성령 충만한 제자들은 세상 사람들의 삶과 세계관의 토대를 뒤흔드는 생명력을 드러낸다. 이런 이유 때문에 성령 충만한 제자들의 존재 자체가 세상 사람들에게는 매우 위협적으로 느껴질 수 있다. 하나님 나라의 복음이 자신들의 안온한 삶을 세차게 뒤흔들 것이라는 두려움 때문이다. 하나님 나라의 본질을 모르는 세상은 그 무지 때문에 하나님 나라의 도래에 막연하게 저항한다. 그러나 더 빈번히 세상 권세와 정사들은 하나님 나라의 통치가 임하면 잃게 될 자신의 기득권과 영광을 지키기 위해 의도적으로 하나님 나라에 적대적인 전선戰線을 형성하게 된다. 예루살렘 종교 권력자들은 이 두 가지 이유에서 하나님 나라에 대항한다. 4장은 산헤드린이 베드로와 요한을 심문하는 상황과 그것을 대담하게 돌파하는 베드로와 요한의 비범한 지도력, 그리고 예루살렘 교회의 선한 영향력을 다룬다. 4장은 산헤드린 앞에 서서 증언하는 베드로와 요한,[1-12절] 산헤드린의 위협을 돌파하는 베드로와 요한,[13-22절] 일심으로 하나님께 기도하는 예루살렘 교회,[23-31절] 그리고 물질을 유무상통하는 예루살렘 코이노니아 교회[32-37절]로 나눠진다.

1. 산헤드린 앞에 서서 증언하는 베드로와 요한 ● 1–12절

4 1사도들이 백성에게 말할 때에 제사장들과 성전 맡은 자와 사두개인들이
이르러 2예수 안에 죽은 자의 부활이 있다고 백성을 가르치고 전함을 싫
어하여 3그들을 잡으매 날이 이미 저물었으므로 이튿날까지 가두었으나 4말씀을 들
은 사람 중에 믿는 자가 많으니 남자의 수가 약 오천이나 되었더라. 5이튿날 관리들
과 장로들과 서기관들이 예루살렘에 모였는데 6대제사장 안나스와 가야바와 요한과
알렉산더와 및 대제사장의 문중이 다 참여하여 7사도들을 가운데 세우고 묻되 너희
가 무슨 권세와 누구의 이름으로 이 일을 행하였느냐. 8이에 베드로가 성령이 충만하
여 이르되 백성의 관리들과 장로들아, 9만일 병자에게 행한 착한 일에 대하여 이 사
람이 어떻게 구원을 받았느냐고 오늘 우리에게 질문한다면 10너희와 모든 이스라엘
백성들은 알라. 너희가 십자가에 못 박고 하나님이 죽은 자 가운데서 살리신 나사렛
예수 그리스도의 이름으로 이 사람이 건강하게 되어 너희 앞에 섰느니라. 11이 예수
는 너희 건축자들의 버린 돌로서 집 모퉁이의 머릿돌이 되었느니라. 12다른 이로써는
구원을 받을 수 없나니 천하 사람 중에 구원을 받을 만한 다른 이름을 우리에게 주신
일이 없음이라 하였더라.

주석

성전 당국자들과 예루살렘의 종교권력자들이 십자가 처형에 넘겨준 나사렛 예수가 부활 승천하여 주主와 그리스도가 되었다는 사도들의 메시지는, 성전 미문에 앉아 있던 앉은뱅이를 주 예수의 이름 권세로 일으킨 사건을 통해 결정적으로 확증되었다. 예수는 주와 그리스도가 되어 하나님의 우편에서 교회를 탄생시켰고, 사도들을 성령의 권능으로 무장시켰다. 나사렛 예수가 주와 그리스도가 되셨으므로 이제 그의 말은 곧 현실이 된다. 사도들은 주 예수의 선포를 대언함으로써 나사렛 예수가 주와 그리스도가 되셨음을 입증했다.

베드로와 요한이 성전 미문에 앉아 있던 앉은뱅이에게 "주 예수의 이름으로 일어나 걸으라"고 명령했는데 앉은뱅이가 일어나 걷지 못한다면, 사도들의 말은 거짓으로 간주될 것이다. 그러나 만일 일어나 걷는다면 이것은 무엇을 말하는가? 나사렛 예수가 주와 그리스도가 되셨다는 사도들의 증언이 참임이 드러나는 것이다.

사도행전 3장 사건은 사도행전 4장의 사도들과 산헤드린 사이에 있게 될 논쟁을 예고한 상황극이었다. 성전 미문에 있던 앉은뱅이가 일어난 사건은 병든 자를 고치는 데 무기력하고 무능한 제사장 중심의 성전 체제에 대한 도전이었다. 제사장 중심의 성전 체제의 무능력은 하나님의 자비와 긍휼을 대변하는 감수성의 상실을 의미한다. 반면 예수 이름 권세는 병들고 아픈 양들에 대한 선한 목자의 사랑과 연대에서 나온 권세이다. 병들고 아픈 자들에 대한 동정과 사랑이 치유 권세의 원천이다. 예수 이름 권세는 사랑과 자비, 동정과 연대의 영성에서 나오는 권세이다. 마태복음 8:14-17은 예수의 치유 권세의 원천이 예수의 질병 짊어져 주심에 있음을 밝힌다. "우리의 연약한 것을 친히 담당하시고 병을 짊어지셨도다."마 8:17

성전은 제사드리는 데, 정결과 부정을 나누는 데, 유대인과 이방인을 분리하고 격리하는 데, 속된 것과 거룩한 것의 경계를 지키는 데 혈안이 되었을 뿐, 아픈 자들에 대한 연대와 대속적 질병 담부擔負 영성을 결여하고 있었다. 제사 행위 자체의 효력을 신봉하기만 했을 뿐, 제사를 요구하는 하나님의 인애를 구현하지 못했다. 일찍이 예언자들은 제사보다 인애를 우선시했다.호 6:6; 사 1:16-17 성전 제사장들은 40년 동안 그 앉은뱅이 걸인을 보고도 아무런 치유 능력을 발휘하지 못했으나, 예수의 이름은 신적 권능을 발휘하여 앉은뱅이를 고쳤다. 이것은 무엇을 의미하는가? 이제 성전은 예수의 이름으로 대체될 위기에 처한 것이다.

4장 1절은 성전 미문 앉은뱅이를 치유한 예수 이름 권세에 성전 체제 당국자들이 얼마나 놀랐는지를 잘 보여준다. 1절은 분사구문으로 시작된다. 1절의 직역은 "그들이 백성들에게 말하고 있는 동안에 제사장들과 성전경비대장[스트라테고스(στρατηγός)][1]과 사두개인들이 그들에게 가까이 왔다"이다. 사도들의 설교가 성전 경비구역 내 솔로몬 행각에서 이뤄졌기에 제사장들과 성전 경비책임자, 그리고 예수를 십자가에 못 박는 데 주동한 사두개파 사람들이 사도들에게 접근한 것은 이상하지 않다. 2절은 분사구문 문장이며, 3절은 주절이다. 주어는 3인칭 남성복수형이다. 이론적으로는 이 3인칭 남성복수 주어가 사두개인들만을 가리킬 수도 있고, 위에서 거명된 제사장들과 성전 경비대장과 사두개인 모두를 다 가리키는 말일 수도 있다. 하지만 후자일 가능성이 더 크다. 지금 소동의 핵심은 부활 교리의 확산이 아니라, 자신들이 죽인 자가 부활했다는 소식 자체의 확산 염려이기 때문이다. 2절의 개역개정은 어색한 번역이다. "예수 안에 죽은 자의 부활이 있다고 백성을 가르치고 전함을 싫어하매 ……."[2] "예수 안에"는 "예수에 관하여"라고 번역하는 것이 더 자연스럽다. 2-3절의 직역은 다음과 같다. "(사도들이) 백성들을 가르치고 예수에 관하여 죽은 자들로부터의 부활을 확신있게 알리는 것[카탕겔로(καταγγέλλω)] 때문에 걱정이 되어[디아포레오(διαπορέω)의 중간태 남성 복수주격 분사형], 그들이 그들의 손을 잡아(아마 포승줄로 매어) 다음 날까지 구치소에 억류했다. 그때는 이미 저녁이었기 때문이다."

이 모든 행위의 주동자는 아마도 사두개파 사람들이었을 것이다. 바리새인들과 달리 사두개인들은 죽은 자의 부활을 믿지 않았기 때문이다. 사두개파 계열의 산헤드린 회원들은 사도들이 예수께서 죽은 자 가운데서 부활했다는 사실을 전파하는 것 때문에 염려

했을 것이다.[3] 특히 예수의 십자가 처형을 주도한 성전 대제사장들은 염려를 넘어 망연자실에 빠졌을 것이다. 예수의 부활은 예수를 사형시킨 선고와 형 집행을 무효화시킨 하나님의 행위를 의미하기 때문이다. 다시 말해 하급법원에서 내린 유죄 판결을 상급법원에서 뒤엎고 무죄라고 평결한 것이다. 예수의 부활은 곧 그분의 무죄를 선언하는, 최고 법정에 의한 판결 번복 사건이다. 하나님은 죽은 자 가운데서 나사렛 예수를 부활시키심으로써 그분의 죄 없으심을 선포하신 것이다. 사도들은 이런 확신 때문에 당국자들의 박해와 위협을 담대히 맞이할 수 있었다.

4절은 사도들의 솔로몬 행각 설교가 일으킨 반향反響을 말한다. 4절에는 약한 역접 접속사 "데"(δε)가 나온다. 4절의 직역은 "하지만 그 말을 들은 사람 중 많은 사람이 믿었다. 그리고 그 남자들의 숫자가 (거의) 오천 명 정도였다"이다. 당시 예루살렘 성전 근거리 거주지에 사는 사람들의 숫자가 어느 정도인지는 확인할 수 없지만, 5천 명 정도의 남자가 사도들의 메시지를 듣고 믿었다는 것은 놀랄 만한 일이었을 것이다. 그래서 이 사태에 대처하려고 이튿날 그들의 지도자들[아르콘테스(ἄρχοντες)]과 장로들과 서기관들이 예루살렘에서 회동했다.5절 "관리들"로 번역된 "아르콘테스"는 산헤드린 관원들을 가리킨다. 장로들은 지방의 종교적 지도자들을 가리킨다. 서기관들은 성경 해석 전통을 관장하는 권위자들이었다. 예수를 십자가 처형으로 몰아갔던 주동자들이 다 모인 셈이다. 6절은 안나스와 가야바와 요한과 알렉산더와 대제사장의 문중이 다 참여했다고 말한다.

그들은 사도들을 가운데 세우고 "무슨 권세와 누구의 이름으로 이 일을 행하였느냐"고 심문했다.7절; 비교. 막 11:28 7절의 헬라어 원문에는 2인칭 남성 복수대명사 "휘메이스"가 문미에 사용되고 있다. "무은 권세로, 누구의 이름으로 이 일을 행했느냐? 너희들이!" 정도의 의미이다. "이 일"은 성전 미문에 앉아 있던 앉은뱅이를 예수 이름의 권세로 고친 사건을 가리킨다.9절

8-12절은 유대 종교권력 당국자들의 질문에 대한 베드로의 성령 충만한 답변이다. 그의 답변은 아주 당당하고 논리적인 명강론이다. 베드로는 "백성의 관원들과 장로들아!"라고 청중을 특정하며 대답하기 시작한다.8절 성령 충만한 베드로는 이제 예수가 체포되던 당시 도망치던 비겁한 베드로가 아니다. 예수를 죽은 자 가운데서 부활시키신 부활의 영인 성령에 지배를 받는 베드로는 죽음을 무기로 양심을 압박하는 당국자들과 정면으로 맞섰다. 그는 "백성의 관리들과 장로들"로 구성된 청중을 향해 변론을 시작한다. 백성의 관리들과 장로들을 예수의 십자가 죽음에 연루된 일차적 당사자로 지목하는 셈이다. 9절에서 그들의 질문을 다시 한번 요약한 베드로는 10절 이하에서 논리적이고 감동적인 대답을 들려준다. 9절을 직역하면 이렇다. "만일 우리가(ἡμεῖς, 1인칭 복수대명사의 돌출적 사용) 오늘 이 병자(ἀνθρώπος ἀσθενος)에게 행해진 선한 일에 관하여 '무엇으로 이 남자가 구원받았느냐'라는 것에 관해 조사를 받는다면"이다. 풀어쓰면 다음과 같다. "만일 당신들이 한때 앉은뱅이였던 이 걸인에게 행한 착한 일의 원천이 무엇이냐고 우리에게 묻는다면" 정도의 의미이다. 10절은 9절에서 제기된 질문에 대한 베드로의 대답이다. 10절은 3인칭 비인칭 수동태 명령형 문장으로 시작된다. 직역하면 이렇다. "당신들이(휘메이스) 십자가에 못 박아 죽였지만, 하나님께서 죽은 자들로부터 살리신 나사렛 예수 그리스도의 이름으로, 이 이름으로 이 사람이 건강하게 되어 당신들 앞에 서게 되었다는 사실이 여러분 모두와 모든 이스라엘 백성들에게 알려질지어다."

11절에서 베드로는 시편 118:22을 인용하여 "유대 종교 권력 당

국자들인 당신들이 버린 돌인 나사렛 예수가 하나님 나라, 하늘 성전의 모퉁이돌cornerstone이 되었소"라고 답변한다.[4] 이 속담은 흔히 건축자들이 버린 돌로 집을 짓던 당대의 팔레스타인 사람들의 집 건축 경험에서 나온 것이다. 예수는 유대 종교 권력 당국자들에게 버림받은 돌이었으나 하나님 나라를 건축하는 데는 결정적인 주초가 된 것이다. 12절에서 베드로는 예수 이름의 위대한 권세를 선포한다. "다른 이로써는 구원을 받을 수 없나니 천하 사람 중에 구원을 받을 만한 다른 이름을 우리에게 주신 일이 없음이라." 이제 성전의 이름으로, 모세의 이름으로, 혹은 다른 어떤 사람의 이름으로도 하나님의 구원을 얻을 수 없다. "오로지 예수의 이름으로만 구원을 받을 수 있다." 이것은 다른 종교의 상대적 가치에까지 귀를 닫게 하고, 다른 모든 고등종교를 귀신숭배 혹은 사탄의 세력이라고 매도하게 만드는 데 일조一助한 구절이다. 그러나 이 구절은 무차별적으로 타종교를 멸시하는 야만적인 태도를 사주하거나 장려하는 구절이 아니다. 이 구절은 이스라엘 중심의 구원사를 완성시킨 분이 예수라는 선포다. 예수 이름을 믿는다는 말은 이스라엘 역사 속에 일어난 하나님의 구원을 믿는다는 것을 의미한다. 이스라엘 역사 속에 일어난 하나님의 구원을 믿는다는 것은 또한 인류 역사 속에 일어난 하나님의 구원을 믿는다는 말이 된다.

요한복음 14:6은 동일한 진리를 약간 다르게 표현하고 있다. "내가 곧 길이요 진리요 생명이니 나로 말미암지 않고는 아버지께 올 자가 없느니라." 나사렛 예수가 열어놓은 그 길은 자기 육체의 휘장을 찢어 만든 길이다. "그러므로 형제들아 우리가 예수의 피를 힘입어 성소에 들어갈 담력을 얻었나니 그 길은 우리를 위하여 휘장 가운데로 열어놓으신 새로운 살 길이요 휘장은 곧 그의 육체니라."히 10:19-20; 참조. 요10:9; 14:6; 히 9:8 그 길은 예수께서 자기부인의 십자가를 지고 죽기까지 순종하신 그 율법의 완전한 성취로 열어준 아버지께로 가는 길이다. 인간은 하나님의 일방적이고 절대주권적 죄사함의 은총을 통해서 구원을 받을 수 있다는 말이다. 이런 점에서 예수의 배타적 구원 능력은 절대적인 진리이다.

하지만 예수의 이름으로 구원받는다는 것은 기독교의 이름으로 구원받는다는 말이 아니다. 역사적으로 형성된 기독교는 죄와 얼룩이 가득 찬 인간들의 종교 집단으로 머물 때가 많았다. 예수께서 주신 구원의 길은 절대적으로 배타적인 길이지만, 그것을 이해하고 해석하고 실천하는 교회와 그리스도인들은 상대적인 존재들이다. 예수의 배타적 구원 교리는 그리스도인들을 겸손케 만들 뿐, 근거없는 우월감으로 천상세계로 공중부양 시키지 않는다. 인도의 브라만 계급에 파송된 미국 선교사 스탠리 존스가 『인도의 길을 걷고 있는 예수』라는 책에서 잘 밝혔듯이,[5] 나사렛 예수의 이름으로 구원을 받는다는 "케뤼그마"(κῆρυγμα)는 단지 기독교가 다른 고등종교에 비해 우월하다는 것을 증명하는 것이 아니다. 그것은 나사렛 예수가 하나님께로 돌아간 길, 곧 십자가에서 죽기까지 순종한 그 길이 유일하고 절대적인 진리임을 선포하는 것이다. 그러나 역사 속 기독교는 이런 예수님이 걸어가신 절대적이고 유일한 진리를 대변하는 데 실패했다. 현실의 기독교는 다른 종교만큼이나 하나님과 예수의 진리에 대한 불순종과 반역의 흔적을 고스란히 간직하고 있는 누추한 종교다. 역사 속 기독교는 잔혹하고 협량한 인간들의 고집과 단견短見, 회개치 않는 마음과 우월감과 교만에 가득 찬 종교인들에 의해 좌지우지 될 때가 많았다. 따라서 우리는 예수 이름의 권세가 구원을 창조한다는 복음적 진리를 기독교라는 현실 종교 세력의 모든 악과 모순, 한계와 죄악을 은폐하는 엄폐물로 사용해서는 안 된다. 12절의 요지는 아브라함이나 모세 등 어떤 예언자들이 아니라, 아브라함의 종말론적 후손인 나사렛 예수 이름이 하나님의 구원을 매개하는 유일한 원천이라는 사실을 선포하는 데 있다. 히브리서 2-3장, 8-10장, 요한복음 1:18, 갈라디아서 3장 그리고 고린도후서 3장 등에 비추어 보면, 12절은 모세의 수건을 쓴 채 그리스도의 영광을 알아차리지 못하고 예수 그리스도를 배척하는 유대인들의 완고한 폐쇄성을 책망하는 논리로 봐야 한다.

> 그가 또한 우리를 새 언약의 일꾼 되기에 만족하게 하셨으니 율법 조문으로 하지 아니하고 오직 영으로 함이니 율법 조문은 죽이는 것이요 영은 살리는 것이니라. 돌에 써서 새긴 죽게 하는 율법 조문의 직분도 영광이 있어 이스라엘 자손들은 모세의 얼굴의 없어질 영광 때문에도 그 얼굴을 주목하지 못하였거든 …… 우리는 모세가 이스라엘 자손들에게 장차 없어질 것의 결국을 주목하지 못하게 하려고 수건을 그 얼굴에 쓴 것 같이 아니하노라. 그러나 그들의 마음이 완고하여 오늘까지도 구약을 읽을 때에 그 수건이 벗겨지지 아니하고 있으니 그 수건은 그리스도 안에서 없어질 것이라. 오늘까지 모세의 글을 읽을 때에 수건이 그 마음을 덮었도다. …… 우리가 다 수건을 벗은 얼굴로 거울을 보는 것 같이 주의 영광을 보매 그와 같은 형상으로 변화하여 영광에서 영광에 이르니 곧 주의 영으로 말미암음이니라.[히 3:6-18]

2. 산헤드린의 위협을 돌파하는 베드로와 요한 • 13-22절

[13]그들이 베드로와 요한이 담대하게 말함을 보고 그들을 본래 학문 없는 범인으로 알았다가 이상히 여기며 또 전에 예수와 함께 있던 줄도 알고 [14]또 병 나은 사람이 그들과 함께 서 있는 것을 보고 비난할 말이 없는지라. [15]명하여 공회에서 나가라 하고 서로 의논하여 이르되 [16]이 사람들을 어떻게 할까 그들로 말미암아 유명한 표적 나타

난 것이 예루살렘에 사는 모든 사람에게 알려졌으니 우리도 부인할 수 없는지라. 17
이것이 민간에 더 퍼지지 못하게 그들을 위협하여 이후에는 이 이름으로 아무에게도
말하지 말게 하자 하고 18그들을 불러 경고하여 도무지 예수의 이름으로 말하지도 말
고 가르치지도 말라 하니 19베드로와 요한이 대답하여 이르되 하나님 앞에서 너희의
말을 듣는 것이 하나님의 말씀을 듣는 것보다 옳은가 판단하라. 20우리는 보고 들은
것을 말하지 아니할 수 없다 하니 21관리들이 백성들 때문에 그들을 어떻게 처벌할지
방법을 찾지 못하고 다시 위협하여 놓아주었으니 이는 모든 사람이 그 된 일을 보고
하나님께 영광을 돌림이라. 22이 표적으로 병 나은 사람은 사십여 세나 되었더라.

주석

예수 이름의 권세가 유일한 구원의 원천이라는 베드로와 요한의 과감한 선포 앞에 유대의 종교 권력 당국자들은 경악한다. 본래 학문 없는 범인凡人으로 알았던 베드로와 요한이 기탄없이 하나님 말씀을 강론하는 모습을 보고 그들은 놀랐다. "어떻게 이런 일이 가능한가?"라고 의아해하던 그들은 한 가지 단서를 얻는다. "그들이 예수와 함께 있었다"는 사실에 주목한 것이다.13절 본래 학문 없는 자라 할지라도 예수와 함께 있었다는 사실이 당국자들이 사도들의 급격한 변화를 설명하는 단서가 되었다고 판단했다는 점은 인상적이다.

또 유대 종교 권력 당국자들은 병 나은 사람이 베드로와 요한과 함께 서 있는 것을 보고는 달리 힐난할 말이 없어서 세 사람 모두 산헤드린[쒼네드리온(συνέδριον)]에서 나가라고 명령한 후 서로 심각하게 의논했다.14-15절 "공회"라고 번역된 산헤드린은 71명으로 구성된 유대인 자치기구이다. 그것은 초보적인 종교 재판을 담당했다. 그들(산헤드린)은 병 나은 사람이 베드로와 요한의 동역자가 되어 예수 이름 권세를 증거함으로 인해 예수의 이름 권세가 사람들에게 미칠 영향을 걱정했을 것이다. 16절은 그들의 낙담을 보도한다.

사도들을 통해 유명한 표적이 나타난 것이 예루살렘 모든 주민에게 알려졌으니 자신들도 앉은뱅이의 치유 자체를 부인할 수 없다는 점을 인정한다.[16절]. 다만 이 사도적 권능과 표적과 관련된 명성이 더 이상 민간에 퍼지지 못하도록 사도들을 위협하고 이후에는 예수의 이름으로 누구에게도 복음을 전파하지 못하도록 하자는 방안을 세운다.[17절] 그래서 그들은 베드로와 요한을 불러 예수의 이름으로 말하지도 말고, 가르치지도 말라고 엄중히 경고했다.[18절]

19절은 "하지만"을 의미하는 역접 접속사 "데"(δε)가 문두[文頭]에 나온다. "하지만" 베드로와 요한은 조금도 뒤로 물러서지 않고, 유대 종교 권력 당국자들을 거세게 압박하고 몰아붙였다. 베드로와 요한은 "하나님 앞에서 너희의 말을 듣는 것이 하나님의 말씀을 듣는 것보다 옳은가 판단하라"고 되받아친다.[19절] 더 나아가 "우리는(헤메이스) 보고 들은 것을 말하지 아니할 수 없다"라고 답변한다.[20절] 어떻게 베드로와 요한은 이렇게 담대해졌을까? 예수를 죽은 자 가운데서 일으키신 하나님의 권세를 당국자들의 권세보다 더욱 두려워하고 신뢰했기 때문일 것이다. 결국 부활하신 예수의 권능을 덧입은 사도들도 권세 있는 말씀의 종으로 거듭 태어난 것이다. 심지어 사람들 사이에서는 베드로의 그림자만 덮여도 병이 나을 것 같은 믿음이 일어날 정도였다.[행 5:15] 이제 더 이상 비겁한 베드로와 열한 사도가 아니었다. 주님의 십자가 앞에서 도망쳐 버린 제자들, 누가 크냐고 논쟁을 벌이던 제자들이 아니었다. 그들은 예수의 이름 외에는 구원을 가져다줄 다른 이름(중보자)이 없음을 확신하고 그 확신을 말과 행동으로 표현했다. 부활하고 승천하신 예수를 믿는 사람들은 예수처럼 담대해져서 정사[政事]와 권세와 어둠의 세상 주관자들을 압도한다.

예상을 뒤엎는 사도들의 공세적 답변에 당황한 관원들은 백성들 때문에(δια τον λαον) 베드로와 요한을 징벌할 명분과 방법을 찾지 못한 채 위협한 후 석방할 수밖에 없었다. 모든 백성이 앉은뱅이 걸인에게 일어난 그 치유를 보고 하나님께 영광을 돌렸기 때문이다. 21절 이 사건을 통해 베드로와 요한의 영적 권위는 수직으로 상승했다. 22절은 사도들의 권세 있는 사역으로 일어선 앉은뱅이가 40여 세 정도라고 말함으로써 이 사람이 40년 동안 광야를 방황한 이스라엘의 조상 세대를 생각나게 하는 예표적 인물임을 시사한다. 이 40세 된 앉은뱅이 치유 사건은 사도들이 이제 "하나님의 율법을 따라 걷지 못하는" 이스라엘 동포를 회복하는 데갈 2:7-9 할례자의 사도가 된 베드로가 이 일에 앞장서게 될 것임을 암시하고 있다.

이제 베드로와 요한은 유대 종교 권력 당국자들의 위협을 무서워하지 않는 부활의 증인으로 부상했다. 부활의 증인들에게는 투옥도 소용이 없었다. 성전 체제의 형벌권이 무효화되었기 때문이다. 로마제국도 사도 바울을 투옥했지만, 하나님은 감옥 터 전체가 지진으로 무너지는 사태를 이용해 감옥문을 열어주셨다.행 16:26-27 아무리 감옥에 집어넣어도 감옥문이 열려 버리면 어떻게 되겠는가? 국가의 형벌집행권이 무력화되는 사태는 국가가 무너진 것을 의미한다.[6] 유대 종교 권력 당국이나 로마제국이 아무리 기독교인들을 박해하고 죽여도 한 명이 순교할 때마다 더 많은 개종자가 생겨난다면 유대 종교 권력 당국이나 로마제국이 감당해 낼 수가 없는 것이다. 유대 종교 권력 당국과 로마제국의 형벌을 두려워하지 않는 사람이 많이 생겨날수록, 유대 종교 권력 당국과 로마제국의 국가 공권력은 그만큼 더 공개적으로 무력화되는 것이다. 결국 로마제국 황제인 콘스탄티누스는 313년에 밀라노 칙령을 선포하여 기독교 박해를 멈춘다. 그가 도덕적으로 참회해서 세례를 받았거나 성령의 감동으로 세례를 받아 이런 기독교 박해 중단을 명한 것이 아니었다.[7] 그러나 분명한 것은 박해를 받을수록 더욱 번성하는 기독교인들이 그를 두렵게 했기 때문에 밀라노 칙령을 선포하지 않을 수 없었을 것이다.

3. 일심으로 하나님께 기도하는 예루살렘 교회 • 23-31절

23사도들이 놓이매 그 동료에게 가서 제사장들과 장로들의 말을 다 알리니. 24그들
이 듣고 한마음으로 하나님께 소리를 높여 이르되 대주재여, 천지와 바다와 그 가운
데 만물을 지은 이시요 25또 주의 종 우리 조상 다윗의 입을 통하여 성령으로 말씀하
시기를 어찌하여 열방이 분노하며 족속들이 허사를 경영하였는고 26세상의 군왕들이
나서며 관리들이 함께 모여 주와 그의 그리스도를 대적하도다 하신 이로소이다. 27과
연 헤롯과 본디오 빌라도는 이방인과 이스라엘 백성과 합세하여 하나님께서 기름 부
으신 거룩한 종 예수를 거슬러 28하나님의 권능과 뜻대로 이루려고 예정하신 그것을
행하려고 이 성에 모였나이다. 29주여, 이제도 그들의 위협함을 굽어보시옵고 또 종
들로 하여금 담대히 하나님의 말씀을 전하게 하여 주시오며 30손을 내밀어 병을 낫게
하시옵고 표적과 기사가 거룩한 종 예수의 이름으로 이루어지게 하옵소서 하더라. 31
빌기를 다하매 모인 곳이 진동하더니 무리가 다 성령이 충만하여 담대히 하나님의
말씀을 전하니라.

주석

앉은뱅이를 일으킨 3장의 표적 사건이 예수 이름 권세를 과시함으로써 성전 체제의 무력함과 무능을 간접적으로 드러낸 사건이었다면, 베드로와 요한에 대한 산헤드린의 심문과 석방 사건은 유대 종교 권력 당국의 형벌권을 무력화한 사건이었다. 산헤드린은 사도들에게 공중 앞에서 예수의 이름으로 말하지 못하고(μη φθεγγεσθαι), 가르치지도 못하도록(μη διδασκειν) 위협했지만,[18절] 다시 말해 예수의

부활을 증거하지 말라고 명령했지만, 사도들은 불복한다. 그들의 항명 근거는 분명했다. "우리가 사람의 명령에 복종하는 것이 하나님의 명령에 복종하는 것보다 낫겠느냐?" 여기에 바로 하나님 나라의 본질이 정의된다. 하나님 나라는 사람의 명령보다 하나님의 명령이 집행되고 실행되는 나라이다. 하나님의 명령에 복종하기 위해 사람의 명령에 복종할 수 없다고 소리치는 양심이 깃발처럼 펄럭일 때 하나님 나라가 건설된다. 베드로와 요한은 석방되자마자 나머지 사도들에게 달려가 제사장들과 장로들의 말을 전했다.[23절]

24-30절은 두 사도의 보고를 들은 사도 공동체의 합심 기도를 담고 있다. 기도 제목 하나하나가 하나님 나라의 본질을 선명하고 구체적으로 계시한다. 사도 공동체의 기도는 높은 목소리로 드려진 고조되고 격앙된 합심 기도였다.[24절] 그들은 하나님을 "대주재"(δεσποτης)의 호격인 "데스포타"(δεσποτα, Sovereign Lord)라고 부른다. 보통 "데스포테스"는 대가족 집안 살림살이를 지배하는 가부장家父長을 가리키는 말이다. 하나님은 이 땅의 모든 피조물들을 먹여 살리는 가부장, 데스포테스이다. 사도들의 기도는 하늘, 땅, 바다, 그리고 그 안에 있는 모든 것을 창조하시고 다스리는 대권을 가지신 하나님을 향한 호소인 것이다. 천지와 바다와 그 가운데 있는 만유를 지으신 창조주 하나님은 혼돈의 바다 물결을 책망하시고, 그 경계를 넘지 말도록 명령하신 위대한 왕이기 때문이다. 사도들이 천지를 창조하신 하나님께 기도하는 것은, 하나님이 정해 두신 경계를 넘어 범람하려고 하는 원시 바다 같은 인간 권력자들을 억제해 달라고 요청하는 것이다.[욥 38:10-11; 104:9; 렘 5:22]

25-26절은 성령의 감동으로 다윗이 지은 시편으로 인정되는 시편 2편 1-2절을 인용해 하나님 통치에 반역하는 정치 세력들을 진압해달라고 기도하는 사도들의 간구이다. 시편 2:1-2은 하나님이

시온에 세운 하나님의 아들이자 부왕副王인 다윗왕(다윗 계열의 왕)의 통치에 도전하고 반역하는 대적 세력들의 도전 양상을 묘사한다. 사도 공동체는 그 옛날 다윗 시대에 열방과 족속들이 다윗의 세계 통치에 대항하여 일어섰던 것처럼, 이제 세상의 군왕들이 나서며 관원들이 함께 모여 주와 그리스도를 대적하고 있음을 직시하고 있다.[26절] 다윗 시대에 당신의 기름부은 종 다윗에게 저항한 열방들을 흩으시고 분쇄하신 하나님이, 이제 다윗의 후손인 예수 그리스도의 다스림에 저항하기 위해 뭉친 열방과 세상 군왕들의 반역 음모를 좌절시켜 주실 것을 간청하는 것이다. 이 간구에는 주와 그리스도로 승귀되신 예수 그리스도와 예수 이름 권세에 대한 유대 종교 권력 당국자들의 반역은 반드시 분쇄될 수밖에 없다는 확신이 담겨 있다. 27절은 예수를 십자가에 처형하기 위해 헤롯과 본디오 빌라도가 예루살렘에 모여 이방인과 이스라엘 백성과 합동하여 "당신께서 기름부으신 당신의 거룩한 종[아들(παῖδα)]" 예수를 대적했던 사실을 언급한다. 28절은 하나님의 종 예수에 대한 그의 예루살렘 회합과 공동 대적이 그들 스스로 생각한 대책이 아니라, 하나님이 "당신의 권능과 뜻대로 이루려고 예정하신 역사役事"를 자신들도 모르는 사이에 성취하는 과정이었다고 말한다. 결국 사도들을 대적하여 모인 산헤드린 공의회와 유대 종교 권력 당국자들은 하나님의 권능과 뜻대로 예정하신 것을 행하려고, 곧 시편 2:2-3의 내용을 응하게 하려고 모인 것이다. 이 상황에서 성취되는 하나님의 "뜻"[28절]은 사도 공동체를 대적하는 유대 종교 권력 당국자들을 향한 하나님의 심판과 징벌이다. 사도 공동체는 자신들을 대적하는 유대 종교 권력 당국자들의 종말을 벌써 보고 있다.

시편 2:12은 "그의 아들에게 입 맞추라. 그렇지 아니하면 진노하심으로 너희가 길에서 망하리니 그의 진노가 급하심이라. 여호와께 피하는 모든 사람은 다 복이 있도다"라고 말한다. 다소 거친 고대 근동의 종주-봉신 조약 그림이 여기 동원되고 있다. 왜 시편 기자는 하나님이 시온에 세우신 당신의 아들에게 입 맞추지 아니하는 세상의 군왕들과 관원들은 하나님의 진노 아래 멸망당할 수밖에 없다고 선언하는가? 그 이유는 하나님이 시온에 세운 그리스도가 공평과 정의 통치의 화신이기 때문이다. 그리스도에 대한 반역은 하나님의 공평과 정의 통치에 대한 반역이기에 가차없이 분쇄된다는 것이다.

그래서 사도들은 조금도 뒤로 물러나지 않는다.[29절] 물론 사도들은 자신들이 직면한 위협이 얼마나 생생한 현실인지 잘 알고 있다. 그러므로 그들은 두려움 속에서 하나님의 개입과 간섭을 열망한다. 자신들이 처한 위태로운 상황을 하감하시고, 그들이 하나님("당신")의 말씀을 담대히 전하게 해달라고 하나님께 강청한다.[29절] 또한 자신들의 손을 통해 병이 낫고 거룩한 종 예수의 주 되심과 왕적 통치의 실체를 맛볼 수 있는 표적과 기사가 일어나게 해달라고 요청한다.[30절] 사도 공동체의 기도는 사탄의 세력과 백병전을 앞둔 상황에서 드려진 기도이며, 세상의 영과 피할 수 없는 대회전[大會戰]을 앞둔 상황에서 드려진 기도다. 따라서 이 기도에는 관념적인 청원이 전혀 발견되지 않는다. 위협의 실체를 인정하고 그 위협의 강도와 위험을 예리하게 인식하는 가운데서 하나님의 보호와 간섭을 요청하고 있다.

사도 공동체의 간절하고 생생한 기도에 대한 하나님의 응답은 신속하고도 강력했다. 그들이 기도를 마쳤을 때 그들이 모인 곳이 진동하며 거기에 있던 공동체 구성원 모두가 성령이 충만하여 하나님의 말씀을 담대하게 전했다.[31절] 모인 곳이 진동했다는 것은 무엇을 의미하는가? 하나님의 말씀은 모든 견고한 땅의 기초까지 뒤흔들 수 있다는 것이다. 이것은 사도들을 가둔 감옥 터가 흔들리는 5장 사건의 전조인 셈이다. 성령 충만은 하나님의 말씀을 담대하게 전할 수 있도록 격려하는 신적 의지와 열정 충만을 의미한다. 성령 충만은 거룩하신 성령의 격려와 압박이 세상 군왕들과 관원들의 위협을 압도하는 상황이다. 세상은 하나님 나라에 대해 중립적이거나 호의적인 무지 상태에 있지 않고, 적대적인 대치 상황에 있다. 하나님의 성령을 알지도 못하고 받지도 못했기 때문에 하나님의 거룩한 요구에 저항하고 적대한다. 하지만 거룩한 영이신 성령은 세상을 향해 하나님의 말씀과 명령을 가할 권세와 패기를 공급하신다.

4. 물질을 유무상통하는 예루살렘 코이노니아 교회 • 32-37절

[32]믿는 무리가 한마음과 한뜻이 되어 모든 물건을 서로 통용하고 자기 재물을 조금
이라도 자기 것이라 하는 이가 하나도 없더라. [33]사도들이 큰 권능으로 주 예수의 부
활을 증언하니 무리가 큰 은혜를 받아 [34]그 중에 가난한 사람이 없으니 이는 밭과 집
있는 자는 팔아 그 판 것의 값을 가져다가 [35]사도들의 발 앞에 두매 그들이 각 사람
의 필요를 따라 나누어 줌이라. [36]구브로에서 난 레위족 사람이 있으니 이름은 요셉
이라 사도들이 일컬어 바나바라(번역하면 위로의 아들이라) 하니 [37]그가 밭이 있으매 팔
아 그 값을 가지고 사도들의 발 앞에 두니라.

주석

32-37절은 성령 충만한 공동체의 진면목을 보여준다. 32절은 성령 충만으로 하나의 가족 공동체로 재주형된 초대교회가 한 마음과 한 뜻으로 결속된 형제 우애 공동체로 자랐다고 증거한다. 32절의 주어는 3인칭 여성단수 "마음[카르디아(Καρδία)]"과 "뜻[프쉬케(ψυχή)]"이다. 본동사는 "……이다"를 의미하는 "에이미"(εἰμί)동사의 3인칭

단수 미완료 "에엔"(ἦν)이다. 따라서 32절은 지속적 상황을 묘사하는 구문이다. 믿는 무리의 마음과 뜻이 계속 하나인 것이다. 그리고 아무도 자신에게 속한 물건에 대해 자기 것이라고 말하는 자가 없었다(οὐδὲ εἷς …… ἔλεγεν ἴδιον εἶναι). 오히려 모든 것이 그들에게는 계속 공유되었다(ἦν κοινά).[8]

어떻게 예루살렘 교회는 이런 급진적인 물질적인 차원의 유무상통 공동체를 이룰 수 있었을까? 두 가지 이유를 생각해 볼 수 있다. 첫째, 예루살렘 교회는 예수의 하나님 나라 복음이 가난한 자들에게 우선적으로 선포된 복음이라는 사실을 정확하게 이해했기 때문이다. 예수께서 선포한 하나님 나라는 가난한 자들에게 우선적으로 기쁜 소식이 되는 현실이었다.[마 11:5; 눅 4:18-20] 구약성경이 그리는 하나님 나라의 이상적인 모습이 시편 133편이나 이사야 11장과 61장이 그리는 형제자매의 연합과 일치를 구현한 공동체였기 때문이다. 하나님 나라는 어떤 가난한 자도 땅의 소출을 누림에서 배제되지 않는 사회였다.[신 15:11] 둘째, 좀 더 직접적인 이유, 곧 예루살렘 교회의 종말론적인 확신 때문에 유무상통적 사랑이 실천되었을 것이다. 이제 세상 재물은 더 이상 쓸 데 없어지는 새로운 세상이 개벽된다는 믿음이 이런 비상한 형제우애를 가능케 했다는 것이다.[고전 7:29-31] 이처럼 오순절에 강림한 성령은 예수 그리스도를 통해 이스라엘을 택한 백성으로 삼으신 하나님의 목적이 성취되었음을 확신시켜 주었다. 예루살렘 교회는 이제 하나님이 만드는 새 하늘과 새 땅이 도래할 것이라는 확신에 사로잡혀 있었다. 곧 있게 될 몸의 부활을 통해 참여하게 될 하나님 나라에 대한 확신이 워낙 강했기 때문에, 예루살렘 교회는 세상의 재물과 소유에 대한 집착에서 벗어날 수 있었다. 이런 급격한 결단은 어떤 정치적 유토피아를 이루려는 인간적 열정 발로가 아니라 성령의 압박과 격려로 가능했다.

33절은 사도들의 예수 부활 증언의 효과가 얼마나 컸는지를 보여준다.[9] 큰 권능을 과시하면서 주 예수 부활을 증언하는 사도들의 메시지를 듣는 믿는 사람들에게 하나님의 큰 은혜가 임했다. 하나님의 큰 은혜는 사람들의 희사喜捨와 기꺼운 나눔을 촉발시켰다. 그 결과 그들 가운데 가난한 사람이 없어졌다. 신명기 15:11이 실현된 것이다. "너희 중 어떤 가난한 사람도 땅의 소출을 누림에 있어서 배제되어서는 안 된다." 밭과 집을 가진 사람들이 팔아 그것의 값을 사도들의 발 앞에 바쳤다.34절 사도들은 각 사람의 필요를 따라 그 값을 나눠주었다.35절 이와 같은 공동체적인 사랑의 실천에 앞장선 인물 중 하나가 구브로 출신 레위인 요셉이었다. 그가 얼마나 놀라운 격려와 위로의 은사를 발휘했던지 사도들에게 바나바(직역하면 '위로의 아들')라고 불릴 정도였다.36절 그는 밭을 팔아 얻은 돈을 사도들의 발 앞에 두어 공동체적인 희사 분위기를 확산하는 데 이바지했다.37절 사도들의 발 앞에 바쳐진 그 재산은 사도들의 영적 감독 아래 각 사람의 필요에 따라 배분되었다.

여기서 우리가 기억해야 할 것은 이러한 예루살렘 교회의 급진적인 이웃 사랑, 곧 가난한 자들에 대한 사랑은 "무한히 지속된 이웃 사랑"이 아니라, 한시적으로 실천된 이웃 사랑이었다는 것이다. 또한 그것은 한 사람의 개인이 한 사람의 불우한 개인 이웃에게 실천해야 하는 계명이라기보다는, 다수의 정상적인 토지 경작 구성원들이 여러 가지 이유로 토지경작권을 누리지 못한 이웃들, 곧 고아, 과부, 레위인, 난민, 도망친 노예, 귀화 희망 외국인들 등에게 실천할 계명이었다는 것이다. 구약성경의 이웃 사랑 계명레 19:18은 토지 정의법들과 기타 자비 법령들에서 나오는데, 그것들은 어디까지나 한시적인 사랑 실천 계명이었으며, 정상적인 경우 다수가 소수를 도우라는 사랑 계명이었다.

특히 구약성경에서 하나님은 고대 이스라엘로 하여금 가난한 자들의 주기적 생존권 회복을 위한 세 가지 법을 준행하도록 명령한다. 7년 주기의 채무면제법(인신해방법),신 15:1-11 땅 안식년법(휴경법)레 25:1-7 희년법.레 25:8-12 7년 주기 채무면제법이나 7년 주기 땅 안식년법만 잘 준수되면 아무리 가난한 사람도 최장 6년간만 가난한 상태에 처했을 것이다. 만일 경우 이 두 법이 시행되지 못하고, 50년 주기의 기업회복법인 희년법이 준수되는 경우라면 최장 49년간만 가난이 지속되었을 것이다. 구약에서 "가난한 자들"을 도우라는 명령은 6년에서 49년 동안 가난한 이웃을 도우라는 명령으로 이해되었다. 즉, 구약의 가난한 이웃 사랑 계명은 무한히 영원토록 가난한 이웃을 도우라는 계명이 아니었다. 그것은 정당한 토지 정의법 시행과 자비 법령들에 대한 구체적 준행을 통한 이웃 사랑이다. 우리가 토지 정의법들과 자비 법령들을 잘 지키는 것이 이웃 사랑의 알파와 오메가이다.신 10:12-18; 약 1:27; 요일 3:18

따라서 이토록 급진적인 이웃 사랑을 실천했던 예루살렘 교회는 기성세대가 이룬 문명 질서에 대항하여 공동체를 구현한 샌프란시스코의 히피 공동체도 아니었으며, 정치적 평등 이데올로기를 강요한 공산주의자들의 혁명 산물도 아니었다. 그것은 오로지 이웃 사랑을 명한 토지정의법들과 자비 법령들을 이미 실천해 오고 있던 이스라엘 민족의 마음을 감화시킨 성령의 역사로 인한 결과였다. 성령은 물질의 배분과 가난의 극복을 촉진함으로써 한 공동체를 은혜 안에서 평균케 하는 힘을 발휘한다. 성령은 신자들의 마음에 가난한 이웃들을 도우라고 명한 토지 정의법들과 자비 법령들을 지킬 열망을 신자들의 마음에 불러일으키신다. 성령의 감화 감동으로 신자들은 다가오는 면제년, 토지안식년, 그리고 희년에 가난한 당신의 백성을 돌보시려는 하나님의 마음에 접목되어 하나님의 선물인 물질과 부를 가난한 이웃과 기꺼이 나눌 수 있었다. 성령이 임하면 이사야 61:1의 마음이 일어나기 때문이다. "주 여호와의 영이 내게 내리셨으니 이는 여호와께서 내게 기름을 부으사 가난한 자에게 아름다운 소식을 전하게 하려 하심이라." 성령이 믿는 무리의 마음에 감동을 불러일으킨 결과 어떤 정치적 이념이나 지도자도 실현할 수 없는 하나님 나라가 실현되었다.

메시지

오늘날 교회의 부흥이나 영광 회복을 말하는 모든 그리스도인은 3천 명이라는 제자 숫자의 증가에만 주목하지 말고, 이 기막힌 형제자매의 우애가 가득 찬 공동체 생활에 주목해야 한다. 부흥의 본질은 단지 수적 증가에만 있지 않고, 분열되고 양극화된 공동체가 치유되는 사랑과 우애가 가득 찬 공동체 생활의 탄생에 있기 때문이다. 기독교 공동체의 거룩한 공세성은 어떠한 장벽과 장애물도 극복하며, 하나님 나라의 영토를 확장하는 데 결정적인 요인으로 떠오른다. 하나님 나라의 세계변혁을 방해하는 외적 장벽은 하나님 나라와 그 의義를 대적하는 적대자들의 저항과 박해이다. 이 외적 장벽은 하나님 나라 운동가들이 극복해야 할 큰 장벽이다. 그러나 하나님 나라의 전진을 방해하는 또 다른 장벽은 인간의 본성 안에 있는 죄악된 열정과 의지이다. 아담 인류의 본성 안에는 하나님의 거룩한 요구에 저항하는 경향성이 있다. 사도 바울의 용어로 말하면, 우리 자연적 본성 안에 죄가 거하기 때문이다.롬 7:21 모든 부흥은 하나님 나라의 통치에 저항하는 내외적內外的 진지와 요새들 모두를 거룩하게 돌파breakthrough하는 역사다.출 19:16-24 부흥은 인간의 죄악된 영역에 하나님의 영광이 침입하여 돌파하고 분쇄하는 역사다. 이 부흥의 역사에 성령에 사로잡힌 자, 곧 먼저 하나님에게 거룩하게 공격당하고 돌파당하여 하나님 편에 투항한 부활 증인들의 일상적인 공동체적 순종이 있었던 것이다.

스티븐 니일 신부는 그의 책 『기독교 선교사』에서 "어떻게 초대교회가 2세기도 안 되어 로마제국 전 지역에 퍼지게 되었을까?" 질문한다. "어떻게 기독교가 로마의 숱한 종교들을 물리치고 우뚝 선 종교가 되었을까?"라는 질문을 설정하고 그에 대한 네 가지 이유를 제시한다.[10] 첫째로, 로마제국 권역 내에서 기독교가 신속하게 확산된 동인은 무엇보다도 초대교회 교인들의 불붙은 확신에 있었다. 예수 그리스도가 십자가에서 죽으시고 부활하셨다는 확신이 그들로 하여금 지상에서의 소유와 가족 관계를 비롯한 모든 것을 과감하게 상대화할 수 있는 능력을 부여했다. 필멸必滅의 세상 가치와 질적으로 전혀 다른 불멸不滅의 부활 가치를 확신하면 세상을 변화시킬 힘이 반드시 생기게 된다.

사도들이 "이 세상이나 세상에 있는 것들을 사랑하지 말라"요일 2:15고 가르치거나, "누구든지 세상과 벗이 되고자 하는 자는 스스로 하나님과 원수가 되는 것"약 4:4이라고 경고했던 이유는 세상 가치에 포박된 사람들은 결코 하나님 나라를 상속할 수 없기 때문이다. 세상 가치는 안목의 정욕, 육신의 정욕, 그리고 이생의 자랑으로 대표된다.요일 2:16 이런 세상 가치에 포박된 사람들은 혈과 육으로 불린다. 혈과 육은 육신의 정욕, 안목의 정욕, 그리고 이생의 자랑[헤 알라조네이아 투 비우(ἡ ἀλαζονεία τοῦ βίου)]은 이 세상 재물을 자랑하는 인간의 본성을 뜻한다. 바울과 요한은 이 세상 가치들이 썩을 것이며, 소멸될 것이라고 확언한다. 그래서 이런 세상 가치를 추구하는 자들은 하나님 나라를 상속할 수 없다. 썩는 것은 썩지 아니할 것을 유업으로 받을 수 없기 때문이다.고전 15:50 돈도 필멸하며 소멸하고, 돈에 대한 사랑도 반드시 소멸할 수밖에 없다.

초대교회 신자들은 부활하신 예수를 영접한 후에 이 세상의 모든 부귀영화나 욕망을 충족하는 행위들보다 형제자매를 사랑하는 일의 불멸적 가치를 체득했다. 초대교회 신자들을 추동한 거룩한 성령은 세상 가치의 필멸성을 각인시켜 주었다. 예수를 죽은 자 가운데서 다시 살리신 영이 그들의 저열하고 열등한 욕망을 십자가에 못 박게 도와주었다. 그리스도 예수의 사람들은 육체와 함께 그 정욕과 탐심을 십자가에 못 박았다.갈 5:24 그리스도와 함께 위의 것을 추구할 영감을 부단히 고취시켜 주었다골 3:1 그들은 "자유를 위하여 부르심을 입었으나 그 자유로 육체의 기회로" 삼는 대신에 오직 사랑으로 이웃에게 종노릇하기를 즐거워했다. "네 이웃을 너 자신과 같이 사랑하라"는 계명을 실천하기 위해 그들은 신적 위력을 발휘하는 돈을 거룩하게 낭비하고 소비했다.

결국 우리 그리스도인들이 예수의 부활뿐 아니라 우리 자신의 부활을 믿는다는 것은, 지금 세상에서 사람들에게 신적인 영향력을 행사하는 모든 권력관계, 곧 돈과 재물과 명예들을 우습게 여긴다는 뜻이다. 실선實線의 '역사적 예수'께 교육받고 감화된 제자들은 점선點線의 계시로 간헐적으로 나타난 '부활한 예수'를 만났을 뿐 아니라, 주와 그리스도가 되어 하나님의 우편 보좌에 앉아 계신 그리스도께서 파송하신 성령의 충만한 지배를 경험했다. 그러자 그들의 불붙은 확신은 아무도 막을 수 없었다.눅 12:49-53 그래서 최초의 교회사가인 가이사랴의 유세비우스는 이렇게 말했다.

> [2세기 초엽] 많은 그리스도인은 거룩한 말씀에 감동을 받아 완전에 대한 열렬한 소망으로 충만해 있었다. 그들이 주님의 가르침에 순종하기 위해 취한 첫 번째 행동은 모든 소유를 팔아 가난한 자들에게 나눠 주는 일이었다. 그 다음에 그들은 집을 떠나 전도자의 일을 시작했다. 신

앙을 모르는 사람에게 말씀을 전하고 거룩한 복음의 책들을 전해주는 것이 그들의 야망이었다. 그들은 외국 백성들 사이에 기초를 놓는 것으로 만족했다. 단순히 신앙을 받아들인 사람들을 강화하는 임무는 그들이 선임한 다른 목사들에게 이양되었다. 그 다음에 그들은 하나님의 은혜와 도움을 얻어 다른 나라와 민족을 향해 떠나갔다.[11]

이런 순회전도자들이 활동할 수 있었던 것은 초대교회의 공동체 정신 덕분이었다. 성령은 건강한 개인주의를 지지하지만, 그것을 넘어 개인주의적인 삶을 사는 그리스도인들을 공동체적인 사랑의 모험과 투신으로 이끌어 간다. 초대교회는 선교나 사업의 목적으로 다른 지역으로 이동하는 신자가 있을 때면 부근의 그리스도인들이 여행 중인 동료 신자들을 지성至誠으로 환대했다.히 13:1-3 교회 밖 세상 사람들에게 성령 충만한 공동체는 구성원들 사이에 사랑과 우애가 충만한 공동체라는 것을 먼저 증명하지 않고는 교회의 어떠한 복음 전파도 창조적인 공세를 발산하지 못할 것이다.

기독교 복음의 급격하고도 광범위한 확산을 촉진한 둘째 동인은, 기독교 복음이 세기말적인 불안에 사로잡혀 있던 동시대의 사람들에게 다이너마이트처럼 폭발적인 변혁력을 발산했다는 점이다. 예수의 부활과 죄 용서의 메시지는 모든 고대 신비 종교esoteric religion들의 애매모호함과 영혼 불멸 사상을 제압했다. 육체와 물질에 대해 정신과 영혼의 존재론적 우선성과 궁극성을 주창한 그리스 철학과 동방 종교들과 확연히 구별되는 기독교 복음은, 육체가 부활한다는 청천벽력과 같은 복음으로 로마제국 내부의 밀의密議 종교들과 영혼 중심의 관념적인 종교들을 무력화했다. 로마제국에 만연한 여러 종교는 육체가 영혼의 감옥이며 영혼은 불멸한다는 그레코-로만 사상에 휘둘리고 있었다(플라톤의 『파이돈』). 따라서 육체가 부

행

활한다는 기독교의 복음은 그레코-로만 문명과는 체질적으로 맞지 않았다. 그런데 처음에는 우스꽝스럽게 들리고 희롱당하던 그 육체 부활 사상이, 영혼 불멸을 믿고 있던 로마제국 내의 신비 종교들을 압도하고 빠르게 퍼져나갔다. 로마제국의 정치적 위용을 믿었다가 실망한 로마제국의 시민들과 그리스 철학이나 종교가 더 이상 안전한 피난처가 아니라고 생각하기 시작한 사람들의 세기말적 불안에 대해 예수의 육체 부활을 선포하는 기독교는 완전한 복음이었던 것이다. 육체 부활을 믿는 가장 강력한 증거는 물질적 유무상통까지 포함한 이웃 사랑의 실천이었다. 혈과 육의 필멸을 믿고 새로운 신령한 몸으로 부활할 것을 믿는 사람들은 세상의 물질과 재물을 사랑을 위해 거룩하게 낭비하는 사람들이다. 가난한 이웃을 위해 재물을 낭비하는 자선을 구약성경은 하나님께 꾸어드리는 일이라고 칭찬한다.[잠 19:17]

셋째로, 기독교 집단들이 보여준 순결한 생애와 그들의 전투적인 사랑이야말로 다른 모든 종교 집단과의 차별을 가져왔으며, 급속한 속도로 대규모 개종자들을 얻는 데 결정적으로 기여했다. 그들은 노예와 군인을 돌보았고 귀족 출신과 노예 출신을 차별하지 않고, 가족적인 친밀감이 깃든 "형제자매"라는 말로 서로를 불렀다. 육체를 경시하는 사람들에 비해 그리스도인들은 육체를 성령의 전殿이라고 불렀으며, 노예와 종을 형제적 우애와 사랑으로 돌볼 것을 가르쳤다. 더 나아가 그들은 어떤 이교도들이나 자선가들도 흉내 낼 수 없는 범위와 수준의 자선 활동을 전개했다. 그들 공동체 주변에는 항상 교회 공동체의 사랑과 돌봄을 받는 고아와 과부들이 있었다. 또한 죄수와 여행자를 돌보아 주고 죽은 자를 매장해 주는 장례 봉사를 하는 등 다양한 영역에서 펼쳐진 그리스도인들의 일상적 사랑의 봉사 활동은 공공연하게 알려져 적대적인 관찰자의 증언에서도 언급될 정도였다. 4세기의 유명한 배교자였던 로마 황제 율리아누스the Apostate Julianus, 332-363년가 로마제국의 전통적인 국가종교를 부활시키기 위해 기독교의 급성장을 막아 보려고 했다. 하지만 로마의 국가종교를 부활시키려던 그의 분투는 좌절되었는데, 그는 그 으뜸 이유가 기독교의 사랑이었다고 말했다. 그는 자신의 글에서 기독교인들을 '무신론자'라고 불렀으며,[12] 그 무신론자의 비상한 사랑에 비해 자신이 속한 종교의 비참함과 초라함에 대해 이렇게 탄식했다.

> 무신론(기독교 신앙)은 나그네들에 대한 친절한 봉사와 죽은 자들의 매장埋葬에 대한 관심을 통해 현저한 발전을 이루었다. 유대인 가운데는 단 한 명의 거지도 없으며, 무신론자인 갈릴리 사람들은 자기네 극빈자들을 돌볼 뿐 아니라 로마의 극빈자들까지 구조하고 있는 반면, 우리에게 속한 사람들은 가만히 앉아서 우리가 도와주기만을 바라고 있으니 창피스러운 일이다.[13]

1982년에 발간된 국제 복음주의 학생회IFES의 소식지*In-Touch*는 쿠바 수녀들의 사랑과 헌신을 높이 평가하는 피델 카스트로Fidel Castro 의장의 인터뷰를 실은 적이 있다. 카스트로는 쿠바의 공산당원들에게 다음과 같은 요지의 말을 전했다. "쿠바의 모든 공산당원이여, 쿠바의 수녀들을 보시오! 우리 공산당원이 해야 할 자선 활동을 아무런 대가 없이 가톨릭 수녀들이 하고 있습니다. 모든 공산당원은 수녀들을 본받으시오." 근래에 조성된 가톨릭교회에 대한 쿠바 정부의 호의어린 접근은, 카스트로가 가톨릭 수녀들의 사랑과 헌신에 대해 느낀 감동과 무관하지 않을 것이다.

마지막으로, 기독교인들이 핍박을 받으며 죽음을 불사하면서 복음을 전파하고, 복음을 과시하는 강력한 현장이 되었다는 것이다. 자발적으로 순교의 길에 들어선 그리스도인들이 보여준 의연하고 고상한 죽음이 오히려 수많은 개종자를 배출시켰던 것이다. 순교자 중에는 귀족도 있고 노예도 있었으나, 그들은 한결같이 복음을 위해 자신의 목숨을 기꺼이 제물로 바쳤다. 굶주린 사자들이 으르렁거리는 카르타고의 원형경기장으로 들어서는 귀족 출신의 페르페투아와 노예 소녀 펠리시타스의 부드러운 용기는 충격적일 정도로 눈부신 복음의 광채를 발산했다고 전해진다. 많은 기독교인이 죽으면서 부활을 확신했고, 죽는 과정에서 한 줄기의 적개심도 내비치지 않았다. 순교자가 죽을 때마다 수많은 개종자가 발생했고, 마침내 로마 황제들은 결국 기독교를 박해해서는 도저히 안 되겠다는 결심에 이르게 된 것이다.

이것이 참 기독교요 표준적인 구원 경험의 요소들이다. 성령 충만으로 인한 뜨거운 확신, 세상을 경악시킬 만한 비범한 사랑과 우애 공동체의 창조, 세상을 향한 이타적인 자애의 실천, 진리를 위해 죽을 수 있는 용기가 기독교 신앙을 증거하는 방식들이다.

5장.

교회 공동체 안팎 어둠의 세력을 제압하는
부활 예수의 증인들

5장은 예루살렘 사도 공동체를 와해시키는 안팎의 도전을 다룬다. 성령의 역사가 왕성한 예루살렘 교회 공동체의 유무상통 코이노니아를 오염시키려는 아나니아와 삽비라의 도발과 산헤드린 공의회의 2차 공세가 예루살렘 교회를 뒤흔들었다. 이런 위기 앞에서도 사도들은 "우리는 예수의 십자가, 부활, 그리고 승천의 드라마를 목격한 증인"임을 내세워 조금도 위축되지 않는다. 표적과 기사를 일으키는 사도들의 거룩한 영적 시위와 공세 앞에 예루살렘 일반 거주민들과 산헤드린 사이에는 그리고 심지어 산헤드린 공회 구성원 사이에서도 미세한 균열이 발생했다. 그래서 산헤드린은 사도들을 죽이지 못했다. 5장은 교회의 거룩성과 통일성을 위협하는 아나니아와 삽비라의 도발,[1-11절] 사도들에 의해 일어나는 표적과 기사,[12-16절] 대제사장을 정면으로 질책하는 베드로와 사도들의 공세적인 복음전파,[17-32절] 그리고 산헤드린 강경파를 진정시키는 산헤드린 온건파 바리새인 가말리엘[33-42절] 단락으로 나눠진다.

1. 교회의 거룩성과 통일성을 위협하는 아나니아와 삽비라의 도발 ● 1-11절

5 1아나니아라 하는 사람이 그의 아내 삽비라와 더불어 소유를 팔아 2그 값
에서 얼마를 감추매 그 아내도 알더라. 얼마만 가져다가 사도들의 발 앞
에 두니 3베드로가 이르되 아나니아야, 어찌하여 사탄이 네 마음에 가득하여 네가 성
령을 속이고 땅값 얼마를 감추었느냐. 4땅이 그대로 있을 때에는 네 땅이 아니며 판

후에도 네 마음대로 할 수가 없더냐 어찌하여 이 일을 네 마음에 두었느냐 사람에게
거짓말한 것이 아니요 하나님께로다. 5아나니아가 이 말을 듣고 엎드러져 혼이 떠나
니 이 일을 듣는 사람이 다 크게 두려워하더라. 6젊은 사람들이 일어나 시신을 싸서
메고 나가 장사하니라. 7세 시간쯤 지나 그의 아내가 그 일어난 일을 알지 못하고 들
어오니 8베드로가 이르되 그 땅 판 값이 이것뿐이냐 내게 말하라 하니 이르되 예, 이
것뿐이라 하더라. 9베드로가 이르되 너희가 어찌 함께 꾀하여 주의 영을 시험하려 하
느냐 보라, 네 남편을 장사하고 오는 사람들의 발이 문 앞에 이르렀으니 또 너를 메
어 내가리라 하니 10곧 그가 베드로의 발 앞에 엎드러져 혼이 떠나는지라. 젊은 사람
들이 들어와 죽은 것을 보고 메어다가 그의 남편 곁에 장사하니 11온 교회와 이 일을
듣는 사람들이 다 크게 두려워하니라.

주석

이 단락은 예루살렘 초대교회가 직면한 최초의 위기인 아나니아와 삽비라 사건을 다룬다. 여기서 예루살렘 초대교회의 주인이 과연 인간인지 예수 그리스도인지를 가리는 결정적인 시금석이 제시된다. 아나니아와 삽비라의 도발은 자신들의 땅을 팔아 얻은 돈 일부를 사도들의 발 앞에 바치는 데서 시작된다. 그들의 거짓된 헌신은 사도 베드로에게 즉시 간파되고 아나니아와 삽비라는 순식간에 징벌을 받아 죽었다. 하나님을 시험하려는 듯한 그들의 행동은 전혀 새로운 공동체 생활을 개시한 예루살렘 초대교회의 본질이 무엇인지를 묻게 만든 사건이다. 이 사건은 예루살렘 초대교회가 인간적인 지도력의 산물인지 성령의 자유롭고 주권적인 사역의 산물인지를 검증하는 계기가 되었다.

120 문도에 속한 것은 물론이거니와 중견 제자였을 법한 아나니아는 땅[크테마(κτῆμα)]을 매각해 받은 돈 일부는 남겨두고 그 나머지를 사도들의 발 앞에 바쳤다. 이 사실을 그의 아내 삽비라[사

파이어(sapphire)]도 알고 있었다.[1-2절] 여기까지는 문제될 것이 아무 것도 없었다. 문제는 그들이 마치 판값 전부를 바친 것처럼 행동하고 다녔다는 것이다. 4:32-37에 나오는 성령 충만한 코이노니아(κοινωνία) 공동체의 일원이 된 것처럼 행동했다. "사도들의 발 앞에 두었다"는 표현은 4장 35, 37절에 등장하는 어구이다. 문맥상 그것은 밭과 집을 팔아 가난한 사람들을 구제하기 위한 급진적 희사 행위를 가리키는 표현이다. 아나니아와 삽비라는 구브로 사람 레위인 바나바의 토지 희사에 자극을 받아 자신들의 땅을 팔아 그 판값의 일부를 사도들 앞에 바쳤던 듯하다. 여기에 문제가 있다. 4장에서 급진적 희사에 참여한 사람들은 "자기 재물을 조금도 자기 것이라"고 주장하지 않았는데[4:32-37, 특히 32절] 아나니아와 삽비라는 땅을 매각해 생긴 돈의 일부만 내고 나머지는 자신들이 취했다는 것이다. 자기 재물이라는 생각을 품고 일부만 바쳤다. 특히 바나바의 급진적 희사와 비교해 볼 때 이들의 동기와 방법은 천양지차를 보인다. 왜 아나니아와 삽비라가 이런 행동을 했는지 그 동기가 분명하게 제시되어 있지는 않다. 그들은 밭을 바쳐 "위로의 아들"[son of encouragement]이라는 명예로운 이름을 얻은 바나바처럼, 교회 공동체로부터 존경받고 싶었는지도 모른다. 바나바가 받은 존경과 인정을 원해 그런 거짓말을 했을 수도 있고, 사도 공동체의 영적 중심을 시험해 보려고 거짓말을 했을 수도 있다. 어떤 동기에서 이뤄진 행동이건 간에 상관없이, 그들의 거짓된 행동은 그리스도의 몸된 교회의 거룩성과 통일성을 위협하기에 충분했다.

영적 감독자인 사도 베드로의 거룩한 통찰망에 그들의 악한 행동이 포착되었다.[3절] "아나니아야!"라고 부르는 것을 볼 때 아마도 베드로는 개인적으로 아나니아를 잘 알고 있었던 것처럼 보인다. 3절의 직역은 베드로의 충격적 반응을 드러낸다. "하지만 베드로가 말했다. '아나니아야! 어떻게 사탄이 네 마음을 가득 사로잡아, 너로 하여금 거룩한 영에게 거짓말을 하게 하고, 밭의 대금으로부터 일부를 횡령하게 했느냐?'"이다. "감추다"라는 동사로 번역된 "노스피조"(νοσφίζω)는 감추는 행위보다는 더 의도적인 악행을 가리킨다. 일부를 떼어놓는 행위 혹은 횡령하는 행위를 가리킨다.[1] 베드로는 아나니아에게 어떻게 땅 매각으로 얻은 돈 일부를 바치고 전부를 바친 것처럼 행동하면서 하나님의 거룩한 영을 속였는지를 심문한 것이다.

4절에서 베드로는 어느 누구도 아나니아에게 땅을 팔라고 강요하지 않았고 또 판값 일부만 바쳤다고 해서 비난하지 않았는데 왜 거짓말을 해야 했는지를 묻는다.[4절 상반절] 베드로는 이 거짓말이 사람들에게 향한 거짓말이 아니라, 거룩하신 하나님을 향한 거짓말임을 강조한다[4절 하반절] 여기에는 뭔가가 생략되어 있다. 아나니아와 삽비라가 뭔가 말을 하는 장면이 나오지 않기 때문이다. 아나니아 부부가 "우리가 땅 판 돈 전부를 바쳤습니다"라는 말을 했다고 전제가 되어 있어야 한다. 4장 32절에는 베드로의 책망[5:3-4]이 왜 돌발적으로 터져나왔는지 그 맥락을 짐작케 하는 실마리가 있다. "사도들의 발 앞에" 재산을 바친 신자들은 "자기 것을 조금도 자기의 것"이라고 여기지 않았다. 그에 비해 아나니아와 삽비라는 재산 일부를 감추어놓고 일부를 사도들의 발 앞에 두었다. 사도들의 발 앞에 재산을 바친 거룩한 신자들의 행렬을 오염시킨 것이다. 베드로는 이러한 아나니아와 삽비라의 행동이 하나님의 거룩한 현존에 대한 모독이었음을 지적한다. 아나니아의 거짓말은 곧 성령에 대한 직접적인 모독이요, 도발인 것이다. "내가 진실로 너희에게 이르노니 사람의 모든 죄와 모든 모독하는 일은 사하심을 얻되 누구든지 성령을 모독하는 자는 영원히 사하심을 얻지 못하고 영원한 죄가 되느니라."[막 3:28-29] 베드로는 아나니아의 행동이 거짓의 아비인 사탄[요 8:44]이 아나니아의 마음에 들어가 성령을 속이려고 시도한 것이라고 판단했다.[3절] 아나니아와 삽비라 사건은 그들이 단순히 베드로의 사도적 권위에 도전한 것이 아니라, 사탄이 예수 그리스도의 영에 도전한 것이다. 사도 베드로에게 "네 마음이 어떻게 사탄의 지배를 받았느냐?"는 추궁을 받은 아나니아는 거룩하신 하나님 앞에 도저히 바로 설 수가 없었다. 이처럼 베드로가 두 부부의 행동이 하나님께 대한 인격적 모독이라고 규정하고 그 죄를 폭로하자, 아나니아는 혼이 떠나 죽었다. 이 일을 들은 사람들은 크게 두려워했다.[5절]

여기서 우리는 베드로의 질책과 하나님의 심판이 너무 가혹한 것이 아닌가 하는 생각을 해볼 수 있다. 교회 치리에 관한 예수의 가르침[마 18:15-20]에 의하면, 영적 지도자가 혐의를 둔 교인을 먼저 1:1로 면담하여 조용히 회개를 촉구하고, 그래도 안 되면 두세 사람의 회개 촉구가 있어야 한다. 이 두 단계의 회개 권고와 촉구가 받아들여지지 않을 때 전체 회중 앞에서 혐의 있는 교인의 죄를 공개적으로 치리하고 그를 파문할 수 있다. 그런데 아나니아의 경우에는 앞의 두 과정이 생략된 채 바로 베드로의 공개 책망부터 소개된다. 초대교회가 첫 두 번째 과정을 생략했다기보다는 어떤 형식으로든 이 두 단계를 거쳤을 것이라고 추정해 볼 수 있다. 8절에 나오는 베드로의 삽비라 심문과 유사한 심문이 아나니아에게도 있었을 것이다. 삽비라에게 베드로가 던진 8절의 질문은 아마도 2절과 3절 중간 어느 지점에서 아나니아에게도 주어졌을 것이다. "아나니아야, 그 땅 판 값이 이것뿐이냐? 내게 말하라." 아나니아는 아마 8절의 삽비라처럼 대답했을 것이다. "예, 이것뿐입니다." 즉, 아나니아는 돌이키지 않았다는 것이다. 이런 시나리오가 없었다면 베드로의 단도직입적 아나니아 단죄는 너무 급작스럽다는 인상을 지울 수 없다. 3절에서 마침내 베드로가 아나니아의 마음에 "사탄이 가득하여" 성령을 속이게 되었다고 진단했다는 사실은, 아나니아에게 다시는 회개의 기회가 없어졌다는 사실을 강조한 것이다. 사탄은 끝까지 회개하지 않고 죽음의 순간까지 하나님께 저항하는 존재이기 때문이다.

거라사 지방의 귀신들린 자에게서 빠져나간 군대 귀신은 회개하기보다는 돼지 떼 2천 마리 속에 들어가 죽는 것을 선택했다.[막 5:1-13] 사탄은 죽음으로 저항하면 했지, 회개하지는 않는다. 예수를 팔려고 결심한 유다의 마음에 사탄이 들어가자 그의 마음을 돌이키려고 애쓰신 그분의 노력이 소용이 없었던 것처럼,[요 13:2, 26-27] 아나니아의 마음도 사탄에게 장악되어 즉각 회개로 응답할 수 없었다. 아나니아는 베드로의 최후통첩과 같은 심판을 듣기 전에 어떤 모양으로든지 회개를 권고받았을 것이다. 그럼에도 베드로가 직접 심문하여 추궁할 때까지 그는 거짓으로 자신을 방어했던 것으로 보인다. 그래서 회개의 기회를 놓쳐 버렸을 것이다.

성령 충만한 교회마저도 사탄의 도발 대상이 될 수 있다는 사실은 우리를 두렵게 한다. 아나니아와 삽비라를 비롯한 중견 신자들이 교회를 향한 사탄의 도발 통로가 되었다는 점 또한 경각심을 일으키기 충분하다. 더 근본적으로 생각해 보면, 인간의 마음이 사탄의 처소가 될 수 있다는 사실 자체가 가장 두려운 일이다.[마 12:43-45; 요 8:44, 13:2; 참조. 잠 4:23; 렘 17:9] 사탄은 거짓말쟁이요 거짓의 아비로서 인간이라는 중간 매개체를 거점으로 삼아 활동한다. 사탄은 영적 존재이며 인간 또한 영적 존재이기에 인간은 사탄과 소통이 가능한 존재이다. 사탄은 바위와 돌 같은 무생물이나 소나무와 전나무 같은 식물을 통해서가 아니라, 영물인 인간의 마음을 통해서 생명을 파괴하는 활동을 전개할 수 있다. 사탄은 하나님의 주권 아래 활동하는 준準 신적 존재이지만, 진리 안에 서지 못하는 영적 존재다. 사탄은

행

항상 인간의 마음을 점령하여 하나님께 도전하게 하고 저항하게 만든다. 하나님을 믿지 못하게 만드는 힘은 어떤 모양이든지 사탄과 관련되어 있다.고후 4:4; 엡 2:1-2

특히 사탄은 인간 안에 누적된 거짓과 탐욕, 위선과 불순종이라는 거점을 집요하게 공격하여 상륙한 후에 진지를 구축한다. 사탄이나 귀신들림의 희생자가 한결같이 자신의 죄악 때문에 그렇게 되었다고 말할 수는 없지만, 사탄의 접근에 대적하지 않고 환영한다면 사탄은 자신에게 주권을 이양한다고 믿고 감히 인간의 마음이라는 해안가에 상륙하려고 한다. 예수 당시의 유대인들, 바리새인들, 서기관들은 위선, 탐욕, 불순종, 형식적 종교에 오랫동안 탐닉해 왔기 때문에, 사탄의 영향력 아래 자신들을 방치하고 있었다.요 8장 아나니아와 삽비라는 자신의 실제 모습보다 더 의롭고 희생적이고 착한 사람처럼, 실제 모습보다 더 믿음이 좋은 사람처럼 가장한 위선의 죄를 범한 것이다. 사람들 앞에서 형식주의적·자기도취적 자랑 욕구와 위선에 사로잡혀 있다가 하나님을 향해서도 거짓말을 하는 죄를 범한 것이다.

베드로가 이 사실을 지적하고 엄중하게 문책하자마자 아나니아가 쓰러져 혼이 떠났다는 것은, 두 가지를 깨닫게 한다. 첫째, 아나니아와 삽비라의 성령 도발 사건은 하나님이 보실 때 예루살렘 교회의 거룩성과 통일성을 지켰어야 하는 엄중한 때에 일어났기 때문에 일벌백계의 교훈으로 하나님의 즉각적인 심판이 있었다. 둘째, 베드로를 통한 하나님의 양심 질책은 혼절시켜 죽게 만들 만큼 아나니아에게 치명적인 타격을 입혔다. 아나니아의 급살急殺은 교회 공동체 안팎의 사람들에게 하나님의 거룩한 현존에 대한 예민한 지각을 일깨워 주었다. 하나님은 결코 만홀漫忽히 여김을 받으실 분이 아니라, 거룩한 돌격자이다.갈 6:7 하나님은 엄중한 경고를 받고도 거룩한 신성구역을 도발하는 자를 가차없이 돌격하고 돌파하시는 거룩한 타자이시다.[출 19:12; 21-24] 하나님은 당신을 가까이 하는 자 중에서 하나님의 거룩함을 드러내시고 그것을 통해 온 회중에서 하나님의 영광을 나타내시는 하나님이시다.[레 10:3]

이처럼 거룩한 하나님은 거짓을 의지해서라도 하나님의 사람인 양 거룩을 과장하고, 사람들로부터 존경을 탐하는 아나니아와 삽비라의 마음을 악독한 누룩으로 간주하셔서 즉각 징계하셨다.[마 12:31-32; 막 8:14-21; 고전 5:6-8; 갈 5:9] 신약성경에서 아나니아가 들었던 수준의 엄중한 책망과 단죄를 받은 인물은 돈으로 성령의 권능을 사려고 한 사마리아의 "큰 마술사" 시몬의 경우 외에는 달리 없다.[행 8:18-24] 그만큼 이 사건은 비상하고 예외적인 하나님의 심판을 초래했다. 성령으로 충만한 베드로의 영적 통찰력 앞에 아나니아와 삽비라의 거짓말은 탄로되었고, 그들은 하나님 심판이라고밖에 설명할 수 없는 이유로 곧장 죽었다. 이 소문을 들은 사람들에게 성령의 정화[淨化] 사역에 대한 이해가 퍼졌고, 경건한 두려움이 예루살렘 교회를 덮쳤다. 하나님의 거룩한 현존에서 발출하는 거룩한 돌격성과 돌파하심에 대한 신자들의 이해가 깊어졌다.[5-6절]

7-10절은 아나니아의 비극적인 전철을 되밟는 그의 아내 삽비라에 대한 하나님의 심판 경과를 보도한다. 자신의 남편 아나니아가 베드로의 심문을 받고 죽은 지 세 시간이 지난 후 남편에게 무슨 일이 일어났는지 모르는 삽비라가 베드로에게 왔다. 그녀는 남편과 공모한 대로 땅값의 일부를 바치고도 전부를 바쳤다고 거짓말을 한다. "예, 이것뿐입니다."[8절] 남편 아나니아처럼 하나님을 속일 수 있다고 믿고 하나님의 영을 시험한 것이다. 이때 베드로는 삽비라도 아나니아의 운명("너를 메어 내가리라")을 따를 것이라고 선포한다. 이 말이 떨어지기가 무섭게 삽비라도 성령의 돌파하심을 맛보고 베

드로의 발 앞에서, 곧 자신이 거짓말을 하던 그 자리에서 죽어 남편과 함께 매장되었다.[9-10절] 어처구니없는 참변이 아닐 수 없다. 거룩한 빛과 생명 공동체의 한복판에서 죽음이 일어난 것이다.

이 사건은 에덴동산에서 있었던 아담과 하와의 범죄와 흡사한 면을 보인다. 부부가 서로를 돕는 자가 되지 못할 때 '함께' 모의하여[9절] 공도동망共倒同亡의 불행을 초래할 수 있다는 점이다. 아나니아와 삽비라 부부는 왜 진리로 결속되지 못하고, 거짓으로 결합되었을까? 부부 중 한 사람이라도 민감한 영적 감수성을 지니고 있었다면 이러한 참극을 방지할 수 있었을 것이다. 부부는 서로의 약점과 한계를 보충하고 도와주는 사이이다. 그러나 유혹이 가득한 현실 속에서 부부는 성령 충만하지 못하면 서로 함께 의논하면 할수록 도덕적, 영적 수준이 하향 조정되는 경향을 드러낸다. 부부가 "함께 의논하면" 더 높은 단위의 헌신과 충성이 이뤄지기보다 하향 조정된 헌신과 결단으로 끝나기 쉽다는 것이다.

결국 아나니아와 삽비라 사건은 초대교회 자체를 도덕적, 영적 슬럼 집단으로 변질시킬 수도 있는 악행에 대한 하나님의 일벌백계一罰百戒였다. 하나님께서 한 사람을 징벌함으로써 백百 사람을 경계시키는 방식으로 교회의 거룩성, 사도적 정통성, 통일성을 확보하려고 하신 것이다. 이 사건은 그 소문을 들은 개개인은 물론이요, 공동체 전체에 경건한 두려움을 심어 주었다.[11절; 히 11:7] 이 두려움 안에서 하나님의 죄 용서의 은혜에 대한 감복과 순종의 다짐이 일어나는 것이다. 예배 경험의 본질은 하나님의 다스림 아래로 들어가는 것, 하나님의 명령을 준행할 수 있는 지적·영적·감정적·의지적 준비태세를 갖추는 데 있다. 하나님을 예배하는 마음은 하나님을 두려워하며 하나님의 사랑의 크기에 감화 감동 되는 수동태의 마음이다.

보설 1 | 아나니아와 삽비라는 너무 가혹한 징벌을 받은 것인가?

신약성경의 하나님은 구약성경의 하나님과 전혀 다른 이미지를 가지고 있다고 생각하는 독자들에게는 아나니아와 삽비라에 대한 하나님의 급진적 징벌이 충격적으로 다가올 것이다. 아나니아와 삽비라의 죄가 얼마나 중대하고 신성모독적인지를 잘 모르는 독자들에게는 사도행전 5장의 하나님은 모세오경의 하나님처럼 냉혹한 하나님으로 느껴질지도 모른다. 하지만 아나니아와 삽비라의 성령 훼방죄는 단지 한두 조항의 율법을 어긴 일탈이 아니라, 거룩하신 하나님의 신성불가침적인 현존을 도발한 행위였다. 굳이 구약성경과 비교하자면 아나니아와 삽비라는 마치 시내산의 거룩한 지대, 신성불가침 구역을 침범한 것과 같은 수준의 죄를 범한 것이다. 하나님이 십계명을 반포하기 위해 시내산 정상에 강림하실 때 시내산의 신성불가침 구역을 무단으로 침범하는 자에게는 엄중한 심판이 임할 것을 여러 차례 천명하신 적이 있다.출 19:12-24 하나님은 거룩한 불꽃이시며, 항상 타오르는 정화淨化와 성결의 화염이시므로, 죄인된 인간이 하나님과 동행하는 것은 매우 위험한 일이다.사 33:14; 히 12:29; 딤전 6:16 그런데 신약성경에 오면 엄혹하고 냉정한 진노를 발산하던 '구약의 하나님'이 그 진노를 십자가에 달린 독생자에게 다 쏟아내신 후 아주 순한 하나님이 된 것처럼 느껴진다.

그러나 이런 피상적인 관찰은 진실이 아니다. 신약성경의 하나님은 바로 구약성경의 하나님이시며, 예수 그리스도를 십자가에서 심판하신 바로 그 하나님이시다.요 5:30-43 2세기 기독교 이단 종파를

행

이끌었던 영지주의자 마르시온Marcion은 구약성경의 하나님은 신약성경의 예수를 보내신 참 하나님과는 다른 열등한 조물주Demiurge에 불과하며, 따라서 구약성경 대부분은 기독교의 정경이 되어서는 안 된다고 주장했다. 이런 입장은 20세기 독일의 아돌프 폰 하르낙Adolf von Harnack에게서도 나타나고, 대중적 동양 철학자 도올 김용옥에게서도 나타난다.[1] 단적으로 말해 이런 입장은 정통에서 이탈한 이설異說이다. 아나니아와 삽비라를 징벌하신 사건에서 드러난 하나님의 냉정한 거룩하심과, 유대 종교권력 당국자들과 서기관과 장로들과 위선적인 바리새인들에 대한 예수의 냉정한 비난과, 강도들의 복마전이요 장사치들의 장터로 변질된 예루살렘 성전 체제를 향해 채찍을 드신 예수의 격분은 바로 구약성경을 지배하는 거룩하신 하나님의 형상을 정확하게 재현하고 있지 않은가?

죄악된 인간은 하나님의 거룩한 돌격하심과 돌파하심의 가능성을 부인하며, 하나님을 마냥 마음씨 좋은 삼촌이나 고모처럼 여기려고 한다. 이런 입장을 잘 대변하는 책이 도날드 월쉬Donald Walsh의 『신과 나눈 이야기』*Conversations with God*이다. 월쉬가 그리는 '하나님'은 뉴에이지New Age적 하나님이며 심판할 줄 모르는 하나님이지, 인간의 죄악을 끌어안고 싸움을 걸고 쟁변하시는 아버지 하나님이 아니다. 아브라함 요수아 헤셸Abraham J. Heschel의 『예언자들』*Prophets* 특히 이 책의 2부 6장 "이라 데이"[신의 분노(Ira Dei)] 부분은 도날드 월시류의 하나님 이해를 교정할 뿐 아니라, 진노하시는 구약성경의 하나님에 대한 심오한 신학적 이해를 가져다준다. 하나님의 진노는 이성을 잃은 충동적 반응이 아니라, 이성적이며 주도면밀한 인격적 반응이다. 아나니아와 삽비라 사건은 '성경의 하나님'은 거룩하신 하나님이며, 하나님을 시험하는 죄악된 인간과 사탄에게 즉각적인 혹은 나중에라도 응징을 가하시는 하나님임을 보여준다. 이런 거룩하신 하나님께 대한 인간의 반응은 경건한 두려움과 경외심이어야 한다. 하나님의 거룩한 타자성holy otherness을 인정하는 곳에 예배의 감격이 회복될 수 있다.

오늘날 한국교회에는 거룩하신 예수와 삼위일체 하나님의 인격적 현존에 대한 경건한 두려움이 실종되고 있다. 요한계시록의 예수, 아시아 일곱 교회를 거니시는 교회의 머리되신 주 예수 그리스도의 용모를 보라. 타락한 교회로부터 거룩한 금 촛대를 옮기실 수 있는 거룩하신 예수를 보라.

> 몸을 돌이켜 나에게 말한 음성을 알아보려고 돌이킬 때에 일곱 금 촛대를 보았는데 촛대 사이에 인자 같은 이가 발에 끌리는 옷을 입고 가슴에 금띠를 띠고 그의 머리와 털의 희기가 흰 양털 같고 눈 같으며 그의 눈은 불꽃 같고 그의 발은 풀무불에 단련한 빛난 주석 같고 그의 음성은 많은 물소리와 같으며 그의 오른손에 일곱 별이 있고 그의 입에서 좌우에 날선 검이 나오고 그 얼굴은 해가 힘 있게 비치는 것 같더라. 내가 볼 때에 그의 발 앞에 엎드러져 죽은 자같이 되매 그가 오른손을 내게 얹고 이르시되 두려워하지 말라. 나는 처음이요 마지막이니.계 1:12-17

사도 요한은 교회의 주 되신 예수의 용모를 보고, 그의 발 앞에 엎드러져 죽은 자같이 되었다. 이것이 예배 경험의 일차적 요소다. 예배는 절대적인 존재 앞에서의 죽게 될 정도로 낮아지고 엎드러지는 경험이다. 단순한 공포감 때문에 죽게 되는 경험이 아니라, 거룩하고 자비로운 현존에 감읍한 엎드러짐이다. 하나님의 외경스러운 임재 앞에 부복俯伏하게 만드는 설교가 사라진 예배는 목사들이 내뿜는 인간적 카리스마나 여흥의 은사를 즐기는 시간으로 전락하기 쉽다. 대중적인 종교 여흥 시간으로 변질된 현대의 개신교 예배는 인

행

간의 거짓된 도발과 공격에 대해 돌격하시고 돌파하시는 하나님의 거룩한 현존을 잘 모른다. 루돌프 오토Rudolf Otto의 종교에 대한 정의에 따르면, 종교는 거룩하고 절대적인 존재에 의해 부서지고 전율하는 '누미노제'numinose 경험에서 시작된다.[2] 이런 경험이 예배의 심리적 준비다. 이처럼 종교의 본질은 절대적으로 거룩한 타자에 대한 경건한 낯섦과 외경인데, 기독교회는 마치 하나님을 소유한 것처럼, 거룩하신 하나님 아버지와 친족 관계(지극히 사사로운 관계)에 있는 것처럼 자기확신에 가득 차 있다. 특히 많은 복음성가의 노랫말은 하나님과의 친근성을 과도하게 표현한다. 하나님과의 무한한 질적 차이를 자각하지 못한 채 하나님과 늘 함께 있다고 생각하는 교회는, 무한히 경외로운 거룩한 전율창 31:53, 이삭의 "두려워하는 분"의 근원인 하나님의 거룩성에 대한 살아 있는 접촉은 상실한 채, 하나님을 교회 안에 유폐되고 순치된 물신주의적인 하나님으로 축소시켜 버린다. 따라서 이사야가 거룩하신 하나님 앞에서 "화로다. 나여, 망하게 되었도다"라고 외쳤을 때 느낀 절대적 경외감이나,사 6:3-5 베드로가 예수의 인격에서 쏟아지는 하나님 아들의 거룩한 광채 앞에 털썩 주저앉아 버렸을 때 느낀 전율과 감동눅 5:8이 출렁이는 예배가 점차 실종되고 있는 것이다. 예배는 무릎을 꿇고 경배하는 자발적인 순복 행위다.시 95:6 어떤 의미에서는 하나님께 선물로 받은 자유와 주권을 하나님 앞에 자발적으로 양도하는 행위다. 하나님의 거룩한 현존에 대한 경건한 두려움이 없는 교회는 성전 예배 도중에 높이 들린 보좌에 앉아 계신 하나님을 보고 하나님의 거룩한 현존 앞에 엎드러지고 자복하는 예배의 참 본질을 경험하지 못한다.

아나니아와 삽비라 사건에서 예증되듯이 성경의 하나님은 거룩한 하나님이다. 죄인을 공격하고 돌파하시는 분이다.삼하 6:6-8 하나님은 죄인을 용서하는 분이지만, 죄를 용납하고 방치하는 분은 결코 아니시다. 예배는 거룩하신 하나님 앞에 우리가 드릴 마땅한 예물이다. 예배는 하나님 앞에 자발적으로 거룩하게 돌격당하는 경험이다. 영과 진리 안에서 예배 드리는 이는 이기심과 거짓을 돌파하여 자신을 십자가에 못 박아 주시는 성령의 복된 공격을 받아들이는 것이다. 예배 시간은 말씀 선포와 기도와 찬양을 통해 우리의 영혼이 하나님의 거룩한 복된 공격을 받아 우리의 옛 자아가 쓰러지고 새로운 자아로 소생하는 시간이다. 예배를 통해 우리 옛 자아가 쓰러지고 굴복당하지 않으면, 아나니아처럼 회개의 기회를 얻지 못한 채 죄 가운데 쓰러져 죽게 된다. 하나님의 인격적 현존을 다시 뵙지 못하고 산 자의 공동체로부터 추방되는 죽음이 거룩하신 하나님의 신성 구역을 도발한 피조물의 운명이다. 아나니아와 삽비라의 비극은 교회가 예수 그리스도의 주 되심을 공적으로 선포하고 그 선포가 현실에서 영향력을 발휘하게 하려면 교회의 거룩하고 도덕적인 순결과 성령에 대한 민감한 순종이 얼마나 결정적인가를 반증한다. 교회가 성령의 전殿임을 선포하려고 하는 바로 그 순간에 성령의 역사를 방해하는 죄는 현장에서 징벌되어야 하는 죄라는 것이다.

2. 사도들을 통해 일어난 표적과 기사 ●12-16절

12사도들의 손을 통하여 민간에 표적과 기사가 많이 일어나매 믿는 사람이 다 마음을 같이하여 솔로몬 행각에 모이고 13그 나머지는 감히 그들과 상종하는 사람이 없으나 백성이 칭송하더라. 14믿고 주께로 나아오는 자가 더 많으니 남녀의 큰 무리더라. 15심지어 병든 사람을 메고 거리에 나가 침대와 요 위에 누이고 베드로가 지날 때에 혹 그의 그림자라도 누구에게 덮일까 바라고 16예루살렘 부근의 수많은 사람들도 모여 병든 사람과 더러운 귀신에게 괴로움 받는 사람을 데리고 와서 다 나음을 얻으니라.

주석

12-16절은 아나니아와 삽비라 사건의 충격을 창조적으로 수습해 가는 예루살렘 초대교회의 모습을 보여준다. 예루살렘 교회 공동체에 대한 사탄의 도발은 오히려 예루살렘 교회에게 전화위복이 되었다. 교회의 거룩성과 통일성을 지키기 위한 하나님의 징벌은 사도들의 권위를 드높이는 결과를 가져왔다. 성령 충만한 사도들의 아나니아와 삽비라 부부 권징은 사도들에 대한 하나님의 신임을 증대시킨다. 이 단락은 교회의 영적 순결과 교회를 통해 일어나는 표적들과 기사들의 인과관계를 어느 정도 짐작케 한다. 교회의 영적 정결과 도덕적 감화력은 교회 밖 사람들에 대한 교회의 영향력 증대를 가져온다는 것이다. 돈과 재물에 관한 아나니아와 삽비라의 거짓말에 대한 징벌 후에 하나님은 사도들을 통해 표적들과 기사들을 일으켜주심으로써 사도들에 대한 하나님 당신의 신임을 공공연히 드러내셨다. 그 결과 교회를 분열시킬 수 있었던 아나니아와 삽비라 사건은 오히려 믿는 사람들의 일치를 강화시켰다.[12절] 그들은 모두 한 마음이 되어서 솔로몬 행각에 모였다.[12절]

솔로몬 행각이 공공연한 복음 전도와 말씀을 가르치는 야외 교육장임을 고려하면, 사도들이 아나니아와 삽비라 사건 이후에도 유대인들에 의해 십자가 처형에 넘겨진 나사렛 예수가 주主와 그리스도가 되심을 더욱 강력하게 선포했음을 알 수 있다. 그 결과 교회 밖 사람들에게 두 가지 상반되어 보이는 반응이 나타났다. 교회에 대한 경원감과 존경이 동시에 나타났던 것이다. 사도들이 아나니아와 삽비라 징벌 사건을 통해 유대인들에게 두려운 존재로 부각되자, 나머지 일반 백성들은 감히 선뜻 어느 누구도 믿는 사람들의 공동체에 합류하려고 하지 않았다. 하지만 그들은 믿는 사람들을 마음속으로 깊이 칭송하고 있었다.[13절] 시간이 지나자 경건한 두려움을 주는 사도들의 카리스마와 영적 권위는 대중들의 대규모 개종을 촉발시켰다. 믿고 주께로 나아오는 자가 나날이 더 많아졌고, 남녀의 큰 무리가 사도들의 영적 지도력 아래로 복속되어 왔다.[14절]

15-16절은 공관복음서에 나타난 예수의 공생애를 그대로 재현하는 수준의 하나님 나라 운동을 이끄는 베드로의 모습을 예시한다. 심지어 병든 사람을 메고 거리에 나가 침대와 요 위에 누이고 베드로가 지날 때에 혹 그의 그림자라도 덮인다면 병이 즉시 나을 것이라는 기대감이 고조될 정도였다.[15절] 그리하여 예루살렘 인근의 수많은 사람이 모여 병든 사람과 더러운 귀신에게 괴로움 당하는 사람을 베드로와 사도들에게 데리고 와서 치유를 맛보게 했다. 이처럼 사도들을 통해 경험되는 치유와 소생, 갱생과 부활 에너지는 교회 안팎의 사람들에게 하나님의 통치가 현실에서 작동하고 있다는 믿음을 심어주었다.

3. 예루살렘 대제사장을 정면으로 질책하는 베드로와 사도들의 공세적 복음 전파 ●17-32절

[17]대제사장과 그와 함께 있는 사람 즉 사두개인의 당파가 다 마음에 시기가 가득하
여 일어나서 [18]사도들을 잡아다가 옥에 가두었더니. [19]주의 사자가 밤에 옥문을 열고
끌어내어 이르되 [20]가서 성전에 서서 이 생명의 말씀을 다 백성에게 말하라 하매 [21]
그들이 듣고 새벽에 성전에 들어가서 가르치더니. 대제사장과 그와 함께 있는 사람
들이 와서 공회와 이스라엘 족속의 원로들을 다 모으고 사람을 옥에 보내어 사도들
을 잡아오라 하니. [22]부하들이 가서 옥에서 사도들을 보지 못하고 돌아와 [23]이르되 우
리가 보니 옥은 든든하게 잠기고 지키는 사람들이 문에 서 있으되 문을 열고 본즉 그
안에는 한 사람도 없더이다 하니 [24]성전 맡은 자와 제사장들이 이 말을 듣고 의혹하
여 이 일이 어찌 될까 하더니. [25]사람이 와서 알리되 보소서, 옥에 가두었던 사람들이
성전에 서서 백성을 가르치더이다 하니 [26]성전 맡은 자가 부하들과 같이 가서 그들
을 잡아왔으나 강제로 못함은 백성들이 돌로 칠까 두려워함이더라. [27]그들을 끌어다
가 공회 앞에 세우니 대제사장이 물어 [28]이르되 우리가 이 이름으로 사람을 가르치지
말라고 엄금하였으되 너희가 너희 가르침을 예루살렘에 가득하게 하니 이 사람의 피
를 우리에게로 돌리고자 함이로다. [29]베드로와 사도들이 대답하여 이르되 사람보다
하나님께 순종하는 것이 마땅하니라. [30]너희가 나무에 달아 죽인 예수를 우리 조상의
하나님이 살리시고 [31]이스라엘에게 회개함과 죄사함을 주시려고 그를 오른손으로 높
이사 임금과 구주로 삼으셨느니라. [32]우리는 이 일에 증인이요 하나님이 자기에게 순
종하는 사람들에게 주신 성령도 그러하니라 하더라.

주석

이 단락은 예수의 주 되심과 그리스도副王 되심을 통해 확장되는 하나님 나라의 공세가 어떻게 유대 종교 권력 당국자들의 저항과 방해를 촉발시켰는지를 자세히 보도한다. 사도들과 예루살렘 초대교

회가 성전을 진지 삼아 예수의 주 되심을 선포하자 그것을 믿지 않고 배척하고 죽였던 유대 종교 권력 당국자들은 그 선포에 저항했다. 그러나 더 이상 "예수에 대해 말하지 말라"는 경고를 받은 후에도 사도들은 일심으로 동역하며 성전에 서서 가르치고 선포했다. 12절 하반절 "행각에 모여" 비록 유대인들이 공공연히 사도들을 따르지는 못했을지언정 사도들과 믿는 사람들을 깊이 존경하기 시작했다.[13절] 마음이 열린 유대인들은 사도들이 주 예수의 이름을 선포할 때마다 부서지고 망가진 영혼과 병든 자들을 치유하고 환난당한 자들을 회복시키는 하나님의 능력을 목격했다.

1-12절 단락이 교회 내부 대적들의 도발을 다뤘다면, 17-42절은 외부세력, 곧 종교 당국자들의 박해와 위협 속에 자라가는 하나님 나라를 부각시킨다. 17-26절은 예수가 주와 그리스도가 되심을 증거하는 사도들의 선포를 중단시키려는 산헤드린 공의회의 시도가 하나님의 뜻과 명백하게 배치되는 것임을 보여준다. 예수의 주 되심을 선포하고 증거하는 과정에서 하나님의 권능을 드러낸 사도들은 질투심에 사로잡힌 산헤드린 공의회에 의해 투옥되었다.[17-18절] 17절은 사도들을 박해한 주동자들을 특정하여 언급한다. 대제사장과 사두개파 사람들이 시기가 가득하여 일어나(주도하여) 사도들을 투옥시켰다.[18절] 하지만 야웨의 천사가 그들을 기적적으로 구출해 주고 그들에게 되돌아가 계속해서 예수의 주 되심과 그리스도되심을 선포하라고 명령했다.[19-20절] 20절을 직역하면 천사의 말이 더 생동감있게 다가온다. "가라. 그리고 굳건히 서서 이 모든 생명의 말씀들을 백성에게 말하라"이다. "말하라"는 명령형 동사 앞에 "굳건히 서서"라는 "히스테미" 동사의 복수수동태 주격분사(σταθεντες)가 배치되어 있다.

21절은 두 문장으로 구성되어 있다. 첫 소절과 둘째 소절은 동시에 벌어지는 상황을 묘사한다. “(그들이) 천사의 말을 들은 후, 새벽에 성전에 들어가[부정과거] 계속 가르치고 있었다[미완료].” “그런데 대제사장과 그와 함께 한 사람들이 산헤드린과 이스라엘 후손들의 모든 원로회[게루시아(γερουσία)] 회원들을 소집했으며, 그들(사도들)을 끌어오도록 감옥에 지시했다.” 이 두 소절은 우스꽝스러운 상황을 부각시킨다. 사도들이 하나님의 천사 도움으로 감옥을 빠져나와 성전에 들어가 이전처럼 예수께서 주와 그리스도가 되심을 가르치고 있는 것도 모른 채, 산헤드린은 사도들을 끌어내 심문하려고 감옥으로 사람을 보냈던 것이다. 부하들이 감옥에 갔을 때 사도들은 당연히 없었다.[22절] 사도들을 끌고 나오려고 보냄을 받은 부하들은 감옥문이 든든히 잠겨있고, 간수들이 감옥을 지키고 있었는데 감옥 안에는 아무도 없었다고 보고했다.[23절] 성전 경비대장과 제사장들은 사도들의 행방이 묘연해진 상황에 크게 당황해하며, 앞으로 이 사도들의 실종 사태가 어떻게 마무리될 것인지 고민했다.[24절] 감옥에 갔던 부하 중 한 사람의 말이 성전경비대장과 제사장들을 경악시켰을 것이다. “보소서. 당신들이 감옥에 집어넣었던 사람들이 성전에 서서 가르치고 있었습니다.”[25절]

성전 경비대장과 그의 부하들이 사도들을 다시 체포하여 불러들였지만, 그들을 폭력적으로 다루지 못했다. 사도들을 지지하고 따르는 민중들을 두려워했기 때문이다.[26절] 그들은 사도들을 끌고 산헤드린 앞에 세웠다. 27절의 마지막 동사인 “물어”라고 번역된 헬라어 “에페로타오”(ἐπηρώταώ)는, ‘묻다,’ ‘요구하다,’ 혹은 ‘심문하다’를 의미한다. 곧 뭔가를 알아내고자 하는 심문행위를 가리킨다. “그러자 대제사장이 그들에게 물었다.”[에페로테센(επηρωτησεν), 에페로타오의 부정과거 3인칭 단수]

그런데 28절은 보통의 질문이 아니다. 심문의 마지막 단계에서 당국자들이 요구하는 말이다. "심문했던" 과정에서 했던 말이라는 의미이다. 28절에서 대제사장은 자신이 사도들과의 1차 조우[행 3-4장]에서 했던 명령을 어긴 사도들을 책망한다. "우리는 너희들이 이 이름으로 가르치는 것을 엄금했다(부정과거). 하지만 너희들은 이 가르침으로 예루살렘을 가득 채웠다(현재완료). 그리고 너희들은 이 사람의 피를 우리에게 돌리기를 원한다." 28절은 사도들이 산헤드린의 결정에 불복종했으며 근거 없는 해로운 소문, 곧 예수의 부활과 승천에 관한 소문을 퍼뜨렸다는 죄로 기소되었음을 말한다. 여기서 대제사장 말의 마지막 소절이 의미심장한 항의라는 점이 인상적이다.

대제사장은 여기서 무죄한 자의 흘려진 피에 대한 죄책을 규정하는 구약성경의 율법을 인증하고 있다. 구약성경은 무죄하게 피 흘려 죽임을 당한 자의 피가 발견된 지역이 그 피에 대한 죄책을 지도록 규정하고 있다.[레 20:9; 신 21:1-9; 수 2:19; 참조. 마 27:25] 대제사장은 사도들이 예루살렘에서 무죄하게 흘린 나사렛 예수의 피에 대한 죄책을 자신들에게 뒤집어씌우고 있다고 항변하는 셈이다. 물론 2-5장에 나오는 사도들의 회중은 다르게 표현된다. 이러한 사례는 사도행전 2:22-23의 "예루살렘 사람들아", 2:36의 "이스라엘 온 집", 3:13-15의 "이스라엘 사람들아", 4:8의 "백성의 관리들과 장로들아", 4:10의 "너희와 모든 이스라엘 백성들" 등에서 살펴볼 수 있다. 사도들의 청중은 다르게 불리고 있지만, 5:29 이하에서 사도들은 예수의 죽음에 대한 예루살렘 제사장들의 죄책을 선언한다.[행 2:23, 36, 3:13-15, 4:10, 25-27, 5:30]

또 다른 한편 대제사장이 부린 예루살렘 군중들은 "예수의 흘려진 피"의 죄책을 기꺼이 자신에게 돌리라고 소리치며 빌라도 총독에게 예수를 십자가에 못 박아 달라고 요구했던[27:1-2, 12, 20, 25] 사실에 비추어 볼 때, 대제사장의 태도는 지극히 무책임하고 뻔뻔스러운 책임 회피이다. 대제사장의 기소 요점은 사도들이 왜 예수의 이름으로 더 이상 말하지 말라고 금지한 공의회의 결정에 불복하고, 나사렛 예수의 죽음에 대해 산헤드린의 책임을 유난히 부각시키는 가르침을 확산시켰는가였다. 이에 대한 베드로와 사도들의 간결한 답변은 단호하고 공세적이었다. "사람(대제사장)에게 순종하는 것보다 하나님께 순종하는 것이 마땅하다."29절

30-32절에서 사도들은 대제사장 및 예루살렘 성전 당국자들과 산헤드린 공회의 죄책을 분명하게 지적한다. 사도들은 세 가지 분명한 사실을 조리정연하게 말한다. 2:22-36을 압축하는 간결한 복음 선포문이다. 첫째, "다른 이가 아니라 바로 너희가(2인칭 복수대명사 휘메이스 돌출 사용) 나무에 달아 죽인 예수를 우리 조상의 하나님이 다시 살리셨다."30절 둘째, 하나님께서 이스라엘 민족에게 회개[메타노이아(μετάνοια)]와 죄사함[아페신 하마르티온(ἄφεσιν ἁμαρτιῶν)]을 선사하려고 당신의 오른손으로 그를 임금과 구세주로 승귀시켰다.31절 셋째, "다른 이가 아니라 우리 자신이(1인칭 복수대명사 헤메이스 돌출 사용) 이 일들의 증인이며, 그에게 순종하는 자들에게 하나님께서 주신 거룩한 영도 또한 증인이다."32절

여기서 사도들은 다시 한번 유대인들이 믿고 있는 그 조상들의 하나님이 바로 예수를 죽은 자 가운데서 일으키시고 하나님의 우편 보좌로 승천시키셔서 주와 그리스도가 되게 하신 바로 그 하나님과 같은 분임을 강조했다.30-31절 예수는 불순종과 신성 모독죄로 하나님께 저주를 받아 죽임을 당한 것이 아니라, 이스라엘의 불순종의 결과로 인해 죽임을 당했으며, 자신의 죽음으로써 이스라엘의 불순종의 역사가 끝나기를 바란 대속적인 왕이요 구세주였음을 역설한 것이다. 결론적으로 사도들은, 자신들은 하나님께서 순종하는

자들에게 선물로 주시는 성령과 함께 이 모든 일의 증인이라고 선포했다.32절

3. 산헤드린 강경파를 진정시키는 온건파 바리새인 가말리엘 ● 33-42절

33그들이 듣고 크게 노하여 사도들을 없이 하고자 할새 34바리새인 가말리엘은 율법
교사로 모든 백성에게 존경을 받는 자라 공회 중에 일어나 명하여 사도들을 잠깐 밖
에 나가게 하고 35말하되 이스라엘 사람들아, 너희가 이 사람들에게 대하여 어떻게
하려는지 조심하라. 36이 전에 드다가 일어나 스스로 선전하매 사람이 약 사백 명이
나 따르더니 그가 죽임을 당하매 따르던 모든 사람이 흩어져 없어졌고 37그 후 호적
할 때에 갈릴리의 유다가 일어나 백성을 꾀어 따르게 하다가 그도 망한즉 따르던 모
든 사람들이 흩어졌느니라. 38이제 내가 너희에게 말하노니 이 사람들을 상관하지 말
고 버려 두라. 이 사상과 이 소행이 사람으로부터 났으면 무너질 것이요 39만일 하나
님께로부터 났으면 너희가 그들을 무너뜨릴 수 없겠고 도리어 하나님을 대적하는 자
가 될까 하노라 하니 40그들이 옳게 여겨 사도들을 불러들여 채찍질하며 예수의 이
름으로 말하는 것을 금하고 놓으니 41사도들은 그 이름을 위하여 능욕 받는 일에 합
당한 자로 여기심을 기뻐하면서 공회 앞을 떠나니라. 42그들이 날마다 성전에 있든지
집에 있든지 예수는 그리스도라고 가르치기와 전도하기를 그치지 아니하니라.

주석

33-40절은 사도들의 법정 공세에 대한 산헤드린의 당혹스러운 반응을 보여준다. 사도들의 공세적이고 대담한 설교에 격분한 산헤드린은 그들을 죽임으로써 보복하기를 원했다.33절 하지만 산헤드린 공의회는 채찍질하는 선에서 격분을 억제했다. 부활을 믿지 못하는 사두개파 출신인 대제사장과 달리 바리새파 랍비 가말리엘이 등장해 산헤드린 강경파를 진정시킨다. "나사렛 예수의 부활 선포 운동

이 하나님이 일으키신 운동이 아니라면 스스로 사그라들 것이다"라는 권고에 따라 채찍질만 하고 풀어준 것이다.[34-40절] 백성들에게 널리 존경받는 율법교사였던 가말리엘은 산헤드린 공의회에게 발언권을 얻어 사도들을 일단 회의장 밖으로 내보내게 한 후[34절] 발언을 시작했다. "이스라엘 사람들아!"라고 청중을 특정함으로써[3:12] 말을 시작한다. "너희가 이 사람들에 대해 취하는 행동이 문제가 없는지 신중을 기할 것을 촉구한다."[35절] 최근 이스라엘 역사에서 일어난 자칭 메시아, 혹은 지도자에 의해 주도된 두 건의 민중 봉기 사건들의 시종 경과를 지적하며 관망하는 자세를 취하도록 권고한다. 두 사건 모두 허황된 선동가가 민중을 선동해 세를 과시하다가 지도자가 죽자마자 금세 세력이 무너지고 추종자들이 흩어진 사례였다. 주전 5-4년경 드다가 일어나 스스로를 지도자로 내세우면서 약 4백 명의 추종자들을 거느리며 세를 과시하다가 죽자 추종자들은 다 흩어졌다.[36절, 요세푸스, 『유대인 고대사』] 그 후[15년경] 갈릴리의 유다가 구레네 총독 시절 호적령 발동시에 일단의 백성을 선동해 자신을 따르게 했지만, 그가 망하자 추종자들이 다 흩어졌다.[37절] 이 두 일화를 통해 가말리엘이 끌어낸 교훈은, 사람으로부터 유래한 운동은 반드시 무너지겠고,[38절] 하나님으로부터 유래한 운동은 인간이 무너뜨릴 수 없을 뿐만 아니라, 오히려 하나님을 대적하는 사태를 초래할 것이니 "이 사람들을" 당분간 지켜보자는 것이었다.[39절] 만일 나사렛 예수 운동이 하나님에게서 유래한 하나님 나라 운동이라면 그것에 대항하는 산헤드린은 하나님의 원수로 낙인찍힐 것이기 때문이다. 산헤드린 공회원들이 가말리엘의 잠정 관망론을 옳게 여겨 받아들이고 사도들을 채찍질한 후 예수 이름으로 말하는 것을 금지하며 풀어주었다.[40절]

41-42절은 산헤드린 재판 사건이 사도들을 얼마나 더 대담한 증인으로 단련시켰는지를 보여준다. 사도들은 산헤드린 재판 사건으

로 하나님이 진실로 그들과 함께하심을 더욱 굳게 확신했고, 예수가 하나님 보좌 우편에 앉으신 주와 그리스도가 되셨음을 계속해서 선포했다. 그들은 채찍에 맞으면서도 자신들이 하나님께 쓰임 받고 있다는 믿음 안에서 크게 기뻐하며 공의회를 떠났다.[41절] 그들은 "그 이름을 위해 능욕받는 일에 합당한 자로 여기심을 기뻐"했다. 사도들은 성전에서 모였을 때나 집에서 모였을 때나 자리를 가릴 것 없이 나사렛 예수가 그리스도이심을 증거하고 선포했다.[42절] 어떤 위협이나 형벌도 사도들의 거침없는 예수의 십자가와 부활 선포 공세를 막을 수 없었다.

메시지

예루살렘 교회는 이 세상의 신으로 군림하는 돈을 비신화화한 종말론적 사랑의 공동체였다. "세상의 돈은 더 이상 쓸데가 없다"는 종말론적 의식에 사로잡힌 신자들은 신처럼 군림하던 돈을 형제자매 사랑에 바침으로써 돈이 사람을 위해 사용되어야 하는 피조물임을 만천하에 선포했다. 자신의 재물을 거룩하게 낭비하여 가난한 이웃의 삶을 도와주는 순수한 사랑은 세상의 어떤 종교나 정치도 실현하지 못한 유토피아적 이상이었다. 예루살렘에서 이뤄진 역동적인 사랑의 공동체 형성은 오로지 위로부터 임하는 성령의 부단한 감화 감동을 통해서만 현실이 되었다. 정치적 이념이나 이데올로기에 의해 세뇌된 무리의 자율적 공동체 실험이 위로부터 임하는 성령의 역사를 대신할 수 없다. 위로부터 임하는 성령의 완전한 감동과 감화 없이 교회 공동체에 참여하여 축제적 환희를 향유하려다가는 아나니아와 삽비라처럼 위선의 유혹을 받기 쉽다. 아나니아와 삽비라는 성령의 충만한 감동도 없는데 재산을 팔았고, 그 판 돈의 일부를 따로 떼어 놓고도 전부를 바친 양 행동했다. 그들은 전부를 바친 사람들이 존경을 받고 지도력을 행사하는 분위기에 눌려서 충동적으로 행동했을 수 있다. 그러나 성령의 감동보다 더 선하고 의로운 행동을 하려고 하는 것은 공동체의 거룩성과 일치를 손상시킬 수 있음을 명심해야 한다.

따라서 초대교회의 급진적 재물 희사를 재현하려면, 군중심리에 부화뇌동하지 말고 각자가 성령 충만을 받아 깊은 내적 확신에 이르러야 한다. 그런데 문제는 이런 성령 충만의 역사마저도 인간의 노력처럼 보이는 경우가 있다는 점이다. 한 공동체가 성령 충만을 너무 강조하거나 특정한 행동을 지나치게 이상화하고 높이다 보면 인위적인 모방이 일어날 가능성이 생긴다. 진실로 순전한 성령 충만은 공동체 구성원들 사이를 거짓 없는 사랑으로 엮어내며, 진리를 대적하는 외부세력에 대해서는 과감한 돌파력을 갖게 해준다.

예루살렘 교회는 사랑으로 결속된 성령이 충만한 공동체인 동시에 이 세상의 정사와 권세와 어둠의 세상 주관자들을 두렵게 하고 뒤흔드는 거룩한 용사들의 공동체였다. 성령이 충만한 공동체는 정사와 권세, 능력, 주관, 보좌, 이름[롬 8:38; 고전 15:24; 엡 1:12, 3:10, 6:12; 골 1:16, 2:10; 벧전 3:22]이라고 불리는 이 세계의 정치, 경제, 종교적 권력 기관들과 충돌하게 된다. 이 권력 기관들은 원래 하나님의 세계 통치를 매개하고 구현하도록 세워진 중간 통치자들이며, 따라서 그리스도로 말미암아 창조되고 그리스도를 위해 창조된 존재들이다.[골 1:15][2] 이런 중간 통치 권력 기관들은 하나님의 통치권 일부를 제한적으로 분여分與받아 하나님의 다스림을 구현할 사명을 부여받았으나 오늘날에는 하나님 나라의 적대 세력이 되었다.[유 1:6] 이 존재들은 하나님께서 당신의 피조 세계를 자신과의 교제 안에 두고, 혼돈에서 보호하고자 세운 방벽 같은 존재다. 그러나 지금은 하나님 나라에 적대하는 세력으로 기능한다. 천하만국이 이 정사와 권세, 보좌, 주관, 이름, 능력이라고 불리는 천사적, 영적 중간 통치 세력 아래 놓여 있다고도 볼 수 있다. 모든 부족국가, 민족국가, 합중국, 그리고 경제, 정치, 문화, 종교 등 모든 집합적 영역은 하나님 나라에 저항하는 자기 나름의 자율적인 통치 원리를 보유하고 있다. 따라서 성령 충만한 공동체가 탄생하면 어떤 모양으로든지 적敵그리스도적 권력 기관들과 충돌이 일어난다. 이 과정에서 성령 충만한 그리스도인들이 십자가를 지고 십자가 복음을 전할 때마다 불의한 권세의 정체가 폭로된다.[3] 믿음의 눈이 없으면 예수 그리스도의 십자가에 결정적으로 패배한골 2:15 이 권세들이 아직도 전능하며 건재한 것처럼 보인다. 그러나 성령 충만한 그리스도인들의 눈에는 그 모든 존재가 이미 패배한 원수에 불과하다. 사도들의 눈에 산헤드린은 이미 패배한 정사와 권세에 불과한 것이었다.

그래서 당시 유대교와 유대 정치의 중심이었던 성전 체제도 사도들의 공세 앞에 위축될 수밖에 없었다. 5장에서 벌어진 성전 체제와의 일차 대결에서 사도들은 완승을 거둔 것이다. 유대 당국자들의 재판과 형벌 집행권이 베드로와 요한을 비롯한 사도들에게 효력을 미치지 못했다. 아무리 감옥에 가둬도 감옥문을 열어주는 천사가 있다면, 이 세상의 부당한 공권력은 아무 소용이 없는 것이다. 우리가 꿈꾸는 '하나님 나라 운동'은 이 사회의 모든 억압과 불의, 교만과 탐욕의 사슬을 창조적으로 해체하여 사랑과 섬김의 자율적인 시민 공동체, 곧 성령 충만한 공동체렘 31:34; 요일 2:27를 건설하는 운동이다. 그것은 어떤 계층이나 어떤 세력의 적개심을 고취시키고, 증오심을 더하여 특정 지역을 공격함으로써 이뤄지는 것이 아니다.

우리 자신이 각자 예수의 권세에 자복하고 먼저 예수의 영에 이끌리는 삶이 하나님 나라 운동의 첫걸음이다. 주 예수를 영접하여 성령의 세례를 받은 '개인들'이 돈을 섬기는 세상에 대해 거룩한 공세를 취하는 공동체에 소속되는 것이 하나님 나라 운동에 참여하는 첫 걸음이다. 실상 그리스도인들이 부름받아 섬길 수 없을 만큼 사탄 혹은 정사와 권세의 세력이 완전히 지배권을 행사하는 세속 사회 영역은 없다. 그리스도인들은 이미 예수 그리스도가 쟁취해 놓으신 승리를 확증하는 싸움에 참여하는 것이다. 그래서 하나님 나라의 비전에 붙들린 그리스도인들은 현실정치 세력 속에 또는 권력 기관 속에 자리잡은 정사와 권세들을 성령의 권능으로 무장 해제하는 데 헌신해야 한다. 성령의 권능에 찬 그리스도인들은 모든 권력 기관과 적그리스도적 자율 왕국들을 거룩하게 변화시키는 일에 헌신하도록 부름받았다. 하나님과 그리스도를 대적하는 이 세상의 자율 왕국들과 권력 기관들이 하나님 사랑과 이웃 사랑을 실천하는 하나님 나라의 지방자치단체 수준으로 변화될 때까지 헌신하도록 부름받았다. 이것이 사회선교이자 정치선교이다. 그것의 목표는 하나님의 권세를 위탁받은 모든 세상의 결사체들이나 중간 통치 단위들이 하나님을 두려워하며 공평과 자비, 정의와 인애의 원칙으로 하나님이 지으신 사람들을 섬기도록 변화시키는 일이다. 성령 충만한 그리스도인들은 교육, 경제, 정치, 예술, 사회, 그리고 종교 안에 역사하는 권세와 정사들을 평정해야 하는 책임이 있다.[4] 이런 사도행전의 역동적인 코이노니아 교회 모습과 세상 변혁적 기세에 비추어 볼 때, 요즘 한국교회의 모습은 어떠한가? 한국교회는 건강한 삶의 지표에서 세계 최하위권으로 추락한 대한민국에 거룩한 복음의 능력을 발휘하고 있는가? 교세를 자랑하는 대형 교회mega church들이 즐비한 것에 비하여 세상의 선한 영향력으로 존경과 신뢰를 받지 못하는 이유가 무엇일까? 한국교회 대다수는 왜 아직도 사후 천국과 사후에 시작될 영생에 집착하면서도 이 세상을 거룩하게 복음화하려는 열정을 방출하지 못하고 있을까?

1970-1980년대 이후 한때 한국의 복음주의 교회들 일각에서는 하나님 나라의 차안적 차원,this-worldly dimension 곧 정치, 사회적 차원에 눈을 뜬 적이 있었다.[5] 아주 잠깐이었지만 분명히 개인주의적 복음 전도 중심의 한국교회 상당수도 사회주의 운동권 청년들이 세상을 요란하게 뒤흔들었을 때 사회 문제에 대한 기독교적 대답을 제시하려고 노력했다. 그런데 1990년대 중반 이후에 복음주의 교회의 신학, 신앙적 성숙의 속도를 더디게 만든 몇 가지 국내외적 요인들이 발생하면서 이런 사회적 관심에서 급격하게 후퇴했다. 일단 국내적으로 대한민국은 1990년대 중반 이후 민주화를 어느 정도 성취한 나라로 자리매김되었다. 정치나 사회 문제는 이제 정치권, 민주화된 정부, 그리고 시민단체 등이 위탁받아 해결하면 될 것이라는 기대감이 교회 안팎에 고조되었다. 그다음 국제정세적 환경의 변화가 한국교회의 사회적 관심을 약화시키는 데 기여했다. 1990년대 초반부터 발생한 동구권 사회주의 체제 몰락과 소비에트 연방 체제 해체 사태 등은 한국 복음주의 교회들이 사회적 관심에서 급속히 이탈하는 계기를 제공했다. 1990년대 중반부터 한국의 복음주의 교회는 보수화되면서 하나님 나라 운동의 전위로서의 고유한 소명은 소홀히한 반면, 신자유주의적 자본주의 이념을 비판 없이 수용하기 시작했다. 이즈음에 대형 교회의 안팎에서 세습 문제가 불거져 나왔고, 유명 목회자들의 윤리, 도덕적 쟁점들이 수면 위에 떠올랐다. 그런 와중에 9·11 사태가 발생했고, 그 결과 한국의 복음주의 교회는 더욱 수구화되고 하나님 나라의 전망을 잃고 폐쇄적으로 경화硬化되고 말았다.

복음 전도와 사회정의 구현의 이중 사명을 거의 등가적으로 규정한 1974년의 '로잔 언약'the Lausanne Covenant 선포 50주년 세계 선교대회가 2024년 9월 인천 송도에서 열리건만, 로잔 언약 자체가 아직도 한국의 복음주의 교회 안에 착륙조차 못하고 있다.[6] 무한 경쟁을 부르짖는 신자유주의가 기세를 떨치고 있으며, 개인은 무한 경쟁 체제에서 각자도생의 길로 내몰리고 있다. 신자유주의는 사회주의의 몰락이 초래한 도덕, 영적 공백 속에 자라난 잔혹한 초세계적 다국적 기업들이 주도하는 자본주의다. 그것은 사회주의의 비능률과 폐쇄적 자주 자립 경제 체제를 악으로 규정하고, 주권을 가진 각 나라의 정부에게 온 세계를 거대 자본의 운동장으로 내놓으라고 윽박지르는 경영 이념이다.[7] 전 세계의 시장 지배를 기도企圖하는 신자유주의 체제의 중심에는 조만간에 신적 대권을 휘두르는 권력자를 탄생시킬 무저갱, 혼돈의 바다가 있다. 그것은 마이클 샌델Michael Sandel 같은 공동체 자유주의 사상가가 시장 전체주의라고 규정한 세계 질서이다. 시장 전체주의를 실현하려는 신자유주의는 다국적 사기업의 이윤을 극대화하기 위해 형식적이나마 민주적 절차를 거쳐 세워진 각 나라의 정부들을 자유무역의 이름으로 통제하려고 한다. 이에 편승한 다국적 기업들은 누구에게도 책임을 지지 않고, 시장 전체주의 안에 예속된 각 나라의 정부들에게 국제 조약과 규약과 협정의 이름으로 기업 및 금융 자본의 자유로운 이동과 이익을 보장하라고 소리치고 있다. 또한 대체로 고용 없는 번영, 최소 비용으로 최대 효과를 창출하려는 비인간적인 경제 원칙의 관철을 주장하며 모든 직장을 불안정한 비정규직이나 임시직처럼 몰아가고 있다.

우리는 요한계시록 13장에 등장하는 짐승이라고 불리는 적그리스도적 국가가 하나님 나라의 잠재적인 대적자들이 서식하는 혼돈의 원시 바다에서 올라오고 있음을 주목해 볼 필요가 있다. 혼돈의 원시 바다는 인간을 유혹하여 하나님 나라에 반역케 한 사탄의 발원지이다. 이 사탄적인 원시 바다에서 힘을 받은 짐승의 국가는 시장의 매매 질서를 장악할 뿐 아니라, 어린양의 인印을 그 이마에 찍고 다니는 성도들을 세상 질서 바깥으로 추방하는 박해자요 억압적인 지배자다.계 13:15-14:5 시장 전체주의적 신자유주의가 초래할 수 있는 암담한 미래와 요한계시록적 정황이 겹쳐 보이는 이유는 근거 없는 것이 아니다.

신자유주의는 사회주의의 몰락으로 배태된 퇴행적 자본주의다. 어떤 점에서 사회주의나 공산주의에 대한 자본주의의 승리는 인류의 균형 감각을 잃게 만든 승리였다. 사회주의에 대한 자본주의의 승리는 죄악된 집단주의적 인간성에 대해 죄악된 개인주의적 인간성이 거둔 일시적 승리이지, 도덕적으로 우월한 가치를 옹호하는 승리는 아니다. 그것은 불충분한 이데올로기들의 투쟁에서 거둔 불충분한 승리였을 뿐이다. 이 승리는 이기적인 마음이 교조적인 집단주의를 이긴 것이었지, 일방적으로 인류에게 유익을 주는 승리는 아니었던 것이다. 그 승리는 사회주의의 허위의식을 폭로하고 승리했으나 신자유주의라는 또 하나의 시장 전체주의를 잉태하고 말았기 때문이다.

사도행전은 이 세상의 정사政事와 권세權勢와 충돌하며 예수 그리스도의 명령에 자발적으로 순종하는 성령 충만한 그리스도인들의 세상 변혁 일지로서 우리에게 의미가 있다. 성령 충만한 그리스도인들은 이 세상의 주류 이데올로기와 지배적인 이념과 가치에 의문을 제기하고, 그것과 창조적인 불화와 긴장을 불러일으킨다. 하나님 나라는 예수 이름의 권세로, 모든 단위의 인간적 결사체들, 특히 이 세상을 지배하는 자율 왕국같은 정사와 권세와 대결하면서 하나님의 주권적 통치를 실행한다.고전 15:20-24; 엡 1:21, 6:12; 골 2:15; 벧전 3:19-22; 계 11:15 사도행전에서 하나님은 먼저 성령 충만을 통해 개인의 자아를 갱신하고 재창조하며, 이렇게 재창조된 개인들을 통해 하나님 나라의 진지陣地를 구축해 나간다. 하나님 나라는 오순절적 성령 세례로

행

결성된 교회요, 세상을 향해 자신의 생명을 쏟아 내는 그리스도의 몸된 교회다. 교회는 하나님 나라의 통치에 저항하는 정사와 권세와 대립하며 그것을 하나님의 권세 아래 복종시키려고 복된 공격을 감행하는 공세적인 전투 공동체다. 그런데 그 전투는 대적자들에게 살상과 굴욕적인 패배를 강요하기 위한 싸움이 아니라, 이기심과 탐욕, 독점과 자기중심적 완고함으로 뭉쳐진 개인과 집단을 예수 그리스도의 사랑과 자유로 해방시키는 선한 싸움이다.고후 6:7, 10:3-6; 딤후 4:7 싸움의 도구는 자기희생적 사랑이요, 싸움의 목적도 자기희생적 사랑이다. 따라서 교회는 전투적인 사랑의 공동체이며, 사랑으로 대적자들을 설복시키는 전투 공동체다. 하나님은 이 전투적인 아가페 공동체를 통해 세상 속에 하나님 나라 운동의 거점을 확보하고 세상의 권력 체제를 무장 해제시키신다.[8]

6장.

열두 사도와 일곱 집사: 거룩한 업무 분장

사도행전 1-5장이 히브리 출신 열두 사도의 영적 카리스마와 지도력을 크게 부각시킨 반면, 6-8장은 헬라파의 영적 지도력을 대표하는 일곱 집사의 영적 카리스마와 지도력을 집중적으로 소개한다. 6장은 헬라파 일곱 집사가 선임되는 경과를 보도하고, 그 일곱 집사 중 군계일학인 스데반의 맹활약을 보도한다. 7장은 첫 순교자로 생애를 마감하는 스데반 집사의 복음 전파 활동을 보도한다. 스데반의 그 유명한 반反성전 구속사 설교는 예루살렘 교회와 유대교 성전 체제와의 급격한 분리를 초래한 계기가 되었다. 그 결과 헬라파 그리스도인들은 이방 선교의 선구자로 나서게 된다. 8장은 일곱 집사 중 하나인 전도자 빌립의 사마리아 선교 및 에디오피아 여왕 간다게Candace의 재무장관 전도 일화를 담고 있다. 6-8장에서 사도행전 저자는 열두 사도와 상응하는 헬라파 출신 일곱 집사의 영적 권위와 헌신을 자세히 보도함으로써 예루살렘 교회가 얼마나 유기적인 업무 분장에 신경썼는지를 강조한다. 스데반 집사의 반성전 설교는 유대교 성전 체제의 그늘에 안주하려던 예루살렘 교회에 박해의 폭풍을 초래했고, 기독교회가 유대교와의 창조적인 분리를 거쳐서 세계 만민을 위한 복음 운동체로 발전하는 직접적인 계기를 제공해 주었다.

6장은 성령 충만한 교회일수록 내부적 소통도 훨씬 민주적으로 실현된다는 것을 가르쳐 준다. 6장은 성령이 강습한 예루살렘 교회에 나타나는 성령의 은사가 교회를 어떻게 민주화하는지를 보여주는 성령 충만과[1-7절] 스데반 집사의 권세있는 복음 증거와 점증하는 박해 위협[8-15절] 단락으로 나눠진다.

1. 성령 충만과 민주주의 •1-7절

6 1그 때에 제자가 더 많아졌는데 헬라파 유대인들이 자기의 과부들이 매
일의 구제에 빠지므로 히브리파 사람을 원망하니. 2열두 사도가 모든 제
자를 불러 이르되 우리가 하나님의 말씀을 제쳐 놓고 접대를 일삼는 것이 마땅하지
아니하니 3형제들아, 너희 가운데서 성령과 지혜가 충만하여 칭찬받는 사람 일곱을
택하라 우리가 이 일을 그들에게 맡기고 4우리는 오로지 기도하는 일과 말씀 사역에
힘쓰리라 하니. 5온 무리가 이 말을 기뻐하여 믿음과 성령이 충만한 사람 스데반과
또 빌립과 브로고로와 니가노르와 디몬과 바메나와 유대교에 입교했던 안디옥 사람
니골라를 택하여 6사도들 앞에 세우니 사도들이 기도하고 그들에게 안수하니라. 7하
나님의 말씀이 점점 왕성하여 예루살렘에 있는 제자의 수가 더 심히 많아지고 허다
한 제사장의 무리도 이 도에 복종하니라.

주석

이 단락은 교회의 양적 성장이 하나님 나라 운동의 우선순위를 흐트러뜨릴 수 있음을 잘 예시한다. 예루살렘 교회는 제자들의 수가 많아지면서 교회 행정상의 문제점이 노출되기 시작했다. 제자의 수가 많아진 것은 좋은 일이지만 그 과정에서 교회가 이전에는 직면하지 않았던 상황에 직면했다. 헬라파 과부들이 "매일의 구제"에서 소홀히 여김을 받는 상황이 지속되었던 문제로 헬라파 유대인들이 히브리파 사람들을 원망하는 일이 발생했다.[1절] 헬라파 유대인들은 오랫동안 외국에 살다가 메시아의 도래를 열망하며 예루살렘으로 이주한 교포 출신 유대인들을 말한다. 이들은 대개 헬라어를 구사

했기 때문에 히브리파 사람들에게 헬라파 유대인이라는 말을 들었다. 구브로(키프로스) 출신 레위인 바나바도 헬라파 유대인이었다. 예루살렘 교회는 히브리파 유대인들과 헬라파 유대인들이 모여 함께 이룬 교회였다. 예루살렘 교회가 경제적 자립을 하지 못하는 과부들을 매일 구제했는데, 의도적인지 아니면 우연이었는지 모르지만, 헬라파 과부들이 수혜자 명단에서 빠지는 일이 종종 발생했다. 그래서 헬라파 사람들이 히브리파 사람들을 원망하게 되었다. 여기서 원망이라는 언어가 사용된 것을 볼 때, 히브리파 제자들이 헬라파 과부들을 다소 홀대하고 차별하지 않았나 하고 추측해 볼 수 있다. 초대교회 또한 지역감정이 작용한 지극히 인간적인 공동체의 면모를 버리지 못했음을 알 수 있다. 그러나 이 문제를 해결하는 과정은 매우 모범적이다.

열두 사도들은 자신들의 지도력 행사에 부족한 부분이 있음을 인정하고 헬라파 사람들의 불평과 원망을 적극적으로 수용한다. 성령 충만한 교회란 문제가 전혀 없거나 원망이나 불평이 발생하지 않는 교회라기보다는, 원망과 불평을 성숙하게 수용하고 해소하는 지도자들이 섬기는 교회다. 사도들은 교인들의 불평과 원망을 가볍게 여기거나 사탄의 조종을 받은 것이라고 쉽게 판단하고 정죄하는 것이 아니라 스스로를 돌아보고 목회 사역의 균형감각을 회복하는 계기로 삼는다. 이것이 바로 성령 충만한 교회의 모습이다. 성령 충만은 영적 소통의 원활화요 공감 능력의 확장이기에, 성령 충만한 교회일수록 민주적 의견 수렴 과정이 훨씬 더 원활해질 가능성이 크다. 구성원들이나 부하 혹은 직원의 불평과 원망을 중히 여기는 지도자가 성령 충만한 지도자다. 성령 충만한 지도자일수록 부하 동역자나 공동체 구성원들의 문제 제기에 예민하게 반응할 가능성이 높다. 이런 점에서 열두 사도는 성령의 지배 아래 있었다. 성령 충만은 소통 능력의 충만, 상대방 혹은 다른 사람의 입장에서 생각해 보는 능력의 충만이기 때문이다.

헬라파 사람들의 문제 제기를 정중히 받아들인 열두 사도는 모든 제자를 불러 모아 상황을 진단하고 해결책까지 제시한다.[2절] 그들은 먼저 교회가 특정 과업에 치중하는 분위기로 흐른 것을 반성하고 뉘우친다. 헬라파 과부들을 소홀하게 대한 것은 사도적 가르침이 구제를 맡은 교회 일꾼들을 충분히 감화 감동시키지 못했고, 그 결과 인간적인 관심사가 끼어들었기 때문이라고 본 것이다.[2절] 그들은 "우리가 하나님의 말씀을 제쳐 놓고 접대를 일삼는 것이 마땅하지 아니하다"고 말한다. "접대를 일삼다"라고 번역된 헬라어는 "디아코네인 트라페자이스"(διακονειν τραπεζαις)이다. 이는 "식탁 시중을 들다"의 의미이다.

이는 놀라운 일이다. 그들은 누가 매일 구제에서 헬라파 과부들을 소홀히 했는지 중간 책임자를 색출하여 인책하기보다는 자신들이 영적 사역을 균형 있게 배분하지 못한 문제에 주목한 것이다. 한 이상적인 담임 목회자나 당회가 회중 사이에서 발생한 분쟁의 원인을 담임 목사 자신이나 당회의 영적 균형감 유지와 올바른 지도력 행사의 실패에서 찾는 경우와 같다. 사도들 스스로가 말씀 선포와 가르치는 일을 제쳐두고 구제와 접대 및 재정 출납에 사역을 집중한 것이 문제의 근원이라고 본 것이다. 사도행전 4:37의 "그가 밭이 있으매 팔아 그 값을 가지고 사도들의 발 앞에 두니라"는 구절에서 암시되듯이, 사도들이 아마도 기부금과 헌금 관리를 비롯한 재정까지도 관장한 듯하다. 그러는 사이에 기도와 말씀 사역에 누수가 생겼을 것이다. 사도들은 제자들의 수가 늘자 구제나 복지 사역을 통해 회중의 당면한 필요를 채우려고 했을 수도 있다. "일"에 파묻혀 하나님과의 긴밀한 사귐을 소홀히 하며, 말씀 선포나 교육마저도 다소 느슨하게 감당했을 수도 있다. 그 결과 그들은 헬라파 유대인들과 히브리파 유대인들 사이의 균열을 감지하는 데 굼떴을 것이다. 그들이 만일 하나님 말씀의 강력한 감화 감동 안에 사로잡혀 있었더라면 헬라파 사람들의 불평과 원망도 제기되지 않았을지도 모른다.

이처럼 교회의 지도자가 하나님 말씀의 선포와 가르치는 사역에 최우선 순위를 부여하지 않으면, 교회의 거의 모든 영역에서 암초와 복병을 만난다. 영적 긴장의 이완에서 오는 실수와 실언, 구성원들간의 불화 등 출신 지역이나 학벌, 소득 수준 차이로 인해 모든 면에서 불평과 원망이 터져 나올 수 있다. 그러나 이와 같은 불평과 잠재적 원망거리마저 하나님 말씀의 감화 감동이 있다면, 발전적으로 해소될 수가 있다. 하나님 말씀 사역은 교회가 하나님의 다스림 안에 머물도록 하는 결정적인 통로다. 주일 예배나 수요 예배 때 선포되는 하나님 말씀은 하나님의 다스림을 신자 개인의 삶과 인격 속에 매개하고 구체화한다. 말씀 선포와 가르치는 사역은 교회의 여러 사역 중 하나이지만 중심되는 사역이다. 사회복지 사역이나 상담 사역 등을 비롯한 나머지 모든 사역이 결실하도록 돕는 견인 사역인 것이다.

사도들의 정확한 자기성찰에서 비롯된 진단은 예루살렘 교회 교인들을 크게 안심시켰을 것이다. 그런데 사도들은 여기서 한 걸음 더 나아간다. 문제의 해결책까지 제시한다. 사도들은 먼저 동료 제자들에게 "너희 가운데서 성령과 지혜가 충만하여 칭찬 듣는 사람 일곱을 택하라"고 권고한다.[3절] 여기에 아주 중요한 원리가 드러난다. 동료 교인들의 회중적인 결의를 하나님의 뜻이 반영된 결정으로 알고 받아들이겠다는 자세를 보인 것이다. 일곱 집사를 사도들이 임명하는 것이 아니라, 회중에게 뽑아달라고 부탁한 것이다. 회중이 영적 지도자의 설교나 선포를 하나님의 뜻을 대변하는 통로로 보듯이, 영적 지도자들이 회중의 결정을 하나님의 뜻으로 받아들이려는 태도는 매우 중요하다. 이런 전통의 연장선상에서 개신교 교회는 회중의 투표를 거쳐 항존직(장로와 권사 등) 직분자들을 뽑는다. 사도들은 회중이 뽑아 준 일곱 집사에게 자신들의 구제 사역을 과감하게 위임한 것이다.

오늘날 영적 지도자(담임목사나 당회장)가 재정 출납까지 떠맡으려는 것은 성경적인 기준으로 볼 때 부적합한 업무 독점일 수 있다. 성령과 지혜가 충만한 집사들에게 업무를 나눠 주는 것이 성령 충만한 교회의 선택이다. 성령 충만은 공동체의 지체들 각자의 은사와 재능을 소중히 여겨 모든 교우가 스스로를 교회의 중심 일꾼이라고 자각할 수 있을 정도로 영적, 은사적 민주주의 공동체를 이루는 능력이다. 업무 과부하, 업무 독점, 지도력 배분 거부는 '모세 신드롬'Moses Syndrome이라고 불리는 일종의 자기도취적 심리 증후군이다.출 18장 성령은 모든 교우가 각자 자신의 은사를 발휘하여 그리스도의 몸된 교회를 이루도록 격려하신다. 성령 충만한 교회는 모든 교우들의 은사와 재능을 적재적소에 활용하려는 교회다. 특히 상급 지도자들이나 직분자들이 자신들의 업무 중 일부를 새로 뽑힌 직분자들에게 "맡기려는 태도"는 성령의 다양한 역사에 대한 믿음의 표현이다.

4절은 사도들의 이런 결정의 배후에 있는 더 깊은 동기를 보여 준다. "우리는 오로지 기도하는 일과 말씀 사역에 힘쓰리라." 여기에는 2절에 비해 한 가지 더 중요한 일이 추가된다. 4절의 첫 단어는 1인칭 복수대명사 "헤메이스"이다. "다른 이가 아니라 바로 우리가" 정도의 의미이다.[1] 여기서 중요한 사실은 사도들이 기도하는 일과 말씀 사역을 병행 사역으로 말하지만, 기도 사역을 "말씀의 섬김

[디아코니아 투 로구(διακονίᾳ τοῦ λόγου)]"보다 앞세우고 있다는 점이다. 사도들이 그동안 기도하지 않았다는 것은 아니다. 그들은 기도도 하고 말씀도 가르치고 구제 사역도 겸하여 복합적인 사역을 펼쳤을 것이다. 다만 사도들 자신이 볼 때 자신들이 기도에 전심전력하지 않고 사역을 여러 가지로 분산했다는 뜻이다. 기도 사역은 말씀 사역의 일부이면서 말씀 사역을 결실케 하는 본질적인 사역이다. 영적 지도자에게 기도는 말씀 사역보다 더 어렵고 힘든 과업이다. 말씀 사역은 회중들에게 행하는 가시적 사역이요 회중의 반응을 연료로 삼아 어느 정도 자가발전이 가능한 사역이다. 그러나 기도 사역은 하나님 앞에서 홀로 행하는 사역이요, 능동적 사역이라기보다는 수동적으로 행하는 능동 사역이다. 기도 사역은 하나님의 성령에 점화될 때까지 스스로를 가열하는 능동적 사역이지만, 결정적인 마침표는 항상 하나님에 의해 찍히는 하나님 주도적인 사역이기 때문이다. 이런 점에서 기도는 기도자 스스로가 하나님의 결정과 처분에 자신을 내어 맡기는 수동적이고 의존적인 방향을 지닌, '수동적 능동 사역'이다.[2] 홀로 하나님과 기도로 씨름한 지도자가 말씀으로 회중에게 영적 감화를 끼치는 생명의 파동을 일으킬 수가 있다.[3] 사도들은 자신들의 느슨한 기도 생활을 반성하고 기도에 전념하겠다고 선언한 것이다.

이런 사도들의 제안[호 로고스(ὁ λόγος)]은 온 회중에게 수용되었다.[5절] 사도들의 전향적 태도를 기뻐한 회중은 믿음과 성령이 충만한 사람 스데반과 빌립, 브로고로, 니가노르, 디몬, 바메나, 유대교에 입교했던 개종자인 안디옥 사람 니골라를 일곱 집사로 택했다. 6명의 유대인과 1명의 개종자로 구성된 집사 공동체가 형성되었다. 예루살렘 교회 회중의 개방성과 포용성은 인상적이다. 교회는 처음부터 인종적 순혈주의를 극복했다.[4] 이렇게 다양한 출신지와 인종적 다양성을 대변하는 일곱 집사들은 모두 헬라파 유대인을 대표하는 지도자였다. 이 중에서도 스데반과 빌립의 영적 지도력과 카리스마는 사도들의 영적 권위와 거의 같은 수준이었다. 회중은 그들을 사도들 앞에 세웠고, 사도들은 회중의 결정을 존중하여 기도하고 그들에게 안수했다.[6절] 이렇게 예루살렘 교회는 최초의 분쟁거리를 지혜롭게 극복하고 전화위복을 이루었다. 그 결과 하나님의 말씀이 점점 왕성하여 예루살렘에 있는 제자의 수가 심히 더 많아졌다.[7절]

7절의 세 소절에 나오는 세 동사 "점점 왕성하여", "많아지고", 그리고 "복종하니라"는 모두 미완료형이다. 예루살렘 교회는 질적 성장과 양적 성장이 이뤄진 동시에 지속적인 현상이었다는 것이다. 그 결과 예수 그리스도의 십자가와 부활에 대한 믿음은 요새처럼 견고한 제사장 계층에까지 확산되었다. 하나님의 말씀이 점점 왕성했다는 것은 그 말씀에 복종하는 사람들의 숫자가 많아지고 복종의 수준과 강도가 높아졌다는 것을 의미한다. 질적 성장의 결과 제자의 수가 심히 많아졌다. 질적 성장이 양적 성장을 견인한다. 질적 성장과 양적 성장이 동시에 이뤄지니, 저항의 요새처럼 견고하던 예루살렘 성전의 허다한 제사장들도 사도들의 복음을 믿고 귀의했다. 성전 미문의 앉은뱅이 치유 사건과 그로 인한 사도들의 솔로몬 행각 설교가 많은 제사장을 사로잡았던 것이다. "허다한 제사장의 무리[오클로스(ὄχλος)]는 이 도(믿음)[道]에 복종했다"라는 말을 덧붙인 7절 하반절은 예루살렘 성전 체제에 조용한 균열이 시작되었음을 암시한다. 제사장들의 유대교 성전 체제 이탈은 유대 종교 당국자들의 반발과 두려움을 크게 확대하는 데 기여했을 것이다. 유대교의 성전 중심 체제는 이제 종말을 향해 치닫고 있었다. 이런 상황에서 스데반 집사의 구속사 설교가 터져 나왔다.

2. 헬라파 신자의 지도자 스데반 집사의 권세 있는 복음 증거와 점증하는 박해 위협 ●8-15절

8스데반이 은혜와 권능이 충만하여 큰 기사와 표적을 민간에 행하니 9이른바 자유민
들 즉 구레네인 알렉산드리아인 길리기아와 아시아에서 온 사람들의 회당에서 어떤
자들이 일어나 스데반과 더불어 논쟁할새 10스데반이 지혜와 성령으로 말함을 그들
이 능히 당하지 못하여 11사람들을 매수하여 말하게 하되 이 사람이 모세와 하나님을
모독하는 말을 하는 것을 우리가 들었노라 하게 하고 12백성과 장로와 서기관들을 충
동시켜 와서 잡아가지고 공회에 이르러 13거짓 증인들을 세우니 이르되 이 사람이 이
거룩한 곳과 율법을 거슬러 말하기를 마지 아니하는도다. 14그의 말에 이 나사렛 예
수가 이곳을 헐고 또 모세가 우리에게 전하여 준 규례를 고치겠다 함을 우리가 들었
노라 하거늘 15공회 중에 앉은 사람들이 다 스데반을 주목하여 보니 그 얼굴이 천사
의 얼굴과 같더라.

주석

일곱 집사 중에서 스데반이 군계일학처럼 홀연히 등장하여 엄청난 파문을 일으켰다. 5절에서 그는 믿음과 성령이 충만한 일곱 집사 중 제일 먼저 소개된다. 8절에서는 은혜와 권능이 충만한 사람으로 소개된다. 8절의 개역개정은 헬라어 본문을 약간 다르게 번역했다. 개역개정은 "스데반이 큰 기사와 표적을 민간에 행했다"라고 말하지만, 헬라어 구문을 직역하면, "스데반은 기사들[테라타(τέρατα)]과 큰 표적들[쎄메이아 메갈라(σημεῖα μεγάλα)]을 지속적으로 행하고 있었다"이다. "행하니"라고 번역된 "에포이에이"(εποιει)는 "포이에오"(ποιεω) 동사의 3인칭 단수 미완료형이다. 미완료형은 지속적 행동을 묘사하는 시제로서 스데반의 기사와 큰 표적 사역은 지속적으로 일어난 사건들이었다는 것이다.[8절] 9절은 스데반을 통해 일어

난 기사들과 표적들이 예루살렘 거주 디아스포라 유대인들과의 논쟁을 촉발시켰다고 말한다. 그들은 이른바 "자유민들의 회당"(τῆς συναγωγῆς τῆς λεγομένης Λιβερτίνων) 출신 헬라파 유대인들이었다. 여기서 "자유민들"은 구레네[막 14장 구레네인 시몬]와 알렉산드리아 곧 아프리카 지역에서 돌아온 유대인 교포들과 길리기아(바울의 고향)와 아시아(에베소)에서 온 유대인 교포들이다.

이 회당 출신의 유대인들은 본토 히브리파 유대인들보다 모세의 율법(토라)과 성전에 대해 한층 더 과도한 충성심을 과시한 것처럼 보인다.[참조. 행 21:27, "아시아에서 온 유대인들"] 이들은 해외에서 온 교포 출신이지만 "자유민들의 회당"을 만들어 활동하던 자들이다. 그들은 오랫동안 외국 생활을 하다가 남은 생애를 예루살렘에서 보내기 위해 귀국한 유대인 교포들이었다. 그들은 메시아를 대망하며 예루살렘으로 아예 거주지를 옮긴 유대교 골수파들인 셈이다. 이들 대부분은 주전 63년 로마의 장군 폼페이우스가 유대 지역을 정복했을 때 노예로 사로잡혀 갔다가 어느 시점에 자유롭게 된 사람들이다. 이들은 예루살렘 성전이 땅에 임할 "하나님 나라"의 지상 거점이라고 믿었기 때문에 예루살렘 성전 근처에 회당을 세우고 거기서 공동체를 이루며 살았다. 해외에서 이룬 모든 성공과 번영을 버려두고 오로지 하나님 나라에 대한 열망을 안고, 예루살렘 성전 근처로 와서 거하던 성전 극우파들[ultra temple rightists]이었다. 그들 중 몇몇이 일어나 스데반과 더불어 논쟁을 벌였다.[9절5] 그러나 그들은 지혜와 성령으로 말하는 스데반의 영적 학식과 패기와 확신을 능히 감당하지는 못했다.[10절] 10절에서 인상적인 사실은 스데반이 기사들과 표적들을 행할 뿐만 아니라, 지혜와 성령으로 말함으로써 대적자들을 압도했다는 것이다. 10절의 헬라어 문장에는 두 개의 미완료 동사, 곧 "능히 감당하지 못하다"와 "스데반이 말하다"가 등장한다. 직역하면, "그리고 그들은 그(스데반)가 계속 말하고 있을 때 그 지혜와 영[테 소피아 카이 토 프뉴마티(τῇ σοφίᾳ καὶ τῷ Πνεύματι)]에 (지속적으로) 맞설 수가 없었다"이다. 여기서 무엇을 중심으로 벌어진 논쟁인지는 알 수 없지만, 그들은 아마도 스데반이 전한 예수 그리스도 중심의 이스라엘 역사 해석에 엄청난 상처를 받았던 것 같다. 11절에 비추어 볼 때, 그들이 이해한 스데반의 말은 "모세와 하나님을 모독하는 말"말이었을 것이며, 설교는 아마도 성전에 대한 새로운 해석을 포함했으며, 이스라엘의 역사를 하나님에 대한 불신앙과 불순종의 역사로 규정했던 것으로 보인다.참조. 행 8장

그러자 스데반의 설교에 압도당한 스데반 대적자들은 자신들이 매수한 거짓증인을 사주하여 산헤드린 법정에서 스데반을 고소한다. 11절은 매수된 거짓 증인들이 산헤드린 법정에 제시할 초기 기소문을 담고 있다. "이 사람이 모세와 하나님에 대적하는 모독적 말들(ῥήματα βλάσφημα εἰς Μωϋσῆν καὶ τὸν Θεόν)을 계속 말하는(λαλοῦντος, 분사형) 것을 우리가 이제까지 들었습니다.(Ἀκηκόαμεν)" "듣다"라는 동사는 현재완료형 시제로 표현되었다. 그것은 거짓 증인들이 스데반이 지속적으로 말하는 것을 죽 들어왔다는 것을 강조하는 표현이다. 스데반을 대적하는 교포 출신 유대인들은 마침내 백성[라오스(λαός)]과 장로들과 서기관들(γραμματεις)을 충동했으며, 가까이 가서 스데반을 붙잡아 산헤드린(공의회) 법정에 세웠다.12절 여기서 "백성"으로 번역된 헬라어 "라오스"는 불특정 다수의 예루살렘 거주민을 가리키는 것이 아니라, 예루살렘과 유대 지역의 장로 등 지역 대표들을 가리킨다. 이들이 율법학자들과 합세해 산헤드린을 열어 달라고 요청했음을 의미한다.

13-14절은 산헤드린 법정에서 반복 진술된 거짓 증인들의 말이다. 거짓 증인들의 말을 직역하면 이렇다. "이 사람이 이 거룩한 곳

과 율법에 대적하는 말들을 말하는 것을 멈추지 않습니다. 우리는 그가 다음과 같이 말하는 것을 들었습니다. '이 나사렛 예수가 이곳을 헐겠으며, 모세가 우리에게 전해준 규례를 바꿀 것이다.'"[13-14절] 스데반의 고소자들과 그들이 매수한 거짓 증인들의 증언은 예수를 고소했던 거짓 증인들의 증언과 복사판이다. 예수의 말씀의 문맥을 거두절미해서 들으면 이 거짓 증언도 전혀 사실무근은 아니다. 예수께서는 예루살렘 성전을 상대화하는 발언을 여러 차례 하셨다.[마 26:60-62, 막 13:2, 14:57-59, 요 2:19-22] 모세의 율법에 대한 예수의 언급과 행동은 경우에 따라 고소자들의 오해를 정당화해 줄 여지가 있다.[6] 예수께서는 모세의 율법을 하나님 전심 사랑 계명과 이웃 사랑 계명으로 압축해 이 두 계명을 절대로 우선시했다.[마 22:37-40] 예수는 자신이 이런 의미에서 모세의 율법이나 선지자의 대강령(하나님 사랑과 이웃 사랑)을 성취하려고 오셨음을 선포했다. 그러나 유대 종교 당국자들과 서기관들, 그리고 바리새인들은 모세 율법의 핵심을 정결법, 할례법, 음식법, 이방인 접촉금지법, 안식일 계명 등을 지키는 데 전력했다. 이런 태도를 가리켜 예수는 "하루살이는 걸러내고 낙타는 삼키는 짓"[마 23:24]이라고 비판했다. 예수는 안식일 계명의 핵심은 생명을 살리고 선을 행하는 것이라고 규정했는데, 바리새인들과 서기관들은 안식일 준수 계명을 노동 및 이동 금지 등 무자비한 금지 계명으로 축소했다. 전체적으로 바리새인들과 서기관들의 고소는 모세의 율법에 대한 예수의 태도를 크게 왜곡하고 있다.[마 5:17-20; 5:22-48] 산헤드린 법정을 연 제사장들과 공의회원들은 거짓 증인들의 증언을 청취한 후 스데반을 주목하여 보았다. 인상을 통해 범의[犯意]를 찾아보려는 인상 심문이었던 셈이다. 산헤드린 공회에 참석한 모든 사람이 그를 뚫어지게 쳐다보고 있었을 때, 그들은 놀랍게도 천사의 얼굴같은 스데반의 얼굴을 보았다.[15절]

메시지

성령 충만한 예루살렘 교회는 교회 내의 현안들을 민주적으로 처리하고 리더십을 공유하는 지혜를 발휘하여 하나님 나라의 확장에 박차를 가했다. 헬라파 지도자인 일곱 집사를 임명한 것은, 기독교가 유대교의 한 분파에 머물지 않고 예루살렘의 경계를 넘어 온 세계 속으로 흩어지는 세계 변혁적 에너지를 발산하는 촉매제가 되었음을 의미한다. 일곱 집사는 단지 구제 사역의 전문가로 선임된 것이 아니라, 헬라어권 복음 전도자로도 임명되었다. 6장에서 우리는 세 가지를 깨달을 수 있다.

첫째, 아무리 성령 충만한 교회라고 할지라도 교회 행정 및 정치에는 지혜가 필요하다는 것이다. 사도들의 말씀 사역과 카리스마 넘치는 치유 활동 때문에 예루살렘 교회가 커지자 헬라파 과부들 구제 누락 사건이 터졌다. 아무리 성령의 역사라고 하더라도 성령의 역사가 인간의 결점 모두를 다 메꿔주는 것은 아니다. 행정과 정치의 지혜는 여전히 필요하다. 교회 행정 및 정치는 교회의 인적, 영적, 재정적인 소요를 적절하게 배분하는 공동체 경영 기술이다. 사도들이 성령 충만했다고 해서 구름 위에서 산 것이 아니라, 구제받지 못한 과부들의 불평과 탄식이 있는 땅에 발을 딛고 살았다. 사도들의 행정 지혜와 교회 정치력은 유능하고 성령 충만한 또 다른 교회 구성원들, 곧 헬라파 지도자들을 세우는 데서 잘 드러났다. 권한을 배분하고 역할을 나누는 것은 영적, 은사적 민주주의라고 불리는 개신교회 교회 정치 및 행정의 기초이다.

둘째, 참으로 성령 충만한 지도자들은 가장 겸손한 경청자들이라는 것이다. 성령은 독단과 독선의 영이 아니라, 협력과 소통, 평화와 지혜의 영이기 때문이다. 성령 충만하다고 스스로 자임한 대중 복음 전도자들의 재정 비리나 독단적 교회 운영 스캔들은 그들의 성령 충만이 가짜일 가능성을 보여준다. 성령은 하나님의 사람들로 하여금 동료들의 권고나 충고, 심지어 위계질서상 아랫사람들의 불평이나 문제 제기에 직면하면 즉시 자신을 낮추고 동료들이나 아랫사람들의 견해를 진지하게 듣고 수용하게 하시기 때문이다. 성령 충만한 회중일수록 교회 직분자들의 의사소통은 민주적이고 투명하다. 성령의 역사가 활발한 교회에서는 당회가 밀실에서 특정 토지를 구입하거나 교역자 청빙을 독단적으로 결정하는 일이 일어날 수 없다. 설령 그런 일이 일어났을 때라도 성령에 민감한 교회에서는 제직회나 공동의회에서 문제 제기를 하면 당회장이나 당회는 즉시 몸을 낮추고 회중이나 제직회의 불평이나 문제 제기를 수용할 가능성이 크다.

셋째, 히브리파와 헬라파 회중은 예루살렘 교회를 구성한 중심 구성원들이었다. 예루살렘 교회는 독립적인 교회 예배당을 가진 회중은 아니었다. 히브리파는 예루살렘 성전에 모였고, 특별한 경우 다락방에서 모였다. 모든 신자가 하나의 다락방에 모이지는 않았을 것이다. 가옥 공간이 넓은 신자의 집에서 모이기도 했을 것이다. 이에 비해 헬라파는 성전 외에 "자유민들의 회당"이라는 독립된 공간을 중심으로 모였다. 이 두 집단이 함께 모여야 했을 때는 성전의 솔로몬 행각에서 모였다. 예루살렘 교회는 예배당 중심으로 모이는 회중이 아니라, 사역 중심으로 하나된 회중이었다. 히브리파는 본토 히브리인 유대인들에게 복음을 전하고, 헬라파는 "자유민들의 회당" 중심으로 해외 교포 출신 유대인들이나 이방인 입교 희망자들, 그리고 "하나님 경외자"들에게 복음을 전했다. 예루살렘 교회의 인적 구성의 이원성은 교회 사역의 범위를 확장하는 데 유용한 조건이었다. 예루살렘 교회의 헬라파 신자들은 이방 선교의 견인차로 부상했고 기독교가 유대교의 분파에 머물지 않고 헬라어권 문명 전체를 향해 확산되는 일을 주도했다. 한때 동질적인 구성원들이 모일수록 교회 성장이 원활하게 진행된다고 보았던 풀러 신학대학원의 도널드 맥가브란Donald McGavran 교수의 주장이 인기를 끌었다. 특히 맥가브란 교수의 도시 중산층 교회의 성장을 설명하는 신학적 틀이 주목을 받았다. 하지만 이것은 사도적 정통교회의 이상적인 모습은 아니었다. 신약성경이 보여주는 사도적 증언에 따르면 교회는 헬라인이나 유대인이 차별 없이 하나가 된 새로운 피조물이다.갈 3:28; 고후 5:17; 엡 2:15-22 정통 기독교가 말하는 교회의 표지에는 인적 구성의 보편성과 통일성이 있다. 교회의 위력은 기계적인 획일성이 아니라, 다양성과 외연 확장성이다. 교회는 처음부터 타자성에 대한 건강한 수용과 외부인에 대한 개방성을 생명력 삼아 성장하고 성숙했다. 에베소서 2:14-22이 증언하듯이 선민 이스라엘이 이방인을 아브라함의 후손으로 영접한 후에 새 이스라엘로 불리었다. 고린도후서 5:17은 이런 이방인과 화목케 된 이스라엘을 특정하여 새로운 피조물이라고 불렀다. 18세기 중반부터 19세기 초까지 영국감리교회는 이촌향도민 출신의 영국 도시 노동자들을 귀족과 도시민들이 주요회중이던 교회로 초청해 그리스도의 하나된 몸을 형성했다. 한국교회 중 연동교회는 양반 중심의 교회에서 백정들과 천민까지 품는 개방성을 발휘해 갑오농민혁명이 그토록 갈망하던 반상철폐班常撤廢를 주도했다.

7장.

첫 순교자 스데반 집사의 구속사적 복음 설교

이스라엘 구원사를 하나님의 공간 초월적 자유를 이해하지 못한 이스라엘 민족의 불순종의 역사로 정리한 스데반의 장엄한 설교는 성전 체제와 공존하던 예루살렘 기독교의 신학적 신앙적 독립을 촉발시킨 분수령이었다. 그의 설교는 이스라엘 역사를 하나님의 압도적 신실성에 불신앙과 불순종으로 대응했던 반역의 역사로 정리하고 있는 신명기 32장의 어조를 방불케 한다. 스데반은 창세기 12장의 아브라함의 출出갈대아 여정부터 시작해 하나님의 구원에 대해 배은망덕한 불순종으로 일관한 이스라엘 민족의 패역사悖逆史를 통렬하게 회고한다. 구약의 역사는 한 마디로 하나님의 명령에 대한 부단한 불순종의 역사로서 그 절정에 나사렛 예수에 대한 총결산적 불순종이 있음을 말한다.

7장은 공간 초월적인 하나님의 자유와 거룩을 강조하는 복음 설교1-53절와 스데반을 돌로 쳐 죽이는 유대인들의 만행54-60절으로 나뉜다. 첫 단락은 다시 세 소단락으로 나뉘는데, 1-8절은 창세기의 구원사를 요약하며, 9-43절은 출애굽과 바벨론 유배까지의 역사를 요약하고, 44-53절은 하나님의 성전 초월적 거룩성과 자유를 이해하지 못한 이스라엘 민족의 영적 파탄을 말한다. 1-53절 전체에서 스데반이 강조하는 것은 공간 초월적인 하나님의 자유와 거룩함이다. 그것은 단순히 성전 모독적인 설교가 아니라, 하나님의 거룩하심과 자유를 강조하는 설교이다. 큰 둘째 단락54-60절은 스데반을 돌로 쳐 죽이는 유대인들의 만행을 보도한다. 이 단락의 끝에 바리새인 청년 사울이 처음으로 조연급 인물로 모습을 드러낸다.

1. 공간 초월적인 하나님의 자유와 거룩을 강조하는 복음 설교 ● 1–53절

7 1대제사장이 이르되 이것이 사실이냐. 2스데반이 이르되 여러분 부형들
이여, 들으소서 우리 조상 아브라함이 하란에 있기 전 메소보다미아에
있을 때에 영광의 하나님이 그에게 보여 3이르시되 네 고향과 친척을 떠나 내가 네게
보일 땅으로 가라 하시니. 4아브라함이 갈대아 사람의 땅을 떠나 하란에 거하다가 그
의 아버지가 죽으매 하나님이 그를 거기서 너희 지금 사는 이 땅으로 옮기셨느니라.
5그러나 여기서 발붙일 만한 땅도 유업으로 주지 아니하시고 다만 이 땅을 아직 자식
도 없는 그와 그의 후손에게 소유로 주신다고 약속하셨으며 6하나님이 또 이같이 말
씀하시되 그 후손이 다른 땅에서 나그네가 되리니 그 땅 사람들이 종으로 삼아 사백
년 동안을 괴롭게 하리라 하시고 7또 이르시되 종 삼는 나라를 내가 심판하리니 그
후에 그들이 나와서 이곳에서 나를 섬기리라 하시고 8할례의 언약을 아브라함에게
주셨더니 그가 이삭을 낳아 여드레 만에 할례를 행하고 이삭이 야곱을, 야곱이 우리
열두 조상을 낳으니라. 9여러 조상이 요셉을 시기하여 애굽에 팔았더니 하나님이 그
와 함께 계셔 10그 모든 환난에서 건져내사 애굽 왕 바로 앞에서 은총과 지혜를 주시
매 바로가 그를 애굽과 자기 온 집의 통치자로 세웠느니라. 11그때에 애굽과 가나안
온 땅에 흉년이 들어 큰 환난이 있을새 우리 조상들이 양식이 없는지라. 12야곱이 애
굽에 곡식 있다는 말을 듣고 먼저 우리 조상들을 보내고 13또 재차 보내매 요셉이 자
기 형제들에게 알려지게 되고 또 요셉의 친족이 바로에게 드러나게 되니라. 14요셉이
사람을 보내어 그의 아버지 야곱과 온 친족 일흔다섯 사람을 청하였더니 15야곱이 애
굽으로 내려가 자기와 우리 조상들이 거기서 죽고 16세겜으로 옮겨져 아브라함이 세
겜 하몰의 자손에게서 은으로 값 주고 산 무덤에 장사되니라. 17하나님이 아브라함에
게 약속하신 때가 가까우매 이스라엘 백성이 애굽에서 번성하여 많아졌더니 18요셉
을 알지 못하는 새 임금이 애굽 왕위에 오르매 19그가 우리 족속에게 교활한 방법을

써서 조상들을 괴롭게 하여 그 어린 아이들을 내버려 살지 못하게 하려 할새 [20]그때
에 모세가 났는데 하나님 보시기에 아름다운지라 그의 아버지의 집에서 석 달 동안
길리더니 [21]버려진 후에 바로의 딸이 그를 데려다가 자기 아들로 기르매 [22]모세가 애
굽 사람의 모든 지혜를 배워 그의 말과 하는 일들이 능하더라. [23]나이가 사십이 되매
그 형제 이스라엘 자손을 돌볼 생각이 나더니 [24]한 사람이 원통한 일 당함을 보고 보
호하여 압제 받는 자를 위하여 원수를 갚아 애굽 사람을 쳐 죽이니라. [25]그는 그의 형
제들이 하나님께서 자기의 손을 통하여 구원해 주시는 것을 깨달으리라고 생각하였
으나 그들이 깨닫지 못하였더라. [6]이튿날 이스라엘 사람끼리 싸울 때에 모세가 와서
화해시키려 하여 이르되 너희는 형제인데 어찌 서로 해치느냐 하니 [27]그 동무를 해치
는 사람이 모세를 밀어뜨려 이르되 누가 너를 관리와 재판장으로 우리 위에 세웠느
냐. [28]네가 어제는 애굽 사람을 죽임과 같이 또 나를 죽이려느냐 하니. [29]모세가 이
말 때문에 도주하여 미디안 땅에서 나그네 되어 거기서 아들 둘을 낳으니라. [30]사십
년이 차매 천사가 시내산 광야 가시나무 떨기 불꽃 가운데서 그에게 보이거늘 [31]모세
가 그 광경을 보고 놀랍게 여겨 알아보려고 가까이 가니 주의 소리가 있어 [32]나는 네
조상의 하나님 즉 아브라함과 이삭과 야곱의 하나님이라 하신대 모세가 무서워 감히
바라보지 못하더라. [33]주께서 이르시되 네 발의 신을 벗으라 네가 서 있는 곳은 거룩
한 땅이니라. [34]내 백성이 애굽에서 괴로움 받음을 내가 확실히 보고 그 탄식하는 소
리를 듣고 그들을 구원하려고 내려왔노니 이제 내가 너를 애굽으로 보내리라 하시니
라. [35]그들의 말이 누가 너를 관리와 재판장으로 세웠느냐 하며 거절하던 그 모세를
하나님은 가시나무 떨기 가운데서 보이던 천사의 손으로 관리와 속량하는 자로서 보
내셨으니 [36]이 사람이 백성을 인도하여 나오게 하고 애굽과 홍해와 광야에서 사십 년
간 기사와 표적을 행하였느니라. [37]이스라엘 자손에 대하여 하나님이 너희 형제 가운
데서 나와 같은 선지자를 세우리라 하던 자가 곧 이 모세라. [38]시내산에서 말하던 그
천사와 우리 조상들과 함께 광야 교회에 있었고 또 살아 있는 말씀을 받아 우리에게
주던 자가 이 사람이라. [39]우리 조상들이 모세에게 복종하지 아니하고자 하여 거절하
며 그 마음이 도리어 애굽으로 향하여 [40]아론더러 이르되 우리를 인도할 신들을 우리

를 위하여 만들라 애굽 땅에서 우리를 인도하던 이 모세는 어떻게 되었는지 알지 못하노라 하고 41그 때에 그들이 송아지를 만들어 그 우상 앞에 제사하며 자기 손으로 만든 것을 기뻐하더니 42하나님이 외면하사 그들을 그 하늘의 군대 섬기는 일에 버려두셨으니 이는 선지자의 책에 기록된 바 이스라엘의 집이여, 너희가 광야에서 사십 년간 희생과 제물을 내게 드린 일이 있었느냐 43몰록의 장막과 신 레판의 별을 받들었음이여 이것은 너희가 절하고자 하여 만든 형상이로다. 내가 너희를 바벨론 밖으로 옮기리라 함과 같으니라. 44광야에서 우리 조상들에게 증거의 장막이 있었으니 이것은 모세에게 말씀하신 이가 명하사 그가 본 그 양식대로 만들게 하신 것이라. 45우리 조상들이 그것을 받아 하나님이 그들 앞에서 쫓아내신 이방인의 땅을 점령할 때에 여호수아와 함께 가지고 들어가서 다윗 때까지 이르니라. 46다윗이 하나님 앞에서 은혜를 받아 야곱의 집을 위하여 하나님의 처소를 준비하게 하여 달라고 하더니 47솔로몬이 그를 위하여 집을 지었느니라. 48그러나 지극히 높으신 이는 손으로 지은 곳에 계시지 아니하시나니 선지자가 말한 바 49주께서 이르시되 하늘은 나의 보좌요 땅은 나의 발등상이니 너희가 나를 위하여 무슨 집을 짓겠으며 나의 안식할 처소가 어디냐. 50이 모든 것이 다 내 손으로 지은 것이 아니냐 함과 같으니라. 51목이 곧고 마음과 귀에 할례를 받지 못한 사람들아, 너희도 너희 조상과 같이 항상 성령을 거스르는도다. 52너희 조상들이 선지자들 중의 누구를 박해하지 아니하였느냐 의인이 오시리라 예고한 자들을 그들이 죽였고 이제 너희는 그 의인을 잡아 준 자요 살인한 자가 되나니 53너희는 천사가 전한 율법을 받고도 지키지 아니하였도다 하니라.

주석

스데반 집사를 고소한 거짓 증인들의 고소 내용은 두 가지였다. 그가 성전과 율법을 모독하는 말들을 발설했다는 것이다. 곧 스데반은 성전을 헐고 모세의 율법을 고치겠다고 말한 나사렛 예수의 추종자로서 모세와 하나님에 대해 신성모독적인 발언을 했다는 것이다.[6:11-14] 이러한 죄목은 후에 바울에게도 그대로 적용된다.[21:20-21, 28;

24:6; 25:8 1절은 스데반에게 덧씌워진 고소 내용이 사실인지를 묻는 대제사장의 심문 상황을 보도한다. 이는 산헤드린 재판이 정식으로 열렸음을 의미한다. 산헤드린 공의회는 적어도 형식상으로는 스데반에게 자신의 유죄 혐의에 대해 해명해 보라고 촉구한다.

2-53절에 나오는 스데반의 구속사적 강론은 나사렛 예수가 이스라엘 구속사의 절정이자 완성임을 입증하는 설교로서, 모세와 성전 중심의 유대교를 근본적으로 파쇄破碎하는 폭발력을 지닌 강론이다. 이 설교의 요지는 두 가지이다. 첫째, 이스라엘 민족의 역사는 귀耳에 할례받지 못한 이스라엘 민족이 성령을 부단히 거스른 역사라는 것이다.51절 둘째, 나사렛 예수를 죽이고 대적한 당대의 유대인들은 이스라엘 역사에서 일어난 하나님에 대한 불순종과 불신앙을 완성시켰다는 것이다. 이스라엘 모든 세대의 불신앙과 불순종이 하나님의 아들 예수를 대적하고 죽인 행동에서 나타났다는 것이다. 유대인들은 돌로 된 성전을 초월하시는 하나님, 지극히 거룩하신 하나님을 알지 못했기 때문에 하나님의 아들 의인義人 예수를 죽이는 패역적 만행을 범했다는 것이다.

하나님의 거룩하심과 자유를 강조하는 스데반의 구속사적 설교는 "네가 모세와 성전에 대해 대적하는 말을 지껄인 적이 있느냐?" 라고 묻는 대제사장의 심문에 대한 응답이다. 스데반은 이스라엘의 구속사에 등장하는 중심인물들과 사건들을 나열함으로써 이스라엘 조상들의 누적된 불순종과 불신앙의 역사를 고발한다.신 32장의 모세의 구속사적 강론과 유사1

1) 아브라함, 이삭, 야곱의 하나님1-8절

이 본문은 오늘날의 기독교회가 2,000년 교회사를 불순종과 불신앙의 역사로 정리하며 예리한 자기비판적 성찰을 가하도록 촉구하고 초청한다.[2] 바벨론 귀환 포로들의 자기추궁적 회개 영성을 반영한 에스라 9장, 느헤미야 9장, 그리고 다니엘 9장은 유대 민족의 지난 역사가 하나님에 대한 부단한 불순종으로 점철되었다고 말한다.

스가랴 9:7은 다음과 같이 보고한다.

> 우리 조상들의 때로부터 오늘까지 우리의 죄가 심하매 우리의 죄악으로 말미암아 우리와 우리 왕들과 우리 제사장들을 여러 나라 왕들의 손에 넘기사 칼에 죽으며 사로잡히며 노략을 당하며 얼굴을 부끄럽게 하심이 오늘날과 같으니이다.[슥 9:7]

느헤미야 9장 33-36절은 다음과 같이 말한다.

> 그러나 우리가 당한 모든 일에 주는 공의로우시니 우리는 악을 행하였사오나 주께서는 진실하게 행하셨음이니이다. 우리 왕들과 방백들과 제사장들과 조상들이 주의 율법을 지키지 아니하며 주의 명령과 주께서 그들에게 경계하신 말씀을 순종하지 아니하고 그들이 그 나라와 주께서 그들에게 베푸신 큰 복과 자기 앞에 주신 넓고 기름진 땅을 누리면서도 주를 섬기지 아니하며 악행을 그치지 아니하였으므로 우리가 오늘날 종이 되었는데 곧 주께서 우리 조상들에게 주사 그것의 열매를 먹고 그것의 아름다운 소산을 누리게 하신 땅에서 우리가 종이 되었나이다.[느 9:33-36]

다니엘 9:5-7도 앞선 본문과 유사한 고백을 한다.

> 우리는 이미 범죄하여 패역하며 행악하며 반역하여 주의 법도와 규례를 떠났사오며 우리가 또 주의 종 선지자들이 주의 이름으로 우리의 왕

들과 우리의 고관과 조상들과 온 국민에게 말씀한 것을 듣지 아니하였나이다. 주여, 공의는 주께로 돌아가고 수치는 우리 얼굴로 돌아옴이 오늘과 같아서 유다 사람들과 예루살렘 거민들과 이스라엘이 가까운 곳에 있는 자들이나 먼 곳에 있는 자들이 다 주께서 쫓아내신 각국에서 수치를 당하였사오니 이는 그들이 주께 죄를 범하였음이니이다.

스데반의 구속사 설교는 이러한 자기추궁적 회개 영성을 반영하고 있다. 대제사장의 질문에 대해 스데반은 구약의 구속사를 연대기적으로 열거하며 자신을 향한 고소가 부당하고 근거가 없음을 드러낸다. 지난 시절 하나님을 대적하고 불순종한 망령된 조상들처럼, 현재 하나님을 거스르며 그릇된 길을 가고 있는 쪽은 자신과 동료 그리스도인들이 아니라, 유대인들과 유대 종교 권력 당국자들임을 주장한다. 스데반은 산헤드린 공의회에게 자신의 논지를 정확하게 경청해 달라고 주의를 주면서, 아브라함부터 시작된 하나님의 구속사를 회고한다.[2절] 2-8절은 아브라함을 부르시고 약속의 자손들이 번성하도록 섭리하신 하나님을 떠올린다. 2절에서 스데반은 청중을 "여러분 부형들이여!"라고 말하며 말을 시작한다. "부형들"은 "형제들"과 "아버지들"을 합해 부르는 말이다. "형제들"은 자신 또래의 청년 세대를 가리키고 "아버지들"은 산헤드린 공회에 참관 중인 지방 출신의 나이든 유력 시민들과 장로들을 염두에 둔 호칭으로 보인다. 스데반은 고소당한 사람의 입장이 아니라, 이스라엘 백성의 표준적인 성경 지식에 호소하려는 것처럼 보인다. 여기서 스데반은 하나님이 아브라함에게 두 차례에 걸쳐 본토 친척 아비 집을 떠나도록 명령하셨음을 강조한다.[2절] 먼저 아브라함은 하란에 오기 전에 갈대아 우르에서 고향과 친척을 떠나 하나님이 지시하는 땅으로 가라는 명령을 들었다.[2-3절] 아브라함은 하란에서 두 번째 같은 명령을 받아 가나안 땅으로 갔다.[4절] 3 2절에서 인상적인 점은 스데반이 하나님을 "영광의 하나님"이라고 부른다는 점이다. 아브라함의 하나님을 "영광의 하나님"[2절, 55절]이라고 말하는 이유는 바로 스데반 자신에게 나타난 영광의 하나님이 아브라함을 부르신 바로 그 동일한 하나님임을 강조하기 위함이다. 자신에게 나타난 그 영광의 하나님이 아브라함이 메소포타미아 갈대아 우르에 있을 때에 그에게 나타나신 하나님이라는 것이다.[창 15:7] 4절은 아브라함이 하나님의 첫 번째 명령에 즉각 순종하지 못하고 하란 땅에 머물렀음을 말한다. 또한 아브라함이 하란 땅에서 아버지 데라와 사별한 후에 하나님이 그를 가나안 땅으로 인도하셨음을 부각시킨다. 그러나 아브라함은 가나안 땅에서 "발붙일 만한 땅"을 한 평도 유업으로 받지 못한 채, 오로지 하나님의 약속만 상속받았다.[5절] "다만 이 땅을 아직 자식도 없는 그와 그의 후손에게 소유로 주신다"라는 약속만 받았다.[히 11:9, 13] 더욱이 아브라함은 그의 후손이 가나안 땅을 차지하는 과정도 순탄치 않을 것이라는 경고도 받았다. 그의 후손은 다른 나라 땅에서 나그네가 되어 그 땅 사람들의 종으로 400년간이나 학대를 당한 후에, 그들을 종으로 삼은 나라에 대한 하나님의 공변된 심판을 목격할 것이다. 아브라함의 후손은 그 후에야 비로소 자신들을 학대한 나라에서 이끌려 나와 가나안 땅에서 하나님을 섬기게 될 것이다.[6-7절] 2-7절은 창세기 12-15장을 압축적으로 요약하는데, 하나님의 약속은 쉼없는 가운데 믿어진, '유예된 약속'이라는 우회로를 거친 뒤에 성취된다는 점을 부각시킨다. 여기서 하나님은 인간의 여러 우발적 요소들(인간의 불순종과 대적)을 초극하여 자신의 약속을 성취해 가시는 초월적인 하나님으로 묘사된다.

8절은 아브라함에게 할례를 행하게 하심으로써 아브라함을 약속의 수혜자 신분에서 쌍방속박적 계약 당사자로 격상시키신 하나님의 의도를 부각시킨다. 아브라함은 할례를 행하여 성별된 백성으로 살기로 스스로 결의를 다짐으로써, 단지 하나님 약속의 일방적 수혜자가 아니라, 하나님의 약속을 성취하기 위해 능동적으로 순종하는 하나님의 동역자가 된 것이다. 아브라함과 그의 후손들이 할례를 했다는 의미는, 아브라함과 그 후손들도 하나님의 약속을 성취하기 위해 모종의 의무조항을 짊어진 쌍무 언약 당사자로 살아갈 것을 공적으로 선언했다는 것이다. 아브라함과 그의 후손들이 하나님이 택하신 거룩한 백성이라는 자기 정체성을 스스로 지켜야만 하나님이 선제적으로 주신 약속도 성취될 수 있다는 것을 깨닫기 시작한 것이다.[4] 아브라함은 이삭을 낳아 여드레 만에 할례를 행하고, 이삭은 야곱을, 야곱은 열두 조상을 낳아 이스라엘 민족공동체 형성의 기틀을 다졌다.[8절] 아브라함, 이삭, 야곱은 이스라엘 조상 가운데 가장 이상적인 순종을 드렸던 삼三세대를 구성했다. 이스라엘의 출발은 좋았다.

2) 요셉을 통해 야곱의 자손들을 기근에서 구하시고, 모세를 통해 출애굽 구원을 성취하신 하나님[9-43절]

이 단락은 창세기 37-50장과 출애굽기와 민수기를 압축적으로 요약하고 있다. 이 단락의 요지는 이스라엘의 조상들이 아브라함에서 야곱 때까지는 순종했으나 요셉의 고난 서사 때부터는 불순종의 역사를 시작한다는 것이다. 아브라함, 이삭, 야곱의 삼 세대에 걸친 순종의 여정은 야곱이 70명의 후손을 데리고 이집트로 내려가 체류하면서부터 파란만장한 고난의 여정으로 이어진다. 구체적으로 말하면, 요셉 이야기에서부터 이스라엘의 불순종 성향이 드러나기 시작한다. 9-16절은 요셉 이야기 안에서 발견되는 이스라엘의 불순종과 타락 성향을 강조하고 그것을 초극하는 하나님의 압도적인 신실성을 증언한다. 9절의 주어는 "여러 조상"이다. 야곱의 열두 아들인 여러 조상이 요셉을 시기하여 애굽에 팔았으나 하나님은 그와 함께 하셨다.[9절] 하나님은 모든 환난에서 요셉을 구출해서 애굽과 바로[Pharaoh] 궁정의 최고 치리자로 세우셨다. 그것은 하나님의 섭리와 은혜가 일으킨 대반전이었다.[10절] 요셉이 이집트의 총리가 되어 천하의 기근 문제를 해결하는 해결사로 부상했을 때, 기근으로 고난이 극심했던 가나안의 야곱은 그의 후손인 이스라엘 조상들을 애굽에 보내어 양식을 사오게 했다.[11-12절] 양식을 구하기 위한 이스라엘 조상들의 두 번째 애굽 여정에서 애굽 총리 요셉은 형제들에게 자신의 정체를 밝히고, 야곱과 남은 가족들 모두를 애굽으로 이주하도록 초청한다.[13-14절] 야곱은 130세의 나이에 애굽 이주길에 올랐으며 그와 그의 아들들, 곧 이스라엘 조상들은 애굽 땅에서 죽었다.[15절] 다만 야곱은 애굽에서 죽었으나 가나안 땅의 가족 선산인 막벨라 동굴에 매장되었다.[16절] 이 요셉 이야기를 통해 스데반은 요셉을 시기하여 그를 죽음의 땅으로 몰아낸 이스라엘 조상들의 죄악도 초극하여 끝끝내 당신의 약속을 이루시는 거의 일방적으로 그리고 압도적으로 신실한 하나님을 강조한다.

17-41절은 모세를 중심으로 펼쳐진 하나님의 구속사와 그 과정에서 드러난 이스라엘 조상들의 불순종과 패역의 행적들을 나열한다. 이 단락은 모세가 구속사에서 차지하는 비중을 자세하게 조명한다. 그것은 전통적으로 모세의 업적이나 역할로 인정되는 시내산 계약 체결이나 율법 반포의 중보자 역할이 아니라, 이 단락은 모세가 구속사에서 차지하는 비중을 자세하게 조명한다. 그것은 전통적으로 모세의 업적이나 역할로 인정되는 시내산 계약 체결, 그리고 율법 반포의 중보자 역할이 아니라, 모세 자신을 넘어 하나님의 구속사를 진취[進就]해 갈 미래의 한 모세적 예언자의 도래를 예고하는

예언자 역할에 초점을 맞추고 있다. 특별히 이 단락은 "네가 실제로 모세의 율법을 모독했느냐?"고 심문한 산헤드린의 질문에 대한 스데반의 답변 중 가장 인상적인 부분이다. 스데반은 이스라엘 조상들의 불순종과 우상숭배 성향과 맞서 싸운 예언자 모세 이미지를 부각시킨다. 모세는 성전과 율법을 숭배하라고 가르친 인물이 아니라, 오히려 이스라엘 백성의 우상숭배하는 악행을 책망하고 우상숭배를 부단히 경계했던 지도자였다는 점을 강조한다.

17-19절은 모세가 등장하기 직전 애굽에 체류하던 이스라엘 조상들이 겪은 곤경에 대해 말한다. 요셉을 알지 못하는 새로운 바로가 나타나 하늘의 별처럼 허다한 공동체로 급성장하는 이스라엘 조상들을 박해했다. 새 왕을 맞은 애굽은 궤계를 써서 이스라엘 사람들을 노예로 삼았고, 마침내 이스라엘을 멸절시키기 위해 모든 히브리 노예 가정에 태어나는 남자아이를 죽이라는 포고령을 내리기에 이른다.[19절] 이런 상황에서 모세가 태어났다.[20절]

20-35절은 출애굽기 3-6장을 요약한다. 20-22절은 모세가 석 달 동안 부모집에서 양육되다가 버려진 후 파라오의 딸에게 구출되어 애굽의 궁중에서 자라는 과정을 그린다. 애굽의 궁중에서 자란 모세는 성인의 될 즈음에 민족의식에 눈떠간다.[히 11:24-27] 23-28절은 동족의 곤경을 도와주려다가 이스라엘 형제들에게 배척당해 미디안으로 도망칠 수밖에 없었던 상황을 보도한다. 이 단락에서 이스라엘 형제들은 모세를 오해하고 대적하는 역할을 떠맡고 있다. 모세는 자신의 형제들에게 "누가 너를 관리[아르콘(ἄρχων)]와 재판관[디카스테스(δικαστής)]으로 세웠느냐"는 말을 들으며 오해받고 배척받았다.[27절]

29-35절은 이스라엘 조상들에게 배척당하고 거절당한 그 모세를 다시금 이스라엘 형제들에게 파송하신 하나님의 열심을 강조

한다. 이스라엘 형제들은 모세를 거절하고 배척했지만, 하나님은 오히려 그를 백성들의 관리(아르콘)와 속량하는 자(λυτρωτής)deliverer로 삼아 다시 보내셨다. 35절에서 인상적인 표현이 발견된다. 하나님이 모세를 시내산 가시떨기 가운데 나타난 천사의 손으로 관리(ἄρχοντα, 아르콘의 남성단수 대격)와 속량하는 자(λυτρωτήν, 뤼트로테스의 남성단수 대격)로 보내셨다는 것이다. 38절의 "그 천사와 우리 조상들과 함께"; 53절의 "천사가 전한 율법" 모세를 배척한 동포들은 모세의 지도자적 자격과 재판관 자격을 부정하고 배척했는데, 하나님은 천사의 손을 통해 모세를 지도자와 해방자로 격상시켜 세워주셨다. 모세는 단지 "아르콘"이 아니라, 민족 해방자, 곧 "뤼트로테스"로 임명된 것이다.

36-41절은 40년 동안 광야에서 이스라엘을 인도하는 동안 온갖 기사들(테라타)과 표적들(쎄메이아)을 행하며 지도력을 발휘한 모세에게 끝까지 집요하게 반역한 이스라엘 자손들의 행적을 비판적으로 회고한다. 앞서 8절은 스데반도 "기사들"과 "표적들"을 행했다고 말한다. 스데반은 모세가 이스라엘 동포들에게 배척받는 이야기를 자세하게 말함으로써 자신도 모세와 같은 처지에서 동포와 동족에게 배척받고 있음을 강조하려는 것처럼 보인다. 2절에서 스데반이 청중을 "여러분 부형들이여![안드레스 아델포이 카이 파테레스(Ἄνδρες ἀδελφοὶ καὶ πατέρες)]" 라고 부른 이유가 바로 여기에 있다. 이스라엘 구원사에는 동족에게 배척받는 의인들의 고난이 있었음을 상기시키려고 한 것이다. 부형들로 불리는 이스라엘 민족의 청장년층은 이스라엘 민족 역사를 정통으로 숙지하고 있을 것임이 이 호칭 속에 전제되고 있는 것처럼 보인다.

36절은 모세의 모든 행적이 하나님의 인도하심을 강조한다. "이 사람을 도와 나오게 하셨다." 모세는 출애굽 구원과 홍해 도하, 그리고 광야 여정을 인도하며 엄청난 기사들과 표적들을 행했다. 그런데도 이스라엘 조상들은 결국은 이 모세를 배척하고 거절했다. 이스라엘 백성들은 나사렛 예수를 통해 홍해를 열고 출애굽 구원을 실행하는 하나님의 큰 기사와 표적을 경험했다.행 2:22-23; 10:38; 마 12:38-45; 요 9:29-33과 비교해 보라 그렇지만 그들은 나사렛 예수를 대적하고 불순종했다. 지금 모세를 대적한다고 스데반을 고소하고 단죄하는 산헤드린은 광야의 이스라엘 조상들이 모세를 대적했던 것처럼 나사렛 예수를 대적하고 있는 것이다.

37절에서 스데반은 모세가 홀로 하나님의 구원 경륜을 다 감당한 인물이 아니라, 오히려 자신의 뒤에 자신과 같은 한 선지자가 와서 하나님의 구원사 경륜을 잇고 완성할 것이라고 예언한 예언자였음을 강조한다. 모세는 지나간 역사에서 맹활약했던 과거의 지도자가 아니라, 미래 이스라엘 역사의 향방을 예언한 예언자라는 것이다. 그 위대한 모세마저도 자신을 이스라엘 구원 역사의 종착지가 아니라 중간 기착지라고 말했다. 스데반은 나사렛 예수가 바로 모세가 말한 모세의 뒤에 나타날 그 선지자라는 암묵적인 전제 위에서,마 16:14; 요 6:14, "세상에 오실 그 선지자" 현재의 예루살렘 교회야말로 모세가 이끌던 출애굽 구원 도상에 있던 광야 교회의 후계자임을 천명한다.38절 38절의 인상적 어구는 "광야 교회"이다. 직역하면, "광야에 있는 회중[에클레시아 엔 테 에레모(ἐκκλησίᾳ ἐν τῇ ἐρήμῳ)]"이다. 여기서 "에클레시아"는 "교회"를 가리킨다기보다는 회중을 가리킨다.

신명기 23:2의 "여호와의 총회"를 70인역은 "야웨의 회중"(ἐκκλησία κυρίου)으로 번역한다. 따라서 "광야 교회"는 "광야의 회중"이라고 번역하는 것이 더 낫다. 뿐만 아니라, 개역개정은 38절의 헬라어 구문을 번역할 때 단어들의 순서를 무시하고 번역함으로써 원문의 뜻을 흐리고 있다. 38절을 직역하면 이렇다. "이는 시내산에서 그에게 말한 그 천사와 함께, 그리고 우리 조상들과 함께 광야의 그 회중 가운데 있었던 자, 곧 우리에게 줄 생명의 말씀을 받았던 바로 그 사람이다." 개역개정의 "우리에게 주던"이라는 표현은 오역이다. 헬라어 구문은 부정사 구문[두나이 휘민(δοῦναι ἡμῖν=to give us)]으로서 "우리에게 줄"이라고 번역해야 한다. 38절의 요지는 모세가 시내산에 나타난 천사와 우리 조상들과 함께 있었던 "광야 회중"에게 하나님의 말씀을 중개하는 지도자였다는 것이다.

스데반은 시내산 "여호와의 총회"에서 천사와 하나님과 함께 있었던 영적 지도자인 모세의 특별한 지위를 인정한다. 스데반이 모세를 이렇게 높이는 이유는 그를 배척한 이스라엘 조상들의 죄악을 부각시키기 위함이다. 모세는 생명의 말씀을 받아서 이스라엘 후손에게 전해 준 바로 그 중보자였음에도 불구하고, 이스라엘 조상들은 이 모세에게 불복하여 어찌하든지 애굽으로 되돌아가고자 했다는 점이다[39절; 출 32장; 신 9장] 스데반은 모세를 공격하거나 율법을 공격한 것이 아니라, 모세의 가르침을 받고도 불복한 이스라엘 조상들의 불순종을 지적한다. 당대의 유대인들이 나사렛 예수를 통해 매개된 하나님의 말씀을 거절하고 배척한 것은 결국 광야 여정 동안 모세를 배척한 이스라엘 조상들의 망령된 행실을 반복하는 것임을 강조한 것이다. 이스라엘 조상들은 그들을 가나안 약속의 땅으로 인도하는 하나님과 모세에 대항하여 애굽으로 돌아가려 했고, 모세가 시내산 정상에서 하나님과 함께 있으면서 십계명을 받고 있을 때 아론을 위협하여 금송아지 형상을 만들어 숭배했던 장본인들이었다.[40-41절] 그들은 "애굽 땅에서 우리를 인도하던 이 모세는 어떻게 되었는지 알지 못하노라"고 말하며 모세를 무시했다. 대신 금송아지 우상을 주형하여 세워 놓고 그 앞에 제사드리며 음란한 축제를 벌였던 것이다.[41절]

42절부터는 북왕국 아모스 시대의 우상숭배를 다룬다. 42절의

"그들"은 금송아지를 주형해 섬겼던 우상숭배 집단 이스라엘 조상들이다. 신神적 유기를 초래한 이스라엘 조상들의 우상숭배 성향은 후대 역사 속에서도 오랫동안 지속적으로 나타났다. 하나님이 그들을 우상숭배 습속習俗에 내어버려 두셨기 때문이다.롬 1:24, 26, 28 이스라엘 구속사 초기부터 드러난 우상숭배 습성은, 끝내 이스라엘의 대파국적인 재난의 열매를 맺었다. 42-43절은 아모스 5:25-27을 인증하여 이스라엘 조상들의 뿌리 깊은 우상숭배 근성을 고발한다. 아모스는 하나님이 광야의 이스라엘 백성에게 호화롭고 의미 없는 동물 희생 제사를 드려 하나님의 호의를 얻으라고 지시한 적이 전혀 없음을 상기시켰다. 그런데도 이스라엘 조상들은 인신 희생 제사를 요구한 몰록 신과 레판의 별을 받들어 섬겼다. 하늘의 일월성신을 신처럼 숭배한 이스라엘 조상들은 결국 바벨론 포로살이라는 비극적인 대파국을 맞이하게 되었다. 아모스 5:27은 원래 "바벨론"이 아니라 "다메섹"을 언급하는데, 70인역the Septuagint Greek Bible(주전 3세기 중반 이집트의 알렉산드리아 지방에서 번역된 헬라어 구약성경) 번역자들은 이를 "바벨론"으로 바꾸었다. 야웨 하나님께 드리는 참 예배 대신 우상숭배에 모든 에너지를 소진한 이스라엘 조상들은 국가 멸망의 심판을 받고 바벨론으로 끌려갔다. 스데반은 아모스의 예언을 인증하여 당대의 유대인들에게 "조상들의 망령된 행실"의 계승자가 되지 말라고 경고한 것이다.

3) 광야의 성막으로 이스라엘과 동행하신 하나님—공간초월적인 하나님의 거룩하심과 자유44-53절

44절은 모세가 만든 광야의 성막을 언급한다. 증거의 장막이라고 불리는 이 성막은 나중에 실로Shiloh 성소에 거치되었다가 이후에는 예루살렘으로 옮겨진 이동식 성전이다.45-47절 스데반은 성막의 이

동성mobility을 말하면서 동시에 하나님의 이동성을 말한다. 하나님은 특정한 신성 장소에 고착된 하나님이 아니라, 하나님 백성의 여정에 따라다니는 "동행의 하나님"이라는 것이다. 스데반은 여호수아 시대부터 다윗 때까지는 야웨 하나님이 성전에 거하시지 않고, 성막에 제한적으로 현존하셨다는 점을 분명히 밝힌다[45절] 그리고 다윗의 준비와 기도로 솔로몬 때에 와서야 성전 착공과 준공이 이뤄진 점을 일깨운다.[46-47절] 그는 성막의 역사를 간략하게 언급함으로써 스데반은 고정되어 있는 돌로 된 성전에 대한 광기 어린 집착과 숭배에 빠진 당대의 유대인들을 경각시키고자 했다. 유대인들이 성전을 존중하는 것은 좋으나 성전 자체를 신성시하거나 경배하는 일은 아론의 금송아지 숭배 사건의 재현일 뿐임을 은근히 경계하는 듯 보인다.

48-50절은 스데반 설교의 핵심 요지를 담고 있다. "지극히 높으신 하나님은 사람의 손으로 지은 성전에 갇혀 계시는 분이 아니다."[48절] 스데반은 이사야 66:1-2을 인증하여, 하늘을 보좌로 삼고 땅을 발등상 삼아 우주 천체를 다스리는 하나님이 어떻게 인간이 지은 집에 거하실 수 있으며, 거기서 안식할 처소를 구할 수 있겠느냐고 문제를 제기한다.[49절] 하늘과 땅은 모두 하나님이 친히 지으신 것이다. 땅은 하나님이 인간을 위해 지어준 집이다. 하나님이 인간과 피조물을 위해 집을 지어주신 창조주인데, 한갓 피조물 인간이 우주 창조자 하나님을 위해 어찌 집을 지을 수 있겠느냐는 논리이다.[50절] 아무리 화려한 솔로몬 성전이라 한들, 또 46년째 지어지고 있는 당대의 예루살렘 성전인들 어찌 그 크신 하나님을 모실 수 있겠느냐는 것이다. 다시 말하면, 하늘과 땅 모두가 하나님의 피조물로 하나님을 능히 그 안에 모셔 들이지 못하는데, 하물며 인간의 손으로 지은 성전에 하나님이 거주하실 수 있겠느냐는 것이다. 스데반

의 성전관聖殿觀은 열왕기상 8:27의 성전관을 되울리고 있다. "하나님이 참으로 땅에 거하시리이까 하늘과 하늘들의 하늘이라도 주를 용납하지 못하겠거든 하물며 내가 건축한 이 성전이오리이까?"왕상 8:27; 대하 2:6; 시 113:4-6; 렘 23:24 솔로몬은 성전낙성식 감사 기도에서, 하나님은 솔로몬 자신이 지은 성전이 아니라 "하늘에 계시다"라는 사실을 부단히 기억하며 돌로 된 성전을 상대화하고 있다. "주께서 계신 곳 하늘에서 들으시고"라는 어구가 솔로몬 성전낙성식 기도를 가득 채우고 있다.왕상 8:30, 32, 34, 36, 39, 43, 45, 49 이 점이 바로 유대 종교 권력 당국자들을 격분으로 몰아간 스데반의 논점이었다. 스데반은 단지 예루살렘 성전을 모독하거나 대적한 것이 아니라, 하나님과 성전을 동일시하며 성전을 하나님처럼 떠받드는 성전 중심의 유대교를 공박하고 혁파하려 했던 것이다.

51-53절은 유대인 청중들, 곧 산헤드린 공의회 회원들을 향한 스데반의 직접적이고 격렬한 규탄을 담고 있다. 스데반은 주 예수 그리스도를 십자가에 못 박고 그를 대적하는 청중을 자신의 긴 구속사적 설교에 예시된 이스라엘 조상들의 망령된 행실을 그대로 재현하는 완악한 불순종의 세대라고 규정한다. "목이 곧고 마음과 귀에 할례를 받지 못한 사람들"이라고 못 박는다. 할례받지 못한 마음은 하나님의 말씀을 기꺼이 수용하고 납득하고 공감하며 순종할 수 없는 마음이다. 예수 그리스도를 배척한 자신의 동시대 이스라엘 사람들은 그들의 조상처럼 항상 성령을 대적하는 세대라고 말한다. 51절 성령을 대적하는 죄는 사함을 받을 수 없다. "누구든지 성령을 모독하는 자는 영원히 사하심을 얻지 못하고 영원히 죄가 되느니라."막 3:29 결국 51절은 이스라엘 민족 전체가 멸망당하는 징벌이 임박했음을 암시하는 셈이다. 52절은 이스라엘 역사는 한 의인(메시아)의 도래를 예고한 선지자들을 잡아 죽인 살인과 반역의 역사였

다라고 요약한다.마 5:12 예수는 이스라엘 역사는 물론이요, 인류 역사 전체를 예언자들과 의인을 배척한 악인의 악행사惡行史라고 규정하신다.

> 그러므로 내가 너희에게 선지자들과 지혜 있는 자들과 서기관들을 보내매 너희가 그 중에서 더러는 죽이거나 십자가에 못 박고 그 중에서 더러는 너희 회당에서 채찍질하고 이 동네에서 저 동네로 따라다니며 박해하리라. 그러므로 의인 아벨의 피로부터 성전과 제단 사이에서 너희가 죽인 바라갸의 아들 사가랴의 피까지 땅 위에서 흘린 의로운 피가 다 너희에게 돌아가리라. 내가 진실로 너희에게 이르노니 이것이 다 이 세대에 돌아가리라.마 23:34-36

이런 역사 이해의 연장선상에서 스데반은 당대의 유대인들이 의인의 도래를 예고한 선지자들을 죽인 그 모든 죄값을 홀로 치러야 할 만큼 큰 죄악을 저질렀다고 단죄했다.눅 11:47-51 그들은 구약의 예언자들에 의해 숱하게 약속된 바 "이스라엘을 구원하러 오시리라"고 약속된 바로 그 의인을 잡아 죽였기 때문이다. 스데반 당시의 유대인들은 이스라엘 조상들의 모든 불순종과 패역을 완성시키는 절정에 이른 패역과 불순종을 범한 것이다. 53절은 스데반을 모세의 율법을 어긴 자라고 고소하던 바로 그 유대 종교 권력 당국자들이야말로 천사를 통해 중보된갈 3:19 모세의 율법을 지키지 않은 세대라는 점을 분명하게 밝힌다. 스데반의 설교는 결국 예수를 죽이고 그의 교회를 대적하고 박해하는 유대인들이야말로 모세를 대적하고 배척했던 이스라엘 조상들의 망령된 행실을 본받는 자이며, 이스라엘 구원사를 완성하시려는 하나님의 뜻을 대적하는 극악한 패역을 범한 자들임을 공포하고 있는 것이다.

2. 스데반을 돌로 쳐 죽이는 유대인들의 만행 ●54-60절

[54]그들이 이 말을 듣고 마음에 찔려 그를 향하여 이를 갈거늘 [55]스데반이 성령 충만
하여 하늘을 우러러 주목하여 하나님의 영광과 및 예수께서 하나님 우편에 서신 것
을 보고 [56]말하되 보라, 하늘이 열리고 인자가 하나님 우편에 서신 것을 보노라 한
대. [57]그들이 큰 소리를 지르며 귀를 막고 일제히 그에게 달려들어 [58]성 밖으로 내치
고 돌로 칠새 증인들이 옷을 벗어 사울이라 하는 청년의 발 앞에 두니라. [59]그들이 돌
로 스데반을 치니 스데반이 부르짖어 이르되 주 예수여, 내 영혼을 받으시옵소서 하
고 [60]무릎을 꿇고 크게 불러 이르되 주여, 이 죄를 그들에게 돌리지 마옵소서 이 말을
하고 자니라.

주석

54-60절은 스데반의 폭풍같이 강력한 정죄와 탄핵을 들은 산헤드린 공의회의 당혹과 충격어린 반응을 보도한다. 그들은 스데반의 설교를 듣고 마음이 찔렸다. 그럼에도 개과천선의 길을 찾기보다는 최악의 적개심을 드러냈다. 이를 갈며 분노에 치를 떨었다.[54절] 그러는 사이에 스데반은 하늘을 우러러 하나님 보좌를 향해 시선을 고정시킨다. 그는 하나님의 영광과, 하나님 우편에 서 계신 예수 그리스도를 보았다.[55절][5] 55절의 헬라어 구문은 두 개의 분사와 하나의 정동사로 되어 있다. 직역하면 이렇다. "거룩한 영으로 가득 차(ὑπάρχων=being fully, 분사형), 하늘을 뚫어지게 쳐다보면서(ἀτενίσας=looking intently, 분사형), 그는 하나님의 영광과 하나님의 우편에 서 있는 예수를 보았다(εἶδεν, 부정과거 정동사)." 성령 충만한 채 하늘을 뚫어지게 쳐다보았던 스데반이 목격한 하늘 보좌와 그리스도의 환상은 보통 사람들의 육안에는 보이지 않았음을 암시한다. 스데반은 마침내 감격에 차 외쳤다. "보라, 하늘이 열리고 인자가

하나님 우편에 서신 것을 보노라."참조. 시 80:17; 시 110:1; 단 7:13; 마 26:64

하나님의 우편에 인자人子인 예수 그리스도가 서 계시다는 말을 듣는 순간, 절대적 유일신 신앙을 고수하던 유대인들은 차마 들을 수조차 없는 신성모독적인 말을 들었다는 듯이 귀를 틀어막는다. 동시에 격분을 이기지 못하여 큰 소리를 지르며 스데반에게 달려 들었다.57절 그들은 스데반을 성 밖으로 내치고 돌로 치기 시작했다. 그리고 그들의 행동을 신학적으로 승인해 줄 젊은 율법학자 사울의 발 앞에 그들의 옷을 던져 놓는다.56절; 비교. 레 24:10-23; 신 13:1-17; 대하 24:20-21; Sanhedrin 7:4; Flavius Josephus, *Antiquities of the Jews* 20.200 무리가 일제히 돌을 들어 스데반을 치자 돌에 맞으면서도 스데반은 무릎을 꿇고 부르짖으며 기도드린다. "주 예수여, 내 영혼을 받으시옵소서 주여, 이 죄를 그들에게 돌리지 마옵소서."59-60절 이 기도를 끝내고 스데반은 절명하고 만다.60절

하지만 스데반의 죽음은 긴 여운을 남겼다. 절명 순간에 드려진 스데반의 마지막 기도는 십자가상에서 예수께서 드린 기도를 방불케 했다.눅 24:34; 비교 대하 24:22 무엇이 스데반으로 하여금 그토록 초연하고 의연하게 그리고 자비로운 마음으로 죽음을 맞이하게 했을까? 십자가에 달려 죽으시고 부활하셔서 승천해 계신 주님을 바라보았기 때문이었다. 부활하고 승천하신 예수를 쳐다보는 사람은 자신의 죽음 너머를 내다보기 때문에, 지상에서 벌어진 원한 관계에서 자유로울 수 있다. 이런 점에서 자신의 죽음 너머에 있을 부활의 영광을 바라보는 사람은 원수를 향해서도 신적인 자비를 과시할 수 있다. 사람은 누구나 먼저 사나운 공격을 당하고 상해를 입으면 보복의지에 불타오른다. 동해동량同害同量의 보복으로는 만족하지 못할 때가 많다. 초과 보복이 불가피한 선택이라고 여겨지는 이 살벌한 시대에 스데반의 기도는 신적인 마음의 표현일 수밖에 없다. 사도

행전 8-9장에서 밝혀지겠지만 스데반의 순교가 맺은 최고의 결실은 바리새인 청년 사울의 회심이다. 청년 사울은 스데반의 순교 현장의 참여자요 목격자였다. "이 죄를 그들에게 돌리지 마옵소서"라는 스데반의 기도가 응답된 현장이 청년 사울의 회심 사건이었다.

메시지

이처럼 스데반으로 대표되는 예루살렘 교회는 죽음을 두려워하지 않는 부활 신앙으로 충만했다. 스데반은 하나님 우편 보좌에 서 계신 영광의 주 예수 그리스도, 곧 높이 들린 주主 예수 그리스도와 견결한 영적 결속을 유지하고 있었기에 예루살렘에서 벌어지는 부당한 고통과 박해에 초연하게 대처할 수 있었다. 스데반은 주 예수의 산상수훈 중 "의를 인하여 박해를 받은 복된 자"마 5:12로 생을 마감하면서, 기독교인이 무엇을 위해 죽고 사는지를 명확하게 선포했다. 스데반은 이제 더 이상 예루살렘 성전을 중심으로 하나님을 믿는 시대가 아니라는 것을 선포했다. 아브라함을 부르신 후 1,500년의 이스라엘 중심의 구속사의 절정이 바로 천하 만민을 아브라함의 식탁으로 초청하는 주 예수 그리스도의 복음임을 선포했다. 유대교 선민 사상의 본거지로 전락한 성전은 더 이상 하나님의 천하 만민 통치를 구현하고 대변할 수 없다. 스데반은 주 예수 그리스도의 다스림 아래서 세상을 거룩하게 전복시키고 사랑의 능력으로 사로잡는 하나님 나라의 실체를 경험했다. 그는 자신을 돌로 쳐 죽이는 동포들을 위하여 사죄의 기도를 드리며 운명했다. 하나님 우편 보좌에 앉은 그리스도가 교회와 세계의 왕이요 주가 되셨음을 확신하며 그 확신을 예루살렘 교회에 상속시켰다. 갈릴리 사람들에게 당신의 십자가와 부활 드라마를 증언해달라고 부탁하며 승천하신 예수 그리스도가 하나님 우편 보좌에 서 계심을 본 것이다. 스데반에게 나타난 영광의 주 예수 그리스도는 얼마 후 청년 사울에게 나타나셨다. 사울은 그의 이방 선교 사역 마지막 순간까지 자신에게 나타난 영광의 그리스도를 잊지 못했다.고전 2:8; 9:1 스데반을 격려하신 하나님 우편 보좌의 그리스도가 청년 사울을 부르신 바로 그 영광의 주 예수 그리스도였다. 초대교회 그리스도인들은 하나님 우편 보좌에 앉아 교회와 세계를 통치하는 살아계신 주 예수 그리스도를 믿었기 때문에 가장 고결한 사랑의 공동체, 심지어 원수 사랑의 능력까지 보유한 공동체로 자랐다. 초대교회는 고결한 미덕, 비범한 사랑의 능력으로 주변 세상 사람들을 압도해 국외자들에게는 잊혀질 수 없는 각인을 남겼다.

연대 미상의 기독교 변증서인 『디오그네투스에게 보낸 서신』은 로마제국 권역 안에서 새롭게 떠오르는 기독교 신앙과 그것을 믿는 사람들의 삶의 태도를 아름답고 고상하게 변론했다.

그들은 공동식사는 하지만 공동으로 잠자리를 하지는 않는다. 그들은 육체를 가지고 있으나 육체의 정욕을 따라서 살지는 않는다. 그들은 이 땅에서 삶을 영위하지만, 하늘의 시민이다. 그들은 법률의 금지사항을 준수하지만 동시에 생활로써 이 율법을 능가한다. 그들은 모든 사람을 사랑하면서도 모든 사람으로부터 박해를 받는다. 그들은 알려지지 않은 채 정죄를 받아 죽임을 당하지만, 생명을 다시 얻는다. 그들은 가난하지만 많은 사람을 부요케 한다. 그들은 모든 것이 부족하지만 모든 것이 넘친다. 그들은 경멸을 당하지만 바로 그 경멸 가운데서 영광을 받는다. 그들은 항상 험담을 들으면서도 옳다고 인정받는다. 그들은 책망을 받으면서도 축복한다. 그들은 모욕을 받으면서도 그 모욕을 영광으로 생각한다. 그들은 선행을 하면서도 악행자라고 처벌받는다. 처벌을 당하면서도 생명을 곧 얻을 것처럼 즐거워한다. 그들은 유대인들로부터 이방인이라고 공격을 당하고 헬라인들로부터 핍박을 받지만 그들을 미워하는 자들도 무슨 이유로 그렇게 증오하게 되었는지 그 까닭을 밝히지 못한다.[6]

스데반의 순교와 그의 마지막 기도, 그리고 『디오그네투스에게 보낸 서신』에 묘사된 초대교회 시대 성도들의 순결한 신앙 실천에서 우리는 충격과 당혹감을 경험한다. 거기에 묘사된 초대교회 신자들은 오늘날 지극히 세속화된 교회와 그리스도인들과 너무 다르기 때문이다. 초대교회와 그리스도인들은 하나님의 우편 보좌에 앉아 교회와 세계를 통치하는 영광의 주 예수 그리스도를 믿고 있었기 때문에 박해를 감수하며 순교자가 될 수 있었다. 그들에게 기독교 신앙은 예수 그리스도가 이 땅에 세울 하나님 나라와 그 전위인 교회를 통해 표현되는 세상 변혁적 생명력을 의미했다. 하지만 우리 시대의 기독교 신앙은 자본주의적 소비 양식에 길들여진 소비 행위로 표현될 때가 많다. 오늘날 기독교인들은 무슨 사회를 지향하는지를 공공연히 선포하지 않는다. 개인 구원과 영생을 원하는 사적인 종교 욕구에 부응하는 기독교로 축소되고 있다.

스데반 설교의 핵심은 하나님은 사람 손으로 지은 성전에 갇혀 계시지 않고, 하나님의 백성을 따라 이동하시는 하나님이라는 것이다. 그런데 유대인들은 하나님을 성전에서 이뤄지는 제사활동 안에 축소시키고 감금시키려고 시도했다. 스데반은 이런 성전 고착적인 유대교 신앙에 맞서 하나님의 자유와 신앙공동체 동행을 강조했다. 스데반의 하나님은 이제 예루살렘 성전을 떠나 천하 만민에게로 들어가 종횡무진으로 통치하실 하나님이시다. 유대교 성전 중심의 종교인들은 이 하나님의 비전에 전혀 공감하지 못했다. 오늘날 기독교 사제들도 정확하게 유대인 성전 종교 당국자들을 방불케 한다. 그들은 기독교회라는 제한된 이미지와 형상에 하나님을 감금해 둔다. 성전을 탈출해 세계 한복판으로 나아가려는 하나님을 도저히 이해하지 못하고 공감하지도 못한다. 스데반은 성전을 훼방하고 모세의 율법을 교체하려는 자가 아니라, 유대교 신학에 의해 성전에 감금된 하나님으로 오해받는 하나님을 천하 만민 의 하나님으로 선포한 자다. 스데반의 이 놀라운 영적 기백은 세속화된 교회에서 찾아볼 수 없다. 오늘날 세속화된 교회의 많은 지도자는 실로 시대착오적인, 자기애적 확신에 빠져 있다. 그 결과 그들은 진리의 영 성령에 감응하고 감화되지 못하며 세상을 향한 선한 영향력도 발휘하지 못한다. 진리와 순결한 사랑의 힘이 아니라 교인 숫자나 경제적 규모나 정치적인 힘으로 강하고 거대한 자가 되어 사회를 향해 군주처럼 명령하려는 유혹에 사로잡혀 있다. 그러나 불신자들은 돌에 맞아 죽어가면서도 적대자를 위해 기도하는 사랑 앞에 굴복하지, 교회의 수적 위세나 정치적인 힘에 감동받지 않는다. 스데반은 가혹한 박해 속에서도 부활하신 주 예수 그리스도와 시선을 맞추고 사는 참사랑의 위력으로 잔혹하고 거친 세상을 향해 복된 공격을 가했다. 스데반처럼 사랑으로 이 세상을 향해 공세를 취하는 교회가 바로 '하나님 나라'를 이 땅에 매개하고 대변하는 참된 교회이다.

8장.

온 유대와 사마리아로 퍼져가는 주 예수 그리스도의 복음

스데반의 반反성전 설교와 그것으로 초래된 스데반의 순교는 단기적으로 위기를 초래했다. 사도들을 제외한 모든 제자가 예루살렘을 등지고 시리아 지역 등 여러 곳으로 흩어졌다. 그런데 이 흩어짐 속에 '하나님 나라의 확장'이라는 하나님의 원대한 계획이 성취될 기회가 제공되었기에, 전체적으로 스데반이 일으킨 평지풍파는 창조적인 혼란이었다. 복음이 기존 세계를 향해 창조적인 긴장을 불러일으키지 않고 주류 사회의 이데올로기를 항상 긍정하고 그것에 순응하기만 한다면 하나님 나라는 확장될 기회가 없다. 이 세상의 모든 악한 질서를 거룩하게 해체하고 전복시키는 기독교 복음의 원류原流를 되찾을 때 우리는 이 세상 한복판에 하나님 나라에 근접한 사회를 창조할 수 있다. 물론 이 과정은 창조적 혼란과 고통을 초래할 수 있을 것이다. 주主 예수 그리스도의 왕권과 주권을 받아들이라고 요구하는 복음 전파는, 이미 한 사회의 정치, 경제적 기득권을 가진 집단이나 사람에게는 적대적인 반발을 초래하는 거룩한 공세이기 때문이다. 따라서 복음을 전파하는 행위 안에는 박해와 위험을 자초하는 면이 있다. 그래서 오늘날에는 유순하고 세련된 기독교회가 대세를 이룬 것처럼 퍼지고 있다. 스데반의 질풍 같은 반성전적 설교, 회개를 촉구하는 설교의 기상은 자본주의적 자유주의 체제에 속박된 교회 강단에서는 거의 실종되고 있다.

하지만 유대교의 성전 체제에 버금가는 철옹성 같은 기득권 체제가 위계질서를 이루며 버티고 있는 세상을 향해 교회가 하나님 나라의 메시지로 도전해 주지 않는다면, 세상은 하나님 나라의 구원을 받을 기회를 놓치게 된다. 복음의 원음原音 재생에 게으른 교회, 하나님 나라의 도래를 외치지 않는 교회는 세상을 향한 하나님의 사랑을 배반하는 교회다. 복음의 정통적 공세성을 포기한 교회 강단에서 선포되는 솜사탕 같은 설교는 세상에 손해를 끼치는 행위이며, 하나님 나라의 전위 부대로서의 자기 정체성을 상실하는 행위다. 스데반의 거룩하고 공세적인 설교는 세상을 살리고 구원하는 설교다. 이런 설교는 단기간에는 박해와 위험을 초래할지언정, 결국 한 사회를 살리고 소생시킨다. 사람들의 양심을 거룩한 하나님의 보좌 앞으로 소환하는 깊은 울림이 있는 설교가 이 시대가 요청하는 참된 복음 설교다.

8장은 헬라파 집사 빌립의 독립적인 사역과 사도들과의 협력 사역을 동시에 보여준다. 사마리아가 예루살렘 교회 박해로 인한 하나님 나라 복음 확장의 첫 수혜자가 되었다. 예수 그리스도께서 승천 직전에 주신 세계 선교 명령행 1:8에는 "사마리아"에 가서 "주 예수의 십자가와 부활"을 증언하라는 분부가 들어 있었다. 사도들은 이 명령에 순복한다. 8장은 청년 바리새인 사울의 등장,1-3절 빌립 집사의 사마리아 전도와 베드로와 요한의 사마리아 사역,4-25절 그리고 에디오피아 여왕 간다게의 내시를 전도하는 빌립26-40절 단락으로 나눠진다.

1. 청년 바리새인 사울의 등장 • 1-3절

8 1사울은 그가 죽임당함을 마땅히 여기더라. 그날에 예루살렘에 있는 교
회에 큰 박해가 있어 사도 외에는 다 유대와 사마리아 모든 땅으로 흩어
지니라. 2경건한 사람들이 스데반을 장사하고 위하여 크게 울더라. 3사울이 교회를

잔멸할새 각 집에 들어가 남녀를 끌어다가 옥에 넘기니라.

주석

스데반의 순교는 청년 사울이 주도하는 대대적인 교회 박해를 촉발했다. 열두 사도 이외의 모든 제자는 다 흩어졌다. 사울은 스데반의 순교로 촉발된 예루살렘 일대의 기독교인 박멸운동을 주도하였다.[1절] 신명기 13장[참조. 신 17-18장]의 이단잡설[異端雜說] 박멸 지침에 따라 사울은 이단잡설을 퍼뜨려 유일하신 야웨 하나님으로부터 이탈하게 만드는 영적 타락자들을 박멸하는 데 앞장선다. 신명기 13장은 "야웨 하나님 예배를 떠나 다른 신을 섬기자"라고 유혹하는 자들을 극형에 처하도록 명한다. 사울은 예수가 증거하는 신은 야웨 하나님이 아니라, "다른 신"[출 20:3; 신 13:2]이라 판단했다. 봤다. 1절의 첫 소절 헬라어 문장은 사울의 박해가 뿌리깊은 확신에 터하고 있음을 보여준다. 직역하면, "사울은 그(스데반)의 처형에 대해 만족스럽게 여기고 있었다"이다. 어떤 심리적 상태의 지속성을 표현하는 "에이미"(εἰμί)동사의 미완료형 "에엔"(ἦν)과 "만족스럽게 느끼다"를 의미하는 헬라어 동사 "쒼유도케오"(συνευδοκεω) 동사의 능동분사 남성 단수형(συνευδοκῶν)이 사용되고 있다. 사울은 예루살렘 교회를 압박하고 그 구성원들을 투옥하는 일을 만족스럽게 여기며 확신을 갖고 주도했다.[3절] 왜 열두 사도는 투옥하지 않았는지에 대해서는 여러 가지 추론이 존재했다. 요세푸스의 『유대고대사』에는 예수의 동생 야고보를 죽인 당시의[62년경] 대제사장 아나누스 2세의 만행에 대하여 경건한 유대인들이 안타깝게 여겼다는 언급이 나온다.[1] 야고보는 유대인들에게서도 존경받았음을 추론할 수 있다. 야고보가 이끈 예루살렘 교회는 율법과 성전 제의에 대해 상당한 존중을 보여주었을 것으로 추정된다. 엔도 슈사쿠가 쓴 『그리스도의 탄생』은 유대 종교 당국자들이 강온强溫 분리 작전을 구사해 유대교에 대한 온건한 존중파들인 열두 사도는 박해하지 않고, 헬라파 유대인들을 집중적으로 색출해 박해한 것으로 추정한다.[2]

1절 하반절에는 사도 외에 다른 신자들이 유대와 사마리아의 촌락[코라(χώρα)]들로 흩어져 피신했다고 말한다. 촌락은 치안이나 사법 행정이 쉽게 접근하지 못한 농민들의 땅이다. 그런 가운데서 경건한 사람들이 스데반을 매장하고 크게 울며 장례식을 치러주었다.

2절 3절은 사울의 철저한 박해 활동을 자세히 보도한다. 3절의 주동사는 "잔멸殘滅하다"와 "옥에 넘기다"인데 이 두 동사는 행위의 지속성을 표현하는 미완료시제이다. 그 중간에 있는 두 개의 현재분사인 "각 집에 들어가"와 "끌어다가"는 사울의 지속적이고 철저한 박해 행위를 강조하는 표현이다. 교회를 잔멸하는 행위는 교회의 인적 결속을 해체하는 활동을 가리킨다. 믿는 무리가 하나가 되는 것을 방해하는 활동이다. 이처럼 사울은 예수를 믿는 모든 사람의 집에 들어가 그들을 끌고 나와 투옥시켰다. 일종의 종교 경찰 역할을 맡은 것이다. 이 상황에서 헬라파 신자들이 예루살렘에서 유대와 사마리아 촌락들로 흩어졌다.

2. 빌립 집사의 사마리아 전도와 베드로와 요한의 사마리아 사역 ●4–25절

4그 흩어진 사람들이 두루 다니며 복음의 말씀을 전할새 5빌립이 사마리아 성에 내려
가 그리스도를 백성에게 전파하니 6무리가 빌립의 말도 듣고 행하는 표적도 보고 한
마음으로 그가 하는 말을 따르더라. 7많은 사람에게 붙었던 더러운 귀신들이 크게 소
리를 지르며 나가고 또 많은 중풍병자와 못 걷는 사람이 나오니 8그 성에 큰 기쁨이
있더라. 9그 성에 시몬이라 하는 사람이 전부터 있어 마술을 행하여 사마리아 백성
을 놀라게 하며 자칭 큰 자라 하니 10낮은 사람부터 높은 사람까지 다 따르며 이르되

이 사람은 크다 일컫는 하나님의 능력이라 하더라. [11]오랫동안 그 마술에 놀랐으므로
그들이 따르더니 [12]빌립이 하나님 나라와 및 예수 그리스도의 이름에 관하여 전도함
을 그들이 믿고 남녀가 다 세례를 받으니 [13]시몬도 믿고 세례를 받은 후에 전심으로
빌립을 따라다니며 그 나타나는 표적과 큰 능력을 보고 놀라니라. [14]예루살렘에 있는
사도들이 사마리아도 하나님의 말씀을 받았다 함을 듣고 베드로와 요한을 보내매 [15]
그들이 내려가서 그들을 위하여 성령 받기를 기도하니 [16]이는 아직 한 사람에게도 성
령 내리신 일이 없고 오직 주 예수의 이름으로 세례만 받을 뿐이더라. [17]이에 두 사
도가 그들에게 안수하매 성령을 받는지라. [18]시몬이 사도들의 안수로 성령 받는 것을
보고 돈을 드려 [19]이르되 이 권능을 내게도 주어 누구든지 내가 안수하는 사람은 성
령을 받게 하여 주소서 하니 [20]베드로가 이르되 네가 하나님의 선물을 돈 주고 살 줄
로 생각하였으니 네 은과 네가 함께 망할지어다. [21]하나님 앞에서 네 마음이 바르지
못하니 이 도에는 네가 관계도 없고 분깃 될 것도 없느니라. [22]그러므로 너의 이 악
함을 회개하고 주께 기도하라 혹 마음에 품은 것을 사하여 주시리라. [23]내가 보니 너
는 악독이 가득하며 불의에 매인 바 되었도다. [24]시몬이 대답하여 이르되 나를 위하
여 주께 기도하여 말한 것이 하나도 내게 임하지 않게 하소서 하니라. [25]두 사도가 주
의 말씀을 증언하여 말한 후 예루살렘으로 돌아갈새 사마리아인의 여러 마을에서 복
음을 전하니라.

주석

4-25절은 사울의 가가호호家家戶戶 박해 결과 흩어진 신자들과 빌립 집사의 카리스마 넘치는 복음 전파 사역을 다룬다. 예루살렘을 중심으로 모이던 신자들은 예루살렘을 떠나 유대와 사마리아까지 진출하기에 이르렀다. 특히 이방 선교에 대해 예민한 책임감을 느끼고 있던 전도자 빌립 집사의 역할과 순종이 두드러진다. 그는 신령한 영적 소통력을 구비한 사람으로서, 그의 딸 4명 모두가 예언자로 활동할 정도였다.[행 21:8-9] 빌립 외에도 많은 사람이 사방으로 복음

을 "전파하면서"(분사형) 흩어졌는데,[4절] 그중 빌립은 사마리아 성(폴리스)[城]으로 들어가 그리스도를 "선포했다"[에케뤼센(ἐκήρυσσεν), 미완료형][5절] 곧 나사렛 예수가 사마리아 사람들이 오랫동안 기다리던 바로 그 메시아, 그리스도[요 4:25]임을 선포했다. 사마리아 사람들은 영적, 신체적 치유로 확증되고 뒷받침되는 빌립의 "그리스도" 중심 메시지에 주목했다.

빌립의 말도 듣고 그가 행하는 표적들도 보고 한 마음으로 그에 의해 말해진 것들을 지속적으로 "따랐다"[프로쎄이콘(προσεῖχον), 미완료] 6절의 "따랐다"는 말은 아주 진지하고 집중적으로 신뢰하고 투신했다는 의미이다. 즉 이 동사에는 빌립의 설교와 치유 현장을 따라다녔다는 함의가 들어있다. 6절의 둘째 소절에는 여격 부정사구문이 등장한다. 여격부정사 구문은 여격 전치사와 정관사, 그리고 부정사가 나란히 쓰이는 구문으로 "…… 을 하는 동안에"[while/when....ing]정도로 번역이 가능하다. "엔 토 아쿠에인 아우투스 카이 블레페인 타 쎄메이아 하 에포이에이"(ἐν τῷ ἀκούειν αὐτοὺς καὶ βλέπειν τὰ σημεῖα ἃ ἐποίει)를 직역하면, "무리가 그것들(빌립의 말들)을 듣고 그가 지속적으로 행하는(ἐποίει, 미완료형) 표적들을 보는 동안에"이다. 빌립의 표적 실행과 복음 선포가 짝을 이루어 지속되었기 때문에 사마리아 성의 사람들에게 영향력을 끼쳤다는 것이다.

7절은 빌립의 사역이 일으킨 놀라운 치유 사건을 보도한다. 7절의 개역개정은 "나갔다"는 동사의 주어가 더러운 귀신들이라고 번역한다. 헬라어 원문을 직역하면, "큰 소리를 지르는 더러운 영들을 가진 자들 중 많은 수가 '뛰쳐나가고 있었다'[엑세르콘토(ἐξήρχοντο), 미완료형]."이다. "귀신이 자신이 붙어 있었던 어떤 사람에게서 나가다"라는 표현이 신약성경의 여러 군데서 나오기에 개역개정이 이렇게 번역한 것은 무리가 아니지만, "크게 소리지르는 더러운 영들을 가진 자들 중 많은 수"가 주어이다. 귀신들린 사람들이 자신들을 장악했던 귀신들이 나가자 뛰쳐나왔다는 말인지, 아니면 귀신들이 뛰쳐나왔다는 말인지, 혹은 거룩한 말씀 선포로 귀신들린 사람이 거룩한 하나님의 현존을 견디지 못하고 반발하여 밖으로 나갔는지는 불분명하다. 구문 자체로는 셋째 해석이 맞는 듯하나, 7절 하반절을 고려하면 치유 장면처럼 보일 수도 있다. 개역개정은 7절 상반절을 치유 장면이라고 보는데, 구문 자체로만 보면 귀신들린 자들이 빌립의 말씀 선포 현장을 견디지 못하고 뛰쳐나가 버린 상황이라고 봐야 한다. 이런 경우 7절 상반절은 하반절의 치유 기사와는 다른 상황을 말한다고 봐야 한다. 귀신들린 자들의 반발은 치유되기 직전, 곧 빌립의 축사逐邪사역 직전의 상황을 말하는 셈이다. 13절에 비추어 볼 때 이들을 위한 빌립의 축사 사역이 있었다고 볼 수도 있지만, 적어도 7절 상반절은 축사 사역을 언급하지는 않는다. 축사 사역이 시작되기 직전부터 더러운 귀신들이 반발하는 상황을 말한다. 여기서 강조할 것은 빌립의 말씀 선포에 깃든 신적 권능이다. 빌립의 말씀 선포는 본격적인 축사 사역이 시작되기도 전에 귀신들로 하여금 도망치게 했다는 것이다. 귀신들은 빌립을 통해 성령의 권능이 육박해 오는 것에 필사적으로 저항하다가 쫓겨간 것이다.

상반절에 비해 둘째 소절은 빌립의 치유 사역을 보도한다. 많은 중풍병자와 걷지 못한 자들이 치유를 받았다. 8절은 빌립의 치유 사역의 결과 사마리아 성에 큰 기쁨이 있었음을 말한다. 사마리아에서도 메시아의 자비와 권능이 나타났다. "그 때에 저는 자는 사슴같이 뛸 것이며 말 못하는 자의 혀는 노래하리니 …… 거기에 대로가 있어 그 길을 거룩한 길이라 일컫는 바 되리니 깨끗하지 못한 자는 지나가지 못하겠고 오직 구속함을 입은 자들을 위하여 있게 될 것이라."사 35:6-8 깨끗하지 못한 영을 가진 자들을 고치고 걷지 못한 자들을 걷게 하는 그리스도의 능력이 빌립의 말씀 선포를 통해 나타났다. 그리고 이것은 오랫동안 황폐하고 고립되었던 사마리아에까지 나타났다. "광야와 메마른 땅이 기뻐하며 사막이 백합화 같이 피어 즐거워하였다."사 35:1

9-14절은 사마리아 마술사 시몬의 불완전한 개종改宗 일화를 보도한다. 이 단락은 마술사 시몬 이야기로 불러도 무방할 정도로 그를 중심으로 스토리가 전개된다. 9절은 사마리아의 토착 마술사 시몬을 소개한다. 9절 헬라어 문장을 직역하면, "그 성에는 시몬이라는 이름을 가진 한 사람이 '있었다'(미완료형). 마술을 '행하여'(분사형) 사마리아 족속[에쓰노스(ἔθνος)]을 '홀리며'(분사형) 스스로를 큰 자라고 '말하면서'(분사형)"이다. 사마리아 사람들에 대한 시몬의 영향력이 엄청났음을 알 수 있다. 10절은 시몬의 과대망상이 어떻게 생겼는지를 설명해준다. 10절은 여격 관계대명사 "호"(ᾧ, to whom)로 시작된다. 관계대명사의 선행사는 "자칭 큰 자"(시몬)이다. 10절의 헬라어 구문 직역은 이렇다. "(그에게) 작은 자부터 큰 자까지, 이 사람이 크다고 불리는 것은 하나님의 권능이라고 말하면서 열성적으로 '따르고 있었다.'(προσεῖχον, 미완료형)"[3]

이처럼 빌립이 사마리아에 가서 그리스도를 선포하기 전까지 사마리아 사람들은 스스로 큰 자라고 칭하는 마술사 시몬의 영적 권세 아래 붙잡혀 있었다.11절[4] 그들은 시몬의 마술보다도 더 위력 있고 강력한 영의 시위를 목격한 후에야 시몬의 마법에서 풀려났다. 그들은 빌립이 하나님 나라와 예수 그리스도의 이름을 전도하자 믿고 다 세례를 받았다.12절 심지어 시몬도 믿고 세례를 받은 후에 전심으로 빌립을 따라다니며 그가 나타내는 표적들과 큰 능력을 보고 놀라워했다.13절 그런데 마술사 시몬은 특히 표적들과 큰 능력에 큰 관심을 보였다. 빌립의 이러한 왕성한 사마리아 전도 활동은 예루살렘 사도 공동체에까지 알려졌다.[14절] "사마리아도 말씀을 받았다" 함을 듣고 사도 공동체는 베드로와 요한을 사마리아로 급파하여 빌립 집사가 벌여 놓은 복음 역사를 마무리하기 시작한다.

15-25절은 사도 베드로와 요한 주도로 이뤄지는 사마리아 교회의 창립 과정을 보도한다. 두 사도는 사마리아로 내려가서 사마리아 사람들이 성령을 받을 수 있도록 간구했다.[15절] 빌립 집사의 전도 활동 동안, 사마리아 사람들은 주 예수의 이름으로 세례만 받았고, 그들에게 성령이 강림하지는 않았다.[16절] 하나님의 말씀을 받는 것과 성령을 받는 것 사이에는 순서가 있는 것인가? 하나님의 말씀을 받는 것이 성령을 받기 위한 준비 단계인가?[5] 사도행전 8장 본문은 이 질문에 대한 답변을 주지 않는다. 확실한 것은 두 사도가 사마리아 사람들에게 안수하며 성령 내리시기를 간구하자 그들에게 성령이 임했다는 사실이다.[17절] 빌립이 복음을 전파할 때에는 임하지 않다가 사도들이 성령 받기를 기도하자 성령이 임하신 사건은 도대체 무엇을 의미하는 것인가? 전도자 빌립 집사의 사역이 사도들의 사역에 비하여 열등하다는 것을 시사하는가? 사도의 사역과 집사의 사역 사이에 위계를 정함으로써 교회의 질서를 세우시려는 하나님의 뜻이 여기에 작동하는 것인가? 사도들의 영적 카리스마를 통해 시몬의 마술적인 권세와 카리스마를 보다 더 철저하게 분쇄하여 그를 제압하고자 함이었는가? 아니면 사마리아 교회와 예루살렘 교회를 동일한 사도적 권위와 영향력 아래 두어 두 교회의 일치와 연합을 확고하게 하시려는 하나님의 의도였는가? 여러 가지 이유를 제시할 수 있을 것이다. 앞서 언급한 이유들 모두가 부분적으로는 타당한 이유일 수 있을 것이다. 그러나 분명하게 밝혀 둘 것은 빌립 집사의 사역과 사도들의 사역 사이에는 놀라운 연속성이 있었으며, 그들 사이에 어떤 주도권 다툼도 없었다는 점이다. 그들은 하

나님이 절대주권으로 설정하신 적절한 때에, 적절한 곳에서 하나님께 사용받는 하나님의 충실한 종이었다.고전 3:5 빌립은 씨를 뿌리고 두 사도는 물을 주었으나 자라 결실케 하시는 이는 하나님이신 것이다.

실제로 전도자 빌립이 사마리아 전도의 효시는 아니다. 사마리아 전도의 효시는 우리 주 예수 그리스도시다. 요한복음 4장은 매우 길고 자세하게 예수의 사마리아 전도 활동과 그 결실을 보도한다. 원래 사마리아는 예수에게 대체로 적대적인 성읍이었다. 예수께서 공생애를 마무리하시는 해에 예루살렘을 향해 올라가기로 굳게 결심하시고 사마리아의 한 마을에서 유숙하려고 하셨으나 사마리아 사람들이 받아들이지 않았다.눅 9:51-53 그때 야고보와 요한은 사마리아 사람들의 냉대와 불손을 보고 "주여, 우리가 불을 명하여 하늘로부터 내려 저들을 멸하라 하기를 원하시나이까"라고 물으며 적대감으로 응대하였으나, 예수는 그들을 책망하셨다.눅 9:54-55 실제로 예수는 공생애 기간 내내 사마리아 사람들을 친근하게 대하셨음을 보여주는 사례들이 복음서 여러 곳에 흩어져 있다. 누가복음 10:25-38의 선한 사마리아 사람 이야기에서 보듯이, 예수는 사마리아 사람이 관련된 아주 감동적인 미담을 퍼뜨리셨다. 사마리아 사람의 동정심과 인자함을 널리 선전하신 것이다. 여기에는 분명 사마리아 사람에 대한 유대인의 편견을 교정하시려는 의도가 작용했을 것이다. 누가복음 17:11-19에서 예수는 사마리아 출신 문둥병자가 유대 출신 문둥병자보다 훨씬 더 감사에 민첩하다고 칭찬하셨다. 또한 예수는 귀신들린 자, 혹은 사마리아 사람이라는 오해를 받으실 만큼 친親사마리아적 태도를 시종 견지했다.요 8:48

특히 요한복음 4장에서 볼 수 있듯이, 예수는 사마리아 역사에 정통하셨고 사마리아와 유다의 분열과 적대의 역사에 대한 깊은 이해를 가지고 계셨다. 주전 129년 하스몬 왕조the Hasmonean kingdom의 요한 히르카누스 1세John Hyrcanus 장군이 사마리아를 정복한 이래 유다와 사마리아는 더욱 적대적인 관계로 빠져들었다. 사마리아를 예루살렘에 종교적으로 복속시키려는 하스모니안 왕조의 시도에도 불구하고 사마리아 사람들은 예루살렘 성전에 가지 않고 그리심Grizim 산에 자신들의 성전을 따로 건축하여 거기서 예배를 드렸다. 그 사건은 사마리아와 유다(갈릴리) 사람 사이를 더욱 적대적으로 분열시켰고, 결국 그 둘의 관계는 서로 상종을 끊고 사는 관계로 악화되어 버렸다. 이런 상황에서 예수는 사마리아로 통행해야 할 내적 필요에 이끌려 유다에서 갈릴리로 돌아가실 때 사마리아를 통과해서 여행하기로 하셨다. 그 길에서 사마리아 여인을 만나 전도를 했고, 예수는 그 여인에게 언젠가 사마리아와 유다가 예루살렘의 시온산도 아니요, 사마리아의 그리심산도 아닌 곳에서 예배드릴 때, 곧 신령과 진정으로 한 하나님 아버지를 예배할 때가 올 것이라는 희망적인 예언을 해주셨다. 예수는 이틀이나 사마리아에 머물며 사마리아가 희어져 추수하게 된 밭과 같다고 진단하셨다. "너희는 넉 달이 지나야 추수할 때가 이르겠다 하지 아니하느냐. 그러나 나는 너희에게 이르노니 너희 눈을 들어 밭을 보라. 희어져 추수하게 되었도다."요 4:35 사마리아는 이제 영적으로 추수할 시점에 이르렀다고 말씀하신 것이다. 그리고 자신이 씨는 뿌리겠지만, 언젠가 다른 사람(사도들과 전도자들)이 그 열매를 거둘 날이 올 것이라고 예언하셨다.

거두는 자가 이미 삯도 받고 영생에 이르는 열매를 모으나니 이는 뿌리는 자와 거두는 자가 함께 즐거워하게 하려 함이라. 그런즉 한 사람이 심고 다른 사람이 거둔다 하는 말이 옳도다. 내가 너희로 노력하지 아니한 것을 거두러 보내었노니 다른 사람들은 노력하였고 너희는 그들이 노력한 것에 참여하였느니라.요 4:36-38

이처럼 예수는 공생애 때부터 사도행전 시대에 있을 사마리아 전도 사역을 이미 예견하셨다.

따라서 빌립 집사의 1단계 사역을 마무리하고 결실하도록 돕는 사도들의 사역은 경쟁과 비교의 대상이 아니라, 예수 그리스도의 사마리아 구원이라는 보다 큰 경륜의 한 부분이었다. 빌립 집사가 열등감을 느낄 필요도 없고, 베드로와 요한이 우월감을 느껴서도 안 된다. 그들의 은사와 재능을 적절하게 쓰시는 주 예수 그리스도가 홀로 영광을 받으셔야 한다. 특히 안수받은 목회자들이 집사들의 사역 한계를 규정하고 목회자의 권위 아래 그들을 귀속시키려는 의도로 이 부분을 인증하거나 인용해서는 안 될 것이다.

여기서 또 하나 눈여겨볼 것은 주 예수의 이름으로 세례를 받더라도 성령을 받지 못할 가능성이 있다는 것이다. 신앙고백과 물세례와 성령이 임한 사건 사이에는 시간차差가 있을 수 있다는 것이다. 이것은 에베소에서도 나타난 현상이다. 아볼로가 열심히 성경을 가르친 결과, 에베소의 제자들은 예수가 그리스도임을 믿고 확신했고, 물세례까지 받았으나 아직 성령을 받지는 못했다.행 19:3-5 사도 바울이 가서 안수했을 때 에베소의 열두 제자들에게도 비로소 성령이 임했다. 사마리아와 에베소에서 일어난 시차를 둔 성령 강림 사건은 사도들이 자유자재로 성령을 부리는 권세가 있음을 보여주기보다는 성령이 사도들을 자유자재로 부리고 있음을 보여준다. 사도들은 성령의 의지를 대변하는 인간적 도구일 뿐이다.

성령 충만한 사도들이 다른 제자들에게 성령의 강림을 매개하는 도구가 될 가능성이 큰 것은 분명하다. 사도적인 영적 권세를 가진 사람들의 중보기도를 통해 성령이 임하신다는 것은 교회사가 입증하는 공리公理이지만, 우리는 항상 그 반대로 생각하지 않도록 조심해야 한다. 성령은 대주교나 사제의 부름에 응답하는, 곧 사제들에게 부림받는 교회의 영이 아니라, 오히려 정반대로 교회 사역자들과 구성원들을 부리시는 영이다. 성령은 인간의 권세를 초월하는 자유자재하고 거룩하신 그리스도의 영이므로 성령의 부름에 오히려 대주교나 사제, 목사나 교황이 응답해야 한다. 하나님은 여러 가지 복합적인 이유로 인해 사마리아와 에베소에서는 예비 단계의 영적 준비를 거친 후에야 성령 강림과 성령 영접이 일어나도록 하셨다. 예루살렘의 교회 공동체처럼 성령 받기를 위해 기도로 준비되고 초점 잡힌 열망을 가진 공동체였다면 에베소 공동체도 성령 강림과 성령 영접을 연속적으로 경험할 수 있었을지도 모른다. 그러나 이 일에는 인간의 이성적인 사유를 벗어나는 신비로운 경륜이 있음을 인정하는 데서 멈추는 것이 좋을 듯하다.

18-24절은 마술사 시몬의 영적 야심과 그것을 책망하는 사도들의 권계勸戒에 대해 말한다. 마술사 시몬은 표적과 기사를 행하는 사도들의 능력이 성령의 역사임을 보고 돈으로 이 능력을 사려고 시도한다.18-19절 시몬은 사도들에게 아예 돈을 바쳤다.18절 "제가 안수하는 사람들은 누구나 성령을 받을 수 있도록 제게도 이 권능을 주소서."19절 시몬의 치명적 오해는 성령이 하나님의 선물임을 전혀 모른 채 이 안수를 통해 성령을 내리게 하는 권능이 사도들의 개인적인 기예나 능력이라고 보았다는 점이다. 돈으로 성직을 매매하는 행위를 '시모니'simony라고 하는데, 이 단어는 마술사 시몬의 이런 황당한 제의에서 유래한 말이다. 그는 자신의 마술적 힘보다 강력한 사도들의 영적 권능權能을 돈으로 매입하려고 함으로써 주 예수 그리스도의 제자로 살기보다는 초인적인 힘으로 사마리아를 지배하려는

야심을 드러내 보인다. 베드로는 이런 시몬의 시도를 격렬하게 책망하고 단죄한다.

20-23절은 시몬에 대한 베드로의 책망과 단죄를 담고 있다. 베드로는 하나님의 선물을 돈 주고 사려고 하는 시몬에게 “네 은과 네가 함께 망할지어다”라고 언명한다.[20절][6] 베드로는 하나님 앞에서 시몬의 마음은 왜곡되어 있고 참된 복음 사역에는 아무런 관심이 없음을 지적한다. 시몬의 마음 중심에 무엇이 들어있는지를 간파한 것이다. 따라서 “이 도[道]” 곧 그리스도의 복음에는 시몬이 관여할 수도 없고, 거기서 얻을 몫(권능과 책임)도 없다고 확언했다.[21절] 22절은 시몬을 향한 베드로의 회개 촉구를 담고 있다. 하나님의 용서를 기대하고 “이 악함”을 회개하고 주께 기도하라는 것이다. 시몬의 즉각적 반응이 어땠을까? 23절의 베드로의 더 강경한 책망에 비추어 볼 때 아마 진정성 있는 회개는 하지 않았던 것으로 보인다. 그의 마음은 심각하게 뒤틀려 있었다. 마술사 시몬이 비록 믿었다고는 하지만[13절] 23절의 헬라어 구문은 시몬의 영적 상태가 얼마나 타락해 있는가를 보여준다. 헬라어 문장은 도치구문이다. “εἰς γὰρ χολὴν πικρίας καὶ σύνδεσμον ἀδικίας ὁρῶ σε ὄντα.” 직역하면 “쓰라림(πικρία, 쓴 뿌리)의 뻔뻔스러움[콜레(χολή)]과 불의의 쇠사슬에 오랫동안 매여 있는 너를 나는 보고 있다”이다. “쓰라림”을 의미하는 “피크리아”는 하나님의 말씀을 받아들이기 힘든 마음 상태를 묘사할 때 사용되는 단어이다. “콜레”는 뻔뻔스러움을 말한다. “콜레 피크리아스”(χολὴν πικρίας)는 책망받을 정도로 성향이 나쁜 사람을 묘사하는 관용 어법이다.[7]

그것은 훈계나 교육을 받아 고쳐질 수 없을 만큼 옳음에 대한 내적 저항 성향을 말한다. 시몬은 오랫동안 성찰과 회개의 감수성을 상실한 상태에 있었기 때문에 개과천선이 불가능하다는 의미이다.

의를 행하고 싶어도 "쓰디쓴" 마음 성향에 이끌리며 불의의 쇠사슬에 매여 있기에 의를 행할 수가 없다는 것이다. 뻔뻔스러운 진리 증오와 불의의 감옥에 오랫동안 "갇혀 있는"[온타(ὄντα), εἰμί 동사 2인칭 분사대격] 시몬은 회개가 불가능한 상태에 있었을 것이다. 누적된 악행은 악의 지배를 영속화하는 결과를 초래한다. 시몬은 기회가 있을 때마다 불의를 선택하고 진리를 대적하는 삶을 선택한 결과 "악한 세력에 속박된 시몬"으로 전락한 것이다.[8] 사람은 죄를 지을 때 그 죄의 종이 된다. "예수께서 대답하시되 진실로 진실로 너희에게 이르노니 죄를 범하는 자마다 죄의 종이라. 종은 영원히 집에 거하지 못하되 아들은 영원히 거하나니 그러므로 아들이 너희를 자유롭게 하면 너희가 참으로 자유로우리라."요 8:34-36 그런데 단회적으로 행해진 죄는 회개로 끊을 수 있으나, 같은 죄를 반복하여 범하면 그 죄는 죄지은 자를 놔주지 않는다. 그때부터 그는 죄의 종이 되어 버린다. 시몬은 이런 수준의 죄인으로 전락했다는 말이다.

24절에서 시몬은 자신의 영적 상황이 얼마만큼 심각한지 깨닫지 못한 듯 가벼운 대답으로 사도의 격렬하고 엄중한 질책을 피하려고 한다. 여기서도 시몬은 두 사도가 자신의 운명을 좌우하는 권세를 가진 것처럼 매달린다. 2인칭 복수대명사 "휘메이스"(ὑμεῖς)가 독립적으로 사용된다. "(다른 이가 아니라 바로) 당신들께서 제발 나를 위하여 하나님께 기도해, 당신들이 내게 말한 그것(네 은과 네가 함께 멸망할지어다)이 일어나지 않게 해 주십시오." 그는 하나님의 심판을 두려워할 뿐, 아직도 하나님을 두려워하지 않는다. 이뿐만 아니라, 그는 주 예수 그리스도가 얼마나 은혜로우시고 아름다운 구세주요 주이신 줄 알지 못한다. 시몬의 남은 생애가 어떻게 전개되었을까? 회개하고 새사람이 되었을까? 은과 함께 멸망해 버렸을까? 사도행전에 참된 회개와 신앙입문에 이르지 못한 그의 일화가 적힌 것을 볼 때 후자였던 것처럼 보인다. 시몬 일화를 통해 우리는 인간이 회개가 불가능한 지점까지 타락할 수도 있다는 무서운 사실을 배운다. 25절은 두 사도의 사마리아 전도 사역을 요약한다. 베드로와 요한은 예루살렘으로 돌아가는 여정에도 사마리아의 여러 마을 사람들에게 주의 복음 메시지를 선포하였다.[9] 다음 단락은 또 다시 빌립의 단독사역을 보도한다.

3. 에디오피아 여왕 간다게의 내시를 전도하는 빌립 ● 26–40절

26주의 사자가 빌립에게 말하여 이르되 일어나서 남쪽으로 향하여 예루살렘에서 가
사로 내려가는 길까지 가라 하니 그 길은 광야라. 27일어나 가서 보니 에디오피아 사
람 곧 에디오피아 여왕 간다게의 모든 국고를 맡은 관리인 내시가 예배하러 예루살
렘에 왔다가 28돌아가는데 수레를 타고 선지자 이사야의 글을 읽더라. 29성령이 빌립
더러 이르시되 이 수레로 가까이 나아가라 하시거늘 30빌립이 달려가서 선지자 이사
야의 글 읽는 것을 듣고 말하되 읽는 것을 깨닫느냐. 31대답하되 지도해 주는 사람이
없으니 어찌 깨달을 수 있느냐 하고 빌립을 청하여 수레에 올라 같이 앉으라 하니라.
32읽는 성경 구절은 이것이니 일렀으되 그가 도살자에게로 가는 양과 같이 끌려갔고
털 깎는 자 앞에 있는 어린양이 조용함과 같이 그의 입을 열지 아니하였도다. 33그가
굴욕을 당했을 때 공정한 재판도 받지 못하였으니 누가 그의 세대를 말하리요 그의
생명이 땅에서 빼앗김이로다 하였거늘 34그 내시가 빌립에게 말하되 청컨대 내가 묻
노니 선지자가 이 말한 것이 누구를 가리킴이냐 자기를 가리킴이냐 타인을 가리킴이
냐 35빌립이 입을 열어 이 글에서 시작하여 예수를 가르쳐 복음을 전하니 36길 가다
가 물 있는 곳에 이르러 그 내시가 말하되 보라, 물이 있으니 내가 세례를 받음에 무
슨 거리낌이 있느냐 37(없음, 어떤 사본에는 "빌립이 이르되 네가 마음을 온전히 하여 믿으
면 가하니라 대답하여 이르되 내가 예수 그리스도께서 하나님의 아들인 줄 믿노라"가 있음) 38
이에 명하여 수레를 멈추고 빌립과 내시가 둘 다 물에 내려가 빌립이 세례를 베풀고

[39]둘이 물에서 올라올새 주의 영이 빌립을 이끌어간지라 내시는 기쁘게 길을 가므로 그를 다시 보지 못하니라. [40]빌립은 아소도에 나타나 여러 성을 지나다니며 복음을 전하고 가이사랴에 이르니라.

주석

26-40절은 다시 성령의 강권적이고 주도적인 지시에 따라 복음을 전하려고 기민하게 응답하는 빌립 집사의 활약을 보도한다. 이제 사마리아의 경계를 넘어 아프리카까지 복음의 영향력이 확장되기에 이른다. 그 통로는 또다시 빌립이다. 그는 성령 충만한 상태에 있었기 때문에 성령의 음성에 민감했다. 주主의 사자가 빌립에게 남쪽, 즉 예루살렘에서 가사Gaza로 내려가는 광야길까지 내려가라고 명했다.[26절] 이 길은 애굽에서 블레셋으로 직행하는 도로인 해변길(via maris)의 마지막 톨게이트로, 가사를 빠져나가면 바로 애굽으로 직행 남하하는 해변길을 만나게 된다. 빌립이 일어나 주의 천사가 지시하는 광야길로 곧장 달려가 보니 한 에디오피아 사람이 가사를 향해 달려가는 중이었다. 그는 에디오피아 여왕 간다게의 모든 국고를 맡은 고관 내시였다. 그는 유월절과 오순절 축제 기간에 하나님께 예배하러 예루살렘에 왔다가 내려가는 길이었다.[27절] 그는 수레를 타고 가면서도 이사야 53장을 읽고 있었다.[28절]

이런 관찰을 끝낼 즈음에 빌립에게 "이 수레로 가까이 나아가라"는 성령의 지시가 떨어졌다.[29절] 빨리 달리는 수레를 따라잡기 위해 빌립은 달려갔다.[30절] 이때 그 내시는 70인역[10] 이사야를 소리 내어 읽고 있었다. 그가 성경 읽는 것을 듣고 빌립이 가까이 가서 그에게 물었다. "읽는 것을 깨닫느냐?"[30절] 그 내시는 스스로 깨닫지 못하고 있음을 토로했다. "지도해 주는 사람이 없으니 어찌 깨달을 수 있느냐?" 혼자 힘으로는 성경의 비밀을 깨우칠 수 없다는 무력감을 느끼던 그는 기대에 찬 표정으로 빌립에게 수레에 올라와 옆에 앉도록 부탁했다.[31절] 그리고 자신이 읽고 있는 성경 구절을 보여주었다.[32절] "그가 도살자에게로 가는 양과 같이 끌려갔고 털 깎는 자 앞에 있는 어린양이 조용함과 같이 그의 입을 열지 아니하였도다. 그가 굴욕을 당했을 때 공정한 재판도 받지 못하였으니 누가 그의 세대를 말하리요 그의 생명이 땅에서 빼앗김이로다 하였거늘 ……."[행 8:32-33]

내시가 읽던 구절은 이사야 53:7-8이었다. 이 내시가 어떻게 이 구절을 읽고 있었는지는 확실히 알 수 없다. 하나님께 자신을 드리는 고난받는 어린 양을 말하는 이 구절을 놓고 씨름하던 내시는 단도직입적으로 빌립에게 묻는다. "선지자가 말하는 이 어린양 같은 사람은 누구입니까? 예언자 이사야 자신을 가리킵니까? 타인을 가리킵니까?"[34절] 그 내시는 낫을 대기만 하면 싹둑 잘릴 것 같은, 추수 때가 무르익은 곡식단 같은 영혼이었다. 빌립은 이사야 53장부터 시작하여 주 예수의 십자가까지 복음을 증거하고 가르쳤다.[35절] 헬라파 일곱 집사를 뽑은 것이 헬라어를 쓰는 이방인들에게 복음을 증거하기 위한 하나님의 섭리였음이 드러난다. 빌립의 가르침은 적확하고 정곡을 찔렀음이 틀림없다. 얼마 안 되어 내시는 자신이 세례를 받아도 될 정도로 믿음의 확신이 차오름을 느꼈다. 길을 가다가 물을 보자 내시는 세례를 받고 싶다고 빌립에게 말했다.[36절] 개역개정 성경의 저본底本이 되는 헬라어 성경 사본에는 37절이 누락되어 있는데 어떤 사본에는 37절이 이렇게 되어 있다. "빌립이 이르되 네가 마음을 온전히 하여 믿으면 가하니라. 대답하여 이르되 내가 예수 그리스도께서 하나님의 아들인 줄 믿노라." 이 구절은 아마도 원전에는 없지만, 후대에 추가되었을 가능성이 크다. 이 구절은 2-3세기 교회가 세례 문답을 행할 때 사제와 수세자 사이에 오간 답변의 일부였다. 2-3세기 사도행전 사본 필사 과정에서 37절이 추가되었을 가능성이 크다.

이사야 53장의 의미를 깨닫고 단숨에 기독교 신앙의 진수를 파악한 후 세례를 받으려는 내시의 적극적인 의지를 확인한 빌립은 그에게 세례를 집행한다. 수레를 멈추고 빌립과 내시가 둘 다 물에 내려갔다. 빌립이 내시를 침수시키고 세례를 베풀었다.[38절] 이때 또한 번 빌립에게 하나님의 강권적인 역사가 나타난다. 세례식을 마치고 물에서 올라오는 순간에 주의 영이 빌립을 낚아채 가신 것이다. 다른 말로 하면 주의 영께서 빌립을 다른 곳으로 파송하시기 위해 내시에게서 빼앗아 가신 것이다.[39절] 내시는 빌립을 다시는 보지 못했지만 기쁘게 자기 길을 갔다. 이 에디오피아 내시의 구원과 세례 장면은 고자라도 하나님의 성전 예배에 환영받을 뿐만 아니라, 성전에 그 이름을 남기는 영예를 얻게 될 것이라고 예언한 이사야의 예언 성취를 증언하고 있다. "여호와께 연합한 이방인은 말하기를 여호와께서 나를 그의 백성 중에서 반드시 갈라 내시리라 하지 말며 고자도 말하기를 나는 마른 나무라 하지 말라. 여호와께서 이와 같이 말씀하시기를 나의 안식일을 지키며 내가 기뻐하는 일을 선택하며 나의 언약을 굳게 잡는 고자들에게는 내가 내 집에서, 내 성 안에서 아들이나 딸보다 나은 기념물과 이름을 그들에게 주며 영원한 이름을 주어 끊어지지 아니하게 할 것이며 ……."[사 56:3-5]

에디오피아 내시에게 세례를 베풀자마자 하나님께서 빌립을 다시 낚아채 가셨다. 빌립은 지중해 해변 아소도(아스돗)[Azotus]에 나타나 여러 성(도시)을 다니며 복음을 전하고 가이사랴에 이르렀다. 가사를 기준으로 보면 성령께서 빌립을 더 북쪽 해변길로 인도하신 것이다. 아소도는 가사에서 약 40킬로미터 떨어진 지중해 주변의 도시로서, 가사와 가이사랴의 중간에 위치한 도시였다. 빌립은 지중해변을 따라 가이사랴까지 북상하며 복음을 증거한 것이다. 영적으로 예민하게 소통하고 감응하는 사람은 이처럼 하나님의 전방위적 구원 사역에 쓰임받을 수 있다. 빌립은 하나님이 가라 하면 가고, 서라 하면 서는, 성령 충만한 사람이었다. 그는 하나님의 속마음을 대변하는 복음 사역의 불전차가 되어 두루두루 다녔다.

메시지

에디오피아의 여왕 간다게의 내시는 일찍 유대교의 가르침에 이끌려 야웨 하나님을 경외하는 사람이었다. 그는 바쁜 공무 일정 가운데도 귀한 휴가를 내어 오순절 절기의 예배에 참여하기 위해 멀리 예루살렘까지 여행할 정도로 독실한 유대교 개종자, 혹은 예비 개종자였던 것처럼 보인다. 그는 거세당한 남자로서 가난한 마음을 지녔을 것이다. 그는 요란한 성전 예배와 축제에 참여했음에도 불구하고 아무런 은혜의 각성도 없이 낙향하고 있었다. 하나님은 이 고독한 낙향자를 주목하신다. 그래서 이제 막 예루살렘 당국자들의 박해를 피해 예루살렘 경계를 벗어나는 빌립 집사에게 영적 감응telepathy을 보내셨다. 즉, 사도급 집사인 빌립에게 예루살렘에서 가사로 내려가는 광야길로 내달리도록 감동하신 것이다. 하나님의 영적인 감동 속에서 가사로 이어지는 광야길로 황급하게 접어든 빌립은 병거를 타고 가면서도 성경을 골똘하게 읽고 있는 간다게의 내시를 만난다. 성령께서는 빌립에게 병거로 가까이 다가가서 내시의 가난한 마음을 목도하게 하신다. 내시의 다소 처량하고 간절한 자세가 빌립에게 신적인 참견의 마음을 불러일으켰다. "읽는 것을 깨닫느냐"라고 묻는 빌립에게 "지도해 주는 사람이 없으니 어찌 깨달을 수 있느냐"는 내시의 탄식은 다시 한번 빌립의 마음을 신적인 동정심으로 달궜다.

우리 주변에도 여전히 '광야 같은 인생길'을 달리는 병거 속에서 성경을 읽지만 깨닫지 못하는 가난한 심령들이 얼마나 많은가? 성령의 음성에 민첩하게 응답하는 영적 감응력으로 구비된 채 스스로 깨닫지 못하는 영혼들을 결신케 하는 빌립 같은 전도자들이 이 시대에도 절실히 필요하다. 성령의 지시를 듣고 즉시 순종할 정도로 하나님의 뜻에 대한 영적 청해력聽解力을 극대화하는 길은 일상생활 가운데 무시로 성령께 순종하는 길밖에 없다.[11] 매일 삶 속에 벌어지는 크고 작은 일에서 성령의 지시에 순종하다 보면 빌립처럼 적재적소에 쓰임받을 수 있다.빌 2:12

오늘날에도 홀로 성경을 읽지만 깨닫지 못한 채 낙향하는 내시 같은 처지에 놓인 사람이 많다. 복음을 한 번도 들어보지 못한 사람들, 혹은 간단한 전도에도 결실을 맺을 만큼 때가 무르익고 희어져 추수하게 된 영혼들이 많다. 하지만 전도사 빌립처럼 기동성이 뛰어난 예비된 복음 전도자들을 만나지 못하여 많은 사람이 깨닫지 못한 채 '낙향'하고 있는 것이다. 준비된 전도자는 어디에 누가 영적인 갈급함을 안고 방황하고 있는지를 아는 사람이다. 다른 사람의 영적 필요를 예민하게 알아차리는 영적 감응력이 있는 사람이며, 영적 갈급함과 곤궁함이 있는 쪽으로 급히 달려가는 사람이다. 또한 그는 성경에 통달한 말씀의 사람이며, 빌립처럼 수레에 가까이 다가가서 내시의 마음속에 일고 있는 영적 갈증을 간파하고 그것을 충족시키는 거룩한 공세성을 겸비한 사람이다. 그는 세례를 통해 추수한 영혼을 그리스도의 몸된 교회 공동체의 일원이 되게 함으로써 그 영혼이 계속 자라고 성숙하도록 돕는 전도자다. 전도의 마지막은 교회 공동체에 접목시켜 말씀과 성례전을 통해 그가 부단히 성장하고 성숙하도록 돕는 일이다.

하나님 나라는 성령의 음성에 민감한 빌립 같은 사람이 영적 고뇌를 가진 에디오피아의 내시처럼 추수하기에 무르익은 사람을 만나 복음을 전파할 때마다 확장된다. 교회 사역자들의 일차적인 임무는 믿음을 갖고 싶어 성경을 홀로 읽고 있는 때가 찬 영혼들에게 성경을 가르쳐 결신決信에 이르도록 돕는 사역이다. 교회에 몰려오는 사람 중에는 에디오피아 내시 같은 영적 갈급함을 가진 사람들이 적지 않다. 교역자들은 그들이 읽고 어려워하는 성경 구절들을 파악하고 그들의 인생 여정에 동행하여 그들의 영적 갈급함을 해소하는 전도자의 영광을 누릴 수 있어야 한다. 그러기 위해서는 성령의 음성에 신속하게 응답하는 영적 감응력을 길러야 한다. 교회 사역자의 은사는 갈급한 영혼들의 마음을 직관할 수 있는 영적 통찰력과 공감 능력이다. 예수는 말세에 영혼을 추수할 일꾼들을 보내어 달라고 기도하게 하셨다.

> 예수께서 모든 도시와 마을에 두루 다니사 그들의 회당에서 가르치시며 천국 복음을 전파하시며 모든 병과 모든 약한 것을 고치시니라. 무리를 보시고 불쌍히 여기시니 이는 그들이 목자 없는 양과 같이 고생하며 기진함이라. 이에 제자들에게 이르시되 추수할 것은 많되 일꾼이 적으니 그러므로 추수하는 주인에게 청하여 추수할 일꾼들을 보내 주소서 하라 하시니라.마 9:35-38

9장.

하나님 나라 시민의 탄생 1: 바울의 회심

스데반 순교 사건의 여진餘震은 전혀 예상 밖의 장소에서 벌어졌다. 박해자 사울은 순교한 스데반의 핏자국을 따라 자신도 예측하지 못한 오도誤導된 사명의 장도에 오른다. 그는 국외로 도망친 예수당의 잔당을 박멸하려고 대제사장으로부터 위임장을 받고 다메섹으로 질주한다. 나사렛 예수의 죽음에 대한 사울의 해석은 그 당시 바리새인들의 공식적인 해석이었다. "나무에 달린 자는 하나님께 저주를 받아 죽은 자다."신 21:23 청년 바리새인 사울에게 나사렛 예수는 하나님의 이름을 참칭僭稱하다가 죽임을 당한 신성모독자였다. 그는 예수교 가르침이 흩어진 유대인 교포들에게 끼칠 악영향을 크게 걱정한 것처럼 보인다. 사울은 이스라엘 본토에 남아 있는 예수당을 박멸하는 데 만족하지 않고, 신성모독자 예수를 추종하는 자들을 근절하려고 무한 정의감의 속도로 다메섹을 향해 질주한다.

그러나 다메섹에 가까이 갔을 때 그는 전혀 예상치 못한 상황과 조우한다. 하늘로부터 비쳐오는 신적 광채와 충돌한다. "사울아, 사울아, 네가 어찌하여 나를 핍박하느냐?" 사울은 즉시 이 음성의 소유자가 누구인지 깨달았다. 저주받아 지금쯤은 지옥에 있어야 할 나사렛 예수가 부활하여 영광 가운데서 하나님의 보좌 우편에 계신 것을 보았다.고전 2:8; 9:1 그 순간, 충격과 전율로 그는 쓰러졌다. 영광의 빛이 그를 넘어뜨린 것이다. 결국 순교 시 스데반에게 목격되었던 그 예수가 바로 사울의 인생과 충돌하신 것이다. 예수는 당신의 제자들이 당하는 박해와 위협을 당신 자신이 직접 받으신다고 주장한다. 이 지점이 바로 '교회는 그리스도의 몸'이라는 신학 사상이 배태되는 지점이다.[엡 1:23; 4:4, 12] "사울아, 사울아, 네가 어찌하여 나를 박해하느냐?"라는 예수의 질문 앞에 그의 옛사람을 지탱하던 확신과 함께 그에 기반한 사명감도 함께 쓰러졌다. 그는 사흘간의 암흑 기간을 통해 옛사람과 새사람의 교체를 경험했다.

9장은 다메섹 도상에서 쓰러진 청년 사울,[1-9절] 그리스도 안에서 새롭게 발견된 자아,[10-19절 상반절] 복음 전도자로 소생하는 사울,[19절 하반절-31절] 그리고 베드로의 사도적 치유 사역[32-43절]으로 나뉜다.

1. 다메섹 도상에서 쓰러진 청년 사울 • 1-9절

9 1사울이 주의 제자들에 대하여 여전히 위협과 살기가 등등하여 대제사장
에게 가서 2다메섹 여러 회당에 가져갈 공문을 청하니 이는 만일 그 도를
따르는 사람을 만나면 남녀를 막론하고 결박하여 예루살렘으로 잡아오려 함이라. 3
사울이 길을 가다가 다메섹에 가까이 이르더니 홀연히 하늘로부터 빛이 그를 둘러
비추는지라. 4땅에 엎드러져 들으매 소리가 있어 이르시되 사울아, 사울아, 네가 어
찌하여 나를 박해하느냐 하시거늘 5대답하되 주여, 누구시니이까 이르시되 나는 네
가 박해하는 예수라. 6너는 일어나 시내로 들어가라 네가 행할 것을 네게 이를 자가
있느니라 하시니. 7같이 가던 사람들은 소리만 듣고 아무도 보지 못하여 말을 못하고
서 있더라. 8사울이 땅에서 일어나 눈은 떴으나 아무것도 보지 못하고 사람의 손에
끌려 다메섹으로 들어가서 9사흘 동안 보지 못하고 먹지도 마시지도 아니하니라.

주석

이 단락은 유대인 청년 바리새인으로서 예수의 제자들을 가혹하게 박해했던 사울이라는 인물의 회심기를 담고 있다. 사울은 이미 유대인들이 스데반 집사를 돌로 쳐 죽일 때 그들의 행동을 신학적으

로 재가하고 옹호했던 인물로 소개된 적이 있다.행 7:58[1] 나사렛 예수와 그의 제자들에 대한 유대교 당국자들의 박해는 열두 사도를 제외한 나머지 헬라파 그리스도인들을 예루살렘 밖으로 내모는 결과를 초래했다.8:1-3[2] 예루살렘 교회에 대한 유대교 당국자들의 박해 활동에서 사울은 주도적인 역할을 맡았다.3절 스데반과 나사렛 예수의 추종자들에 대한 사울의 박해와 잔멸 활동은 신명기에 기록된 거짓 예언자들에 대한 공동체적인 척결 명령에 근거한 것이었다.

> 너희 중에 선지자나 꿈꾸는 자가 일어나서 이적과 기사를 네게 보이고 그가 네게 말한 그 이적과 기사가 이루어지고 너희가 알지 못하던 다른 신들을 우리가 따라 섬기자고 말할지라도 너는 그 선지자나 꿈꾸는 자의 말을 청종하지 말라. 이는 너희의 하나님 여호와께서 너희가 마음을 다하고 뜻을 다하여 너희의 하나님 여호와를 사랑하는 여부를 알려 하사 너희를 시험하심이니라. 너희는 너희의 하나님 여호와를 따르며 그를 경외하며 그의 명령을 지키며 그의 목소리를 청종하며 그를 섬기며 그를 의지하며 그런 선지자나 꿈꾸는 자는 죽이라. …… 너는 그를 따르지 말며 듣지 말며 긍휼히 여기지 말며 애석히 여기지 말며 덮어 숨기지 말고 너는 용서 없이 그를 죽이되 죽일 때에 네가 먼저 그에게 손을 대고 후에 뭇 백성이 손을 대라. 그는 애굽 땅 종 되었던 집에서 너를 인도하여 내신 네 하나님 여호와에게서 너를 꾀어 떠나게 하려 한 자이니 너는 돌로 쳐 죽이라.신 13:1-10

> 만일 어떤 선지자가 내가 전하라고 명령하지 아니한 말을 제 마음대로 내 이름으로 전하든지 다른 신들의 이름으로 말하면 그 선지자는 죽임을 당하리라 하셨느니라.신 18:20

사울은 예수와 그 추종자들을, 다른 신을 전파하여 야웨 하나님에 대한 배타적 충성심을 와해시키려는 이단사설 세력으로 본 것이다. 그래서 사울은 사도행전 8:1이 말하듯이 스데반을 돌로 쳐 죽인 행위를 정당한 행위라고 간주했다. "사람들이 너희들을 출교할 뿐만 아니라, 때가 이르면 무릇 너희를 죽이는 자가 생각하기를 이것이 하나님을 섬기는 일이라 하리라."요 16:2 사도행전 8:3에 따르면 사울은 예루살렘 교회를 잔멸하되 각 집에 들어가 남녀를 체포해 투옥하는 일에 앞장섰다. 나사렛 예수와 그의 추종자들이 이단사설을 폈다고 생각했던 사울의 확신을 확증시킨 결정적인 증거는, 나사렛 예수가 나무에 달려 죽었다는 사실이다. 이것이 사울을 비롯한 유대인 바리새인들의 나사렛 예수의 죽음에 대한 해석을 뒷받침하는 성경적 근거였다.

> 사람이 만일 죽을 죄를 범하므로 네가 그를 죽여 나무 위에 달거든 그 시체를 나무 위에 밤새도록 두지 말고 그날에 장사하여 네 하나님 여호와께서 네게 기업으로 주시는 땅을 더럽히지 말라. 나무에 달린 자는 하나님께 저주를 받았음이니라.신 21:22-23

유대인들은 여러 차례 예수를 돌로 쳐 죽이려고 시도했으나 민중들이 그를 선지자로 믿고 있었기 때문에 감히 돌로 칠 기회를 얻지 못했다.요 8:59 하는 수 없이 그들은 로마제국에 대항해 납세 거부를 선동한 유대인의 왕이라는 죄목을 뒤집어씌워 나사렛 예수를 빌라도의 법정에 고발했다.눅 23:1-3 로마 총독부는 로마제국의 통치에 저항하는 속국의 모반자들을 십자가형이라는 공개적이고 모욕적인 극형으로 다스렸다. 예수 당시에 많은 갈릴리 사람들이 수백 명, 수천 명 단위로 십자가에 달려 처형되었다.15년경 2천여 명이 갈릴리에서 십자가형에 처해짐 예수는 그 시대의 가장 흔한 반反로마 반역 운동의 지도자로 몰려 십자가에 달려 죽으셨던 것이다. 사울은 나무에 달려 죽은 나사렛 예수의 죽음을 신명기 21:22-23으로 해석하는 바리새인들의 신학적 오류에 편승해 나사렛 예수가 저주받은 자의 죽음을 죽었다고 생각했다.[참조. 고전 12:3; 15:3; 갈 3:13; 비교. 벧전 2:24] 그래서 1절이 말하듯이 사울은 주의 제자들에 대해 여전히 위협과 살기가 등등했다. "살기가 등등했다"는 표현의 헬라어 "엠프네온"(ἐμπνέων)이라는 단어는 "숨쉬다"를 의미하는 동사 "엠프네오"(ἐμπνέω)의 남성단수 현재분사형이다.[3] 따라서 1절 첫 소절의 직역은 "주의 제자들을 향하여 위협과 살기가 사울의 들숨과 날숨이 되었다"는 뜻이다. 나사렛 예수의 추종자들을 박멸하는 일이 사울에게는 생기를 고취하는 일이었다는 말이다. 이런 살의와 위협을 발산하며 나사렛 예수의 이단 사상으로부터 유대교의 순전성을 지켜야 한다는 사명감으로 무장한 사울은, 예루살렘의 나사렛 예수 추종자들을 박멸하는 데서 한 걸음 더 나아갔다. 당시에 유대인 동포들의 밀집 지역이었던 다메섹으로 도피한, 혹은 다메섹에 거주하는 예수의 추종자들까지 체포하려고 다메섹 원정에 나선 것이다.[행] 2절에서 나사렛 예수의 추종자들은 "그 도道에 귀속적으로 소속된 사람들"(τινας τῆς Ὁδοῦ ὄντας) the people those who are being of the Way 이라고 불린다. 예수의 추종자들이 국외자들로부터 "그리스도인"(Χριστιανούς)이라는 칭호를 얻게 된 곳은 "수리아 안디옥" 교회였다.[행 11:26] 예루살렘에서 다메섹까지는 약 240킬로미터 거리였으므로 그 다메섹 원정은 사울 일행에게는 약 일주일가량의 여정이었을 것이다.

사울의 목적지가 다메섹 회당이었다는 것은 나사렛 예수의 초기 제자들의 활동 무대가 회당이었음을 시사한다. 사울은 대제사장에게 직접 공문(체포 영장) 발행을 요청할 정도로 공신력이 있는 유대교 바리새파 종단의 대표자였음에 틀림없다. 사울은 다메섹에 있던 나사렛 예수의 제자들을 결박해 예루살렘으로 압송하기 위해 다메섹으로 질주하였다. 다메섹은 예루살렘에서 북동쪽으로 240킬로미터가 넘는 먼 거리에 있는 도시였다. 그 길은 도보로는 6일, 말을 타고 가도 2-3일이 소요되는 거리였다. 당시 다메섹에는 거대한 주피터 신전이 있었을 정도로 여러 면에서 헬레니즘화된 도시였고, 유대인들의 회당도 여럿 있었다. 요세푸스의 기록에 따르면 당시에 다메섹에는 3-4만 명의 유대인들이 살고 있었다.[4] 다메섹에 거의 당도했을 무렵 거룩한 광채가 그를 쓰러뜨렸다. 3절은 "홀연히 하늘로부터 빛이 그를 둘러 비추었다"고 말한다. 그 결과 그는 땅에 쓰러졌다. 추락한 것이다.[4절]

그렇게 엎드러져 있는데 하늘로부터 한 소리가 들려왔다. 자기 확신의 길을 질주할 때에는 들리지 않던 하늘의 소리가 땅으로 고꾸라진 사울에게 들렸다. "사울아 사울아, 네가 어찌하여 나를 박해하느냐?" 야밤에 홍두깨를 맞고 잠이 깬 사람처럼 어안이 벙벙한 사울이 묻는다.[5절] "주여, 당신은 누구십니까?" 하늘의 소리는 대답한다. "나는 네가 핍박하는 예수니라." 5절 하반절 헬라어 문장은 "에고 에이미 예수스 혼 쒸 디오케이스"(Ἐγώ εἰμι Ἰησοῦς ὃν σὺ διώκεις)이다. 여기서 1인칭 단수대명사 "에고"(Ἐγώ)와 이인칭 단수 대명사 "쒸"(σὺ)가 동시에 사용되었다. "나"와 "너"를 동시에 강조하는 표현이다. 따라서 이 절을 직역하면 "나 자신으로 말할 것 같으면 네가 그렇게 박해하는 예수다"이다. 다른 말로 하면 "네가 나의 제자들을 박해하는 것은 곧 나를 박해하는 것이다"라고 말하는 셈이다. 사울에게 나사렛 예수라는 존재가 여기서 처음으로 알려진 것은 아닐 것이다.[5]

고린도후서 5:16로 미루어 짐작하건대 바울이 회심하기 전에도 나사렛 예수의 존재를 생전에 알고 있었을 가능성이 있다. "그러므로 우리가 이제부터는 어떤 사람도 육신을 따라 알지 아니하노라. 비록 우리가 그리스도도 육신을 따라 알았으나 이제부터는 그같이 알지 아니하노라." 사울은 한때 육신을 따라 그리스도를 안 적이 있었다고 말한다. 사울은 육신을 따라 알았던 나사렛 예수가 하나님께 저주받은 자로서 죽었다고 굳게 믿었다. 그런데 이제 나사렛 예수가 하나님의 영광스러운 보좌 우편에 앉은 주와 그리스도가 되어 다시 나타났다는 사실이 사울을 경악으로 몰아넣었다. 나사렛 예수가 하나님께 저주받아 죽었다는 그의 이 잘못된 확신[비교. 갈 3:13]과 함께 바리새인 사울은 쓰러져 버렸다. 너무나 순식간에 일어난 일이다. 사울은 일어나지 못하고 엎드러져 있다.

이때 예수는 "일어나 시내로 들어가라"고 명하신다. 예수는 사울이 장차 행할 것을 그에게 이를 자를 대기시켜 두신 후에 사라지신다.[6절] 사울의 동행자들은 일련의 소리는 들었으나 아무것도 보지 못한 채 우두커니 서 있었다.[7절][6] 사울은 땅에서 일어났으나, 실명[失明]하여 아무것도 볼 수 없었다. 하늘의 강력한 빛과 음성에 타격당해 시력을 잃어버렸기 때문이다. 모든 옛 관점을 잃어버린 것이다. 눈이 먼 사울은 사람들의 손에 이끌려 다메섹으로 들어갔다. 사흘 동안 그는 아무것도 먹지 못하고 마시지도 못했다.[9절] 커다란 혼돈과 혼란, 회한과 자책이 지배하는 시간이었을 것이다. 이 다메섹 도상의 하늘빛과 소리는 사울을 정조준한 하나님의 거룩한 타격이었다. 교만한 사울의 질주를 중단시킨 공격이요 그의 영적인 오만을 격추시킨 하나님의 신령한 요격이었다. 이처럼 사울의 옛 과거, 자아, 신학은 다메섹 도상에서 길을 잃었다.

추락하는 경험은 대부분 고통스럽다. 그러나 그중에는 위대한 추락이 있다. 바로 하나님과 충돌해서 생긴 고꾸라짐이다. 하나님은 거룩한 돌격자로서 우리의 오도된 질주와 충돌하신다.출 19:21-24, 24:2,11 창조주 하나님은 우리와 충돌하고 우리를 추락시킴으로써 구원하신다. 인간은 때때로 거짓된 확신에 추동되어 브레이크가 부서진 폭주 기관차처럼 초과속으로 달리는 존재이다. 창조주 하나님은 원래 사람을 창조하실 때 욕망의 한계를 설정해 놓으셨다. 모든 자동차도 제작될 때 최고 속도가 설정되어 있다. 그러나 인간은 창조주 하나님의 설계도대로 달리지 않고, 그릇된 삶의 궤도를 미친 듯이 질주한다. 자신의 욕망 계기판을 무한대로 높여 놓고 달리는 사람은 하나님의 거룩한 충돌을 예기한다. 이 거룩한 충돌은 대체로 이러한 초고속 욕망 궤도 질주자를 멸망시킨다. 인류의 역사에는 초고속 욕망 궤도 질주자들(그것이 개인, 집단, 심지어 국가나 문명에 상관 없이)의 멸망 사례로 가득 차 있다. 하지만 극히 예외적이긴 하나, 사울처럼 하나님의 충돌 때문에 오히려 구원의 가능성이 열리는 사람도 있다. 하나님이 인간과 충돌하는 그때가 바로 구원의 때요, 은혜의 때가 되기도 한 것이다.

하나님께서는 그릇된 신학과 신앙을 동력 삼아 질주하던 사울을 쓰러뜨리신 후 다시 일으키신다. 거룩한 광채로 그를 추락시켰지만, 다시 회복시키기 위해 모든 준비를 갖춰 놓으셨다. 사흘 동안 그의 눈을 멀게 하고 식음을 전폐하게 하셨으나 그의 눈을 새롭게 열어 줄 영적 멘토를 예비해 두셨다. 하나님의 빛에 눈멀게 되면 이전의 우리 삶은 혼동이요 암흑천지로 변하지만, 이것은 새로운 눈뜸으로 인도하는 창조적인 어둠이요, 혼란이다. 나사렛 예수의 복음은 우리를 추락시킨 후 다시 일으켜 구원하는 거룩한 하나님의 돌격이다.

하나님의 말씀에 옛 자아와 습관, 옛 인간관계가 추락하고 부서지는 자는 정녕 복된 사람이다. 십자가에 달린 채 우리를 구원하신 나사렛 예수 안에서 경험하는 모든 파산, 모든 추락, 모든 혼동은 역설적으로 선善이요 구원이다.

2. 그리스도 안에서 새롭게 발견된 자아 ● 10-19절 상반절

[10]그 때에 다메섹에 아나니아라 하는 제자가 있더니 주께서 환상 중에 불러 이르시되 아나니아야, 하시거늘 대답하되 주여, 내가 여기 있나이다 하니. [11]주께서 이르시되 일어나 직가라 하는 거리로 가서 유다의 집에서 다소 사람 사울이라 하는 사람을 찾으라 그가 기도하는 중이니라. [12]그가 아나니아라 하는 사람이 들어와서 자기에게 안수하여 다시 보게 하는 것을 보았느니라 하시거늘 [13]아나니아가 대답하되 주여, 이 사람에 대하여 내가 여러 사람에게 듣사온즉 그가 예루살렘에서 주의 성도에게 적지 않은 해를 끼쳤다 하더니. [14]여기서도 주의 이름을 부르는 모든 사람을 결박할 권한을 대제사장들에게서 받았나이다 하거늘 [15]주께서 이르시되 가라, 이 사람은 내 이름을 이방인과 임금들과 이스라엘 자손들에게 전하기 위하여 택한 나의 그릇이라. [16]그가 내 이름을 위하여 얼마나 고난을 받아야 할 것을 내가 그에게 보이리라 하시니. [17]아나니아가 떠나 그 집에 들어가서 그에게 안수하여 이르되 형제 사울아, 주 곧 네가 오는 길에서 나타나셨던 예수께서 나를 보내어 너로 다시 보게 하시고 성령으로 충만하게 하신다 하니. [18]즉시 사울의 눈에서 비늘 같은 것이 벗어져 다시 보게 된지라 일어나 세례를 받고 [19]음식을 먹으매 강건하여지니라.

주석

이 단락은 사울의 영적 소생 과정을 보도한다. 사울은 자신을 다메섹 도상에서 추락시킨 예수로부터 자신의 인생을 향하신 하나님의 목적에 대해 알게 된다. 10절은 다메섹에 있던 아나니아라는 제자를 소개한다. 주의 제자들을 집중적으로 색출하여 박해하는 사울의 활동에 비추어 볼 때 "제자"라고 불리는 아나니아는 사울의 박해 대상자였다. 아나니아도 아마 예루살렘 교회에 대한 큰 박해 때문에 유대와 사마리아의 모든 촌락으로 흩어진 제자 중의 하나였거나,[8:1] 혹은 다메섹에 거주하는 유대인으로서 어떤 계기에 예수 그리스도를 영접해 제자가 되었을 것이다.[마 4:24 "그의 소문이 온 수리아에 퍼진지라"] 그는 현재 다메섹의 여러 회당에서 활동하는 주 예수의 제자 중 한 사람이었다.[9:2, 10] 아나니아는 자신의 이름을 부르는 주 예수 앞에 "제가 여기 있나이다[이두 에고(Ἰδοὺ ἐγώ), 힌네니(הנני)]"라는 예언자적 계시 수용 화법을 구사한다. "주여, 내가 여기 있나이다"라는 말은 하나님의 최측근 벗들에게 기대되는 언사다. 아브라함, 모세, 사무엘, 다윗과 같은 인물들의 영적인 언어다. 하나님의 명령에 언제든 자신을 내놓으려는 인물만이 이런 말을 할 수 있다. 환상은 하나님의 명령이나 계시를 수납하기 위해 지극히 수용적이거나 수동적이 되는 상황을 의미한다. 성경을 보면, 인간의 오감은 수면 상태에서 하나님 계시를 받기에 적합해진다. 주 예수께서 환상 중에 아나니아를 부르시는 것을 볼 때 그는 놀라운 영적 감응의 사람이었음이 분명해 보인다. 예수 그리스도는 아나니아에게 일어나 다메섹 직가[直街, straight street]라고 불리는 곳에 있는 유다라는 사람의 집에서 다소 출신 사울을 찾으라고 명하신다.[11절] 주님은 사울이 지금 기도 중임을 덧붙이신다. 사울의 영적 필요가 예수께 전달되고 이것이 다시 아나니아에게 타전된 것이다.

한편 사울은 사흘간의 금식기도로 영적 감응력이 높아져 있었다. 사울은 아나니아라는 제자가 자신을 도와줄 것까지 암시받기에 이르렀다. "사울은 이미 아나니아라 하는 사람이 들어와서 자기에게 안수하여 다시 보게 하는 것을 보았다."[12절] 자신이 박해할 대상이었던 사람의 안수를 받게 된 것이다. 이러한 긴급한 훈령을 받은 아나니아가 작은 항변을 늘어놓는다.[13-14절] 아나니아는 여러 사람으

행

로부터 사울의 악명높은 예수 제자의 박해 활동을 듣고 알고 있었다. 사울이 예루살렘에서 주의 성도들을 박해했을 뿐만 아니라,[13절] 다메섹에서도 주의 이름을 부르는 모든 사람을 결박할 권한을 대제사장들에게서 받았다는 것도 알고 있었다.[14절] 이미 사울은 예루살렘을 넘어 다메섹까지 예수 박해자로서의 악명을 드높이고 있었던 것이다. 예수는 아나니아의 문제 제기에 응답하는 대신에 아나니아에게 사울을 향한 당신의 계획을 말한 후 "가서" 사울을 영적으로 돕고 견인하도록 분부하신다. 아나니아가 찾아 안수하게 될 사울은 예수의 이름을 이방인과 임금들과 이스라엘 자손들에게 전하기 위하여 "하나님께서 택한 그릇"이기 때문이다.[15절] 얼마 전까지만 해도 복음의 박해자였던 사울이 예수의 이름을 이방인과 임금들과 이스라엘 자손들에게 전하기 위해 영원 전부터 택정된 복음의 그릇이라는 것이다.[롬 1:1]

사도행전 13장부터 28장까지는 사울이 이방인들, 곧 "수리아 안디옥", "비시디아 안디옥" 등으로부터 시작해 멜리데 섬 추장들까지 포함한 이방인들과 임금들[26장의 헤롯 아그립바 2세, 고후 11장의 아라비아 아레타 왕]과 이스라엘 자손[22장, 26장]에게 예수의 이름, 곧 예수는 그리스도임을 전하는 증언들이다. 16절은 1인칭 대명사 "에고"를 독립적으로 사용하는 예수를 보여준다. 여기서 예수는 사울이 당신의 이름을 위해 엄청난 고난을 겪어야 할 것임을 예고하신다.[고후 4, 6, 11장] 결국 15-16절은 그의 서신서들에서 증언되는 사도 바울의 파란만장한 이방 선교 사역과 그것에 동반될 고난의 역정들을 함축적으로 예고하고 있다.

예수의 지시를 받은 아나니아는 다메섹 직가[直街]에 소재한 유다의 집에 있는 사울을 찾아가서, 사울을 보자마자 "형제 사울아"라고 말한다.[17절] 사울을 향한 예수의 비전을 듣고 이미 마음이 뜨거워진 아나니아는 사울에게 말할 수 없는 친근감을 가지게 된 것이다. 그는 사울에게 안수하며 자신을 그에게 보낸 분이 누군지 다시 확증한다. "나를 네게 보내신 분은 다메섹 도상에서 네게 나타나셨던 주 예수이시다." 17절 하반절은 "……하도록"을 의미하는 목적격 접속사 "호포스"(ὅπως)가 포함된 문장이다. "나를 보내신 목적은 네가 다시 보며 성령으로 충만케 되도록 하기 위함이다." 이 모든 말은 아나니아가 사울의 머리 위에 손을 얹은 채(ἐπιθεὶς, 분사형) 한 것이다. 아나니아의 말이 끝나자마자 즉시(εὐθέως) 사울의 눈에서 비늘 같은 것이 벗겨졌다. 사울은 다시 보게 되었으며 일어나 세례를 받았다.[18절] 음식을 받아먹은 후 사울은 원기를 회복했다.[19절 상반절]

3. 복음 전도자로 소생하는 사울 ● 19절 하반절–31절

19사울이 다메섹에 있는 제자들과 함께 며칠 있을새 20즉시로 각 회당에서 예수가 하
나님의 아들이심을 전파하니. 21듣는 사람이 다 놀라 말하되 이 사람이 예루살렘에
서 이 이름을 부르는 사람을 멸하려던 자가 아니냐 여기 온 것도 그들을 결박하여 대
제사장들에게 끌어가고자 함이 아니냐 하더라. 22사울은 힘을 더 얻어 예수를 그리스
도라 증언하여 다메섹에 사는 유대인들을 당혹하게 하니라. 23여러 날이 지나매 유대
인들이 사울 죽이기를 공모하더니 24그 계교가 사울에게 알려지니라 그들이 그를 죽
이려고 밤낮으로 성문까지 지키거늘 25그의 제자들이 밤에 사울을 광주리에 담아 성
벽에서 달아내리니라. 26사울이 예루살렘에 가서 제자들을 사귀고자 하나 다 두려워
하여 그가 제자 됨을 믿지 아니하니 27바나바가 데리고 사도들에게 가서 그가 길에서
어떻게 주를 보았는지와 주께서 그에게 말씀하신 일과 다메섹에서 그가 어떻게 예수
의 이름으로 담대히 말하였는지를 전하니라. 28사울이 제자들과 함께 있어 예루살렘
에 출입하며 29또 주 예수의 이름으로 담대히 말하고 헬라파 유대인들과 함께 말하며
변론하니 그 사람들이 죽이려고 힘쓰거늘 30형제들이 알고 가이사랴로 데리고 내려
가서 다소로 보내니라. 31그리하여 온 유대와 갈릴리와 사마리아 교회가 평안하여 든

든히 서가고 주를 경외함과 성령의 위로로 진행하여 수가 더 많아지니라.

주석

이 단락은 사울의 초기 다메섹 전도 활동[참조. 고후 11:32-33]과 유대인들의 적대적인 반응을 보도한다. 사울은 다메섹에 있던 제자들과 며칠 동안 함께 있다가[19절] "즉시"(εὐθέως) 각 회당에서 예수가 하나님의 아들이심을 전파했다.[20절] 개역개정 20절의 마지막 단어인 "전파하니"는 "전파하다"를 의미하는 "케뤼쏘"(κηρυσσω)의 3인칭 단수미완료형 "에케뤼센"(ἐκήρυσσεν)이다. 이것은 전파 행위의 지속성을 강조하는 표현이다. 어떻게 이런 엄청난 사고 전환이 가능했을까? 사울은 "즉시" 자신의 바리새인적인 신학의 틀을 어떻게 극복할 수 있었을까? 사울이 알기에 나사렛 예수는 구약성경[신 21:22-23]이 말하는 가장 비참한 죽음, 곧 하나님께 저주받은 자의 죽음(하나님께 저주받은 죽음)을 당한 자다.[갈 3:13; 벧전 2:22-24] 그래서 그는 예수를 믿는 제자들을 박멸하려고 다메섹이라는 외국으로 질주하였다. 그런데 그 질주의 도상에서 하나님 영광의 보좌 우편에 앉아 계신 부활한 예수와 충돌하는 사건이 일어났다. 아마도 이것이 그의 급진적 사고 전환을 가능케 했을 것이라고 추측해 볼 수 있다. 이때 박해자 사울은 충격에 빠졌다. 하늘빛의 공격으로 시력을 잃고 암흑천지 가운데 사흘간 식음을 전폐하며 다음과 같이 생각하고, 또 생각했을 것이다.

> 아니, 하나님께 저주를 받아 지금 뜨거운 지옥 불구덩이에서 고통스럽게 신음하고 있어야 할 나사렛 예수가 하나님 영광의 보좌 우편에 앉아 있다니. 빌라도에 의해 십자가 위에서 처형당한 그 나사렛의 방랑 전도자 예수에게 무슨 일이 일어났던 것일까? 분명히 그는 저주받은 자처럼 죽었는데 어떻게 하나님의 우편 보좌에 앉아 있을 수 있을까? 그가

저주받은 자처럼 단말마의 외침, "나의 하나님, 나의 하나님, 어찌하여 나를 버리셨나이까?"막 15:34라고 외치며 죽었다는 사실은 공공연한 사실이 아닌가?[7]

바울은 이런 딜레마에 빠져 있다가 하나의 깨달음에 도달했을 것이다.

그렇다. 예수는 저주받아 죽었다. 그러나 자신의 죄 때문이 아니라, 우리 죄를 위해 저주를 받은 자의 자리에 서 주셨다.갈 3:13; 비교. 고전 15:3 그는 자신의 죄 때문에 죽지 않고 누군가의 죄 때문에 죽었다. 자신이 죄인이라고 생각하는 모든 사람을 위해 죽은 것이다. 그는 우리를 위해 저주를 받았구나. 한 사람이 모든 사람을 위해 대신 죽었으니 결국 모든 사람이 죽은 거나 마찬가지다.고후 5:14-15 따라서 이제 나는 죽은 몸이다. 내가 산다면 그것은 예수가 덤으로 준 삶이며 그 삶의 주인은 예수가 되어야 한다.갈 2:20

이런 일련의 자기비판적 성찰과 숙고를 통해 사울은, 하나님께 저주를 받아 십자가에 처형당해 죽었다고 생각했던 그 나사렛 예수가 하나님의 아들, 곧 하나님의 우편 보좌에 앉아 계신 주와 그리스도가 됨을 확신했던 것이다. 21절은 예수가 하나님의 아들이심을 담대하게 증거하는 사울의 선포를 들은 유대인들의 경악을 보도한다. 그들은 사울이 누구인지 왜 다메섹에 왔는지를 소상하게 알고 있는 청중들이다. 그들의 경악은 어떻게 갑자기 예수 이름을 부르는 자들을 멸하던 자가 예수 이름을 옹호하고 선포하는 자가 되었느냐는 것이었다. 하지만 사울은 청중의 경악스러운 반응에도 불구하고 힘을 더 내어 "예수는 여러분이 기다려 왔던 그 메시아(그리스도)"라고 증언하여 다메섹의 유대인들을 격동시켰다.[22절] "힘을 더 내어"와 "격동시켰다"는 동사는 둘 다 미완료 과거형이다. 지속성을 띤 행동이라는 것이다.

여러 날이 지나자 유대인들이 사울을 죽이려고 공모했는데[23절] 그 계교가 사울에게 알려졌다.[24절] 적대적인 유대인들이 그를 죽이려고 많은 날 동안 밤낮으로 다메섹 도심으로 출입하는 "성문들"(τὰς πύλας)을 계속 지키고 있었다.(미완료) 그래서 주의 제자들이[8] 그를 광주리에 담아 밤중에 성벽 아래로 달아 내렸다.[25절] 다메섹을 탈출한 사울은 예루살렘에 가서 제자들을 사귀고자 했으나, 예루살렘의 제자들은 사울이 예수의 제자가 되었다는 사실을 믿지 못해 그를 여전히 두려워하고 있었다.[26절] 하지만 이때 바나바가 사울을 사도들에게 데리고 가서 소개하며 어떻게 사울이 다메섹 도상에서 주를 보았는지를, 또 주께서 그에게 말씀하신 사실을, 그리고 어떻게 다메섹에서 그가 예수의 이름으로 담대히 선포했는지를 자세하게 말했다.[27절] 28절의 본동사는 제자들과 함께(μετ' αὐτῶν) "있었다"(ἦν 동사의 3인칭 남성단수 미완료)이며, 나머지는 모두 3인칭 남성단수 분사형이다. 사울은 한동안 제자들과 함께 지냈다. 28절은 예루살렘을 들어오며 나가는 사울의 행동은 주 예수의 이름으로 담대하게 선포하는 행동의 일부임을 짐작케 한다. 바울은 "예루살렘에 '들어오고'(εἰσπορευόμενος, 남성단수 분사형), '나가며'(ἐκπορευόμενος, 남성단수 분사형), 주 예수의 이름으로 담대하게 '선포하면서'(παρρησιαζόμενος, 남성단수 분사형),[9] 사도들과 함께 지냈다."

29절은 그 결과를 말한다. 사울이 헬라파 유대인들에게 예수가 하나님의 아들임을 지속적으로 말하며 계속 논쟁했다.[29절][10] 이에 헬라파 유대인들이 그를 계속 죽이려고 시도하였다. 이런 사태 전개를 지켜본 예루살렘의 형제들은 사울을 가이사랴로 데리고 가서 길리기아 다소Tarsus로 보냈다.[30절] 다소는 소아시아에 속했으나, 지리적으로나 문화적으로는 수리아 안디옥에 가까운 곳이다. 페르시아 제국 총독관할 지방 분할에서 길리기아와 수리아(시리아)가 병렬적으로 나오는 경우가 많았다. 사도행전이 쓰인 당시의 다소는 표준적인 로마식 도시화가 이뤄진 곳이었다. 로마의 석조 포도鋪道가 도심지를 가르는 도시였다. 또한 다소는 유명한 스토아 철학자들의 고향이기도 했다.[11] 아테노도루스Athenodorus는 아우구스투스 황제Gaius Julius Caesar Octavianus의 스승이었고, 다소 출신 스토아 철학자 네스토르Nestor는 티베리우스 황제의 스승이었다.

사울은 예루살렘 열두 제자 공동체와 유대인들 사이를 긴장 국면으로 몰아가는 급진 과격 인물로 간주되어 고향으로 내려가도록 종용받았던 것으로 보인다. 사울은 다소에서 무엇을 하고 지냈을까? 그곳의 스토아 철학자들과 토론하거나 다소의 회당들을 돌며 이방인들에게 주 예수의 복음을 증거했을 가능성이 있다. 아니면, 두 가지 활동을 다 했을 수도 있다. 사도행전 15:23에서 사도들이 이방 교회들에게 보내는 편지에서 안디옥과 수리아와 길리기아에 있는 이방인 형제들을 언급하고 있다. 길리기아의 이방인 형제들은 아마도 바울의 선교 열매였을 가능성이 없지 않다. 바울은 또한 로마서 16장에서 자신의 친척 중 자신보다 먼저 그리스도인이 되었고 사도들에게 존중받는 안드로니고와 유니아를 언급하고 있다.[7절] 사울은 이들과 동역하며 다소에서 이방 선교를 했을 것이다. 이런 점에서 볼 때 다소 선교가 사도 바울의 1차 아시아 선교보다 더 앞선 이방인 선교 사역이었다고 볼 수 있다. 아마도 다소 사역을 통해 사울은 이방 선교를 자신의 우선 사역으로 수용하는 심리적 준비를 거치게 되었을 것이다. 어찌 보면 그런 점에서 사울이 예루살렘 열두 제자 공동체의 일부로 남는 데 실패하고 고향 다소로 낙향한 사건이야말로 사울의 일생에 위대한 전기가 되었다고 말할 수 있다. 그가 이방 선교를 통해 드디어 대大사도 바울로 성장해 갈 수 있었기 때문이다. 그는 예루살렘 중심의 기독교가 아니라 이방인 중심의 기독교, 특정 지역에 멈춰 선 기독교 복음이 아니라, 인간의 영적 필요가 있는 곳을 향해 스스로 찾아가는 역동적이고 선교 지향적인 기독교 복음을 발견할 수 있었다. 이방 선교에 눈을 뜸으로써 유대인 사울이 이방인의 사도 바울로 성장해 간 것이다.

사울이 낙향한 후 이제 온 유대와 갈릴리와 사마리아 교회는 평화를 지속적으로 누리고 있었다.(미완료) 이 말은 박해가 없었다는 말이다. 31절은 두 개의 분사와 두 개의 정동사로 구성되어 있다. 두 개의 분사가 두 개의 정동사를 부연하는 구문이다. 온 유대와 갈릴리와 사마리아에 걸쳐서 교회[헤 에클레시아(ἡ ἐκκλησία)]가 평화를 누리고 있었다(εἶχεν εἰρήνην, 정동사 미완료). 유대, 갈릴리, 그리고 사마리아에 형성된 교회가 각각 든든히 서가고(οἰκοδομουμένη, 분사형) 주를 경외함과 성령의 위로로 나아가며(πορευομένη, 분사형) 계속 증가했다(ἐπληθύνετο, 정동사 미완료). 이 절에서 우리는 교회의 질적 성장이 양적 성장을 견인하고 있음을 본다. 든든히 서가는 것은 집이 건축되는 과정이 지속된다는 것이다. 공동체 구성원들 사이에 촘촘한 연대와 연합이 생겼다는 것이다.엡 2:20-22 주를 경외함과 성령의 위로로 나아간다는 것은 주를 경외하는 것과 성령의 위로를 경험함에 있어서 진전을 보였다는 말이다. 교회의 질적 성장은 제자들 사이의 인격적 영적 연대와 결속이 견고해지고, 주를 경외함이 심화되고, 성령의 지탱 사역과 지지 사역이 왕성해지는 것을 의미한다. 이런 질적 성장으로 인해 제자들의 수가 계속 증가했다는 것이다.

여기서 깨닫는 또 하나의 중요한 진리는, 온 유대, 갈릴리, 사마리아에 있는 제자들의 모임을 "교회들"이라고 말하지 않는다는 것이다. 그 모든 지역에 걸쳐 흩어져 있는 제자들이 단 하나의 교회, "헤 에클레시아"를 이루고 있다는 것이다. 오늘날의 개교회주의 시대에는 상상할 수 없는 교회의 통일성과 단일성을 여기서 본다. 9:31은 사도행전 1:8의 지상명령이 일부 성취되었음을 말한다.

보설 2 | 다메섹 도상의 사울과 이방 선교, 그리고 하나님 나라[1]

바울은 신약성경을 통틀어서 예수 다음으로 중요한 인물이다. 그는 기독교회의 탄생과 세계적 확장에 결정적인 역할을 감당했다. 신약성경의 반 정도가 그의 저작이다. 그는 유대인의 경계 속에 갇혀 있던 구약성경의 복음을 전 세계 만민을 위한 복음으로 발전시킨 인물이다. 그는 전 세계를 하나님 나라의 종말론적 완성의 구도 아래서 이해했다. 세속적인 로마제국이 세계를 정복하고 지배하듯, 궁극적으로 주 예수 그리스도께서 온 세계를 당신의 주권적 통치 아래 복속시키실 것이며, 그리하여 이방인과 유대인, 남자와 여자, 야만인과 문명인, 종(노예)과 주인의 경계가 사라지는 날이 올 것을 믿었다.[갈 3:28] 그는 세계 역사의 완성을 향해 치닫는 성령의 역사에 자신의 몸을 맡기고 세계를 향한 성령의 유영[遊泳]을 경험한 사람이었다. 그는 성령의 물결에 자신을 내맡긴 채 도시 문명과 제국의 구조와 체제 속에서 잊힌 개인들을 불러내어 하나님의 집으로 초청했다. 그는 시장에서 장사하는 사람들, 체제와 개인의 양심 사이에서 갈등하는 공무원들, 주부들, 끝없는 흥미와 소일거리를 찾던 entertainment-seeking 쾌락 추구적 도시인들을 대면했다. 뇌물을 바라는 총독과 권력의 자리에서 오만한 기득권을 휘두르는 냉혈한 같은 지도자들도 대면했다. 땀 흘리는 노동 현장에서 생업의 수고로움을 아는 자들 한가운데 서 있기도 했다. 그는 여행자였고 설득력 있는 논증으로 사람들의 마음을 얻으려는 담화자요, 논쟁자였다.

우리가 바울의 친서들을 진지하게 살펴본다면, 그의 가르침과 복음적인 열정이 놀라울 만큼 예수와 연속성을 갖고 있음을 발견하게 될 것이다. 바울 서신이라고 불리는 열세 서신롬, 고전·후, 갈, 엡, 빌, 골, 살전·후, 딤전·후, 딛, 몬 가운데 적어도 일곱 개는 바울 친저성親著性이 인정된다. 바울의 친서를 연대순으로 배열하면 데살로니가전후서, 갈라디아서, 고린도전후서, 로마서, 빌레몬서, 빌립보서 순서다. 이 대부분의 서신은 50년대에 쓰였을 가능성이 가장 크다.

지금까지의 주석에서 살펴보았듯이, 바울의 생애에 가장 결정적인 사건은 다메섹 도상에서 경험한 부활하신 그리스도와의 충돌이었다.행 9:1-19, 22:3-21, 26:4-18 그 충돌 사건이 바울을 변화시켰다. 다메섹 도상의 충돌 이전의 바울은 나사렛 예수의 열혈 박해자였다. 그러나 다메섹 이후로 그는 예수 운동의 중심적 옹호자로 바뀌었다. 삶 전체를 뒤바꾼 이 사건이 34년경에 있었다. 사도행전 9장에 따르면, 그는 고위 당국자들에게서 전권을 위임받아 예수의 추종자들("도의 백성들")the people of the Way이라고 불리는 신생 종파의 소속자들을 체포하려고 다메섹으로 가는 중이었다.

다메섹에 거의 도착했을 즈음에 그는 찬란한 빛과 충돌하여 말에서 떨어졌고 동시에 한 음성을 들었다. 그는 환상을 경험했다. 초월적인 현실, 보다 더 지배적인 현실, 현상 너머에 있되 현상 질서를 지배하는 영적인 실재와 충돌했다. 현실의 이면을 보았다. 맹목의 질주가 이뤄지는 그의 삶 이면에서 보다 더 중요한 규정력을 행사하는 참된 현실과 실재real reality와 맞부딪친 것이다. 함께 있던 다른 사람들은 그 경험을 하지 못했다. 이런 면에서 바울 자신의 추락과 영적인 실재와의 충돌 경험은 지극히 주관적인 경험임을 알 수 있다. 과학적으로 입증하거나 포착할 수 있는 성질의 사건이 아니었다. 다른 사람들은 소리는 들었지만, 빛(부활하신 그리스도)을 보지 못했거나,9장 혹은 빛은 보았지만, 소리를 듣지 못했다.22장 그 다메섹에서의 광채와 하늘 소리와의 충돌 사건은 그의 시력을 앗아 갔다. 그는 오로지 다메섹에 들어가서 그에게 행할 일을 가르칠 사람을 만나라는 음성만을 들었다. 동시에 그리스도께서는 직가에 사는 아나니아라는 제자에게 나타나 곧 다메섹으로 들어올 사울을 찾도록 지시한다. 그리고 그가 곧 이방인들과 왕들과 이스라엘 백성들에게 복음을 전파하는 데 사용될 도구로 선택되었음을 일러 주었다. 아나니아는 사흘 동안 소경 상태로 있던 사울을 찾아가 그에게 안수했다. 안수와 교육을 통해 사울은 성령 충만을 경험했다. 하나님은 사람의 안수를 통해 성령을 충만케 하신다. 하나님 자신이 친히 성령 충만케 하시지만, 하나님께서는 당신의 놀라운 구원의 역사에 우리 인간의 자리를 친히 만드신다. 오순절 성령 강림이 120 문도의 영적 시력을 회복시켰듯이, 바울은 아나니아의 안수를 통해 새로운 시력을 얻고 성령 충만을 경험한다. 아나니아의 안수기도를 통해 사울의 눈에서 비늘 같은 것이 벗겨졌고 사울은 시력이 회복되었다. 사울은 육신의 시력을 회복했을 뿐 아니라, 완전히 새로운 영적인 시야를 회복했던 것이다. 그는 세례를 받고 사도의 삶을 시작했다.

다메섹 이전의 삶

엄격한 바리새파 유대 청년 사울은 튀르키예 반도 남부의 학술과 상업 도시이자 길리기아 지방의 주도[州都]인 다소[Tarsus]에서 태어난 로마 시민권자이며, 일찍이 예루살렘의 바리새파 랍비 가말리엘(탈무드의 랍비 힐렐의 손자)[행 5:34]의 문하에서 수학했다.[행 22:3; 26:4-5] 바울은 언어적, 교육적, 문화적으로 이중 언어 사용자[bilingual speaker]였다. 그는 그레코-로만 문명의 도시를 잘 이해했고 로마제국의 철학인 스토아 철학의 사해동포주의 이념에 친숙했다.[2] 그리스 밀레토스

(Μίλητος) 학파[3]의 본거지였던 다소는, 옥타비아누스 시대 때부터 융성하기 시작하여[주전 31년-주후 14년] 바울 당시에는 소아시아 전체 헬레니즘 문화의 중심지로 떠올랐다. 당시 다소는 아테네와 알렉산드리아에 필적할 만한 학문과 철학의 도시였으며 동시에 번영과 사치의 도시이기도 하였다. 다양한 서신에 드러난 바울의 신학 사상은 구름 속에 뒤덮인 고봉준령처럼 넓고 길게 뻗쳐져 있어서 사람들은 (심지어 사도 베드로조차도) 그의 글이 어렵다고 느끼기도 했다.[벧후 3:15-16]

바울은 헬라 철학과 교양에 능통했을 뿐 아니라 유대인의 전통적인 랍비 교육을 통해 성경과 기타 장로들이 남긴 율법 해석 전통에도 해박했다. 그는 자유자재로 구약성경을 인용하고 인증할 줄 알았다. 그는 다메섹 이전의 삶을 자부심과 긍지로 가득 찬 삶이었다고 술회했다. 태어난 지 팔 일 만에 할례를 받았고, 이스라엘 백성의 일원이었으며, 그중에서도 베냐민 지파였다. 또한 그는 히브리인 중에 히브리인이었다. 율법 준수와 관련해서는 자신을 가리켜 바리새인이라고 불렀다.[빌 3:4-6] 토라에 대한 엄격한 준수, 제사장들에게 요구되는 성결과 거룩을 일상생활 전체로 확장하려고 한 강경한 도덕주의자였다. 그는 율법의 의로는 흠이 없는 자라고 감히 주장할 정도였다. 그 당시 경건한 바리새인 랍비들처럼, 그도 자신의 생업을 가지고 있었다. 로마 주둔군에게 군막을 납품하는 텐트 제조업을 운영했다고 알려진 아버지로부터 배운 바울은 장막 제작 기술로 생계를 유지하던 바리새인이었다.[행 18:3; 빌 3:1-6] 장막 제조업은 모루, 칼, 바늘 등 몇 가지 가벼운 도구를 가지고 다니는 이동이 자유로운 직업이었다. 그는 어디서나 자신의 생계를 유지할 수 있는 진정한 자비량 선교사였다.

그는 당대의 그레코-로만 철학 사상과 종교(에피쿠로스 철학, 스토아 철학, 스토아 철학자 아라투스의 시 인용)를 친숙하게 알던 자였고, 히브리 사상과 헬라 사상 두 세계 모두에 정통한[4] 통섭의 사람이었다. 바울이 얼마나 독특한 통섭의 사람인가를 보려면 바울 이전과 이후의 대표적인 유대인 저술가들과 비교해 보면 알 수 있다. 바울보다 한 세대 이상 앞선 세대인 알렉산드리아의 필로Philo of Alexandria, 주전 20년-주후 50년는 유대교를 헬라 철학의 언어로 번역함으로써 양자의 조화로운 통섭을 시도했다. 필로는 일생 동안 토라와 그리스 철학의 조화로운 이해를 추구하며 그리스인들 사이에 소수 민족으로 살아가던 유대인들의 종교적 고매성(윤리적 유일신 사상)을 드러내기 위해 그리스의 고등 철학에 호소했다.[5] 필로는 바울보다 한 세대 앞서 유대교 사상의 보편화를 고민했다.[6] 바울보다 약간 늦은 시기의 인물인 플라비우스 요세푸스Flavius Josephus, 37-100년는 『유대인 고대사』94-95년경에서 유대교 관습, 율법, 역사, 언어의 고대성을 옹호하며 로마제국 내의 소수 민족으로 살아가는 유대인들의 문화적 자존감을 제고提高하려고 했고, 『아피온 반박』97년을 통해 다신교 우상숭배의 어리석음을 논하고 유대교 율법과 종교의 윤리적 고결성을 옹호했다. 그러나 이들 중 누구도 바울처럼 히브리 사상의 진수인 메시아 복음을 보편화시켜 전 세계인에게 전파하지 못했다.

하지만 아돌프 다이스만Adolf Deissmann이 지적했듯이, 사도 바울은 당대의 역사가들이나 문필가들에게 존재감이 거의 없는 미미한 인물이었다.[7] 바울 사역은 당대의 유대교 문서나 랍비 문서, 심지어 요세푸스의 글에도 단 한 번도 중요하게 언급되는 경우가 없다. 당연히 로마제국의 엘리트 지성인들이나 철학자들에 의해 의미 있게 다뤄진 적이 없다. 그러나 이후의 유럽 문명은 당대에는 아무도 몰랐던, 히브리 예언자이자 사도였던 바울에 의해 설계되고 있었다. 사도행전의 바울은, 바울 서신의 바울에 비해 훨씬 더 입체적이고 전기적 자의식으로 활동하는 바울이다. 기승전결의 구조를 따라 움직이는 바울이다. 누가복음의 속편인 사도행전은 누가복음이 펼쳐 놓은 '가이사의 세계통치라는 보편사'라는 보다 더 큰 맥락에서 그 의미가 해명된다. 사도행전의 바울의 행동을 이해하려면, 구약성경가 그리는 이상적인 이스라엘 창조와 세계 완성을 위한 이스라엘의 사명 행정行程을 먼저 제대로 파악해야 한다.

다메섹 이후의 삶

다메섹 도상 사건 이전의 바울의 삶은 이방인 문화를 잘 이해하도록 그를 준비시킨 기간이었다면, 다메섹 도상에서 영광의 주와 조우한 사건은 바울을 진정 사해동포주의적 기상으로 무장시킨 사건이다. 그는 진정 아브라함의 후손이었으면서도 로마제국의 시민이었다. 로마 황제나 품을 수 있는 세계 평화를 전혀 다른 맥락에서 구현하려고 분투한 세계 시민이었다. 그는 로마 황제 가이사를 만나 그리스도의 평화를 증언하려고 했던 하나님 나라의 대사였다. 그런 위대한 확신의 원동력은 무엇이었을까? 바울의 신비 경험 중 압권은 부활하신 그리스도와의 조우 사건이다. 고린도전서 15장에 부활하신 그리스도를 목격한 사람들이 나열되는데 그 마지막에 바울 자신이 포함되어 있다.5-8절 그는 갈라디아서에서 자기 안에 일어난 그리스도의 부활 사건을 다음과 같이 진술한다. "내가 그리스도와 함께 십자가에 못 박혔나니 이제는 내가 사는 것이 아니요 오직 내 안에 그리스도께서 사시는 것이라."갈 2:20 고린도후서와 빌립보서도 비슷한 영적 변화를 이야기한다.

> 우리가 다 수건을 벗은 얼굴로 거울을 보는 것같이 주의 영광을 보매 그와 같은 형상으로 변화하여 영광에서 영광에 이르니 곧 주의 영으로 말미암음이니라.고후 3:18

> 그는 만물을 자기에게 복종하게 하실 수 있는 자의 역사로 우리의 낮은 몸을 자기 영광의 몸의 형체와 같이 변하게 하시리라.빌 3:21

이처럼 다메섹 이후부터 자신 안에 거하시는 그리스도가 사도 바울의 이후의 삶을 해명하는 열쇠였다. 다메섹 환상 이후부터 바울은 스스로를 하나님 우편 보좌에 앉아 주와 그리스도 역할을 수행하는 그리스도를 친밀하게 알고 교제해 오고 있다고 주장한다.롬 6:3-5; 갈 2:20; 빌 3:8 그가 빌립보서 3:8에서 말하는 모든 지식보다 더 으뜸되는 지식인 그리스도를 아는 지식은, 하나님 보좌 우편에 앉아 있는 그리스도를 아는 지식을 의미한다. 그것은 그리스도와 바울이 나누는 역동적인 인격 교류, 교감, 그리고 영적 감응을 가리키는 말이다. 그에게 신학과 신앙은 살아계신 그리스도와 매 순간 누리는 인격적 교감과 교통을 의미했다. 그런 점에서 바울은 유대 신비주의 계열을 충실히 이어받으면서도(보좌 신비주의)[8] 그것을 한 단계 발전시킨 신비주의자였다.[9] 하나님 우편 보좌 사상을 전개했을 뿐만 아니라, 하나님의 아들이 그 보좌에 앉아 하나님 아버지와 양두兩頭통치 체제를 구축했다고 주장했기 때문이다. 더 놀라운 것은 보좌를 한 번 보았다고 말하는 단발성 증언을 하는 데 그치는 것이 아니라, 다메섹 도상 환상 이후부터 하나님 우편 보좌에 앉아 세계를 통치하는 그리스도와 지속적으로 교제한다고 주장한다. 바울은 그리스도를 "보았다", "만났다" 그리고 "함께 한다"고 고백한다. 다메섹 도상의 경험은 바울이 이런 유대 신비주의자들의 범주 안에 가두는 것을 어렵게 한다. 심지어 바울은 영혼의 육체 이탈을 경험하며 낙원 혹은 셋째 하늘로 여행을 다녀왔다고까지 주장한다.참조. 고후 12:1

예수의 사도이자 선교사

바울의 선교는 25년 이상 지속되었고, 그 사역은 대부분 소아시아와 그리스에서 이뤄졌다. 그는 거의 1만 6천 킬로미터(바닷길만 5천 6백 킬로미터) 정도의 여행을 다녔다. 그는 걸어서 가기도 하고 배를 이용하기도 했다. 순회 전도자로서 생활비를 스스로 벌기 위해 노동을 했으며,[고전 9:6, 12; 고후 11:27] 이따금씩 그가 창립한 교회 공동체(특히 아가야 지방의 교회, 빌립보 교회)로부터 사역을 위한 재정적 지원을 받기도 했던 것으로 보인다. 다메섹 도상에서 부활하신 그리스도를 만난 직후에는 약 3년을 아라비아에서 보냈다.[갈 1:16-17] 여기서 말하는 아라비아는 요르단 지역을 의미한다. 아라비아는 주전 7세기부터 이 지역을 다스리던 나바티안[Nabatean] 왕국을 가리키는데, 구약에서 말하는 게달과 셀라, 느바욧 거민들의 땅이었다.[사 42:11] 여기서 3년간[34-36] 복음을 전파했다. 왜 바울은 사도로 부름받은 직후에 아라비아로 직행했을까?

마틴 헹엘과 김세윤 등은 바울이 야웨께서 이스라엘을 이방의 빛으로 삼아 아라비아 지방인 게달과 셀라 거민들에게 파송하실 것이라고 예언하는 이사야 42:6-13과 49:1, 6[고후 4:4-6]에 의거하여 자신을 야웨의 종으로 자임하여 게달과 셀라 지역, 곧 아라비아로 내려가 복음을 증거했다고 주장한다.[10] 바울은 40년대를 소아시아와 갈라디아 지방을 답파하면서 선교 여행을 다녔다. 50년경에는 소아시아를 떠나 유럽으로 선교 여행을 떠난다. 그리스의 북쪽에서부터 교회 공동체를 건설하기 시작하여 남쪽에서는 고린도를 거점으로 선교 지역을 확장했다. 50년대 내내 바울은 소아시아와 그리스를 반복적으로 순회하면서 믿음의 공동체를 견고하게 다졌다. 소아시아에서는 에베소를 거점 도시로 하여 왕성한 선교 역사를 감당했다. 따라서 바울 서신 대부분이 50년대에 쓰였을 가능성이 크다.

바울은 고린도후서 11장에서 자신을 대적하는 유대인 출신 그리스도인들의 비판을 의식하면서 길고 세세하게 사도적 선교사의 삶을 감동적으로 기록하고 있다.고후 11:23-28 고린도후서는 그의 4년간의 감옥생활이 시작되기 전에 쓰였을 것이다. 50년대 말, 그는 아가야 지방과 마케도니아 교회들로부터 예루살렘의 가난한 성도들을 위한 부조금을 거두어 다시 예루살렘으로 돌아온다. 그런데 예루살렘 체류 중 이방인을 성전에 데려왔다는 이유로 소아시아에서 온 유대인들에 의해 체포된다. 바울은 로마제국 지방 총독들의 무성의하고 불의한 재판과 유대인들의 사법적 공격을 감수하며 로마총독 관저가 있던 가이사랴에서 약 2년간 미결수 신분으로 억류된 나날을 보냈다. 60년경에는 로마 황제에게 직소하기 위해 로마로 건너가 비교적 자유로운 미결수 신분으로 약 2년간의 억류 생활을 경험한다. 그러다가 마침내 네로 황제 치하인 주후 64년경 참수당했다고 전해진다. 즉 60년대 초반에 로마에 들어가 2년간의 셋방 억류 생활을 시작하며 '하나님 나라 복음'을 기탄없이 증거하는 바울의 사역이 사도행전의 마지막 장면이다.

바울이 개척하고 창설한 신앙공동체들

바울은 거리 모퉁이에서 불특정 다수의 사람을 대상으로 일방적으로 복음을 전하고 가 버리는 거리의 복음 전도자가 아니었다. 그는 시종일관 하나의 거점을 중심으로, 곧 거점 도시[11]나 중심 인물 혹은 유대인 회당을 중심으로 사역했다. 새로운 도시에 입성하면 그는 먼저 유대인 회당을 찾았는데 이로 인해 유대인들의 격분을 샀다. 그는 유대인들을 상대로 나사렛 예수가 구약성서에서 오랫동안 학수고대 되어온 메시아(그리스도)임을 논증했고, 회당 모임에 참석한 이방인 출신 유대교 개종자들 혹은 개종 대기자들, 곧 할례받기 직전의 이방인들("하나님을 경외하는 자들")God-fearers에게 복음을 전했다. 바울은 예수 그리스도의 십자가상의 죽음은 단지 억울하게 당한 희생이 아니라, 하나님 사랑, 이웃 사랑 계명의 완성임을 논증했다. 더 나아가 그는 누구든지 예수 그리스도를 믿기만 하면 성령을 선물로 받아 율법의 요구를 성취할 능력을 덧입게 된다는 복음롬 8:3-4을 증거했다. 이런 복음을 바탕으로 바울은 이방 선교 현장에서 유대교로 개종하기 직전 단계에 있던 "하나님 경외자들"행 10:2, 13:16, 26, 16:14, 17:4, 17, 18:7에게 집중적으로 복음을 증거했다. 그들은 유대교에 설득되었지만, 할례를 받을 정도로 완전히 개종하지는 않은 사람들이었다. 바울은 일대일 혹은 소모임 대화 형식을 통해 바로 이런 사람들을 예수 그리스도를 믿는 개종자로 만들었다. 그러나 바울이 얻은 이방인 개종자들이 이루는 공동체는 그 규모가 매우 작았다. 60년경에 로마제국 영토 내에는 오직 약 2천 명 정도의 신자만이 있었던 것으로 추정된다. 유대 본토에 약 1천 명 정도, 로마제국의 다른 영토에 약 1천 명 정도이다. 사도행전 첫 장면에 등장하는 3천 명 혹은 5천 명의 회심자들은 유대교의 박해 등 여러 이유로 대부분 다시 유대교로 되돌아갔거나 신앙을 잃었을 가능성이 크다. 히브리서의 정황, 복음서의 박해 예고 본문들; 참조. 롬 10:10-12; 12:2 바울 당시 유대인들은 부분적으로 성전에, 그리고 더 많은 경우 가정을 중심으로 모였다. 마찬가지로 대부분의 이방인 교회는 중심 인물들의 가정에 모인 가정교회였을 것이다.롬 16:23; 고전 16:19

바울이 취한 이방 선교의 전략 중 하나는 하나의 거점을 확보하고 나서 다른 지역으로 사역을 확장하는 방식이었다. 그는 대체로 공동체적 협동 사역team ministry의 방식을 택했다. 그리고 바울은 흩어져 있던 믿음의 공동체들과 교통하기 위해 서신을 썼다. 그 서신들은 바울이 친히 방문할 수 없는 지역의 가정교회 회중들에게 회람되거나 공적으로 낭독되었다. 이런 과정을 거쳐 바울 서신들은 이방 교회들 사이에서 권위 있는 문서로 인정받기 시작했다.벧후 3:15-16 사도 베드로는 "바울 형제의 글 중에는 더러 어려운 것이 있으므로 사사로이 해석하지 말라"고 경계하는 방식으로 바울 서신의 다소 간접적으로 증언했다. 이처럼 바울 서신들은 점차 공교회에 영향을 끼치기 시작했다.

하지만 바울의 서신들은 무시간적으로 권위있는 교리를 체계적으로 다루는 데 치중하지 않았다. 바울 서신들은 시대적 특이성을 무시하고 보편적으로 적용할 수 있는 교리적 문서라기보다는, 자신이 개척한 교회 공동체에 생긴 문제들을 해결하기 위해 쓴 서신들이었다. 즉 '특별한 맥락 속에 이뤄진 대화들'이었다. 중요한 사실은 바울과 지역 교회 회중 사이에 오고간 대화들 전체가 바울 서신들에 기록되어 있지는 않다는 것이다. 바울과 자신이 개척한 지역 교회 회중들 사이에 실제 오고 간 대화의 일부만 바울 서신들에 남아 있다. 아니나 다를까, 바울은 신약성경에 보존되지 않은 서신들을 그의 친저親著 편지들에서 종종 언급한다. 각 지역 교회가 제기한 쟁점들에 대한 지침을 주고자 그는 우리가 예상한 것보다 더 많은 회중 회람용 편지들을 썼던 것으로 보인다.(고린도전서 전에 이미 보낸 서신을 언급하기도 한다.) 이처럼 바울이 쓴 편지들은 체계적인 교리서라기보다는 각 지역 교회의 회중들에게 생긴 문제들에 대한 바울의 답변이었다. 따라서 우리는 로마서를 제외한 바울 서신들에 대해서는 그것이 바울의 신학 사상이나 메시지의 체계적 요약이라고 간주해서는 안 된다. 예를 들어, 여자의 머리에 너울을 쓰는 문제라든지,고전 11:2-16 우상에게 바쳐진 제물을 먹는 문제롬 14장; 고전 8장, 10장와 같은 바울 서신의 의제들은 그 자신에 의해서가 아니라, 교회 공동체들에 의해 제기된 것이었다.

다메섹 이후의 삶에서 두드러진 바울의 핵심 메시지[12]

1) 예수는 주이시다: "부활하신 예수는 그리스도시다. 왕이시다."

예수의 부활 사건은 예수의 왕 되심을 결정적으로 증명하는 사건이다. 이 두 명제("예수는 부활하여 하나님 우편보좌로 승천해 주와 그리스도가 되셨다")는 바울이 일생 동안 붙잡은 신학적 화두였다. 그는 바리새인으로서 부활과 영생을 믿었다. 그는 특히 마지막 날에 만민이 부활할 것을 믿었다. 바울에게 그리스도의 부활은 마지막 날에 있을 부활의 시작이었다. 예수의 부활은 그의 부왕副王 통치권을 부여한 사건이었다. 더 구체적으로 말하면 예수의 부활은 부활할 백성을 끌어모으시는 왕적인 통치의 시작이었다. 이런 점에서 부활한 예수는 생명과 죽음을 가르는 만왕의 왕이자 만주의 주이시다. 바울의 신학은 "주 예수의 부왕 통치를 통한 하나님 아버지 통치"를 선포하는 신학이다. 더 간단하게 말해서 바울 신학은 "부활한 예수가 주와 그리스도가 되셨다"는 케뤼그마에 의해 지탱된다. 그래서 바울 서신에서 예수를 주라고 지칭하는 횟수가 예수를 하나님의 아들이라고 부르는 횟수보다 훨씬 많다. 여기서 "예수는 주이시다"라는 고백에는 정치, 신학적 의미가 포함되어 있다. 로마제국의 주신인 주피터나 로마 황제 가이사 아우구스투스에게만 배타적으로 사용된 '주'라는 호칭이 로마제국이 처형한 나사렛 예수에게 사용되기 때문이다. 넓게 보면 바울 신학은 정치신학이다. 로마제국을 대표하는 모든 인간적 패권 통치 자체를 무효화하고 폐기하기 때문이다. 바울이 반反로마제국적 정치 운동을 전개하지 않았으나, 바울의 '주 예수 복음'이 로마제국 내에 퍼지게 되면 로마제국이 받드는 주들은 폐위될 운명에 처할 수밖에 없기 때문이다. "나사렛 예수"라고 불리는 "다른 임금"행 17:7이자 다른 주, 곧 진정한 왕과 진정한 주가 나타났기 때문에행 16:31 자신을 "주"라고 참칭하던 로마 황제는 힘을 잃게 된다.[행 17:6-7] 예수의 부활과 그의 우주적인 주권은 빌립보서 2:6-11에 잘 기록되어 있다. 자기를 죽기까지 하나님께 복종한 예수를 하나님께서 높이셨다.

2) "그리스도 안"에서: 주主 예수 그리스도의 복음

"그리스도 안"이라는 말은 바울 서신에서 모두 165번 사용되었는데, 이는 "아담 안에서"라는 말과 대조되는 표현이다. 바울의 핵심 메시지는 "둘째 아담 그리스도는 첫째 아담 안에서 일어난 하나님과의 분리와 적대적인 소외를 해소하고, 동시에 하나님과의 역동적인 화해와 친밀감을 회복시켰다"라는 것이다. "그리스도 안에서"라는 어구는 아담의 죄가 가져온 죄와 죽음을 예수 그리스도가 초과적으로 극복했다는 십자가 예찬 용어이다.[롬 5:12-21, 특히 19-21절] 바울 신학에서 죄와 죽음은 단지 윤리적이고 심리적인 현상이 아니라, "권세들"이며 주권을 행사하는 "주권적 실재들"이다. 바울에 따르면 아담 안에서의 삶은 죄의 권세 혹은 지배력 아래 좌우되는 삶이다.[롬 7:14-24] "그리스도 안에서"는 "아담 안에서"와 반대되는 말이다. "아담 안에서의 삶"은 하나님의 계명을 어기고 범함으로써 하나님의 마음과 멀어지는 원심적 소외를 경험하는 삶이며 "그리스도 안에서 사는 삶"은 하나님의 현존, 그리스도의 현존을 믿고 사는 삶이다. "그리스도 안에서 사는 삶"은 그리스도께서 아담이 초래한 하나님과의 불화 상태를 해소하고 하나님과 화해를 이룬 삶이다. 따라서 그리스도 안에 있으면 하나님과 화목케 되고 이웃과 화목케 된다. 그리스도 안에서 사는 삶은 하나님 사랑과 이웃 사랑을 위해 과잉된 자아 주장의 열정과 욕망으로부터 해방된 삶이다. 따라서 "그리스도 안"에서의 삶은 '자유'를 의미한다. 이 자유는 하나님의 뜻대로 살 수 있는 자유다. 죄와 죽음, 율법의 위협으로부터의 자유다. 이것은 하나님 전심사랑과 이웃 사랑을 위해 기꺼이 사랑의 종이 될 수 있는 자유로 구체화된다.

그러므로 그리스도 안에서는 새 창조가 이뤄진다. 이 새롭게 창조된 새 피조물은 하나님과의 화해를 동력 삼아 이웃과 화해된 존재이다. 이 새 피조물은 다시는 인간의 욕정을 섬기지 않고 성령의 감화 감동 속에 이끌리며 살아간다. 갈라디아서 5:22-23이 말하는 성령의 아홉 가지 열매는 결코 인간 본성에서 우러나오는 도덕적 분투의 열매가 아니라 성령의 열매다. 그러면 어떻게 아담적인 삶을 벗어나 그리스도 안에서의 삶으로 이동할 수 있을까? 그리스도와 함께 죽고 그리스도와 함께 다시 부활함으로써 생명의 도약이 실현된다. 달리 말하면, 율법에 대해 죽고 하나님에 대해 살면 그리스도 안에서의 영생이 시작된다. 그리스도 안에서의 영생은 율법의 기계적인 요구와 위협에 따라 살지 않고, 하나님과의 인격적인 연합 속에서 율법의 도덕적 요구를 성취하면서 사는 삶이다. 또 비슷하지만 약간 달리 표현하자면, "내가 그리스도와 함께 십자가에 못 박혔다. 따라서 이제 내 안에 사는 것은 더 이상 내가 아니요, 내 안에 사시는 그리스도시다"라는 바울의 고백이 그리스도 안에서 구현되는 영생을 증언한다. 예수의 죽음과 부활이 새 생명의 전주곡이라는 것이다.[롬 6:3-5] 로마서 6:3-4이 말하는 그리스도와 함께 받는 신자의 세례는 옛사람, 옛 삶의 방식의 죽음과 동시에 새로운 삶으로의 접목을 의미한다.

이러한 그리스도인의 삶이 "산 제물"의 삶으로 이어진다.[롬 12:1-2] 구약의 제사에서 희생제물은 죽음을 전제한다. 예수의 십자가 죽음은 자기를 비우고 낮추심의 절정이며, 죽기까지 하나님께 드린 복종의 절정이다. 그런 예수를 하나님께서 높이신 것이다. 이처럼 신자가 예수 그리스도의 십자가와 부활의 원리를 일상생활에서 구현하는 삶이 바로 바울이 말하는 "산 제물"의 삶이다. 자신의 욕망을 십자가에 못박고 자신의 옛 자아가 못박힌 그 십자가를 지고 매일 주 예수를 따르는 것이 산 제물의 삶이다. 여기서 바울은 도덕적 자율주의나 도덕적 타율주의도 아닌 성령의 감화 감동으로 율법을 지킬 수 있는 경지인 거룩한 신율주의神律主義를 가르친다. 성도의 복종과 자기비움은 하나님께서 가능케 하신 복종과 자기비움이기 때문이다. 결국 성도가 그리스도 안에 있는 방법은 그리스도의 죽으심과 부활에 동참하여 새로운 창조물이 되는 것이다.고후 5:17 "그리스도 안"이란 정태적인 심리적, 정신적 영역이 아니라, 우리의 전 실존이 규정되는 공간으로서 그리스도를 닮은 새 피조물이 조형되는 공간이다. 하나님의 성령이 일으키시는 감화 감동과 예수의 강력한 격려와 강권하심으로 각각의 신자가 그리스도의 형상으로 변화되는 공간이며, 하나님 율법의 요구가 실현되는 공간이며, 세상을 향한 하나님의 통치가 발동되는 공간이다. 따라서 그리스도 안에 있는 그리스도인과 교회를 통해 주 예수 그리스도는 세상 나라를 복속시키고 통치하신다.

이런 점에서 그리스도 안에서 일어난 새 창조는, 믿는 사람의 영적 갱생과 윤리적 성화를 가능케 할 뿐만 아니라 사회적인 함축을 지닌다. 그리스도 안에서 창조된 새로운 인간성은 기존의 인습적인 존재를 규정하는 사회적인 경계들을 허물어뜨리고 부정한다. 그리스도 안에서 모든 사회적인 위계질서나 계층적, 계급적 구분이 무너지고 믿는 자들은 하나가 된다. 이방인과 유대인의 경계, 남자와 여자, 노예와 자유민의 경계가 무너진다. 주님의 성만찬 식탁에서는 모든 경계와 차별이 사라진다.고전 11:17-34 바울은 고린도 교회에서 벌어지는 훼손된 성만찬, 곧 유기체인 그리스도의 몸된 교회 공동체를 손상하는 죄를 안고 성만찬에 참여하는 것에 대해 책망한다.

그리스도 안에서 형성된 평등주의적인 공동체 정신을 훼손하는 왜곡된 성만찬 의식을 공격하는 것이다. 공관복음서의 예수께서 외치신 '하나님 나라 복음'은 바울에게 와서 '주 예수 그리스도의 나라'가 되었으며, 그 나라는 교회 안에서 가장 명백한 실체로 성육신하도록 기대되고 요구된다. 교회는 하나님이 거주하시는 집이며, 하나님의 주권적인 다스림이 막힘없이 관철되고 실현되는 '하나님 나라의 전위부대'이다.

3) 은혜로 말미암은 칭의: 의로운 행위를 창조하는 칭의

예수를 박해한 자신의 인생 도상에 나타나셔서 자신과 화해하신 하나님을 만난 후 바울은, 구원이 전적으로 하나님의 은혜임을 확신하게 되었다. 어떤 율법주의적 성취나 공로가 아니라, 절대적인 하나님의 은혜만이 인간을 의롭게 할 수 있음을 확신한 것이다. 중요한 것은 이 하나님의 은혜가 도덕률 폐기론을 의미하는 것이 아니라, 오히려 하나님의 율법을 지킬 능력을 강화시킨다는 점이다.[롬 8:3-4] 의롭게 된다는 것은 하나님의 계약적 요구에 속박감을 느끼고 그 요구에 감미롭게 순종하며 그 요구를 성취하는 상태이기 때문이다. 하나님의 은혜가 인간의 마음을 감동시키고 사로잡은 후에 하나님의 율법적인 요구가 성취되고 실현된다. 이런 점에서 바울의 은혜에 의한 칭의 사상은, 이미 오래전에 창세기, 신명기, 시편, 호세아, 이사야, 예레미야, 에스겔 등에서 천명한 하나님의 은혜 주도적인 계약 관계 창조를 반향[反響]하는 사상이다. 이신칭의 교리를 도출하는 데 결정적인 바울 서신의 두 본문은 로마서 3:22-25과 갈라디아서 2:16이다.

곧 예수 그리스도를 믿음으로 말미암아 모든 믿는 자에게 미치는 하나님의 의니 차별이 없느니라. 모든 사람이 죄를 범하였으매 하나님의 영광에 이르지 못하더니 그리스도 예수 안에 있는 속량으로 말미암아 하나님의 은혜로 값 없이 의롭다 하심을 얻은 자 되었느니라. 이 예수를 하나님이 그의 피로써 믿음으로 말미암는 화목제물로 세우셨으니 이는 하나님께서 길이 참으시는 중에 전에 지은 죄를 간과하심으로 자기의 의로우심을 나타내려 하심이니.[롬 3:22-25 13]

사람이 의롭게 되는 것은 율법의 행위로 말미암음이 아니요 오직 예수 그리스도를 믿음으로 말미암는 줄 알므로 우리도 그리스도 예수를 믿나니 이는 우리가 율법의 행위로써가 아니고 그리스도를 믿음으로써 의롭다 함을 얻으려 함이라. 율법의 행위로써는 의롭다 함을 얻을 육체가 없느니라.[갈 2:16]

이 두 단락 모두에서 "믿음"은 일차적으로는 그리스도의 신실함, 곧 하나님의 신실함을 가리킨다. 이차적으로는 그것은 하나님의 근원적이고 선제적인 신실하심에 응답하고 그것에 의해 파생된 신자의 신실함을 가리킨다. 하나님은 아브라함, 이삭, 그리고 야곱과 맺은 언약에 충실하시기 위해 아브라함의 후손들에게 선제적인 신실함을 베푸셨다. 이 선제적인 신실함에 응답하는 과정에서 인간의 신실함이 파생된다. 하나님은 아브라함의 후손들에게 당신의 신실하심을 보여주시기 위해 먼저 히브리 노예들을 바로[Pharaoh]의 억압에서 건지셔서 의롭게 하셨다. 곧 노예로 하여금 의로운 백성이 되게 하셨다. 의롭게 하셨다는 말은 두 가지 의미를 가진다. 먼저, 하나님과 맺은 언약을 지킬 의무를 부여받았다는 뜻이다.[창 15:6] 둘째, 그 언약을 지키기 위해 야웨의 율법대로 사는 것을 의미한다.[창 26:5; 신 6:25] 하나님께서 아브라함을 먼저 의롭다 하셨고, 이에 부응하여 아브라함은 의로운 삶을 살아 냈다. 마찬가지로 하나님은 아브라함의 후손인 히브리 노예들을 먼저 속량해 의롭게 하신 후에 그들에게 의로운 삶을 살도록, 곧 파생적인 신실함을 보이도록 요구하셨다. 그 목적을 위해 그들로 하여금 자유인의 멍에인 십계명의 멍에를 메게 하셨다.

바울의 이신칭의는 하나님의 압도적 선제적 신실함으로 구원받은 죄인이 하나님의 신실함에 응답해 신실해져가는 과정을 설명하는 교리이다. 하나님의 압도적 신실하심, 곧 하나님의 일방적인 은혜가 신자를 의롭게 한다는 것이다. 이신칭의[以信稱義]에서 '신'은 일차적으로는 하나님의 신실하심이다. 즉 그것은 당신의 아들을 보내주셔서 이스라엘을 다시 언약 백성으로 회복시키시는 신실함을 가리킨다. 이신칭의 교리의 요지는 하나님의 압도적이고 선제적인 신실함만으로 죄인은 구원받을 수 있다는 것이다.

그런데 "왜 그리고 어떻게 역사적으로 어느 한 특정한 시대에 한 특정한 공간에서 일어난 한 특별한 개인의 죽음과 부활이 온 인류를 위한 구원 사건이 되는 것일까?" 바울에 따르면 예수 그리스도의 십자가 죽으심 사건은 역사 안에서, 곧 시간과 공간 안에서 일어난 사건이지만 그 효력은 초시간적이며 초공간적이기 때문이다. 예수의 죽음은 단지 예루살렘 성소의 휘장이 찢어진 사건이 아니라, 하늘 성소의 휘장이 찢어진 사건이자,[히 1:19-22] 하나님과 원수가 되게 하는 우리 각각의 마음의 휘장, 곧 죄의 휘장이 찢어진 사건이기 때문이다.[막 15:38-39] 이처럼 예수의 죽음과 부활은 역사 안에서 일어난 사건이지만 초역사적, 초시간적, 초공간적인 효력을 가진 구원 사건이다. 이러한 효력을 가지는 죽음이기 때문에 예수의 십자가 죽으심은 "하나님께 가는 산 길을 열기 위하여 자신의 육체의 휘장을 영단번[once for all generations]에 찢으신 사건"이다.[9:26] 예수의 죽음을 자신을 위한 대신 죽음이라고 믿는 사람들에게는 휘장의 찢김이 일어난다. 8-10장 영단번에 드려진 제물은 구약 시대에 반복적으로 드려진 제물과 대조된다. 예수는 반복적 동물 희생을 통한 구약 제사를 한번 죽으심으로 영단번에 완성하셨다. 영단번에 죽은 사건이기에 시간과 공간을 초월한 제사가 되는 것이다.

4) 확장적이고 만민 향도적인 선민사상: 아브라함 언약의 성취자 예수 그리스도

바울의 이방 선교는 구약성경의 오랜 이상을 성취하는 과업이었다. 사도 바울은 그 이상을 '하나님 나라'라고 불렀다. 1차 선교 여행지인 "비시디아 안디옥"과 루스드라, 이고니온에서부터 그는 "하나님 나라"를 증거했고, 로마에 가서 미결수 신분으로 셋방에서도 "하나님 나라 복음"을 전했다. 그는 로마로 압송되는 가운데 자신이 쇠사슬이 매인 이유는 이스라엘의 소망을 성취하려고 했기 때문임을 역설했다.행 28:20 이스라엘의 소망은 무엇인가? 천하 만민을 아브라함의 복, 곧 야웨 하나님을 경배하는 복에 초청하는 것이다. 아브라함부터 시작된 선민의 역사는 천하 만민을 아브라함의 복에 참여시키는 바울의 사역에서 절정에 이르렀다. 로마서 1-16장 전체, 갈라디아서 3장 전체, 그리고 에베소서는 아브라함의 영생 식탁에 이방인들을 초청하고 영접하려는 하나님의 의지를 명료하게 밝힌다.

아브라함부터 시작된 천하 만민 영생 식탁 초청 프로젝트마 8:11 대장정의 마지막 주자走者가 사도 바울이었다. 아브라함은 하나님이 지으시고 경영하시는 성을 찾아 안착할 때까지 인간의 도성 바깥을 떠돌던 외톨이였고 성 밖 거주자였다. 아브라함, 이삭, 야곱 모두 하나님의 도성에 들어가기 전까지 어떤 인간의 도성, 국가에 복속되거나 예속되지 않았다. 그들은 하나님이 지으시고 경영하는 나라에 들어가기 전까지 장막에 살았던 순례자들이었다. 아브라함에게 주신 하나님의 이상적인 나라는 "큰 민족," "강대한 나라," 공의로운 "큰 나라"였다.

내가 너로 큰 민족을 이루고 네게 복을 주어 네 이름을 창대하게 하리니 너는 복이 될지라.창 12:2

아브라함은 강대한 나라가 되고 천하 만민은 그로 말미암아 복을 받게 될 것이 아니냐. 내가 그로 그 자식과 권속에게 명하여 여호와의 도를 지켜 공의와 정의를 행하게 하려고 그를 택하였나니 이는 나 여호와가 아브라함에게 대하여 말한 일을 이루려 함이니라.창 18:18-19

내가 나의 하나님 여호와께서 명령하신 대로 규례와 법도를 너희에게 가르쳤나니 이는 너희가 들어가서 기업으로 차지할 땅에서 그대로 행하게 하려 함인즉 너희는 지켜 행하라. 이것이 여러 민족 앞에서 너희의 지혜요 너희의 지식이라. 그들이 이 모든 규례를 듣고 이르기를 이 큰 나라 사람은 과연 지혜와 지식이 있는 백성이로다 하리라. 우리 하나님 여호와께서 우리가 그에게 기도할 때마다 우리에게 가까이 하심과 같이 그 신이 가까이 함을 얻은 큰 나라가 어디 있느냐 오늘 내가 너희에게 선포하는 이 율법과 같이 그 규례와 법도가 공의로운 큰 나라가 어디 있느냐.신 4:5-8

이 세 단락에서 언급된 "큰 민족", "강대한 나라," "큰 나라"를 의미하는 히브리어는 모두 앞서 언급한 "고이 가돌"(גוי גדול, gôy gādôl)이다. 특히 창세기 18:19은 아브라함의 후손이 만들 '고이 가돌'의 사명이 야웨의 도道를 지켜 공의와 정의를 실천하는 것임을 명백하게 밝힌다. 이 공의와 정의 실천이 아브라함에게 주신 하나님의 언약적 요구사항인 '고이 가돌' 건설을 위한 핵심 의무였다. 신명기 10:12-19은 '고이 가돌'의 확장성과 만민 수용적인 환대 의무를 명백하게 밝히고 있다.

> 이스라엘아 네 하나님 여호와께서 네게 요구하시는 것이 무엇이냐. 곧 네 하나님 여호와를 경외하여 그의 모든 도를 행하고 그를 사랑하며 마음을 다하고 뜻을 다하여 네 하나님 여호와를 섬기고 내가 오늘 네 행복을 위하여 네게 명하는 여호와의 명령과 규례를 지킬 것이 아니냐. 하늘과 모든 하늘의 하늘과 땅과 그 위의 만물은 본래 네 하나님 여호와께 속한 것이로되 여호와께서 오직 네 조상들을 기뻐하시고 그들을 사랑하사 그들의 후손인 너희를 만민 중에서 택하셨음이 오늘과 같으니라. …… 고아와 과부를 위하여 정의를 행하시며 나그네를 사랑하여 그에게 떡과 옷을 주시나니 너희는 나그네를 사랑하라 전에 너희도 애굽 땅에서 나그네 되었음이니라.[신 10:12-19]

이처럼 아브라함과 모세의 '고이 가돌' 사상은 "다윗의 정의와 공의 통치"[삼하 8:15; 23:3; 사 9:1-6; 11:1-9]사상, 그리고 예언자들의 "공평과 정의로운 메시아 왕국" 사상으로 확장적으로 계승되었다. 나사렛 예수는 아브라함과 모세의 '고이 가돌' 사상, 다윗과 예언자들의 "공평과 정의의 메시아 왕국 사상"을 이어받아 '하나님 나라의 도래'를 선포했다.[눅 24:27, 44] "그 때가 찼다. 그 하나님 나라가 가까이 왔으니 회개하고 복음을 믿으라."(Πεπλήρωται ὁ καιρὸς καὶ ἤγγικεν ἡ βασιλεία τοῦ θεοῦ· μετανοεῖτε καὶ πιστεύετε ἐν τῷ εὐαγγελίῳ)[막 1:15] "그 나라"로 번역된 "헤 바실레이아"(ἡ βασιλεία)에서 정관사 "헤"(ἡ)가 사용된 것이 무척 중요하다. 정관사 "헤"(ἡ)는 '특정'한 대상을 가리키는 여성형 단수 정관

사이다. "헤 바실레이아"가 나사렛 예수나 그의 청중 모두에게 이미 알려진 "그 특별한 나라"라는 것이다. 바울도 아브라함, 모세, 예언자들, 그리고 나사렛 예수를 통해 면면히 이어지고 선포된 이 '고이 가돌' 신앙을 이어받았다. 바울 서신들의 이방 선교 정당화 구절들도 이사야 42장과 49장에서 인증된다. 이사야 40-66장은 '고이 가돌'이 이방인들을 향해 확산되는 비전을 다채롭게 예언하고 있다.

결국 아브라함부터 시작된 '하나님 나라' 비전은 모세와 예언자들(특히 이사야)을 거쳐 나사렛 예수의 '하나님 나라 복음'에서 절정을 이루었고, 사도 바울의 "주 예수 그리스도의 하나님 나라 복음"으로 확정적으로 계승되었다. 바울은 나사렛 예수의 십자가 죽음과 부활이 아브라함의 복이 이방인들로 확산되는 천하 만민 구원 사건임을 깨달았다. 고린도후서 5:14-21과 에베소서 2-4장은 바울의 만민 향도적이고 만민 수용적인 선민사상을 잘 표현한다. 특히 고린도후서 5:17-21과 에베소서 2:11-22은 바울의 이방 선교를 추동했던 주 예수 중심의 만민 향도적이고 만민 포용적인 선민사상을 집약하고 있다.

그런즉 누구든지 그리스도 안에 있으면 새로운 피조물이라. 이전 것은 지나갔으니 보라, 새것이 되었도다. 모든 것이 하나님께로서 났으며 그가 그리스도로 말미암아 우리를 자기와 화목하게 하시고 또 우리에게 화목하게 하는 직분을 주셨으니 곧 하나님께서 그리스도 안에 계시사 세상을 자기와 화목하게 하시며 그들의 죄를 그들에게 돌리지 아니하시고 화목하게 하는 말씀을 우리에게 부탁하셨느니라. 그러므로 우리가 그리스도를 대신하여 사신이 되어 하나님이 우리를 통하여 너희를 권면하시는 것 같이 그리스도를 대신하여 간청하노니 너희는 하나님과 화목하라. 하나님이 죄를 알지도 못하신 이를 우리를 대신하여 죄로

삼으신 것은 우리로 하여금 그 안에서 하나님의 의가 되게 하려 하심이라.고후 5:17-21

그러므로 생각하라. 너희는 그 때에 육체로는 이방인이요 손으로 육체에 행한 할례를 받은 무리라 칭하는 자들로부터 할례를 받지 않은 무리라 칭함을 받는 자들이라. 그 때에 너희는 그리스도 밖에 있었고 이스라엘 나라 밖의 사람이라 약속의 언약들에 대하여는 외인이요 세상에서 소망이 없고 하나님도 없는 자이더니 이제는 전에 멀리 있던 너희가 그리스도 예수 안에서 그리스도의 피로 가까워졌느니라. 그는 우리의 화평이신지라. 둘로 하나를 만드사 원수 된 것 곧 중간에 막힌 담을 자기 육체로 허시고 법조문으로 된 계명의 율법을 폐하셨으니 이는 이 둘로 자기 안에서 한 새 사람을 지어 화평하게 하시고 또 십자가로 이 둘을 한 몸으로 하나님과 화목하게 하려 하심이라. 원수 된 것을 십자가로 소멸하시고 또 오셔서 먼 데 있는 너희에게 평안을 전하시고 가까운 데 있는 자들에게 평안을 전하셨으니 이는 그로 말미암아 우리 둘이 한 성령 안에서 아버지께 나아감을 얻게 하려 하심이라. 그러므로 이제부터 너희는 외인도 아니요 나그네도 아니요 오직 성도들과 동일한 시민이요 하나님의 권속이라. 너희는 사도들과 선지자들의 터 위에 세우심을 입은 자라. 그리스도 예수께서 친히 모퉁잇돌이 되셨느니라. 그의 안에서 건물마다 서로 연결하여 주 안에서 성전이 되어 가고 너희도 성령 안에서 하나님이 거하실 처소가 되기 위하여 그리스도 예수 안에서 함께 지어져 가느니라.엡2:11-22

이 두 단락에서 피력된 확신이 바로 사도 바울의 이방 선교 사역의 원동력이었다. 바울의 이방 선교의 핵심은 모든 이방인들이 주 예수 그리스도를 영접하여 아브라함의 복에 참여하라는 초청이었다.

예수의 '하나님 나라'는 아브라함, 이삭, 야곱의 영생 식탁에 이방인들이 같이 앉아 향연을 누리는 나라였다.[마 8:11; 참조. 사 25:1-9] 바울은 로마제국의 사해동포주의 이념이 붕괴된 그 공백에서 그리스도의 나라를 이상으로 제시했다. 그리스도의 통치를 받는 거점들을 "에클레시아"라고 부름으로써 바울의 이방 선교가 단지 특정 종교의 전파가 아니라, 대안적 세계 질서의 제시였음을 보여준다. 프랑스 철학자 알랭 바디우Alain Badiou와 슬로베니아 출신의 자칭 무신론자 철학자인 슬라보예 지젝Slavoj zizek은 1세기 당시 바울이 품었던 거룩한 사해동포주의, 곧 '고이 가돌' 사상의 복음을 인류문명의 생존을 담보하는 사상이라고 예찬했다. 바울의 '고이 가돌' 복음, 하나님 나라 복음은 2세기 로마 황제 마르쿠스 아우렐리우스가 품었던 그 로마제국의 비전을 훨씬 고결하고 수준 높게 실현시키는 인류애적 사상이었다. 이 두 철학자는 바울의 이방 선교가 추구했던 인류애와 박애, 차별 철폐적 인간 존엄 옹호를 주목하며 최근의 바울 르네상스를 주도하고 있다.[14] 특히 바울을 단지 성자나 기독교 신학자나 사도로 보는 좁은 관점을 버리고 로마제국의 제국주의 정치 담론과 유대교의 차별적 개별주의 담론을 극복한 정치철학자로 보는 바디우는, 바울의 위대한 역사적 업적을 갈라디아서 3:28의 관철에 있다고 보았다. 바디우는 어떤 신학자보다 더 정확하게 기독교의 본질을 포착했다고 할 수 있다. 이 점에서 바디우는 기독교가 이 세상 질서의 창조적 재구성을 위해서 기여할 잠재력이 크다는 점을 주목한다.[15]

4. 베드로의 사도적 치유 사역: 중풍병자를 고치고 죽은 자를 다시 살린 베드로 • 32-43절

32그 때에 베드로가 사방으로 두루 다니다가 룻다에 사는 성도들에게도 내려갔더니
33거기서 애니아라 하는 사람을 만나매 그는 중풍병으로 침상 위에 누운 지 여덟 해
라. 34베드로가 이르되 애니아야, 예수 그리스도께서 너를 낫게 하시니 일어나 네 자
리를 정돈하라 한대 곧 일어나니 35룻다와 사론에 사는 사람들이 다 그를 보고 주께
로 돌아오니라. 36욥바에 다비다라 하는 여제자가 있으니 그 이름을 번역하면 도르가
라 선행과 구제하는 일이 심히 많더니 37그 때에 병들어 죽으매 시체를 씻어 다락에
누이니라. 38룻다가 욥바에서 가까운지라 제자들이 베드로가 거기 있음을 듣고 두 사
람을 보내어 지체 말고 와 달라고 간청하여 39베드로가 일어나 그들과 함께 가서 이
르매 그들이 데리고 다락방에 올라가니 모든 과부가 베드로 곁에 서서 울며 도르가
가 그들과 함께 있을 때에 지은 속옷과 겉옷을 다 내보이거늘 40베드로가 사람을 다
내보내고 무릎을 꿇고 기도하고 돌이켜 시체를 향하여 이르되 다비다야, 일어나라
하니 그가 눈을 떠 베드로를 보고 일어나 앉는지라. 41베드로가 손을 내밀어 일으키
고 성도들과 과부들을 불러들여 그가 살아난 것을 보이니 42온 욥바 사람이 알고 많
은 사람이 주를 믿더라 43베드로가 욥바에 여러 날 있어 시몬이라 하는 무두장이의
집에서 머무니라.

주석

이 단락은 사도 베드로의 사역이 온 유대, 갈릴리, 사마리아 지역을 넘어 지중해 해변 지역 도시로 확장되어 가는 과정을 보도한다. 9장이 이방인 사역에 눈을 뜨는 사울의 회심기回心記라면, 10장은 이방 선교에 눈을 뜨는 베드로의 영적 개안기開眼記라 할 수 있다. 이 단락에서 사도행전 저자는 베드로가 예루살렘 지경을 넘어 온 이스라엘과 나아가 이방인 구원 사역에까지 참여하게 될 상황을 예기하게

한다. 베드로는 지중해 해변 도시 욥바와 룻다에서 예수의 사역을 생각나게 하는 강력한 치유 사역을 펼친다. 그는 예루살렘을 중심으로 사방으로 두루 다니며 복음을 전하다가 지중해 해변 도시 룻다의 성도들에게 내려간다.[32절] 거기서 베드로는 중풍으로 8년째 누워있는 애니아라는 남자 신자를 치유했다. "예수 그리스도께서 너를 낫게 하시니 일어나 네 자리를 정돈하라"고 명하자 애니아는 중풍병이 나아서 일어났다.[34절] 이 일로 룻다와 근처 사론에 사는 사람들이 다 그를 보고 주 예수께로 돌아왔다.[35절]

베드로의 애니아 치유 사역은 예수의 치유 사역을 재현하는 모습을 띠고 있다. 마가복음 2장에서 예수께서 중풍병 걸린 소년을 치유했고, 요한복음 5장에서 38년 된 전신 마비 환자를 고치셨다. 예수의 치유 권능의 원천이었던 그 동일한 성령이 베드로의 치유 사역에도 역사하셨다. 교회는 8년째 누워있는 애니아와 같은 중풍병자에게 치유의 복음을 증거하고 예수의 치유 사역을 오늘날에도 계승하여 재현할 사명을 띠고 있다. 다음 단락은 한 단계 더 놀라운 베드로의 치유 사역을 증언한다.

36-41절은 베드로의 욥바 여제자 다비다를 다시 살린 사역을 보도한다. 욥바에는 선행과 구제에 힘쓰던 여제자 다비다(도르가)가 살았는데,[36절] 그녀가 죽자 사람들이 그 시체를 씻어 다락방에 누였다.[37절] 때마침 베드로가 욥바 근처 룻다에 있다는 소식을 들은 욥바 성도들은 두 사람을 룻다에 급파해 베드로에게 급히 와달라고 간청했다.[38절] 욥바 가까운 룻다에 머물던 베드로는 욥바 사람들의 간청을 듣고 즉시 내려갔다. 다비다의 시신이 안치된 다락방에 올라가자 다비다의 죽음을 슬퍼하던 모든 과부가 다비다가 그들과 함께 있을 때 만든 모든 옷을 베드로에게 보여주었다.[39절] 좋은 교회에는 항상 다비다같은 천사같은 성도의 아름다운 헌신의 이야기가 있다.

이런 성도는 죽어서도 교회를 깊은 일치와 연합으로 이끈다. 욥바 공동체는 눈물과 슬픔으로 하나 된 공동체가 되어 있었다. 구제와 옷 만드는 봉사를 통해 욥바의 신앙 공동체를 감화시켰던 다비다는 죽어서도 공동체를 굳게 결속시켰다. 공동체 전체의 비통한 울음을 촉발시킨 다비다의 죽음은 룻다의 베드로를 급히 욥바로 불러오게 했다. 다비다의 죽음을 슬퍼하는 욥바 공동체의 간절함과 애절한 소원이 베드로를 깊이 움직였을 것이다. 이러한 강렬한 기대와 갈망이 고조된 분위기에서 베드로의 놀라운 사역이 펼쳐졌다.

베드로는 모든 사람을 내보낸 후 무릎을 꿇고 기도하고 돌이켜 시체를 향하여 명령했다. "다비다야, 일어나라."40절 베드로는 여기서 나인성 과부의 아들을 다시 살리시고눅 7장 죽은 친구 나사로를 죽음에서 다시 살려낸 예수의 소생 사역을 재현하고 계승한다. "다비다야, 일어나라"는 명령에 다비다가 눈을 떠 베드로를 보고 일어나 앉았다. 베드로가 손을 내밀어 그녀를 일으키고 성도들과 과부들을 불러들여 다비다가 살아난 것을 보여주었다.41절 이 일로 많은 욥바 사람이 주를 믿게 되었다. 베드로는 욥바에 여러 날을 머물렀는데, 시몬이라 하는 무두장이의 집에 머물며 복음을 전파했다.42절

메시지[12]

하나님은 진리의 길과 정반대로 질주하는 인생과 거룩하게 충돌해 주심으로써 구원하신다. 옛 자아를 산산조각 내시고, 옛 관점이나 생각을 어둠 속에 집어던짐으로써 혼란에 빠진 인생으로부터 새로운 자아를 창조하신다. 사도 바울은 자신의 서신 여러 곳에서 다메섹 도상의 구원과 소명 수납에 대해 이야기한다.고전 9:1; 15:8-10; 갈 1:13-17; 빌 3:4-12 참조. 롬 10:2-4; 고전 9:16-17; 고후 5:16; 엡 3:1-13; 골 1:24-29; 롬 12:3, 15:15; 고전 3:10; 갈 2:9 [13] 먼저 고린도후서 4:4-6은 자신의 흑암이 어떻게 예수 그리스도의

비밀을 깨닫는 계기가 되었는지를 증언한다.

> 그중에 이 세상의 신이 믿지 아니하는 자들의 마음을 혼미하게 하여 그리스도의 영광의 복음의 광채가 비치지 못하게 함이니 그리스도는 하나님의 형상이니라. …… 어두운 데에 빛이 비치라 말씀하셨던 그 하나님께서 예수 그리스도의 얼굴에 있는 하나님의 영광을 아는 빛을 우리 마음에 비추셨느니라.

바울은 다메섹 도상에서의 눈멂과 눈뜸의 변증법적 체험 속에서 자신의 사명이 그리스도의 영광을 보지 못하는 영적 소경들의 세상에서 파송되어 주 예수의 복음을 증거하는 일임을 깨닫는다. 자신의 구원은 세계 만민을 구원하시려는 하나님의 중간 전략임을 각성했던 것이다. 이 사명 각성 이후에 바울은 천하 만민을 향해 복음을 선포하기 위해 달려가는 경주를 시작했다. 사도행전 20:24과 디모데후서 4:7은 이러한 바울의 사명감을 잘 드러내고 있다.

> 내가 달려갈 길과 주 예수께 받은 사명 곧 하나님의 은혜의 복음을 증거하는 일을 마치려 함에는 나의 생명조차 조금도 귀한 것으로 여기지 아니하노라.[행 20:24]

> 나는 선한 싸움을 싸우고 나의 달려갈 길을 마치고 믿음을 지켰으니[딤후 4:7]

아울러 빌립보서 3:12-14은 세계 만민에게 복음을 증거하기 위한 사명의 역주를 추동시키는 원동력이 자신의 다메섹 도상의 구원 사건임을 강조한다.

내가 이미 얻었다 함도 아니요 온전히 이루었다 함도 아니라 오직 내가 그리스도 예수께 잡힌 바 된 그것을 잡으려고 달려가노라. 형제들아, 나는 아직 내가 잡은 줄로 여기지 아니하고 오직 한 일 즉 뒤에 있는 것은 잊어버리고 앞에 있는 것을 잡으려고 푯대를 향하여 그리스도 예수 안에서 하나님이 위에서 부르신 부름의 상을 위하여 달려가노라.

이 주제와 관련해서 특별히 주목할 단어가 12절에 나온다. 여기서 "그리스도 예수께 잡힌 바"에서 "잡힌"은 "강력하게 포획하다"를 의미하는 동사 "카타람바노(καταλάμβάνω, 부정과거 수동태 1인칭 단수인 '카테렘프텐(κατελήμφθην)'"이다. 이 단어는 다메섹 도상에서 자신이 하나님께 강력하게 포획된 경험을 가리키는 말이다.

이처럼 사도 바울의 다메섹 체험은 특수한 사도적 소명 체험이자 동시에 모든 신자의 구원 경험의 모범적 사례다. 구원 사건과 소명 사건은 동전의 양면처럼 연결되어 있다. 위에서 지적했듯이, 사도 바울은 자신의 다메섹 도상의 구원 경험을 언급할 때마다 자신의 사도적 소명 사건을 동시에 언급한다. 바울은 "나는 구원받았다. 중생을 체험했다"는 식의 특정 시간의 회심 과정만 강조하는 경건주의적 고백에 머물지 않고, 구원 사건에 내포된 구원자이신 하나님의 의도에 깨어 있었다. 바울은 자신의 실존적 구원을 그 구원을 선사하신 자의 주권적 계획의 빛 아래서 해석했다. 그래서 그는 로마서 1:14에서 자신을 "빚진 자"라고 부른다[오페이레테스 에이미(ὀφειλέτης εἰμί)]. 하나님께서 이방인을 구원하시려는 더 큰 구원 계획 속에서 중간 단계로 자신을 구원하셨음을 깨달은 것이다. 자신의 구원이 아니라, 이방인 구원이 하나님의 구원 의지의 궁극점이라는 것이다. 그래서 그는 이방인의 사도, 무할례자의 사도갈 1:15-17가 된 것이다. 이처럼 우리의 실존적 구원 사건 속에는 우리의 구원 체험이 겨냥해야 할 보다 궁극적 구원 계획이 함축되어 있다.

사도 바울 당시 이방인에게 "구원"을 선포한다는 것은 바울 자신의 안전을 위태롭게 하는 십자가 고난이었다. 즉 예수 그리스도를 믿기만 하면 구원을 선포해 주는 소위 바울의 "복음"[롬 2:16]은 바리새적인 낡은 가죽 부대를 찢고 바리새적인 종교의 근저를 부수는 "하나님 나라"의 공격 무기였다. 먼저 유대인이 되지 않고서 하나님의 백성이 된다는 것은 유대인 사회에서는 도저히 받아들일 수 없는 신성모독이었다. 성전, 율법, 할례로 이어지는 유대 사회의 정사와 권세는 불변성을 고집하는 낡은 가죽 부대였다. 바울 당시 유대인들 사이에 메시아 왕국의 도래에 대한 국수주의적 기대는 고조되었고, 이방인에 대한 경멸은 극심해졌다.[행 10:28; 11:1-5][14] 세계의 구원은 거룩한 시온[Zion]과 그 성전에서 시작되어 이스라엘[Israel]을 만국의 제사장 나라로 등극시키고 열방을 이스라엘의 외곽에서 봉사하도록 하는 청사진이 바리새인의 신념이었다.[사 60:1-14; 61:4-7] 바울 당시 유대인의 유월절에는 100만 마리의 희생양이 봉헌되었을 만큼 메시아 왕국의 꿈은 임박한 실현을 앞둔 것으로 믿어졌던 것이다. 그런 유대인 사회에 "사형수 예수가 부활하여 만왕의 왕, 만주의 주"가 되었다는 선포는 견딜 수 없는 공격이었다. 예수는 참 대제사장이요,[히 4장] 참 성전[히 7-8장]이요, 참 희생제물이고, 참 율법의 마침[롬 10:4]이며, 이 예수 그리스도 안에서 인간의 죄가 용서받았다는 바울의 이신칭의 복음은 유대교의 성전 기득권 체제를 뒤흔들 수밖에 없었다.[15] 이제 그리스도 안에서는 이방인이나 유대인이나 차별이 없으며,[갈 3:28] 다만 그리스도 "안"과 "밖"에 있는 사람이라는 차별이 있을 뿐이라는 바울의 선포는, 성전제의 중심의 유대교를 분쇄하는 강력한 무기였다.

성전 제의 중심의 유대교는 선민과 비선민[非選民], 성민[聖民]과 속민[俗

民을 나눠 유대인들의 상대적인 정결, 거룩, 의로움으로 이방인들을 율법과 성전 제사 체제 아래 복속시키는 데 열심이었다. 유대교도 지중해 거의 모든 곳에 회당을 지어 운영해 이방인들을 개종자로 얻으려고 노력했다.마 23:15 그들은 이방인 개종 희망자들에게도 모세 오경의 613개의 율법 조항을 지키도록 요구했고, 남자들에게는 할례도 요구했다. "할례"는 이스라엘과 하나님 사이에 맺어진 언약의 영구적 징표이다.창 17:9-14 유대교는 이방인들에게 성전 제사를 비롯해 장로의 유전들이라고 불려지는 율법 시행세칙들(안식일, 우상숭배 금지, 정결 음식, 정결 예법)도 지키도록 요구했다. 유대교의 성전 제의와 할례, 그리고 언약과 율법들은 이방인들에 대한 유대인들의 우월감의 토대였다.

사도 바울은 로마서 9:4-5은 선민 이스라엘의 자부심 목록을 나열하고 있다. "그들은 이스라엘 사람이라 그들에게는 양자 됨과 영광과 언약들과 율법을 세우신 것과 예배와 약속들이 있고 …… 조상들도 그들의 것이요." 에베소서 2:12-13은 이방인들에 대해 유대인들이 품고 있던 선민적 우월감의 일단을 드러낸다. "그 때에 너희는 그리스도 밖에 있었고 이스라엘 나라 밖의 사람이라 약속의 언약들에 대하여는 외인이요 세상에서 소망이 없고 하나님도 없는 자이더니 이제는 전에 멀리 있던 너희가 그리스도 예수 안에서 그리스도의 피로 가까워졌느니라."

이처럼 성전제의 중심의 유대교는 이방인들을 멸시하거나 부정하게 여기는 편견을 조장했으며, 심지어 선민 유대인들이 이방인들과 함께 식사하며 교제하는 것을 금기시했다. 심지어 당시의 예루살렘 성전에는 이방인의 뜰과 이스라엘 남자들만이 허용되는 이스라엘의 뜰이 분리되어 있었다. 이스라엘 남자들에게만 개방된 성전 안쪽 뜰 앞 벽에는 이방인의 출입을 무섭게 경고하는 말이 적혀 있었다. "이 뜰을 넘어 이스라엘의 뜰로 들어가는 이방인은 죽임을 면치 못한다." 에베소에서부터 바울을 해치려고 따라온 유대인들은 사도 바울이 에베소 사람 드로비모와 함께 예루살렘 시내를 걸어 다니는 것을 보고 이방인 드로비모를 아예 예루살렘 성전으로 데려갔다고 오해하고 바울을 체포해 산헤드린에 고소했다.[행 21:29] 바울이 후에 이 사건을 회상하면서 성전이 이방인들을 배척하고 미워하게 만들었음을 평가한다.

> 그는 우리의 화평이신지라. 둘로 하나를 만드사 원수 된 것 곧 중간에 막힌 담을 자기 육체로 허시고 법조문으로 된 계명의 율법을 폐하셨으니 이는 이 둘로 자기 안에서 한 새 사람을 지어 화평하게 하시고 또 십자가로 이 둘을 한 몸으로 하나님과 화목하게 하려 하심이라. 원수 된 것을 십자가로 소멸하시고 또 오셔서 먼 데 있는 너희에게 평안을 전하시고 가까운 데 있는 자들에게 평안을 전하셨으니.[엡 2:14-17]

이처럼 바울은 이방인과 유대인을 분리시켜 대립시키는 유대교의 성전과 할례 중심주의를 혁파하고 그리스도의 보혈 중심의 복음을 전파했다. 바울은 이방인을 이제 "외인도 아니요 나그네도 아니요 오직 성도들과 동일한 시민이요 하나님의 권속"[엡 2:19]이라고 선포하기에 이른다. 바울이 전한 주 예수의 복음은 이방인 영접과 이방인과 유대인의 화해를 강조했다.

바울은 아브라함을 부르신 하나님의 목적의 궁극적 성취는 이방인들이 아브라함의 복에 참여하는 것임을 확신했다.[갈 3:8-28; 마 8:11] 그는 이방인을 차별하고 멸시하는 유대교의 완강한 요새를 쉼 없이 공격할 때마다, 자신을 이방인의 사도로, 복음의 미래를 담보할 복음의 역군으로, 부르신 예수 그리스도의 소명 사건에 호소했다. 이

다메섹 체험이 유대교적 국수주의자인 열혈 청년 사울을 사도 바울로 변화시킨 사건이다. 그리고 이 체험 속에는 바울을 넘어서는 하나님의 세계 선교의 경륜이 내포되어 있었던 것이다. 바리새인 한 청년의 실존 속에 일어난 자아 변혁 사건이 바리새적인 낡은 신학 변혁 사건으로 이어졌다.

이처럼 사도 바울의 개인 구원은 세계 만민을 구원하시려는 하나님의 보다 더 원대한 구원 계획 속에서 일어난 사건이다. 무릇 기독인의 구원 체험은 단자론적이지 않고, 만민 확장성과 세계 지향성을 견지하고 있다. 특정 시대의 개인 구원 속에는, 낡은 가죽 부대인 그 시대의 주요 모순을 찢고 새 가죽 부대를 형성하는 능력이 공급된다. 바울의 구원 사건 속에는 그 시대의 주요 모순인 이방인과 선민 유대인 간의 갈등을 돌파할 수 있는 능력이 주어졌다. 다메섹 도상에서 바울은 "복음은 모든 믿는 자에게 구원을 주시는 하나님의 능력"임을 몸소 체험했다롬 1:16-17. 하나님의 원수요 박해자였던 자신을 찾아오셔서 화해와 용서와 위임의 복음을 주신 하나님께서 이방인을 이처럼 용서하시고 새 피조물로 창조하시겠다는 복음을 주신 것이다. 바울은 하나님께서 자신을 대하신 화해와 용서의 태도가 바로 이방인을 향한 하나님의 태도였음을 깨달았다.고후 5:18-20 더 나아가 그는 그리스도 안에서 하나님과 죄인의 벽이 무너지고, 이방인과 유대인의 벽도 무너졌음을 또한 깨달았다. 바울은 확실히 그리스도 안에서 적대적인 쌍방이 하나가 되는 것이며, 이 화해의 경험이 교회 공동체를 창조했다는 진리를 발견했다. 바울에게 "교회"는 제도이기 전에 화해 경험이고, 화해 사건이었다.엡 2:11-22 바울이 말하는 구원은 결국 세계 만인의 구원을 위한 중간 공리이며, 이 하나님의 궁극 계획을 깨달은 바울은 이방 구원의 사도로 부름받은 것이다. 이처럼 모든 기독교인의 개인 구원 경험 속에는 궁극적으

로 이방 지향적인 차원이 내포되어 있다.[16]

결론적으로, 바울의 다메섹 체험은 그리스도인의 실존적 구원 경험의 핵이요, 세계 지향적인 변혁력이 발산되는 "아르키메데스의 점"Archimedean Point이다. 초대 기독 교회사와 16세기 종교개혁사, 20세기 초 한국 초대 교회사에서 일어난 사회 변혁의 에너지는 실존적인 구원 경험에 터하고 있는 것이다. 하나님 나라의 운동력은 노동당과 같은 강철 같은 전위당이나, 무력 시위military parade 등을 통해 역사하지 않는다. 그 권능은 나약한 인간성, 자기를 비운 연약함 속에 역사한다. 하나님 나라는 가장 약한 자 속에서 현존하고 발효하는 것이다. 하나님 나라의 겨자씨는 어떤 작위적 조작도 허용치 않는 지극히 수용적인 실존 속에서 역사한다. 하나님 나라는 하나님과 관련해서는 적어도 받는 자 속에 역사한다. 하나님 나라의 현존 방법은 십자가의 길로서 도무지 믿기지 않는 그 참혹한 무기력성 속에 그 나라는 침투하고 현존한다.

어떤 시대든 교회는 그 시대마다 독특한 죄와 죽음의 메커니즘과 맞대결하면서 해방과 구원의 견인차 역할을 수행한다. 경천동지驚天動地할 만한 혁명의 함성 속에서 발산되는 변혁 열기는, 그것이 개개인의 윤리적 결단이나 실존적 변혁을 거치지 않는 경우에 허수虛數의 열기로 판명되는 경우가 허다하다. 그러나 기독교회의 변혁력은 겨자씨와 누룩의 생명력과 같다. 누룩의 겉모습은 눈에 잘 보이지도 않지만, 낡은 가죽 부대를 터트리는 발효력을 발출한다. 하나님 나라는 강철 같은 조직 속에 현현하지 않는다. 겨자씨처럼 자기를 비우고 축소시켜서, 거의 눈에 띄지도 않는 곳에서 그 운동력이 발산되는 것이다. 한 시대의 사회 변혁은 이 작은 겨자씨나 누룩 같은 실존적 변혁 사건에서 발효되는 것이다.막 4:30-32

1-3차 선교 여행 중 바울이 뿜어낸 엄청난 변혁 에너지는 "누룩

과 겨자씨" 같은 "다메섹의 구원 사건" 속에서 발원한 것이다. 바울은 겨자씨와 같은 믿음을 가진 자였고, 태산을 옮겨 바다에 던진 자였다.막 11:23 바울의 다메섹 구원 사건은 그의 내면에 일어난 실존적 구원 사건일 뿐 아니라, 세계와 이웃에게 스며드는 역사적 사건이었던 것이다. 유럽과 소아시아 선교를 위해 하나님은 바울 한 사람의 마음속에 다메섹 사건을 일으키신 것이다. 군중적 열기나 집단주의적 이해관계가 창출하는 에너지는, 겉으로는 치열한 듯 보이나 영속성이 결여되어 있다. 그 안에는 옛 자아를 십자가에 못 박게 만드는 능력이 없다. 민족주의 감정에 예속되거나 국가주의 이데올로기 아래 순응한 교회는 이 세상의 부조리한 분열상을 심화시킨다. 2차 세계대전 시기의 독일 교회와 일본 교회는 세계 평화에 기여하기보다는 세계 만민 사이에 있어야 할 인류애적 연대를 파괴하는 데 앞장섰다. 반면에 바울의 소아시아 및 유럽 선교는 유대인과 이방인 사이, 자유인과 노예 사이, 남자와 여자 사이, 본토인과 난민 사이의 경계를 허물고 그리스도 중심으로 연합된 새로운 공동체, 곧 예수 그리스도의 에클레시아를 창조하는 평화 운동이었다.

이처럼 성령에 이끌리는 교회는 우상숭배에 찌든 도시를 거룩하게 해체할 뿐 아니라, 적대적인 갈등 당사자들마저도 화해시키는 평화의 도구가 된다. 교회의 본질은 각 시대의 중심분열과 대립을 해소하여 평화를 창조하는 데 있다. 교회의 머리가 된 주 예수 그리스도는 서로 적대적인 유대인과 이방인을 하나로 만드는 "평화"이기 때문이다. 따라서 교회가 창립된다는 것은 그 교회가 속한 사회의 분열과 대립을 극복하는 화해의 토대가 구축되는 것을 의미한다.

10장.

하나님 보좌에 상달된 고넬료의 기도와 구제

9장이 이방 선교를 위해 사도 바울을 회심시키는 하나님의 주도적인 역사하심을 기록한 장이라면, 10장은 베드로에게 이방 선교의 문을 열어주는 하나님의 주도적인 사역을 다룬다. 9장 마지막 단락이 다루는 베드로의 욥바 사역은 최초의 이방 선교사이자 예언자 요나의 "욥바" 불순종 기억[욘 1장]을 상쇄시키며 전개된다. 요나의 "욥바"가 이방 선교를 거절하는 유대인의 배타적 선민주의와 완고함을 대표했다면, 사도행전 10장의 베드로 욥바 사역, 곧 고넬료 가정 전도 사역은 유대인들의 배타적 선민주의의 해소를 대표한다. 니느웨에 가서 회개의 메시지를 선포하라는 하나님의 명령에 불복한 요나와는 달리, 욥바에 있던 베드로는 가이사랴의 이방인 백부장 고넬료의 집으로 기꺼이 가서 그에게 복음을 증거한다. 켜켜히 누적된 배타적 선민주의가 베드로에게 와서 와해되기 시작한 것이다.

하나님은 유대교의 배타적인 선민의식에 사로잡혀 있는 베드로에게 이방인에 대한 하나님의 오랜 구원 경륜을 가르쳐 주신 것이다. 10장에서도 하나님과 당신 백성들 사이에서 벌어지는 고감도의 영적 감응 작용이 두드러지게 부각된다. 하나님의 뜻은 하나님의 뜻을 고도로 예민하게 분별하여 알아듣고 순종하도록 담금질되고 준비된 종들을 통해 성취된다. 하나님께서는 바울과 베드로를 이방 선교의 최전선에 배치함으로써 유대교 안에 수백 년 동안 퇴적되어 온 배타적 선민주의와 열방 멸시 사상을 폐기하고, 이방인들이 하나님 나라로 쇄도하는 이방 선교 시대를 열고자 하신다.

하나님의 구원 역사는 준비된 인물의 회심이나 대각성[大覺醒]을 통해 크게 진척된다. 이 당시의 유대인들은 배타적 선민의식에 고착된 채, 하나님 안에서 시작된 새 일을 감지하지 못하고 옛날의 신학 전통으로 하나님의 새 일[사 43:19]과 맞서려고 했다. 이에 비추어 볼 때, 우리는 과거의 전통에 충실함으로써 하나님 나라의 운동에 충성할 뿐만 아니라 그 전통을 재해석하여 하나님의 새 일을 감지하고 거기에 참여할 수 있는 신앙적, 신학적 개방성 또한 유지해야 한다. 하나님께서 이스라엘을 선택하여 언약 백성으로 삼으셨다고 해서 만민을 포기하고 방치하신 것은 아니었다. 하나님께서는 고넬료와 같은 이방인의 기도마저 듣고 응답해 오신 인류 전체의 하나님이시다. 하나님께서 선민 이스라엘 민족의 조상이 될 아브라함을 부르는 그 순간에도 만민[all the families on the earth]이 아브라함과 그의 후손[갈 3:8-14]으로 말미암아 아브라함의 복에 참여하기를 원하셨던 것이다.[창 12:3]

10장은 하나님 앞에 상달된 이방인 고넬료의 기도와 구제,[1-23절 상반절] 백부장 고넬료의 집에서 행한 베드로의 설교,[23절 하반절-43절] 그리고 이방인들에게도 강림한 성령[44-48절]으로 나눠진다.

1. 하나님 앞에 상달된 이방인 고넬료의 기도와 구제 • 1-23절

10 1가이사랴에 고넬료라 하는 사람이 있으니 이달리야 부대라 하는 군대의
백부장이라. 2그가 경건하여 온 집안과 더불어 하나님을 경외하며 백성
을 많이 구제하고 하나님께 항상 기도하더니. 3하루는 제 구 시쯤 되어 환상 중에 밝
히 보매 하나님의 사자가 들어와 이르되 고넬료야 하니 4고넬료가 주목하여 보고 두
려워 이르되 주여, 무슨 일이니이까 천사가 이르되 네 기도와 구제가 하나님 앞에 상
달되어 기억하신 바가 되었으니 5네가 지금 사람들을 욥바에 보내어 베드로라 하는
시몬을 청하라. 6그는 무두장이 시몬의 집에 유숙하니 그 집은 해변에 있다 하더라. 7

마침 말하던 천사가 떠나매 고넬료가 집안 하인 둘과 부하 가운데 경건한 사람 하나
를 불러 8이 일을 다 이르고 욥바로 보내니라. 9이튿날 그들이 길을 가다가 그 성에
가까이 갔을 그 때에 베드로가 기도하려고 지붕에 올라가니 그 시각은 제 육 시더라
10그가 시장하여 먹고자 하매 사람들이 준비할 때에 황홀한 중에 11하늘이 열리며 한
그릇이 내려오는 것을 보니 큰 보자기 같고 네 귀를 매어 땅에 드리웠더라. 12그 안에
는 땅에 있는 각종 네 발 가진 짐승과 기는 것과 공중에 나는 것들이 있더라. 13또 소
리가 있으되 베드로야, 일어나 잡아먹어라 하거늘 14베드로가 이르되 주여, 그럴 수
없나이다. 속되고 깨끗하지 아니한 것을 내가 결코 먹지 아니하였나이다 한 대 15또
두 번째 소리가 있으되 하나님께서 깨끗하게 하신 것을 네가 속되다 하지 말라 하더
라. 16이런 일이 세 번 있은 후 그 그릇이 곧 하늘로 올려져 가니라. 17베드로가 본 바
환상이 무슨 뜻인지 속으로 의아해 하더니 마침 고넬료가 보낸 사람들이 시몬의 집
을 찾아 문밖에 서서 18불러 묻되 베드로라 하는 시몬이 여기 유숙하느냐 하거늘 19
베드로가 그 환상에 대하여 생각할 때에 성령께서 그에게 말씀하시되 두 사람이 너
를 찾으니 20일어나 내려가 의심하지 말고 함께 가라 내가 그들을 보내었느니라 하시
니. 21베드로가 내려가 그 사람들을 보고 이르되 내가 곧 너희가 찾는 사람인데 너희
가 무슨 일로 왔느냐. 22그들이 대답하되 백부장 고넬료는 의인이요 하나님을 경외하
는 사람이라 유대 온 족속이 칭찬하더니. 그가 거룩한 천사의 지시를 받아 당신을 그
집으로 청하여 말을 들으려 하느니라 한 대 23베드로가 불러들여 유숙하게 하니라.

주석

이 단락은 가이사랴의 로마 주둔군 장교인 백부장 고넬료 가정의 성령 세례 사건을 다룬다. 본문은 이방인 또한 기도와 구제 생활을 통해 하나님께 인정받는 데까지 이를 수 있음을 보여준다. 물론 이것은 기도와 구제 생활 같은 인간의 선행이 하나님의 구원을 확보할 수 있다는 말은 아니다. 모든 구원은 하나님 은혜의 선물이기 때문이다. 사도행전 저자는 어디에서도 고넬료가 기도와 선행에 힘썼

기 때문에 하나님의 구원을 받을 자격이 있다고 말하지 않는다. 하나님의 일방적인 구원 의지가 고넬료의 구제와 기도를 궁극적으로 의미있게 만들어 주었을 뿐이다. 따라서 우리는 여기서 선행이나 인간의 공로로 구원을 받을 수 있다는 사상을 끌어내거나 종교다원주의를 정당화하는 원리를 도출할 수는 없다.

그럼에도 다음 두 가지 진리는 아무리 강조해도 지나치지 않다. 첫째, 하나님이 하나님을 경외하는 의인 고넬료의 기도를 들으시고 그의 구제를 기억하셨다.[행 10:31] 둘째, 하나님은 사람의 인종을 보지 않고 각 나라 중 하나님을 경외하며 의義를 행하는 사람은 다 받으신다.[행 10:33-34] 고넬료는 비록 이방인이었으나, 이미 유대교의 입문 직전까지 도달한 "하나님 경외자"(φοβούμενος τὸν Θεὸν)이다.[22절, 35절] 곧 할례만 받지 않았을 뿐 이스라엘의 한 분 하나님을 믿고 하나님의 율법을 실천해 구제에 힘썼던 의인이었다. 하나님 경외가 그의 기도와 구제 생활의 원동력이었다는 것이다. 그렇다면 여기서도 강조되는 것은 하나님의 값없이 주시는 은혜다. 고넬료의 기도와 구제는 하나님의 친親백성으로 접목되는 은혜가 임하는 계기가 되었을 뿐이다. 그는 할례받지 않고 예수 그리스도의 이름으로 세례받고 성령을 받았다.[47-48절]

고넬료가 주둔하고 있는 가이사랴는 원래 그리스 제국 시기에 알렉산더 대왕의 아버지인 필리포스 2세를 기리기 위해 세워진 도시인데, 바울 당시에는 로마 총독 관저가 자리한 팔레스타인의 중심 도시였다. 고넬료는 그곳에 주둔하는 군대의 고위 장교였다.[1절] 그는 이스라엘에 파견되어 근무하면서 유대인들과 깊은 교우를 나누다가 유대교의 가르침에 큰 영향을 받았는데, 할례만 빼고 유대교 입문 절차를 거의 마친 상태로 보인다. "하나님 경외자"인 고넬료는 온 집안 식구로 하여금 하나님을 경외하도록 만든 가장이다.

그는 경건한 사람이었다. 로마제국의 여러 종교에서 "경건하다"는 의미는 국가적 종교 의식에 꼼꼼하게 참여하거나, 집단정신을 극화하는 종교 제례에 순응하는 태도를 말한다. 그러나 유대교적 경건은 세속에 물들지 않음을 넘어, 고아와 과부를 돌보는 선행에 힘쓰는 삶을 의미한다.약 1:27 고넬료는 유대교적인 경건의 사람이었다. 하나님을 경외하는 그의 삶은 많은 구제 활동과 정기적이고 규칙적인 기도에 바쳐졌다.2절

어느 날 제9시(오후 3시)쯤 기도 시간에 고넬료가 환상을 보았다.3절 그는 환상 중에 자신을 부르며 자신에게 무엇인가를 명령하시는 하나님의 사자使者를 보았다. 고넬료는 자신을 부르는 천사를 주목한 채 두려워 떨며 물었다. "주여, 무슨 일이니이까?" 이때 천사가 그에게 "네 기도와 구제가 하나님 앞에 상달되어 기억하신 바가 되었다"라고 말한다.4절 기도와 구제가 하나님 앞에 상달되었다는 말은 하나님께 순종하고 싶은 고넬료의 간절한 소원이 알려졌다는 뜻이다. 우리는 여기서 규칙적인 구제와 기도 활동이 하나님과의 영적 소통과 친밀한 교제에 결정적으로 중요한 것임을 알게 된다. 과연 고넬료는 신실한 기도와 구제의 사람이었다. 자선은 하늘에 보물을 쌓아 두는 행위로, 가난한 자들의 호주머니에 보화를 쌓아 두는 일로 구체화된다.마 6:19-21; 눅 12:33-34 빌립보서 4:17의 NIV 번역은 다음과 같다. "I am looking for what may be credited to your account." 이 번역이 개역개정("너희에게 유익하도록 과실이 번성하기를 구함이라")보다 원문에 더 가깝다. 이 구절의 헬라어 문장을 직역하면, "나는 여러분의 구좌로 입금될 수 있는 것을 찾습니다"이다. 빌립보 교회가 바울을 위해 재물을 써가면서 옥바라지 하는 그 사랑이 빌립보 교회가 자신의 천국 구좌에 미리 저금하는 행위와 같다는 것이다. 예수님도 유사한 맥락에서 "이 작은 소자(방랑 전도에

투신된 제자)에게 냉수 한 그릇을 주는 사람은 천국에서 상급을 보장받는다"막 9:41고 언명하셨다. 이처럼 하나님께서는 은혜로 구원하시지만, 인간의 재물 희사 선행을 무가치하다고 멸시치 않으신다. 비록 고넬료 자신은 하나님의 친 백성이 아니었고 약속과 언약 바깥에 있는 사람이었지만,엡 2:11-12 그의 지속적인 기도는 그를 하나님께 알려진 사람으로 만들었다. 인간의 선행은 믿음의 법과 충돌하지 않는다. 믿음의 법은 선행을 완성한다. 고넬료는 비록 이방인이었으나 지속적인 기도와 구제 활동을 통해, 그리고 보다 더 결정적으로는 하나님의 은혜에 추동되어 마침내 온전한 구원 계시에 이를 수 있었다. 고넬료의 간절한 기도는 하나님의 보좌로부터 영적 감응을 불러일으켰다. 이 장면은 사도행전이 하나님과 당신 백성들 사이에서 이뤄지는 참으로 조밀한 영적 감응과 교통의 역사임을 여실하게 보여준다.

하나님께서는 영적 감응력이 탁월한 고넬료에게 "지금 사람들을 욥바에 보내어 무두장이 시몬의 집에 유숙하고 있는 베드로라 하는 시몬을 초청하라"고 권고하신다.5-6절 자신에게 말하던 천사가 떠나자마자 고넬료는 집안 하인 둘과 부하 가운데 경건한 사람 하나를 불러 자신의 환상 체험의 자초지종을 말하고,7절 그들을 욥바의 베드로에게 보낸다.8절 이제 하나님께서 베드로를 감응시키실 차례다. 고넬료의 기도가 때가 찼으니, 베드로를 영적으로 감응시켜서 고넬료 구원 사역을 주도적으로 이끌도록 하신다. 고넬료의 기도를 응답하시고 감응하신 바로 그 하나님이 또한 베드로의 기도 시간에 나타나셔서 베드로의 임박한 사명을 준비시키신 것이다.

고넬료가 베드로를 초청하기 위해 보낸 세 사람이 욥바 성 가까이에 당도했을 때, 베드로는 지붕에 올라가 자신의 제6시(정오) 기도에 몰입하고 있었다.9절 그는 허기를 느낀 채 기도하다가 황홀한 상태에서 환상을 본다.10절 하늘로부터 네 귀를 맨 큰 보자기 같은 그릇이 내려오고 있었는데,11절 그 안에는 땅에 있는 각종 네 발 달린 짐승과 기는 것과 공중에 나는 것들이 있었다.12절 하늘로부터 "베드로야, 잡아먹으라"는 소리가 들린다.13절 베드로는 "주여, 그럴 수 없나이다. 속되고 깨끗하지 아니한 것을 내가 결코 먹지 아니하였나이다"라고 말하며 거부한다.14절 부정한 짐승과 정한 짐승을 구분하는 레위기 11장의 규정을 의식하며 베드로는 자신이 한 번도 이 음식 규정을 어긴 적이 없음을 강조한다. 신구약 중간기의 위경僞經, pseudepigraphy 중 하나인 「아리스테아스의 편지」the Letter of Aristeas에 따르면, 이 부정한 짐승은 이방인을 가리키는 것으로 이해된다.[1] 여기서 베드로가 "부정한 짐승들을 잡아먹으라"는 하늘의 음성을 "이방인 선교에 과감하게 뛰어들라"는 말로 이해하고 거부하였는지는 아직은 확실히 알 수 없다.비교. 17절 다만 베드로는 자신이 레위기의 정결 예법을 꼼꼼하게 준수해 온 사람임을 부각시킴으로써 하나님의 명령에 불복하는 이유를 말한다.

이때 하나님은 두 번째로 동일한 명령을 내리신다. "또 두 번째 소리가 있으되 하나님께서 깨끗하게 하신 것을 네가 속되다 하지 말라 하더라."15절 여기서 덧붙여진 사실은, 하나님께서 부정한 짐승들이라도 깨끗게 하셨다면 더 이상 사람이 속되다고 말할 수 없다는 점이다. 하지만 이때도 베드로는 거절한다. 그가 얼마나 꼼꼼하고 신실한 레위기 정결음식법 준수자였는지를 짐작할 수 있다. 마침내 하나님은 세 번째 동일한 환상을 보이고 같은 명령을 내리신다. 그 후 부정한 짐승들을 싼 보자기가 하늘로 올라간다.16절 이런 복잡하고 긴장된 순간을 거친 후에야 베드로는 "부정한 짐승을 잡아먹으라"는 환상이 하나님께로부터 온 의미심장한 계시임을 어렴풋이 깨닫기 시작한다. 독자들은 이 지점에서 사도 베드로가 이방인들을 "부정한 짐승들"이라고 보았던 당시의 바리새파적 견해를 유지하고 있었음을 깨닫게 된다.

이런 상황에서 베드로는 자신이 본 환상이 하나님으로부터 온 환상임은 깨달았지만, 그것의 참된 의미는 모른 채 우왕좌왕하고 있었다. 고넬료가 보낸 사자들이 도착하여 자신에게 가이사랴로 와 달라고 요청할 때까지 베드로는 자신이 본 환상이 무슨 뜻인지 속으로 의아해하고만 있었다.[17절] 그때 마침 고넬료가 보낸 사람들이 시몬의 집을 찾아 문밖에 서서 베드로를 찾는다.[18절] 절묘한 하나님의 영적 감응망이 작동하는 순간이다. 베드로의 고민이 깊어가는 바로 그 시점에 하나님이 보낸 사자들이 그의 대문을 두드린 것이다. 하나님과의 깊은 영적 감응과 기도 속에 사는 신자들에게는 이런 일치가 일어날 수 있다. 고넬료가 보낸 사자들의 욥바 방문은 놀라운 하나님의 적시適時 섭리가 아닐 수 없다. 베드로가 그의 환상에 대해 여러 가지 상념에 깊이 잠겨 가는 바로 그 시점에, 성령께서 그에게 말씀하셨다.[19절] "일어나 내려가 의심하지 말고 함께 가라 내가 그들을 보내었느니라."[20절] 베드로는 성령의 음성을 듣고도 자신을 찾는 사람들에게 "내가 곧 너희가 찾는 시몬인데 너희가 무슨 일로 나를 찾아왔느냐?"라고 다시 묻는다. 일종의 이중 점검인 셈이다.[21절] 고넬료의 사신들은 단도직입적으로 고넬료와 그가 본 환상에 대해 소개한다.[22절] 유대 온 족속으로부터 칭찬받는 의인인 자신들의 주인 고넬료가 하나님을 경외하는 사람이며, 거룩한 천사의 지시를 받아 베드로를 자신의 집으로 초청하게 되었음을 조리있게 말한다. 이 말을 들은 베드로는 그들을 불러들여 자신의 거처에 유숙하게 했다.[23절 상반절]

행

2. 백부장 고넬료의 집에서 행한 베드로의 설교 ● 23절 하반절-43절

23이튿날 일어나 그들과 함께 갈새 욥바에서 온 어떤 형제들도 함께 가니라. 24이튿
날 가이사랴에 들어가니 고넬료가 그의 친척과 가까운 친구들을 모아 기다리더니 25
마침 베드로가 들어올 때에 고넬료가 맞아 발 앞에 엎드리어 절하니 26베드로가 일
으켜 이르되 일어서라, 나도 사람이라 하고 27더불어 말하며 들어가 여러 사람이 모
인 것을 보고 28이르되 유대인으로서 이방인과 교제하며 가까이 하는 것이 위법인 줄
은 너희도 알거니와 하나님께서 내게 지시하사 아무도 속되다 하거나 깨끗하지 않다
하지 말라 하시기로 29부름을 사양하지 아니하고 왔노라 묻노니 무슨 일로 나를 불렀
느냐. 30고넬료가 이르되 내가 나흘 전 이맘때까지 내 집에서 제 구 시 기도를 하는데
갑자기 한 사람이 빛난 옷을 입고 내 앞에 서서 31말하되 고넬료야, 하나님이 네 기도
를 들으시고 네 구제를 기억하셨으니 32사람을 욥바에 보내어 베드로라 하는 시몬을
청하라 그가 바닷가 무두장이 시몬의 집에 유숙하느니라 하시기로 33내가 곧 당신에
게 사람을 보내었는데 오셨으니 잘하였나이다. 이제 우리는 주께서 당신에게 명하신
모든 것을 듣고자 하여 다 하나님 앞에 있나이다. 34베드로가 입을 열어 말하되 내가
참으로 하나님은 사람의 외모를 보지 아니하시고 35각 나라 중 하나님을 경외하며 의
를 행하는 사람은 다 받으시는 줄 깨달았도다. 36만유의 주 되신 예수 그리스도로 말
미암아 화평의 복음을 전하사 이스라엘 자손들에게 보내신 말씀 37곧 요한이 그 세례
를 반포한 후에 갈릴리에서 시작하여 온 유대에 두루 전파된 그것을 너희도 알거니
와 38하나님이 나사렛 예수에게 성령과 능력을 기름 붓듯 하셨으매 그가 두루 다니시
며 선한 일을 행하시고 마귀에게 눌린 모든 사람을 고치셨으니 이는 하나님이 함께
하셨음이라. 39우리는 유대인의 땅과 예루살렘에서 그가 행하신 모든 일에 증인이라.
그를 그들이 나무에 달아 죽였으나 40하나님이 사흘 만에 다시 살리사 나타내시되 41
모든 백성에게 하신 것이 아니요 오직 미리 택하신 증인 곧 죽은 자 가운데서 부활하
신 후 그를 모시고 음식을 먹은 우리에게 하신 것이라. 42우리에게 명하사 백성에게
전도하되 하나님이 살아 있는 자와 죽은 자의 재판장으로 정하신 자가 곧 이 사람인

것을 증언하게 하셨고 [43]그에 대하여 모든 선지자도 증언하되 그를 믿는 사람들이 다 그의 이름을 힘입어 죄사함을 받는다 하였느니라.

주석

이튿날 베드로는 즉시 고넬료가 보낸 사람들과 욥바 출신 형제 몇몇과 함께 가이사랴로 떠난다.[23절] 거기에는 고넬료와 그의 가정, 그의 친척들과 친구들이 간절한 마음으로 베드로를 기다리고 있었다.[24절] 베드로가 집에 들어올 때 고넬료는 그를 맞아 그 발 앞에 엎드리며 절한다.[25절] 이때 베드로가 고넬료를 일으키며 "나도 사람이라"고 말한다.[26절] 고넬료의 집에 모인 많은 사람을 본 베드로는 자신이 고넬료의 집에 오게 된 경위를 설명하며 고넬료에게 왜 자신을 청하였는지 묻는다.[27-29절] 베드로는 자신이 유대인으로서 이방인과 함께 어울려 교제하는 것은 위법이라는 사실을 강조하면서, 자신이 고넬료의 집에 들어온 것은 하나님의 강권적인 역사임을 부각시킨다.[갈 2:11-13; 엡 2:11-14] 자신도 이방인들과의 접촉을 무척 꺼렸으나, "하나님께서 깨끗게 하셨다면 어떤 누구도 속되다고 말할 수 없다"는 신념을 피력하는 동시에, 고넬료가 보낸 사신들의 간청을 받아 감히 자신이 이방인의 집으로 들어오게 되었다는 점을 강조한다. 약간의 긴장감을 불러일으키는 이 말에 이어 베드로는 고넬료에게 직접 무슨 일로 자신을 불렀는지 재차 묻는다.[29절]

30-33절 상반절은 3-6절을 거의 되풀이한다. 고넬료는 자신의 나흘 전 제9시 기도 환상 경험을 반복해서 말하며, 욥바에 머물고 있는 베드로라고 불리는 시몬을 집으로 초청하라는 천사의 명령을 이행하고 있음을 강조한다. 곧 베드로의 초청이 자신의 자의적인 계획이 아니라 하나님이 주도하시는 계획 집행이라는 점을 부각시킨 것이다.[30-32절] 33절 하반절에서 고넬료는 베드로의 결단을 찬양

하며 자신과 자신들의 가문, 친구, 친척들은 하나님께서 베드로를 통해 들려주시는 모든 말씀을 들을 준비가 되어 있다고 말한다.33절

34-43절은 유명한 베드로의 공관복음 압축 설교이다. 베드로는 먼저 보편적인 하나님의 사랑에서 시작하여,34-35절 세상을 향한 하나님의 화평 복음과 그 복음 자체인 예수 그리스도,36절 그분의 강력하고 자비로운 공생애 사역,37-38절 유대인들에 의해 십자가에 달려 죽으신 예수,39절 마지막으로 예수의 부활과 제자들에게 위탁된 부활과 죄사함의 복음40-43절을 선포함으로써 설교를 마친다.

베드로는 먼저 하나님의 보편적 사랑을 언급하며 말문을 연다. 34-35절 "내가 참으로 하나님은 사람의 외모를 보지 아니하시고 각 나라 중 하나님을 경외하며 의를 행하는 사람은 다 받으시는 줄 깨달았도다." 이 두 절은 경우에 따라서 약간의 오해를 불러일으킬 수 있다. "모든 종교는 다 같으며 등산로로 올라가는 다른 길일 뿐"이라고 주장하는 종교다원주의나 인간의 선행이나 공로로 인한 구원 가능성을 정당화하는 듯 들리기 때문이다. 결코 그런 의미가 아니다. 확실히 이 절들은 종교와 인종, 국적과 성별에 상관없이 하나님을 경외하고 의를 행하는 사람을 하나님이 열납하신다는 점을 인정한다. 하나님을 경외하고 의를 행하는 삶 자체의 고유한 가치를 인정한다. 그러나 잘 읽어 보면, 인간의 하나님 경외와 의를 실행함이 하나님의 구원을 당연히 요구할 만한 고유하고도 충분한 가치가 있다고 말하지는 않음을 알 수 있다. 그것이 하나님의 구원을 받는 데 하나의 필요조건이 될 수는 있으나, 충분조건이 될 수는 없다. 하나님을 경외하는 의로운 삶 자체가 반드시 하나님께 구원을 요구할 만큼 당당하거나 충분하지는 않은 것이다. 오히려 이 두 절은 하나님이 기꺼이 절대 주권으로 받아 주시는 사랑을 강조하고 있다. 고넬료의 모든 의로운 행위와 구제는 하나님 경외에서 발원한 것이

다. 하나님이 고넬료에게 불러일으킨 외경심이 고넬료의 모든 행동의 추동력이다. 고넬료의 행동에서 알 수 있듯이 그는 여전히 하나님의 은혜와 자비에 의존하는 인물이다. 그의 하나님 경외와 의義 실천은, 하나님의 받아들여 주심이라는 선행적先行的인 은혜에 의해 견인되는 후발적인 활동이라는 점이 중요하다. 하나님은 고대의 유대교나 오늘날의 기독교 배경에서 자라지 않은 사람들일지라도 보편적인 사랑과 자비의 원칙으로 만민을 대하신다. 그런 점에서 하나님은 외모(국적, 인종, 종교)를 중심으로 판단하지 않으신다. 어떤 사람이 제도적인 종교에 참여하지 않는다 할지라도 지속적으로 행하는 기도와 사랑, 재정 희사를 통한 이웃 사랑을 하나님은 감찰하고 지켜보신다. 그렇다고 해서 우리는 여기서 무종교인의 선행이 구원을 가져온다거나 무교회주의자의 선행이 구원을 가져온다는 교리를 이끌어 낼 수는 없다. 하나님의 궁극적이고 선행적인 은총에 응답하는 후발적인 활동일 때만 인간의 선행이 고귀하며 이런 고귀한 선행만이 작은 선행을 했다고 금세 자기도취적 자기의를 자랑하는 인간의 자만심을 몰아내게 한다.

36절은 예수가 이 세상을 창조하신 아버지 하나님의 아들임을 강조한다. 선민을 택할 때 만민을 구원하실 생각부터 하신 보편적인 부성애를 가진 하나님이 예수 그리스도의 아버지 하나님이시다. 만유를 창조하신 하나님 아버지가 만유의 주 예수 그리스도를 파송하신 하나님이시다. 바로 이 하나님이 바로 아브라함의 후손인 이스라엘을 선택하셔서 열방의 빛으로 삼으신 하나님이시다. 하나님의 구약 역사 1,500년은 이스라엘에게 하나님의 말씀을 파송하신 역사다. 그 하나님께서 만유의 주 되신 예수 그리스도로 말미암아 천하 만민에게 화평의 복음고후 5:18-21을 전하려고 먼저 이스라엘 자손들에게 보내셨다.36절 예수 그리스도가 선포한 복음은 세례자 요한이 그 세례를 반포한 후에 예수께서 친히 갈릴리에서 시작해 온 유대에 두루 전파하신 바로 그 복음이다. 여기서는 고넬료 또는 사도행전의 독자들도 이미 그에 대해 어느 정도 알고 있다는 사실이 전제되어 있다.[37절]

38절에 따르면 예수의 공생애는 하나님이 함께 하신 강력한 사랑과 권능의 시위 그 자체였다. 하나님께서 나사렛 예수에게 성령과 능력을 기름 붓듯 부어 주셨기에 그가 두루 다니며 선한 일을 행하고 마귀에게 눌린 모든 사람을 고치셨다. '하나님 나라'가 이 땅에 임한 것이다. 모든 죽음과 죄의 권세가 예수의 말씀과 행동 앞에 장맛비에 무너지는 토성[土城]처럼 무너져 내렸다. 이스라엘에게 일어난 그 강력한 치유 사역과 축사 사역은 온 열방을 향해 하나님의 다스림을 확장시킬 하나님의 구원 사역의 모델이자 모형이었다. 베드로를 비롯한 열두 제자 및 초기 예루살렘 제자 공동체는 나사렛 예수께서 펼치신 강력한 공생애의 증인들이었다.[39절; 눅 24:18-24] 그러나 이스라엘의 종교 권력자들은 그를 죽였을 뿐만 아니라, 그의 죽음을 "하나님께 저주받아 죽은 자의 죽음"처럼 보이도록 로마제국의 공권력에 의지했다. "나무에 달려 죽은 자는 하나님께 저주받은 자"라는 신명기 21:23의 통설을 유대인들에게 퍼뜨리기 위해 유대교 당국자들은 로마 총독으로 하여금 예수를 십자가형에 처하도록 강압했다.[39절] 그렇지만 하나님은 예수를 사흘 만에 다시 살리셨고 제자들에게 나타내셨다. 부활하신 예수는 모든 백성에게 나타나신 것이 아니라, 오직 미리 택하신 증인 곧 제자들에게만 나타나셨다. 예수를 사랑한 자들에게만 예수는 자신을 나타내 주신 것이다. "나의 계명을 지키는 자라야 나를 사랑하는 자니, 나를 사랑하는 자는 내 아버지께 사랑을 받을 것이요 나도 그를 사랑하여 그에게 나를 나타내리라."[요 14:21]

42-44절은 부활하신 예수께서 제자들에게 주신 선교 사명을 진술한다. 부활하신 예수는 먼저 이스라엘 백성에게 자신이 하나님의 아들임을 전도하게 하시되 하나님이 예수 자신을 살아 있는 자와 죽은 자의 재판장으로 정하셨음을 선포하게 하셨다.[42절] 베드로는 구약 모든 예언자의 궁극적인 예언이 하나님의 아들에 관한 복음의 약속이며, 그들의 메시지는 결국 하나님의 아들을 믿는 사람들이 다 그의 이름을 힘입어 죄사함을 받는다는 복음이었다는 점을 강조한다.[43절]

3. 이방인들에게도 강림한 성령 ● 44-48절

44베드로가 이 말을 할 때에 성령이 말씀 듣는 모든 사람에게 내려오시니 45베드로와 함께 온 할례 받은 신자들이 이방인들에게도 성령 부어주심으로 말미암아 놀라니 46이는 방언을 말하며 하나님 높임을 들음이러라. 47이에 베드로가 이르되 이 사람들이 우리와 같이 성령을 받았으니 누가 능히 물로 세례 베풂을 금하리요 하고 48명하여 예수 그리스도의 이름으로 세례를 베풀라 하니라 그들이 베드로에게 며칠 더 머물기를 청하니라.

주석

베드로가 이렇게 조리 있게 예수 그리스도의 복음을 증거하는 동안 성령이 말씀을 듣는 모든 사람에게 강림했다.[44절] 베드로와 함께 온 욥바의 할례받은 신자들(유대인 출신 신자들)이 하나님께서 할례를 받지도 않은 이방인들에게도 성령을 부어주심을 보고 놀랐다.[45절] 가이사랴 고넬료 집에 모인 이방인들이 성령을 받고 방언을 말하며 하나님을 찬양하는 말을 선포하기 시작했던 것이다.[46절] 베드로는 이 고넬료 가정의 방언과 성령 강림 사건이 가이사랴의 성령 강림과 예루살렘의 오순절 성령 강림의 연장선상에서 일어난 구원 사건임을 인정했다. 따라서 베드로는 이미 성령을 받은 고넬료와 그 가속들, 친척들과 가까운 친구들에게 지체없이 물세례를 베풀었다. 그들은 베드로와 그의 일행이 자신들과 함께 며칠 더 머물기를 간청했다. 세례를 받은 고넬료 가문 공동체는 이제 담대하게 베드로와의 교제를 청했다. "세례"는 유대인과 이방인의 장벽을 허물어뜨린 평화의 통과의례였다. 이렇게 해서 베드로는 이방인들을 주 예수 그리스도의 몸에 접목시키는 이방 선교에 눈을 떴다.

메시지

10장의 메시지는 두 가지이다. 첫째, 유대교의 오랜 종교 관습과 편견을 주도적으로 돌파하시는 성령의 역사하심이다. 이방 선교는 유대교 신학의 자연스런 발전과 진화의 산물이 아니다. 바리새인들도 천하를 다니며 개종자를 얻기 위해 애를 썼다.[마 23:15] 그들은 이방인들로 하여금 613개의 율법을 지키게 만듦으로써 개종자를 얻으려고 했다. 그러면서도 유대인들은 이방인들과의 식사 교제를 하지 않았다. 이방인들이 본질적으로 우상 숭배자들이라고 보았기 때문이다. 우상 숭배자들과 접촉하는 것은 하나님의 성민다운 정결과 거룩을 훼손한다고 보았다. 하지만 하나님은 9-10장에서 이방 선교 시대를 열어갈 두 사도를 각각 놀라운 방식으로 각성시키고 계몽시키셨다. 예기치 못한 방식으로 사울과 베드로의 영적 시야를 넓혀주셨다. 그들에게 나타난 하나님은 이방인들을 아브라함의 복으로 초청하는 만민의 하나님이다. 바울과 베드로의 이 영적 개안을 계기로 교회는 세계적 하나님 나라 운동의 견인차로 부상했다. 기독교는 자신을 만민과는 우월하게 구별된 선민이라고 믿는 유대인들의 폐쇄적 신앙을 탈출해 이방인을 영접하는 거듭난 이스라엘 사람들에 의해 개창開創되었다.

10장은 베드로가 사실상 바리새인적 교양과 영성으로 단련된 인물이었음을 드러낸다. 베드로는 레위기 11장의 정결음식법을 어린 시절부터 꼼꼼하게 지켰으며 이방인들과의 식사 교제나 사귐을 결코 갖지 않고 자신의 정결을 지켜왔다. 그런데 "베드로야, 일어나 야생짐승들과 부정한 짐승들을 잡아먹으라"는 하나님의 명령은 베드로의 편협한 유대교적인 세계관을 창조적으로 파괴했다. 이 하나님의 명령은 이방인들을 부정한 짐승처럼 간주하던 당시 유대인들의 이방인 멸시가 얼마나 그릇된 것인가를 알려주시기 위한 하나님의 의도를 담고 있다. 베드로 또한 이방인들을 부정한 짐승들로 여긴 이스라엘 사람이었다. 하지만 고넬료라는 이방인 백부장을 조우하고 그의 가정에서 일어난 성령의 역사를 목격한 후 베드로는 비로소 예수 그리스도의 복음이 단지 유대인들만을 위한 복음이 아니라, 온 열방을 위한 보편적인 하나님의 구원 선물임을 깨닫게 되었다. 그는 고넬료 가정의 구원 사건을 목격하면서 예수 그리스도의 대속적 죽음의 보편적 효력을 확실히 체험하게 되었다.

15장에 가서 밝혀지지만, 이방인을 하나님 백성으로 수용하는 베드로의 욥바 대大각성은 예루살렘 초대교회가 이방 선교의 큰 원칙을 확정하는 데 결정적인 자산이 되었다. 10장 사건까지만 해도 베드로를 비롯한 열두 사도는 예루살렘 선교에 주력하고 있었다. 사나운 박해 중에서도 그들은 예루살렘을 떠나지 않았다. 베드로도 예외가 아니었다. 이런 상황 가운데서 하나님은 베드로부터 예루살렘 중심의 하나님 이해로부터 끌어내 그의 영적인 시야를 넓혀주신다. 하나님은 아직도 이방 선교에 미온적인 베드로를 고대 이스라엘의 민족주의적 예언자 요나의 불순종이 일어났던 욥바로 불러내신 것이다. 이것은 하나님의 절묘한 연출 행위였다. 고넬료 개종과 그 가정 모임에서 일어났던 성령 강림 사건은 베드로로 하여금 불순종한 요나와 달리 이방인을 구원하려는 하나님의 선교 비전을 자신의 것으로 내면화하게 만든다. 고넬료의 집에 도착하기 전에는 베드로는 하늘에서 내려온 보자기에 싸인 짐승들(이방인들)을 "먹으라"는 하나님의 명령에 저항했다. 그가 알던 신앙의 기준으로는 당연한 반응이었다. 처음에는 베드로가 부정한 야생짐승들을 잡아먹으라는 하나님의 명령을 이방인 선교 명령으로 충분히 소화하거나 이해하지 못했을 것이다. 베드로는 사실 이방인들과의 접촉(상종, 식사 친교)마저 삼가는 매우 완고한 민족주의자요 보수적인 신앙인이었기 때문이다.[갈 2:11-13][2] 그러나 욥바로 내려가 고넬료 가정을 방문하여 그곳에서 일어난 하나님 자신의 주도적인 구원 사건(성령 세례)을 친히 목도한 후에야 비로소 이방 선교에 눈뜨게 되었다. 모세의 율법을 지키지 못할 뿐 아니라 할례조차 받지 않은 이들까지도 하나님께서 성령의 세례로 깨끗게 하심을 본 것이다. 베드로는 바울과 같은 성령 세례와 은혜의 복음을 경험한 것이다.

이 사건은 나중에 사도행전 15장의 제1차 사도 공의회의 대논쟁에서 베드로가 바울과 바나바의 입장을 지지하도록 유도하는 데 크게 이바지한다. 이로써 초대교회의 역사는 온전히 하나님이 친히 주장하시는 성령행전의 역사가 될 수 있었다. 성령은 선교의 하나님, 이방인들의 믿음의 문을 여신 하나님이시다. 성령은 이방인의 마음속에 하나님의 다스림을 확산시키는 선교의 영이시다. 이 성령에 지극히 민감한 종들을 통해 오늘도 "고넬료의 가정들"이 주께로 돌아오고 있다.

10장에서 깨달을 수 있는 또 하나의 다른 메시지는 이방인 고넬료 가정을 먼저 영접하시는 하나님, 외모를 취하지 않으시는 보편적 부성애의 하나님이다. 하나님은 선민의 조상 아브라함을 부르신 바로 그 첫 순간부터 만민을 생각하셨다. 천하 만민이 아브라함의 복이 도달해야 할 궁극적 목적지였다.[창 12:1-3; 갈 3:8-29] 당연히 로마 백부장 고넬료도 하나님의 눈, 곧 하나님의 사랑의 시선에서 벗어난 곳에 사는 버려진 자가 아니었다. 하나님의 사자가 고넬료의 기도 중에 먼저 나타난다. 고넬료의 기도 중에서 나타나신 하나님은 하루 후에 베드로의 기도 시간에 나타나셨다. 고넬료 가정에 베드로를 파송하기 위해 하나님은 가이사랴 근처의 욥바에서 유대인들에게 복음을 전하게 한 후 때마침 고넬료 가정을 조우하게 하신다. 고넬료에 대한 감응이 베드로에 대한 감응보다 먼저 일어났다. 이처럼 10장의 주인공은 하나님과 고넬료이다. 로마제국의 해외파병 장교가 해외 속주의 피정복민들이 믿는 하나님을 믿는다는 것은 흔한 일이 아니었다. 고넬료는 이스라엘의 하나님을 만나고 구원의 소망을 보았고 기도와 구제에 힘씀으로써 인근 유대 온 족속의 칭찬을 받았다.[10:22] 하나님은 고넬료가 이방인이라고 해서 배척하지 않으시고 그의 기도와 구제를 기억하셨다.[31절]

이처럼 기독교가 믿는 하나님은 외모를 취하지 않고[롬 2:11] 각 나라 중 하나님을 경외하고 의를 행하는 사람을 받으신다. 하나님은 마게도냐 사람에게 먼저 영적 갈증을 불러일으켜서 소아시아 선교에 집중하려고 하던 바울의 환상에 나타나서 "건너와서 우리를 도우라"[행 16:9]고 강청하게 했다. 하나님 주도적인 이방 선교는 하나님이 받으신 이방인들이 사람을 보내 이스라엘 사도들을 초청하는 방식으로 이뤄졌던 것이다. 사도행전 10장의 베드로는 예수 그리스도를 통해 선포하신 복음이 바로 화평의 복음임을 확신했다. 유대교라는 종교의 관점에서는 불결하고 부정하다고 간주되던 이방인들이 하나님의 눈에는 정하고 받으실 만한 영혼이라는 것이다.

11장.

하나님 나라 시민의 탄생 2: 베드로의 회심

이 단락은 고넬료 가정을 방문하여 집회를 열고 심지어 세례까지 베풀고 온 베드로를 향한 할례파 유대인 출신 제자들의 비판과 그것으로 조성된 긴장과 그 해소 과정을 다룬다. 예수를 믿으면서도 아직도 율법주의에 사로잡혀 있는 유대인 출신 제자들은 가이사랴에서 이방 선교를 마치고 돌아온 베드로에게 "무할례자의 집에 들어가 함께 어울렸다"는 구실로 비판의 날을 세우지만, 베드로가 조리 있게 응답함으로써 혐의를 벗어나게 된다. 우리는 보통 격렬한 감정적 공격을 받는 경우 본문의 베드로처럼 조리 있게 응답하기보다는 감정적으로 맞대응하기 쉽다. 그러나 베드로는 10장에서 일어난 하나님 주도의 가이사랴 고넬료 구원 사건을 차분히 설명한다. 그는 "성령"의 주도적 사역을 부각시킴으로써 흥분한 할례자들을 차근차근 설복시킨다. 11장은 고넬료 가정의 구원 사건을 예루살렘 교회에 보고하는 베드로[1-18절]와 "수리아 안디옥" 교회의 창립[19-30절]으로 나눠진다.

1. 고넬료 가정의 구원 사건을 예루살렘 교회에 보고하는 베드로 •1-18절

11 1유대에 있는 사도들과 형제들이 이방인들도 하나님의 말씀을 받았다 함
을 들었더니 2베드로가 예루살렘에 올라갔을 때에 할례자들이 비난하여
3이르되 네가 무할례자의 집에 들어가 함께 먹었다 하니. 4베드로가 그들에게 이 일
을 차례로 설명하여 5이르되 내가 욥바 시에서 기도할 때에 황홀한 중에 환상을 보니

큰 보자기 같은 그릇이 네 귀에 매어 하늘로부터 내리어 내 앞에까지 드리워지거늘 6
이것을 주목하여 보니 땅에 네 발 가진 것과 들짐승과 기는 것과 공중에 나는 것들이
보이더라. 7 또 들으니 소리 있어 내게 이르되 베드로야, 일어나 잡아먹으라 하거늘 8
내가 이르되 주님, 그럴 수 없나이다. 속되거나 깨끗하지 아니한 것은 결코 내 입에
들어간 일이 없나이다 하니 9 또 하늘로부터 두 번째 소리 있어 내게 이르되 하나님이
깨끗하게 하신 것을 네가 속되다고 하지 말라 하더라. 10 이런 일이 세 번 있은 후에
모든 것이 다시 하늘로 끌려 올라가더라. 11 마침 세 사람이 내가 유숙한 집 앞에 서
있으니 가이사랴에서 내게로 보낸 사람이라. 12 성령이 내게 명하사 아무 의심 말고
함께 가라 하시매 이 여섯 형제도 나와 함께 가서 그 사람의 집에 들어가니 13 그가
우리에게 말하기를 천사가 내 집에 서서 말하되 네가 사람을 욥바에 보내어 베드로
라 하는 시몬을 청하라 14 그가 너와 네 온 집이 구원받을 말씀을 네게 이르리라 함을
보았다 하거늘 15 내가 말을 시작할 때에 성령이 그들에게 임하시기를 처음 우리에게
하신 것과 같이 하는지라. 16 내가 주의 말씀에 요한은 물로 세례를 베풀었으나 너희
는 성령으로 세례를 받으리라 하신 것이 생각났노라. 17 그런즉 하나님이 우리가 주
예수 그리스도를 믿을 때에 주신 것과 같은 선물을 그들에게도 주셨으니 내가 누구
이기에 하나님을 능히 막겠느냐 하더라. 18 그들이 이 말을 듣고 잠잠하여 하나님께
영광을 돌려 이르되 그러면 하나님께서 이방인에게도 생명 얻는 회개를 주셨도다 하
니라.

주석

11장은 1-3절과 17-18절을 제외하고는 10장 11-37절을 거의 되풀이하고 있다. 1-3절은 베드로가 무할례자들의 집에 들어가 함께 먹은 베드로를 힐난하는 할례자들의 문제 제기를 다룬다. 1절은 유대에 있는 사도들과 (아마도 예수의 형제들을 포함한) 형제들이 가이사랴에 있는 고넬료 가정의 구원 사건에 대해 듣고 있었음을 보여준다. 그들은 이방인들도 하나님의 말씀을 받았다는 소식을 들었

다. 이 절은 이방인들이 유대교로 개종하지 않고 바로 하나님의 백성으로 받아들여지는 것에 대해 문제의식을 갖게 되었다는 뉘앙스를 풍긴다. 그래서 베드로가 예루살렘에 올라가자마자 할례자들이 그를 비난하기에 이른다.2절 할례자들은 예수를 영접한 유대인으로서, 이방인이 구원을 얻으려면 먼저 유대인으로 귀화한 다음에 율법을 잘 지켜야 한다고 주장한 강경 보수파들을 가리킨다.롬 3:8; 갈 2:11-13; 빌 3:2-3 그들은 "당신이 어찌 무할례자의 집에 들어가 함께 먹었단 말입니까?"라고 힐문詰問한다.3절 당시의 유대인들은 극단적인 이방인 혐오증xenophobia에 빠져 있었다. 그들에게 이방인은 유대인의 정체성을 와해시키고 유대인의 공동체성을 깨뜨리는 자로 인식되었다.

이방인들에 대한 유대인의 배척과 거리두기는 모세의 율법신 7장; 12장; 레 18장; 20장의 특정 구절들에 대한 과잉 해석을 통해 시작되었지만, 이방인들에 대한 극단적인 혐오감과 적대감은 역사적으로 형성되었다. 에스라-느헤미야 시대 이래로 단순히 경계의 대상이었던 이방인들이 마카베오 독립 전쟁 이후로 극단적인 적의와 혐오의 대상이 되었다. 주전 165-163년 사이에 유대인들을 능멸하고 성전에 돼지 피를 뿌리고 안식일을 금지했던 시리아의 폭군적 이방 군주 안티오커스 4세Antiochos Ⅳ Epiphanes 치하의 셀류키드 왕조와 독립 전쟁「마카베오 상하」을 치룬 이래로, 유대인에게 이방인은 결코 상종해서는 안 되는 자로 인식되었다. 셀류키드 왕조로부터 독립한 유대인들은 독립 전쟁의 영웅 가문을 중심으로 하스모니아 왕조를 꾸려 나름대로 독립성을 지켜나갔다. 그러나 그것도 잠시일 뿐, 주전 63년 로마의 폼페이 장군의 정복으로 인해 이스라엘은 로마제국의 점령지로 전락해 버렸다. 그런 까닭에 로마제국의 이방인 백부장 집에 들어가 함께 어울리고 식사를 한 베드로의 행동은 보수적 강경 유대인들에게는 참기 힘든 허물이었다. 그래서 그들은 같은 그리스도인이면서도 베드로를 힐난했다.

여기서 수首사도 베드로를 힐난한 할례자들이란 도대체 누구였는가? 보통 독자들은 "베드로는 예수께서 직접 임명한 수首사도이며 타의 추종을 불허할 카리스마를 지닌 초기 예루살렘 교회의 기둥인데 감히 누가 베드로에게 대든단 말인가?"라고 생각할 수 있을 것이다. 할례자들은 주의 형제(예수의 젖동생) 야고보를 "과도하게" 추종하는 그리스도인들로서 이방인이 그리스도인이 되기 전에 먼저 유대교인이 되어야 한다고 주장하는 이들이었다. 그들은 구약의 여러 율법을 준수하고 할례를 받은 후에야 그리스도인이 될 수 있다고 보았다. 아마도 이들의 영향 때문에 예루살렘 교회의 초기 신학적 경향은 할례 의무를 이방인에게도 부과하는 쪽이었을 것이다. 갈 2:11-14 예루살렘 초대교회는 이방인에 대한 배타적 태도와 이방인 개종자에 대한 할례 요구의 완강함에 있어서 일치했던 것으로 보인다. 베드로도 자신이 무할례자의 집에 들어가서 어울리고 음식을 먹은 행위가 자신들의 공동체 규약을 위반한 것임을 의식하고 있었다는 사실이 이런 추정을 뒷받침한다.[1] 흥분한 할례자들의 힐난조의 조사를 받은 베드로는 지혜롭게 대처한다. 베드로는 일의 자초지종을 차례대로 말한다.[4절]

5-10절은 10:10-16을 되풀이하여 진술한다. 베드로가 기도의 황홀경에 빠져 있을 때 하늘로부터 큰 보자기 같은 그릇이 네 귀가 매인 채 드리워졌다.[5절] 그것은 "땅에 네 발 가진 것과 들짐승과 기는 것과 공중에 나는 것들"이었다.[6절] 베드로가 이 야생 파충류와 날짐승들을 주목하여 보고 있을 때 하늘로부터 "베드로야, 일어나 잡아먹으라"고 하는 음성이 들렸다.[7절] 베드로는 레위기 11장[또한 신 14:3-21]의 정결 음식, 부정 음식 규례를 들어 속되거나 깨끗하지 아니한 것은 결코 먹지도 않았거니와 먹을 수도 없다고 거부한다.[8절] 그랬더

행

니 하늘로부터 두 번째 음성이 들려 왔다. "하나님이 깨끗하게 하신 것을 네가 속되다고 하지 말라."[9절] 베드로는 이 두 번째 음성도 거부했다. 세 번째 음성이 들려왔을 때에야 비로소 순종하기로 작정한다. 그러고 나서 보자기에 싸인 모든 것이 다시 하늘로 끌려 올라갔다.[10절] 그러자 때마침 가이사랴의 고넬료가 보낸 세 사람이 베드로가 유숙하는 집 앞에 서서 베드로가 가이사랴에 방문해주기를 요청하는 것이 아닌가?[11절]

12절에서 베드로는 또 다시 자신이 가이사랴의 고넬료 집에 가게 된 것이 자의적인 결정이 아니라, 성령의 지시였음을 강조한다. "아무 의심 말고 함께 가라 하시매 ……." 그래서 베드로는 자신을 수행하는 여섯 형제와 함께 고넬료의 사신들을 따라 가이사랴의 고넬료 집에 가게 되었다. 13-14절은 베드로가 가이사랴에 갔을 때 고넬료가 감히 사도 베드로에게 와주십사고 요청하기에 이른 자초지종을 다시 진술한다. 고넬료 자신은 천사의 지시에 따라 욥바에 있는 시몬 베드로에게 와줄 것을 요청했다는 것이다. 천사의 지시는 고넬료와 그의 가정이 베드로가 그들에게 구원의 말씀을 선포할 것이라고 기대하게 만들었다.[14절]

15-18절은 베드로가 고넬료의 집에 가서 선포한 복음의 내용을 다시 요약한다. 15절은 고넬료의 가정에 성령이 임하는 상황을 묘사한다. 베드로는 성령이 마가 다락방에 모여 있던 120문도 사도 공동체에 임한 방식과 같은 방식으로 고넬료와 그의 가정에 임했다는 점을 강조한다. 동일한 성령의, 동일한 방식의 강림이었다는 것이다. 베드로는 고넬료 가정에 임한 성령이 바로 세례자 요한이 약속한 그 성령임을 강조한다. 베드로에 따르면 고넬료 가정에 일어난 사건은 성령 세례 사건이었다. 물세례를 건너뛰고, 성령 세례가 먼저 고넬료 가정에 일어난 것이다. 17절은 "그런즉 하나님이

우리가 주 예수 그리스도를 믿을 때에 주신 것과 같은 선물을 그들에게도 주셨으니 내가 누구이기에 하나님을 능히 막겠느냐?"고 반문하는 베드로의 결론을 제시한다. 하나님께서 절대 주권으로 성령과 믿음을 통한 구원의 선물을 이방인에게 주셨음을 인정하는 말이다. 자신은 하나님의 절대 주권적인 자유를 막을 수 없다는 것이다. 18절은 베드로를 책망했던 할례자들의 반응을 보여준다. 그들은 베드로의 조리 있고 정연한 설명을 듣고 잠잠하여 하나님께 영광을 돌렸다. 그들은 "하나님께서 이방인에게도 생명 얻는 회개를 주셨도다"라고 결론을 내린다.

이렇게 하여 이방인이 개종할 때 할례를 받아야 한다고 강조하던 이들도 오해를 풀고 이방 선교를 주권적으로 개척하시는 하나님의 선교에 마음을 열게 되었다. 하나님의 절대 주권적인 사역이 인간의 오랜 관습과 인습적인 신념을 부수고 신기원을 이루게 된 것이다. 절대 자유하고 주권적인 하나님의 선교 개시가 인간 동역자들 사이에 일시적인 갈등과 혼란을 불러올 수 있다는 점이 인상적이다. 하나님의 일에도 인간의 갈등과 분규가 발생할 수 있다는 것이다. 그러한 경우에는 아주 탁월하고 너그러운 지도자가 제 역할을 해주어야 한다. 할례파와 베드로 사이에 있었던 긴장은 베드로의 탁월하고 기민한 영적 지도력과 하나님의 성령에 대한 단호한 순종 의지로 인해 창조적으로 해소되었다.

할례자들이 보인 태도에서도 배울 점이 있다. 베드로가 자초지종을 설명할 때까지 묵묵히 듣고 그 말의 진실성을 믿어 주는 아량을 보인 점은 인상적이다. 인간의 종교적 인습을 초월할 정도의 절대 자유를 가진 하나님을 믿고 있던 그들이기에, 하나님의 낯설고 비인습적인 사역에 자신들이 적응해 가야 함을 수용했던 것이다. 교회는 말들과 말, 신념과 신념이 날카롭게 부딪히다가 큰 싸움으로 번질 가능성이 매우 큰 공간이다. 휘발유에 던져진 성냥불처럼 격한 쟁변은 돌이킬 수 없는 분열의 씨앗을 남기기도 한다. 특히 인습주의자(전통주의자)와 진보주의자(실험주의자) 사이에는 늘 긴장과 잠재적인 오해가 쌓이게 마련이다. 전통주의자는 과거를 절대화하려는 경향을 보이고, 진보주의자는 과거의 타당한 권위와 교훈마저도 가볍게 여기고 하나님이 일으키시는 새 일만 강조하려고 한다. 이런 경우에, 양쪽은 자신의 입장을 내려놓고 하나님 앞에 겸손하게 엎드려 하나님이 지시하는 새 땅으로 나아가야 한다.

2. "수리아 안디옥" 교회의 창립 • 19–30절

[19]그때에 스데반의 일로 일어난 환난으로 말미암아 흩어진 자들이 베니게와 구브로와 안디옥까지 이르러 유대인에게만 말씀을 전하는데 [20]그 중에 구브로와 구레네 몇 사람이 안디옥에 이르러 헬라인에게도 말하여 주 예수를 전파하니 [21]주의 손이 그들과 함께 하시매 수많은 사람들이 믿고 주께 돌아오더라. [22]예루살렘 교회가 이 사람들의 소문을 듣고 바나바를 안디옥까지 보내니 [23]그가 이르러 하나님의 은혜를 보고 기뻐하여 모든 사람에게 굳건한 마음으로 주와 함께 머물러 있으라 권하니 [24]바나바는 착한 사람이요 성령과 믿음이 충만한 사람이라 이에 큰 무리가 주께 더하여지더라. [25]바나바가 사울을 찾으러 다소에 가서 [26]만나매 안디옥에 데리고 와서 둘이 교회에 일 년간 모여 있어 큰 무리를 가르쳤고 제자들이 안디옥에서 비로소 그리스도인이라 일컬음을 받게 되었더라. [27]그 때에 선지자들이 예루살렘에서 안디옥에 이르니 [28]그 중에 아가보라 하는 한 사람이 일어나 성령으로 말하되 천하에 큰 흉년이 들리라 하더니 글라우디오 때에 그렇게 되니라. [29]제자들이 각각 그 힘대로 유대에 사는 형제들에게 부조를 보내기로 작정하고 [30]이를 실행하여 바나바와 사울의 손으로 장로들에게 보내니라.

스데반의 순교와 그 뒤로 이어진 유대인들의 박해는 나사렛 예수 추종자들(제자들)을 사방으로 분산시키는 결과를 초래한다.[19절] 박해와 환난이 예루살렘에 둥지를 튼 초대교회의 보금자리를 세차게 흔들어 버렸다. 그러나 이 환난과 박해는 합력하여 선을 이뤘다. 온 유대와 사마리아와 땅끝까지 부활의 증인을 파송하는 역할을 한 것이다. 나그네가 된 복음 전도자들은 사방으로 흩어졌고, 복음의 씨앗은 사방으로 퍼져나갔다. 그들은 베니게[페니키아와 구브로(키프로스)] 그리고 수리아(시리아)의 안디옥까지 진출하여 "유대인들을 상대로" 복음을 증거했다. 사마리아 교회와 갈릴리 교회가 이 와중에서 생겨났을 것이다.[9:31] 그리고 구브로 사람과 아프리카 구레네(이디오피아) 출신 복음 전도자들이 헬라인을 상대로 복음을 증거하기 시작했다.[20절] "이 복음은 모든 믿는 자에게 구원을 주시는 하나님의 능력이 됨이라. 첫째는 유대인에게요 또한 헬라인에게로다."[롬 1:16] 이처럼 하나님의 복음은 유대인과 헬라인 모두에게 전파되어야 했다.

구브로와 구레네 출신 전도자들의 사역은 엄청난 치유 기적과 권능 시위를 동반한 복음 증거 사역이었다. 21절에 따르면 주의 손이 그들과 함께했다. 주의 손은 영적 권능, 치유, 축사[逐邪] 기적을 일으키는 영적 권능의 근원이었다. 그 결과, 대규모 집단 개종이 일어났다. 안디옥의 헬라인들이 이 거룩한 나그네들의 복음 전도에 강력하게 반응한 것이다. 그렇게 생겨난 교회가 바로 안디옥 교회다. 예루살렘의 사도 공동체는 안디옥의 복음 사역에 크게 고무되어 바나바를 목회자로 파송한다.[22절] 그는 이미 착한 사람이요 성령과 믿음이 충만한 사람이었다. 자신의 전토를 팔아 사도들의 발 앞에 바친 사람으로서 구브로 출신이었다. 아마도 구브로 출신 전도자들이 주축을 이뤘을 안디옥 교회에 구브로 출신 사도급 지도자를 파송한 것은 사도 공동체의 원려遠慮에 따른 선택이었을 것이다. 바나바는 안디옥에서 일어난 하나님의 구원 역사를 친히 목격하고 거기에 고무되어 굳건한 마음으로 주께 붙어 있으라고 권면한다. 초신자들을 위한 목양에 집중한 것이다. 이런 초신자 중심의 목양 사역에 투신한 바나바가 안디옥 교회를 목회하면서 교회는 더욱 크게 양적인 부흥을 경험했다.[24절] 바나바 혼자 감당하기에는 벅찬 성장이 일어난 것이다.

그래서 바나바는 어쩌면 사도 공동체의 환영을 받지 못한 채 고향에 내려가 사역하던 사울을 안디옥 교회의 공동 목회자로 초청하기에 이른다. 그는 사울을 찾으러 "다소"에 갔다.[25절] 사울을 데리고 와서 1년간 안디옥에서 함께 대규모의 회중을 가르쳤고, 그 때에 예수 그리스도의 제자들이 유대교의 한 분파가 아니라 그리스도를 추종하는 사람들, 곧 "그리스도인"이라고 불리게 되었다.[26절] 아마도 이런 변화에는 사울의 신학적 기여가 컸을 것이다. 상대적으로 보자면 바나바는 예루살렘 열두 사도 공동체의 신학적 노선을 따르며 유대교와 나사렛 예수의 가르침을 급격하게 분리하는 일에 소극적인 사람이었으나, 사울의 참여로 예수 그리스도의 길이 유대교의 길과는 전혀 다른 길임이 분명해졌을 것이다. 사울은 나사렛 예수가 유대인들이 그토록 오랫동안 기다려온 바로 그 "그리스도"(메시아)이며 현재 하나님의 우편 보좌에 앉아 계신 그리스도임을 강력하게 가르쳤을 것이다. 이제 우리가 믿는 분은 육체를 입으신 예수가 아니라, 하나님 우편 보좌에 앉으신 그리스도가 된 예수임을 강조했을 것이다.

바나바와 사울이 사역하는 안디옥 교회로 예루살렘 교회의 선지자들이 내려왔다.[27절] 그중에 아가보Agabus라는 선지자는 성령에 감동하여 "천하에 큰 흉년이 들리라"고 예언하기 시작했다. 그것은 로마 제국 4대 황제 글라우디오 재위 때인 45-48년에 있었던 흉년을 미리 예고한 것이었다.[28절] 아가보의 흉년 예고는 사실事實 전달이 아니라 윤리적, 영적 실천의 요구였음이 드러난다. 성경의 예언은 단순한 "사실"의 예고나 전달을 넘어 듣는 이로 하여금 하나님과 이웃을 위해 모종의 윤리적, 영적 결단을 하도록 요청하는 발언이다. 그래서 안디옥의 제자들은 각각 그 힘대로 유대에 사는 형제들에게 부조를 보내기로 작정했다.[29절] 대개의 경우 흉년은 인심을 사납게 한다. 그러나 하나님 백성은 흉년의 위기를 같이 분담한다. 그 결과, 안디옥과 예루살렘 두 도시 사이에 한 하나님의 가족이라는 국제적 연대와 친교가 이뤄진다. 물질적인 나눔과 고통의 분담이 바로 복음적인 교제다. 이것이 바로 "씬코이노니아"(σύνκοινωνία)다.[2] 하나님의 성령 아래 지배받는 교회는 물질적인 궁핍과 가난의 문제를 국가 기관에게 떠넘기고 영적인 문제에만 관심을 갖는 게토ghetto가 아니다. 천하에 들이닥친 흉년의 위기를 "고통의 분담", "형제자매 사랑"이라는 숭고한 도덕적 결단으로 돌파하는 아가페 공동체이다. 가난과 흉년, 불행과 고통, 전쟁과 역병 등 어떤 비인간적 상황이 닥쳐도 공동체 구성원이 한데 힘을 모아 헤쳐나가는 사랑 공동체가 곧 교회다. 2,000년 교회사뿐 아니라, 140여 년의 역사를 가진 한국 교회사에도 이런 공세적이고 거룩한 사랑으로 천하에 닥친 위기와 환난을 돌파한 사례도 없지 않다. 1세기 중반의 로마제국 안에는 개종자를 얻기 위해 많은 종교가 경합했지만, 교회 공동체만큼 이웃 사람들과 사회 전체 구성원들에게 충격적일 정도로 자비, 긍휼, 그리고 공동체 빈곤층을 위한 부조를 실천한 종교는 없었다.[3] 180년경 로마 황제 마르쿠스 아우렐리우스는 교회와 그리스도인들이 로마 공화정의 오랜 이상을 실천하고 있다고 생각했다.[4] 안디옥 교회는 흉년의 위기에 처한 예루살렘 형제자매들을 돕기 위해 부조금을 모아서 바나바와 사울을 예루살렘 장로들에게 보냈다. 안디옥 교회가 주는 교회, 파송하는 교회로 자라기 시작한 것이다.

메시지

11장은 두 가지 중요한 깨달음을 준다. 첫째, 박해와 환난으로 인해 생긴 난민들이 주도하여 개척한 이방인 교회 안디옥 교회의 역할이다. '수리아 안디옥'은 소아시아 튀르키예 중심부에 위치한 '비시디아 안디옥'과는 다른 도시로서 시리아에 속했지만, 소아시아 튀르키예에 더 가까운 도시이다. 1-9장까지의 중심교회인 예루살렘 교회는 예루살렘과 유대-사마리아 선교에 주력했고, 안디옥 교회는 이제 소아시아와 유럽 선교를 주도하게 될 것이다. 수리아 안디옥 교회는 이방 선교사 사도 바울과 바나바의 모母교회로서 사도행전 13-28장까지의 이방 선교의 전진기지 역할을 감당한다. 안디옥 교회는 예루살렘 일대에서 흩어져 다시 모인 난민 지도자들의 지도력이 위력을 발한 공동체였다.

그중에서도 바나바의 역할이 중요했다. 안디옥 교회를 세우는 데 결정적으로 기여한 사람 중 하나가 바로 바나바이다. 그는 구브로 출신 레위인으로서 일찍이 사도들의 발 앞에 자신의 밭을 팔아 마련한 돈을 전부 바쳤던 "위로의 아들"이었다. 바나바가 주는 사람이듯 바나바의 지도력이 작동하는 안디옥 교회 역시 자신을 내주는 교회였다. 학자들은 바나바가 1장에 나오는 두 사도 후보 중 한 사람인 바사바와 동일인이 아닌가 추정한다. 상당히 그럴듯한 추론이지만 확실하지는 않다. 그가 사도 후보였건 아니건, 바나바를 참으로 소중한 사도적 지도자로 만든 것은 그의 성숙하고 아름답고 헌신적인 성품이었다. 그는 바울의 영적인 선배였고, 예루살렘 열두 사도와 바울 사이의 효과적인 중개자였으며, 예루살렘 사도들로부터도 인정받는 지도자였다. 바나바는 안디옥 교회 창립 요원이었으며, 동시에 안디옥 교회의 대표적 목회자였다. 그의 지도력 아래 안디옥 교회는 안정되었고, 수적으로도 배가되었다.

실로 바나바는 자신보다 남을 낫게 여기는 위대한 겸손과 사랑과 배려의 사람이었다. 그는 고향에 낙향해 있던 사울을 찾아 발굴하여 사도들에게 소개했었다. 이번에는 다소까지 찾아가서 사울을 안디옥 교회의 공동 목회자로 모셔 왔다. 바나바는 성격이 강한 사울을 자신의 온유한 인격으로 받아들여 동역자로 품었다. 두 번씩이나 사울을 사도 공동체의 동역자로 동참시킨 너그러운 지도자였다. 마침내 사울과 바나바의 공동 지도력 아래 안디옥 신자들이 처음으로 "그리스도인" 곧 그리스도를 추종하는 사람들로 불리기 시작했다. 사울과 바나바의 가르침이 철두철미하게 예수 그리스도 중심이었음을 알 수 있는 대목이다.

11장에서 깨닫는 또 하나의 중요한 교훈은 교회의 통일성과 국제적 연대성이다. 예루살렘과 유대 전역을 덮친 기근으로 가난에 시달리게 될 예루살렘 성도들을 위한 안디옥 교회의 재정적 부조는 그리스도인들이 추구하는 이상 사회가 어떠한지를 단적으로 보여준다. 하나님의 백성이 "그리스도인"으로 불리는 현실은 앞으로 하나님의 세계 통치가 어떻게 전개될 것인가를 예고하는 이정표이기도 하다. 구약성경에는 하나님 통치에 대한 묘사와 증언출 15:18; 시 93-99; 103:19-22이 대체로 하나님의 절대주권적 통치 의지와 그 통치 대상(악인, 악인의 피해자들, 온 피조세계)을 구분하는 데 치중한다. 그런데 나사렛 예수 그리스도가 하나님 우편 보좌에 앉아 하나님 아버지의 부왕副王이 된 이후부터 하나님의 통치는 만물을 하나님 아버지께 복속시키고 귀일歸一시키는 통치로 전환되었다. 하나님 우편 보좌에 앉은 그리스도를 통해 구현되는 하나님 나라는 유대인과 이방인, 선민과 만민을 영구적으로 나누는 나라가 아니라, 하나님의 아들 예수 그리스도의 피로 화목케 되고 성령으로 하나 된 "교회"를 매개로 구현된다.[엡 2:11-15] 이제 하나님 나라는 그리스도의 나라로 불려도 될 정도로 세계는 그리스도의 부왕통치 아래 있다. 이런 맥락에서 예수의 추종자들이 안디옥에서 처음으로 '그리스도인'이라는 이름을 얻었다는 것은, 그리스도의 부왕 통치가 하나님의 세계 통치를 대신하고 대리한다는 신앙이 형성되기 시작했음을 의미한다. 그리스도를 통한 하나님 통치는 만유를 그리스도 안에서 화해시키고 통일시키는 교회의 사역을 통해 가장 명백하게 구현된다. 이 놀라운 진리를 바울은 에베소서와 갈라디아서에서 각각 이렇게 증언한다.

> 여러분의 마음의 눈을 밝혀주셔서, 하나님의 부르심에 속한 소망이 무엇이며 성도들에게 베푸시는 하나님의 영광스러운 상속이 얼마나 풍성한지를 여러분이 알게 되기를 바랍니다. 또한 믿는 사람들인 우리에게 강한 힘으로 활동하시는 하나님의 능력이 얼마나 엄청나게 큰지를 여러분이 알기 바랍니다. 하나님께서는 이 능력을 그리스도 안에 발휘하셔서 그분을 죽은 사람들 가운데서 살리시고 하늘에서 자기의 오른쪽에 앉히셔서 모든 정권과 권세와 능력과 주권 위에 그리고 이 세상뿐만 아니라 오는 세상에서 일컬을 모든 이름 위에 뛰어나게 하셨습니다. 하나님께서는 만물을 그리스도의 발아래 굴복시키시고, 그분을 만물 위에 교회의 머리로 삼으셨습니다. 교회는 그리스도의 몸이요, 만물 안에서 만물을 충만케 하시는 분의 충만함입니다.[새번역, 엡 1:18-23]

> 이같이 율법이 우리를 그리스도께로 인도하는 초등교사가 되어 우리

로 하여금 믿음으로 말미암아 의롭다 함을 얻게 하려 함이라. 믿음이 온 후로는 우리가 초등교사 아래에 있지 아니하도다. 너희가 다 믿음으로 말미암아 그리스도 예수 안에서 하나님의 아들이 되었으니 누구든지 그리스도와 합하기 위하여 세례를 받은 자는 그리스도로 옷 입었느니라. 너희는 유대인이나 헬라인이나 종이나 자유인이나 남자나 여자나 다 그리스도 예수 안에서 하나이니라.[갈 3:24-28]

이처럼 교회는 지역, 인종, 그리고 국적을 초월한 친교와 사랑의 연대체이다. 정부나 지방자치 단체의 개입도 없이 순전히 시민들이 자발적으로 예루살렘 교회의 가난한 성도들을 위해 재정적 부조를 보내는 이 사랑은 장차 완성될 하나님 나라의 실체를 선취하게 한다. 교회는 유대인과 이방인이 그리스도의 보혈로 하나가 되어 형성한 새 이스라엘이다. 참된 형제자매 사랑은 가난에 처한 사람들을 대하는 태도에서 그 실체를 드러낸다. 교회는 이 세상 물질을 갖고 가난한 형제들을 돕고 소생시키는 데 진력을 다하는 사랑의 실천체이다. 세상 사람들은 세상 재물을 신성시하지만, 하나님의 교회는 재물을 하나님 사랑을 표현하는 도구로 삼음으로써 하나님만을 경배한다. 기근은 언제나 닥칠 수 있는 우발적 재앙이다. 기근을 당한 지체들이나 형제자매들의 교회를 위한 재정 부조와 희사는 성령이 충만한 교회에는 상식이자 의무이며 특권이다.

12장.

악한 정사와 권세, 헤롯의 보좌를 치시는 하나님 나라

이번 장은 하나님 나라와 세상 나라가 만나는 한 가지 방식을 예해例解한다. 세상 군왕과 주권자들이 하나님의 통치 원리와 정반대되는 정치를 하면 하나님의 기습공격에 무너지게 마련이다. 이 세상의 모든 다스리는 자는 스스로 의식하건 못하건 하나님의 대리자다. 모든 권세는 하나님으로부터 나오기 때문이다.롬 13:1 어떤 단위의 집단이든 상관없이 하나님이 주신 권세를 갖고 다스리는 일을 하는 사람은 하나님의 대리자이다. 모든 권세는 하나님으로부터 나오기 때문이다.롬 13:1

하나님은 첫 사람 아담을 하나님의 지상 통치 대리자로 세우셨다. 하나님은 첫 사람 아담과 하와를 하나님의 형상으로 창조하신 후에 땅을 정복하고 다스리라는 명령을 주셨다.창 1:26-28 땅에 대한 통치는 동물들을 다스릴 책임도 포함되었다. 이처럼 모든 사람은 하나님을 대신하여 하나님의 형상을 체현함으로써 피조물들을 다스리고 관리하는 사명을 안고 창조되었다. 본문의 헤롯은 하나님 나라와 대립하는 정사와 권세의 말로를 잘 보여준다. 헤롯이 박해했던 예루살렘 교회는 하나님 나라의 전초기지였다. 하나님의 통치가 이 세상에 스며들고 관철되도록 하나님의 뜻을 매개하고 대행하는 기관이다. 이 하나님 나라의 전위부대인 교회를 대적하다가 헤롯은 멸망을 자초했다. 순항 중이던 교회에 헤롯의 탄압이라는 한바탕 일진광풍이 몰아쳤지만, 하나님은 헤롯을 급살하심으로 교회가 예수 그리스도의 몸임을 공공연히 과시하셨다.

12장은 한편의 동화 같은 극적 구조를 갖고 있다. 여기서는 천사의 맹활약이 돋보인다. 천사는 지구의 3차원 공간의 장벽과 한계를 손쉽게 극복하며 베드로를 구출하며 헤롯의 복통을 촉발시킨다. 12장은 헤롯의 교회 박해[1-19절]와 급살당한 헤롯[20-25절]으로 나눠진다.

1. 헤롯의 교회 박해 ●1-19절

12 1그 때에 헤롯 왕이 손을 들어 교회 중에서 몇 사람을 해하려 하여 2요한의 형제 야고보를 칼로 죽이니 3유대인들이 이 일을 기뻐하는 것을 보고 베드로도 잡으려 할새 때는 무교절 기간이라. 4잡으매 옥에 가두어 군인 넷씩인 네 패에게 맡겨 지키고 유월절 후에 백성 앞에 끌어내고자 하더라. 5이에 베드로는 옥에 갇혔고 교회는 그를 위하여 간절히 하나님께 기도하더라. 6헤롯이 잡아내려고 하는 그 전날 밤에 베드로가 두 군인 틈에서 두 쇠사슬에 매여 누워 자는데 파수꾼들이 문 밖에서 옥을 지키더니 7홀연히 주의 사자가 나타나매 옥중에 광채가 빛나며 또 베드로의 옆구리를 쳐 깨워 이르되 급히 일어나라 하니 쇠사슬이 그 손에서 벗어지더라. 8천사가 이르되 띠를 띠고 신을 신으라 하거늘 베드로가 그대로 하니 천사가 또 이르되 겉옷을 입고 따라오라 한 대 9베드로가 나와서 따라갈새 천사가 하는 것이 생시인 줄 알지 못하고 환상을 보는가 하니라. 10이에 첫째와 둘째 파수를 지나 시내로 통한 쇠문에 이르니 문이 저절로 열리는지라. 나와서 한 거리를 지나매 천사가 곧 떠나더라. 11이에 베드로가 정신이 들어 이르되 내가 이제야 참으로 주께서 그의 천사를 보내어 나를 헤롯의 손과 유대 백성의 모든 기대에서 벗어나게 하신 줄 알겠노라 하여 12깨닫고 마가라 하는 요한의 어머니 마리아의 집에 가니 여러 사람이 거기에 모여 기도하고 있더라. 13베드로가 대문을 두드린대 로데라 하는 여자아이가 영접하러 나왔다가 14베드로의 음성인 줄 알고 기뻐하여 문을 미처 열지 못하고 달려 들어가 말하되 베드로가 대문 밖에 섰더라 하니 15그들이 말하되 네가 미쳤다 하나 여자아이는 힘써 말하되 참말이라 하니 그들이 말하되 그러면 그의 천사라 하더라. 16베드로가

문 두드리기를 그치지 아니하니 그들이 문을 열어 베드로를 보고 놀라는지라 17베드
로가 그들에게 손짓하여 조용하게 하고 주께서 자기를 이끌어 옥에서 나오게 하던
일을 말하고 또 야고보와 형제들에게 이 말을 전하라 하고 떠나 다른 곳으로 가니라.
18날이 새매 군인들은 베드로가 어떻게 되었는지 알지 못하여 적지 않게 소동하니 19
헤롯이 그를 찾아도 보지 못하매 파수꾼들을 심문하고 죽이라 명하니라 헤롯이 유대
를 떠나 가이사랴로 내려가서 머무니라.

주석

12장은 예루살렘 초대교회를 와해시키려는 분봉왕 헤롯 왕실의 악한 시도와 그 비참한 파국을 보도하고 있다. 본문의 헤롯은 41-44년 동안 유다와 예루살렘 지역을 다스렸던 헤롯 아그리파 1세이다. 마태복음 2장에 나오는 헤롯 대왕의 손자이며, 마가복음 6장에서 세례 요한을 죽인 갈릴리 분봉왕 헤롯 안티파스(눅 23:7-12; 행 4:27)의 조카요, 사도행전 26:1-3에 나오는 헤롯 아그립바 2세의 아버지이다. 어린 시절에 로마에 와 있던 헤롯 아그리파 1세는 당시의 로마 황제 티베리우스(Tiberius Julius Caesar Augustus, 14-37년 재위)와 다음 황제가 될 칼리굴라(Caligula, 37-41년 재위)와 친분을 쌓았다. 티베리우스 사후 황제가 된 칼리굴라는 전임 황제의 뜻을 존중해 헤롯 아그리파 1세에게 예루살렘과 유다 치안을 지킬 사명을 부여하고 유다 지역의 왕으로 임명했다. 그의 유다 왕 재위 기간을 고려해 볼 때 본문의 사건은 44년경 일어났다고 볼 수 있다.

로마제국 황제는 헤롯 왕에게 예루살렘과 유다 지역에 평화를 유지할 것을 부단히 상기시켰다. 그런데 나사렛 예수의 제자들이 예루살렘 유다 지역에 풍파를 일으키고 있었다. 헤롯 왕은 날로 왕성해져 가며 민심을 지배해 가는 예루살렘 교회를 향해 박해의 손길을 뻗치기 시작했다.(1절) 헤롯이 "손을 들었다"는 말은 공권력을 발

동하여 교회의 중심 세력을 타격하려고 시도했다는 말이다. 그래서 헤롯은 가장 먼저 요한의 형제 야고보를 칼로 죽였다. 주님의 나라가 임하면 주의 보좌 좌우편에 앉기를 그토록 열망한[막 10:35-37] 사도 야고보가 최초로 죽임을 당했다.[2절] 야고보가 왜 죽임을 당했는지, 그리고 그 전후 상황이 어떠했는지는 잘 알려져 있지 않다. 다만 그가 예루살렘 초대교회의 중심 지도자 중 한 사람이었다는 사실만 알려져 있다. 헤롯이 야고보를 죽인 행위가 유대인들을 기쁘게 했다는 사실에 비추어 볼 때,[3절] 야고보의 죽음 배후에는 예루살렘 교회를 향한 유대인들의 시기와 질투가 작용하고 있었음이 틀림없다. 원래 에돔 출신으로서 유대인들로부터 정통성을 인정받지 못하던 헤롯 왕실 가문은 헤롯 대왕 때부터 유대인 유력자들의 민심을 얻으려고 분투해 왔으며, 헤롯 대왕은 당시 로마제국 내에서 가장 큰 예루살렘 성전을 46년째 건축하고 있었다.[요 2:20; 막 13:1] 헤롯 왕실은 유대교의 중심 세력인 예루살렘과 유대 거주 유대인들로부터 정치적 지지를 확보하기 위해 예루살렘 교회를 박해하기 시작한 것으로 보인다. 헤롯은 내친김에 베드로까지 체포하여 투옥한 후, 간수[看守] 네 명씩 네 조로 나눠 네 겹으로 파수를 세워 감옥을 지키게 하였다. 유월절 후에 백성들 앞에 끌어내고자 할 요량이었다.[4절] 그때는 유대인들이 예루살렘에 대규모로 운집하는 무교절 기간이었다.[3절]

베드로가 옥에 갇히자 예루살렘 교회는 그의 석방을 위해 하나님께 간절히 기도했다. 그러자 헤롯이 베드로를 감옥에서 끌어내어 백성들 앞에서 심문하고자 하는 바로 그 전날 밤에 하나님께서 간섭하셨다. 파수꾼들이 문밖에서 옥을 지키고 베드로는 두 군인 틈에서 두 쇠사슬에 매여 누워 자고 있었다.[6절] 그런데 홀연히 빛난 광채를 입은 주의 사자가 나타나 감옥을 환히 비추는 것이 아닌가! 그는 잠자고 있던 베드로의 옆구리를 쳐서 깨워 "급히 일어나라"고 다

그쳤다.[7절] 그랬더니 베드로의 손을 옥죄던 쇠사슬이 그 손에서 벗겨져 나갔다. 하나님의 천사는 적시에 인간의 시간 틈새를 뚫고 감옥을 습격한 것이다. 빛의 광채를 덧입은 하나님의 천사가 인간의 시간과 공간, 각성 상태와 수면 상태 사이를 뚫고 기습한 것이다. 하나님의 도우심은 인간의 필요가 극에 달할 때 홀연히 나타난다. 인간 정부나 군왕들이 하나님의 사도를 결박한 그 결박은 하나님의 천사 앞에서는 썩은 새끼줄과 같다. 천사의 말 한마디에 세상의 정부나 국가가 강요한 결박은 해체되어 버린다. 잠에서 깨어난 베드로를 천사는 연이어 채근한다. "띠를 띠고 신을 신으라."[8절] "겉옷을 입고 따라오라." 베드로는 천사의 황급한 명령에 순종한다. 그러나 베드로는 이 모든 천사의 지시가 꿈인지 생시인지 구분하지 못한 채 순종하고 있었다.[9절] 베드로가 첫째와 둘째 파수를 지나 시내로 통하는 쇠문에 이르자 문이 저절로 열렸다.[10절] 금세 감옥을 빠져나와 거리를 걷게 되었을 때 베드로를 석방시켜 준 천사는 더 이상 보이지 않았다. 그때서야 베드로는 정신이 들었다.[11절] "내가 이제야 참으로 주께서 그의 천사를 보내어 나를 헤롯의 손과 유대 백성의 모든 기대에서 벗어나게 하신 줄 알겠노라."[11절] 베드로는 꿈결 같은 구원을 경험한 것이다. 사도행전 5:17-20에서 이미 베드로는 한 차례 어둠의 세상 주관자들의 감옥 문을 열어주신 주의 사자를 경험한 적이 있다. "하나님 나라"의 대적자들인 정사와 권세가 사도들에게 강요한 감옥은 하나님 앞에서 초개[草芥]처럼 쓰러져 버린다.[1] "하나님 나라"에 대적하는 지상 나라들, 정부들, 권력 기관들의 형벌 소추권과 형벌 집행권이 하나님 앞에서 무효화되어 버린 것이다.

자신이 천사의 도움으로 구원받은 것을 깨달은 베드로는 사도 공동체가 회집하는 장소인 마가[Mark]와 요한[John]의 어머니 마리아의 집으로 달려갔다. 여러 사람이 거기에 모여 기도하고 있었다.[12절] 베드로가 문을 열어 달라고 문을 두드리자 로데[Rhoda]라 하는 여자아이가 영접하러 나왔다가 베드로의 음성인 줄 알고 너무 기쁜 나머지 문을 미처 열지 못하고 달려 들어가 "베드로가 대문 밖에 서 있다"라고 전했다.[13-14절] 너무나 놀라운 기쁨이 그녀를 당혹스럽게 한 것이다. 하나님의 복된 기습은 인간을 당혹케 한다. 그래서 베드로가 지금 문밖에 왔다고 소리친 로데는 미쳤다는 오해를 받기에 이르렀다.[15절] 모여 있던 일행이 로데를 향해 "미쳤다"고 했지만, 로데는 뒤로 물러서지 않으며 "참말"이라고 옥신각신한다. 로데가 너무나 완강하게 주장하자 그들이 한발 물러서서 베드로의 천사가 대문 밖에 서 있는 것이라고 추정한다. 당시 유대인들의 천사론에 따르면 사람에게는 자신과 비슷한 용모의 수호천사가 파송되어 있었다.[참조. 마 18:10] 이런 논란 중에 문밖에 서 있던 베드로가 계속 문을 두드리자 그제야 그들이 문을 열었고 베드로를 보고는 깜짝 놀랐다.[16절]

베드로는 그들에게 손짓하여 조용히 하게 하고서 주께서 자기를 이끌어 옥에서 나오게 한 일을 말하고 또 야고보와 형제들에게 이 말을 전하라고 하고는 황급히 다른 곳으로 피신한다.[17절] 이때의 야고보는 예수의 젖동생 야고보를 의미하고, "형제들"은 다른 사도들과 동료 신자들을 의미한다. 여기서 주의 형제 야고보가 처음으로 특별한 지위를 가진 듯 언급된다. 베드로가 투옥되었을 때 사태를 수습하고 지도력을 발휘한 인물이 주의 형제 야고보였던 것이다. 주의 형제 야고보는 예수의 공생애 기간에는 제자 공동체 내에서 두각을 드러내지 못했고 심지어 예수를 불신하기까지 했지만,[비교. 요 7:1-5] 예수께서 부활하신 이후로는 제자 공동체에 참여한 것으로 보인다. 그는 오순절 성령 강림 기도에도 능동적으로 참여했다. 사도 바울도 야고보가 예수께 특별한 사명을 부여받았음을 인정하는 발언을 하고 있다.[고전 15:7; 비교. 갈 1:19; 2:9]

다음 날 감옥을 지키던 군인들은 베드로가 탈출한 것을 보고 어떻게 그런 일이 일어났는지 알지 못하여 커다란 소동이 벌어졌다. 18절 헤롯은 베드로를 찾지 못하자 파수꾼들을 심문하고 죽이라 명령한다. 잔악한 군주의 모습이었다. 그 후 헤롯은 유대를 떠나 가이사랴로 내려가서 거기서 머문다. 가이사랴 빌립보가 아마도 헤롯의 본궁이 있던 왕도였을 것이다.

2. 급살당한 헤롯 •20-25절

[20]헤롯이 두로와 시돈 사람들을 대단히 노여워하니 그들의 지방이 왕국에서 나는 양식을 먹는 까닭에 한마음으로 그에게 나아와 왕의 침소 맡은 신하 블라스도를 설득하여 화목하기를 청한지라. [21]헤롯이 날을 택하여 왕복을 입고 단상에 앉아 백성에게 연설하니 [22]백성들이 크게 부르되 이것은 신의 소리요 사람의 소리가 아니라 하거늘 [23]헤롯이 영광을 하나님께로 돌리지 아니하므로 주의 사자가 곧 치니 벌레에게 먹혀 죽으니라. [24]하나님의 말씀은 흥왕하여 더하더라 [25]바나바와 사울이 부조하는 일을 마치고 마가라 하는 요한을 데리고 예루살렘에서 돌아오니라.

주석

이 단락은 하나님 앞에서 신성모독적인 망자존대妄自尊大를 서슴지 않는 한 세상 군왕의 비참한 파멸을 예시한다. 하나님 앞에서 하나님의 백성을 대적하는 지상 권력자의 비참한 운명이 여기에 제시되어 있다. 20절은 이유를 밝히지 않고 헤롯 왕이 두로와 시돈 사람들에 대해 격노하고 있는 상황을 보도한다. 그들은 헤롯 왕국에서 나는 양식, 특히 갈릴리 산産 옥수수를 먹고 살았기 때문에 헤롯과는 좋은 관계를 유지하기를 열망했으나 어쩐 일인지 헤롯에게 극심한 미움과 배척을 받았다. 그래서 그들은 왕의 침소를 맡은 신하 블라

스도Blastus를 설득하여 왕의 노여움을 풀어 보고자 애썼다.[20절]

이런 상황에서 헤롯이 자신의 신민臣民들 앞에 모습을 드러내어 강론하는 날이 다가왔다. 그는 왕복을 입고 가이사랴의 왕궁 보좌에 앉아 백성들에게 일장 연설을 했다.[21절] 아마도 왕의 위엄이 돋보인 연설이었던 것 같다. 아니면 시돈과 두로 사람들의 아첨 섞인 반응이 그 연설이 대단한 것인 양 느끼게 만들었는지도 모른다. 과연 백성들로부터 신성모독적인 찬사로 들릴 함성이 터져 나왔다. "이것은 신의 소리요 사람의 소리가 아니다." 자기 숭배적 권력 도취자일수록 신민의 아첨에 쉽게 휘둘린다. 헤롯왕의 자기도취적 자기숭배 성향은 그의 측근 비서 블라스도가 익히 알았을 것이다. 아마도 두로와 시돈 사람들의 이런 어처구니없는 찬사讚辭 배후에 블라스도의 공작이 있었을 가능성이 있다. 그는 헤롯의 분노를 풀기 위해서는 두로와 시돈 사람들의 극단적인 왕 숭배 행위가 연출될 필요가 있을 것이라고 충고했을 것이다.

사도행전의 저자는 독자들로 하여금 두로와 시돈 사람들이 헤롯왕을 기쁘게 해주려고 과잉 아부를 했다고 추측하도록 전후 맥락을 배치한 듯 보인다. 당시의 세상 군주들은 정도의 차이는 있을지 모르나 백성들로부터 신으로 추앙받기를 열망했다. 심지어 자신을 신이나 신의 자손이라고 믿고 싶어 했다. 로마 황제 아우구스투스도 자신을 신의 아들이라고 생각했으며 이후에 오는 로마 황제들 대부분은 이런 유혹에서 자유롭지 못했다. 일본 왕도 자신을 신의 직계 자손이라고 믿는다. 자신을 신이라고 믿거나 신의 아들로 믿는 군주들의 심리는 자신의 신민들로부터 무제한적 복종과 찬양을 요구하고 기대하는 마음이었다. 그들은 참다운 하나님의 권세가 무엇인지에 대해서는 전혀 무지했다. 하나님은 인간에게 무제한적 복종과 찬양을 요구하는 전제군주가 아니시다. 하나님이 인간에게 하나님을 경배하고 두려워하고 명하시는 이유는, 인간이 스스로를 절대군주처럼 높이며 자유를 남용하다가 파멸하지 않도록 하기 위함이다. 하나님 경외와 경배만이 인간의 자기 숭배적 권력 의지와 권력 추구 열망을 진정시키고 억제할 수 있기 때문이다.

헤롯왕은 군중의 함성과 탄성어린 경배를 즐기다가 급살急殺된다. 23절은 그가 하나님께 영광을 돌리지 아니하고 자신이 하나님인 것처럼 경배를 받았기 때문이라고 그 이유를 말한다. 그는 자신의 왕국이 풍성한 곡식 수출국임을 자랑하고 권세를 부리다가 망해버린 것이다. 23절 하반절은 헤롯이 어떻게 죽었는지를 말해 준다. "주의 사자가 치니 벌레에게 먹혀 죽으니라." 해설이 필요한 신비로운 구절이다. 벌레란 가장 작고 미천한 미물이다. 신이라고 불리는 헤롯이 결국 벌레에게 먹혀 버린 것이다. 존 스토트는 좀 더 구체적인 해설을 덧붙인다. 그는 회충이 장(腸) 속에서 단단한 공 모양으로 뭉쳐서 급성 장폐색閉塞을 일으켜 헤롯이 죽었을 것이라고 추정한다.[2] 개연성이 있는 주장이다. 또한 스토트는 "하늘의 별들도 잡을 수 있다고 생각하던 주전 2세기의 유대인 대박해자 안티오쿠스 4세[3]는 창자의 불치의 통증과 참기 어려운 내적 고통에 시달리다가 마침내 죽었는데, 헤롯의 죽음은 그(안티오쿠스 4세)의 말년을 연상케 한다"고 말한다.「마카베오 하」 9:5(Jerusalem Bible) 4

구약의 예를 들자면, 헤롯의 비참한 몰락은 이사야 14장 바벨론 왕국의 비참한 몰락을 상기시킨다.사 14:3-11 "네 영화가 스올에 떨어졌음이여, 네 비파 소리까지로다. 구더기가 네 아래에 깔림이여, 지렁이가 너를 덮었도다."사 14:11 헤롯은 루가오니아 지방에서 이적과 기적을 일으켜 토착민들에게 하늘에서 내려온 신이라는 환호와 경배를 받은 바나바와 바울이 자신들의 옷을 찢으며 그들을 만류했던 것행 14:8-15과는 정반대의 길을 가다가 망했다. 하나님을 대적한 사탄의 길과 하나님의 뜻을 이루기 위해 자기를 비워 종의 형체를 가졌던 독생자 예수 그리스도의 길은 완전한 대척점을 이룬다. 사탄의 길은 자신을 하나님처럼 한없이 높이다가 결국 멸망하는 길이다.

> 너 아침의 아들 계명성이여, 어찌 그리 하늘에서 떨어졌으며 너 열국을 엎은 자여, 어찌 그리 땅에 찍혔는고. 네가 네 마음에 이르기를 내가 하늘에 올라 하나님의 뭇 별 위에 내 자리를 높이리라. 내가 북극 집회의 산 위에 앉으리라 가장 높은 구름에 올라가 지극히 높은 이와 같아지리라 하는도다. 그러나 이제 네가 스올 곧 구덩이 맨 밑에 떨어짐을 당하리로다. 너를 보는 이가 주목하여 너를 자세히 살펴보며 말하기를 이 사람이 땅을 진동시키며 열국을 놀라게 하며 세계를 황무하게 하며 성읍을 파괴하며 그에게 사로잡힌 자들을 집으로 놓아 보내지 아니하던 자가 아니냐 하리로다. 열방의 모든 왕은 모두 각각 자기 집에서 영광 중에 자건마는 오직 너는 자기 무덤에서 내쫓겼으니 가증한 나뭇가지 같고 칼에 찔려 돌 구덩이에 떨어진 주검들에 둘러싸였으니 밟힌 시체와 같도다. 네가 네 땅을 망하게 하였고 네 백성을 죽였으므로 그들과 함께 안장되지 못하나니 악을 행하는 자들의 후손은 영원히 이름이 불려지지 아니하리로다 할지니라.[사 14:12-20]

반면, 예수 그리스도의 길은 하나님 앞에서의 무한한 자기 비하와 겸손 그리고 궁극적인 영화와 승귀[昇貴]의 길이다.

> 너희 안에 이 마음을 품으라 곧 그리스도 예수의 마음이니 그는 근본 하나님의 본체시나 하나님과 동등됨을 취할 것으로 여기지 아니하시고 오히려 자기를 비워 종의 형체를 가지사 사람들과 같이 되셨고 사람의 모양으로 나타나사 자기를 낮추시고 죽기까지 복종하셨으니 곧 십자

가에 죽으심이라. 이러므로 하나님이 그를 지극히 높여 모든 이름 위에 뛰어난 이름을 주사 하늘에 있는 자들과 땅에 있는 자들과 땅 아래에 있는 자들로 모든 무릎을 예수의 이름에 꿇게 하시고 모든 입으로 예수 그리스도를 주라 시인하여 하나님 아버지께 영광을 돌리게 하셨느니라.빌 2:5-11

예수 그리스도의 무한한 겸비와 그에 따른 승귀, 곧 하나님 아버지께 죽기까지 순종하신 후 주主와 그리스도, 만왕의 왕이요 만주萬主의 주로 등극하신 사건은 모든 지상 권력자들의 망자존대를 심판하는 다림줄이다. 24절은 이 헛된 영화에 도취된 폭군, 하나님 나라의 반역자인 헤롯의 죽음과 선명하게 대비되는 하나님 말씀의 행로行路를 잘 부각시키고 있다. "하나님의 말씀은 흥왕하여 더하더라."비교. 행 6:7; 9:31; 19:20 헤롯의 "말"은 소멸되나, 하나님의 "말씀"은 사람들의 마음속을 깊이 파고들어 세력을 떨친다. 이 사건은 하나님 나라에 저항하는 지상 권력자의 파국을 보여주는 동시에, 하나님 나라의 궁극적 승리를 예고하고 있다. 가이사랴에서 이런 일이 벌어지고 있을 때 예루살렘 성도들을 돕기 위해 안디옥으로부터 부조금을 가지고 갔던 바나바와 바울은 이제 마가와 요한을 데리고 다시 안디옥으로 되돌아왔다.25절

메시지

12장은 음부의 권세를 압도하는 하나님 나라의 위력을 보여준다. 12장 두 단락 모두에서 인상적인 사실은 하나님의 천사가 맹활약하는 장면이다. 천사天使는 "하늘"이라고 불리는 "영역"에서 하나님의 명령과 뜻을 듣고 수행하는 사역자들이다.시 103:19-22 하나님은 불꽃과 바람을 천사적 사역자로 부리신다.시 104:4 창세기 2:1 "천지와

만물이 다 이루니라"에서 나오는 "만물"의 히브리어는 "차바"(צבא) 이다. "차바"는 이사야 40:26에서 "만상"萬象이라고 번역되었고, 시편 103:21에서는 "천군"天軍, heavenly army으로 번역된다. 구약성경 전체에 걸쳐서 "천군"은 "천사"와 호환되는 동의어이다. 천군천사는 언제 창조되었는지 모르지만,욥 38:4-7 창세기 2:1에 따르면 우주 창조의 다른 피조물들과 "함께" 창조되었음은 분명하다. 신약성경의 "천사"[앙겔로스(ἄγγελος)]는 구약성경의 천사[말아크(מלאך)]와 천군[차바(צבא)]을 번역한 말이다.

신구약의 여러 본문에는 하나님께서 당신의 천사를 통해 곤경에 처한 당신의 지상 백성과 자녀를 도우시는 장면이 묘사된다.창 28:1-15; 출 3:1-14; 삿 13:3; 왕상 19:5; 마 1:18-21 천사들은 지구 3차원에 나타날 수 있지만, 그들의 동선은 인간의 육안에 다 포착되지 않는다. 신약시대의 성경 저자들은 천사들의 출현과 사역을 당연시했다. 하나님은 각 사람에게 천사를 배치해 신비한 방식으로 도우신다고 믿었다. 심지어 어린아이에게 그를 돕는 천사가 있다고 믿었다. 오늘날 인간의 육안, 오감에 경험되는 것, 보이는 것만을 세계의 전부라고 알고 있는 자연 과학적 세계관을 신봉하는 사람들은 천사의 사역에 저항감을 가질 수 있으나, 그리스도인들은 이 물리적 3차원 세계 너머의 영역에서 하나님의 뜻을 행하는 천군천사들이 존재하며, 필요시 물리적 세계를 자유롭게 왕래할 수 있는 천군천사들의 존재와 사역을 믿는다.[5]

아브라함부터 모세, 예언자들, 그리고 나사렛 예수와 사도들 모두 천사들을 통한 하나님의 격려, 권고, 그리고 계시를 받았다. 비록 개인별 수호천사론에 대해서는 믿지 않았지만, 종교개혁자 칼빈John Calvin도 천사의 실재와 그 사명들에 대한 성경 기록을 존중하고 믿었다. 오로지 눈에 보이는 세계가 궁극적 세계라고 아는 오늘날 독자들에게는 다만 1-19절 단락이 묘사하는 천사의 맹활약이 낯설게 느껴질지 모른다. 하지만 하나님만큼이나 자주 하나님의 천사들이 인류 역사와 이스라엘 구원사 속에 등장해 현실감 넘치는 사역을 펼쳤다는 것은 의심의 여지가 없다.

특히 첫 단락에서 우리는 천사의 신비한 적극적 활동을 목격한다. 아울러 세상의 군왕들과 관원들의 쇠사슬에 매일 수 없는 하나님 복음의 위력을 간접적으로 경험하게 된다. 여기에서는 사도 베드로가 감옥에 갇혔다가 기적적으로 풀려나는 인상적인 기사를 통해 수제자 베드로의 영적 후광과 권위가 드러나고 있다. 그러나 사실 우리가 여기서 주목해야 할 보다 큰 진리는 하나님의 복음을 전하는 베드로의 사명이다. 베드로의 카리스마 때문이 아니라, 하나님의 복음 전파 열정 때문에 베드로가 풀려난다는 사실이다. 옥문을 열어젖힌 능력은 베드로의 권능이나 경건의 능력이 아니다. 물론 베드로의 동역자들 곧 예루살렘의 사도 교회가 그의 석방을 위하여 간절하게 기도한 것은 사실이다. 그러나 더 중요한 진실은 베드로가 가진 복음의 미래 때문에 하나님께서 친히 옥문을 열어주신 것이다. 그래서 베드로가 잠든 사이에 주의 사자가 그의 옆구리를 치면서 사명의 각성으로 인도한 것이다.

우리도 하나님의 일을 하다가 인신이 구속되거나 어려운 위기에 빠질 수 있다. 그러나 하나님은 당신의 사명자가 그 사명을 다할 때까지 그냥 내버려 두시지 않고 옆구리를 쳐서라도 깨우신다. 12장 1-19절에서처럼 정확하게 그대로 천사가 기적적으로 옥문을 열지 않더라도 하나님은 당신의 사자를 통해 우리를 깨우치신다. 고향 다소에 가 있던 사울의 옆구리를 친 하나님의 사자는 바나바였으며, 유대인들만을 상대로 복음을 전하던 베드로의 옆구리를 쳐 이방 선교에 눈뜨게 한 하나님의 사자는 고넬료였다. 스위스 바젤의 종교개혁자 존 칼빈 옆구리를 친 하나님의 사자는 귀욤 파렐Guillaume Farel, 1489-1565이었다.[6]

이처럼 하나님의 사람은 하나님이 보내신 사자의 각성과 계몽을 받아 도약하며 성장해간다. 우리가 여전히 세상 염려의 감옥 안에서 사망의 잠을 잘 때, 하나님은 우리 옆구리를 치시며 옥문을 친히 열어주신다. 우리를 온전히 가둔 것처럼 보이는 환경, 사방으로 우리를 에워싼 욱여쌈을 자세히 살펴보라. 하나님께서 열어 놓으신 사명의 문이 보일 것이다. 따라서 우리는 칠흑 같은 감옥에 갇혀 있을지라도 언제든지 신을 신고, 띠를 띠고, 겉옷을 입고 천사를 따라 열린 문을 통해 감옥에서 나갈 준비를 해야 한다. 하나님께서 당신의 사자를 통해 우리가 나아갈 문을 열어주심을 믿어야 한다. 단 한 가지 유념해야 할 사실은, 천사의 긴급 구조 활동을 원리화해서는 안 된다는 것이다. 오늘날에도 하나님 나라와 그의 의를 추구하다가 고난을 자초한 그리스도인들은 많다. 그렇다고 해서 그들의 절박한 모든 고난 현장에 와서 천사들이 기이한 방식으로 항상 구조 활동을 펼치기를 기대해서는 안 된다는 것이다.

12장의 둘째 단락에 등장하는 하나님의 천사는 하나님의 즉각 징벌을 대행한다. 하나님은 당신의 영광을 가로채는 세상 군왕들의 형벌권을 무효화할 뿐만 아니라, 그들의 신성모독적 권력 과시도 좌시하지 않는다. 양식을 달라고 요구하는 두로와 시돈 사람들의 곤경을 이용해 신격화에 가까운 숭배를 받은 헤롯의 언동은 일벌백계가 필요한 사태였다. 세상 군주들의 권력은 배고픈 민중을 먹이고 헐벗은 백성을 입히는 데 사용되어야 한다. 헤롯의 시혜의식에 찼을 법한 일장 연설은 신의 목소리가 아니라, 신의 목소리를 배반하는 자의 목소리였는데, 그는 자신을 신격화하는 숭배 찬양 합성을 즐겼다. 그가 참된 신적인 군주라면 두려운 마음으로 그 신격화

숭배 함성을 제지했어야 했다.

하나님의 형상으로 지음받은 아담과 하와는 날마다 동산 중앙에 있는 선악을 알게 하는 나무 실과를 볼 때마다 자신은 신이 아니라 피조물임을 자각해야 했다. 이스라엘의 이상적인 군주는 입헌적 자기제한, 자기부인적 군주이다. 그는 하나님의 율법책 등사본을 곁에 두고 주야로 읊조리고 암송해야 했다.신 17:14-20 하나님의 율법은 자기 욕망과 권리를 숭배하고 절대화하는 것을 엄금하고, 하나님을 두려워하고 경배하게 하며 이웃을 위해 자기를 부인하도록 가르치기 때문이다. 자기도취적 권력 과시에 들뜬 헤롯의 멸망은 두렵고 무서운 교훈이다. 대부분의 사람은 아무리 작은 권력이라도 뭔가에 대해, 누군가에 대해 시혜를 베풀거나 사랑을 나눌 권력은 갖고 있다. 이 권력에 우리가 도취되어 우리에게 권세를 주신 하나님을 두려워하는 신앙을 배척하지 않도록 항상 깨어 있어야 한다.

13장.

이방 선교의 전진기지, 수리아 안디옥 교회의 탄생

13장은 수리아 안디옥 교회를 중심으로 이제 본격적으로 그레코-로만 문명을 향해 공세적으로 퍼져가는 복음의 파죽지세 같은 운동력을 증거한다. 안디옥 교회는 "흩어진 나그네들"의 교회다. 본질적으로 역동적인 공동체다. 안디옥 교회는 생긴 지 얼마 되지 않았기에 전통의 위세에 눌린 오래된 교회들이 가지고 있는 관료적인 경직성에서 자유로웠다. 안디옥 교회는 요즘 말로 하면 일종의 회중 교회다. 모든 결정의 마지막 단계는 회중 전체의 의견에 따른 결정이었다. 5명 이상의 선지자들과 교사들이 분담하여 영적인 교도教導와 지도력을 행사하는 교회였다. 인종적으로 다양한 배경을 가진 지도자들이 교회를 지도하고 있었다. 바나바와 바울은 5명의 영적 지도자 집단의 일부였다. 안디옥 교회는 중대한 결정을 앞둘 때에는 온 회중이 금식기도를 하는 전통을 가지고 있었던 것으로 보인다. "주를 섬기며" 금식 기도한 결과, 즉시 안디옥 교회에 순종하기에 다소 벅찬 하나님의 분부가 떨어졌다. 교회의 가장 중요한 기둥 지도자들인 바나바와 사울을 따로 세워 해외선교사로 보내라는 것이었다. 성경적인 의미의 선교사는 한 지역 교회에서 충분히 검증되고 훈련되어 그 열매가 확인된 영적인 용장들 가운데서 선발된다. 바울과 바나바는 안디옥 교회의 기둥이었다. 따라서 그들을 파송하는 것은 안디옥 교회의 입장에서 볼 때, 교회의 중심이 해외선교로 쏠리는 정책 전환을 의미하는 것이었다. 존경받고 덕망 있는 영적 지도자가 해외선교사로 파송된다면 교회 전체가 진실한 의미에서 선교 지향적 교회가 될 것이다. 이런 중차대한 하나님의 분부 앞에 안디옥 교회는 아무 동요 없이 순종하고, 바나바와 바울은 이방 선교의 닻을 올린다. 바나바와 바울은 죽음의 물살을 헤치고 언덕을 떠나 창파를 넘어서 은혜의 망망대해로 출범한다.

13장은 영적 감청력이 높은 안디옥 교회,[1-3절] 바나바와 바울의 구브로 사역: 제1차 선교 여행을 떠나는 바나바와 바울,[4-12절] 그리고 바나바와 바울의 비시디아 안디옥 사역과 바울의 비시디아 안디옥 회당 설교[13-52절]로 나눠진다.

1. 영적 감청력이 높은 안디옥 교회 • 1-3절

13 **[1]안디옥 교회에 선지자들과 교사들이 있으니 곧 바나바와 니게르라 하는**
시므온과 구레네 사람 루기오와 분봉 왕 헤롯의 젖동생 마나엔과 및 사
울이라. [2]주를 섬겨 금식할 때에 성령이 이르시되 내가 불러 시키는 일을 위하여 바
나바와 사울을 따로 세우라 하시니 [3]이에 금식하며 기도하고 두 사람에게 안수하여
보내니라.

주석

13장에서는 수리아 안디옥과 비시디아 안디옥 사역을 다룬다. 현재는 튀르키예에 속하게 된 수리아 안디옥은 주전 300년에 알렉산더 대왕의 휘하 장군이자 셀류키드 왕조의 창시자인 셀류쿠스 니가노르 1세[Seleucus I Nicator]에 의해 세워진 도시였는데 도시 형성 이후 최고의 순간을 맞았다. 하나님이 천하 만민을 구원하실 이방 선교가 기획되는 곳이기 때문이다. 수리아 안디옥은 만왕의 왕, 만주[萬主]의 주의 통치를 세계에 확산하는 요충지가 되었으며 이방 선교 중심 기독교 탄생의 요람이 되었다. 경제적, 문화적, 군사적 요충지였던 수리아 안디옥은 많은 그리스인과 로마인, 그리고 유대인들이 공존하던 다원주의적 혼종의 도시였다. 오론테스(Ὀρόντης) 강을 끼고 세워진 안디옥은 지중해로 나가는 물류와 사람들에게는 아주 중요한 도시였다. 주전 1세기경 안디옥의 인구는 30만 명 가까운 도시였다. 동방의 여러 종교(미트라 황소 숭배 등)가 수리아 안디옥을 거쳐 로마로 흘러 들어가, 로마 지성인들은 "오론테스 강이 로마에 범람해 들어왔다"곤잘레스, 『기독교사상사 1』, 혹은 니일, 『기독교 선교사』고 말할 정도였다. 이 국제 도시에 유대인 난민들이 안디옥 교회를 세웠다. 이미 존재하던 회당에 출입하던 유대인들과 그들에 의해 영향을 받은 이방인들이 수리아 안디옥 교회를 구성했다.[1]

1절은 안디옥 교회를 섬기던 영적 지도력의 면면을 보여준다. 안디옥 교회에서는 선지자들과 교사들이 주도적인 영향력을 행사하고 있었다. "선지자들"은 한 시대의 영적 기상도를 분석하고 장단기 목회적 사역의 방향과 틀을 제시하는 직분자들이다. 임박한 재난과 위기를 미리 경고함으로써 교회가 피할 길을 내도록 지도하는 자들이다. "교사들"은 나사렛 예수가 유대인들이 그토록 오랫동안 기다려온 바로 그 메시아임을, 그리스도임을 논증하는 구약성경 선생들이다. 안디옥 교회는 참으로 성경 공부에 열심인 교회였다. 그래서 그들은 바나바를 통해 다소의 사울을 청빙하여 성경을 배웠다. 1년에 걸친 바나바와 사울의 성경 강의를 통해 안디옥 신자들은 비로소 "그리스도인들"[크리스티아노스(Χριστιανος)]이라고 불릴 수 있었다.행 11:26 성경을 가르치는 은사가 풍성한 안디옥 교회는 하나님의 뜻에 순종하도록 준비된 공동체였다. 선지자들을 통해 하나님의 뜻에 민감도를 높이고 성경 공부를 통해 나사렛 예수가 그리스도임을 확신한 안디옥 교회는, 구체적인 순종을 위한 결단에 이를 만큼 영적으로 잘 조율되어 있었다.

1절 하반절은 선지자들과 교사들의 이름을 구체적으로 거명한다. 바나바와 니게르Niger라 하는 시므온Simeon과 구레네 사람 루기오Lucius of Cyrene와 분봉왕 헤롯의 젖동생 마나엔Manaen과 사울이 바로 그들이었다. 바나바가 가장 선임자였던 듯 보이고, 사울은 가장 늦게 합류한 신임 지도자였을 것이다. 안디옥 교회를 섬기는 지도자들의 인적 면면은 이 교회가 얼마나 다양한 인적 구성을 가졌을까를 짐작케 한다.

첫째, 바나바는 구브로, 키프로스 출신이다. 그리스인들과 유대인들이 한데 모여 사는 섬이 구브로다. 주전 63년 로마 장군 폼페이가 이스라엘을 점령했을 때, 그리고 그보다 이전에 마카베오 항쟁 때 해외로 피신한 유대인 중 일부가 구브로에 정착했을 것으로 추정된다. 둘째, 시므온은 얼굴빛이 검은 니게르Niger이다. '니게르'는 아프리카 사람을 가리키는 라틴어이다. 셋째, 구레네 사람 루기오이다. 구레네는 아프리카 리비아이다. 이 둘은 오래 전 아프리카로 이주한 유대인들의 후예였을 가능성이 있다. 개종자라는 말이 없는 것을 볼 때 이들이 이방인이 아님을 짐작할 수 있다. 하지만 초대교회 일곱 헬라파 집사 중 한 사람이자 유대교로 입교한 이방인 니골라도 안디옥 출신[행 6:5]임을 고려해 볼 때, 이들이 니골라 같은 입교한 이방인이었을 가능성도 배제할 수는 없다. 셋째, 분봉왕 헤롯의 젖동생 마나엔이다. 젖동생이라고 번역된 헬라어 "씬트로포스"(σύντροφος)는 "어릴 적 친구," 혹은 "함께 자란 동생/형제" 혹은 "오랜 친구" 등으로 번역 가능한 형용사이다.

누가복음 8장은 헤롯의 청지기 구사의 아내 요안나가 자신의 재물을 바쳐 예수를 섬겼던 여성 중 일인이었다고 말한다.[3절] 로마서 16장에는 바울의 친척 중 헤로디온이라는 사람이 언급된다.[11절] 이 구절들은 헤롯 가문 일부가 예수와 바울 사역에 참여했다는 추정을 가능케 하는 구절들이다. 유대인 성경학자인 비느하스 라피데 Pinchas E. Lapide는 헤롯 가문이 세례 요한 때부터 시작해 초기 기독교 운동과 밀접한 관계를 가졌다고 주장한다.[2] 마지막으로 사울이 소개된다. 8장부터 소개된 사울에 대해서는 어떠한 부차적인 언급이 없다. 바나바와 사울 사이에는 출신, 신분, 고향이 다른 세 사람의 사역자들이 있다.[3] 안디옥 교회는 이렇게 다양한 배경을 가진 5명의 공동체적인 지도력으로 목양되며 성장했다.

2절에 따르면 안디옥 교회는 무슨 이유에서인지 주께 예배드리며 금식하고 있었다. 대속죄일 금식 혹은 절기상의 금식을 하고 있었는지 모른다. 금식은 자신의 뜻을 부인하고 하나님의 뜻을 우선적으로 받아들이고자 할 때 성도들이 수행하는 영적 수련이다. 금식 중 하나님의 자녀들은 고감도의 영적 감응력을 기를 수 있다. 하나님은 금식 중에 자신을 비운 개인이나 공동체에게 은밀하게 말씀하실 때가 많다. 자아가 강하고 자기주장이 강할 때에는 하나님께서 개인이나 공동체에게 거의 말씀하시지 않는다. 자기를 비운 사람에게 하나님의 말씀이 공명을 일으키며 전달된다. 왜 사도행전 저자는 금식기도를 강조하고 있을까? 무엇보다도 금식기도는 영적인 민감도를 높여줌으로써 하나님의 음성을 좀 더 잘 경청할 수 있도록 도와주기 때문이다. 금식을 통해 영적 성숙을 경험한 신앙의 선배들은 금식이 하나님의 계시에 수용적이고 개방적이 되도록 우리 자신의 주도성, 능동성, 그리고 기획을 잠시 상대화시킬 여지를 주었음을 증언하고 있다. 단 여기서 중요한 것은 "주를 섬기며" 하는 금식이다. 금식 그 자체의 효력을 강조하는 것이 아니다.

구약의 이스라엘 사람들은 금식하면서도 동포들에게 잔혹한 채주債主 노릇을 다하고 서로 싸우는 악행을 연출해 예언자의 탄핵을 자초했다.사 58:3-4 그들은 하나님 앞에서 과시적인 금식을 일삼았으며, 금식하면서 오락을 하고 자신의 종들에게 온갖 일을 다 시켰다. 즉 안식일에도 일을 시킨 것이다.[사 58:3] 그들은 금식 중에 이웃과 법적 소송을 벌였고, 육탄전을 벌였다.[사 58:4] 그들은 머리를 갈대같이 숙이고 굵은 베옷을 입고 재 가운데 뒹굴며 금식했다. 그러면서도 자비, 정의, 공의 등 이웃 사랑의 계명을 범했다. 그들의 기도에 하나님은 응답하지 않았다.[사 58:9; 59:2] 그러나 안디옥 교회는 "주를 계속 섬기며"(Λειτουργούντων δὲ αὐτῶν τῷ Κυρίῳ) "그리고 계속 금식하고 있었다."(καὶ νηστευόντων) 2절 첫 소절은 두 개의 분사형이 먼저 나오고, 그 후에 정동사 "성령이 말했다"(εἶπεν τὸ Πνεῦμα)가 나온다. 금식보다 더 중요한 것은 지속적으로 야웨를 예배하고 섬기는 일이라는 것이다. 이런 조건에서 안디옥 교회가 "금식할 때에" 하나님은 온 회중에게 일치가결한 마음을 주셨다.

2절 하반절은 하나님의 기습적인 명령, 어쩌면 안디옥 교회에게 당혹스러웠을 명령을 담고 있다. "내가 불러 시키는 일을 위하여 바나바와 사울을 따로 세우라." 3절은 놀랍게도 안디옥 교회의 신속한 반응을 보여준다. 3절은 세 개의 현재 능동분사형과 하나의 정동사(부정과거)로 구성되어 있다. 그때 "금식하고"(νηστεύσαντες, 분사) "기도하며"(προσευξάμενοι, 분사) "그들에게 안수한"(ἐπιθέντες, 분사) 후에, "그들을 떠나보냈다."(ἀπέλυσαν, 부정과거) 금식, 기도, 안수, 그리고 파송 순서로 순차적이었다. 일의 신속한 진행에 비추어 볼 때 독자들은 어쩌면 안디옥 교회 자체가 이미 모종의 상황, 곧 "해외선교사를 파송해야 할 상황"을 앞두고 누구를 보낼 것인가를 놓고 금식기도에 돌입했던 것이 아닐까 추정해 볼 수 있을 것이다. 그런 상황이 아니라면 안디옥교회가 기둥 같은 두 사람을 안수하여 이방 선교사로 파송했다는 것은 지나치게 돌연적으로 보이기 때문이다. 2절이 강조하듯이, 이들을 이방 지역으로 파송하는 주체는 성령이시다. 성령은 창조적 분리를 통해 하나님 나라의 복음을 온 누리에 퍼뜨리는 선교의 영이시다. 성령은 인간적인 친밀성과 공동체성을 강화시키는 공동체의 영이지만, 또한 동시에 하나님 나라를 위해 공동체로부터 개인을 분리시켜 단독자로 다니게 하시는 단독자의 영이시기도 하다. 이후에 나오는 당면한 선교지 지정의 순간마다 성령의 역사가 있다. 바울이 소아시아 비두니아로 가려고 했을 때 성령은 허락하지 않아 바울은 하는 수 없이 무시아를 지나 드로아까지 내려갔다.[행 16:6-7] 거기서 밤의 환상을 통해 바울은 마게도냐로 건너가라는 하나님의 은밀한 지시를 수납하고 순종한다. 성령은 하나님의 말씀을 듣고 그것에 순종할 태세를 갖춘 사람과 공동체에게 말씀하신다.

2. 바나바와 바울의 구브로 사역: 제1차 선교 여행을 떠나는 바나바와 바울 ●4–12절

4두 사람이 성령의 보내심을 받아 실루기아에 내려가 거기서 배 타고 구브로에 가서
5살라미에 이르러 하나님의 말씀을 유대인의 여러 회당에서 전할새 요한을 수행원으
로 두었더라. 6온 섬 가운데로 지나서 바보에 이르러 바예수라 하는 유대인 거짓 선지
자인 마술사를 만나니 7그가 총독 서기오 바울과 함께 있으니 서기오 바울은 지혜 있
는 사람이라 바나바와 사울을 불러 하나님의 말씀을 듣고자 하더라. 8이 마술사 엘루
마는(이 이름을 번역하면 마술사라) 그들을 대적하여 총독으로 믿지 못하게 힘쓰니 9바
울이라고 하는 사울이 성령이 충만하여 그를 주목하고 10이르되 모든 거짓과 악행이
가득한 자요 마귀의 자식이요 모든 의의 원수여, 주의 바른 길을 굽게 하기를 그치지
아니하겠느냐. 11보라, 이제 주의 손이 네 위에 있으니 네가 맹인이 되어 얼마 동안
해를 보지 못하리라 하니 즉시 안개와 어둠이 그를 덮어 인도할 사람을 두루 구하는
지라. 12이에 총독이 그렇게 된 것을 보고 믿으며 주의 가르치심을 놀랍게 여기니라.

4절도 성령의 주도적 사역을 강조한다. 바나바와 바울을 "따로 구별하여 세우는 것도" 성령의 주도적 사역이며,[3절] 두 사람의 이방 선교 파송도 성령의 주도 사역이다. 성령의 인도하심으로 바나바와 사울은 실루기아에 내려가 거기서 배를 타고 구브로로 갔다. 구브로는 주전 58년에 로마에 정복당해 로마의 속주 속령이 되었다. 원래 구브로의 살라미와 바보[Paphos]는 로마가 지중해 패권을 장악하기 훨씬 이전에 시돈과 두로 사람들(페니키아인)이 세운 해외식민지 도시였다. 당시 살라미는 구브로의 수도격인 중심지였다. 살라미는 자연히 상업과 무역의 중심지로 부상했다. 상업과 무역에 종사하는 유대인들도 이스라엘에서 가까운 구브로로 이주해 살라미 등을 거점삼아 무역과 교역을 했을 것이다. 레위 출신 바나바 가문도 구브로 이주 대열에 속했을 것으로 추정된다. 구브로는 바나바의 고향으로 최근에 믿은 자들의 근거지이기도 했다.[행 11:19] 바나바와 바울은 구브로의 살라미에 이르러 하나님의 말씀을 유대인의 여러 회당에서 전했는데 마가 요한이 이들의 수행원으로 동행했다.[5절] 바나바의 생질[甥姪]이기도 한 마가 요한은 예루살렘 사도들의 회집 장소로 사용되던 다락방의 소유자인 마리아의 아들이었다. 2세기 이집트의 교부 파피아스의 단편 증언에 따르면 그는 장차 마가복음을 집필할 사람이었다.

6절은 바나바와 바울이 바보에 이르는 과정을 구체적으로 묘사한다. 6절 첫 소절의 헬라어 구문을 직역하면, "구브로 섬 전체를 통과해(Διελθόντες δὲ ὅλην τὴν νῆσον) 바보까지(ἄχρι Πάφου)"이다. 바보가 살라미 항구(북쪽 끝 항구)에서 먼 남쪽 끝에 있기 때문에, 두 사람이 육로를 통과해 바보까지 갔다는 말이다. 바나바와 사울은 섬 전체를 가로질러 구브로 남쪽의 중심 도시이자 당시의 행정 중심지였던 바보에 이르러 바예수Bar-Jesus라고 불리는 유대인 마술사와 조우한다.[6절] 바bar는 아람어로 "아들"을 의미한다. 따라서 '바예수'의 직역어는 "구원의 아들",son of salvation 곧 "구원에 능한 자"라는 의미이다. 그는 아마도 마술을 이용해 구원을 베풀 수 있다고 선전했을 것이다. 바예수는 거짓 선지자로서 구브로 섬의 총독인 서기오 바울Sergius Paulus의 자문관 역할을 하던 자였다.[7절] 서기오 바울은 지적인 사람[안드리 쒼네토(ἀνδρὶ συνετῷ)]이라, 바나바와 사울을 불러 하나님의 말씀을 듣고자 애썼다.

"안드리 쒼네토"는 지적 호기심을 갖고 새로운 지식을 추구하는 성향을 가진 사람을 가리킨다. 구브로 총독 서기오가 그런 사람이었다. 유대인 자문관을 둔 것을 볼 때 그는 인종과 국적을 불문하고 사람을 썼던 개방적인 사람이었다. 그런데 이 유대인 마술사, 곧 엘루마(마술사)Elymas라고도 불리는 바예수는 바나바와 바울을 대적하여 총독이 그들의 말을 믿지 못하게 힘썼다.[8절] 총독 서기오 바울은 하나님의 말씀을 들으려고 힘썼고, 박수 엘루마는 하나님의 말씀을 듣지 못하게 하려고 애썼다. 이처럼 하나님 말씀에 대한 목마름과 허기를 채우려는 총독 서기오와 그의 갈증을 채워주려는 바울의 분투는, 하나님 말씀을 듣지 못하게 하려는 측근 자문관의 방해를 받는다. 확실히 "이 세상 신이 믿지 아니하는 자들의 마음을 혼미케 하여 그리스도의 영광의 복음의 광채가 비치지 못하게 한다."[고후 4:4] 공중 권세를 잡은 자 곧 사탄은 불순종의 아들들 가운데 역사하여 육체의 소욕대로 살도록 부추긴다.[엡 2:1-2] C. S. 루이스Lewis의 『스크루테이프의 편지』에서는 잠을 자지 않고 두루 삼킬 자를 찾아다니는[벧전 5:8] 악마의 모습이 잘 그려져 있다. '스크루테이프'라는 이름의 삼촌 악마는 신참 악마 웜우드에게 사람들이 기독교 복음을 듣지 못하게 하는 방법을 가르치는 데 여념이 없다. 여기서 우리는 어떤 사람이 복음을 듣고도 믿지 못하는 것은, 인간 이성의 중립적인 판단에 따른 결과라고만은 단언할 수 없음을, 이 세상 사람들에게 일정량 영적 권세를 휘두르는 사탄의 방해 또한 있다는 것을 발견한다.

바예수라는 박수 엘루마의 도전은 바나바와 바울의 영적 긴장을 고조시켰다. 여기서 영권靈權의 대결적 조우遭遇가 일어난다.power-encounter 9절은 사울을 부를 때, 히브리어 이름 '사울' 대신 헬라어 이름 '바울'을 처음으로 사용한다. 바울이라고 불리는 사울이 성령에 충만하여 박수 엘루마를 자세히 주목했다. 성령이 충만했기에 바울은 바예수의 영적 움직임과 그 내면의 변화도 간파할 수 있었다. 하나님의 성령은 인간의 가장 깊은 곳까지, 그리고 하나님의 은밀한 비밀까지 터득하고 통찰할 수 있는 능력을 부여하시기 때문이다.고전 2:10-16 성령이 충만한 사도적 감수성을 가진 사람은 사람들의 가장 은밀한 동기, 심리 작용, 궁극적인 목적을 간파할 수 있다. 바울은 이런 예민한 영적 지각력을 가지고 엘루마를 뚫어지게 주목했다. 지속적이고 예리한 관찰을 통해 그의 행동 동선을 파악했다는 뜻이다. 결국 인간에 대한 총체적인 파악과 분석은 자연적인 관찰 및 주목과 함께 성령의 충만한 인도하심으로 가능하다.

10절은 바예수의 정체를 빛 가운데 드러낸다. 바예수는 "모든 거짓과 악행이 가득한 자요 마귀의 자식이요 모든 의의 원수였다." 바울은 대적의 정체를 규명한 후에 엄중하게 추궁한다. "모든 거짓과 악행이 가득한 자요 마귀의 자식이요 모든 의의 원수여, 주의 바른 길을 굽게 하기를 그치지 아니하겠느냐?"10절 거짓과 악행이 가득한 자는 복음의 광채를 볼 수 없다. 따라서 복음의 대적자가 될 수밖에 없다. 자신도 복음을 듣지 않을 뿐만 아니라, 다른 사람이 복음을 경청하는 것도 막는다. 하나님의 사역을 방해하는 대적자, 마귀의 자식이다. 마귀적 가치를 일생 동안 추구하는 자, 거짓말과 악행이 근절될 수 없는 본성이 되어 버린 자이다. 그는 모든 의로운 일의 대적자다. 바울은 서기오 바울 옆에 이런 악행자가 자문관 역할을 하고 있다는 사실을 공개적으로 폭로한 것이다.

바울은 대적자를 분석하고 진단하는 데서 멈추지 않는다. 책망에서 한 걸음 더 나아간다. 하나님의 징벌을 선포한다. "보라, 이제 주의 손이 네 위에 있으니 네가 맹인이 되어 얼마 동안 해를 보지 못하리라."11절 바울의 선고가 떨어지자마자 "즉시 안개와 어둠이 그를 덮어" 그는 자신을 인도할 사람을 두루 구하는 지경이 되어 버렸다.11절 하반절 그는 총독 서기오 바울을 인도하는 자였으나 이제 눈먼 인도자가 되어 버린 것이다. 바예수는 자신을 인도해 줄 인도자를 찾아야 할 비상 상황에 직면했다. 이 사태는 "화 있을진저! 눈먼 인도자여!"마 23:16라는 예수의 질책을 생각나게 한다. 바예수의 마지막 행보는 모른다. 아마도 그 후에 자신을 인도할 인도자를 찾기 위해 복음의 문을 두드렸지 않았을까 추측해 본다. 12절은 이 사건이 총독에게 일으킨 반응을 보도한다. 총독은 자신의 자문관 엘루마에게 일어난 기이한 일, 곧 하나님의 심판으로 눈이 멀게 된 사태를 보고, 주의 가르치심을 놀랍게 여겼으며 바울과 바나바의 복음을 믿게 되었다. 서기오 바울은 도대체 어떤 하나님 말씀을 듣고 주의 가르침을 놀랍게 여겼는가? 그와 바울은 후일을 기약하고 헤어졌는가? 사도행전 저자가 여기서 서기오 바울의 실명을 쓰는 것을 볼 때, 서기오 바울과 바울 사도의 조우는 단발성으로 끝나지 않고 영속적 우정관계, 로마제국 문화로 말하면 후원자와 피후원자 관계로 발전했을 가능성을 배제할 수 없다고 보는 학자도 있다. 심지어 어떤 학자는 서기오 바울이 바울의 후원자가 되고, 사울이 이를 계기로 사울 이름 대신 바울이라는 이름으로 개명했을 가능성도 생각한다. 이런 추정은 무리가 아니다. 그렇다면 구브로 선교는 의미심장한 열매를 거두었다고 평가할만하다.

3. 바나바와 바울의 비시디아 안디옥 선교사역과 바울의 회당 설교

● 13-52절

13바울과 및 동행하는 사람들이 바보에서 배 타고 밤빌리아에 있는 버가에 이르니 요
한은 그들에게서 떠나 예루살렘으로 돌아가고 14그들은 버가에서 더 나아가 비시디
아 안디옥에 이르러 안식일에 회당에 들어가 앉으니라. 15율법과 선지자의 글을 읽
은 후에 회당장들이 사람을 보내어 물어 이르되 형제들아, 만일 백성을 권할 말이 있
거든 말하라 하니. 16바울이 일어나 손짓하며 말하되 이스라엘 사람들과 및 하나님을
경외하는 사람들아, 들으라 17이 이스라엘 백성의 하나님이 우리 조상들을 택하시고
애굽 땅에서 나그네 된 그 백성을 높여 큰 권능으로 인도하여 내사 18광야에서 약 사
십 년간 그들의 소행을 참으시고 19 가나안 땅 일곱 족속을 멸하사 그 땅을 기업으로
주시기까지 약 사백오십 년간이라. 20그 후에 선지자 사무엘 때까지 사사를 주셨더니
21그 후에 그들이 왕을 구하거늘 하나님이 베냐민 지파 사람 기스의 아들 사울을 사
십 년간 주셨다가 22폐하시고 다윗을 왕으로 세우시고 증언하여 이르시되 내가 이새
의 아들 다윗을 만나니 내 마음에 맞는 사람이라 내 뜻을 다 이루리라 하시더니. 23
하나님이 약속하신 대로 이 사람의 후손에서 이스라엘을 위하여 구주를 세우셨으니
곧 예수라. 24그가 오시기에 앞서 요한이 먼저 회개의 세례를 이스라엘 모든 백성에
게 전파하니라. 25요한이 그 달려갈 길을 마칠 때에 말하되 너희가 나를 누구로 생각
하느냐 나는 그리스도가 아니라 내 뒤에 오시는 이가 있으니 나는 그 발의 신발끈을
풀기도 감당하지 못하리라 하였으니 26형제들아, 아브라함의 후손과 너희 중 하나님
을 경외하는 사람들아 이 구원의 말씀을 우리에게 보내셨거늘 27예루살렘에 사는 자
들과 그들 관리들이 예수와 및 안식일마다 외우는 바 선지자들의 말을 알지 못하므
로 예수를 정죄하여 선지자들의 말을 응하게 하였도다. 28죽일 죄를 하나도 찾지 못
하였으나 빌라도에게 죽여 달라 하였으니 29성경에 그를 가리켜 기록한 말씀을 다 응

하게 한 것이라 후에 나무에서 내려다가 무덤에 두었으나 30하나님이 죽은 자 가운데
서 그를 살리신지라. 31갈릴리로부터 예루살렘에 함께 올라간 사람들에게 여러 날 보
이셨으니 그들이 이제 백성 앞에서 그의 증인이라. 32우리도 조상들에게 주신 약속을
너희에게 전파하노니 33곧 하나님이 예수를 일으키사 우리 자녀들에게 이 약속을 이
루게 하셨다 함이라. 시편 둘째 편에 기록한 바와 같이 너는 내 아들이라 오늘 너를
낳았다 하셨고 34또 하나님께서 죽은 자 가운데서 그를 일으키사 다시 썩음을 당하
지 않게 하실 것을 가르쳐 이르시되 내가 다윗의 거룩하고 미쁜 은사를 너희에게 주
리라 하셨으며 35또 다른 시편에 일렀으되 주의 거룩한 자로 썩음을 당하지 않게 하
시리라 하셨느니라. 36다윗은 당시에 하나님의 뜻을 따라 섬기다가 잠들어 그 조상들
과 함께 묻혀 썩음을 당하였으되 37하나님께서 살리신 이는 썩음을 당하지 아니하였
나니 38그러므로 형제들아 너희가 알 것은 이 사람을 힘입어 죄사함을 너희에게 전
하는 이것이며 39또 모세의 율법으로 너희가 의롭다 하심을 얻지 못하던 모든 일에
도 이 사람을 힘입어 믿는 자마다 의롭다 하심을 얻는 이것이라. 40그런즉 너희는 선
지자들을 통하여 말씀하신 것이 너희에게 미칠까 삼가라 41일렀으되 보라, 멸시하는
사람들아, 너희는 놀라고 멸망하라. 내가 너희 때를 당하여 한 일을 행할 것이니 사
람이 너희에게 일러 줄 지라도 도무지 믿지 못할 일이라 하였느니라 하니라. 42그들
이 나갈새 사람들이 청하되 다음 안식일에도 이 말씀을 하라 하더라. 43회당의 모임
이 끝난 후에 유대인과 유대교에 입교한 경건한 사람들이 많이 바울과 바나바를 따
르니 두 사도가 더불어 말하고 항상 하나님의 은혜 가운데 있으라 권하니라. 44그 다
음 안식일에는 온 시민이 거의 다 하나님의 말씀을 듣고자 하여 모이니 45유대인들이
그 무리를 보고 시기가 가득하여 바울이 말한 것을 반박하고 비방하거늘 46바울과 바
나바가 담대히 말하여 이르되 하나님의 말씀을 마땅히 먼저 너희에게 전할 것이로되
너희가 그것을 버리고 영생을 얻기에 합당하지 않은 자로 자처하기로 우리가 이방인
에게로 향하노라. 47주께서 이같이 우리에게 명하시되 내가 너를 이방의 빛으로 삼아
너로 땅끝까지 구원하게 하리라 하셨느니라 하니 48이방인들이 듣고 기뻐하여 하나
님의 말씀을 찬송하며 영생을 주시기로 작정된 자는 다 믿더라. 49주의 말씀이 그 지

방에 두루 퍼지니라 50이에 유대인들이 경건한 귀부인들과 그 시내 유력자들을 선동
하여 바울과 바나바를 박해하게 하여 그 지역에서 쫓아내니 51두 사람이 그들을 향하
여 발의 티끌을 떨어 버리고 이고니온으로 가거늘 52제자들은 기쁨과 성령이 충만하
니라.

주석

이 단락은 바울과 바나바의 "비시디아 안디옥"Pisidian Antioch 회당 사역을 보도한다. 왜 여기 안디옥이 다시 나오는가? 셀류키드 왕조를 창시한 셀류큐스 1세Selecus Nicator 1, 주전 312-280년는 자신의 아버지 안티오쿠스를 기리기 위해 자신의 왕국에 열여섯 개의 도시를 짓고 "안디옥"이라고 명명했기에 여기서도 안디옥이 등장한다. "비시디아 안디옥"은 열여섯 개의 안디옥 중 하나이다. 안디옥은 "병거" 혹은 "전사"戰士를 의미한다. 그는 아마도 열여섯 개의 도시에 자신의 왕국을 지키는 국방의 요새라는 영예를 부여하고 싶었는지도 모른다. 비시디아 안디옥은 중부 튀르키예(소아시아 중부)의 핵심 요충 도시이다. 갈라디아 지방의 중심지인 셈이다. 바울과 및 동행하는 사람들은 구브로의 남쪽 끝 항구인 바보에서 배를 타고 바보를 기준으로 시계 10시 방향으로 지중해를 북상해 소아시아(튀르키예) 남부 지방인 밤빌리아Pamphylia에 있는 버가Perga에 이르렀다.13절 여기서 처음으로 바울의 이름이 바나바보다 앞서 언급되는데 이때부터 바나바는 바울의 일행 중 한 명으로 다뤄진다. 아마도 구브로 섬에서 맹활약한 바울이 선교단에서 차지한 비중이 바나바보다 더 커진 것이 아닌가 하는 추측을 불러일으킨다. 이때 마가 요한은 선교 여행(뱃길 여행)의 고단함을 이기지 못했던지 그들을 떠나 예루살렘으로 돌아가 버린다.13절 하반절 나중에 마가 요한의 이 경솔한 행동 때문에 바나바와 바울 사이에 격렬한 논쟁이 벌어진다.

바울과 그 일행은 버가에서 더 북쪽 내륙지방으로 올라간다. 그들은 산적들이 창궐한다고 알려진 타우루스 산[Taurus](최고봉 해발 3,300미터, 평균고도 1,100미터)을 넘어 약 200킬로미터 정도 더 북쪽에 있는 내륙도시 비시디아 안디옥에 당도했다.[4] 마침 안식일이라 그들은 유대인의 회당 예배에 참석하기 위해 회당에 들어가 앉게 되었다.[14절] 보통 안식일 예배 규례대로 율법과 선지자의 글에 대한 강독이 끝난 후에 회당장이 참석한 사람들에게 무작위로 짧은 설교를 해달라고 요청한다. 이것이 예수 당시 나사렛 회당의 안식일 규례이기도 했다.[눅 4:16-20] 비시디아 안디옥의 회당장들[아르키쒸나고고이(ἀρχισυνάγωγοι)]도 다음과 같은 메시지를 사람을 통해 회중에게 보냈다. "형제들아, 만일 백성을 권할 말이 있거든 말하라."[15절] 그러자 바울이 일어났다.[16절]

바울이 일어나 손짓하며 말하기 시작했다.[16절] 왜 손짓을 동원했는지 정확히 알 수 없으나, 아마도 회중의 주의를 집중시키기 위한 몸동작이었을 것이다. 바울은 자신의 설교를 예언자적 선포 형식으로 시작한다. "이스라엘 사람들과 및 하나님을 경외하는 사람들아, 들으라." "들으라"고 시작하는 바울의 설교는 모세와 예언자들의 강화[講話]가 가졌던 권위를 발산한다.[16절]

17-41절은 나사렛 예수 그리스도의 오심으로 성취된 이스라엘의 구속사를 간략하게 정리한다. 요지는 아브라함의 하나님이 곧 예수 그리스도를 보내신 바로 그 하나님이며, 나사렛 예수는 아브라함과 다윗에게 약속하신 그 후손[갈 3:8-16]이라는 것이다. 17절은 창세기와 출애굽기를 요약한다. 이스라엘의 조상들을 선택하신 하나님, 그리고 출애굽의 하나님을 말한다. 18절은 민수기를 요약한다. 민수기는 하나님께서 광야에서 약 40년간 이스라엘의 소행을 참으시고 징계하시고 연단하신 이야기다. 19절은 신명기와 여호수아

를 요약한다. 하나님께서 가나안 땅 일곱 족속을 멸하사 그 땅을 아브라함의 후손 이스라엘에게 기업으로 주시기까지 걸린 시간이 약 450년이었다.[창 15:13-15] 20절은 사사기를 요약한다. 이스라엘이 가나안에 정착한 후에 선지자 사무엘이 등장할 때까지 하나님은 사사들을 보내셔서 이스라엘을 구원하고 보존해 주셨다. 21-22절은 사무엘 상하를 요약한다. 주변의 열방들처럼 인간 왕을 달라고 요청하는 이스라엘에게 하나님은 베냐민 지파 사람 기스의 아들 사울을 왕으로 세워 40년간 왕으로 다스리도록 하셨다.[21절] 하지만 이후에 사울을 폐하고 다윗을 왕으로 세우셨다.[22절] 하나님은 다윗에게 특별한 언약을 허락하셨는데,[삼하 7:12-16; 시 89:27-37; 132:11-12; 사 55:3; 렘 33:17, 20-22] 그것은 이새의 아들 다윗이 하나님의 마음에 합한 사람이었기 때문이다.[삼상 13:14; 시 89:20] 하나님은 다윗을 통해, 아니 더 구체적으로 다윗과 맺은 언약[삼하 7:12-16; 8:15; 사 9:6-7; 11:1-9]을 통해 이스라엘 중에 두신 당신의 뜻을 이루시기로 작정하셨다.[22절]

23-25절은 다윗의 후손으로 오실 메시아를 대망하는 구약성경의 다른 책들의 사상과 구약 예언자들의 마지막 반열에 등장한 세례자 요한의 사역을 요약한다. 23절은 유다가 바벨론 제국에게 멸망당한 이래 구약성경의 역사는 다윗의 후손으로 오실 메시아 대망의 역사였음을 시사한다. 유대인들은 다윗의 장막을 일으켜 세울 한 후손에 대한 약속[암 9:11-15]과 그 약속에 대한 희망으로 나라 상실의 고통과 슬픔을 견뎌 왔다는 것이다.[삼하 7:12-16; 사 9:6-7] 바울은 다윗의 후손에서 이스라엘을 위한 구주 예수[마 1:20-21]가 오셨음을 강조한다.[롬 1:3-4] 24절은 메시아 그리스도의 강림을 준비한 세례자 요한의 회개 세례, 물세례 운동을 말한다. 세례자 요한의 회개 세례 사역은 네 복음서가 모두 증거하는 역사적 사실이다.[마 3:1-17; 막 1:1-11; 눅 3:3-17; 요 1:15-28] 그는 예수 그리스도보다 먼저 와서 이스라엘 백성들이 메

시아를 영접할 준비를 시켰는데, 죄악된 삶을 총체적이고 전면적으로 돌이키는 회개를 촉구하였다. 많은 사람은 세례자 요한이 혹시 그들이 기다리던 그리스도가 아닌가 생각했다. 그의 사역의 마지막 시점에는 그가 메시아일지도 모른다는 대중적인 기대가 최고조에 달했다.[요 1:20-21] 그래서 요한은 유대 군중들에게 자신은 그리스도가 아니며, 자신은 자기 뒤에 나타날 그리스도의 신발끈을 풀기도 감당하지 못할 종에 불과하다고 고백했다.[25절] 그는 자기 뒤에 진실로 그리스도가 오실 것임을 강력하게 통고하며, 자신은 대중적인 기대로부터 멀리 도망쳤다.

26절은 "형제들아"라고 말하며 다시 청중들에게 믿음의 결단을 촉구하는 바울의 호소를 담고 있다. 바울이 말하는 "형제"는 아브라함의 후손 유대인들을 가리키고, "하나님을 경외하는 사람들"(οἱ ἐν ὑμῖν φοβούμενοι τὸν Θεόν)은 이방인 중 "하나님을 경외하는 사람들"을 가리킨다. 안디옥 회당에는 유대인들과 유대교로 입교한 이방인들과 입교 예정 이방인들이 함께 참석해 있었음을 알 수 있다. 26절의 첫 부분 호격 구문의 직역어는, "형제들이여! 아브라함 가문 아들들이여, 그리고 여러분 중에 있는 하나님 경외자들이다." "하나님 경외자들"은 호격이 아니라, 남성복수 주격으로 서술된다. 다시 말하면, 바울이 부른 "형제들"은 아브라함 자손들과 이방인 "하나님 경외자들"로 구성되어 있다.[5] 26절의 주절은 수동태 구문이다. "ἡμῖν ὁ λόγος τῆς σωτηρίας ταύτης ἐξαπεστάλη" 직역하면, "우리에게 이 은혜의 말씀이 보내졌습니다"이다. 바울은 자신이 증거하는 예수 그리스도 구원의 말씀을 하나님이 자신을 통해 안디옥의 회중들에게 보내셨음을 강조한다. 안디옥에 와서 자신이 전하는 이 하나님 나라 복음은 자신이 지어낸 이야기가 아니라, 하나님께서 강권적으로 자신을 파송해 안디옥 회중에서 전하게 하신 "구원의 말씀"이라는 것이다.

27-28절은 나사렛 예수가 십자가에 달려 죽게 된 전후 상황을 말하고, 29-30절은 예수의 부활과 부활 후 제자들에게 나타나신 상황들을 이야기한다. 27절은 예수를 죽음에 몰아간 자들을 구체적으로 적시하고 그 이유를 제시한다. 예수를 죽인 장본인은 예루살렘에 사는 자들과 그들의 관리들이었다. 그들이 예수를 죽인 것은 그들이 예수를 알지 못하고, 안식일마다 읽는 예언자들의 말도 하나도 깨닫지 못했기 때문이라는 것이다. 그런데 이들의 행동은 결국 메시아의 굴욕적 죽음을 예언했던 선지자들의 예언사 53:4-7; 욘 1:17; 슥 12:10; 참조. 마 12:41-42을 이룬 것이었다. 28절은 유대인들이 빌라도의 공권력을 빌어 예수를 죽인 과정을 말한다. 예수를 죽일 죄를 하나도 찾지 못한 그들은 유대인의 왕이라는 죄목으로 예수를 빌라도에게 고소했다. 그들은 예수를 사형시키기를 주저하는 빌라도에게 십자가 처형을 집요하게 요청했다. 유대인들은 예수의 십자가 처형이 나무에 달려 죽은 자, 좀 더 정확하게 말하자면, 죽어서 나무에 달린 자는 하나님께 저주받은 자의 죽음이라고 하는 신명기 21:23을 성취하는 것으로 이해했기 때문이다. 그들은 예수를 십자가에 달려 죽임으로써 하나님께 저주받은 자의 죽음으로 만천하에 공포되기를 기대했던 것이다.

29절은 예수의 십자가 죽음이 오히려 그를 가리켜 기록한 모든 성경 말씀이 성취되는 과정이라고 말한다. 십자가에 처형된 예수는 후에 나무에서 내려져 무덤에 매장되었으나, 부패하는 길 대신에 부활의 길을 가게 된다. 하나님이 죽은 자 가운데서 그를 살리셔서 빌라도의 재판과 유대인들의 고소를 원천 무효 처리해 버리셨기 때문이다.30절 하나님의 대반전이 일어난 것이다.

31절은 부활한 예수의 현현 사건을 말한다. 예수는 부활 후 갈릴리로부터 예루살렘에 함께 올라간 사람들에게 여러 날 보이셨고, 그의 제자들은 이제 백성 앞에서 그의 증인이 되었음을 강조한다. 32절에서 바울은 다시 복음 전도자의 자리로 돌아간다. 예수 그리스도는 새로운 복음이 아니라, 1,500년 전부터 하나님께서 이스라엘의 조상들에게 주신 약속의 성취임을 강조한다. 33-37절에서 바울은 시편 구절 등[시 2:7; 16:10; 사 55:3-12]을 인증하여 예수의 부활과 승천의 필연성을 논증한다. 이것은 베드로의 오순절 설교에서 나타난 예수의 부활과 승천 논증과 유사하게 들린다. 바울은 무엇보다도 먼저 하나님께서 죽은 자 가운데서 예수를 일으키심으로써 아브라함과 다윗의 후손[창 22:18; 사 9:6-7]을 통해 이스라엘을 회복하시겠다는 약속을 성취하셨다는 사실을 강조한다.[33절] 예수의 부활은 성경에 약속된 이스라엘 부활의 전주곡이며, 이스라엘을 영원한 하나님 백성으로 삼으시겠다는 약속의 성취라는 것이다. 시편 2:7, 곧 "너는 내 아들이라 오늘 내가 너를 낳았다"를 인용하여 예수께서 약속하신 바로 그 아들, 곧 메시아임을 논증한다. 34절은 이사야 55:3, 곧 "내가 다윗의 거룩하고 미쁜 은사를 너희에게 주리라"을 인증하여 하나님께서 죽은 자 가운데서 예수 그리스도를 부활시켜 주실 것을 논증한다. 다윗에게 자신의 후손이 썩음을 당하지 않게 하실 것을 약속하신 그 하나님의 약속이 나사렛 예수의 부활에서 성취되었다는 것이다.

35절은 시편 16:10을 인증하여 예수 그리스도 부활의 필연성을 논증한다. 예수의 부활은 "주의 거룩한 자로 썩음을 당하지 않게 하시리라"던 하나님의 약속이 성취된 것이다. 36절은 시편 16편의 저자인 다윗이 자기 당대에 하나님의 뜻을 따라 섬기다가 잠들어 그 조상들과 함께 묻혀 썩음을 당하였음을 강조함으로써, 35절이 말하는 "주의 거룩한 자"는 다윗 자신이 아니라, 다윗의 한 후손(그리스도)임을 논증한다. 이 부분은 베드로의 오순절 설교를 되울린다. 행 2:25-27 37절은 다윗이 노래한 "주의 거룩한 자"는 다윗과는 달리 죽지 않았음을 강조한다. "하나님께서 살리신 이"는 썩음을 당하지 않는다. 이것은 무엇을 말하는가? 다윗이 일찍이 시편 16편에서 말한 "주의 거룩한 자", 하나님을 항상 뵈옵는 그 하나님의 아들이 바로 부활하신 예수 그리스도라는 것이다. 예수 그리스도의 부활은 이스라엘 민족 전체의 부활이요 복권이요 하나님 백성의 신분 회복을 알리는 전주곡이라는 것이다. 겔 36-37장 따라서 예수의 부활은 이스라엘에게 다시 한번 하나님과의 언약 관계로 들어오도록 초청하는 하나님의 초청이라는 것이다. 38절이 말하는 "죄사함"은 이스라엘을 다시금 하나님과의 언약 관계로 회복시키셨음을 의미한다. 예수는 만민의 죄를 용서하는 하나님의 용서 의지의 화신이기 이전에, 먼저 이스라엘 민족의 죄악된 역사에 대한 하나님의 총체적이고 전면적인 용서 의지의 화신임을 강조한다. 예수는 이스라엘을 대신하여 하나님께 징벌을 받고, 심판을 받고, 저주를 받았으나 다시 회복되고 부활하였다. 이것은 이스라엘 민족의 회복과 부활, 하나님 언약 백성 신분의 회복을 의미하는 것이다.

따라서 이스라엘 사람들이 예수의 십자가 죽음과 부활이 자신을 위한 죽음과 부활이라는 사실을 믿으면 의로운 백성이 된다. 즉 예수 그리스도를 통해 선사된 죄사함의 은혜를 받아 하나님과의 새로운 언약 관계에 들어가게 된다. 의롭다 함을 받는 것은 하나님과의 언약을 깨뜨리기 이전의 죄를 용서해 주심으로 새로운 언약 당사자로 신분을 복구시켜 주신다는 말이다. 지난날 범한 죄를 용서받고 마치 전혀 죄를 짓지 않은 사람처럼 대우해 주신다는 말이다. 무엇을 위한 "죄사함"인가? 하나님에 대해 새로운 언약 관계로 초청하기 위함이다. 이스라엘이 범한 지난날의 죄악들은 이스라엘 스스로를 언약 관계에서 탈주한 불의한 자로 강등시켰다. 그런데 하나님의 일방적이고 압도적인 신실함으로 말미암아 이스라엘에게 다시 한 번 하나님 백성으로 살 수 있는 재활 복구를 허락하신다는 것이다.

비시디아 안디옥 회당설교의 핵심은 이신칭의以信稱義 복음이다. 구약성경의 이스라엘 역사는 한 마디로 신실하신 하나님이 불신실한 이스라엘을 언약 백성으로 택해 양육하고 교육하며 심판하고 소생시켜서 끝내 이스라엘을 의롭게 하신 은총의 대승리 드라마라는 것이다. 이스라엘을 의로운 백성으로 다시 소생시킨 이야기가 바로 하나님의 아들 나사렛 예수 그리스도의 십자가와 부활 드라마라는 것이다. 이처럼 바울은 자신이 증거하는 이신칭의 복음은 바울 자신의 발명이나 독창적 사상이 아니라, 구약 전체의 중심적 신학이요 신앙임을 선포한다.[6]

그동안 이스라엘은 모세의 율법을 지키지 못해 의롭지 못한 백성으로 단죄받았다.[39절] 그 결과 이스라엘은 바벨론 포로 생활로부터 약 500년 동안 제2의 노예 생활을 감당해 오고 있었다. 하나님은 모세의 율법 준수를 통해 의로움을 얻지 못한 이스라엘을 위해 하나님의 어린양 예수의 완전한 순종을 통해 이스라엘을 다시금 의롭다고 선포하신 것이다. 그 선포가 바로 이스라엘을 대표해 하나님께 징벌을 받고 심판의 죽음을 감수한 예수의 부활이다. 하나님은 로마 총독 빌라도의 재판으로 죽임을 당했던 하나님의 독생자인 예수를 부활시키신 것이다. 예수는 이스라엘을 대표하여 죽임을 당했으며 이스라엘을 대표하여 다시 살리심을 덧입었다. 따라서 하나님 앞에 율법의 요구를 100퍼센트 성취하신 예수를 힘입어 이스라엘은 의롭게 된다.[롬 10:4-10] 예수 안에서, 예수를 믿음으로 이스라엘이 다시금 언약 백성이 되는 것이다. 한 걸음 더 나아가, 열방 백성 모두가 예수 안에서 이스라엘 백성 공동체에 접목될 수 있는 길이 열렸다. 따라서 이 복음은 온 누리에 전파되어야 한다.

40-41절에서 바울은 하나님의 최후 초청을 거절하지 말 것을 강력하게 경고한다.[참조. 마 23:35-36] 그 옛날 바벨론 포로기 이전에 조상들이 예언자들을 통해 선포된 하나님 말씀을 거부한 결과 대파국적 참사를 당했던 것과 같은 비극적 전철을 되밟지 말라고 경고한다. 바울은 하박국 1:5을 인증하여 예수 그리스도의 복음을 거부하고 배척했을 때 다가올 하나님의 예기치 못한 심판에 대해 이야기한다. 예언자들이 말한 것은 믿을 수 없는 하나님의 기습적 심판이었다. 41절은 복음을 배척하고 멸시하는 자들에게는 파천황[破天荒]의 심판이 임할 것이라고 말한다. "보라, 멸시하는 사람들아. 너희는 놀라고 멸망하라. 내가 너희 때를 당하여 한 일을 행할 것이니 사람이 너희에게 일러 줄 지라도 도무지 믿지 못할 일이라." 과연 주후 70년경에 일어난 로마제국의 예루살렘 공격과 유린은 이제까지 이스라엘에게 일어난 모든 재난, 곧 앗수르 침략과 바벨론 침략 등의 총체적인 절정이었다.

42절은 청중들의 반응이 매우 뜨거웠음을 보여준다. 그들은 다음 안식일에도 권면의 말씀을 들려 달라고 바울에게 요청하기에 이른다. 회당 모임이 끝난 후에, 유대인과 유대교에 입교한 경건한 사람 중에 바울과 바나바를 따르는 추종자들이 생겨났고, 두 사도는 그들에게 항상 하나님의 은혜 가운데 있으라고 권했다.[43절] 그 다음 안식일에는 온 시민이 거의 다 하나님의 말씀을 듣고자 모였다.[44절] 이 점이 일부 유대인 무리의 시기와 적의에 찬 질투를 불러일으켰다. 유대인들은 모인 무리 앞에서 바울이 말한 것을 공개적으로 반박하고 비방했다.[45절]

이에 바울과 바나바가 그들에게 예언자적인 경고를 담대히 발하기에 이른다. "하나님의 말씀을 마땅히 먼저 너희에게 전할 것이로되 너희가 그것을 버리고 영생을 얻기에 합당하지 않은 자로 자처하기로 우리가 이방인에게로 향하노라."46절 하나님 백성이 하나님 말씀을 거부하면 하나님 백성이 아닌 자들에게 하나님 말씀이 이동하게 되어 있다. 하나님은 하나님 백성이 아닌 자들로 하나님 백성의 시기와 질투를 불러일으키시는 하나님이시다.신 32:21; 사 65:1; 롬 10:19-20

47절은 이사야 49:6을 인용하여 하나님의 이방 구원 계획을 말한다. 하나님은 당신의 뜻에 순종하는 이스라엘을 이방의 빛으로 삼으셔서 하나님의 구원을 땅끝까지 전파하기를 원하신다. 이제 이 말씀에 따라 바울 자신과 선교단 일행은 본격적인 이방 선교에 나설 것임을 통고한다. 이런 방향 선회가 있자마자 이방인들에게 하나님의 구원이 나타났다. 이방인들은 바울의 복음을 듣고 기뻐하며 하나님의 말씀을 찬송했다. 하나님께서 절대주권적인 섭리 안에서 영생을 주시기로 작정한 자들은 다 믿었다.48절 이런 이방인들의 개종으로 인해 주의 말씀이 소아시아 중심 지역에 두루 퍼졌다.49절 이에 유대인들이 경건한 귀부인들과 그 시내 유력자들을 선동하여 바울과 바나바를 박해했고, 그 지역에서 그들을 쫓아내 버렸다.50절 그러자 두 사도가 그들을 향해 발의 티끌을 털어 버리고, 이고니온으로 갔고,51절 남은 제자들은 기쁨과 성령이 충만했다.52절 여기서 발의 티끌을 털어 버리는 행위는 불순종과 불신앙으로 하나님의 복음을 대적하는 개인이나 성읍을 하나님의 심판에 넘겨 버리는 행위다.마 10:14-15

메시지

안디옥 교회는 이방 교회로서 세계 선교를 이루는 전초 기지로 귀하게 사용되었을 뿐 아니라, 오늘까지지도 바람직한 교회상像으로 귀감이 되고 있다. 안디옥 교회에는 이상적인 교회가 되는 데 요청되는 네 가지 요건이 충족되어 있었다. 먼저, 안디옥 교회는 양질의 지도자들을 보유하고 있었다. 고루 수준 높은 5명의 선지자들[프로페타이(προφῆται)]과 교사들[디다스칼로이(διδασκάλοι)]이 아름답게 동역했다. 선지자들은 교회를 둘러싼 현실과 상황에 대한 선견지명과 통찰력 넘치는 파악을 통해 매일매일 무엇에 힘쓸지를 가르쳐 준다. 영적 기상 해석자인 선지자들은 현실의 여러 사건을 텍스트로 삼아 성경적 관점에서 해석하고 그 일들을 통해 하나님의 뜻을 분별한다. 임박한 재난, 위기, 그리고 비상 상황을 예지하고 대비시키는 예지력을 갖춘 선지자들의 존재는 교회의 방향 설정에 크게 기여한다. 안디옥 교회가 이방 선교사를 파송하여야 한다는 영적 부담감은 선지자들의 영적 분별력의 소산이었을 것이다.

둘째, 안디옥 교회는 말씀 중심의 교회였다. 말씀에 능한 바울을 초청하여 하나님 나라에 대한 확고부동한 신념을 새기는 교회였다. 선지자들이 영적 기상 해석자라면, 교사들은 경전 해석자들이다. 그들은 나사렛 예수 그리스도가 어떤 점에서 모세와 예언자들이 그토록 오랫동안 기다렸던 메시아인지를 가르쳤다. 그들은 어디까지나 성경 본문을 바탕으로 사역하는 자들이다. 말씀 공부의 목적은 하나님께 대한 순종 의지의 담금질이다. 하나님의 뜻에 구체적으로 순종하려고 애쓰는 성도일수록 말씀 공부에 철저하다. 말씀 공부에 철저한 교회란 하나님께 대한 순종 의지가 구체적인 교회를 뜻한다. "주님, 내가 여기 있습니다. 나를 보내주소서" 하는 태도로 말씀 공부에 주력하기 때문이다. 오늘날 영적 지도자들은 성도들에게 구체적인 순종의 방향과 방법, 순종 의지를 가르치기보다는 교회의 재정 및 인적 규모의 확장에 치중하는 경향을 드러내는데, 이것은 오류다. 참 하나님의 교회는 하나님 말씀이 살아 역사하는 교회이며, 그 말씀으로 무장된 성경 선생을 양성하는 교회다. 아무리 시대가 바뀌고 현실이 요동친다고 하더라도 영원한 하나님의 말씀을 통해 어느 시대에도 통하는 지혜를 발견하고 원리를 추출하는 것이 교사의 역할이다. 좋은 교회는 선지자 사역과 교사 사역 둘 다 왕성한 교회이다.

셋째, 안디옥 교회의 이상적인 면모는 회중들의 주인 의식이 왕성한 점이다. 안디옥 교회는 선지자들의 영적 지도를 받는 교회로서, 회중 모두가 함께 금식기도에 몰입하여 주의 뜻을 분별하는 교회였다. 금식기도 등을 통해 고도의 영적 민감도를 유지하는 교회였다. 5명의 영적 지도자들에게 기가 눌리거나 꺾이지 않았으며 오히려 고도의 자율성과 주인 의식을 동시에 발휘했다.

넷째, 안디옥 교회는 자신의 것을 나눠 주는 교회였다. 성령께서 세계 선교를 위해 바나바와 바울을 파견하라고 명령했을 때, 이들은 즉시 순종했다. 당시의 안디옥 교회는 아직 여러모로 연약한 교회였다. 특히 바나바와 바울은 교회의 중심으로, 없어서는 안 될 기둥 같은 지도자들이었다. 그러나 성령께서 "보내라" 하실 때, 교회의 기둥 같은 일꾼들을 기꺼이 보냈다. 자신을 돌아보지 않고 나누어 줄 때 하나님은 그 교회를 소중히 여기시며 더 많은 영적 지도자와 은혜를 주신다. 이런 결단을 통해 안디옥 교회는 바울과 바나바를 파송한 모母교회가 되었으며, 이방인 교회 시대를 열어젖힌 최초의 진지陣地 교회가 된 것이다. 또한 안디옥 교회는 흉년을 만난 예루살렘의 가난한 형제자매들을 위해 기꺼이 부조금을 보내어 고통을 분담하는 "주는 교회"였다. "주는 교회"는 예수의 재림 때까지 풍성한 열매를 맺는다.

14장.

견고한 진陣을 파破하는 복음의 강력強力

바울과 바나바가 복음을 증거할 때면 언제나 두 가지 반응이 뚜렷하게 나타났다. 복음을 듣고 믿으며 따르는 무리와, 복음을 듣지만 시기하고 핍박하는 무리였다. 그 무리가 복음을 훼방하며 자신들을 돌로 쳐서 죽이려는 상황 가운데, 두 사도는 믿고 따르는 성도들을 섬기기 위해 가능한 한 인내하며, 그들의 영적 성장을 도왔다. 그러나 상황이 급박하여 어쩔 수 없을 때는 발에 먼지를 털고 그들로부터 벗어났다. 그리고 또 다른 새로운 선교지를 향해 출발했다. 가는 곳마다 시기와 핍박이 따랐지만, 두 사도는 굴하지 않았다. 하나님께서 허락하신 그 순간까지 은혜받은 자를 도우며 인내했다.

이처럼 복음의 역사에는 항상 사탄의 훼방이 뒤따른다. 사탄은 무엇보다 처음 시작하는 복음 전도자의 기선을 제압하기 위해 더욱 극렬하게 대적하며 도발해 온다. 많은 그리스도인이 전도에 열심을 품고 시작하다가도 그들이 전하는 복음이 거부당하고 핍박을 받으면 자신에게 전도의 능력이 없다고 생각하고 의욕을 상실하게 된다. 그러나 그러한 때일수록 낙심하지 말고 더욱 힘써서 전도해야 한다. 사탄의 훼방이 아무리 극심하다 할지라도, 주 예수 그리스도는 당신이 구원하기를 작정하신 자들을 준비된 전도자에게 인도하신다. 복음의 씨앗이 항상 사탄에게 먹히고 세상에 삼켜지는 것 같아도, 그 중 대부분은 하나님이 준비하신 좋은 땅에 뿌려져 많은 열매를 맺는다. 복음은 숱한 방해와 위협 앞에서도 역경을 뚫고 세상을 향해 힘차게 전진한다. 바울과 바나바의 이고니온과 루스드라 사역은 사탄의 대적을 영적 권능으로 돌파한 사례다. 영적 권능으로 무장하지 못한 복음 전도자는 악한 영들의 도발적인 시위 앞에 일패도지一敗塗地하게 된다. 바나바와 바울은 삼겹줄 같은 우정[전 4:12]과 말씀의 공세적인 기세로 악한 영들의 진지를 파상적으로 공격한다. 14장은 바울과 바나바의 이고니온 사역[1-7절]과 바울과 바나바의 루스드라 사역[8-28절]으로 나눠진다.

1. 바울과 바나바의 이고니온 사역 ● 1-7절

14 1이에 이고니온에서 두 사도가 함께 유대인의 회당에 들어가 말하니 유
대와 헬라의 허다한 무리가 믿더라. 2그러나 순종하지 아니하는 유대인
들이 이방인들의 마음을 선동하여 형제들에게 악감을 품게 하거늘 3두 사도가 오래
있어 주를 힘입어 담대히 말하니 주께서 그들의 손으로 표적과 기사를 행하게 하여
주사 자기 은혜의 말씀을 증언하시니 4그 시내의 무리가 나뉘어 유대인을 따르는 자
도 있고 두 사도를 따르는 자도 있는지라. 5이방인과 유대인과 그 관리들이 두 사도
를 모욕하며 돌로 치려고 달려드니 6그들이 알고 도망하여 루가오니아의 두 성 루스
드라와 더베와 그 근방으로 가서 7거기서 복음을 전하니라.

주석

이 단락은 바울과 바나바의 이고니온 사역을 보도한다. 사도행전 13:51은 바울 선교단 일행의 다음 목적지가 이고니온임을 말한다. 비시디아 안디옥을 기준으로 보면 이고니온은 시계 4시 방향으로 내려가는 길목에 있다. 비시디아 안디옥에서 이고니온까지의 거리는 180킬로미터 정도 된다. 이번에도 두 사도는 유대인 회당에 들어가 성경을 강론했다.[1절] 유대인과 헬라인의 허다한 무리가 두 사도의 증언을 믿었다. 그러나 순종하지 않는 유대인들이 이방인들의

마음을 선동하여 두 사도에게 악감정을 품게 했다.[2절] 그럼에도 두 사도는 이고니온에 오래 머물며 "예수 그리스도의 십자가 죽음을 통해 성취된 죄사함과 의롭다하심의 복음"[행 13:38-39]을 힘있게 선포했다. 예수 그리스도가 죄사함과 의롭다하심을 베풀 수 있는 근거는 나사렛 예수가 세상 죄를 지고 간 하나님의 어린양이었기 때문이다. 죄 없는 어린양 예수는 이스라엘과 이스라엘이 대표한 온 인류의 죄에 대한 하나님의 징벌을 받았기 때문에 하나님으로부터 자신이 대표했던 이스라엘과 인류의 죄를 용서해줄 사죄 대권을 받으셨다. 하나님의 우편 보좌에 앉아 주와 그리스도가 되신 그리스도는 세상 죄를 없애는 일을 하신다. "이는 하나님의 영광의 광채시요 그 본체의 형상이시라 그의 능력의 말씀으로 만물을 붙드시며 죄를 정결하게 하는 일을 하시고 높은 곳에 계신 지극히 크신 이의 우편에 앉으셨느니라."[히 1:3] 그래서 하나님 아버지 우편 보좌에 앉아 교회의 주가 되고 세상을 다스리는 버금 왕이 된 예수의 이름은 하나님의 권능을 발출하는 권세 있는 이름이 되었다.

따라서 죄사함의 복음과 의롭다하심의 복음은 "예수는 사죄 대권을 행사하는 주主가 되셨다"[28:18-19; 막 2:10]는 복음의 다른 표현이다. 주께서 그들의 손으로 표적과 기사를 행하게 하사 친히 주의 은혜의 말씀을 증언하셨다.[3절] 여기서 중요한 것은 주께서 친히 은혜의 말씀을 증언하셨다는 사실이다. 이 경우 하나님의 말씀을 듣는 인간의 태도는 두 가지로 나눠진다. 말씀에 순복하여 구원을 얻든지, 아니면 저항하여 패망의 길로 가든지 둘 중 하나의 길을 택한다.[막 1:21-28] 이고니온에서도 회중의 무리가 둘로 나뉘었다.[4절] 유대인을 따르는 무리와 두 사도를 따르는 무리로 나눠진 것이다. "하나님의 복음"은 세상 사람들 사이에 창조적 불화와 분리를 가져온다. 이전에는 하나였던 공동체를 복음은 둘로 나눠 버린다. "내가 세상에 화평을 주려고 온 줄로 아느냐. 내가 너희에게 이르노니 아니라 도리어 분쟁하게 하려 함이로다. 이후부터 한 집에 다섯 사람이 있어 분쟁하되 셋이 둘과, 둘이 셋과 하리라."눅 12:51-52

이방인과 유대인과 이방인의 관리들이 두 사도를 모욕하며 돌로 치려고 달려들 때6절 그들은 황급히 도망하여 루가오니아의 두 성 루스드라와 더베와 그 근방으로 피했으며, 거기서 계속하여 복음을 전했다. 루스드라는 이고니온을 기준으로 시계 6시 방향의 남쪽 내륙도시이다. 이고니온에서 루스드라는 32킬로미터 정도 떨어져 있다. 루스드라에서 시계 4시 방향으로 약간 남쪽 아래쪽에 있는 내륙도시 더베까지의 거리는 약 50킬로미터 정도이다.

2. 바울과 바나바의 루스드라 사역 ●8-28절

8루스드라에 발을 쓰지 못하는 한 사람이 앉아 있는데 나면서 걷지 못하게 되어 걸어
본 적이 없는 자라. 9바울이 말하는 것을 듣거늘 바울이 주목하여 구원받을 만한 믿
음이 그에게 있는 것을 보고 10큰 소리로 이르되 네 발로 바로 일어서라 하니 그 사
람이 일어나 걷는지라. 11무리가 바울이 한 일을 보고 루가오니아 방언으로 소리 질
러 이르되 신들이 사람의 형상으로 우리 가운데 내려오셨다 하여 12바나바는 제우스
라 하고 바울은 그 중에 말하는 자이므로 헤르메스라 하더라. 13시외 제우스 신당의
제사장이 소와 화환들을 가지고 대문 앞에 와서 무리와 함께 제사하고자 하니 14두
사도 바나바와 바울이 듣고 옷을 찢고 무리 가운데 뛰어 들어가서 소리 질러 15이르
되 여러분이여, 어찌하여 이러한 일을 하느냐 우리도 여러분과 같은 성정을 가진 사
람이라 여러분에게 복음을 전하는 것은 이런 헛된 일을 버리고 천지와 바다와 그 가
운데 만물을 지으시고 살아 계신 하나님께로 돌아오게 함이라. 16하나님이 지나간 세
대에는 모든 민족으로 자기들의 길들을 가게 방임하셨으나 17그러나 자기를 증언하
지 아니하신 것이 아니니 곧 여러분에게 하늘로부터 비를 내리시며 결실기를 주시는

선한 일을 하사 음식과 기쁨으로 여러분의 마음에 만족하게 하셨느니라 하고 [18]이렇
게 말하여 겨우 무리를 말려 자기들에게 제사를 못하게 하니라. [19]유대인들이 안디옥
과 이고니온에서 와서 무리를 충동하니 그들이 돌로 바울을 쳐서 죽은 줄로 알고 시
외로 끌어 내치니라. [20]제자들이 둘러섰을 때에 바울이 일어나 그 성에 들어갔다가
이튿날 바나바와 함께 더베로 가서 [21]복음을 그 성에서 전하여 많은 사람을 제자로
삼고 루스드라와 이고니온과 안디옥으로 돌아가서 [22]제자들의 마음을 굳게 하여 이
믿음에 머물러 있으라 권하고 또 우리가 하나님의 나라에 들어가려면 많은 환난을
겪어야 할 것이라 하고 [23]각 교회에서 장로들을 택하여 금식기도 하며 그들이 믿는
주께 그들을 위탁하고 [24]비시디아 가운데로 지나서 밤빌리아에 이르러 [25]말씀을 버가
에서 전하고 앗달리아로 내려가서 [26]거기서 배 타고 안디옥에 이르니 이곳은 두 사도
가 이룬 그 일을 위하여 전에 하나님의 은혜에 부탁하던 곳이라. [27]그들이 이르러 교
회를 모아 하나님이 함께 행하신 모든 일과 이방인들에게 믿음의 문을 여신 것을 보
고하고 [28]제자들과 함께 오래 있으니라.

주석

이 단락은 루스드라Lystra 사역을 보도한다. 이제 바울의 1차 선교 여행도 거의 마무리 단계에 접어든다. 첫 이방 선교 여행에서 놀라운 성과를 이룬 바나바와 바울은 소아시아 한복판에서 우상숭배에 젖어있던 이방인들의 영적, 문화적 공격을 받는다. 먼저, 치유 권능을 행한 바울과 바나바를 신들의 현현顯現으로 오해하여 그들에게 제사드리려고 달려오는 이방인들의 우상숭배 공습이다.8-18절 둘째, 바울을 죽이려는 시도다.19-28절 이방 선교가 진행될수록 바울과 바나바의 영적 카리스마는 더욱 다채롭게 역사한다. 8-10절은 예루살렘 성전 미문에 앉아 있던 앉은뱅이를 일으킨 베드로의 치유사역행 3장과 맞먹는 바울의 루스드라의 앉은뱅이 치유 사건을 보도하고, 11-15절은 그 파장을 보도한다. 루스드라에 발을 쓰지 못하는 한

사람이 앉아 있는데 그는 나면서부터 걷지 못하는 자였다.[8절] 그가 바울이 말하는 것을 경청할 때 바울이 주목하여 구원받을 만한 믿음이 그에게 있는 것을 보고 큰 소리로 이르되 "네 발로 바로 일어서라"고 외쳤다.[9절] 그러자 그 사람이 일어나 걷게 되었다.[10절] 이 사건은 바울이 베드로와 같은 사도적 권능을 발휘하고 있음을 보여준다.

11절은 이 놀라운 기적을 본 무리의 반응을 보도한다. 무리는 바울이 한 일을 보고 루가오니아Lycaonia 방언으로 "신들이 사람의 형상으로 우리 가운데 내려오셨다"고 소리쳤다. 그들은 바나바를 제우스Zeus라 하고, 둘 중 말하는 역을 맡은 바울을 제우스를 대변하는 신 헤르메스Hermes라고 불렀다.[12절] 심지어 시외市外 소재 제우스 신당을 운영하던 제사장은 소와 화환을 가지고 대문 앞에 와서 무리와 함께 두 사도에게 제물을 바치려고 했다.[13절] 사태가 건잡을 수 없게 되자, 바나바와 바울은 이 상황을 듣고 본 후에 옷을 찢고 무리 가운데 뛰어 들어가서 외쳤다.[14절] "여러분이여, 어찌하여 이러한 일을 하느냐. 우리도 여러분과 같은 성정을 가진 사람이라."[15절] 바울은 두려워하며 그들의 제사 시도를 중단시켰다.

바울과 바나바의 이러한 만류는 사도행전 12:23의 헤롯 왕과는 정반대다. 바나바와 바울은 무리가 자신들을 신神이라고 환호하며 모든 영광의 찬사를 바치며, 제물까지 바치려고 했을 때, 오히려 옷을 찢으며 자신들을 부인하고 하나님만을 증거했다. 특히 바울은 자신의 카리스마를 이용해 사람들을 굴복시켜 지배하려고 하지 않고 그들의 종이 되기를 원했다. 고린도후서는 이방 선교사 사도 바울의 일편단심의 종의 도를 증언한다. "우리는 우리를 전파하는 것이 아니라 오직 그리스도 예수의 주 되신 것과 또 예수를 위하여 우리가 너희의 종 된 것을 전파함이라."고후 4:5

15절 하반부에서 바울은 왜 한낱 인간들인 자신과 바나바를 신처럼 경배해서는 안 되는지를 설명한다. 자신과 바나바가 이렇게 하나님의 구원 복음을 전하는 이유는, 헛된 일, 바로 지금 루스드라 사람들이 두 사도에게 행하려고 했던 그런 헛된 우상숭배를 버리고 만유의 창조주 하나님께 돌아오도록 설복하기 위함이라는 것이다. 바울의 이방 선교의 핵심 과업은 우상숭배로부터 살아계신 한 분 하나님께로 돌이키게 하는 사역이었다. 이사야 41-49장은 우상숭배에 빠져 있는 이방인들에게 빛이 되어야 할 이스라엘 민족의 사명사 42:6을 반복적으로 강조한다.단 2:35을 암시적으로 언급하는 사 41:15; 42:6; 43:9-10; 45:22; 47:12-15; 49:6 바울은 자신을 이방의 빛으로 삼으신 하나님의 소명을 부단히 의식하며 우상숭배에 빠진 이방인들을 창조주 하나님께로 돌이켰다. 이처럼 바울은 루가오니아 사람들에게 이런 인간 숭배와 같은 우상숭배를 버리고 살아 계신 하나님께로 돌아오라고 촉구했다.

16절에서 바울은 하나님께서 우상숭배를 묵인하던, 곧 민족들이 자기 길을 가게 내버려 두셨던 시대가 있었음을 먼저 인정한다. 그러나 하나님은 그 기간 동안에도 당신의 살아 계심을 증거하셨다. 17절 창조주 하나님 자신이 양식과 그 양식을 만드는 데 필요한 자연 자원의 공급자였다. 하나님은 선하신 섭리로서 인간들을 먹이고 살리셨던 것이다. 땅에 사는 인간의 생존은 하나님의 창조 세계 돌보심과 선하심에 전적으로 의존하고 있는 것이다. 이 평범하고도 반복적인 자연의 순환적 혜택들이 선하신 창조주 하나님의 능력과 신성임을 증거한다. "창세로부터 그의 보이지 아니하는 것들 곧 그의 영원하신 능력과 신성이 그가 만드신 만물에 분명히 보여 알려졌나니 …….."롬 1:20 여기서 한 가지 인상적인 사실은, 바울이 하나님의 복음을 증거하기 위해 철학이나 구약성경에 호소하지 않고 오로지

자연과 섭리적인 돌보심 안에서 계시된 하나님께 주의를 집중시킨다는 점이다.[2]

이런 우여곡절 끝에 두 사도는 무리를 겨우 진정시켜 자기들에게 제사하지 못하게 했다.[18절] 하지만 또 하나의 시험이 그들을 찾아왔다. 그들을 돌로 쳐 죽이려는 극단적인 증오와 적대를 만난 것이다. 비시디아 안디옥과 이고니온에서 온 유대인들이 무리를 충동하여 바울을 돌로 쳐서 쓰러뜨렸고, 그들은 바울이 죽은 줄로 알고 성 밖으로 끌어 내쳤다.[19절3] 여기서 한 가지 질문이 생긴다. 유대인이 충동한 "무리"는 도대체 누구일까? 5절에서 어느 정도 답을 얻을 수 있다. 이고니온에서부터 이미 유대인을 따르는 무리가 바울과 바나바를 대적했었다. "이방인과 유대인과 그 관리들이 두 사도를 모욕하며 돌로 치려고 달려"들었다.[14:5] 그때 바울과 바나바가 급히 루스드라로 피신했다.[14:6] 19절에 나오는 "안디옥과 이고니온"에서 온 "유대인들"과 "무리들"은 바로 앞 단락의 이고니온에서 이미 바울과 바나바를 돌로 쳐 죽이려 했던 바로 그 자들인 걸로 추정된다.

그들이 이번에는 바울을 돌로 치는 데까지 나갔다. 하지만 바울은 죽지 않았다. 바울은 백절불굴의 기상으로 다시 일어났다. 제자들이 둘러섰을 때 벌떡 일어나 바울은 다시 그 성으로 들어갔다가 이튿날 바나바와 함께 더베[Derbe]로 갔다.[20절4] 사도행전 저자는 이 간결하고 다소 건조한 문체로 바울의 충격적인 생동력과 백절불굴의 기상을 역설적으로 부각시킨다. 바울은 이런 환난과 박해를 아주 가볍게 여긴다. 바울은 매맞고 정처없이 다니는 고통을 참았다.[고전 4:11] 더베 성에 도착한 바나바와 바울은 더베 성에서 복음을 전하여(남성복수 분사형) 많은 사람을 제자로 삼은 후(남성복수 분사형), 두 사도는 다시 오던 길을 역순으로 해 루스드라와 이고니온을 거쳐 비시디아 안디옥으로 돌아갔다(남성복수 부정과거 정동사).[21절]

22절은 정동사 없는 문장으로 두 개의 분사형과 두 개의 부정사로 구성되어 있다. 두 개의 분사형은 두 사도가 비시디아 안디옥으로 돌아갔다는 것이 무엇을 의미하는지를 구체적으로 묘사한다.[5] 그곳으로 돌아간 바울과 바나바는 두 가지 사역에 주력했다는 말이다. 첫째, 거기서 제자들의 마음을 굳게 하는 사역[에피스테리존테스(ἐπιστηρίζοντες)]을 계속했다. 둘째, 주 예수를 믿는 믿음에 계속 머물러 있으라고 계속 위로했다[파라칼룬테스(παρακαλοῦντες)].[22절] 제자들의 마음을 굳게 하고 자신들이 전하는 예수 그리스도의 복음에 계속 붙어 있으라고 위로하는 사도들은 어린 신자들에게 다소 엄중한 진리를 선언한다. "하나님의 나라에 들어가려면 우리가 많은 환난을 겪어야 합니다." 왜 우리가 주 예수의 복음을 믿고 하나님의 구원을 받았는데 오히려 현실에서는 많은 환난을 겪을까? 하나님 통치를 대적하는 자들이 아직도 세상의 지배적인 권세를 차지하고 있기 때문이다. 무엇보다도 우상숭배가 진치는 그레코-로만 문명의 도시들은 하나님 통치를 대적하는 대표적인 세력이다. 또한 하나님을 아버지의 뜻에 반역하는 유대인들 역시 하나님 나라의 통치에 저항하는 세력이다. 두 사도는 바로 이 상황에서 이방 교회 신자들에게 구원받은 하나님의 자녀들에게 닥치는 환난의 원인과 그 의미를 설명해 주었다.[22절 하반절]

23-26절은 두 사도의 1차 선교 여행의 범례적인 사역 종료를 보도한다. 두 사도는 이방 선교를 마치고 그냥 떠나지 않고, 토착 지역 지도자들을 세우고 떠났다. 이 토착 지도자 선택과 임명, 그리고 지역 교회 사역 위임은 바울과 바나바의 이방 사역의 범례로 자리잡았다.[행 20:17, 28, 32] 바나바와 바울은 자신들이 개척한 각 교회에서 장로들을 택하여 금식기도 하며 주께 그들을 위탁했다.[23절] 23절도 두 개의 분사와 두 개의 정동사로 되어 있다. "선택하고"(남성복수형

분사), “금식과 함께 기도하면서,”(남성복수형 분사) 그들은 “믿었던” 그 주님께 “그들(바울과 바나가)이 위탁했다.”(παρέθεντο, 부정과거 남성복수) 금식과 함께 기도하는 습관은 수리아 안디옥에서 있던 것인데 이제 비시디아 안디옥에서도 가르쳐졌다. 바울은 이제 갓 시작된 이방인 교회에 장로들을 택해 세움으로써 조직화를 꾀했다. 지역 책임자를 택해서 양들을 돌보도록 부탁한 것이다. 여기서 “주께 그들을 위탁했다”는 표현이 아주 중요하다. 양들을 사랑했지만 지배하지 않았다는 말이다.

두 사도는 원래 오던 길을 역순으로 수리아 안디옥으로 돌아갔다. 비시디아 가운데로 지나서 밤빌리아에 이르러[24절] 버가[Perga]에서 말씀을 전하고 앗달리아로 내려갔다.[25절] 밤빌리아 버가에서는 며칠을 체류하면서 복음을 증거했음을 암시한다. 그들은 자신들이 거쳐 간 선교지를 역순[逆順]으로 순행[巡行]하며 하나님이 주신 열매들을 천국의 창고에 거두어들인 것이다. 마침내 바울은 앗달리아에서 배를 타고 수리아 안디옥에 이르렀다.[26절] 안디옥 교회는 이방 선교의 전진기지로서 바울과 바나바를 파송한 모[母]교회였다. 그들은 돌아와서 교회들에게 하나님이 함께 행하신 모든 일과 이방인들에게 믿음의 문을 여신 일을 보고한 후에[27절] 안디옥의 제자들과 함께 오래 있었다.[28절] 겸손과 불굴의 기상으로 무장한 바나바와 바울은 온갖 시험과 방해를 물리치고 무사히 1차 선교 여행을 마쳤다.

메시지

신약시대의 헬레니즘화된 도시는 자기완결적인 사회였다. 각 도시는 섬기는 주신[主神]이 있었고 주신을 섬기는 사제들과 신전들이 있었다. 그레코-로만 사회는 알렉산더 대왕이 만든 그리스 다신교 문화를 이어받은 다신 숭배 도시들로 구성된 다원주의적 종교들이 경쟁하는 세계였다. 루스드라는 비시디아 안디옥같은 대도시는 아니어서 루가오니아 지역 방언이 살아있는 농촌 지역이었지만, 여전히 신들의 지배를 받는 도시였다. 바울의 1차 선교 여행보다 약 반세기 전에 살았던 라틴 시인 오비디우스Ovid, 주전 45년-주후 17년는 『변신 이야기』*Metamorphoses* 8장 "미노스 아켈로우스" 끝부분에서 갈라디아 지방에 전해지는 제우스와 헤르메스 인간 현현顯顯 일화를 기록하고 있다.[6] 오비디우스의 기록에 따르면, 최고의 신 주피터, 곧 제우스와 헤르메스는 인간의 모습으로 변장을 하고 브루기아Phrygia 산지를 방문했다. 두 신은 잠행하면서 자신들을 환대해 줄 사람을 찾았으나 수없이 거절을 당했다. 그러나 마침내 그들은 습지에 살며 짚과 갈대로 지붕을 엮어 만든 초라한 오두막에 사는 노부부에게 환대를 받았다. 노부부 빌레몬과 바우키스가 두 신을 집에 들이며 그들의 가난한 살림을 털어 진심으로 환대하였다. 빌레몬과 바우키스 노부부는 부지중에 신들을 대접하여 그 환대에 보답을 받았다. 제우스와 헤르메스는 환대를 거절한 산골 사람들의 집들을 홍수로 멸하였다. 루스드라 사람들은 이 전설을 통해 환대 문화를 고통스럽게 각인시켰을 것이다. 또한 만일 신들이 그들의 지역을 다시 방문한다면 환대를 거부하고 멸망을 당한 브루기아 사람들과 같은 운명을 당하지 않으려는 강박 관념이 있었을 것이다. 그래서 그들이 신적 권능으로 앉은뱅이를 고치는 바울과 바나바를 제우스와 헤르메스의 현현이라고 여겨 제사하려고 했을 것이다.

오비디우스의 문헌적 증거와는 별도로, 루스드라 근처Sedasa에서 두 개의 비문과 하나의 돌로 된 제단이 발견되었다. 이는 제우스와 헤르메스가 함께 그 지역의 수호신으로서 숭배되었음을 나타낸다. 1926년 칼더Calder 교수와 버클러W. H. Buckler 교수가 루스드라 근방에서 공동 발굴한 제사용 석단石壇은 이 지방에 제우스와 헤르메스에 대한 연합 숭배 전통이 있었음을 입증하고 있다.[7] 이 석단은 '기도를 들어 주는 신', 곧 제우스와 헤르메스에게 봉헌되어 있다. 그중의 하나는 "루가오니아 사람이 헤르메스의 신상을 제우스에게 바쳤다"는 기록을 담고 있으며, 다른 비문에는 "제우스의 제사장들"이라는 표현을 싣고 있다. 이 전설은 바울과 바나바에 대한 루스드라 사람들의 광적인 반응의 내적 논리를 이해하는 데 도움이 된다. 바울과 바나바가 행한 기적을 보았을 때 그들은 그 옛날 이곳을 잠행하던 제우스와 헤르메스의 현현이라고 생각하고 이번에는 제대로 환대하고 싶었을 것이다.

오비디우스의 『변신 이야기』가 보여주듯이, 그레코-로만 문명은 신들이 언제든지 인간으로 현현할 수 있다는 세계관에 구축된 세계였다. 그들의 우상숭배를 간단히 무시하기 힘든 면이 있다는 것이다. 이처럼 바울과 바나바는 텅 비어 있는 땅에, 텅 비어 있는 사람들의 마음에 복음의 씨앗을 뿌린 것이 아니라, 다신교적 우상숭배의 가시와 엉겅퀴가 수북이 자란 황무지에 씨를 뿌렸다. 그레코-로만 문명권 도시들에서 펼쳐진 바울과 바나바 사역을 고통스럽게 한 장애물은 우상숭배 습속에 젖은 이방인들만이 아니었다. 또 다른 장애물은 각각의 도시에 이미 터 잡고 초보적인 이방 선교를 수행해 온 유대인들의 회당종교 세력들이었다.

유대인들은 이방인들보다 훨씬 더 위협적으로 바울과 바나바의 복음 사역을 대적했다. 바울과 바나바는 이중의 전선에서 영적 백병전을 감당했다. 첫째, 바울과 바나바의 이고니온과 루스드라 사역은 주 예수 그리스도의 복음 전파 행위가 죽음과 악의 권세 아래 사로잡혀 있는 세상에 대한 거룩한 공격임을 드러냈다. 둘째, 그것은 할례와 율법 준수를 앞세워 이방인들 틈 사이를 파고들면서 개종자를 얻으려고 했던 유대인들과의 갈등이었다.[23:15] 이 유대인들이 보기에 바울과 바나바의 이방 선교사역은 유대인들의 회당 중심의 이방인 개종 사역을 위협했다. 그 결과 스스로 하나님 백성이라고 주장하는 유대인들은 하나님께서 파송하신 메시아이신 예수 그리스도를 배척하고, 오히려 이방인들을 동원해 주 예수의 사도들을 박해했다. 두 사도는 주 예수의 권능으로 표적과 기사를 베풀며 하나님 나라가 강림했음을 증거했으나, 유대인들을 필두로 한 유대인 회당 청중들은 오히려 그들을 돌로 쳐 죽이려고 달려들었다. 율법 준수와 여러 가지 제례에 참여해야만 구원받을 수 있다고 배워 온 그들은 주 예수의 은혜의 복음을 감당하지 못했다. 모든 인간적 공로와 능력, 성취와 경쟁에서의 승리가 구원을 가져다준다고 믿는 세상 사람들에게 인간의 상대적인 도덕적 우월감이나 성취 등을 극단적으로 상대화해 버리는 하나님의 은혜 복음은 영접하기 어려운 것이었다. 하나님의 절대적인 구원 은혜는 인간적인 우열 기준을 무효화시킬 만큼 강력한 평준화의 기수였다. 하나님의 구원 은혜는 인간의 모든 외적 능력과 도덕적 능력 등의 차이를 무[無]로 돌릴 만큼[빌 3:5-8] 절대적인 선물이었던 것이다.[갈 3:28] 인간의 율법적 성취를 대단하게 여기며 그것을 구원의 조건인 것처럼 믿는 유대교의 회당 종교는, 이 은혜의 복음에 거칠게 저항했다. 두 사도는 자신들을 돌로 쳐 죽이려는 유대인들과 이방인들의 위협을 피해 피신하지 않으면 안 되었다. 이처럼 1차 선교 여행은 극심한 환난과 박해 경험으로 종료된다.

두 사도가 유대인들에게는 직접적인 신체적 위협과 박해를 당했다면 루가오니아 지방에서는 또 다른 의미의 드센 영적 도전을 받았다. 바울이 날 때부터 앉은뱅이 된 사람을 영적 권능으로 치유해 주자 루스드라 사람들이 신성모독적일 정도로 극단적인 경배를 두 사도에게 바쳤기 때문이다. 이때 두 사도의 참된 경건이 위력을 발했다. 두 사도는 자신들을 하늘에서 내려온 신이라고 외치고 제물을 바치며 경배하려는 사람들 가운데 뛰어들어 옷을 찢으며 소리쳤다. "여러분, 우리를 경배하지 마십시오. 경배를 받으실 분은 창조주 하나님, 살아 계신 하나님입니다." 자신을 신으로 떠받들던 군중들의 환호를 즐기다가 급살당한 헤롯과는 너무 다른 겸손이자 경건이 아닐 수 없다.[행 12:21-23] 이 장면은 강력한 카리스마를 발휘하여 하나님의 백성들에게 엄청난 감동과 외경심을 불러일으키는 목회자들이 정말 주목해야 할 메시지다. 마치 자신의 경건 능력이나 영력으로 병을 낫게 한 것처럼 자기를 높이며 헌금을 갈취하려는 악한 부흥사들이 적지 않게 준동하는 시대에 목회자나 영적 지도자들은 자신을 통해 하나님의 능력이 나타날수록 더욱 낮게 엎드려야 한다. 하나님과 동료 신자들 앞에 자신을 높이려는 자들의 망자존대는 몰락의 지름길이다. 이처럼 루가오니아에서 바울과 바나바는 유대인들이 촉발한 환난과는 또 다른 환난을 겪었다. 그들은 안팎으로 고난을 겪었던 것이다. 두 사도는 박해와 방해에도 물러섬 없는 용기와 사람들의 환호와 경배를 거부하고 옷을 찢어 엎드리는 겸손을 보여줌으로써 복음 사역자의 기본자세를 예시해 주었다. 바나바와 바울이 1차 선교 여행을 마치면서 내린 결론적 교훈은 하나님 나라에 들어가려면 환난을 겪어야 한다는 것이었다. 그 환난은 복음 사역자들을 극단적으로 낮추고 굴욕시키는 박해를 통해서도 오지만, 자신의 성공적이고 능력 있는 사역의 결과로 인해 사람들의 경배를 받는 데까지 나아가는 영적 방종을 통해서도 온다. 바울과 바나바는 자신이 잠시 체류하면서 사역했던 그 열매로 교회가 세워지면 장로들을 택해 임명함으로써 밖의 환난과 안의 유혹 모두를 극복하는 데 앞장서도록 했다. 이렇게 세워진 장로들이 바울과 바나바 부재시에 하나님이 독생자의 피값을 주고 사신 교회를 섬기고 지켰다. 이렇게 세워진 교회가 장기적인 선교 사역의 토대가 되었다. 이런 토대 위에서 바울과 바나바의 선교 사역이 계속 이어질 수 있었다.

15장.

이방 선교의 쟁점을 협의하는 사도 공의회:
할례냐 복음이냐

수리아 안디옥 교회가 파송한 선교사 바나바와 바울이 1차 선교 여행지 구브로, 루가오니아 지방, 곧 현 튀르키예의 중남부 지방으로, 비시디아 안디옥, 이고니온, 루스드라, 더베 등에서 펼친 사역의 열매는 실로 놀라웠다. 그러나 이들의 1차 이방 선교는 새로운 신학적 쟁점을 촉발시키는 계기가 되었다. 복음을 듣고 성령을 받은 이방인들도 할례를 받아야 한다는 유대교 출신 신자들의 강력한 제동이 등장했기 때문이다. 그들은 1차 선교 여행지였던 소아시아 갈라디아 지방 거주 유대인들로서, 예루살렘 유대인 출신 지도자들의 노선을 따르는 자들이었다. 이들이 제기한 문제에 대한 바울의 답변이 갈라디아서이다. 왜 이런 갈등이 생겼을까? 바울과 바나바의 복음 전파가 이방 도시들에 이미 뿌리내린 유대교 개종 방식을 세차게 뒤흔들어 놓았기 때문이다. 우리가 이제까지 살펴본 것처럼 바나바와 바울은 이방인들만을 위한 선교를 수행했다기보다는, 일차적으로는 이방에 살고있는 유대인 디아스포라에게 복음을 전했다. 회당을 전진기지 삼아 복음을 전파하는 두 사도의 이방 선교는 유대인들에게 더 큰 도전이 되었으며, 유대교 회당 지도자들의 반발을 초래했다. 이렇게 해서 회당 중심의 유대인 사역이 유대인들의 방해로 좌절되자, 바울과 바나바는 이방인들을 적극적으로 선교 대상으로 삼기 시작했다.[행 13:46] 다시 말해, 그들은 외국에 살면서 메시아를 앙망해 온 유대인 교포들에게 나사렛 예수가 하나님이 파송하신 메시아임을, 유대인들이 500년 이상 기다려 온 바로 그 메시아임을 선포했다.참조. 마 23:15; 요 10:16; 11:52 바나바와 바울은 유대인 회당에서 유대인과 유대교에 완전히 입교한 이방인들(할례도 마친 단계), 그리고 마지막 할례 단계만을 남겨 둔 예비 개종자들을 상대로 나사렛 예수가 주主이시며 그리스도이심을 논증한 것이다.

바울과 바나바가 해외에 흩어져 있는 교포들을 찾아가서 예수가 메시아임을 논증한 것은 바리새인의 신학적 신념에 입각한 행동이었다. 일찍부터 바리새파 유대인들은 해외선교 개념의 유대교 확장에 진력해 왔다. 바리새인들은 메시아가 열방 중에서 이스라엘을 영화롭게 하며, 열방의 보화들이 시온으로 몰려들 메시아 시대를 대망했다.사 2:1-4; 60:4-9; 61:4-11 이 바리새인의 메시아 사상 중에는 메시아가 오면 해외에 흩어져 있는 유대인들을 본국으로 회복시킬 것이라는 믿음이 있었다.겔 36-37장 이처럼 바리새파 유대인들은 해외에 흩어져 사는 유대인들과 그 유대인들을 보모保姆처럼 돌보며 자기 나라에 살도록 도와준 이방인들이 은금 보화를 짊어지고 시온으로 순례하게 될 메시아 시대를 대망했던 것이다.사 60:3-11 이 과정에서 이방인들보다 유대인이 우선적인 복음 전파 대상이 되어야 했다.롬 1:16 "먼저는 유대인에게요 그리고 헬라인에게로다."

바울과 바나바는 이방인 전도 사역에서 유대교와 달리 이방인들이 하나님의 자녀로 입양되기 위한 절차의 일부로서 이방인 개종 희망자에게 할례를 강요하지 않았다. 이 할례가 바울과 바나바의 이방 선교와 유대교가 충돌하는 쟁점이었다. 전통적인 유대교 선교 신학에 따르면 이방인들은 율법을 준수할 뿐만 아니라 할례까지 받아야만 메시아의 왕국에 참여할 수 있었다. 그러나 이런 바리새인적 확신은 바나바와 바울의 사역에 의해 수정되지 않을 수 없었다. 바울과 바나바는 "메시아가 도래하면 이스라엘이 존귀케 되고 열방이 메시아를 경배하는 일이 일어나는 것은 맞다. 하지만 열방의 경배를 받는 주체는 이스라엘 민족이 아니라, 이스라엘의 왕이신 메시아 나사렛 예수이다"라는 이 진리를 주창했다. 이것이 그들의 신학과 바리새파 신학의 결정적인 차이였다.

바울은 열방의 경배를 받으며 모든 흩어진 유대인들을 본국으로 돌아오게 만들 메시아가 바로 십자가에 달려 죽은 뒤 사흘 만에 부활하신 나사렛 예수라고 증거하고 다닌 것이다.[요 3:14; 11:50-52] 두 사도는 이 복음을 믿고 성령을 받은 이방인들은 할례를 반드시 받아야 하는 것이 아님을 강조했다. 바울과 바나바의 복음에서는, 이방인들이 유대인이 되지 않고도 바로 하나님의 백성으로 접목될 수 있었다. 예수가 그리스도임을 믿는 순간에 성령이 임하심으로, 이방인들도 구원받고 하나님의 백성이 된다. 그래서 율법과 할례의 위치가 아주 애매모호해져 버린 것이다. 1차 사도 공의회로 불리는 사도행전 15장의 예루살렘 공의회는 율법과 할례의 위치에 대한 논쟁을 타결짓는 회의였다. 15장은 예루살렘 사도 공의회,[1-21절] 이방인 신자들에게 보내는 사도 공의회의 이방 선교 지침,[22-35절] 갈라서는 바울과 바나바[36-41절]로 나눠진다.

1. 예루살렘 사도 공의회 ● 1-21절

15 1어떤 사람들이 유대로부터 내려와서 형제들을 가르치되 너희가 모세의
법대로 할례를 받지 아니하면 능히 구원을 받지 못하리라 하니 2바울 및
바나바와 그들 사이에 적지 아니한 다툼과 변론이 일어난지라. 형제들이 이 문제에
대하여 바울과 바나바와 및 그 중의 몇 사람을 예루살렘에 있는 사도와 장로들에게
보내기로 작정하니라. 3그들이 교회의 전송을 받고 베니게와 사마리아로 다니며 이
방인들이 주께 돌아온 일을 말하여 형제들을 다 크게 기쁘게 하더라. 4예루살렘에 이
르러 교회와 사도와 장로들에게 영접을 받고 하나님이 자기들과 함께 계셔 행하신

모든 일을 말하매 [5]바리새파 중에 어떤 믿는 사람들이 일어나 말하되 이방인에게 할
례를 행하고 모세의 율법을 지키라 명하는 것이 마땅하다 하니라. [6]사도와 장로들이
이 일을 의논하러 모여 [7]많은 변론이 있은 후에 베드로가 일어나 말하되 형제들아,
너희도 알거니와 하나님이 이방인들로 내 입에서 복음의 말씀을 들어 믿게 하시려고
오래전부터 너희 가운데서 나를 택하시고 [8]또 마음을 아시는 하나님이 우리에게와 같
이 그들에게도 성령을 주어 증언하시고 [9]믿음으로 그들의 마음을 깨끗이 하사 그들이
나 우리나 차별하지 아니하셨느니라. [10]그런데 지금 너희가 어찌하여 하나님을 시험
하여 우리 조상과 우리도 능히 메지 못하던 멍에를 제자들의 목에 두려느냐. [11]그러
나 우리는 그들이 우리와 동일하게 주 예수의 은혜로 구원 받는 줄을 믿노라 하니라.
[12]온 무리가 가만히 있어 바나바와 바울이 하나님께서 자기들로 말미암아 이방인 중
에서 행하신 표적과 기사에 관하여 말하는 것을 듣더니 [13]말을 마치매 야고보가 대답
하여 이르되 형제들아, 내 말을 들으라 [14]하나님이 처음으로 이방인 중에서 자기 이
름을 위할 백성을 취하시려고 그들을 돌보신 것을 시므온이 말하였으니 [15]선지자들의
말씀이 이와 일치하도다 기록된 바 [16]이후에 내가 돌아와서 다윗의 무너진 장막을 다
시 지으며 또 그 허물어진 것을 다시 지어 일으키리니 [17]이는 그 남은 사람들과 내 이
름으로 일컬음을 받는 모든 이방인들로 주를 찾게 하려 함이라 하셨으니 [18]즉 예로부
터 이것을 알게 하시는 주의 말씀이라 함과 같으니라. [19]그러므로 내 의견에는 이방
인 중에서 하나님께로 돌아오는 자들을 괴롭게 하지 말고 [20]다만 우상의 더러운 것과
음행과 목매어 죽인 것과 피를 멀리하라고 편지하는 것이 옳으니 [21]이는 예로부터 각
성에서 모세를 전하는 자가 있어 안식일마다 회당에서 그 글을 읽음이라 하더라.

주석

바울과 바나바의 1차 선교 여행은 아시아 쪽 지중해 연안 도서 지역과 소아시아의 동남부 지방 중심으로 이뤄졌는데, 그 결과는 예상을 초월하는 대성공이었다. 바나바와 바울은 이방인 선교의 총연출자인 하나님과 예수와의 영적 감흥 아래 결실이 풍성한 선교 여

행을 다녀왔다. 바울과 바나바는 예수의 십자가에 달리심과 부활, 승천을 집중적으로 강의하고 구약성경을 중심으로 나사렛 예수가 어떤 의미에서 이스라엘 민족이 그토록 오랫동안 대망해 온 메시아, 곧 그리스도인지를 논증했다. 바울과 바나바는 유대인들에게는 매우 논쟁적인 자세로, 이방인들에게는 설득력 있는 논증과 감화력 넘치는 설교로 주 예수 그리스도의 복음을 증거했다. 그 결과 이방인들은 할례를 받지 않고도 주 예수를 마음으로 믿어 의에 이르고 입으로 예수를 주라고 시인해 구원을 받았다.롬 10:10 할례를 받지 않고도 성령, 곧 양자의 영을 받아 하나님의 백성 공동체에 접목되었다.롬 8:15-16; 11:24 따라서 이러한 이방인 개종 사태를 바라보는 유대인 바리새인 출신 신자들참조. 행 6:7, 허다한 제사장들의 합류 후에 바리새파적 검열이 이뤄졌을 것의 염려는 증대되었다. 과연 율법을 준수하지 않고도 하나님의 백성이 될 수 있을까? 이방인들이 오로지 복음을 믿기만 하면 하나님의 백성이 될 수 있는 것일까?

아니나 다를까 수리아 안디옥으로 돌아온 바나바와 바울을 향해 도발적인 논쟁을 걸어온 사람들이 있었다. 1절에 따르면 유대로부터 내려온 어떤 사람들이 안디옥 교회의 이방 출신 그리스도인들을 가르치면서 "너희가 모세의 법대로 할례를 받지 아니하면 능히 구원을 받을 수 없다"는 점을 강조하고 있었다. 1절의 "가르치되"는 동사 "디다스코"(διδάσκω)의 3인칭 남성복수 미완료시제(ἐδίδασκον)이다. 미완료는 가르치는 행위가 지속적이었음을 의미한다. 이들은 유대인 출신 그리스도인으로서 아마도 "야고보에게서 온 어떤 이들", 곧 "주의 형제 야고보의 제자로 자임하는 교사들"갈 2:4-14이었을 것이다. 이들은 바울과 바나바가 수리아 안디옥으로 돌아오기 전에 이미 안디옥 교회에서 영적 지도력을 행사하고 있었다(행 15:24은 야고보와 베드로의 지시도 없이 이방 교회에 나가 무리하게 율법 준수를 강조한 사람들을 언급하고 있다). 바울과 바나바와 그들 사이에 다툼과 변론이 일어나자, 안디옥 교회가 이 문제에 대해 예루살렘 사도 공동체에 문의할 대표단을 파송하기로 결정한다.[2절]

2절의 첫 소절은 분사형 구문이다."γενομένης δὲ στάσεως καὶ ζητήσεως οὐκ ὀλίγης τῷ Παύλῳ καὶ τῷ Βαρνάβᾳ πρὸς αὐτούς." 이 분사구문을 직역하면, "그런데 바울과 바나바에게(τῷ Παύλῳ καὶ τῷ Βαρνάβᾳ) 그리고 그들에 대하여(πρὸς αὐτούς) 작지 않은 다툼과 변론이 일어났기 때문에"의 의미이다. "다툼"이라고 번역된 헬라어 "스타세오스"(στάσεως)는 "소동"을 가리킨다. "변론"이라고 번역된 "제테세오스"(ζητήσεως)는 "불일치하는 쟁점을 놓고 벌이는 논쟁"을 가리킨다.

사도행전 저자가 유사한 단어를 병렬해서 사용한 것을 보면, 안디옥 교회의 어떤 교사들이 바울과 바나바에게 그리고 그들에 대하여 격렬한 반대를 제기했음이 분명해 보인다. 바울, 바나바 그리고 몇 사람이 예루살렘에 있는 사도들과 장로들에게 이 쟁점에 대한 답변을 듣기 위해 예루살렘으로 올라가게 된다.[2절] 사도들은 예수가 초기부터 임명한 열두 제자들을 가리키며, 장로들은 주의 형제 야고보 같은 영적 지도자들을 가리킨다. 예루살렘 교회의 지도력은 사도들과 장로들에 의해 대표되고 있었다. 안디옥 교회는 사도들과 장로들로 구성된 예루살렘 교회 지도자들에게 이 문제를 넘겼다. 안디옥 교회가 파견한 사람들이 교회의 전송을 받고 간 곳이 베니게인 것을 볼 때, 그들이 배를 타고 먼저 베니게(시돈이나 두로)로 갔을 것이다. 그들은 거기서 육로로 베니게와 사마리아로 다니며 그곳에 있는 신자들에게 이방인들이 주께 돌아온 일을 말하여 형제들을 다 크게 기쁘게 했다.[3절]

3절 헬라어 구문은 두 개의 분사형과 두 개의 정동사로 구성되어 있다. 교회에 의해 "파송된[프로펨프텐테스(προπεμφθέντες), 남성복수 수동형 주격분사] 사람들이 베니게와 사마리아를 "가로질러 다니며[디에르콘토(διήρχοντο), 남성복수 3인칭 미완료] 이방인들의 개종에 대해 "말하며"[엑디에구메노이(ἐκδιηγούμενοι), 남성복수 주격 분사형] 모든 형제에게 큰 기쁨을 계속 "불러일으키고 있었다."[에포이운(ἐποίουν), 정동사 3인칭 남성복수 미완료]

사도행전 9:31에 따르면 사마리아 교회 역시 든든히 서갔다. 그런데 베니게에도 믿는 형제들이 있었다. 마태복음 15장에 나오는 가나안 여자, 혹은 마가복음 7장에 나오는 수로보니게 여인이 아마 베니게 교회 신자들의 대표가 아니었을까 짐작해 본다.[마 15:21-28; 막 7:24-30] 또한 누가복음 6:17도 예수의 평지설교를 들으러 온 "두로와 시돈으로부터 온 많은 백성"을 언급한다. 안디옥 교회 사절단이 베니게와 사마리아를 거쳐 예루살렘으로 올라간 것은 사마리아를 경유해 예루살렘으로 상경했던 예수의 공생애 여정을 생각나게 한다.[눅 9:51-52] 예수와 제자들에게 사마리아는 결코 고립되거나 소외되어서는 안 되는 곳이었다. 열두 지파 공동체를 회복하려고 애쓰셨던 예수에게 사마리아는 북이스라엘 핵심 지파 에브라임과 므낫세의 중심 도성이었다. 사마리아는 예루살렘에게 타자[他者]가 아니라는 것이다.

사마리아를 거쳐 예루살렘에 도착한 안디옥 교회 대표들은 예루살렘 교회와 사도와 장로들의 영접을 받고 하나님이 자기들과 함께 계셔서 행하신 모든 일을 보고했다.[4절] 이것은 사도들과 장로들로 구성된 모임에서 행한 공식 선교 보고를 겸한 회의였다. 이 회의를 주도한 인적 구성과 관련해 한 가지 주목할 점은, 사도와 병렬적으로 "장로들"이란 일군의 사람들이 언급되고 있는 점이다. 장로들은 예수께서 공식적으로 임명한[마 10:2-4; 막 3:14-19; 눅 6:12-16] 지도자들은 아니지만, 유대교의 전통적 공동체에서 지도자 직분을 감당하던 사람들이었다. 대개 인품과 덕망이 탁월한, 나이 든 지도자들을 장로라 불렀다. 주의 형제 야고보는 이 장로 중에서 지도자급인 인물이었을 텐데, 연령 면에서 보면 베드로를 비롯한 열두 제자들보다 더 나이가 든 사람이었을 것이다. 젊은 자들은 장로들에게 순복하도록 충고받았다.[벧전 5:5] 베드로는 나이 든 자신을 장로라고 불렀다.[벧전 5:1]

이 비공식 모임에 바울과 바나바가 1차 이방 선교사역의 혁혁한 성과를 보고하자마자 즉각 반격이 들어왔다. 바리새파 중에 어떤 믿는 사람들이 일어나 "이방인에게 할례를 행하고 모세의 율법을 지키라 명하는 것이 마땅하다"고 말하며, 바나바와 바울의 율법과 할례 없는 이방인 개종 사역을 반박했다.[5절] 이 상황에 직면해서 사도와 장로들이 이 쟁점을 의논하기 위해 공식적인 회의를 열었다.[6절] 이 논쟁적인 회의는 주의 형제 야고보(의장)와 베드로, 요한, 유대인 출신 신자들 대표, 그리고 바울과 바나바가 주도했다. 양측의 공방과 상호 변론을 다 청취한 후에 결론의 방향을 이끈 두 인물이 바로 시몬 베드로[7절]와 주의 형제 야고보였다.[13-21절]

많은 변론이 있은 후에, 베드로가 일어나 자신의 가이사랴 고넬료 가정 구원 사역에 대해 간증했다.[7-11절] 베드로는 이 간증에서 율법과 할례 없이도 이방인 가운데 구원을 행하시는 하나님의 절대주권적 자유를 뚜렷이 강조한다. 7절에서 그는 이방인에게 복음을 전하게 하시려고 자신을 선택하신 분이 바로 하나님임을 강조한다. 사도들과 장로들 가운데 유독 자신을 선택하여 고넬료 가정에 파송하셨다는 것이다. 8-10절에서 베드로는 사람을 외모로 취하지 않으시며 마음의 중심을 아시는 하나님을 부각시킨다. 이방인 고넬료가 비록 이방인이었으나 그의 기도와 구제가 하나님께 상달되어 하나님께 알려진 자가 되었음을 강조한다. 베드로는 또한 하나님께서 절대주권적으로 오순절에 열두 사도 공동체에 성령을 선물로 부어

주신 것처럼, 이방인들에게도 성령을 주어 아브라함의 기업[基業] 상속자, 곧 영생의 상속자가 되게 하심으로써[행 13:46; 롬 8:16-17; 갈 3:8-14, 29; 4:7; 5:21; 엡 1:18; 2:18-19] 이방 선교의 비밀스러운 경륜을 스스로 실행하고 계심을 증언한다.[8절]

9절은 베드로의 결론이다. 하나님께서 율법 준수나 할례가 아니라 "믿음으로 이방인들의 마음을 깨끗이 하사 그들이나 우리나 차별하지 아니하셨다"는 것이다. 여기서 말하는 "믿음"은 일차적으로는 그리스도의 신실함을 가리킨다. 그리고 이차적으로 그리스도의 신실함에서 파생된 신자의 신실함을 가리킨다. 로마서 3:22와 갈라디아서 2:16이 말하는 "믿음"도 같은 의미를 갖는 믿음이다. "곧 예수 그리스도를 믿음으로 말미암아 모든 믿는 자에게 미치는 하나님의 의니 차별이 없느니라."(δικαιοσύνη δὲ Θεοῦ διὰ πίστεως Ἰησοῦ Χριστοῦ εἰς πάντας τοὺς πιστεύοντας οὐ γάρ ἐστιν διαστολή.)[롬 3:22] "사람이 의롭게 되는 것은 율법의 행위로 말미암음이 아니요 오직 예수 그리스도를 믿음으로 말미암는 줄 알므로 우리도 그리스도 예수를 믿나니 이는 우리가 율법의 행위로써가 아니고 그리스도를 믿음으로써 의롭다 함을 얻으려 함이라 율법의 행위로써는 의롭다 함을 얻을 육체가 없느니라."[갈 2:16]

이 두 구절에 공통적으로 나오는 "예수 그리스도를 믿음으로 말미암아"(διὰ πίστεως Ἰησοῦ Χριστοῦ)는 헬라어 구문을 오역한 결과로 나온 어구이다. 이 구절의 헬라어 원의는 "그리스도 안에 있는 신실함으로 말미암아"이다.[롬 10:4;빌 2:10-11;히 5:7-8; 10:6-10] 그리스도의 신실함은 하나님께 죽기까지 복종해 율법의 요구를 다 성취하신 의의 완성을 의미한다. 그리스도의 신실함은 그것에 의해 감동되어 파생적으로 신실해진 우리 신자에게 흘러들어오고 때로는 전가되기도 한다. 그리스도는 우리에게 당신의 신실함을 덧입혀주셔서 우리로 하여

금 믿는 자가 되게 하신다. 그리스도의 신실함에 의해 창조되고 견인된 신자는 이 파생적으로 전가되고 유입된 그리스도의 신실함에 추동되어 율법의 요구를 준행할 능력[롬 8:4]을 덧입게 된다.[롬 10:4-10] 이처럼 하나님은 그리스도의 신실함으로 이방인들의 마음을 깨끗게 하사 신자들에게 믿음, 곧 신실함을 창조해주셨다. 이 신실함을 창조하신 성령이 신자들 마음에 내주하기 때문에 할례를 받을 필요가 없다는 것이다.

10절은 할례나 율법 준수를 강요하는 바리새파 형제들에게 힐난하듯이 묻는다. "그런데 지금 너희가 어찌하여 하나님을 시험하여 우리 조상과 우리도 능히 메지 못하던 멍에를 제자들의 목에 두려느냐?" 베드로는 율법 준수의 의무를 "우리 조상과 우리도 능히 메지 못하던 멍에"라고 부른다.[참조. 마 23:4] 그만큼 율법 준수의 의무가 엄혹하고 과중했음[갈 5:3; 약 2:10]을 실토한 것이다. 11절은 베드로의 결론을 되풀이한다. "우리는 이방인들이 우리와 동일하게 주 예수의 은혜로 구원받는 줄을 믿노라." 곧 율법 준수나 할례가 아니라, 주 예수의 은혜로 구원받는 줄을 믿는다는 것이다.[비교. 롬 10:4-11]

이처럼 이방인 고넬료의 회심 사건 및 성령 강림 사건의 목격자인 시몬 베드로는 하나님의 무조건적인 구원역사와 "믿음"의 충족성을 밝히 증거했다. 그렇다고 베드로가 구약 율법을 지킬 의무가 전혀 없다고 말하는 것은 아니다. 그는 율법 준수가 구원을 얻기 위한 필요조건이거나 충분조건은 아니라고 말했을 뿐이다. 아브라함을 의롭게 한 그 언약보다 400년 후에 온 율법이 아브라함의 의를 망가뜨리지 못하듯이, 그리스도의 신실함으로 창조되고 파생된 신실함, 곧 믿음을 선사받은 그리스도인의 언약 백성 신분을 율법이 박탈할 수 없다는 것이다.[갈 3:17]

고린도후서 3장, 히브리서 6-10장, 그리고 로마서 10장 등은 구약의 율법 중 제의법, 정결 예법 등은 폐기되어 그것들의 문자적 준수 의무는 폐기되었음을 말한다. 그것들의 영적 의미가 신약성경으로 이월되어 그리스도인의 신앙과 윤리로 확정되었기 때문이다. 하지만 예수와 신약의 사도들은 한결같이 십계명과 같은 도덕법은 여전히 준수해야 할 하나님의 율법으로 남아 있음을 강조한다. 신약성경에 이월된 구약 율법은 하나님 사랑과 이웃 사랑 계명, 곧 사랑의 이중 계명이다.마 5:21-48; 22:37-40; 롬 13:8-10; 갈 5:1 그리스도인들은 사랑의 이중 계명 준행과 실천을 통해 바리새인이나 서기관의 의보다 더 나은 의를 실천할 의무를 진다.마 5:17-20; 6:33-34

12절은 예루살렘 공의회 회중의 신중한 경청 태도를 말한다. 12절은 베드로의 변론 이후에 바나바와 바울의 입장 표명이 있었음을 전제한다. 베드로가 이방 선교 간증을 마친 후 어느 시점에 바나바와 바울이 발언했을 것이다. 여기서 다시 바나바가 바울보다 먼저 언급된다. 바나바가 사도들과 장로들에게 더 잘 알려져 있던 인물이었기 때문이다. 바나바가 앞장서서 바울을 변호했을 가능성이 크다. 온 회중은 하나님께서 자기들로 말미암아 이방인 중에서 행하신 표적과 기사에 관한 바나바와 바울의 선교 보고를 침착하게 들었다. 바나바와 바울이 보고를 마치자, 의장 격인 야고보가 최종 결론에 해당되는 의견을 제시한다.13-20절 야고보는 "형제들아, 내 말을 들으라"고 말할 만큼 권위가 공인된 인물로 보인다.13절 야고보의 발언은 어떤 회의가 생산적인 결론에 이르려면 구성원 모두에게 공증된 의장 격인 지도자의 역할이 중요함을 잘 보여준다. 야고보는 시므온(시몬) 베드로의 선교 현장 중심의 변론에다 아모스 9:11-12을 통한 자신의 변론을 더한다. 그리하여 야고보는 종합적 결론을 이끌어 낸다. 그는 시므온(베드로)의 말을 인용하여 하나님이 처음으로 이방인 중에서 자기 이름을 위할 백성을 취하시려고 그들을 돌보신 사실을 인정하고,14절 예언자들의 말씀을 인용하여 이방인을 구원하실 하나님의 궁극적인 구원 경륜을 옹호한다.15절 시몬 베드로의 고넬료 가정 구원 사역은 예언자들의 말씀에 부합된다고 확증한다. 예언자들은 이방인들을 기업으로 얻을 날을 예언했다는 것이다.

16-18절에서 야고보는 아모스 9:11-12을 인용해 이방인들을 기업으로 얻으실 하나님의 새날 예언을 이방 선교사역에 적용한다. "이후에 내가 돌아와서 다윗의 무너진 장막을 다시 지으며 또 그 허물어진 것을 다시 지어 일으키리니 이는 그 남은 사람들과 내 이름으로 일컬음을 받는 모든 이방인들로 주를 찾게 하려 함이라 하셨으니 곧 예로부터 이것을 알게 하시는 주의 말씀이라 함과 같으니라." 사도행전 15:17의 "그 남은 사람들"은 아모스 9:12 "에돔의 남은 자들"을 약간 고쳐 읽어서 나온 어구이다. 아모스 9:12은 예언자들에게 아주 혹독한 파멸의 운명을 통고받은 에돔 족속,옵 1장; 사 34장 곧 "남은 자들"의 운명을 말한다. 이 구절의 요지는 이것이다. "다윗의 후손이 오셔서 다윗의 무너진 장막을 회복하실 때에 에돔 자손들까지도 구원을 받을 것이라." 회복된 다윗의 장막은 불구대천의 원수로 간주되던 자들까지도 품는 공동체가 된다는 것이다. 18절의 "즉 예로부터 이것을 알게 하시는 주의 말씀이라 함과 같으니라"는 아모스 9:12의 마지막 구절, 곧 "이 일을 행하시는 여호와의 말씀이니라"는 구절과 상응한다. 아모스 9:12이 사도행전 15:17-18 인용문에서 이렇게 달라진 이유는 사도행전의 저자가 70인역[1] 아모스를 인용했기 때문이다.[2]

19-20절은 야고보의 결론이다. 19절의 "그러므로"는 이상의 쌍방 의견을 거룩하게 절충하는 도입구다. "내 의견에는 이방인 중에서 하나님께 돌아오는 자들을 괴롭게 하지 말고 다만 우상의 더러운 것과 음행과 목매어 죽인 것과 피를 멀리 하라고 편지하는 것이

옳으니라." 19절 헬라어 문장 첫 소절은 1인칭 단수대명사를 돌출시켜 사용한다. "디오 에고 크리노"(Διὸ ἐγὼ κρίνω)는 1인칭 주어를 강조하는 표현이다. "그러므로 다른 이는 몰라도 나는……이렇게 생각한다" 이런 의미이다. 야고보의 의지가 확연히 부각되는 문장이다. 야고보는 화평의 종합을 이뤘다. 양측의 요지를 다 살려준 야고보의 종합은 얼마나 멋진 절충인가? 먼저 유대인들은 이방인 중에서 하나님께 돌아오는 자들에게 할례를 강요하거나 세세한 유대교 정결 및 제의 관련 율법들을 지키도록 강요함으로써 그들을 괴롭게 하지 말자는 것이다. 다만 이방인 출신 신자들에게는 더러운 우상숭배를 금지하고 목매어 죽인 동물이나 피(아마도 피째로 먹는 습관)를 멀리하도록 권고함으로써 바리새파 유대인들의 염려를 불식시키자는 것이다. 유대인들에게 명백하게 혐오스러운 이방인들의 습속이나 행동을 억제하여 이방인 신자와 유대인 신자 사이의 위화감을 최소화하려는 뜻이었다.

21절은 이방인 출신 신자들에게 더러운 우상숭배 습속이나 목매어 죽인 동물이나 피 흘림에 대해 중요한 권고와 지침을 제시하는 배경을 말해 준다. 예로부터 이방인들의 각 성읍에 모세를 전하는 자가 있어 안식일마다 회당에서 그 글을 읽었기 때문에, 회당에 출입하는 이방 출신 신자들도 우상숭배나 목매어 죽인 것과 피와의 접촉이 유대교의 정결 예법에 도전이 됨을 이미 알고 있었다. 따라서 이방인 출신 신자들에게 이런 정도의 신앙적 지침을 제시하는 것은 결코 무리한 요구가 아니었다.

2. 이방인 신자들에게 보내는 편지: 아름다운 타협과 절충 • 22-35절

[22]이에 사도와 장로와 온 교회가 그 중에서 사람들을 택하여 바울과 바나바와 함께

안디옥으로 보내기를 결정하니 곧 형제 중에 인도자인 바사바라 하는 유다와 실라더라. [23]그 편에 편지를 부쳐 이르되 사도와 장로 된 형제들은 안디옥과 수리아와 길리기아에 있는 이방인 형제들에게 문안하노라. [24]들은즉 우리 가운데서 어떤 사람들이 우리의 지시도 없이 나가서 말로 너희를 괴롭게 하고 마음을 혼란하게 한다 하기로 [25–26]사람을 택하여 우리 주 예수 그리스도의 이름을 위하여 생명을 아끼지 아니하는 자인 우리가 사랑하는 바나바와 바울과 함께 너희에게 보내기를 만장일치로 결정하였노라. [27]그리하여 유다와 실라를 보내니 그들도 이 일을 말로 전하리라. [28]성령과 우리는 이 요긴한 것들 외에는 아무 짐도 너희에게 지우지 아니하는 것이 옳은 줄 알았노니 [29]우상의 제물과 피와 목매어 죽인 것과 음행을 멀리할지니라 이에 스스로 삼가면 잘되리라 평안함을 원하노라 하였더라. [30]그들이 작별하고 안디옥에 내려가 무리를 모은 후에 편지를 전하니 [31]읽고 그 위로한 말을 기뻐하더라. [32]유다와 실라도 선지자라 여러 말로 형제를 권면하여 굳게 하고 [33]얼마 있다가 평안히 가라는 전송을 형제들에게 받고 자기를 보내던 사람들에게로 돌아가되 [34](없음. 어떤 사본에는 "실라는 그들과 함께 유하기를 작정하고"가 있고 또 [35]절은 "바울과 바나바도"라 하였음) [35]바울과 바나바는 안디옥에서 유하며 수다한 다른 사람들과 함께 주의 말씀을 가르치며 전파하니라.

주석

예루살렘 사도 공의회는 이 같은 결정을 공식 서신을 통해 안디옥 교회와 이방 교회들에 알리기로 결정하고, 예루살렘 교회의 신진 지도자급 인물인 바사바라고 불리는 유다와 실라를 택하여 바울과 바나바와 함께 안디옥으로 파송했다.[22절] 23-29절은 사도 공의회가 안디옥 교회와 이방인 교회에게 보낸 편지의 내용을 다룬다. 23절은 편지의 발송자와 일차적인 수신인을 열거한다. 발송자는 사도와 장로된 형제들이다. 수신인은 안디옥과 수리아와 길리기아에 있는 이방 교회들(이방인 형제들)이다. 길리기아의 이방 교회는 아마도 바울이 안디옥에 오기 전에 개척한 교회였을 것이다. 비시디아 지역의 이고니온, 루스드라, 더베는 아마 수리아 지역이나 길리기아 지역의 교회로 분류되었을 것이다.

24절은 예루살렘 사도 공동체의 지시도 없이 안디옥 교회와 이방 교회에 가서 율법 준수와 할례 시행을 강요하는 일단의 사람들이 활동하고 있음을 인정하면서 시작한다. 분명한 것은 그들은 예루살렘 사도 공동체의 공식 파견 교사가 아니라는 점이다. 그들이 이방인 형제들의 마음을 괴롭게 하고 혼란케 한다는 사실을 사도들은 우려하고 있다. 25-26절은 사도 공의회가 이를 해소하기 위해 어떤 결정을 했는지를 말해 준다. 대표자를 택하여 바나바와 바울과 동행하게 하여 사도 공의회의 결정을 설명하기로 했다는 것이다. 여기서 사도 공의회는 바나바와 바울을 크게 칭찬하고 있다. 그들은 바나바와 바울을 "예수 그리스도의 이름을 위하여 생명을 아끼지 아니하는 자들"이라고 칭찬했다. 그리고 이 결정은 만장일치였음을 강조한다. 27절은 유다와 실라가 바울과 바나바와 함께 이 사도 공의회의 결정을 널리 알리는 일을 맡을 것이라고 덧붙인다.

28-29절은 사도 공의회 결정의 핵심을 말한다. 28절은 그 결정이 인간들의 타협과 의논의 산물이 아니라, 성령의 강권적인 주도하심과 그것에 순종한 사도 공의회의 결과라는 점을 강조한다. 그래서 28절의 주어는 "성령과 우리"다. "성령과 사도 공의회"는 다른 말로 하면 "성령의 감동과 감독 아래 있는 사도 공의회"를 의미한다. 성령과 사도 공의회는 요긴한 것 외에는 다른 어떤 율법 준수의 짐도 이방인 형제들에게 강요하지 않기로 결정했다. 29절은 20절에서 의논된 바 "그 요긴한 것"이 무엇인지 최종적으로 확정한다. "우상의 제물과 피와 목매어 죽인 것과 음행을 멀리하라." 레위기 18장과 20장은 음행, 성적 문란과 우상숭배를 한데 묶어 단죄한다. 특히 레위기 20장은 몰렉 우상숭배와 각종 성 문란 습속과 악행들

이 하나님의 성소와 하나님이 주신 땅을 더럽힘으로써 하나님의 격렬한 진노와 심판을 초래했음을 강조한다. 우상숭배와 음행의 죄는 깊이 연동되어 있다는 말이다. 로마 시대의 유명한 디오니소스 축제 같은 이방 종교 행사들이 음란한 제의였음을 고려할 때, 여기서 말하는 음행은 우상숭배와 관련된 음행일 가능성이 많다.

결국 29절은 이방인 출신 신자들에게 네 가지 금지 규례를 말한다.[행 21:25][3] "우상들(εἰδωλοθύτος)에게 바쳐진 제물들을(ἀπέχεσθαι) 멀리하라." "피(αἵμα)를 멀리하라." "목매어 죽은 것(πνικτος)을 멀리하라." "음행(πορνεία)을 멀리하라." 고린도 교회는 이 중 세 가지 지침을 소홀하게 여겨 사도 바울의 근심거리가 되었다. 음행[고전 5:1; 6:9, 15-16]과 우상 제물[고전 8-10장, 특히 10:18-22]을 먹는 문제로 교회가 분열을 노정했다.

로마 교회에서도 우상에게 바쳐진 육류를 시장에서 사 먹는 자들과 사 먹지 못하는 자들의 긴장 관계를 언급하고 있다.[롬 14:1-3, 15, 21-23] 그레코-로만 문명 전체가 성경의 관점에서 보면 우상숭배 천지였다.[살전 1:9; 요일 5:21; 계 2:14, 20] "목매어 죽인 것과 피를 멀리하라"는 지침은 무분별한 육류 취식을 금지하는 규례였다. "목매어 죽인 것과 피를 멀리하라"는 계명은 이스라엘의 거룩한 제사 지침을 따르지 않고 동물을 잔인하게 도살하거나 교살하여 제사드리는 행위를 금지하는 계명인 셈이다. 특히 목매어 교살된 동물의 경우, 피가 충분히 빠지지 않은 채 육류로 만들어져 판매되거나, 이방신의 제단에 바쳐졌을 가능성을 말한다. 또 다른 가능성은 부드러운 고기를 만들기 위해 어린 동물을 목매어 죽였을 가능성이다.[참조. 신 14:21 어미의 젖에 염소 새끼를 넣어 삶는 관습 금지] 그레코-로만 도시에는 부드러운 고기를 만들기 위해 어린 동물 교살이 이뤄졌다는 기록이 있다. 가장 가공스러운 가능성은 유아 살해를 가리킬 수도 있다고 보는 것이다. 그레코-로만 문명 도시 육류 시장에서 살해된 유아의 인육이 판매되었기 때

문에 이렇게 보는 학자도 있다.[4]

그레코-로만 문명 도시에서는 용납되었던 유아 살해를 통한 인육 취식은 알렉산드리아의 필로, 요세푸스, 그리고 디다케, 바나바서신 등에서도 강력하게 단죄되고 있다.[5] 어떻게 해석하든 이 목매어 죽은 것은 부당하게 도살된 육류 취식 금지와 관련된 것은 확실해 보인다. 결국 "목매어 죽은 것과 피를 멀리하라"는 규정은 구체적으로 비제의적 맥락에서 도살당한 동물들의 고기 섭취를 경계하는 규정이다. 유대교 그리스도인들이 보기에 제물들을 죽이고 피를 처리하는 이방 종교의 제의 절차는 레위기의 정결법을 위반했기 때문일 것이다.

29절은 결국 이방신을 섬기는 자들이 희생제물을 거룩하게 도살하기보다는 목을 매어 죽였거나,[6] 도살 과정에서 피를 땅에 쏟아야 하는데 피가 흥건히 고인 채 희생 제사를 드렸을 가능성을 염두에 둔 지침이다. 레위기 17:2-9은 여호와의 회막 문에서 도살하지 않는 것과 희생 제물이 인간을 대신해 희생당한 것을 의식하지 않은 채 동물 학대 차원에서 동물을 도살하는 행위를 금지하고 있다. 회막 문 앞에서 도살해 여호와께 드리지 않는 자는 "피흘린 자로 여겨 백성 중에서 끊어지는" 벌을 받게 될 것이다.레 17:4 레위기 제사 신학은 동물이 흘리는 피의 존엄한 가치를 강조하면서 "동물의 피"를 먹는 자에 대한 엄중한 하나님의 징벌을 선포한다.레 17:10 아무리 동물이 희생 제물로 사용된다고 할지라도 인간은 자신들을 위해 제물이 되어주는 동물의 피에 대해 한없이 무거운 감사, 미안함을 가져야 한다. "육체의 생명은 피에 있음이라 내가 이 피를 너희에게 주어 제단에 뿌려 너희의 생명을 위하여 속죄하게 하였나니 생명이 피에 있으므로 피가 죄를 속하느니라. …… 모든 생물은 그 피가 생명과 일체라 그러므로 내가 이스라엘 자손에게 이르기를 너희는 어떤 육체의 피든지 먹지 말라 하였나니 모든 육체의 생명은 그것의 피인 즉 그 피를 먹는 모든 자는 끊어지리라."[레 17:11, 14]

그렇다면 29절의 앞 세 가지 규례는 "우상숭배를 멀리하라" 혹은 "우상숭배 이후에 판매되는 육류취식을 금지하라"는 지침이었다고 볼 수 있다. 네 번째 금지 규례인 "음행을 멀리하라" 또한 우상숭배 제의와 매우 관련이 깊은 관습적 행음이었을 가능성이 크다.[참조. 출 32:6] 레위기는 예배 규정에서 "음란하게 섬기던 숫염소 제사"를 금지한다.[레 17:7] 숫염소에게 드려진 제사를 정죄하는 이 레위기 구절은 우상숭배를 음행이라고 보면서도 우상숭배를 음행 은유로 단죄하는 호세아 선지자의 관점[호 4:11–19; 6:10]과 일치한다. 29절의 마지막 소절 "ἐξ ὧν διατηροῦντες ἑαυτοὺς εὖ πράξετε. Ἔρρωσθε"은 관계대명사가 나오는 소절이다. "앞의 네 가지 것들(ὧν, 중성복수 속격 대명사)을 멀리함으로써(διατηροῦντες) 이 지침을 잘(εὖ) 실천하십시오(πράξετε). 안녕히 계십시오(Ἔρρωσθε)!" 이처럼 사도 공의회의 편지는 "평안"을 축원하는 인사로 종결된다.[29절]

이 편지를 받고 예루살렘 공동체와 작별한 바울 일행은 안디옥으로 내려가 무리를 모아 편지를 읽어 주었다.[30절] 편지를 읽은 이방인 형제들은 그 위로한 말을 기뻐했다.[31절] 유다와 실라도 선지자로서 여러 말로 형제를 권면하여 굳게 하는 사역을 하다가[32절] 얼마 후 예루살렘으로 되돌아갔다. 그들은 "평안히 가라"는 형제들의 전송을 받고는 자신들을 파송했던 사람들에게로 돌아갔다.[33절]

34절은 공인 신약성경에는 누락되어 있으나, 어떤 사본에는 그 자리에 "실라는 그들과 함께 유하기를 작정하고"라는 말이 붙어 있다. 아마도 실라가 나중에 바울과 함께 2차 선교 여행에 동행하게 된 정황을 설명하는 구절처럼 보인다. 율법 준수와 할례 쟁점이 타결된 후에 바울과 바나바는 안디옥에서 유하며 수다[數多]한 다른 사람들과 함께 주의 말씀을 가르치고 전파했다.35절 안디옥 교회의 지도자 바나바와 바울은 예루살렘 총회에서 이방 신자의 구원 문제를 놓고 바리새파 지도자들과 다툴 때에는 완전한 일치와 협력을 보여주었다. 그러나 그 큰 싸움에서 승리했다 싶더니, 아주 어이없는 문제로 동역자 간에 서로 상처를 입히는 분쟁에 휘말려 들고 만다. 성경은 영웅 사관에 빠지지 않고 인간의 연약함을 에누리 없이 폭로한다.

3. 갈라서는 바울과 바나바 ● 36–41절

36며칠 후에 바울이 바나바더러 말하되 우리가 주의 말씀을 전한 각 성으로 다시 가서 형제들이 어떠한가 방문하자 하고 37바나바는 마가라 하는 요한도 데리고 가고자 하나 38바울은 밤빌리아에서 자기들을 떠나 함께 일하러 가지 아니한 자를 데리고 가는 것이 옳지 않다 하여 39서로 심히 다투어 피차 갈라서니 바나바는 마가를 데리고 배 타고 구브로로 가고 40바울은 실라를 택한 후에 형제들에게 주의 은혜에 부탁함을 받고 떠나 41수리아와 길리기아로 다니며 교회들을 견고하게 하니라.

주석

이 단락은 바울과 바나바의 다툼을 가감 없이 보도한다. 아무리 위대한 카리스마로 무장된 사도들이라 할지라도 그들은 완전무결한 영웅이나 성자는 아니라는 것이다. 두 사도의 갈등은 사소한 문제를 놓고 벌어진 갈등이었으나 뼈아픈 결렬이었다. 안디옥 교회에서의 사역이 어느 정도 안정 궤도에 오르자 바울은 바나바에게 1차 선교 여행 때 개척한 이방 교회들의 형편을 살펴보러 각 성읍을 방문하자고 제안한다.36절

1차 선교 여행은 "두 사도를 따로 세우라"고 말씀하신 성령의 지시에 따라 이루어진 것인데 비해, 이번에는 바울의 주도권이 강조

된다. 아마도 바울과 바나바는 예루살렘 총회의 결정이 그들의 뜻대로 되었기 때문에 안디옥 교회에서 더욱 큰 지도력을 행사했던 것처럼 보인다. 그러자 성령의 주도적 인도하심보다 한 걸음 앞서 바울이 인간적 기획을 추진하는 실수를 범했을 수도 있다. 바울이 잠시 자만에 빠졌을 수도 있는 상황이었다. 일단 바나바는 바울의 계획 총론에는 찬성한다. 다만 각론에서 두 사람이 이견을 보였다.

바나바는 요한 마가를 데리고 가자고 말하는데[37절] 바울은 1차 선교 여행 때 밤빌리아에서 일방적으로 되돌아가 버린 마가를 데리고 가는 것은 옳지 않다고 주장했다. 이 문제를 놓고 다투는 그들의 진심은 충분히 공감이 된다. 종종 평행선을 달리는 논쟁은 양쪽 모두 옳고 진심어린 주장을 할 때 일어난다. 바울은 마가 요한을 사랑했겠지만 부성적인 징계를 내림으로써 그 사랑을 표현하려고 했고, 바나바는 자기 생질이기도 한 마가에 대해 싸매고 포용하는 모성적 사랑으로 접근했다. 39절에 따르면 그들은 심히 다투고 피차 갈라섰다. 바나바는 마가를 데리고 배를 타고 자기 고향인 구브로로 가버렸다.[39절] 바울은 실라를 택한 후에 형제들에게 주의 은혜에 부탁함을 받고 떠나[40절] 자기 고향인 수리아와 길리기아로 다니며 교회들을 견고하게 했다.[41절]

40절에 따르면 교회의 공식 선교사는 바울인 것처럼 보인다. 바나바와는 달리 바울은 형제들에게 주의 은혜에 부탁함을 받고 떠났기 때문이다. 참 안타까운 일이다. 바울과 바나바가 예루살렘 총회에서 배웠던 성숙한 변론과 인내심 있는 경청을 바로 이 상황에 적용했더라면 하는 아쉬움이 남는다. 다투는 당사자 둘 다 스스로 옳다고 믿는 경우, 분열을 정당화하는 논리에 빠지기 쉬우니 조심해야 한다. 그러나 사도행전 기자는 이들의 인간적 다툼과 분열에 대해 어떤 도덕적 평가도 내리지 않는다. 오히려 그것마저도 역으로 이용하여 선교의 원동력으로 삼는 하나님의 강권적 열심을 보여준다. 마가 요한은 한 차례 홍역을 치르고 나서 크게 성장했다. 그는 나중에 사도 바울의 옥바라지를 끝까지 감당하는 영적 아들이 된다. 그는 이 본문에 암시된 자신을 향한 사도 바울의 질책과 훈계를 가슴 깊이 새겼던 것 같다.[딤후 4:11]

메시지

성령 충만한 공동체는 영적인 의사소통이 활발한 공동체다. 따라서 민주주의적인 변론과 교양이 넘치는 성숙한 토론 문화가 싹트기 쉬운 환경이다. 예루살렘 사도 공의회는 자칫 교회의 분열을 가져올 수 있는 예민한 신학 쟁점에 대해 성령의 주권적인 간섭과 지시에 순종함으로써 위기를 극복했고, 이방 선교가 활성화되고 이방 교회가 비약적으로 성장할 발판을 만들어 주었다. 성령 충만한 공동체일수록 다수파와 소수파 사이에 앙금이나 원통함을 남기지 않는 황금분할적 절충과 타협을 잘 이끌어 낸다. 예루살렘 사도 공의회는 하나님의 구원 경륜을 보존한 전통과 하나님의 새 일 사이에서 균형잡힌 시각을 견지함으로써 아름다운 절충에 이를 수 있었다. 예언자들은 조상들로부터 전래되어온 구원사 전통과 그것에 딸린 율법, 규례, 법도를 아주 소중하게 여겼으면서도[렘 6:16] 동시에 하나님이 창조하시는 새 일을 알아보고 하나님의 새로운 과업에 예민하게 깨어 있었다.[사 43:18-21] 예루살렘 사도 공의회는 과거의 신앙 전승과 하나님의 현재적인 구원 역사를 변증법적으로 절충했던 예언자들의 전통에 따라 중요한 교리를 결정하기에 이르렀다. 예루살렘 바리새파 출신 그리스도인들은 창세기 17:9-14을 영원히 변개할 수 없는 절대진리로 믿으며 고수했다.

하나님이 또 아브라함에게 이르시되 그런즉 너는 내 언약을 지키고 네 후손도 대대로 지키라. 너희 중 남자는 다 할례를 받으라 이것이 나와 너희와 너희 후손 사이에 지킬 내 언약이니라. 너희는 포피를 베어라 이것이 나와 너희 사이의 언약의 표징이니라. 너희의 대대로 모든 남자는 집에서 난 자나 또는 너희 자손이 아니라 이방 사람에게서 돈으로 산 자를 막론하고 난 지 팔 일 만에 할례를 받을 것이라. 너희 집에서 난 자든지 너희 돈으로 산 자든지 할례를 받아야 하리니 이에 내 언약이 너희 살에 있어 영원한 언약이 되려니와 할례를 받지 아니한 남자 곧 그 포피를 베지 아니한 자는 백성 중에서 끊어지리니 그가 내 언약을 배반하였음이니라.창 17:9-14

이 오래된 할례 존숭 전통이 하나님이 현재 일으키는 하나님의 새 일, 즉 할례받지 않고도 예수 그리스도의 신실함을 덧입어 성령을 받아 하나님의 백성이 되는 전혀 새로운 일로 인해 흔들리고 상대화되고 있다. 베드로가 고넬료에게 복음을 증거할 때 성령이 임하고, 바울이 이방인들에게 복음을 증거할 때 또한 그들에게 성령이 임했다. 할례받지 않은 이방인들에게도 성령이 임했던 것이다.

유대에 있는 사도들과 형제들이 이방인들도 하나님의 말씀을 받았다 함을 들었더니 베드로가 예루살렘에 올라갔을 때에 할례자들이 비난하여 이르되 네가 무할례자의 집에 들어가 함께 먹었다 하니. 베드로가 그들에게 이 일을 차례로 설명하여 이르되 내가 욥바 시에서 기도할 때에 황홀한 중에 환상을 보니 큰 보자기 같은 그릇이 네 귀에 매어 하늘로부터 내리어 내 앞에까지 드리워지거늘 이것을 주목하여 보니 땅에 네 발 가진 것과 들짐승과 기는 것과 공중에 나는 것들이 보이더라. 또 들으니 소리 있어 내게 이르되 베드로야 일어나 잡아 먹으라 하거늘 내가 이르되 주님 그럴 수 없나이다 속되거나 깨끗하지 아니한 것은 결코 내 입에 들어간 일이 없나이다 하니 또 하늘로부터 두 번째 소리 있어 내게 이르되 하나님이 깨끗하게 하신 것을 네가 속되다고 하지 말라 하더라. …… 성령이 내게 명하사 아무 의심 말고 함께 가라 하시매 이 여섯 형제도 나와 함께 가서 그 사람의 집에 들어가니 그가 우리에게 말하기를 천사가 내 집에 서서 말하되 네가 사람을 욥바에 보내어 베드로라 하는 시몬을 청하라. 그가 너와 네 온 집이 구원받을 말씀을 네게 이르리라 함을 보았다 하거늘 내가 말을 시작할 때에 성령이 그들에게 임하시기를 처음 우리에게 하신 것과 같이 하는지라. …… 그런즉 하나님이 우리가 주 예수 그리스도를 믿을 때에 주신 것과 같은 선물을 그들에게도 주셨으니 내가 누구이기에 하나님을 능히 막겠느냐 하더라. 그들이 이 말을 듣고 잠잠하여 하나님께 영광을 돌려 이르되 그러면 하나님께서 이방인에게도 생명 얻는 회개를 주셨도다 하니라.행 11:1-18

바울에게 복음을 들었던 비시디아 안디옥의 이방인 출신 신자들, 곧 제자들은 영생을 얻어 기쁨과 성령이 충만했다.행 13:43-46, 52 베드로의 고넬료 가문의 성령 강림 사건은 바울과 바나바의 이방 선교 사역에서도 재현되었다. 이처럼 할례 고수파들, 곧 율법 옹호자들과 이방 선교사들 각각의 주장과 토론은 진지하고 치열했다. 그들에게는 진리를 사수하고자 하는 열정이 있었다. 이들 각각의 변론은 "어리석고 무식한 변론"참조. 딤후 2:23이 아닌, 정당한 변론이었다. 정당한 변론의 끝에는 화해와 절충적 종합의 길이 열린다. 이런 선한 결과가 나오기 위해서는 언로言路가 막히지 않아야 한다. 교회 안에는 교우들을 분열시킬 기세를 띠는 쟁점들이 언제든지 발생할 수 있다. 이런 것은 문제가 아니다. 진짜 문제는 이런 갈등을 능히 처리할 건전한 경청, 신뢰 넘치는 형제자매 사랑, 그리고 그리스도의 몸에 대한 충성심이 결여된 상황이다.

아무리 교회에 분열된 쟁점이 발생하더라도 서로를 향한 신뢰와 사랑, 그리고 더욱 중요하게는 주主 예수 그리스도를 향한 일편단심의 충성을 견지한다면 갈등하는 당사자들에게는 화해적 종합의 길이 열릴 수 있다. 서로의 감정적 대립과 편견을 불식시키는 변론, 이는 교회 공동체에 절실하게 요청되는 교양이 아닐 수 없다. 특정 쟁점을 놓고 양자 간의 확신이 충돌할 때, 그 갈등 상황을 상의할 수 있는 연륜 있는 선배 혹은 공동체가 있다는 것은 다행스럽다. 예루살렘 사도 공의회의 변론 당사자들은 제3자의 중재 아래 이견을 가진 상대방의 자존심과 감정을 건드리는 발언은 일절 하지 않았다. 이처럼 성령께서 주장하시는 변론은 신적 자제력으로 지탱된다. 바나바와 바울의 변론이 이뤄지던 동안에 온 무리가 가만히 있었던 이유는 성령께서 그 회중을 주장하셨기 때문이었다. 바나바와 바울 또한 기계적인 원칙주의자가 아니라 신축성이 있는 원칙주의자였다. 그리하여 자칫 유아기였던 이방 교회에 큰 상처와 분열의 흠집을 남기기 쉬운 위태로운 상황이 일치와 가결의 분위기로 승화된 것이다. 갈등과 분열의 의제 앞에 빈번히 노출되는 우리는 여기서 몇 가지 교훈을 얻을 수 있다.

첫째, 분열의 위기가 일치와 화합으로 승화되기 위해서는 무엇보다도 구원의 주 되시는 하나님 중심적인 의견으로의 수렴이 이뤄져야 한다는 것이다. 둘째, 말씀(구약 인증) 중심의 상고, 말씀 중심의 의견 제시가 주어져야 한다. 하나님 말씀 속에 예언된 일인지 아닌지를 살피는 것이다. 무조건 옛날부터 해온 방식이 옳다는 사고방식은 하나님이 행하시는 새 일사 43:19에 걸림돌이 될 수가 있다. 셋째, 갈등하는 쌍방에게 영향력을 끼칠 수 있는 원로급 지도력이 있어야 한다. 갈등 상황의 발생 시 원로들의 지혜만큼 요긴한 것은 없다. 교회에는 반드시 야고보와 같이 공증된 보편타당한 지도자급 인물들이 있어야 한다. 넷째, 소수 의견의 참뜻을 살리는 결정이 있어야 한다. 상대적으로 소수였던 할례와 율법 강조파들의 참뜻이 살려지도록 세심하게 배려하는 것이다. 모든 변론 참여자들에게 일정 부분 자신의 의견이 존중되었다는 반응을 불러일으켜야 한다. 이상의 원칙들이 잘 지켜진다면, 분열의 위기는 일치와 가결의 기회로 승화될 수 있을 것이다.

이런 원칙을 준수함으로써 사도행전 15장의 사도 공의회는 기독교 역사상 가장 중요한 신학적인 결정을 이룰 수 있었다. 이 사도 공의회의 전통에 따라 지난 2,000년간 기독교회는 중요한 교리를 결정할 때마다 총회를 열어 오랜 변론과 기도와 경청과 사랑 속에서 귀중한 진리들을 파수把守하고 보존했다. 15장의 사도 공의회 결과, 이방 선교 시 할례와 율법 준수를 강요하지 말 것이 결정되었고, 네 가지 핵심 규례가 선포되었다. 우상숭배하지 말 것과 목매어 죽은 제물과 피가 고여 있는 음식을 먹지 말 것과 음행을 멀리하라는 지침이 모든 이방 교회에 전달되었다. 이 결정은 양측의 입장을 어느 정도 타협시킨 결정이다. 사도 공의회는 대표자들을 통해 이 결정을 이방 교회에 공지하도록 결의했다.[22-24절]

우리는 사도들도 진리를 보수하기 위해서 아주 생산적이고 긴 논쟁을 회피하지 않았음을 본다. 진리의 순수성과 복음의 보편성을 지키기 위해 땀 흘린 논쟁의 결과물이 로마서와 갈라디아서, 야고보서와 마태복음이다. 이 두 쌍의 신약 책들은 사도행전 15장의 황금절충을 반영하고 있다. 전자는 바나바와 바울의 입장을 좀 더 강조하여 반영하고, 후자는 바리새파 입장과 그 후원자 역할을 한 야고보의 입장을 반영한 책들이다.

16장.

빌립보 선교: 주 예수의 복음을 믿으라

사도행전을 해석하는 열쇠는 1장 8절이다. "오직 성령이 너희에게 임하시면 너희가 권능을 받고 …… 땅끝까지 이르러 내 증인이 되리라." 이 표현은 이 말씀의 주체이신 예수의 의지가 들어가 오게 될 미래, 곧 화자話者의 의지가 만드는 "미래"를 표현하는 문장이다. You shall be my witness 곧 세계 선교는 유대인들이나 사도들의 의지가 아니라 하나님의 의지가 만들 미래로서 하나님의 열심이 만들 미래이다. 세계사에 출현한 패권주의 군주들은 세계 땅끝까지 자신의 통치권을 확장하려고 했다. 진시황, 알렉산더, 카이사르, 나폴레옹, 히틀러, 스탈린에 이르기까지 세계의 모든 패권주의 국가들은 "자신들의 이익"을 위한 "자신들의 이데올로기"를 선전하고 확산해 줄 증인들을 땅끝까지 파송하려고 했다. 그러나 이 모든 국가는 산산조각으로 부서졌고, 역사의 하치장에서 소각된 쓰레기나 티끌처럼 사라졌다.단 2:35

그러나 하나님께서는 오늘도 당신의 증인들을 온 세계 방방곡곡에 파송하신다. 하나님의 통치는 성령에 감화 감동된 당신 종들의 순종과 신앙 실천을 통해 온 세계로 확장되고 있다. 그것은 현실 교회나 기독교 교세의 확장이 아니다. 주 예수께서 만드는 하나님 나라는 온 세상이 하나님을 아는 지식으로 가득 차, 사자와 어린 양이 함께 풀을 먹으며 평화롭게 공존하는 세계가 나타날 때까지 쉬지 않고 전진한다. 바울이 증거하는 하나님 나라 복음은 빌립보의 귀신 들린 여종과 감옥을 지배하는 어둠의 세상 주관자들을 거룩하게 패퇴시키고 인간을 해방하고 자유하게 하며 하나님의 다스림에 복종할 수 있을 만큼 능력 있게 만든다. 16장은 와서 우리를 도우라 1-15절와 주 예수를 믿으라16-40절로 나눠진다.

1. 와서 우리를 도우라 ● 1-15절

1바울이 더베와 루스드라에도 이르매 거기 디모데라 하는 제자가 있으니 그 어머니
는 믿는 유대 여자요 아버지는 헬라인이라. 2디모데는 루스드라와 이고니온에 있는
형제들에게 칭찬 받는 자니 3바울이 그를 데리고 떠나고자 할새 그 지역에 있는 유대
인으로 말미암아 그를 데려다가 할례를 행하니 이는 그 사람들이 그의 아버지는 헬
라인인 줄 다 앎이러라. 4여러 성으로 다녀갈 때에 예루살렘에 있는 사도와 장로들
이 작정한 규례를 그들에게 주어 지키게 하니 5이에 여러 교회가 믿음이 더 굳건해
지고 수가 날마다 늘어가니라. 6성령이 아시아에서 말씀을 전하지 못하게 하시거늘
그들이 브루기아와 갈라디아 땅으로 다녀가 7무시아 앞에 이르러 비두니아로 가고
자 애쓰되 예수의 영이 허락하지 아니하시는지라. 8무시아를 지나 드로아로 내려갔
는데 9밤에 환상이 바울에게 보이니 마게도냐 사람 하나가 서서 그에게 청하여 이르
되 마게도냐로 건너와서 우리를 도우라 하거늘 10바울이 그 환상을 보았을 때 우리가
곧 마게도냐로 떠나기를 힘쓰니 이는 하나님이 저 사람들에게 복음을 전하라고 우리
를 부르신 줄로 인정함이러라. 11우리가 드로아에서 배로 떠나 사모드라게로 직행하
여 이튿날 네압볼리로 가고 12거기서 빌립보에 이르니 이는 마게도냐 지방의 첫 성이
요 또 로마의 식민지라 이 성에서 수일을 유하다가 13안식일에 우리가 기도할 곳이
있을까 하여 문밖 강가에 나가 거기 앉아서 모인 여자들에게 말하는데 14두아디라 시
에 있는 자색 옷감 장사로서 하나님을 섬기는 루디아라 하는 한 여자가 말을 듣고 있
을 때 주께서 그 마음을 열어 바울의 말을 따르게 하신지라. 15그와 그 집이 다 세례
를 받고 우리에게 청하여 이르되 만일 나를 주 믿는 자로 알거든 내 집에 들어와 유
하라 하고 강권하여 머물게 하니라.

주석

빌리 그레이엄은 자신의 자서전 『내 모습 이대로』*Just as I Am*에서 자신이 세계 도처에서 연 대규모 전도 집회의 열매를 나중에 확인하지 못한 것에 대해 안타까운 마음을 피력하였다. 그레이엄의 전도 사역은 바울의 전도 사역과 달리 단발성 전도 집회 중심의 사역이었기 때문이다. 반면에 바울의 복음 전파는 빌리 그레이엄식의 일과성 집회가 아니라, 일생에 걸친 책임적 목회 사역이었다. 전도의 열매들인 이방인 개종자들을 교회라는 조직안에 모아 양육시키고 훈련시키는, 장기적이며 순차적인 제자 양성 사역이었다. 전도 거점 지역에 반드시 교회를 세워 토착 지도자들에게 목양 사역을 위탁하는 사역이었다. 바울의 편지 사역은 이 장기적 제자 양성 사역의 한 방편이었다. 이렇게 함으로써 바울은 자신을 통해 하나님을 믿게 된 신자들에 대한 일생에 걸친 영적 돌봄을 제공하며 그들의 성장과 성숙을 돕는 목자적인 사랑을 실천했다.

큰 교회와 대규모 집회에 집착하는 오늘날 목회자들의 기준으로 보면 바울은 성공적인 목회자가 아닐 수도 있다. 바울은 일생 동안 약 25여 년간의 사역을 통해 8개 지역에 흩어져 있는 500여 명의 신자들을 목양했다. 그는 해산解産하는 수고를 감수하며 자신에게 가르침을 받는 사람들이 천국 시민권자답게 살도록 권고하고 지도했다. 성경 말씀이 본문이라면 그의 생애 자체는 하나의 본문 해설이었다.

16장은 바울의 2차 선교 여행의 초기 사역을 소개한다. 바울은 소아시아의 1차 선교지였던 갈라디아 지역의 더베와 루스드라를 방문했다가 디모데라는 제자를 얻는다. 디모데는 유대인 어머니와 헬라인 아버지 밑에 태어난 젊은 그리스도인으로서 그 지역의 지도자였다.[1절] 디모데 어머니는 유니게요 그녀의 친정 모친은 로이스였으며 해외에 거주한 경건한 유대인들이었다.[딤후 1:5; 3:15] 디모데는 루스드라와 이고니온에 있는 형제들에게 칭찬받는 자였다.[2절] 그는 이고니온과 루스드라에서 삶으로 가르친 "바울의 교훈과 행실과 의향과 믿음과 오래 참음과 사랑과 인내와"[딤후 3:10] 바울이 "박해를 받음과 고난과 또한 안디옥과 이고니온과 루스드라에서 당한 일과 어떠한 박해를 받은 것을" 직접 현장에서 "보고 알았"으며 "이 모든 것 가운데서" 주 예수께서 바울을 "건지셨"던 현장을 목격한 증인이었다.[딤후 3:11] 바울은 이렇게 자신의 복음 사역에 깊이 참여하고 견습했던 디모데를 순회 선교 동역자로 데리고 가기 위해 그로 하여금 할례를 받게 했다.[3절] 헬라인 아버지를 두었지만, 어머니는 유대인이었기 때문에 그 지역 유대인들이 디모데를 반[半]유대인이라고 생각했고, 따라서 바울은 유대인에게 응당 요구되는 할례를 받게 했다. 그는 디모데의 장래 사역에서 생길 수 있는 걸림돌을 미리 제거하기 위해 과감히 할례를 받게 한 것이다. 여기서 독자들은 바울 스스로가 사도행전 15장 사도 공의회의 결정을 어겼다고 생각하기 쉽다. 바울은 이방인 신자들이 복음과 성령의 능력으로 구원받아 하나님 백성 공동체에 접목될 때 율법 준수나 할례 시행의 무거운 짐을 부과하지 말아야 한다고 강조한 인물이지 않던가? 그 사이에 도대체 무슨 일이 일어난 것일까?

두 가지 상황을 고려해 볼 수 있다. 첫째, 디모데는 엄격한 의미에서 완전한 이방인은 아니었다. 그는 어떤 의미에서 반[半]은 유대인이었다. 그래서 할례를 받게 하는 것이 할례의 의미를 전혀 모르는 이방인에게 강요하는 상황과는 달랐을 수 있다는 점이다. 둘째, 디모데가 단지 한 명의 신자가 아니라 앞으로 유대인 회당을 중심으로 바울과 함께 복음 전파 사역을 할 사람으로서 유대인들과의 날카로운 마찰과 대립의 요소를 제거하기 위해 할례를 행했다고 볼 수 있다. 디모데의 할례는 교리적인 결정으로 이뤄진 할례가 아니라, 실용적인 입장에서 이뤄졌다고 볼 수 있는 것이다. 이로 보건대 사도 바울은 경직된 교조주의자라기보다는 원칙과 상황과 맥락을 동시에 적절하게 고려할 줄 아는 유연한 사람이었음을 알 수 있다. 고린도전서 9:19-23이 이런 바울의 입장을 잘 표현하고 있다.

> 내가 모든 사람에게서 자유로우나 스스로 모든 사람에게 종이 된 것은 더 많은 사람을 얻고자 함이라. 유대인들에게 내가 유대인과 같이 된 것은 유대인들을 얻고자 함이요 율법 아래에 있는 자들에게는 내가 율법 아래에 있지 아니하나 율법 아래에 있는 자같이 된 것은 율법 아래에 있는 자들을 얻고자 함이요 율법 없는 자에게는 내가 하나님께는 율법 없는 자가 아니요 도리어 그리스도의 율법 아래에 있는 자이나 율법 없는 자와 같이 된 것은 율법 없는 자들을 얻고자 함이라. 약한 자들에게 내가 약한 자와 같이 된 것은 약한 자들을 얻고자 함이요 내가 여러 사람에게 여러 모습이 된 것은 아무쪼록 몇 사람이라도 구원하고자 함이니 내가 복음을 위하여 모든 것을 행함은 복음에 참여하고자 함이라.

바울은 사역 초기 단계에서 이방인 디도[Titus]에게 억지로 할례를 받게 하지 않았다.[갈 2:3] 그러나 디모데에게는 할례를 받도록 종용했다. 언뜻 보면 모순처럼 보이는 행동이다. 바울은 이율배반적인 행동처럼 보이는 자신의 입장을 여기서 해명한다. 디모데에게 할례를 받게 한 바울의 단 한 가지 목적은 "유대인을 얻고자 함, 율법 아래 있는 자들을 얻고자 함, 약한 자들에게 약한 자가 된 것은 약한 자들을 얻고자 함, 복음을 위하여 모든 것을 행함으로 복음에 참여하고자 함"[슁코이노노스(συγκοινωνός)]이었다.[빌 1:7] 바울은 복음의 복을 되도록이면 더 많은 사람에게 나누고 싶은 열망 때문에 디모데에게 할례를 행하도록 결정했다고 말하는 셈이다. 매우 설득력 있는 해명이 아닐 수 없다. 바울은 원칙과 상황 사이에서 적절한 조율을 시도하고 있다. 이렇게 해서 디모데는 바울의 선교 사역에서 바울의 최측근 동역자로 자라간다. 그는 이후 바울에 의해 "함께 수고한 동역자"(ὁ συνεργός μου)이자,[롬 16:21] "바울의 아들"로 불리게 되었다.[고전 4:17; 고후 1:1; 딤전 1:2; 딤후 1:2] 히브리서에 따르면 그는 바울과 함께 (로마) 감옥에 갇혔다가 풀려났으며,[히 13:23] 이후에는 에베소의 장로로 임명되어 사역자가 되었다.[딤전 1:3; 4:14]

4-5절은 바울과 실라의 순회 사역을 간략하게 묘사한다. 그들은 여러 성을 순회하며 예루살렘에 있는 사도와 장로들에 의해 확정된 규례[dogma, 행 15:29]를 이방인 출신 신자들에게 주어 지키게 했다[4절] 그 결과 여러 교회가 믿음이 더 굳건해지고 믿는 자의 수가 날마다 늘어 갔다.[5절] 바울이 구약 제사법, 정결법, 음식법 등 율법 준수 의무와 할례 의무를 강요하지 않고 복음을 전하자 이방인 신자들이 더욱 늘어 갔다. 이때 성령의 강권적인 개입이 일어났다. 성령이 아시아에서 말씀을 더 이상 증거하지 못하게 하신 것이다. 여기서 아시아는 튀르키예 반도 중 그리스에서 가장 가까운 지역을 가리킨다. 아시아 지역보다 더 오른쪽(동쪽)에 브루기아가 있고, 브루기아보다 더 오른쪽에 갈라디아(루스드라, 이고니온 등)가 있다. 바울과 실라 일행은 당시 아시아와 연접하고 있으며 수리아와 가까운 튀르키예 반도 남쪽 지역인 비시디아 지역과 길리기아 지역(지중해 해변에 가까운 지역) 일대를 순회하고 있었다. 바울은 거기서 왼쪽(서쪽)으로 옮겨 아시아에서 복음을 증거하려고 했던 것으로 보인다. 그런데 성령께서 아시아에서 말씀을 전하지 못하게 하셨다. 그래서 바울은 브루기아와 갈라디아 땅을[6절] 거쳐 흑해에 가까운 무시아[Mysia]로 나아갔다.[7절] 여기서 바울 일행은 흑해 쪽에 가까운 위도가

높은 무시아 앞에 도착했다. 그들은 여기서 갈라디아보다 더 북쪽 지역인 흑해 연안 지역인 비두니아Bithynia로 진출하려고 애썼다. 그러나 예수의 영이 이 비두니아 행 또한 허락하지 않으셨다.[7절] 즉, 아시아뿐만 아니라 비두니아에서도 일하지 못하게 하신 것이다. 남은 것은 서쪽 지역, 곧 유럽을 바라보는 쪽이었다. 그래서 바울 일행은 무시아를 지나 드로아로 내려갔다.[8절]

드로아는 트로이 전쟁주전 11세기경이 일어난 지역과 가까운 곳으로 추정된다. 고린도후서 2:12에 따르면 드로아는 그리스도의 복음을 위해 바울에게 문이 활짝 열린 곳이었다.[행 20:5-12] 디모데후서 4:13에 따르면 드로아에는 바울이 자신의 겉옷을 맡겨 둔 집, 곧 동역자 가보Carpus의 집이 있었다. 드로아는 단순한 경유지 이상이었다는 말이다. 드로아에서는 복음 사역이 활발하게 일어나고 있었던 것으로 보인다. 그러나 하나님은 이 드로아에서마저 사역을 못하게 하시고, 더 긴급한 복음의 필요에 응답하게 하셨다. 마침내 드로아에서 사역 중이던 바울에게 어느 날 밤에 환상이 나타났다. 지중해 건너편 마게도냐 사람 하나가 서서 그에게 "마게도냐로 건너와서 우리를 도우라"고 소리쳤다.[9절] 사도 바울은 소아시아 지경만을 겨냥하고 떠났지만, 세계의 왕 되신 하나님은 유럽 선교라는 복안을 갖고 그를 이끄신 것이다. 인간의 계획이 유보되고 좌절될 때 실상 성령의 더 깊은 경륜이 이뤄진다. 우리의 생각보다 하나님의 뜻이 이뤄지길 기도하면서 산다면 때때로 우리의 비두니아 길이 아니라 예기치 못한 마게도냐 항로가 열릴 수 있다는 것이다. 하나님이 보시기에 비두니아보다는 마게도냐가 더 긴급하게 복음을 필요로 했다. "건너와서 우리를 도우라." 성령 충만한 선교사들이 기도하는 밤에 세계 도처에서 건너와 우리를 도우라"는 미전도 종족의 애타는 간청이 타전되어 온다. 오늘도 복음을 들고 온 세계 황야를 누비며 이름 없는 들길과 개울을 건너는 복음 사역자들의 귓전에는 "건너와서 우리를 도우라"는 애끓는 호소가 끊이지 않는다.

온 세계의 급박한 영적 전황을 총괄하시는 하나님은 바울 일행을 북쪽 비두니아 지역이 아니라, 마게도냐 지역으로 긴급 파송하신 것이다. 하나님은 이 세계에서 벌어지는 하나님 나라의 복된 공격의 최전선 상황을 분초마다 점검하고 병력 배치를 결정하실 수 있는 총사령관이시다. 그래서 하나님은 마게도냐 전선으로 바울을 투입하신 것이다. 마게도냐는 알렉산더 대왕과 그 아버지 필립포스 2세를 배출한 그리스 제국의 발원지였다.

10절에는 처음으로 사도행전의 화자[narrator]인 일인칭 복수 "우리"가 나타난다. 그는 바울과 동행한 동역자 중 한 사람으로, 이 책의 저자(누가)인 셈이다. 여기서 바울이 선교 여행 때 일련의 동행자들을 데리고 다녔음을 알 수 있다. 누가[Luke]가 처음부터 바울과 동행했다기보다는, 그가 저자의 관점에서 처음부터 바울과 동행한 것으로 전제하고 사도행전을 기록하고 있다고 보는 것이 더 합리적이다. 마게도냐 사람의 환상을 본 사람은 바울이었으나 즉시 마게도냐로 떠나기를 힘쓴 사람은 비단 바울뿐만 아니라 "우리"였다는 점이 중요하다. 마게도냐 환상을 통해 하나님이 저 사람들에게 복음을 전하라고 "우리"를 부르신 줄로 인정했기 때문이다.[10절]

11절은 드로아에서 사모드라게[Samothrace]와 네압볼리를 거쳐 빌립보로 가는 뱃길 여정을 보도한다. 바울 선교단은 드로아를 출발한 지 하루 만에 빌립보에 도착했다. 12-13절은 로마의 직할 식민지인 빌립보의 우월적 지위에 대해 간략하게 말한다. 빌립보는 마게도냐 지방의 첫(으뜸) 성이요 로마의 식민지라고 소개된다.[12절] 빌립보는 알렉산더 대왕에 의해 건설되었고, 그의 부친의 이름을 따서 빌립보라는 이름이 붙여졌다.[주전 4세기] 로마의 식민지로 승격되기 이전 빌

행

립보는 옥타비아누스와 안토니우스Marcus Antonius 대對 브루투스Brutus와 카시우스Cassius간의 권력 투쟁의 중심지였다. 옥타비아누스 진영이 승리하자 옥타비아누스의 대사인 파키우스 루퍼스Paquius Rufus는 승전을 기념하여 빌립보를 로마 황제 직할 식민지로 규정했다.

또 다른 한편 빌립보는 이 전쟁을 마친 퇴역 군인들특히 옥타비아누스 진영 측의 정착지로 선택된 도시이기도 했다.주전 42년경 악티움 해전(Battle of Actium)에서 안토니우스와 클레오파트라Κλεοπάτρα Φιλοπάτωρ의 연합군을 격파한 옥타비아누스는 주전 30년경에 안토니우스의 군사들, 곧 안토니우스 진영의 퇴역 군인들까지 다시 한번 이 도시에 정착시켰다. 이런 두 차례의 인위적인 이주 정책으로 빌립보는 로마의 직할 식민지의 지위를 더욱 공고하게 했다. 빌립보 시민들은 로마 직할 도시로서의 빌립보 지위에 대해 자긍심을 가지고 있었으며 로마와의 긴밀한 관계를 자랑스러워했다. 그들은 로마법 준수, 로마 동전 사용, 로마 관습 추종 등 여러 면에서 로마 시민임을 자랑했는데, 데살로니가에 파견된 로마 총독의 간섭에서 자유로웠다는 점에서 더더욱 그러했다. 바울의 빌립보서에 보면 천국 시민권을 자랑하는 장면이 나오는데, 이것은 빌립보의 로마 시민권 자랑에 대한 수사학적 대응이었을 것이다. 빌립보서 1:27-30과 3:20-21은 바울의 천국 시민권 신학의 대강을 잘 요약하고 있다.

여러분이 오직 그리스도의 복음에 합당하게 사회생활을 하십시오. 여러분들을 직접 얼굴로 보나 멀리서 여러분들에 대한 소식들을 내가 들을 때 여러분이 복음에 충실하기 위해 함께 분투하며 한 영과 한마음으로 굳게 서 있으며 대적하는 자들에 의하여 조금도 기죽지 않고 있다는 말을 들을 수 있도록. 여러분들을 대적하는 이것은 복음의 대적자들에게 멸망의 증거요 여러분들에게는 하나님에 의한 구원의 증거가 될 것

> 입니다. 이것(구원)은 하나님께로부터 온 것입니다. 여러분들이 그리스도를 믿을 뿐만 아니라 그를 위하여 고난을 받는 것은 그리스도를 위하여 여러분들에게 허락된 것이기 때문입니다. 왜냐하면 여러분들도 내 속에서 보았고 지금 나에게서 듣고 있는 그 동일한 고난을 겪고 있기 때문입니다.빌 1:27-30, 저자 사역

> 그러나 우리의 시민권은 하늘에 있는지라. 거기로부터 구원하는 자 곧 주 예수 그리스도를 기다리노니 그는 만물을 자기에게 복종하게 하실 수 있는 자의 역사로 우리의 낮은 몸을 자기 영광의 몸의 형체와 같이 변하게 하시리라.빌 3:20-21

이 두 단락이 보여주듯이 빌립보서의 핵심 주제는 천국 시민권자의 특권과 미덕이다. 바울은 여기서 로마의 식민지 지위에 자부심을 느끼는 빌립보 사람들에게 천국 시민권자로서의 자부심을 내세운다. 그는 천국 시민권자다운 고귀한 기품과 인격, 소망과 삶의 지향점을 강조한다. 빌립보서 1:27의 헬라어 본문[1]을 토대로 저자가 사역한 것, 곧 "오로지 복음에 합당하게 사회생활 하십시오"는 "모논 엑시오스 투 유앙겔리우 투 크리스투 폴리튜에스데"(Μόνον ἀξίως τοῦ εὐαγγελίου τοῦ Χριστοῦ πολιτεύεσθε)를 번역한 것이다. 이 소절의 주동사인 "사회생활 하다"는 도시를 의미하는 "폴리스"(πολις)에서 파생된 동사 "폴리튜오마이"(πολιτευομαι)의 2인칭 남성복수 명령형 "폴리튜에스데"(πολιτεύεσθε)로서, 특정 도시에 속한 "시민답게 사회생활하다"를 의미한다.

빌립보 시민들이 로마의 식민지 도시민답게 행동하듯이, 그리스도인들도 그리스도의 복음(하나님 나라)에 속한 시민답게 공공연하게 살아야 한다는 뜻이다. 결국 바울은 빌립보서 1:27-30에서 그리

스도인이 복음적 삶을 살지 못하면, 곧 자신이 천국 시민권자임을 확실하게 공포하지 않으면, 복음의 능력을 맛볼 기회도 적고, 오히려 세상 세력에 의해 기가 죽게 된다는 사실을 강조하고 있다. 복음에 합당한 삶이란 복음에 의해 해방된 사람의 품격과 자유로운 섬김의 삶을 가리킨다. 다른 사람의 종이 될 만큼 자유롭게 된 삶이 바로 복음에 합당한 삶이다.

또한 데살로니가후서 1:5에 따르면 복음에 합당한 삶이란 천국을 향유하기 위해 이 세상의 정욕과 매력으로부터 단절되는 고통과 대가를 치르는 삶을 뜻한다. 이것이 바로 복음을 누리기 위한 고난이다. 마치 예수와 사도들이 동족 유대인들에게 박해를 받듯이 데살로니가 교인, 빌립보 교인들은 그들이 속한 혈육 공동체로부터 단절되고 배척받는 고난을 겪어야 한다는 것이다. 복음을 누리기 위한 고난은 우리 신자가 하나님 나라에 들어가기에 적합한 자격을 가지고 있음을 증명하는 과정이다. 데살로니가후서 1:11에 따르면 성도의 고난은 우리 하나님이 성도를 천국 시민권자로서의 부르심에 합당한 자로 여기시는 생생한 증표다. 환난을 통해 우리의 신앙 순도가 검증된다.[2] 빌립보에서 바울 일행은 천국 시민권자로서의 합당한 고난을 겪게 될 것이다.

여하튼 바울 일행은 이런 외적인 자부심이 넘치는 도성에서 며칠을 머물며,[12절] 천국 시민권과 지상 시민권의 자랑이 충돌하는 현장을 직접 목격하게 된다. 유대인 회당을 발견하지 못한 바울 일행은 안식일에 기도할 곳을 찾으러 성문 밖 강가에 나갔다가 거기 모여 있던 일단의 여자들을 만나 복음을 전파했다.[13절] 거기서 두아디라Thyatira 출신 자색 옷감 장사인 루디아를 만나는데 그녀는 하나님을 섬기는 자였다. 하나님은 루디아에게 바울의 복음을 경청하게 하셨다가 그 마음을 열어 바울의 말을 따르게 하셨다.[14절] 곧 그와 그 집이 다 세례를 받고 자신의 가정을 빌립보 선교의 전진기지로 내놓았다. 루디아는 바울 선교단을 향해 "만일 나를 주 믿는 자로 알거든 내 집에 들어와 유하라"고 강권하여 그녀의 가정에 머물게 했다.[15절] 이 사건은 하나님께서 친히 당신의 교회를 개척해 가심을 입증하는 사례다. 우연으로 보이는 강가의 복음 전파 가운데 "루디아"라는 자주 장사를 만났고, 이 만남은 빌립보, 더 나아가 유럽 선교의 한 초석이 되었다. 여인들의 기도처였던 강가에서 예기치 않게 신실한 동역자를 얻은 것이다. 이처럼 성령의 역사는 종종 예기치 않은 방식으로 일어난다. 그러나 실상은 어떤 형태로든 필연적인 섭리의 개입이 없는 우연은 없다. 이 만남은 하나님의 세계 선교 스케줄 속에서 한 치의 오차 없이 계획되어 일어난 일일 뿐이다. 사도 바울은 자신의 가정을 빌립보 선교를 위해 내놓았던 루디아를 무리 중에서 구별하여 더욱 심도 있는 복음의 교제로 초청했다. 마치 바울의 드로아 환상 중에서 애타게 호소하던 마게도냐인처럼 루디아와 그 가정의 심령은 오랜 가뭄으로 갈라진 황무지 같은 상태에서 바울을 통해 선포되는 복음을 영접했다. 이러한 가운데 바울의 메시지는 단비처럼 흡수되었다.[사 55:8-11] 이 놀라운 복음의 흡수력! 이것이 앞으로 펼쳐질 유럽 선교 여행의 은혜로운 드라마에서 반복되는 주제다. 1세기의 유럽은 영적 가뭄으로 갈라진 영적 황무지 그 자체였다. 유럽인의 가슴을 적실 정신적 거인이나, 고매한 철학, 종교, 윤리 그 어떤 것도 없었다. 세계를 제패한 로마제국의 물질주의, 향락, 세속주의만이 만연해 있었다. 유럽의 영혼들은 하나님의 초월적인 구원 메시지를 갈구하고 있었다. 온 유럽의 영적 기갈이 루디아의 간청에 잘 표현되어 있다. "내 집에 들어와 유하라."

빌립보 선교를 시작으로 복음은 유럽으로 퍼지기 시작했다. 오늘 온 세계는 참다운 예수 그리스도의 구원 메시지를 목말라 하고 있다. 우리는 "내 집에 들어와 유하라"고 애타게 소리치는 온 세계의, 땅끝에 선 영혼들의 절규를 들어야 한다. 복음 전도자는 언제 어디서나, 때를 얻든지 못 얻든지 복음을 전파할 준비 태세를 갖춰야 한다. 그의 입은 복음의 능력과 비밀로 가득 차 있어야 한다. 골 1:25-28; 4:3-4 그럴 때 복음 전도자는 복음의 메시지를 흡수할 루디아 같은 영혼을 만나게 된다. 이 만남은 하나님의 초월적인 영적 감응이 주도하는 만남이다. 마광磨光한 화살처럼사 49:2 잘 준비된 복음 전도자는 루디아처럼 때가 찬 영혼과의 만남을 선사받을 것이다. 루디아같이 예비된 영혼은 단지 그 자신이 구원받는 백성이 됨을 넘어서 자기 가정을 하나님 나라 운동의 전진기지로 바치는 헌신의 사람으로 성장한다. 바울 일행은 루디아의 집을 거점 삼아 빌립보 시민들의 마음에 복음을 전파했다.

2. 주 예수를 믿으라 • 16-40절

16우리가 기도하는 곳에 가다가 점치는 귀신 들린 여종 하나를 만나니 점으로 그 주인들에게 큰 이익을 주는 자라. 17그가 바울과 우리를 따라와 소리 질러 이르되 이 사람들은 지극히 높은 하나님의 종으로서 구원의 길을 너희에게 전하는 자라 하며 18이같이 여러 날을 하는지라 바울이 심히 괴로워하여 돌이켜 그 귀신에게 이르되 예수 그리스도의 이름으로 내가 네게 명하노니 그에게서 나오라 하니 귀신이 즉시 나오니라. 19여종의 주인들은 자기 수익의 소망이 끊어진 것을 보고 바울과 실라를 붙잡아 장터로 관리들에게 끌어갔다가 20상관들 앞에 데리고 가서 말하되 이 사람들이 유대인인데 우리 성을 심히 요란하게 하여 21로마 사람인 우리가 받지도 못하고 행하지도 못할 풍속을 전한다 하거늘 22무리가 일제히 일어나 고발하니 상관들이 옷을 찢어 벗기고 매로 치라 하여 23많이 친 후에 옥에 가두고 간수에게 명하여 든든히 지키라 하니 24그가 이러한 명령을 받아 그들을 깊은 옥에 가두고 그 발을 차꼬에 든든히 채웠

더니 25한밤중에 바울과 실라가 기도하고 하나님을 찬송하매 죄수들이 듣더라. 26이
에 갑자기 큰 지진이 나서 옥터가 움직이고 문이 곧 다 열리며 모든 사람의 매인 것
이 다 벗어진지라. 27간수가 자다가 깨어 옥문들이 열린 것을 보고 죄수들이 도망한
줄 생각하고 칼을 빼어 자결하려 하거늘 28바울이 크게 소리 질러 이르되 네 몸을 상
하지 말라 우리가 다 여기 있노라 하니 29간수가 등불을 달라고 하며 뛰어 들어가 무
서워 떨며 바울과 실라 앞에 엎드리고 30그들을 데리고 나가 이르되 선생들이여, 내
가 어떻게 하여야 구원을 받으리이까 하거늘 31이르되 주 예수를 믿으라 그리하면 너
와 네 집이 구원을 받으리라 하고 32주의 말씀을 그 사람과 그 집에 있는 모든 사람
에게 전하더라. 33그 밤 그 시각에 간수가 그들을 데려다가 그 맞은 자리를 씻어 주고
자기와 그 온 가족이 다 세례를 받은 후 34그들을 데리고 자기 집에 올라가서 음식을
차려 주고 그와 온 집안이 하나님을 믿으므로 크게 기뻐하니라. 35날이 새매 상관들
이 부하를 보내어 이 사람들을 놓으라 하니 36간수가 그 말대로 바울에게 말하되 상
관들이 사람을 보내어 너희를 놓으라 하였으니 이제는 나가서 평안히 가라 하거늘 37
바울이 이르되 로마 사람인 우리를 죄도 정하지 아니하고 공중 앞에서 때리고 옥에
가두었다가 이제는 가만히 내보내고자 하느냐 아니라, 그들이 친히 와서 우리를 데
리고 나가야 하리라 한 대 38부하들이 이 말을 상관들에게 보고하니 그들이 로마 사
람이라 하는 말을 듣고 두려워하여 39와서 권하여 데리고 나가 그 성에서 떠나기를
청하니 40두 사람이 옥에서 나와 루디아의 집에 들어가서 형제들을 만나보고 위로하
고 가니라.

주석

사도 바울의 일생에서 결정적인 사건은 나사렛 예수 추종자들을 진멸하려고 다메섹으로 가다가 다메섹 도상에서 주 예수 그리스도와 충돌한 사건이다. 그 이전까지 청년 사울을 지배하던 나사렛 예수관觀은 모세의 율법과 성전을 훼방하고 자신을 하나님의 친아들이라고 참칭하다가 하나님께 저주받아 죽은 죄인[신 21:23; 갈 3:13]으로서의

예수였다. 이런 이해 때문에 청년 사울은 나사렛 예수를 다른 신을 섬기자고 꼬드긴 거짓 예언자로 규정했다. 신명기에 따르면 다른 신을 섬기자며 이웃을 유혹하여 배교를 사주한 자는 돌로 쳐죽이는 극형을 받았다.[신 13:1-11] 사도행전 8장에서 스데반을 돌로 쳐죽인 이유는 바로 이 신명기 이단자 처벌 규정 때문이었다.[신 13:10] 이것이 바로 다메섹 이전의 청년 사울이 나사렛 예수를 육체대로 알던 시절의 예수 이해였다[고후 5:16]

그런데 다메섹 도상에서 그에게 나타난 예수는 하나님 영광의 우편 보좌를 차지한 주와 그리스도가 되어 있었다. 십자가에 달려 처참하게 못 박혀 죽은 예수가 부활하여 하나님 우편 보좌에 앉아 주와 그리스도로 등극했던 것이다.[행 2:36; 9:3-5] 청년 사울에게 나타난 부활한 예수는 그의 바리새파적 확신을 송두리째 부서뜨렸기 때문에 그는 나사렛 예수를 새롭게 규정하고 이해하지 않으면 안 되었다. 그에게 부활한 나사렛 예수는 자신의 죄 때문에 저주를 받은 것이 아니라, 이스라엘의 죄, 더 나아가 온 인류의 죄를 대신해 저주를 받았던 것이다. 십자가에 달려 죽었던 그가 부활해 하나님 우편 보좌로 승천하신 사건은 부활한 예수가 교회와 세계를 다스리는 왕되심을 결정적으로 증명하는 사건이었다. 예수를 주로 고백하기 전에도 바울은 바리새인으로 부활과 영생을 믿었다. 그는 특히 마지막 날 만인의 부활을 믿었다. 이 신학에 따르면 예수의 부활은 바리새인 바울에게 인류 역사의 종착지인 마지막 날이 도래한 것을 의미했다. 그래서 다메섹 도상에서 부활 그리스도를 만난 바울은, 예수 그리스도의 부활이 인간 역사를 시작하신 하나님의 목적[텔로스(τέλος)]이 성취된 사건임을 깨달았다.

종말은 단지 역사와 시간의 끝이 아니라 하나님의 목적이 이루어지는 시점을 가리킨다. 요엘 2:28-32[히브리 성경 3:1-4]에 따르면 성령이 만민에게 부어지는 사건이 곧 종말이 도래한 증거다. 결국 예수는 자신의 부활과 승천을 통해서 그리고 더 나아가 하나님 우편 보좌에 앉아 또 다른 보혜사 성령을 보내주심으로 인류 역사의 종말이 도래했음을 널리 선포하셨다. 부활하셔서 하나님 우편 보좌에 앉으신 예수께서 성령을 보내주신 사건요 14:26; 15:26; 16:7; 행 2:32-36은 하나님이 아브라함 후손을 선민으로 택하신 그 목적의 총괄적 성취 사건이었다. 하나님 우편 보좌에 앉은 그리스도가 성령을 보내주신 것은 그리스도 예수가 왕의 다스림을 시작하셨음을 의미하며, 다른 말로 하면 그리스도가 만왕의 왕, 만주의 주가 되셨기 때문에 우리에게 성령을 파송하셨다는 것이다.[3]

이런 일련의 사건은 우리 밖에서 일어난 객관적이며 우주적인 사건이다. 이 객관적 사건을 우리 마음속에 일어난 주관적 사건으로 만들어 주는 것이 바로 성령의 사역이다. 따라서 부활하신 예수 그리스도가 보내신 성령의 내적 증거를 힘입지 않고는 부활하신 그리스도의 왕적 통치를 경험하지 못할 뿐 아니라 확신할 수도 없다. 성령의 인도와 충만한 감동 속에 살 때에만 우리는 그리스도의 세계 통치를 현실로 느낄 수 있다. 예수의 부활과 승천 그리고 성령을 보내심은 당신의 나라를 가득 채울 백성들을 끌어모으시는 왕적 통치의 시작이다. 그럼 누가 하나님 나라를 채울 하나님의 친親백성이 되는가? 예수를 주라고 고백하는 사람들이 구원받은 하나님 백성이다. 예수를 주라고 고백하는 것은 예수의 주권적인 다스림 아래 살겠다는 고백이다. 따라서 나사렛 예수를 주主라고 고백하는 순간 예수께서 보내신 성령에 의해 우리 양심은 조명되며 추동되고, 그 결과 우리의 전 존재가 예수의 다스림 아래로 조금씩 복속되어 간다. 예수의 다스림을 받는 인격 안에는 기쁨, 평강, 사랑, 희망, 온유 등 성령의 열매가 맺힌다.갈 5:22-23

바울의 핵심 메시지는 예수가 바로 하나님 우편 보좌에 앉아서 세상을 다스리시는 주라는 선언이다. 예수의 부활과 그의 우주적인 왕권은 빌립보서 2:6-11에 잘 기록되어 있다. 자기를 십자가의 굴욕적 죽음의 자리까지 내주어 죽기까지 하나님께 복종한 예수를 하나님께서 높이신 것이다. "예수는 주"라고 고백하는 것은, 로마 황제 외에는 주라는 칭호를 가질 수 없다고 규정한 로마 황제의 통치 근간을 뒤흔드는 행동이었다. 이 고백은 다른 거짓 주들의 자리를 위협하는 정치적 대항 주장이었다. 심지어 예수를 주라고 고백하는 로마제국의 그리스도인 병사들이 전쟁을 거부하자 로마제국의 군사력이 현저하게 쇠락하기도 했다. 로마 병사들이 로마제국의 황제 대신 나사렛 예수를 주라고 고백했더니 로마제국의 전쟁 에너지가 급격하게 감소한 것이다. 예수를 주라고 고백하는 사람들이 많아질수록 자신을 주라고 주장하며 사람들에게 절과 경배를 요구하는 거짓 주들은 힘을 잃게 된다.

주기철 목사와 본회퍼Dietrich Bonhoeffer에게 일본 천황과 히틀러는 각각 거짓 주에 불과했다. 그래서 그들은 주 예수 그리스도의 이름으로 거짓 주들의 명령과 위협에 저항할 수 있었던 것이다. 참 주가 나타나면 거짓 주들은 영락零落하게 된다. 모든 거짓 주들이 사라지고 오로지 예수 그리스도의 겸손과 사랑과 자기희생의 정신이 지배하는 하나님 나라가 완성된다.

이 단락은 예수를 주라고 고백하는 그리스도인의 신앙고백이, 악령의 힘에 의해 유지되는 사특한 이익 창출의 구조인 점点과 마술의 세계를 어떻게 와해시키는지, 또한 인간의 자유를 억압함으로써 유지되는 로마제국의 기초를 어떻게 약화시키는지를 잘 보여준다. 특히 16-19절은 예수 그리스도가 주시라는 선포 앞에 악령의 지배가 얼마나 무기력하게 분쇄되는지를 보여준다. 빌립보는 로마 황제의 직할 식민지로서 로마 황제의 주권에 충성스럽게 복종하는 도시였다. 바울 일행은 기도하는 곳으로 가다가 점치는 귀신들린 여종 하나를 만났는데, 그녀는 자신을 고용하고 지배하는 주인들에게 점치는 사업으로 큰 이익을 남겨 주는 "영매"靈媒였다.16절 그녀는 여러 날 동안 그들을 따라다니며 "이 사람들은 지극히 높은 하나님의 종으로서 구원의 길을 너희에게 전하는 자"라고 소리쳤다.17절

이 말 자체는 틀린 말이 아니다. 다만 귀신들린 영매의 입에서 나온 말이므로 그 진정성이 훼손되고 의심될 뿐이다. 여종의 소리치는 아우성은 바울의 복음 전파를 희화화하는 대항 행동이었던 것이다. 이렇게 귀신들린 여종이 계속해서 바울 일행을 방해하자 심히 괴로워하던 바울은 돌이켜 그 귀신에게 "예수 그리스도의 이름으로 내가 네게 명하노니 그에게서 나오라"고 명령했다. 그랬더니 귀신이 즉시 그 여종으로부터 빠져나갔다.18절 이에 여종의 주인들이 자기 수익의 소망이 끊어진 것을 보고 바울과 실라를 붙잡아 장터로 끌어갔다가 관가에 넘기는 사태가 벌어졌다.19절 여기서 우리는 어둠의 세상 주권자들과 공중 권세 잡은 악령의 활동이 얼마나 복음 전파 활동을 희화화하며 저항하는지를 본다. 악령과 우상에게 절하는 대가로 막대한 경제적 이익을 누리던 어둠의 권세들이 바울의 영적 공세에 반항하기 시작한 것이다. 하나님을 떠난 인간의 영혼은 주인 없는 집과 같다.눅 11:21-26 인간의 영혼은 하나님이 거주하셔야 할 집이다. 그런데 빌립보의 귀신들린 여종의 영혼은 하나님 대신 악령에 장악되었다. 그 여종의 인격 대신에 악령이 여종의 몸을 지배하는 주인 행세를 하고 있었다. 이때 "더 강한 자이신 예수께서" 바울을 통해 사탄을 이겨서 그의 무장을 해제시켜 버렸다.막 3:27; 눅 11:22 주 예수의 이름 권세가 귀신들린 영혼을 해방시켰다. 예수의 이름이 마술적인 힘 이상의 권능을 드러낸 것이다. 그 결과 귀신에

게 시달리던 여종은 해방과 구원을 맛보았다. 주 예수의 이름이 이런 권능을 발휘한다는 것은 예수께서 하나님 보좌 우편에 앉으셨음을 결정적으로 증명하는 사건이다.[16-18절]

한 가련한 소녀의 영혼을 장악해 지배하던 악령은 예수 이름의 권세에 굴복하여 추방되었다. 하지만 사도 바울이 예수의 주 되심을 선포하는 현장에 저항하는 또 다른 세력이 나타났다. 귀신들린 소녀가 낫자 그 결과 점술업자들의 사업은 파산했고 그녀를 이용해 큰돈을 벌던 사업가들이 바울과 실라를 사회질서 파괴와 로마 미풍양속 훼방죄로 고소했다. 바울과 실라는 즉시 감옥에 갇혔다. 한 귀신들린 여종에게 강요된 억압과 고통을 담보로 큰 이익을 향유하던 기득권 세력이 예수 이름의 권세에 필사적으로 반기를 들고 일어난 것이다. 그들의 저항은 제법 체계적이고 조직적이었다. 첫째, 그들은 공권력에 호소했다.[20절] 상관들 앞에 데리고 가서 "이 사람들이 유대인인데 우리 성을 심히 요란하게 합니다"라고 말했다. "심히 요란하게 한다"(ἐκταράσσουσιν)라는 표현은 빌립보 도시 전체의 사회질서를 깨뜨릴 정도로 급격한 변동을 초래한다는 뜻이다. 빌립보 관리들에게 사회 질서를 소란하게 한 자들은 즉시 공권력을 발동해 제압해야 할 불순한 침입자들로 보인다. 이처럼 하나님 나라 복음은 로마제국의 가치와 세상의 악령에 지배당하는 도시에서는 항상 체제 전복적인 권능을 유감없이 드러낸다. 사회 질서 유지라는 명분을 내세운 국가 공무원들이 대중들의 고발을 받아 바울 일행을 제지하려 나선다. 공권력은 말 100마리가 끄는 마차 같아서 누가 끄느냐에 따라서 파괴적일 수도 있고 생산적일 수도 있다. 그 100마리의 수레 위에 살인마와 정복자를 태울 수도 있고, 의의 사령관을 태울 수도 있다. 지상 권력은 부단하게 스스로 깨어 있지 않으면 의의 병기가 되기보다는 불의의 병기가 되기 쉽다.

다음으로 복음의 대적자들은 권력 기관에 고소함과 아울러 바울과 실라에 대한 지역 감정적 증오심, 대중적 편견과 적개심을 조장하는 문화 충돌론을 퍼뜨렸다.[21절] "로마 사람인 우리가 받지도 못하고 행하지도 못할 풍속을 전합니다."[21절] 로마 시민권자들의 가치관과 삶의 양식은 각 도성을 지키는 수호신들에 대한 충성심을 중심으로 형성되었다. 바울이 전하는 주 예수의 복음은 확실히 빌립보 시민들이 듣기에는 외래적인 문화 침략처럼 보일 수 있었다. 그들의 저항 또한 이해할 만하다. 이 저항으로 인한 복음 사역자들의 고난은 불가피하다.

하나님 나라에 들어가려면 많은 고난을 겪어야 하는데[행 14:22] 그 이유는 당시의 모든 그레코-로만 문명 도시들에는 이미 다신교 만신전[萬神殿]에 등록된 신들이 사람들의 마음, 사회생활, 그리고 가치관을 지배하고 있었기 때문이다. 하나님 나라 복음은 이 신들의 세계를 전복하고 대체하려고 하는 해방적 공격이었기에, 하나님 나라 복음 사역자들은 온몸으로 고난을 겪어야 한다. 이처럼 하나님 나라는 그 증인들의 총체적 고난 속에서 그 통치권을 심도 있게 확장해 간다. 그 나라를 위해 고난을 감수하는 증인들은 악령의 통치를 받는 요란케 하고 뒤집어 결국은 그 도시를 그리스도 복음의 전진 기지로 접수해 버리는 것이다. 하나님 나라는 악령 들린 여종을 경제적 이익의 재료로 간주하는 모든 탐욕적이고 악마적인 이윤 추구 체제를 뒤집어엎는다. 인간을 이윤과 경제적 실리의 수단으로 간주하는 악령 들린 도시에서 기독교는 성령에 의한 인간 해방과 복음 운동에 투신하다가 감옥에까지 갈 수도 있는 것이다.

22절에 따르면 선동에 약한 군중의 활약이 바울의 고난을 더욱 심화시켰다. 그들은 이유도 알지 못하면서 바울 일행과 기독교 복음에 적대적인 반응을 보였다. 이 무리의 고발에 순응적이고 비양심적이며 무책임한 공무원들이 항복했다. 그들은 바울과 실라의 옷을 찢어 벗기고 매로 치라고 명했다. 그들을 많이 때린 후에 옥에 가두고 간수에게 든든히 지키라고 명령했다. 빌립보 감옥의 간수는 그들을 깊은 옥에 가두고 그 발을 차꼬에 든든히 채웠다.[24절] 이처럼 악령, 권력, 대중들의 인종적 편견, 그리고 지역감정의 전면적 압박 속에서 사도 바울과 실라의 몸은 상했다. 그들의 육신은 지하 감옥에 집어던져졌고, 손발은 차가운 쇠사슬에 꽁꽁 묶였다. 그러나 하나님 나라와 그 생명력인 복음은 쇠사슬에 매이지 않았다. 육신이 매일 때 복음은 더욱 살아 역사했다.[빌 1:12-14]

한밤중에 일어난 놀라운 신적 간섭으로 바울과 실라, 그리고 그들을 결박한 로마의 공무원은 주 예수 이름의 권세를 또 한번 실감했다. 바울과 실라가 한밤중에 하나님께 기도하고 하나님을 찬송할 때 죄수들이 그들의 기도와 찬송 소리를 듣고 있었다.[25절] 아마도 감옥이 갑자기 영적으로 평정되는 기분이었을 것이다. 바울과 실라의 찬송과 기도는 하나님 나라 복음의 속박력이 로마제국 감옥의 속박력보다 더 강한 것으로 확신했기에 가능한 영적 생명력의 시위였다.[빌 1:13] 바울과 실라의 기도와 찬송은 하나님 나라 군대가 로마제국의 국가 형벌 소추권과 공권력의 상징인 감옥을 향해 복된 공격을 개시하도록 군호[軍號]를 보내는 행동이었다. 밤중에 두 사람이 기도하고 찬송하는 도중에 그들을 결박했던 쇠사슬이 풀리고 감옥 문터가 진동하더니 옥문이 활짝 열려 버렸기 때문이다.[26절] 감옥은 감시와 처벌로 시민들을 지배하는 국가 권능의 상징이다.[4] 로마제국의 감옥은 로마제국의 척추이다. 그런데 하나님이 로마제국의 감옥 문을 열어버려 로마제국의 통치 권능 자체를 무효화 하신다.

이처럼 "하나님 나라"의 역동적 침투를 저지하려는 로마제국의 감옥은 무너지고 무력해졌다. 이 세계 제국의 권력은 하나님 나라의 부활 권능을 압도할 수 없었다. 빌립보의 권력자들은 시민들의 일방적인 고소에 못 이겨 무고한 바울과 실라를 매질하고 투옥했으나, 하나님은 이들을 전격적으로 석방하셨다. 로마제국의 지하 감옥이 아무리 견고하고 깊어도, 그 감옥터는 하나님 말씀 한마디에 와르르 무너져 버린 것이다.

빌립보 감옥 간수는 자다가 깨어 옥문이 열린 것을 보고 죄수들이 도망한 줄로 알고 자살하려고 했다.[27절] 로마제국의 국가 지상주의 이데올로기가 하급 관리의 영혼을 얼마나 짓눌렀는지 절감할 수 있다. 거짓된 주 가이사와 로마제국을 섬기던 이 빌립보 감옥 간수는 그 "주"의 명령을 수행하지 못해 받을 형벌이 무서워 자결하려고 했다. 그때 바울이 달려가 소리치며 제지했다. "네 몸을 상하지 말라. 우리가 다 여기 있노라."[28절] 이 무서운 광경을 본 간수는 등불을 들고 바울과 실라 앞으로 뛰어 들어가 그들 앞에 부복했다.[29절] 바울과 실라는 로마제국의 대안으로 주 예수를 전했다. 하나님의 개입으로 옥문이 열리는 사태 앞에 심히 당황해하던 간수는, 바울과 실라를 감옥 밖으로 데리고 나가 "선생들이여, 내가 어떻게 하여야 구원을 받으리이까"라고 절규하며 물었다. 바로 이때 바울은 "주 예수를 믿으라. 그리하면 너와 네 집이 구원을 받으리라"고 선포했다.[31절]

나사렛 예수의 중심 메시지인 하나님 나라 복음은 여기서는 "주 예수를 믿으라"는 복음으로 표현된다. 예수 그리스도의 순종을 통해 구축되었던 하나님 나라는 예수 그리스도의 주 되심을 인정하는 사람들 가운데 그 강력한 생명력을 발산한다. 하나님 아버지는 주 예수 그리스도가 사탄과 마지막 원수인 사망을 멸할 때까지는 당신의 우편 보좌에 앉아 교회와 세상을 통치하게 하신다. 그리스도가 모든 통치, 모든 권세와 능력을 멸할 때까지, 곧 마지막 원수 사망을 멸한 후에 나라를 하나님께 바칠 때까지[고전 15:24-26] 그리스도의 하나님 우편 보좌 통치가 계속된다.마 28:18-19; 히 1:3, 13 하나님 아버지께 세계통치 대권을 바치기 전까지 하나님 나라는 "주 예수 그리스도의 나라"로 존재하고 활동한다. 하나님 나라는 예수 그리스도께서 왕적인 지도력을 얻어 통치권을 행사하는 나라다.빌 2:6-11

따라서 "주 예수 그리스도"를 선포하는 것과 "하나님 나라"를 선포하는 것은 동일하다. 하나님은 근본 하나님의 본체시나 첫 사람 아담과는 달리 하나님과 동등됨을 강탈하려창 3:5-6 하지 않고 오히려 자기를 비워 사람의 모양으로 나타나시고 종의 형체를 덧입은 나사렛 예수를 주와 그리스도로 세우셨다.행 2:22-36 주 예수 그리스도가 하나님의 다스림을 온전히 대표하고 구현하신 버금 왕이 되신 것이다. 예수 그리스도는 모든 원수를 발등상 삼을 때까지 하나님 우편 보좌에서 하나님 아버지의 다스림을 대행하고 구현한 후 마침내 그리스도의 나라를 아버지께 바칠 것이다.고전 15:24-25 그래서 "주 예수 그리스도를 믿으라"는 바울의 메시지와 "하나님 나라가 가까이 왔으니 회개하고 복음을 믿으라"막 1:15는 예수의 메시지는 근본적으로 동일한 메시지다. 예수 그리스도의 왕 되심과 주 되심을 인정하고 영접하는 것이 하나님의 다스림을 받아들이는 행위이기 때문이다. 주 예수를 믿고 영접하는 것이 바로 하나님의 다스림 안에, 곧 하나님 나라에 들어가는 행위인 것이다.

바울은 "주 예수를 믿으라"는 복음을 선포한 후 그 영적 기세를 몰아 주의 말씀을 그 사람과 그 집에 있는 모든 사람에게 전했다.32절 그 결정적인 밤 그 시각에 빌립보 간수는 즉시 자신에게 닥친 환난의 중심에 주 예수가 있음을 확신한 후, 바울과 실라를 데려다가 그들의 맞은 자리를 씻어 주었으며, 간수와 그 온 가족이 바울과 실라에게 세례를 받았다.33절 그 후 간수는 바울과 실라를 데리고 자기 집에 올라가서 음식을 차려 주었다. 그 결과 그와 온 집안이 하나님

을 믿으므로 크게 기뻐했다.[34절]

34절의 헬라어 원문은 두 개의 분사형 동사가 밖을 싸고 그 안에 두 개의 정동사가 있다. 직역하면, "그가 그들을 집으로 '데리고 가서'[아나가곤(ἀναγαγών), 분사형] 한 음식상을 '차려 주었다.'[파레데켄(παρέθηκεν), 부정과거] 그리고 그가 모든 가속과 함께 '기뻐했다.'[에갈리아사토(ἠγαλλιάσατο), 부정과거] 하나님을 '믿으면서'[페피스튜코스(πεπιστευκὼς), 분사]." 이 절은 음식상을 사이에 두고 모든 사람이 기뻐하는 장면을 강조함으로써 빌립보 간수의 가정에 엄청난 구원의 진수성찬이 베풀어졌음을 보여준다. 하나님께서 원수의 목전에서 바울과 실라에게 진수성찬을 베풀어 주신 것이다. 간수와 그의 가정은 하나님의 구원이 주는 큰 환희와 안도에 사로잡힌 채 하나님 나라의 잔치에 초청받은 것이다. 두려움 대신 희열이 그와 그의 가정을 지배하였다. 간수는 더 이상 로마 황제 가이사의 영令에 따라 죽고 사는 존재가 아니라, 예수 그리스도의 명령에 따라 사는 천국 시민이 된 것이다.

이처럼 로마 황제의 명령을 어긴 죄로 벌 받을 것을 두려워하여 죽으려고 한 하급 공무원을 살려낸 구원자는 "다른 임금" 주 예수 그리스도였다. 우리가 하나님이 아닌 다른 거짓된 권력이나 집단을 주로 섬기면 두려움과 죽음의 권세에 짓눌려 살 수밖에 없다. 주 예수 그리스도의 나라에 소속되지 않는다면 우리는 빌립보 감옥의 간수처럼 명령 불이행시 죽음을 강요하는 거짓된 주 밑에서 살아갈 수밖에 없다. 주 예수 그리스도의 복음을 믿고 예수의 다스림 안에 복속되지 않는 인생은 어둠에 사로잡혀 사는 것이다. 참다운 주는 억압과 죽음을 강요하는 자가 아니라, 억압과 죽음으로부터 우리를 구원하시는 분이다. 이 세상에서 권력, 학문, 돈, 직장 등을 주인으로 모시고 사는 자의 삶은 억압과 불안 그 자체다. 그러나 부활 예수, 하나님의 아들을 주로 영접하는 자에게는 기쁨과 평강이 충만히 넘치고, 이 넘치는 기쁨과 평강은 온 가족을 구원하기까지 넉넉히 흘러간다. 로마제국의 한 하급 관리가 그의 영혼을 지배하던 억압적 주 가이사 대신에 부활의 생명과 섬김의 주主 예수를 그 가정과 그 영혼에 영접했을 때 하나님 나라가 그 가정을 뒤덮은 것이다. "주 예수를 믿으라"는 초청은 한 세계가 와르르 무너져 내리는 위기를 맞은 사람에게 가슴에 와 닿는 초청이다. 빌립보 교회의 창립 일꾼이 된 간수는 이처럼 거짓된 주가 다스리는 세계에서 파산과 대실패를 맛본 후 주 예수 그리스도를 영접한 것이다.

다음 날 날이 새자 상관들이 부하를 보내어 바울과 실라를 석방하라고 명령했다.[35절] 간수가 상관들의 명대로 바울에게 "상관들이 사람을 보내어 당신들을 놓으라 하였으니 이제는 나가서 평안히 가십시오"라고 말했다.[36절] 사도 바울을 부당하게 때리고 구금했던 로마제국 관리들은 옥문이 열리고 차꼬가 벗겨졌다는 사실을 듣고 두려움에 떨었을 것이다. 빌립보 감옥의 관리들은 하급 관리를 보내어 "이 사람들을 놓으라"고 다급하게 재촉했을 것이다. "이 사람들을 놓으라!" 이것은 로마제국이 복음의 일꾼들을 결국 감당하지 못하고 내뱉은 패배와 항복선언이다.

하지만 바울은 자신들에게 가해진 부당한 형벌에 대해 상관들의 사과를 받아낼 심산으로 순순히 석방되려고 하지 않았다. "바울이 이르되 로마 사람인 우리를 죄도 정하지 아니하고 공중 앞에서 때리고 옥에 가두었다가 이제는 가만히 내보내고자 하느냐 아니라 그들이 친히 와서 우리를 데리고 나가야 하리라 한 대."[37절] 로마 시민권자로서 바울은 로마제국이 자랑하는 죄형 법정주의와 같은 초보적인 사법 정의도 지키지 않는 불의한 당국자들을 크게 질책하려고 작정한 것이다. 부하들이 이 말을 상관들에게 보고하니 그들이 바울이 "로마 시민"이라고 하는 말을 듣고 두려워했다.[38절] 그들은 바울에게 와서 위로하며 성 밖으로 데리고 나가 "제발 이 성에서 떠나 달라"고 요청했다. 복음을 받고 니느웨 성처럼 회개해야 할 빌립보 당국은 완악한 성채처럼 복음을 대적하며 복음의 일꾼을 푸대접했다. 마치 데가볼리 지방에서 예수께서 귀신 들린 청년 한 사람을 구원하려다가 돼지 2천 마리가 몰사하는[막 5:1-20] 소동이 일어나자 데가볼리 사람들이 예수를 "소동 일으키는 자"로 보고 추방했듯이, 빌립보 당국은 복음의 사도 바울과 실라를 "소요를 일으키는 자들"로 보고 떠나기를 요청했다. 오늘날에도 복음의 일꾼들은 권력과 돈을 쥔 기득권자들의 눈에는 위험한 소요를 일으키는 자로 보일지도 모른다. 그러나 그 "소요"는 죄악의 도시가 하나님 나라에 의해 해방될 때 일어나는 은혜로운 소요 사태다. 모든 권력 당국자들은 결국 "이 사람들을 놓으라"라고 말할 수밖에 없다. 이에 두 사람은 감옥에서 나와 루디아의 집에 들어가서 형제들을 만나 위로하고 다음 행선지를 행해 떠나갔다.[40절]

메시지

본문은 하나님과 하나님의 백성 사이에 벌어지는 고감도의 영적 감응의 이야기다. 본문은 유럽 선교가 인간적 기획이 아니라, 순전히 하나님의 세계 만민 구원 경륜의 전개인 것을 여실하게 보여준다. 바울은 1차 선교 여행 때 개척하거나 창립한 이방 교회들을 다시 한번 방문하여 굳게 하고자 했으나, 예수의 영은 그것을 허락하지 않으신다. 대신 한 마게도냐 사람이 바울의 환상 중에 나타나서 "어서 건너와서 도와 달라"고 안타깝게 절규한다. 선교는 피선교지의 안타까운 절규를 들을 수 있는 귀를 가진 사람들에게 맡겨진 과업이다. 하나님의 이방 선교 비전(환상)은 종종 우리들 자신이 세운 계획의 포기를 통해 추진된다. 결국 유럽 선교는 하나님의 영과 마게도냐 사람의 간절한 요청이 어우러져 추진되었다. 바울은 그 밤의 환상 후에 지체없이 성령의 지시를 따라 유럽으로 향한다. 드로아에서 배를 타고 사모드라게로 직행하여 이튿날 네압볼리를 거쳐 유럽 첫 도시인 빌립보에 입항한다. 빌립보는 그리스 반도 북쪽 지역인 마게도냐의 으뜸가는 도시, 곧 중심 도시였다. 바울은 기도와 환상 중에 맛본 영적 감응을 현실 속에서 다시 확증받는다. 빌립보에서 영적인 기갈에 빠져 있는 영혼들을 만난 것이다. 바울은 하나님의 열심에 다시 한번 압도된다.

사도행전에서 바울은 아주 구체적으로 성령의 지시를 받는다. 우리는 종종 이런 질문을 제기한다. 왜 우리는 이와 같은 구체적인 하나님의 지시를 경험하지 못하는가? 왜 나는 자주 하나님의 뜻과 평행선의 궤도를 달리기만 하는 것인가? 하나님의 뜻을 식별하는 방법은 무엇인가? 몇 가지 잠정적인 답변을 제시할 수 있다. 무엇보다도, 하나님의 뜻은 마음의 지속적인 소원의 형태로 떠오른다는 점이다.[빌 2:13] 소원의 형태가 나의 의지와 마음을 움직일 때 하나님의 뜻일 수가 있다. 참으로 소원하는 그것이 하나님의 뜻을 성취하는 통로가 될 수 있다. 둘째, 주변 환경이 나의 소원을 이루는 데 도움이 되는지 여부를 살펴보는 것이 중요하다. 환경이 방해하면 바울처럼 자신의 계획을 다시 점검해 볼 수 있어야 하며 다른 환경이 제공되는지도 기다려 봐야 한다. 셋째, 하나님의 뜻과 동일시되는 나의 소원과 관련된 제3자의 실체가 가시권에 포착되는지, 나의 계획이 집행의 초기 단계에서 제3자의 참여로 확증되는지를 살펴보아야 한다. 하나님의 뜻을 지속적으로 신실하게 준행하고 성취하면 반드시 하나님의 역사하심을 경험하게 된다.

빌립보 선교사역은 하나님의 뜻을 지속적으로 신실하게 준행한 사도 바울을 영적으로 감응하신 하나님의 주도적 기획이다. 그것은 유럽의 중심 로마제국의 권력 체계를 복음이 분쇄하고 뒤흔드는 모습을 보여주는 대표적인 사례다. 하지만 하나님 나라는 자기 폐쇄적이고 자율적인 "도시"의 주류 세력들에게 저항을 받는다. 그레코-로만 문명의 도시들은 그 자체로 자기 폐쇄적이고 자율적인 통치체제를 구축하고 있었다. 모든 도시에는 그 도시를 수호한다고 믿어지는 신神 혹은 신들의 신전이 있었으며, 그 신전의 종교 행사들은 도시민 전체의 안녕과 복지를 보증하는 것으로 간주되었다. 그런데 이 폐쇄적이고 자율적인 도시 한복판에서 다른 임금이자 주이신 예수를 도입하고 선포하는 것 자체는 그 도시의 신들에 대한 도전이며, 스스로를 그 신들의 신민臣民이라고 자임하는 시민들의 삶에 대한 도발이었다.

그래서 바울과 실라는 빌립보에서 강력한 하나님의 역사를 맛보면서 오히려 역설적으로 곤경에 빠졌다. 귀신들린 여종을 장악하던 귀신을 축사하여 영적 권능을 과시한 바울과 실라는 영적으로 고양되어 있었을 것이다. 이렇게 고양된 두 사람의 마음을 진정시키기 위해 하나님은 그들로 하여금 빌립보 감옥에서 한밤을 보내게 하신다. 거기서도 바울과 실라의 영적 기세는 꺾이지 않는다. 한밤중까지 찬송을 부르던 바울과 실라에게 하나님의 개입이 시작된다. 하나님께서 지진 같은 기이한 현상을 통해 빌립보 감옥의 문을 여신 것이다. 바울과 실라는 열린 문을 향해 탈출하려다가 빌립보 감옥 간수의 참담한 절망과 정면으로 맞부딪힌다. 빌립보 감옥의 간수는 감옥 문이 열린 것을 보고는 죄수들을 감시하지 못한 자신의 책임 불이행을 괴로워하며 자결하려고 했다. 로마 황제를 주로 모시던 로마 관료제의 말단 공무원은, 자신의 주 로마 황제의 추상같은 명령을 전율적으로 느끼며 준행해야 한다고 느꼈지만 실패했다. 로마 황제의 통치권을 잘못 보좌한 죄를 스스로 뒤집어쓰려는 가련한 간수의 절망적인 자결 시도 장면에 바울과 실라의 눈이 집중된다. “잠깐! 죽지 마십시오. 여기 살길이 있습니다. 우리는 도망치지 않을 것입니다. 당신은 지금 자살할 필요가 없습니다!”

쇠사슬에 매여 있는 죄수의 입에서 터져 나온 이 놀라운 위로는 감옥문이 무너지는 것보다 더 충격적이고 눈을 번쩍 뜨게 하는 사건이었다. 로마제국의 통치권이 붕괴되는 사건이다. 로마제국은 형벌권, 곧 인신 통제 및 처벌권을 통해 제국 질서를 위협하는 자들을 억압해 평화를 누렸다.[5] 그런데 그 제국의 통치 권능이 무너졌다. 빌립보 감옥을 지키는 그 간수의 인생도 함께 무너졌다. “선생이여, 나는 이제 어떻게 살아야 합니까?” 그 자신이 그렇게 경성警醒하며 지키는 옥문도 하나님의 뜻에 의해 저렇게 손쉽게 열린다면, 간수 생활은 파산한 것이나 마찬가지였다. 그래서 그의 질문은 더욱 가슴에 사무친 질문이었다. 바울의 대답은 그의 귓가에 복음으로 타전되었다.

> 당신이 섬기는 주를 바꾸십시오. 그러면 당신뿐만 아니라 당신 온 집안 식구가 다 살 수 있습니다. 로마 황제가 주로 다스리는 영역domain에서 죽으려고 하던 사람, 가이사의 주권 아래서 절망하는 사람은 참 주요, 참 왕이신 예수 안에서 새 생명을 찾을 수 있습니다. 주主를 바꾸면 인생이 달라집니다. 주를 바꾸면 죽을 수밖에 없는 절망의 가장자리가 소망의 입구임을 알게 됩니다. 가이사 아래서의 절망은 예수 안에서 희망이 됩니다.

루디아와 빌립보 간수는 드로아의 밤 환상에서 자신들을 도와 달라고 강청하던 바로 그 영혼들이었던 것이다. 이 얼마나 놀랍고도 정확한 하나님의 영적 감응 체계인가? 필요와 필요 공급자를 연결하는 하나님의 의사 소통망이 잘 작동해 빌립보 교회가 세워졌다. 그들은 거짓된 주를 섬기며 살던 삶에서 풀려나 나사렛 예수를 주라고 고백할 수 있는 은혜를 베풀어 주신 하나님께 얼마나 큰 감사를 드려야 하는가! 우리는 매일의 삶 속에 매 순간 예수를 주라고 고백함으로써 우리가 받은 구원의 감격을 새롭게 깨닫고 심화시킬 수 있다. 만일 우리가 매일 그리스도 예수의 주 되심을 고백하고 순종하지 않는다면, 우리는 우리가 받은 구원의 감격마저 빼앗기지 않을까 두려워해야 한다.

17장.

아레오바고 언덕의 바울: 기독교 변증의 빛과 그림자

17장은 헬라 문명의 중심 도시들, 데살로니가, 베뢰아, 아테네에서 펼쳐지는 바울의 하나님 나라 운동을 보도한다. 데살로니가는 로마제국이 그리스 반도의 그리스 도시 국가들을 통치하고 통제하던 로마제국 총독이 거주하던 곳으로서 로마제국에 대한 충성심이 강했다. 베뢰아는 데살로니가의 대적자들의 공격을 피해 급히 피신해 들어간 곳이다. 여기서 바울은 비교적 유순하게 반응하는 사람들을 만나 박해나 대적자 없이 성경을 가르칠 수 있었다. 그런데 데살로니가 사람들이 70킬로미터 정도 떨어져 있는 베뢰아까지 찾아와 난동을 피웠기 때문에, 형제들이 실라와 디모데는 베뢰아에 남겨두고 바울만 배를 태워 급히 아테네로 피신시켰다. 베뢰아와 아테네는 굉장히 먼 거리였다.320킬로미터 데살로니가와 베뢰아에서는 로마제국 공권력이 개입된 박해를 받았다면, 아테네에서 바울은 거대하고 장엄한 신전들을 보고 문화 충격을 받았다. 바울은 한편으로는 공권력과 도시의 중심 세력과의 날카로운 충돌을 불러일으키고 가는 곳마다 도전받고 방해받았다. 또 다른 한편으로 우상신神들을 위한 거대한 신전들을 조우하는 문화충격에 노출되었다. 이처럼 하나님 나라의 복음은 이 세상의 문명과 그 토대가 되는 종교와 철학과 불가피하게 충돌할 수밖에 없다. 그러나 그 충돌이 반드시 폭력을 동반한 상호 적대 행위로 낙착될 필요는 없다. 사도 바울이 아덴(아테네)에서 보여준 것처럼 토착 사회의 세계관 및 가치관과 복음 사이에 대화 및 접촉 가능한 지점이 있는지를 숙고한 후 대화적인 접근을 취할 수도 있다. 17장은 바울의 데살로니가 사역,[1-9절] 바울의 베뢰아 사역,[10-15절] 그리고 바울의 아테네 사역[16-34절]으로 나눠진다.

1. 바울의 데살로니가 사역 •1–9절

1그들이 암비볼리와 아볼로니아로 다녀가 데살로니가에 이르니 거기 유대인의 회당
이 있는지라. 2바울이 자기의 관례대로 그들에게로 들어가서 세 안식일에 성경을 가
지고 강론하며 3뜻을 풀어 그리스도가 해를 받고 죽은 자 가운데서 다시 살아나야 할
것을 증언하고 이르되 내가 너희에게 전하는 이 예수가 곧 그리스도라 하니 4그 중의
어떤 사람 곧 경건한 헬라인의 큰 무리와 적지 않은 귀부인도 권함을 받고 바울과 실
라를 따르나 5그러나 유대인들은 시기하여 저자의 어떤 불량한 사람들을 데리고 떼
를 지어 성을 소동하게 하여 야손의 집에 침입하여 그들을 백성에게 끌어내려고 찾
았으나 6발견하지 못하매 야손과 몇 형제들을 끌고 읍장들 앞에 가서 소리 질러 이르
되 천하를 어지럽게 하던 이 사람들이 여기도 이르매 야손이 그들을 맞아 들였도다
이 사람들이 다 가이사의 명을 거역하여 말하되 다른 임금 곧 예수라 하는 이가 있다
하더이다 하니 8무리와 읍장들이 이 말을 듣고 소동하여 9야손과 그 나머지 사람들에
게 보석금을 받고 놓아 주니라.

주석

빌립보 사역을 마치고 바울 일행은 암비볼리와 아볼로니아를 거쳐서 데살로니가에 이르렀다. 빌립보와는 달리 데살로니가에는 유대인 회당이 있었다.[1절] 데살로니가는 마게도냐 지방을 관할하는 로마제국 총독의 관저가 있던 곳이다. 자신의 규례대로 바울은 유대인 회당에 들어갔다. 원전에 의하면 그가 "그들에게로 들어갔다."[에이셀덴 프로스 아우투스(εἰσῆλθεν πρὸς αὐτοὺς)] 바울은 3주간 연속으로 안식일 회당 성경 강론을 맡았다.[2절] 바울의 이방 선교는 대부분

유대인 회당을 중심으로 한 거점 선교였다. 따라서 그의 청중은 유대인들, 이방인 출신 유대교 개종자들, 그리고 "하나님을 경외하는 자,"God-fearer 곧 할례는 하지 않았지만 유대교로 개종하기 직전 단계까지 이른 이방인들이었다. 바울의 복음은 이 "하나님을 경외하는 자"들로 불리는 이방인들을 집중적으로 설복시켰고 상당한 성공을 거두었다. 이것이 바로 유대인들의 격분을 불러일으켰다.

3절에 따르면 바울의 안식일 성경 강론은 주로 유대인들을 상대로 한 강론이었다. 그의 성경 강론의 핵심은 그리스도가 고난을 받고 죽은 자 가운데서 다시 살아나야 할 것눅 24:26, 44을 설명하고 증명하는 것이었다. 유대인들은 그들이 기다려온 메시아(그리스도)가 고난을 받고 심지어 죽임을 당하고 부활해야 한다는 강론에 큰 충격을 받았다. 그들은 그런 죽는 메시아는 전혀 기대하지도 않았고, 믿을 수도 없었다. 유대인의 한 맺힌 오욕과 서러움의 역사는 그들로 하여금 영광스럽고 강력한 메시아의 도래를 앙망하도록 몰아갔기 때문이다.

메시아의 굴욕과 고난에 관한 이사야 53장의 예언에도 불구하고, 그들은 철장으로 만국을 깨뜨리는 강력하고 전능한 메시아를 앙망한 것이다.시 2:7; 군사적 메시아를 대망하는 외경 「솔로몬의 시편」 18편 그런 그릇된 메시아관을 가진 청중들에게 바울은 로마제국 총독에 의해 십자가에 달려 죽은 그 나사렛 예수가 유대인들이 기다려온 바로 그 메시아임을 증명했다. 바울의 3주 연속 안식일 강론에 대한 반응은 뜨거웠다. 청중 중 많은 경건한 헬라인과 적지 않은 귀부인들도 권함을 받고 바울과 실라를 따랐다.4절 그러나 하나님의 복음은 순종과 믿음을 통해 구원을 창조하는 한편, 또한 반발과 저항을 불러일으킨다. 바울과 실라의 영적 흡인력 넘치는 복음 사역을 시기한 유대인들은 거리의 불량한 사람들을 모아다가 소동을 일으켜 성을 혼란에 빠뜨렸다.

"시기하여"라고 번역된 헬라어는 "젤로산테스"(ζηλώσαντες)인데 "야웨 종교를 지키기 위해 이교도나 이단을 배척하는 태도를 보이다"를 의미하는 동사 "젤로오"(ζηλοω)의 남성복수 주격분사형이다. 민수기 25장에서 비느하스가 바알브올을 섬겨 모압 여자들과 음행한 남자와 여자의 배를 창으로 찔러 죽여 이스라엘 진영에 임한 염병을 그치게 했는데, 이 비느하스의 행위가 바로 야웨를 향한 열심, 질투의 열정이다.[민 25:7-8] 질투는 공동체 전체에게 임할 하나님의 진노를 막고 평화를 가져오는 거룩한 행위로 여겨졌다. 하나님께서 비느하스의 행위를 치하한 후 그 논리를 말씀하셨다. "제사장 아론의 손자 엘르아살의 아들 비느하스가 내 질투심으로 질투하여 이스라엘 자손 중에서 내 노를 돌이켜서 내 질투심으로 그들을 소멸하지 않게 하였도다. 그러므로 말하라 내가 그에게 내 평화의 언약을 주리니 그와 그의 후손에게 영원한 제사장 직분의 언약이라 그가 그의 하나님을 위하여 질투하여 이스라엘 자손을 속죄하였음이니라."[민 25:11-13]

데살로니가 유대인들은 자신의 공동체에 하나님의 진노가 임하지 않고 하나님의 평화가 찾아오도록 다른 신을 섬기자고 부추기는 바울과 실라를 대적한 것이다.[13:1-8] 그들은 자신들 외에도 거리의 불량배(시장 상권을 보호한다는 명목으로 배회하는 폭력 용역들)라고 불리는 자들을 동원해 바울과 실라가 묵고 있던 회당장 야손의 집에 침입하여 그들을 끌어내려고 찾았다.[5절] 야손이 그 둘을 숨겼다고 생각하고 야손의 집에 들이닥쳤으나 발견하지 못하자 야손과 다른 믿는 자들을 읍장들 앞에 끌고 가 치안 위협죄로 고발했다. 유대인들은 바울과 실라가 없는 자리에서 그들을 맹렬하게 고소했다. 그들은 큰소리로 외치며 바울 일행의 복음 사역을 정죄했다.[6절]

6절 하반절 헬라어 문장을 직역하면 이렇다. "호이 텐 오이쿠메넨 아나스타토싼테스 후토이 카이 엔다데 파레이신"(Οἱ τὴν οἰκουμένην ἀναστατώσαντες οὗτοι καὶ ἐνθάδε πάρεισιν) 그 뜻은 이렇다. "천하를 어지럽게 하는 이 자들이 심지어 여기까지 이르렀소." "어지럽히다"를 의미하는 단어인 "아나스타토오."(ἀναστατοω)는 질서를 교란하는 행위를 가리킨다.[비교. 갈 5:12; 행 21:38] 예수의 복음이 가이사의 나라 질서를 교란했다는 것이다. 6절에 나오는 "천하를 어지럽게 하는 이 자들"에 대한 언급은 바울 일행의 선교 사역이 엄청난 파급력을 행사했음을 보여주는 방증이다. "심지어 여기까지"라는 언급은 데살로니가 유대인들이 바울 일행의 사역이 끼치는 "파괴적" 영향력에 대해 이미 알고 있었음을 전제한다. 이 말은 역설적으로 복음의 본질을 정확하게 꿰뚫은 논평이다. 복음은 세상 권력을 쟁취하려는 정치 운동이 아니지만, 복음은 궁극적으로 이 세상 모든 권력의 근거를 약화시키고, 무효화하는 하나님의 정치 운동을 대표한다는 점에서 정확한 논평이다. 가이사의 나라는 철권과 무력, 힘에 대한 숭배로 유지되는 나라인 데 비해, 예수의 나라는 하나님의 은혜, 자기비움, 섬김, 이웃 사랑으로 유지되는 나라다. 후자가 전자의 질서를 교란하는 것은 사실이다. 기독교 복음은 가이사의 나라를 기초부터 흔드는 다른 임금 예수의 나라를 전파하는 행위였다.

유대인들은 7절에서 회당장 야손을 비난한다. "야손이 그들을 맞아 그 사람에게 접수되어 버렸소." 7절에 따르면 야손은 바울과 실라, 디모데 등을 맞아들였다. 곧 바울의 회당 강론을 허락하고 환영했다. 야손은 복음에 호의적인 사람이었던 것으로 보인다. 유대인들은 마치 자신들이 가이사의 충신이나 된 것처럼, 야손의 허용 아래 바울과 실라 일행이 세 주 연속 안식일 강론을 한 것은 가이사의 명을 거역하여 행동한 것이라고 주장했다. 나사렛 예수를 처벌하지 않고 넘어가려던 빌라도를 겁박하던 예루살렘 사람들이 썼던 협박과 비슷하게 들린다.요 19:12 이어서 고소자들은 한층 더 자극적인 수사를 구사해 바울 일행을 고발한다. "바울 일행은 '다른 임금 곧 예수라 하는 이가 있다'라고 말하고 있소."7절 천하를 어지럽히는 행동의 핵심은 "다른 임금 예수"를 선포하는 것이다. 이것은 데살로니가 그리스 사람들에게 매우 예민한 문제였다. 바울과 실라를 고소한 데살로니가 사람들이 언급한 "가이사의 명"(δογμά Καίσαρος)은 데살로니가를 비롯해 마게도냐에서 어떤 정치적 반역행위도 금하는 명이었을 것이다. 그런 상황에서 "다른 임금"을 선포했다는 것은 마게도냐 전체가 로마제국의 공격을 초래할 수 있는 엄중한 사태였을 것이다.

이처럼 "다른 임금"(βασιλέύς ἕτερος) 예수를 전하는 이들이 가져온 영적 태풍은 데살로니가까지 휘몰아쳤다. 핵심 대적자들인 유대인들과 이들이 동원한 저잣거리의 불량배들은 "복음"의 일꾼들을 그 시대 권력자들의 눈에 적대적인 세력인 것으로 과장하고 왜곡 선전했다. 즉 자신들의 힘으로 막지 못하니까 권력의 폭력을 빌어서 복음 운동을 저지하고자 했다. 유대교 개종자들과 유대인 개종 직전 단계의 "하나님 경외자들"을 복음으로 흡수해 가는 사도 바울에 대항하기 위해 유대인들은, 난폭한 저잣거리 폭력배들을 동원하여 사도 바울의 복음이 천하를 어지럽히고 다른 임금 예수를 영접한다고 왜곡 선전한 것이다. 그들은 절대 권력을 휘두르는 가이사의 눈에 사도 바울이 불온하게 보이도록 복음 사역의 본질을 교활하게 왜곡했다. 그러나 예수의 나라는 이 세상의 정치적 주도권을 놓고 각축하는 이 세상에 속한 나라 중의 하나가 아니었다.요 18:36 궁극적으로 인간의 영혼과 공동체의 삶과 문화를 그리스도의 왕적 통치 아래로 복종시킨다는 점에서 복음 운동이 광범위한 의미의 정치 운동인 것은 사실이다. 그러나 현실에서 권력을 장악하여 그 권력을 강압적으로 행사하는 실체로서의 정치 운동, 곧 반체제 운동은 아니다. "다른 임금 예수", "천하를 어지럽히는 자," "체제 전복자"행 17:6 등은 분명 왜곡된 비난이기는 하지만, 또 한편 복음 운동의 본질에 대한 예리한 통찰임은 틀림없다. 예수는 가이사Caesar를 궁극적으로 대신할 다른 임금, 대안적 왕이기 때문이다. 복음 운동은 다른 임금 예수의 왕적 통치를 온 세계에 확장해 가는 운동이다. 유대인들은 하나님을 왕으로 모시는 택함받은 백성임에도 가이사의 나라에 순응하고 사는 지극히 문화화되고 세속화된 종교인들이었다. 이들은 "하나님 나라"의 체제 전복적인 세찬 에너지를 감당하지 못한다. 유대인들의 고소를 들은 데살로니가 성읍의 무리와 읍장들이 소동하였으나8절 달리 손을 쓸 수 없었다. 그래서 그들은 야손과 나머지 사람들을 보석금을 받고 석방해 주었다.

여기서 우리는 몇 가지 질문을 제기할 수 있다. 왜 사도 바울은 데살로니가에서 "다른 임금" 예수를 전했을까? 그리고 왜 데살로니가 무리와 읍장들은 "다른 임금 예수"에 대한 바울의 메시지에 그토록 소동했을까? 그것은 데살로니가라는 도시의 역사와 깊은 관련이 있다. 데살로니가는 주전 315년에 알렉산더 대왕의 후계자인 마게도냐의 왕 카산데르Cassander에 의해 건설되었다. 카산데르는 자신의 아내 데살로니케Thessalonike의 이름을 따라서 그 도시 이름을 데살로니키Thessaloniki라고 지었다.[1] 주전 168년에 일어난 그리스 도시 국가들의 내전 때에 로마에게 충성을 선제적으로 바쳐 로마에게 스스로 정복당한 이래로, 데살로니가는 유럽과 아시아의 물류 교통, 무역, 그리고 인적 교류의 요충지로 떠올랐고, 마침내 주전 146년에 마게도냐 속주의 수도가 되어 로마제국 통치를 확산하는 정치적 요충지로 격상되었다. 이런 역사 때문에 데살로니가는 가이사의 명을 받드는 데 아주 열심인 도시가 되었다. 바울 당시의 데살로니가는 로마제국에게 유달리 충성스러운 부유층 시민들과 그들 때문에 오히려 가난하게 된 시민들로 양극화되어 있었다. 언제든지 다른 임금의 등장에 긴장할 수 있는 정치적 사회적 여건이 조성되어 있었다.

그래서 그랬는지 로마제국은 데살로니가에 황제의 특사를 자주 파견했던 것으로 보인다. 데살로니가에 보내는 바울의 편지들에는 로마 황제나 제국의 고위 관리들이 데살로니가를 방문하는 것에 의미를 많이 부여했을 법한 데살로니가 교회에게 데살로니가가 로마제국과 황제에 대해 품고 있는 특별한 복종심과 시혜 의식을 꼬집는 용어들을 사용한다. 바울은 왕의 지방 도시 행차나 왕림을 의미하는 "파루시아"(παρουσία)[살전 2:19; 4:15; 살후 2:8]와 "에피파네이아"(επιφάνεια)[살전 2:8]라는 단어를 구사한다. 그는 또 지방 순시하는 왕을 미리 영접하러 나가는 지방민 사절들의 환영 행위를 의미하는 "아판테시스"(ἀπάντησις)라는 용어를 사용한다.[살전 4:17] 확실히 데살로니가는 그리스 도시였지만 로마 황제 가이사의 명을 충성스럽게 받드는 제국의 도시였고 황제 숭배적이고 로마 숭배적인 정치적 종교적 제의들이 특별히 왕성했던 로마제국의 정치적 휘하의 그리스 도시였다.

본문 7절이 말하는 가이사의 명이 11년에 발포된 아우구스투스의 칙령들인지, 16년의 티베리우스 황제 칙령인지는 모른다. 주전 42-41년에 이미 데살로니가에는 여신 로마[Roma] 숭배 제의와 로마의 시혜자들을 기리는 제의들이 확정되었으며, 아우구스투스 시절에 가이사를 숭배하는 신전이 세워졌다. 그리고 데살로니가에는 줄리어스 시저의 초상이 새겨진 주화들이 유통되고 있었다. 그 주화는 시저와 아우구스투스를 "신의 아들"이라고 명하는 글자가 새겨져 있었다. 황제 숭배가 그리스 최고신 제우스 숭배를 대체하고 있었다. 로마 황제는 데살로니가 사람들에게 하늘에서 내려온 구세주요, 평화와 안전의 수여자였다. 데살로니가 사람들은 세계 패권 국가 로마제국의 특별 보호와 통치를 받는 가이사의 신하들이라고 자임하고 있었다. 이런 상황에서 바울이 다른 임금 예수를 말했으니, 얼마나 데살로니가 시민 무리와 읍장들로 불리는 공무원들이 경악하고 놀랐겠는가? 그들이 "가이사의 명을 거역하며 다른 임금 예수를 말하는 이" 바울의 사역을 듣고 소동했다는 것은 자연스럽다. 특히 읍장들로 번역된 헬라어 "폴리타르카스"(πολιτάρχας)는 데살로니가가 비록 그리스 도시이지만, 로마 황제 가이사 명이 마게도냐 전체에 잘 서고 작동하도록 감독하는 공무원들이었다.

바울은 로마제국에 대한 데살로니가의 특별예속 관계를 잘 알고 데살로니가 서신들에서 황제숭배를 겨냥하는 용어들을 다소 자극적으로 쓴다. 구세주(σωτήρ) 예수, 주(κύριος), 파루시아(παρουσία), 아판테시스(ἀπάντησις), 에피파네이아(ἐπιφάνεια) 등 예수가 선사하는 평화와 안전 및 로마 황제 숭배에 대한 집착으로부터 각성시키려는 용어들을 주도면밀하게 사용한다.[2] 그러나 바울은 로마제국의 정치적 질서를 교란하거나, 로마제국과 맞서는 지상의 정치적 공동체를 창설하려는 정치적 반역 행위를 시도하지 않았다. 데살로니가 읍장들도 이 사실을 확인하고 바울을 풀어주었다.

2. 바울의 베뢰아 사역 •10-15절

10밤에 형제들이 곧 바울과 실라를 베뢰아로 보내니 그들이 이르러 유대인의 회당에
들어가니라. 11베뢰아에 있는 사람들은 데살로니가에 있는 사람들보다 더 너그러워
서 간절한 마음으로 말씀을 받고 이것이 그러한가 하여 날마다 성경을 상고하므로 12
그 중에 믿는 사람이 많고 또 헬라의 귀부인과 남자가 적지 아니하나 13데살로니가에

있는 유대인들은 바울이 하나님의 말씀을 베뢰아에서도 전하는 줄을 알고 거기도 가서 무리를 움직여 소동하게 하거늘 [14]형제들이 곧 바울을 내보내어 바다까지 가게 하되 실라와 디모데는 아직 거기 머물더라. [15]바울을 인도하는 사람들이 그를 데리고 아덴까지 이르러 그에게서 실라와 디모데를 자기에게로 속히 오게 하라는 명령을 받고 떠나니라.

주석

앞서 말했듯이 바울의 이방 선교 거점은 유대인 교포(디아스포라) 밀집 지역이었다. 데살로니가로부터 급히 피신한 바울 일행은 데살로니가에서 70킬로미터도 채 안 되는 가까운 도시 베뢰아에 도착했다. 데살로니가 형제들이 바울과 실라를 일단 급하게 베뢰아로 피신시킨 것이다. 그들은 여기서도 유대교로 개종한 경건한 이방인과 개종 직전의 "하나님 경외자들"과 유대인들이 모이는 회당을 거점으로 삼아 선교했다.[10절] 바울 일행이 채택한 복음 전파의 방법은 구약성경을 통해 예수가 그리스도(약속된 메시아)임을 증명하는 것이었다.

베뢰아 회당 청중은 데살로니가 사람들보다 더 너그러워 간절한 마음으로 말씀을 받고 날마다 성경을 상고했다.(ἀνακρίνοντες, ἀνακρίνω 동사의 남성복수 주격분사) "상고하다"는 헬라어 동사 "아나크리노"는 구약성경가 예언한 그리스도가 과연 바울이 증거하는 그 나사렛 예수인가 아닌가를 검증하는 행위를 묘사한다. "너그러워"라고 번역된 헬라어는 "출생 신분이 더 좋은"을 의미하는 "유게네스"(εὐγενές)의 남성복수 주격인 "유게네스테로이"(εὐγενέστεροι)이다. "유게네스"라는 단어를 사용한 사도행전 저자의 의도가 베뢰아 청중이 실제 출생 신분 면에서 데살로니가 사람들보다 더 귀족적이었다고 말하는 것인지 아니면 지적으로 좀 더 격조높은 사람들이었다고 말하는 것인지는 확실하지 않다. 또 하나의 질문은 베뢰아 사람들이 보다 관용적이고 지적인 베뢰아 유대인들을 가리키는지,ESV "these Jews" 아니면 하나님을 경외하는 헬라인들이나 유대교 개종한 헬라인들도 포함된 혼성 회중을 가리키는지 확실하지 않다는 것이다.

이 두 가지 문제에 대한 대답은 12절에서 그 실마리를 찾을 수 있을 것 같다. 첫째, 12절은 헬라 귀부인들[3]과 적지 않은 헬라인 남자들도 믿었다고 말한다. 그들도 베뢰아 회당 청중에 포함되어 있었음을 알 수 있다. 그렇다면 베뢰아 청중은 혼성 청중이었다고 보는 게 합리적이다. 둘째, 헬라의 귀부인들과 적지 않은 남자들(헬라인 남자들)이 믿었다고 말하는 12절에 비추어 볼 때, "더 너그러운 베뢰아 사람들"은 신분상 귀족적인 사람들이었을 가능성이 크다. 그들은 바울의 메시지를 맹목적으로 듣고 "아멘" 하고 영접하지는 않았으나, 그들은 깨어 있는 마음으로 날마다 바울의 입에서 떨어지는 놀라운 사실을 성경을 통해 확증하고자 상고했다.

오늘날 한국교회 신자 중에는 다소 미신적으로 보일 만큼 설교자의 말에 격앙되고 고조된 "아멘"을 남발하고 있다. 그들은 2,000년 전 베뢰아 사람들이 가졌던 고상하고 신사적인 균형 감각이 필요한 사람들이다. "갈급한 심령"은 때로 삯군 목자의 노략물이 되기 쉽다. 베뢰아 사람들처럼 말씀을 간절하게 받되, 스스로 성경을 통해 복음 사역자들이 선포한 메시지의 진실성을 확인해야 한다. 그러기 위해 날마다 성경을 상고하는 자가 되어야 한다. 인간의 귀와 눈을 감각적으로 자극하는 은혜주의 신앙은 신자의 판단력을 흐리게 한다. 하지만 야웨의 순결한 계명으로 가득 찬 성경은 우리의 눈을 맑게 한다.시 19:8 깨어 있는 영혼에게 성경 공부는 영혼을 살찌우는 보약이다. 세속주의와 영적 쾌락주의가 기승을 부리는 교회일수록 목회자의 개인숭배personality cult가 심각하고, 말씀을 끈기 있게 상고하는 무리는 천연기념물처럼 희귀한 것이 사실이다. 꿀보다 단 하나님의 말씀을 날마다 상고하는 자는 복이 있다!

바울 일행의 베뢰아 사역 결과 많은 사람이 믿고 또 헬라인 귀부인과 적지 않은 숫자의 헬라인 남자들이 복음을 영접했다는 소식이 데살로니가 유대인들에게 전해지자, 그들은 무리를 동원해 베뢰아까지 가서 바울 일행에 대해 공공연한 적대적 시위를 벌이게 했다. [13절] 베뢰아 형제들은 유대인 무리들의 공격을 눈치채고 바울을 급히 해변가로 피신시킨다.[14절] 날마다 성경을 상고하는 경건의 능력을 가진 베뢰아 사람들은 하나님의 종 바울을 사랑했고, 그가 위험에 처하자 320킬로미터나 떨어진 아덴으로 피신시킨 것이다.[15절] 반면에 실라와 디모데는 아직 베뢰아에 머물게 했다. 바울은 자신을 인도해 준 베뢰아 형제들에게 실라와 디모데를 속히 아덴에 머무는 자신에게 보내달라고 요청했다. 바울은 고독할 때면 동역자들에게 속히 자기에게 와 달라고 부탁하는가 하면 자신을 떠난 동역자들을 그리워하며 짙은 고독을 피력하기도 한다.[딤후 4:9-13] 바울은 독불장군이 아니라 동역자 안에서 강한 자였던 것이다.

3. 바울의 아덴 사역 • 16–34절

[16]바울이 아덴에서 그들을 기다리다가 그 성에 우상이 가득한 것을 보고 마음에 격분
하여 [17]회당에서는 유대인과 경건한 사람들과 또 장터에서는 날마다 만나는 사람들
과 변론하니 [18]어떤 에피쿠로스와 스토아 철학자들도 바울과 쟁론할새 어떤 사람은
이르되 이 말쟁이가 무슨 말을 하고자 하느냐 하고 어떤 사람은 이르되 이방 신들을
전하는 사람인가보다 하니 이는 바울이 예수와 부활을 전하기 때문이러라. [19]그를 붙
들어 아레오바고로 가며 말하기를 네가 말하는 이 새로운 가르침이 무엇인지 우리가
알 수 있겠느냐 [20]네가 어떤 이상한 것을 우리 귀에 들려주니 그 무슨 뜻인지 알고자

하노라 하니 [21]모든 아덴 사람과 거기서 나그네 된 외국인들이 가장 새로운 것을 말
하고 듣는 것 이외에는 달리 시간을 쓰지 않음이더라. [22]바울이 아레오바고 가운데
서서 말하되 아덴 사람들아, 너희를 보니 범사에 종교심이 많도다. [23]내가 두루 다니
며 너희가 위하는 것들을 보다가 알지 못하는 신에게라고 새긴 단도 보았으니 그런
즉 너희가 알지 못하고 위하는 그것을 내가 너희에게 알게 하리라. [24]우주와 그 가운
데 있는 만물을 지으신 하나님께서는 천지의 주재시니 손으로 지은 전에 계시지 아
니하시고 [25]또 무엇이 부족한 것처럼 사람의 손으로 섬김을 받으시는 것이 아니니 이
는 만민에게 생명과 호흡과 만물을 친히 주시는 이심이라. [26]인류의 모든 족속을 한
혈통으로 만드사 온 땅에 살게 하시고 그들의 연대를 정하시며 거주의 경계를 한정
하셨으니 [27]이는 사람으로 혹 하나님을 더듬어 찾아 발견하게 하려 하심이로되 그는
우리 각 사람에게서 멀리 계시지 아니하도다. [28]우리가 그를 힘입어 살며 기동하며
존재하느니라 너희 시인 중 어떤 사람들의 말과 같이 우리가 그의 소생이라 하니 [29]
이와 같이 하나님의 소생이 되었은즉 하나님을 금이나 은이나 돌에다 사람의 기술과
고안으로 새긴 것들과 같이 여길 것이 아니니라. [30]알지 못하던 시대에는 하나님이
간과하셨거니와 이제는 어디든지 사람에게 다 명하사 회개하라 하셨으니 [31]이는 정
하신 사람으로 하여금 천하를 공의로 심판할 날을 작정하시고 이에 그를 죽은 자 가
운데서 다시 살리신 것으로 모든 사람에게 믿을 만한 증거를 주셨음이니라 하니라.
[32]그들이 죽은 자의 부활을 듣고 어떤 사람은 조롱도 하고 어떤 사람은 이 일에 대하
여 네 말을 다시 듣겠다 하니 [33]이에 바울이 그들 가운데서 떠나매 [34]사람이 그를 가
까이하여 믿으니 그 중에는 아레오바고 관리 디오누시오와 다마리라 하는 여자와 또
다른 사람들도 있었더라.

주석

바울은 아덴(아테네)에서 실라와 디모데가 오기를 기다리다가 그 성에 우상이 가득한 것을 보고는 격분이 일어남을 느꼈다. 이 격분은 단순한 분노가 아니라 우상숭배에 빠져 있는 인간들에 대한 안

타깝고 원통한 마음의 반응이다.[16절] 바울의 아덴 사역은 이중 전선에서 이뤄지고 있다. 회당에서는 유대인과 경건한 사람들[이방인 중 "하나님 경외자들"]을 상대로, 장터(아고라, ἀγορά)에서는 날마다 만나는 사람들과 계속 변론했다[디에레케토(διελέγετο), 3인칭 단수미완료].[17절] 그러던 중 에피쿠로스Epicurean와 스토아Stoic 철학자들이 바울과 계속 쟁론했다[쑤네발론(συνέβαλλον), 3인칭 복수미완료)]. 17절에서 "변론하다"로 번역한 "디아레고마이"(διαλέγομαι)가 화자가 청중에게 거의 일방적으로 자기주장을 펼치는 형국을 말한다면, "쟁론하다"라고 번역된 헬라어 동사 "쑴발로"(συμβάλλω)는 훨씬 더 격렬한 다툼을 포함한 논쟁을 가리킨다. 논쟁 당사자들이 서로의 몸을 붙잡고 레슬링을 하는 듯한 격렬한 상호 토론을 의미한다.

그들 중 어떤 사람은 바울을 보고 "이 말쟁이가 무슨 말을 하고자 하느냐?"고 논평했고, 또 다른 사람들은 "바울이 예수와 부활을 전하였기 때문에 이 사람은 이방 신들을 전하는 사람인가보다"라고 판단하기도 했다.[18절] 아덴의 에피쿠로스 철학자들과 스토아 철학자들이 바울을 "말쟁이"라고 규정하고 멸시했다는 점이 인상적이다. 말쟁이라고 번역된 헬라어는 "스페르모로고스"(σπερμολόγος)인데 "새가 씨앗을 쪼는" 행동을 묘사하는 동사이다. 남의 교설이나 의견을 무질서하게 인용하는 산만한 화법을 경멸적으로 지칭하는 단어이다. 그들은 바울이 독창성이 결여된 수다쟁이로 본 것이다.[4] 주로 예수를 인용하거나 구약을 인용했기 때문에 들었던 비난이었을 것이다. 그들은 "새로운 것"에 집착하던 자들이었기에[18-19절] 옛적부터 존숭된 구약 모세와 예언자들의 전승에 의존하는 바울을 깔보았다.

에피쿠로스 철학은 만물의 번쇄煩碎함으로부터 정신의 쾌락을 지키는 것을 최고의 선으로 여기는 철학이었다. 정신적 쾌락주의를 표방하는 사상으로서 정신을 중시하고 육체와 물질계를 천시했다.

에피쿠로스주전 331-270년는 전능하고 선한 신에 대한 개념과 세상에서 벌어지고 있는 부조리하고 불합리한 사태는 조화시킬 수 없다고 보았다. 에피쿠로스가 오늘날 기독교의 신관을 대적하는 철학의 원조라고 할 수 있으며, 이것은 볼테르,Voltaire 칼 마르크스,Karl Marx 버틀란드 러셀Bertrand Arthur W. Russell을 거쳐, 리처드 도킨스Richard Dawkins에게까지 이어진다.

특히 칼 마르크스의 사상 핵심에 에피쿠로스의 유물론이 있다.[5] 에피쿠로스의 사상은 그의 제자 루크레티우스Titus Lucretius Carus에게 전수되었는데 루크레티우스가 데모크리토스Demokritos의 원자론(물질주의적 일원론)과 에피쿠로스의 교설을 결합하여 에피쿠로스 철학을 정립했다. 이 철학은 영혼이 공기, 숨, 열, 그리고 무엇이라고 명명할 수 없는 제4 원소로 구성되어 있다고 주장했다. 세계는 낡아졌다가 불타서 새롭게 되는 과정을 영원히 반복하는 영역이다. 여기는 시간의 시점과 종점이 없으며 우주의 운동을 도덕으로 재단할 어떤 초월적 유일 절대자를 상정할 여지가 없다. 따라서 이 철학은 세상의 불행과 악으로부터 자신을 보호하기 위해 신이나 종교를 믿는다거나 영혼의 사후 생존을 믿는 것에 대해 적대적인 태도를 취했다.[6]

생성 연대로 보면 스토아 철학은 에피쿠로스 철학보다 약간 더 앞선다. 스토아 철학은 고대 로마제국의 국가적 존립과 유지에 정당성을 부여하는 철학으로서, 만물과 역사, 우주와 삼라만상의 배후에 궁극적인 로고스(우주적 이성)가 있다고 주장했다. 에피쿠로스 철학과 달리 유물론적 경향을 상당히 극복했던 스토아 철학은 육체와 물질적인 삶을 경시했다. 이 사상은 극기를 통한 우주 질서와의 평정 상태 확보를 최고선으로 삼았다. 스토아 철학자들은 우주에 목적이 있다고 믿었으나, 그것이 무엇인지에 대해서는 회의적인 입장을 드러냈다. 또한 역사의 완성이라는 목적지를 향해 직선 궤도를 따라 진행되는 인간 역사의 의미를 규명하지는 못했다.[7]

따라서 이 두 철학을 따르는 자들은 바울이 예수의 육체 부활을 증거하고 하나님의 최후 심판을 말할 때 전혀 공감하지 못하고 조롱할 수밖에 없었을 것이다.[8] 아고라에서 나눈 대화와 논쟁으로는 바울의 복음을 충분히 이해하지 못했다고 생각한 두 철학 유파에 속한 자들이 바울을 붙들어 "아레오바고"Areopagus로 데리고 갔다.[19절] "아레오바고"는 아테네 뒷산에 있는 평퍼짐하고 넓게 형성된 화강암 언덕 광장이다. 19절의 첫 단어 "에피라보메노이"(Ἐπιλαβόμενοί)는 "붙잡다" 혹은 "책잡다"를 의미하는 "에피람바노마이"(ἐπιλαμβάνομαι)의 남성복수 주격 분사형이다. 바울이 아레오바고 언덕에 선 것은 이 두 학파의 철학자들의 강권에 의한 것임을 짐작할 수 있다. 아레오바고라는 말은 전쟁의 신神 "아레스(Ares)의 언덕"이란 뜻으로, 그곳은 누구든지 아테네에서 새로운 사상이나 철학을 소개하고자 할 때 그것을 공적으로 소개할 기회를 주는 토론의 장이었다.[19절] 아테네 철학자들은 바울을 새로운 철학이나 종교사상을 설파하는 자로 보고, 그를 아레오바고 언덕에 세운 것이다. 그들의 주된 관심은 "네가 말하는 이 새로운 가르침이 무엇인지 우리가 알 수 있겠느냐?"[19절]라는 질문에서 잘 드러난다. 아테네 사람들은 하나님의 말씀을 지적 호기심을 만족시키는 대상으로 삼았던 것이다.

"새로운 것" 외에는 관심을 갖지 않는 권태와 무료, 영적인 황폐함이 그들의 그럴듯해 보이는 철학과 종교적 교양의 진면목이었다. 그들은 자신의 귀를 즐겁게 하거나 흥분시키는 어떤 이상한 것과 그것의 의미를 알고자 하는 일에 몰두한 자들이었다.[20절] 모든 아테네 사람과 거기서 나그네 된 외국인들은 가장 새로운 것을 말하고 듣는 것 외에는 달리 시간을 쓰지 않았던 것이다.[21절] 에피쿠로스 철학자들은 고난과 환난 많은 세상에서 자족하며 부질없는 욕망을 극복하려는 자들이었다. 그들은 사회 활동과의 거리두기를 통해 스스로 고립된 소확행 추구자들이었다. 반면에 스토아 철학자들은 무의미한 도시 생활에서 의미를 부여하고 질서를 세우려고 분투하는 사회 참여적 지식인들이었다. 그들은 창조주 하나님에 대한 앎이 없이 자신들의 정신, 육체, 마음을 가혹하게 단련시키려고 했다. 둘 다 행복을 추구하고 정신적인 평온을 추구했으나, 하나님을 경외하지 않는 인생의 허무성과 잠정성을 받아들이지 않았다. 이 두 철학자들은 아덴의 그 많은 신전과 다신 숭배의 허무성을 간파하고 해체하지 못했다.

22-31절은 바울의 그 유명한 "아레오바고 강론"이다. 아덴에 대한 바울의 첫인상은 아덴 사람들이 종교성이 많다는 것이었다[22절] 아레오바고 언덕에서 던진 첫마디가 종교성이 가득한 도시 아덴에 대한 바울의 신학적 선언이었다. 그는 이미 아덴을 두루 다니며 종교 시설과 사당과 신전을 보다가 "알지 못하는 신에게"(ΑΓΝΩΣΤΩ ΘΕΩ)[9]라고 새겨진 제단도 보았다고 말한다.[23절] 바울이 아테네를 두루 다니며 보았다고 하는 아덴 사람들이 "위하는 것들"은 무엇을 가리킬까? "너희가 위하는 것들"이라고 번역된 헬라어 어구는 "타 세바스마타 휘몬"(τὰ σεβάσματα ὑμῶν)으로서 "너희들의 예배 대상들"을 가리킨다. 아테네는 높낮이가 다른 구릉, 기슭, 평지가 혼재된 도시였다. 산, 극장, 운동장, 신전들, 관청들, 주택가 등이 구획되어 건설된 아덴은 그 자체가 하나의 장엄한 메시지였다. 도시의 역사를 연구한 루이스 멈포드Lewis Mumford는 아덴이 그것을 두루 다니는 사람을 압도할 만큼 장엄하고 찬란한 건축물들의 경연장이었다고 말한다.[10]

바울은 "너희가 알지 못하고 위하는 그것을 내가 너희에게 알게 하리라"라는 말로 복음 전파에 착수한다. 23절 마지막 소절은 1인칭 단수대명사 "에고"(ἐγὼ)가 독립적으로 사용된 문장이다. "너희들이 알지 못한 채 예배하는 신, 이것을 내가 너희들에게 전파한다." 바울은 먼저 아덴 사람들의 하나님 추구 열정을 인정한다. 그러나 그들이 신을 예배하지만, 그들은 자신들의 예배를 받는 신에 대해 무지하다는 점을 환기시킨다. 바울은 여기서 하나님을 하늘과 땅을 지으신 분, 하늘과 땅의 주主, 창조주라고 규정한다.24절 하나님은 부족한 것이 있어 인간이 바치는 제물이나 손으로 섬김을 받는 분이 아니라, 만민에게 생명과 호흡과 만물을 친히 주시는 창조주임을 강조한 것이다. 그 다음으로 바울은 하나님의 여러 속성을 강조한다. 하나님의 편재,遍在, 24절 하나님의 자존성과 생명 유지 사역,25절 민족들을 위한 때와 거주 경계를 정하는 하나님의 절대주권적 자유와 자존하심26-27절; 참조. 신 32:8-9을 강조한다. 성경의 하나님은 에피쿠로스 학파가 주장하는 물질계의 일부로 존재하는 신이 아니다. 에피쿠로스 학파의 신관은 원자론적 신관이다. 만유는 원자atoms로 구성되어 있는데 원자들의 결합은 생명을 창조하고 그것들의 해체는 죽음을 가져온다고 주장한다. 이 학파에 따르면 신神들도 원자로 구성되어 있으며, 따라서 육체적 존재다. 더 놀라운 것은 이 신들이 인간의 삶에 특별한 역할을 하지 않는다는 사실이다.[11]

그러나 성경의 하나님은 스토아 철학자들의 이신론에서 말하는 신과도 전혀 다른 하나님이다. 성경의 하나님은 세계 초월적이면서 세계 관여적인 인격적 하나님이기 때문이다. 창조주 하나님은 만민에게 생명과 호흡을 주심으로 만물과 만민을 지탱하는 생명의 유지자이시다. 성경의 하나님은 죄와 사망에 얽매인 인류를 구원하기 위해 당신의 아들을 보내 하나님의 계명에 순종하기 위해 자기 목숨을 바쳐 죽었다가 다시 부활하게 하신 하나님이다. 이런 성경의 하나님은 헬라 철학자들은 도저히 이해할 수 없는 낯선 하나님이다. 그래서 아덴 철학자들이 바울이 "이방 신들"을 전하다고 생각했던 것도 무리는 아니다.[18절] 그들을 가장 경악시킨 바울의 말은 예수의 육체 부활이었다. 어쨌든 아덴 철학자들은 바울의 말을 들을수록 미궁에 빠졌다.

26절에서 바울은 아덴 철학자들이 이런 혼란에 빠지게 된 이유를 말한다. 하나님은 한 혈통에서 태어난 인류를 시기와 거주지역 경계를 정해 흩어져 살게 하셨다. 모든 인간이 서로 다른 시기와 다른 지역에 흩어져 살게 된 결과 하나님에 대한 참된 지식에서 이탈했다는 것이다. 여기서 창세기 11장에 나오는 아담과 노아 혈통에 속한 인류가 감행한 바벨탑 축조 반역에 대한 하나님의 심판을 생각하게 된다.[창 11:9] 유일하신 하나님을 알고도 감사치도 않고 영화롭게도 하지 않던 태고 시대 인류를 하나님은 그들의 단일 언어를 혼잡케 하심으로 온 지면에 흩어져 살게 하셨다. 하나님이 택하신 아브라함과 그 후손 이스라엘을 제외하고는 모든 민족은 하나님의 직접 계시를 받지 못해 우상숭배에 빠지기 쉬운 상황에 직면했다.

27절은 그 상황에서 이방인들이 감행한 악전고투를 말한다. 개역개정은 27절을 목적절로 보고 번역했는데, 헬라어 구문을 자세히 보면 결과절로 봐야 한다. 27절은 하나님이 모든 족속의 연대와 거주 경계를 한정한 목적을 말하는 것이 아니라, 그 결과를 말한다. 하나님이 모든 족속의 연대와 거주 경계를 한정한 결과, 이방인들은 하나님을 아는 참된 지식에서 멀리 이격된 채 하나님을 더듬어 찾을 수밖에 없었다. 그래서 이방인들은 하나님에 대한 정확하고 충분한 지식에 이르지 못했다. 이런 이유로 그들은 알지 못하는 신에게 제단을 쌓을 수밖에 없었다. 하지만 바울은 여기서 반전의 논리를 구사한다. 하나님은 이방인들에게마저도 멀리 계신 하나님이 아니며, "알지 못하는 신"에까지 경배하는 헬라인들(아테네 사람들)의 종교성은 우연히 생긴 것이 아니라는 것이다. 당신의 현존으로 인간을 끌어당기는 하나님의 신유인력神有引力, divine gravity으로 인해 어둠 속에서라도 인간은 하나님을 향해 손을 내뻗는 존재이기 때문이다.27절

더 나아가 바울은 헬라 문학 속에서도 하나님을 아는 지식이 편린으로 제시되고 있음을 강조한다. 바울은 청중과의 거리를 좁히기 위해 헬라 출신 시인들의 시詩 구절들을 인용한다.28절 바울이 첫 번째로 인용하는 시 구절은 주전 600년경 시인 에피메니데스Epimenides가 쓴 "크레타"Creta라는 시다. "우리가 그를 힘입어 기동하며 있느니라." 동시에 바울은 곧바로 아라투스Aratus, 주전 315-240의 시 구절도 인용한다. "우리는 그의 소생이라."[12] 인간이 하나님의 소생이라는 진리는 무엇을 함의하는가? 29절에 따르면 인간이 하나님의 소생이라는 사실은 하나님을 예배하는 것은 인간의 본분이라는 것이다. 그런데 하나님 경배는 우상숭배와 다르다. 하나님을 금이나 은이나 돌에다 사람의 기술과 고안으로 새긴 것들과 같이 여겨서는 안 된다는 것이다.참조. 사 44:9-20

그런데 아덴에는 하나님을 표상하는 은금과 목조, 석조 우상들이 가득 차 있는 것이 아닌가? 바로 이 점이 바울을 거룩한 분노와 번뇌로 몰아간다. 하지만 이 왜곡된 종교성마저도 바울에게는 선용된다. 놀랍게도 바울은 일반계시의 가능성과 특별계시의 추가적 필요성을 도입하기 위한 토대로 이방인들의 자료를 대담하고 자유롭게 활용한 것이다.28-29절 바울은 아덴 사람들에게 하나님은 한분 하나님이며, 모든 인간은 이 한분 하나님에게 책임적인 존재라는 사실을 강조함으로써 자신이 증거하는 살아 계신 하나님께로 돌아올

것을 촉구했다.

어떤 학자들은 사도행전 17장의 "바울"은 로마서 1:18-20의 참 바울, "역사적으로 진정성 있는 바울"과 다른 바울이라고 말한다. 사도행전 17장에 구사된 논리는 자연계시에 호소하기 때문에, 이방인을 정죄한 "역사적" 바울의 논리와 다르다는 것이다.[13] 그러나 이러한 판단은 무리다. 바울은 수사학적 정황에 따라 자연계시의 논법을 달리 사용했을 뿐이다. 다만 여기서 분명한 것은 바울이 자연계시만 호소해서는 아덴의 청중들을 개종시킬 수 없었다는 사실이다. 십자가에 나타난 하나님의 사랑, 곧 특별계시야말로 자연계시의 통찰력이 진전할 수 없는 곳까지 인간 양심을 데려갈 수 있기 때문이다.

30절은 이제 기독교 "케뤼그마"kerygma의 서론을 도입한다. 회개 주제다. 모세의 율법을 알지 못하고 하나님의 최종 계시인 그리스도도 알지 못하던 시대에는 하나님께서 각 족속이 자기 길을 걸어가는 것도 간과하셨지만, 이제는 천하 만민을 향해 "회개하라"(μετανοεῖν)고 명하시는 시대가 도래했다.행 14:15-16 바울은 바로 자신이, 천하 만민이 각자 가던 길을 버리고 살아계신 하나님께로 돌아오도록 회개를 전파하는 하나님의 사자使者임을 자임한다.30절 아테네의 종교성으로는 충분하지 않다는 것이다. 아덴의 종교성은 기껏해야 우상을 제작해 숭배하는 것 이상이 될 수 없기 때문이다. 그 철학이나 종교가 아무리 지혜로워 보여도 그 본질에 있어서는 우상 숭배 이상으로 전진할 수가 없다. 창조주 하나님을 은금이나 돌이나 나무에 새겨서 숭배하는 곳에서는 진정한 인격 성숙이나 구원은 기대할 수 없다. 알지 못하는 신에게 드린 제사로는 불충분하다. 보이지 않는 신을 찾아 더듬어가는 귀납적 방법이나 영혼 수련을 통한 존재 상승을 도모해 신에게 올라가려는 것과는 전혀 다른 길, 회개가 필요하다. 하나님을 아는 지식에 근거한 하나님 추구가 요청된다. 바울이 증거하는 하나님은 거룩하신 하나님이시다. 인간의 시각이나 감촉에 포착될 수 없는 하나님이시다. 인간이 이성과 오감을 총동원해도 스스로는 찾아 발견할 수 없는 하나님이다. 하나님 인식은 철저하게 수동적인 경험이다. 하나님이 스스로를 계시해주지 않으면, 인간은 스스로 하나님을 알 수가 없다. 놀랍게도 하나님은 먼저 당신의 피조 세계와 창조 질서를 세우신 분이며, 역사적 도덕적 세계 속에서 창조 질서의 유지자, 섭리자이고, 그리고 인간 행위의 궁극적인 심판자로서 당신을 충분히 보여주셨다.롬 1:18-28 이것이 창조 질서와 역사적 섭리에 나타난 하나님의 일반계시이다. 또한 이스라엘의 조상들과 예언자들을 통해 당신이 얼마나 거룩하신 하나님인지를 충분히 보여주셨다. 이처럼 하나님은 창조주일 뿐만 아니라, 인간의 행동과 삶을 감찰하고 평가하고 심판하며 그것을 바탕으로 인간의 생사화복, 민족의 흥망성쇠, 그리고 나라와 왕조의 번영과 쇠락을 처분하는 심판의 하나님이다. 하지만 이런 역사와 시간의 종결자이자 총괄 결산자인 하나님의 최후 심판 사상은, 시간의 영원회귀와 윤회를 믿는 순환론적인 시간 이해를 갖고 있는 그레코-로만 문명권 사람들에게는 너무 낯선 이야기였다.

이런 열악한 선교 환경에서도 바울은 굴하지 않고 아테네의 종교성(우상숭배 성향)을 지적함으로써 사실상 아테네가 스스로 지혜롭다고 자랑하나 우상숭배의 도성이 되어 버렸음을 지적했다. 인간의 지혜를 자랑하던 그레코-로만 철학이 하나님에 대한 참된 앎을 가져다주었는가? 인간 이성과 지혜를 자랑하는 그레코-로만 철학의 귀결점이 우상숭배와 동성애라는 성적 방종롬 1:24-27으로 나타나지 않았던가? 신에 대한 지식이 잘못되면 인간성은 자기모순에 빠지고 그런 자기모순에 빠진 인간이 이룬 문명은 거대한 정신적 함몰 지역을 형성하게 된다. 하나님의 영광을 금수와 버러지 형상으로 맞바꾸는 것이 인간이 자랑하는 이성의 수준이다.[롬 1:19-23] 창조주 하나님이 아닌 다른 신, 곧 우상을 섬기는 것은 결국 자신의 욕망을 숭배하는 것이다. 욕망 숭배는 피조물의 형상으로 신을 표상하여 섬기는 우상숭배로 귀결된다. 로마서 1:19-25에 따르면 인간은 천지만물에 가득 찬 하나님의 신성과 능력을 보고도 그 부인할 수 없는 증거를 고의적으로 거부하면서까지 우상숭배에 머문다. 아덴의 본질은 우상숭배요 인간의 지혜와 이성의 자가당착적 모순 그 자체인 것이다. 바울에 따르면 아덴은 하나님께서 주 예수의 복음이 전파되기 전까지 그냥 유기遺棄해 두신 공동체였다.

> 이는 하나님을 알 만한 것이 그들 속에 보임이라. 하나님께서 이를 그들에게 보이셨느니라. 창세로부터 그의 보이지 아니하는 것들 곧 그의 영원하신 능력과 신성이 그가 만드신 만물에 분명히 보여 알려졌나니 그러므로 그들이 핑계하지 못할지니라. 하나님을 알되 하나님을 영화롭게도 아니하며 감사하지도 아니하고 오히려 그 생각이 허망하여지며 미련한 마음이 어두워졌나니 스스로 지혜 있다 하나 어리석게 되어 썩어지지 아니하는 하나님의 영광을 썩어질 사람과 새와 짐승과 기어 다니는 동물 모양의 우상으로 바꾸었느니라. 그러므로 하나님께서 그들을 마음의 정욕대로 더러움에 내버려 두사 그들의 몸을 서로 욕되게 하게 하셨으니 이는 그들이 하나님의 진리를 거짓 것으로 바꾸어 피조물을 조물주보다 더 경배하고 섬김이라 주는 곧 영원히 찬송할 이시로다. 아멘.[롬 1:19-25]

이 유기된 공동체인 아덴 시민들을 향해 바울은 이제 하나님의 예정된 심판과 회개의 필요성을 강조한다. 하나님의 진노가 불의로 진리를 막는 사람들의 모든 경건하지 않음과 불의에 대하여 하늘로부터 나타날 것[롬 1:18]을 대비하는 길은 회개뿐이다. 그런데 바울의 "케뤼그마"에 아직 예수 그리스도가 언급되지 않았다는 점은 주목할 만하다. 어쩌면 바울 자신이 아덴의 종교성과 철학적 공세 때문에 다소 위축되었는지도 모른다. 31절에서 바울은 역사의 마지막을 장식할 최후 심판자를 예수 그리스도라고 단도직입적으로 말하지 않고 하나님께서 "정하신 사람"[the man he has appointed]이라고 표현한다. 아마도 아테네 사람들이 이해하기 쉽도록 보편적인 개념으로 심판자를 설명하려고 했기 때문일 수도 있다. 바울의 핵심 메시지는 하나님이 정하신 심판주가 공의로 천하를 심판할 날을 작정하고 계신다는 사실이다. 이 최후 심판이 있을 것에 대한 결정적인 증거가 최후 심판주로 정해진 그를 죽은 자 가운데서 다시 살리신 사건이며,[31절] 이 심판주의 부활이 모든 사람에게 주신 믿을 만한 증거라는 것이다. 하나님께서 산 자와 죽은 자를 심판하시기 위해 심판주를 다시 살리셨다는 것이다.[딤후 4:1] 하지만 시간의 영원 순환을 믿기 때문에 알파와 오메가로 이뤄진 직선적 역사 이해에 낯선 아덴 시민들에게 시간을 폐기하고 역사를 종결짓는 최후 심판을 행할 신이 있다고 주장하는 기독교 종말론은 기괴하고 황당무계한 잡설로 들렸을 가능성이 크다.

32절은 아덴 청중들의 반응을 보도한다. 바울의 강론 중 죽은 자의 부활을 듣고는 어떤 사람은 조롱하고, 어떤 사람은 이 일에 대해 다시 말을 들어보겠다는 반응을 보였다. 육체를 경멸하고 육체의 감옥에서 영이 해방되는 것이 구원이라고 생각하는 헬라 철학의 입장에서 보면, 육체의 부활은 구원이 아니라 또 다른 속박에 불과했을 것이다.[14] 그래서 일부 청중이 기롱[欺弄]했다. 33-34절은 아덴 사역 결과를 말한다. 바울은 청중의 열띤 호응과 긍정적인 반응을 거두지 못한 채 그곳을 떠났으나,[33절] 몇 사람이 그를 가까이하여 믿었다.[34절] 아레오바고 관리 디오누시오와 다마리라 하는 여자와 또 다른 몇 사람들이 바울을 따르고 믿었다. 그러나 아덴에서는 교회를 구성할 만큼 많은 개종자를 얻지는 못했다. 바울이 아덴에서 그리스 철학 전통과 자연계시에 의존하여 복음을 증거한 것은 한편으로는 세상 철학과 접촉점을 지혜롭게 활용한 선교전략의 예가 된다.[15] 하지만 또 다른 한편으로 바울의 아덴 사역은, 예수 그리스도의 죄 사함의 복음으로 시작하지 않고, 창조주에 대한 일반적 지식에 호소하여 복음을 증거했기 때문에 큰 열매를 맺지 못한 것으로 보인다. 아덴 사역 직후에 이뤄진 고린도 사역에서 바울이 십자가에 못 박힌 예수 외에는 다른 것을 전하지 않았다고 말하는데,[고전 2:1-2] 이는 아마도 아덴 사역을 비판적으로 검토하면서 내린 결론이 아니었을까?

메시지

17장의 데살로니가 사역은 바울 일행이 "다른 임금 예수"를 전하며 세상을 전복한다는 혐의를 덧입혀 주었다. 데살로니가는 그리스 반도에 대한 로마제국 통치의 교두보요 로마제국의 통치에 저항하는 자들을 감찰하는 망대 역할을 하던 곳이었다. 이곳에서 바울은 임박한 하나님의 심판을 선포하고, 그의 청중에게 도시의 고위 관리들이 주도하는 국가 제의적 우상숭배에 참여하지 말라고 압박한다. 이것이 로마제국의 그리스 통치를 도발하는 혐의를 초래했다. 데살로니가 사역이 일으킨 파장을 피해 바울은 급하게 베뢰아를 거쳐 아덴으로 남하했다. 여기서 바울은 숨 고르기에 돌입한다. 고위 공무원들의 감시망을 피하여 개별적으로 복음 증거하는 방식을 채택했다. 하지만 헬라 철학의 본거지 아덴 또한 바울로 하여금 강력한 복음 변증 논리를 형성하게 도전했다.

바울의 충격은 아덴에 대해 종교성이 많다는 그의 논평에 잘 녹아있다. 로고스와 지혜 추구를 자랑하는 철학의 도시 아덴은 온갖 신들의 제단으로 가득 찬 맹목의 도시였다. 여기서 바울은 아덴은 지혜 추구가 "우상 숭배적 열기"로 귀결되는 것을 보고 충격을 받았다. "범사에 종교성이 많다"는 말은 중립적인 번역이다. 실제로는 우상숭배 열정이 강했다는 말이다. 플라톤에게 철학, 지혜 추구(사랑)는 신을 닮는 것이었다. 그런데 인상적인 제단은 "알지 못하는 신에게"라는 제단이었다. 아덴은 맹목적 신 추구에 매몰되어 있었다. 여기서 바울은 스토아 철학자 아라투스의 시를 인용한다. "우리는 신의 소생이다." 바울은 이를 이어받아 "신은 멀리 있지 않다. 그래서 어둠 속에서 더듬어서라도 신을 찾아가는 인간의 노력이 이해가 된다. 아덴의 신 인식은 더듬어 찾아가는 방식이다." 아테네 철학의 양극단은 이신론을 주창하는 스토아 철학자들과 철저한 유물론 철학을 설파하는 에피쿠로스 철학자들로 대표되었다. 바울은 이 두 집단의 철학자들과 논쟁을 벌였다.

회당, 아고라, 아크로폴리스를 거쳐 아덴의 공론장인 아레오바고 광장 언덕에 선 바울은 종말 심판, 회개, 그리고 부활을 설파했다. 회개, 심판, 종말, 육체의 부활은 플라톤과 아리스토텔레스의 철학에 단련된 그리스 철학자들이나 로마의 도성 신학자들에게는 낯선 것이었다. 사도행전은 기독교 신앙이 그레코-로만 문명으로 진입하는 과정에서 겪는 야생적이고 생경한 문명 충돌적 양상을 보여주고 있다. 바울의 언어는 보편적 도덕 격률이 아니고, 에피쿠로스 철학의 "아타락시아"ataraxia[16]나 스토아 철학의 "아파데이아"apatheia 같은 행복론적 담론도 아니었다. "하나님의 임박한 심판을 벗어나 야웨의 언약 백성이 되어 야웨의 총회에 참여하라"는 초청이자 호소였다. 그것은 도덕 윤리적 갱생을 일으키고 새로운 사회생활을 창조하는 데 치중한 실천 담론이었다. 하지만 만물의 변화를 넘어 실재를 직접 꿰뚫어서 얻는 "불변 실재에 대한 지식"[그노시스(γνῶσις)]을 추구하면서도 다신교 문화에 젖어있던 헬라 지성인들에게, "유일한 하나님을 믿고 전향할 것"을 강조할 뿐만 아니라 죽은 자의 부활과 종말 심판을 설파하는 바울의 주장은 반지성적인 허언으로 들렸을 것이다. 다수의 조롱과 몰이해에도 불구하고 바울은 아레오바고 책임자 관원 디오누시오와 귀부인 개종자 다마리를 얻는다.

이상의 논의를 통해 우리는 서구 민주주의의 발원지요 서구 철학의 발상지로 알려진 아덴의 영적 혼미상황을 살펴보았다. 바울의 아덴 선교는 하나님을 더듬어 찾아 올라가는 인간의 이성이 얼마나 허약한지를 잘 보여준다. 이성과 철학에 몰입한 아덴 사람들은 기껏해야 "알지 못하는 신"에게 절하는 우상 숭배자들이었고, 온갖 감각적 금은세공 장식의 신상에 경배하는 영적 무지에서 헤어 나오지 못했다. 아덴은 높은 정신적 사유와 어처구니없는 반이성적 우상숭배가 함께 어우러진 모순 복합체였다. 신과의 합일을 추구할 정도의 고매한 정신과 윤리가 있는가 하면, 혐오스러운 쾌락주의와 감각주의의 얼룩이 있었다. 아덴 사람들은 하나님을 떠나 우상을 숭배하는 자의 총명과 지혜의 한계를 잘 보여주며, 모든 죄인들의 전형을 보여준다.

이런 죄인들의 도성에서 사도 바울이 하나님의 심판과 회개의 복음을 전했다. 이미 숱한 말쟁이들이 뿜어낸 철학과 종교 사상의 홍수에 질린 아덴 사람들에게 사도 바울 또한 옛날 사람들의 말을 이리저리 인용하기만 하는 "말쟁이"로 격하되어 "아레오바고" 광장에 올랐다. 하지만 바울은 육체 부활과 최후 심판이라는 복음을 통해 그들의 우상숭배에 도전했다. 그는 아덴 사람들의 종교성과 신

추구 열정을 인정하는 듯하면서도 우회적으로 비판함으로써 창조주이자 심판주이신 하나님을 증거했다. 흑암 중에 더듬어 찾던 그들에게 복음 속에 나타난 하나님을 선포했다. 이런 분투에도 불구하고 바울의 아레오바고 언덕 광장의 설교는 의사소통을 위한 접촉점을 너무 배려한 나머지 그리스도의 십자가 죽음과 부활이라는 복음의 핵심은 충분히 전달하지 못했다. 그 결과 소수의 개종자를 얻는 데 그쳤다.

그럼에도 우리는 이방종교 및 사상과 복음의 접촉점을 부각시키며 이방인들의 가슴 속에 지워진 하나님에 대한 앎을 회복시키기 위해 "아레오바고 광장"에 서야 한다.[17] 또 하나의 "말쟁이"요 "종교가"로 우리를 격하하는 광장이라 할지라도 복음의 일꾼은 아덴의 아레오바고 광장에 기꺼이 서서 몇 사람의 영혼이라도 건져야 한다.[18] 일찍이 초대교회의 교부였던 테르툴리아누스Tertullianus는 "예루살렘과 아테네가 무슨 관계가 있느냐?"며 토착 문화와 복음의 변증적 대화를 경멸하는 발언을 한 적이 있다. 그러나 아레오바고에 선 바울의 모습 속에서, 우리는 거짓된 종교성과 오류로 가득 찬 철학과 사상의 집에 유폐된 영혼을 건지기 위한 복음의 변증적 사역에 기꺼이 동참해야 할 근거를 발견한다.

18장.

고린도 선교: 어리석어 보이는 십자가 복음의 능력

이제 바울 일행은 고린도 사역을 마지막으로 유럽 선교 여행을 마무리한다. 아덴이 그레코-로만 문명의 철학과 사상을 대표하는 도시라면, 고린도는 문화와 건축, 예술, 축제의 중심 도시였다. 고린도는 2년마다 체육 축제가 열리는 그리스 반도 남단 항구도시였다. 보통의 항구 도시가 그렇듯이 고린도는 음란한 종교 제의와 운동 및 축제를 통해 타락한 인간성이 아무 제지를 받지 않고 활개치는 도시였다. 570미터 높이의 바위산 "아크로코린트" 위에 세워진 아프로디테 여신 신전에서 드려진 제의 중에는 천 명이 넘는 성전 창녀와의 종교적 매음 행위가 있었다고 알려져 있다.[1]

고린도전서의 음행 단죄 구절이 실제적인 육체적 음행이 아니라, 우상숭배를 가리키는 은유라고 보는 학자들도 있지만, 둘을 구분할 필요는 없다. 고린도에서는 종교적인 음행이 있었기 때문이다.고전 3:16; 5:9, 11; 6:9, 11, 13 "몸은 음란을 위하여 있지 않고."6:13 "고린도 사람처럼 행세하다"를 말하는 영어 동사(corinthize)가 "음행을 범하다"를 뜻하는 동사로 사용될 정도로 고린도는 음행의 도시였다. 또한 고린도는 "고린도 양식"이라고 할 만한 독특한 건축양식이 발달되어 있어, 시각적 미학을 중시하던 그레코-로만 문명의 자부심의 한 축을 이루고 있었다. 이 고린도에 바울 일행이 당도한 것이다. 바울은 안식일 회당 설교를 통해 나사렛 예수가 유대인이 그토록 오랫동안 앙망해 온 그리스도임을 밝히 증거한다. 많은 추종자와 많은 대적자를 동시에 만들어 낸 사역이었다. 18장은 바울의 고린도 사역,1-17절과 수리아 안디옥으로 돌아간 바울,18-23절 그리고 아볼로의 에베소 성경 강론 사역24-28절으로 나눠진다.

1. 바울의 고린도 사역 ●1-17절

1그 후에 바울이 아덴을 떠나 고린도에 이르러 2아굴라라 하는 본도에서 난 유대인
한 사람을 만나니 글라우디오가 모든 유대인을 명하여 로마에서 떠나라 한 고로 그
가 그 아내 브리스길라와 함께 이달리야로부터 새로 온지라. 바울이 그들에게 가매 3
생업이 같으므로 함께 살며 일을 하니 그 생업은 천막을 만드는 것이더라. 4안식일마
다 바울이 회당에서 강론하고 유대인과 헬라인을 권면하니라. 5실라와 디모데가 마
게도냐로부터 내려오매 바울이 하나님의 말씀에 붙잡혀 유대인들에게 예수는 그리스
도라 밝히 증언하니 6그들이 대적하여 비방하거늘 바울이 옷을 털면서 이르되 너희
피가 너희 머리로 돌아갈 것이요 나는 깨끗하니라. 이후에는 이방인에게로 가리라
하고 7거기서 옮겨 하나님을 경외하는 디도 유스도라 하는 사람의 집에 들어가니 그
집은 회당 옆이라. 8또 회당장 그리스보가 온 집안과 더불어 주를 믿으며 수많은 고
린도 사람도 듣고 믿어 세례를 받더라. 9밤에 주께서 환상 가운데 바울에게 말씀하시
되 두려워하지 말며 침묵하지 말고 말하라 10내가 너와 함께 있으매 어떤 사람도 너
를 대적하여 해롭게 할 자가 없을 것이니 이는 이 성 중에 내 백성이 많음이라 하시
더라. 11일 년 육 개월을 머물며 그들 가운데서 하나님의 말씀을 가르치니라 12갈리오
가 아가야 총독 되었을 때에 유대인이 일제히 일어나 바울을 대적하여 법정으로 데
리고 가서 13말하되 이 사람이 율법을 어기면서 하나님을 경외하라고 사람들을 권한
다 하거늘 14바울이 입을 열고자 할 때에 갈리오가 유대인들에게 이르되 너희 유대인
들아 만일 이것이 무슨 부정한 일이나 불량한 행동이었으면 내가 너희 말을 들어 주
는 것이 옳거니와 15만일 문제가 언어와 명칭과 너희 법에 관한 것이면 너희가 스스
로 처리하라 나는 이러한 일에 재판장 되기를 원하지 아니하노라 하고 16그들을 법정
에서 쫓아내니 17모든 사람이 회당장 소스데네를 잡아 법정 앞에서 때리되 갈리오가

이 일을 상관하지 아니하니라.

주석

바울은 아덴을 떠나 고린도에 온 후에[1절] 우정과 동역의 복을 누리게 된다. 여기서 바울은 신실한 유대인 출신 그리스도인 부부 본도[Pontus] 출신의 아굴라와 브리스길라를 만났다.[2절] 이 두 부부를 통해 바울은 알렉산드리아 출신 성경 선생 아볼로도 만났거나 소개받았을 가능성이 있다.[행 18:26-27] 아볼로가 바울이 고린도에 있을 때에 아가야에 왔는지, 바울이 그곳을 떠나 에베소로 떠나가고 나서 왔는지는 불확실하다. 어쨌든 이러한 동역자들과의 교제 속에서 바울은 이방인 복음 사역에 더욱 박차를 가할 수 있었다. 특히 튀르키예 반도 북단인 흑해 연안의 본도 지방 출신 유대인 아굴라와 그의 아내 브리스길라는 바울에게 있어서 필생의 동역자가 되었다. 그들은 원래 로마에 있다가 49년경 로마제국 네 번째 황제 글라우디오[Claudius, 주전 10년-주후 10년 제위; 참조. 행 11:28]가 모든 유대인을 향해 "로마를 떠나라"고 명령했기 때문에, 이달리야로부터 고린도로 이주해 온 사람들이었다. 글라우디오 황제는 41년에 황제로 취임해 45년에 2만 5천 명의 유대인을 로마에서 추방했는데 그들은 주로 고린도에 정착했다.[2]

바울이 이 두 부부를 찾아간 첫째 이유는 아마도 취직을 부탁하기 위함이었던 것으로 보인다. 3절의 "생업이 같으므로"라는 어구가 중요하다. 바울이 그들에게 가서 함께 살며 함께 일했다.[3절] 바울은 원래 바리새인으로서 당시의 모든 바리새인 율법학자들에게 기대되었던 것처럼 자신의 생계를 꾸릴 합당한 직업을 가지고 있었다.[3] 바리새인이 성경을 가르치고 돈을 받는 일은 금지되었던 터라, 바울은 자신의 생계를 직접 책임져야 했다. 바울은 천막을 만드는 사람이었다. 그런데 아굴라와 브리스길라가 바로 같은 업[業]을 가진 사람들이었다. 아굴라 부부는 주상住商복합체 건물에 살면서 아래층에는 공장을 설치하고 위층에 거주하는 형식으로 천막 제조업을 운영했다. 바울은 아굴라 주상복합 건물 어딘가에서 같이 살며 일하던 노동자였다.[4] 이것이 사실이라면, 바울은 이들의 공장에 취직하러 간 것이다.[3절] 자신의 선교비 대부분을 자비량으로 충당했던 바울은 낮에는 생계 노동을 했다.[고전 9:4-7]

바울은 고린도에서 안식일마다 회당에서 "강론하고"[디아레고마이(διαλέγομαι)][행 17:2, 17, 18:4, 19, 19:8, 20:7, 9, 24:12] 유대인과 헬라인을 "권면했다"[페이도(πείθω)][4절] 나사렛 예수가 구약의 하나님, 아브라함과 이삭과 야곱의 하나님이 보내신 그리스도임을 성경을 바탕으로 입증하고 설득하려고 했다. 5절은 언뜻 보면[특히 NIV 영어성경] 실라와 디모데가 마게도냐에서 내려왔을 때, 바울이 이제 낮에 하던 일을 그만두고(아마도 실라와 디모데가 생계를 책임지는 노동에 투입되었을 수도 있는 상황) 하나님 말씀을 설교하는 데 전력투구했다는 인상을 준다. 디모데와 실라가 오기 전에는 바울이 하나님 말씀 증거에 전력을 다하지 못했다는 뉘앙스가 풍기는 말이다. NIV의 5절 상반절은 "실라와 디모데가 마게도냐로부터 왔을 때, 바울은 설교에만 전적으로 exclusively to preaching 투신했다"라고 되어 있기 때문이다.

하지만 헬라어 원문을 살펴보면, 개역개정 성경의 번역이 더 낫다. "실라와 디모데가 마게도냐로부터 내려오매 바울이 하나님의 말씀에 붙잡혀 …….." 이 경우에는 실라와 디모데의 합류가 바울이 더욱 영적으로 강력하고 집중적인 권능에 사로잡히게 된 계기가 되었다는 정도의 의미가 될 것이다. 어떻게 번역하든 큰 문제는 없다. 디모데와 실라가 합류하자 바울은 하나님 말씀에 "붙잡혀" 유대인들에게 예수가 그리스도임을 밝히, 그리고 아주 엄숙하게 증언했다.[5절] "붙잡혀"라는 말은 "쒸네코"(συνέχω) 동사의 3인칭단수 수동태 미완료형 "쒸네이케토"(συνείχετο)이다. 이 동사는 "무엇인가에 의해 지속적으로 지배당했다", 혹은 "지속적으로 소유당했다", 혹은 "지속적으로 감금당했다"라는 뜻으로, 하나님 말씀에 강력하게 사로잡힌 상태가 계속되었다는 말이다. 이처럼 바울은 하나님 말씀에 지속적으로 지배당하여 주체할 수 없는 열정과 확신으로 유대인들과 헬라인들에게 예수가 그리스도임을 증거한 것이다. 바울의 이 강력한 복음 전파 기세가 대적자들을 격동시켰다. 유대인 청중이 일제히 바울을 대적하며 비방하기 시작했다. 그러자 바울은 옷을 털면서 "너희 피가 너희 머리로 돌아갈 것이요 나는 깨끗하니라. 이후에는 이방인에게로 가리라"고 맞받아치며 회당을 빠져나갔다.[6절] 옷의 먼지를 털면서 이렇게 말하는 것은 듣는 자의 무한 책임을 강조하는 말이다. 이 전도자의 자기방어적 수사[修辭]는 예수님이 친히 가르쳐 주신 수사였다.[마 10:14; 행 13:46, 51]

유대인 회당에서 쫓겨난 바울은 회당에서부터 하나님을 경외하는 디도 유스도[Titus Justus]라 하는 사람의 집으로 사역 본부를 옮겼다. 그 집이 회당 옆에 있었기 때문이다.[7절] 회당을 출입하는 사람들에게 복음을 들을 기회를 제공하기 위함이었을 것이다. 그래서 회당장 그리스보[Crispus]가 온 집안과 더불어 주[主]를 믿었고, 아울러 수많은 고린도 사람들이 바울의 복음을 듣고 믿어 세례를 받았다.[8절] 더욱 감사한 것은 바울은 그날 밤에 지친 마음을 북돋우는 예수의 환상을 경험했다. 주께서 환상 가운데 바울에게 "두려워하지 말며 침묵하지 말고 말하라"고 격려하셨다.[9절] 살기 어린 적대자들의 야유와 비방을 들으며 이리저리 옮겨 다니는 바울 일행을 하나님께서 격려하신 것이다. 복음 전파의 최일선에서 전심전력하는 종들에게 하나님은 밤의 환상을 통해 격려해 주신다. 고단한 잠결에 쓸려 가는 시간인 밤에 주님의 생명이 바울에게 쇄도한 것이다. 당신의 종이 기도할 말을 찾지 못할 만큼 사방으로 욱여쌈을 당하여 의기소침해 있을 때 주님은 환상 중에 능히 위로해 주신다. 고린도 사람들의 영혼을 구원하려는 하나님의 열심이 바울을 사로잡았다.

10절은 바울이 두려워하지 말고 침묵하지 말고 복음을 크게 외쳐야 할 이유를 말한다. "내가 너와 함께 있으매 어떤 사람도 너를 대적하여 해롭게 할 자가 없을 것이니 이는 이 성 중에 내 백성이 많음이라 하시더라." 하나님께서 함께하신다는 약속은 의기소침에 빠진 예언자들의 사명을 지탱하고 붙들어준 말씀이다. 모세와 이사야, 그리고 예레미야에게 임한 바로 그 말씀이다.[출 3:12; 사 50:8; 렘 1:8] 바울은 홀로 혈혈단신 단기필마로 고린도 성읍을 향해 돌진하는 것이 아니라, 하나님과 함께 나아간다. 따라서 하나님께서 함께하시는 한, 어떤 대적도 바울을 해롭게 할 수가 없다. 적대적으로 보이는 고린도 성일지라도 그 안에는 하나님의 백성이 많기 때문이다. 하나님의 백성이 많은 고린도에서 하나님의 사자인 바울이 해를 당할 수 없다는 것이다. 고린도에도 하나님의 백성이 많이 있다는 사실은 바울에게 큰 소망과 위로가 되었을 것이다. "이 성 중에 내 백성이 많음이라"는 말씀은 이미 믿고 구원받은 하나님의 백성이 많다는 말도 되고, 바울의 복음을 듣고 하나님 백성으로 거듭 태어날 잠재적인 하나님의 백성이 많다는 말도 된다. 곧 하나님께서 바울을 통해 구원하실 백성이 많이 있다는 뜻이다. 후자의 의미라면 바울은 더욱 더 큰 사명감에 불탔을 것이다. 과연 바울은 1년 6개월이라는 긴 기간을 고린도에 머물면서 하나님의 말씀을 가르쳤다.[11절]

그런데 갈리오[Galiio]가 아가야[Achaia] 총독이 되었을 때, 곧 바울이 고린도에서 사역을 시작한 지 1년 6개월 만에 유대인들이 일제히 일어나 바울을 대적하여 법정에 고소하는 일이 벌어졌다.[12절] 그들은 아예 바울을 법정으로 끌고 갔다. 법정은 헬라어 "베마"(βῆμα)를 번역한 말이다. 이것은 총독 관저 앞 광장에 설치된 높고 도드라진 재판석을 가리킨다.[5] 13절은 유대인들의 고소 내용이다. "이 사람이 율법을 어기면서 하나님을 경외하라고 사람들을 권하고 있소." 아마도 바울은 고린도 이방인 출신 그리스도인들의 저열한 품성과 우상숭배 습속 때문에 율법적 교양을 갖추는 일에 크게 주안점을 두지 못했을 것이다. 그래서 유대인들의 눈에 바울은 율법을 어기면서 하나님을 경외하라고 권하는 모순을 범하는 자처럼 보였을 것이다. 바울은 이 정죄에 즉시 반박하려고 입을 열었으나 총독 갈리오가 유대인들의 바울 고소를 기각하는 결정을 내린다.[14절] "너희 유대인들아, 만일 이것이 무슨 부정한 일이나 불량한 행동이었으면 내가 너희 말을 들어 주는 것이 옳거니와 만일 문제가 언어와 명칭과 너희 법에 관한 것이면 너희가 스스로 처리하라. 나는 이러한 일에 재판장 되기를 원하지 아니하노라."[14-15절] 갈리오는 바울의 행동이 유대교 내부의 문제로 인한 분규라고 보았지, 사회의 공공질서나 미풍양속을 해치는 범죄라고 보지 않았다. 그래서 갈리오는 유대인들을 법정에서 쫓아냈다.[16절]

그러자 격분한 유대인 군중들이 그리스도인으로 개종해 회당장 자리에서 쫓겨난 그리스보를 대신해 새롭게 임명된 회당장 소스데네[Sosthenes]를 잡아 법정 앞에서 때렸다. 이때 소스데네 또한 바울의 안식일 강론을 통해 이미 개종했거나 복음에 우호적인 사람이 되었던 것 같다.[6] 회당장은 회당 강론을 그냥 듣는 사람이 아니라, 감독하며 세심하게 평가하면서 듣는 사람이었기에 바울의 강론 요지나 그 논리를 정확하게 들었을 것이다. 바울이 성경 강론을 통해 나사렛 예수의 주와 그리스도 되심에 관한 복음을 선포했던 사역은 그만큼 큰 감화력을 가졌다. 고린도전서 1:1은 편지 발송인 바울 바로 다음에 "형제 소스데네"를 언급한다. 그는 결국 바울의 핵심 동역자가 되었던 것이다. 새 회당장 소스데네를 때리는 유대인들의 린치Lynch, 私刑는 유대인 중 바울의 복음에 우호적이고 개방적인 사람들을 겁주는 효과가 있었을 것이다. 이렇게 소스데네를 때리는 유대인 군중들을 보고도 갈리오는 이 일을 상관하지 않았다. 그는 최소 간섭주의로 대응한 보신주의적 공무원이었다. 하지만 바울의 이방인 선교사역 자체가 로마제국의 법과 치안 질서를 어지럽히지 않았다는 판결을 내렸다는 점에서 의의가 적지 않다. 이후에 바울이 만나는 로마의 관리들, 총독 베스도, 펠릭스, 천부장 루시아 등 모든 로마제국 관리들도 바울의 이방인 선교 사역이 로마제국의 평화나 질서를 파괴하는 일이 아님을 공인해줬다. 1년 6개월간의 바울의 고린도 사역은 고린도 사역에 대한 로마제국 총독 갈리오의 혐의없음 판결 선언과 함께 종료되었다.

행

2. 수리아 안디옥으로 돌아간 바울 ● 18-23절

[18]바울은 더 여러 날 머물다가 형제들과 작별하고 배 타고 수리아로 떠나갈새 브리스
길라와 아굴라도 함께 하더라. 바울이 일찍이 서원이 있었으므로 겐그레아에서 머리
를 깎았더라 [19]에베소에 와서 그들을 거기 머물게 하고 자기는 회당에 들어가서 유대
인들과 변론하니 [20]여러 사람이 더 오래 있기를 청하되 허락하지 아니하고 [21]작별하
여 이르되 만일 하나님의 뜻이면 너희에게 돌아오리라 하고 배를 타고 에베소를 떠
나 [22]가이사랴에 상륙하여 올라가 교회의 안부를 물은 후에 안디옥으로 내려가서 [23]
얼마 있다가 떠나 갈라디아와 브루기아 땅을 차례로 다니며 모든 제자를 굳건하게
하니라.

주석

이 단락은 사도 바울의 백절불굴의 패기 배후에는 오랜 기간의 경

건 훈련이 축적되어 있음을 보여준다. 바울은 고린도에 여러 날 더 머물다가 형제들과 작별하고 배를 타고 수리아로 떠나갔는데, 수리아 안디옥에 도착하기 전에 중간 경유지들을 방문했다. 겐그레아, 에베소, 가이사랴 등을 경유한다. 겐그레아는 고린도의 동쪽에 딸린 작은 항구도시로서 에게해海로 나가는 뱃길의 요충지였다. 여기서 바울이 수리아로 가는 배를 탔다. 이 여정에 브리스길라와 아굴라도 바울과 동행했다. 바울 선교단 일행에 정식으로 합류한 것이다. 18절 하반절은 바울의 삭발에 대해 짧게 말한다. "바울이 일찍이 서원이 있었으므로 겐그레아에서 머리를 깎았더라." 이것이 무슨 말인가? 바울이 2차 선교 여행을 위해 나실인Nazirite 서원을 했으며, 따라서 머리를 길게 기른 채 다녔다는 것을 의미한다. 바울은 선교 여행을 시작하기 전 어느 시점에 자신의 몸을 구별하여 하나님께 산 제물로 드리는 나실인 서원을 했다.

> 남자나 여자가 특별한 서원 곧 나실인의 서원을 하고 자기 몸을 구별하여 여호와께 드리려고 하면 ⋯⋯ 그 서원을 하고 구별하는 모든 날 동안은 삭도를 도무지 그 머리에 대지 말 것이라. ⋯⋯ 드리는 날이 차기까지 그는 거룩한즉 그 머리털을 길게 자라게 할 것이라.민 6:2-5

나실인 제도는 레위 지파 출신이 아닌 하나님 백성이 일정 기간 동안, 또는 평생 하나님께 자기 몸을 드려 하나님을 특별히 섬기겠다고 결단하는 제도다. 사도 바울은 2차 선교 여행을 자기 몸을 거룩한 "산 제물"로 드리는 나실인 서원의 실행이라고 파악했다. 바울은 서신 곳곳에서 자신이 하나님께 바쳐진 산 제물임을 드러낸다.롬 12:1-2; 딤후 4:6; 참조. 빌 2:17 겐그레아에서 머리를 깎았다는 것은 그동안 바울 자신이 "나실인의 헌신"을 수행하고 있었음을 보여준다. 서원이 종료되는 날 머리를 깎는 나실인 전통에 비추어 볼 때, 바울은 고린도 사역으로 자신이 서원한 헌신이 일단락되었다고 생각했음을 알 수 있다. 바울의 "나실인 서원"에는 동족 유대인들의 적대적 오해와 편견을 완화시켜 보려는 의도도 없지 않았을 것이다.[고전 9:22-23] 자신도 율법의 전통을 존중하고 있음을 보여주고자 했을 수도 있다. 세상은 오늘도 하나님께 자기 몸을 구별해 드리는 자발적 나실인을 요청하고 있다. 하나님께 바쳐진 산 제물로서 일생을 살아가는, 나실인적 경건과 절제와 헌신과 섬김으로 이 세상의 총체적 죄악과 부패와 허무와 죽음의 메카니즘에 도전하는 사람들이 나와야 한다. 그리스도인은 세속주의와 말초적 쾌락주의와 물질 소비주의 속에서 영적으로 퇴행하는 21세기의 문명을 성화시키는 수도사적 경건의 사람이 되어야 한다. 20세기 말의 영성가인 니카라과[Nicaragua]의 에르네스토 카르데날[Ernesto Cardenal] 추기경은 이렇게 말했다. "오늘날같이 천박한 자본주의적 소비주의 체제하에서는 '신앙'을 유지하기 위해서라도 모든 그리스도인이 수도사가 되어야 한다."[7]

겐그레아에서 에베소로 북상한 바울은 일행을 놔두고 혼자 유대인 회당에 들어가 유대인들과 변론했다.[19절] 나중에 3차 선교 여행 때 바울은 에베소를 거점 삼아 사역을 펼치게 될 것이지만 지금은 잠시만 머물 수 있다. 에베소의 여러 사람이 그에게 좀 더 머물기를 청했으나 그는 허락하지 않았다.[20절] 바울 일행은 에베소의 형제들과 "만일 하나님의 뜻이면 너희에게 돌아오리라"는 작별인사를 나누고 에베소를 떠났다.[21절] 가이사랴에 잠시 상륙하여 그곳 교회의 안부를 묻고는 수리아 안디옥으로 곧장 내려갔다.[22절] 독자들은 수리아 안디옥에 가서 바울이 유럽 선교 보고를 할 것이라고 기대하게 되는데, 그런 언급이 전혀 없다는 점에 다소 놀라게 된다. 다른 곳들에서의 여정을 급히 단축하면서까지 수리아에 내려갔는데 바울이 수리아에서 무슨 일을 했는지에 대한 언급이 전혀 없는 까닭은 무엇일까? 유럽에서 복음을 전한 2차 선교 여행은 1차 선교 여행과는 달리 안디옥 교회의 공식 파송이 아니었기 때문일 것이다. 참조. 행 15:40 23절에 따르면 바울은 수리아 안디옥에 간 지 얼마 안 되어 그곳을 떠나, 다시 갈라디아와 브루기아 땅을 차례로 다니며 그곳에서 자신이 배출했던 모든 제자를 굳건하게 하는 사역에 투신했다. 튀르키예 반도 중부지역, 곧 당시 지명으로는 아시아의 동쪽 중부지역을 순회한 것이다.

3. 아볼로의 에베소 사역 ● 24-28절

[24]알렉산드리아에서 난 아볼로라 하는 유대인이 에베소에 이르니 이 사람은 언변이 좋고 성경에 능통한 자라. [25]그가 일찍이 주의 도를 배워 열심으로 예수에 관한 것을 자세히 말하며 가르치나 요한의 세례만 알 따름이라. [26]그가 회당에서 담대히 말하기 시작하거늘 브리스길라와 아굴라가 듣고 데려다가 하나님의 도를 더 정확하게 풀어 이르더라. [27]아볼로가 아가야로 건너가고자 함으로 형제들이 그를 격려하며 제자들에게 편지를 써 영접하라 하였더니 그가 가매 은혜로 말미암아 믿은 자들에게 많은 유익을 주니 [28]이는 성경으로써 예수는 그리스도라고 증언하여 공중 앞에서 힘 있게 유대인의 말을 이김이러라.

주석

이 단락은 18장과 19장을 이어주는 교량 단락이다. 18-23절 단락에서 바울이 잠시 머문 곳이 에베소이며, 19:1-7 단락에서 바울이 다시 찾아온 곳이 에베소이다. 24-28절 단락은 아볼로 사역에 대한 언급으로 19:1-7 단락으로 자연스럽게 이어진다. 왜 갑자기 여기서 아볼로 사역을 소개하는 것일까? 아볼로의 동선도 다소 애매모호하게 언급되고 있다. 바울이 아볼로를 만났다는 명시적 언급도 없다. 아마도 바울이 23절에서 언급된 그 갈라디아와 브루기아 지역 순회巡廻 여정 중 바로 옆 아시아 지역 중심 도시였던 에베소에서 아볼로를 만나 대면했거나, 혹은 아볼로가 에베소에 오기 전에 바울이 고린도에서 아볼로를 만나 교제했을 수도 있다. 물론 두 사람이 에베소에서 만났는지 고린도에서 만났는지는 이 단락 해석에 그다지 중요하지는 않다. 이 단락은 오히려 아굴라-브리스길라 부부와 아볼로가 만나서 동역하게 된 사정을 말하는 데 초점을 두고 있기 때문이다. 바울은 자신에게 좀 더 머물기를 청했던 에베소 제자들에게 자신 대신 아굴라와 브리스길라를 에베소에 머물게 해 제자들을 돕도록 주선해 놓았던 것 같다.[20절] 아굴라와 브리스길라는 바울의 뜻에 따라 에베소에 머물고 있었다.[19절]

24절은 아볼로가 알렉산드리아 출신 유대인으로서 언변이 좋고 성경에 능통한 자였다고 말한다. "언변이 좋은 사람"은 "아네르 로기오스"(ἀνὴρ λόγιος)의 번역어이다. 이성[로고스(λόγος)]이 잘 계발되었으며 논리적인 사람이라는 뜻이다. 아볼로는 알렉산드리아 유대교의 특징을 보유한 사람이다. 알렉산드리아의 필로 등이 개척한 알렉산드리아의 유대교는 이성적이고 논리적인 교양을 갖고 구약 종교를 헬라인들에게 소개하는 데 크게 기여했다. 그는 거기서 일찍이 "주의 도"[호도스 투 큐리우(ὁδός του κυρίου)]에 입문해 정통으로 배웠으며, 예수에 관한 것을 가르치는 데 진력했다. 단 그는 세례 요한의 세례만 알고 있었다.[25절] 그래도 아볼로는 유대교 회당에서 담대하게 예수에 관한 것을 가르치기 시작했다.[26절] 이때 아볼로의 담대한 회당 강론을 여러 번 듣고 있다가 브리스길라와 아굴라가 그를 데려다가 하나님의 도에 대하여 더 정확하게 설명해줬다.[26절]

아볼로는 일찍 주 예수의 복음으로 회심한 자였으며 복음에 대한 열심도 있는 성경에 정통한 성경 선생이었으나 "요한의 세례" 곧 회개의 물세례만 알고 있었고, "성령의 세례" 곧 중생과 성화의 세례를 알지 못했다. "요한이 모든 사람에게 대답하여 이르되 나는 물로 너희에게 세례를 베풀거니와 나보다 능력이 많으신 이가 오시나니 나는 그의 신발 끈을 풀기도 감당하지 못하겠노라 그는 성령과 불로 너희에게 세례를 베푸실 것이요."[눅 3:16] 이런 점에서 아볼로는 유능하고 쓰임직한 사역자였으나 2퍼센트 부족한 사역자였다. 그는 탁월한 성경 해석으로 유대인을 압도하는 것에 머물 뿐, 새로 교회 개척을 감당하기에는 충분하지 못했던 것이다. 아마도 아굴라와 브리스길라는 아볼로의 성경 강론을 경청하며 그를 한껏 존중했지만, 아볼로의 영적 궁핍을 알고 성령의 세례에 관하여 집중적으로 가르쳐줬을 것이다. 그 결과 아볼로는 바울의 동역자 브리스길라와 아굴라에게 복음의 심오한 것들, 곧 성령 세례와 구원론의 깊은 차원들을 더 자세히 배울 수 있었을 것이다. 탁월한 교사였던 아볼로는 겸손과 열린 마음으로 자기를 부인하고 성경에 관한 한 자기보다 낮은 식견을 가졌을지도 모를 브리스길라와 아굴라 부부에게 기꺼이 배웠던 것이다. 얼마나 놀랍고 아름다운 겸손이며 온유인가!

무릇 남을 가르치는 자는 항상 자신의 식견의 좁음과 부족을 인정하고, 보다 심오하고 높은 깨달음에 자신을 개방해야 한다. 더 높은 영적 가르침의 수원지에 나 자신의 가르침을 열어 놓고 더 온전한 깨달음이 이뤄지도록 자신을 부인해야 한다. 브리스길라와 아굴라는 아볼로가 에베소에 닦아 놓은 권위를 존중하기 위해 공개적이지 않은 은밀한 방법으로 아볼로의 약점을 신중하고 지혜롭게 감당했다. 참된 성경 선생은 이처럼 가르치기를 잘하는 자일뿐만 아니라, 배우기도 잘하는 자다. 아볼로는 이 짧은 만남 속에서도 크게 성장하여 더 넓은 지역에까지 인정을 받고 크게 쓰임 받는 사람이 되었다. 아볼로는 높은 식견과 열심을 겸비한 선생, 성경에 정통했으나 영적인 체험의 깊이를 갖추지 못한 자신을 부인하고 더 깊은 진리의 바다로 나아갔다. 그러던 중 아볼로에게 고린도 사역의 기회가 열렸다. 그가 어떤 계기로 아가야(고린도)로 건너가고자 했을 때, 에베소의 형제들이 그를 격려하며 고린도의 제자들에게 편지를 써 아볼로를 잘 영접해 달라고 부탁했다. 그래서 아볼로는 고린도에 가서 은혜로 말미암아 믿은 자들에게 많은 유익을 주었고, 많은 제자를 얻게 되었다.[27절; 비교. 고전 1:12; 3:4-6] 아볼로의 특장[特長]은 성경을 통한 변증이었다. 그는 성경을 가지고 예수가 그리스도라고 증언하며 공중 앞에서 힘 있게 유대인의 말을 이겼다.[28절] 아볼로의 고린도 사역은 바울에게도 인정을 받았다. "나는 심었고 아볼로는 자라게 했다."[고전 3:6] 이 말은 아볼로가 고린도 교회의 2대 사역자였다는 의미이다.

메시지

사도행전에서 바울의 선교활동은 두 개의 병렬적인 사역으로 구성되었다. 회당에서는 유대인들과 유대교에 입교한 사람들을 상대로 "나사렛 예수가 구약성경에서 예언한 종말의 이스라엘 회복자이며 구원자인 메시아"(그리스도), 곧 "천하 만민에게 복이 될 아브라함의 후손"임을 논증하는 데 치중했고, 회당 밖에서 만난 외국인들에게는 다신교적 우상숭배를 버리고 살아 있는 창조주 하나님에게 돌아오라는 회개 메시지와 임박한 종말 심판을 강조했다. 좀 더 구체적으로 말하면, 먼저 회당 사역을 통해 일정한 청중을 확보한 후에 유대인들의 반발로 회당 강론 기회를 잃으면 이방인 개종자의 집으로 선교 본부를 옮겨 이방인 사역에 집중하는 형식이었다. 사도 바울의 선교지 중 이러한 이중적인 사역이 효과적으로 펼쳐진 사역지가 고린도였다. 고린도는 유명한 지혜의 신 아폴로와 미의 여신 비너스(아프로디테)의 도시였다. 바울은 헬레니즘 문명의 보루인 고린도에서 1년 6개월 체류하며 성경 강의와 우상숭배로부터의 회개 설교를 병행했다. "십자가에 달린 주 예수 그리스도", 곧 "십자가에 달려 죽은 약한 그리스도"고후 13:4를 증거했다. 그 결과 예수의 살과 피로 우정과 환대를 맛보는 영생 식탁 공동체인 고린도 교회가 산파되었다.고전 11:23-26

고린도 교회는 재무장관 에라스도와 비천한 출신의 교인들, 가난한 자와 부자의 공존, 이방인과 유대인의 공존 공영체였다.고전 1:26-30 바울이 스스로 인정했듯이, 고린도는 대적자가 많았지만, 선교사역의 파급 효과나 열매 또한 풍성했다.고전 16:9 바울 서신중 고린도전후서는 교회에 대한 바울의 이해와 가르침을 가장 풍성하게 제공한다. 우리는 바울의 고린도 사역에서 그리스도의 많은 백성을 추수할 수 있었던 원동력이 무엇인지 고찰해 볼 필요가 있다.8절 "수많은 고린도 사람도 듣고 믿어," 10절 "이 성 중에 내 백성이 많으니라"

첫째, 생계를 스스로 해결하는 경제적 기반이 갖춰져 바울의 장기長期투신이 가능했다. 바울은 천막지기 동업자 아굴라와 브리스길라 부부를 만나서 생활비를 벌 수 있었다. 자비량 선교의 터전이 확보됨과 동시에 장기적인 거주가 보장되었다. 아굴라와 브리스길라 부부는 바울에게 직장, 거주지, 그리고 영적 인격적 사귐과 동역을 제공했다. 이 유능한 평신도 동역자 부부 외에도 디모데와 실라가 합류해 더 강력한 영적인 진지를 구축했다. 하나님은 외로운 바울에게 영적인 아들이요 동역자인 디모데와 실라를 합류시켜 주셨다. 흩어진 동역자들이 합류한 것이 바울의 심신을 안정시켰고, 말씀 전파에 더욱 집중할 수 있는 환경이 조성되었다. 복음의 일꾼의 가장 큰 은혜와 기쁨은 하나님에 의해 준비되고 훈련된 동역자를 하나님의 때에 만나는 것이다.

둘째, 유대인들에게 시기를 사서 안식일 회당 강론 기회를 빼앗긴 것이 오히려 전화위복이 되었다. 회당장 그리스보와 새 회당장 소스데네를 통해 회당을 출입하며, 이미 구약 구원사와 율법에 대한 상당한 예비지식이 있는 이방인들을 계속 가르칠 수 있었다. 회당 강론의 기회를 빼앗긴 바울에게 하나님은 디도 유스도라는 이방인 개종자의 집을 전도 거점으로 허락하셨다. 하나님을 경외하는 이방인 디도 유스도의 집을 거점삼아 헬라인들에게 무제한 접근을 할 수 있었으며, 안식일 성경 강론을 통해서 만난 헬라인들을 디도 유스도의 집에서 다시 만날 수 있었다.[4절, 8절] 그 결과 수많은 고린도 사람들의 결신과 수세가 있었다.

셋째, 디모데와 실라가 아테네에서 합류했을 때 하나님께서 말씀으로 감금했다고 표현할 정도로 바울은 말씀에 온전히 사로잡혀 있었다. 사도 바울의 말씀 선포는 성령에 사로잡힌 모습 그대로였다. 사도 바울이 말씀을 전하는 것이 아니라, 말씀이 사도 바울을 강권하여 살아 있는 복음 메시지가 되게 했다. 아울러 바울은 깊은 기도를 통해 하나님과의 고감도 영적 교감을 유지하고 있었으며 밤의 환상을 통해 큰 격려를 받았다. 고린도 안에 하나님의 말씀을 들을 많은 하나님 백성이 예비되어 있다는 격려는 바울을 크게 고무시켰다. "두려움과 의기소침"을 극복케 하는 주님의 위로는 지친 영혼의 양약이었다.

이상에서 살펴본 것처럼, 하나님의 동시다발적이고, 입체적이며, 섬세한 돌보심과 격려해 주심으로 바울은 1년 6개월의 장기사역에 투신할 수 있었다. 로마서를 비롯한 바울의 서신들이 이 장기 체류 가운데 저작되었다. 살기어린 동족의 끊임없는 훼방과 대적 앞에서도 한 치의 자기연민도 없이 전진하는 바울에게서 우리는 큰 위로를 받는다. 복음 사역자는 지치고 피폐해지기 쉽다. 자신의 사역 환경이 경제적 궁핍, 동역자의 지원도 없는 외로운 악전고투, 고소하려는 대적자들과 방해자들, 말씀 선포의 강단도 빼앗기는 곤경 등이 닥칠 때 뭔가 후퇴하고 싶고 중단하고 싶어질 때가 찾아온다. 이런 때 복음 전도자는 잠잠하여 입을 닫아 버리고 싶을 것이다.렘 20:7-9 그러나 바울은 이런 악조건을 극복하며 1년 6개월 동안 장기투신할 수 있었고 큰 열매를 얻었다. 그는 자신의 사역 후기에 고린도 사역에 대해 이렇게 평가했다. "내가 너희 가운데 거할 때 약하고 두려워하고 심히 떨었노라."고전 2:3 "도리어 크게 기뻐함으로 나의 여러 약한 것들에 대하여 자랑하리니 이는 그리스도의 능력이 내게 머물게 하려 함이라 그러므로 내가 그리스도를 위하여 약한 것들과 능욕과 궁핍과 박해와 곤고를 기뻐하노니 이는 내가 약한 그때에 강함이라."고후 12:9-10

19장.

에베소 선교: 그레코-로만 문명의 기초를 허무는 복음

에베소는 바울의 선교 사역지 중에서 가장 격렬하고 지속적인 반대와 저항을 받은 곳이다. 바울의 에베소 사역은 복음 사역이 개인의 인격을 변화시킬 뿐 아니라, 한 도시 전체의 문화를 바꿀 수 있다는 사실을 보여준다. 바울은 이곳에서 제자들을 따로 선발하여 가르치는 것의 중요성을 절감한다. 바울의 선교는 달月의 신을 섬기는 도시 에베소의 우상숭배 문화라는 견고한 진陣을 파하는 복음의 강력을 경험했다. 그는 본성처럼 깊게 뿌리박혀 있는 세계관, 종교, 풍습이라는 한 공동체의 견고한 진을 파하는 복음의 강력을 맛보았다. 바울의 복음은 정사와 권세와 세상의 어두운 세력과 주관자들을 무장 해제하는 하나님의 강력이었다. 달의 신의 우상을 만드는 은장색 노동조합원들과 아데미 신神을 섬기면서 생업을 유지하던 사람들에게 바울의 복음은 파산 선고를 의미했다. 마술쟁이 및 점술가들도 바울의 강력한 성령 시위 앞에 무너져 내렸다. 복음은 이처럼 세상의 악한 문화의 저변을 붕괴시켜 버린다. 복음은 어둠의 세력들을 무장 해제하는 힘이기에 복음 전파 과정에서 총체적인 반대와 저항에 직면한다. 이런 와중에서 바울은 에베소 선교의 성과에 크게 고무되어 "이제 로마도 보아야 하리라"라고 말하며, 하나님이 주신 선교 명령에 영적으로 깊이 감응한다. 오늘날 복음은 물신 숭배 이데올로기에 심각하게 오염되어 있다. 세상의 이데올로기에 편승하는 교회들이 사람들 입에 회자膾炙되며, 단기적으로 인기를 누리기도 한다. 그러나 그런 교회들은 복음의 문화 변혁력을 발산하지 못한다. 복음은 타락한 문화와 대적할 수밖에 없고 그 문화를 대적함으로써 존재하는 대항문화counter-culture와 대조문화contrastive culture의 견인차이다.[1] 19장은 아볼로의 제자들에게 임한 성령,1-8절 바울의 에베소 회당 사역과 두란노 서원 사역,9-20절 그리고 아데미 여신 숭배주의자들의 저항21-41절으로 나눠진다.

1. 아볼로의 제자들에게 임한 성령 ● 1-8절

1아볼로가 고린도에 있을 때에 바울이 윗지방으로 다녀 에베소에 와서 어떤 제자들
을 만나 2이르되 너희가 믿을 때에 성령을 받았느냐 이르되 아니라, 우리는 성령이
계심도 듣지 못하였노라. 3바울이 이르되 그러면 너희가 무슨 세례를 받았느냐 대답
하되 요한의 세례니라 4바울이 이르되 요한이 회개의 세례를 베풀며 백성에게 말하
되 내 뒤에 오시는 이를 믿으라 하였으니 이는 곧 예수라 하거늘 5그들이 듣고 주 예
수의 이름으로 세례를 받으니 6바울이 그들에게 안수하매 성령이 그들에게 임하시므
로 방언도 하고 예언도 하니 7모두 열두 사람쯤 되니라.

주석

이 단락은 세례자 요한의 세례만 알고 있는 에베소의 유대인들 가운데 일어난 영적 각성 운동을 다룬다. 이 소수의 무리 가운데 일어난 영적 각성이 이제 에베소라는 도시 전체에 엄청난 파장을 불러일으킨다. 아볼로가 고린도로 건너가서 사역하고 있을 때 바울은 수리아 안디옥을 기준으로 볼 때 윗지방인 갈라디아와 브루기아 지방을 순회하다가 에베소에 이르게 되었다. "윗지방"으로 번역된 헬라어[아노테리코스(ἀνωτερικος)]는 "육로"를 뜻하기도 한다. 브루기아를 거쳐 에베소에 간 것은 "윗지방"을 거쳐간 것이기도 하지만, 육로를 거쳐간 것이라고 볼 수도 있다. 브루기아는 튀르키예 반도의 서쪽 지방인 아시아의 수도 에베소와 상대적으로 가깝다. 바울은 에베소에서 몇몇 제자들과 조우했다.[1절] 그들은 아마도 아볼로의 제자들이었을 것이다. 그들도 요한의 세례는 알고 있었으나 성령의 세례는 모르고 있었다. 바울은 그들에게 단도직입적으로 묻는다. "너희가 믿을 때에 성령을 받았느냐?" 그러자 그들이 답한다. "우리는 성령이 계심도 듣지 못하였노라."[2절] 바울의 거듭되는 질문에 그들은 오로지 요한의 세례만 알고 있다고 대답한다.[3절; 눅 3:7-17]

요한의 세례는 죄책을 추궁하며 누적된 죄악에 대한 하나님의 임박한 심판을 예고하면서 베풀어진 회개를 결심하며 받는 세례였다. 이런 점에서 요한의 세례도 매우 중요했다. 하지만 요한의 세례는, 인간의 인격과 삶을 총체적으로 갱신시키며 하나님의 다스림 아래로 복속시키는 성령의 세례에 비하면 어디까지나 예비적인 세례였다. 그래서 바울은 누가복음 3:16에 나오는 세례 요한의 말씀과 유사한 말씀, 곧 "나보다 능력 많으신 …… 그는 성령과 불로 너희에게 세례를 베푸실 것이요"를 인용하며, 에베소의 제자들을 세례 요한이 예고했던 성령과 불의 세례로 초대했다. 바울은 세례자 요한이 누가복음 3:16에서 말한 "나보다 능력 많으신 이"는 다름 아닌 "예수"라고 선언하며 예수를 믿으라고 말했다.[2] 에베소 제자들이 받도록 기대되는 이 불과 성령 세례는 예수의 이름으로 베풀어지는 세례였다.[4절] 에베소 제자들은 즉시 주[主] 예수의 이름으로, 곧 성령으로 세례를 받았다.[5절] 5절 헬라어 문장, "ἐβαπτίσθησαν εἰς τὸ ὄνομα τοῦ Κυρίου Ἰησοῦ"를 직역하면, "그들은 주 예수의 이름 안으로 가라앉았다"이다. 주 예수의 이름 안에서 침수되고 죽었다는 말이다.[롬 6:3-4] "세례를 베풀다"라고 번역된 헬라어 "밥티조"(βαπτίζω)는 원래 종교적인 단어가 아니라, 그냥 "물에 잠기게 하다"를 뜻하는 동사이다. 에베소 제자들이 예수의 이름으로 세례를 받았다는 말은 예수의 이름 안으로 들어가 옛 자아의 익사를 경험했다는 것이다.고전 10:1-2; 참조. 벧전 3:20-21 옛 자아가 그리스도와 함께 죽었다는 것이다.롬 6:3-4

예수의 이름으로 세례를 받은 제자들에게 바울이 안수하자 성령이 그들에게 임했다. 그들은 방언도 하고 예언도 했다.6절 이 놀라운 현상은 바울의 안수에 엄청난 능력이 있었다는 것을 뜻하지 않는다. 이 성령 내림과 방언 발화發話 현상은 에베소 제자들의 결신에 대한 하나님의 영적 감응으로 일어난 일이다. 이렇게 성령을 받은 에베소 제자들은 모두 열두 사람쯤 되었다.7절 아마도 저자는 이 에베소 제자들의 성령 세례 사건이 예루살렘의 120 문도의 성령 강림 사건의 재현이라는 인상을 주고자 하는 것처럼 보인다.

다음 단락으로 넘어가기에 앞서 우리는 성령의 세례를 알지 못하는 아볼로 수준의 성경 공부의 효용에 대해 잠시 생각해 볼 필요가 있다. 아볼로의 사역이 약간 부족하다는 점을 인정함과 동시에, 아볼로의 사역과 바울의 사역을 서로 단절된 것이 아니라, 연속적인 것으로 보는 관점도 중요하다는 것이다. 아볼로의 지도로 이뤄진 누적된 성경 공부가 바울의 성령 부흥 운동에 의해 완성되었다고 볼 수 있기 때문이다. 이 사례에서 우리는 성경 공부의 목적이 성령에 사로잡히는 부흥 운동으로 성취됨을 알 수 있다. 냉랭한 성경 공부 모임에 불과하던 에베소 회당의 열두 제자들 가운데 일어난 성령 강림 사건은 두란노 서원에서의 대중 공개 성경 강좌로 연결되고, 그것은 마침내 에베소 도시 전체의 얼굴을 거룩하게 바꾸는 문화 변혁 운동으로 귀결되었다.

오늘날 출구를 찾지 못한 채 겨우 유지되는 냉랭한 성경공부반이 교회 안팎에 얼마나 많은가? 이 냉랭한 성경공부반의 희망은 어디에 있을까? 아볼로가 가르쳐 준 세례자 요한의 물세례는 이방인들의 마음속에 도덕적 각성 이상의 반향을 불러일으키지 못했다.

성령의 강력으로 전 존재를 변화시키는 질적 비약에 이르지 못한 채 계속 회개만 강조하고 있었던 것이다. 돌이켜 보면, 세례자 요한의 물세례는 준비 단계의 세례였음이 분명하다. 세례자 요한이 유대 광야에서 군중을 향해 외친 물세례는 성령의 검인 말씀의 파괴력이 동반되지 않은 종교적 준비 의식이었다.행 19:2-3 게다가 구약 역사를 모르는 이방인들의 경우에는 아볼로가 세례자 요한처럼 구약성경에 근거해 그들의 죄를 탄핵하는 것도 썩 효과적인 사역이 못 되었을 것이다. 결국 에베소의 제자들은 성령 세례를 알지 못한 채 젖은 장작더미처럼 냉랭한 가운데 있었다. 바울 일행이 도착하기 전까지 그들은 성령이 계심도 듣지 못했다. 오늘날 기독교인 중 아볼로의 제자로 만족하며 사는 사람이 적지 않다. 그들은 자신의 마음을 간신히 관리하고 경건하게 보존하는 데 관심을 갖는 지극히 개인주의적인 종교인이다. 그들은 자신의 영적 복지와 관련되는 한에서는 어느 정도 열심을 내지만, 하나님 나라라는 보다 더 광대한 전망을 갖고 있지는 않다. 그들에게는 의무는 있지만, 자발적이고 감미로운 순종의 기쁨은 찾아보기 힘들다. 그들은 하나님의 압도적인 권능으로 자아 갱신을 맛본 적이 없기 때문에, 복음의 능력으로 세상을 변혁시킬 비전은 꿈도 꾸지 못한다. 에베소의 제자들이 바로 이런 수준이었을 것이다. 바울은 이 젖은 장작더미를 복음과 성령 세례의 잉걸불로 태웠던 것이다.

바울은 그들에게 요한의 물세례는 예수의 성령(불)세례로 완성되어야 함을 가르쳤다. 십자가에 못 박혀 죽고 장사된 지 사흘 만에 부활하신 예수가 주요 그리스도가 되셨음을, 그리하여 성령을 파송하심으로 자신의 왕적 다스림을 시작하셨음을 가르쳤다. 십자가 죽음과 부활과 성령 파송의 순차적인 구원역사를 요약한 바울의 복음을 들은 에베소 제자들은 마음이 뜨거워졌다. 그리하여 주 예수 그리스도의 이름으로 세례를 받았다. 이것이 바로 불의 세례요 성령의 세례다. 주 예수 그리스도의 다스림 아래 자신을 복종시키는 사건, 곧 옛 자아의 십자가 처형 사건이 바로 주主 예수의 이름으로 세례를 받는 사건이다. 바울이 12명의 제자들에게 세례를 베풀고 안수했을 때, 곧 그들이 주 예수를 영접하고 신앙고백을 했을 때 성령이 강림했다. 성령 강림을 경험한 후 그들은 방언도 하고 예언도 했다. 에베소 판 오순절 성령 강림을 맛본 것이다. 열두 제자는 예루살렘 120 문도의 십분의 일에 해당한다.

하지만 이것은 엄밀한 의미에서 세상을 변혁시킬 정도의 영적 각성은 아니었다. 그것은 어디까지나 실존적인 구원 경험이요, 성령 충만의 경험일 뿐이었다. 성령 충만이란 성령에 온전히 지배되는 상태, 곧 예수의 뜻에 온전히 복종할 의지로 가득 찬 상태를 말한다. 성령 충만한 개인들이 모이면 세상을 향해 영적 파급력을 발산하게 된다. 이 영적 파급력은 성령 충만한 개인들이 세상과 충돌할 때 발생한다. 세상의 저항과 도전이 없으면, 영적 파급력도 나오지 않는다.

한국교회는 교회를 신앙생활의 현장으로 삼는 바람에 기독교 신앙과 세상과의 접촉점을 상실하고 있다. 복음은 일주일 중 6일 동안에는 침묵하고 7일째만 잠깐 소란스럽게 선포된다. 우리가 사는 세속화된 도시 문명을 거룩하게 변화시키지는 못한다. 오늘날 기독교 신앙은 주로 교회 안에서 표현되고 소비된다. 그리스도인들이 받았다고 주장하는 '구원'은 교회에서 장려되는 경건 생활, 소박한 봉사 활동, 그리고 내면의 성장을 돕는 기도 및 교회 봉사 생활로 표현되는 경향이 대세이다. 이런 경우, 세상 한복판에서 생업을 갖고 일하는 사람들과 충분히 접촉하지 못하는 목회자가 신앙생활의 중심이 되어 버린다. 그들은 소위 "거룩의 관리자"요 "영성의 보존자"요 "기독교 신앙의 파수꾼"이다. 그러나 그들의 설교는 교회 울타리를 넘어 세상 한복판까지 증폭되어 들리지 못한다. 한국 기독교인들의 체질화된 이원론적인 신앙 형태는 기독교의 미신화, 교회의 탈세상적 고립화, 성직자의 제사장화를 초래했다. 이원론적인 신앙을 가진 기독교인들은 신앙과 윤리의 통합을 이루지 못한다. 주일의 행동과 6일간의 세속적인 날들 사이에 존재하는 간극을 채우는 것이 어렵고 괴롭다. 기독교 신앙을 따라 제대로 살자니 포기해야 할 기득권이 많고, 감수해야 할 불편이 크기 때문이다. 세상을 뒤집어엎는 영적 각성이 일어나는 지점은 세속사회의 한복판이어야 한다. 세상으로부터 불어오는 거친 돌풍을 맞으며 그것을 돌파하려고 분투하는 자리에서 영적 각성이 일어나고 그 영적 파급력이 생겨난다. 바울은 악귀와 마술이 지배하는 에베소의 문화, 대적하는 세력이 많은 광대한 문화와 거룩하게 맞서고 있지 않은가? 고전 16:8-9

2. 바울의 에베소 회당 사역과 두란노 서원 사역 ●8-20절

**8바울이 회당에 들어가 석 달 동안 담대히 하나님 나라에 관하여 강론하며 권면하되
9어떤 사람들은 마음이 굳어 순종하지 않고 무리 앞에서 이 도를 비방하거늘 바울이
그들을 떠나 제자들을 따로 세우고 두란노 서원에서 날마다 강론하니라. 10두 해 동
안 이같이 하니 아시아에 사는 자는 유대인이나 헬라인이나 다 주의 말씀을 듣더라.
11하나님이 바울의 손으로 놀라운 능력을 행하게 하시니 12심지어 사람들이 바울의
몸에서 손수건이나 앞치마를 가져다가 병든 사람에게 얹으면 그 병이 떠나고 악귀도
나가더라. 13이에 돌아다니며 마술하는 어떤 유대인들이 시험 삼아 악귀 들린 자들
에게 주 예수의 이름을 불러 말하되 내가 바울이 전파하는 예수를 의지하여 너희에
게 명하노라 하더라. 14유대의 한 제사장 스게와의 일곱 아들도 이 일을 행하더니 15**

악귀가 대답하여 이르되 내가 예수도 알고 바울도 알거니와 너희는 누구냐 하며 16악
귀 들린 사람이 그들에게 뛰어올라 눌러 이기니 그들이 상하여 벗은 몸으로 그 집에
서 도망하는지라. 17에베소에 사는 유대인과 헬라인들이 다 이 일을 알고 두려워하며
주 예수의 이름을 높이고 18믿은 사람들이 많이 와서 자복하여 행한 일을 알리며 19
또 마술을 행하던 많은 사람이 그 책을 모아 가지고 와서 모든 사람 앞에서 불사르니
그 책값을 계산한즉 은 오만이나 되더라. 20이와 같이 주의 말씀이 힘이 있어 흥왕하
여 세력을 얻으니라.

주석

이 단락은 바울의 회당 사역과 두란노 서원 사역을 다룬다. 바울의 에베소 사역은 적대자들의 저항을 받으면서 새로운 국면에 접어든다. 에베소 버전의 오순절 성령 강림 사건을 맛본 바울은 이제 유대인 회당에 들어가 석 달 동안 담대히 하나님 나라에 관해 강론하고 권면했다.[8절] 여기서 바울은 고린도 회당 설교를 제외하고는 아마도 가장 긴 기간 안식일 강론을 하고 권면했다.[3] 그 주제는 '하나님 나라'였다.

8절은 세 개의 분사와 하나의 정동사로 구성되어 있다. 정동사는 "지속적으로 담대히 말했다"(ἐπαρρησιάζετο)는 3인칭 단수 미완료형인데, 개역개정은 이것을 생략한 채 마치 뒤에 나오는 두 개의 분사형이 주동사인 것처럼 번역한다. 세 개의 분사는 "회당에 들어가서"(Εἰσελθὼν) "토론하며"(διαλεγόμενος) "설복시키며"(πείθων)이다. 바울이 일방적으로 선포만 한 것이 아니라, 질문을 받아 토론도 하며 그 토론을 통해서 하나님 나라를 영접하라고 적극적으로 설득을 겸했다는 말이다. 유대인들의 저항감은 이런 토론 과정에서부터 생기기 시작했을 것이다. 바울의 담대한 "하나님 나라"[행 1:3; 8:12; 14:22; 20:25; 28:23, 31] 선포가 유대인을 불편하게 했다는 것이다.[4]

행

선포가 지속되자 마음이 굳어 순종하지 않고 무리 앞에서 이 도道를 비방하는 사람들이 나타났다.[9절] 사도행전 저자가 유대교에서 파생한 이 신흥 종교를 도道라고 언명하는 계기는 예루살렘 교회[9:2; 22:4]와 에베소에 형성된 교회[19:9, 23]를 국외자들이 묘사할 때이다. "이 도"라고 번역된 헬라어 "호 호도스"(ὁ ὁδός, the Way)는 객관적, 가시적으로 움직이는 응집성 있는 집단의 활동을 가리킨다.[5] 예루살렘에서처럼 에베소에서도 그리스도인들은 확실히 유대교로부터 독립된 노선을 취한 응집성 있는 공동체로 등장했다는 것이다. 사도행전 저자는 예루살렘과 에베소 사역을 수미쌍관 구조로 배치하여 바울의 에베소 사역의 중차대한 의미를 부각시킨다. 에베소 열두 제자에게 임한 성령 강림은 예루살렘 120 문도에 임한 오순절 성령 강림의 연장이며, 예루살렘에서도 배척받는 이 도道는 에베소에서도 배척받는 도道가 되었다는 것이다.

예루살렘 대제사장들이 마음이 완악하여 이 도道에 저항했듯이, 에베소 유대인들도 마음이 완악하여 이 도道에 저항했다. 에베소 사역이 사도들의 이방 선교사역의 총결산이라는 점에 비추어 볼 때, 예루살렘 유대인들이 보였던 이 도道에 대한 저항은 에베소의 유대인들이 보인 이 도에 대한 저항으로 절정에 이른다. 바울을 고소하고 끝내 바울이 예루살렘 제사장들에게 체포되어 로마의 가이사 법정에 서게 된 결정적 계기를 만든 자들은 에베소에서부터 바울을 따라온 유대인들이었다.[행 21:27-29] 나사렛 예수의 하나님 나라에 대한 저항은 예루살렘 유대인들이 시작해서 에베소 유대인들이 완성했다. 사도행전 저자는 예루살렘의 완악한 유대인들이 베드로와 사도들의 파죽지세 같은 하나님 나라 복음에 저항했지만 그 운동을 막을 수 없었던 것처럼, 에베소의 유대인들과 우상 숭배주의자들의 훼방과 대적도 하나님 나라 복음, 곧 이 도道의 파죽지세 공세를 당할 수 없었음을 강조한다.

고린도에서처럼 에베소에서도 유대인들이 복음을 대적하고 완악하게 방해했지만, 바울의 하나님 말씀 강론을 멈추게 할 수는 없었다. 바울은 비방하는 유대인들을 피하는 한편, 믿고 순종하는 제자들을 따로 세우고, 두란노서원에서 날마다 성경을 강론했다.[9절] 적대적인 유대인들의 반대로 회당에서 쫓겨나 두란노라는 사람의 사설학원을 빌려 제자들을 집중적으로 가르쳤던 것이다. 바울의 강론의 주지는 '예수는 왕'이시다, 곧 '예수는 주'主시라는 복음이었다. 다른 말로 하면 하나님 나라에 대한 강론이었다. 바울의 하나님 나라 강론은 창백한 이론 강의가 아니라, 하나님 나라의 실체를 경험하도록 하는 실천적 강의였다. 바울은 2년 동안 날마다 이런 방식으로 성경을 강론했다. 아마도 처음에는 두란노 강좌는 바울의 가르침을 이해하고 실천하는 제자들을 집중적으로 양성하는 프로그램이었을 것이다. 그러나 2년 만에 그 저변이 확대되어 대중들도 참여하는 유명한 프로그램이 되었다. "두 해 동안 이같이 하니 아시아에 사는 자는 유대인이나 헬라인이나 다 주의 말씀을 듣더라."[10절]

더욱 놀라운 것은 이 기간 동안 바울의 몸이 하나님 능력의 통로가 되었다는 사실이다. 하나님은 바울의 손으로 놀라운 능력을 행하게 하셨는데,[11절] 심지어 사람들이 그의 몸에서 손수건이나 앞치마를 가져다가 병든 사람에게 얹으면 병이 낫고 악귀도 떠났다.[12절] 이런 엄청난 능력은 2년간 계속된 성경 강론, 곧 고도로 집중된 말씀 사역의 결과로 주어진 선물이었다. 에베소를 넘어 아시아 일대, 곧 현재의 튀르키예의 지중해 연안과 인접한 서부 지역을 진동시킨 두란노서원의 말씀 사역은 축적된 말씀 강론과 제자 사역의 중요성을 절감하게 해주는 사례다. 하나님 나라 운동력은 제자 양성 가운데 발출된 성령과 말씀의 능력으로 나타났다. 에베소에 드러난 하나님 나라 운동력은 말씀의 수레를 타고 성령이 역사한 현장이었다. 말씀은 순종하는 자, 믿는 자 속에 능력으로 역사한다. 이 능력은 하나님 없이 사는 세계를 변혁하는 능력이며, 불순종의 영에 붙잡힌 세계 속에 사는 개인들을 해방하고 구원하는 신적 권능이다.

예수의 말씀을 대언하는 바울의 선포 가운데 하나님 나라의 생명력이 발산되었다. 바울의 에베소 사역은 "내가 너희에게 이른 말은 영이요 생명이라"요 6:63는 예수의 말씀이 현실화되는 현장이었다. 또한 "하나님의 말씀은 살았고 운동력이 있어 좌우에 날선 어떤 검보다 더 예리하다"히 4:12는 진리가 입증되는 현장이기도 했다. 하나님 나라 운동력이란 마땅히 하나님의 주권적 통치 아래 들어와야 하지만, 죄와 불순종으로 하나님을 거역하는 세계를 하나님의 다스림 아래 순복시키는 능력이다. 이 능력은 폭력이나 군사적 정복을 통해 발출되지 않고, 사랑, 죄사함, 그리고 악한 영적 정치적, 경제적 지배 체제로부터 해방을 통해 발산된다. 하나님은 당신의 다스림에 불순종하는 자들을 사랑과 은혜로 굴복시켜서 구원한다. 하나님 나라에 패배당하고 복속되는 것, 그것이 바로 죄악의 폭군적 지배력에서 해방되는 구원이다. 가장 넓게 정의하면, 죄란 개개인의 심령에 심층적인 영향을 미쳐 하나님께로 돌이킬 수밖에 없도록 강압하는 정신적이고 우주적인 세력이다. 하나님께 저항하고 불복하도록 우리 인격에게 부단히 영향을 끼치는 인격적인 반역 세력, 사탄의 의지가 죄의 궁극적 기원이다.

바울의 선포 속에서 하나님(성령)은 하나님을 떠나 죄 가운데 사는 각 사람의 마음을 뒤집어 하나님을 주로 영접하고, 그 통치를 기꺼이 수용하도록 권유하신다. 이 압도적인 은혜가 바울의 선포와 사역 속에 거침없이 역사하여 에베소를 하나님 나라의 진지로 전환시킨 것이다. 에베소에서는 개개인의 중생은 물론, 사회 구조 속에 뿌리내린 우상숭배 체제와 문화 전반을 거룩하게 변혁시키는 문화 변혁이 일어났다. 개인 구원의 감격과 기쁨은 사회 구조를 변혁시키는 능력으로 변화되었고, 역으로 사회 체제의 변혁 과정속에서 개개인을 해방시키는 하나님의 구원 능력을 체험했다. 하나님은 오늘도 말씀의 종들을 통해 이 같은 에베소판 하나님 나라 운동을 일으키기를 원하신다. 하나님 나라는 말씀을 전폭적으로 순종하고 성령의 역사에 예민한 제자들을 병거삼아 죄악의 도성을 허물어뜨린다. 주의 말씀이 사변으로 전락하고 설교 강단이 만담이나 사적인 체험담으로 채워지는 한국교회의 영적 현실이 못내 안타깝다. 말씀을 읽고 거룩한 흥분이 진작되는 성도는 자신의 몸을 말씀의 병거로 드려야 한다.

여기서 우리가 분명히 깨달아야 할 진리는, 2년 동안 매일같이 계속된 성경 강론이 바로 하나님의 권능이 나타나는 매개물이 되었다는 것이다. 마르틴 루터Martin Luther가 종교개혁의 누룩이 될 만한 사상을 발효시키던 때에 그는 1년에 550여 차례 설교를 한 것으로 알려져 있다. 위대한 영적 각성 운동의 저변에 매우 세밀하게 준비된 말씀 강론이 있었던 것이다. 온 영국민을 깨운 찰스 스펄전Charles Haddon Spurgeon도 일찍이 매일 설교하는 일의 중요성을 강조했다. 2년간 축적된 말씀 강론과 순종이 바울을 하나님의 놀라운 권능의 발출자가 되게 한 것이다. 낮시간에 일하면서 감당한 밤시간의 말씀 강론과 주 예수의 명령에 삶 전체를 드리고 순종한 단순한 제자도, 이러한 2년간의 축적된 경건 생활을 통로 삼아 하나님의 권능이 세차게 분출한 것이다. "하나님이 바울의 손으로 놀라운 능력을 행하게 하시니 심지어 사람들이 바울의 몸에서 손수건이나 앞치마를 가져다가 병든 사람에게 얹으면 그 병이 떠나고 악귀도 나가더라."11-12절 여기서 특별히 주목할 점은 하나님의 권능이 노동으로 단련된 바울의 손을 타고 흘렀다는 사실이다. 선교사 바울의 손수건과 앞치마는 낮시간의 노동으로 자신을 소진시킨 바울의 겸손과 성실을 상징한다. 하나님의 권능은 땀과 눈물에 젖은 손수건과 앞치마를 타고 흘렀다. 여기서 우리는 하나님의 권능이 움직이는 동선을 발견하게 된다. 바울은 권능을 받기 위해 무작정 40일 금식기도에 돌입한 것이 아니다. 하나님의 권능은 일상 속에서의 땀과 노동과 헌신과 겸손한 수고를 타고 내려온다. 하나님의 초자연적인 권능은 자연적인 원칙에 충실한 삶과 땀과 노동을 통해 매개된다. 하나님 자신이 정직하고 겸손하고 의로운 하나님이시기 때문이다.

이러한 바울의 권능을 부러워하던 유대인 구마사驅魔師, exorcists들도 바울을 흉내 내며 악귀 들린 자들에게 "주 예수의 이름을 불러 말" 하였다.13절 또한 그들은 "바울이 전파하는 예수를 의지하여 너희에게 명하노라"는 말로 귀신을 쫓아내려고 했다. 마침 에베소의 유대인 제사장 스게와Sceva의 일곱 아들[6]도 바울을 모방하여 주 예수의 이름으로 악귀들을 추방하려고 시도했다.14절 "악귀야, 바울이 전파하는 주 예수의 이름으로 명하노니 나오라." 그런데 놀랍게도 악귀가 다음과 같이 대답했다. "내가 예수도 알고 바울도 알거니와 너희는 누구냐?"15절 이 질문에는 스게와의 일곱 아들은 악귀가 상대할 가치조차 없는 자라는 함의가 들어있다.

여기에 우리 시대의 고민이 있다. 마귀는 우리 시대의 스게와의 일곱 아들들, 곧 일곱 제사장들이 예수와 바울의 권능을 이어받지 못한 형편을 간파할 수 있다. 그들은 귀신에게 역습을 당해 오히려 제사장 제복을 빼앗긴 채 벌거숭이 몸으로 도망친다. 그들은 귀신에게 눌려 항복했고, 상처를 입고 벌거숭이가 되어 집 밖으로 도망쳤다. 영적 각성을 통해 세속 사회의 견고한 무신론적 진지를 허물 수 있는 역동적인 기동전을 펼치지 못하는 기독교회는 이처럼 악귀에게 패배하여 공공연하게 수치와 낭패를 당할 것이다. 악귀를 무장 해제하지 못해 제사장 옷도 벗겨진 채 거리로 내달리는 부끄러운 기독교회가 되지 않으려면, 바울의 앞치마와 손수건에 담긴 일상적 수고와 노동의 가치를 회복해야 한다. 손수건에 땀을 닦고 앞치마를 입고 수행하는 노동을 감수하며 말씀을 연구하여, 한 시대의 마술 및 악귀 문화를 해체하는 말씀의 종들이 나타나야 한다. 일상생활 가운데 세밀하게 순종하는 날을 쌓고 쌓아서 어느 날 불현듯 폭발하는 하나님의 권능을 경험하는 그리스도인들이 분연히 일어나야 한다.

바울의 손과 앞치마와 손수건을 통해 내리는 하나님의 권능을 목격한 에베소에 사는 모든 유대인과 헬라인은 하나님 나라가 객관적으로 나타나는 것을 경험했다.[고전 2:1-4] 하나님 나라가 실체로서 경험되면 사람들의 삶 한복판에 경건한 두려움이 일어나며, 주 예수 그리스도의 이름을 높이게 된다.[17절; 비교. 빌 2:6-11] 에베소에 사는 유대인과 헬라인들이 다 이 일을 알고 두려워하며 주 예수의 이름을 높였다. 주 예수의 이름을 높이는 곳에 하나님 나라가 임하자 많은 믿는 사람들이 와서 자복하며 자신이 행한 일들을 회개했다.[18절] 주 예수 그리스도가 하나님 보좌 우편에 앉은 왕임을 믿는 많은 사람이 와서 자신의 과거를 고백하고 청산했다.[17-20절] "마술들"[페리에르가(περίεργα)]을 행하던 많은 사람이 그 책을 가지고 와서 모든 사람 앞에서 불살랐는데, 불사른 책의 값을 계산하니 은 오만이나 되었다.[19절 7]

직업으로 마술을 행하던 자들(πράξεως의 부정과거 능동분사형)이 자기 직업을 바꾸면서까지 예수를 주라고 고백했다. 여기서 마술은 인간의 불확실한 미래와 운명에 능동적으로 대처하는 데 도움이 된다고 믿어지는 일종의 영매 활동이다. 남의 눈을 속일 만큼 빠른 손동작을 말하는 것이 아니라, 책을 통해 점을 봐주고 미래의 불확실성에 대한 대처 요령을 말해 주는 일종의 점치기를 뜻했다. 복음은 생사화복과 길흉을 정하시고 그것을 피할 길을 계시하시는 하나님을 선포한다. 그렇기 때문에 복음이 선포되는 곳에서는 마술이 그 효용 가치를 잃는다. 땀, 노동, 수고의 세계가 요행, 마술적 미래 조작의 세계를 압도해 버린 것이다. 창조주 하나님과 올바른 삶의 방향을 분명하게 계시하는 복음 안에서 인간은 더 이상 헛된 영들의 중개 작용에 의존할 필요가 없는 것이다. 복음만이 인간의 마음을 사로잡아 창조주 하나님께로 돌이킬 수 있다. 인간의 마음은 하나님과 거짓된 영들의 각축장이다. 복음은 사람의 마음을 하나님의 말씀에 순종할 수 있는 순종 모드mode로 치환해 준다.

이처럼 주의 말씀이 힘이 있어 흥왕하여 세력을 얻었다.20절 에베소 개종자들의 마술책들의 분서焚書가 주의 말씀의 더 강력한 역사役事를 촉발시켰는지, 역으로 주의 말씀이 힘있게 선포되고 흥왕하니까 마술책들을 분서하는 진정한 개종자들이 나타났는지 불확실하지만, 두 사건은 서로 영향을 주었을 것이다. 에베소는 마술에 의지해 장차 닥칠 액운을 피하려고 했던 사람들로 성업을 이루었던 곳에서 하나님의 복음에 응답하는 거룩한 도시로 탈바꿈하기 시작했다.

이처럼 바울의 에베소 사역은 자아 갱신에서 시작되어 제자 공동체 형성으로 확장되다가 마침내 세속 사회의 문화와 철학, 종교의 기반을 창조적으로 해체하는 거룩한 변혁 운동으로 이어지는 하나님 나라의 선순환 구조를 잘 보여주고 있다. 결국 주의 말씀이 힘이 있어 흥왕하여 세력을 얻는 현상은, 한 사회의 운영 원리와 공동체의 구성 원리와 조직 원리가 복음의 말씀 앞에 복종하여 바뀌는 현상을 말한다.

19장에서 복음이 에베소에 일으킨 문화 변혁 운동의 산 증거는 유명한 점술과 마술 사업가들마저도 이 도도한 회개 운동에 동참했다는 사실이다. 결국 하나님의 말씀 앞에 마술은 힘을 잃었다. 미래에 대한 막연한 불안 때문에 번성하던 마술 사업은 진리이신 하나님의 말씀 앞에 용도 폐기된 것이다. 이것이 바로 복음과 하나님 나라의 문화변혁의 기세다.[8] 마술과 악귀가 지배하던 에베소의 정신세계를 복음이 붕괴한 것이다. 1907년 평양 일대에 일어난 대부흥의 영적 파급력[9]과 19세기 영국의 웨일스 지방과 18-19세기 두 차례에 걸쳐 일어난 미국 대각성의 사회적 파급력도 바울의 에베소 영적 각성의 복사판이라고 볼 수 있다.[10]

"광대하고 효과가 큰 사역의 문이 열렸으나 대적자도 많았던 곳"이라고 바울 자신이 고백했듯이,고전 16:8-9 에베소는 바울의 여러 이방 선교 사역지 중 가장 도전적이고 적대적인 지역이었다. 바울의 3개월 에베소 회당 사역과 2년간의 두란노 서원 사역은 복음을 통한 영적 각성의 생생한 현장을 보존하고 있다.

여기서 우리는 어떻게 하면 주의 말씀이 흥왕하여 세력을 얻을 수 있는지에 대한 몇 가지 실마리를 얻는다. 첫째, 2년간 지속된 하나님 나라 중심의 성경 강론이다. 영적 허기와 갈증을 지닌 제자들을 중심으로 시작되었던 2년간의 성경 강론은 에베소 지역을 넘어 아시아 사람들 모두에게 널리 알려졌다. 제자들에게 초점을 맞춘 강좌였지만 다수의 무리에게까지 혜택을 끼친 강좌였다. 제자 사역이 대중 사역으로 발전한 것이 주목할 점인데, 우리 시대의 교회도 대중 복음화에 착수하기 전에 먼저 제자 양성에 혼신의 힘을 기울여야 하는 것이다.

둘째, 바울은 엄청난 영적 권능으로 영적인 흑암 세력을 제압했다. 사람은 영적인 힘의 매개자다. 사람은 악령의 대리자로 살 수도 있고 성령의 도구가 될 수도 있다. 바울의 손수건마저도 하나님의 강력을 전달하는 매개물이 되었다. 바울의 놀라운 카리스마와 영적인 능력은 진정 성령의 강력한 시위였다.고전 2:4 우리는 한국교회가 영적인 강력을 발휘하는 견고한 진지가 되기를 기도해야 한다. 선하고 순수한 것만으로는 이 세상을 하나님 나라로 복속할 수 없다. 선하고 순수한 사람들이 악을 무장 해제할 수 있는 강력을 가져야 한다. 이 두 가지 조건이 충족될 때 하나님 나라 운동은 정신세계의 혁명을 가져오고 도시의 문화 전체를 바꾸는 문화 변혁력을 발산한다. 이처럼 하나님의 말씀, 복음은 견고한 진을 깨뜨리는 강력이다. 어떤 점에서 한국교회는 두란노 서원과 같은 개방형 교회가 되어야 한다. 이는 제자 사역과 무리 사역이 조화를 이루는 교회다. 이러한 교회는 제자들을 양성하여 세상에 파송하는 교회다. 성경 공부의 목적은 세상 속에 제자를 파송하는 데 있다. 그러나 파송되기 전에는 제자 공동체 안에 하나님의 놀랍고 신령한 권능이 나타나기를 간구해야 한다. 한국교회가 악귀를 굴복시키고 무장 해제하는 강력한 전사divine warrior 공동체로 발돋움할 수 있도록 간구해야 한다.

마지막으로, 바울의 에베소 사역은 정신세계의 혁명을 가져오고 도시의 문화 전체를 바꾸는 문화 변혁의 능력을 발산했다. 복음주의 교회는 그 교회가 위치한 도시의 정신세계와 문화를 변혁하는 강력을 발산할 수 있어야 한다. 이때 도시 문명을 장악한 구조악을 혁파하려면 엄청난 희생이 따르는 영적 전투를 피할 수 없을 것이다.[11] 현대의 도시는 인구 밀집 지역을 가리키는 중립적인 용어가 아니라, 개인의 삶과 공동체의 문화에 영향력과 권세를 행사하는 권력 기관이다. 자크 엘륄이 설파했듯, "도시는 영적인 영향력을 끼친 …… 한 사람의 영적 생활을 지시하거나 바꾸는 힘을 지니고 있다."[12]

3. 아데미 여신 숭배주의자들의 저항 ●21-41절

21이 일이 있은 후에 바울이 마게도냐와 아가야를 거쳐 예루살렘에 가기로 작정하여
이르되 내가 거기 갔다가 후에 로마도 보아야 하리라 하고 22자기를 돕는 사람 중에
서 디모데와 에라스도 두 사람을 마게도냐로 보내고 자기는 아시아에 얼마 동안 더
있으니라. 23그때쯤 되어 이 도로 말미암아 적지 않은 소동이 있었으니 24즉 데메드리
오라 하는 어떤 은장색이 은으로 아데미의 신상 모형을 만들어 직공들에게 적지 않
은 벌이를 하게 하더니 25그가 그 직공들과 그러한 영업하는 자들을 모아 이르되 여
러분도 알거니와 우리의 풍족한 생활이 이 생업에 있는데 26이 바울이 에베소뿐 아니
라 거의 전 아시아를 통하여 수많은 사람을 권유하여 말하되 사람의 손으로 만든 것
들은 신이 아니라 하니 이는 그대들도 보고 들은 것이라. 27우리의 이 영업이 천하여
질 위험이 있을 뿐 아니라 큰 여신 아데미의 신전도 무시당하게 되고 온 아시아와 천
하가 위하는 그의 위엄도 떨어질까 하노라 하더라. 28그들이 이 말을 듣고 분노가 가
득하여 외쳐 이르되 크다, 에베소 사람의 아데미여 하니 29온 시내가 요란하여 바울
과 같이 다니는 마게도냐 사람 가이오와 아리스다고를 붙들어 일제히 연극장으로 달
려 들어가는지라. 30바울이 백성 가운데로 들어가고자 하나 제자들이 말리고 31또 아
시아 관리 중에 바울의 친구 된 어떤 이들이 그에게 통지하여 연극장에 들어가지 말
라 권하더라. 32사람들이 외쳐 어떤 이는 이런 말을, 어떤 이는 저런 말을 하니 모인
무리가 분란하여 태반이나 어찌하여 모였는지 알지 못하더라. 33유대인들이 무리 가
운데서 알렉산더를 권하여 앞으로 밀어내니 알렉산더가 손짓하며 백성에게 변명하려
하나 34그들은 그가 유대인인 줄 알고 다 한소리로 외쳐 이르되 크다, 에베소 사람의
아데미여 하기를 두 시간이나 하더니 35서기장이 무리를 진정시키고 이르되 에베소
사람들아, 에베소 시가 큰 아데미와 제우스에게서 내려온 우상의 신전지기가 된 줄
을 누가 알지 못하겠느냐 36이 일이 그렇지 않다 할 수 없으니 너희가 가만히 있어서
무엇이든지 경솔히 아니하여야 하리라. 37신전의 물건을 도둑질하지도 아니하였고
우리 여신을 비방하지도 아니한 이 사람들을 너희가 붙잡아 왔으니 38만일 데메드리

오와 그와 함께 있는 직공들이 누구에게 고발할 것이 있으면 재판 날도 있고 총독들도 있으니 피차 고소할 것이요 [39]만일 그 외에 무엇을 원하면 정식으로 민회에서 결정할지라. [40]오늘 아무 까닭도 없는 이 일에 우리가 소요 사건으로 책망받을 위험이 있고 우리는 이 불법 집회에 관하여 보고할 자료가 없다 하고 [41]이에 그 모임을 흩어지게 하니라.

주석

21절은 에베소에서 엄청난 하나님 나라의 강력을 맛본 바울의 진전된 비전을 소개한다. "이 일이 있은 후에 바울이 마게도냐와 아가야를 거쳐 예루살렘에 가기로 작정하여 이르되 내가 거기 갔다가 후에 로마도 보아야 하리라 ……." 에베소에서 일어난 문화 변혁적 하나님 나라 운동은 일회성 행사로 끝날 것이 아니라, 보다 확장되고 확대되어야 함을 선포하는 것이다. 바울은 이제 로마에 입성할 비전에 불붙기 시작했다. 바울은 자신이 로마로 가기 전에 마게도냐와 아가야를 거쳐 예루살렘에 갈 계획을 세우고, 그 다음에 로마를 방문할 계획을 세운다. 예루살렘으로 가려고 하는 목적은 이방인들을 하나님께 산 제물로 드리고자 함이었다.[롬 15:16] 바울은 이스라엘의 하나님이 세계 열방의 하나님임을 선포하기 위해 이방인 신자 대표 7인, 곧 베뢰아 사람 부로의 아들 소바더, 데살로니가 사람 아리스다고와 세군도, 더베 사람 가이오와 디모데, 아시아 사람 두기고와 드로비모을 데리고 예루살렘 상경 길에 오른다.[행 20:4] 또한 그는 이방 교회 형제들의 부조를 예루살렘 교회 성도들에게 전달하여[롬 15:25-29] 이방인 교회와 예루살렘의 유대교 출신 그리스도인들을 화해시키고 그들 사이의 형제애를 복돋우기 위해 예루살렘에 가려고 했다.[롬 15:31-32] 그의 로마 방문 목적은 나중에 로마서에 간략하게 피력된다.

어떻게 하든지 이제 하나님의 뜻 안에서 너희에게로 나아갈 좋은 길 얻기를 구하노라. 내가 너희 보기를 간절히 원하는 것은 어떤 신령한 은사를 너희에게 나누어 주어 너희를 견고하게 하려 함이니 이는 곧 내가 너희 가운데서 너희와 나의 믿음으로 말미암아 피차 안위함을 얻으려 함이라. 형제들아, 내가 여러 번 너희에게 가고자 한 것을 너희가 모르기를 원하지 아니하노니 이는 너희 중에서도 다른 이방인 중에서와 같이 열매를 맺게 하려 함이로되 지금까지 길이 막혔도다. 헬라인이나 야만인이나 지혜 있는 자나 어리석은 자에게 다 내가 빚진 자라. 그러므로 나는 할 수 있는 대로 로마에 있는 너희에게도 복음 전하기를 원하노라.롬 1:10-15

바울은 로마에 가서도 복음을 전하여 열매 맺기를 갈망했다. 아직 연약한 상태에 있는 교회를 견고하게 성장시킬 비전을 품었다. 한편으로 바울은 예루살렘 성도들을 위해 마게도냐 이방 교회들이 이미 작정한 연보를 걷도록 디모데와 에라스도 두 사람을 마게도냐로 보냈고 자기는 아시아에 얼마 동안 더 있었다.22절

그런데 바울이 에베소에 얼마 더 머물면서 다음 단계의 선교 여행(특히 로마 선교 여행)을 계획하는 동안에 아데미 여신 관련 세공업자들의 반反바울 반反기독교 소요가 일어났다.23절 신상神像 모형figurine의 제작으로 큰 돈벌이를 하던 은장색 데메드리오와 그가 주도한 관련 직능조합원들이 일으킨 소동이었다.24절 그가 은세공업을 하는 직공들과 관련 영업을 하는 자들을 모아 바울의 하나님 나라 운동이 자신들의 영업에 끼친 피해를 낱낱이 열거하며 바울을 대적하도록 선동한 것이다. "여러분도 알거니와 우리의 풍족한 생활이 이 생업에 있는데 바울이 에베소뿐 아니라 거의 전 아시아를 통하여 수많은 사람을 권유하여 말하되 사람의 손으로 만든 것들은

신이 아니라 하고 있소. 이것은 그대들도 보고 들은 것이요. 우리의 영업이 천해질 위험이 있을 뿐 아니라 큰 여신 아데미의 신전도 무시당하고 온 아시아와 천하가 위하는 그의 위엄도 떨어질까 하오." [25-27절] 온 무리가 데메드리오의 말을 듣고 분기탱천하여 "크다, 에베소 사람의 아데미여"라고 고함을 치며 흥분해 있었다.[28절]

19장에서는 어둠의 세력들과 바울 사이에 세 차례의 영적인 조우encounter가 일어난다. 우선, 바울과 냉랭한 성경 공부반의 조우다. 성경을 아무리 공부해도 은혜받지 못하는, 성령이 있음도 들어보지 못한, 줄곧 공부만 하는 냉랭한 제자 그룹과 바울의 영적 조우가 영적 긴장을 고조시켰다. 두 번째는 두란노 서원에서 있었던 바울의 강력한 영적 시위로 인한 악귀惡鬼세력과의 조우다. 세 번째는 에베소 은장색 노동조합장이었던 데메드리오(알렉산더)와 그 직공들과 관련 직종 종사자들과의 조우다. 이것이 가장 큰 파란을 불러일으킨 조우였다. 이 세 번째 영적 조우는 복음 전도의 사회적 파장력이 얼마나 대단한지를 여실히 보여준다. 바울은 하나님 나라 복음을 선포하면서 데살로니가나 아테네에서 행한 우상숭배적 설교[행 17:23; 살전 1:9]를 에베소에서도 담대하게 했던 것 같다.[행 19:26] 이런 하나님 나라 전파로 인해 아데미 여신에게 바쳐진 에베소 사람들의 종교적 충성심이 나사렛 예수의 복음으로 돌아서자, 아데미 여신을 섬기며 그것으로 생계를 유지하던 에베소의 금은 세공업 노동조합원들이 일제히 일어나서 바울에게 대적한 것이다.

바울의 복음 역사는 중립 지대에서 일어난 것이 아니었다. 그것은 하나님의 주권에 반역하는, 나름대로 자율적인 통치 영역을 관장하는 세력들 한가운데서 큰 파급력을 가지고 일어난 것이다. 이것은 무엇을 뜻하는가? 교회를 둘러싼 더 큰 사회와의 조우 없이는, 사회적 파장을 불러일으키지 않고는 복음 역사役事는 있을 수 없다는 것이다. 따라서 바울의 복음 전파는 시기의 문제였을 뿐, 어느 시점에 이르면 이미 기득권을 가진 세속적 힘들과 반드시 충돌할 수밖에 없었다. 바울의 하나님 나라 운동은 기득권과 이익이 이미 철두철미하게 철옹성을 이루고 있는 사회 한복판에서 일어났기에 드센 저항을 받았다. 악과 죄는 피라미드 조직의 위계질서 안에서 명령되고 집행되면서 저질러진다.

악의 왕국 입장에서 볼 때, 악인 한 사람이 선하게 되면 악의 체제 전체가 무너지는 것과 같은 위험한 상황이 벌어진다. 바울이 아데미 여신을 직접 공격하지는 않았지만, 그는 "살아 계신 하나님께 돌아오라"행 17:24-25, 29, 아테네 우상 파괴적 메시지 반복고 외쳤고, 에베소 사람들이 바울의 복음을 열렬히 영접했으니 결과적으로 바울이 아데미 여신 숭배 제의를 무가치하게 만들어 버린 셈이다. 아데미 여신에게 절하던 사람들이 바울의 설교를 듣고는 우상에게 절했다는 각성을 하게 되었으니, 바울의 설교는 결국 아데미 여신에 대한 공격이 된 것이다. 그리스도인들이 정권을 잡으려고 정치 운동을 하지 않고, 바른 가치관만 전파해도 악한 가치관 위에 준동蠢動하는 정치인들이 소동하게 마련이다. 바울이 정략적으로 에베소를 소동하지는 않았지만, 그가 전파한 주 예수의 복음, 곧 하나님 나라의 도덕적, 영적, 윤리적 파죽지세는 이제까지 아데미 여신에게 절했던 어둠의 인생들을 각성시켰다. 엄청난 빛의 공격에 어둠의 세력은 그 빛을 자각하며 복종할 수밖에 없었고, 그와 동시에 저항한 것이다. 이처럼 하나님 나라가 전파되는 곳마다 거짓된 영靈들은 급격하게 위력을 잃는다.

15세기 이탈리아의 종교개혁가였던 지롤라모 사보나롤라Girolamo Savonarola, 1452-1498년가 피렌체 시민들에게 하나님의 말씀을 증거했을 때, 피렌체의 모든 춘화春畵가 불탔다. 그가 설교하자 피렌체 시민들이 자발적으로 포르노그래피를 태웠던 것이다. 성령이 임하자 음란을 창궐케 한 신들은 그 위엄을 잃었고, 더 이상 인간을 지배할 수 없었다.

여신 아데미는 큰 신상神像으로 새겨진 에베소의 상징물이었다.28절 바울은 달의 여신 아데미를 우상으로 섬기며 그로 인해 막대한 부와 명예를 누리던 데메드리오의 인생을 하루아침에 천하게 만들고 그 인생에 돌이킬 수 없는 타격을 입혔다. 충격과 당혹 속에 데메드리오는 동업자들을 모아 복음에 대한 적대감을 불러일으켰다. 그는 "사람의 손으로 만든 것들은 신이 아니라"는 바울의 진리 선포를 감당하지 못하여 자제력을 잃었던 것이다. 나아가서 자신들의 경제적인 기득권을 지키기 위해 에베소 시민들의 자존심에 호소했다. "큰 여신 아데미여! 온 아시아와 천하가 위하는 그의 위엄. 크다, 에베소 사람의 아데미여"[13] 등 지극히 선동적인 구호로 호소하여 복음에 대한 적개심을 주입했다. 언제나 복음은 옛 체제를 온존하고자 하는 죄악된 지방주의의 박해를 받았다. 에베소 시민들은 이 엄청난 소요에 휘말려 들었고 급기야 대중 연극장에 운집했다. 이 무리는 항구와 가까운 곳에 있는 아데미 신전에서 폭 11미터 대리석 포도鋪道를 따라Beza New Testament 사본에는 "거리로 뛰쳐나왔다"라는 구절이 포함됨 "피온"Pion 산기슭에 있는 직경 152미터의 2만 5천 명을 수용할 수 있는 대형 연극장으로 질주했을 것이다.[14]

이토록 흥분한 상태에서 그들은 몰려다니며 바울을 잡으려고 했으나 잡지 못한 채 바울의 동역자인 마게도냐 사람 가이오(바울에게 세례받은 인물)고전 1:14와 아리스다고를 붙들어 일제히 연극장으로 달려 들어갔다.29절 사태를 파악한 바울이 백성 가운데로 들어가려고 했으나 제자들이 말리는 바람에 들어가지 못했다.30절 또한 아시아 관리官吏 중 바울의 친구인 어떤 이들이 연극장에 들어가지 말라고 권했기에 바울은 그 광기 어린 군중 집회가 열리고 있던 연극장에 들어가지 않았다.[31절] 더러는 이런 구호를 외치고 어떤 이들은 저런 구호를 외치는 바람에 연극장은 아수라장으로 돌변했다. 무리가 혼란에 빠지고 자신들이 무엇 때문에 모였는지 알지 못했다.[32절]

이때 유대인들이 무리 가운데서 알렉산더를 앞으로 밀어내어 그들이 무슨 대의명분으로 모였는지 설명하게 했다. 그러나 알렉산더가 손짓하며 앞으로 나아가 백성에게 변명하려 했으나 역부족이었다.[33절] 에베소 사람들은 그가 바울과 같은 반反아데미 숭배를 가르치는 유대인인 줄 알고, 다 한 소리로 "크다, 에베소 사람의 아데미여"[15]라고 외쳤다. 그것도 두 시간 동안이나 외쳤다.[34절] 복음을 적대하기 위한 불법 집회, 반反바울, 반反복음 시위는 두 시간 동안이나 계속되었다.

그러나 바로 이 적대 집회 자체가 복음의 위력을 반증하고 있다. 우리는 여기서 불안과 공포, 패배감과 충격으로 비명을 내지르는 우상의 도성을 본다. 세상 끝날에, 하나님을 대적하는 우상숭배의 집결체요 각종 더러운 영들의 처소인 바벨론은 졸지에 망할 것이다.[계 18:1-3] 이처럼 우상의 도시에서 복음 역사를 펼칠수록 복음의 위력은 더욱 빛난다. "내가 오순절까지 에베소에 머물려 함은 내게 광대하고 유효한 문이 열렸으나 대적하는 자가 많음이라."[고전 16:8-9; 비교. 행 19:22] 아데미 여신 상은, 고대 7대 불가사의 중 하나이자 길이 128미터, 폭 66미터의 대지 위에 높이 18미터의 기둥 127개가 천장을 떠받치고 있는 아데미 신전에 있었다. 그토록 압도적인 우상의 신전이 무너져 내리는 이 환상 속에서 바울은 내친김에 로마까지 진격하리라고 결심했을 것이다.[행 19:21]

비이성적인 광기가 지배하던 시위 현장에 시 고위 공무원인 서기장[the city clerk]이 나타나서 가까스로 군중의 폭력적 기세를 진정시켰

에베소 아데미 여신 신전 모형(위)과 현재의 모습(아래)

실제로는 길이 128미터, 넓이 66미터이며, 높이 18미터의 기둥 127개로 이루어졌다. 이는 현대 축구 경기장보다 큰 신전이었다. 바울이 선교 거점으로 택했던 그레코-로만 도시들의 위압적인 신전들은 그곳이 우상 종교들의 본거지였음을 보여준다.

다. 그는 군중들을 신중하게 타일렀다. 군중의 분노어린 반응을 짐짓 이해하는 척하며 동시에 그들의 비이성적 흥분 상태를 부드럽게 나무랐다. 그는 군중을 다루는 데 아주 능숙한 공무원이었다. 우선 그는 에베소 시가 큰 아데미와 제우스에게서 내려온 우상의 신전지기가 된 사실을 자랑스럽게 환기시켰다.[35절][16]

또한 그는 군중이 폭도로 돌변하는 것을 막으려고 다소 우스꽝스러운 이중부정문을 구사하면서 군중들의 이성적 행동을 촉구했다.[36절] "이 일이 그렇지 않다 할 수 없으니 너희가 가만히 있어서 무엇이든지 경솔히 아니하여야 하리라." 그러고 나서 군중들이 죄형법정주의 원칙을 어기는 등 절차상의 허물을 범했음을 일깨웠다. 신전의 물건을 도둑질하지도 않았고 여신을 비방하지도 않은 갈리오와 아리스다고를 붙잡아 온 것은 잘못된 일이라고 나무랐다.[37절] 이어서 그는 대안을 제시한다.

첫째, 만일 데메드리오와 그와 함께한 직공들이 누구에게 고발할 것이 있으면 재판도 있고 총독들도 있으니 정식으로 고소하라는 것이었다.[38절] 데메드리오가 바울을 직접 고소하지 않은 상황을 꼬집은 것이다. 시 서기장은 아데미 여신을 섬기는 일을 천하게 보이게 했다는 다소 주관적인 이유를 내세워 바울 일행의 사역을 겁박하는 상황을 간파한 것이다. 둘째, 만일 그 외에 무엇을 원하면 정식으로 민회에서 결정하자는 것이었다.[39절] 이어지는 40절은 아주 신중하고 분별력 있는 로마제국의 법치주의 교양의 진수를 보여준다. "오늘 아무 까닭도 없는 이 일에 우리가 소요 사건으로 책망받을 위험이 있고 우리는 이 불법 집회에 관해 보고할 자료가 없다." 바울의 복음 사역이 이런 엄청난 소요사태를 유발했으나 데메드리오의 적대적 시위는 불법 집회라는 것이다. 서기장의 차분한 설명 앞에 군중의 광기와 흥분은 가라앉고 군중들은 흩어져 버렸다. 복음과 하나님 나라 운동에 대한 저항은 근본적으로 하나님 앞에 불법 집회임이 틀림없다. 복음 전도자들은 어둠의 세상 주관자들을 너무 두려워할 필요가 없다.

메시지

에베소는 바울의 선교사역 가운데 가장 격렬하고 지속적으로 반대와 저항을 보여준 곳이었다. 그만큼 에베소 사역은 격렬하고 효과적이었다.[17] 복음은 세상의 악한 문화 저변을 붕괴시키는 과정에서 총체적인 반발을 촉발한다. 복음은 어둠의 세력들을 무장 해제하는 힘이기에 그들의 반발과 대적은 필연적이다. 그러나 이 복음의 사회 변혁적인 권능은 확실한 개인 구원의 경험, 오순절 성령 강림, 성령에 의한 거룩한 파송을 경험하지 않은 사람을 통해서는 매개될 수 없다. 자아 갱신, 선한 공동체에의 투신, 그리고 성령의 파송을 통한 세계와의 복음적 충돌, 이것이 바울의 영적 여정이었다. 바울은 다메섹 도상에서 자아 갱신을 맛보았고, 안디옥 공동체에 투신했으며, 온 세계를 주유할 선교사로 파송받았다. 그런 바울에게 예루살렘이 없었다면 안디옥도 없고, 안디옥이 없었다면 에베소도 없고, 에베소가 없었다면 로마로 향할 비전도 생겨날 수 없었을 것이다.

자크 엘륄이 『뒤틀려진 기독교』에서 진단하듯, 불행하게도 오늘날 복음은 자본주의적 물신 숭배 이데올로기에 심각하게 영향을 받는 것처럼 보인다. 세상의 이데올로기에 편승하는 교회가 단기적으로는 인기를 누릴 수도 있고, 오로지 내세에서의 구원만을 바라는 종교적 욕구를 가진 대중들의 안식처와 피난처가 될 수도 있다. 그러나 이 교회들은 세계 질서 안에 존재하는 심각한 반反하나님 나라의 본질을 분별하지 못한다. 따라서 이 교회들과 대중이 만나면 돈

많은 교회, 권세 많은 종교 귀족을 양산할지언정 복음의 문화 변혁력은 거의 발출하지 못한다. 이런 교회에는 한 시대의 중심 과제를 둘러싼 거룩한 분투도 없다. 그들은 다시스로 내려가는 3등 선실에서 죽음의 잠을 자는 요나와 같은 불순종의 아들일 뿐이다.욘 1:3-5 하나님의 성령에 감동된 참 그리스도인은 이 세상의 주변부나 경계인이 느끼는 고독과 외로움, 불안과 긴장을 느낄 수밖에 없다. 그들 가슴 속에 자라는 복음은 필연적으로 타락한 문화와 대적하게 되고 대항문화를 창출하게 된다. 복음의 능력에 사로잡힌 참다운 복음적 교회들이 신령한 문화 변혁을 창출할 수 있어야 한다.

1974년 7월, 스위스 로잔에 모인 복음주의 교회는 이 세상에 만연한 사회 구조악의 해결에 너무 둔감했던 것을, 그리고 타계주의적이고 내세주의적인 구원만 외쳤던 과거를 회개했다. 그 자리에 함께한 150여 나라에서 온 2,700여 명의 복음주의 신학자와 목회자들, 곧 빌리 그레이엄,Billy Graham 존 스토트,John Stott 사무엘 에스코바,Samuel Escobar 르네 빠디야,C. René Padilla 로널드 사이더Ronald James Sider 등은 "로잔언약"the Lausanne Covenant을 선포했다. 15개 항목으로 구성된 로잔 선언문 중 5-10항이 사회적 불평등과 구조악에 대한 복음적, 선교적 응답에 관한 항목이다. 로잔 언약의 서언은 그동안의 실패를 통회하면서 시작된다. "우리는 하나님께서 우리 시대에 행하시는 일에 깊은 감동을 받으며, 우리의 실패를 통회하고 아직 미완성으로 남아 있는 복음화 사역에 도전받는다." 특히 5항 "그리스도인의 사회적 책임"은 사회정의 추구와 복음 전도를 동반자 관계로 정의했다.

> 우리는 하나님이 모든 사람의 창조주이시요 동시에 심판자이심을 믿는다. 그러므로 우리는 인간 사회 어느 곳에서나 정의와 화해를 구현하고 인간을 모든 종류의 억압으로부터 해방시키려는 하나님의 관심에 동참

하여야 한다. 사람은 하나님의 형상대로 창조되었기 때문에 인종, 종교, 피부색, 문화, 계급, 성 또는 연령의 구별 없이 모든 사람은 천부적 존엄성을 지니고 있으며, 따라서 누구나 존경받고 섬김을 받아야 하며 착취당해서는 안 된다. 이 사실을 우리는 등한시해 왔고, 때로 전도와 사회참여를 서로 상반된 것으로 여겼던 것을 뉘우친다. 물론 사람과의 화해가 곧 하나님과의 화해는 아니며 또 사회 참여가 곧 전도일 수 없으며 정치적 해방이 곧 구원은 아닐지라도, 전도와 사회 정치적 참여는 우리 그리스도인의 의무의 두 부분임을 인정한다. 이 두 부분은 모두 하나님과 인간에 대한 교리와 이웃을 위한 사랑 그리고 예수 그리스도에 대한 우리의 순종을 나타내는 데 필수적이다. 구원의 메시지는 모든 소외와 억압과 차별에 대한 심판의 메시지를 내포한다. 그러므로 우리는 악과 불의가 있는 곳 어디에서든지 이것을 고발하는 일을 두려워해서는 안 된다. 사람이 그리스도를 영접하면 하나님 나라 백성으로 거듭난다. 따라서 그들은 불의한 세상 속에서 그 나라의 의를 나타낼 뿐만 아니라 그 나라의 의를 전파하기에 힘써야 한다. 우리가 주장하는 구원은 우리로 하여금 개인적 책임과 사회적 책임을 총체적으로 수행하도록 우리를 변화시켜야 한다. 행함이 없는 믿음은 죽은 것이다.행 17:26, 31; 창 18:25; 사 1:17; 시 45:7; 창 1:26, 27; 약 3:9; 레 19:18; 눅 6:27, 35; 약 2:14-26; 요 3:3, 5; 마 5:20; 6:33; 고후 3:18; 약 2:20

대회가 끝난 다음 주에 발행된 세계적인 주간지 「타임」Time은 로잔 대회를 크게 기사화하면서 "스위스 로잔 호수 주위에 모인 이번 대회야말로 지금까지 있었던 그리스도인들의 모임 가운데 아마도 가장 광범위한 모임으로서, 보수적이고 성경적이며, 선교하는 기독교의 활기를 보여주었다"고 평했다. 독일의 저명한 선교신학자 피터 바이엘하우스Peter Beyerhaus는 이 로잔 대회를 다음과 같이 평가했다. "이 대회는 마치 지금까지 별로 알려지지 않은 작은 강들이 한곳에 모여 마침내 크고 깊은 물결을 이루어 복음주의의 고기잡이배를 떼로 볼 수 있게 된 것, 20세기 후반 건조한 기독교의 땅을 영적으로 비옥하게 만든 것과 같다."

로잔 언약 제1항 "하나님의 목적"The Purpose of God은 선교를 삼위일체적으로 표현하고 있다. 교회는 하나님께서 당신의 나라를 확장해 가시는 일에 대한 증인과 종으로서 선교의 사명을 갖고 있다. 하나님은 당신을 위해 세상에서 한 백성을 불러내시고, 그들을 다시 세상으로 내보내시며, 당신 나라의 확장과 그리스도 몸의 건설과 당신 이름의 영광을 위해 당신의 부름받은 백성을 당신의 종과 증인이 되게 하신다. 하나님은 당신의 백성을 불러내어 세상 속으로 파송하여 하나님 나라를 확장하려고 하신다. 이것이 하나님의 목적이다.

로잔 언약 제6항에서 제9항까지는 교회와 전도의 협력 문제와 긴박성에 대해 언급하고 있다. 하나님 아버지께서 그리스도를 세상에 보내신 것같이 그리스도께서 당신의 구속받은 백성을 세상으로 보내셨음을 우리는 확신한다. 교회가 희생을 감내하며 해야 할 일 가운데 전도가 최우선적인 것이다. 세계 복음화는 온 교회로 하여금 온전한 복음을 온 세계에 전파할 것을 요구한다.제6항 "온전한 복음화"를 위해서 사회적 불평등과 구조악의 척결에도 교회가 투신해야 한다는 것이다. 자크 엘륄은 노예선에 내포된 구조악에 대한 빅토르 위고의 논평을 인용하여 구조악 철폐의 중요성을 역설한 적이 있다. 그는 프랑스 가톨릭 군대가 스코틀랜드 개신교 군대를 전쟁에서 이긴 후에 스코틀랜드의 종교개혁자였던 존 낙스John Knox를 노예선 선원으로 3년 동안 혹사시킨 점을 비판하며, 인간이 받을 수 있는 최악의 대접인 노예선의 선원 생활을 철폐하려면 노예선이라는 구조악을 없애야 한다고 말했다.[18]

영국의 유명한 국회의원이었던 윌리엄 윌버포스W. Wilberforce, 1759-1833년는 그의 동역자들과 함께 30년 동안 기도하고 문화 변혁 사역을 펼쳐 1807년에 노예 무역 제도를 불법화하는 법안을 통과시켰다. 여세를 몰아 노예 제도 자체까지 불법화하려는 사회 변혁 운동을 펼치려고 했으나 그의 생명의 불꽃이 거의 소진될 때까지 성공하지 못했다. 그는 노예 제도 폐지를 위해 열심히 입법 운동을 하다가 죽었으나, 그가 죽고 1개월 후에 그 제도가 폐지되는 쾌거가 일어났다.[19] 노예 제도 폐지는 제도와 법의 폐지인 것이다. 로잔 언약에는 복음주의자들이 사회 구조악을 척결하는 일을 등한시하거나 전도와 사회 참여가 서로 상반되는 것으로 잘못 이해했던 것을 참회한다는 진술이 나온다. 로잔 언약처럼 솔직하고 간결하고 압축적으로 잘못을 뉘우친 문서가 교회사에는 극히 드물다. 빌리 그레이엄 목사는 로잔언약의 이 부분을 제대로 읽지 못했는지, 1992년 미국이 이라크에 토마호크 미사일을 발사하기 직전 부시 대통령의 이라크 공격을 축복하는 기도를 했다. 그가 쓴 『내 모습 이대로』에는 사회 선교적인 책임을 다하지 못한 것에 대한 뼈아픈 신학적 반성이 거의 보이지 않는다. 그는 죽는 순간까지 미국 대통령의 자문관으로 활동한 자신의 경력에 자부심을 피력했지만, 단 한 번도 미국 행정부의 대내외 정책을 기독교 신앙의 빛, 곧 로잔 언약 5항의 빛 아래서 질책하거나 수정이나 개선을 요구한 적이 없었다. 이처럼 우리도 기독교와 복음의 가치를 전하면서도 아무런 저항을 경험하지 않는다면, 에베소의 문화 변혁을 주도하다가 위기에 몰린 바울을 이해할 수 없을 것이다.

악은 단지 사람들의 마음에만 존재하는 것이 아니라, 타락한 이 세상의 구조 속에도 역사한다. 개인적인 경건의 힘만 가지고는 국제정치적인 정의를 구현하고 사회 구조적인 악을 혁파하기에는 역

아데미 여신상

풍요와 다산을 상징하는 벌집 가슴이 특징이다. 바울이 전한 복음은 여러 우상 숭배를 중심으로 한 사회, 경제, 문화, 정치와 충돌을 일으켰다.

부족이다. 개인적인 친절과 신실함만으로는 악한 체제와 구조의 영향력을 감소시키지 못한다. 개인적 경건과 내면의 순전함은 정의를 구현하는 사회 제도를 지지하는 것으로 표현되어야 한다. 노예선의 노를 젓는 노예들을 양산하는 것은 노예선의 존재 때문이지, 개인의 도덕적 의지가 부족하기 때문이 아니다. 구조악은 개인의 비상한 도덕적 타락 의지를 매 순간 갱신하지 않고도 죄의식 없이 죄를 계속 짓도록 만드는 무서운 유혹자다. 노예 제도가 성행할 때 태어난 착한 사람은 아무 죄책감 없이도 노예 제도의 혜택을 누릴 수 있다. 개인적으로는 선한 사람이 얼마나 자주 악한 구조와 제도를 만들고 그것을 유지해 왔던가?[20]

풍요와 다산의 여신 아데미를 섬기는 에베소는 풍요와 다산을 최고의 가치로 여기는 사회 경제 정치적 법, 제도, 관습을 장려하거나 강요한다. 이런 에베소에서 하나님의 공의, 정의, 자비, 친절, 억강부약抑强扶弱적인 영성과 자기부인을 가르치는 기독교는 심각한 문화충돌을 불러일으키며 거룩한 소요를 일으킬 수밖에 없다. 바울이 은장색 데메드리오 일당에게 당한 박해와 고난은 바울이 전한 하나님 나라 복음 자체가 초래한 고난이다. 풍요와 다산을 신격화하는 사회 속에서 하나님 나라 복음의 증거자는 격렬한 반대와 저항을 예상해야 한다. 아데미 여신의 후광과 신적 위격이 사라져야만 사람들은 마술책을 불태우고 아데미 여신의 신전에 바치는 영적 정신적 물질적 봉헌을 즉시 그칠 수 있을 것이다.

20장.

선교사이자 목회자 바울

민족의 반역자요 모세의 율법과 성전 훼방자로 오해받던 바울, 동족의 구원을 위해서라면 자기 이름이 생명책에서 말소되어도 좋다고 생각한 바울은 무할례자 이방인 선교를 위해 투신했다. 그는 이방인과 유대인이 하나님의 한 백성으로 하나님을 예배하는 교회가 이스라엘을 선민으로 부르신 하나님의 목적이 성취되는 현장이라고 믿었다. 그는 아브라함과 그 후손이 와서 천하 만민을 아브라함의 복에 초청할 것이라는 모세와 예언자들의 예언이 바로 예수 그리스도를 통해 성취되었다고 믿었다.갈 3:14 그리스도의 십자가 고난과 죽음은 이방인과 유대인을 적대적으로 갈라 놓는 담을 허무는 화해 사건임을 깨닫고, 이 십자가 구원의 비밀을 증거하기 위해 엡 2:11-22 세 차례나 이방인들에게 화해의 복음을 증거한 후에 엄청난 위험 부담을 안고 예루살렘 장도에 오른다. 그는 자신을 증오하는 동족 유대인과, 자신을 오해하고 헐뜯는 동료 유대계 그리스도인들의 비난과 살기 가득한 시선에 직면해야 했다. 어쩌면 자기에게 죽음의 실마리를 제공할지도 모를 이방인 신자 대표 7인을 대동한 바울은 예루살렘 오순절 절기를 향해 숨 가쁘게 달려가고 있다. 에베소에서 온 열혈 유대인 40명이 이런 바울을 죽이려고 뒤를 추적하고 있다.

동족 유대인들에게 그토록 오해와 증오를 받던 바울은 이방인들이 예물을 들고 예루살렘 성전으로 올라오는 미래를 그린 이사야 60-62장특히 62장의 비전이 자신의 이방 선교를 통해 성취되고 있다고 믿었다. 그래서 복음의 제사장 직분으로 이방인들을 하나님께 봉헌하기 위해 초실절 절기에 도착하기를 열망한다. 이방 교회들이 예루살렘 성도들을 위해 모은 헌금을 가지고 위험한 예루살렘 여정에 오른 바울의 자의식은 그의 서신 곳곳에 나타나 있다. "나로 이방인을 위하여 그리스도 예수의 일꾼이 되어 하나님의 복음의 제사장 직무를 하게 하사 이방인을 제물로 드리는 그것이 성령 안에서 거룩하게 되어 받으심직하게 하려 하심이라."[롬 15:16] 그는 이방인을 위한 복음의 제사장이요, 그리스도 안에서 이방인과 유대인이 서로 적대와 소외의 방벽을 무너뜨리고 한 하나님의 백성이 되는 교회의 신비를 터득한 보편적 교회의 목자요, 평화의 사도라는 자의식을 견지했다. "이제는 전에 멀리 있던 너희가 그리스도 예수 안에서 그리스도의 피로 가까워졌느니라. 그는 우리의 화평이신지라. 둘로 하나를 만드사 중간에 막힌 담을 허시고 …… 또 십자가로 이 둘을 한몸으로 하나님과 화목하게 하심이라."[엡 2:13-15]

바울은 그리스도 예수의 십자가에 나타난 하나님의 사랑을 믿었고, 그 십자가 사랑을 체험했기에 이런 고난을 감수했다. 그는 동족 유대인들이 맹목적 민족주의를 극복하고 이방 신자들을 같은 하나님의 백성으로 영접해 주기를 바라며 기도하는 심정으로 그토록 숨 가쁘게 달려온 것이다. 첫 이삭 단을 들고 성전으로 달려가는 경건한 성도처럼 바울은 예루살렘 오순절 절기에 맞춰 예루살렘으로 올라갔다. 바울의 숨 가쁜 달음박질은 세계 속에 하나님이 이루신 평화를 뿌리내리려는 보편적인 화해 사역이었다.[고후 5:19-21] 그 길은 죽음이 기다리는 예루살렘에 올라가 유월절 어린양이 되기로 작정하신 주 예수 그리스도의 발자취를 따르는 길이었다. 20장은 바울의 드로아 사역을 보도하는데, 유두고를 살린 바울[1-12절]과 에베소 장로들을 향한 고별 설교, 밀레도에서의 이별[13-38절]로 나눠진다.

1. 바울의 드로아 사역: 유두고를 살린 사도 바울 ● 1–12절

[1]소요가 그치매 바울은 제자들을 불러 권한 후에 작별하고 떠나 마게도냐로 가니라. [2]그 지방으로 다녀가며 여러 말로 제자들에게 권하고 헬라에 이르러 [3]거기 석 달 동안 있다가 배 타고 수리아로 가고자 할 그 때에 유대인들이 자기를 해하려고 공모하므로 마게도냐를 거쳐 돌아가기로 작정하니 [4]아시아까지 함께 가는 자는 베뢰아 사람 부로의 아들 소바더와 데살로니가 사람 아리스다고와 세군도와 더베 사람 가이오와 및 디모데와 아시아 사람 두기고와 드로비모라. [5]그들은 먼저 가서 드로아에서 우리를 기다리더라. [6]우리는 무교절 후에 빌립보에서 배로 떠나 닷새 만에 드로아에 있는 그들에게 가서 이레를 머무니라. [7]그 주간의 첫날에 우리가 떡을 떼려 하여 모였더니 바울이 이튿날 떠나고자 하여 그들에게 강론할새 말을 밤중까지 계속하매 [8]우리가 모인 윗다락에 등불을 많이 켰는데 [9]유두고라 하는 청년이 창에 걸터앉아 있다가 깊이 졸더니 바울이 강론하기를 더 오래 하매 졸음을 이기지 못하여 삼층에서 떨어지거늘 일으켜보니 죽었는지라. [10]바울이 내려가서 그 위에 엎드려 그 몸을 안고 말하되 떠들지 말라 생명이 그에게 있다 하고 [11]올라가 떡을 떼어 먹고 오랫동안 곧 날이 새기까지 이야기하고 떠나니라. [12]사람들이 살아난 청년을 데리고 가서 적지 않게 위로를 받았더라.

주석

에베소의 데메드리오가 주동한 대규모 소요가 그치자 바울은 에베소의 제자들을 불러 위로한 후에 작별하고 에베소에서 다시 마게도냐(빌립보, 데살로니가, 베뢰아 지방)로 떠났다.[1절] 이 일은 원래 바울의 계획에 들어있던 일정이었다.[행 19:21] 바울은 처음부터 에베소 사역을 마치고 다시 마게도냐와 아가야(고린도, 아덴)를 경유하여 예루살렘으로 올라갔다가 로마로 갈 생각이었다. 바울은 디모데와 에라스도를 자기보다 먼저 마게도냐로 보냈다.[행 19:22] 이 두 사람의 사명은 아마도 세 가지 일을 하는 것이었으리라. 첫째, 그들은 그곳 교회들의 영적 형편을 돌아보고 형제들을 권면하고 위로하는 사역을 했을 것이다. 둘째, 예루살렘의 가난한 성도들을 돕는 이방 교회들의 연보를 모으는 일을 했을 것이다. 마지막으로 그들은 바울과 함께 예루살렘 오순절 행사에 참여할 이방 신자 대표들을 뽑는 일을 했을 것이다. 디모데를 포함한 7명의 이방 신자 대표들은 복음의 제사장이었던 바울에게는 첫 열매를 바치는 감사 축제 절기인 오순절에 예루살렘에 가서 바칠 제물이었다. 이들은 성전과 모세의 율법을 훼방하고 민족을 배반했다고 비난받는 바울의 사역이 보수 강경 바리새파 그리스도인들과 유대인들에게 영접받는 계기가 될 화해의 제물이었다. 바울은 마게도냐 지방을 순회하며 여러 말로 제자들을 위로했다.

마침내 바울은 헬라(고린도)에 이르렀는데[2절] 거기에 석 달 동안 체류했다.[3절] 바울은 원래 거기서 배를 타고 수리아로 가고자 했는데 유대인들이 자기를 해치려고 공모한다는 소식을 듣고는 다시 얼마 전 지나왔던 그 길을 택한다. 그리스 북쪽 지역인 마게도냐를 거쳐 수리아 안디옥으로 가기로 작정했다.[3절] 4절은 바울과 함께 예루살렘으로 올라가는 이방 교회 대표자들의 면면을 소개한다.[1] 베뢰아 사람 부로[Pyrrhus]의 아들 소바더[Sopater]와 데살로니가 사람 아리스다고[Aristarchus]와 세군도[Secundus]와 더베 사람 가이오[Gaius]와 디모데와 아시아[2] 사람 두기고[Tychius]와 드로비모[Trophimus]는 바울을 따라 예루살렘 여정에 동행했다.

이들은 유럽과 아시아 지역 이방 교회 출신 대표들로서 바울의 주선으로 예루살렘 성도들과 화해와 교제의 악수를 하러 가는 중이다. 이들은 바울 일행보다 먼저 드로아에 가서 바울 일행을 기다리고 있었다.[5절] 바울 일행은 무교절 후에 빌립보에서 배로 떠나 닷새 만에 드로아에 있는 그들과 합류했고 거기서 이레를 보냈다.[6절] 바울은 그 일주일 동안에도 복음 전파에 열성을 쏟았다. 7-12절은 바울이 일주일 동안 드로아에 머물면서 어떤 사역을 했는지를 상징적으로 설명해 주는 일화를 담고 있다. 이 짧은 일화는 바울과 그 일행에게 부활의 확신을 고취하는 이야기다. 드로아에서 있었던 청년 유두고의 낙상 사고는 특히 바울이 자신의 운명에 다가온 죽음의 그림자를 극복하는 데 영적 담금질이 되었을 것이다.

7절에 따르면 바울 일행과 드로아 형제들은 바울이 떠나기 전 그 주간의 첫날에 떡을 떼러 함께 모였다. 안식 후 첫날, 곧 주일(일요일)에 그들은 예수의 부활을 기리는 예배로 모였다. 바울은 드로아에 와서 부활절을 기념하는 주일에 성도들과 함께 주의 만찬을 기념하고자 했다. 이날은 공교롭게도 바울이 드로아에 체류하는 마지막 날이었다. 사실 바울은 이튿날 드로아를 떠나야 했기 때문에 다락방에 모인 회중에게 밤중까지 강론했다.[7절] 회중이 모인 윗다락[3층]에도 등불이 많이 켜져 있었다.[8절] 2층 거실 외에 탁 트인 3층 다락방에도 회중이 가득 차 있었음을 암시한다. 그 3층 다락방에는 유두고라 하는 청년도 참석해 있었는데, 바울의 강론이 계속되자 졸음을 이기지 못하여 잠들었다가 삼층 다락방 창가에서 아래로 떨어지고 말았다.[9절] 사람들이 그를 일으켰으나 그는 이미 죽어 있었다. 유두고의 죽음으로 인해 구원의 은혜가 넘치던 집회가 그만 장례식장으로 돌변할 위기에 처했다.

바울은 일단 아래층으로 내려가 식어 버린 유두고 몸 위에 자기 몸을 포개어 엎드렸다. 만일 유두고가 시신으로 바뀌었다면 바울은 시체를 만짐으로 자신이 부정하게 되는 것을 감수하면서까지 유두고를 살리려고 한 것이다. 그는 죽은 청년의 몸을 안고 죽음의 기운이 지배하는 공동체를 향해 "생명이 저에게 있다"고 선언했다.[10절]

사르밧 과부의 아들의 시신 위에 자기 몸을 세 번씩이나 포개고 "나의 하나님 여호와여, 원컨대 이 아이의 혼으로 그 몸으로 돌아오게 하옵소서"라고 부르짖던 엘리야처럼,[왕상 17:17-24] 수넴 여인의 죽은 아이 위에 올라가 엎드려 자신의 입과 눈과 손을 아이의 입과 눈과 손에 포갠 엘리사처럼,[왕하 4:32-37] 바울은 죽어 있는 유두고를 붙들고 기도했고, 유두고는 다시 살아났다. 회중은 올라가 부활의 증인이 되어 주 예수의 부활을 기리는 떡을 떼어 먹고 예수의 깊은 임재를 만끽했다. 드로아에서 지킨 "안식 후 첫날", 곧 주일 "떡을 떼러 모였던" 예배 시간은 부활의 능력이 임하는 날이 되었다. 그는 다시 말씀 강론장으로 올라가 떡을 떼어 먹고 날이 새기까지 드로아 형제들과 이야기하다가 떠났다.[11절] 사람들은 유두고를 데리고 가서 큰 위로를 맛보았다.[12절]

이 사건을 통해 바울은 부활의 능력을 가지신 하나님을 확실히 경험했다. 하나님은 앞으로 많은 죽음의 세력과 싸워야 할 바울에게 유두고의 부활을 통해 많은 용기를 주셨다. 드로아 주일 예배와 성만찬은 우리가 보통 기리는 안식일 후 첫날 주일 성만찬 예배가 예수 그리스도를 구주로 고백하는 대단히 밀도 있는 영적 체험의 장이 될 수 있음을 보여준다. 예배를 통해 주님을 깊이 경험하면 그 경험이 일주일의 삶 전체로 퍼져간다. 나아가 한 주간의 일상생활 전체가 하나님 앞에 드리는 거룩한 예배가 된다. 또 예배화된 삶 속에 다시 부활의 능력이 임하게 된다.

2. 에베소 장로들을 향한 고별 설교: 밀레도에서의 이별 • 13-38절

13우리는 앞서 배를 타고 앗소에서 바울을 태우려고 그리로 가니 이는 바울이 걸어
서 가고자 하여 그렇게 정하여 준 것이라. 14바울이 앗소에서 우리를 만나니 우리가

배에 태우고 미둘레네로 가서 [15]거기서 떠나 이튿날 기오 앞에 오고 그 이튿날 사모
에 들르고 또 그 다음 날 밀레도에 이르니라. [16]바울이 아시아에서 지체하지 않기 위
하여 에베소를 지나 배 타고 가기로 작정하였으니 이는 될 수 있는 대로 오순절 안
에 예루살렘에 이르려고 급히 감이러라. [17]바울이 밀레도에서 사람을 에베소로 보내
어 교회 장로들을 청하니 [18]오매 그들에게 말하되 아시아에 들어온 첫날부터 지금까
지 내가 항상 여러분 가운데서 어떻게 행하였는지를 여러분도 아는 바니 [19]곧 모든
겸손과 눈물이며 유대인의 간계로 말미암아 당한 시험을 참고 주를 섬긴 것과 [20]유
익한 것은 무엇이든지 공중 앞에서나 각 집에서나 거리낌이 없이 여러분에게 전하여
가르치고 [21]유대인과 헬라인들에게 하나님께 대한 회개와 우리 주 예수 그리스도께
대한 믿음을 증언한 것이라. [22]보라, 이제 나는 성령에 매여 예루살렘으로 가는데 거
기서 무슨 일을 당할는지 알지 못하노라. [23]오직 성령이 각 성에서 내게 증언하여 결
박과 환난이 나를 기다린다 하시나 [24]내가 달려갈 길과 주 예수께 받은 사명 곧 하나
님의 은혜의 복음을 증언하는 일을 마치려 함에는 나의 생명조차 조금도 귀한 것으
로 여기지 아니하노라. [25]보라, 내가 여러분 중에 왕래하며 하나님의 나라를 전파하
였으나 이제는 여러분이 다 내 얼굴을 다시 보지 못할 줄 아노라. [26]그러므로 오늘 여
러분에게 증언하거니와 모든 사람의 피에 대하여 내가 깨끗하니 [27]이는 내가 꺼리지
않고 하나님의 뜻을 다 여러분에게 전하였음이라. [28]여러분은 자기를 위하여 또는 온
양 떼를 위하여 삼가라 성령이 그들 가운데 여러분을 감독자로 삼고 하나님이 자기
피로 사신 교회를 보살피게 하셨느니라. [29]내가 떠난 후에 사나운 이리가 여러분에게
들어와서 그 양 떼를 아끼지 아니하며 [30]또한 여러분 중에서도 제자들을 끌어 자기를
따르게 하려고 어그러진 말을 하는 사람들이 일어날 줄을 내가 아노라. [31]그러므로
여러분이 일깨어 내가 삼 년이나 밤낮 쉬지 않고 눈물로 각 사람을 훈계하던 것을 기
억하라. [32]지금 내가 여러분을 주와 및 그 은혜의 말씀에 부탁하노니 그 말씀이 여러
분을 능히 든든히 세우사 거룩하게 하심을 입은 모든 자 가운데 기업이 있게 하시리
라. [33]내가 아무의 은이나 금이나 의복을 탐하지 아니하였고 [34]여러분이 아는 바와 같
이 이 손으로 나와 내 동행들이 쓰는 것을 충당하여 [35]범사에 여러분에게 모본을 보

**여준 바와 같이 수고하여 약한 사람들을 돕고 또 주 예수께서 친히 말씀하신 바 주
는 것이 받는 것보다 복이 있다 하심을 기억하여야 할지니라. 36이 말을 한 후 무릎을
꿇고 그 모든 사람들과 함께 기도하니 37다 크게 울며 바울의 목을 안고 입을 맞추고
38다시 그 얼굴을 보지 못하리라 한 말로 말미암아 더욱 근심하고 배에까지 그를 전
송하니라.**

주석

13-16절은 바울과 그의 일행이 드로아를 떠나 밀레도에 이르는 나흘간의 여로를 간략하게 보도한다. 5절이 말하듯이, 바울의 동역자들(7명의 이방인 교회 대표자들)은 바울보다 먼저 배를 타고 앗소Assos에 가 있었다. 드로아는 아시아 서쪽 항구이며 앗소는 드로아보다 약간 남쪽에 있는 항구이기에 배를 타고 갈 수도 있었다. 드로아에서 앗소까지는 로마제국이 닦아 둔 포장 도로가 있었으며, 그 거리는 50킬로미터 정도 거리였다. 아마도 바울은 이틀에 걸쳐 앗소에 도착했을 것이다. 도보로 간 것인지 다른 마차나 말 등을 탔는지는 분명치 않다. 사도행전 저자는 이 길은 바울 자신이 정한 여행 경로였음을 말한다. 왜 그가 도보 여행을 선택했는지는 분명치 않다. 바울이 드로아에서 앗소에 갔을 때 그를 태우려고 일행이 기다리고 있었다.[13절] 바울은 앗소에서 그의 동행자들을 만나 배를 타고 바로 목전目前에 있는 항구인 미둘레네로 갔다.[14절] 미둘레네는 레스보스Lesvos라는 작은 섬에 있는 기항지 항구였다. 미둘레네는 매년 디오니소스에게 남자 한 명을 인신 희생 제물로 바치는 우상숭배의 땅이었다. 거기서 하룻밤을 묵은 이유는 항해하기에 불리한 북서풍 때문이었을 것이라고 보는 학자도 있다.[3] 이튿날 미둘레네를 떠나 기오 앞에 오고, 그 이튿날 사모Samos에 들렀고 또 그 다음 날 밀레도에 이르렀다.[15절] 16절은 왜 바울이 에베소를 경유하지 않았는지를 설

명한다. 바울은 아시아에서 지체하지 않기 위해 에베소에 들르지 않고 배를 타고 가이사랴 쪽으로 가기로 작정했다. 될 수 있는 대로 오순절 안에 예루살렘에 이르기 위해 급히 가려고 했기 때문이었다.[16절] 바울은 에베소를 직접 방문하는 대신, 항구 도시인 밀레도에서 사람을 에베소로 보내어 교회 장로들을 밀레도까지 내려오도록 요청했다.[17절]

바울이 드로아로 출발한 것은 "떡을 먹고 날(주일)이 새기까지 이야기한" 다음 날 월요일 아침이었다.[11절] 그리고 밀레도에 도착한 것은 금요일 아침이었다.[14-15절] 밀레도를 향한 그의 여행은 강행군이었다. 드로아에서 육로로 앗소까지 간 거리는 약 50킬로미터 정도다. 저자 누가Luke 일행은 뱃길로 갔고 바울은 홀로 앗소까지 육로로 갔다. 이곳에서 1박을 한 뒤 50킬로미터 이상의 거리를 배로 여행하여 미둘레네에 도착했다. 그 이튿날 80킬로미터 정도를 여행하여 기오Chios에 도착했고, 또 이튿날 사모Samos섬을 거쳤고, 그 다음날 에베소 남쪽 45킬로미터 지점에 있는 밀레도Miletus에 도착했다. 바울 일행이 4박 5일 동안 여행한 육로와 해로 거리 모두 합해 300킬로미터 정도 된다. 이는 요즘 시대에도 벅찬 여행길이다. 그런데도 바울 일행은 당시의 열악한 환경에서도 먼 거리를 단기간에 여행했다. 실제로 바울 일행은 하루라도 빨리 예루살렘에 도착하여 이방 선교에 대해 보고하고자 서둘렀던 것이다.[16절] 16절에 보면 "지체하지 않기 위하여," "급히 감이러라" 등의 말들을 찾을 수 있다. 바울은 참으로 오랫동안 선교 여행을 했다. 이 서두른 여행 계획 때문에 에베소에 들르지 못하고 밀레도에서 에베소 장로들을 불러 고별사를 한다.

18-35절은 밀레도에서 에베소 교회 장로들에게 행한 고별 설교다. 바울은 이번 예루살렘 여행의 어려움을 예감하고 에베소 장로

들을 초청하여 밀레도를 떠나기 전에 고별 메시지를 증거한다. 18-21절은 아시아에서 행한 바울 자신의 목회 철학과 원칙을 다시 상기시킨다. 아시아에 들어온 첫날부터 지금까지 바울은 항상 신자들 앞에서 공공연히 모범적으로 사역했음을 일깨운다. "여러분 가운데서 내가 어떻게 행했는지를 여러분도 아는 바니." 바울은 이와 같은 방식으로 에베소 지역의 목회자들도 자신의 모범을 따를 것을 강조한다. 19-21절은 구체적으로 바울의 목회를 예시한다. 그의 모든 목회는 겸손과 눈물의 목회였다. 겸손과 눈물로 유대인의 간계로 인한 시험을 참고 주를 섬겼다.[19절] 겸손과 눈물로 에베소 교회를 개척했다는 것은 엄청난 방해와 모욕을 참아가며 교회를 개척했다는 의미다. 유익한 것은 무엇이든지 공중 앞에서나 각 집에서나 거리낌이 없이 전하여 가르쳤다.[20절] 편애를 드러내거나 비밀스러운 교제권을 가지고 음험한 교회 정치에 몰두하지 않았다는 것이다. 바울은 자신의 에베소 사역을 돌아보는 가운데 참으로 후회없는 목회자의 삶을 살아왔다고 고백한다. 이 바울의 회고는 자신의 자랑이 아닌, 하나의 본을 세우기 위함이다. 유대인과 헬라인들에게 하나님께 대한 회개와 우리 주 예수 그리스도께 대한 신실함을 증거한 것이 그의 설교 핵심이었다.[21절4]

22-27절에서 바울은 자신이 예루살렘으로 올라가는 심경을 피력한다. 그의 예루살렘 상경 길은 성령에 매여 가는 길임을 분명하게 밝힌다. 그는 예루살렘에서 무슨 일을 당할지 알지 못한 채 올라간다.[22절] 자신이 예루살렘에서 당할 박해와 대적자들의 공격을 예감하는 듯한 발언이다. 그는 이미 오직 성령이 각 성에서 예루살렘에서 자신이 당할 일을 자신에게 직접 증언하셨다고 말한다. 바울이 이방 도시들에서 전도하면서 유대인들의 반발과 대적을 초래할 때마다 성령이 친히 자신에게 증언해 오셨음을 밝힌다.[23절] 즉 바울

은 이방 선교지에서 유대인들이 자신에게 보인 대적, 반발, 박해의 총결산으로서 마침내 예루살렘에서 결박과 큰 환난을 당할 것이라고 예감하는 것이다.

바울은 그동안 아시아에서 긴 세월 동안 하나님께 돌아올 것(회개)과 그리스도에 대한 믿음(신실함)을 견지하라고 증언했다.[디아마르튀로마이(διαμαρτυρόμαι)] 그런데 이제 성령이 바울의 앞에 닥친 환난에 대하여 증언하신다. 바울의 환난과 성령의 증언(디아마르튀로마이)는 깊이 호응한다. "예루살렘에서 결박과 환난이 바울을 기다린다"고 증언하는 성령의 증언은 유대인들과 헬라인들에게 증언한 바울의 메시지, 곧 "하나님께 회개하라", "그리스도를 믿으라"가 초래한 사태인 것이다. 그러나 바울은 환난과 결박을 피해 후퇴하기를 원하지 않고 오히려 죽음의 길로 나아가기를 작정한다.

24절은 그의 굳은 결심을 드러낸다. "내가 달려갈 길과 주 예수께 받은 사명 곧 하나님의 은혜의 복음을 증언하는 일을 마치려 함에는 나의 생명조차 조금도 귀한 것으로 여기지 아니하노라." 바울은 과거에 자기중심적인 신앙 안에서 자아완성(율법 완전 준수)을 위해 살았다.[빌 3:6] 그러나 다메섹 도상에서 예수를 만나고 성령에 사로잡힌 뒤로는 오직 "은혜의 복음"을 증거하는 일에 전념했다. 심지어 바울은 자기 육신의 생명 보존보다, 다메섹 도상에서 예수께 받은 사명을 수행하는 일이 더 중요하다고 선언한다. 그는 하나님의 은혜의 복음을 증거하다가 곤경을 당하고 죽음과 환난을 당한다 하더라도 자신은 예수 그리스도의 은혜의 복음 증거하는 일을 멈출 수 없다고 말한다.

22절에 이어 25절도 "보라"라는 발어사[發語詞]로 시작한다. 이 발어사는 장엄하고 엄숙한 진술을 도입하는 역할을 한다. 자신의 운명과 관련한 진술 앞에 바울은 두 번씩이나 발어사를 사용한다. 자신은 이제까지 이방 교회들을 왕래하며 하나님 나라를 전파했으나 이제는 에베소 장로들과 모든 이방 교회들이 자신의 얼굴을 다시 보지 못할 것을 예상한다.[25절] 에베소 사역에서 증거한 바울의 핵심 메시지는 '하나님 나라'였다. 그의 하나님 나라 사역은 아데미 여신숭배로 흑암에 빠져 있던 에베소 사람들을 그 권세에서 건져내 하나님 아들의 사랑의 나라로 이주시키는 사역이었다.[골 1:13] 에베소의 하나님 나라 사역은 마술책이나 아데미 여신 숭배에 지배당하던 에베소 사람들이 바울이 전하는 하나님 말씀에 사로잡혀 감동받음으로 구체화되었다. 주의 말씀의 감화력이 지속적으로 증대되고 사람들의 마음을 순복시켰다. "주의 말씀이 힘이 있어 흥왕하여 세력을 얻으니라."[20절] 이 구절은 하나님 나라의 확산을 집약적으로 묘사한다.

예수 그리스도의 복음의 영향력이 사람들의 마음을 지속적으로 힘있게 사로잡았다. 바울을 통해 전파되는 주의 말씀을 듣고 난 이후부터는 마술책을 통해 운명을 점치거나 조작하는 일에 전혀 흥미를 잃고 아데미 여신을 통해 누릴 풍요에 대한 어떤 기대도 하지 않았다. 26절에서 바울은 자신의 복음 전도자 경력이 깨끗했음을 고백한다. 이것은 여호수아나 사무엘의 고별사를 방불케 한다.[수 24장; 삼상 12장] "그러므로 오늘 여러분에게 증언하거니와 모든 사람의 피에 대하여 내가 깨끗합니다." 이 말은 바울이 자신의 사도직을 예언자직으로 생각했음을 보여준다. 하나님은 고대 이스라엘 예언자들을 통해 저주와 심판의 예언을 공동체에게 선포하게 하셨는데, 만일 예언자들이 그 심판과 저주의 예언을 선포하지 않으면, 하나님은 그 공동체에 내릴 심판을 책임을 다하지 않은 그 예언자에게 내리셨다.[겔 33:8] 회개의 메시지를 전했는데 청중이 스스로 회개하지 않아 하나님의 심판을 자초해 피를 흘린다면, 이 경우 회개를 촉구한 예언자는 그들의 피에 책임을 지지 않아도 된다. 이제 이스라엘 동포들이나 이방인들이 바울이 전한 회개의 말씀을 듣고도 회개치 않아 피흘리는 심판을 당하더라도 바울 자신은 그들의 피에 책임지지 않을 것이라는 말이다.[겔 33:9] 자신이 증거한 회개 메시지를 듣고도 회개하지 않은 자들에게 하나님의 심판이 임하여 그들이 피흘리는 징벌을 당해도 자신은 결백하다는 것이다. 자신은 꺼리지 않고 하나님의 뜻, 곧 복과 심판의 말씀을 온전히 전했기 때문이다.[27절]

28-35절은 에베소 장로들에게 주는 구체적인 목회 방침, 교회관, 목양 태도, 예상되는 영적 싸움에 대한 지침을 담고 있다. 위대한 영적 지도자가 떠난 뒤에는 언제나 지도력 공백기를 틈탄 사탄의 역사가 드세다. 에베소 교회는 바울의 3차 선교 여행의 중심지로서 바울의 대적자들이 가장 많았던 곳인 반면에, 열매 또한 풍성한 곳이었다. 그런데 바울은 이 유아기의 에베소 교회의 영적 리더십을 이제 장로들에게 위임하고, 예루살렘으로 상경하려고 한다. 아직 끝나지 않은 영적 싸움이 에베소 교회를 에워싸는 것을 선연하게 보면서 바울은 에베소 장로들을 영적으로 무장시키고 있다. 바울을 물어뜯던 흉악한 맹수들(유대인과 에베소 토착 우상 숭배자들, 데메드리오 일당 등)이 유아기의 에베소 교회를 향해 달려들 때 어떻게 대처할 것인지를 가르쳐 주고 있다.

28절은 영적 감독자로서 장로들의 겸손하고 신중한 목양의 책임을 강조한다. 에베소 장로들은 자기를 위해 또는 온 양 떼를 위해 삼가야 한다. 성령께서 그들을 회중 가운데 친히 감독자로 세우셨기 때문이다. 그들은 교회가 인간들의 사교 모임이 아니라, 하나님이 자기 피로 사신 교회임을 기억해야 한다. 하나님께서 감독자들을 하나님의 교회를 보살피게 하기 위해 세우셨다는 사실은 아무리 강조해도 지나침이 없다. 29-30절은 바울 이후에 에베소 교회에 마수를 뻗칠 잠재적인 거짓 목양 세력을 경계하라고 다그친다. 바울은 자신이 떠난 후에 사나운 이리가 에베소 교회에 들어와서 그 양 떼를 아끼지 아니하며 해칠 것을 경고한다.[29절] 심지어 감독자 곧 장로 중에서도 제자들을 끌어 자기를 따르게 하려고 어그러진 말을 하는 자들이 일어날 것까지도 예상한다.[30절] 참으로 괴롭고 답답한 예측이 아닐 수 없다.

31-35절은 이런 위기가 닥칠 때 어떻게 대처할 것인지를 구체적으로 적시하는데, 바울 자신의 모범을 정통으로 기억하고 따라야 한다는 것이다. 에베소 장로들은 바울이 3년이나 밤낮 쉬지 않고 눈물로 각 사람을 훈계하던 것을 기억해야 한다.[31절] 이 사실에 깨어 있어야 한다. 그른 목회 철학이나 목양 방식이 마치 정통 노선의 목회인 것처럼 뿌리내리지 못하도록 장로들은 정신을 바짝 차려야 한다는 것이다. 32절에서 바울은 자신의 부재 상황을 대신할 은혜의 말씀을 부각시킨다. 바울은 에베소 교회를 하나님과 그의 은혜의 말씀에 맡겨 드린다. 그는 하나님과 은혜의 말씀이 에베소 교회와 그 장로들을 능히 든든히 세워 거룩하게 하심을 입은 모든 자 가운데 기업이 있게 하실 것을 확신한다.

32절을 직역하면 이렇다. "이제 나는 여러분을 능히 집으로 세우고(공동체로 세우고) 모든 거룩해진 사람들에게 기업基業을 능히 주실 하나님과 그의 은혜의 말씀에 맡깁니다." 개역개정은 "든든히 세우사", "기업을 주실" 주체를 "그 말씀"이라고 보는데, 다소 불충분한 번역이다. "καὶ τὰ νῦν παρατίθεμαι ὑμᾶς τῷ θεῷ καὶ τῷ λόγῳ τῆς χάριτος αὐτοῦ, τῷ δυναμένῳ οἰκοδομῆσαι καὶ δοῦναι τὴν κληρονομίαν ἐν τοῖς ἡγιασμένοις πᾶσιν." 밑줄 친 여격 분사구에 나오는 부정사 "오이코도메사이"(집을 세우다)와 "두나이"(주다)의 주어는 "그의 은혜의 말씀"이 아니라 하나님이다. 하나님이 집을 세우고 원래 아브라함 후손(성도들)에게 약속된 영생의 땅(하나님 나라) 상속자가 능히 되게 하실 때 사용하는 도구가 은혜의 말씀이다. 개역개정처럼 그 은혜의 말씀이 "오이코도메사이"와 "두나이" 부정사의 의미상의 주어인 것처럼 번역하면직역에 가까운 ESV도 동일한 오역 하나님의 주도성이 약화된다. 성도들을 집으로 세우고 성도들에게 기업을 주시는 주체는 하나님이시기 때문이다. 하나님은 그의 은혜의 말씀을 에베소 신자들을 하나의 집, 하나님의 권속(가문)으로 세울 수 있고, 원래 아브라함 후손들에게 약속된 영생의 기업을 약속하고 하사하신다.

주 예수의 복음을 믿고 의롭게 된 이방인 출신 그리스도인들은 성도들에게 주신 기업을 상속하는 은혜에 이차적으로 참여하며, 그리스도와 함께 그 기업을 상속하는 공동 상속자이다.롬 8:17; 히 1:2, 4, 14 바울은 에베소서에서 말했던 것처럼엡 1:18 "너희 마음의 눈을 밝히사 …… 성도 안에서 그 기업의 영광의 풍성함이 무엇인지" 알게 하며, 에베소의 제자들을 교회 공동체로 세워 교회가 아브라함의 후손 출신(유대인) 신자들(성도들)과 같이 기업(영생)의 상속자가 능히 되게 하실 하나님께 위탁한다.[5] 하나님은 당신의 은혜의 말씀을 통해 에베소 어린 양 떼들을 집(교회)으로 세우고, 마침내 아브라함의 후손에게 약속된 그 영생의 기업을 상속케 하실 것이다. 에베소의 어린 양 떼들은 바울을 의지할 것이 아니라, 바울을 변화시킨 하나님과 그의 은혜의 말씀을 의지해야 한다.

33절에서 바울은 에베소 장로들이 자신의 모범을 따라 청렴결백을 유지하고 자비량 선교의 전통 및 구제 활동을 계승해 주기를 요청한다. 자신은 아무의 은이나 금이나 의복을 탐하지 않았음을 명백하게 밝힌다.33절 얼마나 많은 성직자가 이 은금을 탐하는 유혹에 빠지는가? 바울은 금이나 은이나 의복을 탐하지 않았을 뿐 아니라, 자신의 노동으로 생계를 해결하고, 이웃을 돕기까지 하는 모범을 보였다. 그는 받기보다는 주는 삶을 살았다. 죄인들은 받기를 좋아하고 남의 것을 탐한다. 자신은 주지 않으면서 남의 것을 받기만을 원한다. 그러나 성령 충만한 사람은 나눠 주기를 좋아한다. 예수도 전 인생이 주는 삶이었다. 마지막 순간에는 물과 피까지 쏟아 주셨다.[요 19:34] 34절은 자신의 이 모든 모범이 지어낸 이야기가 아니라, 에베소 장로들이 친히 알고 목격하고 경험한 내용임을 주지시킨다. "여러분이 아는 바와 같이 이 손으로 나와 내 동행들이 쓰는 것을 충당했습니다."[34절] 낮에는 천막 만드는 공장에서 일하고, 밤에는 성경을 가르쳤던 바울이 아니었던가! 바울은 사도로서 생활비 지원을 요청할 수 있었으나 그렇게 하기보다는 스스로 노동해서 생계를 유지했다.

> 우리가 먹고 마실 권리가 없겠느냐 …… 누가 자기 비용으로 군 복무를 하겠느냐 누가 포도를 심고 그 열매를 먹지 않겠느냐 누가 양 떼를 기르고 그 양 떼의 젖을 먹지 않겠느냐 …… 우리가 너희에게 신령한 것을 뿌렸은즉 너희의 육적인 것을 거두기로 과하다 하겠느냐 다른 이들도 너희에게 이런 권리를 가졌거든 하물며 우리일까보냐. 그러나 우리가 이 권리를 쓰지 아니하고 범사에 참는 것은 그리스도의 복음에 아무 장애가 없게 하려 함이로다.[고전 9:4-12]

행

바울은 여기서 한 걸음 더 나아갔다. 바울은 범사에 모범을 보였는데, 자신의 생활비만 벌어 충당한 것이 아니라, 자신이 번 돈으로 약한 사람들을 돕고 구제 활동까지 한 것이다. 그는 늘 주 예수께서 친히 말씀하신 바 '주는 것이 받는 것보다 복이 있다' 하심을 기억했던 것이다. 바울은 에베소 장로들이 바울의 목회를 기억하고 그것을 계승하고 모방해 주기를 요청하는 것이다. 고별 설교의 결론 부분은 "기억하라"는 동사[31, 35절]에 중심을 두고 있다.

영적 지도자들이 깨어 있는 교회, 눈물의 훈계가 역사하는 교회, 말씀이 살아 역사하는 교회, 청렴결백하고 본을 보이는 지도자들의 수고가 있는 교회, 구제의 즐거움을 아는 교회는 어떤 흉악한 이리 떼도 노략질할 수 없는 주님 나라의 요새다. 유력한 지도자가 떠나는 것이 교회의 위기가 아니다. 은혜로운 말씀의 운동력이 쇠퇴하면 교회는 온갖 위기 앞에 노출된다.

성도들의 모임인 교회는 세상 가운데 있고, 세상에 노출되어 있기에 미혹받기 쉽고, 부패하기 쉽다. 그러나 교회는 사람이 지키고 키우는 사람들의 조직체가 아니라, 그리스도의 몸이다. 주님께서 친히 자라게 하시고 보호하신다. 여기에 교회가 세상을 능히 이기고 섬길 수 있는 힘의 원동력이 있다. 성도들이 성경 말씀에 깨어 있고 말씀에 순종하는 자세를 가지고 있기만 하면 교회는 건강하게 성장한다. 주님은 오늘도 친히 말씀을 통해 일하시기 때문이다. 주님의 말씀, 은혜의 말씀은 죽은 말씀이 아니라, 지금도 성도들 가운데 살아 역사하는 말씀이다. 오늘날 말씀 중심이 되지 못하고, 사업 중심, 행사 중심, 프로그램 중심이 되어 연약한 모습을 드러내는 성도의 모임들이 있다. 개인적으로도 말씀 중심이 되지 못할 때 연약해진다. 주님의 말씀이 높임을 받지 못하는 곳에 부패와 죽음의 요소가 득세할 수밖에 없다. 그런 공동체는 반드시 최우선적으로 말씀으로 돌아가야 한다. 바울은 본문을 통해 이 땅의 모든 교회가 사랑이 풍성한 교회가 되기를 권면하고 있다. 주는 교회, 돕는 교회, 동정적인 교회야말로 어느 시대나 가장 혁명적인 교회이다. 말씀 중심의 모임, 사랑이 있는 모임이 될 때 교회는 건강하게 자라기 마련이다. 올바른 가르침orthodox과 올바른 삶orthopraxis이 있을 때 개인이나 성도의 모임이 건강하고 생명력 있게 자랄 수 있다.

메시지

밀레도의 고별 설교는 에베소에서 펼쳤던 바울 사역의 열매를 감사하는 자리이면서도 에베소 교회의 미래를 걱정하며 하나님께 의탁하는 엄숙한 자리였다. 밀레도의 고별 설교를 방불케 하는 바울의 권면이 장년 이후에 에베소 장로로 사역했던 디모데에게 보낸 편지에도 나타난다. 디모데후서에서 바울은 밀레도에서 에베소 장로들을 향해 행한 고별 설교 주제와 권면을 되울리고 있다. 그는 자신을 "복음을 위하여 선포자와 사도와 교사로 세우심을" 받은 자[딤후 1:11]라고 말하며, 복음 선포자, 사도, 그리고 교사 사역을 수행하다가 고난을 받되 부끄러워하지 아니했음을 상기시킨다.[딤후 1:12] 바울은 자신이 "믿는 자를 내가 알고 또한 내가 의탁한 것을 그날까지 그가 능히 지키실 줄을 확신"하고 있다. 밀레도에서 에베소 교회를 하나님과 그 은혜에 의탁했던 바울의 신앙을 여기서도 보인다. 바울은 이어 밀레도 고별 설교에서처럼 여기서도 자신이 본을 보이고 본받게 하는 교사임을 강조한다. 디모데에게 "그리스도 예수 안에 있는 믿음과 사랑으로써 내게 들은 바 바른말을 본받아 지키"라고 권고한다.[딤후 1:13] 바울은 복음과 그것에 대한 신앙을 "우리 안에 거하시는 성령으로 말미암아" 디모데에게 "부탁한 아름다운 것"이라고 말하며, 그 아름다운 복음 신앙을 수호해달라고 요청한다.[딤후 1:14] 이어 바울은 자신이 아시아 에베소 사역을 하다가 만나고 헤어졌던 동역자와 그 이후에도 지속적인 동역을 이어온 사람을 언급한다. 바울은 디모데에게 "아시아에 있는 모든 사람이" 자신을 버렸는데 그 중에도 "부겔로와 허모게네"가 자신을 버렸다는 점을 고통스럽게 회고한다.[딤후 1:15] 아마도 부겔로와 허모게네는 밀레도 고별 설교에서 바울이 에베소에 나타나리라고 예상했던 거짓 교사들, 삯군 사역자였을 것이다. 바울은 자신의 마음을 쓰라리게 한 과거의 동역자에 대한 회고를 마치자마자, 아직도 자신의 신실한 동역자로 남아 있는 오네시보로와 그의 집을 언급한다.[딤후 1:16, 18] 그는 "에베소에서 많이 봉사한" 바울의 동역자이자, 디모데의 동역자였다. 이처럼 에베소 사역은 바울의 업적과 성취를 의미하기도 했지만, 또한 장차 어떻게 될지 모르는 미완성의 사역지였다.

바울은 이제 과거의 것은 잊어버리고, 위에서 부르신 부름의 상을 위하여 에베소 사역보다 더 훨씬 더 박진감 넘칠 로마 사역을 위해 장도에 오른다. 그런데 로마로 가는 길은 결코 간단하지 않을 것이다. 환난과 결박을 뚫고 가야 하는 길이다. 그래도 바울의 달려가는 사명 역주는 멈추지 않는다. 바울은 과연 복음을 위해 택정된 복음의 사람이었기 때문이다.[행 9:15; 롬 1:1] 그는 일생을 충성스러운 복음의 증인으로 살았으며, 복음 증거의 사명을 자기 생명보다 귀하게 여겼다. 복음이 가지는 생명력, 어떠한 사람도 변화시키는 복음의 능력, 이 세상의 어떤 고상한 가치도 초월하는 복음의 탁월성을 잘 알았기 때문이다.[빌 3:8] 이렇게 복음을 존귀하게 여기는 자의 인격을 통해 복음의 능력은 나타날 수밖에 없다. 바울의 인격과 삶에서 나오는 복음의 감화력을 통해 에베소 성도들이 변화를 받는 큰 구원의 역사가 있었다. 그는 철저하게 인격적이고 개인적인 차원에서 복음화를 수행했다. 그는 개인의 변화에서 도시의 변화를 생각하는 사람이었다. 개인 전도에 실패하면 도시 전체의 문화 변혁은 꿈꾸지도 못한다는 것을 알았다. 그래서 바울은 한 도시의 고위직 공무원을 통해서나 혹은 공권력을 빌어 도시 전체를 거룩하게 하려는 성시화[聖市化]운동을 벌이지도 않았으며, 어떤 기독교 선전을 통한 대규모 개종 운동을 벌이지도 않았다.[6] 그는 각 사람, 개인의 마음과 양심에 대고 복음을 선포하고 그것을 삶으로 증거했다. 진정성 넘치는 삶을 통한 설교로 에베소 사람들의 마음속에 하나님에 대한 믿음을 심어주었다. 그는 복음을 형제들에게 전하기 위해 상한 목자의 마음을 견지하며 그릇된 길로 일주하는 교우들을 바른길로 돌이키게 하기 위해 눈물로 호소했다. 그는 확신있는 복음의 사람이었으나 동시에 눈물의 사람이었다. 또한 회개와 믿음을 강조하면서도 새롭게 시작된 하나님 자녀다운 삶에서 교우들이 비틀거릴 때마다 지탱해 주었다.

삶의 모범을 통한 바울의 또 다른 복음 증거 사례는 그의 물질관에서도 잘 드러난다. 자신의 목양 성공을 앞세우고 물질적으로 풍요로운 대접을 요구하지도 않았으며, 시종일관 자비량 목회 원칙을 견지하며, 앞치마를 두르고 손수건으로 땀을 닦아가며 일하면서도 2년 내내 야간 성경 강의를 수행했다. 사람들 앞에서 겸손했고 결코 주장하는 태도를 취하지 않았다. 강의와 설교만 하고 그치는 것이 아니라, 회중의 성장과 성숙까지 도모하는 책임의 사람이었다. 그는 성도들의 변화에 대한 적극적인 관심이 있었다. 이렇게 복음에 대한 확신과 겸손과 사랑을 가졌던 바울은 풍성한 복음의 열매를 거둘 수 있었다.

마지막으로 바울을 감화력 넘치는 복음 증거자로 만든 것은 그가 푯대를 향해 정진하는 사람이었기 때문이다. 바울은 은퇴 후 대접받는 삶을 기대하는 늙어 버린 정신의 소유자가 아니라, 언제나 푸른 청년의 기상으로 가득 찬 사람이었다. 그는 성령의 경고와 만류에도 불구하고 위에서 부르신 부름의 상을 향해 매진했다.빌 3:14; 딤후 4:7-8 그릇된 확신의 궤도를 질주하던 중 다메섹에서 구원받은 후 그는 일생 동안 수행할 사명을 받았다. 대적자를 친구로 삼으신 하나님의 위대한 화해의 능력으로 인해 세상과 당신을 화목케 하신 하나님의 화해 복음으로 이방인들을 하나님께 돌이키는 이방인 선교사가 되었다. 바울은 죄인의 괴수인 자신과 화해해 주신 하나님이라면 만민과 화해해 주실 준비가 된 하나님이라고 확신하고 세계를 향해 복음의 횃불을 높이 들었다.

하나님을 거슬러 다메섹을 향해 달리던 바울이 마침내 화해와 평화의 복음을 들고 온 세계를 향해 달리는 자가 되었다. 바울은 10여 년에 걸친 1차, 2차, 3차 이방 선교 여행을 끝내고 예루살렘에 가서 동족 유대인과 유대계 그리스도인들의 오해를 풀고 화해하기 위해 예루살렘을 향해 달려가고 있다. 그는 예루살렘을 거쳐서 로마에까지 진출하고 마침내 땅끝이라고 알려진 유럽의 서쪽 끝 서바나(스페인)까지 가려는 계획을 품고 기도해 왔다. 은퇴할 줄 모르는 복음의 백전노장 바울은 환란과 결박의 사선을 뚫고라도 복음의 전진을 이루고자 했다.롬 15:19-23

바울은 온 세계를 향해 진취하는 복음의 활력에 사로잡힌 자였다. 바울이 복음을 붙잡은 것이 아니라, 복음이 바울을 붙잡은 것이다. 바울 속에 살아 역사한 것은 온 세계, 만유를 회복하시고자 하는 하나님의 복음이었다. 세 번의 선교 여행을 마치고도 바울은 아직도 자신은 달려갈 길이 남아있다고 생각한다. 바울은 자신을 마라톤 경주자처럼 여긴다. 면류관을 얻기 위해 달리는 사람이라는 자의식이 강하다. 빌립보서 3:12-14은 자신을 부르신 하나님이 가리키는 푯대가 있으며, 그것은 하늘에 있는 상급이라고 말한다. 그에게 이 상급을 향해 달리는 경주는 피곤하고 지치게 만드는 경주가 아니라, 그리스도의 부활과 그 십자가 고난에 참예함을 알아가는 경주이다. 달릴 수록 에너지를 비축하는 경주였다. 경주 그 자체는 고단하지만, 다음 경주를 위한 엄청난 에너지를 창조하는 경주였다. 바울은 육욕 충족적 삶이 아니라, 하나님의 영광으로 변화되는 삶을 사는 삶, 이것이 지상에서 우리가 추구할 푯대라고 말한다. 바울의 이 줄기찬 삶의 원동력은 하나님 은혜의 복음 증거 열정이다. 이 은혜의 복음을 증거하기 위해 달려가는 삶은 죽을 수밖에 없는 자신의 생명을 불태울 가치가 있다고 주장한다.행 20:24 빌립보서 3:12에서 바울은 이 경주를 줄기차게 달려가게 하는 더 궁극적이고 초월적인 힘을 말한다. "잡힌 바 된 그것을 잡으려고 정진한다." 12절을 직역하면 이렇다. "나는 아직도 받았다거나 완전히 이루었다고 주장하지 않습니다. 다만 나는 아직도 쫓아가고 있습니다. 그러나 만일 내가 무엇을 잡았다면(καταλαμβανω)[7] 그것은 그리스도 예수에 의하여 잡힌 바 된 그만큼 잡고 있는 것입니다."

여기서 바울은 자신의 다메섹 도상의 붙잡힘 사건을 암시적으로 언급한다.행 9:1-15 바울은 다메섹 도상에서 하나님에 의해 강렬하게 낚아채였다. 그래서 땅끝까지 달려가는 복음 전도자의 소명을 받았다. 다메섹 도상 소명 수납 사건 이후 바울은 앞에 있는 것을 잡으려고 달려가는 삶으로 바뀌었다. "형제 여러분 나 자신이 스스로를 무엇인가를 잡았다고 간주하지 않습니다. 다만 한 가지만을 붙잡고 있습니다. 뒤에 있는 것은 잊어버리고 앞에 있는 것들을 향하여 정진합니다." 성령께서는 바울의 험한 장도를 암시해 주셨다. 그러나 바울은 환난과 결박의 위험을 무릅쓰고라도 복음을 전파하고자 했다. 이것은 온 세계를 복음화하여 그리스도의 통치 아래 굴복시키려는 하나님의 열심이었다. "물이 바다를 덮음같이 여호와를 아는 지식"사 11:9이 세상에 충만해지기까지 쉼 없이 역사하는 하나님의 열심이다. 하나님 나라는 만군의 여호와의 열심이 이루시며사 9:7 이 만군의 여호와의 열심에 붙잡힌 자는 세상의 사선을 뚫고 달리는 전도자다. 바울은 감옥에서 죽음을 기다리며 눈을 감을 때까지 시종일관 달려야 했다.사 40:30-31 "내가 선한 싸움을 싸우고 나의 달려갈 길을 마치고 믿음을 지켰습니다. 이제 나에게 의의 면류관이 준비되었습니다"딤후 4:7-8

21장.

마침내 예루살렘에 도착하여 체포되는 바울

21장은 바울의 비장한 예루살렘 귀환 여정과 피체被逮 상황을 다룬다. 바울은 밀레도에서 에베소 교회 장로들을 불러 마지막 목양 지도자 강습을 열어준 후, 수리아 안디옥을 거쳐 마침내 가이사랴에 도착한다. 그곳에서 그는 예루살렘 방문 여정을 만류하는 동역자들과 성령의 경고도 무시한 채 예루살렘으로 올라가려고 한다. 무엇이 바울로 하여금 예루살렘에 올라가도록 만들었으며, 왜 그는 거기서 죽을 수도 있다고 했는가? 주 예수 그리스도의 복음 전파 사역을 완수하기 위함이었다. 바울은 오랜 이방 선교 경험을 통해서 주 예수 그리스도의 복음은 유대인과 이방인의 오랜 적대 관계를 허물어뜨리는 복음임을 확실히 깨달았다. 바울은 이 천하 만민을 아브라함의 복에 초청하시려는 주님의 지상至上사역마 28:18-20; 눅 24:47; 행 1:8을 위해서라면 자기 생명을 기꺼이 바칠 수 있다고 했다. 이방 교회들과 예루살렘 교회의 연합을 공고히 하고 신자들 사이의 차별 의식과 거리감을 제거해야겠다는 긴급한 사명감 때문에 오순절에 맞춰 도착하려고 예루살렘 귀환 일정을 기획했다. 이미 유대와 이방 신자들이 한 몸이 될 수 있도록 자기 생명을 십자가에서 희생하신 주 예수의 발자취를 그대로 따르기로 한 것이다.

바울은 예루살렘에 올라가 자신은 아브라함의 복이 온 세상 만민에게 확산되는 날을 바라본 이사야의 비전에 사로잡혀 이방인들을 하나님의 자녀삼는 일에 투신했음을 알리고자 했다.갈 3:8-14 이방 나라들의 재물이 예루살렘으로 오는 비전의 성취를 위해 이방 교회 교우들을 대동하고 그들이 예루살렘 성도들을 위해 거둔 연보를 갖고 오순절 예배에 참여하기 위한 여정에 돌입했다.사 60:5

21장은 예루살렘에 상경하자마자 주의 형제 야고보를 만나 자신의 이방 선교 경과를 간략하게 보고하고, 자신을 겨냥한 유대인들의 적의와 유대인 출신 신자들의 의심 분위기를 대비하라는 야고보의 충고를 청취한다. 21장은 예루살렘으로 가는 바울 일행의 여정, 1-16절 야고보를 방문하는 바울, 17-26절 그리고 체포되어 변명을 시작하는 바울27-40절로 나눠진다.

1. 예루살렘으로 가는 사도 바울 일행의 여정 •1-16절

1우리가 그들을 작별하고 배를 타고 바로 고스로 가서 이튿날 로도에 이르러 거기서
부터 바다라로 가서 2베니게로 건너가는 배를 만나서 타고 가다가 3구브로를 바라보
고 이를 왼편에 두고 수리아로 항해하여 두로에서 상륙하니 거기서 배의 짐을 풀려
함이러라. 4제자들을 찾아 거기서 이레를 머물더니 그 제자들이 성령의 감동으로 바
울더러 예루살렘에 들어가지 말라 하더라. 5이 여러 날을 지낸 후 우리가 떠나갈새 그
들이 다 그 처자와 함께 성문 밖까지 전송하거늘 우리가 바닷가에서 무릎을 꿇어 기
도하고 6서로 작별한 후 우리는 배에 오르고 그들은 집으로 돌아가니라. 7두로를 떠
나 항해를 다 마치고 돌레마이에 이르러 형제들에게 안부를 묻고 그들과 함께 하루를
있다가 8이튿날 떠나 가이사랴에 이르러 일곱 집사 중 하나인 전도자 빌립의 집에 들
어가서 머무르니라. 9그에게 딸 넷이 있으니 처녀로 예언하는 자라. 10여러 날 머물러
있더니 아가보라 하는 한 선지자가 유대로부터 내려와 11우리에게 와서 바울의 띠를
가져다가 자기 수족을 잡아매고 말하기를 성령이 말씀하시되 예루살렘에서 유대인들
이 이같이 이 띠 임자를 결박하여 이방인의 손에 넘겨주리라 하거늘 12우리가 그 말
을 듣고 그곳 사람들과 더불어 바울에게 예루살렘으로 올라가지 말라 권하니. 13바울
이 대답하되 여러분이 어찌하여 울어 내 마음을 상하게 하느냐 나는 주 예수의 이름

을 위하여 결박당할 뿐 아니라 예루살렘에서 죽을 것도 각오하였노라 하니. [14]그가 권함을 받지 아니하므로 우리가 주의 뜻대로 이루어지이다 하고 그쳤노라. [15]이 여러 날 후에 여장을 꾸려 예루살렘으로 올라갈새 [16]가이사랴의 몇 제자가 함께 가며 한 오랜 제자 구브로 사람 나손을 데리고 가니 이는 우리가 그의 집에 머물려 함이라.

주석

1-3절은 밀레도에서 두로Tyre까지 이르는 뱃길 여정을 보도한다. 바울 일행은 밀레도에서 배를 타고 바로 작은 섬의 항구이자 의학의 아버지인 히포크라테스Hippocrates의 고향인 고스Cos로 가서 이튿날 해상거리로 80킬로미터 정도 떨어진 튀르키예 해안 도서 중 가장 큰 섬인 로도Rhodes에 도착했다. 그들은 거기서부터 해상거리로 85킬로미터 정도 떨어져 있는 튀르키예 반도 최남단(지중해 연안) 밤빌리아 지방에 속한 바다라Patara로 갔다.[1절] 당시의 항해 관습에 비추어 볼 때 바다라에 갈 때까지는 작은 목선 범선을 타고 가다가 바다라에서 큰 상선을 탔을 것으로 짐작된다. 거기서 그들은 베니게Phoenicia로 건너가는 배를 만나서 타고 갔다.[2절]

동서로 120킬로미터의 해안선을 가진 큰 섬 구브로Cyprus를 왼편에 두고 바라보면서 바울 일행은 나아갔다. 곧 바울은 구브로 섬 남쪽 부근에서 수리아 방향으로 항해하다가 로마제국 속주의 항구 도시인 두로Tyre에 상륙하여 짐을 푼 것이다.[3절] 수리아 안디옥이나 다른 항구에는 따로 상륙해서 머물렀다는 언급이 없는 것을 볼 때 바울 일행이 오순절 안에 예루살렘에 도착하기 위해행전 20:16, "오순절 안에 예루살렘에 이르려고 급히 감이러라." 서둘렀음을 알 수 있다. 바울 일행은 두로에서 제자들을 찾아 이레를 머물렀는데 거기서도 그곳 제자들이 성령의 감동으로 바울에게 예루살렘에 들어가지 말라고 권고했다.[4절] 여러 날을 지낸 후 바울 일행이 떠나갈 때 두로의 형제들이 그 처자와 함

께 다 성문 밖까지 전송해 주었다. 그때 바울 일행은 바닷가에서 무릎을 꿇어 기도했다.[5절]

서로 작별한 후 바울 일행은 배에 오르고 두로의 형제들은 집으로 돌아갔다.[6절] 두로를 떠난 배는 다시 남쪽으로 항해하다가 돌레마이[Ptolemais]에 이르렀는데 거기서 내린 바울 일행은 그곳의 형제들에게 안부를 묻고 그들과 함께 하루를 보냈다.[7절] 돌레마이는 갈릴리 호수 북쪽 지역과 위도가 거의 같은 항구로서 구약시대에는 악고로 불렸다.[삿 1:31] 이 도시는 알렉산더 대왕의 동방 정복 이후에 "프톨레미"(Πτολεμαῖος) 장군이 이곳을 다스렸기 때문에, '돌레마이'라는 새 이름을 얻었다.

이튿날 바울 일행은 돌레마이를 떠나 가이사랴에 이르렀는데 일곱 집사 중 하나인 전도자 빌립의 집에 들어가서 묵었다.[8절] 가이사랴는 므깃도 평원과 거의 위도가 같은 항구 도시로서 당시에 로마 총독의 공식 관저가 있었던 곳이다. 그곳에는 헬라파 일곱 중 한 사람이자 사마리아 전도의 문을 열었던 집사 빌립의 집이 있었다. 그에게는 4명의 처녀 딸이 있었는데 다들 예언하는 자였다.[9절] 바울 일행이 빌립의 집에 여러 날 머물러 있었을 때 아가보[Agabus]라 하는 한 선지자가 유대로부터 내려와 바울의 앞날을 예언하는 일이 있었다.[10절] 그가 바울 일행에게 와서 바울의 띠를 가져다가 자기 수족을 잡아매고 성령의 말씀을 대언하기 시작했다. "성령이 말씀하시되 예루살렘에서 유대인들이 이같이 이 띠 임자를 결박하여 이방인의 손에 넘겨주리라."[11절] 아가보의 예언을 듣고 바울의 일행 중 동역자들[누가복음과 사도행전의 저자인 누가도 일인칭 복수 "우리"에 포함]은 빌립의 집 사람들과 함께[아마도 선지자 네 딸도 함께] 바울에게 "예루살렘으로 올라가지 말라"고 권고했다.[12절]

12절의 둘째 소절이자 주절인 문장에는 1인칭 복수대명사 "헤메이스"(ἡμεῖς)가 따로 사용되고 있다. 주어 "우리"를 부각시키는 강조 구문이다.[1] 그때 바울은 이렇게 대답했다. "여러분이 어찌하여 울어 내 마음을 상하게 합니까? 나는 주 예수의 이름을 위해 결박당할 뿐 아니라 예루살렘에서 죽을 것도 각오했습니다."13절, 저자 사역 13절도 1인칭 단수대명사 "에고"(ἐγὼ)를 독립적으로 사용한다. 바울의 결심을 부각시키는 구문이다. 바울이 설득당하지 않자, 바울 일행과 합심하여 예루살렘 상경을 만류한 다른 사람들("우리는")도 바울의 확고부동한 결심을 존중해 "주의 뜻이 이루어지소서"라고 말하며 침묵했다. 14절 헬라어 본문은 "침묵하기 전에 '우리'는 말했다."로 해석할 수 있다. "투 큐리우 토 텔레마 기네스도"(Τοῦ Κυρίου τὸ θέλημα γινέσθω)는 주님의 뜻만이 성취되기를 기원했다는 말이다. 결국 바울의 확고부동한 예루살렘 상경 의지를 통해 주님의 뜻이 궁극적으로 성취되기를 간구한 것이다.

이러한 바울의 결심이 있은 지 여러 날 후에 바울 일행은 여장을 꾸려 예루살렘으로 올라갔다.15절 16절의 경우 개역개정 번역은 약간 애매모호하다. "가이사랴의 몇 제자가 함께 가며 한 오랜 제자 구브로 사람 나손을 데리고 가니 이는 우리가 그의 집에 머물려 함이라." 이 구절은 마치 그들이 구브로 사람 나손을 가이사랴에서 데리고 예루살렘에 간 것처럼 말한다. 그런데 헬라어 원문은 그런 뜻이 아니다. 16절의 내용은 "가이사랴의 몇 제자가 우리와 함께 예루살렘까지 동행했다. 초기 제자 중 한 사람이었던 제자 구브로 사람 나손의 집에 우리가 묵을 수 있도록 우리를 그에게 데리고 갔다"는 의미다. 곧 가이사랴의 제자 중 몇 사람이 "우리"(바울 일행)를 예루살렘에 있는 구브로 출신의 초기 제자였던 나손Mnason의 집에 묵도록 주선했다는 뜻이다. 바울 일행은 가이사랴의 제자들 도움으로 예루살렘 체류 시 나손의 집에 묵을 수 있게 되었다.

이상에서 살펴보았듯이, 바울의 앞길을 가로막는 권면들이 형제들과 동역자들 사이에서 줄지어 나왔지만, 바울 일행은 일사각오의 패기로 예루살렘으로 올라갔다. 성령께서는 "환란과 결박"의 운명을 예고하시며 바울을 영적으로 무장해 주시려는 데 비해, 동역자들은 이 성령의 예언을 다소간 자의적으로(인간적으로) 해석하는 것처럼 보인다. 특히 아가보가 바울의 띠를 가져다가 수족을 잡아매는 행위 예언을 했을 때는 바울 일행이 크게 동요했다. 성령은 환난과 결박을 예고하며 바울의 심령을 단단히 무장시키는 데 비해, 아가보는 바울의 결심을 이완시키려고 한다. 예루살렘 여정에 오른 예수의 세 차례의 수난 예고[막 8:31-32; 9:31-32; 10:33-34]가 제자 공동체를 동요시켰듯이, 바울의 동행자들과 두로 지역 제자들도 바울에게 전략상 후퇴를 종용했던 것이다. 이때 바울은 연약해지려는 자신과 동행자들을 아울러 꾸짖었다. 그는 "나는 예루살렘에 가서 묶일 뿐만 아니라 죽을 각오까지 되어 있습니다"[공동번역]라고 말하며 그들의 종용과 권면을 돌파했다. 물론 바울도 가는 곳마다 형제들이 만류하니 마음이 흔들릴 수도 있었을 것이다. 하지만 그가 추호도 흔들리지 않은 것은 이미 죽을 각오를 했기 때문이었다. 많은 사람이 처음에는 중대한 결심을 하고 신앙인의 길을 가다가도 세월이 흐르고 핍박이 다가올수록 변심한다. 바울처럼 죽음을 각오하지 않았기 때문이다. 죽음을 각오한 사람은 흔들리지 않는다. 생명을 잃을 각오를 하면 오히려 힘을 얻게 된다. 누구든지 살고자 하면 죽고 죽고자 하면 산다. "누구든지 자기 목숨을 구원하고자 하면 잃을 것이요 누구든지 나와 복음을 위하여 자기 목숨을 잃으면 구원하리라."[막 8:35]

바울의 이런 자세가 그로 하여금 마침내 로마까지 가는 여정에 오를 수 있게 했다. 예수를 믿고 예수만을 위해 모든 것을 희생하고자 할 때, 능력을 얻고 생명의 면류관을 얻는다.[계 2:10] 바울은 일시적 생명을 잃고 영원한 생명을 얻으려고 한 것이다. 그가 그토록 예루살렘에 가려고 한 것은 그곳에 가서 야고보, 사도들, 그리고 유대인 출신의 율법주의적인 강경파 지도자들을 만나 자신의 이방 선교에 대한 오해를 풀고 율법 준수나 할례를 강요하지 않고도 이방 선교를 할 수 있도록 공인받고자 함이었다. 좁혀 말하면 이방인과 유대인을 화해시켜 교회를 만드신 주 예수 그리스도의 복음의 비밀을 나누고자 함이었다. 하나님께서 이스라엘을 선민으로 택하여 아브라함부터 예수까지 1,500년간 유지해 온 이유는, 종말에 이방인과 유대인이 하나가 되는 교회를 창조하실 목적 때문이었다고 선포하고자 한 것이다. 그는 이방인과 유대인을 그리스도의 보혈로 화해시켜 새 이스라엘 공동체를 만드시려는 하나님의 구원 경륜을 나누고자 예루살렘으로 올라간 것이다. 그는 주 예수께 받은 사명으로 이방인의 사도가 되었으나,[갈 2:7-9] 실상 동족의 구원을 위해 애간장이 녹았던 사람이었다.[롬 9:3; 11:25-36] 동족의 구원을 위해서는 자신이 저주를 받아 생명책에서 지워져도 된다고 생각할 만큼 이스라엘에 대한 사랑이 특심했다. 다만 그는 이제 종말의 때에는 유대인과 이방인으로 구성된 새 이스라엘 공동체, 곧 교회가 하나님 나라의 전위 부대가 되었다고 말하기를 원했던 것이다. 하지만 동족들은 이 하나님의 종말론적 구원 경륜을 도무지 이해하지 못했고, 그가 유대인들의 자존심의 근거인 율법, 할례, 성전을 비하하고 모독했다고 오해했다.

비록 사도행전 15장에서 율법 준수 및 할례는 이방 선교에 강요하지 않기로 약속했지만, 유대계 강경 보수파 그리스도인 지도자들은 이방인에게 세례만 주어 이스라엘의 일원으로 받아들이는 바울의 처사를 도저히 용납할 수 없었다.[롬 11:1-24] 가이사랴의 제자들은 당면한 위기를 모면하도록 예루살렘 상경을 만류했지만, 바울은 이방 선교 및 복음의 세계적 확장을 위해 반드시 풀어야 할 이 같은 숙제가 있었기에 예루살렘에 올라가야만 했다. 참 놀라운 것은 그가 예루살렘에 올라가는 길도 성령의 매임으로 인한 여정이며, 그에게 예루살렘에 가면 환난과 결박이 있을 것이라고 경고하는 것도 성령의 사역이라는 점이다.

우리는 때때로 외견상 우리를 위한다는 권면들 속에서 인본주의적 사랑의 위험성을 간파할 수 있어야 한다. 때로 하나님의 구속 사역의 결정적인 전환점에서는 인간적인 사랑과 정이 하나님 역사에 걸림돌이 될 수 있다. 아프리카의 오지로 선교 사역을 위해 떠나는 자녀를 부여잡고 오열하는 어버이의 사랑은 분명 사랑이기는 하지만, 하나님의 더 큰 사랑의 표현을 가로막는 걸림돌이 될 수 있는 것이다. 우리는 여기서 냉정한 바울의 자기 통제와 자기 관리를 배울 수 있다. 자기 운명에 대한 연민이나 감상적 비관 없이, 바울은 하나님에 대한 올곧은 신실함으로 불확실하고 위험한 상황을 돌파해 간다. 고난을 싫어하는 이 시대에, 꼭 바울처럼 살아야 하나님을 사랑하는 것인가 하는 냉소가 교회 내부로부터 들려오는 시대에, 바울의 부활 신앙은 우리를 곧추세우는 각성의 타종打鐘임에 틀림없다. "내가 그리스도와 그 부활의 권능과 그 고난에 참예함을 알려하여 그의 죽으심을 본받아 어찌하든지 죽은 자 가운데서 부활에 이르려 합니다." 빌 3:10-11

2. 야고보를 방문하는 바울 • 17-26절

17예루살렘에 이르니 형제들이 우리를 기꺼이 영접하거늘 18그 이튿날 바울이 우리
와 함께 야고보에게로 들어가니 장로들도 다 있더라. 19바울이 문안하고 하나님이 자
기의 사역으로 말미암아 이방 가운데서 하신 일을 낱낱이 말하니 20그들이 듣고 하나

님께 영광을 돌리고 바울더러 이르되 형제여, 그대도 보는 바에 유대인 중에 믿는 자 수만 명이 있으니 다 율법에 열성을 가진 자라. [21]네가 이방에 있는 모든 유대인을 가르치되 모세를 배반하고 아들들에게 할례를 행하지 말고 또 관습을 지키지 말라 한다 함을 그들이 들었도다. [22]그러면 어찌할꼬 그들이 필연 그대가 온 것을 들으리니 [23]우리가 말하는 이대로 하라 서원한 네 사람이 우리에게 있으니 [24]그들을 데리고 함께 결례를 행하고 그들을 위하여 비용을 내어 머리를 깎게 하라. 그러면 모든 사람이 그대에 대하여 들은 것이 사실이 아니고 그대도 율법을 지켜 행하는 줄로 알 것이라. [25]주를 믿는 이방인에게는 우리가 우상의 제물과 피와 목매어 죽인 것과 음행을 피할 것을 결의하고 편지하였느니라 하니 [26]바울이 이 사람들을 데리고 이튿날 그들과 함께 결례를 행하고 성전에 들어가서 각 사람을 위하여 제사드릴 때까지의 결례기간이 만기된 것을 신고하니라.

주석

예루살렘 형제들은 예루살렘에 도착한 바울 일행을 기꺼이 영접했다.[17절] 이튿날 바울과 그 일행은 야고보를 예방[禮訪]했다. 그때 야고보와 함께 있는 장로들도 다 같이 만났다.[18절] 이 만남은 바울이 주의 형제 야고보를 네 번째 만나는 상황이다. 바울은 다메섹 도상에서 사명을 받고 예루살렘을 방문했을 때 처음 야고보를 만났다.[갈 1:18-19] 그리고 14년 후에 바울은 예루살렘에서 다시 야고보를 만났고,[갈 2:1, 9] 사도 공의회에서 세 번째로 야고보를 만났다.[행 15:4-13] 바울은 갈라디아 선교 현장에 나가서 일할 때 주의 형제 야고보의 묵직한 존재감을 다소 긴장어린 어조로 언급하기도 했다.[갈 2:9] 야고보와 이러한 전[前]역사를 가진 바울은 야고보와 장로들에게 문안하고, 자신과 동역자들을 통해 일으키신 하나님의 이방 구원 사역을 낱낱이 보고했다.[19절] 그들은 바울의 보고를 듣고 하나님께 영광을 돌렸다. 그러면서도 그들은 바울이 유대인 그리스도인 중 강경 율법주의자들과의

충돌을 피할 것을 권고했다.[20절]

야고보와 장로들은 바울에게 말했다. "형제여, 그대도 보는 바에 유대인 중에 믿는 자 수만 명이 있으니 다 율법에 열성을 가진 자라.[20절] 네가 이방에 있는 모든 유대인을 가르치되 모세를 배반하고 아들들에게 할례를 행하지 말고 또 관습을 지키지 말라 한다 함을 그들이 들었도다."[21절] 즉, 강경 보수파 유대계 그리스도인들이 바울에게 악감정을 가진 이유는 바울이 이방에 있는 유대인들을 가르칠 때 모세를 배반하고 할례는 물론 율법의 관습도 지키지 말라고 가르쳤다고 들었기 때문이다.[21절] 사실 여부를 떠나서 현 상황이 바울에게 아주 불리하게 돌아간다는 사실을 알려준 것이다. 야고보와 장로들은 하나의 절충안을 내기에 이른다. 바울이 예루살렘에 온 것을 안 이상 문제가 생길 테니[22절] 바울이 스스로 율법의 전통을 준수하는 모습을 보여줄 것을 요청한 것이다. 마침 네 사람의 유대인 나실인Nazirite 서원자가 있으니[23절; 민 6:1-4; 행 18:18] 바울이 이들을 성전으로 데리고 가서 바울 자신과 함께 그 네 사람이 결례에 따라 머리를 깎게 하면 어떻겠느냐고 제안한 것이다.[24절][2]

왜 바울도 결례를 행하여야 한다고 권고했는지는 분명치 않다. 다만 다수 사도행전 주석가들이 지적한 것처럼 바울이 이방 선교를 하느라고 이방인들과 많은 접촉이 있어서 부정해졌다고 생각했기 때문일 가능성이 크다.[3] 이렇게 바울이 율법의 전통을 존중하는 모습을 공공연하게 보인다면 모든 사람(특히 유대인 출신 신자들)이 바울에 대해 들은 것이 사실이 아니며, 바울도 율법을 지켜 행하는 사람으로 인정할 것이라는 논리였다.[24절] 야고보의 제안에 따라 바울은 스스로도 결례를 행하고, 나실인 서약을 행하는 유대인 네 사람이 결례 예식에 참여하고 머리를 깎는 데 필요한 비용도 지불했다. 당시 나실인 서원을 하는 사람이 가난한 경우 유복한 사람이 나실인 결례와 희생 제사 비용을 대신 지불하는 관습이 있었다.[4] 이 예식은 바울 일행에게는 별 의미가 없는 일이었으나 하나 됨을 위해 행한 의식儀式이었다.

25절에서 야고보와 장로들은 사도행전 15장의 사도 공의회 결정 사항을 상기시킨다. "주를 믿는 이방인에게는 우리가 우상의 제물과 피와 목매어 죽인 것과 음행을 피할 것을 결의하고 편지하였느니라." 그들은 바울이 이것을 모른다고 생각하고 이렇게 말하는 것인가? 혹은 바울이 이 네 가지 규례를 철저하게 준수하지 못했을 것이라고 짐작하고 이렇게 말한 것인가? 25절은 머리를 깎는 결례를 행할 네 사람의 서원자와 바울 자신에게 무슨 의미가 있는가? 명확한 답변을 얻기는 힘들다. 어쨌든 바울은 야고보의 제안을 선하다고 여겨 그대로 행했다. 나실인 성결례에 참여하기 위해서는 이스라엘 남자의 뜰에 가야 하므로 바울 스스로도 성결케 해야 했다. 그는 스스로를 성결케 한 후 서원한 네 사람을 데리고 이튿날 그들과 함께 결례를 행하고, 성전에 들어가서 각 사람을 위해 제사드릴 때까지의 결례 기간이 만기된 것을 신고했다.26절; 참조. 민 19:12 사람의 시체 등과 부지중 접촉한 자를 위한 정결규정 **5**

여기서 우리는 원칙 고수와 융통성 발휘 사이에서 절묘한 균형 감각을 발휘하는 바울의 진면목을 발견한다. 바울은 복음 전도에 매우 열정적인 사람으로서 이방 선교에서도 율법주의의 굴레를 조금도 강요하지 않았다. 그는 이방 신자 디도에게 할례를 받도록 강제하지 않았고, 이방 신자들에게 율법의 멍에를 지우는 유대계 그리스도인 지도자들의 율법주의 복음에 결연히 맞섰다. 그는 한 치의 양보도 없이 진리를 주장했다. 그러나 율법의 멍에를 지는 것이 복음의 본질을 왜곡하는 상황이 아닌 경우에는 유대인을 존중해 오히려 율법의 멍에를 함께 져 주는 아량을 발휘했다. 바울은 율법 준수가 복음의 진수를 가리는지 아닌지의 상황에 따라 유연하게 행동한 것이다. 바울은 예루살렘의 팔레스타인 유대계 그리스도인과의 화해를 위해 믿는 신자 중 나실인 서약을 한 4명의 정결 예식 비용을 대줌으로써 율법 준수자의 면모를 보여주었다. 여기서 우리는 바울의 폭넓고 성숙한 믿음을 엿볼 수 있다. 일을 열심히 하고 잘하는 사람일수록 동역하고 화해하기가 쉽지 않을 수 있다. 종종 독선에 빠져 다른 동역자를 무시하기 쉽다. 특히 미숙한 사람일수록 편협한 원칙론만 되뇌며 상황에 대한 총체적 이해가 결여된 모습을 보이기 십상이다.

그러나 바울은 위대한 선교사였음에도 불구하고, 예루살렘 종교 지도자들과의 동역과 동족 유대인 그리스도인과의 화해를 위해 기꺼이 자기를 부인했다. 그는 자신의 원칙만 완강하게 고집하지 않고, 동역자 간의 화해와 연합을 더 소중히 여겼다. 모든 사람에게 자유하나, 율법 아래 있는 자들에게 율법 아래 있는 자처럼 처신해 주는 이 행동은 성숙한 인격에서 비롯된다.고전 9:19-22 루터는 『그리스도인의 자유』라는 소책자에서 "그리스도인은 모든 것으로부터 자유한 자유인이다. 그러나 사랑 때문에 그리스도인은 모든 사람의 종이 될 수 있는 자유인이다"라고 말했다.

3. 체포되는 바울, 변론을 시작하는 바울 ●27-40절

[27]그 이레가 거의 차매 아시아로부터 온 유대인들이 성전에서 바울을 보고 모든 무리를 충동하여 그를 붙들고 [28]외치되 이스라엘 사람들아, 도우라 이 사람은 각처에서 우리 백성과 율법과 이곳을 비방하여 모든 사람을 가르치는 그 자인데 또 헬라인을 데리고 성전에 들어가서 이 거룩한 곳을 더럽혔다 하니 [29]이는 그들이 전에 에베소 사람 드로비모가 바울과 함께 시내에 있음을 보고 바울이 그를 성전에 데리고 들어

간 줄로 생각함이러라. 30온 성이 소동하여 백성이 달려와 모여 바울을 잡아 성전 밖
으로 끌고 나가니 문들이 곧 닫히더라. 31그들이 그를 죽이려 할 때에 온 예루살렘이
요란하다는 소문이 군대의 천부장에게 들리매 32그가 급히 군인들과 백부장들을 거
느리고 달려 내려가니 그들이 천부장과 군인들을 보고 바울 치기를 그치는지라. 3이
에 천부장이 가까이 가서 바울을 잡아 두 쇠사슬로 결박하라 명하고 그가 누구이며
그가 무슨 일을 하였느냐 물으니 34무리 가운데서 어떤 이는 이런 말로, 어떤 이는 저
런 말로 소리치거늘 천부장이 소동으로 말미암아 진상을 알 수 없어 그를 영내로 데
려가라 명하니라. 35바울이 층대에 이를 때에 무리의 폭행으로 말미암아 군사들에게
들려가니 36이는 백성의 무리가 그를 없이 하자고 외치며 따라 감이러라. 37바울을 데
리고 영내로 들어가려 할 그 때에 바울이 천부장에게 이르되 내가 당신에게 말할 수
있느냐 이르되 네가 헬라 말을 아느냐 38그러면 네가 이전에 소요를 일으켜 자객 사
천 명을 거느리고 광야로 가던 애굽인이 아니냐 39바울이 이르되 나는 유대인이라 소
읍이 아닌 길리기아 다소 시의 시민이니 청컨대 백성에게 말하기를 허락하라 하니 40
천부장이 허락하거늘 바울이 층대 위에 서서 백성에게 손짓하여 매우 조용히 한 후
에 히브리 말로 말하니라.

주석

유대계 그리스도인들과의 화해를 위해 자신의 원칙을 다소 양보한 바울에게 유대인들의 공격이 찾아왔다. 오순절 절기 7일이 거의 차 갈 무렵 아시아로부터 온 유대인들이 성전에서 바울을 보고 모든 무리를 충동하여 그를 체포했다.27절 민수기 19:12에 따라 사흘째, 이레째 되는 날에 제사장은 성결케 하는 물을 바울과 네 사람의 서원자에게 뿌렸다. 이레째 되는 날 두 번째 성결의 물을 뿌리는 그 날에 아시아에서부터 바울을 따라온 유대인들이 폭발했다. 그들은 “이스라엘 사람들아, 도우라. 이 사람은 각처에서 우리 백성과 율법과 이곳을 비방하여 모든 사람을 가르치는 그 자인데 또 헬라인을

데리고 성전에 들어가서 이 거룩한 곳을 더럽혔다"라고 소리치며 바울을 비난한 것이다.28절 그러나 이것은 오해였다. 그들은 얼마 전에 에베소 사람 드로비모가 바울과 함께 시내에 있음을 보고는 바울이 그를 성전에 데리고 들어간 줄로 착각했다. 드로비모를 이방인의 뜰을 지나 유대인의 뜰까지 데리고 갔다고 본 것이다. 유대인의 예루살렘 성전에는 이방인의 뜰과 유대인의 뜰을 갈라놓는 적대의 벽(돌로 된 칸막이용 담)이 있었는데엡 2:14-15 거기에는 "누구든지 이 벽을 넘어가는 이방인은 죽임을 당하리라"고 기록되어 있었다.[6] 아시아의 유대인들은 바울이 에베소 사람 드로비모를 이방인의 뜰을 지나 유대인의 뜰까지 인도했다고 오해하면서 그에게 격분을 터뜨린 것이다.29절

온 예루살렘 성이 소란해지고 유대인들이 달려와서 바울을 잡아 성전 밖으로 끌고 나가자 문들이 곧 닫혔다.30절 그들이 그를 곧바로 죽이려 할 때 온 예루살렘이 요란하다는 소문이 군대의 천부장에게 들렸고, 천부장의 극적 개입으로 바울은 위기를 모면할 수 있었다.31절 글라우디오 루시아로 알려진 이 천부장행 23:26은 유대인 폭도로부터 바울을 긴급 구출해 베스도 총독 앞에서 재판받을 때까지 바울의 신병을 확보해 바울을 일시적으로 안전하게 지켜 준 군대 지휘관이다. 이 천부장이 급히 군인들과 백부장들을 거느리고 달려 내려가 광기 어린 군중으로부터 바울을 구출했다. 천부장과 군인들을 본 군중은 폭행을 멈췄다.32절 그러자 천부장이 가까이 가서 바울을 잡아 쇠사슬로 결박하라고 명하고 정식 심문 절차를 밟게 되었다.33절 그가 무리에게 "그는 누구이며 그가 무슨 일을 하였느냐?"고 물었더니 그들의 대답은 가지각색이었다. 무리 가운데서 어떤 이는 이런 말로, 어떤 이는 저런 말로 큰소리치며 바울에게 적대감을 드러냈는데, 천부장은 군중의 소동으로 말미암아 더 이상 심문을 진

행할 수 없어 바울을 영내營內로 데려가라고 명했다.[34절] 이것이 바울에게는 차라리 구원이었다. 바울이 층계에 이를 때에 더 이상 걷지 못할 지경이 되었다. 군중들의 폭행 때문에 군사들이 그를 둘러메고 갔다.[35절] 그가 군인들에게 붙들려 간 것도 다행이었다. "그를 없이 하자"고 외치는 군중들이 계속해서 그를 따라다니며 적대 행위를 시도했기 때문이다.[36절]

참 역설적인 상황이 아닐 수 없다. 예루살렘의 동족 유대인들에게 크게 미움을 받고 죽음 직전에까지 이른 바울은 로마제국 천부장의 도움으로 겨우 목숨을 건지고 죄를 추궁받으려 연행되었다. 로마제국은 법치주의 국가처럼 보이고 유대인들은 무질서와 혼돈의 상징처럼 보인다. 예루살렘의 바울은 과연 성령의 경고처럼 한 치 앞을 내다볼 수 없는 '시계제로'視界 zero의 위험에 내몰렸다. 세계의 수도 로마에 대한 선교의 큰 꿈을 가지고 있었지만, 성령에 매인 바 된 그의 삶은 당장 그의 목숨을 끊을 듯이 덤벼드는 대적자들의 끊임없는 위협에 노출되어 있었다.

바울은 그토록 비참한 고난 가운데서도 정신을 잃지 않고 상황을 주도하고 있다. 그는 자신을 영내로 데리고 가는 천부장에게 말하기를, 군중들에게 자신의 입장을 간략하게 설명할 기회를 달라고 요구했다. 천부장은 "네가 헬라 말을 아느냐?"라고 물으며 변명을 허락한다. 그러면서 그는 아주 엉뚱한 억측으로 바울을 심문하기 시작한다.[37절] "네가 이전에 소요를 일으켜 자객 사천 명을 거느리고 광야로 가던 애굽인이 아니냐?"[38절] 바울이 최근에 일어난 반역 사건의 주동자인 애굽 사람이냐고 묻는 것이다. 이 애굽인의 반란 기록은 요세푸스의 『유대고대사』나 『유대전쟁사』에 언급되어 있다.[7] 약 3년 전에 애굽에서 3만 명의 군중을 모아 예루살렘 감람산에 주둔한 로마군을 패퇴시키고 예루살렘을 탈환하자고 선동했던 자였다. 천부장은 3년 전에 사라졌던 바로 그 애굽 반역자 두목이 다시 나타난 것처럼 놀라며 바울의 정체를 물었던 것이다. 그때 바울은 "나는 유대인이라 소읍이 아닌 길리기아 다소 시의 시민이니 청컨대 백성에게 말하기를 허락하라"고 당당하게 요구한다.[39절] 그러자 천부장은 바울이 층계 위에서 군중들에게 자신의 입장을 변명할 기회를 허락한다. 마침내 바울은 서서 백성에게 손짓하여 조용히 시킨 후에 히브리 말로 자신의 인생 편력을 말하기 시작했다.[40절]

이 단락에서 바울은 한편으로는 민족의 반역자, 모세 율법의 파괴자, 성전 훼방자로 오해받고 있으며, 또 다른 한편으로는 4천 명의 자객을 거느리고 로마제국과 무장 투쟁을 벌이는 반란군 지도자로 오해받을 위기에 처했다. 당시의 세계는 바울을 이해하지 못했고, 감당하지 못했다.[히 11:38]

메시지

바울은 하나님의 분명한 뜻 앞에서는 일사각오의 자세로 단호하고 과격하고 비타협적이었다. 그러나 바울은 절충의 중용을 아는 화해의 사람이었다. 바울은 갈라디아서에서 주 예수를 믿고 성령을 받은 이방인 신자들에게 할례를 강요하는 야고보에게서 온 예루살렘 종교 경찰 같은 강경파들에게는 강경한 원칙을 고수하였다. 그리스도의 자유를 훼손하는 할례주의자들에게 선전포고라도 할 듯이 기세등등한 비판을 거두지 않았다.

> 그리스도께서 우리를 자유롭게 하려고 자유를 주셨으니 그러므로 굳건하게 서서 다시는 종의 멍에를 메지 말라.[갈 5:1]

> 나는 너희가 아무 다른 마음을 품지 아니할 줄을 주 안에서 확신하노

라. 그러나 너희를 요동하게 하는 자는 누구든지 심판을 받으리라. 형제들아, 내가 지금까지 할례를 전한다면 어찌하여 지금까지 박해를 받으리요 그리하였으면 십자가의 걸림돌이 제거되었으리니 너희를 어지럽게 하는 자들은 스스로 베어 버리기를 원하노라.[갈 5:10-12]

이방인 신자들에게 할례를 행하게 함으로써 모든 율법을 준수하도록 강요했던[갈 5:3] 유대교 출신 율법 옹호자들을 신랄하게 비판했다. 하지만 동시에 바울은 이방인의 사도로서 예루살렘 교회 지도자들과 하나 되기에 힘썼고, 좋은 관계를 이루었다. 자신이 이방인 선교를 하는 동안에 모세의 율법을 소홀히 한다는 오해를 하는 대다수 유대 그리스도인들의 오해를 풀고자 그는 스스로 정결 예법을 준수했고, 나실인 서원을 했던 믿는 유대인 형제들의 제사 비용까지 지불하면서까지 율법에 대한 존중을 보임으로써 자신이 유대 그리스도인들의 입장을 존중함을 분명히 했다. 바울은 얼마든지 자신의 신앙 신조를 주장하거나 사도적 권위를 내세울 수도 있었다. 그러나 예루살렘 성도들과 자기와의 불편한 관계가 이방인 신자들과의 불편한 관계로 발전될 수 있었기에 그는 자기 입장을 주장하기보다 하나 되기에 힘썼다. 복음의 진보, 곧 유대와 이방 성도들의 하나 됨을 위해 적극적인 자세로 임했다. 이런 바울의 마음은 고린도전서에 잘 나와 있다.

내가 모든 사람에게서 자유로우나 스스로 모든 사람에게 종이 된 것은 더 많은 사람을 얻고자 함이라. 유대인들에게 내가 유대인과 같이 된 것은 유대인들을 얻고자 함이요 율법 아래에 있는 자들에게는 내가 율법 아래에 있지 아니하나 율법 아래에 있는 자 같이 된 것은 율법 아래에 있는 자들을 얻고자 함이요 율법 없는 자에게는 내가 하나님께는 율법 없는 자가 아니요 도리어 그리스도의 율법 아래에 있는 자이나 율법 없는 자와 같이 된 것은 율법 없는 자들을 얻고자 함이라. 약한 자들에게 내가 약한 자와 같이 된 것은 약한 자들을 얻고자 함이요 내가 여러 사람에게 여러 모습이 된 것은 아무쪼록 몇 사람이라도 구원하고자 함이니 내가 복음을 위하여 모든 것을 행함은 복음에 참여하고자 함이라.

고전 9:19-23

우리는 이유 없는 오해를 받을 때 섭섭한 마음을 가지고 오해하는 사람과 거리를 두고 지내기 쉽다. 그런 점에서 바울은 그런 경우 우리가 어떻게 대처해야 하는지 모범을 보여준다. 바울은 신념과 원칙을 지키는 사람이었으나, 사랑과 화평, 형제사랑과 일치를 위해서는 신념과 원칙 준수에 유연성과 융통성을 가미한 열린 사람이었다. 그는 자기를 오해하는 유대 성도들의 입장을 먼저 이해하고자 했다. 그리고 복음의 진보를 위해 그들이 취하는 신앙의 자유를 기꺼이 받아들였다. "죄인은 오해하고 정죄하기를 잘하지만, 의인은 이해하고 용서하기를 힘쓴다"는 말이 있다. 바울의 낮아지는 모습에서 죄인들을 위해 십자가를 지신 예수의 모습을 발견하게 된다.

하지만 바울의 선한 동기, 고결한 마음도 무위無爲로 끝나는 것처럼 보인다. 예루살렘의 동족과 화해하기 위해 이방 신자들과 이방 교회가 드린 헌물을 들고 그렇게 숨차게 달려온 평화와 화해의 사도였건만, 그는 동족들에게 버림받고 로마 공무원에게 넘겨지는 신세로 전락하고 만다. 바울은 어쩌다 이렇게 주 예수 그리스도의 길과 닮은 길을 걷게 된 것일까? 바울은 오해와 단죄의 십자가를 지고 예수의 뒤를 따라간다. 동족 유대인들은 그를 폭력으로 짓이겼으나, 오히려 로마의 천부장은 법치주의의 방패로 야만의 폭력에서 일시 구조의 피난처가 되어 준다. 바울은 가시밭의 백합화처럼 찔

릴수록 향기를 드날린다. 그는 이스라엘에게 두신 소망,[행 28:20] 곧 아브라함의 후손이 열국의 복의 근원이 되는 소망[창 22:18; 갈 3:14]을 알았기에 억울한 고통을 감내해 낸다. 하나님이 이스라엘을 만민 중에서 구별하여 선택한 목적은 만민의 복의 근원으로 삼기 위함이 아니었던가?[창 12:1-2] 선민은 만민을 위한 선민이었다. 하나님께서 이스라엘을 잠시 구별해 놓았으나 그것은 때가 찰 때까지이지 영원한 구별이나 차별이 아니었음을 바울은 깨달아 안 것이다. 그 구별과 격리의 이유가 편견과 적대심으로 분리되게 하신 것이 아니라, 종말에 나타난 하나님의 아들 예수 안에서 연합되도록 예정하신 섭리였음을 바울은 알았던 것이다.[롬 11:33-36; 16:25-27; 엡 2:11-22]

교회의 비밀은 참으로 크다. 아브라함에서 예수에 이르기까지 이스라엘은 세계 만민을 하나님의 백성으로 넉넉히 품는 비밀스런 경륜의 진행 과정 속에서 연단받은 것이다. 이스라엘 민족은 하나님을 독점하고 만민을 이방인 취급하도록 부름받은 것이 아니라, 때가 되어 하나님이 온 세계 만민을 하나님 백성으로 삼으실 교회 시대를 준비하도록 부름받았던 것이다.

바울은 바로 이 세상 끝 날에 나타날 하나님의 화해와 평화 의지의 걸작품인 교회의 비밀을 깨달았기에[롬 1:5; 16:26; 엡 2:10] 동족들에게 그리고 이방인에게까지 오해받았다. 하지만 놀라운 것은 복음의 비밀은 적대와 오해, 편견과 냉담이 지배하는 곳에서 밝히 드러난다는 점이다. 복음의 일꾼들이 받는 고난은 복음의 향기를 진동시키는 계기일 뿐이다. 가시에 찔린 백합화의 향기는 동남풍에 실려서 하나님의 동산 전체에 진동하듯, 가시에 찔린 복음의 일꾼들의 고난의 삶은 온 세계를 복음 향기로 진동시킨다.

22장.

로마군 영내 층계에서 이방 선교에 투신하게 된 내력을 말하는 바울

바울의 다메섹 도상의 회심 사건은 사도행전 9장, 22장, 26장 세 곳에 기록되어 있다. 서술 관점이나 시점 또는 강조점에서 약간의 차이가 있으나 그 핵심은 주 예수 그리스도와의 조우를 통해 나사렛 예수를 박해하던 바리새인 청년 사울이 주 예수 그리스도의 복음의 사도 바울로 변화되었다는 사실이다. 이 장에서 바울은 자신을 이방인의 사도로 부르신 예수 그리스도의 부름을 더없이 명백하게 간증한다. 다른 곳에서는 전혀 언급하지 않았던 예루살렘 성전 환상에 대한 간증은 자신을 이방인의 사도로 부르셨다는 다른 서신서(갈라디아서, 로마서 등)에 나타난 간략한 언급들과 비교해 볼 때 매우 극적이고 생동감이 넘치는 어조로 진술되고 있다. 바울은 그리스도인을 박해하는 것이 하나님을 섬기는 방편이라고 생각하며 질주하던 인생을 이방 선교에 투신하는 사도로 부르신 하나님의 섭리를 이야기한다.

부활하신 예수께서 오도된 바리새인 사울의 길을 가로막고 이방인 사도의 길을 열어주셨다. 다메섹 도상에서 고꾸라진 사울과 더불어 그를 지탱하던 민족주의적 신앙, 독선적 선민의식도 고꾸라져 버렸다. 동족의 폭력에 짓이겨진 바울은 20여 년의 이방 선교를 마치고 이제 모국어(아마도 아람어)로 다시 동족에게 복음을 증거하기에 이른다. 유대인들의 경직된 선민사상은 왜곡된 민족주의를 낳았고, 이 왜곡되고 독선적인 선민 우월 전통에 어긋나는 교리나 행동은 무자비하게 배척했다. 바울은 바로 이 경직된 선민주의의 희생자가 된 것이다. 그러나 그는 유대인들에게 배척받고 로마 군병들에게 체포된 상황에서도 동족에 대한 사랑 때문에 그들을 회심시키고자 기꺼이 자신의 입장을 변호한다. 22장은 바울의 변론을 다룬다. 주요 내용으로는 다메섹 도상에서 만난 주 예수 그리스도1-16절와 이방인의 사도로 임명된 바울의 예루살렘 성전 환상 간증17-30절으로 나뉘진다.

1. 바울의 변론: 다메섹 도상에서 만난 주 예수 그리스도 •1-16절

1부형들아, 내가 지금 여러분 앞에서 변명하는 말을 들으라. 2그들이 그가 히브리 말
로 말함을 듣고 더욱 조용한지라. 이어 이르되 3나는 유대인으로 길리기아 다소에서
났고 이 성에서 자라 가말리엘의 문하에서 우리 조상들의 율법의 엄한 교훈을 받았
고 오늘 너희 모든 사람처럼 하나님께 대하여 열심이 있는 자라. 4내가 이 도를 박해
하여 사람을 죽이기까지 하고 남녀를 결박하여 옥에 넘겼노니 5이에 대제사장과 모
든 장로들이 내 증인이라. 또 내가 그들에게서 다메섹 형제들에게 가는 공문을 받아
가지고 거기 있는 자들도 결박하여 예루살렘으로 끌어다가 형벌 받게 하려고 가더
니 6가는 중 다메섹에 가까이 갔을 때에 오정쯤 되어 홀연히 하늘로부터 큰 빛이 나
를 둘러 비치매 7내가 땅에 엎드러져 들으니 소리 있어 이르되 사울아, 사울아, 네가
왜 나를 박해하느냐 하시거늘 8내가 대답하되 주님, 누구시니이까 하니 이르시되 나
는 네가 박해하는 나사렛 예수라 하시더라. 9나와 함께 있는 사람들이 빛은 보면서도
나에게 말씀하시는 이의 소리는 듣지 못하더라. 10내가 이르되 주님, 무엇을 하리이
까 주께서 이르시되 일어나 다메섹으로 들어가라. 네가 해야 할 모든 것을 거기서 누
가 이르리라 하시거늘 11나는 그 빛의 광채로 말미암아 볼 수 없게 되었으므로 나와
함께 있는 사람들의 손에 끌려 다메섹에 들어갔노라. 12율법에 따라 경건한 사람으로
거기 사는 모든 유대인들에게 칭찬을 듣는 아나니아라 하는 이가 13내게 와 곁에 서
서 말하되 형제 사울아, 다시 보라 하거늘 즉시 그를 쳐다보았노라. 14그가 또 이르되

우리 조상들의 하나님이 너를 택하여 너로 하여금 자기 뜻을 알게 하시며 그 의인을 보게 하시고 그 입에서 나오는 음성을 듣게 하셨으니 [15]네가 그를 위하여 모든 사람 앞에서 네가 보고 들은 것에 증인이 되리라. [16]이제는 왜 주저하느냐 일어나 주의 이름을 불러 세례를 받고 너의 죄를 씻으라 하더라.

주석

바울은 천부장의 허락을 받고, 자신을 붙잡아 죽이려던 유대인들을 "부형들아"라고 부르며 변명을 시작한다.[1절] 부형父兄들은 "형제 남자들과 아버지들"을 가리킨다.(Ἄνδρες ἀδελφοὶ καὶ πατέρες) 이들은 야웨의 총회 정회원들을 압축적으로 부르는 호칭으로 볼 수 있다. 야웨의 총회는 전쟁이나 종교적 중대사 등을 논하는 모임이다. 물론 이들은 폭도로 변하기 쉬운 군중으로 봐도 손색이 없지만, 바울은 이 호칭을 통해 청중이 스스로를 하나님 앞에 모인 회중이라는 의식을 갖고 차분하고 이성적으로 경청해 주길 기대한 것이다. 따라서 바울이 이 유대인 남자들을 '부형'이라고 부른 것은 그들을 폭도로 본 것이 아니라, 하나님에 대한 열심 때문에 모인 하나님의 백성으로 존중한 것이다. 또한 그는 유대 군중을 진정시키기 위하여 히브리말로 변명을 시작한다.[2절] 이 히브리어는 히브리어의 사촌 격인 아람어를 의미할 수도 있고, 본래의 히브리어를 의미할 수도 있다. 후자의 경우라면 당시에는 거의 사어死語가 되었을 법한 히브리어를 구사했다는 것은 커다란 자랑거리였을 것이다.[비교. 빌 3:5 히브리인 중의 히브리인] 아무튼 자신을 이방에서 태어난, 근본도 없는 이방인 선호주의자로 오해하지 말기를 바라는 마음을 드러낸 셈이라고 볼 수도 있다. 아니나 다를까 청중은 "더욱 조용해"졌다.[2절]

3-5절에서 바울은 자신의 간략한 전기를 말한다. 3절 첫 소절은 1인칭 돌출대명사 '에고(Ἐγώ)'로 시작되는 "에고 에이미"(Ἐγώ εἰμι)

문장이다. "다른 이는 몰라도 나 자신은 참 유대인이다"(Ἐγώ εἰμι ἀνὴρ Ἰουδαῖος)라는 점을 강조하는 구문이다. 바울은 자신이 유대인으로 길리기아 다소에서 태어났고, 그 성에서 자라 예루살렘 가말리엘(랍비 힐렐의 손자)의 문하에서 유대교의 엄한 율법 교훈을 받은 사람이라는 점을 강조한다. 여기서 길리기아 다소[Tarsus]를 언급한 것은 에베소에서 온 디아스포라 유대인들이 자신을 체포하는 데 주동자 역할[행 21:27-31]을 했음을 고려한 전기적 정보 제공이다. 로마제국 안에서 튀르키예 반도의 서쪽 지역인 아시아 못지않게, 수리아와 가까운 남쪽 길리기아 지방 또한 대단한 자부심을 안겨주는 곳이었기 때문이다.

그리고 이어 바울은 가말리엘 문하에서 배운 자신의 학력까지 언급한다.[행 5:34] 가말리엘은 예수 당시의 위대한 랍비 힐렐의 손자로서 유대인 공동체에게 보편적인 영향력을 끼치는 인물이었다. 바울의 길리기아 다소 언급과 가말리엘 문하 유학 경력 언급의 목적 중 하나는 아시아에서 온 유대인들은 길리기아 다소의 위상과 가말리엘의 명성을 잘 알고 있었기에 바울의 신앙적 변화가 하나님의 개입 없이는 불가능했을 것이라고 믿게 만들고 싶었을 것이다.

마지막으로 바울은 '열심'에 대해 이야기한다. 자신도 자신의 말을 들으려고 모여 있던 유대인들처럼, 하나님께 대해 큰 열심을 가졌던 자임을 고백한다. 하나님에 대한 열심은 우상숭배를 참지 못하고 박멸하는 호전적이고 투쟁적인 호교론적인 태도를 의미한다. 민수기 25장의 비느하스처럼 회중에게 임할 하나님의 진노를 사전에 막는 주도적인 배교자 응징 태도를 "열심"이라고 부른다.[6-13절] 이런 점에서 '열심'은 전문 용어이다. 야웨에 대한 열심은 이스라엘 동포를 야웨의 신앙으로부터 이탈시키는 모든 사악한 이방신 숭배 사주자에 대한 가차없는 응징으로 표현될 때가 많다.[왕상 19:10]

바울은 나사렛 예수의 가르침을 신명기 13장과 18장이 단죄하는 우상숭배적 가르침이라고 보았다는 것이다.[3절] 그는 "이 도", 곧 나사렛 예수의 도道를 박해했는데, 사람을 죽이기까지 하고 남녀를 결박하여 옥에 넘기는 일에 혈안이 되었다고 고백한다.[4절] 5절은 바울이 다메섹까지 가서 예수 추종자들을 박멸하려고 했던 계획을 말한다. 당시의 대제사장과 모든 장로가 자신의 말을 보증하는 증인이다. 그는 이스라엘 공동체의 순전성을 지키기 위해 이단을 박멸하는 일에 투신되었기 때문에, 200킬로미터 정도의 거리를 신경쓰지 않고 달려갔다는 것이다. 하나님을 향한 바리새인 청년 사울의 열심은, 다메섹의 여러 회당으로 가는 공문을 받아서 거기 있는 자들도 결박하여 예루살렘으로 끌어다가 형벌을 받게 할 정도였다.

6-10절은 다메섹 입구에서 일어난 일을 진술한다. 다메섹에 가까이 갔을 때 오정쯤 되어 홀연히 하늘로부터 큰 빛이 바울을 둘러 비치자[6절] 바울은 땅에 엎드러졌다. 엎드린 채로 들으니 하늘로부터 한 소리가 들려왔다. "사울아, 사울아, 네가 왜 나를 박해하느냐?"[7절] 이 장면을 생생하게 묘사하기 위해 바울은 역서 1인칭 단수대명사 에고를 독립적으로 사용해 말한다. "나"(Ἐγὼ)는 대답했다. "주님 누구시니이까?" 그랬더니 예수도 "에고" 대명사를 사용해 대답하신다. "나는 나사렛 예수라."(Ἐγώ εἰμι Ἰησοῦς ὁ Ναζωραῖος)[8절] 놀라운 것은 바울과 함께 있는 사람들은 빛은 보면서도 바울에게 말씀하시는 이의 소리는 듣지 못했다는 점이다.[9절] 따라서 바울이 다메섹 도상에서 나사렛 예수를 조우遭遇한 것은 주관적이고 내밀한 바울의 환상 경험이었던 것이다. 그때 바울이 "주님, 무엇을 하리이까?"라고 묻자 주님은 "일어나 다메섹으로 들어가라. 네가 해야 할 모든 것을 거기서 누가 이르리라"고 대답하셨다.[10절]

11-16절은 다메섹 도상에 나타난 예수를 조우한 이후에 일어난 일을 말한다. 이 단락은 다메섹 도상에서 나사렛 예수를 만난 것이 무슨 의미가 있는지를 해석한다. 당시 바울 자신은 하늘로부터 비친 그 빛의 광채로 말미암아 아무것도 볼 수 없게 되었다. 그래서 그는 동행자들의 손에 끌려 다메섹에 들어갔다.[11절] 거기서 바울은 하나님의 섭리 가운데 예비된 인물인 아나니아를 만났다. 그는 율법에 따라 사는 경건한 사람으로 그곳에 사는 모든 유대인에게 칭찬을 듣던 인물이었다.[12절] 아나니아가 바울에게 와서 "형제 사울아, 다시 보라"고 말하자 즉시 바울이 그를 쳐다보았다.[13절] 여기서 바울은 다메섹에 거주하는 유대인 공동체에서 선한 지도력을 행사하던 아나니아에게서 안수받고 이방 선교에 눈을 떴다고 말한다. 아나니아는 다메섹 도상에서 나사렛 예수가 왜 무슨 목적으로 사울에게 나타나 그를 쓰러뜨렸는지 그 의미를 설명해주는 중보자이다.

사도행전 9장에서는 주님께서 다메섹 도상 그 현장에서 사울을 부르신 목적을 아나니아에게 설명해 주신다.[15절] 아마도 다메섹의 아니니아는 유대인 바리새인이었지만, 주 예수를 믿고 난 이후에는 이방 선교에 이미 눈을 뜨고 있던 선각자였던 것으로 보인다. 그래야 다메섹의 아나니아를 통해 바울의 이방 선교 사명을 부여하시는 예수의 행동이 자연스럽게 납득된다.[행 22:14] 바울은 아나니아가 자신에게 세 가지를 가르쳤다고 말한다. 첫째, 다메섹 도상에서 바울 자신을 쓰러지게 하신 분은 조상들의 하나님이다. 바울에게 조상들의 하나님은 아브라함의 하나님, 이삭의 하나님, 야곱의 하나님이다. 조상들의 하나님은 천하 만민이 아브라함과 그 후손으로 말미암아 복을 누리게 될 미래를 이스라엘 민족에게 오랫동안 말하고 준비시켜온 하나님이다.[창 12:1-3; 18:18-19; 22:17-18; 26:4-5, 29; 28:14] 갈라디아서와 로마서는 창세기에 나오는 조상들의 하나님이 그 후손 나사렛 예수를 통해 천하 만민에게 주신 복을 설명하는 책이다.갈 3:8-16; 롬 1:5; 4:16; 16:26 조상들의 하나님이 바울에게 두신 뜻은 이방인들을 하나님께 되돌아오게 하는 이방인의 복음 제사장 역할이었다.

둘째, 바울에게 나타난 나사렛 예수는 하나님께 저주를 받아 죽은 불의한 죄인이 아니라, 의인이다. 그는 율법의 요구를 100퍼센트 성취한 의인으로서 아브라함의 의를 완전케 하신 의인이다. 아나니아는 다메섹 도상에 나타난 예수를 '의인'義人이라고 부른다. 그는 철두철미 유대인으로서 나사렛 예수를 의인이라고 부른다. 유대교적 신앙 전통에서 나사렛 예수는 하나님 앞에 율법의 요구를 성취한 의인롬 10:4-5이라는 것이다.

셋째, 바울은 모든 사람 앞에 다메섹 도상에서 보고 들은 것을 증언하되, 나사렛 예수가 하나님의 저주를 받아 죽은 것이 아니라, 하나님 우편 보좌에서 세상을 다스리는 주와 그리스도가 되었음을 증언해야 한다. 주 예수를 위한 증인으로 자신을 부르셨다는 것이다. 바울은 여기서 주 예수를 증언하는 것이야말로 조상들의 하나님이 이스라엘을 택한 목적을 성취하는 것임을 강조한다. 이 세 가지 깨우침을 받은 바울은 아나니아에게 세례를 받는다. 아나니아는 바울에게 세례를 받도록 종용했다. "이제는 왜 주저하느냐. 일어나 주의 이름을 불러 세례를 받고 너의 죄를 씻으라."16절

바울의 다메섹 대회심 간증은 자신이 유대교를 배반한 것이 아니라, 폐쇄적인 유대교를 혁신하여 세계 만민을 위한 복음이 되기를 원하시는 하나님께서 자신을 갱신된 유대교 신앙의 전파자로 부르셨다는 사실을 부각시키는 데 있었다. 바울은 이 간증을 통해 자기가 유대교 정통 신앙을 배척하고 파괴하는 자가 아니라, 아브라함의 후손 이스라엘의 사명을 온전히 성취하여 유대인을 구원하고 먼저 구원받은 유대인들을 통하여 천하 만민을 구원하고자 하시는

하나님이 택하신 종임을 입증하고자 했던 것이다. 바울은 짧은 변명 시간에도 복음의 핵심을 증거했다. 자신을 부르신 분은 지금 바울의 청중이 그토록 경외하고 사랑하는 조상들의 하나님임을 강조한 것이다.

2. 이방인의 사도로 임명된 바울: 예루살렘 성전 환상 간증 ● 17–30절

17후에 내가 예루살렘으로 돌아와서 성전에서 기도할 때에 황홀한 중에 18보매 주께
서 내게 말씀하시되 속히 예루살렘에서 나가라 그들은 네가 내게 대하여 증언하는
말을 듣지 아니하리라 하시거늘 19내가 말하기를 주님, 내가 주를 믿는 사람들을 가
두고 또 각 회당에서 때리고 20또 주의 증인 스데반이 피를 흘릴 때에 내가 곁에 서
서 찬성하고 그 죽이는 사람들의 옷을 지킨 줄 그들도 아나이다. 21나더러 또 이르시
되 떠나가라 내가 너를 멀리 이방인에게로 보내리라 하셨느니라. 22이 말하는 것까지
그들이 듣다가 소리 질러 이르되 이러한 자는 세상에서 없애 버리자 살려 둘 자가 아
니라 하여 23떠들며 옷을 벗어 던지고 티끌을 공중에 날리니 24천부장이 바울을 영내
로 데려가라 명하고 그들이 무슨 일로 그에 대하여 떠드는지 알고자 하여 채찍질하
며 심문하라 한 대 25가죽 줄로 바울을 매니 바울이 곁에 서 있는 백부장더러 이르되
너희가 로마 시민 된 자를 죄도 정하지 아니하고 채찍질할 수 있느냐 하니 26백부장
이 듣고 가서 천부장에게 전하여 이르되 어찌하려 하느냐 이는 로마 시민이라 하니
27천부장이 와서 바울에게 말하되 네가 로마 시민이냐 내게 말하라 이르되 그러하다.
28천부장이 대답하되 나는 돈을 많이 들여 이 시민권을 얻었노라 바울이 이르되 나는
나면서부터라 하니 29심문하려던 사람들이 곧 그에게서 물러가고 천부장도 그가 로
마 시민인 줄 알고 또 그 결박한 것 때문에 두려워하니라. 30이튿날 천부장은 유대인
들이 무슨 일로 그를 고발하는지 진상을 알고자 하여 그 결박을 풀고 명하여 제사장
들과 온 공회를 모으고 바울을 데리고 내려가서 그들 앞에 세우니라.

주석

이 단락은 자기 민족을 진정 사랑했던 바울 자신이 어떻게 이방인의 사도가 되었는지를 차분히 설명하다가 유대인들을 격분시키는 장면을 보도한다. 여기서 바울은 원래는 예수와 그를 따르는 자들을 핍박했음을 강조함으로써 자신을 찾아오셔서 만나 주시고 구원해 주신 예수 그리스도의 은혜를 부각시킨다. 유대인들이 생각하듯이 나사렛 예수는 하나님께 저주를 받아 불구덩이로 떨어진 것이 아니라, 승천하셔서 하나님 보좌 우편에 앉아 주와 그리스도가 되셨음을 역설한 것이다. 17-21절은 예수께서 바울을 이방인의 사도로 파송하시는 전후 상황을 보도한다.[1] 다메섹 도상의 회심 사건이 있고 어느 날 바울이 예루살렘으로 돌아와서 성전에서 기도하다가 황홀한 환상을 경험하게 되었다.[17절] 그 환상 가운데 주 예수 그리스도께서 바울에게 "속히 예루살렘에서 나가라 그들은 네가 내게 대하여 증언하는 말을 듣지 아니하리라"고 말씀하셨다는 것이다.[18절] 19-20절에서 바울은 하나님께 자신이 한때 열렬한 기독교 박해자였음을 유대인들이 안다는 점을 강조한다.

19절에서 바울은 두 차례나 1인칭 단수대명사 '에고'(ἐγὼ)를 사용하고 3인칭 복수대명사를 한 차례 사용하고 있다. "Κἀγὼ εἶπον Κύριε αὐτοὶ ἐπίστανται ὅτι ἐγὼ ἤμην φυλακίζων καὶ δέρων κατὰ τὰς συναγωγὰς τοὺς πιστεύοντας ἐπὶ σέ." "(다른 이가 아니라) 나는 말했습니다. '주여 다른 이가 아니라 그들[예루살렘 사람들, 18절]은 다른 이가 아니라 바로 내가 각 회당에서 당신을 믿는 사람들을 투옥하고 매질한 것을 알고 있습니다.'" 즉 바울 자신이 주를 믿는 사람들을 가두었고, 각 회당에서 때렸고[19절] 또 주의 증인 스데반이 피를 흘릴 때에 곁에 서서 찬성했고 그 죽이는 사람들의 옷을 지켰다는 사실을 예루살렘 유대인들이 익히 알고 있다는 점을 강조한다.[20절]

하나님은 유대인들이 바울의 변명을 듣고도 납득하지 않을 것임을 아셨고, 그래서 아예 그를 멀리 이방인의 사도로 파송하셨다. 이스라엘의 불순종과 불신앙을 예상하신 하나님이 바울을 멀리 이방인에게로 보내셨다는 것이다. 이방인이란 하나님과 인격적으로 영적으로 멀리 떨어져 사는 땅끝의 사람들을 가리킨다.엡 2:11-12 사울도 한때는 하나님과 등지고 산 이방인이었다. 하나님은 당신에게서 그토록 멀리 떨어져 있던 이방인 사울을 찾아가셔서, 멀리 떨어져 있는 다른 이방인들에 대한 하나님의 불타는 사랑을 전하고자 하셨던 것이다. 하나님으로부터 '멀리 있는 모든 사람들'이 이방인이요 "땅끝"사 49:1이다. 하나님은 우리와 같이 하나님과 멀리 떨어져 살던 죄인을 부르셔서 하나님과 멀리 떨어져 사는 이방의 영혼에게 복음을 전하라는 선교 명령을 주셨다. "떠나가라. 내가 너를 멀리 이방인에게로 보내리라." 바울을 멀리 이방인들로 파송한 목적은 바울의 복음 전파를 듣고 이방인들이 "회개하여 각각 예수 그리스도의 이름으로 세례를 받고 죄사함을 얻"도록 하기 위함이다.행 2:38; 참조. 눅 24:47-48 아무리 먼 땅끝에 사는 이방인일지라도 회개하고 주 예수를 영접하면 성령을 선물로 받을 것이다. "이 약속은 너희와 너희 자녀와 모든 먼 데 사람 곧 주 우리 하나님이 얼마든지 부르시는 자들에게 하신 것이라."행 2:39

바울은 하나님께서 자신을 이방인의 사도로 삼으신 것을 증거함으로써 하나님께서 유대주의의 장벽을 허무시고 세계적, 보편적으로 일하신다는 것을 깨우치고자 했다. 그래서 유대인들이 전통을 따라 하나님을 섬길 것이 아니라, 예수 그리스도를 주로 영접함으로 진정으로 하나님의 백성이 되기를 원했던 것이다. 우리는 바울의 이러한 태도에서 그가 복음 안에서 하나님의 뜻을 찾고 진정으로 자기 민족을 품고 사랑하는 민족의 지도자가 된 것을 보게 된다.

바울은 겸손하고도 열정적으로 하나님의 뜻을 전함으로써 유대인의 협소하고 경직된 유대주의를 깨고자 했다. 결국 19-20절에서 바울이 강조하는 요지는 자신이 나사렛 예수당을 박해했다가 복음의 사도가 되었던 과정은 자연스럽지 않으며 하나님의 개입이 없었다면 불가능한 일이었다는 것이다.

바울의 이방인 선교 소명 수납 간증을 듣고 있던 유대인 군중들은 더 이상 참지 못하고 일제히 소리를 질렀다. 여기서 바울은 예수의 말을 1인칭 돌출대명사 '에고'를 사용해 전달한다.[21절] "다른 이가 아닌 내가 너를 멀리 이방인에게 보내리라." "이러한 자는 세상에서 없애 버리자. 살려 둘 자가 아니라."[22절] 군중은 적대적인 욕설로 소란을 피우고 옷을 벗어 던지고 티끌을 공중에 날리며 극도의 적대감을 표했다.[23절] 유대인들이 바울의 말을 듣지 않을 것이 분명하기 때문에, 예수께서 그에게 예루살렘을 떠나 이방인에게 가서 복음을 전하라고 명하셨다는 말을 듣는 순간, 유대인들은 분을 이기지 못했던 것이다. 나사렛 예수, 곧 바울을 이방인 선교사로 파송하여 이방인을 하나님 백성으로 삼으시려는 주 예수에 대한 적개심이 증폭되자 유대인들은 폭발해 버린 것이다. 선민이라는 그들의 자존심을 송두리째 유린하는 바울에 대한 적의가 하늘로 치솟았다. 하지만 바울은 유대인들의 반응을 예견하면서도 예수를 증거하지 않을 수 없었다. 그는 사람들의 반응을 두려워하지 않고 기회가 있을 때마다 예수의 뜻을 증거했다.

상황이 급박하게 돌아가자 천부장[킬리아르코스(χιλίαρχος)]은 바울을 영내 더 깊은 곳으로 데려가라 명령하고 그들이 무슨 일로 그에 대해 떠드는지 알고자 하여 부하들에게 바울을 채찍질하며 심문하라고 명했다.[24절] 바울의 변명을 들은 유대인들의 반발로 상황이 더욱 악화되자 천부장은 크게 당황했다. 그는 바울의 죄질이 나쁜 줄 알고 그를 채찍질하고 심문하려 했다. 백부장의 명령에 따라 매여 있을 때 바울은 자기가 로마 시민인 것을 밝히고 죄도 없는 로마 시민을 채찍질하는 것이 합법적인지 물었다. "너희가 로마 시민 된 자를 죄도 정하지 아니하고 채찍질할 수 있느냐?"25절 백부장이 이 항의를 듣고 급히 천부장에게 바울이 로마 시민권자라고 보고하며 난감한 표정을 지었다.26절 천부장이 바울에게 와서 "네가 로마 시민이냐? 내게 말하라"고 다그치자 바울이 "그렇다"고 대답했다.27절 천부장은 자신은 돈을 많이 들여 로마 시민권을 얻었다고 하자, 바울은 "자신은 나면서부터 로마 시민"이라고 응대했다.28절 당시 법에 따르면 재판 없이 로마 시민을 구속하고 형벌을 가할 수 없었다. 천부장은 바울이 태생 로마 시민이라는 사실에 놀란다. 이에 바울의 결박을 풀어주고 정당한 재판에 회부하여 매 맞을 위기에서 벗어나게 했다. 바울은 무지한 유대인들을 진리로 깨우치려고 한 반면, 흥분한 로마 천부장은 상식적으로 대했다. 이런 몇 마디 대화 후에 심문하려던 사람들이 물러갔고, 천부장도 그가 로마 시민인 줄 모르고 그를 결박하여 채찍질하려 한 것 때문에 두려워했다.29절 이것이 계기가 되어 바울은 로마에 가는 기회를 얻게 된다.

로마 시민권이 왜 이렇게 중요한 문제인가? 로마제국은 법치주의를 이상적인 통치 원리로 보고 모든 형벌을 정당한 재판 절차를 밟아 확정한다. 로마제국의 시민들은 이러한 법치주의를 자랑스럽게 여겼다. 그런데 이 혜택은 로마 시민권을 가진 자에게만 제공되었다. 그래서 로마 시민권을 가진 기독교인의 경우, 십자가 처형 대신 참수형을 실시하여 고통을 줄여 주었다는 이야기가 있다. 바울은 로마 시민권자인 자신을 정당한 재판 절차 없이 문초하고 형벌을 가하는 천부장에게 항의한 것이다. 바울의 로마 시민권은 바울의 선친 때 획득되어 세습된 듯하다. 당시 튀르키예 반도 남부 길리기아 주의 수도인 다소에서 로마의 시민권을 가진 유대인이라면, 바울 가정은 로마제국에 뭔가 특별한 기여를 했거나 공을 세웠을 것이다. 아니면 로마제국의 대의명분을 위해 큰 재정 희사를 했을 만큼 부유했거나 유력한 가문이었음이 틀림없다.[2]

바울은 동족에게서 받는 오해와 정죄와 편견과 핍박은 그리스도로 인한 고난의 연장선상에서 아낌없이 받았으나, 로마제국 지방 관리들의 민심 무마용 졸속 재판이나 고문에 대해서는 왕 같은 제사장다운 내면성으로 크게 호통치며 맞섰던 것이다. 이는 바울 자신의 고난을 덜기 위한 것일 뿐 아니라, 그의 후배 전도자들이 로마의 지방 관리들에 의해 불법 재판을 받거나 부당하게 억류되는 일을 미연에 방지하고자 하는 사려에서 비롯된 것이다. 우리 그리스도인들은 때때로 불법 재판과 같은 부조리를 보고도 용기가 부족해 항의하지 못한 채 홀로 십자가를 진다고 생각할 때가 있다. 특히 요즘 세태는 시시비비를 가리려는 윤리 의식이 마비되어 두루뭉술하게 넘어가는 경우가 허다하다. 이러한 때 그리스도인들은 사회 전체의 기강과 질서, 정의에 관한 일일 경우에는 사사로운 감정으로 넘어가려 하지 말고, 시시비비를 가려 시정하고자 하는 용기를 발휘해야 한다.

법치주의가 지켜지지 못한 것에 대한 바울의 항의와 호소가 힘을 발휘했다. 이튿날 천부장은 아시아에서 온 유대인들이 무슨 일로 바울을 고발하려 하는지 알고자 정식 절차를 밟기 시작했다.[30절] 우선 바울의 결박을 풀어주고, 제사장들과 온 공회를 모은 뒤 바울을 데리고 내려가서 그들 앞에 세웠다. 이는 전화위복의 기회가 되었다. 바울은 다시 한번 자신의 입장을 설명하고 유대인들에게 복음을 전할 기회를 얻게 되었다.

메시지

로마의 지중해 일대 정복과 통치는 무력만이 아니라, 로마 시민권의 확장과 개방성을 통해 이루어졌다는 점은 주지의 사실이다. 시오노 나나미는 『로마인 이야기』에서 내내 로마의 개방성, 법치주의, 시민권 확장을 칭송한다. 스파르타나 페리클레스 시대의 아테네와 달리 로마는 제국의 통치 영역이 넓어질수록 적절한 시민권 확장정책을 통해 로마의 지배를 속주에 잘 확산했다는 것이다. 로마는 처음에는 이탈리아 반도의 라틴계 피정복민들에게, 그 다음에는 갈리아(현재의 프랑스) 그다음에는 게르만, 마침내 지중해 맞은편 튀르키예 반도와 근동 지방의 속주들에게까지 시민권 확장 정치를 구사했다. 바울의 태생胎生 시민권 자랑은 이런 로마제국의 세계 통치 이념과 관련이 있다.

22장에서 바울의 태생 로마 시민권이 위력을 발휘하는 상황은 매우 인상적인 장면이다. 우리는 바울이 자신의 고향이 길리기아 지방 다소인 것과 자신이 태생 로마 시민권자임을 강조한 이유에 대해 잠시 생각해 보고자 한다. 당시 로마의 동방 정복사를 알고 있는 사람이라면 길리기아주州가 얼마나 로마에게 중요한 요충지 역할을 했는지는 잘 알고 있다. 로마의 동방 원정사에 전환점이 된 전쟁은 미트리다테스 전쟁Mithridatic Wars이다. 이 전쟁은 주전 74-63년까지 동부 지중해의 본도(폰투스) 왕 미트리다테스가 로마와 3차례에 걸쳐 벌인 전쟁이다. 이 전쟁의 지휘권을 둘러싸고 로마 장군들의 경쟁이 치열하게 전개되었다. 이미 주전 80년부터 약 7년간 로마는 히스파니아Hispania, 스페인 전쟁에 주력(메텔루스와 폼페이우스)을 쏟아부었기에 지중해 동부 제해권 장악과 지방 정복 전선에는 성과를 내지 못하고 있었다.

이 사이에 흑해 연안의 본도와 갑바도기아를 중심으로 미트리다테스가 로마와 항전했는데, 로마가 파견한 마르쿠스 안토니우스나 아우렐리우스 코타 군대가 이 전쟁에서 고전하고 있었다. 미트리다테스 전쟁은 공을 세울 기회였기 때문에 명예욕이 강한 장군들이 저마다 지휘권을 맡으려고 노력했다. 주전 74년에 집정관 루쿨루스 Lucius Licinius Lucullus가 미트리다테스 전쟁을 지휘하게 되었다. 그는 길리기아[킬리키아(Κιλικία)] 속주를 미트리다테스 전쟁을 지휘할 총사령부로 삼았다.[3] 그는 마침내 길리기아 총독직을 맡게 되었다. Plutarchos, Lucullus, 6, 1-5 그후 루쿨루스 후임으로 폼페이우스가 동방 원정을 완수하게 되었다. Plutarchos, "Pompeius" 30, 1-6; "Lucullus" 35, 7 이 과정에서 길리기아 다소의 천막 제조업자인 바울의 아버지는 로마 동방 원정의 군수물자(군막) 제공에 기여하고, 시민권을 얻었을 가능성이 매우 크다. 따라서 당시 청중에게 길리기아 다소의 장막업자의 아들이 로마 태생 시민권자라고 주장했을 때, 그것이 무엇을 의미했는지를 금세 알아차렸을 것이다.[4] 다른 사람은 몰라도 천부장은 즉시 알았을 것이다. 이런 배경에서 이해한다면 태생 시민권자인 바울을 풀어주고, 사과하는 태도를 보인 그의 태도가 납득된다.

이처럼 로마는 로마의 칼과 함께 로마의 법이 연상될 만큼 야만성과 함께 상식이 통하는 나라였다. 바울은 이방인의 사도답게 로마 사람 천부장이 상식 있는 사람으로 처신하도록 요구했던 것이다. 우리는 여기서 신자들도 세상의 정당한 권리를 요구하고 적절하게 사용해야 함을 배울 수 있다. 신자라고 무조건 양보하고 물러나는 것은 능사가 아니다. 신자들도 복음 역사를 위해 정당한 권리를 요구하고 그것을 복음 전도에 활용하는 지혜가 필요한 것이다. 그러므로 신자들은 세상의 학문이나 과학, 지위 등을 얻기 위해 노력하고 그것들을 활용해서 복음을 증거하는 태도를 취해야 한다. 신자는 결코 세상과 분리되어서는 안 된다. 지나치게 초연한 달관

주의나 세상의 원리를 아예 무시하는 것이 반드시 지혜로운 것은 아니다. 성도들은 비둘기의 순결함과 동시에 뱀의 지혜도 구비해야 한다.

문명의 세기라는 21세기에도 힘으로 밀어붙이면 무엇이든 된다는 야수의 철학을 가지고 금력, 폭력, 권력을 동원해서 행세하는 사람들이 있다. 사회 질서와 안녕을 보장하는 법을 구축하고 상식과 인정이 통하는 사회를 만들 책임이 진리를 사랑하는 그리스도인들에게 위임되어 있다. 또한 난폭한 운전자와 같은 위정자들이 나라를 통치하는 때일수록 그들이 이성을 회복하도록 목자적인 자세로 도와야 한다. 법치주의는 하나님의 일반은총이다. 일반은총의 질서 안에서도 하나님 나라 운동은 계속되어야 한다. 정당한 재판 절차를 요구하는 것은 인권의 기본 조항이다. 단지 억울함만이 아니라 이 땅에 저질러진 모든 불의한 재판을 뒤집을 수 있는 정의와 공평의 복원력이 그리스도인들에게서 흘러넘쳐야 한다.

23장.

바울에게 격분한 유대인들: 로마제국 심장부로 항해하는 바울

로마 천부장의 배려로 시작된 바울의 1차 변론은 이튿날 정식 재판으로 이어진다. 천부장은 바울에 대한 유대인들의 고소를 정확하게 파악하기 위해 제사장들과 온 공회를 모은다. 바울은 유대인들의 산헤드린 법정에서 증언하다가 고초를 겪고, 로마의 정상적인 재판 절차조차 무시하고 바울을 죽이려는 극단적인 유대인들의 간계로 인해 죽을 위기를 맞는다. 산헤드린이라고 불리는 공회는 로마제국 총독부가 인정해 주는 유대인 자치 기구로서, 71명의 의원으로 구성된 입법권과 사법권을 가진 회의체였다. 이스라엘의 국회이자 최고 법정인 셈이다. 예수를 재판한 곳도 산헤드린이었다. 비록 바울이 이곳에서 공식 재판을 받는다고 했으나 그것이 정식 재판일 수는 없었다. 그 재판은 바울의 범죄를 증명할 만한 증거나 증인도 없고 또한 바울을 변호해 줄 변호인도 없는 재판이었다. 군중들의 함성이 이성적 판단을 삼켜 버릴 만큼 크게 울려 광기가 지배하는 법정이었다. 따라서 바울에게는 절대적으로 불리한 재판이었다. 비이성적이고 광기 어린 유대 군중에 비하면 로마제국의 공권력이 오히려 법치주의적인 공명정대함의 표상처럼 보일 정도다. 로마 시민권자인 바울은 철두철미하게 로마제국의 법치주의의 혜택을 방패삼아 최대한 자신의 입장을 해명해 보려고 했지만, 동족인 유대인들은 바울의 증언을 차분하게 들을 준비가 되어 있지 않았다. 종교가 이성 이하의 몰상식과 광기로 전락하는 대표적인 사례다. 바울의 복음은 유대인들의 자존심을 조금도 훼손하지 않았고 율법의 근본 정신을 훼방하지도 않았다. 그것은 예수의 경우도 마찬가지였다. 예수와 바울은 유대인들의 구원사적인 사명을 인정했기 때문에 이스라엘이 열방의 제사장이요 빛이 되어야 한다고 믿었다. 예수와 바울이 없었다면 유대인들의 존재는 2,000년 전에 이미 도말되었을 것이다. 하나님은 유대인을 당신 백성으로 부르신 것을 조금도 후회하지 않으신다.[1] 바울 또한 이스라엘의 소망, 곧 열방을 하나님의 토라로 가르쳐 이스라엘에 접목시키려는 열망으로행 28:20; 롬 11:1-24 온 세계를 주유했던 것이다. 마치 바울은 고대 이스라엘 예언자들의 운명처럼 당대의 동족들에게 철저히 오해되고 배척받는다. 23장은 공회 앞에서 심문받는 바울,1-11절 바울을 죽이려는 간계,12-30절 그리고 벨릭스 총독 앞에서 심문받는 바울31-35절로 나눠진다.

1. 공회 앞에서 심문받는 바울 ●1–11절

행

1바울이 공회를 주목하여 이르되 여러분 형제들아, 오늘까지 나는 범사에 양심을 따라 하나님을 섬겼노라 하거늘 2대제사장 아나니아가 바울 곁에 서 있는 사람들에게 그 입을 치라 명하니 3바울이 이르되 회칠한 담이여, 하나님이 너를 치시리로다. 네가 나를 율법대로 심판한다고 앉아서 율법을 어기고 나를 치라 하느냐 하니 4곁에 선 사람들이 말하되 하나님의 대제사장을 네가 욕하느냐. 5바울이 이르되 형제들아, 나는 그가 대제사장인 줄 알지 못하였노라 기록하였으되 너의 백성의 관리를 비방하지 말라 하였느니라 하더라. 6바울이 그 중 일부는 사두개인이요 다른 일부는 바리새인인 줄 알고 공회에서 외쳐 이르되 여러분 형제들아, 나는 바리새인이요 또 바리새인의 아들이라 죽은 자의 소망 곧 부활로 말미암아 내가 심문을 받노라. 7그 말을 한즉 바리새인과 사두개인 사이에 다툼이 생겨 무리가 나누어지니 8이는 사두개인은 부활도 없고 천사도 없고 영도 없다 하고 바리새인은 다 있다 함이라. 9크게 떠들새 바리새인 편에서 몇 서기관이 일어나 다투어 이르되 우리가 이 사람을 보니 악한 것이 없

도다. 혹 영이나 혹 천사가 그에게 말하였으면 어찌 하겠느냐 하여 10큰 분쟁이 생기
니 천부장은 바울이 그들에게 찢겨질까 하여 군인을 명하여 내려가 무리 가운데서
빼앗아 가지고 영내로 들어가라 하니라. 11그날 밤에 주께서 바울 곁에 서서 이르시
되 담대하라 네가 예루살렘에서 나의 일을 증언한 것같이 로마에서도 증언하여야 하
리라 하시니라.

주석

산헤드린 공회를 한동안 주목하던 바울이 아주 담대하게 말한다. “형제님들이여, 오늘까지 나는(ἐγὼ) 범사에 양심을 따라 하나님을 섬겼습니다.”[2] 1절의 이 소절을 직역하면 이런 뜻이다. “나는 오늘 이 순간까지 모든 선한 양심으로 하나님께 속한 백성으로 살아 왔습니다.” 이 소절의 정동사는 ‘페폴리튜마이’(πεπολίτευμαι)이다. 이 단어는 ‘백성노릇하다’, ‘시민노릇하다’를 의미하는 ‘폴리튜오마이’(πολίτευομαι)의 현재완료이다.[빌 1:27; 참조. 빌 3:20] “나는 오늘 이 순간까지 하나님 나라에 속한 백성(시민)답게 하나님의 율법을 아주 철저하게 지키며 살아 왔습니다”의 의미이다. 따라서 자신을 하나님 율법 훼방자라고 고발한 자들에 대한 총론적인 반론을 제기한 셈이다. 1인칭 주격 단수대명사 ‘에고‘가 들어간 모두발언을 시작으로 바울이 자신의 신실한 신앙 여정을 강조하기 시작하자,[1절] 당시 대제사장 아나니아가 바울 곁에 서 있는 사람들에게 “그 입을 치라”고 명했다.[2절] 그러자 바울이 즉각 “회칠한 담이여, 하나님이 너를 치시리로다. 네가 나를 율법대로 심판한다고 앉아서 율법을 어기고 나를 치라 하느냐?”라고 거칠게 응수했다.[3절] 바울은 여기서 2인칭 단수대명사 ‘네’(σὺ)를 사용한다. 대제사장에게 모욕적으로 들리는 말이다. “어찌 도대체 당신이 ……” 이런 뉘앙스를 풍기는 도전적인 말투이다. 또한 “회칠한 담”이라는 비난은 예수님이 바리새인들의

외식과 위선을 고발할 때 자주 구사하시던 비유 언어다.마 23:27 에스겔이 거짓된 선지자들을 비난할 때 그들의 거짓된 예언을 "회칠한 담"이라고 불렀다.13:10-16 겉모양은 그럴듯해 보여도 폭풍우 앞에 쉽게 무너지는 담이 회칠한 담이다.

바울이 대제사장을 "회칠한 담"이라고 비난하자 바울의 곁에 선 사람들이 바울에게 어찌하여 "하나님의 대제사장을 네가 욕하느냐?"고 힐난했다.4절 바울은 즉시 사과했다. "형제들아, 나는 그가 대제사장인 줄 알지 못하였노라."[3] 바울은 "너의 백성의 관리를 비방하지 말라"출 22:28라는 성경 구절을 인용하며 자신의 잘못을 인정한다. 여기서 알 수 있는 바울은 자신의 잘못을 인정하고 물러날 줄 아는 양심과 염치의 사람으로, 악을 규탄하고 불의와 싸울 때에도 하나님이 정하신 질서를 도발하지 않으려고 애썼던 것이다. 다윗이 자신을 죽이려고 추격하는 사울 왕을 두 번씩이나 죽일 기회가 있었으나 하나님이 기름부은 자를 자신이 죽일 수 없다는 경외감 때문에 그는 스스로 복수하지 않았다. 천사장 미가엘도 마귀(사탄)와 모세의 시체를 두고 다투었을 때 자신보다 서열이 높았던 천사장에 대해 함부로 욕설하거나 비방하려고 하지 않았다. 하나님이 세우신 권위를 존중했던 것이다.유 9절 바울은 이 작은 잘못을 즉각 사과했지만, 전체적으로는 산헤드린 공회를 압도해 버렸다.

이처럼 바울이 산헤드린 공회 앞에서도 전혀 두려워하거나 위축되지 않을 수 있었던 힘은 어디서 온 것일까? 자신이 양심을 따라 섬겨 온 하나님이 함께하셨기 때문이다. 다수의 불의가 창수처럼 쇄도해도 진리는 홀로 강하다. 공회를 향해 당당하게 주목하고 진리를 설파한 바울의 당찬 모습 앞에 외식과 헛된 권위주의에 사로잡혀 있는 대제사장은 당황해하고 의표를 찔린 기분이었을 것이다. 바울은 그들의 외식을 "회칠한 담"이라고 비판한 것이다. 이 양심의 자유와 평화 안에서 솟구치는 공세적인 설교는 산헤드린을 일순간에 격분케 했다. 썩어 빠진 교황청을 향해 95개조 반박문을 내걸었던 젊은 사제 루터를 로마 교황청은 마귀의 자식으로, 포도원을 해치는 여우들과 숲에서 뛰쳐나온 돼지로 헐뜯었다.(1520년 6월 15일 교황 레오 10세 칙령 "주여, 일어나소서", *Exsurge Domine*) 신성로마제국의 황제 카를 5세Karl V는 루터를 보름스 국회로 소환했다. 보름스 국회로 소환되어 집을 나서면서 루터는 이렇게 말했다고 한다. "비록 나를 해치려는 악마 떼가 보름스 국회의사당의 기왓장 수만큼이나 많이 몰려올지라도 나는 복음을 증거하는 일 외에 달리 어떻게 할 도리가 없다." 역사의 수많은 갈등과 분쟁이 진리와 거짓 간의 갈등과 분쟁일 때 역사는 진보한다. 그것은 하나님이 개입된 갈등과 분쟁이기 때문이다. 이 땅의 교회는 진리의 기둥과 터다. 홀로 그 자체로 거짓의 진을 파하는 진리의 사도들이 배출되는 교회는 힘이 있다!

간결하고 확신에 넘치는 자신의 변론을 듣고 산헤드린이 다소간 흥분한 틈을 타 바울은 또 하나의 전략을 생각해 낸다. 바울은 산헤드린 공회가 사두개인과 바리새인으로 구성된 것을 알고 공회의 의견을 갈라놓기 위해 전략을 구사한 것이다. 그는 큰소리로 이렇게 외쳤다. "여러분 형제들아, 나는 바리새인이요 또 바리새인의 아들이라. 죽은 자의 소망 곧 부활로 말미암아 내가 심문을 받노라"고 외친다.6절 여기서 바울은 1인칭 인칭대명사 '에고'를 다시 사용한다. "다른 이가 아니라, 나야말로 바리새인입니다."(ἐγὼ Φαρισαῖός εἰμι) 그리고 "심지어 나는 바리새인 아버지를 둔 바리새인입니다."(υἱὸς Φαρισαίων) 6절 마지막 소절에는 더 자극적으로 바리새인 정체성을 강조한다. "죽은 자의 소망, 곧 부활을 믿는다는 이유로 나는(ἐγὼ) 심판을 받습니다." 여기서도 1인칭 단수대명사 '에고'가 사용된다.

바리새인들은 부활과 영생을 믿으나 사두개인들은 부활을 믿지 않았기 때문에 양측의 입장이 엇갈리는 부분을 집중적으로 부각시킨 것이다. 바울은 자신이 예수의 부활을 믿고 부활하신 예수께 이방 선교의 사명을 받았다고 주장한다는 이유로 동족 유대인에게 온갖 박해와 고초를 겪는다고 말한 것이다.

아니나 다를까 '죽은 자의 부활'이라는 주제를 꺼내자마자 바리새인과 사두개인 사이에 다툼이 생겨 무리가 나뉘기 시작했다.[7절] 사두개인은 영과 부활, 천사의 존재를 부정했던 반면에, 바리새인은 그것들이 전부 존재한다고 주장했기 때문이다.[8절] 마침내 바울의 전략이 빛을 보았다. 양측의 공방이 고조되었을 때 바리새인 편에서 몇 서기관이 일어나 바울을 옹호하는 결정적인 주장을 펼쳤다. "우리가 이 사람을 보니 악한 것이 없도다. 혹 영이나 혹 천사가 그에게 말하였으면 어찌 하겠느냐?"[9절] 바리새인의 신학적 신념으로 볼 때 바울에게 일어났다고 말해지는 모든 것은 실제로 절대주권적인 하나님의 뜻 가운데 일어날 수 있는 일이라는 것이다. 이로인해 다시 산헤드린 공회 안에 큰 분쟁이 발생했는데, 바울을 양측에서 찢어 버릴 만큼 극심해졌다. 이 점을 두려워한 천부장은 군인들에게 바울을 유대인 군중들의 폭력이 미치지 않는 더 깊은 영내로 데려가라고 명령했다.[10절]

이렇게 해서 바울은 위기를 모면했다. 악한 무리들이 바울을 체포했으나, 그를 자기들 뜻대로 할 수는 없었다. 간신히 위기를 모면한 그 날밤에 주께서 바울 곁에 다시 나타나셨다. 바울 곁에 서신 예수께서 "담대하라. 네가 예루살렘에서 나의 일을 증언한 것 같이 로마에서도 증언하여야 하리라"고 말씀하셨다.[11절] 로마 선교에 대한 바울의 열망이 처음 피력된 때는 에베소 설교를 성공적으로 마친 직후였다. "내가 마게도냐와 아가야를 거쳐 예루살렘에 갔다가 후에 로마도 보아야 하리라."[행 19:21] 무슨 연유로 바울이 에베소 선교가 활성화되는 그 시점에 로마행을 결심했는지는 분명치 않다. 아마도 주의 말씀이 힘있게 흥왕하여 세력을 얻는 그 광경에 감동을 받았기 때문일 것이다.[행 19:20] 바울은 '아시아 수도인 에베소에서 하나님 말씀이 세력을 얻었다면 로마에서도 하나님 말씀은 세력을 얻을 수 있으리라'는 결심을 품었을 것이다. 그로부터 얼마간의 시간이 흘러 이번에는 예수의 말씀을 통해 로마 선교의 사명이 주어졌다. 바울의 열망을 주님께서 받으시고 바울을 로마 선교의 장정으로 이끄신 것이다. 예루살렘에서 주 예수를 증거하는 것은 로마에서 주 예수를 증거하게 될 시나리오의 일부라는 의미이다. 폭도들에게 시달리고 재판 과정에서 고초를 겪은 바울이 예루살렘 감옥에서 외롭고 답답한 시간을 지내고 있을 때 예수는 바울을 담대하게 하신 후 오히려 로마 선교의 비전을 제시하셨다. 산헤드린 재판으로 바울이 죽게 되지 않고 오히려 로마까지 가게 될 계제[階梯]를 얻게 될 것이라는 암시를 주신다. 이번 산헤드린 재판은 바울을 로마까지 이송시키는 첫 시발점이 될 것이라는 것이다. 칠흑같이 어두운 절망의 밤, 그러나 소망을 잃지 않고 주의 역사를 위해 몸부림치는 바울에게 주님은 오셔서 용기를 주시며 비전을 주신다. 그러므로 신자는 어떤 경우에도 절망하지 말고 믿음을 가지고 최선을 다해야 한다. 그러할 때 주님의 임재하심을 체험하게 된다.

2. 바울을 죽이려는 간계 ● 12–30절

12날이 새매 유대인들이 당을 지어 맹세하되 바울을 죽이기 전에는 먹지도 아니하
고 마시지도 아니하겠다 하고 13이같이 동맹한 자가 사십여 명이더라. 14대제사장들
과 장로들에게 가서 말하되 우리가 바울을 죽이기 전에는 아무것도 먹지 않기로 굳

게 맹세하였으니 15이제 너희는 그의 사실을 더 자세히 물어보려는 척하면서 공회와
함께 천부장에게 청하여 바울을 너희에게로 데리고 내려오게 하라 우리는 그가 가까
이 오기 전에 죽이기로 준비하였노라 하더니 16바울의 생질이 그들이 매복하여 있다
함을 듣고 와서 영내에 들어가 바울에게 알린지라. 17바울이 한 백부장을 청하여 이
르되 이 청년을 천부장에게로 인도하라 그에게 무슨 할 말이 있다 하니 18천부장에
게로 데리고 가서 이르되 죄수 바울이 나를 불러 이 청년이 당신께 할 말이 있다 하
여 데리고 가기를 청하더이다 하매 19천부장이 그의 손을 잡고 물러가서 조용히 묻
되 내게 할 말이 무엇이냐. 20대답하되 유대인들이 공모하기를 그들이 바울에 대하여
더 자세한 것을 묻기 위함이라 하고 내일 그를 데리고 공회로 내려오기를 당신께 청
하자 하였으니 21당신은 그들의 청함을 따르지 마옵소서. 그들 중에서 바울을 죽이기
전에는 먹지도 않고 마시지도 않기로 맹세한 자 사십여 명이 그를 죽이려고 숨어서
지금 다 준비하고 당신의 허락만 기다리나이다 하니. 22이에 천부장이 청년을 보내며
경계하되 이 일을 내게 알렸다고 아무에게도 이르지 말라 하고 23백부장 둘을 불러
이르되 밤 제 삼 시에 가이사랴까지 갈 보병 이백 명과 기병 칠십 명과 창병 이백 명
을 준비하라 하고 24또 바울을 태워 총독 벨릭스에게로 무사히 보내기 위하여 짐승
을 준비하라 명하며 25또 이 아래와 같이 편지하니 일렀으되 26글라우디오 루시아는
총독 벨릭스 각하께 문안하나이다. 27이 사람이 유대인들에게 잡혀 죽게 된 것을 내
가 로마 사람인 줄 들어 알고 군대를 거느리고 가서 구원하여다가 28유대인들이 무
슨 일로 그를 고발하는지 알고자 하여 그들의 공회로 데리고 내려갔더니 29고발하는
것이 그들의 율법 문제에 관한 것뿐이요 한 가지도 죽이거나 결박할 사유가 없음을
발견하였나이다. 30그러나 이 사람을 해하려는 간계가 있다고 누가 내게 알려주기로
곧 당신께로 보내며 또 고발하는 사람들도 당신 앞에서 그에 대하여 말하라 하였나
이다 하였더라.

주석

그러나 바울을 로마까지 파송하실 하나님의 계획과 정반대의 음

모가 진행되고 있었다. 다음 날 바울 암살을 결행한 유대인 암살단이 조직되어 활동하기 시작한 것이다. 바울을 죽이기 전에는 먹지도 아니하고 마시지도 않겠다고 맹세한(12절) 40명의 암살단 동맹 "시카리"(סיקריים, 자객들)이 결성된 것이다.[13절] 이 바울 암살단은 대제사장들과 장로들에게 가서 자신들의 암살단 결성 동맹에 대해 알리면서 자신들은 바울을 죽이기 전에는 아무것도 먹지 않기로 굳게 맹세했다는 말을 덧붙였다.[14절] 참으로 반이성적 폭력이요 광기가 아닐 수 없다. 이 암살단은 바울 암살의 구체적인 실행 계획을 알려준다.

먼저 그들은 대제사장들과 장로들에게 바울의 혐의 사실을 더 자세히 물어보려는 척하면서 천부장에게 바울을 한 번 더 청문할 기회를 달라고 요청할 것을 요구했다. 자신들은 바울이 공회에 참석하러 오는 도중에, 그가 회의장에 가까이 오기 전에 죽일 준비를 완벽하게 해놓겠다고 다짐했다.[15절][4] 이런 절대절명의 위기에 바울의 생질[甥姪]이 암살단의 매복 계획과 상황을 엿듣고 영내로 들어와 바울에게 그 소식을 전했다.[16절] 이때 바울이 한 백부장에게 "이 청년이 천부장에게 드릴 말씀이 있다 하니 천부장에게로 인도해 주시오"라고 요청했다.[17절] 그러자 백부장은 그 청년을 데리고 천부장에게로 가서 "죄수 바울이 나를 불러 이 청년이 당신께 할 말이 있다 하여 데리고 가기를 청하더이다"라고 말했다.[18절] 천부장이 그 청년의 손을 잡고 물러가서 조용히 "내게 할 말이 무엇이냐?"고 물었다. 그 청년은 바울을 암살하려는 유대인들의 공모와 그것을 집행하기 위해 산헤드린 공회의 바울에 대한 추가적 심문 요청이 있을 것이라는 사실을 알려주었다. 따라서 내일 바울이 산헤드린의 추가 청문 현장에 가는 것을 허락하지 말아 달라고 간청했다.[20절] 바울의 생질은 아주 다급하고 간절하게 천부장의 마음에 호소했다. "당신은 그들의 청함을 따르지 마옵소서. 그들 중에서 바울을 죽이기 전에는 먹지도 않고 마시지도 않기로 맹세한 자 사십여 명이 그를 죽이려고 숨어서 지금 다 준비하고 당신의 허락만 기다리나이다."[21절]

여기서 사도행전 저자는 "당신"을 표현하기 위해 2인칭 단수대명사 "쒸"(σὺ)를 돌출적으로 사용한다. 천부장의 행동이 아주 중요하다는 점을 환기시키기 위해서이다. 이에 천부장이 "이 일을 내게 알렸다고 아무에게도 이르지 말라"고 경계하고 그 청년을 돌려보냈다.[22절] 천부장은 백부장 둘을 불러 "밤 제 삼 시에 가이사랴까지 갈 보병 이백 명과 기병 칠십 명과 창병 이백 명을 준비하라"고 명령했다.[23절] 천부장은 미결수 한 명을 호송하는 병력치고는 과할 정도로 많은 경호 병력을 배치한다. 로마 시민권자에게 극진한 배려를 보여준 것이다. 그는 로마 시민권자인 바울에게 정당한 재판을 받도록 치안 유지가 잘 되어 있는 가이사랴로 바울을 보내기로 작정했다. 그는 또 바울을 태워 총독 벨릭스[Felix]에게로 무사히 보내기 위해 짐승을 준비하라고 명하며 바울 사건을 총독 벨릭스에게 이송하게 된 경위를 보고하는 공한[公翰]을 썼다.[24-25절] 편지를 쉽게 풀어쓰면 다음과 같다.

> 천부장 글라우디오 루시아는 총독 벨릭스 각하께 문안드립니다. 고소 사건의 장본인인 이 사람이 유대인들에게 잡혀 죽게 된 것을 제가 로마 사람인 줄 듣고 알고 군대를 동원해서 그를 구출했습니다.[5] 후에 유대인들이 무슨 일로 그를 고발하는지 알고자 하여 그들의 유대인 산헤드린 공회로 데리고 내려갔습니다. 그런데 조사해 보니 유대인들의 고소 내용이 유대인들의 율법 문제에 관한 것일 뿐, 죽이거나 결박할 사유가 하나도 없음을 발견했습니다. 그런데도 이 사람을 해치려는 간계가 있다고 누가 제게 알려주어 이 피의자를 즉시 당신께로 보냅니다.

아울러 고발하는 사람들도 당신 앞에서 그에 대해 말하라고 말해 놓았습니다. 26-30절, 저자 사역

글라우디오는 바울이 암살된다면 자신에게도 책임이 있음을 깨달았다. 이렇게 해서 바울은 로마 총독 관저가 있는 가이사랴 법정에서 심문받을 기회를 얻었다. 사태가 이렇게 전개된 데는 여러 사람들의 도움과 협조가 있었다. 바울을 로마로 보내시려는 하나님의 뜻이 이루어지기 위해 여러 엑스트라 배우들이 등장하고 있다. 특히 천부장의 정당한 공권력 행사는 하나님의 역사役事에 큰 공헌이 되었다. 이를 통해 우리는 국가 공권력이 제대로 행사되고 사회 질서가 올바르게 안정되는 것은 하나님 역사에도 도움이 됨을 알 수 있다. 그러므로 신자들은 정부를 위해 기도해야 하며, 정부의 정책에 적극적으로 관심을 가져, 국가가 정의롭게 발전하고 안정되도록 해야 한다. 롬 13:1-4; 벧전 2:13-14 여기서 또 한가지 주목할 점은 하나님께서 느닷없이 바울의 생질을 사용하여 바울을 죽음 가운데서 구하셨다는 것이다. 그는 이름도 없는 사람이지만 복음 역사에 참으로 귀한 일을 했다. 그야말로 주님의 역사에서 조연으로 출연한 무명 봉사자다. 하나님의 나라에는 역사의 뒤안길에서 묵묵히 수고하는 무명 봉사자들이 많이 활동하고 있다. 세상의 역사는 유명한 사람의 활동만 주목하고 기록하지만, 하나님 나라는 아무리 작은 조연급 일꾼들의 활동도 그것이 하나님 나라의 확장과 관련될 때 주목하고 기록해 둔다. 선한 목자이신 예수는 자기 양의 이름을 알고 계신 것이다. 하나님 나라가 완성되는 그날에, 그 무명 봉사자들은 주님의 호명을 듣고 감격하게 될 것이다. 한국교회의 역사에서도 복음의 현장 곳곳에 숨은 봉사자들이 많았다. 이들도 모두 바울의 생질과 같은 사람들이다.

3. 벨릭스 총독 앞에서 심문받는 바울 •31-35절

31보병이 명을 받은 대로 밤에 바울을 데리고 안디바드리에 이르러 32이튿날 기병으로 바울을 호송하게 하고 영내로 돌아가니라. 33그들이 가이사랴에 들어가서 편지를 총독에게 드리고 바울을 그 앞에 세우니 34총독이 읽고 바울더러 어느 영지 사람이냐 물어 길리기아 사람인 줄 알고 35이르되 너를 고발하는 사람들이 오거든 네 말을 들으리라 하고 헤롯 궁에 그를 지키라 명하니라.

주석

보병은 명령받은 대로 밤에 바울을 안디바드리Antipartis까지 호송했다.[31절] 안디바드리는 가이사랴까지 가는 해변 고속도로 도중에 있다. 예루살렘에서 60킬로미터, 가이사랴에서 40킬로미터 정도 떨어져 있다. 이튿날 안디바드리에서 가이사랴까지는 기병들이 호송하게 하고 보병은 예루살렘 영내로 되돌아갔다.[32절] 기병대는 가이사랴에 가서 총독에게 천부장의 편지를 전하고 바울을 총독 앞에 세웠다.[33절] 총독은 그 편지를 읽고 아주 간단한 질문부터 시작하여 바울을 심문하기 시작한다. 그는 바울에게 로마제국의 영토 중 어느 영지 출신인지 물었다. 바울이 길리기아 출신인 것을 확인한 후[34절] 그는 바울을 고소한 사람들이 올 때에 그의 변명을 듣겠다고 말하고 그를 헤롯 궁 감옥에 억류하게 했다.[35절]

메시지

우리는 본문에서 한 개인이나 집단의 양심이 마비되었을 때 어떤 시행착오적인 결정과 행동도 거침없이 저지를 수 있다는 사실을 목도한다. 신구약 성경은 물론이요, 기타 고등 종교의 역사에서도 자주 양심과 이성을 가진 사람들의 눈에는 도덕적으로 열등한 자들이 종교의 이름으로, 혹은 신의 이름으로 폭력적인 광기를 분출할 때가 있었다. 아시아에서 온 유대인들을 중심으로 결성된 바울 암살단은 그들이 믿는 조상들의 하나님, 아브라함의 하나님, 이삭의 하나님, 야곱의 하나님의 이상적인 인간상에도 부합하지 않을 뿐만 아니라, 그들의 종교적 열심은 예언자들이 가르치는 평화의 영성과도 전혀 다르다.

2020년 별세한 영국 유대인 총연합회 대표 랍비였던 조너선 색스Jonathan Sacks는 『하나님의 이름으로가 아닌: 종교폭력을 맞서서』*Not in God's Name: Confronting Religious Violence*에서 종교적 극단주의와 하나님의 이름으로 자행되는 종교적 폭력은 사실상 종교 권력 유지와 정치적 목적을 위한 종교의 오남용이며 궁극적으로 종교 자체의 배반이자 신성모독이라고 주장했다.[6] 색스는 종교 안에 있는 타자를 구제불능적 타자라고 정의하며, 이들은 자신들을 지고지순한 순결체라고 간주하는 극단적인 자기애가 있음을 지적한다. 병리학적 이원주의가 종교의 한 어두운 요소라는 것이다. 이런 정신적 틀을 가진 집단에서는 오염된 구성원을 죽이고 처단하는 것은 성스러운 행동이 된다. 아시아에서 온 바울 암살단은 유대인들의 이런 멘탈리티mentality에 포박되어 있다.

정치학자 박명림은 사소한 차이에 대한 자기 집착이 증오와 폭력을 촉발시킨다는 점을 관찰한 지그문트 프로이트Sigmund Freud의 통찰을[7] 빌어 동同근원적 집단 사이의 극단적인 대립을 설명했다.[8]

> 동족을 포함해 사랑하는 또는 가까운 인간들은 '사소한 차이'에 대한 과도한 자기 집착과 확대 해석으로 인해 점차 증오, 갈등, 전쟁으로 치닫는다. …… 종교와 형제, 종족, 문화, 생활권 등 근원이 같고 오래된 공동체일수록 인간들은 사랑과 증오가 함께 자라난다. …… 분리된 상

> 대는 공동체를 파괴한 이단과 병균으로 간주되고, 제거를 위한 의지와 수단은 강력하다. 폭력은 물론 전쟁도 불사한다.[9]

아시아 에베소에서 온 유대인들과 튀르키예 반도 인근지역 길리기아 다소 출신 바울은 같은 종교적 뿌리를 갖고 자란 같은 지역 사람들이다. 그들은 대부분 같은 신념의 표방자다. 이스라엘 민족의 존재 목적이 이방인들을 하나님의 품으로 초청하는 제사장적 사명 수명이라는 점에 대해서도 바울과 그의 암살단은 일치한다. 다만 하나의 사소한 차이가 있다. 바울은 율법을 성취하신 주 예수 그리스도의 죄 사함의 복음을 들은 이방인들에게 임한 성령이, 그들을 거룩하게 하는 하나님의 현존임을 믿었기에 할례를 요구하지 않았다. 그러나 그의 적대자였던 유대인들은 이방인 개종자들에 대한 할례 포기, 율법 준수 포기는 유대교의 근간을 흔들며 이스라엘 존재 목적을 위반하는 것이라고 주장했다. 그들이 보기에는 바울은 다른 신을 섬기자고 꼬드기는 거짓 선지자이다.[신 13:1-8] 그런 이단자를 쳐 죽이는 것이 자신들의 하나님께 대한 충성의 표현이기에 그들은 바울을 죽이기 전에는 식음전폐 하겠다고 결심했다.

그럼에도 바울은 이런 적의 가득 찬 유대인 회중 앞에서도 물러서지 않았다. 주 예수의 복음을 믿고 성령받아 자유케 된 자들에게 다시 할례의 멍에를 지워 그들의 자유를 빼앗는 만행을 바울은 참을 수 없었기 때문이다. 그는 자신이 전한 복음 외에 다른 복음을 전하는 자는 "저주를 받을지어다"라고 극언했다.[갈 1:9] 바울은 왜 자신을 이토록 위험에 빠뜨리면서까지 자신의 신학과 신념을 철회하지 않았을까? 갈라디아서가 말한 자유케 한 복음 그것은 과연 바울이 자신의 목숨을 바쳐서라도 지켜야 할 가치가 있었을까? 바울은 사도행전 20:24에서 대답한다. "내가 달려갈 길과 주 예수께 받은 사명, 곧 하나님의 은혜의 복음을 증언하는 일을 마치려 함에는 나의 생명조차 조금도 귀한 것으로 여기지 아니하노라." 하나님의 은혜의 복음만이 천하 만민을 살리는 유일한 복음이라는 확신을 살리고 자신의 목숨은 바치겠다는 것이다. 이것이 사도행전 23:1이 말하는 바울의 그 선한 양심이다. "형제들아 오늘까지 나는 범사에 양심을 따라 하나님을 섬겼노라." 바울은 어느 곳에서나 자신이 양심을 따라 하나님의 율법을 지키는 하나님 나라의 시민으로 살아왔음을 증거했다. 그는 하나님 앞에 부끄러움이 없었기에 사람 앞에 담대할 수 있었다.

신앙적 순결은 도덕적인 힘이 된다. 양심을 버린 자들이 종교나 정치 권력을 장악한 시대에는 오히려 양심을 따르는 이들이 탄압을 받고 침묵과 굴종을 강요당한다. 그러나 하나님과 자기 양심 앞에 순결한 영혼은 권력의 위협에 맞설 만큼 담대하고 용감해질 수 있다. 깨끗한 양심으로 하나님을 섬긴다는 것은 쉬운 일은 아니지만 불가능한 일도 아니다. 하나님의 은혜의 힘은 우리를 어떤 부당한 권력과 재판, 군중의 위협도 돌파할 수 있을 만큼 강하게 한다. 고대 이스라엘의 예언자들은 하나님에 대한 일탈되고 오도된 이해를 가진 자들에 맞서 온 인류에게 알려져야 할 바른 하나님 이해를 고수했고 성경에 남겨 주었다. 이 고결한 양심에 매인 예언자들 덕분에 우리는 종교가 비이성적 광기와 폭력으로 치달을 때 그것을 하나님과 분리시킬 시각을 얻게 되었다. 선한 양심을 가진 자들에게 종교는 폭력으로 옹호될 수 없다. 거짓된 정치 권력, 경제 권력을 쥔 자들은 그들의 이익을 수호하기 위해 하나님의 이름을 망령되이 일컬었다. 그때마다 하나님은 당신의 거룩한 영에 사로잡힌 예언자들을 일으켜 세워 그들의 하나님 이름 오남용을 질책하게 하셨다. 하나님은 예레미야를 놋 성벽처럼 강하게 하셨고, 이사야를 어떤 적대자들의 위협도 돌파할 수 있을 만큼 강력하게 붙드셨다. 예수는 유대 지도자들의 양심이 마비된 것을 보시고, 근심하고 분노하셨다. 오히려 그들의 완악함과 오만함, 자기의自己義 때문에 희생당한 자들에 대해 한없는 연민의 정을 품으셨다. 유대인들과 예루살렘 종교 권력자들의 몰이해와 시기, 질투로 인해 죽임당하셨지만, 하나님은 그를 죽은 자 가운데서 다시 일으키셨다. 그리고 폭력의 희생자이셨던 예수는 부활한 후 다시 평화를 외쳤다. 화해와 평화의 복음은 폭력에 희생당할 수 없다는 것이다. 조너선 색스는 하나님의 이름으로 폭력이 자행될 때, 당신의 거룩한 이름이 비이성적 광기에 납치당해 오남용될 때 슬퍼 우신다고 말한다.

주님의 명예와 동족의 구원을 위해 헌신하다가 두 번이나 동족에게 배척을 당한 바울은 얼마나 지치고 낙심이 되었을까? 모든 것을 내려놓고 산으로 은둔하여 조용히 살고 싶을 만큼 고통스러웠을 것이다. 그러나 하나님의 사람 바울은 선을 행하다가 낙심하지 않았다. 외롭고 고달픈 감옥에서도 부활하신 예수의 위로를 경험했다. 극한 고난과 고독에 굴러떨어질 때마다 하나님의 함께하심을 맛보았다. 하나님은 하늘 천사들로, 인간 천사들로 그를 에워싸며 보호해주셨다. 로마의 군병, 고급 공무원, 혈육의 친척까지 하나님께서 그를 보호하기 위해 부리시는 지상의 천사들이었다. 이 신적 후원과 지지 덕분에 바울은 자신을 죽음에 넘겨준 동족들을 미워하기보다는 그들의 구원을 애타게 갈망했고 자신의 이름이 생명책에서 지워지더라도 좋다고 생각할 만큼 동족 구원을 위해 간구했다. "내가 그리스도 안에서 참말을 하고 거짓말을 아니하노라 나에게 큰 근심이 있는 것과 마음에 그치지 않는 고통이 있는 것을 내 양심이 성령 안에서 나와 더불어 증언하노니 나의 형제 곧 골육의 친척을 위하여 내 자신이 저주를 받아 그리스도에게서 끊어질지라도 원

하는 바로라."롬 9:1-3

선한 양심은 폭력과 증오를 초극하는 사랑이며 자비이며 정의이다. 우리가 선한 양심으로 하나님을 섬길 때 우리는 비로소 진정으로 자기 시대를 사랑할 수 있을 것이다. 시대가 혼란스럽고 사회의 공기가 혼탁할수록 양심적인 인물들이 나와서 그 시대의 빛과 소금의 역할을 해주어야 한다. 선은 외롭지 않고 의는 반드시 세력을 이루어 불의와 악을 정벌하고야 만다. 선한 일을 하다가 연약한 자신이나 주위 사람들을 바라보다가, 혹은 사회 환경을 바라보다가 낙심하고 지쳐서 힘을 잃을 때 찾아오는 절대 고독은 주님이 우리를 만나기에 최적의 시간임을 기억할 필요가 있다. 우리가 처한 현재의 곤경은 문제가 아니다. 부활하신 예수께서 이러한 나와 함께 하신다는 사실이 더욱 중요하다. 이런 확신이 바울을 지탱하고 있었기에 그는 이제 로마 선교 열망을 품은 지 얼마 후 주님으로부터 로마 선교의 비전을 받게 되었다. 하나님은 인간의 마음속에 고이 간직된 열망과 소원을 당신의 비전으로 격상시켜 당신의 종들을 부리실 때가 있다. 아브라함의 아버지 데라가 가나안 땅으로 가려는 열망을 가진 것을 알고 아브라함을 가나안 땅으로 가게 하셨다.창 11:31 하나님은 당신의 기쁘신 뜻을 왕왕 당신 백성의 소원이 되게 하신다.빌 2:13

24장.

로마 총독 벨릭스에게 재판받는 바울

바울은 가이사랴 빌립보에 상주하던 로마 총독 벨릭스[52-60년 재위]에게 심문을 받는다. 벨릭스는 바울에게서 아무 죄도 발견하지 못했지만, 유대인들의 환심을 사기 위해 2년간이나 바울을 감옥에 억류해 둔다. 정의와 인권을 지키는 데 관심이 없는 부패하고 느슨한 정신의 소유자인 벨릭스에게서 우리는 보신주의적 공무원의 전형을 본다. 그는 신속하고 정의로운 재판 절차에 힘을 쏟지 않고 뇌물 형식의 보석금을 기대하며 바울의 억류 생활을 연장한다. 그는 감옥의 힘에 근거하여 바울을 억류할 뿐 공평과 정의의 확장에는 무관심한 불의한 관리였다. 로마제국의 법치주의는 이런 불의하고 무능한 중간 관리들에 의해 훼손되고 마비된다. 이런 자들이 로마제국을 대표한다면 로마제국의 법치주의도 한낱 허울뿐으로 보일 수 있다. 벨릭스는 바울을 불러 예수 믿는 도를 청취했으나 진정 믿음에 대한 관심은 거의 보이지 않고 보석금으로 뇌물을 받을 가능성에만 관심을 보였다. 이런 부패한 벨릭스에게 바울은 의와 절제, 그리고 장차 올 하나님의 심판을 강론하자, 그는 두려워한 나머지 물러갔다. 우리는 이 부조리하고 억울한 상황에서도 자신의 복음을 조리있게 변명하는 바울에게서 쇠하지도 않고 낙담하지도 않으시는 예수의 면모를 발견한다. 24장은 벨릭스 총독에게 바울을 고소하는 대제사장 아나니아와 장로들,[1-9절]과 벨릭스 총독 앞에서 변명하는 바울[10-27절]로 나눠진다.

1. 벨릭스 총독에게 바울을 고소하는 대제사장 아나니아와 장로들 ●1-9절

1닷새 후에 대제사장 아나니아가 어떤 장로들과 한 변호사 더둘로와 함께 내려와서
총독 앞에서 바울을 고발하니라. 2바울을 부르매 더둘로가 고발하여 이르되 3벨릭스
각하여, 우리가 당신을 힘입어 태평을 누리고 또 이 민족이 당신의 선견으로 말미암
아 여러 가지로 개선된 것을 우리가 어느 모양으로나 어느 곳에서나 크게 감사하나
이다. 4당신을 더 괴롭게 아니하려 하여 우리가 대강 여짜옵나니 관용하여 들으시기
를 원하나이다. 5우리가 보니 이 사람은 전염병 같은 자라 천하에 흩어진 유대인을
다 소요하게 하는 자요 나사렛 이단의 우두머리라. 6그가 또 성전을 더럽게 하려 하
므로 우리가 잡았사오니 (6하반-8상반 없음)[1] 8당신이 친히 그를 심문하시면 우리가
고발하는 이 모든 일을 아실 수 있나이다 하니 9유대인들도 이에 참가하여 이 말이
옳다 주장하니라.

행

주석

바울이 가이사랴에 호송된 지 닷새 만에 대제사장 아나니아가 어떤 장로들과 더둘로Tertullus라는 이름을 가진 어떤 변호사와 함께 내려와서 총독[헤게몬(ἡγεμών)] 앞에서 바울을 정식으로 고발했다.[1절] 바울이 소환되자(κληθέντος, κληθέώ, 칼레오 동사의 수동태 속격분사형) 고소인의 대표자인 더둘로가 총독 앞에서 그를 고소하며 고소 내용을 진술한다.[2절] 3절은 벨릭스 총독에 대한 더둘로의 예의치레용 감사와 찬사를 담고 있다. 더둘로는 벨릭스 총독을 "각하"(κράτιστε Φῆλιξ) most excellent Phēlix라는 존칭으로 부르며, 그의 통치로 유대인들이 태평(Πολλῆς ειρήνης)을 누리고, 또 총독의 선견지명 덕분에 유대인들의 상황이 많이 개선된 사실을 인정하고 전폭적으로"어느 모양으로나 어느 곳에서나" 감사해한다.[3절] 더둘로는 총독을 번거롭게 하지 않기 위해 간략하게 고소 내용을 정리해 보고한다고 말하며 총독의 경청을

요청한다.[4절]

5-7절은 고소 이유인데, 5절이 총독에게 상당히 흥미 있게 들렸을 것이다. 더둘로가 대표하는 유대인 대제사장들과 장로들은 바울을 "전염병 같은 자"라고 규정한다. 이것은 바울의 복음 운동의 광범위한 확산과 침투력을 역설적으로 반증反證하는 논평이다. 그들은 바울이 천하에 흩어진 유대인을 다 소요하게 하는 자요 "나사렛 이단"(αἱρέσις)의 우두머리라고 선언한다. '천하'라고 번역된 헬라어는 '카타 텐 오이쿠메넨'(κατὰ τὴν οἰκουμένην)의 번역어로서, '사람이 사는 모든 곳마다'를 의미한다. '오이쿠메네'(οἰκουμένη)는 로마제국의 전 통치 영역을 가리키는 전문 용어이기도 하다. 튀르키예 반도, 수리아, 구브로, 유럽 지역 모두가 '오이쿠메네'이다. 이 고소 내용은 바울의 영적, 신학적 지도력을 공인하는 말이다. 아마도 벨릭스에게는 전반부의 고소 내용이 정신을 번쩍 들게 하는 말이었을 것이다. "전염병, 천하에 흩어진 유대인을 다 소요하게 하는 자, 그리고 나사렛 이단의 우두머리." 로마제국은 전염병, 소요, 이단의 우두머리 등이라는 단어에 지극히 민감하게 반응할 수밖에 없는 역사를 갖고 있다. 주전 1세기에는 고린도 등 그리스 여러 도시의 반란이 있었고(주전 44년경 진압된 고린도 반란) 히스파니아, 튀르키예 반도(본도와 갑바도기아의 미트리다테스 왕의 반란)에서도 반란이 있었다. 주전 15세기에는 갈릴리 농민반란이 있었다. 전염병 또한 로마제국에게 악몽같은 기억을 강하게 불러일으켰다. 당시 로마 지성인들이라면 응당 읽었을 법한 주전 8세기 그리스 시인 호메로스가 쓴 24권짜리 서사시 『일리아드』 1권의 제목이 "전염병, 아킬레우스의 분노"이다. 『일리아드』는 아폴로가 그리스 연합군 총대장인 아가멤논의 신성모독을 징벌하기 위해 보낸 전염병에 그리스 전사들이 쓰러지는 장면으로 시작된다.[1.8-10 2] 레토와 제우스의 아들 아폴로가

아가멤논 왕에게 분노하여 "진중에 무서운 전염병을 보내니 백성들이 잇달아 쓰러졌다."

또한 로마는 제국으로 성장하기 이전 강력한 공화정 도시 국가였을 때부터 전염병으로 혹독한 국력 쇠락을 겪었던 나라였다. 리비우스의 『로마사』가 다룬 역병疫病 기록을 분석한 한 연구논문에 따르면 왕정 시기에 1회, 공화정 시기에 13회를 합하여 총 14회의 역병이 있었다. 주전 493년부터 205년까지, 약 290년간 로마에서는 평균 22년마다 역병이 발생했고, 각 역병마다 약 3.3년간 지속되었다. 로마의 정치가들은 '원로 집정관 10인 성직 위원회'로 구성된 위원회를 조직하여 역병을 종식시키는데 전력을 기울였다.[3] 리비우스의 『로마사』는 역병 창궐에 대한 로마의 전통 종교 지도자들이 어떻게 대응했는지 보여준다. 그들은 특수한 종교 의식을 거행함으로써 로마 시민들에게 위로와 안정감을 주고자 노력했지만 역부족이었다. 오히려 역병이 자주 유행하자, 로마 사람들은 그들의 전통적인 신들 대신에 역병 종식에 도움이 된다고 여겼던 '아이스쿨라피우스'Aesculapius와 '히기에이아'('Υγιεία) 등 외래 신들에게 치유기도를 드렸다.[4] 이런 역병 창궐의 역사에 대한 전前이해를 가졌을 법한 로마 총독에게 바울을 '전염병'[로이모스(λοιμός)]이라고 규정한 것은 의도적이고 치밀한 수사였다.

그럼에도 벨릭스는 더둘로의 과장적이고 선동적인 고소 논리에 쉽게 넘어가지 않았다. 더군다나 바울은 천하에 흩어진 유대인들을 다 소요하게 하여 로마제국의 치안과 국가적 안위를 파괴한 적이 없었다. 오히려 그는 유대인들의 그릇된 선민사상과 율법주의적 종교의 폐단을 혁파하고 하나님에 대한 참다운 앎을 전파하러 다녔다. 물론 바울의 복음이 철저하게 사람들의 삶을 지배하게 되면, 로마제국과 같은 강력한 제국의 존립도 위태로워질 수밖에 없다. 따라서 궁극적으로는 바울 같은 인물은 로마제국의 기초를 허물어뜨리는 자임이 틀림없다. 그러나 지금 상황에서 바울은 로마제국의 국가적인 안전을 해칠 의도도, 힘도 없는 상황이다. 벨릭스는 아마도 이 고소를 듣고는 다소 황당무계한 고소라는 인상을 받았을 것이다.

그러자 대제사장들과 장로들은 두 번째 고소 이유를 들이댄다. 바울이 성전을 더럽게 하려고 했다는 것이다. 바울이 성전을 더럽게 하려고 했기에 그들이 바울을 성전 오염 미수범으로 잡았다는 것이다. 아마 이 고소는 전혀 벨릭스의 관심을 끌지 못했을 것이다. 개역개정 성경에는 6절 하반절부터 8절 상반절이 누락되어 있는 헬라어 성경을 그대로 반영하여 아예 절 수를 비워 놓고 있다. 그래서 개역개정에는 7절이 누락되어 있다. 개역성경의 7절에는 "당신이 친히 그를 심문하시면"이라는 말이 있으나 이 또한 하나의 절을 이루기에는 부족하다. 그래서 개역개정 성경에서는 이 7절이 8절의 상반절을 이루는 것으로 옮겨져 있다. 더둘로는 자신의 고소 내용이 벨릭스를 효과적으로 설득하는 데 별로 힘을 발휘하지 못하자, 총독 자신이 직접 바울을 심문하도록 요청한다.[8절] 총독 자신이 직접 바울을 심문해 보면 유대인 당국자들이 고소하는 이 모든 일의 사실 여부를 판단할 수 있을 것이라는 뜻이다. 이렇게 고소를 마무리하자 유대인들도 더둘로의 말이 옳다고 동조했다.[9절]

보수적인 강경파 유대인들이 바울을 이토록 극단적으로 미워하는 까닭이 무엇일까? 바리새적인 교양을 가진 보수적 유대인들은 메시아의 도래와 함께 이스라엘 민족이 세계 열방 위에 높이 들려 존귀와 영광을 누리게 될 것이라고 믿었다. 거의 500년 동안 변변한 왕조나 독립 왕국 없이 주변 강대국들의 힘에 눌려 지낸 약소 민족의 설움으로 가득 찬 유대인들은, 오로지 오실 메시아만 믿고 모든 간난신고와 민족적 굴욕과 수치를 감내해 왔다. 오실 메시아는 이스라엘을 공격한 이방들인과 이스라엘을 학대한 이웃 나라들을 철장으로 부수어[시 2:9] 이스라엘의 발 앞에 무릎 꿇게 하실 것이다. 그날이 오면 이스라엘 시온산에는 열방을 심판할 하나님의 심판 보좌가 설치되고 이스라엘의 율법을 배우러 온 열방들이 금은보화를 싸들고 시온으로 순례를 올 것이다.[사 2:1-4; 60:5-6] 이러한 이스라엘의 운명의 대반전과 열방 가운데서의 승귀와 영화에 관한 예언이 이사야 40-66장에 집중적으로 배치되어 있다.[5] 몇 구절을 살펴보자.

> 이제 여호와께서 말씀하시나니 그는 태에서부터 나를 그의 종으로 지으신 이시요 야곱을 그에게로 돌아오게 하시는 이시니 이스라엘이 그에게로 모이는도다. 그러므로 내가 여호와 보시기에 영화롭게 되었으며 나의 하나님은 나의 힘이 되셨도다. 그가 이르시되 네가 나의 종이 되어 야곱의 지파들을 일으키며 이스라엘 중에 보전된 자를 돌아오게 할 것은 매우 쉬운 일이라. 내가 또 너를 이방의 빛으로 삼아 나의 구원을 베풀어서 땅끝까지 이르게 하리라. 이스라엘의 구속자 이스라엘의 거룩한 이이신 여호와께서 사람에게 멸시를 당하는 자 백성에게 미움을 받는 자 관원들에게 종이 된 자에게 이같이 이르시되 왕들이 보고 일어서며 고관들이 경배하리니. 이는 이스라엘의 거룩하신 이 신실하신 여호와 그가 너를 택하였음이니라.[사 49:5-7]

> 주 여호와가 이같이 이르노라. 내가 뭇 나라를 향하여 나의 손을 들고 민족들을 향하여 나의 기치를 세울 것이라. 그들이 네 아들들을 품에 안고 네 딸들을 어깨에 메고 올 것이며 왕들은 네 양부가 되며 왕비들은 네 유모가 될 것이며 그들이 얼굴을 땅에 대고 네게 절하고 네 발의 티끌을 핥을 것이니 네가 나를 여호와인 줄을 알리라. 나를 바라는 자

는 수치를 당하지 아니하리라.사 49:22-23

너 곤고하며 광풍에 요동하여 안위를 받지 못한 자여 보라, 내가 화려한 채색으로 네 돌 사이에 더하며 청옥으로 네 기초를 쌓으며 홍보석으로 네 성벽을 지으며 석류석으로 네 성문을 만들고 네 지경을 다 보석으로 꾸밀 것이며 네 모든 자녀는 여호와의 교훈을 받을 것이니 네 자녀에게는 큰 평안이 있을 것이며 너는 공의로 설 것이며 학대가 네게서 멀어질 것인즉 네가 두려워하지 아니할 것이며 공포도 네게 가까이하지 못할 것이라. 보라, 그들이 분쟁을 일으킬지라도 나로 말미암지 아니한 것이니 누구든지 너와 분쟁을 일으키는 자는 너로 말미암아 패망하리라.사 54:11-15

네 성문이 항상 열려 주야로 닫히지 아니하리니 이는 사람들이 네게로 이방 나라들의 재물을 가져오며 그들의 왕들을 포로로 이끌어 옴이라. 너를 섬기지 아니하는 백성과 나라는 파멸하리니 그 백성들은 반드시 진멸되리라. 레바논의 영광 곧 잣나무와 소나무와 황양목이 함께 네게 이르러 내 거룩한 곳을 아름답게 할 것이며 내가 나의 발 둘 곳을 영화롭게 할 것이라. 너를 괴롭히던 자의 자손이 몸을 굽혀 네게 나아오며 너를 멸시하던 모든 자가 네 발아래에 엎드려 너를 일컬어 여호와의 성읍이라, 이스라엘의 거룩한 이의 시온이라 하리라.사 60:11-14

주 여호와의 영이 내게 내리셨으니 이는 여호와께서 내게 기름을 부으사 가난한 자에게 아름다운 소식을 전하게 하려 하심이라. 나를 보내사 마음이 상한 자를 고치며 포로된 자에게 자유를, 갇힌 자에게 놓임을 선포하며 여호와의 은혜의 해와 우리 하나님의 보복의 날을 선포하여 모든 슬픈 자를 위로하되 무릇 시온에서 슬퍼하는 자에게 화관을 주어 그 재를 대신하며 기쁨의 기름으로 그 슬픔을 대신하며 찬송의 옷으로 그 근심을 대신하시고 그들이 의의 나무 곧 여호와께서 심으신 그 영광을 나타낼 자라 일컬음을 받게 하려 하심이라. 그들은 오래 황폐하였던 곳을 다시 쌓을 것이며 옛부터 무너진 곳을 다시 일으킬 것이며 황폐한 성읍 곧 대대로 무너져 있던 것들을 중수할 것이며 외인은 서서 너희 양 떼를 칠 것이요 이방 사람은 너희 농부와 포도원지기가 될 것이나 오직 너희는 여호와의 제사장이라 일컬음을 받을 것이라. 사람들이 너희를 우리 하나님의 봉사자라 할 것이며 너희가 이방 나라들의 재물을 먹으며 그들의 영광을 얻어 자랑할 것이니라.사 61:1-6

이런 구절들에 의거하여 유대인들은 야웨의 토라에 정통한 유대인들이 하나님의 제자가 되어 열방을 지도하고 제자로 삼게 될 날을 앙망했다.[6] 그들은 그 옛날 다윗 제국의 봉신 국가들처럼 열방들이 금은보화를 싸들고 종주국 이스라엘에 와서 절하고 말씀을 배우고 돌아가는 세상을 꿈꾸고 있었다. 이런 꿈을 꾸던 유대인들에게, 하나님은 1,500년간 율법과 언약으로 특별 교육받고 연단받아 온 유대인들과 그렇지 못한 이방인들을 구분하지 않으시고 주 예수 그리스도의 복음을 믿고 성령을 받는 것만으로 한 백성이 되게 하셨다는 바울의 메시지는 그들을 격분시키기에 충분했다. 귀족에서 갑자기 서민으로 전락되는 듯한 느낌을 안겨 주는 이 하나님의 파격적인 이방인 구원 사역은 유대인들의 마음을 몹시도 당혹스럽게 만들었다. 1,500년간 지속된 율법과 언약이 이제 하나님의 구원을 얻는 데 결코 프리미엄이 될 수 없다는 메시지, 모든 인간적 선과 악을 절대적으로 무의미하게 만들어 버리는 메시지, 그리하여 유대인과 이방인을 아무 구별 없이 동일한 조건으로 구원하시는 하나님의 절대주권적인 은혜를 강조하는 메시지가 유대인들의 극한 분노를 촉발한 것이다. 이런 유대인들의 눈으로 볼 때 바울은 율법과 성전을 훼방한 자인 것이다. 벨릭스는 유대인들 사이에 있는 이런 종교적 갈등을 어느 정도 알고 있었던 것처럼 보인다.

2. 벨릭스 총독 앞에서 변론하는 바울 ●10-27절

[10]총독이 바울에게 머리로 표시하여 말하라 하니 그가 대답하되 당신이 여러 해 전부
터 이 민족의 재판장 된 것을 내가 알고 내 사건에 대하여 기꺼이 변명하나이다. [11]
당신이 아실 수 있는 바와 같이 내가 예루살렘에 예배하러 올라간 지 열이틀밖에 안
되었고 [12]그들은 내가 성전에서 누구와 변론하는 것이나 회당 또는 시중에서 무리를
소동하게 하는 것을 보지 못하였으니 [13]이제 나를 고발하는 모든 일에 대하여 그들
이 능히 당신 앞에 내세울 것이 없나이다. [14]그러나 이것을 당신께 고백하리이다. 나
는 그들이 이단이라 하는 도를 따라 조상의 하나님을 섬기고 율법과 선지자들의 글
에 기록된 것을 다 믿으며 [15]그들이 기다리는 바 하나님께 향한 소망을 나도 가졌으
니 곧 의인과 악인의 부활이 있으리라 함이니이다. [16]이것으로 말미암아 나도 하나님
과 사람에 대하여 항상 양심에 거리낌이 없기를 힘쓰나이다. [17]여러 해 만에 내가 내
민족을 구제할 것과 제물을 가지고 와서 [18]드리는 중에 내가 결례를 행하였고 모임도
없고 소동도 없이 성전에 있는 것을 그들이 보았나이다 그러나 아시아로부터 온 어
떤 유대인들이 있었으니 [19]그들이 만일 나를 반대할 사건이 있으면 마땅히 당신 앞에
와서 고발하였을 것이요 [20]그렇지 않으면 이 사람들이 내가 공회 앞에 섰을 때에 무
슨 옳지 않은 것을 보았는가 말하라 하소서 [21]오직 내가 그들 가운데 서서 외치기를
내가 죽은 자의 부활에 대하여 오늘 너희 앞에 심문을 받는다고 한 이 한 소리만 있
을 따름이니이다 하니 [22]벨릭스가 이 도에 관한 것을 더 자세히 아는 고로 연기하여
이르되 천부장 루시아가 내려오거든 너희 일을 처결하리라 하고 [23]백부장에게 명하
여 바울을 지키되 자유를 주고 그의 친구들이 그를 돌보아 주는 것을 금하지 말라 하
니라. [24]수일 후에 벨릭스가 그 아내 유대 여자 드루실라와 함께 와서 바울을 불러 그

리스도 예수 믿는 도를 듣거늘 25바울이 의와 절제와 장차 오는 심판을 강론하니 벨
릭스가 두려워하여 대답하되 지금은 가라 내가 틈이 있으면 너를 부르리라 하고 26동
시에 또 바울에게서 돈을 받을까 바라는 고로 더 자주 불러 같이 이야기하더라. 27이
태가 지난 후 보르기오 베스도가 벨릭스의 소임을 이어받으니 벨릭스가 유대인의 마
음을 얻고자 하여 바울을 구류하여 두니라.

주석

이 단락은 바울의 반론을 담고 있다. 더둘로의 말이 끝난 후 총독에게 변명의 기회를 받은 바울이 변론을 시작했다. 바울은 벨릭스가 몇 년 전부터 유대인의 총독이요 재판장이었음을 이미 알고 있다는 점을 강조한다. 벨릭스가 유대인들이 어떤 존재인지 예비 지식을 갖고 있을 것을 전제하며 벨릭스가 공평한 재판관이라고 믿고 "기꺼이"(εὐθύμως), 직역하면 "기쁘게 변론한다[아폴로구마이(ἀπολογοῦμαι)]는 것"이다. 바울은 벨릭스의 공명정대한 판단을 기대하면서 기꺼이 변명한다고 말함으로써 그의 양심에 은근한 부담을 준다.

하지만 엄밀하게 보면 이 재판은 바울에게 매우 불리한 상황 가운데 벌어지고 있다. 대제사장 아나니아가 장로들과 변호사를 대동하고 총독 벨릭스의 재판장에 출두한 반면, 바울에게는 변호인도 우호적인 증인도 전혀 없었기 때문이다. 재판 현장은 바울을 반대하는 완악한 유대인들, 총독의 경호원들과 군사들이 지키고 선 살벌한 곳이었다. 변사 더둘로의 짜맞추기식 고소에 이어 바울의 변론이 시작되는데, 자신을 위한 변호라기보다는 자신이 천하에 다니며 전한 복음의 내용을 소개하고 자신이 동족 유대인들에게 잡혀 고소당하게 된 내력을 소개하고 있다. 바울은 살벌한 분위기에 조금도 위축되지 않고, 당당하게 자신이 왜 고소당하는지를 설명했

다. 변론의 핵심은, 그는 무슨 사회, 종교적 범죄나 미풍양속을 해치는 일을 하지 않았다는 것이다.

먼저 바울은 자신이 유대인들에게 체포된 때는 예루살렘에 예배하러 올라간 지 열이틀밖에 안 되었다는 점을 강조한다.[11절] 범죄를 모의하고 실행하기에는 짧은 기간이라는 점을 부각시킨 것이다. 바울은 총독이 이 사실을 알 것이라고 전제한다. 더둘로가 제출한 고소장에 적힌 내용이었을 것이기 때문이다. 더둘로의 고소장이 육하원칙에 따라 쓰였다면, 이것은 총독이 쉽게 확인할 수 있는 사실이었을 것이다. 바울은 더 나아가 자신을 고소한 이들은 바울이 성전에서 누구와 변론하는지도 보지 못했고, 회당 또는 시중에서 무리를 소동하게 하는 것도 보지 못했다는 점을 강조한다.[12절] 결론적으로 자신을 고발하는 모든 일에 대해 그들이 능히 총독 앞에 내세울 고소 내용이 전혀 없다는 것을 분명히 밝힌다.[13절]

14-17절에서 바울은 유대인들과 자신 사이에 있는 현실적 쟁점을 말한다. 이것은 벨릭스가 전혀 관심을 가질 분야도, 판단할 사항도 아니다. 바울은 고백적 어투로 자신이 유대인들에게 고소당한 이유를 말한다. 자신은 유대인들이 이단[하이레시스(αἵρεσις)]이라 하는 "그 도道"(ὁ ὁδός)를 따라 조상의 하나님을 섬기고 율법과 선지자들의 글에 기록된 것을 다 믿는다고 말한다.[14절] 유대인들이 기다리는 바 하나님께 향한 소망, 곧 의인과 악인의 부활이 있게 될 종말의 소망을 자신도 붙들고 있다고 고백한다.[15절] 15절의 헬라어 구문은 자신과 자신을 고소하는 "이 사람들이" 사실은 같은 신앙을 가졌으며, 다투고 갈등할 사이가 아님을 강조한다. "그들이 기다리는 바 하나님께 향한 소망을 나도 가졌으니"라고 번역된 헬라어 구문은 "ἐλπίδα ἔχων εἰς τὸν Θεόν ἣν καὶ αὐτοὶ οὗτοι προσδέχονται"이다. 직역하면, "심지어 이들 자신도 받아들이는(προσδέχονται) 하나님에 대한

소망을 (바울 자신도) 갖고 있다"이다. 이 구문에서 "소망"(ἐλπίδα)이 가장 먼저 나오며, 실제 문법상의 주어인 "후토이"(οὗτοι) 앞에 3인칭 복수대명사 "아우토이"(οὗτοι)가 독립적으로 그리고 병렬적으로 사용되고 있다.[7] 그리고 그 앞에 "심지어"를 의미하는 "카이"(καὶ)가 나온다. "심지어 이들의 소망은 바울 자신의 소망과 똑같다"는 것이다. 그 소망의 내용은 15절 끝에 나온다. 그것은 의로운 자와 불의한 자가 심판받기 위해 부활할 것이라는 소망이다. 자신은 언제든지 하나님과 사람 앞에 자신의 이 확신을 분명하게 밝혀왔다는 점을 말한다. 이런 자신의 신앙적 확신은 전혀 범죄가 될 수가 없다.16절 자신은 이스라엘에게 주신 하나님의 소망을 갖고 이방인들 가운데서 이 신앙을 전파하고 나누다가행 28:20 여러 해 만에 동족을 구제할 것과 제물을 가지고 왔는데 이렇게 붙잡혔다.17절 여기서 말하는 제물은 이방인 개종자들과 그들이 예루살렘 성도들을 위해 바친 연보(재정적 기부)를 의미한다. 이방 교회들이 바친 구제 헌금과 이방인 개종자들을 하나님께 드리던 중 자신롬 15:16, "복음의 제사장"은 유대인의 율법 전통에 따라 유대인 중 믿는 사람 4명의 나실인 서원자 결례 비용도 지불해줬고, 자신도 오랜 이방인 사역 가운데 있었기에 스스로 결례를 행했다. 자신을 대적하는 유대인들이 결례를 행하느라고 성전에 있는 자신을 보았을 때 어떤 고소거리도 찾지 못했다. 바울 자신은 정결법을 저촉하지 않았고, 성전을 더럽혔다고 비난받을 만한 어떤 행동도 하지 않았기 때문이다. 자신은 이방인 대중들과 함께 있지도 않았고 질서를 해칠 만한 어떤 소동도 일으키지 않았다.18절 그러나 아시아로부터 온 어떤 유대인들이 자신을 적대하며 붙잡음으로써 문제가 발생했다.18절 하반절 바울은 만일 그들이 자신을 고소할 사건이 있었으면 마땅히 처음부터 총독에게 와서 고소했을 것이라고 말한다.19절 바울 자신이 산헤드린 공회 앞에서 심문당할 때 벌써 바울 자신의 범법 사실을 들어 그를 고소했어야 마땅한데도 그들은 그렇게 하지 않았다. 바울은 이제라도 총독이 그 유대인들에게 자신의 범죄 사실이 무엇인지 진술해 보게 하라고 요구한다.[20절] 바울은 벨릭스에게 자신을 고소한 유대인들이 이제까지 자신에 관하여 본 것은 바울 자신이 그들 가운데 공공연히 외쳤던 "이 하나의 목소리"(μιᾶς ταύτης φωνῆς)뿐이라고 말한다.[21절] 그것은 부활과 최후 심판 메시지를 전한다고 자신이 재판을 받고 있다는 주장이다. "죽은 자들의 부활에 관하여 나는 오늘 당신들 앞에서 재판을 받고 있습니다." 여기서 바울은 1인칭 단수대명사 '에고'를 사용해 자신의 주장을 강조한다. 곧 바울은 이렇게 의인과 악인의 부활, 죽은 자의 부활을 전했을 뿐이지, 어떤 사회질서나 치안을 위반한 일이 없었다고 선언함으로써 자신을 변호했다.

22절은 총독 벨릭스가 이 도[나사렛 예수의 가르침]에 대해 이미 어느 정도 알고 있었음을 보여준다. 그는 바울의 무죄를 확신하면서도 무죄 판결을 내리지 않고 오히려 판결을 연기하는 꼼수를 둔다. 그는 천부장 루시아가 예루살렘에서 내려오면 좀 더 자세히 알아본 후에 바울의 재판 건을 마무리하겠다고 말한다.[22절] 그러나 그의 속셈은 딴 데 있음이 곧 밝혀진다. 총독은 백부장에게 바울을 지키되 자유를 주고 그의 친구들이 그를 돌보아 주는 것을 금하지 말라고 명령함으로써 바울을 비교적 자유로운 미결수 신분으로 묶어 둔다.[23절] 며칠 후에 벨릭스가 자기 아내인 유대 여자 드루실라와 함께 와서 바울을 불러 그리스도 예수를 믿는 도에 대해 경청한다.[24절] 바울이 그에게 의와 절제와 장차 오는 심판을 강론하자 벨릭스가 두려워하여 "지금은 가라. 내가 틈이 있으면 너를 부르리라"고 하면서 바울의 강론을 중단시킨다.[25절] 동시에 그는 보석금 형식의 뇌물을 기대하여 바울을 더 자주 불러 함께 이야기했다.[26절] 2년이 지난 후 보르기오 베스도Porcius Festus가 벨릭스의 후임으로 유대 총독이 될 때까지 벨릭스는 유대인의 마음을 얻고자 바울을 구류해 두었다.[27절]

메시지

바울을 고소하는 유대인들의 과장적이고 선동적인 수사rhetoric를 보고 바울을 건성으로 심문하는 총독 벨릭스의 모습에서 정의 구현에 무관심한 관료의 나태를 본다. "천하에 흩어진 유대인들"을 "다 소요하게 하는 나사렛 이단"이라는 고소는 법 논리로는 과장된 기소이지만, 신학적으로 볼 때 정확한 분석이다. 바울의 복음이 어떻게 천하에 흩어진 디아스포라를 소요하게 했을까? 사도행전 2장에는 천하에 흩어진 유대인들이 거주하던 지역들이 언급된다.

> 그 때에 경건한 유대인들이 천하 각국으로부터 와서 예루살렘에 머물러 있더니 …… 우리가 우리 각 사람이 난 곳 방언으로 듣게 되는 것이 어찌 됨이냐. 우리는 바대인과 메대인과 엘람인과 또 메소보다미아, 유대와 갑바도기아, 본도와 아시아, 브루기아와 밤빌리아, 애굽과 및 구레네에 가까운 리비야 여러 지방에 사는 사람들과 로마로부터 온 나그네 곧 유대인과 유대교에 들어온 사람들과 그레데인과 아라비아인들이라.[행 2:5-11]

또 베드로전서 1장은 천하에 흩어진 유대인들의 실체를 나열한다. 베드로는 "예수 그리스도의 사도 베드로는 본도, 갈라디아, 갑바도기아, 아시아와 비두니아에 흩어진 나그네"[1절]에게 편지를 한다. 야고보서 1:1은 아예 흩어진 열두 지파라고 언명한다. "하나님과 주 예수 그리스도의 종 야고보는 흩어져 있는 열두 지파에게 문안하노라." 요한복음 7:35도 해외에 흩어져 헬라인들 중에 섞여 사는 '디아스포라'(διασπορά)를 언급한다. "이에 유대인들이 서로 묻되 이 사람이 어디로 가기에 우리가 그를 만나지 못하리요. 헬라인 중에 흩어져 사는 자들에게로 가서 헬라인을 가르칠 터인가." 사도행전 8:4-8, 40과 11:19-21은 흩어진 신자들이 기독교의 이방 문화권 확산에 기여했음을 말한다. 그런데 그들의 기여가 가능했던 토대는 먼저 가 있었던 유대인들, 곧 회당을 중심으로 모인 유대인 디아스포라들의 존재이다.

놀랍게도 수많은 구약성경과 외경과 위경 구절들이 '디아스포라', 곧 이방인 중에 흩어져 사는 하나님 백성들의 존재를 반복적으로 언급한다.신 28:25; 30:4; 느 1:9; 시 147:2; 사 49:5-7(특히 6절 "보전된 자"); 렘 12:14-15; 15:7; 34:17; 유디트 5:19; 마카베오 하 1:27; 솔로몬의 시편 8:34 [8] 요세푸스나 필로의 기록 등을 토대로 추산하면 바울 당시 5-6백만 명의 유대인들이 천하에 흩어져 살았으며 이 인구는 팔레스타인 본토 유대인의 숫자를 상회했다.[9]

메소포타미아의 동쪽 끝 엘람과 메대에서부터 아프리카 그리고 아라비아에 이르기까지 유대인들이 흩어져 살고 있었다. 이들은 도대체 왜 천하에 흩어졌을까? 주전 721년(북이스라엘 왕국 멸망)부터 이스라엘은 이산과 유랑의 형벌을 받아 흩어졌고, 주전 597년부터 세 차례에 걸쳐 유대인 지배층은 바벨론 유수를 당했고, 이 시기에 많은 유대인이 이집트나 아프리카 일대로 이주했거나 피신했다. 렘 44장 바울 당시 1세기에 천하에 흩어져 있던 유대인들은 누구일까? 첫째, 주전 8-6세기에 북이스라엘과 남유다의 멸망으로 메소포타미아 쪽으로 흩어진 이스라엘 사람들의 후손일 가능성이 있다.[10] 이들이 메대, 엘람, 튀르키예 반도에 흩어져 살았을 가능성이 있다. 이런 곳에 흩어져 살던 유대인들은 주전 330년대 알렉산더 대왕의 동방 원정 때에 군사나 군속으로 징집되어 전쟁에 참여한 자들의 후손일 가능성도 있다. 이들의 후손들이 주전 2세기부터 주후 5세기에 바벨론에서 탈무드를 생성했던 자들이기도 하다.

둘째, 주전 168년부터 벌어진 셀류키드 왕조와의 마카베오 항쟁 때 많은 사람이 이주, 피신했을 가능성이 크다.[11] 시리아나 길리기아, 밤빌리아, 구브로 등지에 흩어진 자 중에는 알렉산더 대왕 이후 그리스 제국의 동방 정복 전쟁부터 주전 1세기 폼페이의 동방 정복 때문에 외국으로 피신한 피난민들이었을 가능성이 있다. 혹은 이런 전쟁들에 징집된 군사나 아니면 스스로 용병이 되어 참전했다가 전쟁 후에 이스라엘 땅으로 돌아오지 못한 채 해외에 정착했을 가능성도 있다.

셋째, 주전 63년 폼페이가 예루살렘과 팔레스타인을 정복하고 수천 명의 이스라엘 사람들을 포로로 잡아갔는데 그들이 노예로 팔려서 로마에 정착했을 가능성이 크다. 그리고 로마에 팔려간 자들이 아프리카 지역으로 퍼졌을 것이다. 주전 1세기부터 주후 1세기 로마 유물에는 유대인 해방 노예들의 이름들이 자주 발견된다. 주전 50년경에는 로마 원로원이 로마 속주의 왕들에게 유대인들에 대한 보호를 촉구하는 서신을 보냈을 만큼 유대인들을 특별히 배려했다. 이 원로원 서신은 이집트, 시리아, 페르가몬, 갑바도기아, 파르티아(바대)의 왕들과 지중해 일대의 섬들과 도시들의 총독들에게도 보내졌다.마카베오 상 15:15-17[12]

넷째, 기근이나 기후 등으로 인하여 자발적으로 이주한 유대인들도 상당수 있을 것이다. 이들은 정착하는 곳마다 회당을 짓고 유대교 신앙과 전통을 보존하고 종교적, 사회적 네트워크를 결성했다. 바울보다 약간 앞선 시기의 유대인 디아스포라의 대표적인 지식인인 알렉산드리아의 필로나 바울과 동시대 유대인 역사가 요세푸스의 기록들에 따르면, 유대인 디아스포라가 없는 도시가 없을 정도로 로마제국 천하에 유대인 공동체들이 번성했다.[13]

이렇게 수백 년 동안 구축된 유대인 공동체가 바울이 전하는 나사렛 예수가 이제 하나님의 아들이요 주와 그리스도가 되었다고 말하는 그 복음에 의해 와해되었을 때, 그들이 느낀 분노를 어느 정도 이해할 수 있다. 그들 중 경건한 열혈 디아스포라 유대인들, 아시아에서 바울을 추격해온 마흔 명의 남자들은 영혼의 나침반을 예루살렘 성전에 맞춰놓고 자나 깨나 메시아를 기다렸을 것이다. 그들은 바울의 주 예수 복음이 자신들의 오래된 공동체를 와해시킨다고 비난한다. 그러나 로마 총독에게는 전혀 호소력이 없는 고소였다. 24장에서는 거짓과 증오로 뭉쳐진 유대인들의 고소에 대하여 종교에 무관심한 로마 총독의 나태한 보신주의가 오히려 바울을 보호하는 방패가 되는 역설이 벌어진다. 자신들의 세력 기반을 유지하기 위해 아첨과 거짓말을 예사로 하는 유대인들과 대제사장 아나니아에게 다소 게으른 총독 벨릭스는 바울을 잠정적으로나마 보호한다. 다만 그는 뇌물을 원해 바울을 자주 불렀다. 벨릭스가 바울의 메시지에 관심을 가진 또 다른 이유는 그의 유대인 아내의 권고였을 가능성도 배제할 수는 없을 것 같다.[24절] "그의 아내 드루실라와 함께 와서 바울을 불러 ……."

그럼에도 사도행전 저자는 벨릭스를 그다지 호의적으로 평가하지 않는다. 사도행전 저자는 무죄한 바울을 석방하지 않고 판결을 연기하며 천부장 루시아에게 떠넘긴 벨릭스의 결정을 바울에게서 돈을 뜯으려는 탐욕 때문이었다고 보기 때문이다. 벨릭스는 자신의 자리를 이용하여 최대한 이익을 챙기려는 속셈을 드러낸 것이다. 바울도 벨릭스의 탐욕을 간파한 것 같다. 바울이 벨릭스와 그의 유대인 아내 드루실라 앞에서 의와 절제와 장차 오는 심판에 대해 즉석에서 강론했다는 것은 바울의 강론 주제 선택이 우발적이지 않았음을 짐작케 한다. 이러한 바울의 강론을 듣고 부도덕한 총독 벨릭스가 두려워 떨었다. 오늘날 불의한 사회 지도층 인사들이 교회까지 와서도 방자한 지도자 노릇을 할 수 있게 된 데는 의와 절제, 장차 다가올 심판에 대한 공의로운 복음을 올바로 전하지 못한 설교자들의 직무유기도 한몫했을 것이다. 바울처럼 우리는 어디서나 공의로운 복음을 전할 수 있어야 하며 불의와 타협해서는 안 된다. 불의와 타협하면 복음은 그 순간 변질되어 사라지고 만다. 어느 시대에나 어느 곳에서나 진리가 시퍼렇게 살아 있음을 보여주려면 그리스도 예수를 믿는 도를 전하고 그 전한 대로 살아야 한다.

바울은 세상적인 완력과 권력 앞에 조금도 위축되지 않았고 세상 질서를 거룩하게 전복시킬 하나님 나라에 대해 증거한다. 그는 오는 세상의 질서(죽은 자의 부활)에 입각하여 낡고 후패할 옛 질서를 거룩하게 교란하고 전복하려고 분투하고 있다. 유대인들은 바울을 위험한 인물로 보고 제거하고자 애를 쓰지만, 바울은 오는 하나님 나라의 질서에 입각해 그들이 회개하고 돌아와 진정한 하나님의 백성이 되도록 촉구한다.[16절, 21절] 그리고 느슨한 정신과 해이한 도덕 의식 속에 빠져 사는 벨릭스 총독에게 그리스도를 믿는 신앙과 그 믿음의 결과인 의와 절제의 삶에 대해 강론한 후, 앞으로 올 심판을 힘주어 말했다. 이 하나님 나라의 질서에 들어가는 길은 회개하고 복음을 믿는 것이다. 그런데 로마 총독 벨릭스는 의와 절제, 최후 심판 강론에 두려움을 느끼고 저항했다. 로마제국은 지극히 현세적인 욕망 긍정과 방탕, 그리고 종말론적 의식이 결여된 현재매몰형 자기탐닉을 부추기는 나라이자, 하나님 나라의 엄숙한 도래와 육박에 제대로 준비가 안 된 로마제국은 모래 위의 집 같은 가건물이었다.

25장.

로마 총독 베스도에게 재판받는 바울

가이사랴에서 지루하게 진행되는 재판은 바울로 하여금 중대한 결심에 이르게 한다. 지방 총독 재판관들의 보신주의, 무책임한 관료주의, 그리고 재판을 위협하는 유대인들의 테러 위협 등은 바울로 하여금 더 이상 지방 단위의 사법적 정의에 호소하지 않고 로마에 있는 황제의 법정에 직소直訴하게 만든다. 25장을 관통하는 열쇠어는 "가이사에게 상소"하려는 바울의 단호한 의지이다.[11, 12, 21, 25절] 에베소 선교를 마칠 즈음 하나님은 바울에게 "네가 로마도 보아야 하리라"고 말씀하셨다. 그 순간 이후로 로마는 바울의 선교 비전의 중심을 차지하게 되었다.[행 19:21] 에베소[혹은 고린도]에서 썼을 법한 로마서에 보면 바울은 로마에 가려고 여러 번 시도했음을 알 수 있다. 로마서 1:7-13과 15:23-24은 이방인의 바울의 로마 선교 개척에 대한 열망을 보여준다.

> 로마에서 하나님의 사랑하심을 받고 성도로 부르심을 받은 모든 자에게 하나님 우리 아버지와 주 예수 그리스도로부터 은혜와 평강이 있기를 원하노라. …… 형제들아, 내가 여러 번 너희에게 가고자 한 것을 너희가 모르기를 원하지 아니하노니.[롬 1:7-13]

> 또 여러 해 전부터 언제든지 서바나로 갈 때에 너희에게 가기를 바라고 있었으니 이는 지나가는 길에 너희를 보고 먼저 너희와 사귐으로 얼마간 기쁨을 가진 후에 너희가 그리로 보내주기를 바람이라.[롬 15:19-24]

이렇게 오랫동안 막혔던 바울의 로마 방문길이 전혀 엉뚱한 곳에서 열렸다. 지방 총독들의 무성의, 나태, 불의함이 바울로 하여금 당시의 네로 황제에게 직소하는 길을 택하게 한 것이다. 모든 것이 합력하여 선을 이루는 하나님의 섭리를 찬양하지 않을 수 없다.[롬 8:28] 25장은 가이사에게 상소하는 바울,[1-12절]과 베스도, 아그립바 왕과 버니게 앞에서 자신의 무죄를 변명하는 바울[13-27절]로 나눠진다.

1. 가이사에게 상소하는 바울 ● 1-12절

1베스도가 부임한 지 삼일 후에 가이사랴에서 예루살렘으로 올라가니 2대제사장들과
유대인 중 높은 사람들이 바울을 고소할새 3베스도의 호의로 바울을 예루살렘으로
옮기기를 청하니 이는 길에 매복하였다가 그를 죽이고자 함이더라. 4베스도가 대답하
여 바울이 가이사랴에 구류된 것과 자기도 멀지 않아 떠나갈 것을 말하고 5또 이르되
너희 중 유력한 자들은 나와 함께 내려가서 그 사람에게 만일 옳지 아니한 일이 있거
든 고발하라 하니라. 6베스도가 그들 가운데서 팔 일 혹은 십 일을 지낸 후 가이사랴
로 내려가서 이튿날 재판 자리에 앉고 바울을 데려오라 명하니 7그가 나오매 예루살
렘에서 내려온 유대인들이 둘러서서 여러 가지 중대한 사건으로 고발하되 능히 증거
를 대지 못한지라. 8바울이 변명하여 이르되 유대인의 율법이나 성전이나 가이사에
게나 내가 도무지 죄를 범하지 아니하였노라 하니 9베스도가 유대인의 마음을 얻고
자 하여 바울더러 묻되 네가 예루살렘에 올라가서 이 사건에 대하여 내 앞에서 심문
을 받으려느냐. 10바울이 이르되 내가 가이사의 재판 자리 앞에 섰으니 마땅히 거기
서 심문을 받을 것이라 당신도 잘 아시는 바와 같이 내가 유대인들에게 불의를 행한
일이 없나이다. 11만일 내가 불의를 행하여 무슨 죽을 죄를 지었으면 죽기를 사양하
지 아니할 것이나 만일 이 사람들이 나를 고발하는 것이 다 사실이 아니면 아무도 나
를 그들에게 내줄 수 없나이다 내가 가이사께 상소하노라 한 대 12베스도가 배석자들
과 상의하고 이르되 네가 가이사에게 상소하였으니 가이사에게 갈 것이라 하니라.

주석

벨릭스 후임으로 베스도Festus가 총독으로 부임한 지 사흘 후에 가이사랴에서 예루살렘으로 갔다.[1절] 예루살렘에는 총독의 임시 관저가 있었다. 이때도 유대인 대제사장들(전, 현직 대제사장들)과 유대인 고관들(산헤드린 공회원들)이 예루살렘에 체류 중인 베스도에게 바울을 고소했다.[2절] 그들은 베스도에게 바울을 예루살렘에서 재판해 주기를 요청했다. 바울이 가이사랴에서 예루살렘으로 호송되는 중에 바울을 암살하기 위함이었다.[3절] 바울은 또 위기 속에 처하게 되었다. 이미 2년 이상 감금된 상태에 있었고 유대인들의 모함은 집요하게 전개되고 있었는데, 만일 베스도가 유대인 당국자들의 요청을 받아들이면 바울의 생명은 바람 앞에 등불처럼 위태롭게 된다. 그러나 하나님은 인간들의 계획을 알고 계시는 분이시다. 하나님의 복음을 위해 헌신한 사람을 빈틈없이 지키는 분이시기에 악한 인간의 계획을 수포로 돌아가게 하신다. 베스도는 유대인들의 요청을 두 가지 이유를 들어 적절하게 거절한다. 첫째, 현재 바울이 가이사랴에 구류되어 있기 때문이다. 바울을 다시 예루살렘까지 데려가 재판받게 할 명분이 없다는 것이다. 둘째, 베스도 총독 자신도 멀지 않아 가이사랴로 복귀해야 하기 때문이다. 예루살렘에서 재판이 열린다면 정작 베스도가 재판에 참여할 수 없게 될 것이다. 그래서 베스도는 예루살렘에서 바울 재판을 해달라는 유대인들의 요청을 거절했다.[4절] 오히려 베스도는 유대인들 중 유력한 자들이 자신과 함께 가이사랴로 내려가서 바울을 정식으로 고소할 것을 제안한다.[5절] 그래서 유력한 유대인들이 몇 명 베스도를 따라 가이사랴로 내려갔다.

베스도가 예루살렘에서 8일 혹은 10일을 지낸 후 가이사랴로 내려가 이튿날 재판 자리에 앉고 바울을 데려오라고 명령했다.[6절] 바울이 나오자 예루살렘에서 내려온 유대인들이 둘러서서 여러 가지 중대한 사건으로 그를 고소했으나, 그의 유죄를 입증할 만한 어떤 결정적인 증거도 제시하지 못했다.[7절] 그리고 다시 변론의 차례가 왔을 때 바울은 다시 한 번 자신의 무죄를 주장했다. "나는 유대인의 율법이나 성전이나 가이사에게나 도무지 죄를 범하지 아니하였습니다."[8절] 이때 베스도는 너무나 엉뚱하고 사리에 맞지 않는 말을 하고 만다. 그는 유대인의 마음을 얻고자 하여(아마 뇌물을 받았을 수도 있다) 바울에게 "네가 예루살렘에 올라가서 이 사건에 대하여 내 앞에서 심문을 받으려느냐?"고 묻는다.[9절] 바울은 이 질문에 담긴 저의를 간파하고 기습적으로 베스도와 유대인 고소자들의 허를 찌른다. 베스도의 예루살렘 재판 제의에 자극받은 바울은 오히려 자신은 로마의 가이사 법정에 상소하겠노라고 선언한다. 가이사 앞에서서 거기서 마땅히 심문을 받겠다는 선언이다. 자신이 로마제국의 법률적 관할 아래서 재판을 받고 있기에 예루살렘 종교 재판에 넘겨질 것이 아님을 분명하게 밝힌 것이다. 예루살렘에서 재판을 받는다는 것은 산헤드린에서 혹은 산헤드린이 영향을 끼치는 가운데 재판을 받는 것을 의미한다. 바울의 논리는 아주 정연했다. 바울의 말을 쉽게 풀면 "내가 로마제국의 법을 어겼다고 재판을 받는 마당에 예루살렘 종교 재판정에 왜 가야 합니까? 당신도 잘 아시는 바와 같이 내가 유대인들에게 불의를 행한 일이 없습니다."[10절] 더 나아가 그는 무죄를 확신하는 사람의 양심에서 우러나오는 감동적인 변론을 덧붙인다. "만일 내가 불의를 행하여 무슨 죽을 죄를 지었으면 죽음도 받아들이겠지만, 만일 이 유대인이 나를 고소하는 것이 다 사실이 아니면, 아무도 나를 그들에게 내줄 수 없습니다. 나는 오히려 로마 황제 가이사께 직소를 요청하는 바입니다."[11절] 예상 밖의 대담한 변론에 다소 놀랐을 총독 베스도가 배석자들과 상의하기

에 이른다. 그 후 베스도는 "네가 가이사에게 상소하였으니 가이사에게 갈 것이라"고 답변한다.[12절]

바울이 베스도의 재판석 앞에서 자신의 무죄함을 변명해도 베스도가 재판을 종결하고 무혐의로 자신을 석방할 기미를 보이지 않자, 바울은 로마 황제 가이사에게 직소하지 않을 수 없었다. 그것은 로마제국의 천하 만민에게 바울과 그의 후세대 이방 선교사들의 이방인 선교가 합법적임을 공인받으려는 심산이었다. 바울 당시의 로마제국의 1차적 통치 아젠다[agenda]는 천하 만민을 로마의 법치주의 아래 복속시켜 평화를 이루는 것이었다. 바울은 가이사 앞 재판에서 자신이 개척한 에클레시아[갈 3:28]가 인종적, 계층적, 사회적 장벽과 이질감을 해소하는 데 강력한 효력을 발휘하여 로마제국의 평화에 이바지할 수 있음을 충분히 납득시킬 수 있다고 자신했을 것이다. 바울은 아마도 "가이사 앞" 재판은 오히려 로마 시민권자인 바울의 이방 선교 사역을 정당화해줄 결정적인 반전을 만들어 줄 기회라고 믿었을 것이다.

언제 끝날지 모르는 지루한 가이사랴 억류 생활에 지쳤을 법한 바울에게 베스도의 느슨하고 나태한 재판 태도가 오히려 로마로 직행하는 길을 열어주었다. 이런 기가 막힌 방식으로 하나님은 바울의 로마 선교 비전을 진행시키신 것이다. 바울은 고소당한 미결수로서 조국의 땅에도 자유롭게 다닐 수 없고 로마에 갈 수조차 없는 몸이었지만, 로마로 갈 수 있는 길이 열린 것이다. 하나님은 참으로 사람이 도무지 예측할 수 없는 계획과 방법으로 일하신다. 우리는 얼마나 자주 하나님의 행하심을 기대하지 못하고 인간적인 길이 막혔을 때 한없이 추락하곤 하는가? 우리의 꿈과 비전이 이루어지지 않을 것 같을 때 얼마나 자주 초조해하고 낙심하는가? 그러나 하나님께서 우리 마음에 심어주신 마음의 소원은 하나님의 때에 하나님의 방법으로 이루어진다. 하나님은 비전을 잃지 않고 사는 사람을 통해서 놀라운 일을 성취하신다. 바울보다 600여 년 앞선 시대에 바울과 마찬가지로 동족에 의해 감옥에 갇혀 있던 선지자 예레미야에게 들려주신 하나님의 말씀이 바울에게도, 그리고 오늘을 사는 우리에게도 살아 있는 말씀이 된다.

> 예레미야가 아직 시위대 뜰에 갇혀 있을 때에 여호와의 말씀이 그에게 두 번째로 임하니라. 이르시되 일을 행하시는 여호와, 그것을 만들며 성취하시는 여호와, 그의 이름을 여호와라 하는 이가 이와 같이 이르시도다. 너는 내게 부르짖으라. 내가 네게 응답하겠고 네가 알지 못하는 크고 은밀한 일을 네게 보이리라.렘 33:1-3

예레미야는 시위대 뜰 안 감옥에 갇혀 부르짖는 기도를 하던 중 지금 바벨론 군대에게 점령당한 조국 유다와 이스라엘 땅이 70년 후에 다시 속량되어 정상적인 상거래와 사회적 기능들이 속개될 것을 확신하게 되었다. 가이사랴에서 2년간 억류당한 바울은 가이사 황제 법정 재판을 통해 유대인들의 불의하고 강포한 공격의 사정권을 벗어날 수 있는 길을 찾았다. 신자들에게 닥친 곤경에는 반드시 빠져나갈 출구, 하나님이 예비한 출구가 있다. 감옥같은 현실에서 부조리와 불의가 우리를 옥죄일 때 황제 법정 상소라는 출구를 찾게 하신 하나님을 기대해야 한다. 하나님이 심어주신 비전을 이루기 위해 우리는 감옥 같은 답답한 현실 속에서도 부르짖어야 한다. 바울은 가이사랴 지방 총독들의 불의와 관료주의적인 나태, 그리고 유대인들의 테러 위협에도 불구하고 조금도 위축되지 않고 백절불굴의 기상으로 복음을 외치고 부르짖는다.

2. 베스도, 아그립바 왕과 버니게 앞에서 자신의 무죄를 변론하는 바울

● 13–27절

13수일 후에 아그립바 왕과 버니게가 베스도에게 문안하러 가이사랴에 와서 14여러
날을 있더니 베스도가 바울의 일로 왕에게 고하여 이르되 벨릭스가 한 사람을 구류
하여 두었는데 15내가 예루살렘에 있을 때에 유대인의 대제사장들과 장로들이 그를
고소하여 정죄하기를 청하기에 16내가 대답하되 무릇 피고가 원고들 앞에서 고소 사
건에 대하여 변명할 기회가 있기 전에 내주는 것은 로마 사람의 법이 아니라 하였노
라. 17그러므로 그들이 나와 함께 여기 오매 내가 지체하지 아니하고 이튿날 재판 자
리에 앉아 명하여 그 사람을 데려왔으나 18원고들이 서서 내가 짐작하던 것 같은 악
행의 혐의는 하나도 제시하지 아니하고 19오직 자기들의 종교와 또는 예수라 하는 이
가 죽은 것을 살아 있다고 바울이 주장하는 그 일에 관한 문제로 고발하는 것뿐이라.
20내가 이 일에 대하여 어떻게 심리할는지 몰라서 바울에게 묻되 예루살렘에 올라가
서 이 일에 심문을 받으려느냐 한즉 21바울은 황제의 판결을 받도록 자기를 지켜 주
기를 호소하므로 내가 그를 가이사에게 보내기까지 지켜 두라 명하였노라 하니 22아
그립바가 베스도에게 이르되 나도 이 사람의 말을 듣고자 하노라 베스도가 이르되
내일 들으시리이다 하더라. 23이튿날 아그립바와 버니게가 크게 위엄을 갖추고 와서
천부장들과 시중의 높은 사람들과 함께 접견 장소에 들어오고 베스도의 명으로 바울
을 데려오니 24베스도가 말하되 아그립바 왕과 여기 같이 있는 여러분이여, 당신들이
보는 이 사람은 유대의 모든 무리가 크게 외치되 살려 두지 못할 사람이라고 하여 예
루살렘에서와 여기서도 내게 청원하였으나 25내가 살피건대 죽일 죄를 범한 일이 없
더이다. 그러나 그가 황제에게 상소한 고로 보내기로 결정하였나이다. 26그에 대하여
황제께 확실한 사실을 아뢸 것이 없으므로 심문한 후 상소할 자료가 있을까 하여 당
신들 앞 특히 아그립바 왕 당신 앞에 그를 내세웠나이다. 27그 죄목도 밝히지 아니하
고 죄수를 보내는 것이 무리한 일인 줄 아나이다 하였더라.

베스도가 개정한 법정이 바울의 황제 직소 재판 요청으로 끝난 지 며칠 후에 이스라엘 북쪽 지역을 다스리는 분봉왕 헤롯 아그립바, Herod Agrippa, 50-54년 갈릴리 분봉왕 곧 사도행전 12장에 나오는 헤롯 아그립바 1세의 아들과 그의 아내 버니게Bernice가 신임 총독 베스도에게 문안하러 가이사랴에 내려왔다.[13절] 그들이 함께 여러 날을 지내는 동안에 베스도가 바울의 재판 건의 아그립바 2세 왕에게 말하게 되었다. 14-21절은 앞 단락인 1-12절을 베스도의 전언 형식에 담아 그대로 반복한다. 바울 사건은 전임자 벨릭스가 남긴 미제未濟 사건이다.[14절] 베스도 자신이 부임 직후 예루살렘에 갔을 때 유대인의 대제사장들과 장로들이 바울을 구두로 고소하면서,[15절] 재판 절차를 밟지 않은 채 유죄 선고를 내려달라고 요청했다.[15절] 그는 그들의 요청을 "무릇 피고가 원고들 앞에서 고소 사건에 대해 변명할 기회가 있기 전에 내주는 것은 로마 사람의 법이 아니라"는 말로 거절했다.[16절] 이런 옥신각신이 있은 지 얼마 안 되어 유대인 고소 대표자들과 베스도가 가이사랴에 내려가서 하루 만에 바울 재판에 착수했다.[17절] 그러나 유대인 고소자들은 이번에도 총독이 요구했던 악행의 혐의는 하나도 제시하지 못하고,[18절] 오직 자기들의 종교와 또는 예수라 하는 이의 부활과 바울이 주장하는 그 예수 부활 주장에 관한 문제로 공방을 벌이는 것 외에 다른 어떤 실제적인 기소도 하지 못했다.[19절] 베스도가 판단력이 있었다면, 그 고소를 벌써 단호하게 기각했어야 했는데 그 또한 안일한 보신주의로 퇴행한다. 그러면서 그는 이 골치 아픈 고소 사건을 예루살렘 유대인 산헤드린 공회 재판에 넘길까 하는 생각에 이른다. 그래서 베스도는 변명 같지도 않은 변명을 끼워 넣는다. "내가 이 일에 대하여 어떻게 심리할지" 모른다는 구실을 대며, 바울에게 "예루살렘에 올라가서 이 일에 심문을 받으려느냐?"고 물었다.[20절] 베스도가 자신의 책임을 회피하는 방식은 비겁하다. 이미 바울이 무죄임이 드러났는데 왜 그가 어떻게 심리할 줄 모른다고 하는가? 이 점이 바로 베스도의 직무유기요 불의한 게으름이다. 예루살렘으로 올라가 재판을 받겠느냐는 베스도의 제안이 바울을 영감어린 단호한 결단으로 몰아갔다. 바울은 예루살렘 종교 재판정이 아니라 로마에 있는 황제의 직접 심문과 판결을 받겠노라고 선언해 버린 것이다. 바울이 황제 재판을 받기까지 지켜 줄 것을 호소했기 때문에, 베스도 자신은 그를 가이사에게 보내기까지 안전하게 억류해 두라고 명령했다고 말한다.[21절]

자초지종을 들어본 아그립바가 자신도 바울의 말을 들어 보고 싶다고 말하자 베스도는 다음날 심문할 기회를 드리겠다고 대답했다.[22절] 이튿날 아그립바와 버니게가 천부장 및 유력자들과 함께 접견 장소에 들어오자 베스도가 바울을 불러온다.[23절] 이후 베스도가 법정 개시 모두冒頭 발언을 하고, 베스도는 아그립바 왕과 배석한 유력자들에게 사건 개요를 간략하게 진술한다. 예루살렘의 고소자들이 자신에게 유대의 모든 무리에게 "살려 두지 못할 사람"이라고 비난받는 "이 바울"에게 유죄를 선고할 것을 요청했다는 것이다.[24절] 그러나 자신이 살펴보건대 바울에게서 죽일 죄를 범한 혐의를 찾지 못했음을 보고한다. 그런데 그 사이에 바울이 황제에게 상소한 고로 그를 로마로 보내기로 결정했다고 말한다.[25절] 여기에 베스도의 말이 추가된다. 베스도는 26절 상반절에서 자신이 가이사 황제에게 바울을 보내는 과정에서 그의 범법 사실을 찾지 못했음을 인정한다. 물론 그는 바울에게 자신의 무죄 추정을 알려주면서 가이사에게 상소할 필요가 없다고 말한 적은 없다. 베스도가 오늘 헤롯 아그립바 왕 앞에서 바울을 심문할 자리를 만든 이유는, 자신이 바울의 범죄에 관해 가이사에게 보고할 것이 없으므로 자신과 헤롯 아그립바 왕이 함께 심문하면, 혹시 상소에 제출할 기소 자료를 찾을 수 있을까 기대하기 때문이다.[26절] 황제에게 직소하는 이 로마 시민 바울에게 범법 사실이 없다면, 속주 총독인 베스도 자신은 그가 황제에게 상소하도록 내버려 둘 것이 아니라 즉시 무죄 방면해야 했기 때문이다. 죄목도 밝히지 않고 죄수를 황제 법정으로 보내는 것이 무리한 일인 줄 알기 때문에 헤롯 왕에게 바울 심문을 요청하게 되었다는 말을 덧붙이면서,[27절] 자신도 법치주의에 충실한 자인 것처럼 보이고자 한다.

이런 점에서 베스도는 위선자다. 그는 이미 사건의 전모를 잘 파악하여 바울에 대해 제기된 정치적 선동죄, 이단죄, 성전 모독죄 혐의가 가이사의 법을 어긴 행위가 아님을 알았을 것이다. 그러나 그는 진리보다 실리의 길을 선택한다. 로마의 엘리트 관리로서 마치 로마법에 충실한 것처럼 보이나 실은 무책임한 사람이다. 광기어린 유대인들에 비하면 역설적으로 바울에 대해 우호적으로 보이지만 베스도는 진리에 복종하는 사람은 아니다. 바울의 고소 사건을 불법적으로 다루지는 않았지만, 정치적 유익을 위해 헤롯의 호의를 기대하며 그를 끌어들인 것이다. 총독과 왕 사이에는 보이지 않는 긴장 관계가 있음에도 바울의 송사 앞에서 서로의 유익을 위해 협력하고 손을 잡는다. 베스도는 법적 책임자로서 얼마든지 자신이 확인한 대로 무죄 판결을 내릴 수 있었지만, 유대인들과의 마찰을 피하고자 무죄 방면을 하지 않는다. 우리가 사는 세상에서도 진리보다는 실리 위주로 살아가는 것이 편리하고 유리해 보인다. 적당한 선에서 타협하고 서로의 실리를 챙기면 형통할 것처럼 보인다. 그러나 진리의 길, 생명의 길은 타협하면 패망의 넓은 길로 귀착해 버린다. 무릇 성도는 눈앞의 실리보다는 영원한 실리를 생각하면서 용기 있게 진리의 길을 가야 한다.

메시지

바울은 2년 이상 감금되어 있었고, 유대인들의 모함은 집요하게 계속되었다. 이런 낙심할 수밖에 없는 상황에서도 바울은 복음의 비전을 잃지 않았고 베스도에게 재판받는 기회를 이용해서 가이사에게 상소함으로 로마 선교의 길을 얻고자 했다. 로마는 주전 3세기 말 이후부터 지방 속주들의 총독들에게도 지방민들에 대한 형사 재판권을 위임하고 양도했다.[1] 그러나 아무리 지방 속주에 거주하더라도 로마 시민권자들은 지방 속주 총독 재판을 거부하고 황제 재판을 청구할 수 있었다.[2] 특히 속주 총독이 내린 사형 판결들이나 채찍질에 대해서 황제 상소도 허용되었다.[3] 이것을 허용한 법은 '율리아 공법'*lex Iulia de vi publica*이었다.[4] 로마 시민을 재판하는 속주 총독이 그 시민의 의사(황제 직소)에 반하여 사형을 집행하거나 채찍질하거나 고문을 하기 위해 목을 묶는 경우 처벌을 받는다는 규정이다.[5] 바울은 율리아 공법의 보호 아래 가이사에게 상소하는 길을 선택한다.

바울이 맹활약하던 1세기 중엽의 로마제국은 최전성기를 맞았다. 로마제국의 붕괴 조짐은 전혀 보이지 않았다. 로마 황제는 절대군주가 아니라 600여 명의 원로원 및 10여 명 정도의 고위 정부 관리들과 나름대로 협치했다. 로마제국은 세계를 통치하는 국가로서의 위엄을 어느 정도 갖추고 있었다. 세계는 로마 황제 가이사의 명령으로 움직이는 것처럼 보였다.눅 2:1-2; 3:1-2 가이사의 법정은 로마 시민이 자신의 억울함을 해명하고 정당한 재판을 받을 수 있다고 기대할 수 있는 희망의 거소였다.행 27:24, "네가 가이사 앞에 서야 하겠고 ……." 바울 당시의 로마는 여전히 세계의 중심이었으며, 가치와 옳고 그름 판단의 최종 결정지였다. 법치주의의 구현체로서의 로마제국은 로마 시민은 물론이요, 모든 속주민에게 영향을 미치는 제국 그 자체였다. 로마에서 받아들여지는 진리는 온 천하에 다 받아들여지는 진리가 된다는 뜻이다.

그런데 바울은 그 반대로 예루살렘에서 통하는 진리는 로마에서도 통하는 진리가 된다는 확신을 가졌다. 예루살렘에서 부활하여 유대인 산헤드린을 무력화시키고 파죽지세로 이스라엘의 남은 자를 회복해 교회를 탄생시킨 부활하신 우리 주 예수 그리스도가 아데미 여신의 도시 에베소를 영적으로 무장 해제시켰다. 바울은 에베소의 우상숭배를 무너뜨린 우리 주 예수 그리스도의 통치력은 로마의 제국 가이사 법정에서도 위력을 드러낼 것을 믿었다. 이런 확신으로 바울은 로마제국의 동방 속주 변방인 예루살렘에서 일어난 일을 로마에서도 증언하여야 하겠다고 결심했다. 로마제국의 중심인 로마에 가서 나사렛 예수의 복음과 하나님 나라를 증언하여야 하겠다고 결심했다. 나사렛 예수의 하나님 나라 운동은 세상 한 모퉁이에서 아무도 모르게 일어난 사건이 아니라, 세상 사람들이 다 보는 데서 일어난 사건이다.[행 26:26] 따라서 나사렛 예수가 선포한 하나님 나라 도래 소식은 온 세상 만민과 나라들이 들어야 할 복음이다. 바울이 증거하는 하나님 나라 복음은 모든 사람이 각각 우상숭배에서 떠나 참되신 하나님께로 회개하여야 한다는 복음이다. 로마는 국가주의적이며 집단주의적 구원관을 전파했다. 즉 로마에 속하면 구원받는다는 집체적 구원관을 전파했으나, 나사렛 예수의 복음은 자신의 죄를 깨닫고 각각 하나님께 전향하는 개인적 결단을 강조했다. 바울은 국가를 숭배하고 국가가 주관하는 종교 제의에 참여하면 받는 구원이 아니라, 모든 사람이 각각 개인적으로 하나님께 돌이켜 하나님의 성령으로 거룩하게 변화되는 구원, 즉 개인 단위에서부터 누리는 구원을 선포했다.

로마는 신들(주피터, 유노, 마르스, 미네르바, 아데미 등)의 비위를 맞추고 신들을 기쁘게 함으로써 구원을 받으려고 했다. 그러나 바울의 복음은 신들에게 바치는 경건이 아니라 "네 이웃을 네 몸처럼 사랑"하는 이웃 사랑을 강조했다. 이웃을 돌보는 것이 신들에게 예물을 바치는 것보다 더 중요하다는 것이다. 바울은 전쟁과 무력의 신을 섬겨 세상을 정복한 로마에 가서 자기 부인, 권력과 무력 포기를 통한 하나님 섬김이 세계 평화를 이루는 길이라고 선언했다. 로마적 생활 방식은 힘 축적적, 군사력 숭배, 타자 복속을 통한 타자의 주체성을 말살하는 것이었다. 그러나 예루살렘에서 일어난 하나님 나라 복음은 각 사람에게 하나님의 영을 부어주셔서 모든 사람이 하나님의 형상으로서의 존엄을 회복하라는 대강령이었다. 바울에게 있어 복음의 삶은 여러 이유로 노예가 된 이웃들을 착취하는 삶이 아니라, 오히려 그들의 삶을 존중하는 것이다. 저마다 모두 하나님의 형상으로서 존엄을 회복한 나라에서는 상호자발적이고 자유로운 선물과 봉사에 의존할 수 있는 삶이 정상이 될 것이다. 우리 이웃이나 타인의 노동력을 값싸게 이용하려고 하는 것은 로마제국적인 생활 방식이다. 노예처럼 불운한 사람들의 값싼 노동력으로 보장된 여유와 평화를 누리려는 사람들은 로마제국을 떠받드는 로마제국 시민들이지 그리스도인들이 아니다. 로마제국은 타국의 노동력을 무상으로 요구하거나 아주 값싸게 부려먹으려는 나라이기 때문이다. 기독교는 이런 로마에 가서 기독교 복음을 증언하여야 한다. 예루살렘에서 증언한 나사렛 예수의 복음을 로마와도 관련된 복음으로 증언하여야 한다.

바울은 비록 미결수로서 감옥에 있었지만 그의 마음속에는 탁월한 복음의 가치를 세계의 수도 로마에 심고자 하는 간절한 소원이 있었다. 바울은 복음에 나타난 하나님 나라의 통치 질서가 가이사적 통치 질서를 극복할 수 있다는 확신을 가지고 있었다. 로마 총독 베스도와의 대화에서 바울이 얼마나 복음의 탁월성을 확신하고 있는지를 볼 수 있다. 베스도는 법을 존중하던 총독이라고 자임했을지 몰라도 바울에게 그는 사법적 정의를 실현하는 데 미온적이고 나태한 공무원처럼 보일 뿐이다. 바울은 그에게 자기의 무죄함을 얘기한 후,8절 복음이 가지는 법의식을 말함으로10-11절 로마의 법질서의 한계9절를 뛰어넘는 하나님 나라의 법질서를 증거했다. 이렇게 세상 질서를 능가하는 복음의 우월성을 확신하는 바울이야말로 로마 선교의 일꾼이 되기에 합당한 사람이다. 하나님은 베스도의 결정을 이용해서 드디어 바울에게 로마 선교의 길을 여셨다.12절 이처럼 그리스도인이 먼저 복음의 우월성과 복음의 능력을 확신하고 복음적인 삶을 살 때 하나님께서 귀하게 쓰시는 복음의 일꾼이 될 수 있다는 진리를 이 본문에서 배우게 된다.

베스도가 정의와 인권에 진정성 있는 관심을 가진 총독이었다면 바울 고소 건은 벌써 기각했어야 마땅하다. 하지만 그는 정의보다는 유대인 군중들의 소동을 더 염두한 듯하다. 그는 황제에게 보낼 보고서에 적을 상소 근거(바울의 상소 근거를 논박할 검사 측 자료)를 얻기 위해 헤롯 아그립바 2세 앞에 바울을 세웠다. 그래서 바울은 주님의 예언대로행 9:15 왕들 앞에서 복음을 증거하게 되었다.9:15 주님의 예언대로 바울은 총독과 왕들 앞에서 재판을 받는 것처럼 보이나, 실상은 그들의 양심을 재판하고 있었던 것이다. 세상의 귀인들은 로마 황제의 총애를 얻기 위해,26절 그리고 자기 영광을 과시하기 위해23절 바울을 재판석에 세웠지만 사실 그들이 바울에 의해 재판을 받은 것이다.

하나님은 바울을 통해 세상의 부귀영화와 권세를 추구하는 자들이 얼마나 허세를 부리기 좋아하고 진리보다는 실리의 길을 선택하는 연약한 자들인지를 드러내셨다. 베스도와 아그립바처럼 세상 명예를 추구하는 자들은 역사의 무대에서 화려한 조명을 받기 원한다. 그러나 하나님은 그 시대의 죄를 진 죄수의 모습을 하고서 묵묵히 진리의 복음을 증거하는 바울과 같은 인물들을 통해 영광을 받으시며, 그들을 실제적인 역사의 주인공으로 세우신다. 베스도와 아그립바의 이름은 일반 역사에서도 악명 높은 자로 기록된다. 그러나 그들 앞에 미결수로 섰던 바울은 이방인의 빛, 인류의 스승으로 기록된다. 잠깐 빛을 발하다 사라지는 찰나의 삶보다 영원히 사는 길을 택하는 것이 바울에게서 배울 수 있는 인생의 진리이다.

26장.

분봉왕 헤롯 아그립바에게 재판받는 바울

26장의 무대는 25장과 같다. 바울은 무죄라고 결론을 내렸으면서도 베스도는 혹시 하는 마음으로 헤롯 아그립바 2세에게 바울 심문을 의뢰한다. 여기서 바울은 22장에 이어 다메섹 도상 회심 사건을 다시 한번 증거하고 있다.비교. 행 9:1-19; 22:6-16 22장에서는 천부장 글라우디오 영내 층계단에서 즉석으로 행한 소명 수납 해명이었다. 그것은 "이스라엘의 부형"父兄들이라고 불리는 청중을 상대로 한 강설이었다. 26장에서는 바울이 자신을 고소하는 유대인들 앞이 아니라, 로마 총독 베스도와 분봉왕tetrarch 헤롯 아그립바 2세 앞에서 자신의 소명 간증을 들려준다. 바울은 여기서 어린 시절의 예루살렘 유학 생활에 관해 처음 이야기한다.행 22:3, "가말리엘 문하" 언급 또한 그는 자신이 고소당한 이유가 부활의 소망, 곧 이스라엘 민족에게 두신 하나님의 뜻 때문임을 역설한다. 갈라디아서 3:6-14이 이스라엘의 소망을 요약한다.

아브라함이 하나님을 믿으매 그것을 그에게 의로 정하셨다 함과 같으니라. 그런즉 믿음으로 말미암은 자들은 아브라함의 자손인 줄 알지어다 또 하나님이 이방을 믿음으로 말미암아 의로 정하실 것을 성경이 미리 알고 먼저 아브라함에게 복음을 전하되 모든 이방인이 너로 말미암아 복을 받으리라 하였느니라. …… 그리스도께서 우리를 위하여 저주를 받은 바 되사 율법의 저주에서 우리를 속량하셨으니 기록된 바 나무에 달린 자마다 저주 아래에 있는 자라 하였음이라. 이는 그리스도 예수 안에서 아브라함의 복이 이방인에게 미치게 하고 또 우리로 하여금 믿음으로 말미암아 성령의 약속을 받게 하려 함이라.갈 3:6-14

바울이 시종일관 붙든 이스라엘의 소망은 모든 이방인이 아브라함의 후손 예수 그리스도를 믿어 순종함으로써 아브라함의 복, 영생의 기업을 상속받게 될 미래이다. 바울은 다메섹 도상에서 이 비밀, 곧 이스라엘에게 두신 하나님의 소망을 깨달았음을 강조한다.롬 16:25-26 그는 이 깨달음에 이르기까지 자신이 어떤 행로를 걸었는지를 설명한다. 먼저 다른 증언에서와 마찬가지로 여기서도 자신이 예수 그리스도의 제자들을 박해한 경력을 자세히 이야기한다. 바울의 변명에 대한 베스도와 아그립바의 반응은 다소 다르게 나타난다. 베스도는 바울이 공부를 너무 많이 해서 미쳤다고 생각했고, 아그립바는 바울이 자신을 설득해서 그리스도인이 되게 하려 한다고 주장하며 배척하는 태도를 취한다. 아그립바는 경청하는 자세를 지녔으나, 바울의 복음 제시에 설복되지 않았다고 말하는 셈이다. 바울의 전도를 받고도 결심에 이르지 못한다면 누구의 전도를 듣고 설복될 것인가? 베스도와 아그립바는 자기 인생을 구원할 하나님의 사자가 눈앞에 지나는 것을 보고도 무관심과 배척하는 태도로 인해 구원에 이르지 못한다. 특히 아그립바는 바울의 무죄를 확신했음에도 불구하고 그를 석방하기 위한 적극적인 조치를 취하지 않는다. 다만 바울이 가이사에게 직소했으니 자신도 손을 쓸 수 없다고 말한다. 26장은 아그립바 앞에서 변명하는 바울1-23절과 아그립바 왕에게 전도하는 바울24-32절로 나눠진다.

1. 아그립바 앞에서 변론하는 바울 ● 1–23절

1아그립바가 바울에게 이르되 너를 위하여 말하기를 네게 허락하노라 하니 이에 바
울이 손을 들어 변명하되 2아그립바 왕이여, 유대인이 고발하는 모든 일을 오늘 당신
앞에서 변명하게 된 것을 다행히 여기나이다. 3특히 당신이 유대인의 모든 풍속과 문
제를 아심이니이다 그러므로 내 말을 너그러이 들으시기를 바라나이다. 4내가 처음
부터 내 민족과 더불어 예루살렘에서 젊었을 때 생활한 상황을 유대인이 다 아는 바
라. 5일찍부터 나를 알았으니 그들이 증언하려 하면 내가 우리 종교의 가장 엄한 파
를 따라 바리새인의 생활을 하였다고 할 것이라. 6이제도 여기 서서 심문받는 것은
하나님이 우리 조상에게 약속하신 것을 바라는 까닭이니 7이 약속은 우리 열두 지파
가 밤낮으로 간절히 하나님을 받들어 섬김으로 얻기를 바라는 바인데 아그립바 왕이
여, 이 소망으로 말미암아 내가 유대인들에게 고소를 당하는 것이니이다. 8당신들은
하나님이 죽은 사람을 살리심을 어찌하여 못 믿을 것으로 여기나이까. 9나도 나사렛
예수의 이름을 대적하여 많은 일을 행하여야 될 줄 스스로 생각하고 10예루살렘에서
이런 일을 행하여 대제사장들에게서 권한을 받아 가지고 많은 성도를 옥에 가두며
또 죽일 때에 내가 찬성 투표를 하였고 11또 모든 회당에서 여러 번 형벌하여 강제로
모독하는 말을 하게 하고 그들에 대하여 심히 격분하여 외국 성에까지 가서 박해하
였고 12그 일로 대제사장들의 권한과 위임을 받고 다메섹으로 갔나이다. 13왕이여, 정
오가 되어 길에서 보니 하늘로부터 해보다 더 밝은 빛이 나와 내 동행들을 둘러 비추
는지라. 14우리가 다 땅에 엎드러지매 내가 소리를 들으니 히브리 말로 이르되 사울
아, 사울아, 네가 어찌하여 나를 박해하느냐 가시채를 뒷발질하기가 네게 고생이니
라. 15내가 대답하되 주님, 누구시니이까 주께서 이르시되 나는 네가 박해하는 예수
라. 16일어나 너의 발로 서라. 내가 네게 나타난 것은 곧 네가 나를 본 일과 장차 내
가 네게 나타날 일에 너로 종과 증인을 삼으려 함이니 17이스라엘과 이방인들에게서
내가 너를 구원하여 그들에게 보내어 18그 눈을 뜨게 하여 어둠에서 빛으로, 사탄의
권세에서 하나님께로 돌아오게 하고 죄사함과 나를 믿어 거룩하게 된 무리 가운데서

기업을 얻게 하리라 하더이다. [19]아그립바 왕이여, 그러므로 하늘에서 보이신 것을
내가 거스르지 아니하고 [20]먼저 다메섹과 예루살렘에 있는 사람과 유대 온 땅과 이방
인에게까지 회개하고 하나님께로 돌아와서 회개에 합당한 일을 하라 전하므로 [21]유
대인들이 성전에서 나를 잡아 죽이고자 하였으나 [22]하나님의 도우심을 받아 내가 오
늘까지 서서 높고 낮은 사람 앞에서 증언하는 것은 선지자들과 모세가 반드시 되리
라고 말한 것밖에 없으니 [23]곧 그리스도가 고난을 받으실 것과 죽은 자 가운데서 먼
저 다시 살아나사 이스라엘과 이방인들에게 빛을 전하시리라 함이니이다 하니라.

주석

베스도의 요청으로 이제 아그립바가 바울을 심문하기 시작한다. 그가 바울에게 자신의 혐의에 대한 변명을 허락하자 바울이 "손을 들어" 변명하기 시작한다.[1절] 손을 든 바울의 몸짓에 비추어 볼 때 그가 엄숙한 맹세 형식을 빌어 증언했던 것 같다. 이 변명의 주 청중은 아그립바 왕과 그의 아내 및 왕의 시종들, 그리고 베스도 총독이다. 바울은 친親로마적이고 부도덕하고 악한 아그립바 왕 앞에서도 변론의 기회를 포기하지 않았다. 이렇게 변론함은 자신의 무죄함을 밝히기 위함도 있지만, 그들에게 그리스도의 복음을 전할 기회로 삼고자 함이었다. 특히 바울은 아그립바 왕에게 초점을 맞추어 그에게 기독교 복음의 핵심을 소개하려고 한다.[2, 7, 13, 19, 27절] 그래서 바울의 변론은 아예 "아그립바 왕이여"라는 말로 시작된다.[2절] 그는 자신에 대한 유대인들의 고소 사건의 전말을 아그립바 왕 앞에서 변명하게 된 것을 다행스럽게 여긴다고 말한다. 아그립바를 우호적 청중으로 만들려고 사도는 예의를 표하고 있다. 3절에 따르면 에돔 출신인 아그립바 왕은 유대인의 모든 풍속과 문제를 알고 있다. 바울은 이런 아그립바의 선先이해에 입각해 자신의 변명을 너그럽게 들어 줄 것을 간청한다.[3절] 바울은 여기서 처음으로 자신의 어린 시

절부터의 예루살렘 유학 시절에 대해 말한다. 자신의 예루살렘 유학, 그리고 바리새파 가담 및 활동 경력에 대해서는 누구보다도 예루살렘의 유대인들도 이미 잘 알고 있는 사항이라는 점을 강조한다. 자신의 교육 및 종교 활동 경력에 대한 이러한 자세한 언급은 자신이 동족 유대인이나 유대교 전통을 배반할 수 없는 사람임을 강조하기 위함이었다.[4절] 심지어 유대인들은 바울이 유대 종교의 가장 엄한 교파인 바리새인의 생활을 했다는 사실도 증언할 수 있다.[5절]

바울은 자신이 총독 베스도의 법정에 서서 심문받는 것은 이스라엘 조상들에게 주신 하나님의 약속 때문임을 역설한다.[6절] 이스라엘에게 주신 하나님의 약속은 열방의 빛이요, 제사장 나라로서의 사명이다. 이스라엘은 아브라함의 후손을 통해 열방이 하나님의 복과 구원에 참여할 것이라는 약속[창 12:3; 22:18]의 상속자며, 바울은 하나님이 이스라엘 안에 두신 바로 그 소망 때문에 유대인들에게 고소당하게 되었다. 이방인들의 사도가 되어 온 천하를 주유한 까닭은, 이방인들이 아브라함의 복에 참여하게 될 날을 기다렸던 이스라엘 조상들의 소망을 성취하기 위해서였다. 이스라엘을 통한 열방 구원의 약속은 이스라엘 열두 지파가 밤낮으로 간절히 하나님을 섬기면서 실현되기를 바랐던 바로 그 약속이다. 여기서 바울은 다시 한번 개인적으로 헤롯 아그립바 2세가 진정으로 자신이 고소당한 상황을 이해해 주기를 바란다고 호소한다. "아그립바 왕이여, 이 소망으로 말미암아 내가 유대인들에게 고소를 당하는 것이니이다."[7절] 바울이 그토록 강조했던 열방을 향한 하나님의 복음은 나사렛 예수 그리스도의 부활을 통해 온 인류가 죄와 죽음의 악순환에서 풀려났으며, 따라서 그들에게 영생에 이르는 길이 열렸다는 것이었다. 성령의 강권적인 계시와 감동으로 바울이 전하는 복음을 믿음으로 듣고 영접하여 예수 그리스도가 하나님의 아들임을 믿는 이방인들에게까지 구원이 임했다.

이 바울 복음의 핵심은 예수 그리스도의 부활이었다. 부활한 그리스도는 바로 이방인들을 품는 갱신된 이스라엘 민족을 대표하는 새 이스라엘의 대표자이다. 예수 그리스도의 십자가는 죄를 범하여 오염된 이스라엘이 죽은 사건이자 불순종한 이스라엘이 바다에 빠져 죽은 사건이다. 예수 그리스도의 부활은 이스라엘의 소명을 다시금 자각하고 열방에 대해 제사장 나라가 되고 열방의 빛으로 복무하는 거듭난 이스라엘 민족의 대표자이다.[겔 37:11-14; 마 12:39-40] 그리스도의 부활은 이스라엘 민족이 폐쇄적이고 자기중심적인 선민, 불순종한 눈먼 이스라엘에서 열방 친화적이고 열방 향도적인 제사장 나라로 부활한 사건이다. 바울이 선포하는 그리스도 부활 메시지는 이스라엘 민족의 갱신된 열방 향도적 제사장 나라 사명의 복음이다. 8절은 아그립바와 그의 좌중이 어떤 점 때문에 바울의 복음을 받아들이지 못하는지를 넌지시 암시하고 있다. 아그립바와 그의 좌중은 죽은 자의 부활을 믿지 않았기에 복음의 핵심인 예수 그리스도의 부활을 믿지 못한 것처럼 보인다. 그래서 갱신된 이스라엘 민족의 소명도 이해하지 못했다. 그래서 바울은 "당신들은 하나님이 죽은 사람을 살리심을 어찌하여 못 믿을 것으로 여기나이까?"라고 반문한다.[8절] 예수 그리스도의 부활을 믿지 못하는 사람은 그것이 함의하는 바, 이스라엘 민족의 갱신된 소명도 이해하지 못한다. 따라서 바울의 이방인 선교 사역의 내적 논리도 이해하지 못한다.

9-17절은 바울 자신의 다메섹 도상 회심 사건을 진술한다. 바울은 먼저 자신이 나사렛 예수의 이름을 대적하는 악명 높은 사람이었음을 말한다. 9-10절에서 바울은 두 차례나 1인칭 단수대명사 '에고'를 독립적으로 사용하고 있다. 헬라어 9절을 직역하면 다음과 같다. "그러므로 그때 실로 다른 누구보다도 더 나 자신이야말로 나

행

사렛 예수의 이름에 대항해 대적하는 많은 일들을 행하여야 한다고 내 속으로 생각했습니다."(Ἐγὼ μὲν οὖν ἔδοξα ἐμαυτῷ πρὸς τὸ ὄνομα Ἰησοῦ τοῦ Ναζωραίου δεῖν πολλὰ ἐναντία πρᾶξαι) 나사렛 예수의 이름을 대적하기 위해 많은 일을 행해야 될 줄로 생각하고, 예수의 제자들에 대한 잔악한 박해 행위에 몰입했다는 것이다.[9절] '에고'가 나오는 10절 첫 소절을 직역하면 이렇다. "그 많은 일들을 심지어 예루살렘에서도 했으며 다른 사람이 아니라 내가 많은 성도들을 감옥에 투옥시켰습니다."(ὃ καὶ ἐποίησα ἐν Ἱεροσολύμοις καὶ πολλούς τε τῶν ἁγίων ἐγὼ ἐν φυλακαῖς κατέκλεισα) 바울은 당시의 대제사장들에게 권한을 위임받아 예루살렘에서 많은 나사렛 예수의 추종자들을 투옥시켰을 뿐만 아니라, 그들을 죽일 때에도 찬성 투표를 했다.[10절] 나사렛 예수 이름을 대적하는 바울의 행동은 여기서 그치지 않았다. 그는 한 걸음 더 나아가 여러 회당을 순회하며 그들을 잡아 형벌에 처하도록 넘겼으며, 심지어 그들을 강압하여 예수의 이름을 저주하도록 강요할 정도로 박해했다.[고전 12:3] 그래도 분이 풀리지 않아 외국의 도시들에까지 가서 나사렛 예수의 추종자들을 박해했다.[11절] 그가 다메섹까지 진출해서 예수의 추종자들을 잡으려고 한 것은 대제사장들에게서 권한을 위임받은 공식적인 박해 행위였다.[12절] 그래서 디모데전서 1:13-15에서 바울이 다음과 같이 말한 것도 무리가 아니다.

> 내가 전에는 비방자요 박해자요 폭행자였으나 도리어 긍휼을 입은 것은 내가 믿지 아니할 때에 알지 못하고 행하였음이라. 우리 주의 은혜가 그리스도 예수 안에 있는 믿음과 사랑과 함께 넘치도록 풍성하였도다. 미쁘다, 모든 사람이 받을 만한 이 말이여. 그리스도 예수께서 죄인을 구원하시려고 세상에 임하셨다 하였도다 죄인 중에 내가 괴수니.[딤전 1:13-15]

바울은 자신이 이런 잔혹한 박해자였음에도 불구하고 긍휼을 입고 구원을 받을 수 있었던 까닭은 "예수 그리스도께서 내게 먼저 일체 오래 참으심을 보이사 후에 주를 믿어 영생 얻는 자들에게 본이 되게 하려 하심"이었다[딤전 1:16]고 말한다. 바울은 아그립바에게 자신의 인생 자체가 바로 하나님의 복음이 살아 있는 현장이라고 말하는 것이다.

13-16절은 바울의 이러한 감격에 찬 대[大]회심을 생생하게 묘사한다. 바울은 다시 아그립바 왕을 겨냥하며 자신의 다메섹 도상의 대회심과 소명 수납 상황을 증언한다. 그가 다메섹에 가까이 갔을 때는 정오였는데 그때 하늘로부터 오는, 해보다 더 밝은 빛이 자신과 동행들을 둘러 비추었다.[13절] 홀연한 하늘빛의 기습을 받고 자신과 동행들이 다 땅에 엎드러졌을 때 바울 자신은 하늘로부터 들려오는 한 목소리를 듣게 되었다. 그 소리는 히브리 말로 들렸는데 그것은 "사울아 사울아 네가 어찌하여 나를 박해하느냐. 가시채를 뒷발질하기가 네게 고생"[14절]이라는 말이었다. 바울이 자신의 다메섹 도상 소명 위임 사건을 설명할 때 "가시채를 뒷발질하기가 네게 고생"이라는 표현을 쓴 것은 처음이다. 이 표현은 헬라 세계에서 어떤 신을 대적하는 인간의 무모한 행동, 자기 파괴적인 행동을 묘사할 때 사용되던 표현이다. 하늘의 소리에 따르면, 바울의 나사렛 예수 추종자들에 대한 박해 활동은 하나님을 위한 행동이 아니라, 하나님께 대적하는 행동을 하는 셈이었다는 것이다. 이런 상황에서 바울은 그 하늘 소리의 주인공이 누구인지 몰라 "주님(Κύριε), 누구시니이까?"라고 물었다. 15절에서도 1인칭 단수대명사 "에고"가 사용된다. "나는(Ἐγώ) 물었습니다." 그때 하늘의 음성은 "나는(Ἐγώ) 네가 박해하는 예수"라고 대답하셨다는 것이다.[15절] 예수의 대답도 '에고'로 시작된다. 예수께서 바울을 지칭할 때는 2인칭 단수대명사

"쒸"(σὺ)를 사용한다. "다른 사람이 아니라 네가 박해하는 나 예수" 이런 의미이다.

바울은 자신이 박해하는 대상이 나사렛 예수의 추종자들이 아니라, 바로 나사렛 예수 자신이라는 사실을 깨닫고 경악했을 것이다. 바울은 자신을 향한 주님의 연이은 선교 사명을 통보받았다. 16절은 바울을 부르신 목적을 진술한다. "일어나 너의 발로 서라." 고꾸라져 있던 바울은 자기 발로 일어서야 한다. 달려야 할 길이 있기 때문이다. 여호수아에게 소명을 주실 때 하나님께서는 일어나라고 명하셨다.[수 1:2] 16절 하반절은 바울의 소명 과업이다. "이제 내가 네게 나타난 것은 곧 네가 나를 본 일과 장차 내가 네게 나타날 일에 너로 종과 증인을 삼으려 함이니 ……." 바울은 예수의 "종"과 "증인"이다. 이사야 40-55장에서 가장 많이 반복되는 이스라엘 정체성은 종과 증인이다. 바울은 이스라엘 민족의 대표자로서 이스라엘 민족에게 위임된 종과 증인의 사명을 수행하여야 한다.

17절은 분사 문장이다. 정동사는 관계대명사절에만 나온다. 개역개정은 헬라어 구문을 약간 애매모호하게 번역하고 있다. 직역하면 이렇다. "내가(에고) 보내어 네가 만나게 될 이스라엘과 이방인들로부터 너를 구원하여 ……."이다. 18절은 바울을 이스라엘과 이방인들에게 보내는 목적을 말한다. 너를 그들에게 보내는 목적은 "그들을 눈을 뜨게 하여 어둠에서 빛으로, 사탄의 권세에서 하나님께로 돌아오게 하고 죄사함과 나를 믿어 거룩하게 된 무리 가운데서 기업을 얻게 하는 것이다." 18절은 두 개의 목적절을 갖고 있다. 첫째, 그들의 눈을 뜨게 하는 목적은 그들이 어둠에서 빛으로, 사탄의 권세에서 하나님께로 돌아오게 하려는 것이다. 그런데 그들이 어둠에서 빛으로, 사탄의 권세에서 하나님께로 돌아와야 하는 이 두 번째이자 궁극적인 목적은 회개한 그들이 예수으로부터 죄사함을 얻고 예수를 믿어 거룩하게 된 사람들 가운데서 기업을 얻도록 하기 위함이다.

16-18절에서 바울은 자신의 이방인 선교 소명을 이사야 40-66장[특히 42, 49장]에 집중적으로 나타나는 열방을 위한 이스라엘의 사명의 빛 아래서 규정하고 있다. 이스라엘은 야웨 하나님께서 기뻐하시는 종으로, 이방을 비추는 빛이 되고 열방을 시온으로 데리고 와 하나님의 백성 공동체와 함께 예배드리도록 봉헌하는 제사장 역할을 하도록 예정되어 있었다. 16-18절에 나오는 "종", "증인", "어둠", "빛", "기업" 등은 이사야가 이스라엘의 세계 선교적 사명을 언급할 때 사용하는 전형적인 용어들이다.[1]

19절에서 바울은 또 다시 아그립바에게 인격적으로 호소하여 자신의 입장을 강력하게 변증한다. 자신이 오늘처럼 유대인들에게 고소까지 당하며 수난을 겪는 까닭은 하늘에서 보이신 것을 거스르지 않고 받들었기 때문이라는 것이다. 이 하늘의 비전에 따라 바울 자신은 먼저는[프로톤(πρῶτον)] 다메섹에 있는 사람들에게, 그 다음에는[카이(καί)] 예루살렘에 있는 사람들과 유대인들에게, 그리고 이방인에게 나아가 "회개하고 하나님께로 돌아와서 회개에 합당한 일을 하라"고 전파했다.[20절] '회개하고', '돌아와서', '회개에 합당한 일을 하라'는 표현들은 세 개의 연속 동사적 표현을 번역한 것이다. '회개하고', '돌아오는' 것은 정동사(부정사)이지만 '회개에 합당한 일을 하라'[악시아 테스 메타노이아스 에르가 프라쏜타스(ἄξια τῆς μετανοίας ἔργα πράσσοντας)]는 어구는 분사형이다. 이 분사형은 '회개하고 돌아오는' 행위를 수식하는 표현으로서, 회개와 돌이킴의 부대 상황을 구체적으로 표현한다.

따라서 헬라어 원어 성경 20절 하반절을 직역하면, "회개에 합당한 일을 하면서, 회개하고 돌아오라"이다. 회개하고 돌아오는 일은 회개에 합당한 일[에르가(εργά)]을 함으로써 이뤄진다는 것이다. 바울의 이 보편적인 회개 주장롬 3:9-21은 언뜻 보면 문제가 없어 보인다. 그런데 유대인과 이방인 가릴 것 없이 다 같이 회개하고 하나님께 돌아와야 한다는 점이 유대인을 격분시켰다. 하나님 앞에서는 유대인과 이방인 둘 다 똑같은 이방인이었고 예수 그리스도의 은혜의 복음이 필요했다. 언뜻 보면 유대인들을 이방인화하고 이방인들을 유대인화하는 것처럼 들리는 바울의 복음은 유대인들을 격분시켰다. 급기야는 유대인들이 성전에서 바울을 체포해 죽이고자 했으나,21절 바울은 하나님의 도우심을 받아 오늘까지 서서 높고 낮은 사람 앞에서 증언하기에 이르렀다.22절 그는 유대인들을 모욕하거나 격분시킬 만한 어떤 일도 하지 않았으며 예언자들과 모세가 반드시 되리라고 말한 것을 믿고 실천한 것밖에 없었다는 점을 분명히 밝힌다.22절 모세와 예언자가 증언한 바, 장차 반드시 일어나리라고 예언된 일은 이스라엘의 죽음과 굴욕 그리고 하나님의 은혜로 다시 갱생하는 드라마였다.

첫 사람 아담은 영광을 누리다가 굴욕과 고난에 처했다. 마지막 아담 예수는 역순으로 아담의 죄를 대속하셔야 했다. 이스라엘 민족은 처음에는 시내산의 영광스러운 언약 백성 신분으로 하나님과의 동행을 시작했다가 끝내 불순종을 누적시켜 굴욕, 고난, 죽음에 이르렀다. 첫 사람 아담과 이스라엘 민족의 행정은 선先영광, 후後고난이었다. 그런데 첫 사람 아담과 이스라엘 민족의 죄악을 상쇄하고 속량하기 위해서 마지막 아담이자 아담 인류를 대표한 이스라엘 민족의 참 대표자인 하나님의 독생자는 이 선先영광 후後고난 행정行程을 역순逆順으로 걸어가야 했다. 하나님의 아들 예수 그리스도는 공동체인 이스라엘의 사명을 홀로 인수한 이스라엘의 왕이요 언약 대표자이며 아담 인류의 죄를 대속하는 마지막 아담이다.롬 5:12-21 그래서 나사렛 예수는 선先고난, 후後영광의 행로를 따라 죽음과 굴욕에 처한 메시아가 되셨다.[히 2:9-10]

모세와 예언자들이 외친 이스라엘의 굴욕과 죽음 그리고 강권적인 은혜로 인한 갱생과 회복의 약속은 바로 그리스도 예수 안에서 실현되고 성취되었다. 예수는 바로 이스라엘을 대신하여 죽음과 굴욕을 겪고 하나님의 은혜로 갱생되고 부활한 것이다.[겔 36-37장; 사 53장] 예수는 이스라엘 중의 이스라엘이며 계약 공동체인 이스라엘을 대표하는 개인 대표자였다. 그는 개인이었으나 첫 사람 아담 인류를 대표한 이스라엘 민족을 대신하는 대신적, 대표적, 대속적 개인이었던 것이다.[요 15:1-2] 이스라엘의 출애굽[호 11:1]은 그리스도 예수의 출애굽을 의미하고, 이스라엘이 겪었던 남자아이의 대학살 경험은 바로 예수가 헤롯 치하에서 겪었던 유아 대학살이었고, 이스라엘이 겪었던 광야 40년간의 시험과 유혹과 굶주림은 바로 나사렛 예수가 유대 광야에서 40일간 겪은 시험과 유혹과 굶주림이었다.[신 8:3; 마 4:1-11] 예수는 총체적으로 이스라엘의 역사적 경험을 개인의 삶에서 극화한 이스라엘의 왕이요 언약의 대표자였다. 그런데 이스라엘은 또 열방에 대해 거룩한 백성이요, 제사장 나라로서 열방을 대표하는 공동체였다. 따라서 예수 그리스도는 일차적으로 이스라엘을 대표하고 대신하지만, 이차적으로는 열방을 대신하고 대표하는 언약의 대표자인 셈이다. 이스라엘이 혹독한 고난과 굴욕(바벨론 포로살이)을 거친 후에 갱생되고 부활하여 열방의 빛으로 승화되듯이, 그리스도도 고난을 받고 죽임을 당하셨으나, 죽은 자 가운데서 먼저 다시 살아나셔서 이스라엘과 이방인들에게 빛을 전하는 주와 그리스도로 승귀昇貴되셨다.[23절]

2. 아그립바 왕에게 전도하는 바울 ●24-32절

24바울이 이같이 변명하매 베스도가 크게 소리 내어 이르되 바울아, 네가 미쳤도다
네 많은 학문이 너를 미치게 한다 하니 25바울이 이르되 베스도 각하여, 내가 미친 것
이 아니요 참되고 온전한 말을 하나이다. 26왕께서는 이 일을 아시기로 내가 왕께 담
대히 말하노니 이 일에 하나라도 아시지 못함이 없는 줄 믿나이다 이 일은 한쪽 구석
에서 행한 것이 아니니이다. 27아그립바 왕이여, 선지자를 믿으시나이까 믿으시는 줄
아나이다 28아그립바가 바울에게 이르되 네가 적은 말로 나를 권하여 그리스도인이
되게 하려 하는도다. 29바울이 이르되 말이 적으나 많으나 당신뿐만 아니라 오늘 내
말을 듣는 모든 사람도 다 이렇게 결박된 것 외에는 나와 같이 되기를 하나님께 원하
나이다 하니라. 30왕과 총독과 버니게와 그 함께 앉은 사람들이 다 일어나서 31물러가
서로 말하되 이 사람은 사형이나 결박을 당할 만한 행위가 없다 하더라. 32이에 아그
립바가 베스도에게 이르되 이 사람이 만일 가이사에게 상소하지 아니하였더라면 석
방될 수 있을 뻔하였다 하니라.

주석

바울의 변명에 대해 먼저 반응을 보인 사람은 로마 총독 베스도였다.[24절] 바울이 1-23절의 내용으로 변명을 마치자 베스도는 "바울아, 네가 미쳤도다. 네 많은 학문이 너를 미치게 한다"라고 말했다. 그는 아주 확신 있게 큰소리로 외쳤다. 이 베스도의 절규는 바울이 얼마나 확신 있는 복음 증거자였는지를 반증한다. 복음은 이 세상 질서와 전혀 다른 새로운 가치와 세상 질서를 제시하기에, 로마인의 눈에는 복음이 미련하게 보이고 그런 복음을 따르는 자는 미친 사람처럼 보였을 것이다. 특히 로마제국의 힘 숭배, 그리스 철학의 인간 이성 숭배 사상에 물든 로마제국의 엘리트에게는 죽임을 당한 그리스도가 세상을 구원한다고 하니 기가 막힐 노릇이었을 것이다.

그래서 바울은 고린도전서에서 자신의 십자가 복음이 왜곡된 인간의 이성과 어두워진 인간의 지혜 앞에서는 이해할 수 없는 암호와 같다고 말하지 않았던가!

> 십자가의 도가 멸망하는 자들에게는 미련한 것이요 구원을 받는 우리에게는 하나님의 능력이라. 기록된 바 내가 지혜 있는 자들의 지혜를 멸하고 총명한 자들의 총명을 폐하리라 하였으니 지혜 있는 자가 어디 있느냐 선비가 어디 있느냐 이 세대에 변론가가 어디 있느냐 하나님께서 이 세상의 지혜를 미련하게 하신 것이 아니냐 하나님의 지혜에 있어서는 이 세상이 자기 지혜로 하나님을 알지 못하므로 하나님께서 전도의 미련한 것으로 믿는 자들을 구원하시기를 기뻐하셨도다. 유대인은 표적을 구하고 헬라인은 지혜를 찾으나 우리는 십자가에 못 박힌 그리스도를 전하니 유대인에게는 거리끼는 것이요 이방인에게는 미련한 것이로되 오직 부르심을 받은 자들에게는 유대인이나 헬라인이나 그리스도는 하나님의 능력이요 하나님의 지혜니라. 하나님의 어리석음이 사람보다 지혜롭고 하나님의 약하심이 사람보다 강하니라.[고전 1:18-25]

바울은 베스도의 조롱과 경악에 찬 반응에 차분하게 응대한다. "베스도 각하여"라고 부르며 인격적으로 호소한다. 자신은 미친 것이 아니라 참되고 온전한 말을 한다고 주장한다. 26절에서 바울은 다시 아그립바를 겨냥하여 부연해서 증언을 계속한다. 헤롯 아그립바 왕이 바울 자신이 얽혀 있는 고소 사건의 원인(혹은 성경에 나타난 이스라엘의 소망과 사명)과 경과를 어느 정도 안다는 전제 아래 왕께 담대히 말한다고 하면서 추가적인 변론을 시작한다. 바울은 여기서 예수 그리스도에 관한 일들(자신이 선포하는 내용들)은 한쪽 구석에서 몰래 행한 일들이 아니라, 아그립바 왕마저도 훤히 알 정도로 공공연하게 알려진 일이었음을 강조한다.[26절] 아그립바에게 바울 자신의 복음이 전혀 낯설지 않을 것이라는 것이다. 바울은 이 점을 강조하면서 "아그립바 왕이여"라고 부름으로써 그의 양심을 깨우려고 한다. "선지자를 믿으시나이까 믿으시는 줄 아나이다." 선지자를 믿는다면 예수 그리스도를 못 믿을 이유가 없다는 논리이다. 아마도 아그립바 왕은 성경에 대한 상당한 지식과 유대교 신앙 전통에 대한 선先이해를 가졌던 것 같다.

이렇게 결신을 유도하면서 접근하자 아그립바는 반발한다. "네가 적은 말로(Ἐν ὀλίγῳ, 혹은 짧은 시간 안에) 나를 권하여 그리스도인이 되게 하려 하는도다."[28절] 아직 충분히 설복되지 않은 자신에게 결신을 유도하는 질문을 던지는 바울의 영적 공세를 꺾으려고 하는 말이다. 바울은 아그립바의 말을 논박하면서 길이 남을 명언을 한다. "말이 적으나 많으나 당신뿐만 아니라 오늘 내 말을 듣는 모든 사람도 다 이렇게 결박된 것 외에는 나와 같이 되기를 하나님께 원하나이다."[29절] 왕후장상을 부러워하거나 두려워하지 않는 바울은 아그립바에게 구원받은 성도의 자유와 지복至福을 누리도록 초청한다. 이것은 참으로 당당하고 기백이 넘치는 변론이 아닐 수 없다. 갈수록 공고해지고 강력해지는 바울의 복음 선포 앞에 왕과 총독과 버니게와 그 자리에 함께 앉은 사람들은 스스로 자리를 뜰 수밖에 없었다.[30절] 법정을 떠나 해산하면서 그들은 서로 바울의 무죄를 확증하는 논평을 나눈다. "이 사람은 사형이나 결박을 당할 만한 행위가 없다."[31절] 이에 아그립바는 베스도에게 "이 사람이 만일 가이사에게 상소하지 아니하였더라면 석방될 수 있을 뻔하였다"라고 솔직한 견해를 전달한다. 베스도는 원래 황제에게 고소할 소재를 찾으려고 아그립바까지 초청하여 바울을 심문했으나, 무죄 추정이라는 입장만을 또 한 번 듣게 된 것이다. 로마제국은 바울을 정죄할 수 없었다. 이런 경우 로마 시민권 재판에 관한 율리아 공법에 따르면 속주 총독은 무죄 방면을 해줬어야 했다.

메시지

26장에서 펼쳐지는 바울의 변론은 쇠사슬에 매여 있는 미결수의 입에서 나온 말인지 의심이 갈 정도로 조리 있고 박력이 넘친다. 그 이유는 무엇일까? 옥중서신 중 하나인 빌립보서 1:13에서 그 실마리를 찾을 수 있다. 이 구절은 바울을 지키던 시위대가 바울을 실제로 속박한 것은 로마제국의 쇠사슬이 아니라, 그리스도의 사랑임을 알게 되었다고 말한다. 복음에 대한 열정으로 이글거리며 타오르는 용광로와 같은 가슴을 가진 바울은 세상 임금들과 권력자들 앞에서 조금도 위축되지 않았다. 그는 쇠창살 감옥이나 죽음의 위협 따위를 무서워하지 않고 부활의 확신으로 돌파해 버린 것이다. 바울이 너무 열정적으로 확신 있게 복음을 전하자 가만히 듣고 있던 베스도 총독이 크게 소리 지르며 "네 많은 학문이 너를 미치게 한다"며 화를 내지 않았던가? 바울의 복음은 듣는 이를 두 극단으로 몰아간다. 소리치며 저항하게 하든지, 조용히 설복하여 구원을 받게 하든지.

바울에게 복음 전파는 말이나 이론의 소개가 아니라, 성령의 시위 그 자체였다. 성령으로 무장된 언어는 자신의 삶으로 체득되거나 체현된 진리를 전파하는 도구다. 바울은 한때 세상에서 부러울 것이 없던 사람이었다. 그는 히브리인 중의 히브리인이며 바리새인으로서, 이스라엘 최고의 지성을 쌓은 사람으로서 출세가 보장되었던 사람이었다. 하지만 예수를 만나고 모든 것을 포기했다. 옛사람의 죽음을 맛보고 부활을 경험했다. 그는 낡고 불타버릴 옛 세상의 질서, 자랑, 영예와 이별을 고했다. 부귀영화와 권력은 이미 오래전에 십자가에 못 박아 버렸다! 바울은 성령의 권능 안에서 복음 진리를 입체적으로 체험했고 체득했고 체현했다. 그래서 그는 왕 앞에서 감히 "오늘 내 말을 듣는 모든 사람도 다 이렇게 결박된 것 외에는 나와 같이 되기를 하나님께 원한다"고 고백할 수 있었던 것이다. 이처럼 바울은 유대인이지만 자기 동족뿐 아니라 세계 만민을 사랑하고 섬기는 데 온 마음과 몸을 바쳤다. 그는 "골육친척을 위하여 자신이 저주를 받아 그리스도에게서 끊어질지라도 원하는 바라" 롬 9:3고 할 정도로 동족을 사랑했고, 동시에 이방 민족을 위한 사도로 부르심을 받아 생명의 위협을 무릅쓰고 온 아시아와 유럽 선교에 일생을 바쳤던 것이다.

다메섹 도상 회심 간증을 재진술하는 26장에서 바울은 자신이 나사렛 예수의 복음 대적자에서 복음의 증인으로 급진적으로 변화된 결정적 계기가 주 예수 그리스도와의 조우였음을 강조한다. 자신의 학력(가말리엘 문하), 소속 집단(바리새파), 그리고 다메섹까지 원정가서 그리스도인을 박해한 것을 보건대, 하나님의 강권적인 간섭이 없었다면, 그 자신이 갑자기 나사렛 예수의 증인이 될 수는 없었을 것이다. 그러나 그가 나사렛 예수의 증인이 되었다고 해서 조상들, 모세, 그리고 예언자들의 가르침을 배반했는가? 결코 그렇지 않다. 오히려 정반대이다. 바울의 이방인 선교 사역은 아브라함, 이삭, 야곱의 하나님이 주신 약속, 곧 천하 만민이 아브라함과 그 후손을 인해 복을 받는다는 약속과 모세와 예언자들이 그토록 열망했던 이스라엘 민족의 영광스러운 사명을 성취하는 일이다. 아브라함, 모세, 그리고 예언자들이 한결같이 예언한 미래는 천하 만민이 이스라엘을 통해 하나님 영생의 기업을 상속받게 될 미래이다. 아브라함의 후손인 주 예수 그리스도갈 3:16가 십자가에 처형당해 죽은 사건은 이방인들을 멸시, 천대하던 옛 이스라엘 민족이 죽은 사건이며, 그리스도의 부활은 이방인들을 사랑하고 영접하는 이방인 친화적인 이스라엘 민족으로 부활 갱생되는 사건을 의미한다. 바울은 다메섹 도상에서 이방인들을 천대하고 이방인들과의 교제와 접촉을 금지하거나 경계했던 바리새파적 옛 자아가 십자가에 못 박히는 경험을 한 후, 열방 친화적인 이스라엘 민족의 대표자가 되어 열방의 빛으로 열방을 하나님께로 회복시키는 제사장으로 거듭 태어났다.

바울은 "나는 특정한 시공간에서 구원받았다"는 식의 단회적 회심 과정을 강조하는 경건주의적 고백에 머물지 않고, 자신을 구원하신 구원자가 주시는 과업[Aufgabe]을 성취하려고 진력했다. 그는 로마서 1:14에서 자신을 '빚진 자(οφειλητης ειμι)'라고 규정함으로써, 하나님께서 이방인을 구원하실 더 큰 계획 속에서 자신을 구원하셨음을 깨달았다. 그래서 그는 무할례자라고 멸시받던 이방인의 사도가 되었다.[갈 1:15-17] 이처럼 바울의 다메섹 구원 속에는 바울을 넘어서는 하나님의 이방인 구원 경륜이 탑재되어 있었다.[2] 한 바리새인 청년에게 일어난 구원 사건은 이방인과 유대인을 교조적으로 분리시키는 낡은 신학과 종교 제도의 변혁 사건으로 발전되었다. 먼저 유대인이 되지 않고도 하나님의 백성이 될 수 있다고 주장한 바울의 복음은 성전과 회당 중심의 유대 기득권 체제에게는 도저히 참을 수 없는 신성모독이었다.[행 21:28]

'성전-율법-할례'로 이어지는 유대 사회의 정사와 권세는 하나님 나라의 도래에 직면해서도 신적 불변성을 고집하는 낡은 가죽부대였다. 세계 만민까지 구원의 잔치에 초청하여 나사렛 예수의 보편적인 메시아 왕국을 전파하는 바울의 이방 선교는, 민족주의적인 메시아 왕국의 도래에 대한 유대인들의 국수주의적 기대와 이방인에 대한 경멸을 분쇄하는 복된 공격이었다.[행 10:28, 11:1-5] 이스라엘을 만국의 제사장 나라로 등극시키고 열방을 이스라엘의 외곽에서 봉사하도록 하는 바리새파 집단의 낡은 선민주의 종말 시나리오를 폐기하는 신앙 혁신 운동이었다. 바리새파의 선민주의 종말 시나리오는 이사야 60:1-14과 이사야 61:5-7, 그리고 스가랴 7-14장 등겔 36장-39장;; 단 2장과 7장; 시 2편 일부 구약성경 구절들에 대한 그릇된 해석에서 연원되었다

일어나라 빛을 발하라. 이는 네 빛이 이르렀고 여호와의 영광이 네 위에 임하였음이니라. 보라, 어둠이 땅을 덮을 것이며 캄캄함이 만민을 가리려니와 오직 여호와께서 네 위에 임하실 것이며 그의 영광이 네 위에 나타나리니 나라들은 네 빛으로, 왕들은 비치는 네 광명으로 나아오리라. 네 눈을 들어 사방을 보라 무리가 다 모여 네게로 오느니라. 네 아들들은 먼 곳에서 오겠고 네 딸들은 안기어 올 것이라. 그 때에 네가 보고 기쁜 빛을 내며 네 마음이 놀라고 또 화창하리니 이는 바다의 부가 네게로 돌아오며 이방 나라들의 재물이 네게로 옴이라. 허다한 낙타, 미디안과 에바의 어린 낙타가 네 가운데에 가득할 것이며 스바 사람들은 다 금과 유향을 가지고 와서 여호와의 찬송을 전파할 것이며 …… 곧 섬들이 나를 앙망하고 다시스의 배들이 먼저 이르되 먼 곳에서 네 자손과 그들의 은금을 아울러 싣고 와서 네 하나님 여호와의 이름에 드리려 하며 이스라엘의 거룩한 이에게 드리려 하는 자들이라. 이는 내가 너를 영화롭게 하였음이라. 내가 노하여 너를 쳤으나 이제는 나의 은혜로 너를 불쌍히 여겼은즉 이방인들이 네 성벽을 쌓을 것이요 그들의 왕들이 너를 섬길 것이며 네 성문이 항상 열려 주야로 닫히지 아니하리니 이는 사람들이 네게로 이방 나라들의 재물을 가져오며 그들의 왕들을 포로로 이끌어 옴이라. 너를 섬기지 아니하는 백성과 나라는 파멸하리니 그 백성들은 반드시 진멸되리라.사 60:1-11

외인은 서서 너희 양 떼를 칠 것이요 이방 사람은 너희 농부와 포도원 지기가 될 것이나 오직 너희는 여호와의 제사장이라 일컬음을 받을 것이라. 사람들이 너희를 우리 하나님의 봉사자라 할 것이며 너희가 이방 나라들의 재물을 먹으며 그들의 영광을 얻어 자랑할 것이니라. 너희가 수치 대신에 보상을 배나 얻으며 능욕 대신에 몫으로 말미암아 즐거워할 것이라. 그리하여 그들의 땅에서 갑절이나 얻고 영원한 기쁨이 있으리라.사 61:5-7

이 구절들은 전후 맥락을 고려해 해석하지 않으면 자기도취적 선민주의 사상을 정당화하는 근거로 인증될 여지가 없지는 않다. 그러나 이 두 구절의 미래 시나리오는 이사야 58장, 59장에서 그토록 강조하는 정의(미쉬파트)와 공의(체데크/츠다카)의 철저한 실천으로 거듭난 이스라엘 민족에게 일어날 미래 상황이다. 현재의 이스라엘은 죽고 거듭난 이스라엘에게서 기대되는 미래라는 것이다. 뿐만 아니라, 이사야 60장의 결론인 17-22절은 1-11절의 환상적 미래가 실현되기 위한 선결 조건을 말한다. 이사야 58-59장이 그토록 강조한 정의와 공의가 실현된 시온, 곧 거룩하게 변화된 시온이야말로 이사야 60:1-11이 말하는 위대한 시온이라는 것이다. "화평을 세워 관원으로 삼으며 공의를 세워 감독으로 삼"는 시온,사 60:17 곧 "다시는 강포한 일이 들리지 않는" 시온이 세계 만민의 진정한 종주宗主요 세계 통치 국가가 된다.사 60:18 하나님의 언약 백성이 "다 의롭게 되어 영원히 땅을 차지"할 정도로 정의롭고 공의로운 시온이 될 때 그때의 시온은 세계 만민을 감화 감동으로 통치하는 나라가 될 것이다.사 60:21

또한 이스라엘의 제사장적 역할을 감동적으로 그리는 이사야 61:5-7의 바로 앞 단락인 이사야 61:1-4도 이런 멋진 이스라엘의 제사장 사명 수행을 가능케 하는 선결 조건을 말한다. 공평과 정의의 철저한 구현이 이뤄진 시온이 열방을 향도하는 제사장이 된다.

> 주 여호와의 영이 내게 내리셨으니 이는 여호와께서 내게 기름을 부으사 가난한 자에게 아름다운 소식을 전하게 하려 하심이라. 나를 보내사 마음이 상한 자를 고치며 포로된 자에게 자유를, 갇힌 자에게 놓임을 선포하며 …….사 61:1

이스라엘이 의의 상수리나무로 변화될 때 이스라엘은 세계 만민을 하나님께로 이끄는 명실상부한 제사장 나라가 된다. 이사야 61:8-9은 정의를 사랑하고 불의의 강탈을 미워하는 야웨 하나님께 언약을 맺은 나라 이스라엘이 세계적으로 존귀케 된 나라가 된다.

> 무릇 나 여호와는 정의를 사랑하며 불의의 강탈을 미워하여 성실히 그들에게 갚아 주고 그들과 영원한 언약을 맺을 것이라. 그들의 자손을 뭇 나라 가운데에, 그들의 후손을 만민 가운데에 알리리니 무릇 이를 보는 자가 그들은 여호와께 복 받은 자손이라 인정하리라.사 61:8-9

이사야 60장과 61장이 요구하는 선결 조건인 정의와 공의가 철저하게 실천되는 이스라엘은 아브라함에게 약속된 "큰 민족"(고이 가돌)창 12:2 "강대한 나라"(고이 가돌)창 18:18-19 공의로운 "큰 나라"(고이 가돌)이다.신 4:6-8 이사야 60-61장이 꿈꾸는 이스라엘의 미래적 영광은 이스라엘 민족이 철저하게 공의와 정의를 행하여 이웃에게 복이 될 때 실현된다.시 15편 정의와 공의가 철저하게 시행된 나라 이스라엘은 열방의 경탄을 자아내고 열방은 시온에서 실현되는 정의와 공의를 보고 평화를 배우며, 정의와 공의를 배우기 위해 시온으로 몰려온다.[사 2:1-4] 마찬가지로 신명기 4:5-8과 스가랴 8장도 한때는 열방의 저주가 되었던 이스라엘이 열방의 복이 되는 미래를 말한다.

신명기 4:5-8과 이사야 2장과 스가랴 8:11-23은 이사야 60-62장이 예고한 이스라엘 민족의 미래 승귀와 영광은 하나의 선결 조건이 충족될 때 실현될 수 있는 시나리오임을 명확하게 밝힌다. 스가랴 8장도 이사야 58:6-12이 말하는 참된 금식, 곧 흉악의 결박을 풀어주고 압제의 멍에를 폐기하는 것을 촉진하는 금식, 동포들을 자애와 정의로 선대하는 언약적 의리를 활성화하는 금식을 통해 이스라엘 민족 구성원이 서로에 대해 진리와 화평을 실천하고 그 실천하기를 사랑해야 한다는 점을 분명하게 말한다.[슥 8:19] 이스라엘이 먼저 이웃과 더불어 진리를 말하며 성문에서 진실하고 화평한 재판을 베풀어야 이스라엘의 남은 자들이 열방을 향도하고 열방의 예루살렘 순례 시대를 열 것이다.[슥 8:16]

> 내가 나의 하나님 여호와께서 명령하신 대로 규례와 법도를 너희에게 가르쳤나니 이는 너희가 들어가서 기업으로 차지할 땅에서 그대로 행하게 하려 함인즉 너희는 지켜 행하라 이것이 여러 민족 앞에서 너희의 지혜요 너희의 지식이라. 그들이 이 모든 규례를 듣고 이르기를 이 큰 나라 사람은 과연 지혜와 지식이 있는 백성이로다 하리라. 우리 하나님 여호와께서 우리가 그에게 기도할 때마다 우리에게 가까이 하심과 같이 그 신이 가까이 함을 얻은 큰 나라가 어디 있느냐 오늘 내가 너희에게 선포하는 이 율법과 같이 그 규례와 법도가 공의로운 큰 나라가 어디 있느냐.[신 4:5-8]

> 말일에 여호와의 전의 산이 모든 산꼭대기에 굳게 설 것이요 모든 작은 산 위에 뛰어나리니 만방이 그리로 모여들 것이라. 많은 백성이 가며

이르기를 오라 우리가 여호와의 산에 오르며 야곱의 하나님의 전에 이르자. 그가 그의 길을 우리에게 가르치실 것이라 우리가 그 길로 행하리라 하리니 이는 율법이 시온에서부터 나올 것이요 여호와의 말씀이 예루살렘에서부터 나올 것임이니라. 그가 열방 사이에 판단하시며 많은 백성을 판결하시리니 무리가 그들의 칼을 쳐서 보습을 만들고 그들의 창을 쳐서 낫을 만들 것이며 이 나라와 저 나라가 다시는 칼을 들고 서로 치지 아니하며 다시는 전쟁을 연습하지 아니하리라.사 2:2-4

만군의 여호와의 말씀이니라. 이제는 내가 이 남은 백성을 대하기를 옛날과 같이 아니할 것인즉 곧 평강의 씨앗을 얻을 것이라. 포도나무가 열매를 맺으며 땅이 산물을 내며 하늘은 이슬을 내리리니 내가 이 남은 백성으로 이 모든 것을 누리게 하리라. 유다 족속아, 이스라엘 족속아, 너희가 이방인 가운데에서 저주가 되었었으나 이제는 내가 너희를 구원하여 너희가 복이 되게 하리니 두려워하지 말지니라 손을 견고히 할지니라. 만군의 여호와가 이같이 말하노라 너희 조상들이 나를 격노하게 하였을 때에 내가 그들에게 재앙을 내리기로 뜻하고 뉘우치지 아니하였으나 이제 내가 다시 예루살렘과 유다 족속에게 은혜를 베풀기로 뜻하였나니 너희는 두려워하지 말지니라. 너희가 행할 일은 이러하니라 너희는 이웃과 더불어 진리를 말하며 너희 성문에서 진실하고 화평한 재판을 베풀고 …… 만군의 여호와가 이같이 말하노라. 넷째 달의 금식과 다섯째 달의 금식과 일곱째 달의 금식과 열째 달의 금식이 변하여 유다 족속에게 기쁨과 즐거움과 희락의 절기들이 되리니 오직 너희는 진리와 화평을 사랑할지니라. 만군의 여호와가 이와 같이 말하노라 다시 여러 백성과 많은 성읍의 주민이 올 것이라. 이 성읍 주민이 저 성읍에 가서 이르기를 우리가 속히 가서 만군의 여호와를 찾고 여호와께 은혜를 구하자 하면 나도 가겠노라 하겠으며 많은 백성과 강대한 나라들이 예루살렘으로 와서 만군의 여호와를 찾고 여호와께 은혜를 구하리라. 만군의 여호와가 이와 같이 말하노라 그 날에는 말이 다른 이방 백성 열 명이 유다 사람 하나의 옷자락을 잡을 것이라 곧 잡고 말하기를 하나님이 너희와 함께 하심을 들었나니 우리가 너희와 함께 가려 하노라 하리라 하시니라.슥 8:11-23

바울은 이스라엘의 미래 영광과 승귀에 관한 위의 예언 구절들이 폐기되었다고 주장하지 않고, 그 예언들이 성취되기 위해서는 불의와 강포로 가득 찬 이스라엘이 죽고 정의와 공의의 영으로 충만한 새 피조물로 거듭나야 한다는 사실을 강조했다. 나사렛 예수의 십자가 죽음은 이런 불의와 강포로 가득 찬 이스라엘이 죽는 죽음이며 나사렛 예수의 부활은 하나님의 정의와 공의가 충만한 이스라엘을 부활시킨 사건임을 강조했다. 이 거듭 태어난 이스라엘은 열방을 품는 선민 이스라엘로서, 그 모습은 마치 니느웨에 들어가 회개를 외친 요나이다.마 12:40 바울은 나사렛 예수의 복음을 통한 이방 선교 사역은 바로 바리새인들도 그토록 열망한 이스라엘 민족의 영광스러운 사명 수행이라는 점을 강조했다.

바울이 전한 주 예수 그리스도의 복음은 오도된 선민 우월주의에 집착하는 바리새파 신학[3]이라는 낡은 가죽 부대를 찢는 하나님 나라의 무기였던 것이다. 바울은 그리스도 안에서는 이방인이나 유대인이나 차별이 없다갈 3:28고 선언함으로써 기존의 유대 종교 체제를 혁파했다. 바울 당시 이방인에게 구원을 선포한다는 것, 곧 예수 그리스도를 믿기만 하면 구원을 선포해 주는 바울의 복음롬 2:16, "나의 복음"이 얼마나 혁신적인가를 알려면, 그가 이방인의 사도가 되면서 동족 유대인들에게 당한 지속적 박해와 곤경을 생각하면 된다.행 21:28; 23:12-14, 21, 27 또 다른 한편, 바울의 이방 선교가 개인들을 향한 전도 활동처럼 보였을지라도, 그 본질에 있어서는 그레코-로만 문명에 속한 도시들을 싸고 있던 낡은 체제의 변혁 활동이었다. 그의 이방인 선교는 그레코-로만 도시를 거룩하게 변화시키려는 사회 변혁적 활동으로 귀결될 수밖에 없었다. 한마디로 말하면, 우상숭배로 지탱되는 그레코-로만 도시들에게 우상숭배를 버리고 살아 계신 한분 하나님께로 돌이키라고 외치는 바울의 이방 선교는 낡은 가죽 부대의 해체 작업이었다. 이 과정에서 바울이 겪었던 엄청난 고난과 박해[고후 4, 6, 11장]는 낡은 세계와 하나님 나라가 충돌할 때 발생하는 긴장감을 한 개인이 받아 내는 것이었다. 그레코-로만 도시들의 지배 세력은 바울 이방 선교단 일행을 천하를 어지럽히는 자들이라고 단죄하고 기소했다.[행 17:6-7] 바울과 그의 일행은 로마 황제 가이사가 아닌 '다른 임금' 예수를 전파하는 정치적 모반자들로 간주되었다. 특히 에베소에서는 바울 일행이 성령의 큰 권능으로 에베소인들의 정신적, 경제적, 사회적인 삶을 지배하던 아데미 여신 숭배 체제와 마술 세계를 혁파하자 모든 에베소 사람들이 필사적으로 저항했다.[행 19장]

그러나 2년간 매일 이뤄진 바울의 하나님 나라와 성경 강론의 결과, 마술에 도착되었던 에베소 사람들이 은전 5만 개 값어치(ἀργυρίος μυριάδας πέντε)가 되는 마술책들을 분서[焚書]하며 하나님께로 돌이켰다.[행 19:19] 주 예수 앞에 자복하고 회개하는 에베소 사람들이 늘자 급기야 아데미 여신 숭배 제의가 크게 위축되었고, 그 제의 중심의 에베소의 경제가 심각하게 흔들렸다. 개인 전도 활동처럼 시작된 바울의 에베소 사역은 아데미 여신 숭배와 제우스신 숭배 제의를 급격하게 위축시킨[행 19:23-28, 35] 문화 변혁적 활동이 될 수밖에 없었다. 아데미 여신 사당과 제우스 신 사당에 금은세공의 제사 용품을 생산하고 납품하던 이들과 그들의 우두머리인 은장색 데메드리오가 은세공 조합원들을 선동해 바울의 선교 사역에 극렬하게 저항했다. 이 데메드리오 난동 사건은 바울의 복음 전도로 일어난 개종과 회심이 단지 심리적인 인격 변화만 가져온 것이 아니라, 개종자들의 사회적 소속 교체를 의미했음을 보여준다.

골로새서 1:13-14이 말하듯이, 바울에게 개종은 흑암의 권세에서 하나님 아들의 사랑의 나라로 국적을 변경하는 사회적 소속 교체 사건이었다. 주 예수 그리스도를 영접한 에베소 이방인들은 더 이상 마술에 의존하여 미래의 길흉화복을 점치거나, 아데미 여신 숭배 제의에 참여할 수 없었다.[4] 대신 그들은 에베소 유대인 출신 신자들과 한데 어울려 에베소 교회를 형성했다. 이처럼 바울의 구원 사건 속에는 그 시대의 주요 모순인 이방인과 유대인(선민)의 갈등을 돌파할 수 있는 능력이 주어졌다. 다메섹 도상에서 바울은 로마서 1:16-17이 말하는 바 모든 믿는 자에게 구원을 주시는 하나님의 능력으로서의 복음을 몸소 체험하였다. 하나님께서는 원수요 박해자였던 바울을 찾아오셔서 화해와 용서의 복음을 주셨고, 그 복음을 이방인들에게 전하도록 위탁하셨다. 하나님께서 바울을 대하신 화해와 용서의 태도가 바로 이방인을 향하신 하나님의 태도였던 것이다.[고후 5:18-20] 그래서 바울은 그리스도 안에서 하나님과 죄인, 유대인과 이방인의 벽이 무너졌다는 사실을 체득했다. 그리스도 안에서는 적대적인 쌍방인 유대인과 이방인이 하나가 되었고 되었고 이것은 '에클레시아'(ἐκκλησία)라는 전무후무한 대안 사회를 창조했다. '교회'라고 번역되는 헬라어 '에클레시아'는 종교적 사무만 관장하는 그런 의미의 조직이 아니라, 한 도시에 일어나는 도덕적, 사법적 쟁점들에 대해 최종 판결까지 내릴 수 있는 시민 공동체를 의미했다.[고전 6:2] 바울이 창조한 이방인 교회, 에클레시아는 당시에 존재하던 직능 조합guild 유대인 회당, 그레코-로만 도시들과 전혀 다른 혁신적인 대안 사회였다.[5] 당시의 모든 결사체를 특징짓는 차별, 벽, 배제 논리를 해소시킨 하나님 중심의 화해 공동체였다. 적의敵意를 해소하는 평화와 화목 경험이 교회 공동체를 배태한 것이다. 바울의 구원은 결국 세계 만인의 구원을 위한 중간 공리였다. 하나님은 낡은 바리새파 선민주의로부터 바울을 구원하셔서 이방 구원을 위한 하나님 자신의 종으로 사용하셨다. 모든 그리스도인의 구원 경험 속에는 자신의 개인 구원을 넘어 더 궁극적인 하나님의 구원 계획의 중간고리가 작동하고 있다. 이처럼 바울은 오늘날 좁게 정의된 개인 전도에만 전념한 사역자가 아니라, 유대인과 이방인들로 구성된 개방 사회인 '에클레시아'를 창조한 사회 변혁 사역자였다. 엡 2:10-12 [6] 오늘날 바울의 이방인 교회 개척이 당시 그레코-로만 문명의 이상적 대안 사회를 창조했다는 사실은, 오히려 교회 밖 철학자들에 의해 의미 있게 재발견되고 있다. 알랭 바디우A. Badiou의 바울 이해는 바울 사상이 당시 기준으로 얼마나 보편적이고 이상적인 대안 사회 담론인가를 잘 규명한다. 알랭 바디우는 바울의 기독교 사상은 로마제국의 이념과 지배 체제를 극복하는 과정에서 산출된 대항적 보편주의라고 주장한다.[7] 그는 바울의 이방인 교회 개척이 고대 그레코-로만의 폴리스와 전혀 다른 타자 수용적 사회의 건설 시도였다는 점을 잘 주목했다.

이 장엄한 의미를 담은 극적 회심을 통해 바울은 베스도 총독과 헤롯 아그립바 2세 왕에게 단순히 자신의 결백 주장을 하는 데 멈추지 않고 적극적으로 복음을 증거해 결신을 유도했다. 특히 아그립바에 대한 인격적 호소를 통해 그의 양심을 파고들었다. 비록 아그립바가 결신에 이르지는 못했지만, 바울의 아그립바 전도 시도는 인상적이다. 바울은 듣는 자의 입장, 곧 아그립바의 입장에서 복음을 증거하기 시작한다.4-8절 바울은 자기가 변화된 사건을 바탕으로 예수의 주 되심을 증거한다.[9-18절] 바울은 예수를 만나기 전의 무지함, 예수를 만난 극적인 사건, 그리고 사명인으로서의 삶을 이야기하면서 예수가 주님이심을 증거했다. 이 간증 중심의 복음 전도를 통해 바울은 아그립바에게 예수를 믿을 것과 하나님께 대한 회개를 강조했다.[19-23절] 복음을 증거하고 나서 복음에 응답하도록 도전한 것이다. 바울의 회개 요구는 아그립바의 마음을 완고하게 만들었고, 그는 더 이상 들으려고 하지 않았다. 회개는 하나님의 다스림을 받기 위해 자신의 이전 삶의 방향을 돌이키는 것이다. 자신의 물질 및 시간 사용, 인간관계, 직장생활 등 모든 면에서 돌이키는 것이다.

27장.

죽음의 파도를 넘어 소원의 항구로 항해하는 바울

27장에서 시작되는 로마 여정은 28:15에서 끝난다. 로마로 가는 바울의 여정은 넉 달가량 소요되는 위험하고 파란만장한 항해였다. 이 두 장에 걸쳐 자세히 보고되는 바울의 로마 상륙 이야기는 로마 건국 조상 로물루스Romulus의 전설적 조상인 트로이 후예 아이네이아스Aeneas의 표류 이야기를 의식하는 대항적 로마 건국 서사이다. 주전 13세기 트로이 전쟁으로 멸망한 트로이의 왕족 아이네이아스는 비너스(아프로디테) 여신의 도움으로 배를 타고 그리스 해안, 시칠리아, 카르타고를 거쳐 마침내 라티움Latium의 땅 로마에 입성해 그의 후손들이 300년 동안 라틴을 통치할 기틀을 마련한다. 아이네이아스의 후손인 로물루스가 주전 753년에 로마를 건국했다.[1] 아이네이아스가 트로이 멸망 후 트로이의 유민들을 데리고 지중해를 표류하다가 로마에 상륙한 이야기가 『아이네이스』*Aeneis* 1-6권과 8권에 나온다.[2] 아이네이아스는 이후 로마가 세워질 땅에 도달하기까지 위험한 표류를 포함한 지중해 뱃길 여행을 감행했다. 트로이를 출발한 아이네이아스는 '마보르스만灣의 뤼쿠르구스의 나라 스파르타 → 거룩한 섬 델로스 → 크레타섬 → 스트로파데스섬 → 악티움 해안 → 시칠리아 → 카르타고 → 라티움 → 로마'로 이어지는 파란만장한 노정을 거친다.

사도행전 저자가 바울 일행의 로마 여정을 지나칠 정도로 자세하게 묘사하는 이유가 무엇일까? 사도행전 저자는 아마도 가이사 앞에 서려고 하는 바울의 로마 여정이 새로운 로마 건국 서사인 것처럼 제시하고 싶었던 것은 아닐까? 로마 황제에게 직소[直訴]함으로써 속주 총독의 재판 관할권에서 벗어난 바울은 마침내 가이사의 법정으로 향한다. 그는 미결수 신분으로 몇몇 죄수들과 함께 로마 군대의 황제 부대의[스페이라 세바스토스(σπεῖρα σεβαστός)] 백부장[헤카톤타르케스(ἑκατόντάρχης)] 율리오에게 맡겨졌다. 모두가 승선하자 배는 드디어 로마를 향해 떠났다.

로마에 가서도 복음 전하기를 원했던 바울은 미결수의 신분으로 죄수 호송선을 타고 서서히 로마로 간다. 하나님께서 바울에게 로마도 보아야 하리라는 비전을 깊이 각인시켜 주셨던 에베소 선교[행 19:21] 이후로 로마에 가서 복음을 전하는 것은 바울의 큰 소망이 되었다. 이는 복음이 세계의 중심지에 뿌리내려야 했고, 이로써 지상의 모든 권세가 예수 그리스도의 절대적인 통치에 복종해야 했기 때문이었다. 그러나 바울에게 과연 말씀을 전할 기회가 올 것인가? 이런 서스펜스를 안은 채 바울은 로마행 배에 올랐던 것이다. 로마로 가는 뱃길은 죽음의 파도를 헤치고 가는 위험한 여정이었다. 열나흘 동안 거친 지중해 한복판을 표류하면서도 가이사 앞에 서야 하리라는 바울의 결심은 표류하지 않았다. 그는 천신만고 끝에 로마에 상륙했다. 27장은 로마로 압송되는 바울[1-26절]과 위기 때 빛나는 바울의 영적 지도력[27-44절]으로 나눠진다.

1. 로마로 압송되는 바울 ● 1–26절

1우리가 배를 타고 이달리야에 가기로 작정되매 바울과 다른 죄수 몇 사람을 아구스도대의 백부장 율리오란 사람에게 맡기니 2아시아 해변 각처로 가려 하는 아드라뭇데노 배에 우리가 올라 항해할새 마게도냐의 데살로니가 사람 아리스다고도 함께 하니라. 3이튿날 시돈에 대니 율리오가 바울을 친절히 대하여 친구들에게 가서 대접 받

기를 허락하더니 4또 거기서 우리가 떠나가다가 맞바람을 피하여 구브로 해안을 의지
하고 항해하여 5길리기아와 밤빌리아 바다를 건너 루기아의 무라 시에 이르러 6거기
서 백부장이 이달리야로 가려 하는 알렉산드리아 배를 만나 우리를 오르게 하니 7배
가 더디 가 여러 날 만에 간신히 니도 맞은편에 이르러 풍세가 더 허락하지 아니하므
로 살모네 앞을 지나 그레데 해안을 바람막이로 항해하여 8간신히 그 연안을 지나 미
항이라는 곳에 이르니 라새아 시에서 가깝더라. 9여러 날이 걸려 금식하는 절기가 이
미 지났으므로 항해하기가 위태한지라 바울이 그들을 권하여 10말하되 여러분이여
내가 보니 이번 항해가 하물과 배만 아니라 우리 생명에도 타격과 많은 손해를 끼치
리라 하되 11백부장이 선장과 선주의 말을 바울의 말보다 더 믿더라. 12그 항구가 겨
울을 지내기에 불편하므로 거기서 떠나 아무쪼록 뵈닉스에 가서 겨울을 지내자 하는
자가 더 많으니 뵈닉스는 그레데 항구라 한쪽은 서남을, 한쪽은 서북을 향하였더라.
13남풍이 순하게 불매 그들이 뜻을 이룬 줄 알고 닻을 감아 그레데 해변을 끼고 항해
하더니 14얼마 안되어 섬 가운데로부터 유라굴로라는 광풍이 크게 일어나니 15배가
밀려 바람을 맞추어 갈 수 없어 가는 대로 두고 쫓겨가다가 16가우다라는 작은 섬 아
래로 지나 간신히 거루를 잡아 17끌어 올리고 줄을 가지고 선체를 둘러 감고 스르디
스에 걸릴까 두려워하여 연장을 내리고 그냥 쫓겨가더니 18우리가 풍랑으로 심히 애
쓰다가 이튿날 사공들이 짐을 바다에 풀어 버리고 19사흘째 되는 날에 배의 기구를
그들의 손으로 내버리니라. 20여러 날 동안 해도 별도 보이지 아니하고 큰 풍랑이 그
대로 있으매 구원의 여망마저 없어졌더라. 21여러 사람이 오래 먹지 못하였으매 바울
이 가운데 서서 말하되 여러분이여, 내 말을 듣고 그레데에서 떠나지 아니하여 이 타
격과 손상을 면하였더라면 좋을 뻔하였느니라. 22내가 너희를 권하노니 이제는 안심
하라 너희 중 아무도 생명에는 아무런 손상이 없겠고 오직 배뿐이리라. 23내가 속한
바 곧 내가 섬기는 하나님의 사자가 어제 밤에 내 곁에 서서 말하되 24바울아, 두려워
하지 말라 네가 가이사 앞에 서야 하겠고 또 하나님께서 너와 함께 항해하는 자를 다
네게 주셨다 하였으니 25그러므로 여러분이여, 안심하라. 나는 내게 말씀하신 그대로
되리라고 하나님을 믿노라. 26그런즉 우리가 반드시 한 섬에 걸리리라 하더라.

주석

27장의 로마 여정은 가이사랴에서 시작된다. 바울 일행("우리")은 배로 이탈리아 로마에 가기로 예정되었는데 아구스도대[스페이라 세바스토스(σπεῖρα σεβαστός)]隊, the Imperial Regiment의 백부장 율리오Julius가 바울과 다른 죄수 몇 사람의 호송 책임을 맡게 되었다.[1절] 누가와 데살로니가 사람 아리스다고Aristarchus는 바울과 동행했다. 먼저 바울 일행은 가이사랴에서 튀르키예 반도 서쪽 지방인 아시아 해변 각처로 가려 하는 아드라뭇데노,Adramyttium 곧 현재 튀르키예의 드로아 동남쪽에 위치한 항구행 배에 승선하여 항해를 시작했다.[2절] 이튿날 배가 가이사랴보다 더 북쪽에 있는 페니키아의 항구 도시 시돈Sidon에 정박했을 때 율리오는 미결수 바울에게 다소간의 자유를 준다. 그는 바울에게 친절을 베풀어 바울이 시돈에 있는 친구들에게 가서 대접받는 것을 허락해 주었다.[3절] 이 중간 휴식기는 바닷바람의 풍세를 고려한 것처럼 보인다. 시돈에서 어느 정도 체류한 후 바울을 태운 그 배는 바다 쪽에서 불어오는 맞바람을 피하여 구브로Cyprus 해안(길리기아 쪽 북쪽 해안)을 의지하고 항해하다가,[4절] 길리기아와 밤빌리아 바다를 건너 루기아의 무라Myra시에 이르렀다.[5절] 거기서 백부장은 로마로 가는 알렉산드리아 배를 만나 바울 일행을 승선시켰다.[6절]

여기서부터 항해는 어려움에 봉착하기 시작했다. 바울 일행을 태운 그 배는 여러 날 동안 항해에 어려움을 겪으며 간신히 니도Cnidus 맞은편까지 올 수 있었다. 그런데 바닷바람이 너무나 세서 더 이상 정상 항로를 따라 항해하는 것이 불가능했고 배는 살모네Salmone 앞을 지나 그레데(크레타)Crete 해안을 바람막이로 삼아 조심스럽게 항해했다.[7절] 배는 간신히 그 연안을 지나 크레타섬의 미항美港, Fair Havens이라는 곳에 이르렀는데 그 항구는 라새아Lasea 시에서 가까운 곳이었다.[8절] 바울은 이 상황에서 백부장에게 당분간 항해를 중단하고 미항에 정박할 것을 제의했다. 두 가지 이유에서였다. 첫째, 바닷바람 때문에, 곧 잘못된 시기에 항해한 것 때문에 이미 많은 시간을 낭비했다. 둘째, 이제 막 금식하는 절기[9-10월][3]가 지났으므로 배에 탄 사람들에게 항해가 엄청난 고통을 줄 것이라는 점 때문이었다.[9절] 바울이 탄 배가 범선이었기 때문에 노를 젓는 노동력이 많이 소요되었을 것이며 바람의 방향에 영향을 받았을 것이다. 금식 절기가 지난 후에는 사람들이 육체적으로 소진되었을 가능성이 커서 바울은 금식 절기 직후에 바로 항해하는 것은 적절치 않다고 본 것이다. 그래서 바울은 책임자들에게 적극 권고했다. "여러분이여, 내가 보니 이번 항해가 하물[4]과 배만 아니라 우리 생명에도 타격과 많은 손해를 끼치리라." 하지만 백부장은 선장과 선주의 말을 바울의 말보다 더 믿었다.[11절] 겨울을 지내기에 미항은 불편하니 뵈닉스Phoenix에 가서 겨울을 지내자 하는 자가 더 많았다. 뵈닉스는 그레데 섬에 있는 항구로서 한쪽은 서남을, 한쪽은 서북을 향하고 있었다.[12절] 미항에서 뵈닉스로 가려면 다시 바닷길로 64킬로미터 정도 더 가야 했다.[5] 배가 미항을 출발하려고 하자 마침 남풍이 불어왔고 그들은 득의양양하여 닻을 감아올린 후 그레데 해변을 끼고 항해하기 시작했다.[13절] 그런데 얼마 안 되어 섬 가운데로부터 유라굴로라는 폭풍이 크게 일어나기 시작했다.[14절] 유라굴로(Εὐρακύλων)는 '동쪽에서 불어오는 바람'이라는 의미다.[유로스(εὔρος), '동풍'] 크레타(그레데) 해안을 따라가는 범선에 유라굴로가 불면 지중해 서쪽으로 멀리 표류할 위험성이 컸다. 아니나 다를까 배가 유라굴로 폭풍에 휘말려 바람에 맞서서 갈 수 없게 되자 이탈리아 반도를 기준으로 볼 때 더 서남쪽(아프리카)으로 표류하기 시작했다.[15절] 가우다Cauda라는 작은 섬 아래로 지나갈 때 사람들은 간신히 구명보트lifeboat

를 끌어 올려 줄로 선체에 동여매고 스르디스Syrtis 모래톱에 걸릴까 두려워하여 연장을 내리고 속수무책으로 떠밀려갔다.[17절] 바울이 탄 배의 모든 사람이 풍랑으로 심히 애쓰고 있는데 이튿날 사공들이 짐을 바다에 풀어 버렸고,[18절] 사흘째 되는 날에는 배의 기구를 내버렸다.[19절] 어쩌면 그들은 기회가 오면 도망갈 채비를 하고 있었을 것이다.

뵈닉스 입항을 목전에 두고 예상 밖의 광풍을 만나 밀려왔으니 이 얼마나 당혹스럽고 곤욕스러운 고생인가? 여러 날 동안 해도 별도 보이지 않고 거센 바람만 심하게 불어쳐서 선상 공동체는 살아남으리라는 희망조차 상실한 듯했다.[20절6] 그래서 그들은 아예 먹는 일조차 그치고 죽을 날만 기다리고 있었다.[21절] 선상 공동체를 지배하고 있던 것은, 죽음의 파도가 엄몰하는 바다 한가운데서 서서히 침몰해 가는 자신들의 생명에 대한 안타까움과 절망적 탄식이었다. 바로 이때 미결수 바울이 276명[37절]의 선상 공동체를 헤집고 다니면서 확신과 위로에 찬 설교를 시작했다. 일찍이 미항에 머물면서 겨울을 지내고 가자고 제의했었다가 거절당한 바울이 뭔가 상황을 장악한 듯한 분위기가 조성되었다. 사색이 되어 떨면서 아무것도 먹지 않아 기진맥진해 있는 로마 백부장 부대 일행과 다른 죄수들 한가운데 선 바울은 위로와 확신에 찬 메시지를 전했다. "여러분이 내 말을 듣고 크레타에서 떠나지 않았던들 이런 재난과 손해를 당하지 않았을 것입니다. 그러나 나는 이제 여러분에게 권합니다. 용기를 내십시오. 이 배만 잃을 뿐 여러분 가운데 한 사람도 목숨을 잃지는 않을 것입니다. 내가 섬기는 나의 하나님의 천사가 내 곁에 서서, '바울아! 무서워하지 말아라. 하나님께서 너와 함께 가는 많은 사람을 다 네게 맡겨 주셨다'라고 말씀하셨습니다. 그러므로 용기를 내십시오, 나는 하나님을 믿으며 또 내게 말씀하신 그

대로 되리라고 믿습니다. 우리는 반드시 어떤 섬에 흘러 닿을 것입니다."21-26절, 저자 사역

그리스도인의 지도력은 순풍에 돛단 듯 순항할 때는 잘 드러나지 않지만, 위기의 때에 이처럼 빛을 발한다. 바울이 선장과 선주보다 바다의 풍세와 파도의 움직임을 더 잘 알았기 때문에 지도자가 된 것은 아니다. 바람과 바다를 창조하고 주재하시는 창조주 하나님의 종이었던 바울은 광풍으로 표현되는 위기의 본질을 훤히 꿰뚫고 있었던 것이다. 그래서 그는 위기에 처한 선상 공동체의 참 지도자가 될 수 있었다. 그리스도인의 신앙 고백은 '그리스도가 역사의 주인'이라는 타협할 수 없는 진리다. 우리는 선상 공동체를 좌초시킬 듯이 몰려드는 광풍의 본질 곧 위기의 본질을 그리스도의 주권과 섭리 안에서 꿰뚫어 볼 수 있어야 한다. 지도자는 현재의 위기 상황을 정확하게 규명하고 다가올 미래를 책임성 있게 전망해 줌으로써 공동체 구성원들을 따라오게 만드는 사람이다. 우리가 유라굴로 같은 위기의 현상만 본다면 미래에 대한 비전vision은 생기지 않는다. 비전이 없다면 난파와 침몰의 악몽에 시달리거나 혹은 선상 공동체를 탈출하여 "나 혼자만이라도 살겠다"고 하는 비겁한 도피주의자가 되기 쉽다. 결국 이 광풍노도가 끝나고 닿게 될 어떤 "섬"에 대한 비전을 제시해 주어야만 선상 공동체에 만연한 패배주의와 무기력과 절망을 극복할 수 있다. 유라굴로 광풍이 바울에게 276명을 맡겨 그의 지도력을 창출해 주기 위한 하나님의 섭리였듯이, 우리에게 불어오는 위협적인 광풍은 참다운 영적 지도자의 분발과 등장을 촉구하는 섭리일 수 있다. 우리가 그리스도가 역사의 주인이라고 신앙고백 할진대, 이 세상의 바다에 불어오는 광풍은 평상시 잠들어 있던 그리스도인의 빛나는 리더십을 일깨워, 미래에 대한 책임 있는 비전을 제시하도록 하려는 하나님의 광풍일 수 있다.

2. 위기 때 빛나는 바울의 영적 지도력 ● 27-44절

[27]열나흘째 되는 날 밤에 우리가 아드리아 바다에서 이리 저리 쫓겨 가다가 자정쯤
되어 사공들이 어느 육지에 가까워지는 줄을 짐작하고 [28]물을 재어 보니 스무 길이
되고 조금 가다가 다시 재니 열다섯 길이라. [29]암초에 걸릴까 하여 고물로 닻 넷을 내
리고 날이 새기를 고대하니라. [30]사공들이 도망하고자 하여 이물에서 닻을 내리는 체
하고 거룻배를 바다에 내려놓거늘 [31]바울이 백부장과 군인들에게 이르되 이 사람들
이 배에 있지 아니하면 너희가 구원을 얻지 못하리라 하니 [32]이에 군인들이 거룻줄을
끊어 떼어 버리니라. [33]날이 새어 가매 바울이 여러 사람에게 음식 먹기를 권하여 이
르되 너희가 기다리고 기다리며 먹지 못하고 주린 지가 오늘까지 열나흘인즉 [34]음식
먹기를 권하노니 이것이 너희의 구원을 위하는 것이요 너희 중 머리카락 하나도 잃
을 자가 없으리라 하고 [35]떡을 가져다가 모든 사람 앞에서 하나님께 축사하고 떼어
먹기를 시작하매 [36]그들도 다 안심하고 받아 먹으니 [37]배에 있는 우리의 수는 전부
이백칠십육 명이더라. [38]배부르게 먹고 밀을 바다에 버려 배를 가볍게 하였더니 [39]날
이 새매 어느 땅인지 알지 못하나 경사진 해안으로 된 항만이 눈에 띄거늘 배를 거기
에 들여다 댈 수 있는가 의논한 후 [40]닻을 끊어 바다에 버리는 동시에 키를 풀어 늦
추고 돛을 달고 바람에 맞추어 해안을 향하여 들어가다가 [41]두 물이 합하여 흐르는
곳을 만나 배를 걸매 이물은 부딪쳐 움직일 수 없이 붙고 고물은 큰 물결에 깨어져
가니 [42]군인들은 죄수가 헤엄쳐서 도망할까 하여 그들을 죽이는 것이 좋다 하였으나
[43]백부장이 바울을 구원하려 하여 그들의 뜻을 막고 헤엄칠 줄 아는 사람들을 명하여
물에 뛰어내려 먼저 육지에 나가게 하고 [44]그 남은 사람들은 널조각 혹은 배 물건에
의지하여 나가게 하니 마침내 사람들이 다 상륙하여 구조되니라.

주석

바울의 감동적인 설교도 폭풍을 즉시 그치게 하지 못했다. 칠흑같이 어두운 바다 위의 위태로운 표류는 그칠 줄 몰랐다. 아드리아 바

다의 뵈닉스 항 입구에서부터 떠밀려 간 지 열나흘째 되던 밤 자정에 사공들은 배가 육지에 가까이 온 줄 알고 상륙을 시도했다.[27절] 그러나 배는 아직도 스무 길이나 열다섯 길 깊이의 바다 한가운데 떠 있었다.[28절] 사공들은 암초에 걸릴까 걱정하며 선미船尾에서 닻 네 개를 내리고 날이 새기를 고대하고 있을 수밖에 없었다.[29절] 그들은 더 이상 배 안에 남아 있다가는 생명을 건지지 못하리라고 판단하고 아예 배를 버리고 달아나려고 이물에서 닻을 내리는 척하면서 구명보트를 풀어 내리고 있었다.[30절] 그 장면을 목격한 바울이 백부장에게 알렸고 그 결과 사공들의 탈출 기도는 좌절되었다.[31절] 군인들이 구명보트의 줄을 끊어 떼어 버렸기 때문이다.[32절] 날이 새자 바울은 사람들에게 음식 먹기를 권하고 어떤 섬에 상륙할 준비를 하라고 격려했다. 바울은 선상 공동체 구성원들이 마음을 졸이며 먹지 못한 지 열나흘이나 된 점을 상기시켰다. 바울은 그들에게 음식 먹기를 권하면서 "여러분 먹어야 구원받을 수 있으며 여러분 중 어느 누구도 머리털 하나도 잃을 자가 없을 것입니다"[34절]라고 확신을 심어주었다.

죽음의 권세에 지배당한 선상 공동체 구성원들에게 일단 먹고 원기를 회복해야 생존 의지가 살아난다는 점을 주지시킨 것이다. 바울의 밤夜 환상은 주일에 받은 환상이었을 것이다. 바울은 떡을 가져다가 모든 사람 앞에서 하나님께 감사하고 떼어 먹기 시작했다. 먼저 모범을 보인 것이다.[35절] 절망하던 사람들도 바울의 기도를 듣고는 다 안심하고 떡을 받아먹었다.[36절] 선상 공동체가 바울의 말에 설복되어 먹고 원기를 회복하기 시작했다. "하나님께 감사하고 떼어먹는 행위"[요 6:11; 행 2:42]는 성만찬적 식사 행위다.[7] "떡을 떼는"이라는 어구가 성만찬을 가리키는 전문 용어이기 때문이다. 성만찬은 예수의 부활 승리를 기리는 식사다. 절망과 죽음의 권세를 이기고 부활하신 예수의 승리에 참여하는 식사다. 죽음의 권세가 지배하던 배는 성만찬의 떡을 떼는 예배의 자리로 변했다. 교회는 절망의 바다에서 표류하는 인류 공동체에게 죽음을 이기고 부활하신 예수의 승리를 기리는 성만찬을 제공해 주어야 한다. 원기를 북돋우는 잔칫상을 차려 주어야 한다. 마침내 배에 타고 있던 276명은 배부르게 먹고 남은 식량을 바다에 버려 배를 가볍게 했다.[37-38절] 이렇게 해서 백부장과 선장과 선주는 더 이상 선상 공동체의 리더십을 발휘하지 못하고, 쇠사슬에 묶인 채 손짓과 몸짓으로 권면하는 미결수 바울이 선상 공동체를 향도하는 지도력을 발휘했다.

또 한 날이 새고, 어느 땅인지는 알 수 없으나 경사진 해안에 위치한 항만 하나가 눈에 띄자 사공들은 그곳에 상륙할 수 있을지 의논했다.[39절] 의논 후 닻을 끊어 버리는 동시에 키를 풀어 늦추고 돛을 달고 바람에 맞추어 해안을 향해 들어갔다.[40절] 그러다가 두 물이 합하여 흐르는 지점에 이르자 배가 소용돌이에 휩싸여 이물은 부딪쳐 움직일 수 없게 되고 고물은 큰 물결에 부서지기 시작했다.[41절] 이런 위급한 상황이 발생하자 군인들은 죄수가 헤엄쳐 도망할까 하여 죄수들을 죽이는 것이 좋겠다고 생각했으나[42절] 백부장이 바울을 구원하려고 군인들의 뜻을 막았고, 헤엄칠 줄 아는 사람들이 먼저 물에 뛰어내려 육지로 올라가라고 명령했다.[43절] 그렇게 바울과 일행은 구사일생의 위기에서 벗어났다. 백부장은 바울의 범상치 않은 인품과 지도력에 감동되어 그를 살리려고 했을 것이다. 남은 사람들은 널조각 혹은 물건에 의지해 난파선을 탈출했고 마침내 다 상륙하여 구조되었다.[44절] 이 극적 구원은 바울의 영적 지도력이 이뤄낸 성과였다.

메시지

바울을 태운 로마제국의 죄수 호송선은 약 2주간의 표류 끝에 완전히 난파하지만, 그 난파의 위기 속에서 다시 한번 바울의 영적 지도력의 위력이 발휘된다. 바울은 죄수의 신분으로 그 배에 타고 있었지만, 결정적인 위기의 순간에 지도력을 발휘했다. 모든 사람이 절망으로 죽기를 기다리며 식음을 전폐하고 있을 때 그는 "우리가 한 사람도 죽지 않고 한 섬에 걸리리라"고 설교한다. 죽으려는 사람들에게 살길을 제시한다. 기독교적 지도력은 죽을 길만 생각하는 사람에게 살길을 제시하는 지도력이다. 바울의 지도력은 바로 이런 지도력의 전범을 보여준다. 바울의 영적 지도력은 실제 상황에서 위력을 드러낸 지도력이었다. 바울의 지도력이 어떤 점에서 효과를 발휘했을까?

첫째, 종합적인 대책을 세우는 지도력이었다. 바울 일행이 탄 배는 혼란스러운 상황에서 벗어날 길을 찾지 못하고 있었다. 육지가 가까워지자 노를 저어야 할 사공들이 도망할 궁리를 하고 있었고, 선장은 속수무책으로 포기하고 있었고, 운항의 책임을 맡고 있던 백부장과 군사들은 상황 파악을 제대로 하지 못하고 있었다. 바울은 이 무주공산의 위기 상황에서 역경으로부터 완전히 벗어날 수 있는 종합적인 대책을 제시한 것이다. 모든 사람이 완전히 구출되어야 한다는 목표를 가지고 먼저는 사공들이 도망가지 못하게 했고, 그 다음에는 사람들을 안심시키고 음식을 먹게 했다. 기운을 차리지 못하면 배가 육지 근처까지 가도 헤엄쳐 육지에 오르지 못할 것이었다. 위대한 지도력은 역경을 극복하고 전체 구성원을 올바로 가게 한다. 이는 지나친 낙관주의와 비관주의 둘 다를 초극하는 지도력이다. 배는 부서지고 재산은 잃을 수 있으나 생명은 잃지 않을 것이라는 분별력을 발휘하는 지도력이다. 바울은 이처럼 전체 상황을 보고 종합적인 대책을 세우는 지도자였던 것이다. 사회나 공동체가 혼란에 빠지고 무질서해질 때, 그 상황보다 더 비참한 것은 당면한 어려움을 총체적으로 다루고 관리하며 돌파할 수 있는 지도력이 없는 현실이다. 지도력의 부재, 지도력의 위기, 이것은 어느 시대나 가장 화급한 쟁점이다. 위기가 있는 곳이라면 그곳이 어디든 그리스도인들의 제사장적인, 왕적인 지도력이 절실히 요청된다.

둘째, 먼저 모범을 보이는 지도력이었다. 바울의 말과 행동은 함께한 사람들에게 큰 용기를 주었다. 바울은 광풍으로 다 죽게 될 위기에 빠진 사람들에게 하나님의 구원을 증거했다. 뿐만 아니라 위기 상황을 벗어나기 위한 구체적인 대책을 제시하면서 자신이 앞장서서 실행에 옮기는 모습을 보여주었다. 폭풍으로 인해 14일 동안이나 먹지 못한 사람들에게 음식을 먹으라는 바울의 말은 너무나 감격적인 말로 전달되었을 것이다. 바울이 하나님께 감사의 기도를 드리고 음식을 먹자 다른 사람들도 먹기 시작했다. 바울의 행동 하나하나가 모범이 되었다. 이처럼 지도자의 행동은 어디서나 중요하다. 사람들은 우왕좌왕하다가도 설득력 있는 한 사람의 행동을 따르게 되어 있다. 특히 솔선수범하는 지도력은 모든 사람이 거부감 없이 따르게 된다.

우리는 지도자가 실종된 시대에 살고 있다. 특히 영적 지도자 실종 시대에 살고 있다. 지도자 상실은 희망의 상실을 의미한다. 모든 일간지, 여당과 야당, 교육계, 경제계 등 각처의 논객들은 이 세상에 희망의 소리가 쇠약해짐을 탄식한다. 예수 그리스도의 심장을 가진 지도자가 부재하기 때문이다. 바울의 무한 책임적 자기 희생 정신을 육화시킨 지도자가 없는 이 세상의 정치가들과 기업가들은 모두 이기심의 사도들처럼 살 뿐, 침몰하고 전복되어 가는 이 지구 공동체, 좀 더 좁게는 국가 공동체 구성원들의 위기에 대해 책임있는 지도력을 보여주지 못하고 있다. 세상은 276명을 태우고 '하나님 나라'라는 최고 법정으로 항해하는 죄수 호송선과 같다. 교회는 희망이 쇠퇴하는 이 시대에 희망의 메시지를 던져야 한다. 바울의 영적 기백과 하나님과의 영적 소통 능력에 입각하여 이 세상의 절망을 몰아내고 살길을 제시해 주어야 한다. 교회가 하나님의 말씀을 맡았다면 난파 직전의 위기에 처해 있는 공동체에게 희망의 길을 제시할 수 있어야 한다.

교회가 세상에 들려줄 희망은 예수 그리스도다. 하나님은 희망의 하나님이시다. 하나님만이 희망을 창조하실 수 있다. 피조물의 모든 절망은 창조주 하나님 앞에 아무 문제가 되지 않는다.[사 40:12-31] 로마서 15:4-13은 온 세상의 희망이 되시는 하나님을 증거한다.

> 무엇이든지 전에 기록된 바는 우리의 교훈을 위하여 기록된 것이니 우리로 하여금 인내로 또는 성경의 위로로 소망을 가지게 함이니라. 이제 인내와 위로의 하나님이 너희로 그리스도 예수를 본받아 서로 뜻이 같게 하여 주사 한마음과 한입으로 하나님 곧 우리 주 예수 그리스도의 아버지께 영광을 돌리게 하려 하노라. 그러므로 그리스도께서 우리를 받아 하나님께 영광을 돌리심과 같이 너희도 서로 받으라. 내가 말하노니 그리스도께서 하나님의 진실하심을 위하여 할례의 추종자가 되셨으니 이는 조상들에게 주신 약속들을 견고하게 하시고 이방인들도 그 긍휼하심으로 말미암아 하나님께 영광을 돌리게 하려 하심이라. 기록된 바 그러므로 내가 열방 중에서 주께 감사하고 주의 이름을 찬송하리로다 함과 같으니라. 또 이르되 열방들아, 주의 백성과 함께 즐거워하라 하였으며 또 모든 열방들아, 주를 찬양하며 모든 백성들아 그를 찬송하라 하였으며 또 이사야가 이르되 이새의 뿌리 곧 열방을 다스리기 위하여 일어나시는 이가 있으리니 열방이 그에게 소망을 두리라 하였느니

라. 소망의 하나님이 모든 기쁨과 평강을 믿음 안에서 너희에게 충만하게 하사 성령의 능력으로 소망이 넘치게 하시기를 원하노라.롬 15:4-13

또한 에베소서 2:11-13은 하나님이 없이 사는 모든 자는 소망이 없이 사는 이방인임을 잘 말해 준다.

그러므로 생각하라 너희는 그 때에 육체로는 이방인이요 손으로 육체에 행한 할례를 받은 무리라 칭하는 자들로부터 할례를 받지 않은 무리라 칭함을 받는 자들이라. 그 때에 너희는 그리스도 밖에 있었고 이스라엘 나라 밖의 사람이라 약속의 언약들에 대하여는 외인이요 세상에서 소망이 없고 하나님도 없는 자이더니 이제는 전에 멀리 있던 너희가 그리스도 예수 안에서 그리스도의 피로 가까워졌느니라.엡 2:11-13

교회가 세상에 선사할 희망의 내용은 하나님 말씀이다. 하나님이 우리에게 환상과 기도 중에 들려주신 희망의 말씀이 우리를 희망의 사도가 되게 한다. 우리는 세상을 향해 "우리가 비록 재산과 배는 잃을지라도 사람의 목숨은 잃지 않고 다만 한 섬에 걸리리라"고 말할 수 있어야 한다. 우리가 완전히 난파당해도 걸릴 수 있는 "한 섬"은 누구인가? 예수 그리스도가 우리 미래의 이름이다. 그는 죽음의 물살 아래 난파당한 자의 간고艱苦를 아는 분이며 죽음의 공포에 질린 영혼의 절망을 아는 분이다. 우리는 난파할 때마다 우리의 절망까지 통째로 안으시는 한 섬이신 그분의 넉넉한 품을 느끼게 될 것이다. 하나님은 때때로 우리 인생의 항해 길에 암초를 두시고 우리가 좌초하고 난파되기를 기다리신다. 우리가 엉뚱한 방향, 곧 죽음의 항구로 가는 물길에서 표류할 때 하나님은 우리를 살리시기 위해 우리 배를 난파시켜 가면서까지 우리를 이 악하고 음란한 세대에서 구출해 주신다. 난파 직전의 선상 공동체 사람들이 절망과 죽음만을 생각할 때 그리스도인의 지도력은 더욱 빛을 발한다. 표류와 난파가 우리 앞에 놓인 유일한 운명처럼 말해지는 세상에서 그리스도인은 말할 수 있다. "우리가 한 섬에 걸리리라."

28장.

로마에 입성하는 바울:
미결수의 셋방에서 시작된 하나님 나라 운동

로마에 가기를 그토록 열망하던 바울의 기도가 마침내 실현된다. 그러나 자유로운 선교사 신분이 아니라 쇠사슬에 매인 미결수 신분으로 로마에 입성한다. 바울의 로마 입성은 유럽의 문명사적인 지도를 바꾼 대사건이었으나, 바울의 로마 선교 사역은 이렇게 초라하게 시작된다. 당시 세계 역사는 로마의 황제들과 제국의 수도 로마를 중심으로 돌아가고 있었다. 로마와 전 세계를 주재하는 중요한 결정들은[눅 2:1-4] 로마 황제의 궁궐에서 이뤄졌기 때문이다. 그러나 하나님은 단기필마로 적진에 뛰어든 용사처럼 로마에 입성한 바울을 주목하신다. 그 앞날이 확실치 않았던 미결수 바울의 셋방을 주목하신다. 그곳은 하나님 말씀이 임하는 곳이며, 하나님의 말씀이 영접되고, 순종됨으로 하나님의 다스림이 구현되는 곳이기 때문이다. 로마제국의 궁궐이 세계 역사의 중심 지휘부가 아니라 하나님의 말씀이 힘 있게 임하여 인간의 양심을 사로잡고 다스리는 곳, 곧 거룩한 빈들이 바로 세계 역사의 중심 지휘부가 된다.

“디베료 황제가 통치한 지 열다섯 해 곧 본디오 빌라도가 유대의 총독으로” 있을 때 “하나님의 말씀이 빈들에서 사가랴의 아들 요한에게” 임했다.[눅 3:1-2] 세례 요한처럼 하나님의 말씀에 사로잡힌 바울은[행 19:20] 미결수 신분이지만, 세계 역사를 주장하시는 하나님 복음의 전령으로 로마에 입성한다. 로마에 입성한 바울은 미결수의 신분으로 약 2년 동안 셋방살이를 하면서 성경과 하나님 나라를 강론하며 자신을 찾아오는 제자들을 양성한다. 그가 대표하던 기독교 복음이 현실 역사의 중심 근거지인 로마에 육박한 것은 로마뿐 아니라, 기독교 복음의 미래에도 엄청난 변화를 초래할 사건이었다.[1] 장차 300년 후에 로마제국을 접수할 세력인 기독교는 아주 초라한 한 유대인 미결수의 셋방에서 움트고 있다. 하나님이 주도하는 모든 위대한 일은 놀라울 정도로 초라한 모습으로 시작할 때가 많다. 누룩이 가루 서 말에 뿌려질 때 가루 서 말은 누룩의 조용한 침투를 알아채지 못한다. 그러나 누룩은 곧 가루를 부풀게 한다. 한 알의 겨자씨가 땅에 뿌려져도 땅은 무슨 난리가 난 것처럼 요란하게 반응하지 않는다. 겨자씨의 작은 몸짓은 사람의 눈에 거의 보이지 않는다. 그러나 그 작은 겨자씨가 온갖 새들이 깃드는 큰 나무로 자라난다. 작고 보잘것없는 시작은 우리 믿음을 시험하는 하나님의 계획이다. 우리는 기억해야 한다. 유럽 역사 2,000년 동안 엄청난 영향력을 끼친 기독교의 첫걸음이 이렇게 작고 보잘것없는 한 미결수의 셋방에서 시작되었다는 것을. 1평에서 통하는 진리는 1만 평에서도 통한다. 10명에게 통하는 지도력은 천만인에게 통한다. 작은 모임에서 일어나는 성경 공부가 중요한 이유가 여기 있다. 28장은 멜리데 섬에 걸린 바울 일행[1-10절]과 마침내 로마에 입성하는 바울[11-31절]로 나눠진다.

1. 멜리데 섬에 걸린 바울 일행 • 1–10절

1우리가 구조된 후에 안즉 그 섬은 멜리데라 하더라. 2비가 오고 날이 차매 원주민들
이 우리에게 특별한 동정을 하여 불을 피워 우리를 다 영접하더라. 3바울이 나무 한
묶음을 거두어 불에 넣으니 뜨거움으로 말미암아 독사가 나와 그 손을 물고 있는지
라. 4원주민들이 이 짐승이 그 손에 매달려 있음을 보고 서로 말하되 진실로 이 사람
은 살인한 자로다 바다에서는 구조를 받았으나 공의가 그를 살지 못하게 함이로다

하더니 [5]바울이 그 짐승을 불에 떨어 버리매 조금도 상함이 없더라. [6]그들은 그가 붓든지 혹은 갑자기 쓰러져 죽을 줄로 기다렸다가 오래 기다려도 그에게 아무 이상이 없음을 보고 돌이켜 생각하여 말하되 그를 신이라 하더라. [7]이 섬에서 가장 높은 사람 보블리오라 하는 이가 그 근처에 토지가 있는지라. 그가 우리를 영접하여 사흘이나 친절히 머물게 하더니 [8]보블리오의 부친이 열병과 이질에 걸려 누워 있거늘 바울이 들어가서 기도하고 그에게 안수하여 낫게 하매 [9]이러므로 섬 가운데 다른 병든 사람들이 와서 고침을 받고 [10]후한 예로 우리를 대접하고 떠날 때에 우리 쓸 것을 배에 실었더라.

주석

마침내 바울 일행은 난파선을 벗어나 지중해의 작은 섬 멜리데Malta에 상륙하게 되었다.[1절] 멜리데 섬에 상륙함으로써 바울이 선상 공동체에게 행한 설교와 격려가 하나님의 비전이었음이 증명되었다. 멜리데 섬에 걸려 구원받음으로써 "우리가 한 섬에 걸리리라"[행 27:26]는 바울의 예언이 성취되었기 때문이다. 멜리데에 걸려 구사일생으로 생존한 바울 일행의 감격을 충분히 음미하려면 사도행전 27:13-26에 자세히 묘사된 바울의 표류와 고투, 분투와 환상의 경험을 기억해야 한다. 바울을 태운 로마제국의 죄수 호송선은 2주 동안이나 칠흑 같은 어둠 속에서 지중해를 표류했다. 276명을 태우고 14일 동안 표류하면서 굶주림과 죽음의 권세의 지배를 받던 그 큰 배에는 어떤 지도자도 없었다. 선장, 선주, 백부장 그 누구도 삶과 죽음의 결정적인 갈림길 앞에서는 전혀 지도자다운 경륜과 희생정신을 발휘하지 못했다. 바로 그때 바울은 죄수의 신분으로 쇠사슬에 몸이 결박당한 채 그 배에 타고 있었지만, 결정적인 위기의 순간에 지도력을 발휘한다. 모든 사람이 절망하여 죽기를 기다리며 식음을 전폐하고 있을 때 그는 "우리가 한 사람도 죽지 않고 한 섬에 걸리리라"고 선포하며 불안과 폭풍 같은 죽음의 기운을 진정시킨다. 죽으려는 사람들, 자포자기한 사람들에게 살길을 제시한다. 바울의 지도자적인 기상과 패기는 이처럼 죽음의 위기와 시련 속에서 담금질된 것이었다. 그리스도인들은 환난, 폭풍, 표류, 흑암의 풍랑 가운데 죽음의 위기에 내몰리더라도 무서워하지 말아야 한다.[롬 8:35-39] 14일간 먹지 못한 군중들에게, 죽음만을 생각하는 군중들에게 희망을 말할 수 있으려면 그 자신이 희망의 능력을 고취시키는 성령의 능력 안에서 살아야 한다. "소망의 하나님이 모든 기쁨과 평강을 믿음 안에서" 바울에게 "충만하게 하사 성령의 능력으로 소망이 넘치게" 하셨다.[참조. 롬 15:9-13]

바울의 견인불발적[堅忍不拔的] 태도에 비하면 요즘 그리스도인들은 유약하다. 함석헌의 『뜻으로 본 한국 역사』에는 대흥안령산맥을 타고 남하하여 졸본에 고구려를 세우는 주몽과 그 동료들의 기상에 대한 예찬이 나온다. 오늘날 우리 그리스도인들은 대체로 내면에 몰입하여 자기 죄 때문에 괴로워하며 하나님 앞에 더럽고 추한 자신의 비참한 마음을 들여다보고 자기연민에 허우적거린다. 절망적으로 탄식하는 이런 자기 추궁적 영성을 은근히 즐기기도 한다. 대체로 용감무쌍한 고난 감수 영성이 잘 보이지 않는다. 바울의 영적 기백과 강인한 고난 감수 정신, 주기철의 일사각오 기도, 히말라야 4,000미터 고지를 맨발로 종횡하며 복음을 전하던 인도의 성자 썬다 싱[Sundar singh]의 기백은 희미한 전설로 기억될 뿐이다. 하지만 넓게 보면 2,000년 교회사에는 엄청난 절망과 역경의 중심을 돌파함으로써 하나님 나라의 깃발을 쳐들고 진군한 스승들이 밤의 항성처럼 빛나고 있다. 오늘날 유약하기 짝이 없는 우리 시대의 그리스도인들은 희망을 거스르는 희망 속에서(in hope against hope)[롬 4:18, "바랄 수 없는 중에 바라면서"] 믿음을 잃지 않은 바울의 영적 패기와, 예수의 죽음을 몸에 짊어지고 자신 안에 그리스도의 죽음과 부활이 동시에 나타나기를 열망했던 바울의 영적 기상에 주목해야 한다. 고난과 역경 속에서도 꺾이지 않고 하나님 나라의 소망으로 자신을 담금질한 바울의 육성을 직접 들어보자.

그런즉 이 일에 대하여 우리가 무슨 말 하리요. 만일 하나님이 우리를 위하시면 누가 우리를 대적하리요. 자기 아들을 아끼지 아니하시고 우리 모든 사람을 위하여 내주신 이가 어찌 그 아들과 함께 모든 것을 우리에게 주시지 아니하겠느냐. 누가 능히 하나님께서 택하신 자들을 고발하리요 의롭다 하신 이는 하나님이시니 누가 정죄하리요 죽으실 뿐 아니라 다시 살아나신 이는 그리스도 예수시니 그는 하나님 우편에 계신 자요 우리를 위하여 간구하시는 자시니라. 누가 우리를 그리스도의 사랑에서 끊으리요 환난이나 곤고나 박해나 기근이나 적신이나 위험이나 칼이랴 기록된 바 우리가 종일 주를 위하여 죽임을 당하게 되며 도살당할 양같이 여김을 받았나이다 함과 같으니라. 그러나 이 모든 일에 우리를 사랑하시는 이로 말미암아 우리가 넉넉히 이기느니라. 내가 확신하노니 사망이나 생명이나 천사들이나 권세자들이나 현재 일이나 장래 일이나 능력이나 높음이나 깊음이나 다른 어떤 피조물이라도 우리를 우리 주 그리스도 예수 안에 있는 하나님의 사랑에서 끊을 수 없으리라.롬 8:31-39

만일 우리의 복음이 가리었으면 망하는 자들에게 가리어진 것이라. 그 중에 이 세상의 신이 믿지 아니하는 자들의 마음을 혼미하게 하여 그리스도의 영광의 복음의 광채가 비치지 못하게 함이니 그리스도는 하나님의 형상이니라. 우리는 우리를 전파하는 것이 아니라 오직 그리스도 예수의 주 되신 것과 또 예수를 위하여 우리가 너희의 종 된 것을 전파

함이라. 어두운 데에 빛이 비치라 말씀하셨던 그 하나님께서 예수 그리스도의 얼굴에 있는 하나님의 영광을 아는 빛을 우리 마음에 비추셨느니라. 우리가 이 보배를 질그릇에 가졌으니 이는 심히 큰 능력은 하나님께 있고 우리에게 있지 아니함을 알게 하려 함이라. 우리가 사방으로 욱여쌈을 당하여도 싸이지 아니하며 답답한 일을 당하여도 낙심하지 아니하며 박해를 받아도 버린 바 되지 아니하며 거꾸러뜨림을 당하여도 망하지 아니하고 우리가 항상 예수의 죽음을 몸에 짊어짐은 예수의 생명이 또한 우리 몸에 나타나게 하려 함이라. 우리 살아 있는 자가 항상 예수를 위하여 죽음에 넘겨짐은 예수의 생명이 또한 우리 죽을 육체에 나타나게 하려 함이라. …… 그러므로 우리가 낙심하지 아니하노니 우리의 겉 사람은 낡아지나 우리의 속 사람은 날로 새로워지도다. 우리가 잠시 받는 환난의 경한 것이 지극히 크고 영원한 영광의 중한 것을 우리에게 이루게 함이니 우리가 주목하는 것은 보이는 것이 아니요 보이지 않는 것이니 보이는 것은 잠깐이요 보이지 않는 것은 영원함이라.

고후 4:3-11, 16-18

오직 모든 일에 하나님의 일꾼으로 자천하여 많이 견디는 것과 환난과 궁핍과 고난과 매 맞음과 갇힘과 난동과 수고로움과 자지 못함과 먹지 못함 가운데서도 깨끗함과 지식과 오래 참음과 자비함과 성령의 감화와 거짓이 없는 사랑과 진리의 말씀과 하나님의 능력으로 의의 무기를 좌우에 가지고 영광과 욕됨으로 그러했으며 악한 이름과 아름다운 이름으로 그러했느니라. 우리는 속이는 자 같으나 참되고 무명한 자 같으나 유명한 자요 죽은 자 같으나 보라, 우리가 살아 있고 징계를 받는 자 같으나 죽임을 당하지 아니하고 근심하는 자 같으나 항상 기뻐하고 가난한 자 같으나 많은 사람을 부요하게 하고 아무것도 없는 자 같으나 모든 것을 가진 자로다. 고후 6:4-10

그들이 히브리인이냐 나도 그러하며, 그들이 이스라엘인이냐 나도 그러하며, 그들이 아브라함의 후손이냐 나도 그러하며, 그들이 그리스도의 일꾼이냐 정신없는 말을 하거니와 나는 더욱 그러하도다. 내가 수고를 넘치도록 하고 옥에 갇히기도 더 많이 하고 매도 수없이 맞고 여러 번 죽을 뻔하였으니 유대인들에게 사십에서 하나 감한 매를 다섯 번 맞았으며 세 번 태장으로 맞고 한 번 돌로 맞고 세 번 파선하고 일 주야를 깊은 바다에서 지냈으며 여러 번 여행하면서 강의 위험과 강도의 위험과 동족의 위험과 이방인의 위험과 시내의 위험과 광야의 위험과 바다의 위험과 거짓 형제 중의 위험을 당하고 또 수고하며 애쓰고 여러 번 자지 못하고 주리며 목마르고 여러 번 굶고 춥고 헐벗었노라. 이 외의 일은 고사하고 아직도 날마다 내 속에 눌리는 일이 있으니 곧 모든 교회를 위하여 염려하는 것이라. 누가 약하면 내가 약하지 아니하며 누가 실족하게 되면 내가 애타지 아니하더냐 내가 부득불 자랑할진대 내가 약한 것을 자랑하리라.고후 11:22-30

자신의 연약함과 무력함 속에서 하나님의 강함을 체험했던 바울은 고난과 박대, 박탈과 가난, 환난과 죽음의 시련 속에서 더욱 단련된 정금의 신앙인으로 성숙해갔다. 따라서 우리도 바울처럼 파산, 파선, 실패, 가난을 두려워해서는 안 된다. 절망 속에 던져질 때일수록 더욱 더 희망을 이야기해야 한다. 교회는 희망이 쇠퇴하는 시대에 희망의 메시지를 던져야 한다. 우리가 하나님의 말씀을 맡은 자라면 난파 직전의 위기에 처해 있는 공동체에게 희망의 길을 제시할 수 있어야 한다. 희망의 내용은 '하나님 나라의 도래'이다. 하나님의 다스림이 이 광풍과 죽음의 물결을 압도하고 우리를 소원의 항구로 인도해 주실 것이라는 희망을 가져야 한다. 하나님이 우리에게 환상과 기도 중에 들려주신 희망의 말씀이 우리로 하여금 희망의 사도가 되게 한다. "우리가 비록 재산과 배는 잃을지라도 사람의 목숨은 잃지 않고 다만 한 섬에 걸리리라."

난파선을 벗어나 가까스로 바울 일행이 멜리데 섬에 도착했을 때 비가 오고 날이 차가워지기 시작했다. 하나님은 원주민들의 마음을 움직이셔서 바울 일행에게 특별한 동정을 베풀게 하셨다. 천우신조天佑神助였다. 하나님의 선하심과 인자하심이 바울 일행을 뒤따라 다니고 있었다. 원주민들은 불을 피워 바울 일행을 영접해 주었다.[2절] 바울이 나무 한 묶음을 거두어 불에 넣으니 그 안에 있던 독사가 뜨거운 불을 견디지 못하고 튀어나와 바울의 손을 물어 버렸다.[3절] 원주민들이 바울의 손에 뱀이 매달려 있는 것을 보고 "진실로 이 사람은 살인한 자로다. 바다에서는 구조를 받았으나 공의가 그를 살지 못하게 함이로다"라고 서로 판단하고 있었다.[4절] 멜리데 원주민들은 독사가 신이 내린 심판의 대행자라고 생각했던 것이다. 이런 소란스러운 의혹의 수군거림을 의식했든 그렇지 않았든, 바울은 그 독사를 불에 떨어 버렸다. 바울의 손에는 어떤 상처도 나지 않았다. 바울은 독사의 독에 전혀 영향을 받지 않았던 것이다.[5절] 원주민들은 바울의 몸에 독이 퍼져 바울의 몸이 붓든지 혹은 갑자기 쓰러져 죽을 줄로 알고 기다렸다가 오래 기다려도 그에게 아무 이상이 없자 생각을 즉시 바꿨다. "돌이켜 생각하여 말하되 그를 신神이라 하더라."[6절] 이것 또한 멜리데 원주민들의 사고방식이다. 독사에 물려도 죽지 않는 사람은 필시 신일 것이라는 것이다. 성령 충만한 바울은 독사의 독을 압도하고 있었다.[막 16:18]

게다가 원주민의 질병을 고쳐 줌으로써 바울의 영적 권능은 또 한번 더 위력을 드러내게 된다. 바울의 일행이 이런 하나님의 구원을 경험하고 있던 곳은 보블리오Publius라고 불리는 추장 영지領地 근처였다. 바울 일행에게 일어난 사건에 대해 들었던 보블리오가 바울 일행을 영접하여 사흘이나 그들을 환대하며 그의 영지 내에 묵게 해주었다.7절 이 같은 영접과 환대는 그의 부친이 열병과 이질에 걸려 누워있었던 상황과 무관하지 않았을 것이다. 보블리오가 바울을 초청한 셈이었다. 바울이 들어가서 기도하고 보블리오의 부친에게 안수하여 낫게 했다.8절 이 일이 소문이 나자 섬 가운데 다른 병든 사람들이 와서 바울의 기도를 받고 고침을 받았다.9절 이처럼 하나님의 사람, 바울이 가는 곳에 생명의 역사가 일어났다. 멜리데 섬에서 바울은 이적을 통해 많은 병자를 고쳤다. 미신 가운데 사는 원주민들에게 하나님 나라가 도래했음을 능력으로 증거했다. 이 사건으로 바울은 로마 입성을 앞두고 더욱 복음 사역의 확신과 용기를 얻었을 것이다. 이렇게 고무된 상황에서 보블리오를 비롯한 멜리데 섬 사람들은 후한 예로 바울 일행을 대접했고 바울 일행이 떠날 때에 긴요하게 쓸 물품들을 배에 실어 주기까지 했다.10절

2. 마침내 로마에 입성하는 바울[2] ● 11–31절

11석 달 후에 우리가 그 섬에서 겨울을 난 알렉산드리아 배를 타고 떠나니 그 배의 머리 장식은 디오스구로라. 12수라구사에 대고 사흘을 있다가 13거기서 둘러가서 레기온에 이르러 하루를 지낸 후 남풍이 일어나므로 이튿날 보디올에 이르러 14거기서 형제들을 만나 그들의 청함을 받아 이레를 함께 머무니라. 그래서 우리는 이와 같이 로마로 가니라. 15그곳 형제들이 우리 소식을 듣고 압비오 광장과 트레이스 타베르네까지 맞으러 오니 바울이 그들을 보고 하나님께 감사하고 담대한 마음을 얻으니라. 16우리가 로마에 들어가니 바울에게는 자기를 지키는 한 군인과 함께 따로 있게 허락하더라. 17사흘 후에 바울이 유대인 중 높은 사람들을 청하여 그들이 모인 후에 이르되 여러분 형제들아, 내가 이스라엘 백성이나 우리 조상의 관습을 배척한 일이 없는데 예루살렘에서 로마인의 손에 죄수로 내준 바 되었으니 18로마인은 나를 심문하여

죽일 죄목이 없으므로 석방하려 하였으나 19유대인들이 반대하기로 내가 마지 못하
여 가이사에게 상소함이요 내 민족을 고발하려는 것이 아니니라. 20이러므로 너희를
보고 함께 이야기하려고 청하였으니 이스라엘의 소망으로 말미암아 내가 이 쇠사슬
에 매인 바 되었노라. 21그들이 이르되 우리가 유대에서 네게 대한 편지도 받은 일이
없고 또 형제 중 누가 와서 네게 대하여 좋지 못한 것을 전하든지 이야기한 일도 없
느니라. 22이에 우리가 너의 사상이 어떠한가 듣고자 하니 이 파에 대하여는 어디서
든지 반대를 받는 줄 알기 때문이라 하더라. 23그들이 날짜를 정하고 그가 유숙하는
집에 많이 오니 바울이 아침부터 저녁까지 강론하여 하나님의 나라를 증언하고 모세
의 율법과 선지자의 말을 가지고 예수에 대하여 권하더라. 24그 말을 믿는 사람도 있
고 믿지 아니하는 사람도 있어 25서로 맞지 아니하여 흩어질 때에 바울이 한 말로 이
르되 성령이 선지자 이사야를 통하여 너희 조상들에게 말씀하신 것이 옳도다. 26일렀
으되 이 백성에게 가서 말하기를 너희가 듣기는 들어도 도무지 깨닫지 못하며 보기
는 보아도 도무지 알지 못하는도다. 27이 백성들의 마음이 우둔하여져서 그 귀로는
둔하게 듣고 그 눈은 감았으니 이는 눈으로 보고 귀로 듣고 마음으로 깨달아 돌아오
면 내가 고쳐 줄까 함이라 하였으니 28그런즉 하나님의 이 구원이 이방인에게로 보내
어진 줄 알라 그들은 그것을 들으리라 하더라. 29(없음. 어떤 사본에는 "그가 이 말을 마
칠 때에 유대인들이 서로 큰 쟁론을 하며 물러가더라"가 있음) 30바울이 온 이태를 자기 셋
집에 머물면서 자기에게 오는 사람을 다 영접하고 31하나님의 나라를 전파하며 주 예
수 그리스도에 관한 모든 것을 담대하게 거침없이 가르치더라.

주석

바울 일행은 멜리데 섬에서 석 달을 보내며 겨울을 난 후 알렉산드리아 배를 타고 로마를 향해 떠났다. 그 배의 머리 장식은 '디오스구로'Dioscuri였다.[11절] '디오스구로'는 '쌍둥이 신'이라는 의미로 카스토르Castor와 폴룩스Pollux 신을 가리킨다. 알렉산드리아의 배는 이 쌍둥이 형상의 선두 장식을 달고 있었기 때문에 '디오스구로'로 불렸

다. 멜리데(몰타)에서 로마로 가는 도중에 바울 호송관 일행은 시칠리아섬의 수라구사Syracuse에 배를 대고 사흘간 있다가[12절] 거기서 우회하여 마침내 시칠리아 섬과 이탈리아 반도가 만나는 반도의 최남단 항구도시 레기온Rhegium에 이르렀다. 거기서 하루를 지낸 후 남풍이 일어나므로 이튿날 다시 배를 타고 보디올Puteoli에 이르렀다.[13절] 거기서 이미 만남이 주선된 형제들[3]을 만났으며 바울은 그들의 초청을 받아 이레를 그들과 함께 머물렀다.[14절] 보디올의 형제들은 주 예수를 믿는 유대인들인 것처럼 보인다. 보디올에서 미결수 바울이 어떻게 이런 여유를 얻었는지는 불분명하다. 백부장 율리오는 바울을 사실상 무죄 석방할 수 있다는 베스도 총독의 공문을 읽고 이런 자유를 주었는지, 아니면 가이사에게 상소하러 가는 속주의 로마 시민권자 미결수를 다루는 관례를 따라 자유를 주었는지는 확인할 길이 없다. 아무튼 바울은 일시적으로 자유를 누렸다. 보디올에서 이레를 보낸 후 바울 일행은 마침내 로마에 당도했다.[14절] 놀라운 사실은 로마 황제 법정의 관리들이 바울의 신병확보 절차를 했다는 언급이 나오지 않고, 로마에 있는 "형제들"이 바울을 출영出迎하러 나왔다는 점이다. 그들은 바울 일행의 도착 소식을 듣고 압비오 광장the Forum of Appius과 '트레이스 타베르네'('Τριῶν ταβερῶν'의 의역)까지 맞으러 나왔다. '트레이스 타베르네'를 영어로 번역하면 "Three Taverns" 곧 '세 개의 여관'이라는 뜻이다.[4] 바울은 압비오 광장과 그 옆에 있는 '세 개의 여관' 거리에서 영접을 받았다. 바울은 로마에 이미 자리 잡은 믿는 형제들(믿는 유대인 동포들)을 보고 하나님께 감사하고 담대한 마음을 얻었다.[15절] 바울 일행이 로마에 들어가자 로마 백부장은 바울에게 호의를 베풀어 그를 지키는 한 군인과 함께 따로 있게 허락해 주었다.[16절]

사흘 후에 바울이 유대인 중 높은 사람들을 청하여 자신에 관한 오해를 풀어 보려고 자신의 처지를 설명했다. 자신은 이스라엘 백성이나 조상의 관습을 배척한 일이 없는데 예루살렘에서 동족 유대인들이 자신을 로마인들의 손에 죄수로 내준 바 되어 이렇게 가이사 앞에 재판을 받으러 로마에 오게 되었다고 설명한다.[17절] 로마인들은 자신을 심문한 후 죽일 죄목이 없으므로 석방하려 했으나[18절] 유대인들이 반대하여 자신이 어쩔 수 없이 가이사에게 상소했다는 것이다. 여기서 바울은 1인칭 단수대명사 '에고'를 사용하여 자신이 조상들이 가르쳐 준 어떤 종교 관습이나 율법도 어기지 않았음 강조함으로써 로마의 유대인들을 안심시켰다. 동족 유대인들을 고발하려는 마음은 추호도 없었다는 점도 강조한다.[19절] 자신이 이런 사정으로 로마의 황제 친문[親問] 재판에 설 예정임을 말한다. 그리고 자신은 실상 이방인을 구원하시고자 이스라엘을 이방의 빛으로 사용하시려는 하나님의 섭리, 곧 열방을 향한 하나님의 소망 때문에 쇠사슬에 매이게 되었다고 해명한다.[20절] 바울의 자기해명을 들은 로마의 유대인들은 예상과 달리 바울 자신에 대한 나쁜 소문이나 송사 소식에 대해 아무것도 아는 바가 없다고 대답한다. 자신들은 예루살렘 유대인들로부터 바울을 비난하는 편지를 받은 일도 없고, 또 형제 중 누가 와서 바울에 대해 좋지 못한 소문을 전한 적도 없었다는 것이다.[21절] 다만 그들은 '나사렛 예수파'가 어디서든지 반대를 받는 것 정도는 알고 있었다고 말했다. 나사렛 예수파에 대한 부정적인 선입관을 가지고 있었을 가능성에도 불구하고 그들은 바울의 사상이 무엇인지 알고 싶다는 마음을 드러낸다. 그들은 적어도 겉으로는 중립적인 호기심을 가지고 "오늘" 바울의 강의를 들으러 왔다고 말하고 있는 셈이다.[22절]

첫 번째 만남 이후에 그들은 바울의 사상에 적극적인 관심을 보이며 바울과 다시 만날 약속을 잡고 돌아갔다. 그리하여 바울의 로마 셋방 성경 공부가 시작된다. 바울의 주제는 주 예수 그리스도를 통해 이 세상에 뿌리를 내리고 있는 '하나님 나라'였다. 사도행전은 하나님 나라 복음[1:3]에서 시작하여 하나님 나라 복음으로 끝맺는다. 많은 유대인이 바울이 유숙하는 집에 와서 아침부터 저녁까지 계속된 바울의 하나님 나라 강론을 들었다.[23절] 바울은 주 예수에 대하여 유대인 청중에게 '권했다.' '권하다'라는 동사는 '확신시키다,' '설득하다'를 의미한다. 바울이 아침부터 저녁까지 낮시간 전부를 하나님 나라를 증언하고 모세와 예언자들의 말을 갖고 예수에 대하여 그의 주 되심, 곧 그가 모세와 예언자들이 말한 그 아브라함의 후손, 메시아임을 확신시키는 일에 투신했다는 의미이다. 바울이 하나님 나라를 증언하되 유대인들이 익숙히 알고 있는 모세의 율법과 선지자의 말을 가지고 증언했기에[눅 24:27, 44] 유대인 청중들이 쉽게 반박하기가 어려웠을 것이다. 바울이 여기서 말하는 "하나님 나라"는 아브라함, 이삭, 야곱에게 약속된 큰 민족, 강대한 나라를 의미한다.[창 12:1-2; 18:18-19; 26:4; 28:14] 즉 천하 만민이 아브라함의 후손 나사렛 예수가 열어둔 구원의 길, 다시 말해 하나님 나라 언약백성 되는 길로 들어와 이미 존재하는 하나님 언약백성 공동체로 결집하는 교회[갈 3:28]를 의미했다. 바울에게 하나님 나라는 하나님 우편 보좌에 앉은 주와 그리스도가 되신 예수의 주권적 통치를 의미했다. 따라서 하나님 나라에 들어가려면 나사렛 예수를 주와 그리스도라고 고백하고 그가 열어둔 길로 입문해야 했다.[롬 10:4-10] 바울에게 하나님 나라는 주 예수 그리스도가 모든 통치, 모든 권세와 능력, 곧 마지막 원수인 사망을 멸할 때까지 한시적[限時的]으로[고전 15:24-26] 하나님 아버지께 위임받아 통치하는 나라였다. 바울은 예수를 주라고 고백하고 돌이켜 예수 안에 일어난 하나님의 화목, 화해, 용서의 복음을 영접함으로 하나님 나라에 들어갈 수 있음을 증거한 것이다. 따라서 하

나님 나라의 복음은 예수에 대한 믿음을 가르치는 복음이었다.23절

그러나 바울의 하나님 나라 복음과 주 예수 그리스도에 관한 믿음에 대한 강론을 들은 유대인들의 반응은 두 가지로 갈렸다. 어떤 사람들은 믿고 또 다른 사람들은 믿지 않았다. 서로 분열이 일어난 것이다.24-25절 그들이 흩어질 때에 바울은 이사야 6:9-10을 인증하며 그들의 완악한 반응을 비판했다.25절 26-27절은 이사야 6:9-10의 인증引證과 인용引用이다. 이사야는 듣기는 들어도 도무지 깨닫지 못하며 보기는 보아도 도무지 알지 못하는 백성에게 파송된 예언자였다.26절 이사야의 청중들은 그 마음이 우둔해져서 그 귀로는 둔하게 듣고, 그 눈은 감겨 버렸다. 이는 눈으로 보고 귀로 듣고 마음으로 깨달아 돌아오면 하나님께서 고쳐 주어야 할 상황이 오지 않도록 예언자의 말씀을 통해 하나님께서 그들의 마음을 완매頑昧하게 만들어 버리셨기 때문이었다.27절

행

그런데 개역개정 성경의 27절 하반절, 곧 "이는 눈으로 보고 귀로 듣고 마음으로 깨달아 돌아오면 내가 고쳐 줄까 함이라 하였으니"는 원래 이사야 6:10 하반절의 히브리어 성경의 원래 의미와 약간 다르게 번역되어 있다. 히브리어 본문에는 이중목절절로 표현되어 있는데, 영어로 직역하면 "lest their eyes …… so that they may not turn and be healed"이다. 있다. 그 구절을 직역하면 이렇다. "그들의 눈이 보지 못하고 그들의 귀가 듣지 못하며 그들의 마음이 이해하지 못하도록 하라. 그들이 돌아와서 치료를 받지 못하도록 ……." 이사야의 히브리어 성경의 원의原意는 예언자가 하나님의 말씀을 계속 선포함으로써 청중들의 회개 가능성을 차단하도록 하라는 것이다.[5] 그런데 이사야 6:10을 인용하는 개역개정 사도행전 28:26-27은 히브리어 원문의 의미를 충분히 반영하지 못하고 있다. 원래 히브리어 원어 성경에서 이사야 6:10은 이사야가 예언을

계속 선포함으로써 "백성의 마음을 완악하게 하고, 그 귀를 둔하게 하고, 그 눈을 감기게 하라"는 하나님의 이해하기 어려운 명령을 강조한다.

그런데 개역개정 사도행전 28:27은 백성의 마음이 이미 완악해져 있고, 귀가 둔하게 되고, 눈이 감겨서 하나님의 말씀을 이해하지 못하는 것으로 본다. 왜 이런 차이가 생겼을까? 이사야 6장을 인용한 사도행전 28:26-27은 주전 3세기 이집트의 알렉산드리아 유대인 교포들이 히브리어는 모르고 헬라어만 아는 자녀들을 위해 번역한 헬라어 성경인 70인역the Septuagint을 따르고 있기 때문이다. 70인역은 아예 히브리어 원전의 이중목적절에 나타난 원의를 벗어나서 이사야 6:10을 하나의 서술문으로 만들어버렸다. 70인역은 청중들의 완악하고 완매한 상황이 예언자의 설교를 듣고 일어난 상황이 아니라, 예언자의 설교 듣기 이전부터 있어온 상황이라고 말하는 셈이다. 히브리어 성경 이사야 6:10은 하나님의 절대주권적인 강퍅케 하시는 사역을 강조한 반면,백성들의 마음을 강퍅케 하라 70인역 이사야 6:10은 이미 하나님의 말씀을 이해할 수 없을 정도로 강퍅케 되어버린 상황을 강조하고 있다.

이에 반해 70인역 이사야 6:10을 직역하면 다음과 같다.[6] "왜냐하면 이 백성의 마음이 완악해졌고 그들의 귀들은 듣는 데 둔하다. 그들은 그들의 눈들은 감아버렸다; 그들이 그들의 눈으로 보고, 그들의 귀들도 듣고, 그들의 마음으로 이해하여, 회심하지 못하게 하고, 그리고 내가 그들을 고치지 못하게 할 정도로……." 한편, 히브리어 본문을 따르는 개역개정 이사야 6:10은 이사야의 누적된 예언을 듣고 더욱 강퍅케 될 청중의 미래 상황을 말한다. "이 백성의 마음을 둔하게 하며 그들의 귀가 막히고 그들의 눈이 감기게 하라 염려하건대 그들이 눈으로 보고 귀로 듣고 마음으로 깨닫고 다시 돌아와 고침을 받을까 하노라 하시기로 …….” 주의 깊은 독자들은 이런 차이를 감지할 수 있을 것이다. 하지만 어떻게 읽든 대의는 크게 바뀌지 않는다. 이사야의 설교를 들은 청중의 반응이 완악함과 완매함이듯이, 바울 자신의 설교를 들은 청중도 그랬다는 것이다.

요약하면, 이사야 6:9-10은 예언자를 통해 들려오는 하나님 생명의 말씀, 계시의 말씀을 듣고도 마음이 굳어져 눈이 멀어져 버리는 영적 대적對敵반응, 영적 반역 심화 반응을 보이는 이스라엘 민족의 자기파멸적 무지몽매를 질타하는 예언이다. 바울은 자신의 복음을 듣고 대적하는 유대인 동포들의 반응을 보고 이사야 6:9-10로 해석한 적이 한두 번 더 있었다. 바울이 이사야 6:9-10을 인용하는 것을 볼 때 아마도 로마의 유대인들 대다수는 믿지 않았던 것처럼 보인다. 그래서 바울은 이사야가 유대인 조상들의 완악함에 대해 말한 예언이 옳았다고 선언한 것이다. 바울 자신의 복음에 대한 유대인들의 불순종과 완악한 태도는 이스라엘 역사의 뿌리 깊은 불순종과 완악함이라는 점을 부각시키려고 하는 것이다.[마 23:34-35; 참조. 롬 11:25-26]

이처럼 바울은 이 이사야의 예언을 인증하여 앞으로 이스라엘 민족과는 달리 오히려 이방인이 대량으로 하나님 나라에 쇄도하는 시대를 내다보고 있다.[롬 9-11장] 유대인들의 완매하고, 불순종적인 반응 때문에 하나님께서 이스라엘의 예언자를 통해 선포되는 하나님의 구원이 이방인에게 임하도록 이방인에게 파송해 버리셨다는 것이다. 바울은 자신이 선포하는 복음이 유대인을 거치지 않고 바로 이방인에게 흘러가 버리지 않도록 유대인 청중들이 경각심을 가지고 경청해야 한다는 점을 강조하고 싶었을 것이다.[28절] 개역개정에는 29절이 누락되어 있으나 어떤 사본에는 “그가 이 말을 마칠 때에 유대인들이 서로 큰 쟁론을 하며 물러가더라”는 말이 있는

데, 아마도 이 절은 25절이 전치轉置된 결과일 것이다. 바울은 로마의 유대인들이 복음에 대해 닫혀 있는 상황을 이처럼 이사야의 예언을 빌어 분석한 것이다. 로마의 유대인들 상당수는 다른 도시에서처럼 바울의 복음에 대해 완악하고 폐쇄적으로 응답했던 것으로 보인다. 이런 완악하고 미지근한 반응 속에서도 바울은 2년 동안을 온전히 자기 셋집에 머물면서 자기에게 오는 사람을 다 영접하고[30절] 하나님 나라를 전파하며 주 예수 그리스도에 관한 모든 것을 담대하게 거침없이 가르쳤다.[31절] 30절에는 두 개의 정동사, '머물면서'와 '영접하고'가 사용된 반면에, 31절에는 정동사가 없는 구문으로 두 개의 분사를 갖고 있다. 바울은 2년 동안 자신에게 오는 모든 사람을 영접했는데 그 영접한 행위는 하나님 나라를 "전파하는 것"(κηρύσσων, 분사형, '선포하면서')과 주 예수 그리스도에 관한 모든 것을 "가르치는 일"(διδάσκων, 분사형 '가르치면서')이다.

바울의 로마 사역은 참으로 소박하고 미약했으나 성경을 가르치는 일이야말로 제국의 수도 로마를 변화시키는 조용한 혁명이었다. 바울은 큰 꿈을 가졌으면서도 아주 실제적인 사람이었다. 그는 정열적인 이상을 품은 사람이면서도 조용한 실천가였던 것이다. 비록 자신을 열광적으로 환영하고 추종하지는 않았으나 로마의 유대인들을 어떻게든지 복음으로 구원하기 위해 최선을 다한 것이다. 바울이 로마에까지 와서 유대인 중 높은 사람들을 만난 것은 동족에 대한 애끓는 사랑 때문이었다. 바울의 마음은 동족 형제들을 포기하지 않았다. 비록 지금까지 완악한 유대인들에게 죽을 고비도 당하고 이렇게 로마에까지 죄수의 몸으로 잡혀 온 것도 동족의 시기 때문이지만, 그 같은 인간적, 감정적인 이유로 동족 형제들을 포기하지는 않았다. 그는 어찌하든지 동족이 예수 그리스도의 복음을 영접하도록 모세의 율법과 예언자들의 말을 전했다. 바울이 포기하지 않고 끝까지 동족에게 복음을 전하려고 한 이유는 무엇인가? 이스라엘의 진정한 소망은 천하 만민이 아브라함과 그 후손이 매개하는 복福에 참여하는 미래이기 때문이다. 창 12:1-2; 18:18-19; 22:17-18; 26:4; 28:14; 마 8:11; 갈 3:8-16; 계 7:7-9 아브라함과 그 후손은 아담 인류가 땅과 세계에 초래한 저주를 무효화하고 아담 인류가 잃었던 낙원을 회복하는 사명을 받은 선민이다. 아담 인류는 노아 홍수를 초래하고 세계 만민을 분열시키는 인류이다. 아담 인류는 땅에서 사는 지속 가능한 평화와 상호우애를 박탈당하고, 죄와 죽음, 갈등과 투쟁, 살상과 전쟁을 통해 서로를 파괴하는 자기 파멸적 족속이다. 아브라함과 그 후손은 이 아담 인류의 죄를 무효화하는 믿음과 의, 순종과 형제 사랑을 구현하도록 부름받은 민족이었다. 아브라함의 약속을 성취할 아브라함의 일차적인 후손은 구약의 이스라엘 백성이며, 궁극적인 후손은 나사렛 예수 그리스도이다. 갈라디아서 3:8-29은 사도행전 28:20이 말한 이스라엘의 소망을 정확하게 제시한다.

> 또 하나님이 이방을 믿음으로 말미암아 의로 정하실 것을 성경이 미리 알고 먼저 아브라함에게 복음을 전하되 모든 이방인이 너로 말미암아 복을 받으리라 하였느니라. 그러므로 믿음으로 말미암은 자는 믿음이 있는 아브라함과 함께 복을 받느니라. …… 그리스도께서 우리를 위하여 저주를 받은 바 되사 율법의 저주에서 우리를 속량하셨으니 기록된 바 나무에 달린 자마다 저주 아래에 있는 자라 하였음이라. 이는 그리스도 예수 안에서 아브라함의 복이 이방인에게 미치게 하고 또 우리로 하여금 믿음으로 말미암아 성령의 약속을 받게 하려 함이라. …… 이 약속들은 아브라함과 그 자손에게 말씀하신 것인데 여럿을 가리켜 그 자손들이라 하지 아니하시고 오직 한 사람을 가리켜 네 자손이라 하셨으니 곧 그리스도라. …… 너희는 유대인이나 헬라인이나 종이나 자유인이나

남자나 여자나 다 그리스도 예수 안에서 하나이니라. 너희가 그리스도의 것이면 곧 아브라함의 자손이요 약속대로 유업을 이을 자니라.

위의 갈라디아서 단락의 아브라함 언약 해석은 나사렛 예수의 영생 복음을 집약하는 마태복음 8:11에 대한 해설이다. "또 너희에게 이르노니 동서로부터 많은 사람이 이르러 아브라함과 이삭과 야곱과 함께 천국에 앉으려니와 ……." 신구약 66권 모두는 아브라함에게 약속한 천하 만민의 천국 초청을 성취할 그 후손에 관한 이야기이다. 바울은 하나님이 1,500년 이상 약속한 아브라함의 그 후손이 나사렛 예수 그리스도라고 선포했다. 십자가에 달려 율법의 저주를 스스로 짊어지고 죽음에 넘겨졌다가 사흘 만에 부활한 나사렛 예수 그리스도가 천하 만민을 하나님 아버지께로 이끄는 영생이자 복요 14:6이라고 선언했다. 바울은 이스라엘이나 로마인이나 다른 이방인이라도 구원의 길은 예수밖에 없음을 확신하였기에 유대인들을 포기하지 않은 것이다.

메시지

바울은 에베소에서 엄청난 영적 파죽지세로 아데미 여신 숭배 도시를 거룩하게 격동시킨 후 "로마도 보아야 하리라"고 결심한 이래, 행 19:21 그토록 열망하던 로마에 왔다. 로마는 전쟁의 신 마르스와 주피터의 나라였다. 전쟁의 신과 세계 운명을 주재하는 주피터를 섬기는 로마는 또한 세계의 모든 변방까지 로마의 법치주의를 확장하는 것을 사명으로 삼는 세계 통치적 야심을 가진 나라였다. 바울은 로마에서 하나님 나라를 강론하면서 로마의 대안 질서, 곧 로마 너머 하나님 나라를 바라본다. 그는 셋방에서 외쳤던 하나님 나라 비전을 로마 황제 가이사 앞에 제시하며, 자신의 하나님 나라 운동이 로마제국의 세계 통치 이념을 이루는 효과적인 도구가 될 것이라고 설득하려고 했을 것이다. 바울보다 150년 이후에 등장한 로마제국 오현제五賢帝 시대의 마지막 황제인 마르쿠스 아우렐리우스는, 로마제국이 돌보는 데 실패한 모든 부랑아, 퇴역군인, 고아, 과부, 난민, 그리고 죽은 자들을 교회들이 섬겨 재활 복구시키는 과정을 보고 로마제국이 하지 못하는 일을 교회가 수행하고 있다고 탄식했다. 왜 바울의 하나님 나라 복음은 로마제국의 통치 혜택 사각지대에 버려진 사람들을 구원하는 데 효과적이었으며, 끝내 로마제국의 통치권을 거룩하게 대체할 수 있었을까?

우리가 본문 주석에서 살펴보았듯이 바울은 미결수라는 불편하고 불확실한 환경에도 굴하지 않고 주 예수 그리스도의 복음으로 동족들을 얻고자 분투했다. 사도행전의 '하나님 나라 운동'이 초자연적인 오순절 성령 강림으로 시작했다가 지극히 소박한 바울의 셋방 성경 공부 장면으로 종료되는 상황을 고려해 보면, 기독교의 엄청난 사회 변혁력은 놀랍기만 하다. 로마의 셋방에서 성경을 가르치는 바울의 모습은 사도행전 2장의 성령 강림과 3천 명을 일시에 회심시키는 베드로의 오순절 설교 장면에 비해 소박하고 극적이지도 않다. 그러나 사도행전의 저자는 자신을 찾아오는 방문자들에게 담대하게 하나님 나라를 전파하는 바울의 모습에서 복음의 미래를 전망하고 있다. 셋방 성경 공부와 같이 소박해 보이는 작은 모임이 이제 일상생활 속에서 자라 가는 하나님 나라 운동의 기본 단위가 된다는 것이다.

오늘날 교회는 눈에 보이는 화려하고 대형화된 집회에서만 하나님 나라의 현존을 느끼려고 할 것이 아니라, 바울의 셋방 성경 공부 같은 조밀하고 소박한 모임에서도 하나님 나라의 실재를 느낄 수 있는 영적 감수성을 계발해야 한다. 지속적인 성경 공부는 한두 차례의 일진광풍 같은 성령의 초자연적인 역사에 비해 효과가 적은 하나님 나라 운동이라고 생각하기 쉽다. 그러나 이것은 사실이 아니다. 성경 공부는 어떤 모양의 부흥 집회나 여느 모임보다도 뜨겁고 변혁적인 하나님 나라 운동이 될 수 있다. 엠마오로 낙향하는 의기소침한 두 제자에게 나타나셔서 성경을 가르쳐 주신 부활하신 예수를 기억해 보자. 예수는 제자들에게 구약성경이 어떤 점에서 그리스도의 고난, 굴욕, 부활, 영화에 대해 말하는지를 자세히 풀어주셨다.[눅 24:25-27] 예수의 성경 공부는 자세히 풀어주시는 공부였다. 예수님이 성경을 풀어주실 때 제자들의 마음은 뜨거워졌고 왜 예수님이 십자가에 달려 죽으셔야 했는지, 왜 부활하셔야 했는지, 왜 제자들이 예수의 증인이 되어 땅끝까지 달려가야 하는지를 깨닫게 되었다.[눅 24:32] 이처럼 예수는 제자들의 마음을 열어 성경을 깨닫게 하신 것이다. 그리스도가 고난을 받고 사흘 만에 죽은 자 가운데서 살아난 사건 속에 담겨 있는 "하나님 나라"의 내적 논리를 이해하도록 설득하신 것이다.[눅 24:44-45] 이처럼 성경 공부는 엠마오 도상의 제자들의 마음을 뜨겁게 하고 제자들에게 갱신된 사명 의식을 회복시켜 주는 계기가 되었다.

예수께서 친히 마음을 뜨겁게 해주시는 셋방식 성경 공부가 활성화될 때 진정한 성령 충만이 실현된다. 교회 안에서 일어나는 소규모 성경 공부야말로 교회 안에 현존하는 예수의 가장 명백한 사역 중 하나임에 틀림없다. 예수는 성경 공부를 통해 개인과 공동체 안에 하나님 나라를 확산시키신다. 개인과 공동체에게 경험되는 하나님 나라는 죄사함의 확신이며 하나님의 율법을 준행할 능력으로 구비되는 경험이다. 각 신자는 죄사함 속에서 하나님의 다스림을 경험하고, 죄사함의 기쁨 가운데서 그 복음을 땅끝까지 전파하는 증인으로 부름받게 된다. 누가복음 24:47-49과 사도행전 1:8은 하나님 나라 운동의 본질이 무엇인지 정확하게 보여준다.

> 또 그의 이름으로 죄사함을 받게 하는 회개가 예루살렘에서 시작하여 모든 족속에게 전파될 것이 기록되었으니 너희는 이 모든 일의 증인이라. 볼지어다, 내가 내 아버지께서 약속하신 것을 너희에게 보내리니 너희는 위로부터 능력으로 입혀질 때까지 이 성에 머물라 하시니라.눅 24:47-49

> 오직 성령이 너희에게 임하시면 너희가 권능을 받고 예루살렘과 온 유대와 사마리아와 땅끝까지 이르러 내 증인이 되리라 하시니라.행 1:8

축적된 성경 공부 위에 성령 충만을 구하는 기도가 깊어지고, 그 기도가 임계점에 도달하면 성령으로 충만함을 입어 권능을 받고 자신을 거룩하게 소진하고 희생하는 증인의 삶이 시작된다. 어떤 세속의 역사가도 바울의 로마 입성과 그의 성경 공부 운동에 세계사적인 의미를 부여하지 않았으나, 하나님은 이 성경 공부를 통해 로마 제국의 심장부에 하나님 나라 운동의 전초기지를 세우셨던 것이다. 바울의 로마 셋방 성경 공부는 유럽의 문명을 복음으로 변혁하는 하나님 나라 운동의 첫 발진이었다. 우리는 바울에게서 하나님 나라 운동에 투신한 그리스도인의 아름다운 향기를 본다.

바울, 그는 자신이 가장 사랑하는 동족에게 배척받고 로마의 법정에 넘겨진 미결수 신분이었으나 그 열악한 환경에서 여전히 최선을 다하였다. 20여 년이 넘는 긴 세월 동안 넘실거리는 죽음의 파도와 싸우면서 지중해를 넘나들던 성상星霜이 얼마였던가? 강江의 위험과 동족의 위험 속에서 돌과 매질과 비난의 칼을 몸으로 받아내면서도 그는 하나님 나라를 위한 투신에서 물러섬이 없었다. 그러나 바울은 홀로 강한 자가 아니라, 주 예수의 은혜 안에서 강한 용사였다. 동족들의 정죄와 비난이 그를 찌르면 찌를수록 바울의 입에서는 세계를 살리는 희망의 복음이 터져 나왔고, 그가 받은 상처와 고통은 포도주 같은 향기를 토하며 청중의 마음을 사로잡았다. 그는 로마에 왔으나 여기서 그치지 않고 당시에 땅끝으로 알려진 서바나까지 내달리기를 원했던 세계 시민이었다. 바울은 정녕 나사렛 예수의 맥박과 심장의 고동에 가장 가깝게 공명하는 예수의 분신이었다. 그가 엎드린 자리마다 사람을 살리는 영적 파동이 일어나고, 그가 지옥 같은 괴로움으로 신음할 때마다 그가 돌보던 양 떼들은 부활의 기쁨을 누렸다. 온 세상을 향한 하나님의 충만한 사랑에 공감했기 때문에, 세상의 찌꺼기 같은 대접을 감수한 자, 징계를 받는 자 같으나 기뻐하고, 속이는 자 같으나 참된 자요, 아무것도 없는 자 같으나 모든 것을 가진 자 바울, 그는 그리스도의 부활 권능에 참예하기 위하여 그의 죽으심을 본받는 자였다. 또한 그는 이 지상에 구원을 가져다줄 것으로 생각되는 모든 부귀영화의 조건들을, 주 그리스도 예수를 아는 지식의 으뜸성을 체험하고 그것을 자랑하기 위하여, 악취 나는 배설물처럼 버렸다. 그는 그리스도와 그 부활의 권능과 그 고난을 깊이 공감하고 체현해 보기 위하여 그리스도의 죽으심을 본받아 자기 죽음의 길로 일향一向 달려갔다. 그는 위대한 업적을 남겼으나 자신의 사명이 끝났다고 생각하지 않았다. 그는 이미 얻었다거나 완전함에 도달했다고 생각하지 않고 오직 그리스도 예수께 잡힌 바 된 소명감에 입각하여 그 소명의 목적을 이루려고 달려갔다. 그는 결코 그 소명의 완성 시 받게 될 상급을 받은 줄로 여기지 아니하고, 오직 과거의 성공과 실패를 모두 잊어버리고, 앞에 있는 하늘 상급을 잡으려고 정진했다. 그는 정녕 푯대를 향하여, 그리스도 예수 안에서 하나님이 주시기로 작정했던 그 부르심의 상을 받기 위해 달려갔다.빌 3:8-14; 딤후 4:7-8 이런 바울이 대표한 기독교야말로 성경적 기독교요, 정통 기독교다. 한국교회는 사도행전을 깊이 상고함으로써 정통 기독교회로부터 얼마나 멀어져 있는가를 스스로 점검할 수 있을 것이다.

로마서에서 바울은 로마에서도 이방인 중에 열매를 맺게 하여 교회를 세우고 싶다는 열망을 피력했다. 로마의 카타콤Catacomb에는 베드로와 바울이 로마교회 형성에 이바지했음을 보여주는 글자가 남아 있다.(세바스찬 카타콤, "베드로와 바울에게") 사도행전 28장 마지막 단락에 암시되어 있듯이, 바울이 로마에서도 유대인들이 아니라 이방인들에게 집중적으로 사역했음을 짐작할 수 있다. 바울은 로마제국의 모든 지역에 흩어져 있던 유대인 회당에 모이던 유대인들과 유대교로 개종할 마음이 있는 "하나님 경외자들"God-fearers에게 주 예수 그리스도의 복음을 증거했으며, 악하고 음란한 세대에서 빠져나와 교회인 에클레시아(ἐκκλησία)와 성령과의 교제인 코이노니아(κοινωνία)에 참여해 구원을 받으라고 강권했다. 바울이 증거한 하나님 나라는 바울의 에클레시아에서 그 잠정적이고 예비적 단계의 실체를 드러내었다. 바울의 하나님 나라 복음은 교회 에클레시아의 복음이었다. 그 중심은 부활하신 예수 그리스도와 성령이었다. 바울이 전한 구원은 마을 수호신守護神 단위, 혹은 도시 수호신 단위, 혹은 국가 단위의 구원이 아니라 각 개인이 바로 경험하는 구원이었다.[7] 이는 믿는 자 각각이 속한 본토, 친척, 아비집, 곧 1차 집단의 종교를 버리고 하나님께 돌아올 때 가능하다. 바울은 구원을 얻기 위해 버려야 할 것을 자신의 여러 서신에서 다양하게 말한다. 데살로니가전후서에서는 우상을, 갈라디아서에서는 할례주의를, 빌립보서에서는 로마 시민권을 버려야 하나님의 구원에 이를 수 있다고 설파한 것이다.

1세기 중엽 당시 교회는 직능인 조합Collegium, 콜레기움이나 유대인 회당 조직 등 어떤 인간의 자발적 결사체보다 강하고 견고한 우애를 바탕으로 형성되었다. 교회는 모든 하층민과 노예, 해방 노예, 여자들, 소속이 없이 거대한 도시에 부유하는 난민들, 고아와 과부 등 최약자들에게는 열광적인 기쁨을 안겨주는 이상향이었다. 남녀 차별, 노예와 자유인의 차별, 지역 차별, 빈부 차별 등이 상당히 해소된 공동체였다.갈 3:28 그래서 이들에게는 기독교 신앙을 갖고 세례받고 교회에 참여하는 것 자체가 구원이었다.

사도행전의 복음과 문명사적 의의

1. 사도행전이 주는 도전

오늘날 그리스도인들은 세상이 주는 스트레스와 문화적 압박에 짓눌려 영적 기상과 패기를 잃기 쉽다. 세상은 서로에 대한 사랑과 협력을 통해 새로운 미래를 개척하려는 비전을 버리고 경쟁적이고 탐욕적인 승리주의에 몰두해 있다. 그러나 모든 사람이 울고 있는데 혼자서만 웃는 것이, 모든 사람이 가난과 박탈 속에 살아가는데 혼자 땅과 집을 독점하는 것이 인생의 행복이 될 수는 없다. 오늘날 우리 그리스도인들마저 이렇게 멸망으로 가는 넓은 길을 가도록 유혹받고 있다. 그래서 생명으로 가는 길은 좁고 협착해서 찾는 사람이 적다. 그리스도인들도 이 갈림길 앞에서 심하게 요동하며 유혹받고 있다.

이런 상황에서 우리는 바울의 삶을 묵상한다. 지중해의 넘실거리는 죽음의 물결을 넘어 20년 이상 1만 6천 킬로미터를 여행한 사람, 여덟 곳의 이방 교회를 개척하여 유럽에 기독교 복음을 심은 사람, 헬라 세계와 히브리 세계 모두에 정통한 교양과 학식의 사람, 동역과 분투의 사람, 기도와 눈물의 사람, 말씀과 환상vision으로 자신을 다스린 사람, 바울을 통해 우리는 영적 기개와 패기를 회복할 수 있기를 소망한다. 어디서 세계를 경영하는 영적 패기와 기상을 얻을 수 있을까? 주 예수 그리스도 안에서 거룩하게 부서진 경험, 엎드러진 경험 안에서 얻을 수 있다.

9장에서 살펴보았듯이, 바울은 예수 안에서 엎드러진 자로서 그 분 안에서 새로운 인간으로 거듭 태어난 인물이었다. 그는 폐쇄적 민족주의자로 넘어졌다가 보편적 세계 시민, 천국 시민으로 다시 부활한 인물이었다. 바울의 다메섹 체험은 특수한 사도적 소명 체험이기도 하지만, 동시에 모든 신자의 구원 경험의 모범적 사례이기도 하다. 바울은 "나는 모월 모시에 구원받고 중생을 체험했다"는 식의 특정 시간의 일회적인 회심 순간을 강조하는 경건주의적 고백에만 머물지 않고, 구원 사건 속에 내포된 구원자의 의도를 부단히 성찰했다. 그는 자신의 개인적 구원 사건을 선물 주시는 자의 주권적 계획의 빛 아래서 해석했다. 하나님께서 이방인을 구원하실 더 큰 구원 계획을 집행하시는 중간 단계로 자신을 구원하셨다고 고백했다. 자신의 구원이 궁극적인 목적지가 아니라, 이방인 구원이 최종 목적지였다는 것이다. 9-28장의 강해에서 누누이 확인했듯이, 바울 당시 이방인에게 구원을 선포한다는 것, 곧 예수 그리스도를 믿기만 하면 하나님의 자녀가 된다고 선포하는 바울의 복음"나의 복음," 롬 2:16은 바울 자신의 안전을 위태롭게 하는 십자가 고난이었다. 메시아 왕국의 도래에 대한 국수주의적 기대가 고조된 그 당시, 이방인에 대한 유대인의 경멸은 극에 달했다.행 10:28; 11:1-5 바로 그 시기에 이방인을 은혜로 구원하려는 하나님의 구원 의지를 부각시키는 '바울의 복음'은 유대인의 폐쇄적 선민주의라는 낡은 가죽 부대를 찢는 하나님의 거룩하고 공변된 무기였으며, 동시에 바울 자신의 목숨을 앗아갈 수 있는 위험한 무기이기도 했다. 바울의 복음 전파는 성전-율법-할례로 이어지는 유대 사회의 정사와 권세를 부수는 하나님의 복된 공격 행위였다.

바울 당시 유대인 공동체는 바울이 전하던 그런 사랑의 메시아,

모든 만민을 평등하게 사랑하고 구원해 주시는 그런 메시아를 영접하기에는 너무나 처참하게 손상된 집단이었다. 그들은 이방인들을 섬멸하시고 그들 앞에서 유대인들의 운명을 대반전시켜 주실 심판자적인 강력한 메시아를 꿈꿨다. 유대인들을 둘러싼 역사적 조건이 극단적으로 열악했기 때문이다. 로마제국의 학정과 폭압은 강도를 더했고 갈릴리 일대를 근거지로 숱한 민중 봉기들이 언제 터질지 모르는 시한폭탄 같은 기세로 육박하고 있었다. 하나님께서 메시아를 보내어 극악무도한 이방인의 손에서 유대인을 건져주실 것이며, 이방인들은 존귀케 된 이스라엘을 제사장 나라로 섬기며 시온으로 순례할 미래가 올 것이라는 유대인들의 메시아 사상이 그 배후에 작용하고 있었다.

특히 바리새파 유대인들은 거룩한 시온[Zion]과 그 성전에서 시작된 메시아 왕국이 이스라엘을 만국의 제사장 나라로 등극시키고, 열방들은 이스라엘의 외곽에서 봉사하게 될 미래의 청사진을 고이 간직하고 있었다.[사 60:1-14; 61:4-7] 바울 당시 유대인의 유월절에는 희생양이 100만 마리나 봉헌되었을 만큼 임박한 메시아 왕국에 대한 유대인들의 기대는 무르익은 상태였다. 그런 유대인 사회에는 '사형수 예수가 부활하여 만왕의 왕, 만주의 주'가 되었다는 그리스도인들의 복음은 견딜 수 없는 공격이었다. 예수가 참 대제사장이요,[히 4장] 참 성전이요,[히 7-8장] 참 희생제물이자 참 율법의 마침이며,[롬 10:4] 예수 그리스도 안에서 인간의 죄가 용서받았다는 바울의 이신칭의 복음은 유대교의 성전 중심적, 율법 중심적 기득권 체제를 뒤흔들었다. 그리스도 안에서 이방인이나 유대인이나 차별이 없다[갈 3:28]는 복음, 이방인을 향한 하나님의 절대주권적 구원 의지를 강력하게 천명한 바울의 복음은 대다수 동족 유대인들에게는 받아들여지기 어려웠다. 하지만 바울은 자신의 구원 체험이 세계 만인의 구원계획 속에서 일어난 사건임을 확신하고, 헬라인이나 야만인, 지혜있는 자나 어리석은 자 모두에게 자신은 빚진 자라고 말했다.롬 1:14 바울의 다메섹 체험 속에는 한 개인의 구원을 넘어 이방인을 구원하시려는 하나님의 섭리가 역사하고 있었기 때문이다. 이제 더 이상 바울에게는 유대인과 이방인의 차별이 아니라, 그리스도 안과 밖에 있는 사람들 사이의 차별이 있을 뿐이었다. 이처럼 그리스도인의 구원 체험은 고립된 경험이 아니라, 세계 만민을 구원하시려는 하나님의 의지를 대행하는 매개적 구원이다. 모든 그리스도인의 구원 경험 속에는 이방 지향성이 내포되어 있는 것이다.

바울의 이 다메섹 소명 경험은 그의 세계 선교 운동력의 원천이 되었다. 그는 단지 개인 전도를 하러 다닌 것이 아니라 왕과 총독들과 사회 상층부 집단에게 하나님 나라의 도래를 선포하며 낡은 체제를 거룩하게 변혁시키려고 분투했다. 그는 루가오니아 지방, 아덴, 에베소, 고린도, 데살로니가 등 이방 도시들에서 하나님 나라의 복음, 곧 주 예수의 복음을 증거했다. 단지 교회를 하나 세우고 다른 곳으로 이동한 것이 아니라, 한 사회와 도시의 중심가치를 변혁하며(아데미 여신의 경우를 보라) 하나님 나라의 세계 변혁적 지향을 공공연히 드러냈다. 그는 부활하신 주, 역사의 주관자이자 하나님의 우편 보좌에 앉으신 예수 그리스도 안에서 엎드린 자, 항복한 자였기 때문에 이런 엄청난 능력과 영향력을 발휘할 수 있었다. 예수 그리스도 안에서 항복하고 엎드린 자는 세상을 이기는 힘을 얻게 된다.

바울의 세계 변혁적 선교 여정의 끝은 로마 입성이었다. 사도행전 28장은 죄수 호송선을 타고 길고 고단한 여정 끝에 로마에 당도한 바울이 어떤 일에 집중했는지를 보여준다. 사도행전 28장은 로마에서 미결수의 몸으로 셋방살이를 하면서 로마 사람들에게 하나님 나라의 복음을 전파하고 성경을 공부하는 바울의 모습을 스냅사진처럼 보여주며 전혀 장엄하지 않은 엔딩으로 사도행전의 긴 드라마를 끝맺는다.

2. 후기 다원주의 시대에 접어든 인류 역사의 미래를 밝혀 주는 사도행전의 공공신학적 메시지

구약 39권의 모든 신명神命 신탁과 미래 예언, 그리고 기도와 탄원들은 나사렛 예수의 언동, 몸짓, 그리고 그의 십자가 죽음과 부활 사건으로 합류한다. 나사렛 예수의 언동, 열망, 그리고 십자가의 죽음 감수와 부활 주장은 구약 39권이 없이는 석명釋明될 수 없는 암호들이다. 이 암호를 구약 39권의 빛 아래서 해독한 인물이 바울이다. 사도행전은 아브라함의 후손 이스라엘이 예수를 통해 어떻게 세계 만민의 복이 되는지 그 과정을 다룬다. 세계 만민이 받을 복은 야웨의 하나님 통치, 곧 하나님의 총회(에클레시아)에 초청받는 행복이다. 이 행복의 절정은 하나님이 마련한 종말의 대잔치에 참여해, 다양한 천하 만민 상호 간에 누적된 적의를 용해시키는 만민 평화 식탁에 참여하는 것이다.사 25:6 타자와의 차별을 통한 정체성 과시라는 베일을 벗고 타자와의 교제에 최적화된 심성과 얼굴로 서로 간에 쌓였던 적의를 해소하는 종말의 대향연이다.사 25:7-8 신약성경은 하나님이 오래전 구약시대 내내 준비했던 극상품 포도주와 온갖 기름진 음식이 마련된 하나님 나라 대잔치에 열방들을 초청하고 영접하는 복음이다. 신약은 창세기부터 시작된 대하드라마의 종결부이다. 신약성경의 모든 구절은 창세기부터 시작된 구약성경의 서사에 근거하고 있다. 신약성경은 1,500년 동안 계속된 언약사史의 계주를 완주하는 자들의 책이다. 신약성경은 구약성경에 대한 인용의 사슬로 교직交織되어 있으며, 구약을 전제하고, 그것에 기반하며 그것을 해석하고, 암시하며, 성취하는 해석학의 텍스트이다. 신약성경 27권은 구약성경에서 약 1,500년간 전개된 이스라엘의 파란만장한 역사의 의미를 보편적인 세계사 속에서 해석한다. 1,500년간 이스라엘에 일어난 민족 구원사가 세계 만민을 위한 구원사의 서곡이었다는 것이다. 그래서 창세기부터 시작되는 하나님의 세계 구원 서사의 내적 논리를 모르면 신약을 이해하는 데 어려움을 느낀다.

이처럼 신약성경의 저자들은 이런 특수한 이스라엘 민족 구원 서사를 상속받아 이야기를 이어가는 집단 창작의 종결부를 맡은 인물들이다. 그들의 사명은 고대의 한 특수한 민족의 구원사가 어떻게 온 세계 만민의 구원 이야기가 될 수 있는지를 해석하는 것이었다. 그들이 바로 사도들이며, 그들은 한 특수한 민족의 죄와 벌, 구원, 재활의 서사를 세계 만민의 죄와 벌, 구원과 재활의 서사로 해석하는 해석자들이다. 구약에서 숙성된 하나님 나라 복음을 세계 만민의 마음에 납득시키는 사도들의 활동이 사도행전의 내용이다. 사도행전의 주인공은 베드로와 열한 사도1-8장와 바울9-28장이다. 바울은 약 25년 동안39~64년 아시아와 유럽에 여덟 군데의 가정 교회, 곧 데살로니가, 빌립보, 고린도, 에베소, 그레데, 골로새-라오디게아, 갈라디아, 로마 교회를 개척했다. 사도행전과 바울은 어떤 점에서 나사렛 예수의 죽음과 부활이 세계 만민을 위한 구원이 되는지를 해명한다. 예수와 함께 죽고 예수와 함께 사는 길이 바울이 전한 인류 구원의 길이다. "무릇 그리스도 예수와 합하여 세례를 받은 우리는 그의 죽으심과 합하여 세례를 받은 줄을 알지 못하느냐 그러므로 우리가 그의 죽으심과 합하여 세례를 받음으로 그와 함께 장사되었나니 이는 아버지의 영광으로 말미암아 그리스도를 죽은 자 가운데서 살리심과 같이 우리로 또한 새 생명 가운데서 행하게 하려 함이라."[롬 6:3-4] 나의 자아, 심지어 생육하고 번성하려는 나의 원초적 자아 확장 욕망을 십자가에 못 박아 승화시켜서 타인의 행복 공간을 열어주는 삶이 바로 세계 만민에게 선사할 구원이다. 예수가 줄 구원은 나의 과잉 욕망과 팽창하는 자아성을 약화시켜 타인을 받아들이고 환대할 타자 수용의 공간을 만드는 부담스러운 일이다. 이 부담스러운 자아 약화, 자아 승화를 도와주는 영이 예수가 자신에게 귀의한 자들에게 보내주는 성령이다. 사도행전은 자아 팽창적 선민의식으로 가득 찬 유대인들이 이 성령의 감화 감동으로 자아를 십자가에 못 박고 약화시키고 승화시켜 이방인들을 영생의 식탁에 초청하는 활동들의 일지日誌이다.

바울의 이방 선교를 정당화한 원동력은 주 예수 그리스도의 구약 읽기 독법讀法이었다. 그것은 구약성경을 이스라엘의 민족적 영화화를 위해 읽는 자기 복무적 독법을 십자가에 못 박는 읽기였다. 바울이 바로 이 주 예수 그리스도의 구약 독법을 상속해 아브라함의 후손인 나사렛 예수와 이스라엘의 남은 자들이 어떤 점에서 세계 만민의 복으로 변화하는지를 증거했다. 그는 이스라엘의 자기 영화화를 정당화하는, 자기 복무적 독소 조항으로 읽힐 수 있는 모든 성경 구절을 주 예수 그리스도의 관점에서 창조적으로 해체하여 재해석한다. 그 결과, 구약은 세계 만민에게 복이 되기 위해 선민으로 구원받은 이스라엘의 공동체적인 연단과 성장의 이야기로 재탄생한다. 사도행전은 바로 나사렛 예수가 세계 만민에게 복이 된 아브라함의 그 후손임을 강조한다.[창 18:18-19; 22:17-18] 사도행전은 폭력적으로 세계를 정복하고 주피터(제우스)의 대리자가 되어 세계 만민의 주가 된 대對 로마제국에 의해 십자가에 달려 죽고 사흘 만에 부활했다고 믿어지는 나사렛 예수의 대결을 그린다. 사도행전의 중심 플롯은 폭력적 통치 권력의 화신인 로마와 연약함의 화신인 나사렛 예수와의 대결이다. 사도행전의 그리스도는 이웃과 원수를 사랑하기 위해 스스로 연약해져 자발적으로 십자가를 진 나사렛 예수이다. 그의 십자가 죽음 감수는 하나님의 계명에 대한 궁극 순종이며, 그것이야말로 나사렛 예수의 본질이다.빌 2:6-11 이처럼 사도행전은 '하나님 앞에 자기 권리와 자기 권능을 억제하고 부인하기까지 이웃을 사랑하고 원수를 사랑하는 나사렛 예수가 세계의 주와 그리스도'라는 진리를 선포한다.

3. 로마제국에 의해 십자가에 달린 나사렛 예수, 그는 누구인가?: 로마인은 갈릴리인을 이길 수 없다!

기독교 신앙이 전파되는 곳마다 로마 총독 본디오 빌라도가 언급된다. 그는 26-36년 사이 10년간 유대 총독으로 일하면서 유대인들을 잔혹하게 압제했던눅 15:11 인물로서 나사렛 예수를 십자가 처형에 넘긴 재판관이었다. 로마제국은 자신의 통치 안에 있는 자들에게는 최대한 법치주의의 혜택을 확장하는 방향으로 세계를 통치했고, 자신의 통치체제에 반항하는 자들은 십자가형이라는 극형으로 응대했다. 로마제국은 그 시민에게는 법치주의로 통치했지만, 로마의 변경 통치 방식은 공포와 억압이었다. 주전 73~71년에 일어난 검투사 스파르타쿠스(Σπάρτακος)의 반란군 6천 명도 십자가형에 처해졌고, 주후 15년에는 갈릴리에서 일어난 조세 저항 폭동으로 2천 명 이상의 갈릴리 사람들이 십자가에 처형당했다.행 5:37, 갈릴리의 유다 주동[2] 로마 군대를 상대로 폭력 항쟁을 주도했던 속주민들이나 체제 반역자들에게 집행된 십자가형이 평화의 왕 나사렛 예수에게 가해졌다는 점에서, 로마제국은 자신의 법치주의를 근원적으로 부정했다는 비난을 영구적으로 받아야 했다. "죄 없는" 나사렛 예수를 십자가에 처형한 로마제국의 총독 빌라도의 불의는 황제 직소 재판에 고소될 소송감이었다. 로마 시민권자였던 바울이 기어코 자신의 재판을 가이사 법정에 가져가고자 했던 이유 중 하나는 나사렛 예수의 십자가 처형의 부당성을 고발할 뿐 아니라, 자신이 전하는 나사렛 예수의 하나님 나라 복음이 로마제국의 '팍스 로마나'(Pax Romana)를 완성시킬 수 있다는 것을 설득시키기 위함이었을 것이다. 바울에게는 로마제국 황제에게 바울이 전하는 기독교 복음은 천하를 평화롭게 통치하려는 로마제국의 정치적 비전을 도왔으면 도왔지, 대적하는 것이 아님을 설득시킬 수 있다는 자신감도 있었을 것이다. 바울이 전하는 나사렛 예수의 복음을 가이사가 받아들이면, 곧 유대 총독 빌라도의 나사렛 예수 처형의 부당성을 인정한다면, 로마제국은 그리스도의 통치에 순복하는 나라가 되어 평화를 누릴 수 있을 것이다. 하지만, 로마제국 황제 가이사가 바울이 제시하는 나사렛 예수의 '하나님 나라 복음'을 듣고도 거부한다면, 그는 본디오 빌라도가 범한 죄책을 스스로에게 전가시키는 결과를 초래할 것이다. 주 예수의 복음을 거부하는 순간, 로마제국은 나사렛 예수를 십자가에 매달아 죽인 죄책을 짊어지게 된다. 그 순간부터 로마제국은 하나님의 아들을 사형시킨 갚을 수 없는 죄책의 멍에를 지게 된다. 로마제국은 하나님의 최고 법정에 서야 한다. 그래서 나사렛 예수가 오신 이후의 인류 역사를 '로마인과 갈릴리인의 대결'이라고 본 칼 하임Karl Heim의 통찰은 정곡을 찌른다.[3] 신약성경 전체, 특히 사도행전은 로마제국의 자기 영화화 서사에 대해 맞서는 예수-바울의 히브리적 대항 서사를 펼치고 있다.

1) 로마인과 갈릴리인의 조우 요 18:28-40[4]

요한복음 18-19장은 사도행전과 바울의 이방 선교 활동을 이해하는 데 필수적인 전사前史이다. 요한복음 18:28-40은 빌라도의 재판을 다루는 전체 단원[18:28-19:16]의 첫 부분으로서,[마 27:1-2, 11-14, 막 15:1-5, 눅 23:1-5] 예수를 심문한 빌라도가 예수에게서 "아무 죄"를 찾지 못했지만, 유대인들의 협박에 못 이겨 예수를 십자가형에 처하도록 명하는 재판을 상세히 보도한다. 요한복음에서만 유대인 군중들이 "만일 당신이 유대인의 왕 예수를 그냥 풀어주면 당신은 가이사의 충신이 아니다"라고 위협하는 장면이 나온다. 빌라도는 예수를 고소하는 유대인 당국자들에게 "이 사람" 예수를 고소하는 이유를 물었다. 유대인들의 대답은 포괄적이었다. "이 사람이 행악자"라는 것이다.[30절] 로마 총독에게 사법 관할권을 행사하게 하는 악한 일은 로마제국의 통치에 반역하는 죄목이어야 하는데 예수는 그런 죄를 범한 적이 없다. 유대인들의 집요한 성화에 못 이겨 빌라도는 예수가 유대인의 왕이라고 참칭했는지를 심문했다.[33절] 단도직입적으로 "다른 이가 아니라 네가(쒸) 유대인들의 왕이냐"고 묻는다. 2인칭 단수 대명사 "쒸"를 돌출시켜 사용함으로써 다른 사람들의 의견이 아니라, 예수 자신이 자신을 뭐라고 생각하는지를 캐물었다. 예수는 간결한 질문을 함으로써 빌라도의 허를 찌른다.[34절] "빌라도, 당신이 스스로 '유대인들의 왕'이라는 말을 생각했소? 아니면 다른 사람들이 나에 대해 당신에게 한 말이요?'" 예수의 예리한 질문에 당황한 빌라도는 "내가(에고) 유대인이냐?"고 되묻는다. "유대인의 왕"이라는 말은 자신이 스스로 착안한 말이 아님을 드러낸 것이다. 35절 하반절에서 빌라도는, 자신이 아니라 "예수 너의 민족[에쓰노스(ἔθνος)]과 대제사장들이 너를 '유대인들의 왕'이라고 혐의를 씌워 내게 넘겼다"라고 대답한다. 답답한 빌라도는 35절 마지막 소절에서 묻는다. "네가 무엇을 했느냐?" 36절에서도 "네가 무엇을 행했느냐"고 묻는 빌라도의 질문에 예수의 직접적인 답변은 나오지 않는다. 여기서는 예수의 "내 나라"만 부각된다.

36절 하반절은 자신이 유대인의 왕이냐는 질문에 단답형으로 대답하지 않고 미묘하게 대답하는 예수의 답변이다. "내 나라는 이 세상에 속한 것이 아니니라." 이 말씀에 대한 대표적인 오해는 다음과 같다. 첫째, 예수가 세우는 나라는 이 땅에 세워지는 나라가 아니다. 둘째, 예수의 나라는 정치, 경제, 사회 등 세상 영역과는 아무런 상관없는 영적인 나라이다. 셋째, 예수의 나라는 죽어서 부활한 성도들이 들어갈 나라이며, 이 땅에서는 실현될 수 없다. 예수의 나라에 대한 이런 3중적인 오해는 이 현실 세계 안에서 이뤄져야 할 기독교 신앙의 실천을 제한하고 회피하게 만든다. "예수는 하나님 나라, 즉 하늘나라에 관한 복음을 전파했지, 이 땅의 정치, 경제 등 땅의 권력자들과 각축할 정도로 세속적인 영역에 대해서는 전혀 관심을 갖지 않았다. 예수는 영혼을 구원하러 온 구령救靈의 구세주이지, 이 세상을 개선하거나 인류의 삶을 행복하게 하는 등 세속적 정치 분야에는 전혀 관심을 갖지 않았다. 그리스도인들이 할 일은 목사나 사제에게 고분고분한 신자로 살다가 죽은 후에는 천국에 모여 구원을 즐기는 것이다. 그래서 구원받은 성도는 천국에 들어갈 관심에 집중해야지, 세상 문제에 관심을 가져서는 안 된다." 그런데 이런 세상 포기적 개인 구원론은 성경 어디에서도 지지를 받지 못한다.

36절의 직역은, "내 나라는 이 세상으로부터 오지 않았다", 혹은 "이 세상으로부터 기원하지 않았다"이다. "헤 바실레이아 헤 에메 우크 에스틴 에크 투 코스무 투투."(ἡ βασιλεία ἡ ἐμὴ οὐκ ἔστιν ἐκ τοῦ κόσμου τούτου) 여기서 '에크'(ἐκ)라는 말은 '……으로부터'를 의미하는 전치사이다. "내 나라는 이 세상으로부터 유래하지 않는다"란 의미다. 이는 "내 나라는 이 세상을 다스리는 데 관심이 없다"는 뜻과 전혀 다르다. "내 나라는 내세 지향적이고 지구 이탈적인 나라"라는 뜻은 더더욱 아니다. 36절은 나라가 세워지는 방식이나 나라가 작동하는 원리가 세상 나라들과 다르다는 것을 말하지, 예수의 나라가 다스릴 영역이 이 세상이 아니라는 말이 전혀 아니다.[5] 이 마지막 소절은 나사렛 예수의 나라가 이 세상으로부터 오지 않았다는 말이지, 이 세상을 지향하지 않았다는 말이 아니라는 사실을 다시금 강조한다. 예수가 말하는 "인자의 나라"는 군사적 정복이나 계급투쟁을 통해서 생기는 나라가 아니요, 자유로운 인민의 사회 계약적인 합의를 통하여 생긴 나라도 아니요, 민주주의적 투표를 통해서 세워지는 나라도 아니라는 것이다. 예수의 나라는 하나님으로부터 기원한 나라로 그 건국 과정과 구성과 운영 방식 자체가 지상의 나라들과 다르다. 모든 나라는 나라에 속한 사람들의 자유를 일부분 빼앗아 법적 강제력을 행사하면서 세워진다. 국가는 언뜻 보면 자유로운 시민들의 사회적 합의처럼 보여도 잘 들여다보면 무서운 법적 강제력과 징벌 위협을 무기 삼아 자유민들을 국가에 예속된 국민으로 강등시킴으로써 존재한다. 그래서 이런 세상 나라에 속하려면 그 나라의 법에 복종해야 하며, 그 과정에서 자유의 일부를 양도해야 한다. 장 자크 루소나 존 로크가 말한 사회계약설에 토대한 국가라도 인민의 자유 일부를 국가가 차압해야 국가가 작동한다. 국가에 소속되기 위해서는 주체성의 일부를 빼앗기거나 양도해야 한다. 징병에 응하고 징세에 순종하여야 한다.

그런데 나사렛 예수가 생각하는 "인자의 나라"는 자신이 다스릴 백성을 자신의 목숨을 바쳐 섬기는 왕이 다스리는 나라이다.[막 10:42-45] 하나님 나라는 국민의 자유를 차압하지 않고 100퍼센트 구현하게 함으로써 유지되는 나라이다. 하나님 나라는 권력을 비신화화하여 사람의 목숨을 살리는 나라이다. 오늘날 미국은 예수 당시의 로마제국 같은 강력한 흡인력을 발휘한다. 중남미의 난민들은 미국과 멕시코 국경을 목숨 걸고 건넌다. 하지만 세계에 민주주의와 자유를 수출했다고 자부하는 미국의 민낯은 멕시코나 중남미 사람들이 목숨을 걸고 도달해야 할 나라가 아니다. 한스-페터 마르틴Hans-Peter Martin과 하랄트 슈만Harald Schmann이 쓴 『세계화의 덫』[6]은 미국의 민낯 일부를 드러낸다. 이 책 전반부에서 저자는 미국 사회가 잠재적 폭력과 침입을 대비하기 위해서 2천 9백만 명의 사설 경호원을 쓰고 있다고 말한다. 2천 9백만 명의 사설 경호원을 쓰고 있다는 말은 미국 사회가 근원적으로 고위험 사회이며, 치안 불안이 극도에 달한 사회라는 것을 말한다. 그런데도 세상 사람들이 이런 미국의 시민권자가 되기를 원한다. 이 세상 나라가 준다고 하는 자유는 진리에 의한 자유가 아니라, 총기를 소유할 자유, 하나님이 주신 공유지를 마음대로 사유 재산화할 수 있는 자유, 성적으로 방종하게 살 자유, 약한 이웃 나라에 대해 언제든지 전쟁을 개시할 수 있는 자유이다. 이와는 반대로 하나님 나라는 지도상에 있는 모든 나라가 통치권을 미치지 못하는 영혼의 지성소, 마음을 다스리는 나라이다. 예수는 우리를 다스리기 위해 우리의 완전한 동의, 지속적인 신뢰를 요구한다. 이런 왕의 다스림만이 공기처럼 우리의 허파까지 와 닿는다. 그의 다스림은 그 나라의 자유민을 진리와 결속시키는 다스림이다. 로마제국이나 세계사에 출현한 어떤 나라도 사람의 양심을 다스리려고 하지 않았다. 로마제국은 속주세를 내기만 하면 그곳이 로마 통치가 이뤄지는 자신의 영토라고 믿었다. 그러나 예수는 우리 마음을 다스려 자유를 주려고 한다. 그는 우리를 매료시키고 감화 감동시켜서 당신을 사랑하도록 만들고 순복하게 만든다.

37절에서 예수는 "네가(쒸) 왕이냐"고 단도직입적으로 묻는 빌라도에게 "그것은 당신이 하는 말일 뿐이다"라고 응답한다. 개역개정의 번역은 원문을 흐린다. "나(에고)는 이것을 위해 태어났고 이것을 위해 세상에 왔다. 이것은 진리이다." "나는 진리를 세우려고 왔다. 내 나라는 정권이나 권력을 상징하는 그런 나라가 아니라, 사람들을 자유케 하는 나라이다." 다른 말로 하면, "내 나라는 영토를 두고 로마나 세상 나라들과 전쟁하거나 각축하는 나라가 아니다. 내 나라는 사람들의 마음을 다스리는 나라"라는 뜻이다. "나는 진리의 음성을 듣는 사람, 진리의 음성에 설득된 사람들의 왕일 뿐이다." 예수는 자신이 유대인의 왕이 아니라, 사람들을 자유케 하는 진리의 왕임을 주장한다.요 8:32; 갈 5:1, 13 확실히 예수는 진리의 왕이며 진리의 음성을 듣는요 5:25; 8:47; 10:27 사람들을 자유케 하는 왕이다. 하나님 나라는 타자의 주체성을 빼앗는 방식으로 건설되지 않고, 존중하는 방식으로 세워진다. 하나님 나라는 그 나라의 국민이 되겠다고 결단하는 자유민들의 나라이다. 예수는 상비군과 관료 조직과 폭압적 국가 기관을 가진 나라의 왕이 아니라, 진리 안에 속해 진리의 음성을 듣는 사람을 자유케 함으로써 다스리는 진리의 왕이다. 이런 나라는 그 나라에 속하겠다고 매 순간 결단하는 개인의 상상 속에 있는 나라이다. "민족은 각 개인이 '내가 특정 민족에 속한다'고 생각하고 행동하는 바로 그 순간의 '상상 속'에 존재한다"[7]는 말이 있듯이, 하나님 나라는 각 개인이 내가 그 나라에 속했다고 생각하고 행동하는 순간의 마음에 위력을 끼치며 존재한다. 우리 각자가 하나님 나라의 백성으로 살기로 결단할 때 하나님 나라는 먼저 우리의 상상 속에서부터 실재하는 공동체가 된다.

통속적으로 믿어지듯이 정말 예수는 인류의 대속 제물이 되기 위해 십자가에 못 박혀 죽을 생각에만 골몰한 나머지, 어떤 사회적 프로그램도 제시하지 않았을까? 아니다. 그는 이 세상 맘몬 신과 어둠의 세력들에게 지배받지 않을 수 있는 사회생활을 창조하러 왔다. 예수가 개개인을 구원하면서 뚜렷이 하나의 대항, 대조적 사회

프로그램을 성취하려고 결심했음을 결정적으로 보여주는 본문이 "나는 선한 목자" 담화이다. 예수는 에스겔 34장이 말하는 잃어버린 양을 찾아 헤매는 선한 목자가 다스리는 나라 비전을 성취하려고 했다. 예수의 머릿속에는 단자적이고 파편적인 개인들이 아니라, 그들이 하나의 나라 속에서 언약적으로 결속되어 사는 사회가 존재하고 있었다. 예수는 열두 제자 공동체를 통하여 이스라엘 열두 지파를 대체할 대항, 대조적 공동체를 창출했다. 예수를 따랐던 공동체는 생명과 재산을 바친 공동체였다. 하나님 나라 공동체의 특징은 성령에 감동받자마자 지갑까지 열어젖히는 우정 공동체로 거듭난다는 데 있다. 이런 고도의 자발성에 추동된 사랑과 우애의 공동체는 계급투쟁이나 군사적 정복이나 부족 연맹체적 합의를 통해서 나온 나라와 너무 다르다. 마르바 던Marva J. Dawn의 『세상 권세와 하나님의 교회』는 교회를 이 세상 질서에 속하지 않은 자유를 가진 사람들의 전략적이고 창조적인 고립 공동체라고 본다.[8] 이 세상에 접합하지만 영향받지 않는 공동체, 오히려 거룩한 삼투압 변화를 일으키는 공동체가 바로 교회라는 것이다. 예수의 나라는 이런 교회들 속에서 현존한다.

2) 이 사람을 보라: 너희 왕을 보라 요 19:1-34

'십자가'라는 단어가 열네 차례 나오는 요한복음 19장은 빌라도의 불의한 재판 과정을 상세히 보도한다. 로마 총독에게 유월절(출애굽 해방 축성일)은 언제 터질지 모르는 가연성 높은 시한폭탄 같은 절기였다. 20만 명이 넘는 군중에게 메시아 같은 역할을 하는 지도자가 등장하면 유월절은 민중 소요의 진원지가 된다. 속주민들은 로마 원로원에 총독을 고발할 수 있는 직고권이 있었다. 속주의 소요 사태는 총독들에게는 언제나 황제 및 원로원 고소 대상이 되는 위험 상황이었다. 그래서 빌라도는 20만 명에 육박하는 유월절 참배 군중을 두려워했다. 이런 상황에서 빌라도는 가이사의 충신(친구) 프레임으로 협박하는 유대인들 때문에 예수의 무죄를 확신하고도 풀어주지 못한다. 대신 예수에 대한 유대인들의 분노를 일순간 누그러뜨리기 위해서 예수에게 채찍질을 가한다.[요 19:1, 4] 빌라도가 예수의 무죄를 확신하면서도 채찍질을 가한 이유는 유대인 군중의 폭력적 열기를 일시적으로 진정시키려 했기 때문이다.[4절]

빌라도의 채찍질은 단발성 폭력으로 끝났지만 이어지는 병사들의 조롱과 집단 폭행은 한동안 지속되었다.[2-3절] 가시 면류관을 만들어 예수의 머리에 씌우고 왕의 옷을 연상케 하는 자색 옷을 입힌 후에,[2절] 병사들은 "유대인들의 왕이여, 기뻐할지어다"라고 "계속 말하면서"[엘레곤(ἔλεγον)] "그에게 계속 주먹을 날렸다[에디도싼(ἐδίδοσαν)]." 이렇게 모욕을 준 후에 빌라도는 예수를 관정 밖으로 데려간다. 가시관을 쓰고 자색 옷을 입은 채로[눅 16:19] 예수가 관정 밖으로 나오자 빌라도는 군중에게 "보라, 그 사람이다"[이두 호 안드로포스(ἰδοὺ ὁ ἄνθρωπος)]라고 말한다.[5절] "여러분이 고소한 그는 진짜 왕이 아니라 희화화된 의미의 왕"이라는 점을 말하기 위함이었다. 이 빌라도의 선언을 들은 대제사장들과 아랫사람들이 예수를 보고 일제히 소리를 질렀다.[6절] "스타우로쏜 스타우로쏜"(σταύρωσον σταύρωσον) "십자가에 못 박으라. 십자가에 못 박으라."

여기서 한 가지 의문을 해명할 필요가 있다. 유대인들은 거짓 선지자 처단법[신 13:1-11]에 따라 예수를 돌로 쳐 죽일 수도 있었음에도 불구하고, 왜 로마 총독에게 찾아가 로마제국의 법을 어긴 적이 없는 예수에게 사형판결을 내려달라고 요구했을까? 그들은 왜 돌로 쳐 죽이지 않고 빌라도의 힘을 빌리려 했을까? 갈라디아서 2:20과 3:13이 이 질문에 답을 준다. 유대인들은 "나무에 달린 자는 하나님께 저주를 받았음이니라"라고 말하는 신명기 21:23이 예수에게 성취되었다는 것을 입증하려고 그들은 기어코 빌라도의 손을 빌린 것이다. 바리새인들은 예수의 십자가상의 비명,[막 15:34] "나의 하나님, 나의 하나님 어찌하여 나를 버리셨나이까"를 근거로 "예수가 하나님께 저주받아 죽었음이 틀림없다"고 주장했다. 바리새인들은 이 구절로 예수가 저주받아 죽음을 당했다고 해석했다. 청년 바리새인 사울도 사도가 되기 전에 이렇게 생각했다. 유대인들이 예수를 십자가라는 나무에 못 박아 죽게 만든 것은 공공연히 하나님을 참칭하다가 저주를 받아 죽었다고 선전하기 위함이었다. 그래서 그들은 십자가에 못 박으라고 소리를 질렀다. 예수를 십자가에 못 박아야 하는 이유는 예수를 왕으로 모셨던 갈릴리 사람들과 숱한 추종자들에게 예수가 하나님에게 저주받아 죽었다는 사실을 확신시키기 위함이었다.

빌라도는 예수의 십자가 위에 히브리어, 헬라어, 그리고 로마어로 "유대인들의 왕 나사렛 예수"라고 쓴 죄패[罪牌]를 붙였다.[19절] 빌라도는 억울하게 누명이 덧씌워진 죄명이지만, "유대인들의 왕"으로 불리는 자를 십자가에 못 박았음을 분명하게 밝힌다. 십자가에 달린 지 3시간 만에 군병 중 한 명이 창으로 예수의 옆구리를 찔렀다. 옆구리에서는 물과 피가 쏟아져 흘러나왔다.[34절] 로마제국의 형벌권이 나사렛 예수의 하나님 나라 운동을 진압하는 데 성공한 것처럼 보이는 상황에서 나사렛 예수의 지상 생애는 종료된다. 그런데 역설적으로 복음서는 바로 여기, 예수의 옆구리에서 쏟아진 물과 피로부터 나사렛 예수의 하나님 나라 운동의 진면목이 나타난다고 선언한다. 요한일서 5:5-8과 누가복음 22:20은 이 물과 피가 예수가 하나님 우편 보좌에 앉은 후 보내준 성령을 가리키는 은유라고 말한다. 예수가 보낸 성령이 예수의 부활을 확신시켜, 예수의 부활을 믿는 제자들로 하여금 로마 총독의 협박과 위협을 아랑곳하지 않고 "예수는 부활하여 주와 그리스도가 되셨다"고 담대하게 외치게 했기 때문이다.

3) 십자가 죽음 후 부활한 나사렛 예수에게 심판당하는 로마제국

로마제국의 법치주의는 로마가 광대한 영토를 통치할 때 효력을 발휘한 효율적 통치술이었다. 로마가 그렇게 큰 영토를 오래도록 통치할 수 있었던 이유는 상대적으로 법을 공평하게 집행했기 때문이다. 50여 언어를 사용하는 40개 이상의 다인종, 다민족이 살아가는 광대한 지역을 로마제국은 법치주의로 다스렸다. 주전 753년에 작은 도시국가로 시작해 거대한 제국으로 확장된 로마는 예수 당시에 나름대로 전성기를 구가하고 있었다. 로마와 가까운 속주, 곧 아테네 같은 특별 속주에도 로마 시민과 거의 같은 수준의 법치주의 혜택이 돌아갔다. 그러나 로마와 멀리 떨어져 있으면 법치주의도 구현되는 정도가 낮았다. 유대, 시리아 지역 등은 법치주의가 제대로 효력을 발휘하지 못했다.

요한복음 18-19장은 인류 역사의 비극적 진실을 조명하고 있다. 진리의 왕이 야수적인 무력을 가진 왕에게 결박당하고 불의하게 재판받았다. 예수의 재판은 로마제국의 토대를 부정하는 최악의 불의였다. 로마제국에 반역죄를 범한 적이 없는 예수가 로마제국의 포승줄에 십자가 처형을 당한다. 그럼으로써 하나님 나라의 왕 예수는 로마제국의 법치주의의 허구성을 폭로했고, 사흘 만에 죽은 자 가운데서 부활함으로써 로마제국의 국가 형벌권을 무효화했다. 빌라도는 이 불의한 재판 때문에 사도신경에 등장하게 된다. "본디오 빌라도에게 고난을 받아." 또한 디모데전서 6:13에서 빌라도는 하나님의 아들 예수의 선한 증거를 받고도 외면한 불의한 재판관의 대명사가 되어버렸다.

로마제국은 자신의 통치가 지중해 일대에 평화를 가져왔다고 생각했지만, 그 평화는 타자를 제압해 맛보는 거짓 평화였다. 로마는 거대한 정복지에서 노예를 잡아다 수도 로마 거주민의 40퍼센트를 노예로 채웠다. 이렇게 노예가 많고, 일하지 않는 인구가 많았기 때문에 로마에서는 하루종일 신에게 제사를 드리는 사람들도 많았다. 로마제국이 자신의 방식으로 가장 경건할 때에는 하루 3분의 1을 신에게 제사드리는 데 썼다. 유력 로마 시민들은 하루 3분의 1을 종교 행사에 보내고, 3분의 1을 포르노 수준의 연극을 보는 데 사용했다. 이처럼 포만감에 젖어 욕망을 방출하는 로마제국의 총독은 진리의 왕을 이해할 수도, 재판할 수도 없었다. 로마는 나라 전체가 팽창했지만, 그 중심이 서서히 무너지고 있었다. 그때 바로 그 함몰된 빈틈에 하나님의 교회가 등장했다. 로마제국이 버린 모든 도시의 부랑자들이 예수의 살과 피를 먹는 성만찬 식탁에 초대되어 함께 먹었다. 어떤 의미에서는 전성기 로마가 그토록 갈구하던 공화정의 이상(상호 부조적 시민 우애)을 교회가 실현했다. 빈부 격차나 남녀 차별 없이 떡을 떼는 성만찬, 곧 예수의 몸 안에서 만민은 하나가 되었다. 로마제국이 포식자의 나라라면, 주 예수가 다스리는 하나님 나라와 교회는 자신의 살과 피로 이웃을 먹여 살리는 나라였다.

예수가 체현한 가치는 본디오 빌라도의 가치와 반드시 충돌하게 된다. 빌라도는 속주 갈릴리 곡창 지대에서 세금을 거두는 것에 관심이 있지만, 속주민들의 슬픔에는 관심이 없었다. 예수는 세금을 거둬서 왕실을 유지하고 관료 상비군을 유지하는 왕이 아니라, 그들의 아픔과 슬픔과 눈물에 응답하는 왕, 그들이 이 땅에 왜 살아야 하는지 알려주는 진리의 왕이다. 진리의 왕은 갈릴리에서 엄청난 생명 사역을 일으키고, 육체적 정신적 질병을 치유하고 새로운 나라가 동터왔음을 앞서서 실천하고, 이스라엘 동포들에게 언약적 상호 견인과 돌봄을 가르쳤다. 이런 점에서 볼 때 세계 역사를 추동하는 양대 세력의 결승전은 빌라도와 예수의 대결이 될 수밖에 없다. 자신의 육신을 내어주는 성만찬적인 행위를 통하여 갈가리 찢긴 인류 공동체를 형제자매로 만드는 엄청난 권능을 가진 예수의 나라와 타자를 약탈하고 노예화하면서 유지되던 로마제국이 대결하면, 로마제국은 반드시 패배한다. 폭력적 권능은 사랑의 권능을 이길 수 없기 때문이다. 로마제국은 반드시 본디오 빌라도라는 대리자를 통하여 예수를 압제하고 처형하게 된다. 실로 거대한 혜성 같은 문명 충돌이자 가치 충돌이다. 빌라도는 예수를 처형했지만, 그 예수는 로마제국의 심장부에 거대한 균열을 만들어 낸다. 빌라도는 예수 처형으로 로마가 이긴 줄 알았다. 로마의 창이 예수의 옆구리를 찔렀고, 로마의 채찍이 예수의 육체를 갈가리 유린했기 때문에 로마가 이긴 줄 알았다. 그러나 잔악하게 압제하고 지배하는 방식으로 속주민을 약탈하던 로마제국은, 예수의 사랑 앞에, 노예처럼 자기 몸을 내어주면서 형제자매들을 위해서 자기 피를 흘리는 성만찬적인 희생 앞에 무너지게 되어 있다. 로마제국이 예수의 몸을 아무리 찔러도 예수의 정신과 가치를 찌를 수는 없고, 사랑의 불멸성과 궁극성을 파괴할 수 없기 때문이다. 예수의 육체와 정신이 받아낸 폭력과 죽음 고통은 하나님 나라가 이 땅에 착륙하기 위해서 치르는 창조적인 고난이었다. 하나님의 통치 대신에 로마의 압제 아래 살아가는 모든 사람에게 예수는 폭력의 희생자가 됨으로써 폭력을 이기고, 그래서 폭력이 쓸데없다는 것을 증명했다. 폭력의 제국 로마제국이 얼마나 무력한가를 알려주려면 폭력의 극대치를 예수가 온몸으로 받아야 했다.

나사렛 예수는 로마제국의 지배 방식, 곧 폭력과 전쟁과 영토 탈취와 타자를 지배하고 압제하며 살아가는 로마제국의 야수적 삶의 방식이 얼마나 약하고 무력한가를 증명했다. 로마제국은 전 세계 만민을 복종시키던 칼과 총의 힘을 예수의 육체를 향해서 사용하였다. 나사렛 예수는 한동안은 로마의 폭력, 로마의 창검을 피해갈 수 없다. 그래서 예수는 피하려고 하지 않고 위에서 준 권세 앞에 엎드린다. 로마의 폭력과 십자가에 못 박으라고 소리치는 성난 유대인 군중에 의해 하나님의 뜻이 관철되고 있다고 보았기 때문이다. 죽음을 최대 무기로 삼아 사람들을 지배하던 로마제국의 형벌권, 사법 권능을 무효화하는 예수의 부활이 있기까지는, 세계는 로마제국의 통치를 벗어날 수 없다. 하지만 로마는 자기희생과 죽음을 감수한 진리를 죽일 수도 없고 이길 수도 없다. 진리는 하늘 보좌에서 온 우주를 통치하는 하나님 통치의 수단이요 목적이다. 예수는 폭력과 약탈에 의존하는 로마인들의 삶에 대항하여 갈릴리적 진리의 승리를 체화시켜 보여주었다. 바울은 로마인과 갈릴리인의 갈등의 본질을 정확하게 이해했고, 나사렛 예수의 십자가 죽음 감수 복음을 들고 폭력과 힘을 숭배하는 그레코-로만 문명으로 돌진했다.

3. 로마 지성 사회에 던져진 충격적인 영웅전, 누가복음-사도행전

1) 수신인 데오빌로를 둘러싼 정신세계

누가복음-사도행전은 데오빌로("하나님을 사랑하는 자")에게 보내는 기독교 신앙 기원 해설문서이다. 누가복음은 로마제국의 속주 시리아의 일부이던 유대 땅에서 일어난 한 십자가 처형 사건이 어떻게 강력한 구원의 복음으로 변화되었는지를 연대기적으로 해설하며, 사도행전은 유대교의 한 분파처럼 보였던 기독교가 어떻게 로마제국의 심장부까지 진출했는지를 드라마틱하게 보여준다. 누가복음-사도행전은 또한 로마제국이라는 거대한 현실 권력 질서를 의식하는 문서이다. 가이사 아구스도(옥타비아누스), 가이사 티베리우스, 가이사 글라우디오를 언급할 뿐만 아니라, 가이사에게 바치는 세금, 가이사의 명령 등을 언급하면서 기독교회가 로마제국의 엄연한 세계통치를 배경으로 탄생되었음을 지적한다. 만일 데오빌로를 로마의 지성인 개종자라고 본다면, 데오빌로 같은 당시의 로마 지성인들이 읽었을 것으로 짐작되는 책들을 보면 사도행전의 바울이 발을 디뎌놓은 세계를 어느 정도 파악할 수 있을 것이다.[9] 역사물, 서사시들, 그리고 예술적 사랑 예찬 문예물들은 세부적으로는 다양한 주제들을 다루고 있지만, 대체로 로마제국의 개창開創에서 절정에 이르는 700여 년의 긴 로마 역사를 의식하며 갓 시작된 로마제국의 위용을 예찬하는 정조를 드러낸다. 로마 공화정에서 제정帝政으로 넘어가는 과정을 비판적으로 성찰하는 리비우스Titus Livius와 살루스티우스Sallustius 같은 역사가들의 비판적 관점도 있었지만, 바울 당시에 유포된 그레코-로만 문명권의 문예물들은 대체로 로마제국 개창을 역사의 완성점으로 보려는 베르길리우스의 『아이네이스』 기풍에 크게 영향을 받고 있었다. 『아이네이스』는 로마제국 사람들에게는 창세기와 출애굽기 같은 책이었다. '팍스 로마나'와 영원불멸할 로마 칭송은 『아이네이스』의 주조음이다. 베르길리우스가 보기에 로마제국은 주신主神 주피터가 지키는 무한 제국이다. '팍스 로마나'를 찬양하는 베르길리우스의 시구는 다음과 같다. "두려워 마라, 베누스여, 네 백성의 운명은 확고하다. ....../ 백성들은 로물루스의 이름에서 자신들을 로마인이라 부를 것이다. / 나는 그들에게 시간과 공간의 한계를 주지 않았다. / 나는 무한 제국을 주었다. ....../ 이것이 나의 뜻이다."『아이네이스』 제1권, 257-283행베르길리우스의 『아이네이스』 6권 847-853행에 '팍스 로마나'의 본질이 나온다.[10] 베르길리우스는 주피터의 입을 빌려 이렇게 노래한다.

1. 그러나 너, 로마인들이여, 명심하라. 그대는 이것이 너의 특기가 되게 하라.
2. 권위로써 여러 민족을 다스리고 평화를 관습화하고, 패배한 자들에게는 관대하고 교만한 자들을 전쟁으로 분쇄하도록 하라.
3. 평화가 정착할 때까지 평화를 강요하라.
4. 복종하는 자들은 살려주고, 교만한 자들을 거꾸러뜨릴지어다.[저자 사역]

베르길리우스는 여기 로마 제정 초기의 낙관주의와 승리주의를 피력하는데, 세계 지배가 로마의 운명이라고 말한다. 여기서 알 수 있듯이, 로마의 평화(Pax Romana)는 타자 말살적인 전쟁을 통해서 얻은 평화였다.[11] 바울은 이처럼 신생 로마제국의 위용과 자긍심이 고조되던 시대에 주 예수 그리스도의 하나님 나라를 선포했다. 바울이 얼마나 의도적으로 로마제국적 질서에 대한 대항·대조 공동체로서 하나님 나라를 선포했는지에 상관없이, 사도행전의 사도들과 바울의 언동과 선포는 로마제국의 비전을 상대화시키며 그것을 넘는 하나님 나라 비전을 담고 있었다.[12]

바울 당시에 풍미했던 로마의 역사서나 서사시, 대중 문학들은 한결같이 남성적인 근력이 최고로 발달되고 권력 의지가 하늘을 찌를 듯 충천하는 영웅들을 주인공으로 내세운다. 나라를 세웠거나 한 나라를 융성케 한 장군들과 황제들이 이런 책들의 주인공이다. 이런 강한 맹수적 권력 의지와 능력으로 가득 찬 영웅들이 지배하던 당시 로마 사회의 독서계에 누가복음-사도행전은 너무나 대조적인 유형의 주인공을 내세운다. 하나님을 대리하는 그리스도라고 불리는 나사렛 예수는 자발적인 무능력과 겸손으로 무장된, 노예적 외양을 갖춘 왕[막 10:44-45]이었으며, 사랑, 온유, 용서 그리고 겸손으로 모든 사람을 하나님에게 인도해가는 왕이었다. 그는 어떤 군대의 도움도 없이 사람의 마음을 영원히 그리고 감미롭게 통치하는 왕이었다. 로마제국의 영웅주의 문학에 친숙했을 로마 지성인 데오빌로는 충격과 당혹 속에서 누가복음-사도행전을 읽었을 것이다. 누가복음-사도행전의 수신자 데오빌로가 만에 하나 이방인 개종자였으면서도 동시에 로마제국의 충성스러운 시민이었다면, 그에게 알려진 익숙한 서사들은 아마도 세계 패권 제국이 되도록 로마를 융성시킨 장군들이나 정치가 및 황제들의 행적을 담은 전기류 문헌이나 서사시들이었을 것이다. 그것들 대부분이 베르길리우스의 『아이네이스』가 그리는 '팍스 로마나' 시대에 대한 찬가를 되울리는 민족적 자부심 고취용 국풍國風 문학이었을 것이다. 심지어 황제 권력을 비판한 것으로 알려진 오비디우스의 『변신 이야기』도 여전히 로마 건국 주인공들의 신격화에 가담한다. 그것은 천지창조에서부터 아이네이아스, 로물루스, 율리우스 카이사르[13]의 신화화神話化로 마무리된다. 천지창조 이야기의 절정은 율리우스 카이사르의 신격화神格化이다. 로마는 신들이 영웅적인 인간으로 변신하거나 세상에 신으로 나타나는 현신에도 익숙했지만, 영웅적인 인간이 신으로 존재 상승적 변신을 하는 데도 낯설지 않았다. 바울의 권능과 기사 수행을 보고 신들의 현신이라고 생각하고 제사를 드리려고 했던 것도,[행 14:11; 28:6] 신이 인간이나 동물, 식물이나 화초로 변하는 이야기들에 익숙한 그레코-로만 문명인들의 '변신' 신학의 영향 때문이었을 것이다.

2) 그레코-로만 사람들에게 던지는 사도행전의 하나님 나라 복음

사도행전은 기독교 복음의 세계적 확장의 근거와 목적의 대헌장이다.[14] 사도행전 1:1-8눅 24:24-49은 2,000년 기독교 역사를 추동시킨 견인차였다. 이 말씀 때문에 기독교회는 자신의 경계를 넘어 항상 미지의 세계를 향하여 모험적 진출을 감행해왔다. 예수의 세계 선교 명령마 28:18-20; 행 1:8; 눅 24:47-48은 정복주의적 왕국의 확장을 정당화하는 것이 아니다. 성령 권능은 오히려 자기 부인을 가능케 하기에, 성령의 권능에 추동된 세계 선교는 다른 사람을 노예화하는 것이 아니라, 스스로 다른 사람을 위한 사랑의 노예가 되는 것이다.고후 4:5 성령의 권능에 의하여 자기 욕망의 행복한 축소와 부정을 맛본 사람들만이 다른 사람의 필요를 위해 자신을 부인하는 선교에 참여할 수 있다.

사도행전은 신약 문서 중 최초의 문서들이 강조했던 임박한 예수 재림이 지체된 상황에서 저작된 문헌이다. 신약성경의 가장 초기 문서인 바울 서신 중 초기 서신들(데살로니가전후서)의 중심 주제는 임박한 재림신앙이었다. 베드로후서 3장이 가리키고 있듯이, 재림신앙은 예수의 지연되는 재림 때문에 조급한 퇴장을 강요당할 처지에 놓였다. 그때, 재림신앙도 살리면서, 재림이 이루어질 때 지상의 교회가 수행하여야 할 사명을 각성시키는 신학이 출현하였는데, 그것이 바로 누가복음-사도행전의 세계 선교 신학이다.[15] 이 두 책은 예수가 초림해 교회를 세운 시점이 엄격하게 말하면 종말의 시간이 아니라, 종말로 질주하는 시간의 중심에서 일어난 사건이었다고 보는 관점을 내세운다. 그리스도 예수의 십자가 죽음과 부활 사건이 나머지 역사적 사건들의 의미를 부여하고 모든 개별적 사건들을 하나님 나라의 완성점으로 귀결시킨다는 점에서, 그리스도는 시간의 중심이다. 시간과 역사의 중심이 된 예수 그리스도의 복음은 온 세계만방으로 전방위적으로 퍼져나가 그리스도의 하나님 우편 보좌 등극을 알린다. 사도행전 2:22-34이 바로 이 진리를 기승전결 구조로 잘 정리한다.

사도행전은 로마제국의 총독 빌라도에게 처형당한 나사렛 예수가 주와 그리스도가 되어 이 세계를 통치하기 시작했다는 복음을 전파한다. 그리스도의 통치 범위는 온 세계 만민이기 때문에 그의 복음은 로마제국을 거쳐 땅끝까지 전파되어야 했다. 그런데 기독교의 초기40~70년에는 예수 그리스도의 재림을 통한 천지개벽적 새 세계 창조에 대한 열망이 기독교인들을 사로잡았다. 그러나 예루살렘이 멸망 당하고, 성전은 파괴당한 대파국적 환난이 닥쳤지만, 그리스도 예수는 재림하지 않았다. 그때에 비로소 원시 예루살렘 교회와 바울 교회 공동체는 예수가 승천할 때에 재림만 강조한 것이 아니라 "천하 만민에게 가서 복음을 전하며 제자 삼으라"는 지상명령 the great commission, 행 1:8; 마 28:18-20을 강조하였음을 상기하며 세계 선교에 온 열정을 쏟기 시작했다.

세계 선교 신학은 임박한 재림신앙의 퇴조기에 초기 기독교 공동체를 역동적으로 지탱시킨 아주 귀한 신학이었다. 이런 점에서 누가복음-사도행전의 세계 선교 신학은 복음서 신학(예수처럼 자기 십자가를 지고 따르는 제자도 신학)과 바울 신학(주 예수의 복음을 믿고 구원받는 것을 강조하는 신학)의 간격을 좁히는 데 큰 역할을 했다. 신약성경의 순서에는 복음서가 먼저 나오지만 가장 먼저 저작되고 교회에 유포되고 회람된 신약성경의 책은 바울 서신이다.50년대 따라서 바울 서신들은 복음서보다 약 20년 내지 10년 앞선 교회 상황을 반영하고 있다. 주로 이방인이 주축이 된 교회들에 유포되고 회람된 바울 신학은 믿음으로 말미암아 의롭게 되는 이신칭의를 강조하는 선교 신학이었다. 바울신학은 믿지 않는 자들을 교회에 입문시키는 기초 신학이었다.

3) 로마제국의 세계 통치의 대안, 주 예수 그리스도의 세계 통치

사도행전 2:22-36특히 29-36절은 왜 나사렛 예수의 십자가 죽음이 인류 구원의 사건이 되는지를 밝히고 있다. 유대인들의 시기와 질투, 하나님에 대한 무지와 불순종, 탐욕과 완악함이 하나님의 아들 예수를 십자가에 매달려 죽게 했다. 나사렛 예수는 이스라엘을 영적, 정치적으로 갱신시켜 열방의 빛으로 삼으려는 계획 속에 이스라엘 민족에게 하나님의 압도적인 사랑, 임재, 그리고 통치를 드러냈다. 귀신들은 추방당했고, 모든 병은 치유되었고, 문둥병자들도 정결케 되고, 앉은뱅이는 일어나 뛰었고, 눈먼 자는 다시 보게 되었고 감옥에 갇힌 자들이 자유의 몸이 되었다. 심지어 로마 착취 체제의 말단 집행자들인 세리들과 군병들이 나사렛 예수의 하나님 나라 복음에 크게 영향을 받고 예수를 믿게 되었다. 일부 유대인 고소자들에 의하면 나사렛 예수가 "가이사에게 세금을 바치지 말라"고 선동까지 했다는 말을 들은 로마제국 총독 측에서도 소위 이스라엘의 메시아 출현 사태에 대하여 모종의 조치를 취할 수밖에 없었다. 이런 상황에서 예루살렘의 종교권력자들은 담합하여 예수를 로마제국에 대한 항쟁을 선동하는 자, '유대인의 왕'이라는 이름으로 고소했다. 그 결과 로마제국 총독은 나사렛 예수의 무죄를 확신했지만, '유대인의 왕'이라는 죄목을 붙여 그를 십자가 형틀에 매달아 죽여버렸다. 나사렛 예수를 정당하게 재판하는 것보다 그를 유대인의 왕으로 십자가형에 처하는 것이 유대 총독에게는 실용적으로 더 유리했을 수도 있기 때문이다. 이처럼 의도적이건 비의도적이건 상관없이, 세계를 지배하는 주류 종교, 주류 정치경제 권력과 나사렛 예수의 하나님 나라 운동은 충돌했다. 나사렛 예수의 죽음으로 로마제국과 예루살렘 성전 체제가 승리하고, 예수의 하나님 나라 운동은 끝난 것처럼 보였다.

그러나 나사렛 예수는 약속대로 사흘 만에 죽은 자 가운데서 부활해 일곱 차례 이상 제자들에게 나타났다. 죽은 자의 땅Hades에 내려가 썩어간 것이 아니라, 빈 무덤에 자신이 입었던 수의壽衣를 그대로 남겨두고 부활해 제자들에게 나타나 일상생활 일부도 나누고, 음식도 먹고, 또 하나님 나라에 대해 40일간이나 강론하고 가르쳤다. 이스라엘의 회복과 하나님 나라의 완성의 차이를 설명하고 하늘로 올라갔다. 승천한 후 예수는 어디로 갔을까? 이 질문에 대한 대답은 오순절 성령이었다.

사도 베드로는 오순절의 성령 강림을 경험한 후에, 승천한 나사렛 예수가 하나님 우편 보좌에 앉은 주와 그리스도가 되었음을 확신했다. "성령이 오셨다"는 말은 "예수가 하나님 우편 보좌에 앉아 주와 그리스도의 역할을 시작하셨다"는 말이다. 오순절에 임한 성령의 감화 감동으로 베드로는 예수의 성육신, 공생애, 십자가 죽음이 아버지 하나님의 뜻에 따르는 순종의 발자취들이었고, 그것이 이스라엘의 죄(온 인류의 죄) 때문에 대신 벌받는 행위임을 깨닫게 되었다. 주와 그리스도가 된 예수 이름 권세는 양심 진동, 회개, 죄 사함과 정결을 창조하는 권세였고, 하나님 아버지에게 순복을 일으키는 권세였다. 이제 나사렛 예수를 죽음에 넘겨준 사형 판결은 무효가 되었고 베드로를 가둔 산헤드린의 감옥 문은 열렸고 바울을 가둔 빌립보 감옥 터는 붕괴되었다. 로마제국보다 더 강력한 하나님 나라가 작동하기 시작하며 로마제국의 사법권은 무너져버렸다.

정통 기독교는, 부활한 주를 목격하고, 듣고, 그리고 하나님 우편 보좌에 앉은 그리스도가 보내준 성령을 받고 십자가에 달린 나사렛 예수는 주와 그리스도가 되어 이 세상을 통치하신다. 회개하고 복음을 믿으라. 주 예수를 믿고 그의 주권적 통치에 순복하라"고 외친 사도들로부터 시작되었다. 사도들은 추상적인 도덕이나 원리를 설명하러 다닌 사람들이 아니라, 한 사건(나사렛 예수의 죽음과 부활)을 증언하러 다닌 증인들이었다. 죽음을 두려워하지 않고 나사렛 예수가 하나님 우편 보좌에 앉은 주와 그리스도가 되었다고 선언한 사도들 때문에 기독교는 온 천하에 퍼졌다.

4) 가이사를 통해 가이사를 넘으려는 바울

누가복음-사도행전은 예수의 하나님 나라 운동과 바울의 그레코-로만 선교사역이 로마제국의 세계 통치 위세를 배경으로 펼쳐지고 있음을 부각시킨다. 그것은 가이사의 로마제국 통치를 의도적으로 배경으로 설정한 채, 주 예수 그리스도의 하나님 나라 운동을 내세운다.[16] 바울의 이방 선교는 로마제국의 정치적 이상인 사해동포주의를 히브리적 방식으로 실현하는 운동이었다. 로마제국이 군사력으로 여러 민족과 인종을 혼융시킨 제국을 만들려고 하던 그것을 바울은 성령의 감동에 순복하여 평화의 주 그리스도를 영접한 개인들의 아래로부터의 연합을 통한 세계적 친교공동체를 구축하려고 했다. 바울은 가이사의 법치주의를 딛고 가이사의 이상을 초과하여 성취하려고 했다. 이런 원대한 계획 때문에 바울은 사도행전 19장부터 가이사를 만나려고 기도한다. 한 마디로 바울의 사역은 가이사를 통해 가이사를 넘으려는 사역이었다.

첫째, 누가복음-사도행전은 가이사의 명령, 가이사의 판결의 궁극성을 인정하면서도 그것을 넘어가는 하나님의 통치를 말한다. 로마제국의 황제는 하나님 나라의 세상 도래를 촉진시키는 통로가 된다. 누가복음 2:1은 예수의 베들레헴 탄생 예언미가 5:2을 "천하로 다 호적하라고 명한 가이사 아구스도의 영令"이 성취시켰다고 말한다.

[눅 2:2] 누가복음 3:1은 세례 요한이 하나님 나라 운동을 일으켰던 시점을 로마제국 2대 황제가 로마제국을 통치한 지 열다섯째 해라고 말한다. 누가복음 3:1-2은 로마 황제의 명령을 받드는 하급 중간 지배자들의 명단과 직급자들을 나열한다. 세계가 로마 황제를 최고 지배자로 인정하고, 로마 총독, 분봉 왕들과 대제사장들이 로마의 패권 아래 순종하며 돌아가고 있을 때, "하나님의 말씀이 빈 들에서 사가랴의 아들 요한에게 임"했다.[눅 3:2] 빈 들에서 로마제국의 지상 패권과 지배를 전혀 인정하지 않는 급진적 신명[神命]이 터져 나왔다. "회개하라. 하나님 나라가 가까이 왔기 때문이다."

사도행전 17:7은 바울 일행을 고소하는 데살로니가 사람들의 단죄를 보도한다. "이 사람들이 다 가이사의 명을 거역하여 말하되 다른 임금 곧 예수라 하는 이가 있다 하더이다 하니 ……." 사도행전 18:2은 5대 황제 글라우디오[Claudius]가 로마에 거주하는 모든 유대인을 로마에서 추방하는 명령을 내렸다고 증언한다. 이처럼 누가복음-사도행전은 가이사의 통치 아래 있는 세상에 균열을 내고 진입하는 주 예수 그리스도의 나라를 증언한다. 주 예수의 나라의 초기 모습은 하나님의 교회이다. 교회는 하나님의 말씀과 예수의 영으로 지배되는 공동체인데, 이 공동체에 의해 주로 고백되는 인물이 로마제국에 의해 십자가에 못 박혀 죽은 예수 그리스도이다. 예수 그리스도는 성령을 보내줌으로 하나님의 율법을 순종할 힘을 공급하며 당신의 백성을 다스리신다.

둘째, 누가복음-사도행전은 로마가 세계의 중심지, 곧 궁극적인 판결이 내려지는 가이사의 본거지임을 말하며, 바울의 목적지가 로마의 가이사 황제 직소[直訴] 법정임을 반복적으로 말한다.[28:19] 여기서 로마제국은 이중적인 평가를 받고 있다. 먼저 로마제국은 한편으로 바울의 선교활동을 보장하는 법치주의를 대표한다. 이전의 도시

국가 스파르타나 아테네에 비해 로마제국의 세계 통치 기술 중 가장 위대한 정책은 로마 시민권의 확장이었다. 로마제국은 수도 로마 외에 식민지를 두고 식민지 주민들에게 로마 시민권을 나눠주고 로마 법치주의의 수혜자가 되게 했다. 그래서 로마 풍습과 로마의 법은 세계 만민에게 존중되어야 할 규범이자 표준이었다. 사도행전 16:21에 따르면, 로마의 식민지 빌립보 거주 로마인들은 로마의 풍습을 표준으로 간주한다. 바울의 하나님 나라 복음을 "로마 사람인 우리가 받지도 못하고 행하지도 못할 풍속"이라고 낙인을 찍는다. 이에 대해 바울은 자신의 로마 시민권으로 법률적인 방어를 시도한다. 로마 시민권자는 정당한 절차에 따라 재판받을 권리를 누릴 수 있다. 바울은 이외에도 여러 군데에서 로마 시민권을 활용해 불의하게 재판받을 위기에서 벗어난다. "이 사람이 유대인들에게 잡혀 죽게 된 것을 내가 로마 사람인 줄 들어 알고 군대를 거느리고 가서 구원하여다가."[행 23:27] "내가 대답하되 무릇 피고가 원고들 앞에서 고소 사건에 대하여 변명할 기회가 있기 전에 내주는 것은 로마 사람의 법이 아니라 하였노라."[행 25:16] 특히 사도행전 25장에서는 바울이 자신의 로마 시민권을 창의적으로 활용하는 상황이 나온다. 여기서 바울 자신이 황제 직소 재판을 신청한 이유를 가장 자세히 말한다. 바울 자신은 당시 유대 총독 베스도에게 "유대인의 율법이나 성전이나 가이사에게나 내가 도무지 죄를 범하지" 않았기에 무죄 석방을 요청하며 가이사의 재판석에 설 것이라고 말한다.[8절, 11절] 총독 베스도도 이에 동의하며 "네가 가이사에게 상소하였으니 가이사에게 갈 것이라"고 선언했다.[12] 전임 총독 벨릭스가 자신을 불의하게 구류했음을 지적하며 황제 직소 재판을 신청하자 베스도는 응낙할 수밖에 없었다. 이처럼 로마 시민권에 대한 호소를 통한 바울의 자기 방어 자체가 로마제국 법치주의의 위용을 방증한다.[행 16:37-38] 그러나 사도행전의 저자는 바울의 집요한 가이사 황제 직소 열망이 하나님의 인도였다는 사실을 말한다. "바울아 두려워하지 말라 네가 가이사 앞에 서야 하겠고 또 하나님께서 너와 함께 항해하는 자를 다 네게 주셨다 하였으니 ……."행 27:24 결국 사도행전이 말하는 바울의 최종 목적지는 로마의 가이사 법정이다. 바울은 "로마"도 보아야 한다는 하나님의 추동이 나사렛 예수와 자신의 소송 모두를 하나로 묶어 가이사와 법률적 다툼을 할 수 있게 할 기회를 준다고 생각했을 것이다. "이 일이 있은 후에 바울이 마게도냐와 아가야를 거쳐 예루살렘에 가기로 작정하여 이르되 내가 거기 갔다가 후에 로마도 보아야 하리라 하고."행 19:21 "그날 밤에 주께서 바울 곁에 서서 이르시되 담대하라. 네가 예루살렘에서 나의 일을 증언한 것 같이 로마에서도 증언하여야 하리라 하시니라."행 23:11; 28:14, 16 바울은 자신이 죄인이 된 까닭이 이스라엘에 준 하나님의 소망, 곧 열방의 제사장 나라가 되어 열방을 하나님에게로 이끄는 사명을 믿기 때문이라고 말한다.28:20; 출애굽기 19:5-6; 사 61:6-7; 롬 15:16; 벧전 2:9

또 다른 한편으로 로마제국은 하나님 나라의 도래에 위협을 느끼는 기득권 토착 세력으로 비친다. 바울이 로마제국의 정치적 기초를 약화시키려고 의도하지 않아도, 바울의 하나님 나라 운동 자체가 당시의 공화정의 이상을 잃고 제국으로 경화되기 시작한 로마제국에는 위협이 될 가능성이 있다. 하나님의 교회가 이방인, 노예, 퇴역군인, 여자, 그리고 로마 공무원들까지 흡수한다는 것은 제국 로마에는 위협이 될 것이다. 교회는 그레코-로만 문명권의 거점 도시마다 이미 네트워크를 가진 유대인 회당을 중심으로 확장되었기 때문에, 로마제국 통치의 혜택에서 소외된 자들에게 강력한 흡인력을 행사할 가능성이 큰 자발적 민간 조직이었다. 동업자 길드도 아니요 지방 행정 조직체도 아니고 특정 신전을 중심으로 모이는 밀교적 집단도 아니며, 후원자와 피후원자 간의 비대칭적 우정 조직체도 아닌 수평적이고 열린 교회는, 로마제국의 통치 공백에서 발생하는 난민들과 하층민들에게 사회적 교제의 장을 제공한다는 점에서 폭발적 확장력이 큰 결사체로 등장하였다.

셋째, 바울의 하나님 나라 운동은 로마제국이 오랫동안 꿈꾸던 '팍스 로마나'를 전혀 다른 방식으로 성취하는 대안 로마적인 운동이다. 로마제국은 이방인을 정복하고 온순하게 만들어 제국에 편입시키고, 바울의 하나님 나라는 이방인을 영접하고 포용하여 야웨의 총회, 에클레시아에 혼융混融시킨다. 바울에게 타자성은 정복 대상이나 소거 대상이 아니라, 존중되고 고양되어야 하는 대상이다. 바울의 하나님 나라는 혼융의 시대에 타자성[17]을 기리며 환영하는 '팍스 크리스티'(Pax Christi)를 선포한다. 사도행전에서는 이전의 유대인들의 종교와 신앙에서 상상할 수 없던 파천황破天荒의 변화가 일어난다. 할례를 받지 않은 이방인들이 할례 없이도 성령의 감동으로 하나님 말씀을 받았다. 이 점은 바울과 베드로 두 사도에게 일어난 엄청난 변화였다.9장 바울; 10장 베드로 베드로와 바울 두 사도는 하나님의 직접적인 현시顯示로 아브라함, 이삭, 야곱의 식탁,마 8:11 곧 이스라엘에만 개방된 "야웨의 총회"(교회)에 이방인들이 받아들여졌다는 사실을 깨닫게 된다. 야웨의 총회가 이제 이스라엘 성도와 이방인 개종자로 이원적인 인적 구성을 가지게 되었다는 것이다. 유일신 하나님에 대한 신앙과 고결한 윤리 도덕의 영성으로 단련된 바울에게, 다신교적인 욕망으로 들끓는 그레코-로만 문명은 거대한 도전이었다. 그리스 도시들에 대한 바울의 평가는 양 문명의 긴장 어린 조우 가운데 이뤄졌음을 암시한다.

사도행전 13장부터는 바울의 언동이 어떻게 가이사와 치를 결승전에 진출하게 되는지 그 과정을 잘 보여준다. 앞서 말했지만, 로마제국에 대한 바울의 태도는 양가적兩價的이다. 먼저는 법치주의의 구현체인 로마제국 가이사에 대한 존숭尊崇이 있다. 지방 총독들의 불의하고 불충분한 재판보다는 황제 직소 재판을 통해 자신의 하나님 나라 선포 행위를 연역적으로 공인받기를 시도한다. 로마제국의 법치주의 세계통치는 그리스도의 평화로운 세계통치와 동행할 수 있다고 본다.[18] 오히려 바울이 전하는 주 예수 그리스도의 복음에 대한 신앙이 로마의 오래된 상호 부조적 공화정의 이상을 완성시킬 것이라고 봤다.[19] 바울이 선택한 선교 거점 도시들은 의도적으로 선택되었을 가능성이 크다. 대부분 유대인의 회당이라는 물리적 기반이 있는 곳이 바울이 선택한 이방 선교의 거점이었다. 빌립보, 데살로니가, 베뢰아, 아테네, 고린도, 에베소, 로마. 사도행전 2장에서 유월절에 참여한 유대인 순례자들의 면면은 아시아, 유럽 일대에 넓게 퍼져 있던 디아스포라 유대인들의 인적 네트워크를 실감나게 보여준다. 바울의 아시아, 유럽 선교 성공은 이렇게 먼저 확보된 네트워크라는 인프라 때문에 가능했다.

사도행전 9:15이 바울의 사명이었다. 그는 이방인들도 하나님의 말씀을 받고 하나님의 자녀가 되는 급진적인 성령 사역을 보고 히브리 전통과 격하게 충돌했다. 예루살렘을 떠나 안디옥에 둥지를 튼 바울은 보편 지향적인 나사렛 예수의 하나님 나라 운동, 주 예수 그리스도의 인간 양심 통치를 확장하고 매개했다. 이방 선교를 나섰을 때 바울은 무전제無前提적인 이성을 갖고 다가선 것이 아니었다. 1,500여 년간 축적된 히브리 야웨 신앙의 전통의 힘에 의존하였다. 그는 독창적인 사상을 설파하기보다는 구약성경을 부단히 인용하고 인증引證하며 "지금 구약 예언자들의 예언이 성취되고 있다"고 말했다. 이스라엘에 나타난 하나님, 선민사상, 보편적 평화 사상, 종말, 심판 종말론의 시간표를 갖고 인간의 즉각 회개, 예수의 통치권에 대한 전향을 요청했다. 그리스도를 대항하면서 높아진 철학을 속임수, 기껏해야 중간계 영적 존재들의 활동 영역이라고 보고, 모든 지혜와 지식의 보화인 그리스도께 전향하라고 요청했다. 십자가에 달린 나사렛 예수가 주와 그리스도가 되었다는 바울의 케뤼그마(κῆρυγμα)는 특정 역사적 사건 해석이지, 도덕적 보편 격률[格律]이 아니었다. 그는 보편타당한 윤리 준칙을 말한 것이 아니라, 십자가에 달린 예수가 주와 하나님 우편 보좌에 앉은 그리스도(대리통치자)가 되었다는 증언을 했다. 바울에 따르면 로마인들에게 위탁된 세계통치의 사명롬 13:1-7; 베르길리우스의 『아이네이스』 6권이 오히려 그리스도와 교회에게 이관되었다.

이 주장은 인간 존재를 포획하고 설복시키는 성령의 권능을 동반한 채 전개되었다.[고전 2장] 그레코-로만 문명과의 접촉에서 제기되는 세계관적 충돌은 성령의 권능으로 극복되었다. 루스드라에서 날 때부터 앉은뱅이 된 사람을 말씀 권능으로 고치자, 참조. 행 14:10 "네 발로 일어서라"; 행 3:6 "나사렛 예수의 이름으로 일어나 걸으라" 토착인들은 신들이 내려왔다고 소동을 피웠다. 제우스 사당을 섬기던 제사장은 바나바와 바울을 보고 각각 "제우스와 헤르메스의 현현이다"라고 외쳤다. 헤르메스의 현신으로 간주된 바울의 언동은 신적 권능을 동반했다. 이 신적 권능은 그레코-로만 신관에서도 통하는 주 예수 이름 권세를 과시했다. 바울과 바나바는 자신들을 신의 변신으로 생각하며 제사를 드리려고 시도하던 그들에게 우상을 버리고 살아 있는 하나님에게 돌아와 회개하라고 요구했다.

사도행전 16장에서는 빌립보 감옥문이 한밤중에 열리는 사태가 벌어지자 간수가 자결을 시도했다. 로마의 법적 강제력을 상징하는 감옥문이 부서지는 사건은 로마제국의 국가 형벌권의 무효화를 의미했다. 여기서 바울은 도망치지 않으며 간수에게 차분하게 주 예수 그리스도로 전향하라고 요구했다. 로마 직할지 빌립보 시민들은 로마 황제를 “주”主, kyrios라고 고백하며 로마제국의 은전恩典을 덧입으며 로마 시민권을 자랑하는 자들이었다. 빌립보서에서는 이 로마 시민권 자랑 담론에 대항하는 하나님 나라 시민권 담론을 주창했다.빌 1:27-28; 3:20

4. 그레코-로만 문명을 배경으로 읽는 사도행전: 그레코-로만의 자아도취적 포만을 향해 던진 히브리 대항 담론

예수와 바울은 둘 다 임박한 하나님 나라를 말한다. 바울은 주 예수가 다스리는 하나님 우편 보좌 통치 시대를 거친 후 종말 심판이 있을 것이라고 선언한다. 엄밀한 의미에서 둘 다 독창적인 사상가도 아니요, 보편적 도덕 격률을 가르쳐 인간의 행위나 품성을 조금 고쳐 행복한 삶을 사는 비결을 설파하지도 않았다. 그들의 중심 화법은 토론이나 논쟁이라기보다는 선포였고 설득이었다. 그들은 동료들과 제자들을 원탁에 앉혀 놓고 토론하거나 산파술로 무지를 깨우치려고 하지 않았으며, 오히려 양심을 압박하며 그들에게 임한 하나님 말씀을 대언하는 예언자였다. 설령 그들이 변론이나 논쟁을 했다고 해도 그것은 선포의 맥락에서 이뤄진 것이었다. 그들의 대부분 말들은 전형적인 철학자 화법이 아니라 선포자, 증인, 사신messenger 화법으로 언표되었다. 그것들은 하나님의 메시지를 전하려는 신적 압박 속에서 다급하게 선포된 말이었다. 사도행전에 기록된 바울의 말들은 다음과 같은 영역에서 그레코-로만 문명의 힘 숭배, 자아도취적인 포만 문화에 도전한 대항 담론이었다. 첫째, 폭력 숭배적 황제가 아니라, 노예처럼 섬기는 연약한 왕이 다스리는 나라로 이주하라. 연약한 메시아만이 인류를 구원하실 수 있기 때문이다. 둘째, 종말의 심판을 대비하여 즉각 죄악된 삶에서 돌이키라. 특히 다신교 우상숭배와 그것과 연동된 육체적 방탕과 음행을 버리고, 거룩하고 유일하신 하나님에게 회개하고 전향하라.[20] 셋째, 하나님의 교회에 접목되어 세계 만민의 평화 대향연에 참여하라.

1) 폭력 숭배적 황제가 아니라 노예처럼 섬기는 연약한 왕이 다스리는 나라로 이주하라

로마제국은 군사적 영웅이나 제국의 황제를 신격화했다. 압도적 군사력으로 타자를 지배하고 복종시키는 주피터Jupiter적 정복 의지를 구현하는 정복 군주형 통치자를 신격화했다. 그런데 무력한 예수, 십자가에 달린 예수를 '주'主라고 숭배하는 기독교는 로마제국의 근원적 토대 폭력을 무너뜨린다. 예수는 폭력 사회를 온존溫存시키기 위해 희생되는 희생제물이 아니라, 폭력을 소거하는 희생제물이다. 로마제국에 의해 십자가에 달려 처형당한 나사렛 예수를 주와 그리스도라고 숭배하는 행위는 폭력적 로마제국의 위용을 비신화화하고 탈색시킨다. 하나님 앞에 자기를 비워 종이 된 예수의 결단에 이웃 사랑, 원수 사랑, 모든 타자를 영접하는 환대의 공간이 열린다. 자신을 비운 예수만이 만민 친화적인 하나님의 대리자요, 하나님의 아들이다. 무력한 하나님powerless God만이 인간의 마음을 얻어 다스릴 수 있다.

십자가에 달린 무력한 나사렛 예수가 주와 그리스도가 되어 하나님 우편 보좌에 앉아 세계를 통치한다막 10:42-45; 빌 2:10-11는 기독교 신앙은 로마제국의 힘 숭배 제의를 비신화화시키고 무장 해제시킨다. 예수는 자신을 많은 사람을 위한 대속물로 주고, 모든 사람의 으뜸이 되기 위해 스스로 만인의 노예[둘로스(δοῦλος)]로 자신을 강등시켰기 때문에, 로마제국의 토대를 이루는 노예들의 마음을 얻고 다스리는 왕이 되었다. 노예 노동이 없으면 한순간도 굴러가지 못하는 로마제국에 노예들의 마음을 사로잡는 왕 나사렛 예수는 근원적인 위협이 된다. 스파르타쿠스의 반란에서 볼 수 있듯이 로마제국은 언제 폭발할지 모르는 억압된 노예들의 무상 공여 노동이라는 모래 위에 지은 집이다. 사도행전의 확신은 히브리인들의 하나님이 십자가에 못 박혀 죽은 이 무력한 나사렛 예수를 죽은 자 가운데 다시 살려 주와 그리스도가 되게 함으로써 로마제국의 형벌권을 무효화했다는 것이다. 하나님 우편 보좌에 앉은 그리스도는 죽음을 두려워하지 않는, 산헤드린과 로마제국의 공권력, 감옥을 두려워하지 않는 120명의 성령 충만한 제자들을 산파했다. 예수의 십자가 진리를 따르게 만드는 성령에 사로잡힌 그리스도인들은, "반항하면 죽여 버리겠다"는 위협 하나로 세계를 억압적으로 지배하는 로마제국의 폭력을 조금도 두려워하지 않는다. 로마제국은 그 마음 한가운데 부활한 주 예수를 모신 자들을 이길 수가 없다. 오늘날 이 연약한 그리스도, 연약한 바울은 교회 밖의 철학자들에게 더욱 비상한 주목을 받고 있다.

전통적인 기독교인이 아니며 교회 중심의 구원론적 성경 해석(대속론)에도 전혀 관심이 없는 르네 지라르Rene Girard는 철저하게 철학적 인류학의 관점에서 성경을 해석한다. 그는 『희생양』에서 십자가에서 희생된 나사렛 예수의 희생과 군중의 만장일치적 폭력에 의해 사형私刑 당해 '희생되는 신'의 차이를 부각시킨다.[21] 신화적인 희생양 이야기에서는 희생-신의 무지가 희생 제의적 폭력의 효력을 발생시키는 데 필수적이다. 신화적인 희생양 이야기는 희생-신의 거짓 죄책 부담 위에 구축된다는 점이다. 희생양 메커니즘은 여러 가지 이유로 한 인간공동체가 와해될 위기에 처할 때 작동되는 공동체 복원 메커니즘이다. 만민에 대한 만민의 투쟁은 동일한 것을 욕망하는 욕망의 모방성으로 인해 일어난다. 이 욕망 모방은 공동체 구성원들을 적의에 찬 타자들로 변질시키며 그 결과 공동체는 와해 위기를 겪는다. 바로 이 공동체 위기 상황을 해소하기 위한 방안으로 서로에 대한 증오심을 힘 없는 개인이나 소수 집단에게 쏟아부어 공동체 내부의 긴장과 불만을 해결하기에 이른다. 이 힘없는 개인이나 소수집단이 바로 희생양이다. 와해 위기에 처한 공동체는 희생양에게 모든 갈등의 책임을 전가轉嫁시켜 그들을 신에게 바치는 희생제물로 삼는다. 그 결과 공동체 구성원들은 그 희생된 개인이나 소수 집단에게 모든 적의를 전가하고 방출했기에 다른 구성원들과는 평화를 누릴 수 있게 된다. 희생양에 대한 폭력에 공동체 구성원 전체가 참여한다는 점에서 희생양에게 가해진 폭력은 만장일치적 폭력인 셈이다. 역설적인 진실은, 이 만장일치적 폭력 행사에 의해 와해 위기에 처했던 공동체가 다시 안정을 찾게 된다는 점이다. 이처럼 지라르의 인류학에서는 희생양 메커니즘은 위기에 처한 공동체를 구원하고, 폭력의 악순환을 중단시키는 효과적인 도구였다. 여기서 중요한 것은 공동체 내부의 폭력을 진정시키고 분쟁의 폭발을 막기 위하여 선택된 이 힘없는 희생양(개인이건 소수집단이건 상관없이)은 폭력을 당하더라도 보복이나 복수할 능력이 없는 자들이었다는 사실이다. 이 희생양 메커니즘의 어두운 이면은 그것이 피억압자의 희생을 정당화하면서 억압자의 권력구조를 더욱 공고히 하는 기능으로 작용한다는 점이다. 희생양의 입장에서 본다면, 아무리 목적이 정당하고 좋은 결과를 가져온다고 하더라도 결국은 또 다른 하나의 폭력일 뿐 아니라, 이런 희생양 메커니즘은 일시적 미봉책으로서 공동체가 어려움에 직면할 때마다 언제라도 반복될 악순환의 가능성을 가지고 있기에 문제가 된다.

반면에 신약성경의 복음서들에는 희생당한 자의 죄 없음이 선포되고 강조됨으로써, 폭력과 무질서를 제거하지 못하고 잠시 소거만 하는 고대 종교의 희생 메커니즘과 전혀 다른 희생 제사를 말한다. 나사렛 예수의 십자가 희생은 고대의 신화적 희생 제사 제도를 종식시키는 희생이며, 폭력의 완전한 제거를 가능케 하는 희생이다. 예수가 폭력을 영구적으로 종식시키는 방법은 스스로 폭력의 희생자가 되었으면서도 폭력으로 보복하지 않고, 오히려 용서와 사랑의 메시지를 선포하는 데 있다. 그리고 폭력의 희생자가 된 가장 연약한 하나님의 어린 양 예수는 폭력으로 타자의 의지를 꺾고, 자신의 의지를 관철시키려는 로마적 폭력 숭배를 영구적으로 불능화한다.

또한 지라르와 함께 지아니 바티모Gianni Vattimo 또한 '케노시스'(κενοσις)와 '약한 사유'를 논한다.[22] 지라르의 희생양 이론을 수용한 바티모는 나사렛 예수의 가장 큰 과업이 폭력과 성스러움의 얽힘을 종식시킨 데 있다고 본다. 바티모에 따르면, 나사렛 예수는 구약의 무죄한 희생제물이던 아벨, 요셉, 욥의 전통을 이어받아 폭력의 신성화를 제의적으로 정당화하는 고대 신화적 희생 제사를 종식시킨 자이다. 십자가에 달린 예수는 생명력과 권력 숭배적 디오니소스적인 신이 아니라, 희생자를 동정하고 약한 자를 부축하는 연약한 하나님을 대표한다는 것이다. 여기서 바티모는 '약한 사유'의 자리를 발견한다. 바티모는 지라르와 달리, 하이데거(포스트모던 철학)를 비판하는 대항 담론으로 '약한 사유'를 주창한다. 십자가에 달린 예수의 자기 비움과 겸허가 전체주의적 형이상학의 억압적 보편주의를 해체했다는 것이다. 초라하고 연약한 예수상이 전체주의적 억압으로부터 자유롭고 민주적인 다양성, 타자성, 그리고 다원성까지 포용하는 부드럽고 약한 문화를 탄생시켰다는 것이다. 그리스도의 자기 비움케노시스적 사유, 빌 2:6-11이 다양성과 타자성을 부드럽고 신사적으로 포용하는 "약한 사유"의 전형이라는 것이다.

슬라보예 지젝Slavoj zizek 또한 『상처받기 쉬운 절대성: 왜 기독교적 유산을 위해 싸울 필요가 있는가?』라는 책에서 십자가에 달리신 슬픈 예수는 타자를 도말하는 근대적 주체성이 아니라, 참된 주체성을 복원하려는 저항 주체성임을 부각시킨다.[23] 지젝은 자본주의적 구조와 정치적 불의만이 아니라, 일상적 생활 세계에 존재하는 모방적 욕망의 장field 속에서 작용하는 사회적 중력 또한 우리가 저항해야 하는 대상이라고 설파한다. 그러므로 그는 폭력적 군중 심리학의 자기장 속에서 살아가는 현대인들이 진정한 개인으로서 폭력의 저항 주체로 당당하게 일어서야 한다고 주장하는 것이다. 지젝은 무신론자이면서도 『상처받기 쉬운 절대성』에서 기독교와 이교주의의 대립에 관해 논하며, 모든 희생 제의들을 종결시키는 마지막 희생 제의로서 그리스도의 죽음에 대한 지라르의 통찰을 따르고 있다. 바티모처럼 지젝 또한 십자가에 달리신 자의 '케노시스'를 '약한 사유'의 철학과 연결시킨다. 마르크스주의적 무신론자인 지젝이 유대-기독교적 전통을 변호하는 것은 바로 유대-기독교 전통이 보유한 가치 전복적이고 폭발성이 강한 진리 때문이다. 지젝은 십자가에 달린 자로 묘사되는 예수상이 점차적으로 세계상을 문명사적으로 변화시켜 하나님의 형상으로서의 인간의 존엄성, 인권, 자유, 평등, 민주주의 등을 탄생시켰다고 판단한다. 지젝은 마지막 희생양인 예수 그리스도의 슬픔과 고통에 대한 위험한 기억의 종교로서의 기독교는 문명의 역사 속에서 자행된 폭력과 희생에 대한 민감성을 함양했다는 점을 또한 지적한다. 십자가에 달린 자가 태초로부터 은폐되어온 폭력을 폭로했기 때문에, 폭력은 더 이상 은폐되거나 신성화될 수 없게 되었다. 나사렛 예수는 아벨의 피로부터 예언자들의 피까지, 모든 희생과 폭력을 종결시키고자 자신을 십자가에 희생으로 드렸기 때문이다.[24]

2) 종말의 심판을 대비하여 죄악된 삶(다신교적 우상숭배)에서 즉각 돌이키라

그레코-로만 문명과 바울의 조우에서 가장 날카로운 충돌 중 하나는 역사 안에서 행해진 행동을 역사의 마지막 순간에 회계會計하고 심판한다는 히브리인들의 종말론이 촉발시킨 생경함이었다.행 17:30-31; 고전 5:5; 고후 5:10 아리스토텔레스의 "무시무종한 세계 항상 존재론"[25]의 눈에는 역사의 종말론은 아주 기괴한 사상이었다. 헤로도토스나 투키디데스의 순환 사관의 눈으로 보면 직선적 종말론 역사관, 곧 목적론적 역사관은 기괴하게 보였을 것이다. 그런데 구약성경의 종말론은 윤리적 계명 실천의 동기를 종말론과 연동시킨다. 특정 행위 자체의 윤리적 타당성과 적합성 때문이 아니라, 종말의 시간에 적합하기에 특정 윤리나 도덕적 행동을 권고한다.

> 알지 못하던 시대에는 하나님이 간과하셨거니와 이제는 어디든지 사람에게 다 명하사 회개하라 하셨으니 이는 정하신 사람으로 하여금 천하를 공의로 심판할 날을 작정하시고 이에 그를 죽은 자 가운데서 다시 살리신 것으로 모든 사람에게 믿을 만한 증거를 주셨음이니라 하니라.행 17:30-31

> 주인이 이 옳지 않은 청지기가 일을 지혜 있게 하였으므로 칭찬하였으니 이 세대의 아들들이 자기 시대에 있어서는 빛의 아들들보다 더 지혜로움이니 내가 너희에게 말하노니 불의의 재물로 친구를 사귀라. 그리하면 그 재물이 없어질 때에 그들이 너희를 영주할 처소로 영접하리라.눅 16:8-9

> 너희 관용을 모든 사람에게 알게 하라 주께서 가까우시니라.빌 4:5

대답하여 이르되 옷 두 벌 있는 자는 옷 없는 자에게 나눠 줄 것이요 먹을 것이 있는 자도 그렇게 할 것이니라 하고 세리들도 세례를 받고자 하여 와서 이르되 선생이여 우리는 무엇을 하리이까 하매 이르되 부과된 것 외에는 거두지 말라 하고 군인들도 물어 이르되 우리는 무엇을 하리이까 하매 이르되 사람에게서 강탈하지 말며 거짓으로 고발하지 말고 받는 급료를 족한 줄로 알라 하니라.눅 3:11-14

우는 자들은 울지 않는 자처럼 하며 기쁜 자들은 기쁘지 않은 자같이 하며 세상 물질을 쓰는 자들은 다 쓰지 못하는 자같이 하라. 이 세상의 형적이 다 지나감이라.고전 7:30-31

위의 인용 단락들의 요지는, "종말에 폐기될 현세의 재산을 통해 급진적 이웃 사랑을 실천하라. 영원히 가치있는 영생을 확보하라"라는 것이다. 세상 재물의 급진적이고 거룩한 처분이 다가오는 종말에 대한 현명한 준비가 되기 때문이다. 여기서 중요한 점은, 예수와 바울은 역사 폐기적인 종말이 아니라, 역사를 완성할 종말 시나리오를 선포했다는 것이다. 사도행전은 몸의 부활을 선포함으로써 역사적 물질적 세계가 어떤 방식으로든지 부활한 인류의 생활 터전이 될 것임을 전제하고 예기한다. 죽은 후에 인간의 영이 다다르게 될 피안의 세계가 더 궁극적인 최종적인 인간 거주처가 아니라, 하나님의 강력한 새 창조의 능력에 의해 새롭게 갱신된 이 세계, 곧 새 하늘과 새 땅이 부활한 인류의 거주지가 된다고 강조한다. 요한계시록 21:1-8은 하나님의 장막이 사람의 장막 속에 세워질 것이라고 선언한다. 결국 죽은 자의 부활과 산 자의 부활 둘 다 최후 심판의 소망이 내포되어 있다.

이처럼 사도행전은 하나님 심판의 때가 가까이 왔으니 모든 인간은 자신의 삶과 행위를 고쳐, 살아있는 유일한 하나님께로 돌이켜야 한다고 주장한다. 곧 아브라함부터 예수까지 이스라엘 역사 속에서 계시되고 알려진 이스라엘의 하나님에게로 돌이키라고 했다. 특수한 행동을 고치라는 행동주의적 교정론이 아니라, 살아있는 하나님에게 되돌아오라고 가르쳤다. 지금 즉시, 종말의 때에 걸맞은 재산 처분, 차별 없는 급진적 이웃 사랑, 원수까지 품는 사랑 실천을 강조했다. 이스라엘의 하나님은 공평과 공의의 하나님, 당신의 거룩한 성품을 구현하는 삶과 문화를 건설하라고 요구하시는 창조주이시다.

위에서 소개된 사도행전 별지 도표에서 보듯이 바울의 유럽과 소아시아 선교는 그레코-로만 신들을 비신화화하는 영적 무장해제 활동이었다. 바울의 모든 선교거점 도시는 그리스-로만 문명의 주신들이 후견하는 도시였다. 바울의 선교사역은 이 도시들의 주신主神의 특활 통치영역을 하나님의 통치권으로 복속시키는 사역이었다. 하나님 우편 보좌에 앉은 주 예수 그리스도의 이름으로 행해진 표적과 권능은 이방인들의 마음을 사로잡았다. 그것은 동시에 그레코-로만 신들을 비신화화하는 영적 시위였다.

3) 하나님의 교회에 접목되어 세계 만민의 평화 대향연에 참여하라

사도행전 2장에서 베드로는 오순절 성령 강습을 경험한 후에 자신의 당대가 바로 말세지말末世之末, 성령의 활동 시대라고 선포했다. 사도행전 2, 4장은 종말론적 교회 공동체 생활의 급진적 면모를 보여준다. 교회는 국가의 형벌권의 상징인 감옥을 여는 권세를 가진 예수 그리스도의 통치 거점으로 등장했다. 교회는 무장 주권 국가, 제국의 심장부를 향해 그리스도에게 복종하라고 요구했다. 주 예수 그리스도의 문민 통치 아래 모든 무장 주권 국가들은 지방 자치 단체 수준으로 자발적 무장해제를 하고, 그리스도의 발 앞에 엎드리게 될 날이 도래할 것을 예고받았다.계 11:15 사도행전 2, 4장은 모세오경과 예언자들, 곧 구약성경가 꿈꾸는 야웨의 언약 공동체, '여호와의 총회'(קהל יהוה, Qehal YHWH)의 진수를 증시證示한다. 예루살렘 120 문도는 성령의 감동으로 하나님과의 언약적 결속을 이룬 시민들의 촘촘한 형제자매적 상호부조와 연대를 구축했다.『하나님의 도성』, 19권 참된 공화정론 참조 이것이 바로 신명기가 그토록 강조하는 '하나님 앞에서 모인 언약 백성의 공동체'인 "야웨의 총회"신 23:1를 시범적으로 구현하는 장면이다.신 9:10

이상에서 살펴본 것처럼 바울의 교회론은 전혀 새로운 바울의 독창적 사상이 아니라, 구약 신명기의 언약 공동체인 자유농민의 총회인 "커할 야웨"the assembly of YHWH 사상에서 연원했다. 하나님의 교회가 세상 심판권을 가진다는 사상도 "커할 야웨" 사상에서 나온 것이다. 이것이 바로 바울이 사도행전 28:20에서 말한 "이스라엘의 소망"이었다. 그것은 원래는 이스라엘 민족으로 구성되었던 "야웨의 총회"에 성령으로 거룩해진 이방인도 참여해 함께 하나님의 교회를 이루어 세상을 심판하는 소망이었다. 이 세상 심판은 하나님의 세계통치를 세계 속에 매개하는 것을 의미했다. 신약성경의 십자가 구원론에서는 "심판받는 것"이 "구원"에 이르는 필수 단계이다. 십자가에 옛 자아가 심판받아 죽어야 그리스도와 함께 부활하는 소망을 가진다. 곧 이스라엘의 소망은 온 세계 만민이 그리스도와 함께 죽고, 함께 부활해 평화의 공동체를 이루는 소망인 셈이다. 사도행전 26:6-7은 28:20의 이스라엘의 소망을 좀 더 부연 설명한다. 여기서는 조상들에게 약속하신 것이 실현될 소망을 말한다. 바울은 아브라함의 후손이 천하 만민에게 복이 되는 비전을 소망의 실체라고 말한다.참조. 부활의 소망, 행 23:6; 24:14-15 이 소망은 열방이 하나님의 영생 잔치에 참여하여 온 세계가 평화를 누리는 것이다. 이사야 25장이 그 소망의 일단을 계시한다.

> 만군의 여호와께서 이 산에서 만민을 위하여 기름진 것과 오래 저장하였던 포도주로 연회를 베푸시리니 곧 골수가 가득한 기름진 것과 오래 저장하였던 맑은 포도주로 하실 것이며 또 이 산에서 모든 민족의 얼굴을 가린 가리개와 열방 위에 덮인 덮개를 제하시며 사망을 영원히 멸하실 것이라. 주 여호와께서 모든 눈물을 씻기시며 자기 백성의 수치를 온 천하에서 제하시리라.[사 25:6-8]

신약성경은 여기서 말하는 포도주를 "예수가 흘린 새 언약의 피"[눅 22:20; 요일 5:5-8; 참조. 요 19:34]라고 본다. 고린도전서 11장이 말하는 주의 만찬이 바로 이사야 25장이 예언한 열방 초청 잔치이다. 예수의 살과 피를 먹는 잔칫상이다. 바울은 이 종말의 잔칫상에 만민을 초청하려고 무할례자의 사도가 되었다.[갈 2:7] 그는 무할례자와 할례자를 가르는 적대의 벽을 허무는 예수 그리스도의 보혈을 마시는 열국 화해 대잔치에 만민을 초대하려고 했다.

> 너희는 유대인이나 헬라인이나 종이나 자유인이나 남자나 여자나 다 그리스도 예수 안에서 하나이니라.[갈 3:28]

> 그러므로 생각하라 너희는 그 때에 육체로는 이방인이요. 이제는 전에 멀리 있던 너희가 그리스도 예수 안에서 그리스도의 피로 가까워졌느니라. 그는 우리의 화평이신지라 둘로 하나를 만드사 원수 된 것 곧 중간에 막힌 담을 자기 육체로 허시고 법조문으로 된 계명의 율법을 폐하셨으니 이는 이 둘로 자기 안에서 한 새 사람을 지어 화평하게 하시고

또 십자가로 이 둘을 한 몸으로 하나님과 화목하게 하려 하심이라. 원수 된 것을 십자가로 소멸하시고 또 오셔서 먼 데 있는 너희에게 평안을 전하시고 가까운 데 있는 자들에게 평안을 전하셨으니 이제부터 너희는 외인도 아니요 나그네도 아니요 오직 성도들과 동일한 시민이요 하나님의 권속이라.엡 2:11-19; 참조. 엡 3:15-22

이처럼 하나님의 교회는 그리스도의 보혈로 화해를 맛본 이방인과 유대인의 연합체이다. 그리스도의 보혈, 자아 부인의 피는 모든 차별을 극복케 하는 평화의 능력이다. "야웨의 총회" 안에 포함된 이방인들은 이제 하나님 백성으로 영접되며, 교회는 다인종 다국적 합중국이 된다. 여기서 계급, 계층, 인종의 차별은 해소된다. 노예와 자유인의 장벽이 무너진다. 바울의 공동체는 노예(우르바노와 스다구)와 자유인들의 연합체이다. 이런 연합은 우리 옛 자아가 십자가에 그리스도와 함께 못 박히고 부활해야만 가능하다. 하나님의 교회는 그리스도 안에서 죽고 부활한 개인들의 언약 공동체다. 사도행전 28:20이 말하는 "이스라엘의 소망"은 바로 이것이다. "원수된 것 곧 중간에 막힌 담을 자기 육체로 허시고" 피를 흘림으로써 이방인과 유대인을 갈라놓는 "법조문으로 된 계명의 율법을 폐하신" 분과 함께 죽고 함께 살아난롬 6:3-5; 고후 5:17-21 새 사람들의 공동체엡 2:15-21를 이루는 것, 그것이 이스라엘의 소망이다. 바로 이 소망 때문에 무할례자의 사도가 된 바울갈 2:9은 아가야 지방의 연보를 모아 예루살렘 성도들을 돕는데 썼고, 이방인 신자들을 예루살렘 성전에 봉헌함으로써 이방인도 하나님의 성전에 참여하게 하려고 한 것이다. 이처럼 바울은 오순절에 예루살렘에 도착하고자 애썼으며,행 20:16 이방인 개종자들을 제물로 봉헌하는 복음의 제사장 역할을 감당하고자 힘썼다.롬 15:16 이것이 바로 이사야 60-62장의 예언, 곧 이스라엘이 제사장 나라가 되어 열방을 하나님께 이끌어 봉헌하는 날에 관한 예언이 성취되는 모습이다. 이스라엘의 소망은 온 세계 열방을 하나님에게 향도하여 봉헌하는 것, 열방과 이스라엘이 하나가 되어 하나님을 경배하는 종말의 대향연이다.[26] 이를 위해 바울은 이방인들에게 하나님에 대한 회개와 주 예수에 대한 믿음을 강조했다.[행 20:21] 하나님은 이 비전을 성취하기 위하여 바울을 이방인의 세계로 파송한다. "내가 로마도 보아야 하리라."[행 19:21] "너를 이방인에게로 보내리라."[행 22:21] "예루살렘에서 증언한 것처럼 로마에서도 증언하여야 하리라."[행 23:11] 바울이 바라보는 '하나님 나라' 완성은 구원받은 이스라엘과 구원받은 이방인들로 구성된다.[롬 11장; 고전 1:2; 계 7:1-9] 특히 그는 "이방인들의 충만한 수가" 하나님의 교회에 접목되어야 한다고 확신하며 이방 선교를 담당했다.[롬 11:25]

결국 바울이 그레코-로만 문명권에서 구축한 교회 "에클레시아"(ἐκκλησία)는 당시의 그레코-로만 문명의 도시 공동체인 에클레시아를 대체하고 대신하는 대안 공동체였다.[27] 국가주의적 구원 종교를 신봉했던 로마제국이 스스로 세계를 군사력으로 정복한 패권국가로 탈바꿈하자 로마제국은 공화정의 이상을 상실했다. 그저 강자의 약탈과 포식이 횡행하는 글로벌 약탈 국가가 되었다. 로마제국이 약탈과 정복으로 확보한 이민족들과 나라들을 식민지로 삼아 제국의 생명을 연명하려는 시대에, 만민 포용적이고 차별 철폐적인 시민 자율 공동체, 곧 바울 기독교의 '에클레시아'가 등장했다. 바울이 개척한 교회들은 직업조합이나 회당, 전통 신전 체제의 종교 제의 참여자들보다 훨씬 더 차별 철폐적이었고 개방적인 횡적 연대망이었다.[28] 바울이 개척한 교회, 곧 에클레시아를 당시 기준보다 훨씬 더 평등하고 급진적인 국제 친교와 환대가 작동하는 글로벌 시민 네트워크로 결성한 것이다. 로마 공화정주의자들이 그토록 찬미하던 상호 부조적 공화국의 이상을 바울의 에클레시아가 성취하게 된 것이다.[29] 바울이 개척한 이방인-유대인 연합체 교회가 그레코-로만 사회의 에클레시아, 곧 시민사회를 대체하는 새로운 자유민의 민회였다.[30] 바울은 상비군, 관료 조직, 왕조를 가진 국가들의 연합이 아니라, 비무장 민간 조직인 교회가 온 세계의 핵심 공동체로 기능하는 미래를 꿈꾸었다. 1세기의 그리스-로마 문명권 중 바울만큼 이상 사회에 대한 포괄적인 비전을 가진 자는 아무도 없었다.

5. 결론

인간의 마음은 폭력적 통치에는 반발한다. 인간의 마음 가장 은밀한 지성소인 양심은 가장 연약하고 겸손한 왕만이 다스릴 수 있는 영역이다. 인간의 마음, 양심을 다스리는 자만이 참된 왕이다. 약하고 겸손한 왕만이 인간의 마음을 통치할 수 있다. 예수는 하나님의 다스림 아래 자신을 복속시켰기 때문에, 곧 그만큼 자신을 감추고 부인하였기 때문에 겸손하고 연약한 왕이 될 수 있었다. 이렇게 자신을 비워 종이 된 왕 예수는 이상왕(메시아)의 관점에서 인간 왕들(지도자)의 통치행위를 예리하게 분석한다. 예수는 인간 왕에게 위임된 지도력이 필연적으로 지배력(권력 남용과 권력 강제)으로 변질되는 점을 직시한다. 예수 당시의 세계는 로마제국의 가이사Caesar의 권력 강제와 권력 남용 아래, 이스라엘은 헤롯 가문과 로마 총독 빌라도의 권력 강제와 권력 남용에 시달리고 있었다. 예수의 열두 제자들도 예루살렘에 영광중에 인자의 나라(메시아의 나라)가 임하면, 왕이신 예수의 옆자리에, 곧 큰 자리에 앉으려고 각축했다. 그런 제자들을 불러 놓고, 예수는 인간의 양심을 다스리는 왕의 도를 가르친다.

예수께서 불러다가 이르시되 이방인의 소위 집권자들이 저희를 임의로 주관하고 그 대인들이 저희에게 권세를 부리는 줄을 너희가 알거니와, 너희 중에 누구든지 크고자 하는 자는 너희를 섬기는 자[디아노코스(διάκονος)]가 되고, 너희 중에 누구든지 으뜸이 되고자 하는 자는 모든 사람의 종[둘로스(δοῦλος)]이 되어야 하리라. 인자의 온 것은 섬김을 받으려 함이 아니라 도리어 섬기려 하고 자기 목숨을 많은 사람의 대속물로 주려 함이니라.[막 10:42-45]

여기서 가장 주목할 만한 표현은 예수가 당시의 로마제국과 헤롯 가문의 통치 본질을 권력 강제적 통치[카타큐리오(kata-kurieuw)]와 권력 남용[카텍수씨아조(κατ'εξουσιαζω)]이라고 정의하는 장면이다. 41절의 "소위 이방인의 집권자들"이라는 표현은 아주 흥미로운 표현이다. 원전의 문장을 직역하면 "지배하는 것처럼 보이는 사람들"[호이 도쿤데스 아르케인(ὁι δοκούντες αρκείν)]이다. 예수는 권력 강제와 임의 주관(권력 남용)을 통하여 지배하는 사람들은 외견상 다스리는 것처럼 보일 뿐 사람의 마음을 다스리지 못하는 자들이라고 보셨다. 오히려 모든 사람을 섬기고 모든 사람의 노예가 된 사람만이 으뜸이 되고 다스릴 수가 있다고 말한다. 빌립보서 2:6-11은 이 원리를 보여준다.

그는 근본 하나님의 본체시나 하나님과 동등 됨을 취할 것으로 여기지 아니하시고, 오히려 자기를 비워 종의 형체를 가져 사람들과 같이 되었고, 자기를 낮추시고 죽기까지 복종하셨으니 곧 십자가에 죽으심이라. 이러므로 하나님이 그를 지극히 높여 모든 이름 위에 뛰어난 이름을 주사 모든 무릎을 예수의 이름에 꿇게 하시고 모든 입으로 예수 그리스도를 주라 시인하여 하나님 아버지께 영광을 돌리게 하셨느니라.

인류 역사는 타락과 멸망의 길을 달려가는 것처럼 보여도, 거짓된 주와 폭력적 지배자의 권력 강제와 권력 남용에 저항해온 역사이다. 인간은 타락했을지라도, 거짓 주들의 폭력적 지배에 대해서는 저항한다. 왜 그럴까? 인간은 하나님의 형상을 따라 창조된 고귀한 존재이기 때문이다. 인류는 자신들의 손발을 지배하고 몸을 지배하는 폭군들과 압제자들을 잠시 참아주지만, 반드시 저항하게 마련이다. 거짓 주와 왕들의 지배에 저항하는 하나님의 고귀한 형상은 자유이다. 자유는 '자기 유래'에서 나온 말이다. 그것은 본성, 본질에서 우러나오고 그것에 의해 지지되는 판단, 행동, 그리고 결단을 통해 구현된다. 하나님은 자기유래적 창조자이다. 하나님은 외부적 강제상황이나 내적인 결핍 해소를 위해 우주와 인간을 창조하시지 않았다. 하나님은 우주와 인간 창조 그리고 인류에 대한 사랑은 순전히 자기유래적 결단의 산물이다. 이 자기유래적 결단을 사랑이라고 부른다. 하나님은 사랑이시다. 이것이 하나님의 거룩한 본성이다. 하나님께서 자신에게 흘러넘치는 사랑에 추동되어 창조된 인간도 스스로 안에 충일한 사랑에 추동될 때 자유로운 존재가 된다. 그런데 하나님의 형상을 따라 지음받은 인간은 이 하나님의 선물인 자유를 빼앗길 때, 곧 하나님을 사랑하고 이웃을 사랑할 자유를 빼앗길 때 저항한다. 정치적 억압, 경제적 궁핍과 박탈, 인간성을 타락시키는 악한 종교와 문화 지배 등은 인간의 사랑할 수 있는 능력과 자유를 파괴하고 손상시킨다. 이런 상황에서는 어떤 누구도 하나님 사랑과 이웃 사랑을 실천할 수 없다. 하나님은 당신의 피조물인 인간을 먼저 자유케 하신 후에 하나님을 경배하도록 초청하신다. 하나님은 자유케 된 인간의 자유로운 예배와 순종을 기대하신다. 당신의 형상을 따라 지음받은 인간이 자기유래적으로 하나님의 말씀을 납득하고 이해하고 공감하여 하나님을 사랑해 주기를 기대하신다. 하나님을 사랑하는 행위는 하나님의 계명을 이해하고 납득하고, 공감하여 그것을 준행하는 행위이다. 하나님의 계명을 이해하고 납득하고 공감하여 하나님을 전심으로 사랑하고 이웃을 사랑하는 데 투신된 인간은 하나님이 주신 자유를 100퍼센트 누리는 존재이다. 이런 하나님과 인간의 자유로운 사랑의 이인무二人舞가 주도하는 인류역사에서 폭력적 지배자, 권력강제자의 대표자인 가이사는 인간의 마음에 들어가 마음의 영토를 다스리는 갈릴리 출신 왕, 나사렛 예수를 결코 이길 수 없다. 비록 사도행전에서 실현되지 않은 미래로 그려지지만, 바울이 가이사 앞에 서는 날, 그 날은 바울이 심판받는 날이 아니라, 로마제국 황제 가이사가 심판받아 폐위되는 날이다. 스스로 많은 사람의 노예(둘로스)와 시중드는 청지기(디아코노스)되어 자기 목숨을 자신의 백성에게 대속물로 내어주는 나사렛 예수가 하나님 우편보좌에 앉아 주와 그리스도가 되신 날, 세상의 모든 거짓 주들과 거짓 왕들은 다 폐위되었기 때문이다. 사도행전은 가이사를 하나님의 법정에 소환하는 그 날을 향해 달려간다.

사도행전 개요: 로마제국 속으로 돌진하는 하나님 나라

1) 베드로와 열한 사도 사역: 예루살렘과 유대, 사마리아 활동들

지역	주요 활동과 메시지
예루살렘과 유대[1-7장]	• 유대인들이 로마 총독의 손을 빌려 죽인 나사렛 예수를 하나님이 사흘 만에 살리사 하나님 우편 보좌에 앉은 주와 그리스도가 되게 하셨다. 하나님의 우편 보좌에 앉아 주와 그리스도가 되신 나사렛 예수가 성령을 보내어 만민의 마음을 통치하신다. "너희가 회개하여 각각 예수 그리스도의 이름으로 세례를 받고 죄사함을 받으라 그리하면 성령의 선물로 받으리라."[2:38] • 산헤드린 법정의 판결은 무효화되고 옥문이 열렸다. 산헤드린의 형벌권, 로마 총독의 형벌권이 심판당했다. • 성령으로 충만한 예루살렘 초대교회(120명)는 물질적인 유무상통(쒼코이노니아) 공동체를 산파하다.[2:43-47; 4:32-37] 사도들이 큰 권능으로 주 예수의 부활을 증거하다.[4:33] 물질적 유무상통으로 가난한 자가 사라진 공동체의 존재가 주 예수의 부활, 승천, 하나님 우편 보좌 통치, 성령 통치의 강력한 증거이다. 성령이 너희에게 임하시면 너희가 권능을 받고 예루살렘과 온 유대와 사마리아와 땅끝까지 이르러 내 증인[무 마르튀레스(μου μάρτυρες)]이 되리라.[1:8]
사마리아[8장]	• 유대와 사마리아, 사마리아와 갈릴리의 적대 관계가 청산되고 사마리아 또한 주 예수 그리스도의 통치에 복속되다.[9:31] 빌립이 하나님 나라와 및 예수 그리스도의 이름에 관하여 전하자 사마리아인들이 믿고 세례를 받았다.[8:12] • 표적, 권능, 신유,[神癒] 축사[逐邪, exorcism]를 통해 사마리아를 변화시킨 베드로와 요한. 돈으로 영적 권능을 사려는 마술사 시몬을 단죄하다.

2) 베드로와 바울의 이방 선교를 위한 대회심大回心

사도	주요 사건
바울[9장]	• 다메섹 도상의 부활 예수 조우. • 추락과 함께 사흘간 암흑천지 후 영적 개안. • 이방 선교의 사도 탄생. "이 사람은 내 이름을 위하여 이방인과 임금들과 이스라엘 자손들에게 복음을 전하기 위하여 택한 나의 그릇이라."[9:15, 22; 창 26장]
베드로[10장]	• 국수주의자 선지자 요나의 회개 장소인 욥바에서 이방 선교에 개안한 베드로. • 가이사랴 주둔 로마제국 백부장 고넬료를 불러들여 함께 유숙한 베드로. • 베드로야 일어나 잡아먹어라.[10:13] 천상의 음성 듣고 베드로 이방인 고넬료 영접하다. 각 나라 중 하나님을 경외하며 의를 행하는 사람은 하나님이 받으신다.[10:35] • 할례주의자들, 이방인들에게도 성령을 부어주시는 하나님께 경악하다.

3) 그레코-로만 문명 거점 도시에서의 바울 사역

지역		주요 활동과 메시지
중근동과 소아시아 지역	수리아 안디옥[13장]	• 열두 사도를 박해하고 야고보를 살해한 예루살렘 성전 당국자들과 헤롯 왕가의 협공으로 예루살렘 교회 박해. 열두 사도 외에 다른 교회 지도자들은 추방되어 수리아 안디옥에 모여 다인종 다국적 지도자들이 동역하는 안디옥 교회 형성. • 바나바와 바울, 수리아 안디옥 떠나 본격적인 이방 선교 착수.
	소아시아 비시디아 안디옥[13장]	• 3주 연속 안식일 회당 구속사救贖史 설교로 유대교 회심자를 얻는 바울과 바나바. • 유대인(아브라함 후손)과 유대교에 입교한 경건한 이방인들(6절의 하나님 경외자들)에게 "주 예수의 구원과 칭의"를 강론하는 바울과 바나바. • 유대인들에게 배척당해 이방인 선교사로 나선 바울과 바나바.이사야 49:6. "내가 너를 이방의 빛으로 삼아 너로 땅끝까지 구원하게 하리라."[행 1:8]

	지역	주요 활동과 메시지
중근동과 소아시아 지역	소아시아 비시디아 안디옥[13장]	• 하나님께서 죽은 자 가운데 다시 살리신 예수가 구약의 예언자들이 말한 이스라엘과 세계 만민의 구원자이시다. 아브라함, 이삭, 야곱의 식탁, 곧 영생에 이방인들 초청받아 기뻐하다.[13:46-48] • 셋째 안식일에 "온 시민"이 거의 다 바울의 강론을 들으려고 회당에 모이자 유대인들의 시기와 박해 발생. 경건한 귀부인들과 시내 유력자들을 선동해 박해.
	이고니온[14장]	• 유대인 회당에서 개종자 얻고 박해 초래하다.[14:1, 유대와 헬라의 무리] • 순종치 않는 유대인들의 반대로 헬라인들에게 복음 전하는 데 방해를 받다. 표적과 기사를 통해 주의 은혜의 말씀을 증거하다.
	루스드라[14장]	• 절름발이를 고친 후 제우스[Zeus]와 헤르메스[Hermes]로 오인된 바나바와 바울,[11절] 제우스(주피터) 신당의 제사장의 예배 시도를 저지하다. • 우상숭배를 버리고 천지와 만유를 지으신 살아계신 하나님께로 돌아오라.[14:15] • 비시디아 안디옥과 이고니온 출신 유대인 박해자들에게 돌 맞아 실신한 바울.
	더베와 버가[14장]	• 큰 박해를 받은 후 바울, 더베에 들어가 복음을 전해 많은 개종자를 얻다. • 다시 루스드라–이고니온–비시디아 안디옥을 역순으로 심방해 제자들을 만나 "하나님 나라에 들어가려면 많은 환난을 당해야 할 것"을 강조하다. • 이방인들에게 믿음의 문을 여신 하나님의 섭리를 안디옥 교회에 돌아가 보고하다.[14:27] • 각 교회에 장로들을 택하여 지역 교회의 목양을 위탁하다. • 수리아 안디옥으로 돌아가는 여정에 버가(이쉬타르 여신의 후견 도시)에서 말씀 전하다.[페르가모스(Πέργαμος)][계 2:12] 버가모
유럽	빌립보[16장]	• 로마의 식민지, 마게도냐 지경의 첫 도시. 두아디라 자주 상인 루디아와 빌립보 감옥 간수를 개종시킨다. "주 예수를 믿으라."[16:31] • 유대인 회당이 없어 강가에서 여자들에게 복음 전해 개종자를 얻다.

지역		주요 활동과 메시지
유럽	빌립보16장	• 빌립보서 1:27-28, 2:5-11와 3:19-21을 통해 바울, 황제 신격화 제의를 통한 로마제국의 통치 이데올로기를 반박하다.[31] 빌립보서 1:27-28, 3:19-21을 통해 바울, 로마 시민권을 자랑하는 빌립보 교인들을 향해 천국 시민권을 자랑하다.
	데살로니가17장	• 세 안식일 연속 회당 강론. 구약강론을 통해 "예수는 십자가에 달려 죽고 부활한 주와 그리스도이시다"라고 선포하며 예수 부활의 필연성을 강조하다. • 천하를 어지럽히고 다른 임금 예수를 전한 자로 비난받다. • 로마제국이 자랑하는 슬로건, "평안과 안전"을 위협할 종말의 시간 통고하는 바울. 살전 5:3[32]
	아덴17장	• 유물론적 행복철학을 설파하는 에피쿠로스 철학자, 범신론적 철학인 스토아 철학자와 논쟁하다. 예수와 몸의 부활 관련 • 회당에서 유대인과 경건한 이방인들과 변론하다. • 아고라(매매, 공연 등 대중들의 삶터)에서 매일 만나는 사람들과 변론 • 아레오바고(전쟁의 신 아레스의 언덕) 언덕 광장("새로운 사상의 보부상"이 보따리를 푸는 곳)에 서다. 아덴의 후견신 지혜의 여신 미네르바(아테나)에게 바쳐진 파르테논 신전을 보고 우상숭배의 전당이라고 도발하다. 전쟁 개시나 참전을 결의하는 자유인들의 공론장 아레오바고에서 다신교 우상숭배를 비판하며, 아크로폴리스에서 아덴을 내려다본 후 터뜨린 바울의 일갈. "종교성이 많다." 살아있는 유일신 하나님에게로 돌이킬 것을 촉구하다. • "알지 못하는 신에게" 바쳐진 제단을 보고 참된 하나님을 선포하다. 아라토스(Ἄρατος ὁ Σολεύς)의 시("우리는 신의 소생")를 인용해 우상숭배의 어리석음을 논박하다. • 천하를 공의로 심판하실 하나님께 돌아오라. 죽은 자 가운데 다시 살리신 주 예수를 믿을 여러 가지 이유 제시하다. 아테네 사람들, 죽은 자의 부활 사상에 경악하다. 고린도의 헬라인들도 동일한 반응, "죽은 자의 부활"은 없다. • 소수 개종자를 얻다.(아레오바고 관원 디오누시오와 여성 다마리)

지역		주요 활동과 메시지
유럽	고린도[18장]	• 1년 6개월 동안 안식일마다 회당에서 구약성경 강론하다. 바울이 "하나님 말씀에 붙잡혀 유대인들에게 예수는 그리스도이시다"라고 밝히 증거하다. • 회당장 그리스보 외에 허다한 고린도 사람들이 믿고 세례를 받다. • 유대인들이 많이 사는 고린도 회당의 영향력이 커서 시의 유력자들(가이오, 시의 재무장관 에라스도와 형제 구아도)도 개종시키다.롬 16:23 • 유대인들의 강력 반발로 아가야 총독 갈리오에게 기소되었다 풀려난 바울.
소아시아	에베소[19장]	• 에베소에서 첫 석 달 안식일 회당 강론을 하다. 회당에서는 유대인들과 변론하다. 하나님 나라에 대해 강론하고 권면하다. 바울의 앞치마와 손수건을 통해 드러난 희한한 신적 권능과 치유를 통해 하나님 나라의 실체를 과시하다. • 이후 유대인들의 시기와 박해로 두란노 서원 임대, 자비량 활동 펼치다. • 2년간 날마다 성경과 하나님 나라 강론의 결과 마술에 도착倒錯되었던 에베소 사람들이 은 5만이나 되는 마술책을 분서하며 하나님에게로 돌이키다. 주 예수 앞에 자복하고 회개하는 에베소 사람들이 늘자 아데미 여신 숭배가 줄어들다. • 아데미 여신 사당과 제우스 신 사당에 금은 세공의 제사 용품 생산하고 판매하는 은장색 데메드리오의 난동으로 기소된 바울.[33]
유럽	로마[28장]	• 이스라엘 본토 주재 로마 총독들의 불의하고 무성의한 재판을 거부하고 바울은 가이사 앞에서 재판받기 위해 황제 직소 재판을 신청하다. • 가이사 앞에서 하나님 나라 복음을 변명할 희망으로 로마에 입성하다. "네가 로마에서도 증언하여야 하리라."행 23:11 "내가 가이사께 상소하노라."행 25:11 • 미결수로 셋방을 얻어 살면서 2년간 하나님 나라와 주 예수 그리스도의 죽음과 부활을 담대히 가르치다.

바울 연대기[34]

주전 4년	나사렛 예수 출생
주후 15-16년경	바울 출생
27-28년경	나사렛 예수, 공생애 시작
30년	나사렛 예수의 죽음 오순절 성령 강림
34년	사울, 다메섹 도상 회심 및 소명 위임
34-35년	안디옥 교회 창설
35년	바울의 첫 예루살렘 방문
43년	유대인들에 의한 예루살렘 교회 박해 사도 야고보 순교(행 12:1-7)
47-48년	바나바와 바울의 1차 선교 여행
48년	예루살렘 사도 공의회
48-49, 51-52년	바울의 2차 선교 여행 [행 18:12-14(갈리오 기준 연대 추정)]
49-51년	고린도 교회 개척 및 사역
50년	고린도에서 최초의 서신 데살로니가전서 저작
51년	고린도에서 데살로니가후서 저작
52-56년	바울의 3차 선교 여행(이 기간 중 3년 동안 에베소 교회 개척 및 사역)
56년경	에베소 체류 고린도 단기 체류
57년	예루살렘에서 바울 피체(被逮)
57-58년	가이사랴 빌립보에 2년간 억류
60년	바울의 로마 입성
60-62년	로마에서 미결수 셋방살이
64년경	로마에서 순교
66-70년	유대 전쟁, 예루살렘 파괴(70년 8월 29일 멸망)

주

개정증보판 서문

1 유하, 『바람부는 날이면 압구정동에 가야한다』 (서울: 문학과 지성사, 1991).

2 눈앞의 저 빛! 찬란한 저 빛! 그러나 저건 죽음이다 의심하라 모오든 광명을!

초판 서문

1 왈벗 뷜만(Walbert Buehlmann), 『선민과 만민: 선택사상의 재음미에 의한 선교자세의 재정립』, 정한교 옮김 (왜관: 분도출판사, 1983), 79.

2 "하나님 나라 신학"의 관점으로 성경을 읽는 것에 대한 보다 자세한 논의를 참조하려면 다음 책을 보라. 김회권, 『하나님 나라 신학으로 읽는 모세오경』(수정증보판; 서울: 복있는 사람, 2021), 12-15.

3 Bruce C. Birch et al., *A Theological Introduction to the Old Testament* (Nashville, TN.: Abingdon, 1999), 27-28.

4 마이클 그린(Michael Green), 『초대교회의 전도』, 김경진 옮김 (서울: 생명의 말씀사, 1998).

5 프레데릭 페뷔 브루스(F. F. Bruce), *The Spreading Flame: The Rise and Progress of Christianity from Its First Beginnings to the Conversion of the English* (London: The Paternoster, 1964), 9-82; 프레데릭 페뷔 브루스(F. F. Bruce), 『초대교회 역사』, 서영일 옮김 (서울: 기독교문서선교회, 1994).

6 John R. W. Stott, *The Message of Acts: To the Ends of the Earth* (Leicester: IVP, 1990); 존 스토트, 『사도행전 강해』, 정옥배 옮김 (서울: IVP, 1992).

7 스티븐 니일(Stephen Neill), *A History of Christian Missions* (Harmondsworth: Penguin Books, 1986); 스티븐 니일, 『기독교 선교사』, 홍치모, 오만규 옮김 (서울: 성광문화사, 1999).

8 앨리스터 맥그라스(Alister McGrath), 『기독교, 그 위험한 사상의 역사』, 박규태 옮김 (서울: 국제제자훈련원, 2009).

9 폴 스티븐스(R. Paul Stevens), 마이클 그린(Michael Green), 『그분의 말씀 우리의 삶이 되어』(*Living the Story*), 윤종석 옮김 (서울: 복있는 사람, 2006).

1 하나님을 의미하는 '데우스'와 '사랑하다'를 의미하는 동사 '필레오'의 합성어로서, 곧 '하나님을 사랑하는 자'를 뜻한다.

2 2-3세기 교부들이 활약하던 당시에 로마의 지성인들이 읽었을 법한 책들을 상정하고 예거한 다른 자료를 보려면, 다음을 보라: 루이스 루이스 윌켄(Robert L. Wilken), 『초기 기독교 사상의 정신』(*The Spirit of Early Christian Thought*), 배덕만 옮김 (서울: 복있는 사람, 2014), 79-81.

3 Hans Conzelmann, *Die Mitte der Zeit: Studien zur Theologie des Lukas* (Tübingen: J. C. B. Mohr, 1954), 1-12, 190-210. 콘첼만은 예수의 재림이 지연되는 이유를 제시하는 편집사적 연구를 통해, 예수의 때는 종말이 아니라 시간의 중심이며, 하나님 나라는 미래에 속해 있음을 논증한다. 콘첼만은 누가복음-사도행전 저자가 구속사적 구도에 따라 예루살렘으로 올라가는 예수의 긴 중간여정 기사를 삽입해 배치했다고 본다. 로마제국의 질서에 대한 누가복음-사도행전 저자의 잠정적인 인정도 하나님 나라가 완성될 때까지는 교회가 세계의 현상질서에 어느 정도 적응해야 함을 강조해야 했던 상황에서 비롯되었다고 본다.

4 책 앞에 첨부한 사도 바울의 선교 여행 경로를 보여주는 지도를 참조하라.

5 신약시대 직전의 유대인들이 품은 메시아 대망 신앙을 보려면 에세네파(쿰란 공동체)가 군사적인 정복 군주형 메시아를 대망했다는 사실을 보여주는 위경 「솔로몬의 시편」과 쿰란의 메시아 문서들을 참조하라[김창선, 『쿰란문서와 유대교』(서울: 한국성경학연구소, 2002), 155-179].

6 구약성경과 200년 이후에 미쉬나로 문서화된 구전 율법들(탈무드의 형식으로 해석될 대상)이 세계에 흩어져 살던 유대인들을 하나 되게 했다[참조. 김창선, "탈무드란 무엇인가," 「성경마당」 117(2016년 봄), 95-107(특히 102)].

7 마카베오 항쟁(주전 168-165년) 후에 들어선 하스모니안 왕조(주전 146-63년)나 헤롯 왕조(주전 37년-주후 70년)는 이스라엘 영토를 다스렸으나 유대인들에게 정통성을 인정받지 못한 정치 세력이었다.

8 고대 근동의 사회적 형평법들에 대한 원문과 영어 번역 전문을 보려면, James B. Pritchard, *Ancient Near Eastern Texts relating to the Old Testament*[이하 ANET. (Princeton, NJ.: Princeton University Press, 1969)]의 section Ⅱ Legal Texts에서 J. J. Finkelstein, "The Edict of Ammisaduqa," 526-528쪽을 참조하라; 또한 Martha T. Roth, *Law Collections from Mesopotamia and Asia Minor* (Atlanta, GA.: Scholars Press, 1997), 11-248쪽을 참조하라.

9 메시아의 원래 의미는 '기름 부음을 받은 자'(메시아흐)이다. 메시아는 하나님의 영(기름)의 부어주심을 받아 이상적인 대리 통치자(왕)가 된 자를 지칭한다. 이 히브리어의 헬라어 번역어가 '크리스투스'(그리스도)이다.

10 Henry Chadwick, "The Early Christian Community," in *The Oxford Illustrated History of Christianity*, ed. John McManners (Oxford et al.: Oxford University Press, 1990), 23-24.

11 로마제국의 주(kyrios)는 주피터이며, 로마 황제는 주신(主神) 주피터의 세계 패권 의지를 대행하는 버금왕, 곧 대리자인 셈이다. 따라서 로마 황제도 피지배자들과 속주민들에게 주(kyrios)로 불렸다. 베르길리우스가 『아이네이스』에 주피터의 근엄한 통치좌를 묘사할 때 쓴 라틴어가 형용사가 *augusta*이다. 로마제국 초대 황제인 옥타비아누스는 원로원으로부터 "아우구스투스"(지존자)라는 칭호를 받았다. 주피터와 로마 황제의 양두정치 체제의 대응물이 바로 야웨 하나님과 그의 부왕 예수 그리스도의 양두체제이다.

12 '도성 신학'은 아우구스티누스가 *The City of God* 6-7권에서 규정한 신학으로 국가숭배신학이며, 국가 번영과 영속을 보증하며, 개인의 사후 행복까지 보장해주는 다양한 신들을 어떻게 적합하게 예배해야 하는지를 가리키는 신학이다[성 아우구스티누스, 『하나님의 도성』, 조호연, 김종흡 옮김 (고양: 크리스챤 다이제스트, 2007), 320-357]. '도성 신학'은 국가 번영과 개인의 사후 행복을 추구하는 모든 시민이 알고 수행하여야 하는 종교제의를 다룬다. 그것은 인간의 삶과 국가의 중요영역을 개별적으로 관장하는 신들의 비위를 맞추는 신학이기에 본질적으로 다신교적이다. 로마의 주피터 숭배, 에베소의 아르테미스 숭배, 고린도의 아폴로 숭배는 모두 '도성 신학'의 예이다. '도성 신학'에 대한 아우구스티누스의 비판에 대한 더 자세한 논의를 보려면, 김회권, 『하나님의 도성. 그 빛과 그림자』(서울: 비아토르, 2018), 200-203쪽을 참조하라.

13 시오노 나나미, 『로마인 이야기 4』, 김석희 옮김(파주: 한길사, 1995), 117.

들어가며 2: 인류와 세계의 희망, 하나님 나라

1 김회권, 『김회권 목사의 청년설교 1』(서울: 복있는 사람, 2005), 19.

2 김회권, "역사적 화석에서 되살려야 할 불씨", 「기독교사상」 577호(2007년 1월), 70-72.

3 김회권, "역사적 화석에서 되살려야 할 불씨", 74-79.

4 달라스 윌라드(Dallas Willard), 『하나님의 모략』, 윤종석 옮김(서울: 복있는 사람, 2003), 99-100.

5 윌라드, 『하나님의 모략』, 100.

6 ibid.,

7 찰스 링마(Charles Lingma), 『행동하는 신앙인을 위한 자끄 엘륄 묵상집』, 윤매영 옮김(서울: 죠이선교회, 2004), 63.

1 누가복음-사도행전은 예루살렘 성전이 건재하고 있음을 전제하고 있다. 사도행전이 66-70년 유대 전쟁과 그로 인한 예루살렘 성전파괴 사건 이전에 저작되었을 가능성도 있음을 의미한다.

2 누가복음의 초기 사본들 대부분에 "according to Luke"(B 사본) 혹은 "The Gospel according to Luke"(DW 사본)라는 부제가 붙어 있다[B. M. Metzger, *The Canon of the New Testament: Its Origin, Development, and Its Significance* (New York: Oxford University Press, 1997)]. 사도행전은 누가복음의 속편이기에(동일 수신인, 주제적 연속성, 문학적 · 문체적 공통성, 내러티브의 순차성 등의 증거), 사도행전의 저자도 누가인 셈이다.

3 80년 전후에 기록되었을 것으로 추정되는 플라비우스 요세푸스의 『유대고대사』에 나오는 예수 관련 두 단락은 그 진정성이 의심되는 "플라비우스 요세푸스의 증언"(Testimonium Flavianum)이다(*Antiquities* 18, 63-64): "이 시기에 예수라고 하는 한 지혜로운 남자(a wise man)-만일 누군가가 그를 인간이라고 부를 수 있다면-가 살고 있었다. 그를 지혜로운 사람이라고 부르는 이유는 그는 놀라운 일들을 행하는 자였으며, 진리를 기쁨으로 받아들이는 이들의 선생이었기 때문이다. 그는 다수의 유대인과 많은 헬라인까지도 사로잡았다. 그는 (그들에게) 메시아였다(64). 우리 지도층에 있는 사람들의 고소에 의거해 빌라도는 그를 십자가에 처형하라고 명령했다. 그러나 처음에 그를 사랑하던 자들은 (그를 따르는 일을) 멈추지 않았다. 그는 사흘째 되는 날 다시 살아서 그들 앞에 나타났다. 하나님의 예언자들과 다른 많은 놀라운 일들이 그에 관해 선포했던 일이었다. 그를 따라 그리스도인들이라고 명명된 이 종족은 아직까지 사라지지 않고 있다"[Flavius Josephus, *Antiquities of the Jews*, trans. Louis H. Feldman (Cambridge, MA.: Harvard University Press, 1965)].

4 존 스토트, 『성령 세례와 성령 충만』, 김현희 옮김, (서울: IVP, 2002), 22. 대부분의 조직신학자(Hendrikus Berkhof, Louis Berkhof, Charles Finney 등)는 성령 세례와 성령 충만의 차이를 논했다. 개혁주의 입장을 옹호하는 책을 보고자 한다면, 존 스토트의 『성령 세례와 성령 충만』과 문창수가 변역한 제임스 패커(J. I. Packer)와 A. M. 스팁스(A. M. Stibbs)의 『내주하시는 성령』(서울: 정경사, 2000)의 18-19쪽을 참조하라. 이와 달리 감리교와 순복음 계통의 성령론에 대한 중립적이거나 다소 호의적인 소개와 평가를 보려면, 지상우가 옮긴 도날드 맥클레오드(Donald McCleod), 『성령 세례와 개혁주의 성령론: 로이드 존스의 '성령 세례'와 비교하여』(서울: 여수룬, 2004)와 르우벤 아처 토레이(R. A. Torrey), 『너희가 믿을 때 성령을 받았느냐?』(서울: 한국양서, 1983)를 참조하라.

5 김회권, "역사적 화석에서 되살려야 할 불씨", 70-79.

6 바울의 이방인 선교는 바로 예수가 품은 이런 하나님 나라에 대한 심오한 이해에서

추동되었다. 예수의 하나님 나라 복음에 대적하던 유대인들은 무할례자의 사도가 된 바울의 이방인 선교사역을 대적했다. 바울을 일생 동안 대적한 유대 민족주의자들과 할례주의자들은 바로 예수의 만민 지향적인 하나님 나라 복음을 대적했던 자들이었다(행 19:8; 28:21).

7 크리스토퍼 J. H. 라이트, 『하나님의 선교』, 한화룡 옮김 (서울: IVP, 2010), 403-404. 라이트는 인도에서 독립한 나가랜드와 르완다, 그리고 북아일랜드의 기독교 복음화율이 높은 것에 비해, 사회 전체가 부패와 불의, 폭력과 타락으로 망가졌음을 지적하며, 기독교 인구의 증가가 하나님 나라의 가치와 미덕을 실현하는 데 영향이 없거나, 오히려 역효과를 낼 수 있다고 말한다. 하나님 나라의 비전 없이 예수 그리스도를 개인적인 구세주로 영접하는 개종은 '고이 가돌'의 이상을 추구하는 데 무관심하기 때문이다.

8 요세푸스, 『유대전쟁사』, 『유대고대사』를 참고하라.

9 사해동포주의를 신봉했던 로마 황제 마루크스 아우렐리우스는 180년경 기독교인들이야말로 스토아 철학의 사해동포주의를 실천하는 사람들이라고 평가했다.

10 스티븐 니일, 『기독교선교사』, 38.

11 Ibid., 39. (Eusebius of Caesara, *The Ecclesiastical History*, Vol. 1, VI. 43, 11 재인용).

12 쟈크 엘륄(Jacques Ellul), 『뒤틀려진 기독교』, 쟈크 엘륄 번역위원회 옮김 (서울: 대장간, 1988), 36-37.

13 안용성, 『로마서와 하나님 나라』(서울: 새물결플러스, 2019), 31-34.

14 이런 요지의 생각을 피력한 인도사람은 마하트마 간디와 타고르였다. 기독교에 대한 이 두 사람의 생각을 증언한 책으로 다음 두 권의 책을 추천한다. Charles F. Andrews, *The Sermon on the Mount with a Foreword by Rabindranath Tagore and an introductory note by Agatha Harrison* (New York: MacMillan, 1942); 같은 저자, *Mahatma Gandhi: his own story with an introduction by John H. Holmes* (New York: MacMillan, 1930).

15 야고보서의 저자가 예수의 동생 야고보라면 야고보는 예수의 산상수훈에 깊은 영향을 받았음이 분명하다. 야고보서는 신약의 아모스라고 불리는 예언자적 서신으로 산상수훈을 여러 모양으로 되울리고 있다. 유다서의 저자가 예수의 동생 유다라면 그 서신 또한 야고보서와 유사한 어조를 보여주는 것이 조금도 이상하지 않다.

16 오강남, 『예수는 없다: 기독교 뒤집어 읽기』(서울: 현암사, 2001).

2장. 세계 변혁적 사랑 공동체이자 하나님 나라의 진지, 교회

1 게르하르트 로핑크(G. Lohfink), 『예수는 어떤 공동체를 원했나: 그리스도 신앙의 사회적 차원』, 정한교 옮김(서울: 분도출판사, 1985), 133-270.

2 이 문제에 대해서 더 자세히 알기를 원하면 다음 글을 참조하라: 김회권, "로잔과 함

께 가는 여정, 그리고 그 너머,"「복음과 상황」 396호(2023년 11월호), 74-93.

3 출애굽기 19:1은 출애굽 사건으로부터 "제3월" 되는 시점(약 오십일 되는 시점)에 이스라엘 민족에게 시내산 율법이 주어진 것으로 본다(출 19:1, 11, 16). 위경 희년서에 따르면, 오순절은 율법을 받은 절기이기도 하다.

4 바대(파르티아), 메대, 엘람(고대 페르시아 제국), 메소포타미아(앗수르와 바벨론 제국 지역)는 200~700년대 사이에 완성된 『바벨론 탈무드』의 중심지였다. 2세기 초중반에 구전 율법을 "미쉬나"(משנה)로 문서화하게 된 배경은 예루살렘 성전 파괴(70년)와 기독교 경전의 등장이었다[Hermann L. Strack, *Introduction to the Talmud and Midrash* (Philadelphia: Jewish Publication Society, 1945), 10-15].

5 "하나님을 경외하는 자들"(God-fearers)은 할례만 빼고 유대인이 되는 모든 과정을 통과한 사람들, 곧 할례라는 마지막 관문만 남겨둔 예비 개종자들을 일컫는 말이다. "바울이 일어나 손짓하며 말하되 이스라엘 사람들과 및 하나님을 경외하는 사람들아 들으라"(행 13:16 비시디아 안디옥 강론).

6 김회권, 『하나님 나라 신학으로 읽는 요한복음』(서울: 복있는 사람, 2020), 90, 106.

7 한스-요아킴 크라우스(Hans-Joachim Kraus), 『조직신학: 하느님의 나라? 자유의 나라』, 박재순 옮김 (서울: 한국신학연구소, 1986), 371-407, 432-440.

8 이 우주적 변고가 피조물 전체에게 임하는 파국적 재앙을 의미한다고 보는 묵시문학적 입장도 있으나 여기서는 묵시문학적 대파국을 의미하지는 않는다.

주

9 여기에서 1054년 동방교회와 서방교회의 분열의 씨앗이 되었던 "필리오케"(and from the Son) 논쟁을 자세히 재론할 필요는 없지만, 양측의 논쟁은 언어적 자구(字句) 뉘앙스를 사이에 둔 논쟁이었던 듯 보인다. 로마교회로 대표되는 서방교회는, 성령은 "아버지와 아들로부터"(from the Father and from the Son) 출원(出原)하신다고 주장했다. 반면에 콘스탄티노플 교회로 대표되는 동방교회는 "아버지로부터 아들을 통해"(from the Father through the Son) 성령이 출원하신다고 주장했다.

10 예루살렘 교회의 유무상통, 곧 "쒼코이노니아"가 유월절부터 오순절까지 약 두 달 동안 지속되었는지, 혹은 오순절 성령 강림 이후 예루살렘 성전파괴 시점(주후 70년)까지 약 40년 동안 지속되었는지 확정할 수 없다. 마태복음은 부활한 예수의 마지막 출현 장소가 예루살렘이 아니라, 갈릴리인 것처럼 말한다. "갈릴리로 가라. 거기서 나를 보리라"(마 28:10). 요한복음 21장도 어느 순간에 제자들이 다시 갈릴리로 내려온 것처럼 말한다. 마태복음 28:10이나 요한복음 21장이 오순절 성령 강림 전 다시 갈릴리로 돌아온 제자들에게 일어난 상황인지, 혹은 오순절 성령 강림 후에 다시 갈릴리로 돌아간 제자들에게 일어난 상황을 말하는지가 분명치 않다. 단 적어도 사도행전 1장에 등장하는 다락방 제자들은 예수가 십자가 처형되던 날 모두 갈릴리로 흩어졌다가 다시 예루살렘으로 상경해 재집결한 사람들처럼 보이지는 않는다. 곧 사도행전 1장의 제자들은 예수의 십자가 죽음 이후에도 예루살렘을 떠나지 않고 계속 예루살렘에 잔류했던 제자들이라는 것이다(눅 24:33, 49). 그렇다면 마

태복음 28장이나 요한복음 21장은 오순절 성령 강림 이후의 어느 순간에 갈릴리로 내려온 제자들에게 일어난 상황임을 짐작케 한다. 이런 상황을 종합적으로 고려해 보면, 예루살렘 교회의 유무상통 공동체가 한 세대 이상 지속되었을 가능성은 거의 없거나 적다. 갈릴리 출신 제자들이 일단 갈릴리로 내려갔기 때문이다. 더 나아가 야고보서의 증언에 따르면, 예루살렘 교회에는 가난한 자들에 대한 멸시 분위기가 다시 조성되어 있었다(2:1-6). 야고보서의 가난한 자 언급은 사도행전 4:34("그 중에 가난한 사람이 없으니 ……")와 충돌한다. 예루살렘 교회에는 가난한 자들이 다시 나타났기 때문이다.

11 크라우스, 『조직신학: 하나님의 나라? 자유의 나라』, 437-438.

12 니일, 『기독교선교사』, 39(Eusebius of Caesara, *The Ecclesiastical History*, Vol. 1, VI. 43, 11 재인용).

13 로드니 스타크(Rodney Stark), 『기독교의 발흥』(*The Rise of Christianity*), 손현선 옮김(서울: 좋은 씨앗, 2016), 4장 "역병, 네트워크, 개종" 참조. 기독교를 박해하고 모멸했던 로마의 주류지배층이 초대 로마제국 내 기독교인들을 관찰한 일면을 보면 초대 교회의 위력을 가늠할 수 있다. "사제들이 가난한 자를 외면하고 방치할 때 불경한 갈릴리인들은 이 점을 주목하고 구제하는 데 주력했다. 불경한 갈릴리인들은 그들의 가난한 자만 돕는 게 아니라 우리의 가난한 자까지 돕는다. 누가 봐도 우리 사람들이 우리로부터 받는 도움이 부족한 것을 알 수 있다."(131).

3장. 예수 이름의 권세로 성전 체제를 뒤흔드는 하나님 나라

1 1917-1920년 텍사스주 이스트랜드 카운티(Eastland County) 소재 미리암 침례교회(Merriman Baptist Church)에서 일어난 사건이다. 교회는 연 20만 달러의 수입을 올렸다: B. A. Wells & K. L. Wells, "Oil Riches of Merriman Baptist Church." Website Name: American Oil & Gas Historical Society. URL: https://aoghs.org/oil-almanac/oil-riches-of-merriman-baptist-church. 당시 미리암 침례교회 대변인 역할을 했던 J. T. 팔즈(Falls)의 발언을 보려면 다음을 참조하라: Robert Vann, "Lone Star Bonanza, the Ranger Oil Boom of 1917-1923."

2 유전 발견 후 미리암 침례교회에게 일어난 변화를 보려면, 다음 기사를 보라: Robyn Ross, "From Boomtown to Ghost Town: Ranger, Breckenridge, and Thurber Museums Recall Early 20th Century Oil Rush," *Texas High Ways* (January 17, 2018).

3 καὶ ἡ πίστις ἡ δι' αὐτοῦ ἔδωκεν αὐτῷ τὴν ὁλοκληρίαν ταύτην ἀπέναντι πάντων ὑμῶν. 이 문장에서 "ἡ δι' αὐτοῦ ἔδωκεν αὐτῷ"은 문법적으로 부서진 구문이다. 문두의 여성형 관사에는 여성형 여격 관계대명사 "헤"(ᾗ)를 오기한 것처럼 보인다.

4 Paul Hertig, "The Trouble with Kindness in the Acts of the Apostles," *Global Missiology* 18/3(July 2021), 1-9(특히 2-3).

1 개역개정의 "성전 맡은 자"라는 단어는 약하고 부정확한 번역어이다. "스트라테고스"(στρατηγός)는 성전경비책임자이기 때문이다.

2 "διαπονούμενοι(남성복수 주격분사형) διὰ διδάσκειν αὐτοὺς(전치사구의 의미상 주어, 사도들) τὸν λαὸν καὶ καταγγέλλειν ἐν τῷ Ἰησοῦ τὴν ἀνάστασιν τὴν ἐκ νεκρῶν."

3 개역개정의 "싫어하여"는 다소 약한 번역이다. "διαπονούμενοι"는 "크게 번뇌하게 되었다"는 의미이다.

4 시편 118:25-26의 건축자의 버린 돌 비유는 바벨론 유배에서 돌아온 제사장들로 제2 성전기 예루살렘 성전의 주초가 된 제사장들을 가리키는 말이었다.

5 스탠리 존스(E. Stanley Jones), 『인도의 길을 걷고 있는 예수』, 김상근 옮김(서울: 평단, 2005).

6 미셸 푸코(Michel Foucault), 『감시와 처벌: 감옥의 역사』, 오생근 옮김(서울: 나남출판사, 2003), 15(역자 서문), 436-437.

7 최초의 교회사가인 가이사랴의 유세비우스가 쓴 『교회사』(*The Ecclesiastical History*)는 콘스탄티누스 황제의 기독교 개종의 진정성을 옹호하며 밀라노 칙령의 교회사적 의의를 가장 적극적으로 옹호한다. 유세비우스 자신은 콘스탄티누스의 친구요 측근이 된 후에 이 책을 썼기에 후대의 학자들은 그의 기록의 진정성에 의문을 제기해 오고 있다[김상근, 『세계사의 흐름을 바꾼 기독교역사』(서울: 평단, 2004), 33-36].

8 첫 소절 계사인 "에엔"(ἦν)도 미완료형(하나였다)이며, 둘째 소절의 본동사인 "말하다" 동사(레고)도 미완료형[엘레겐(말하지 않았던) 상황의 계속], 셋째 소절의 동사도 미완료 엔(ἦν)이다. 이는 32-37절 상황이 일시적인 것이 아니라, 긴 시간 지속된 상황임을 암시한다.

9 33절은 부활한 예수에 대한 사도들의 증언이 산헤드린 공회에 공적으로 제출된 증언임을 암시한다. 직역하면, "사도들이 큰 권능(뒤나메이스 메갈레)으로 주 예수의 부활에 대한 증언을 되돌려주었다. 큰 은혜(카리스 메갈레)가 그들 모두 위에 있었다"이다. 개역개정에서 "증언하다"라고 번역된 헬라어 동사는 "아페디둔 토 마르튀리온"(ἀπεδίδουν τὸ μαρτύριον)으로 "증언을 되돌려 주다, 제출하다, 완수하다"등을 의미하는 "아포디도미"(ἀποδίδωμι) 동사 3인칭 복수 미완료형이다. 여기서 "아포디도미"는 법정 상황에서 피소된 피고가 답변을 제시하는 행위를 의미한다: (1) 어떤 기대나 요구에 부응하여 대답하다. 혹은 세를 바치다[마 12:36; 16:27; 21:41; 22:21; 마 27:58(어떤 요구에 부응해 답변이 주어지다)]; (2) 되갚다(마 6:4, 6, 18; 롬 12:17; 눅 10:35; 19:8); (3) 의무를 수행하다(마 5:33); (4) 빚을 갚다(마 5:26).

10 스티븐 니일, 『기독교 선교사』, 44-48.

11 Eusebius of Caesara, *The Ecclesiastical History*, ed. F. A. March(New York: Harper, 1874),

III. 37, 2-3. (스티븐 니일, 『기독교 선교사』, 45, 재인용).

12 로마제국의 대중들이 유대교인과 그리스도인들을 무신론자라고 부른 이유는, 그들이 신의 형상을 놓지도 않고 하나님을 부르고 예배했기 때문이었다.

13 스티븐 니일, 『기독교 선교사』, 49.

5장. 교회 공동체 안팎 어둠의 세력을 제압하는 부활 예수의 증인들

1 여기에는 서원법의 논리가 작동되는 것처럼 보인다. 경건한 신자들은 땅이나 밭을 하나님께 바치겠다고 서원한 후 그 서원을 갚았다(레 27:16-25; 시 76:11). 아나니아와 삽비라가 판 땅은 이미 하나님께 드리겠다고 서원했던 땅이 아닌가 하는 추론을 해볼 만하다.

2 폴 스티븐스, 마이클 그린, 『그분의 말씀 우리의 삶이 되어』, 222.

3 Hendrikus Berkhof, *Christ and the Powers.*, trans. J. H. Yoder (Scottdale, PA.: Herald, 1977), 39.

4 폴 스티븐스, 마이클 그린, 『그분의 말씀 우리의 삶이 되어』, 223.

5 이승장, "복음주의적 크리스찬과 사회윤리," 「소리」 2호(서울: 한국기독대학인회, 1985), 6-18.

6 존 스토트, "그리스도인의 사회적 책임: 로잔 언약 제5항에 대한 해설," 「소리」 2호, 이승장 옮김(서울: 한국기독대학인회, 1985), 20-25.

7 김종철, "한미 FTA, 국익이라는 환상," 「녹색평론」(2007년 5-6월호), 2-11; 송기호, "보이는 것과 보이지 않는 것," 「녹색평론」(2007년 5-6월호), 12-20; 주요섭, "한미 FTA와 비자본주의의 여백," 「녹색평론」(2007년 5-6월호), 21-31.

8 크라우스, 『조직신학-자유로서의 하느님 나라』

보설 1. 아나니아와 삽비라는 너무 가혹한 징벌을 받은 것인가?

1 김용옥, 「요한복음 강해」(서울: 통나무, 2007).

2 Rudolf Otto, *The Idea of the Holy: an inquiry into the non-rational factor in the idea of the divine and its relation to the rational*, trans. John W. Harvey(London: Oxford University Press, 1950).

6장. 열두 사도와 일곱 집사: 거룩한 업무 분장

1 "오로지"는 헬라어 원문에는 없는데 개역개정이 "힘쓰다"라는 동사의 의미를 강조하기 위해 붙인 추가어이다. "힘쓰다"라고 번역된 헬라어 동사 "프로스카르테레오"(προσκαρτερέω)는 "전심으로 몰두하다"를 의미이므로, "오로지 …… 힘쓰다"라고

번역할 수도 있을 것이다.

2 P. T. 포사이스, 『영혼의 기도』, 이길상 역(서울: 복있는 사람, 2005).

3 에즈라 M. 바운즈, 『기도의 능력』, 이정윤 옮김(서울: 생명의 말씀사, 2002)

4 요한계시록 2:6의 에베소 교회에 대한 성령의 책망 가운데 에베소 교회가 니골라당의 교훈을 좇는 행위에 대한 책망이 있다. 니골라당은 에베소의 이방인 출신 신자들이 입교한 이후에도 이방신들의 종교행사나 제의에 부분적으로 참여하거나 이방종교의 습속을 근절하지 않는 태도를 허용하거나 용납한 것으로 보인다(김태섭, "성경난해 구절. 니골라당 엡 2:6,"「성경마당」144 (2022년 겨울]) 179-181

5 B. R. Gaventa, *Acts Commentary*, in *NRSV Study Bible* (San Francisco: Harper Collins, 1993), 20-68.

6 안식일 계명에 대한 예수의 해석(마 12:5-8, 특히 6, 8절; 눅 6:5: "인자는 안식일의 주인")이나 십계명에 대한 해석(마 5:22-48), 그리고 성전에 대한 견해 등에서 예수는 전통적인 모세의 권위에 도전했다는 의심을 받았다.

7장. 첫 순교자 스데반 집사의 구속사적 복음 설교

1 신명기 32:7-26은 출애굽기부터 열왕기하까지를 요약한다. 출애굽 구원으로 가나안 땅에 정착한 이스라엘이 부유하고 윤택하게 되자, 하나님을 망각하고 우상숭배에 빠져 멸망당한 이스라엘 민족 반역사를 구술하고 있다: "옛날을 기억하라 역대의 연대를 생각하라 네 아버지에게 물으라 그가 네게 설명할 것이요 네 어른들에게 물으라 그들이 네게 말하리로다 지극히 높으신 자가 민족들에게 기업을 주실 때에, 인종을 나누실 때에 이스라엘 자손의 수효대로 백성들의 경계를 정하셨도다. 여호와의 분깃은 자기 백성이라 야곱은 그가 택하신 기업이로다 여호와께서 그를 황무지에서, 짐승이 부르짖는 광야에서 만나시고 호위하시며 보호하시며 자기의 눈동자 같이 지키셨도다. 마치 독수리가 자기의 보금자리를 어지럽게 하며 자기의 새끼 위에 너풀거리며 그의 날개를 펴서 새끼를 받으며 그의 날개 위에 그것을 업는 것 같이 여호와께서 홀로 그를 인도하셨고 그와 함께 한 다른 신이 없었도다. …… 그런데 여수룬이 기름지매 발로 찼도다 네가 살찌고 비대하고 윤택하매 자기를 지으신 하나님을 버리고 자기를 구원하신 반석을 업신여겼도다. 그들이 다른 신으로 그의 질투를 일으키며 가증한 것으로 그의 진노를 격발하였도다. …… 그들이 하나님이 아닌 것으로 내 질투를 일으키며 허무한 것으로 내 진노를 일으켰으니 나도 백성이 아닌 자로 그들에게 시기가 나게 하며 어리석은 민족으로 그들의 분노를 일으키리로다. …… 내가 그들을 흩어서 사람들 사이에서 그들에 대한 기억이 끊어지게 하리라 하였으나 …"

2 William H. Willimon, *Acts*(Interpretation series; Atlanta, GA.: John Knox Press, 1988), 63-64.

3 창세기 11:26-12:4에 따르면 75세 된 아브라함이 하란을 떠났을 때(창 12:4) 데라는 145세였다. 데라가 70세에 아브라함을 낳았기에(창 11:26) 아브라함이 75세에 하란을 떠나 가나안으로 이주했을 때 데라의 나이는 145세가 된다. 데라는 205세에 죽었기 때문에(창 11:32) 아브라함은 아버지 데라가 살아 있었을 때 본토 친척 아비 집을 떠났던 셈이다.

4 김회권, 『하나님 나라 신학으로 읽는 모세오경』(수정증보판), 111-113.

5 신구약 중간기에 나타난 야웨 하나님 보좌 옆에 작은 보좌가 있는 환상을 보았다고 증언하는 유대교 신비주의자들의 환상 보고를 '보좌 신비주의'(throne mysticism)라고 부른다. 스데반과 바울은 이런 유대교의 '보좌 신비주의'의 전통을 어느 정도 이어받고 있는 것으로 보인다. 출애굽기 24:10-11, 열왕기상 22:19, 이사야 6장, 에스겔 1장, 3:22-24, 8:1-18, 10:9-17, 43:1-4, 다니엘 7:9-14 등이 '보좌 신비주의자'의 경험을 뒷받침하는 구약성경적 증언들이다. 68-70년 유대전쟁의 동시대인이었던 랍비 벤 자카이(יוחנן בן זכאי)도 영성가로 분류된다. 이 문제에 대한 더 자세한 논의를 참조하기 위해 다음 두 자료를 보라: James M. Scott, "Throne-Chariot Mysticism in Qumran and in Paul," in *Eschatology, Messianism, and the Dead Sea Scrolls*, Craig A. Evans and Peter W. Flint eds., (Grand Rapids, MI.: Wm B. Eerdmans Publishing Company, 1997), 101-119; J. W. Bowker, "'Merkabah Visions and the Visions of Paul," *Journal of Semitic Studies*(1971), 157- 173.

6 *Ad Diognetus* 5 [*The Ante-Nicene Fathers*, 1:26-27; 후스토 L. 곤잘레스, 『기독교 사상사 I』, 이형기, 차종순 옮김(서울: 한국장로교출판사, 1988), 147-148]

8장. 온 유대와 사마리아로 퍼져가는 주 예수 그리스도의 복음

1 유상현, 『사도행전 연구』(서울: 대한기독교서회, 1996), 69-93, 특히 71-82.

2 엔도 슈사큐, 『그리스도의 탄생』, 김광림 옮김(서울: 홍성사, 1981). 예수의 젖동생이자 강력한 보수파 지도자였던 야고보로 대표되는 히브리파 사도들에게 사울 박해단이 감히 손을 못 댄 이유는 그들이 유대교도들과 사상이 흡사했기 때문이다. 그래서 사울 박해단이 헬라파 제자들을 집중적으로 박해했다고 보거나, 히브리파로 분류된 열두 사도단과 유대교 열혈 기독교 박해당 사이에 밀약이 있었다고 보는 견해도 있다. 후자를 지지하는 엔도 슈사쿠의 추정과는 달리 전자의 가능성이 크다.

3 "크다"를 의미하는 헬라어 "메갈레"(Μεγάλη)에 대문자 M이 쓰이고 있다.

4 11절의 헬라어 문장 "προσεῖχον δὲ αὐτῷ διὰ τὸ ἱκανῷ χρόνῳ ταῖς μαγείαις ἐξεστακέναι αὐτούς" 에서 "διὰ τὸ ἱκανῷ χρόνῳ ταῖς μαγείαις ἐξεστακέναι αὐτούς"는 대격지배 이유 전치사(διὰ)와 부정사가 결합된 형태로 이유 접속절을 만든다. "여러 날 동안 그들을 매혹시키는 그 마술들 때문에 그들은 그를 열성적으로 따르고 있었다"(미완료).

5 사도행전 19장에서 바울이 에베소의 제자들에게 동일한 질문을 하고 유사한 답변

을 받는다. "아볼로가 고린도에 있을 때에 바울이 윗지방으로 다녀 에베소에 와서 어떤 제자들을 만나 이르되 너희가 믿을 때에 성령을 받았느냐 이르되 아니라 우리는 성령이 계심도 듣지 못하였노라 바울이 이르되 그러면 너희가 무슨 세례를 받았느냐 대답하되 요한의 세례니라 바울이 이르되 요한이 회개의 세례를 베풀며 백성에게 말하되 내 뒤에 오시는 이를 믿으라 하였으니 이는 곧 예수라 하거늘 그들이 믿고 주 예수 이름으로 세례를 받으니 바울이 그들에게 안수하매 성령이 그들에게 임하시므로 방언도 하고 예언도 하니 ……"(1-6절).

6 "Τὸ ἀργύριόν σου σὺν σοὶ εἴη εἰς ἀπώλειαν"은 희구법 문장이다. 직역하면, "네 은이 너와 함께 멸망되기를!"이다. '에이미'(εἰμί, be 동사)의 희구법 3인칭 단수(εἴη) 뒤에 결과를 표현하는 전치사(εἰς)와 멸망(ἀπώλειαν)을 의미하는 명사가 연속적으로 배치되어 있다. '에이미 동사+전치사 에이스+추상명사' 구조는 결과를 표현하는 희구법에 나타나는 구문이다. 베드로는 이 말을 하면서 시몬의 은을 집어던졌을 것이다.

7 F. C. Bauer, *A Greek-English Lexicon of the New Testament*, trans. W. F. Arndt and W. Gingrich, 4th ed.(Chicago, IL.: Chicago University Press, 1979), 657.

8 스캇 펙(M. Scott Peck), 『거짓의 사람들: 인간 악의 치료에 대한 희망』, 윤종석 옮김(서울: 비전과 리더십, 2003), 106-108.

9 개역개정 25절은 다른 데서와 달리 의고체(擬古體) 화법을 그대로 사용하고 있다. "두 사도가 주의 말씀을 증언하여 말한 후 예루살렘으로 돌아갈새 사마리아인의 여러 마을에서 복음을 전하니라." "돌아갈새"는 현대의 한국어 표준어법이 아니다. 25절 헬라어 구문을 직역하면 이렇다. "이제 주의 말씀을 증거하고 말한 사람들이 예루살렘으로 돌아가고 있었다. 그들은 사마리아의 많은 마을에 계속 복음을 전파하였다"(εὐηγγελίζοντο, 유앙겔리존토, 미완료과거 3인칭 복수).

10 주전 3세기 중반 이집트의 알렉산드리아에서 번역된 헬라어 구약성경.

11 패커 & 스팁스, 『내주하시는 성령』, 74.

9장. 하나님 나라 시민의 탄생 1: 바울의 회심

1 김회권, 『하나님 나라 신학으로 읽는 사도행전 1』(서울: 복있는 사람, 2007), 222.

2 당시 헬라파 유대인들은 예루살렘 근처로 대규모로 이주해 와서 그들의 회당을 운영할 정도로 독자적인 집단을 형성하고 있었다(행 6:1, 9). 이 집단의 지도자가 스데반이었을 것이다. 이들은 본토 유대인들보다 율법 준수나 할례, 성전에 대한 충성심 면에서 다소 느슨했을 것이다. 이에 비해 열두 사도(주의 형제 야고보까지 가세한 사도 공동체)는 예수 그리스도의 복음을 유대교의 율법과 다르지 않게 보일 정도로 신중하게 선포했을 것이다(김회권, 『사도행전 1』, 202-203).

3 Fritz Rienecker, *A Linguistic Key to the Greek New Testament*(Grand Rapids, IN: Zondervan, 1980), 280.

4 다메섹은 사방의 광야에 에워싸인 오아시스에 건설된 도시였는데 어떻게 예수의 제자들이 유독 다메섹 여러 회당으로 흩어지게 되었을까? 일부 학자들은 쿰란문서 중 "다마스커스 문서"(the Damascus Documents)가 발견된 점을 들어 에세네파 유대인들이 다메섹에 대거 거주했을 것이라고 추론하기도 하지만 확실치 않다[Craig Keener, *Galatians: A Commentary*(Grand Rapids, MI.: Baker Academic, 2019)]. 마태복음 4:24에 따르면 갈릴리에서 일어난 예수의 강력한 "하나님 나라 복음"과 치유사건들에 대한 소문은 "온 수리아에 퍼져" 수리아 출신의 병자들도 예수으로부터 치유받았다(마 15장 수로보니게 여인의 딸 치유). 아나니아는 아마도 수리아 출신 제자 중 하나였을 것이다.

5 사울은 소아시아 길리기아 주의 다소에서 15-16년경 출생했다고 알려져 있다. 다소는 고대 그리스 철학의 중심지로 교육, 상업, 교통의 요지였다. 그는 로마 시민권을 가진 경건한 유대인 부모에게서 출생하여 이곳에서 어린 시절을 보내다가 10대 전후에 당대 최고의 석학인 예루살렘의 가말리엘 문하(행 22:3)에서 랍비 교육과 바리새인 훈육을 받게 된다. 시기적으로 볼 때 예수의 공생애 기간 동안(27-30년)에 사울이 이스라엘에 거주했을 가능성도 있으나, 스스로 예수의 공생애 장면을 목격했는지는 분명하지 않다. 그러나 그가 예수에 대해 들었을 가능성은 매우 크다(비교. 고후 5:16).

6 사도행전 9장과 또 다른 맥락에서 사울의 다메섹 사건을 보도하는 22장 및 26장 사이에는 미세한 차이가 있다. 9장은 사울의 동행자들이 소리는 들었으나 아무것도 보지 못했다고 말한다(7절). 22장과 26장은 둘 다 사울의 동행자들은 빛은 보았으면서도 소리는 듣지 못했다고 말한다(22:9; 26:13-14).

7 김회권 외, 『현대인과 성경』(서울: 숭실대학교 출판부, 2007), 341-342.

8 "그의 제자들"(οἱ μαθηταὶ αὐτοῦ)은 사울의 제자들을 가리킬 수도 있으나, 9장 전체의 맥락에서 볼 때 "주의 제자들"을 의미한다고 보아도 무방하다.

9 개역개정은 헬라어 원문 28절의 "주 예수의 이름으로 담대히 선포하면서"(παρρησιαζόμενος ἐν τῷ ὀνόματι τοῦ Κυρίο)라는 어구를 29절에 포함시키고 있다.

10 28-29절에서 헬라어 성경과 개역개정의 절 구분이 다르다. 개역개정 29절의 첫 소절(분사구) "또 주 예수의 이름으로 담대히 말하고"는 헬라어 성경의 28절에 붙어 있다.

11 윌리엄 바클레이(William Barclay), 『바울의 인간과 사상』, 서기간 역(서울: 기독교문사, 1973), 20-21.

12 이 결론은 「사회선교 한걸음」[서울: 뉴스앤조이, 2007)에 실린 저자의 논문 "사회선교의 성경적 근거" 13-5(특히 40-45)]에 빚지고 있다.

13 이런 구절들에 사용되는 바울의 공식 문구는 "χαρι+διδωμι+μοι"의 부정과거 수동태 형인데, 이것은 구원 사건과 사도직 소명 사건의 일치를 드러내 주는 구절이다. 이 외에도 고린도전서 3:18도 다메섹 도상 경험을 우회적으로 말하는 것처럼 보인다.

14 W. Barclay, *The Mind of St. Paul*(London: Collins Clear-type Press, 1958), 9-31.

15 W. Barclay, *The Letter to the Galatians & the Ephesians* (Philadelphia, PA: Westminster Press, 1976).

16 Seyoon Kim, *The Origin of Paul's Gospel*(Grand Rapids, MI.: Eerdmans 1981), 56-66.

보설 2. 다메섹 도상의 사울과 이방 선교, 그리고 하나님 나라

1 이 보설의 일부는 윌리엄 바클레이(William Barclay)의 *The Mind of ST. Paul* (San Francisco, CA.: Harper & Collins Press, 1975)의 1-4장에 빚지고 있다.

2 니일, 『기독교선교사』, 47. 2세기 마르쿠스 아우렐리우스 황제가 주창한 로마제국의 사해동포주의는 그리스도인들에 의해 실현되고 있었다.

3 만물의 근원이 무엇인지 물었던 그리스 철학파인 밀레토스 학파의 대표적 철학자는 탈레스, 아낙시만드로스, 아낙시메네스 등이다. 탈레스는 물, 아낙시만드로스는 무한정자(the Indefinite, 無限定者), 아낙시메네스는 공기를 만물의 근원 곧 "아르케"로 보았다[스털링 P. 렘프레히트, 『서양철학사』, 김태길, 윤명노, 최명관 옮김(서울: 을유문화사, 2006), 23-27].

4 William Barclay, *The Mind of St. Paul*(New York: Windham Press, 2013), chapters 1-2.

5 Philo, *The Works of Philo*, trans. C. D. Yonge(Peabody, MA.: Hendrickson Publishers, 1995), 3-93, 534-639; Philo, *Legatio ad Gaium*(가이우스 황제사절단 보고서); Ray Barraclough, "Philo's Politics. Roman Rule and Hellenistic Judaism," in *Aufstieg und Niedergang der römischen Welt* Ⅱ. 21.1, W. Haase ed.(Berlin/New York: Walter de Gruyter, 1984), 417-553.

6 조광호, "알렉산드리아 필로의 대(對) 로마관을 통해서 본 디아스포라 유대인의 정체성-'렉서스'(세계화, 보편성) vs '올리브 나무'(개별성)의 관점에서," 「신약논단」 14/4(2007년 12월), 865-900(특히 879-897).

7 Adolf Deissmann, *Paul: A Study in Social and Religious History*, trans. William E. Wilson(Glouchester: Peter Smith, 1972), p. viii.

8 James M. Scott, "Throne-Chariot Mysticism in Qumran and in Paul," in *Eschatology, Messianism, and the Dead Sea Scrolls*, Craig A. Evans and Peter W. Flint eds.,(Grand Rapids, MI.: William B. Eerdmans Publishing Company, 1997) 101-119. 스콧은 유대교 보좌 신비주의(겔 1장)의 계보를 추적하면서 바울의 다메섹 환상도 이 유대교 보좌 신비주의의 맥락에서 이해한다(103-106).

9 Alan Segal. *Paul the Convert*(New York: Yale University Press, 1990), 34-71. 앨런 시걸은 1세기에 유행하던 유대교 묵시문학적 신비주의자라고 주장하며 바울 자신도 에스겔의 보좌 환상(겔 1:26)의 빛 아래서 자신의 다메섹 환상을 해석했다고 주장한다.

10 김세윤, 『바울 신학과 새 관점』(서울: 두란노, 2002), 174-175, 186-187.

11 니일, 『기독교선교사』, 34. 언제나 그렇듯이 도시는 농촌지역을 지배하는 유력 시민들의 본거지였다. 따라서 도시를 얻어야 농촌을 얻을 수 있었다.

12 바울은 자신의 다메섹 도상의 구원 경험을 언급할 때마다 그의 사도적 소명 사건을 동시에 언급한다(고전 9:1; 15:8-10; 갈 1:13-17; 빌 3:4-11; 롬 10:2-4; 고전 9:16-17; 고후 5:16; 엡 3:1-13; 골 1:23-29; 롬 12:3, 15:15; 고전 3:10; 갈 2:9).

13 [22]δικαιοσύνη δὲ Θεοῦ διὰ πίστεως Ἰησοῦ Χριστοῦ εἰς πάντας τοὺς πιστεύοντας. οὐ γάρ ἐστιν διαστολή. [23]πάντες γὰρ ἥμαρτον καὶ ὑστεροῦνται τῆς δόξης τοῦ Θεοῦ, [24]δικαι ούμενοι δωρεὰν τῇ αὐτοῦ χάριτι διὰ τῆς ἀπολυτρώσεως τῆς ἐν Χριστῷ Ἰησοῦ, [25]θετο ὁ Θεὸς ἱλαστήριον, διὰ [τῆς] πίστεως ἐν τῷ αὐτοῦ αἵματι, εἰς ἔνδειξιν τῆς δικαιοσύν ης αὐτοῦ, διὰ τὴν πάρεσιν τῶν προγεγονότων ἁμαρτημάτων ἐν τῇ ἀνοχῇ τοῦ Θεοῦ. 개역개정은 로마서 3:22와 갈라디아서 2:16에 나오는 "διὰ πίστεως Ἰησοῦ Χριστοῦ" 어구를 "그리스도의 신실함으로 말미암아"라고 번역해야 함에도 불구하고, "그리스도를 믿는 믿음으로"로 번역했다. 이것은 그리스도의 신실함이 신자를 의롭게 하는데, 신자의 믿음이 신자를 의롭게 하는 것처럼 오해하게 만드는 오역이다. 위의 두 인용 단락에서 굵은 글씨체로 된 "믿음"은 신자의 믿음이 아니라, 그리스도의 신실함을 의미한다.

14 John D. Caputo and Linda Martin Alcoff (eds.), *St. Paul Among the Philosophers* (Indianapolis, IN.: Indiana University Press, 2009).

15 Alain Vadiou, *Saint Paul: The Foundation of Universalism*(Stanford, CA.: Stanford University Press, 2003), 18-20.

10장. 하나님 보좌에 상달된 고넬료의 기도와 구제

1 김회권, 『하나님 나라 신학의 관점으로 읽는 모세오경 2: 레위기-신명기 강해』(서울: 대한기독교서회, 2006), 53.

2 바울은 오랜 시간이 흐른 후 베드로가 안디옥에서 이방인들과의 식사 교제를 불편하게 여기는 상황을 보고 책망했다고 증언한다. 안디옥에서 베드로가 이방인들과 함께 식사하다가 야고보에게서 온 어떤 할례자들을 두려워하여 즉시 자리를 떴는데 심지어 남아 있던 바나바도 베드로처럼 자리를 떴다(갈 2:12-14). "네가 유대인으로서 이방인을 따르고 유대인답게 살지 아니하면서 어찌하여 억지로 이방인을 유대인답게 살게 하려느냐"(갈 2:14).

11장. 하나님 나라 시민의 탄생 2: 베드로의 회심

1 고넬료 사건이 먼저 일어난 사건인지 수리아 안디옥에서 이방인과 식사하다가 예루살렘의 할례파가 오자 급히 그 자리를 떠난 사건이 먼저 일어난 사건인지 확정하기는 어렵다. 하지만, 10장 고넬료 가정 구원 사건이 먼저 일어났던 것처럼 보인다.

아무리 늦어도 바울의 게바 책망 사건은 제1차 사도 공의회(48년경) 이전 사건이었을 것이다. 고넬료 가정의 구원 사건을 목격하고도 베드로가 다시 이방인과의 교제를 두려워했다는 것은 무엇을 의미하는가? 사도행전 15장의 사도 공의회 이전까지는 초기 이방 선교가 예루살렘 교회의 보수적 신앙에 의해 다소간 억제되었을 가능성을 엿보게 한다.

2 김회권, 『사도행전 1』, 102-103, 155-156.

3 로드니 스타크, 『기독교의 발흥』, 손현선 옮김(서울: 좋은 씨앗, 2016); 김태식, "초대 기독교 공동체의 성공과 종교의 합리적 선택이론: 로드니 스타크의 종교 사회학적 이해," 「역사신학 논총」26(2013년 12), 8-39.

4 니일, 『기독교선교사』.

12장. 악한 정사와 권세, 헤롯의 보좌를 치시는 하나님 나라

1 김회권, 『사도행전 1』, 185-186.

2 존 스토트, 『사도행전 강해』, 정옥배 옮김(서울: 한국기독학생회출판부, 1992), 248.

3 주전 165-163년에 유대인을 박해하여 마카베오 독립 전쟁을 촉발시킨 셀류키드 왕조의 왕

4 위의 책, 248.

5 마이클 하이저, 『눈에 보이지 않는 세계』, 손현선 역(서울: 좋은 씨앗, 2022), 41-121. 2부 "하나님의 권속."이 책의 주장 중 일부(창 6장은 아담 후손이 아니라고 봄)는 논란이 있을 수 있으나, 천사들이 하나님이 지으신 세계의 의미심장한 피조물 구성원임을 잘 해설하고 있다.

6 라은성, 이상규, 양희송, 『종교개혁, 그리고 이후 500년』(서울: 읍유문화사, 2017), 73-74.

13장. 이방 선교의 전진기지, 수리아 안디옥 교회의 탄생

1 E. E. Rice, "Political History 323-31 B. C." in Nigel Guy Wilson (ed.). *Encyclopedia of Ancient Greece*(New York, NY.: Routledge, 2006), 592.

2 Pinchas E. Lapide, *Paul: Rabbi and Apostle*(Minneapolis, MN.: Augsburg Publishing House, 1984); Pinchas Lapide, "Insights from Qumran into the Languages of Jesus," *Revue de Qumrân* 8(1975), 483-501.

3 초대교회 일곱 헬라파 집사 중 한 사람이자 유대교로 입교한 이방인 니골라도 안디옥 출신이다(행 6:5).

4 존 스토트, 『사도행전 강해』, 216.

5 바울은 그의 서신 여러 곳에서 아브라함의 후손 출신 하나님의 자녀와 이방인 출신

하나님의 자녀의 하나됨을 강조하면서도 각각 다르게 부른다. 전자는 "성도"(聖徒)라고 말하며 후자를 "하나님의 입양된 자녀들"이라고 부른다(롬 8:15-16; 고전 1:2; 16:1; 고후 1:1; 엡 1:1; 2:19; 참조. 롬 11:13-24). 골로새서 1:1은 "성도"를 "그리스도 안에 있는 신실한 형제"와 동일시하는 것처럼 보인다.

6 김회권, 『신명기』(서울: 장로교출판사, 2018).

14장. 견고한 진을 파하는 복음의 강력

1 루스드라 근처에서 발견된 두 개의 비문과 하나의 돌 제단은 제우스와 헤르메스가 루스드라 지역의 수호신으로 숭배되고 있었음을 가리킨다(존 스토트, 『사도행전 강해』, 271).

2 Richard N. Longnecker, "Acts," in *The Expositor's Bible Commentary*, Frank E. Gaebelein ed. (Grand Rapids, MI.: Zondervan, 1981), 436.

3 19절 헬라어 문장은 두 개의 정동사 (Ἐπῆλθαν, ἔσυρον)와 세 개의 분사 (πείσαντες, λιθάσαντες, νομίζοντες)로 되어 있다. "Ἐπῆλθαν δὲ ἀπὸ Ἀντιοχείας καὶ Ἰκονίου Ἰουδαῖοι, καὶ πείσαντες τοὺς ὄχλους καὶ λιθάσαντες τὸν Παῦλον ἔσυρον ἔξω τῆς πόλεως, νομίζοντες αὐτὸν τεθνηκέναι." "왔다"를 의미하는 Ἐπῆλθαν와 "끌어갔다"를 의미하는 ἔσυρον은 부정과거 정동사이며, "선동하여"를 뜻하는 πείσαντες, "돌로 쳐서"의 뜻을 가진 λιθάσαντες, "생각하며"로 번역할 수 있는 νομίζοντες는 모두 분사이다. 직역하면 다음과 같다. "안디옥과 이고니온에서 유대인들이 왔다. 무리를 선동하여, 그를 돌로 치면서, 그가 죽었다고 생각하면서 그들이 그를 도시 밖으로 끌고 나갔다." 이 문장에서 "끌고 나갔다"는 정동사를 구체적으로 묘사하는 데 세 개의 분사형이 동원된 것이다.

4 20절은 두 개의 정동사(εἰσῆλθεν, ἐξῆλθεν, 부정과거)와 두 개의 분사형(κυκλωσάντων, ἀναστὰς)으로 구성되어 있다: κυκλωσάντων δὲ τῶν μαθητῶν αὐτὸν ἀναστὰς εἰσῆλθεν εἰς τὴν πόλιν. Καὶ τῇ ἐπαύριον ἐξῆλθεν σὺν τῷ Βαρνάβᾳ εἰς Δέρβην. 이 문장을 직역하면, "제자들이 그를 둘러 서 있었을 때(분사), 그가 일어나서(분사), 다시 그 도시로 들어갔다(정동사). 그리고 다음 날 바나바와 함께 더베로 갔다(정동사)"이다. 왕래발착 행위를 묘사하는 두 동사는 정동사이며 나머지는 분사형이다. 이 구문은 돌에 맞아 죽었다고 여겨진 바울이 아무 일이 없었다는 듯 거침없이 복음 전파 사역을 추진하는 모습을 부각시킨다.

5 ἐπιστηρίζοντες(남성복수 분사형, "굳게 하고") τὰς ψυχὰς τῶν μαθητῶν, παρακαλοῦντες(남성복수 분사형, "권하고") ἐμμένειν(부정사) τῇ πίστει, καὶ ὅτι(이유접속사) διὰ πολλῶν θλίψεων δεῖ ἡμᾶς εἰσελθεῖν(부정사) εἰς τὴν βασιλείαν τοῦ Θεοῦ.

6 오비디우스, 『원전으로 읽는 변신 이야기』, 천병희 옮김(서울: 숲, 2005).

7 W. H. Buckler, W. M. Calder, *Monumenta Asiae Minoris Antiqua*, Volume VI. *Monuments and Documents from Phrygia and Caria*(Chicago: University of Chicago

Press, 1941); C. Bradford Welles, "Book Review of W. H. Buckler, W. M. Calder, *Monumenta Asiae Minoris Antiqua*, Volume VI. *Monuments and Documents from Phrygia and Caria*," *American Journal of Archaeology* 45/2(April-June, 1941), 315-318.

15장. 이방 선교의 쟁점을 협의하는 사도 공의회: 할례냐 복음이냐

1 주전 3세기 중반에 이집트 알렉산드리아의 유대인들이 히브리어 성경을 읽을 수 없는 자신들의 자녀들을 위해 코이네 헬라어로 번역한 구약성경을 가리킨다.

2 아모스 9:11-12의 70인역은 다음과 같다: LXX 9:11) ἐν τῇ ἡμέρᾳ ἐκείνῃ ἀναστήσω τὴν σκηνὴν Δαυιδ τὴν πεπτωκυῖαν καὶ ἀνοικοδομήσω τὰ πεπτωκότα αὐτῆς καὶ τὰ κατεσκαμμένα αὐτῆς ἀναστήσω καὶ ἀνοικοδομήσω αὐτὴν καθὼς αἱ ἡμέραι τοῦ αἰῶνος 9:12) ὅπως ἐκζητήσωσιν οἱ κατάλοιποι τῶν ἀνθρώπων καὶ πάντα τὰ ἔθνη ἐφ᾽ οὓς ἐπικέκληται τὸ ὄνομά μου ἐπ᾽ αὐτούς λέγει κύριος ὁ θεὸς ὁ ποιῶν ταῦτα.

3 에스겔은 목매어 죽은 것 관련 규례를 제외하고 세 가지 악행(우상숭배, 음행, 피흘림)을 한데 묶어 언급한다(33:25-26; 16:36). 주 "여호와께서 이같이 말씀하셨느니라 네가 네 누추한 것을 쏟으며 네 정든 자와 행음함으로 벗은 몸을 드러내며 또 가증한 우상을 위하며 네 자녀의 피를 그 우상에게 드렸은즉"(겔 16:36). "인자야 이 이스라엘의 이 황폐한 땅에 거주하는 자들이 말하여 이르기를 아브라함은 오직 한 사람이라도 이 땅을 기업으로 얻었나니 우리가 많은즉 더욱 이 땅을 우리에게 기업으로 주신 것이 되느니라 하는도다 그러므로 너는 그들에게 이르기를 주 여호와께서 이같이 말씀하시되 너희가 고기를 피째 먹으며 너희 우상들에게 눈을 들며 피를 흘리니 그 땅이 너희의 기업이 될까보냐"(겔 33:25-26; 참조. 사 51:2).

4 David Instone-Brewer, "Infanticide and the Apostolic Decree," *Journal of the Evangelical Theological Society* 52 (2009), 301-321. "목매어 죽은 것"으로 번역된 "프니크토스"(pniktos)를 유아 살해를 통해 시장에 판매된 인육 취식 관습을 금지하는 것과 관련시켜 해석하는 것을 지지하는 것은 위경인 「시빌 무녀 신탁들」 3권(주전 1세기경 저작) 757-766행이다. 이 신탁 757-758행은 이후에 나오는 규례들은 모든 만민에게 준행되어야 할 율법임을 말한다. 여기서 우상숭배, 음행, 그리고 유아 살해 세 가지를 극악무도 범죄로 분류하여 금지한다. John J. Collins, "Sibylline Oracles (Second Century B. C.-Seventh Century A.D)," in *The Old Testament Pseudepigrapha*. Vol. 1. James H. Charlesworth ed. (Peabody, MA.: Hendrickson Publisher, 1983), 317-472.

5 Ibid., 301-304.

6 영어성경 NIV나 NLT는 "목매어 죽인 것"을 아예 목매달아 죽인 동물 고기들(the meat of strangled animals)이라고 풀어서 번역한다.

16장. 빌립보 선교: 주 예수의 복음을 믿으라

1 Μόνον ἀξίως τοῦ εὐαγγελίου τοῦ Χριστοῦ πολιτεύεσθε ἵνα εἴτε ἐλθὼν καὶ ἰδὼν ὑμᾶς εἴτε ἀπὼν ἀκούω τὰ περὶ ὑμῶν ὅτι στήκετε ἐν ἑνὶ πνεύματι μιᾷ ψυχῇ συναθλοῦντες τῇ πίστει τοῦ εὐαγγελίου: 모논 악시오스 투 유앙겔리우 투 크리스투 폴리튜에스데 히나 에이테 엘돈 카이 이돈 휘마스 에이테 아폰 아쿠오 타 페리 휘몬 호티 스테케테 엔 헤니 프뉴마티 미아 프쉬케 쉬나들룬테스 테 피스테이 투 유앙겔리우.

2 데살로니가후서 2:11-12에 따르면 심지어 하나님은 강력한 유혹을 보내셔서 신자의 영적 순도와 진실도를 검증하기도 하신다.

3 예수의 왕위 등극(하나님 우편 보좌 등극)과 성령 파송의 관계에 대한 자세한 주석을 참조하려면, 김회권, 『사도행전 1』, 77-98(특히 86-88)을 보라.

4 푸코, 『감시와 처벌: 감옥의 역사』, 436-437; 역자 서문, 15.

5 조극훈, "미셸 푸코(M. Foucault)의 권력이론과 감옥담론," 「교정담론」15/3(2021년 12월), 277-301.

17장. 아레오바고 언덕의 바울: 기독교 변증의 빛과 그림자

1 Richard Wallace, Wynne Williams, *The Three Worlds of Paul of Tarsus*(London: Routledge, 2015), 228-234. Part Four: Paul's Cities chapter 12. Greece and Macedonia.

2 Seyoon Kim, *Christ and Caesar*(Grand Rapids, MI.: Wm. B. Eerdmans, 2008), 3-7. 데살로니가의 황제숭배 제의를 비판하는 바울이 데살로니가에서 로마제국을 전복시키고 대체하는 하나님 나라를 선포했다고 보는 일부 학자들에 김세윤의 논박은 타당하다(65-71).

3 개역개정은 "헬라의 귀부인들 중 몇몇이"라고 번역해야 할 헬라어(τῶν Ἑλληνίδων γυναικῶν τῶν εὐσχημόνων)를 "헬라의 귀부인"이라는 단수로 번역함으로써 마치 한 명의 헬라 귀부인만 믿었던 것처럼 말한다.

4 슐라터, 『사도행전 강해』, 215.

5 고병권, "고대 원자론과 카를 마르크스의 유물론: 마르크스의 박사논문이 품고 있는 네 개의 유물론," 「마르크스주의연구」 64(2021년), 179-206. 이 논문은 칼 마르크스의 박사 논문 「데모크리토스와 에피쿠로스 자연철학의 차이」에 대한 해설이다. 마르크스는 자신의 논문에 네 개의 유물론 테제를 주창했다. 첫째, "초월성의 신학"에 맞서는 "내재성의 유물론"이다. 그는 초월적이고 이념적인 세계를 상정하고 그것을 기준으로 현실을 재단하고 대중의 복종을 끌어내는 초월적 신학에 맞서 인간과 자연의 내재적 역량을 긍정하는 유물론을 내세웠다. 둘째, "목적론적 역사"에 맞서는 "사건의 유물론"이다. 마르크스는 에피쿠로스의 "클리나멘" 개념에 대한 해석을 바

탕으로, 목적없는 역사관을 내세웠다. 셋째, "동일성의 존재론"에 맞서는 "다양성의 유물론"이다. 그는 원자적 다양성을 통해 사회를 이해하는 논리를 도출한다. 넷째, "보편적 체계"에 맞서는 "해체의 유물론"이다.

6 렘프레히트, 『서양철학사』, 123-130.

7 Ibid., 130-137.

8 이 두 철학과 기독교의 상호작용적 조우에 대해 더 연구하기를 원하면, 다음 연구를 참조하라: 조재천, "신약성경 이해를 위한 헬라 철학 개관," 「성경마당」(2014년 겨울), 81-93.

9 네슬-알란드 헬라어 성경은 헬라어 표지나 비명이 대문자로 쓰여 있는 관행을 고려해 대문자로 기록하고 있다.

10 Lewis Mumford, *The City in History*(London: Cox & Wyman Ltd., 1979), 154-169.

11 Allen C. Myers et al., *The Eerdmans Bible Dictionary*(Grand Rapids, MI.: Wm. B. Eerdmans, 2000), 344. 스토아 철학은 거의 이신론적 신관을 취한다(Ibid., 970).

12 Longnecker, "Acts" In *The Expositor's Bible Commentary*, 476. 이와 같은 구절은 아라투스보다 약간 늦은 후대 시인 클리안테스의 "제우스 찬가"에도 인용된다. 여기서 창조주 신은 제우스이다(조재천, "신약성경 이해를 위한 헬라 철학 개관", 84).

13 William H. Willimon, *Acts*, Interpretation series(Atlanta, GA: John Knox Press, 1988), 143. 윌리엄의 역사적 바울과 사도행전 17장의 바울 구분은 별로 설득력이 없어 보인다.

14 렘프레히트, 『서양철학사』, 59.

15 바울의 이런 선교전략을 성취주의적 선교라고 부른다. 이것은 이방인들에게 이미 존재하는 불완전한 하나님 지식(일반계시)을 특별계시로 온전케 하는 전략이다. 1910년 에딘버러 선교대회 이전의 서양교회의 선교전략은 이방종교를 전적으로 우상숭배, 반기독교적 이교도주의 등으로 폄하했으나, 20세기 대부분의 서구선교사들은 성취주의 선교전략을 구사했다. 성취주의 선교전략은 일반계시를 믿고 기독교 선교사와 이방종교, 철학, 사상과의 대화중요성을 강조하지만, 그리스도만을 통한 구원을 주장한다[Terry C. Muck, "Buddhist-Christian Encounters, Fulfillmemt Theology," *International Journal of Frontier Mission* 38:2-4(Fall/Winter 2021), 137-148]. 종교 다원주의자들에게는 이 선교전략도 비판받지만, 20세기 서구선교사들의 주요 선교전략이었던 것은 사실이다[Seung Deuk Oak, "Edinburgh 1910, Fulfillment Theories, Missionaries in China and Korea," *Journal of Asian and Asian-American Theology* 9(March 2009), 29-51]. 테리 먹(Terry C. Muck)은 오늘날은 다원적 종교 대화 시대이므로 하나의 성취신학이 아니라, 복수의 성취신학들이 필요한 시대라고 진단한다(147). 또 다른 한편 자연계시의 의의와 제한된 효용, 그리고 불충분성을 자세히 논한 논의로는 존 칼빈, 『기독교 강요 1』 신복윤, 이종성, 한철하 옮김(서울: 생명의 말씀사, 2005), 102-126쪽을 참조하라.

16 아리스토텔레스의 이성적 신의 신학, 곧 내재신 신학을 받아들인 에피쿠로스는 아무 걱정 없이 지복의 상태를 즐기는 신, "걱정없는 신" 개념을 만들어 냈다. "신들은 인간을 괴롭히지도 않으며 인간이 괴로워하는 것도 바라지 않는다"[김용규, 『데칼로그』(서울: 포이에마, 2015), 127].

17 선교학적인 관점에서 이방인들의 종교, 철학, 문화 속에서 복음 전파의 접촉점을 찾아 기꺼이 대화하려고 했던 20세기의 대표적 선교사로는 미국의 인도 선교사 스탠리 존스와 캐나다의 네덜란드령 파푸아 뉴기니 선교사 돈 리처드슨이 있다. 스탠리 존스는 힌두교와 기독교 복음의 접촉점을(『인도의 길을 걷고 있는 예수』, *Christ of the Indian Way*), 돈 리처드슨은 파푸아 뉴기니아의 식인종 사위(Sawi) 부족의 구속 및 화해 사상과 복음의 유비점을(『화해의 아이』, *Peace Child*)을 찾아 효과적으로 복음을 전했다. 오늘날 선교에 관심을 갖는 그리스도인들은 모두 이들의 경험과 권면을 경청해야 할 것이다.

18 미로슬라브 볼프, 『광장에 선 기독교』, 김명윤 옮김(서울: IVP, 2014), 171-180.

18장. 고린도 선교: 어리석어 보이는 십자가 복음의 능력

1 스탠리 포터는 바울 당시의 고린도에서는 종교적 매음보다는 오히려 우상제조와 유통업이 크게 발달했고 육류 유통업도 크게 성업했을 것이라고 본다. 포터는 바울 당시 이전의 그리스 철학자들의 말에 고린도의 풍기문란적 음행의 기억이 남아 있다는 점은 인정한다. "고린도 사람처럼 굴다"(κορινθιάζεσθαι)는 단어는 그리스 극작가 아리스토파네스에 의해 "음행하다"를 의미한 것으로 사용되었으며, 플라톤의 『공화국』에 "고린도 처녀"는 "창녀"를 의미하는 단어로 사용된다[Plato, *Republic* 404d.: Stanley E. Porter, *The Apostle Paul: His Life, Thought, and Letters*(Grand Rapids, MI.: Eerdmans, 2016), 247].

2 수에토니우스의 기록에 따르면 이 추방은 유대교와 그리스도인들의 분쟁들로 인해 로마 시내가 소란스러워지는 상황을 해소하기 위해 49년이 이뤄졌다고 한다[닉 페이지, 『바보들의 나라』, 전의우 역(서울: 포이에마, 2014), 277-279]. 수에토니우스는 '클라우디스 황제전'에서 유대인들이 크레스투스의 선동을 받아 소동을 일으켰기 때문에 로마에서 추방되었다고 전한다(존 스토트, 『사도행전 강해』, 352). 이것이 유대인과 그리스도인들의 갈등을 의미하는지는 확실치 않다.

3 존 스토트, 『사도행전 강해』, 353.

4 슐라터, 『사도행전 강해』, 222.

5 존 스토트, 『사도행전 강해』, 356. 가이오는 51-52년에 아가야 총독이었다.

6 브라이언 비커스, 『ESV 성경해설 주석 사도행전』, 박문재 옮김(서울: 국제제자훈련원, 2021), 440.

7 에르네스토 까르데날, 『침묵 속에 떠오르는 소리』, 김영무 역(왜관: 분도출판사, 1986).

1 로핑크, 『예수는 어떤 공동체를 원했나』, 133-246; 또한 John Stott, *The Message of the Sermon on the Mount: Christian Counter-Culture*(Leicester/Downers Grove, IL.: IVP, 1985), 19-20, 31-33. 대항문화를 창조하기 위한 그리스도인의 성화를 강조하는 존 스토트는 다음과 같이 말한다. "율법은 율법의 요구를 준행할 능력이 없는 죄인된 우리를 그리스도에게 보내어 의롭다하심을 덧입게 하고, 그리스도는 의롭게 된 우리가 율법을 지켜 성화(聖化)를 이루도록 율법에게로 보낸다"(36).

2 마태복음 3:11은 "내 뒤에 오시는 이"로 말한다. "나는 너희로 회개하게 하기 위하여 물로 세례를 베풀거니와 내 뒤에 오시는 이는 나보다 능력이 많으시니 나는 그의 신을 들기도 감당하지 못하겠노라 그는 성령과 불로 너희에게 세례를 베푸실 것이요."

3 사도행전 14:1 이고니온의 유대인 회당 한 번 설교; 13:13-14,42-44 비시디아 안디옥 유대인 회당에서 2주 연속 안식일 설교; 17:2 데살로니가 유대인 회당에서 3주 연속 안식일 강론; 18:4 고린도의 경우 안식일마다 강론.

4 바울 서신에서 '하나님 나라'는 모두 열네 번 언급된다(롬 14:17; 고전 4:20; 6:9-10; 15:24, 50; 갈 5:21; 엡 5:5; 골 1:13; 4:11; 살전 2:12; 살후 1:5; 딤후 4:1, 18: 비커스, 『ESV 성경해설 주석 사도행전』, 456).

주

5 Ben Witherington III, *The Acts of the Apostles*. A Socio-Rhetorical Commentary(Grand Rapids, MI.: Eerdmans, 1998), 583.

6 야웨 하나님을 모시는 성전이 없던 에베소에서 제사장 역할을 할 수 없었을 텐데 이들이 제사장으로 불리는 이유가 궁금하다. 아마도 이들은 야웨 하나님의 이름으로 축사 활동을 펼쳤던(마 12:27) 떠돌이 퇴마사였을 것이다(비커스, 『ESV 성경해설 주석 사도행전』, 457). 한편 사마리아의 큰 자로 불린 시몬 마그누스, 구브로의 엘루마, 그리고 빌립보의 귀신들린 여종 등은 모종의 영적 권능이나 신적 예지력에 호소해 사람들의 고통이나 불안을 해소하는 영적 중개자들이었을 것이다(행 8:9-10, 18-24; 13:6-11; 16:16-19).

7 NIV 성경은 5만 드라크마라고 번역한다. 은전 1드라크마는 노동자의 하루 품삯이다. 5만 일 동안 노동한 품삯에 살 수 있는 마술책이 분서되었다. 은전 5만 드라크마는 노동자가 137년 동안 일해서 벌 수 있는 돈이다. 이는 에베소 사람들이 진심으로 회심했음을 암시한다. 에베소는 "에베소 증서"로 알려진 마술책들로 유명한 곳이었다(존 스토트, 『사도행전 강해』, 366-367).

8 리처드 미들턴, 브라이언 왈쉬, 『그리스도인의 비전』, 황영철 옮김(서울: IVP, 2003), '10장 문화에 대한 기독교적 대응'.

9 김회권, "역사적 화석에서 되살려야 할 불씨," 70-72.

10 제프리 빙햄, 『교회사의 보화』, 박명준 옮김(서울: IVP, 2006), 193-203.

11 폴 스티븐스, 마이클 그린, 『그분의 말씀 우리의 삶이 되어』, 224.

12 Jacques Ellul, *The Meaning of the City*, trans. Dennis Pardee(Grand Rapids, MI.: Eerdmans, 1970), 9.

13 Witherinton III, *The Acts of the Apostles*, 592-593. 당시 로마제국 전체에서 한 특정 도시와 그 후견신의 감정적 애착과 결속이 에베소와 아데미 여신 사이에 있는 애착과 결속만큼 강한 경우는 없었다. 벤 위더링톤은 431년 에베소 공의회에서 마리아가 하나님의 어머니로 규정되었음을 상기시켰으며, 성모 마리아 숭배 제의는 에베소의 아데미 여신 숭배의 기독교적 변형물이라고 주장한다. 아데미 여신 숭배의 메소포타미아적 원형은 아세라 숭배이며, 이스라엘 남부 시나이 반도 근처["쿤틸레트 아주르드"(Kuntillet Ajrud)]에서 발견된 유물[주전 8세기의 큰 항아리(pithos)]에서 볼 수 있는 그림 "야웨와 그의 아세라"를 보면, 당시 이스라엘에도 아세라 숭배가 유행했다고 추정할 수 있다. 아데미 여신 가슴의 벌집(bee-cells)은 재생, 풍요, 다산, 그리고 죽은 자의 부활을 상징한다.

14 존 스토트, 『사도행전 강해』, 268.

15 바울 당시의 아데미 신전(주전 6세기부터 존재)은 아테네의 파르테논 신전의 세 배 크기였다.

16 개역개정 35절은 헬라어 원문을 풀어서 번역하고 있다. 35절을 직역하면 이렇다. "그런데 그 무리를 진정시키며 그 시 서기장이 말한다. '에베소 사람들아, 에베소 시가 그동안 죽(에이미 분사대격, οὖσαν) 큰 아데미의 신전지기며 그리고 제우스에서 떨어진 것의 관리자였던 것을 모르는 사람이 누구냐?'" "큰 아데미의 신전지기이며 그리고 제우스에게서 떨어진 것의 관리자"를 개역개정은 "큰 아데미와 제우스에서 내려온 우상의 신전지기"라고 번역한다. 35절의 마지막 어구 τοῦ διοπετοῦς(투 디오페투스)가 무엇을 가리키는지 분명하지 않다. 직역하면 "Dio(Zeus)-fallen"이다. "디오에게서 떨어진" 혹은 "제우스에게서 떨어진"이다. 제우스의 라틴어 이름이 "Di, Dio, Dis"이기에 "τοῦ διοπετοῦς"를 "제우스에서 떨어진 것"으로 번역하려는 시도는 이해가 된다. 또한 제우스가 하늘신이기에 하늘에서 에베소에 떨어진 것, 곧 운석을 제우스가 에베소에 보낸 성스러운 돌로 여겨 에베소 사람들이 숭배했을 가능성도 배제할 수 없다. 당시 에베소의 아데미 여신 신전에는 이 하늘(제우스)이 보낸 성스러운 성물(성스러운 운석)도 함께 간수되고 안치되어 있었을 가능성이 크다. 시 서기장은 에베소 사람들의 종교적 자부심을 한껏 치켜세우려는 의도로 제우스의 성스러운 돌까지 언급한 것으로 보인다. 영어 성경들은 아래처럼 조금씩 다르게 번역하고 있다: "of the image which fell down from Zeus?"(NKJV); "of the statue that fell from heaven?"(NRSV); "of the sacred stone that fell from the sky?"(ESV). 어떤 학자들은 아르테미스의 라틴 이름인 달의 신 "다이아나"(Diana)와 "diopetes"를 연결시키기도 한다[C. C. Wylie & J. R. Naiden, "The image which fell down from Jupiter," *Popular Astronomy* 44(1936), 514-51(특히 514)].

17 Witherington III, *The Acts of the Apostles,* 51, 59, 102, 138-140.

18 찰스 링마, 『행동하는 신앙인을 위한 자끄 엘룰 묵상집』, 윤미영 역(서울: 조이선교회, 2015), 47.

19 김회권, "사회선교의 전망과 고찰", 「신학과 실천」 73(2021년 2월), 749-786(특히 770-773).

20 김회권, "사회선교의 전망적 고찰", 763-767.

20장. 선교사이자 목회자 바울

1 개역개정 성경의 4절에 나오는 "아시아까지 함께 가는 자"라는 표현은 네슬-알란트(NTG) 사본에는 없는 구절이다. 개역개정 난외주에 따르면 개역개정은 이 구절을 포함한 다른 사본을 택해 번역했던 것으로 보인다. 개역개정이 저본으로 삼은 그 다른 사본은 "아시아 지역 출신 두기고와 드로비모" 부분에 포함되어야 할 "from the province of Asia"를 문두에 배치한 것으로 보인다. 이들은 아시아 출신이지만 아시아까지 가는 자들이 아니라, 예루살렘까지 가는 사람들이다.

2 "아시아"는 튀르키예 반도의 중북부(브루기아, 갈라디다, 본도, 비두니아)나 수리아 쪽 지중해 연안 쪽인 길리기아, 밤빌리아 지방과는 다른 지역, 곧 에게해를 사이에 두고 그리스 반도를 마주 보는 그 튀르키예 반도 서쪽 지역을 가리킨다.

주

3 William John Conybeare and J. S. Howson, *The Life and Epistles of St. Paul*(New York, NY.: C. Scribner, 1864), 210.

4 "διαμαρτυρόμενος(증거하여), τὴν εἰς Θεὸν μετάνοιαν(하나님께 대한 회개), καὶ πίστιν εἰς τὸν Κύριον ἡμῶν Ἰησοῦν(우리 주 예수에 대한 믿음, 곧 신실함)."

5 바울은 이방인 출신 그리스도인들을 아브라함의 후손 출신 신자들과 구별하여 말할 때가 많다. 그래서 바울 서신에서 "성도"는 아브라함 후손 출신의 신자들을 주로 가리킨다(고전 1:2; 고후 1:1; 벧전 2:9). 그러나 넓게 보면 주 예수를 믿고 거듭난 모든 신자-이방인 출신이건 유대인 출신이건 상관없이-모두 거룩한 백성이다(골 1:2).

6 Adolf Schaltter, *The Theology of the Apostles*, trans. Andreas J. Köstenberger(Grand Rapids, MI.: Baker Books, 1999), 193-194.

7 "κατεληµφθην"(카테렘프텐)은 "강력하게 붙잡다"를 의미하는 "καταλαµβανω"(카타람바노)의 부정과거이다. 부정과거는 과거의 특정 시점에 일어난 사건을 표현하는 시제이다.

21장. 마침내 예루살렘에 도착하여 체포되는 바울

1 παρεκαλοῦμεν ἡμεῖς τε καὶ οἱ ἐντόπιοι τοῦ μὴ ἀναβαίνειν αὐτὸν εἰς Ἰερουσαλήμ.

2 존 스토트, 『사도행전 강해』, 409.

3 Ibid., 409. 각주 18번에 나오는 네 명의 주석가를 참조하라; 슐라터, 『사도행전 강해』, 263.

4 슐라터, 『사도행전 강해』, 261-262.

5 바울은 이방인 여러 도시를 다니며, 우상숭배 장면을 보았거나, 그들과 대화하다가 부정케 되었다는 전제 아래 결례를 행했을 것이다. 시체 등과 접촉하여 생긴 부정케 된 것과 비슷한 이유로 바울은 자신의 바리새파적 신앙전통에 따라 결례를 행한 것으로 보인다.

6 존 스토트, 『사도행전 강해』, 411-412.

7 Flavius Josephus, *Antiquities* XX. 8. 6; Josephus, *The Jewish Wars*, II. 13. 5.

22장. 로마군 영내 층계에서 이방 선교에 투신하게 된 내력을 말하는 바울

1 17-21절은 사도행전 9장과 26장에는 언급되지 않은 부분이다.

2 바울의 아버지가 길리기아 주에 주둔하는 로마군에게 장막을 납품하는 군납업을 했을 가능성을 제시하는 학자들도 있으나 확실하지 않다. 하지만 그들의 주장에는 상당한 개연성이 있다.

3 길리기아가 로마의 동방 원정사에서 차지한 비중을 살펴보려면 다음 자료를 보라: 김덕수, "시민권과 로마 정치-키케로, 「시인 아르키아스 변론」(기원전 62년)을 중심으로 -," 「수사학」 36(2019년 12월), 31-59(특히 38-40).

4 로마 시민권은 로마법의 보호를 받는 "최상의 권리를 가진 로마 시민"과 "최상의 권리를 가지지 못한 로마 시민"으로 나뉘었다. 전자는 투표권과 공직 피선거권 등 정치적 권리와 경제적 영업 추구권, 로마 시민권자와의 혼인권 등 시민으로서 모든 권한이 인정된 반면에, 후자는 투표권이나 피선거권 등 공적 권한을 제외한 영업권, 혼인권 등의 권한만이 인정되었다(김덕수, 위의 글, 35).

23장. 바울에게 격분한 유대인들: 로마제국 심장부로 항해하는 바울

1 R. Kendall Soulen, *The God of Israel and Christian Theology*(Minneapolis, MN.: Fortress, 1996), 4-21. 쏘울렌은 이스라엘이 현재 하나님의 뜻 안에서 완악하게 되었으나 여전히 하나님의 백성임을 강조하고 기독교와 유대교(구약 종교)의 연속적 이해를 설득력 있게 옹호한다.

2 Ἄνδρες ἀδελφοί ἐγὼ πάσῃ συνειδήσει ἀγαθῇ πεπολίτευμαι τῷ Θεῷ ἄχρι ταύτηςτῆς ἡμέρας.

3 3절을 보면 바울이 자신을 치라고 명한 자가 고위직 제사장임은 알았지만, 그가 대제사장이었는지 몰랐던 것 같다. 성전 밖에서는 대제사장이 정장 예복을 차려입지 않았기에(제사장 에봇, 머리에 쓴 관, 열두 지파 이름을 새긴 보석 달린 조끼 등) 대제사

장임을 알아보지 못했을 것이다. 또한 대제사장이 예루살렘에서 그렇게 먼 지방까지 내려올 줄 미처 몰랐을 것이다. 바울이 대제사장을 알아보지 못한 이 장면은 대제사장이 가이사랴까지 와서 바울을 심문하는 것이 얼마나 부자연스러운가를 예시하는 상황이기도 하다.

4 15절의 개역개정 번역은 안타깝게도 문맥을 전혀 고려하지 번역이다. 마흔 명의 암살단이 대제사장들과 장로들에게 반말투로 말했을 리가 전혀 없었을 텐데 개역개정은 마흔 명의 암살단의 말을 반말로 번역한다. 15절은 이렇게 번역되어야 한다. "이제 당신들은(2인칭 복수대명사 '휘메이스') 그의 혐의사실을 더 자세히 물어보는 척하면서 공회와 함께 천부장에게 바울을 당신들에게 데려다 달라고 청하십시오. 우리는 그가 당신들에게 가까이 오기 전에 그를 죽이려고 준비해 두겠습니다." 사도행전 저자는 2인칭 복수대명사 '휘메이스'(ὑμεῖς)를 사용하여 주어 행동을 강조하고 있다.

5 27절은 천부장이 바울이 로마 시민권자라는 사실을 얼마나 중요하게 생각하는지 보여준다. ἐξειλάμην μαθὼν ὅτι Ῥωμαῖός ἐστιν. 이 절을 직역하면, "나는 그가 로마 시민이라는 점을 고려해 구출했습니다"이다. "호티"(ὅτι)절에 보어인 "로마 시민"(Ῥωμαῖός)이 동사(ἐστιν)보다 앞에 나온다는 것은 천부장이 로마 시민권자 바울의 송사를 얼마나 세심하게 다루는지를 잘 보여준다.

6 Jonathan Sacks, *Not in God's Name: Confronting Religious Violence*(New York, NY.: Schocken Books, 2015), 1-14, 103-106.

7 Sigmund Freud, *Civilization and Its Discontents*, trans. James Strachey(New York, NY.: W. W. Norton & Company, INC. 1962), 11-94. 이 책의 요지는 인간의 근원적인 쾌락추구 열정이 문명사회에서 억제되기에 부단한 불만, 불안을 만들어 낸다. 종교는 인간의 근원적 욕망충족, 쾌락추구욕망을 억제하는 대표적인 문명의 재갈이다. 이 재갈은 종교적 감수성을 가진 자들로 하여금 폭력적인 자기표현에 이르게 한다는 것이다.

8 전우택, 박명림, 『트라우마와 사회치유: 북아일랜드와 캄보디아에서 배우다』중 "인간 비극과 인간 화해," (서울: 역사비평사, 2019), 302-361(특히 317).

9 전우택, 박명림, 『트라우마와 사회치유』, 317-318.

24장. 로마 총독 벨릭스에게 재판받는 바울

1 사도행전 24장 6절 하반절-8절 상반절은 없다. 어떤 사본에는 "(6절 하반절) 그래서 우리의 율법대로 재판하려고 했으나(7절) 천부장 루시아가 와서 그를 우리 손에서 강제로 빼앗아 갔나이다.(8절 상반절) 그리고는 그를 고발하는 사람들에게 각하께 가라고 명하였나이다"가 있으나, 이 부분이 있든 없든 의미에 큰 차이는 없다.

2 반덕진, "서양 고전에 나타난 전염병과 그 대응에 관한 인문학적 고찰," *Korean*

Journal of General Education 14/6(2020년 12월), 39-52(특히 39-40).

3 김칠성, "기원전 674-205년, 로마에서 발생한 역병의 유행과 그 대응 조치 -리비우스(Titus Livius)의 『로마사』(*Ab Urbe Condita*)를 중심으로," 「서양고대사연구」 61(2021년 8월), 101-151.

4 김칠성, 위의 글, 147-150.

5 메시아가 오면 일어날 민족적 위상 격상에 대한 유대인들의 통속적 기대를 보여주는 또 다른 책은 위경 「솔로몬의 시편」 17편이다. 그리스도를 군사적 정복자요 재판장으로 묘사하는 이 위경은 "다윗의 후손"(17:21)이 하나님을 대신하여 심판을 집행하되 이스라엘 내 불경건한 자들과 불의한 이방인들을 심판한다(요한계시록의 그리스도의 이미지로 이월된 이미지). 17:21부터 "다윗의 후손"이 그의 입에서 나오는 말로 이스라엘 백성들과 이방인들을 심판한다(17:29). 그 결과 이방 민족들은 "그의 멍에를 메고서 그를 섬기게"(17:30) 된다. 다윗의 후손이 일어나 그들(불의한 이스라엘 내부 지도자)을 쳐부수고, 이방인들을 몰아내 예루살렘을 정화할 것이다(17:21-22).

6 마태복음 28:19-20은 이런 유대인들의 민족적 염원을 일부 반영한다(마 23:15).

7 주어는 남성복수 주격 지시대명사인 "후토이"(οὗτοι)이며 3인칭 복수대명사인 "아우토이"(αὐτοὶ)는 "후토이"를 강조하는 역할을 한다.

8 주전 3세기 이집트의 알렉산드리아 유대인 디아스포라를 위해 헬라어(코이네)로 번역된 구약성경을 70인역이라고 부른다. 70인역은 오늘날 우리에게 남겨진 히브리어 본문과는 약간 다른 사본들을 갖고 번역했기 때문에 현재의 히브리어 본문을 따르는 개역개정의 장절과 약간 차이가 나는 경우가 있다. 70인역의 경우 히브리어 본문에는 디아스포라를 가리키는 맥락이 아닌데도 디아스포라를 전제한 맥락인 것처럼 번역하기도 한다.

9 V. Tcherikover, *Hellenistic Civilization and the Jews*(New York, NY.: Atheneum, 1970), 292-295.

10 Narry F. Santos, "Diaspora in the New Testament and Its Impact on Christian Mission," *Torch Trinity Journal* 13/1(2010), 3-18(특히 7).

11 Ibid., 8. 각주 19번을 참조하라. 주전 221-205년에 셀류키드 왕조의 안티오커스 3세는 유대인 2,000 가구를 메소포타미아와 바벨로니아에서 리디아와 브루기아(프리기아)로 군사 요새 도시의 국방력 요원으로 이주시켰다. 바울의 1차 선교 여행과 3차 선교 여행 대상 유대인들은 이런 슬픈 이민자들의 후손들이었다. 아시아 보스포러스 왕국의 유대인 집단촌 세 곳에 대한 고고학 정보(주후 41년경 회당에 있는 여종의 속량을 언급하는 유물)도 있다: I. Levinskaya, *The Book of Acts in Its First Century Setting: Diaspora Setting*(Grand Rapids, MI.: Eerdmans, 1996), 227-246; Santos, Ibid., 8, 각주 20.

12 Narry F. Santos, "Diaspora in the New Testament and Its Impact on Christian Mission," *Torch Trinity Journal* 13, no. 1(2010), 9-10.

13 Ibid., 8, 각주 18번을 보라.

25장. 로마 총독 베스도에게 재판받는 바울

1 고경주(Ko, Kyung Joo), "The Situation of the Right of Appeal under the Jurisdiction of Governors From the First Century to the Early Third Century"(서기 1세기에서 3세기 초 속주 총독의 사법권하에서 로마 시민의 상소권), 「서양고대사연구」, 50(2017년), 199-223(특히 200-201).

2 Ibid., 201.

3 Ibid., 201. 각주 3, 4를 보라. 각주 3에는 이 규정을 언급한 문헌 증거들이 소개된다 [(Sallust, *Bellum Catilinae,* (War of Catiline) 51, 21 and 40; Cicero, *De Re Publica* 2, 31, 54 ; Livy 10, 9, 4-5)]

4 Ibid., 201. 각주 4, 5에는 율리아 공법을 담은 오래된 문헌이 소개되어 있다.

5 "특히 황제에게 직소한 로마 시민을 사형하거나 고문하거나 채찍질하거나, 단죄하거나 감옥에 가두는 지방 총독 등 관리들은 율리아 공법에 의해 처벌받을 수 있다."

26장. 분봉왕 헤롯 아그립바에게 재판받는 바울

1 김세윤, 『바울 신학과 새 관점』(서울: 두란노, 2002), 174-175. 김세윤은 바울의 다메섹 도상 회심 사건과 선교 위임 사건을 해석할 때 바울이 이사야 42장에 나타난 이스라엘의 열방 선교 비전의 동선을 따라 의도적으로 움직였다고 보는데, 아주 설득력 있는 주장으로 보인다.

2 Seyoon Kim, *The Origin of Paul's Gospel*(Tübingen: Mohr-Siebeck, 1984), 288-296.

3 스가랴 14장은 바리새인들의 오도된 선민주의를 정당화하는 데 동원되었을 법한 예루살렘의 미래 구원과 승귀에 대해 말한다. 하나님은 거룩하게 된 예루살렘을 공격하러 온 열방들을 패퇴시켜 야웨를 예배하게 하실 것이며 예루살렘의 초막절에 각종 금은보화와 예물을 갖고 참여하지 않는 열방들(애굽 등)은 벌을 받게 될 것이다(9-19절).

4 알렌 크라이더, 『회심의 변질』, 박삼종 외 역(대전: 대장간, 2012), 36. 크라이더는 초대교회의 두 개종자 저스틴과 키프리안의 개종을 예시하며 초대교회의 개종은 신념, 행동, 사회적 소속의 변화를 수반하는 엄중한 변화였다고 주장한다.

5 박영호, 『에클레시아: 에클레시아에 담긴 시민공동체의 유산과 바울의 비전』(서울: 새물결플러스, 2018), 293-393. 박영호는 바울이 개척한 이방인-유대인 연합체 교회가 그레코-로만사회의 시민회의(에클레시아)를 대체하는 새로운 자유민의 민회라고 보았다.

6 Michael Green, *Evangelism Now and Then*(Downers Grove, IL.: IVP, 1982). 이 책은 사

도행전 2, 4장의 초대교회의 유무상통(코이노니아)적 사회변화는 개인전도의 열매임을 증거하고 있다.

7 Alain Badiou, *Saint Paul. The Foundation of Universalism*(Stanford: Stanford University Press, 2003), 75-85, 98-106.

27장. 죽음의 파도를 넘어 소원의 항구로 항해하는 바울

1 베르길리우스, 『아이네이스』, 천병희 옮김(고양: 숲, 2007), 283.

2 베르길리우스, 『아이네이스』, 3장 "신이 내린 방랑"(88-116), 8장 "아이네아스가 로마에 가다"(257-287). "함선들이 심해로 나와 이제 더 이상 육지는 보이지 않고 사방이 하늘이고 사방이 바다뿐일 때, 시커먼 비구름이 머리 위에 멈춰 서더니 암흑과 폭풍을 가져다주기 시작했고, 물결은 어둠 속에서 몸서리쳤습니다"[3장 192-195행(95)]. 8장은 아이네아스가 로마에 도착하여 베누스 여신의 도움을 토착 족속들과 전쟁을 치르며 로마를 차지하는 과정을 그린다. 8장 마지막은 아이네이아스가 이탈리아 반도에서 일어날 역사적 사건들을 예지하고 예견하는 장면을 그린다. 그가 본 미래의 절정은 아우구스투스 카이사르가 안토니우스와 이집트인 아내 클레오파트라를 격파하여 로마제국을 건설하는 광경이다(283-284).

3 레위기 16:29은 대속죄일을 스스로 괴롭게 하는 날(금식?)로 규정한다(사 58:3은 스스로 괴롭게 하는 것이 금식임을 암시). 이사야 58:3-6은 바벨론 귀환 포로들은 정기적인 금식을 수행했음을 증언한다. 스가랴 8:19은 4월(예루살렘 멸망기념, 주전 586년 재위 11년 4월 9일 예루살렘 점령기념 금식), 5월(성전이 불탄 비극기념 금식), 7월 금식(주전 582년 바벨론 총독 그달리야를 암살한 후 초래된 반란자 전멸기념 금식), 그리고 주전 588년 10월 10일에 예루살렘이 포위된 것을 기념하여 시작된 10월 금식 전통에 대해 말한다(슥 7:5은 4, 5, 7월 금식만 언급). 스가랴 7:5은 이스라엘이 70년 동안 다섯째 달 금식과 일곱째 달 기념 금식을 축성해 왔다고 말한다. 사도행전 27장의 금식절기는 10월 금식절기로 추정된다. 사도행전 28:11은 바울 일행이 석 달을 바다 여행에 보낸 후에 겨울을 맞았다고 말하고 있기 때문이다.

4 화물(貨物)로 번역해야 하는데 개역개정은 아직도 일본어 한자어 하물(何物)로 번역하고 있다.

5 존 스토트, 『사도행전 강해』, 463.

6 베르길리우스,『아이네이스』, 96. 3장 "신이 내린 방랑" 중 바다 표류를 묘사하는 구절은 다음과 같다. "우리를 진로에서 벗어나 맹목적으로 물 위를 떠다녔습니다. 필리누루스조차 하늘을 보고 낮과 밤을 구별할 수 없었으며 바다 한가운데 길을 잃어버렸다고 말했습니다. 꼬박 사흘 낮을 아무것도 구별할 수 없는 암흑 속에서 바다 위를 헤맸고, 또 별이 보이지 않는 사흘 밤을 헤맸습니다."(200-204행).

7 폴 스티븐스, 마이클 그린, 『그분의 말씀 우리의 삶이 되어』, 271.

28장. 로마에 입성하는 바울: 미결수의 셋방에서 시작된 하나님 나라 운동

1 기독교 복음은 이처럼 초라하고, 소박하게 로마제국의 중심부에 도착했으나, 머지않아 로마제국의 황제 권력에 의해 순치되는 운명을 맞을 것이다. 로마제국의 권력에 순치되고 접수된 기독교회는 세계사와 복음의 항로를 "오도하는 지도력"(missed leadership)을 발휘하게 된다.

2 베르길리우스, 『아이네이스』, 7장 "예언의 땅 라티움", 8장 "아이네아스가 로마에 가다"는 아이네이아스의 로마 상륙이 원주민들과의 전쟁, 정복의 여정임을 노래한다. 아내가 될 여자(라티누스의 딸 라비니아)를 사이에 놓고 경쟁자 투르누스와 벌인 전쟁이 결정적 전쟁이다.

3 14절의 보디올의 "형제들"과 15절의 로마의 "형제들은" 주 예수를 믿는 형제들이다. 사도행전 28장에 나오는 유대인들은 믿지 않은 유대인들인 것처럼 보인다. 이들은 바울에 대해 아는 것이 거의 없다(행 28:21-22).

4 개역한글은 한때 "트레이스 타베르네"를 "삼관"(세 개의 여관들)이라고 번역한 적이 있는데, 개역개정보다 더 나은 번역으로 보인다(NIV도 "Three Taverns"으로 번역).

5 김회권, 『이사야 주석 I』(서울: 대한기독교서회, 2006), 181-182.

6 "ἐπαχύνθη γὰρ ἡ καρδία τοῦ λαοῦ τούτου καὶ τοῖς ὠσὶν αὐτῶν βαρέως ἤκουσαν καὶ τοὺς ὀφθαλμοὺς αὐτῶν ἐκάμμυσαν μήποτε ἴδωσιν τοῖς ὀφθαλμοῖς καὶ τοῖς ὠσὶν ἀκούσωσιν καὶ τῇ καρδίᾳ συνῶσιν καὶ ἐπιστρέψωσιν καὶ ἰάσομαι αὐτούς." [Lancelot C. L. Brenton, *The Septuagint with Apocrypha* (London: Samuel Bagster & Sons, Ltd, 1851), 852]. Mumford, *The City in History*, 172.

7 멈포드에 따르면 주전 8세기 이전의 그리스 사람들은 인간의 성향과 미덕을 이상적으로 구현한 신들을 숭배했으나, 주전 6세기 이래 국가 간 전쟁들이 병발함으로 인해 도시(폴리스) 자체가 결집할 수 있는 국방력이 엄청난 중요성을 띠기 시작했다. 그래서 주전 6세기 이후부터는 제우스나 전쟁의 신 아레스 등보다는 국가 자체가 숭배되기 시작했다. 국가숭배 자체가 하나의 종교가 되었다.

전체 결론: 사도행전의 복음과 문명사적 의의

1 요세푸스, 『유대 전쟁사』, 249-290.

2 Reza Aslan, *Zealot: The Life and Times of Jesus of Nazareth*(New York: Random House, 2013), 43.

3 칼 하임, 『개신교의 본질』, 정선희, 김회권 옮김(서울: 복있는 사람, 2018), 122.

4 이 단원의 요한복음 18-19장 주석은 저자의 책, 『하나님 나라 신학으로 읽는 요한복음』, 695-742쪽 논의를 압축한 것임을 밝힌다.

5 유대교의 지상적-민족주의적 메시아 신앙을 피력하는 문헌들은 다음과 같다: 「다

니엘」「에디오피아 에녹서」「희년서」「12 족장 유언」「솔로몬의 시편」「모세의 승천」「시리아 바룩서」「4 에스드라서」「시빌의 무녀 신탁」 필로의 저작들 및 위경 문헌(주전 2세기-주후 2세기 저작된 문헌들)에 움튼 메시아 신앙의 다양한 면모를 연구한 조셉 클라우스너(Klausner)는 다음과 같이 유대교와 기독교의 메시아 신앙을 대조한다: Joseph Klausner, "The Messianic Idea in the Apocryphal Literature," in *Society and Religion in the Second Temple Period*(Jerusalem: Massada Publishing Ltd., 1977), 153-186. "유대교가 이 세상에, 지상적 삶에, 심지어 메시아 시대의 새 세상에서 견고하게 뿌리를 내린 반면에, 기독교 메시아 신앙은 '이 세상에 속하지 않은' 왕국을 추구한다"(186). 요한복음 18:36이 유대교와 기독교의 메시아 신앙을 분리시켰다는 것이다. 그런데 이것은 유대교의 편견이다. 정통 기독교 신앙도 이 세상 갱신적인 메시아 왕국을 추구하기 때문이다.

6 한스-페터 마르틴(Hans-Peter Martin), 하랄트 슈만(Harald Schumann), 『세계화의 덫』, 강수돌 옮김(서울: 영림카디널, 2003). 사회적 강자 20퍼센트가 사회적 약자 80퍼센트를 지배하는 세상은 소수의 지배자에게는 부단한 불안과 위험을 만민에게 확산시키는 체제이다.

7 베네딕트 앤더슨(Benedict Richard O'Gorman Anderson), 『상상의 공동체-민족주의의 기원과 전파에 대한 성찰』; *Imagined Communities: Reflections on the Origin and Spread of Nationalism*, 윤형숙 옮김(서울: 나남, 2004), 25. 1-3장 중 특히 3장 "민족의식의 기원"을 보라; 김다원, "민족은 상상의 공동체인가?: 베네딕트 앤더슨, 상상의 공동체- 민족주의의 기원과 전파에 대한 성찰"(*Imagined Communities: Reflections on the Origin and Spread of Nationalism*), 「인간연구」 28(2015년), 155-166. 앤더슨은 민족을 "본래 제한되고 주권을 가진 것으로 상상되는(imagined) 정치공동체들(political communities)"로 정의한다(엔더슨, 위의 책, 25쪽). "상상되는 민족"이라는 말은 민족 구성원들이 대부분 자기 동료들을 알지 못하고 만나지 못하며 심지어 그들에 관한 이야기를 듣지도 못하지만, 구성원 각자의 마음속으로 공유하는 가치, 이념, 문화를 보유하는 공동체이다. 바울이 증거하는 하나님 나라는 그리스도인들이 주 예수 그리스도를 왕으로 모시는 천하 만민의 자율적인 사귐이자 결사체이자, 그들의 믿음 속에서 상상되는 실체이다.

8 마르바 던(Marva J. Dawn), 『세상 권세와 하나님의 교회』, 노종문 옮김(서울: 복있는 사람, 2008), 49-54.

9 주전 8세기 그리스 시인 호메로스가 남긴 『일리아드』, 『오디세이아』, 로마제국의 시작을 주전 12세기 트로이 전쟁에서부터 다루는 베르길리우스(주전 70-주후 19년)의 『아이네이스』, 로마 공화정의 부정적 몰락을 비판적으로 성찰한 살루스티우스(Gaius Sallustius Cripus, 주전 86-주후 35년)의 『역사들』 등이 "데오빌로" 같은 로마 지성인들에게 읽혔을 것이다. 이외에도 율리우스 카이사르의 『갈리아 전기』, 키케로와 세네카의 책들, 초대 황제 아우구스투스 시대의 로마 역사가 티투스 리비우스

(주전 64/59-주후 12/17년)의 『로마 도성의 건국 이야기』(*Ab Urbe Condita*), 그리고 바울과 거의 동시대인 로마 저술가 노(老) 플리니우스(Pliny the Elder, 23/24-79년)의 역사 저작들(*History of the German Wars*) 또한 대중들에게 널리 읽혔을 것이다. 시(詩) 문학으로는 푸블리우스 오비디우스 나소(주전 43-주후 17년)의 『변신 이야기』(*Metamorphoses*)와 퀸투스 호라티우스 플라쿠스(주전 65-주후. 27년)의 『시의 기술』(*Ars Poeticae*) 등 로마제국의 군사력, 남성적 힘을 상대화시키며 예술의 가치를 드러낸 저작들 또한 로마 지성인들에게 읽혔을 것이다.

10 로마 건국 서사시이자 초대 황제 아우구스투스(옥타비아누스) 찬양곡인 『아이네이스』 전체 맥락에서 "팍스 로마나"사상을 보려면, 베르길리우스, 『아이네이스』, 천병희 옮김(고양: 숲, 2002), 217-220(라틴어 원문 785-850행)을 참조하라. 천병희나 대부분 번역자들이 저자가 "특기"라고 번역한 art(라틴어 artem)를 "예술"이라고 번역하는데 앞의 문맥과 비교하면 "특기"(특별 재능)라고 번역해야 한다. 다른 민족들은 청동 주조술, 또 다른 민족들은 대리석 건축과 조각술, 또 다른 민족은 천문학과 우주 운행학을 특기로 갖는데 로마는 세계통치를 특기로 갖게 될 것이라고 말한다.

11 팍스 로마나(Pax Romana)는 주전 27년 옥타비아누스의 황제 등극 시부터 오현제 시대의 마지막 황제 마르쿠스 아우렐리우스의 재위 종년(終年)인 180년까지 약 200여 년의 큰 전쟁 없는 세기를 가리킨다.

12 윌 듀런트(1885~1981)는 주전 30-주후 18년을 로마제국의 황금 시기(The Golden Age), 19~96년을 은(銀)의 시대라고 불렀다[Will Durant, *Caesar and Christ: Volume III: A history of Roman civilization and of Christianity from their beginnings to A. D. 325*(New York, NY.: Simon and Schuster, 2011)].

13 카이사르는 주전 42년 신년 1월 1일에 원로원 결의로 신격화되었다[시오노 나나미, 『로마인 이야기 5』, 김석희 옮김(파주: 한길사, 1996), 464]. 주전 14년 8월에 죽은 초대 황제 아우구스투스도 죽자마자 원로원과 민회의 의결로 신격화되었다[시오노 나나미, 『로마인 이야기 6』, 김석희 옮김 (파주: 한길사, 1997), 376]. 사도 바울이 로마에 들어갔을 때 2명의 신격화된 전임 황제들에 대한 기억이 로마인들에게 자부심으로 작용했지만, 바울 당대의 황제 네로는 원로원에 의해 "국가의 적"으로 단죄되었다[시오노 나나미, 『로마인 이야기 7』, 김석희 옮김 (파주: 한길사, 1998), 587-589].

14 사도행전은 바울의 순회 선교단의 동역자(행 16:9)로서 바울의 옥바라지에 참여한 의사요 역사가 누가의 저작으로 알려져 있다(골 4:14). 학자들은 누가복음-사도행전이 이방인 개종자들을 위한 심화 학습용 책이었다고 보는 데 일치한다[J. A. Fitzmyer, *The Gospel according to Luke*, vol. 2 (New York: Doubleday, 1970), 42].

15 Hans Conzelmann, *The Theology of St. Luke* (New York, NY.: Harper, 1961); 조광호. "콘첼만의 '종말 지연'에 대한 비판적 논구," 「신약논단」 24/3(1017년 9월), 483-518.

16 Badiou, *St. Paul. The Foundation of Universalism*, 75-85, 98-106.

17 유대인 철학자 프란츠 로젠츠바이크(Franz Rosenzweig)에 영향을 받은 임마누엘 레비나스(Emmanuel Levinas)는 타자성을 주체성의 일부로 환원시키려는 파르메니데스-플라톤류의 불변적 이데아 형이상학에 내재된 비윤리적 폭력성을 비판하며 타자수용의 윤리를 주창한다. 로젠츠바이크와 레비나스의 타자수용 윤리는 구약성경와 유대교의 유산이다. 둘 다 "타자는 거머쥘 수 없는, 한 손에 파악할 수 없는 무한자이기에 영접하고 받들어 섬겨야 할 신적 얼굴을 가진 자아 밖의 실재"라고 보았다. 그래서 레비나스는 윤리학이 형이상학보다 더 중요한 제1철학이라고 주장했다 [Emmanuel Levinas, "Ethics as First Philosophy," in *The Levinas Reader*, Sean Hand ed.,(Oxford: Blackwell Publishing House, 1989) 75-87; 또한 2부 10장 "The Other in Proust: Religion"(160-165)]. 로마제국은 모든 타자를 주체성(동일성)으로 환원시키는 철학적 폭력의 외화물인 셈이다.

18 바울은 데살로니가후서 2:6-7에서 로마제국이 하나님을 대적할 적(敵)그리스도적 존재를 막는 존재(κατέχον, 카테콘)인 것처럼 말하고 있다[L. J. Lietaert Peerbolte, "The KAT'EXON/KATEXΩN of 2 Thess. 2:6-7," Novum Testamentum 39 (1997), 138-150].

19 바울은 하나님 나라 복음이 로마제국이 꿈꾸는 이상적 공화정의 상호부조, 법치주의적 질서를 완성시키는 데 도움이 된다고 보았다. 이런 바울의 확신을 갖고 기독교 신앙의 정당성을 옹호한 교부가 5세기 교부 성 아우구스티누스이다[Anna M. Cox, "The Continual Cultural, Societal and Religious Relevance of Augustine's *City of God*," *International Journal of Social Science Studies* 6/4(April 2018), 46-53]. 아우구스티누스는 『하나님의 도성』 19권에서 로마 공화정의 이상은 다신교 우상숭배를 버리고 참되신 유일한 하나님을 경배할 때 실현된다고 주장한다(성 아우구스티누스, 『하나님의 도성』, 956-958).

20 특히 고린도전서 4:8-21은 고린도 교인들의 허황된 '영적 도약' 의식과 자기도취적 포만을 말한다. 고린도 교회의 음행, 우상 제물 식용, 은사주의적 자만심 등을 헬라 문화의 특징으로 보고 비판하는 논의를 보려면, 김세윤, 『고린도전서 강해』(서울: 두란노, 2007), 91-110쪽을 참조하라. 그들은 그리스도의 구원을 헬라적 이원론(영과 육의 분리)으로 해석했다. 영이 구원받았으니 육체가 다소 방탕해도 영이 받은 구원을 훼손하지는 못한다는 생각이었다(19-22쪽).

21 René Girard, *The Scapegoat*(Baltimore, MD.: Johns Hopkins Press, 1989), 40. 이 책은 욕망 모방을 통해 일어나는 갈등을 해결하기 위한 고대의 신화적 희생양 메커니즘을 분석한다. 이 나사렛 예수의 희생에 대한 더 깊은 해석은 지라르의 다음 책에서 이뤄진다: *Things Hidden Since the Foundation of the World*, trans. Stephen Bann and Michael Metteer(Stanford, CA.: Stanford University Press, 2002). 하지만 지라르는 예수의 자발적 희생의 배후가 바로 구약의 하나님이라는 사실을 무시한다는 점에서 신

약성경의 주장을 전적으로 수용하지는 않는다. 희생자가 된 아벨, 욥의 배후에는 폭력에 희생되는 하나님이 있는데, 지라르는 그 점을 놓치고 있다.

22 Gianni Vattimo and René Girard, *Christianity, Truth and Weakening Faith: A Dialogue*, Pierpaolo Antonello ed.(New York, NY.: Columbia University Press, 2010); Matthew Edward Harris, "Vattimo, kenosis and St Paul," *International Journal of Philosophy and Theology* 75(2014), 288-305.

23 Slavoj Žižek, *The Fragile Absolute*(London et al.: Verso, 2000), 123-129(특히 127-128).

24 Žižek, *The Fragile Absolute*, 143-160. 조르지오 아감벤은 "호모 사케르"를 통해 지켜진 고대 민주주의와 유대-기독교 전통이 지켜낸 민주주의는 전혀 다르다는 점을 잘 지적한다. 정치적인 생명을 박탈당한 채, 생물학적 목숨만 남겨진 "호모 사케르"의 희생으로 유지되는 그레코-로만 폴리스 민주주의 사회와는 달리, 유대-기독교 전통은 사랑과 정의로 지탱되는 근대 민주주의를 창출했다. 유대-기독교 전통은 수많은 희생양들, 희생자들, 약자와 소수자들, 그리고 벌거벗은 생명을 포용했다는 것이다[Giorgio Agamben, *Homo Sacer: Sovereign Power and Bare Life*(Stanford, CA.: Stanford University Press, 1998), 72-75]. 하지만 지라르, 바티모, 지젝, 아감벤 등 최근 서구 철학자들은 "약한 사유"의 원형이 구약임을 모르고 있다. 중세 유대교 카발라 신비주의의 "축소되고 은닉된 하나님" 개념을 부활시킨 몰트만의 "함께 고통당하는 하나님" 이해(『십자가에 달린 하나님』), 아브라함 요수아 헤셸의 하나님의 "파토스" 개념(『예언자들』), 그리고 유대교 신학자 존 레벤슨의 "부서지기 쉬운 하나님의 통치" 사상은 바울과 예수의 "약한 사유" 타자 수용적 자기 부인의 원형을 말하고 있다[Jon D. Levenson, *Creation and the Persistence of Evil*(Princeton, NJ.: Princeton University Press, 1988), 1-43].

25 김용규, 『데칼로그』, 127. "아리스토텔레스의 신은, 마치 자연법칙처럼 언제나 있었고 또 언제나 있을 영원한 세계 속에 작용하는 궁극적 원리로서, 세계를 자기 자신과 구별할 줄도 모르고, 또한 세계 안에 있는 존재물 그 어느 것도 돌보지 않지요."

26 바울의 이방 선교가 이사야의 비전에 따라 움직인 여정이었다는 사실을 자세히 보려면, Seyoon Kim, "The 'Mystery' of Rom 11.25-26 Once More," *New Testament Studies* 43(1997), 412-429쪽을 참조하라. 김세윤은 바울이 이사야 59:20에서 유대인들의 종말론적 구원을 확신하게 된 과정을 자세히 논증한다. 이 논문은 다메섹 도상 소명 비전에서 처음부터 이사야 6, 42, 45, 49, 59장 등이 바울의 이방 선교를 이끈 구약성경이었음을 논증한다. 또 바울이 말한 "이스라엘의 소망"이 어떤 점에서 이사야 60-62장 예언의 성취인지를 보려면, 김회권, 『하나님 나라 신학으로 읽는 이사야 40-66장』, 578-580쪽(특히 580쪽)을 참조하라.

27 이 단락은 김회권, 『하나님 나라 신학으로 읽는 이사야 40-66장』, 617-618쪽을 풀어 쓴 것임을 밝힌다. 그리고 Slavoj Žižek, *The Fragile Absolute*, 129-130쪽을 보라.

28 사도행전과 고린도전서의 "교회"(에클레시아)의 사회적, 종교적 기능과 역할에 대한

자세한 논의를 보려면, 박영호,『에클레시아: 에클레시아에 담긴 시민공동체의 유산과 바울의 비전』, 195-247, 267-271, 293-324쪽을 참조하라.

29 5세기 라틴 교부 아우구스티누스는 이런 공화국의 이상은 다신교적 우상숭배 국가에서는 실현될 수 없으며, 오로지 유일하신 거룩한 하나님을 경배하는 나라에서만 실현될 수 있다고 주장했다(아우구스티누스, 『하나님의 도성』, 19권 24-25장, 956-957).

30 박영호, 『에클레시아: 에클레시아에 담긴 시민공동체의 유산과 바울의 비전』, 293-393.

31 N. T. Wright, "Paul and Caesar: A New Reading of Romans," in *A Royal Priesthood: The Use of the Bible Ethically and Politically*, 173-193(특히 180-181), C. Bartholemew ed.(Carlisle: Paternoster, 2002).

32 D. Georgi, *Theocracy in Paul's Praxis and Theology*(Minneapolis: Fortress Press, 1991), 28; Helmut Koester, "Imperial Ideology and Paul's Eschatology in 1 Thessalonians," in *Paul and Empire*, R. Horsley ed.(Harrisburg, PA.: Trinity Press International, 1997), 161-162.

33 바울의 에베소 사역이 그레코-로만 도시 문명을 얼마나 근원적으로 뒤흔든 사회 변혁 운동인지를 보려면, Witherington Ⅲ, *The Acts of the Apostles*, 51, 59, 102, 138-140쪽을 참조하라.

34 이 연대기는 성종현, 「신약총론」(서울: 장로회신학대학 출판부, 1991), 152, 203을 참조했다.

참고문헌

한국어 및 번역자료

까르데날, 에르네스토. 『침묵 속에 떠오르는 소리』. 김영무 역. 왜관: 분도출판사, 1986.

고병권. "고대 원자론과 카를 마르크스의 유물론: 마르크스의 박사논문이 품고있는 네 개의 유물론." 「마르크스주의연구」 64 (2021년), 179-206.

곤잘레스, 후스토 L. 『기독교 사상사 I』. 이형기, 차종순 옮김. 서울: 한국장로교출판사, 1988.

그린, 마이클(Green, Michael). 『초대교회의 전도』. 김경진 옮김. 서울: 생명의 말씀사, 1998.

김근주 외 공저. 「사회선교 한걸음」. 서울: 뉴스앤조이, 2007.

김다원. "민족은 상상의 공동체인가?: 베네딕트 앤더슨, 상상의 공동체- 민족주의의 기원과 전파에 대한 성찰(*Imagined Communities: Reflections on the Origin and Spread of Nationalism*)." 「인간연구」 28(2015년), 155-166.

김덕수. "시민권과 로마 정치- 키케로, 시인 아르키아스 변론(기원전 62년)을 중심으로-." 「수사학」 36(2019년 12월), 31-59.

김상근. 『세계사의 흐름을 바꾼 기독교역사』. 서울: 평단, 2004.

김세윤. 『바울 신학과 새 관점』. 서울: 두란노, 2002.

김세윤. 『고린도전서 강해』. 서울: 두란노, 2007.

김용규. 『데칼로그』. 서울: 포이에마, 2015.

김용옥. 「요한복음 강해」. 서울: 통나무, 2007.

김종철. "한미 FTA, 국익이라는 환상." 「녹색평론」(2007년 5-6월호), 2-11.

김창선. 『쿰란문서와 유대교』. 서울: 한국성경학연구소, 2002.

김창선. "탈무드란 무엇인가." 「성경마당」 117(2016년 봄), 95-107.

김칠성. "기원전 674-205년, 로마에서 발생한 역병의 유행과 그 대응 조치-리비우스(Titus Livius)의 『로마사』(*Ab Urbe Condita*)를 중심으로. 「서양고대사연구」 61(2021년 8월), 101-151.

김태섭. "성경난해 구절. 니골라당 엡 2:6." 「성경마당」 144(2022년 겨울), 179-181.

김태식. "초대기독교 공동체의 성공과 종교의 합리적 선택이론: 로드니 스타크의 종교사회학적 이해." 「역사신학 논총」 26(2013년 12), 8-39.

김회권. 『김회권 목사의 청년설교 1』. 서울: 복있는 사람, 2005.

김회권. 『이사야 주석 I』. 서울: 대한기독교서회, 2006.

김회권.『 하나님 나라 신학의 관점으로 읽는 모세오경 2: 레위기-신명기 강해』. 서울: 대한기독교서회, 2006.

김회권.『하나님 나라 신학으로 읽는 사도행전 1』. 서울: 복있는 사람, 2007.

김회권 외.『현대인과 성경』. 서울: 숭실대학교 출판부, 2007.

김회권. "역사적 화석에서 되살려야 할 불씨."「기독교사상」577(2007년 1월), 70-79.

김회권.『하나님의 도성. 그 빛과 그림자』. 서울: 비아토르, 2018.

김회권.『신명기』. 서울: 장로교출판사, 2018.

김회권.『하나님 나라 신학으로 읽는 요한복음』. 서울: 복있는 사람, 2020.

김회권.『하나님 나라 신학으로 읽는 이사야 40-66장』. 서울: 복있는 사람, 2020.

김회권.『하나님 나라 신학으로 읽는 모세오경』. 수정증보판. 서울: 복있는 사람, 2021.

김회권. "사회선교의 전망과 고찰.「신학과 실천」73(2021년 2월), 749-786.

김회권. "로잔과 함께 가는 여정, 그리고 그 너머."「복음과 상황」396호(2023년 11월호), 74-93.

나나미, 시오노.『로마인 이야기 4』. 김석희 옮김. 파주: 한길사, 1995.

______.『로마인 이야기 5』. 김석희 옮김. 파주: 한길사, 1996.

______.『로마인 이야기 6』. 김석희 옮김. 파주: 한길사, 1997.

______.『로마인 이야기 7』. 김석희 옮김. 파주: 한길사, 1998.

니일, 스티븐(Neill, Stephen).『기독교 선교사』. 홍치모, 오만규 옮김. 서울: 성광문화사, 1999.

던, 마르바(Dawn, Marva J.).『세상 권세와 하나님의 교회』. 노종문 옮김. 서울: 복있는 사람, 2008.

라은성, 이상규, 양희송.『종교개혁, 그리고 이후 500년』. 서울: 을유문화사, 2017.

링마, 찰스(Lingma, Charles).『행동하는 신앙인을 위한 자끄 엘룰 묵상집』. 윤매영 옮김. 서울: 죠이선교회, 2004.

바운즈, 에즈라 M.『기도의 능력』. 이정윤 옮김. 서울: 생명의 말씀사, 2002.

박명림.『트라우마와 사회치유; 북아일랜드와 캄보디아에서 배우다』 중 "인간 비극과 인간 화해.", 전우택·박명림 편저. 서울: 역사비평사, 2019, 302-361.

박영호.『에클레시아: 에클레시아에 담긴 시민공동체의 유산과 바울의 비전』. 서울: 새물결플러스, 2018.

박영호,『사도행전 선교적 읽기』, 서울: IVP, 2024.

반덕진. "서양 고전에 나타난 전염병과 그 대응에 관한 인문학적 고찰." *Korean Journal of General Education* 14/6(2020년 12월), 39-52.

뷜만, 왈벗(Buehlmann, Walbert).「선민과 만민: 선택사상의 재음미에 의한 선교자세의 재정립」. 정한교 옮김. 왜관: 분도출판사, 1983.

브루스, 프레데릭 페뷔(Bruce, Frederick F.).「초대교회 역사」. 서영일 옮김. 서울: 기독교문서선교회, 1994.

라이트, 크리스토퍼 J. H.『하나님의 선교』. 한화룡 옮김. 서울: IVP, 2010.

로핑크, 게르하르트 (Lohfink, G.). 『예수는 어떤 공동체를 원했나: 그리스도 신앙의 사회적 차원』. 정한교 옮김, 왜관: 분도출판사, 1985.

렘프레히트, 스털링 P. 『서양철학사』. 김태길, 윤명노, 최명관 옮김. 서울: 을유문화사, 2006.

맥그라스, 앨리스터(McGrath, Alister). 『기독교, 그 위험한 사상의 역사』. 박규태 옮김. 서울: 국제제자훈련원, 2009.

맥클레오드, 도날드(McCleod, Donald). 『성령 세례와 개혁주의 성령론: 로이드 존스의 '성령 세례'와 비교하여』. 지상우 옮김. 서울: 여수룬, 2004.

미들턴, 리처드, 왈쉬, 브라이언. 『그리스도인의 비전』. 황영철 옮김. 서울: IVP, 2003.

베르길리우스. 『아이네이스』. 천병희 옮김. 고양: 숲, 2007.

요세푸스, 플라비우스. 『유대 전쟁사』. 김지찬 옮김. 서울: 생명의 말씀사, 1987.

볼프, 미로슬라브. 『광장에 선 기독교』. 김명윤 옮김. 서울: IVP, 2014.

비커스, 브라이언. 『ESV 성경해설 주석 사도행전』. 박문재 옮김. 서울: 국제제자훈련원, 2021.

빙햄, 제프리. 『교회사의 보화』. 박명준 옮김, 서울: IVP, 2006.

스토트, 존(Stott, John R. W.). 『사도행전 강해』. 정옥배 옮김. 서울: IVP, 1992.

스티븐스, 폴(R. Paul Stevens). 그린, 마이클(Green Michael). 『그분의 말씀 우리의 삶이 되어』(*Living the Story*). 윤종석 옮김, 서울: 복있는 사람, 2006.

성 아우구스티누스. 『하나님의 도성』. 조호연·김종흡 옮김. 고양: 크리스챤 다이제스트, 2007.

송기호. "보이는 것과 보이지 않는 것." 「녹색평론」(2007년 5-6월호), 12-20.

슈사큐, 엔도. 『그리스도의 탄생』. 김광림 옮김. 서울: 홍성사, 1981.

스타크, 로드니(Stark, Rodney). 『기독교의 발흥』(*The Rise of Christianity*). 손현선 옮김. 서울: 좋은 씨앗, 2016.

안용성. 『로마서와 하나님 나라』. 서울: 새물결플러스, 2019.

앤더슨, 베네딕트(Anderson, Benedict Richard O'Gorman). 『상상의 공동체-민족주의의 기원과 전파에 대한 성찰.(*Imagined Communities: Reflections on the Origin and Spread of Nationalism*)』 윤형숙 옮김. 서울: 나남, 2004.

엘륄, 자크(Ellul, Jacques). 『뒤틀려진 기독교』. 자크 엘륄 번역 위원회 옮김. 대전: 대장간, 1988.

엘륄, 자크(Ellul, Jacques). 『도시의 의미』(*The Meaning of the City*, 1970). 최홍숙 옮김. 서울: 한국로고스연구원, 1970.

오강남. 『예수는 없다: 기독교 뒤집어 읽기』. 서울: 현암사, 2001.

오비디우스, 『인간이 신이 되는/변신이야기』. 천병희 옮김. 서울: 숲, 2005.

요세푸스, 플라비우스. 『유대전쟁사』 1-2권. 박정수, 박찬웅 옮김. 파주: 나남, 2008.

요세푸스, 플라비우스. 『요세푸스 2: 유대고대사 2』. 김지찬 옮김. 서울: 생명의 말씀사, 2006.

요세푸스, 플라비우스. 『요세푸스 1: 유대고대사 1』. 김지찬 옮김. 서울: 생명의 말씀사, 2019.

윌라드, 달라스(Willard, Dallas). 『하나님의 모략』. 윤종석 옮김. 서울: 복있는 사람, 2003.
유상현. 『사도행전 연구』. 서울: 대한기독교서회, 1996, 69-93, 특히 71-82.
이승장. "복음주의적 크리스챤과 사회윤리." 「소리」 2호. 서울: 한국기독대학인회, 1985, 6-18.
조광호. "콘첼만의 '종말 지연'에 대한 비판적 논구. 「신약논단」 24/3(1017년 9월), 483-518.
주요섭. "한미 FTA와 비자본주의의 여백." 「녹색평론」(2007년 5-6월호), 21-31.
스토트, 존. "그리스도인의 사회적 책임: 로잔 언약 제5항에 대한 해설." 이승장 옮김. 「소리」 2호. 서울: 한국기독대학인회, 1985, 20-25.
스토트, 존. 『성령 세례와 성령 충만』. 김현희 옮김. 서울: IVP, 2002.
조극훈. "미셸 푸코(M. Foucault)의 권력이론과 감옥담론." 「교정담론」 15/3(2021년 12월), 277-301.
조재천. "신약성경 이해를 위한 헬라 철학 개관." 「성경마당」(2014년 겨울), 81-93.
토레이, 르우벤 아쳐(Torrey, R. A.). 『너희가 믿을 때 성령을 받았느냐?』. 서울: 한국양서, 1983.
패커, 제임스(Packer, J. I.)와 A. M. 스팁스(Stibbs, A. M.). 『내주하시는 성령』. 문창수 옮김. 서울: 정경사, 2000.
페이지, 닉. 『바보들의 나라』. 전의우 역. 서울: 포이에마, 2014.
푸코, 미셸(Foucault, Michel). 『감시와 처벌: 감옥의 역사』. 오생근 옮김. 서울: 나남출판사, 2003.
칼빈, 존. 『기독교강요 1』. 신복윤, 이종성, 한철하 옮김. 서울: 생명의 말씀사, 2005.
크라우스, 한스-요아킴(Kraus, Hans-Joachim). 『조직신학: 하느님의 나라, 자유의 나라』. 박재순 옮김. 서울: 한국신학연구소, 1986.
크라이더, 알렌. 『회심의 변질』. 박삼종 외 역. 대전: 대장간, 2012.
포사이스, P. T. 『영혼의 기도』. 이길상 역. 서울: 복있는 사람, 2005.
하이저, 마이클. 『눈에 보이지 않는 세계』. 손현선 역. 서울: 좋은 씨앗, 2022.
하임, 칼. 『개신교의 본질』. 정선희, 김회권 옮김. 서울: 복있는 사람, 2018.

외국어 자료

Agamben, Giorgio. *Homo Sacer: Sovereign Power and Bare Life*. Stanford, CA.: Stanford University Press, 1998.
Andrews, Charles F. *Mahatma Gandhi: His Own Story with an introduction by John H. Holmes*. New York, NY.: MacMillan, 1930.
______. *The Sermon on the Mount, with a Foreword by Rabindranath Tagore and an introductory note by Agatha Harrison*. New York, NY.: MacMillan, 1942.
Aslan, Reza. *Zealot: The Life and Times of Jesus of Nazareth*. New York, NY.: Random House, 2013.

Barclay, W. *The Mind of St. Paul*. London: Collins Clear-type Press, 1958.

Barclay, W. *The Letter to the Galatians & the Ephesians*. Philadelphia, PA.: Westminster Press, 1976.

Bauer, F. C. *A Greek-English Lexicon of the New Testament*. trans. W. F. Arndt and W. Gingrich. 4th ed.; Chicago, IL.: Chicago University Press, 1979.

Beale, G. K. and Gladd, Benjamin L. HIDDEN But Now REVEALED. A Biblical Theology of Mystery. Downers Grove, IL.: IVP, 2014.

Berkhof, Hendrikus. *Christ and the Powers*. trans. J. H. Yoder. Scottdale, PA.: Herald, 1977.

Birch, Bruce C. et al. *A Theological Introduction to the Old Testament*. Nashville, TN.: Abingdon, 1999.

Bowker, J. W. "Merkabah Visions and the Visions of Paul." *Journal of Semitic Studies* (1971), 157-173.

Bruce, Frederick F. *The Spreading Flame: The Rise and Progress of Christianity from Its First Beginnings to the Conversion of the English*. London: The Paternoster, 1964.

Buckler, W. H. Calder, W. M. *Monumenta Asiae Minoris Antiqua*. Volume VI. *Monuments and Documents from Phrygia and Caria*. Chicago, IL.: University of Chicago Press, 1941.

Caputo John D. and Alcoff Linda Martin eds. *St. Paul Among the Philosophers*. Indianapolis, IN.: Indiana University Press, 2009.

Chadwick, Henry. "The Early Christian Community." In The Oxford Illustrated History of Christianity. John McManners ed. 23-24. Oxford et al.: Oxford University Press, 1990.

Collins, John J. "Sibylline Oracles (Second Century 주전-Seventh Century A.D)." In *The Old Testament Pseudepigrapha*. Vol. 1. James H. Charlesworth ed. 317-472. Peabody, MA.: Hendrickson Publisher, 1983.

Conzelmann, Hans. *Die Mitte der Zeit: Studien zur Theologie des Lukas*. Beitrage zur historischen Theologie 17. Tübingen: J. C. B. Mohr, 1954.

Conybeare, William John and Howson, J. S. *The Life and Epistles of St. Paul*. New York, NY.: C. Scribner, 1864.

Conzelmann, Hans. *The Theology of St. Luke*. New York, NY.: Harper, 1961.

Cox, Anna M. "The Continual Cultural, Societal and Religious Relevance of Augustine's City of God." *International Journal of Social Science Studies* 6/4(April 2018), 46-53.

Eusebius of Caesara, *The Ecclesiastical History*. F. A. March ed. New York, NY.: Harper, 1874.

Finkelstein, J. J. "The Edict of Ammisaduqa." In *Ancient Near Eastern Texts relating to the Old Testament*. James B. Pritchard ed. Princeton, 526-538. NJ.: Princeton University Press, 1969.

Fitzmyer, J. A. *The Gospel according to Luke*. vol.2. New York, NY.: Doubleday, 1970.

Fitzmyer, Joseph A. The Acts of the Apostles. Anchor Bible. New York: Doubleday, 1998.

Josephus, Flavius. *Antiquities of the Jews*. trans. William Whiston. Floyd, VA.: Wilder Pubns Ltd, 2009(orig. 1737).

Gaventa, B. R. "Acts Commentary." In *NRSV Study Bible*. San Francisco: Harper Collins, 1993), 2068-2070.

Georgi, D. *Theocracy in Paul's Praxis and Theology*. Minneapolis, MN.: Fortress Press, 1991.

Girard, René. *The Scapegoat*. Baltimore, MD.: Johns Hopkins Press, 1989.

______. *Things Hidden Since the Foundation of the World*. trans. Stephen Bann and Michael Metteer. Stanford, CA.: Stanford University Press, 2002.

Green, Michael. *Evangelism Now and Then*. Downers Grove, IL.: IVP, 1982.

Harris, Matthew Edward. "Vattimo, kenosis and St Paul." International Journal of Philosophy and Theology 75(2014), 288-305.

Instone-Brewer, David. "Infanticide and the Apostolic Decree." *Journal of the Evangelical Theological Society* 52 (2009), 301-321.

Johnson, Luke Timothy. The Acts of the Apostles. Sacra Pagina. Collegeville, Minn.: Michael Glazier, 1992.

Josephus, Flavius. *Antiquities of the Jews*. trans. William Whiston. Floyd, VA.: Wilder Pubns Ltd, 2009(orig. 1737).

Josephus, Flavius. *Antiquities of the Jews* VIII. The Loeb Classic Library 433. trans. Louis H. Feldman. Cambridge, MA.: Harvard University Press, 1965.

Keener, Craig S. Acts: An Exegetical Commentary. 4 vols. Grand Rapids, MI.: Baker Academic, 2012, 2013.

______. *Galatians: A Commentary*. Grand Rapids, MI.: Baker Academic, 2019.

Kim, Seyoon. *The Origin of Paul's Gospel*. Grand Rapids, MI.: Eerdmans 1981.

______. *The Origin of Paul's Gospel*. Tübingen: Mohr-Siebeck, 1984.

______. "The 'Mystery' of Rom 11.25-26 Once More." *New Testament Studies* 43(1997), 412-429.

______. *Christ and Caesar*. Grand Rapids, MI.: Wm. B. Eerdmans, 2008.

Ko, Kyung Joo. "The Situation of the Right of Appeal under the Jurisdiction of Governors (From the First Century to the Early Third Century)." 「서양고대사 연구」 50(2017년), 199-223.

Koester, Helmut. "Imperial Ideology and Paul's Eschatology in 1 Thessalonians." In *Paul and Empire*. R. Horsley ed. 158-166. Harrisburg, PA.: Trinity Press International, 1997.

Lapide, Pinchas E. "Insights from Qumran into the Languages of Jesus." *Revue de Qumrân* 8(1975), 483-501.

______. *Paul: Rabbi and Apostle*. Minneapolis, MN.: Augsburg Publishing House, 1984.

Levenson, Jon D. *Creation and the Persistence of Evil*. Princeton, NJ.: Princeton University Press, 1988.

Levinas, Emmanuel. "Ethics as First Philosophy." In *The Levinas Reader*. Sean Hand ed. 75-87. Oxford: Blackwell Publishing House, 1989.

Levinskaya, I. *The Book of Acts in Its First Century Setting: Diaspora Setting*. Grand Rapids, MI.: Wm. B. Eerdmans, 1996.

Liddell, H. G., R. Scott, and H. S. Jones. *A Greek-English Lexicon*. 9th ed. with revised supplement. Oxford: Clarendon, 1996.

Longnecker, Richard N. "Acts" In *The Expositor's Bible Commentary*. Frank E. Gaebelein ed. 436-447. Grand Rapids, MI.: Zondervan, 1981.

Metzger, B. M. *The Canon of the New Testament: Its Origin, Development, and Its Significance*. New York, NY.: Oxford University Press, 1997.

Muck, Terry C. "Buddhist-Christian Encounters, Fulfillmemt Theology." *International Journal of Frontier Mission* 38:2-4(Fall/Winter 2021), 137-148.

Mumford, Lewis. *The City in History*. London: Cox & Wyman Ltd., 1979.

Myers, Allen C. et al., *The Eerdmans Bible Dictionary*. Grand Rapids, MI.: Wm. B. Eerdmans, 2000.

Neill, Stephen. *A History of Christian Missions*. Harmondsworth: Penguin Books, 1986.

Oak, Seung Deuk. "Edinburgh 1910, Fulfillment Theories, Missionaries in China and Korea." *Journal of Asian and Asian-American Theology* 9(March 2009), 29-51.

Otto, Rudolf. *The Idea of the Holy: an inquiry into the non-rational factor in the idea of the divine and its relation to the rational*. trans. John W. Harvey. London: Oxford University Press, 1950.

Peerbolte, L. J. Lietaert. "The KAT'EXON/KATEXΩN of 2 Thess. 2:6-7." *Novum Testamentum* 39 (1997), 138-150.

Pervo, Richard I. *Acts. Hermeneia: A Critical and Historical Commentary on the Bible*. Minneapolis: Fortress, 2009.

Porter, Stanley E. *The Apostle Paul: His Life, Thought, and Letters*. Grand Rapids, MI.: Eerdmans, 2016.

Rice, E. E. "Political History 323-31 B. C." In Nigel Guy Wilson ed.. 5-9. *Encyclopedia of Ancient Greece*. New York, NY.: Routledge, 2006.

Ross, Robyn. "From Boomtown to Ghost Town: Ranger, Breckenridge, and Thurber Museums Recall Early 20th Century Oil Rush." *Texas High Ways* (January 17, 2018).

Roth, Martha T. *Law Collections from Mesopotamia and Asia Minor*. Atlanta, GA.: Scholars Press, 1997.

Santos, Narry F. "Diaspora in the New Testament and Its Impact on Christian Mission." *Torch*

Trinity Journal 13/1 (2010), 3-18.

Schaltter, Adolf. *The Theology of the Apostles*. trans. Andreas J. Köstenberger. Grand Rapids, MI.: Baker Books, 1999.

Scott, James M. "Throne-Chariot Mysticism in Qumran and in Paul." In *Eschatology, Messianism, and the Dead Sea Scrolls*. Craig A. Evans and Peter W. Flint eds.. Grand Rapids, MI.: Wm. B. Eerdmans Publishing Company, 1997, 101-119.

Soulen, R. Kendall. *The God of Israel and Christian Theology*. Minneapolis, MN.: Fortress, 1996. 1

Stott, John R. W. *The Message of the Sermon on the Mount: Christian Counter-Culture*. Leicester/Downers Grove, IL.: IVP, 1985.

______. *The Message of Acts: To the Ends of the Earth*. Leicester: IVP, 1990.

Strack, Hermann L. *Introduction to the Talmud and Midrash*. Philadelphia, PA.: Jewish Publication Society, 1945.

Tcherikover, V. *Hellenistic Civilization and the Jews*. New York, NY.: Atheneum, 1970.

Vadiou, Alain. *Saint Paul: The Foundation of Universalism*. Stanford, CA.: Stanford University Press, 2003.

Vatimo, Gianni and Girard, René. *Christianity, Truth and Weakening Faith: A Dialogue*. Pierpaolo Antonello ed. New York, NY.: Columbia University Press, 2010.

Wallace, Richard, Williams, Wynne. *The Three Worlds of Paul of Tarsus*. London: Routledge, 2015.

Weinstein, Donald. *Savonarola: The Rise and Fall of a Renaissance Prophet*. New Haven, CT.: Yale University Press. 2011.

Wells, B. A. & Wells, K. L. "Oil Riches of Merriman Baptist Church." Website Name: American Oil & Gas Historical Society.

URL: https://aoghs.org/oil-almanac/oil-riches-of-merriman-baptist-church.

Welles, C. Bradford. "Book Review of W. H. Buckler, W. M. Calder, *Monumenta Asiae Minoris Antiqua*, Volume VI. *Monuments and Documents from Phrygia and Caria*." *American Journal of Archaeology* 45/2(April-June, 1941), 315-318.

Willimon, William H. *Acts*. Interpretation series; Atlanta, GA: John Knox Press, 1988.

Witherington III, Ben. *The Acts of the Apostles. A Socio-Rhetorical Commentary*. Grand Rapids, MI.: Eerdmans, 1998.

Wright, N. T. "Paul and Caesar: A New Reading of Romans." In *A Royal Priesthood: The Use of the Bible Ethically and Politically*. C. Bartholemewed. 173-193. Carlisle: Paternoster, 2002.

Wylie, C. C. & Naiden, J. R. "The image which fell down from Jupiter." *Popular Astronomy* 44(1936), 514-518.

Žižek, Slavoj. *The Fragile Absolute*. London et al.: Verso, 2000.